Volter Kilpi
Im Saal von Alastalo

EINE SCHILDERUNG AUS DEN SCHÄREN

Roman
Aus dem Finnischen
übersetzt und herausgegeben
von
STEFAN MOSTER

Büchergilde Gutenberg

Die vorliegende Übersetzung basiert auf der vierten Auflage der Originalausgabe *Alastalon salissa. Kuvaus saaristosta* (1933), die 2000 im Verlag Otava in Helsinki erschienen ist.

Die Übersetzung wurde von folgenden Institutionen gefördert:

FILI – Finnish Literature Exchange

Deutscher Übersetzerfonds e. V.

Suomen kulttuurirahasto – Finnish Cultural Foundation

Otavan kirjallisuussäätiö – Otava Book Foundation

Lizenzausgabe für die Mitglieder
der Büchergilde Gutenberg Verlagsges. mbH,
Frankfurt am Main, Wien und Zürich
www.buechergilde.de
Mit freundlicher Genehmigung
des mareverlags, Hamburg

Lektorat Angela Volknant
Typografie: Iris Farnschläder, mareverlag
Druck und Bindung: Eberl & Kösel, Krugzell
Printed in Germany 2021
ISBN 978-3-7632-7312-6

Der Kirchhof PROLOG

Ein sommerlicher Sonntag gegen Abend. Eine stille Schärenkirche mitten auf einem Friedhof. Das schwarze Schindeldach erhebt sich hoch und ernst im Laubwerk, das Blinken der Sonne aus dem Westen spielt auf der roten Wand, lässt die weißen Fensterrahmen leuchten. Unsagbarer Friede in der Luft und ringsumher. Als einziger Laut nur das Flattern der Espen neben der bemoosten Mauer.

Ich habe das Eisentor zum Kirchgarten geöffnet, in den Scharnieren quietschend, fällt es mit einem dumpfen Schlag hinter mir zu, und der Kies knirscht unter meinen Füßen. Graue, verblasste Holzkreuze beiderseits des Weges, hier und da ein schwarzes eisernes mit Messingschild, dazwischen, die anderen überragend, eine Blechtafel, die man auf eine Eisenstange geschoben hat und von deren gewölbter Fläche eine rostige, vermooste Inschrift ins Auge sticht. Herrscht hier im Kreuzwald gar noch tiefere Stille als eben am Eisentor, das sich zum sonntagabendlichen Ausruhen schloss?

Ich schlängle mich zwischen den Kreuzen hindurch, taste mit den Augen nach verblichenen Inschriften, ergründe einen Namen hier, einen Namen dort. Du bist es, der da ruht? Und du bist in diesem Torf geborgen? Name auf Name, vertraut wie die eigene Kindheit, buchstabiere ich mir, jeden für sich, Hügel um Hügel, Reihe für Reihe lese ich sie: er also auch und auch sie, Junge, Alte, das Volk meiner Jugend, das zarte Kind, die zittrige Greisin, eins neben dem anderen im Schoße des Kieses, in der Reihenfolge, in der ihnen die Totenglocke getönt hat! Aus den Kammern ferner Erinnerungen schimmert der Kopf eines kleinen Mädchens hervor, ruhend auf einem Kissen aus Leinzeug, bläuliche Adern auf der siechen Schläfe, auf der blassen, eingefallenen Wange eine verirrte arme, aschblonde Strähne, in den grauen Augen der schmerzliche Glanz einer Sehnsucht, die alle Hoffnung fahren gelassen hat. Vor meinem Auge scheint eine gebückte Greisin auf, zitternd, die knotige Hand am abgenutzten Griff ihres Gehstocks, die dünnen fahlweißen Reste des lockigen Haars, die in den Furchen um das vom Leiden bleiche Gesicht herum verschwinden, vom Leben so gänzlich entkleidet schon, dass der Tod keine große Mühe mehr hat, dieses Antlitz auszulöschen. Von Hügel zu Hügel, von Kreuz zu Kreuz wandere ich, lese moosbewachsene Inschriften auf den Gräbern erloschener Menschen, Erloschener, vor Jahren und Jahrzehnten Erloschener, deren Leben dennoch vor mir steht wie der gestrige Tag.

Kinder sehe ich, Alte sehe ich, Junge in der Blüte ihres Lebens und Männer in ihrer Männlichkeit, Frauen in der vollen Reife ihres Frauseins, ich sehe eine Prozession meiner Mitmenschen, der nun verstummten, von denen jeder die Luft des Lebens geatmet hat wie ich, gehofft, gewartet wie ich, enttäuscht wurde, gelitten hat wie ich, mittellos und reich gewesen ist, wie es dem schmerzlichen Los des verlorenen Menschen entspricht! Auch du, Kind, ruhest hier: Deine halb offenen Lippen habe ich gesehen, auf denen der holde Hauch des Lebens spielte, des Blutes zarte Blüten auf deinen weichen Wangen zitternd, im Kinderstaunen deiner Augen groß und fragend die Erwartung des Lebens. Die staunenden Erwartungsträume in deinen Augen haben sich also nie erfüllt, und als einzige Gabe des Lebens hat nur der kalte Blauschimmer armer Myrte deine erbleichte Stirn umrankt, als einzige Erinnerung an dich bleiben die Erde unter diesem Kreuz und der Stich der Trauer, der deiner Mutter ins Herz schnitt, als man dein Grab zuschaufelte. Wen ich nicht alles sehe, kalt in des Grabes Kälte, dich und dich: Wer war mutiger als du, damals, da in unserer Brust die Jugend fauchte und die Kühnheit in deinen Augen loderte, und fröhlich war der Schwung deines Kopfs und geschwind dein Gang, du Gefährte meiner Jugend, dessen stolzer Schritt nicht bis an die Schwelle des Mannseins trug, ehe sich das Grab vor dir auftat; in wessen Augen flimmerte das Leben mit stärkerem Schimmer, auf wessen Wange spross holder das gesunde Rot, auf wessen Haares Strohgelb spielte die Sonne goldener als auf deinem, Jungfrau aus meiner Jugend, deren Busen, einst vor jugendlicher Sehnsucht schwellend, seit Jahrzehnten schon der Sand des Kirchhofs drückt, und deren Lippen, einst vor Lebensdurst geöffnet, nun die dichte Dunkelheit der Erde schließt! Wen ich nicht alles sehe, Männer in ihrer Würde, im Blick die Klinge eines festen Willens und entschlossene, unverbrüchliche Autorität; Männer in ihrer Lebensfülle, Jux und Ulk im braun gekräuselten Bartgesträuch, im Glanz der Augen sprühender Schalk und Scherz; ich sehe Mütter mit geschmolzenen Mütterblicken und Väter mit festen Vätergesichtern; Alte, auf den Gesichtern schon fügsame, demütig bereite Reglosigkeit, in den gebeugten Schultern, den schwankenden Schritten das zitternde, suchende Gebet der großen Ruhe; die ganze erwachende, hoffende, feiernde, wollende, tätige, ergebene, erschöpfte Prozession des Lebens.

Ich lasse mich auf einer moosbewachsenen Steinplatte nieder, bedecke mit den Händen die Augen. All die stillen, bleichen Reihen unter meinen Füßen, reglos Ruhende, einer neben dem anderen, die Lider für immer geschlossen, auf den Lippen den Schatten und das ungebrochene Siegel ewigen Schweigens, die über Kreuz gelegten Arme auf ewig in Unbeweglichkeit erstarrt. Einer neben dem anderen, Reihe um Reihe, die Jungen und die vom Alter Gebeugten, die Kinder und Greise, die Armen und Reichen, die Mächtigen der Gemeinde und die Kleinsten der Kleinen, Seite an Seite, nebeneinander, wie der Todestag fiel, alle gleich still, alle mit dem gleichen Los: die unermessliche Größe und unbeugsame Autorität der Totenruhe; alle in der gleichen Armut; ewiges Abrücken von den flimmernden Lüften und bunten Gefilden des Lebens.

Bekannte und Unbekannte, solche, die meine Augen gesehen haben, und solche, von denen ich nur vom Hörensagen weiß, meine sanfte Mutter, mein ernster Vater, der zu Erde gewordene ehrenwerte Staub meiner Vorfahren! Plötzlich bemerke ich, dass ich auf der moosüberwachsenen, in die Erde gedrückten Steinplatte meines vorzeiten zu Grabe getragenen kleinen Bruders sitze. Und da schneidet mir auch schon die erste drängende Schmerzensfrage des Fünfjährigen von vor Jahrzehnten in die Brust: zusammengesunken, das greinende Gesicht auf den harten Fußboden gedrückt, in den Ohren noch die unerklärlich nachhallende steinharte Botschaft, stammle ich im haltlosen Schmerz und in der unbewussten Selbstsucht des am Leben Gebliebenen die hilflose Klage und den Vorwurf: Väinö, böser Väinö, warum bist du tot, wir hätten doch noch so viel zusammen spielen sollen!

Ihr alle, alle ihr bleichen Ruhenden habt einst gelebt, eure stehen gebliebenen Herzen haben gepocht, die Wonne des Blutes hat in euren Adern geklungen, eure eingefallenen Schläfen haben geblüht, in eurer versiegten Brust die Wogen des Lebens geschäumt. Der Träume Rausch hat eure junge Stirn umweht, eure jungen Lippen haben von der Seligkeit der Lüfte getrunken, die Busen sind euch übergegangen von dem vielfarbigen Reichtum des Lebens, eure jungen Beine sind zu den schwebenden Tänzen des Lebens geeilt!

Das Menschenschicksal, in die rollenden Wellen des Meeres geschrieben! Das Menschenleben: ein Blühen wie das der Wiese im vergangenen Frühling, dessen vertrockneten Halm die Winde dieses Tages hin und her werfen, bis es morgen zu Staub geworden ist! Die Sehnsucht drückt auf die Brust, schwer wie der unermessliche Busen der Erde. Das Mitleid mit denen, die gelebt haben, das Mitleid mit den Lebenden, das Mitleid mit den Künftigen, das Mitleid mit dem eigenen, verfliegenden Dasein. Was bleibt übrig von dem ins kalte Grab gerückten Leben? Von einem Leben, glückserfüllt, schmerzerfüllt wie der Busen eines uferlosen, Wellen aufwerfenden Meeres, das in seiner Uferlosigkeit die hellen Wölbungen der Himmel und die Ruhe schimmernder Unendlichkeit spiegelt, dann wieder als dunkler Tumult tobender Kräfte kämpft, als Meer von schlingenden Schlünden des Todes? Von einem Leben, das strahlte mit dem zarten Staunen im Blick des Kindes, das seufzte unter dem Gewicht des überbordenden Reichtums in der jugendlichen Brust, das die stählernen kämpfenden Kräfte der Männlichkeit anschwellen ließ, das in den stiller werdenden Tagen des gebrechlichen Greisenalters ermattete? Mensch, du, der du gelebt hast von den Morgendämmerungen deiner Kindheit über den Morgen deiner Jugend und den Tageslauf deines Mannseins bis in die kühlen Abende deines Alters hinein, der du die unschuldigen Spiele deines morgigen Tages gespielt, die jugendlichen goldenen Luftspiegelungen deiner Hoffnungen geträumt hast, über das schwere Ackerland deiner Arbeitstage geschritten bist, die abflauenden Abende deines welkenden Lebens erreicht hast, was ist der Lohn deines Lebens? Du Mensch, der du die Qualen und Triumphe der Schmerzlichkeiten und des Glücks erfahren hast, der du die rötlichen Flüge deines jungen Blutes und die pulsierenden Kräfte deiner jungen Schultern erlebt hast, die jungen aufsteigenden Gedanken deiner Stirn und das leise

Rauschen beim Entfalten deiner jungen Schwingen; der du auf der schweren Erde deines lehmigen Ackers gegangen bist, deine harte Hand am Sterz des Pflugs, in der Streckung deines Körpers die unbeugsame Macht der Tat, auf deiner festen Stirn der kühne Mut des Tuns, in der Klarheit deiner Augen der solide Stahl des Willens; der du die stiller werdenden Jahre des Alters durchzittert hast, in der lauer werdenden Brust die erlöschende Dünung des Lebensseegangs, in den runzligen Mundwinkeln die Furchen des gelebten Lebens, die schmerzlichen und die matten, im Blick der Augen seufzende Einsamkeit und müde Verlassenheit, auf der erbleichten Stirn nur mehr die durchscheinende Kühle der Erinnerungen wie der letzte verweilende Abglanz des zur Nacht hin weichenden Abends in den gilbenden Wipfeln des Waldes, was nimmst du mit ins kalte Grab vom bunten Tand des Lebens, die flimmernde Wunderzier der Goldfäden der Hoffnung, die Blutrotstreifen der Liebe in den Rottönungen des Stoffes, das graue Kettgarn des alltäglichen Tuns, nach Jahresellen bemessen, die berauschte Heldenhaftigkeit der Kämpfe, den stolzen Sinnestaumel der Errungenschaften, oder die schmerzlichen Demütigungen der Enttäuschungen, die tiefen Schnitte der Leiden und den Schlaf der Erschöpfung als Ruhe des Müden und Arznei des Verarzteten? Was nimmst du mit von der Fülle des Lebens, du, dessen Eingedenken den Gefilden des Tages weichen muss wie der schwebende Schatten der Wolke auf der Flur, das erlöschen muss wie die einsinkende Welle auf der Wölbung des Meeres, in Vergessenheit geraten wie ein bei der Geburt gestorbenes Leben?

Die Sehnsucht saugt in mir, plötzlich, lodernd und feurig, wehmütig und endlos wie ein Meer ohne Ufer. Die stillen, bleichen Ruhenden, auf ewig im Schatten der Erde versunken: Mit diesen meinen lebendigen Augen habe ich in eure lebendigen Gesichter geblickt, eure fühlenden Hände in meiner fühlenden

Hand gehalten, Laute eurer Lippen geborgen in meinem Ohr: Es ist ein Wunder, dass ich lebe, wo ihr anderen alle erloschen und verstummt seid unter dem Gras.

Auf einmal finde ich mich in der Kirche meiner Kindheit wieder, um mich herum die singende Gemeinde, die sich erhoben hat. Der Gesang gleicht dem monotonen Meeresrauschen, hier und da aufschäumendes Plätschern, wenn eine Welle sich erhebt und dann kippend erlischt. Man hört die grelle, abrupt abbrechende Stimme einer alten Frau heraus, einsam wie das Klagen eines verirrten Vogels auf dem Wasser, weiter hinten brummt die tiefe Stimme eines Mannes, schwer wie aus dem innersten Innern der Erde gezerrt, noch weiter weg erklingt in klangvollen Höhen die frische Stimme einer jungen Frau, voll wie das sommerliche Säuseln einer sich belaubenden Birke, leicht in ihren Läufen wie der Lerche Flug und hell wie der Flöte höchste Töne, über allem dröhnt der feste Gesang des alten Kantors, mal in Tiefen versinkend wie der Schall sich legender Meere, mal zu voller Kraft anschwellend wie derselben Gewässer rollendes Tosen. Gemächlich und uneinheitlich langsam ist dieser Gesang, bisweilen vollständig versiegend, sodass man nur den auf der Empore stehenden, die Gemeinde über das dicke Gestell seiner Brille hinweg beäugenden Kantor hört, fast wie ein missmutiges Schnurren durch halb offene Lippen, wenn er dazu ansetzt, aus dem breiten Balg seiner Brust eine neue gewaltige, die hölzerne Decke zum Beben bringende Stimmlawine in die schläfrige Kirche rollen zu lassen. Dieser monotone, uneinheitliche, von den längst in alle Ewigkeit erstarrten Lippen gesummte karge Gesang in der kleinen armen Schärenkirche dringt über die Jahrzehnte hinweg an mein Ohr wie das unendliche Rauschen einer Orgel, anschwellend, die Säulen des Himmels ausfüllend wie das auf ewig unauslöschliche Seufzen des schweren, grenzenlosen Meeres mit seinen widerhallenden Ufern.

Der Gesang ist verstummt, die Gemeinde hat sich gesetzt. Ernste Stille in der weiß gestrichenen Kreuzkirche mit der Bogendecke. Der Pfarrer, der alte Pastor, hat die Kanzel erklommen, getragen und feierlich erschallt seine Stimme über der schweigenden Gemeinde, auf der Frauenseite rascheln steif die Seidentücher, die Männer sitzen mit geraden Nacken und verschlossenen Gesichtern in den Bänken. Die Sommersonne zieht ihre Bahn am südlichen Himmel, über den Fußboden im Chor wandert gemächlich der schräg vorrückende Lichtfleck des Fensters, schon erreicht er den Treppenbalken der Küsterbank und schickt sich an, die eichenfarben gestrichene Vorderwange hinaufzuklettern, sie in gelblich goldenen Glanz zu gießen. Ein Vogel fliegt vor dem Chorfenster auf den Ast einer schwankenden Birke und lässt ihn gleich wieder leer schaukelnd zurück. Unsagbar schläfrig machender Friede in der Kirche und in der Luft, die großen, stillen Gestalten des Altarbildes in ihren weiten blauen und rötlichen Gewändern tauchen in ihrer feierlichen Gelassenheit ins Auge, und durch ihr erhabenes, gnadenreiches Ausbreiten der Arme wehen die Fluten und das überirdische Brausen des Friedens eines großen Tempels in die kleine Kirche herein.

Matter, feierlicher Friede in der Kirche. In der Luft die träge Stimme des alten Pfarrherrn, mal sich zu beschwörender, strenger Macht aufschwingend, mal milde sänftigend zum Trost. Die Leuchter aus Erz und Messing hängen schwer von der Decke, ein Sonnenfunkeln hat die erste Glaskrone im Chor erreicht und spielt mit deren Kristallwundern, vor den Emporen schaukeln leicht die alten Votivschiffe mit ihren hohen Heckspiegeln in voller Takelage. Der Sand rinnt im Stundenglas der Kanzel, und als könnte man es hören, klicken die Augenblicke im Strom der Ewigkeit davon.

An der Reling der südlichen Empore lehnt ein alter Mann,

seine Arme ruhen auf der Brüstung, durch das Giebelfenster taucht die Sonne sein weißes Haar und den hellen Glanz seines geneigten Hinterkopfs in verschwenderisches Gold. Sie stehen dort zu zweit nebeneinander, ganz im Zuhören verloren, es sind ihrer drei, vier, mehr noch, Ellbogen um Ellbogen auf der Reling der Empore, jeder auf die gleiche Weise mit gebeugtem Haupt, den kahlen Hinterkopf nach vorn geneigt, jeder mit dem gleichen reichen Gold der Sonne auf den weißen Büscheln an den Ohren und auf den zottigen Locken der Bärte, alle mit der gleichen Bereitschaft im Gesicht und der gleichen Ruhe in den ergebenen Augen. Ihr erleuchteten Alten auf der Empore der Kirche meiner Kindheit, war es nur die Sonne, die mit dem heiligen Gold ihres Friedens euer ergrautes Haar kleidete, oder war die feierliche Ruhe bereits in euren Herzen verborgen und auf euren Gesichtern zu sehen, die beständige Ruhe am Rande des Grabes wie am Geländer der geweihten Kirchenempore?

Ein weiteres Mal schneidet mir, der ich auf meiner Steinplatte sitze, eine große und brennende Wehmut ins Herz, spitz wie ein Stachel, raumgreifend tief wie die blaue Unendlichkeit des Himmels. Meine Alten auf der Empore, der alte Pfarrer, dessen Worte fromm in der Kirche von damals widerhallen, die in feierlicher Stille lauschende Gemeinde, in der ich jedes Gesicht kenne, bilden die Vergangenheit hinter den Schatten der Gräber. Längst haben die fernen Jahrzehnte die feste, verlässliche Stimme des Pfarrherrn zum Schweigen gebracht, längst hat kühler Sand die weißhaarigen Alten von der Südempore in die Arme geschlossen, nur Geister meiner Erinnerungen sind jene Menschen noch, deren lebendige Gesichter meine Kinderaugen mit respektvollem Staunen betrachteten. In die Ferne der Jahrzehnte zurückgewichen und von jenseits der strengen Grenze des Todes betrachtet, wachsen ihre Gestalten zu feierlicher Größe heran, auf den erblassten Stirnen, den geschlossenen Augen, erstarrten Mundwinkeln die erschütternde Autorität beendeter Menschenleben.

O ihr gewichenen Schatten in der Ferne der Jahrzehnte und im matten Schoß der Gräber, o du still gewordene Gemeinde der einst singenden Kirche meiner Kindheit, die heiteren, leichten Tage eurer Kindheit sind gelebt, auch die vibrierenden blutvollen Träume eurer warmen Jugend sind verflogen, an den Ecken morsch geworden und im Gebälk zerfallen auch die so fest gefügten Wandbalken eurer kräftigsten Männlichkeit, und der Erschöpfte am Abend des Alters und im Geröll des Lebens ist vergessen!

Gewichene, gewichene Schatten! Verflogene, verflogene Generationen, Herzen, in denen das Pochen von Freude und Schmerz erloschen ist! Pflug und Spaten haben die Wiesen, über die sich euer Weg zur Kirche einst schlängelte, zum Feld umgegraben, junger Wald überwuchert die geheimen Pfade, die an hohen sommerlichen Sonntagmorgen von eurem bunten Gewimmel erfüllt waren, die schwankenden Stegbäume sind in den nassen Senken morsch und zu Erde geworden, und Moos wächst auf jenen Steinen, die eure eilenden Schritte abrieben. Neue Generationen gehen neue Wege, und in ganzjährigem Frieden liegen die euch vertrauten alten Kirchufer da: Nur ein einzelner zerfallender, in die Wellen sich neigender Steg mag den Einsamen, der sich zu den vergessenen Landspitzen in den verlassenen Buchten verirrt, an jene Tage erinnern, als eure Kirchboote dutzendfach mit schäumenden Steven und voll mit buntem Kirchenvolk beladen am Ufer festmachten und die robusten Balken der Brücke unter dem Gewicht der drängelnden, eilenden jungen und der ruhig dahinschreitenden alten Leute schwankten.

Jenes vertraute, uralte Ufer sehe ich, ich sehe die schwankenden Balken und das fröhliche, bunte Leuchten auf der wimmelnden Brücke, ich höre das schnelle Klappern eilender Schritte auf dem gepflasterten, von Kiefernwurzeln durchäderten Weg. Endlose lärmende Eile, hastiges Geschlängel auf dem sich fältelnden nadeltrockenen Pfad, der hinter dem Vorhang des Waldes verschwindet: ein Blinken und Schwirren, vorbeipreschende Knabenscharen, tuschelnde, kichernde Mädchengrüppchen, aufrecht schreitende standhafte Männer, gebeugte alte Frauen, Lodenschwarz und geblümter Kattun, Gewoge von Tüchern, raschelnde Röcke, klappernde Absätze, Gesprächsgemurmel und helles Gelächter! Ich sehe die blaue Öffnung der Bucht, auf ihrem Glitzern weitere wetteifernde Boote, die Ruderblätter blinken einen Augenaufschlag lang silbern in der Luft und zucken ins Wasser zurück, die weißen Hemdärmel der Ruderer flattern im Wind, und die Schaumgirlande vor dem Bug schwillt an: Bald erreicht ein neues Boot die Brücke, ein zweites dahinter, auch der Gerichtssprengel kommt hundertköpfig und mit hoch aufragenden Vordersteven und sorgt für neues Gedränge und buntes Gerenne auf den Balken der Brücke!

Ich sehe noch weiter hinaus, über den Felsen an der Spitze der Halbinsel hinweg auf die funkelnden Weiten des Meeres, die Wellen bewegen sich auf und ab wie ungezügelte, stürmische Schafe, Kamm um Kamm wirft sich in den Tanz der Lüfte, leuchtet kurz auf im Glanz seines Blaus, zieht sich eine silberne Schaumgirlande über und schießt sprühend in ihr dunkles Grab, Platz schaffend für ihre blauen Schwestern, von denen es so viele gibt, für die unzähligen Ankömmlinge aus den frischen Räumen entfernten Wogens.

Plötzlich haben sich das bunte, eilige Kirchenvolk von vor Jahrzehnten und die blau plätschernde Öffnung der Bucht in meinen Augen in ein geliebtes Bild meiner gesamten Heimat verwandelt. Mit umhüllendem, umarmendem Blick sehe ich in einer einzigen alles vereinenden Ansicht ihre Ufer, die kargen, armen Felsenufer im Sonnenglanz eines sommerlichen Sonntags, klar leuchten sie, während durchsichtige helle Wellen an ihren glatten roten Rändern lecken, ich sehe das blau schimmernde Meer, die zahllosen Inseln und Sunde und beidseits der Sunde die dunstschleirigen Augen der Meeresflächen, draußen im Brodem der offenen See ferne weiße Klippen wie schwimmende Möwen mit dunklen Schultern. Ich sehe Hunderte rötlich schimmernde Halbinselspitzen und weißfelsige Buchtöffnungen, im Innern der Buchten graue, windschiefe Ufermagazine, darüber das grelle Kreischen der Möwen, und alles umgeben vom bitteren Duft der Fischabfälle. Ich sehe die graubraunen, niedrigen Wälder mit ihren verdrehten, vom Wind gebeutelten Kiefern, die armen Pfade, wie sie sich auf und ab schlängeln über endlose, flache Felsenrücken und steinige Heiden, ich sehe von Hainen gesprenkelte lächelnde Wiesen mit ihren üppig belaubten Birkeninseln, eine blühende Eberesche auf einem Hügel, eine lispelnde Espe bei einem Gatter und das duftende Maiglöckchen am Fuß einer Birke. Vor meinen Augen entfalten sich die grünen Täler mit ihren wogenden Feldern, deren stählern schimmernden Roggen der frische Wind bürstet und biegt. Zwischen den Birkenhainen blitzen auf Hügelhöckern kleine, stille Dörfer und einzelne verträumte Häuser im Sonntagsfrieden auf, das Sonnenlicht blinkt in den bunten Scheiben der Veranden, und ein blühender Apfelbaum schwankt an der Giebelecke. Ich sehe jene stillen Dörfer, die stillen Häuser, ich spähe in die am Saum des sommerlichen Sonntagvormittags dahindämmernden Stuben, in denen der Friede summt wie aus der Tiefe der Jahrhunderte heranreichendes Orgelrauschen.

In einem einzigen umarmenden Blick schließe ich jene Meere und Länder ein, die Hunderten Halbinseln mit ihrem silbernen Wellengeplätscher, die lächelnden Birkenhage mit ihren Maiglöckchenwiesen, die unter der Sonnenklinge des Mittsommers wogenden Kornfelder mit ihrem milden Säuseln, jene vertrauten, verlässlichen Dörfer und die vertrauten, verlässlichen Häuser an ihren vertrauten Hügelhängen, in ihren verlässlichen Stuben, all die vertrauten, unsagbar vertrauten Menschen.

Liebe überspült mich, so plötzlich wie die ertränkende Flut des Meeres, so fruchtbar wie der zur Mutterschaft sich öffnende Schoß einer Frau: O, du wehende Luft von vor Jahrzehnten, du Hauch, du Duft, lindernd auf meinem Gesicht, meinen Lidern, erfülle mit deinem süßen Strömen meine trinkende Brust, meine saufende Seele, ihr geliebten Menschen von vor Jahrzehnten, die ich euch mit diesen meinen lebendigen Augen sehe, die ihr in den Schatten der Gräber gewandert seid, erquickt durch die feierliche Größe eurer Ruhe, schlagt die für ewig geschlossenen Augen auf und zeigt dem suchenden, brennenden Blick meiner Sehnsucht und meiner Liebe euer jenseits des Grabes verklärtes und erhöhtes Menschenschicksal in seinem Reichtum und seiner ewigen Würde! Ihr vergangenen Tage, ihr vergangenen, vom Gold der Erinnerung aufgehellten Tage, ihr vergangenen Menschen, ihr auf der Höhe eurer Vergangenheit ersehnten, geachteten Menschen, spiegelt meinen liebenden Augen eine schmerzliche und herrliche Weile der Erinnerung vor!

Im Saal von Alastalo

ERSTES KAPITEL

Alastalo nimmt die Gäste in Empfang.

Zu zweit und zu dritt stapfen sie gemächlich den Hang hinauf, hier und da auch mehrere Männer zusammen, je nachdem, wie die Kähne am Ufer anlangten und wie lange man herumstehen und warten musste, bis die Segel eingeholt und die Boote vertäut waren, damit man sie verlassen konnte. Alastalo stand am Eingang zum Vorhaus, um die Gäste zu empfangen, schüttelte Mann für Mann die Hand und machte lauthals gutmütige Bemerkungen, geleitete sie ins Vorhaus und schob sie weiter durch den Hausflur in den Saal. »Setzt euch, setzt euch nur! Willst dich wohl ein bisschen aufwärmen, Mikkelsson, weil du dich gleich neben dem Türrahmen niederlässt, beim Kachelofen? Der bollert freilich nicht mehr, zu Walpurgis ist er das letzte Mal angefacht worden, und inzwischen hat der Kalender schon Michaeli hinter sich gelassen! Es gibt auch Schaukelstühle im Saal, was der Herr vom großen Krookla-Hof ist, der sitzt nicht an der Tür!«, hielt er dem alten Streithammel vor, der trotzdem stur auf dem Stuhl sitzen blieb, den er sich ausgesucht hatte. »Nur herein, herein, wir haben auch an der hinteren Wand Stühle!«, ermunterte Alastalo seine Gäste und schubste sie weiter; im Vorraum stampften schon neue Schritte.

Für das Haus Alastalo war das heute ein großer Tag. Vergangenen Winter schon war man bei jeder Katechismusprüfung in der Gemeinde, oder wo sonst Männer aufeinandertrafen, ernsthaft auf die Angelegenheit zu sprechen gekommen; die Geschichte dürfte sogar noch älter sein; seit Jahren war die Rede davon gewesen. Erst jetzt im Sommer hat das Ganze dann aber in Alastalos Kopf genauere Fasson angenommen. Er ärgerte sich immer öfter in den Häfen, wenn er mit Leuten aus der Stadt zusammensaß und diese großspurig mit ihren Winterfrachten prahlten, während die Briggschiffer mucksmäuschenstill danebensitzen und zuhören mussten, wie sich die anderen Männer unterhielten. Sogar wenn man mit Åland-Kapitänen plauderte, kam die Rede häufiger darauf, dass Briggs ein zu kleines Geschirr waren, von Schonern ganz zu schweigen. Außerdem zeichnete sich immer deutlicher ab, dass mit Janne Pihlman auch für ein besseres Schiff ein flinker Mann bei der Hand wäre. Alastalos Zufriedenheit mit seinem Steuermann wuchs stetig; als Kapitän musste er nicht viel mehr tun, als in der Kajüte sitzen und Pfeife rauchen: Der Junge kümmerte sich um alles! Außerdem hatten Siviä und Janne etwas miteinander, das hatte auch Eevastiina gesagt, und er selbst hatte es gleichermaßen bemerkt, aber was war schon dagegen einzuwenden: Schlechtere Schwiegersöhne könnten einem ins Haus schneien! Dem Jungen muss man zur rechten Zeit ein Schiff beschaffen, damit man sieht, wozu seine Krallen fähig sind, war es Alastalo während der Sommerfahrt unablässig durch den Sinn gegangen. Und wäre es nicht schön, bevor man selbst wirklich und wahrhaftig auf dem Festlanddeck bleibt und die ausländischen Gewässer den Jüngeren überlässt, mitzuerleben, was man als Mann unter seinem Hut fühlt, wenn man vom Achterdeck aus drei Masten vor sich zählt und der Bugspriet am Atlantik schnuppert, während er sich gen Spaniens Küste driften lässt? Auch beim Begrüßungsbankett für die *Siwiä* vor drei Wochen hatte Alastalo das Thema bereits auf die Worfelkante gebracht, hier und da auf den Zahn gefühlt und den Samen des Gedankens ausgestreut, um zu sehen, wo er auf fruchtbaren Boden fiel. Auch hatte die

Slup der *Siwiä* in diesen Wochen nicht viele Tage faul am heimischen Ufer liegen dürfen, geschlagene sieben Schläge weit war er mit Janne auf dem Kivivesi gekreuzt, manchmal war auch Härkäniemi dabei gewesen, als sie jedes auch nur etwas besser bestallte Haus in der Gemeinde aufgesucht und in Stuben und Sälen bei einem warmen Grog mit dem Bart gewackelt hatten. Auch auf dem Kirchhügel hatte es an ein paar Sonntagen an Gesprächsstoff nicht gefehlt, vor dem Gottesdienst und danach, sodass das übrige Kirchenvolk stundenlang am Ufer warten musste und sich ärgern durfte, bis die Hofherren kamen und das Kirchboot die Heimfahrt antreten konnte. Auf Langholma war Alastalo als Erstes gewesen – da hatte er nur Härkäniemi dabeigehabt, Langholma war nämlich einer, bei dem es am klügsten war, gleich zu Beginn klipp und klar zum Kern eines Anliegens zu kommen, so wie man es zwischen den Zähnen hatte, und da war es angenehmer, wenn Janne nicht danebensaß. Nachdem das Ganze dann Fahrt für Fahrt immer mehr Gestalt anzunehmen schien, sprachen sie, diesmal zu dritt, ein weiteres Mal bei Langholma vor, und da wurde dann vereinbart, dass es am besten sei, alle Männer in Alastalo zu versammeln und zu befinden, ob etwas dabei herauskommt. Langholma hatte, zwischen zwei Zügen an der Pfeife, mit einem Auge Janne musternd, gemeint, man könne ja einmal schauen, er jedenfalls werde sein Boot rüsten und nach Alastalo fahren, da werde man dann sehen.

Danach näherte die Angelegenheit sich ihrer Klärung: Da Langholma nun einmal dabei war, machten auch die anderen mit! Und nun war es also so weit, dass Alastalo mit erhobener Hand vor dem Haus stand und Mann um Mann in den Saal lotste, alle nötigte, Platz zu nehmen, sie zum Pfeifenregal lenkte und mit Ermunterungen und schrillem Lachen umschnurrte. »Na, Nordberg, nur herein, nur herein, du machst ja auch am Fischufer von Stockholm kein Gedöns, wenn du nach einem

Platz für deine Jacht Ausschau hältst: Die Nase eines Käpt'ns muss so beschaffen sein, dass er im Hafen den besten Platz an der Mole für seine Jacht zu riechen versteht, wo das Gewimmel der Käufer am größten ist, und an Land den Stuhl in der Stube, von dem aus er den kürzesten Weg zum Grogtisch hat!« Jeder bekam ein Wort mit auf den Weg, oder auch zwei, ob er zu den Geringeren oder zu den Mächtigeren gehörte: Durch gutes Zureden bekommt man das Pferd von der Weide und an die Zügel, und die Kartoffeln springen nicht von selber aus der Furche in die Kiste, man muss sie mit den eigenen Fingern auflesen! »He, he, auf unserem Boden stockt der Lehm nicht am Fuß, so wie auf deinen langen Äckern!«, ermunterte er den gemächlichen Bauern Karjamaa mit einem leichtem Schubs in den Rücken und dirigierte ihn quer durch den Raum auf das mächtige Ledersofa an der hinteren Wand zu. »Was ein Hofherr ist, der muss auf einem Platz sitzen, der auch einen Größeren aushält!«, erklärte er mit gewandter Zunge. »Wie ich gehört habe, hast du auch diesen Herbst wieder ein volles Dutzend Ochsen nach Schweden gebracht! Wie lange wird es noch dauern, bis du sämtliche Schwedische Kronen abgemolken hast, Karjamaa, he, he?«, schwatzte er auf seinen Gast ein, während er ihn mit sanfter Gewalt in die Sofaecke drückte. Karjamaa war für bis zu einem sechzehnten Anteil an der Bark gut, darum gab es allen Grund, ihn bei Laune zu halten. »Bist auch du endlich in das Alter gekommen, in dem den Menschen die Schüchternheit plagt, weil du noch immer keine Pfeife im Bart baumeln hast?«, bekam der vierschrötige Schöffe Lahdenperä, der in der Mitte des Sofas saß, beiläufig freundlich zu hören, bevor Alastalo mit ausgestreckter Hand zur Saaltür strebte, um einen neuen Ankömmling zu begrüßen.

Wie ein Seehund im Wasser wand sich der wohlbeleibte Alastalo durch die Schar seiner Besucher. Die schnelle Hand geschmeidig, das schnelle Wort geschmeidiger, das Denken hinterm Stirnbein aalglatter noch. Wenn ein Mensch der Koch bei einem Fest ist, braucht er eine Kelle in jedem Topf und Würze, um die Suppe zu verlängern! Ohne Quietschen läuft das Rad nicht, wenn die Achse nicht mit Seife geschmiert und das Räderwerk nicht gefettet ist! Der Uhrmacher ist's zufrieden, wenn er Zange und Pinzette, Feilen und Hammer, etwas zum Bearbeiten auf der Schraubstütze und klaren Stahl zu schlagen hat, aber ein geschickter Daumen ist gefragt, wenn man im weichen oder kantigen Denkschädel von zwanzig Männern den Verstand ins Gewinde drehen und das Räderwerk zum Schnurren bringen will, wohl wissend, dass jene über die Geldbörse in ihrer Brusttasche selbst verfügen! Man hat schon Gedankengemenge genug hinter sich, bis man sich im eigenen Kopf klargemacht hat, dass eine Bark Geld in die Gemeinde segelt, und sich überlegt hat, wie man das Ganze günstig auf den Kiel kriegt! Aber die eigentliche Arbeit fängt erst an, wenn der Kaulbarsch gekocht ist und in der Schüssel liegt! Oh, was für eine Sorte Gräten man da abnagen muss, bevor man etwas im Mund hat, und was zum Teufel es für eine Arbeit macht, in den Köpfen der Menschen einen kleinen Krümel weiche Vernunft vom kniffligen Knochen zu kratzen! Fülle hab ich reichlich auf den Rippen, um mich gelenkig zu drehen und zu wenden, und die Zunge ist mir auch noch nicht im Mund müde geworden, aber verflixt, mehr als einmal hatte ich diesen Herbst Mitleid sowohl mit meiner Brust wie auch mit meiner Zunge, weil ich mit beiden so biegsam balancieren musste! Auch der Verstand rinnt einem in Schweißtropfen von der Stirn, wenn man seine Denkfähigkeit so strapazieren muss!, kam es Alastalo für die Kerbe eines Augenblicks in den Sinn, und er wischte sich ächzend mit dem aus der Tasche gezogenen, blau gemusterten Sacktuch die quellenden Schweißperlen von der geröteten Stirn. Wo bleibt Langholma, damit wir die Sache endlich bei den Hörnern packen können? »Janne!«, sagte er, als man es im Vorbau wieder poltern hörte und er auf dem Weg zur Tür an seinem jungen Steuermann vorbeikam, »behalte das Seitenfenster im Auge, falls Langholma um die Spitze herum in die Bucht einfährt, damit du ihm am Ufer hilfst, die Segel einzuholen!« Jetzt kommt der vermaledeite Pukkila!, dachte er gleichzeitig, als er nach dem Hausflur lauschte: Man hört es am Salbadern! Brigg, Brigg und wieder Brigg! Jetzt darf man sich wieder den ganzen Athanasius von vorne und von hinten anhören! Auch den Evald hat er dabei: natürlich! Wo soll der Schwanz denn hängen, wenn nicht hinten am Hund? »Die Brigg und der Evald, die Brigg und der Evald« wird es gleich noch ermüdender in den Ohren tönen als sonntags in der Stubenecke das Katechismusgemurmel vor dem Abfragen. Aber soll sich der Bart des Bocks doch zausen! Ich wäre, verflixt noch mal, nicht Alastalo, wenn sein Mundwerk nicht auch noch von der Baa-aark singt, nachdem es eine Zeit lang gebriggt hat! Und Evald schütteln wir ab wie der Hase den Köttel, bevor er davonrennt!

Alastalo stand jetzt bereits mit ausgestreckter Hand im Vorbau. Tatsächlich war da Pukkila mit seinem Sohn im Anmarsch. »Ahaa, auch ein Meeresabschnitt wie Kivivesi ist nicht so lang, dass man nicht bis an sein Ende segeln könnte! Härkäniemi hat sich beim Warten auf dich schon mal die beste Pfeife ausgesucht, fürchte ich! Und gleich zwei Mann, so viel wie eine Brigg Masten hat!« Alastalo schüttelte Vater und Sohn die Hand und redete unablässig: Man musste den Mund in Betrieb halten, wollte man bei Pukkila zu Wort kommen. »Hättest du auch den Verneri mitgebracht, dann hättet ihr drei Toppen in der Slup gehabt! So viele wie in einer Bark. Aber jeder Sünder hat seine Angst: Kommt dir, wenn's um Schiffe geht, der Dreizack des Teufels in den Sinn, weil drei Mastspitzen auf einem Schiff dir so ein Dorn im Auge sind?« Am besten war es, schon im Flur mit dem Disput zu beginnen, da hatte der andere im Saal dann weniger Schwung!

Pukkila hakte sogleich ein. »Kann sein, kann sein!«, murmelte er in seinen Bart. Man schießt nicht auf das Birkhuhn, bevor es auf der Warte sitzt, warum sollte er im Hausflur gegen die leeren Wände spritzen, was im Saal Alastalos Kinnbehaarung ansengen würde, wenn rundherum ein Dutzend gieriger Ohrenpaare Zeuge der saftigen Sache würden! Noch als sie den Uferhang hinaufgegangen waren, hat er zu Evald, seinem Sohn, gesagt: »Sollen sie ihre Bark-Bark doch bauen, von mir aus eine Bark-Bark, aber ich werde Salz in die Suppe streuen-streuen! Alastalo hat große Ohren, königliche Ohren, die reinsten Kescher, da werden wir ein paar Wortmücken hineinsurren lassen: Da passen ordentlich welche rein! Langholma laviert noch hinter Kaaskeri, wir haben also Zeit, hier den Zahn zu kitzeln! Wir räuchern-räuchern den Alten, dann wird er ein bisschen dünner, so fett, wie er ist! Kann sein, dass die Backen so tun, als würden sie ein derbes Lachen von sich geben, und die Brust, als würde sie sich vor guter Laune schütteln, aber ein-, zweimal, ein-, zweimal und viele Male mehr muss der verärgerte Daumen schroff an der breiten Innenseite des Nasenlochs schaben, weil der Widerhaken eines Worts von Pukkila durch die Schmerschicht in die Gemütshaut sticht und einem das großspurige Lachen der lärmenden Männer von allen vier Wänden des Saals in den Ohren johlt! Ich bin nicht klein, und ich bin nicht groß, ich bin Pukkila, ich, und das Zungenstück von Pukkila steckt in meinem Mund! Lach nicht, Evald, ich lache auch nicht, wenn mir ein Teufel aus dem Bart schießt, aber guck dir an, wie die anderen lachen, Evald, ich gucke es mir auch an!«, hatte er seinem Sohn noch geraten, als sie schon die Schuhe an dem dichten Bündel Nadelzweige vor der Haustür abstreiften. »Kann sein, kann sein«, murmelte Pukkila also nur auf Alastalos Hänseleien. »Steifer-steifer Gegen-Gegenwind auf dem Kivivesi-Kivivesi!«, murmelte er, um die Sprechpause zu füllen und seine Zunge geschmeidig zu halten, damit der andere ihm nicht noch mehr Bitteres ins Ohr träufeln konnte: Die Augen spähten bereits an Alastalos Schulter vorbei und durch den Hausflur in den Saal. Ahaa! Das Vierkantgesicht von Lahdenperä ist schon da und leuchtet mitten auf dem Sofa an der Hinterwand! Glaubt der Schöffe schon, dass sein Wald zu Spantenholz wird und er selbst Reeder der Bark? Und Härkäniemi kreuzt mit Volldampf unter der Nasenspitze quer durch den Raum aufs Pfeifenregal zu: Hat er es plötzlich eilig, weil er Pukkila im Flur gehört hat, mich, damit er rechtzeitig die beste Pfeife zwischen die Zähne kriegt? Und spitzt da nicht die vor Neugier krumme Nase von Mikkelsson aus Krookla hinterm Türpfosten hervor? Hat es Alastalo tatsächlich fertiggebracht, sogar diese Kümmerschnarre herzulocken? Pukkilas Auge kehrte von seinem Ausflug zurück und schwenkte misstrauisch über Alastalos stattlich solide Gesichtstafel. Du lachst mit einem Grunzen: Auch das Schwein grunzt, aber es hat einen Fangzahn in beiden Backen! Du hast den schnellen Schalk im Blinzeln deiner Augenwinkel und gut gelauntes Schwabbeln im wabbelnden Pökelfleisch deines Gesichts, aber an den Stielen deiner Augen wetzt ein wachsamer Falke seine Krallen, und unter dem Mulch deiner Backen sitzt einen Viertelzoll tiefer ein harter Knochen! Ich habe noch nie auf glattem Eis und mit bloßen Händen mit einem klaftergroßen Ungetüm von Seehund, das faul in der Frühjahrssonne liegt, gerungen, aber in diesem Saal werde ich mit dir ringen! Dieser Tag wird, verdammt noch mal, zu guter Letzt noch einer, an dem es ernst wird!, drängte es sich mit Gewalt unschön in Pukkilas Sinn. »Jahaa! Barkkähne willst du in deinem Alter noch schnitzen! In dem Alter war ich auch mal, ein paar Jahre vor der

Konfirmation!« Außer Evald hörte niemand die Stichelei, aber die Verstimmung schob das Gift unnötig verfrüht auf Pukkilas Zungenspitze. So war es ein Fehleinsatz, er ärgerte sich selbst darüber, es hätte Alastalo in den Ohren gebrannt, wenn Lahdenperä schallend gelacht hätte, und vielleicht auch sonst noch jemand im Saal. »Eine Bark-Bark-Kiefernbark!«, bekräftigte er zur größeren Klarheit der Angelegenheit, damit ihm sein Wort nicht ganz und gar unnütz herausgerutscht war; immerhin hatte er seinen Mund so weit in Bewegung, dass Alastalo nicht gleich eine Redelücke fand.

»Die Barken in den Teich, die Männer in den Saal!«, gab Alastalo mit geöltem Kinn von sich, als hätte er das Spektakel gar nicht gehört. »In den Saal, in den Saal, ich sag es zwei Mal, weil es zwei Kerle zu kommandieren gibt! In der Stube schnurstracks an den Tisch, der sich biegt, wenn einem der Hausherr auf die Schulter klopft, und auf der Wiese auf die lange Mähbahn, wenn einem die krumme Sense in die Hand gedrückt wird. So ist es in einem guten Hause Brauch!«, gab Alastalo an verträglichen Wörtern wie Schmierseife von sich, und eine Hand schob Pukkila mit dezentem Nachdruck über die Schwelle, während die andere Evald bedeutete, ihm in den Hausflur zu folgen. »Ach, du hast einmal selbst gebastelte Kähne schwimmen lassen?«, plapperte er Pukkila unschuldig ins Ohr, als sie sich der Tür zum Saal näherten. »Und ich hatte die Vorstellung, du kaufst deine Schiffe fertig in Luvia, wenn dir nicht gerade die Åländer ihre Wracks aufschwätzen!« Es war am besten, dem anderen leicht den Kurs zu schneiden, bevor man in den Saal kam, damit drinnen nicht gleich laut die Zunge ertönte!

Das war eine ärgerliche Bemerkung, die in Pukkilas Ohr drang, und das in dem Moment, in dem er durch die Tür den Saal betrat! Es zwackte ihn derart in den Eingeweiden, dass er am liebsten mit den Hinterhufen nach den Beinpfeifen des

Mistkerls ausgeschlagen hätte, der da hinter ihm keuchte. Es stimmte aber: Die *Usko* hatte er in Luvia gekauft, und über den Kauf der *Frida* würde er heute lieber schweigen. Da muss dieser Gottlose seinem Gast so etwas ins unbescholtene Ohrloch flüstern, justament, wo dieser unschuldig in den Saal spaziert! Und dabei speichelte der Schädling sein Gift auch noch so leise, dass man, verdammt noch mal, nicht darauf antworten konnte, weil keiner ringsum etwas gehört hat! Pukkila blieb in diesem Augenblick nichts anderes übrig, als seinen Ärger zu schlucken, ihn wie einen Kaulbarsch samt Gräten zu schlucken und als gekniffener Mann über die Schwelle in den Saal zu treten.

ZWEITES KAPITEL

Pukkila geht im Saal von Alastalo zum hinteren Sofa, um sich zu setzen.

Ein gekniffener Mann, wie gesagt, war Pukkila, als er auf Alastalo den Saal betrat. Auch sonst versetzte es seinem Auge und seinem Gemüt jedes Mal einen Stich, wenn er hier zur Tür hereinkam! Allein der Hausflur! Anderswo geht es vom Vorhaus direkt in den Saal! Und wozu muss Alastalo größer tun als diejenigen, die bessergestellt sind als er? Hat Langholma etwa einen so großen Saal? Vier Klafter und zwei Viertelellen jede Wand von einer Ecke zur anderen, innen gemessen, wo vier Klafter das gesetzliche Maß für einen Saal sind! Jedes Mal ist die Rede davon: zwei Ellen breiter als die Säle der anderen. Gleich wird man es sehen! Die hinteren Kammern angeblich so schmal, dass sie bloß gut zwei Klafter Breite an der Giebelseite haben! Der soll seinen Scheißdreck Dümmeren auftischen: Über den Saal denkt man dann nach, wenn man dem Gebäude die Ecken macht! Diesmal piekste es Pukkila innerlich noch schlimmer als gewöhnlich, während sein Auge wider Willen erneut die hintere Wand abmaß und er ein für alle Mal zugeben musste, dass der Saal, was immer man darüber dachte, prächtig anzusehen war, insbesondere, wenn man so zur Tür hereinkam und die Sonne warm in der vollen Breite der seeseitigen Fensterfront auf den langen Teppichen über dem weitläufigen Boden lag. Verdammt, wenn nur endlich mein neuer Anbau im

Ständerwerk steht, dann füge ich eine Viertelelle hinzu, eine Viertelelle mehr auf jedes Maß: Dann darf Alastalo kommen und messen! Muss man unbedingt so großtun, auch wenn die *Siwiä* Geld eingefahren hat – ein bisschen, ein bisschen … ein bisschen? Auch das Ledersofa da drüben, von einem Tischler in Stockholm fabriziert, zwei gute Mannsmaß lang, der gleichmäßig gestreckte Bogenbalken der Rückenlehne von Beinpfosten zu Beinpfosten über die ganze Wand zwischen den Kammertüren reichend und mit einer endlosen Glitzerreihe glänzender Messingnägel versehen, die um das straff gespannte schwarze Leder der Rückenlehne herum und über das hochnäsige Randholz der waagrechten Sitzfläche laufen. Man hatte auch früher schon im Saal von Alastalo gesessen, bevor im letzten Herbst das Ding da angeschafft werden musste! Wenn ich erst meinen neuen Saal fertig habe, dann …, wollte der kleine Spross eines Gedankens einen Tropfen Trost jetzt in diese Missstimmung träufeln, aber erst einmal musste sich das Auge schnell vor dem Dorn im selben retten: Dort saß, genau in der Mitte, in aller Stattlichkeit Lahdenperä, ein angenehmer Nachbar zwar, aber jetzt hätte man ihn lieber nicht mit dem Blick aufgespießt! Der hockt mit seinem Hintern auf dem straffen Leder wie ein Ferkel auf dem Federkissen, und die Visage am Vierkantschädel glänzt wie eingesalbt vom Lachen, dass man sich schämt, hinzuschauen! Frohlockt er schon, dass der Preis für den Wald von Vaarniemi ihm seine Tasche polstern wird? Ausgerechnet einem solchen Rübengesicht muss der Wald von Vaarniemi gehören! Auch ich weiß, dass im Wald von Vaarniemi die besten Spantenkrümmlinge in der Gemeinde wachsen, aber warum nicht auf meiner Seite vom Zaun? Dann würden wir nicht im Saal von Alastalo sitzen, sondern bei Pukkila in der großen Kammer, und es würde auch nicht über Alastalos Bark geredet, sondern über Pukkilas Bark! Und du, Schöffe Lahdenperä, würdest du dann groß und breit auf das Sofa passen, auf dem die besten Kapitäne der Gemeinde säßen? Der Herr Schöffe soll durch die Gemeinde rennen und nach den Vätern für die Gören missratener Mädchen rufen, das ist sein Amt, aber im Saal ist sein Platz auf einem Stuhl an der Wand und seine Aufgabe, an der Backe zu kauen, wenn die Kapitäne auf dem Sofa sitzen und sich über Seeangelegenheiten unterhalten!, dachte Pukkila in seinem Grimmen, konnte es sich aber nicht verkneifen, von unten herauf noch einen Blick auf den vorbildlichen Verursacher seines Verdrusses zu werfen. Alastalo weiß die Steine auf dem Damebrett auf die richtigen Felder zu setzen! Sag eine kleine Wahrheit und eine kleine Gemeinheit über Alastalos Bark und lass danach Alastalo zu Wort kommen – zu wessen Worten wird Lahdenperä da heute eher ein Lachen herausrutschen, zu meinen oder zu denen von Alastalo? Für den Preis des Waldes von Vaarniemi kann man schon mal ein dickes Lachen wählen, und wenn ein Mann zwanzig Jahre lang als Schöffe auf der Richterbank gesessen hat und auch sonst vorher schon entsprechend viel Verstand hinter den Ohren gehabt hat, lernt er verflixt vorzüglich zu wittern, wann und bei welchen Richterworten er die Westenknöpfe überm Bauch beim Lachen auf und ab hüpfen lässt und bei welchen er die Kinnkante ernst wie das Gesetzbuch hält! Pukkila ließ Lahdenperä endgültig aus dem Blick fallen wie eine Strumpfstrickerin die Masche: Er spürte an der Luft, dass am heutigen Tag im Saal aus Lahdenperäs Richtung das Polterlachen nicht so ohne Weiteres kommen würde, weder über seine klein-kleinen noch über Alastalos ärgerliche Giftigkeiten. Aber lachen konnte Lahdenperä, das musste man ihm lassen, und er konnte es, verdammt noch mal, an den richtigen Stellen; wenn seine Zunge richtig in Schwung kam, war es eine Lust zu hören, wie Lahdenperä mit seinem großzügig bemessenen Kiefer auf ein Wort hin einen Laut ausstieß wie der Kantor auf der Kirchenempore den Notenkopf, und dann verstanden auch die anderen ringsum, dass Pukkila mal wieder etwas entschlüpft war, über das man lachen durfte, dass die Scheiben zitterten! – Soll er doch auf dem Sofa prangen!, schluckte Pukkila den Gedanken. Wenn man zu viel quasselt, wird einem der Docht gekappt!, würgte er die bittere Pille herunter. Pukkila hält die Pinzette aus Daumen und Zeigefinger schon dafür parat! Auch wenn es ihm fraglos auf den Geist ging. Auch hier und heute muss die Zungenspitze kämpfen, wenn man Alastalo auch nur ein bisschen ärgern will! Jetzt kommt er auch noch mit der vermaledeiten Bark daher, als prasselte nicht sowieso schon genug auf ihn ein!

Hat sich auch Eenokki Karjamaa herlocken lassen? Pukkila wollten fast die Augen zerspringen! Die Augen bezeugten es deutlich: Da saß der Hofherr von Karjamaa, der Karjamaa Eenokki! Eenokki Karjamaa, wie er leibt und lebt, in der Sofaecke! Eine Pfeife zwischen den Zähnen, wie es sich für Eenokki gehört, selbstverständlich eine Pfeife zwischen den Zähnen, der schläft wahrscheinlich sogar mit der Pfeife zwischen den Zähnen, aber ohne dass sie brennt, auch jetzt brennt sie natürlich nicht, ein erloschener Knösel, der nicht glimmt, schon beim Aufbrechen daheim im Mundwinkel vergessen; wer hat überhaupt schon einmal Qualmkringel aus dem Kopf von Eenokki Karjamaas Pfeife aufsteigen sehen? Auch Tabaksgold ist ein Getreide Gottes, das lässt man nicht in Rauch aufgehen, jedenfalls nicht in Eenokkis geizigem Mundwinkel, weil das Mundstück einer bitteren Pfeife ja auch im kalten Zustand Geschmack abgibt! Und die Stiefel voller Lehm, natürlich voller Lehm, wozu sind Eenokkis Stiefel sonst gut, wenn nicht, um durch Lehm zu stapfen, und der Lehm? Ackerlehm? Im Lehm wächst Essbares für den Topf, und wenn es gar ist, wird es aus dem Topf in den Mund gelöffelt, was also schadet es dem Stiefel des Bauern, wenn er voller Lehm ist, soll Alastalo doch die Placken von seinen Teppichen klauben, nachdem der Gast gegangen ist! Eenokki Karjamaa leibhaftig in Alastalos Sofaecke, samt erloschener Pfeife und lehmigen Stiefeln! Pukkila war platt, guckte verstohlen hin und ging um einen frischen Lehmklumpen auf dem Teppich herum: Hier ist der Eenokki vorbeigekommen, als er den Saal betrat und zum Sofa ging!, kombinierte er. Purer Ackerlehm immerhin, es hätte an den Stiefeln des Bauern auch schlimmerer Stoff den Weg vom Acker auf deinen Teppich finden können!, dachte Pukkila und schielte auf den geschäftigen Alastalo neben ihm. Trotzdem hättest du es verdient, dass einer auf dem Garn deines Teppichs den Haufen breit tritt!, dachte er boshaft, während seine Augen nicht anders konnten, als wieder zur Sofaecke zurückzukehren. Dort saß in der Tat Eenokki Karjamaa, an diesem Zeugnis der Augen ließ sich nichts ändern, auch wenn man ein drittes, sicheres Mal hingeguckt hätte, hockte er da, mit seinem Kinn so lang, wie Eenokki Karjamaas Kinn nun einmal lang war. Eenokki Karjamaa saß da mit Stummelpfeife zwischen den Zähnen, an diesem Sachverhalt änderte sich nichts zum Besseren, auch wenn man noch so oft hinschaute!

Wer hatte Eenokki Karjamaa je fernab von Eenokki Karjamaas Zäunen gesehen, außer zweimal im Jahr zum Abendmahl, einmal im Winter zur Kerzenmesse und einmal im Sommer zu dem und dem Dreifaltigkeitstag, ebenso zweimal im Jahr in Turku, im Herbst, wenn er auf dem Herbstmarkt die Alande vom Frühjahr verkaufte und Räucherheringe und die Jahresbutter, und dann im Winter auf dem Wintermarkt, wenn er mit allen Pferden seines Hofs Getreidefuhren in die Stadt brachte, zum Versteuern und Verkaufen. Eenokki erledigt die Angelegenheiten seiner Seligkeit pünktlich, pünktlich auch die Zahlungen an die Krone, pünktlich die Äcker und pünktlich seine

Forderungen; er hat ein Haus und einen Jahreskalender, eine Bibel und einen Funken Seele in seinem sündigen Leib, die Angelegenheiten des Hauses gehen nach dem Kalender vonstatten: an Kreuzauffindung die Frühjahrsbestellung, am Urbanstag das Vieh auf die Weide, eine Woche nach Jakobi die Hocken auf die Wiesen und an Bartel den Getreidesamen in die Furche; die Seelenangelegenheiten nach der Bibel: den Pfarrern ihren Lohn bis auf Butterpfund, Kornmetze und Eiersteige genau am Abgabentag, und die Sünden an anständigen Altartuchtagen als Brot geschluckt und mit Wein heruntergespült, aber ansonsten enden die Dinge der Welt an Karjamaas Zaun und die Angelegenheiten des Himmels an der Stelle, wo der aus dem Pfeifenkopf entweichende Rauchkringel sich in Luft auflöst. Und jetzt sitzt dieser Mann, Eenokki Karjamaa, leibhaftig und mitten in der Woche an Gottes helllichtem Werktag im Saal von Alastalo in der Sofaecke und saugt an seiner erloschenen Stummelpfeife wie daheim in der Stube von Karjamaa? Bei Pukkila liefen die Gedanken für gewöhnlich schnell, das wusste er selbst, aber in der Tat, dachte er, wenn ich in diesem Moment statt Grips einen trockenen Erdklumpen im Oberstübchen hätte, dann wäre ich, verflixt, genauso schlau wie jetzt! Was hatte Eenokki im Saal von Alastalo verloren, wenn da herumgesessen und über den Bau eines Schiffes palavert werden sollte, was hatte er mit Schiffsangelegenheiten zu tun, vor allem nach einem gewissen Vorfall in der Vergangenheit, in seiner und Eenokkis gemeinsamer Vergangenheit, einem Fall, den er, Pukkila, so wohlweislich jenseits der Schwelle seiner Gedanken hielt, dass er nie ohne Not daran dachte, an die vermaledeite ewige *Petrereesa*, die ihm jetzt in den Sinn drängte, obwohl überhaupt kein Grund dazu bestand! Eines war immerhin klar: Wenn es einem Schelm gelang, Eenokki den Floh ins Ohr zu setzen, dass ein Mann mit Verstand sein Geld auch in etwas anderes stecken konnte als in die Lade des Schranks in der Stubenkammer von Karjamaa, dann gab es in der Gemeinde nach den Hofherrn Langholma und Mikkelsson von Krookla keinen anderen, der mit größerer Gewissheit etwas investieren würde, als Eenokki Karjamaa. Wie viele Jungbullen wurden diesen Herbst wieder von Karjamaa auf die Jacht nach Stockholm geführt: drei mehr als von Pukkila, fürchte ich! Die Weiden auf seinen Inseln sind so unanständig fett, dass man sich schämt, die Brustfelder voll stinkendem Lehm und die Gewässer im Frühjahr so voller Aland, dass sie sich gegenseitig die Schwanzflossen abbeißen! Es besteht kein Zweifel: Der Bauer von Karjamaa hat Geld, genug sogar, um ein Sechzehntel von einer großen Bark zu bezahlen; um das zu riechen, muss man nicht einmal Alastalos Nasenlöcher haben! Aber mit welch bösem Streich ist es gelungen, Eenokki hierherzuführen? Eher würde ich einem Zugochsen auf einem Acker von fünfzig Klaftern das Zaumzeug über die Stirnbürste ziehen und einen Klepper als Traber auf die Straße zum Festbankett jagen, als Eenokkis Kopf zu dem Gedankensprung zu bringen, dass ein Mann, ohne Zeitgold zu vergeuden, mitten am helllichten Werktag müßig beim Nachbarn im Saal sitzen kann und dass man auch etwas anderes als ein Fischnetz ins Nass des Meeres werfen kann, um für seinen Verdienst einen Fang zu umzingeln, sogar wertvolles Gut wie Geld, das in der Schranklade schon vorhanden ist! Pukkila fragte sich, wer den Sturschädel so weit gebracht haben mochte, die Vorleine seines Boots am Ufer von Karjamaa zu lösen, sodass er jetzt hier unter den anderen in der Sofaecke saß! Der alte Schelm und Verseschmied hat allen Grund, so zufrieden und mit so tiefen Zügen Luft in die Lunge zu saugen und aus der Lunge zu schnauben wie ein Mann, der sich auf flachem Erdboden einen Getreidesack von einem ganzen Malter auf den Buckel wuchtet und den Kameraden, ohne in den Kniegelenken einzuknicken, Sprosse für Sprosse auf den obersten Mühlenboden trägt und dann die Schnüre an der Zweiellenöffnung aufmacht und müßig zuguckt, wie das Getreide gelb und schwer aus dem Sack in den Trichterschlund und polternd in den Trog rieselt! Wenn Eenokki sich schon mal hier eingefunden hat, dann nicht umsonst, und so sicher, wie der Getreidesack, der an der Trichteröffnung aufgebunden worden ist, seinen Inhalt in den Mühlrumpf rinnen lässt, so sicher hat Alastalo ein Sechzehntel für seine Bark auf dem Papier, da Eenokki sich nun einmal in der Sofaecke niedergelassen hat!

Pukkila kam sich vor wie einer, der eine Ungerechtigkeit erlitten hat: Wie willst du solchen wie denen Vernunft einflößen! Hat der Mensch seine Zunge, auch wenn sie glatt ist und keine Eisenstange, etwa dafür, dass man damit Steine aus der Wiese stemmt oder einen klugen Gedanken aus den Schädelknochen eines Mannes wie Eenokki Karjamaa? Noch vorhin auf dem Kivivesi hatte er in der Slup zu Evald gesagt: Ich fürchte-fürchte, dass es heute ernst wird! Alastalo ist ein Teufel darin, die Männer einzuwickeln: Er schmiert sie mit Worten, wie man mit Worten eben schmiert, und er hält einen Gedankenhaken im Wortwurm bereit für diejenigen, an denen der Gedanke zerrt! Alastalo ist gefährlich, Evald, ich fürchte-fürchte, ahne schlimmstens, dass der Schreckliche heute die Bark ins Werk setzt, auch wenn man noch so viel Zungengold zum Einsatz bringt und es mit Bitterem probiert, wo das Süße nicht schmeckt! Aber den Schweiß wird der Kerl sich abwischen, mehr als einmal wird er ihn sich von der Stirn wischen und sich lauthals mit bitterem Lachen entrüsten, mit bitterem Lachen aus seinem Bauch heraus, so wahr ich Pukkila-Pukkila heiße! Dergestalt hatte er sich im Boot selbst bekräftigt und seine leicht im Sinken begriffene Stimmung gehoben, aber nie wäre er da schon auf den Gedanken gekommen, Eenokki Karjamaa hier zu sehen! Die anderen lachen trotzdem trödelnd, sobald man Alastalo was

Stechendes in die Ohren surren lässt, auch wenn sie auf seiner Seite sind, aber wer hat je einen Getreidesack Walzer tanzen und auf Eenokkis Backen einen Zug zum Lachen gesehen? Würde an jeder Wand im Saal so eine Haustafel als Gesichtsvisage mir gegenüberhocken, könnte man die Angelegenheit heute ebenso gut mit einem Stückchen Sohlleder im Mund vorantreiben wie mit meiner Zunge! Aber wie, zum Teufel, hast *du* – Pukkilas Augen warfen, brennend vor Qual, einen Blick auf den neben ihm hergehenden Alastalo –, die Nähnadel zum Schmerbauch und den Schlangenkringel zum fetten Seehund umgebogen, zum Ärger von unsereinem diesen Steinschlitten zum Mann und den Ochsenschädel, der auf zwei Beinen geht, hierhergekriegt? Pukkila musste wohl oder übel und gegen seinen Willen mit Bewunderung, wenn auch von Neid gesäuert, erneut an eben den Mattsson Alastalo denken, der mit jovialer Rundlichkeit neben ihm fuchtelte und ihn mit Schulterklopfen nötigte, weiterzugehen. Da streckst du die Hand aus und lässt deinen Bauch vor Lachen beben, aber der Teufel weiß, wann er deine Krallen im Genick hat. Verflixt, was muss man glitschig sein, wenn man anfängt, mit dir zu ringen! Aber Pukkila geht nicht zum ersten Mal in die Beeren, Pukkila-Ich! Ein kleineskleines Sticheln-Sticheln, dann weißt du, dass Pukkila im Spiel-Spiel ist! Den Eenokki hast du gekriegt, hast du gekriegt, verflixt, hast den Eenokki rumgekriegt, ein vermaledeiter Zug, ein böser Zug, ein verflucht böser Zug, das erkenne ich an, warum sollte ich das nicht anerkennen! Aber lecke dir noch nicht über die Lippen, Alastalo, das Damebrett hat viele Felder, und die Steine werden abwechselnd gezogen! Schnaube du jetzt nur zufrieden, deine Nase wird heute noch vor Verdruss schnauben, wenn Pukkila sich nach einem guten Zug die Hände reibt, Pukkila-Pukkila, Teufel-Teufel! Eine Bark hat neun Rahen und Baum und Gaffel noch dazu: Bevor die alle an den Masten gehisst sind, Mattsson, jede Spiere, Mattsson, und die Brassen straff, Mattsson Alastalo, die Brassen straff an den Köpfen der Belegnägel, die Brassen-Brassen straff-straff an den Nagelköpfen, dass sich die Leinwand bläht, dann schauen wir mal, Herman Mattsson Alastalo, dann schauen wir ins Weiß des Auges, picken die Lautsplitter auf und halten sie ans Ohr, ob da nicht auch mal ein saftiges Lachen versehentlich die wütende Zahnreihe im Gebüsch des Bartes aufblitzen lässt und das, was in Hermanni Alastalos Mundtopf an Stimmseife köchelt, wie ein Hahn aufkräht, weil Pukkilas Zunge Salz auf die Stelle gespuckt hat, wo es brennt, und Petteri Pukkilas Fingerkuppen dort im Spiel sind, wo der ärgerliche Knoten im Lauf der Taljen sitzt! Sei du der Herman Alastalo, Herman-Herman, ich bin der Petter Pukkila, Petter-Petter, eine Brigg hast du bekommen, eine Brigg, zum Teufel, hast du gekriegt, vor mir, das stimmt, aber die *Usko* ist zwei Fuß länger als die *Siwiä*, zwei Fuß länger, länger, verdammt; einen Saalanbau hast du vor mir errichtet, Alastalos Anbau, Pukkilas Anbau steht noch nicht, auch das stimmt, der neue Anbau, der neue Anbau-Anbau steht noch nicht-noch nicht auf Pukkilas Hof, aber der Saal ist ausgemessen, verdammt! Im Kopf ausgemessen, in meinem Kopf: zwei Viertelellen mehr, Alastalo, zwei Viertelellen mehr-mehr, Alastalo-Alastalo, von Ecke zu Ecke, von Saalecke zu Saalecke, der Saal von Pukkila, ich selbst werde es dir mit dem Zollstock zeigen, um dich zu ärgern, zeigen werd ich es dir, um dich zu ärgern, messe ich es aus, wenn der Rahmen-Rahmen auf dem Pukkila-Hügel steht! Bausch deinen Bart und bau deine Bark, pinsle die Seiten und takle die Toppen, dann bleiben im Wald immer noch Stangen als Mastbäume für Pukkilas Bark stehen! Miss deine Toppen aus, Alastalo, zieh die Abstände zwischen den Masten in die Länge, miss, sage ich, zieh, sage ich, Pukkila wird später messen und dann noch mehr ziehen! Wer als Letzter losfährt, der kann zeigen, an wie vielen er vorbeifährt! Pukkilas Pihlman und Pukkilas Schwarze fahren als Letzte beim Festhaus vom Hof, damit auch der Hochnäsige erfährt und der Große schmeckt, wer da im Schlitten sitzt und wessen Mähne an der Deichsel flattert, wenn Pukkilas Pihlman und Pukkilas Schwarze mit straffen Zügeln und scharrenden Hufen auf dem schallenden Eis der Bucht in der scheuenden Reihe nach vorne stieben. Miss es aus, sage ich, ziehe den Abstand in die Länge, sage ich, die Stange unterm Himmel kann noch eine Viertelelle länger sein, als du glaubst, dass es die Scharnierweite des Zollstocks hergibt, und das Meer hat genügend Raum, um einen längeren Kiel zu umspülen, als du ihn zu legen verstehst, Alastalo! Ein Schiff hat erst dann einen Topp, wenn an der Toppspitze die Flagge hoch über den anderen Toppen flattert, und eine Bark geht erst dann als Bark durch, wenn ihr Bug noch den Hals reckt, wo bei anderen Schiffen die Spitze des Bugspriets schon aufhört! Die Höhe der Toppen verrät die Stattlichkeit des Kapitäns, nicht die Breite seiner Weste, Alastalo, und du wirst noch einiges an Grollgezischel auf das stattliche Großgrundgelände deiner Brust speicheln und knatternden Neid aus den offenen Ventilen deiner Sattelgutsbesitzernase schnauben, wenn irgendwann einmal auch die Bark vom einstigen Augment-Pihlman ins Wasser geschoben wird und auch Pukkilas Pihlman, Petter Pihlman, der lange Pihlman, als Kapitän-Kapitän übers Deck einer Bark spaziert-spaziert, stolziert-stolziert, der Bark-Bark, Pihlmans Bark! Guck dann mal kurz nach oben, Alastalo, guck nach den Toppen: Es sind derer drei, so wie bei dir, drei-drei, drei Teufelsdinger, aber reicht der Mast des Sattelgutbesitzers etwa an den Topprahen des Augment-Pächters heran, wenn wir Rumpf an Rumpf fahren, Alastalo? Und komm nur an Deck, Mattsson, geh an Deck von Pukkila Pihlmans Bark, da schliffert die Sohle, auch auf deiner Bark schliffert die Sohle, aber miss mal nach, Mattsson, miss einfach mal zum Spaß, Mattsson, miss mal aus Jux und Dollerei, wie viele Schritte es von Mast zu Mast sind, wie viele Schritte auf meiner Bark, auf Pukkilas Bark, wie viele Schritte zwischen den Masten! Ein Schritt mehr, ein Schritt mehr, verdammt, ein Schritt, zum Teufel, mehr als auf deinem Pott, Alastalo! Schmeckt dir der Schritt, Mattsson? Schau, Mattsson, bei Pukkila streckt sich der Schritt unter seinem Essensspeicher auch sonst ein bisschen weiter als bei dir, ein kleines bisschenkleines bisschen weiter-weiter, als die zwei Stifte unter deiner Wampe ausschreiten können, und wenn ein Mann mit Pukkila-Beinen Maßschritte machen soll, dann kommt auf einem Schiff zwischen Achter und Bug auch an Maß ein bisschen mehr zusammen, als wenn man mit einem Schenkelwinkel anderen Formats antritt. Die Schenkel sind schuld, die Schenkel sind schuld, Mattsson, wenn man einen Schritt zulegen muss, Mattsson, beim Spaziergang auf dem Deck von Pukkila, von Pukkila-Pukkila! Manchmal hat das Zinsgut einen längeren Ackerstreifen als das Sattelgut, einen längeren, potz Blitz, und, zum Donnerwetter, manchmal auch einen breiteren, Alastalo! O bei allen zehn Rückenborsten des Brüllschweins, was würde ich dich unterm Nasenmöbel kitzeln, wenn ich eine Bark beisammenhätte mit drei Toppen darauf! Würde dich das im Herzbeutel schmerzen, Alastalo, würde dir der Beelzebub da Pfeffer in Eingeweide und Augenwinkel pudern, Mattsson, wenn der Käpt'n den Kapitän sieht und Herman Mattsson Alastalo vom Deck der Brigg aus zusehen müsste, wie auf der Kommandobrücke der Bark umhergeschritten wird, wenn Petter Pihlman Pukkila schliffernd dahinstolziert, mit einem glänzenden Turmhut aus Seidenfell auf dem Kopf? Vor wem, glaubst du, machen die Herrschaften im Hafen von Hull dann die höflicheren Diener, vor dem Sattelgutsherrn oder vorm Zinsgutbauern? Tausend Dorn und Widerhaken, du mit deinem Bauchgerüst, deinem Saal und deinem Sattelgut! Ich scher mich nicht und scher mich dreimal nicht um Sattelgüter, selbst wenn auch das mich schlimmer wurmt, als ich es sagen möchte, wie ein Wurm frisst es an meiner Herzwurzel, weil Alastalo doch in seinem Inneren wissen muss, dass auf Pukkilas Wiesen immer zwei Raufen Heu geerntet werden, wo die Mägde von Alastalo eine zusammenrechen! Und Pukkilas Äcker können von mir aus gern gemessen werden: Wie Bankertflecken nehmen sich Alastalos Felder neben den ehelichen Feldern des Zinsguts aus! Aber warum und weshalb steht Pukkilas neuer Anbau noch nicht, warum sitzt man jetzt nicht im großen Saal von Pukkila und palavert dort über Pukkilas Bark? Verdammt, Alastalo, wie gern würde ich das Knarzen der Missgunst in den straffen Nähten deiner Weste hören, wenn Pukkila seine Gäste in seinen großen Saal geleiten würde so wie du jetzt – du ächzt auch wie ein Seehund! – und du im Saal von Pukkila, im neuen Saal von Pukkila, im um fünf Viertelellen längeren Saal von Pukkila über den eine Werst langen Haargarnteppich schreiten würdest, eine Werst Haargarnteppich im Saal von Pukkila, eine Qual für deine Augen, ein Dorn in deinem Auge, die Spitze einer Ahle, verdammt! Das breite Prachtstück von Sofa an der Hinterwand würde dir ins Auge stechen, die Messingnägel an der Rückenlehne in doppelt so dichter Folge, zwei verfluchte Mal dichter als bei deinem Staatskanapee dort, glaubst du, das Sofa wird aus Stockholm geliefert, so wie deines? Meins kommt aus Lübeck, aus Lübeck-Lübeck, und deines aus Stockholm! Auch das Maß der Rückenlehne, schau her, sieben Ellen, ärgerliche-ärgerliche sieben-sieben Ellen-Ellen, selbst wenn man es an Ort und Stelle messen würde, vielleicht ein, zwei Zoll darüber, ein, zwei Zoll darüber vielleicht, genau gemessen, auch wenn du dir das Augenpaar aus dem Kopf gucken würdest! Bei Pukkila, weißt du, bei Pukkila wird an den Maßen nicht geknapst: Ich habe dein Sofa ausgemessen, eben jenes dort, angeblich sechs Ellen breit. Ein Zoll weniger! Ein Zoll weniger, zum Teufel! Ich habe es gemessen! Bei Pukkila wird nicht geknapst, bei Pukkila wird lieber etwas draufgeschlagen, einen Zoll dazu – das sag ich auch dem Tischler, ich sag, sei's drum, ich sage-sage zum Meister in Lübeck: einen Zoll drauf, einen Zoll drauf, ein Sofa von sieben Ellen –, lieber ein Zoll zu viel als ein Zoll zu wenig, einen Zoll drauf: Alastalos Sofa hat nur sechs Ellen, minus ein Zoll, Meister! Und Meister, zwei Paar Vorderbeine an das Sofa, zwei Paar Vorderbeine an Pukkilas Sofa, an Alastalos Sofa reckt sich bloß eine Tatze an jedem Ende und eine dritte wie eine Witwe allein in der Mitte, zwei Paar, zwei volle Paar, weil Gott ja auch keine ungerade Zahl an Beinen unter dem Bauch gemacht hat. Und Meister, fünf Nagelzehen an jede Pfote! Vier vorne und die fünfte hinten, mit fünf Zehen stattet auch Gott seine rechtmäßigen Kreaturen aus, selbst wenn Alastalos Pfoten nur vier haben, Himmelherrgott, vier! Ich habe es gleich gemerkt, auf der Stelle spitzgekriegt, ich bückte mich, als Alastalo ächzte, mir seine Möbel präsentierte – Langholma und Härkäniemi standen daneben und hörten alles! –, präsentierte und vorführte: Aus Stockholm, habe ich von dort mitgebracht, weil es gerade von der Fahrt her passte, im Frühjahr schon bestellt, sechs Ellen lang – gelogen, zum Teufel, auch das gelogen! Ich hatte gleich Zweifel, vom Augenmaß her geschätzt, dachte ich: zu viel gesagt, zu viel, zu viel! Und dann maß ich es nach: ein Zoll weniger, ein Zoll, ein Zoll weniger, es waren gar keine sechs Ellen, auch wenn er damit prahlte. Ich ging in die Hocke, sage ich, ich ging in die Hocke und betastete die Zehen am Tatzenfuß, betastete sie leise, befühlte langsam die Schnitzerei, prüfte sie: anständige Arbeit!, gab ich zu – »saubere Arbeit«, schnaufte Alastalo, »hervorragende Arbeit, die Handschrift des königlichen Hoftischlers von Stockholm!«, schnaufte er, ächzte und hustete er, »ein geschickter Mann, ein Handgelenk wie eine Vogelfeder, die Fingerzange aber wie eine Wagenfeder, führt das Messer durch das Holz wie der Maler den Pinsel über die Wand! Taste ruhig weiter, fühlt sich das nicht gut am Daumen an? So glatt wie das Kinn eines Milchkinds!«, pries das Aas sein Eigentum, schmierte mit Selbstlob, dass sich die Ohren beim Zuhören schämten, ächzte er, aber ich, kroch ich etwa einfach so auf allen vieren? Ich habe Augen im Kopf wie zwei Hermeline, ich hatte es bemerkt, hatte es schon im Stehen bemerkt, darum fing ich ja auch an zu tasten! Ich hatte es bemerkt, und siehe da, zum Teufel! Als meine Hand hinter die Tatze glitt, flink wie eine Katzenzunge hinter die Tatze glitt: »Glatt, glatt wie das Kinn eines Milchkinds!«, sage ich vor mich hin, »glatt, glatt, zweifellos glatt!«, sage ich meine eigenen Worte vor mich hin, ich spotte, »spazieren in Stockholm die Löwen mit Strümpfen an den Hinterläufen durch die Säle«, frage ich dann, frage ich boshaft: »Gehen in Stockholm die Löwen mit Strümpfen an den Hinterläufen, weil man keinen Zeh an der Hand spürt, ganz gleich, wie man auch tastet?«, fragte ich aus reiner klitzekleiner Bosheit, damals schon! An Michaeli ist es drei Jahre her, damals schon – Härkäniemi lachte schallend über meine Worte, sodass ihm die Pfeife zwischen den Zähnen herauszurutschen drohte, und auch Langholma verzog den Mund zu einem kleinen Lachen, damals schon – ich kroch jetzt nicht mehr auf dem Boden, ich war aufgesprungen, ich so klein, ich so groß, auf die Zehen war ich emporgeschnellt –, damals schon fragte ich, und ich fragte nicht mehr mit Frömmigkeit auf den Backen, sondern mit stechendem Blick, die Augen so dicht an Alastalos Augen, dass man die glühenden Kohlen sehen konnte und das Weiße auch, wenn man wollte, da schon fragte ich, vor drei Jahren schon sagte ich: »Wenn du dir irgendwann eine Bark baust, eine Dreimastbark, und dann auch einen Mast vergisst, den Besanmast, so wie an den Füßen deines Sofas einen Zeh, den fünften Zeh, den Besanzeh, dann ist deine Bark eine Brigg, eine Brigg, eine Krüppelbrigg-Krüppelbrigg, so wie dein Sofa Krüppeltatzen hat, Krüppeltatzen!« Dieses Wort schmeckte ihm, ich glaube, dass es ihm schmeckte! Alastalo ächzte, ächzte erneut, aber das Ächzen hatte viele Noten, und die Pfeifen in Alastalos Nase gaben viele Sorten an Schnauben von sich, wie das Fiepen der Orgel in einer kleinen Kirche, es schmeckte, es musste schmecken: »Eine Zweimastbark!«, mehr sagte ich nicht, aber jetzt frage ich mich, ob er den Geschmack nicht immer noch im Mund hat. Auch Langholma lachte, lachte leicht, verzog den Mund zum Lachen, zu einem kleinen allerdings, zu einem kleinen freilich, aber immerhin zu einem Lachen, auch wenn er sich beherrschte! Zweimastbark und Vierzehentatze?, werde ich Alastalo noch einmal fragen, ich muss daran denken, es zu fragen, wenn die Gelegenheit kommt, und ich werde es auch fragen, ich werde es fragen, dass er schnappt, werde es lammfromm und gnädig vom Stapel lassen: Hast du dir deine Bark als Zweimastbark vorgestellt, Alastalo, so wie die vierzehigen Krüppeltatzen an deinem Sofa? Verflixt, der Meister in Lübeck wird genügend Holz für einen fünften Zeh haben, wenn die Füße für das Sofa im Saal von Pukkila geschnitzt werden, und auf Pukkilas Bark kommt die volle Besatzung an Masten, damit die Leute in Rauma das Schiff nicht für ihr eigenes halten und die Bark eine Brigg nennen! Eine Brigg, Alastalo! Zum Teufel aber auch mit deinem Barkgeschwätz, da muss der Mensch ja wegen dir vor Zorn unschuldig seinen Seelenfrieden versehren, vom Appetit ganz zu schweigen! In welcher vermaledeiten Verordnung steht geschrieben, dass du vor mir eine Bark haben sollst? Man setzt an zehn Stellen die Zunge in Bewegung, und doch rennen sie wie kopflose Hühner zu deinen Versammlungen!

Habe ich es nicht gerade erst am Sonntag auf dem Kirchenhügel dem Eenokki ins Ohr geflüstert, dem Eenokki Karjamaa, ins haarige Ohr Eenokkis, dessen regungsloses Plankenkinn ich jetzt betrachten muss? Kiefer hat er, mit denen er den Kopf von einem Eisennagel beißen könnte, aber das Auge des Verständnisses, wo ist das, damit er mit seiner Hilfe den Faden der Vernunft in seinen Schädel fädeln könnte? Ich flüsterte, flüsterte, tuschelte ihm ins Ohr: Alastalo hat vor, eine Bark zu bauen, Alastalo fühlt vor, wer eine gepolsterte Brust hat, gepolstert, sage ich: Eine Bark baut man aus der Brusttasche! Und eine Bark kostet, kostet höllisch viel, auch wenn ich das auf dem Kirchenhügel sage und als Verwünschung, drei Masten kosten mehr als zwei, drei, zum Teufel, mehr als zwei, aber die Fracht wird nicht mit Masten transportiert, die Fracht wird im Laderaum transportiert, und die Fracht ist im Schiff das, was die Reichstaler bringt, die Fracht!, sage ich, nicht die Masten: Nicht die Masten werden bei den Zahlungen an die Eigner verteilt, nein, auch wenn es fünf wären, die Reichstaler werden verteilt, die Reichstaler, und diese Reichstaler holt man Schilling für Schilling aus dem Laderaum heraus, aus dem Schiffsrumpf; aus seinen Masten holt Alastalo für die Eigner nichts heraus, er holt nur etwas aus den Eignern heraus, damit er seine Masten aufstellen kann!, flüsterte-flüsterte ich, aber was du so einem auch flüsterst: Wer ist heute der Erste gewesen, der sich an den Nadelzweigen vor Alastalos Vorbau den Lehm von den Stiefeln gestreift hat, wenn nicht vielleicht ausgerechnet ebendieser Eenokki? Eenokki Karjamaa, wenn der kommt, dann kommt er zeitig, selbst zum Abendmahl, so wie letzten Sonntag, dann kommt er, eine Stunde bevor der Gottesdienst losgeht, auf den Kirchenhügel und wartet. Mit seinem langen Kinn dort in der Ecke des vermaledeiten Sofas, was er wohl mahlt mit seinem Kinn? Die Hartnäckigkeit sitzt bei ihm im Kinn, das sieht man, wie lang mag die Spanne unter dem Knösel sein, von der Schließklemme der

Lippen bis zum maserharten Pfeifenkopf? Drei Zoll bestimmt, auch wenn ich auf der Stelle den Zollstock aus der Tasche ziehen und nachmessen würde! Eenokki hat einen Zoll zu viel am Kinnhöcker, so wie Mikkelsson von Krookla dort in der Türecke einen Zoll zu viel am Nasensparren hat, beide Zoll sind eine Zugabe, als würde das die Männer stolzer machen, dabei sollte man meinen, dass sich in ihren Gesichtern eine Kurbel besser als eine Stange machen würde! Flüstert man solchen was ein, dann spießen sie mit ihrem Kinn oder ihrer Nasenstange etwas von dem auf, was man sagt, und machen dann damit, was der Fasson ihres Kinns oder ihres Zinkens entspricht: ziehen jedes Wort um einen Zoll in die Länge, die Mistkerle, sodass der ganzen Sache die Nähte platzen! Eenokki, ein Mann, der hinterm Geld her ist, hörte sich meine Worte an – hörte sie sich verdammt genau an, die Ohrmuschel sperrangelweit offen, als tropfte ihm Manna aufs Schmalz: Dieses Aas, auch noch auf dem Weg zum Abendmahl, zum Abendmahl wie ich, und mit den Gedanken beim nackten Mammon und bei bösen Zungen, ohne mit dem Kinn zu zucken, hörte er mir zu –, aber was hörte er aus meinen Worten heraus? Die Zwischenräume, verdammt noch mal, die Gedankenzwischenräume! Es war wohl der böse Geist, der mir die Masten, den Laderaum und die Reichstaler auf die Zungenspitze gelegt hat. Am Montag hat sich Eenokki in seiner Stube hingesetzt und nachgedacht, und auch am Dienstag hat er noch dagesessen und nachgedacht auf seiner Bank. Nach dem Abstand zwischen den Masten bemisst sich der Laderaum, hat er gedacht, je mehr Masten ein Schiff hat, desto länger ist sein Laderaum, hat er gedacht, zwischen drei Masten liegt mehr Laderaum als zwischen zweien, hat er gedacht, und ich selbst bin es gewesen, der seinem Kopf diesen Gedanken eingepflanzt hat, dass nämlich der Laderaum eines Schiffes seinem Eigner die Reichstaler einfährt! Ich Hammel habe geschwatzt wie eine

Elster! Eenokki ist am Mittwoch dann selbst nach Alastalo gerudert, hat an die Reichstaler gedacht und ist nach Alastalo gerudert, um über die Angelegenheit zu reden! Ich, verflixt, habe den Eenokki hierhergeführt, ich mit meiner Zunge! Alastalo ist ein verhexter Kerl, allzu verhext: Er geht die Schneide seiner Axt nicht an der Steinkante schleifen und die Spitze seiner Zunge nicht an Eenokkis Verstandesschädel! Ich Trottel laufe in Alastalos Angelegenheiten durch die Gegend, brate selbst den Barsch für seinen Teller: Iss ihn nur, schieb ihn dir zwischen die Kiemen! Ich habe ihn aufgetischt! Niemals würde Eenokki ohne mich in diesem Saal und in dieser Runde sitzen, niemals so ernst in der Sofaecke hocken wie das A in der Fibel, hätte ich ihn nicht hierherbugsiert! War Alastalo womöglich auf dem Kirchenhügel aufgefallen, dass ich Eenokki ins Ohr flüsterte, und hat er erraten, diese Schlange von einem Mann, was ich Eenokki einflüsterte? Das hat er! Ich kenne Alastalo, er hat deshalb so breite Nasenlöcher, damit er Dinge riecht, er hat es erraten, zum Teufel, und lachte, verdammt, lachte innerlich, auch wenn er das Lachen nicht bis zum Bart aufsteigen ließ, er lachte, verflucht, über mich! Und zum Donnerwetter! Herman Alastalos Weste hat sich im Leben nicht um Mattsson Alastalos Bauchsack gespannt, sondern um die Taille des himmlischen Engels persönlich, während sich seine Knöpfe ganz sicher vom hüpfenden Lachen gespannt haben, als Eenokki mitten in der Woche in seiner Stubenkammer auftauchte und anfing, mit Worten in der Bark-Sache zu lavieren: Dieser Brachsen, dieser fette Brachsen hat Pukkila mir ins Netz getrieben!, wird der Wurm gedacht haben! Manchmal beißt den Menschen das Gewissen derart, dass er sich fühlt wie ein gehäutetes Eichhörnchen!

Herrgott, hilf! Bin ich denn Pukkila? Am Sonntag habe ich aus meinem Pukkila-Kopf zu Eenokki gesprochen wie aus einer gebratenen Rübe, schöner sage ich es nicht! Auch im Boot drückt man die Pinne nach Backbord, wenn man den Bug nach Steuerbord haben will, und so muss der Eenokki nach links gezogen werden, wenn man will, dass der Kurs seiner Nase nach rechts ragt! Wäre ich raffiniert und verständig gewesen, dann hätte ich Eenokki die Bark samt Alastalo dermaßen ins Ohr geblasen, dass der Sirup von den Worten getropft wäre, ich hätte sie gelobt und gepriesen, bis meine eigene Zunge sich dafür geschämt hätte! Hast du schon gehört, Alastalo will eine Bark bauen, hätte ich gesagt! Eine Bark, dreimastig, hörst du, mit einer Jacht hat er angefangen, mit einer Fischkastenjacht, auch deine Alande und deine Jungbullen hat er mit einer Schrottjacht nach Stockholm gesegelt, als Jungbullenhändler! Und jetzt baut er eine Bark, eine Bark, verdammt, dann darfst du deine Jungbullen als Passagiere nach Spanien schicken, bis nach Spanien, verflucht, deine Jungbullen als Passagiere einer Bark! Ein Teufelskerl, der sich teuflisch aufbläht; hat sich auch mehr Bauch angefressen als wir zwei zusammen, obwohl sein Hof magerer ist als unsere Höfe, vergiss das nicht, als unsere beiden Höfe! Oder würdest du deine Felder gegen Alastalos Felder tauschen, selbst wenn du zwei Alastalo-Höfe bekämst, zwei, sage ich, zwei Alastalo-Höfe? Aber der Bauchumfang ist zweifellos größer, zweifellos größer bei Alastalo als bei dir und auch bei mir, bei mir auch, größer als bei mir! Karjamaa ist ein Hufengut und Pukkila ebenfalls, Pukkila ebenfalls, auch wenn ich nicht darüber rede, der Hofherr von Karjamaa ist der Herr eines Hufenguts, und der von Pukkila ebenfalls, der Herr von Pukkila ist ebenfalls der Herr eines vollen Hufenguts der Krone, aber was nützen Hufengüter und Herren, wenn Alastalo als Herr eines halben Hufenguts durch die Gegend spaziert, eines halben, sage ich, als Herr eines halben Hufenguts, Mattsson Alastalo, der hochmütige Mattsson, der dicke Mattsson, Kapitän Mattsson, obwohl auch ich Kapitän bin, Kapitän! Was sind die Mageren neben den Dicken, auch wenn ihre Häuser die besseren sind, besser die Häuser-Häuser, sage ich, besser! Vom Hochmütigen kommt Hochmütiges, ob er aufstößt oder denkt, und auch Alastalos Verstand hat mit dem dicker werdenden Körper an Umfang zugenommen. Was wiegt schon der Lehm auf Eenokki Karjamaas und Pihlman Pukkilas Äckern, wenn die Gedanken im Schädel des hochmütigen Alastalo einen Bauch ansetzen? Die kleinen Vögel zwitschern, aber was für Töne gibt erst die Krähe von sich! Wir Mageren denken, aber der dicke Alastalo hat was vor! Bist du schon nach Alastalo gelaufen, um zu fragen, ob das Namenszeichen von unsereins überhaupt gut genug ist für die Barkpapiere, ob das von einem wie Eenokki Karjamaa gut genug ist? Bist du hin, frage ich, hast du den Dreck an den Nadeln vor dem Eingang abgestreift, deine Sohle abgestreift und geputzt wie eine Katze ihren Mundwinkel, damit du keine schmutzige Erde, keine schmutzige Sattelgutsbesitzererde in den Saal des Kapitäns trägst, auf den weißen Fußboden, bist du hin, frage ich, um zu fragen, ob Alastalo dein Geld gut genug ist? Lauf hin, verdammt, wenn du es nicht bereits getan hast, deine Beine eignen sich zum Traben besser als die von Hermanni Alastalo, auch wenn du ein Mann mit Hufengut bist, mit vollem Hufengut, lauf, zum Kuckuck, beeile dich, lass den Laufzeh des Sattelgutsbesitzers laufen, wenn der Kapitän nickt! Lauf, sage ich, für den Bauch eines Gutsherren ist so ein kleiner Trab nichts als gesund, solange der Kapitän nicht zu keuchen braucht, lauf, sage ich, dränge ihm dein Geld auf, wer weiß, vielleicht taugt Alastalo das Geld, wer weiß, wer weiß, ich weiß es nicht, woher soll ich es wissen, aber vielleicht taugt Alastalo das Geld, das Geld-Geld, wenn du es ihm aufdrängst, dem Mattsson, wenn du nickelst und bittest, bittest und nickelst, wenn du unermüdlich mit Sterz und Nacken wackelst wie eine Bachstelze, vielleicht taugt es ihm, Geld ist dazu verhext, zu taugen, und Alastalo ist noch verhexter, indes er dorthin greift, wo man Geld zwischen den Fingern spürt, nickle, nickle nur, dann lernt dein Nacken auch diese Kunst, und wer weiß, vielleicht passt das lehmverschmierte Geld eines Sattelgutsherrn besser in die Hand des Kapitäns als der lehmbeschmierte Stiefel des Sattelgutsherrn auf den Teppich im Saal des Kapitäns! Weil du ohnehin schon alle naselang auf Besuch kommst, dann eile auch jetzt hin, renne, ihm dein Geld zu offerieren, weil es gebraucht wird, dir pressiert es doch, dein Geld loszuwerden, nicht wahr? Ständig rafft man es an sich: Kriegt man den Rand eines neuen Silberlings zu fassen, dann hält man ihn stur fest und lässt nicht locker und legt ihn auf einen früheren Silberling drauf, daraus wird irgendwann ein Stapel, verdammt, ein Stapel, und der Stapel wächst auch noch, er wächst, zu einem ganzen Klumpatsch, wenn man morgens gierig und abends geizig ist, wenn man dieses Jahr rafft und nächstes Jahr spart, wenn man einen Silberling als Silberling schon erkennt, wenn einem auf der Haut am Kinn das erste Flaumhaar sprießt, und den Wert einer Kopeke als Kopeke auch dann noch zu schätzen weiß, wenn die Haut auf dem Kopf den letzten Haarflaum abwirft! Das Raffen und Stapeln des Geldes hat keine Eile, weil das Leben Jahre hat und die Kopfhaut des Menschen genügend Haare zum Abwerfen, selbst wenn noch zehn, zwanzig Jahre mehr als nötig in die Kirchenbücher kämen. Aber der Adamsapfel fängt erst dann richtig im Hals zu hüpfen an, wenn ein Mann sich dringend fragt, wem sein Geld wohl taugt! Nicht wahr, Eenokki, ist es nicht so? Geld sammelt sich immer an, wenn man fromm ist und die feste Schraube fester als fest anzieht, so fest, wie es der arme Atem in einem drin erlaubt, aber der Tag des Kummers bricht erst dann an, die Haare fallen einem erst dann schweißnass in die Stirn, wenn man laufen muss, um sein Geld zu verscherbeln, wenn man einen Verrückten suchen muss, dem fertiges Geld gut genug ist, Geld-Geld, säuberlich geprägtes Kronengeld! Nicht wahr, Eenokki, nicht wahr, so ist es doch? Lauf, sage ich, ich glaube, dass Alastalo dein Geld taugt, eine Bark kostet, eine Bark kostet Geld, ohne Geld baut man keine Bark! Lauf, sage ich, ich glaube, dein Geld ist gut genug, lauf, es ihm zu bringen, weil Alastalo es benötigt: Der Hungrige spuckt den Vogel nicht deshalb aus, weil er ihm gebraten in den Mund fliegt, und Alastalo wehrt das Geld nicht deshalb ab, weil man es ihm aufdrängt! Laufe, eile, außer Atem, mit schwanzlosem Bürzel, dein Geld hast du schon für Alastalo gespart, dann kannst du ihm auch die Mühe sparen, seine Beine zu bewegen, lauf, sage ich, auch dein Kinn hat genau die Form, als wärst du dafür geschaffen, in anderer Leute Angelegenheiten umherzulaufen, lauf-lauf, der Rücken schlaff, die Pfoten straff, lauf, du bist dünner als Alastalo, besser zum Laufen, selbst wenn dein Geldbeutel auf dem Rücken hüpft! Auf diese Art, verflixt, mit dieser Melodie hätte ich singen müssen, unermüdlich, unmittelbar am Ohr, wie eine Wespe. Würde der Eenokki mit seinem Kinn dann auch da drüben sitzen, verdammt, meinen Augen zum Verdruss an seiner Pfeife kauen, an diesem Tag in der Ecke von Alastalos Sofa, um mich zu quälen? Wer von uns beiden würde jetzt zufriedener schnaufen, Alastalo neben mir oder ich, wenn meine Zungenspitze es damals verstanden hätte, die Worte richtig zu setzen? Zum Henker mit mir harmlosem Hammel, der ich nicht mit einer Zunge geredet habe, die mit gegabelter Spitze spuckt. Wenn man ein Bullenkalb in den Pferch führen will, muss man gegen die Hörner drücken, und wenn man Eenokkis Verstand lenken will, muss man auch dieses Horn mit Gegendruck in Laufrichtung lenken! Mein eigener elender Fehler, dass ich jetzt auf ein Gesichtsbrett wie das von Eenokki da drüben als Dorn im Auge schauen muss! Bin ich vielleicht glatthäutig im Gesicht wie ein noch nicht konfirmierter Bengel, hat die Klinge des Rasiermessers etwa noch kein einziges Mal mein Stoppelkinn gekratzt, da meine Wangen so viel Weiches von sich geben wie ein säugender Euter? Hätte ich Eenokki Dampf gemacht, anstatt ihm Vernunft einzuimpfen, müsste ich dann jetzt sein Kinn vor mir betrachten? Wäre ich mit Wörtern auf Eenokkis Verständnis losgegangen, die eine Spitze haben und an beiden Zinken Widerhaken, dann, verflixt, hätte sich sogar der Teufel den Bauch gesund gelacht, hätte sogar der Teufel im Kessel aus vollem Bauch gelacht, sage ich, wenn Alastalo so verrückt gewesen und anschließend hingegangen wäre, um die harten Knorren von Eenokkis Verständnis zu betasten und zu streicheln! Herrschaftszeiten, mit einem Hörner-Hugo aus dem Ochsenstall hätte er mit weniger Schweiß einen Walzer zur Melodie gedreht, mit Hörner-Hugos vier Hufen leichter im Walzerschwung gewirbelt, als mit Eenokkis Verstand durch eine Quadrille zu galoppieren. Hätte ich nur einen Mucks von mir gegeben, nur ein einziges Wort mit Widerhaken geflüstert, ein halbes Wort in Eenokkis Ohr, in Eenokkis behaarte Ohrmuschel, ein einziges Widerhakenwort geflüstert, wenn ich gesagt hätte: Du hast Geld, leugne es gar nicht erst, du hast Geld gespart, das ist bekannt, in der ganzen Gemeinde bekannt, womöglich hat nicht einmal Langholma so viel wie du, geh also hin und hilf dem Alastalo, weil es dir ansteht, ich weiß nicht, ob sich Langholma traut, Langholmas Geld ist geerbt, geerbt-geerbt, aber dein Geld hast du durch Arbeit und Mühe zusammengeklaubt, mit eigener Arbeit und dem Schweiß der Mühe, geh du jetzt hin und zeichne dir einen Teil des Schiffes, ein Sechzehntel, ein Achtel, ein Viertel, ich befehle es dir nicht, befehle es nicht, das Meer ist immer das Meer, und Geld, das man in den Schaum des Meeres steckt, ist in den Schaum des Meeres gestecktes Geld, aber geh hin und unterschreibe, zeichne dir eine Schiffsbeteiligung, dann riskiert vielleicht auch Langholma sein Erbgeld, wenn du dein Schweißgeld einsetzt, und Alastalo kann endlich seine Bark ins Werk setzen, Alastalo-Alastalo! Auf diese Art, zum Teufel, hätte ich es Eenokki ins Ohr drücken müssen, ein halbes Wort, ein halbes Wort als Keim des Gedankens ins Ohrenschmalz drücken müssen, dann hätte Eenokki in der Kirche am Abendmahlstuch an nichts anderes gedacht als daran, wie er schnell nach Hause in die Stubenkammer kommt zu seinem Sekretär, um aufzupassen, dass die Klappe dicht bleibt und der Schlüssel in der Tasche, wenn Alastalo kommt und quengelt.

Hätte Alastalos Auge in dankbarerer Molke gestanden, wenn er in einer solchen Angelegenheit in Karjamaas Stubenkammer auf die Schließe von Eenokkis Kinn geschaut hätte, als mein Auge jetzt beim Betrachten desselben Knochenstücks in der Ecke seines Sofas? Und Herrschaftszeiten, wie gern würde ich mein Gesicht hier und jetzt auf fromm takeln und Alastalo fragen, ihm die Frage zu schlucken geben: Wo ist eigentlich Eenokki Karjamaa, weil man ihn hier im Saal gar nicht sieht? Harmlos würde ich das fragen und mich umblicken, als würde ich nach ihm Ausschau halten, mit meinen Augen Ausschau halten und mich wundern: Sieh an, wie sonderbar, er ist gar nicht gekommen! Auch ich habe vor ihm auf dem Kirchenhügel mit der Hand gewedelt: Husch, zu Alastalo mit einem Angebot, Alastalo wird dich schon mit hinzunehmen, geh selber hin und biete es ihm an! Ist er hier gewesen, um darüber zu reden, Herman? Er hat einen guten Geruchssinn in der Nase, einen prächtigen Geruch im Nasenknochen, einen teuflischen Riecher, er riecht den Verdienst wie die Katze die Maus, kein Hund hält ihn an den Schößen, wenn er riecht, dass er Geld auf der Spur ist! Sonderbar, dass er nicht gekommen ist! Hast du ihn nicht gefragt, Alastalo? Wärst du nur zu ihm gegangen, hättest du ihn gebeten, wärst du jeden Tag nach Karjamaa gerannt, hättest ihn gebeten und gedrängt, hättest den Kerl hergeschleift, wenn sonst nichts geholfen hätte! Auch ich setze etwas ein, jeder setzt etwas ein, jedermann setzt etwas ein, schiebt schleunig seine Scheine hin, steckt es sogar ins Wasser, ins nasse Wasser wirft er es, wenn Eenokki als Erster etwas-etwas einsetzt: Eenokki weiß, wo man sein Geld hineinsteckt! Eenokki ist also nicht gekommen, obwohl auch ich ihn dazu überredet habe, denn habe ich das nicht getan? So, so, es scheint zu stimmen, Eenokki ist nicht zu sehen! Und ich habe ihm immerhin auch gesagt, dass du eine Bark im Schilde führst. Einen guten Riecher, einen speziellen Spürsinn hat er in seinen Schnupftabakhaaren, was hat ihn wohl am Rockschoß festgehalten? So hätte ich geredet, so hätte es gepasst zu reden, Wörter zu machen, Fallgruben, Ameisen auszubringen, damit sie anfangen zu krabbeln, auch in anderen Köpfen als in dem von Alastalo, zu krabbeln, auch in anderen als Alastalos! So hätte ich gesprochen und mich umgeblickt, auch auf Mikkelsson von Krookla hätte ich geblickt, hätte ihn kurz auf den Kieker genommen, kurz auf dem Spieß gehalten, so lange, bis sein Gewissen, Mikkelssons geizige Stimme der Vernunft ihn mit einem Tritt zur Besinnung gebracht hätte, hätte gefragt, steckst du, Mikkel Mikkelsson, deinen Zehennagel in etwas, aus dem selbst Karjamaa den Huf herausgezogen hat, seit wann sitzt das Geld bei dir lockerer als bei Eenokki, wie also ist die Lage, Mikkel, fängt es in deinen Nüstern brenzlig zu riechen an, weil Eenokkis breite Schnute den Brand schneller gewittert hat als dein langer, spitzer Nasenknochen? Der Gedanke, dieser Gedanke wäre sodann durch Krookla-Mikkelssons Kopf gepflügt, wäre aus dem dünnen Nasensparren in den Grips gestiegen! Und Nordberg, Erland Nordberg? Auch er hat sich hier reingedrängt, natürlich, hat sich narren lassen, der Schelm, von Alastalo narren lassen! Ich glaube, ich glaube, verflixt, im laugigen Grips des Fischkapitäns hätte der Schmerz zu pochen angefangen, der Schmerz hätte gepocht in den laugigen Gripsschuppen, wenn ich die giftige Feststellung über Eenokki von der Zungenspitze gestoßen hätte, über Eenokki, der sich doch nicht traut, sein Geld in Alastalos Angelegenheiten zu stecken, der gar nicht erst in den Saal von Alastalo kommt, wenn Alastalo ihn in seinem Saal bräuchte. Hättest du dann die Seehundhaare an deiner Schnauze aufgestellt und ertastet, dass die Papiere einer Bark glitschiger sind als die Flanken eines Alands? Mit dir muss man im Frühjahr über den Alandpreis streiten, als würde man einem zäh gewordenen Rind das Fell abziehen, aber zum Kuckuck!, mein Herz stirbt trotzdem um deinetwillen, weil du auf Alastalos Schlitten geraten bist! Erland, Erland, deine Zunge musst du quälen und mit deiner Seele zehnmal den Satan belügen, bevor am Ufer von Stockholm ein Silberling in deiner Börse landet: Bist du mit dem Metzenmaß gekommen, um deine Reichskronen in Alastalos Sack zu stopfen? Alastalo, sag ich dir, ist keine Fischmadame am Ufer von Stockholm, mit der man fertigwird, indem man vor der Waage die Augen zupetzt und ein loses Maul hat, wenn es ums Bezahlen geht, Alastalo ist ein größerer Schelm, als du selber einer bist, Alastalo streitet nicht um Silberlinge, sondern nimmt im Guten den ganzen Geldbeutel! Ein Gedanke kann einen Menschen blutig kratzen! Warum bin ich nicht an Alastalos Stelle, und warum sitzt Nordberg nicht in meinem Saal auf meiner Bark-Versammlung, um sich von mir schröpfen zu lassen? Und Eenokki Karjamaa ist unter falschen Voraussetzungen hier, der Falschheit wegen, Alastalo hat ein falsches Spiel mit ihm gespielt, hat kein Sterbenswörtchen in Eenokkis Ohr geflüstert, sondern hat mich reden lassen, mich Verhexten für ihn reden lassen, hat nur abgewartet und sich die Schnutenhaare geleckt wie die Katze vor dem Loch, hat gewartet, gelauert und sich in den Bart gelacht: Der Pukkila wird sich schon abstrampeln, lass den Pukkila sich abstrampeln, Pukkila wird mir die Maus vor die Pfoten treiben! Zum Teufel, was ärgert es mich, dass ich einen Verstand wie Quecksilber im Kopf habe und mir das Quecksilberkügelchen auf den falschen Kurs gerollt ist!

Pukkila war so geknickt, so bis ins Herz hinein verbittert, dass er sich wahrhaftig fragte, ob er sich trauen sollte, den Augapfel so weit zu bewegen, dass ein kurzer Blick zur Seite möglich wäre. Dort, auf der Seite des Saals, wo sich das Pfeifenregal befand, wäre Härkäniemis Rückenansicht ungefährlich zu betrachten, das hörte man bereits am Gang, obwohl es dem Auge bis dahin gelungen war, die Spanne von genau einer ganzen Elle, die Härkäniemi vor dem Pfeifenregal an Raum für sich benötigte, um seine Schultern unterzubringen, auszublenden, man erkannte ihn am Gang und am rasselnden Atem, während eine Pfeife nach der anderen gewissenhaft und sorgfältig darauf geprüft wurde, welcher Stiel die Luft am besten durchließ! Musst du unbedingt die beste Pfeife in deine Kinnlade kriegen, da du jede einzelne betatschst und mit jeder einzelnen hantierst, dachte Pukkila missbilligend, hielt aber die Augen im Zaum: Nicht dorthin schauen jetzt, und sei es um der Gehässigkeit willen, man weiß auch ohne hinzuschauen, wie Härkäniemis Rückenviereck aussieht, und überhaupt ist es das Beste, die eigenen Augen daheimzubehalten, falls der Unglückshäher doch über die Schulter linsen und mit einem teuflischen Lachen in den Augenwinkeln zwinkern sollte, mit einem Teufelslachen, verdammt, als bittere Pille für mich in seinen zusammengepetzten Augenwinkeln! Am besten, man setzt sich einfach auf das Sofa, man sollte sich heimlich, still und leise auf das Sofa setzen und so tun, als wüsste man von nichts, sich aufs Sofa setzen und sich die Nase schnäuzen, keinen Mucks von sich geben, sondern sich einfach die Nase schnäuzen. Am Sofa war Pukkila schlussendlich auch angekommen: Wie viele Schritte hat der Weg über den Teppich gedauert? Dreizehn Schritte hatte er früher gezählt, dreizehn werden es noch immer sein, dreizehn blanke Schritte von der Tür zum Hausgang bis an die Schwelle der Kammertür: Alastalo hat fürwahr eine Nase fürs Große! Aber immerhin ist es nur ein Flickenteppich, ein Flickenteppich, zum Teufel, er hat sich nicht überwinden können, ist auf einmal geizig geworden, hat sich nicht für Haargarnteppiche entscheiden können, Haargarnteppiche, Maijastiina, Haargarnteppiche, Haargarnteppiche von vierzehn Ellen, habe ich daheim gesagt, Haargarnteppiche von vierzehn Ellen webst du für unseren Saal, für unseren neuen Saal, Maijastiina, und zwar vierzehn Stück, vergiss nicht, vierzehn Stück zu vierzehn Ellen, damit der ganze Boden bedeckt ist; wenn wir einen Saal anbauen, dann können wir ihn auch mit Teppichen auslegen, mit Haargarnteppichen, im Saal von Alastalo liegen nur Flickenteppiche, Flickenteppiche nur, zu dreizehn Ellen bloß, länger ist der Saal ja auch nicht, zwölf Stück bloß, acht längs, zwei quer, zwei über Eck, dazwischen schimmert schamlos der weiße Fußboden hervor, das blanke Holz, das blanke weiße Holz zwischen den Teppichen, zwischen den Flickenteppichen, das blanke nackte Holz, splitterfasernackte weiße Bohlen, sodass man sich schämt, sogar ein Mann sich schämt, das Nackte zu betrachten, wo alles andere bedeckt ist, man möchte spucken, einen Klumpen Tabakspeichel auf den frechen Fleck klatschen lassen! Wir, Maijastiina, sagte ich, wir bekleiden den ganzen Boden, den ganzen Boden in unserem Saal, wir bekleiden ihn mit Teppichen, mit Haargarnteppichen, Maijastiina, bei uns reicht es auch noch für Teppiche auf dem ganzen Boden unseres neuen Saals, wenn wir schon einen neuen Saal bauen, sagte ich, dann bekleiden wir den Boden wohlweislich von einer Wand zur anderen und strikt von Schwelle zu Schwelle, und zwar so sorgfältig, dass sogar die Mamsell aus dem Pfarrhaus es wagt, in Pukkilas Saal auf den Boden zu blicken, es mutig wagt, hinzuschauen, dass sie meinetwegen mit den Augen suchen kann, ohne sich fürchten zu müssen, dass in

Pukkilas Saal, dass auf dem Parkett in Pukkilas Saal zwischen den Teppichen durch einen Spalt in der Haargarndecke auch nur ein Schimmer nacktes Holz, das anstößige Weiß von nacktem Holz, der Mamsell ins Auge sticht, ins züchtige Auge der Mamsell! Pukkila hatte sich aufs Sofa gesetzt, ein kleiner Tropfen Trost immerhin, ein Tröpfelchen gegen die Bitterkeit: Nun kann man daheim zu Maijastiina wieder sagen, dass es auf Alastalo noch immer nicht für einen Teppichflicken auf jeder Bohle im Saal reicht! Auch Eenokki hat es verstanden, sieh an, hat es verstanden und einen braunen Priem zwischen den Zähnen hindurch exakt zwischen die Teppiche plumpsen lassen, dorthin, wo die Bohle blank ist, genau dorthin hat er den Priem plumpsen lassen, groß und braun wie eine Kopekenmünze, hat seine geizige Kinnlade so weit gelüftet, dass er den Klecks herausbekommen hat! Was mag Alastalo über so eine Münze denken, über solche Münzen auf dem weißen Boden seines Saals, auch wenn der Spucker ein Mann mit Geld ist? Er tut wohl so, als merkte er nichts, dieses Mal tut er noch so, als ob, auch wenn es ihm noch so sehr auf der Leber lastet. Da siehst du mal, wie deine Säle und deine Fußböden wertgeschätzt werden! Und der Lehmklumpen neben Eenokkis Stiefel auf dem Teppich? Das Herz ist sündig genug, um sich davon erfrischen zu lassen! Wer war es denn, der allen Lehmfüßen befohlen hat, in den Saal zu schlurfen, und wer war es, der dem Kapitän befohlen hat, seinem Geiz nachzugeben und nicht den ganzen Boden mit Teppichen auszulegen, damit es auch ein Dickschädel versteht, den Speichel in der Backe zu behalten, wenn er nicht vor den Ofen tritt, um in den Spucknapf zu speien?

Pukkila war in der Tat ein wenig niedergeschlagen, er spürte es selbst und gestand es offen ein. Ein einziger Verdruss, dieser Alastalo mit seinen Spielchen und seinen Barken. Wie einer, dem man den Docht gestutzt hat, betritt man seinen Saal, wie einer, dem ein anderer den Docht gestutzt hat! Jetzt, da man sitzt, muss man auch das ehrlich und klar zugeben. Es hat einen teuflisch geärgert, es hat einen noch mehr geärgert und ärgert einen immer noch, es sticht im Hals wie die Gräte eines Kaulbarschs! Aber ist nicht die Zunge noch an ihrem Platz in Pukkilas Mund und noch Lauge an der Tülle des Verstands, ordentlich Lauge für die Wäsche? Pukkila saß inzwischen sicher auf dem Sofa, die Hand suchte nach dem Schnupftuch in der Tasche, und er sah sich im Saal um. Ist etwa die ganze Gemeinde hier versammelt?, dachte er, während er zuerst die Männerreihe an der linken Wand und dann die an der rechten ins Auge fasste. Ein Mann neben dem anderen, wie Schnäbel beim Gericht der Krähen! Und jeder mit einem Paar Ohren am Kopf! Auch früher schon war das Wort im Ohrloch befruchtend: Befruchtet es nicht immer noch? Dafür hat man seine Zunge, dass man sie benutzt, und die anderen haben Ohren, damit sie zuhören. Alastalo, hast du den Fuchs in den Hühnerstall geführt und den Hengst zu den Stuten, indem du Petter Pukkila in deinen Saal ließest? Bis jetzt ist hier an der Nase entlang vor sich hin geschaut worden, aber hat Pukkila nicht den Teufel in den Augen, einen Teufel, um sich umzusehen! Pukkila fühlte sich bereits wieder ganz als Petter Pihlman, das große Schnupftuch wurde klatschend aufgeschlagen, sodass das Bild der Kirche von Lübeck in der Mitte des Tuchs prächtig in der Luft flatterte, und kurz darauf putzte er sich die Nase mit einer solchen Kraft und einem solchen Knattern, dass es sogar Eenokki am Ende des Sofas merkte und verstand, dass sich der Kapitän in der Sofamitte niedergelassen hatte! Raus mit dem Rotz des Verdrusses aus der Nase, dann wird der Grips wieder klar!, dachte Pukkila. Und wird Pukkila nicht auch an diesem Tag und in diesem Saal noch etwas von sich geben?, dachte er selbst und trompetete zur Sicherheit ein weiteres Mal ins Taschentuch. Auch andere als Eenokki sollten hören, dass Pukkila bei Alastalos Bark-Versammlung im Saal eingetroffen war und Petter Pihlman sich auf Alastalos hinterem Sofa niedergelassen hatte.

DRITTES KAPITEL

Härkäniemi sucht sich an Alastalos Pfeifenregal eine Pfeife aus und macht sich zum Zeitvertreib allerlei Gedanken.

Pukkila hatte sich nicht geirrt, als er auf dem Weg zum Sofa Härkäniemis breite Rückengestalt vor dem Pfeifenregal in der hinteren Ecke des Saals zu bemerken meinte. Dort war Härkäniemi tatsächlich zugange, allerdings war von ihm noch immer nicht mehr zu sehen, als was Gott ihm an Rücken gegeben hatte, und doch war für jedermann deutlich zu verstehen, dass Härkäniemi sich dort eine Pfeife aussuchte. Man erkennt ja auch auf dem Fußboden eine Achtzehn-Zoll-Planke neben einer, die fünfzehn Zoll hat, selbst wenn fünfzehn Zoll Breite genug sind, um eine Planke zur Planke zu erklären, und auch inmitten breiterer Rücken hätte das Auge nicht die Hilfe eines Zollstocks gebraucht, um zu wissen, welcher Rückenträger bei der Taufe den Vornamen von Kapitän Härkäniemi erhalten hatte. Malakias Afrodite Härkäniemi hieß der Mann, dessen Rückenwölbung in diesem Moment den anderen die Sicht auf Alastalos Pfeifenregal versperrte, den Namen Malakias hatte er redlich von seinem Vater geerbt, aber der Ursprung des Namens Afrodite war bis dahin ungeklärt geblieben, obwohl darüber bei so manchem Mahl nach der Katechismusprüfung ernsthaft und bisweilen mithilfe der Pfarrer auch im Scherz spekuliert worden war; er hatte ihn wohl bekommen, weil man der Ansicht gewesen war, dass auch er, damals ein kleiner, strammer

Strampler, zwei Namen haben sollte. Dieser Malakias Afrodite Härkäniemi machte sich also in der hinteren Ecke des Saales vor dem Pfeifenregal zu schaffen, er befand sich mitten in einer Operation, die ein Mann von Verstand, und zumal einer von dem Härkäniemis, stets ohne Eile und mit Bedacht verrichtet. Auch in einem guten Haus und einem guten Pfeifenregal gibt es solche und solche Pfeifen, gute und noch bessere, und ein Mann, der seinen Mund in Ehren hält, sucht sich die beste für seine Zähne aus. Man heiratet ja auch nicht eine Beliebige, sondern wählt seine Frau mit Bedacht, sortiert gar die gute aus und lässt sie stehen, wenn man eine bessere sichtet, und keineswegs hält der Mensch seinen Mund für ein schlechteres Behältnis als sein Bett! Ich, der ich es verstanden habe, bis in dieses Alter ein unverheirateter Mann zu bleiben, wie könnte ich bei der Wahl der Pfeife leichtfertig sein, sagte sich Härkäniemi in seiner Gewissenhaftigkeit, bereits bevor er das erste Schmuckstück im Pfeifenregal angerührt hatte. Die da hat Alastalo in Memel gekauft! Härkäniemi fasste ganz links einen weißen Porzellankopf von einer Viertelelle Höhe ins Auge: Er war schön anzuschauen, breit lachte einen darauf das Bild einer Mamsell mit schimmernden Wangen an, dass einem ganz rührselig zumute wurde, aber nahm ein Mann des Tabaks denn ein solches Instrument in die Faust? Das Gewissen würde einen plagen, wenn die Hand die Maid umfasste, und wie schmeckt der Rauch aus Porzellan? Der Mensch hält den Geschmack des Tabaks nicht in Händen, er schmeckt ihn im Mund, und der Rauch aus einer Porzellanglutstelle ist hart. Ich habe nie an Männer geglaubt, die eine Porzellanpfeife rauchen, ein Mann, aus dessen Mund nicht das Tabaksgefühl spricht, dessen Verstand schludert auch in anderen Angelegenheiten! Ich glaube, dass Alastalo diese Pfeife nur ins Regal gestellt hat, um schon an den Backen und am Pfeifengeschmack eines Mannes zu erkennen, welchen man mit Vernünftigem bedenken muss und welchen mit Närrischem. Mir scheint auch Pukkila besser zu sein, als man glauben möchte, denn wann hätte ihm die Mamsell dort getaugt? Pukkila ist ein Fuchs, wenn es darum geht, eine gute Pfeife zu erkennen, das muss man ihm zugestehen, was man auch sonst von ihm denken mag! Lass ihn vor dir am Pfeifenregal fummeln, und du bläst dir für den Rest des Tages auf die bloßen Finger, falls du glaubst, dir danach noch das beste Stück vom Regal pflücken zu können: Pukkila hat sie sich geschnappt! Ansonsten mache ich mir nicht viel daraus, ob ich als Zweiter oder Dritter irgendwo erscheine, oder als Letzter, Hafen bleibt Hafen, ganz gleich, ob man mit seinem Segler am Montag oder Dienstag an der Mole anlegt oder erst am Samstag derselben Woche, so wie die Brühe am Esstisch dieselbe bleibt und den Magen angenehm wärmt, ganz gleich, ob man den Löffel neben dem Propst eintaucht oder neben dem Küster; und wenn man sich dem Rand des Grabes nähert, ist es sogar besser, wenn man nicht in der ersten Reihe geht. Aber am Pfeifenregal, da bin ich am liebsten der Erste; der Mund des anderen ist nicht der eigene, und meine Natur ist nun einmal so sündhaft, dass mich jeder Zug wurmt, den ein anderer als ich aus der besten Pfeife nimmt. Anscheinend kennt auch Pukkila den Unterschied zwischen Rauch und Rauch, weil er so scharf darauf ist, eine gute Pfeife zu entdecken, die bessere unter den guten, aber meiner Ansicht nach ist es trotzdem falsch, wenn die beste Pfeife in seiner Kinnlade steckt und nicht in meiner. Es gibt gute Tischler, aber es gibt noch bessere Tischler, und ein guter Tischler, wenn er klug ist, gibt dem besseren die Klinge in die Hand, wenn der gerade neben ihm steht. Ich habe den festen Glauben, dass sich der Tabaksrauch in meinem Mund in einem noch verständigeren Mund befindet als in Pukkilas, und mir tut es um die gute Pfeife ein bisschen leid, wenn sie in meiner Anwesenheit zwischen Pukkilas Zähnen steckt: Ist Pukkila wirklich der Richtige, die Pfeife so zu schätzen, wie der Eigenwert der Pfeife es verdient, und denkt er auch unentwegt daran, was für ein bewährtes Instrument in seinem Mundwinkel sitzt?, frage ich mich dann die ganze Zeit. Pukkila ist nicht der Mann, der mit kundiger Hand die Pfeife hält, nachdem er sie genommen hat. Hätte ich eine Frau gehabt und wäre mir von meiner Frau eine Tochter geblieben, dann würde ich an der Art, wie einer die Pfeife hält, den Mann ausgucken, dem ich meine Tochter gäbe. Du hast ein scharfes Auge, würde ich sagen, wenn ein Mann vom Schlage Pukkilas käme, mich um meine Tochter zu bitten, du bist von Natur aus von gutem Verstand, würde ich sagen, du begreifst schnell, welche Pfeife hat, was eine Pfeife braucht, und nimmst dir mutig diejenige aus dem Regal, die auch die beste ist. Das beanstande ich nicht an dir, meiner Tochter gönne ich einen Mann, der vernunftscharfe Augen und schnelle Finger hat, einem anderen würde ich sie gar nicht geben, aber ist deine Hand auch treu, wenn erst mal eine gute Pfeife darin liegt, eine ordentliche Pfeife, eine Pfeife, die den Geist der Pfeife in sich trägt? Ich habe beobachtet, wie du deine Pfeife rauchst. Dir werde ich meine Tochter nicht geben! Wann habe ich je bemerkt, wie deine Pranke sich unbewusst schützend und gütig um die Glutstelle schließt, deren treue Wärme doch allein um das Wohl deines Mundes besorgt ist? Wann habe ich deine Augen je mit Ruhe und Dankbarkeit den bläulichen Schnörkeln folgen gesehen, die über deiner Pfeife wachen, während es in deiner Pranke wärmend lodert und Ring um Ring erwacht, entfacht von deinem Atem, um im kurzen Vergnügen des Lebens zu verfliegen? Wann habe ich deine Augen davon sprechen gesehen, und wann hat mir die Versunkenheit deines Blicks verraten, dass du bis tief ins Herz hinein dem Treue hältst, was treu in deiner Faust brodelt und knistert, und wann belohnst du mit einem kleinen guten Gedanken das, was ganz Wohlgeruch zur Wonne deines Mundes ist? Ich werde meine Tochter keinem Mann anvertrauen, der seine Pfeife nicht mit Gefühl raucht! Einer, der sorglos mit seiner Pfeife umgeht, geht auch sorglos mit seiner Frau um. Eine gute und willige Ehefrau ist ein Gefäß, das zarte und kenntnisreiche Beachtung verdient, das noch mehr in Ehren gehalten werden muss als eine treue Pfeife, denn die Natur des Frauenzimmers ist komplizierter als die der Pfeife, und die Geduld des Frauenzimmers geringer als die der Pfeife. Ich werde dir meine Tochter nicht geben, mir tut es schon um die Pfeife in deinem Mund leid, wie dann erst um meine Tochter in deinen Händen! So würde ich sprechen, und so ist es auch. Habe ich mich doch selbst bis auf den heutigen Tag nicht unterstanden, die Verantwortung für eine Frau zu übernehmen, obschon, um die Wahrheit zu sagen, die Pfeife in meinem Mund in einem besseren Mund sitzt als im Mund manch anderen Mannes!

Härkäniemi lachte kurz über seine eigenen Gedanken, während sein Auge gemächlich die Pfeifenreihe im Regal musterte. Ist der menschliche Geist denn wesentlich weiser als der blaue Faden, der sich aus der Asche in der Glutstelle emporschlängelt? Der Rauch dreht sich so, wie der Luftzug ihn trägt und führt, und der menschliche Geist geht seiner Wege, wie es ihm einfällt! Auch ich, ein Mann mit Bart, denke ins blaueste Blau hinein und verheirate meine Tochter, obschon ich mir noch nicht einmal eine Frau gewählt habe! Wir bauen Schiffe und sind ernsthafte Männer, die es ernst meinen, auch ich mit meinem Bart bilde mir ein, ernsthaft zu sein, aber passt nicht reichlich leichter Nebel in die Hirnschale, um darin zu wabern, und hält sich der Gedanke etwa strikter an seine Ziele als der sich schlängelnde Rauchfaden in den leichten Lüften über dem Pfeifenkopf? Lieber schaue ich am Pfeifenstiel entlang, als dass ich einer ernsten Geschichte aus einem ernsten Bart lausche, denn die gerade Linie der Pfeife hat ihr Maß, sie hat ein klares Maß, und das Auge weiß, dass man nicht über den Stiel hinauszuschauen braucht, um den Kopf zu sehen, aber im Verlauf einer Geschichte, selbst wenn sie aus dem festen Brummen fester Lippen kommt, ist die vernünftige Absicht kurz, und sieht man den kleinen Kopf einer kleinen Absicht überhaupt? Aus einer Pfeife bekommt auch der Dumme den Mund voll Rauch, wenn er saugt, aber in der Spreu einer menschlichen Geschichte findet das Huhn des Verständnisses selten ein Korn Vernunft, denn aus dem Misthaufen pickt das Huhn nur, was im Misthaufen steckt, auch wenn es noch so fromm den Kopf neigt und noch so gescheit den Zeh bewegt. Mein Kopf wird kaum strohiger sein als der von anderen, aber ich habe aus eigener Erfahrung und aus den Erwägungen dieses meines Kopfes einen schlechten Begriff von der Spreu des menschlichen Denkens. Der Gehirnkasten des Menschen ist eine lecke Kiste, halb voll mit Spreu, ist es da ein Wunder, dass es im Kopf staubt, wenn mal durch diese, mal durch jene Ritze der Wind in den Haufen fährt und die Spelzen zu fliegen glauben? Durch meinen eigenen Kopf kenne ich die Innenräume anderer Köpfe, und ich lausche dem, was geredet wird, auch was die Kinnlade des Klugen von sich gibt, als würde ich den Rauchschnörkel über dem Kopf einer brennenden Pfeife, einer guten Pfeife betrachten: Es bedeutet nicht mehr, als dass sich der Rauch kringelt und die Geschichte geschwätzig wird, damit Auge und Ohr sich bequem auf die faule Haut legen können, ich blase ebenfalls einen kleinen Schwall hinzu, das rundet die Gemütlichkeit ab, im Rauch wie im Gekräusel der Geschichte. Ich nehme mir eine Pfeife, und zwar die beste Pfeife im Regal, die gehört in meine Hand, denn in meinem Mund befindet ihr Mundstück sich im Kennermund, und der Qualm über der Glutstelle, an der ich ziehe, weiß zu seinem Wohlbehagen, dass sein kurzes Leben nicht ganz und gar sinnlos sein unschuldiges

Vergnügen in die Lüfte ringelt, weil sein Wachen und Vergehen von einem gesammelten und besonnenen Auge wahrgenommen wird. Ich habe mehr Mitgefühl mit der Pfeife und dem Rauch als mit dem Menschen und den menschlichen Gedanken, denn die Pfeife ist als Pfeife gemacht und trachtet nicht danach, mehr zu sein als eine Pfeife, und der Rauch löst sich unschuldig in Luft auf, solange etwas da ist, was sich auflösen kann, und vergeht, aber die Menschen, die geben sich nicht mit dem zufrieden, was sie sind, sondern lauern, ohne mit der Wimper zu zucken, mit zwei Augen und lechzen für ihre hungrige Haut nach noch Geräumigerem, als es die Welt ist und der begierige Augenschlitz verschlingen kann. Und die Gedanken des Menschen, die schweben nicht in Ringen und verflüchtigen sich nicht im blauen Dunst, sondern stinken wie Moorbrand, und die dicke Wolke sucht die schwere Erde! Ich mag die Menschen nicht, sie zerfleischen sich gegenseitig und bemitleiden sich selbst, ich mag die Pfeife, die ist gut für meinen Mund und weiß nichts von sich selbst. Die Pfeife hat ein Mundstück, wo der Mensch den Nagel hat, und das Mundstück passt trefflich zwischen die Lippen, um von ihnen umschmatzt zu werden, aber der Nagel, ob es sich nun um den Nagel des Gedankens oder des Fingers handelt, ist ein kratzender Körperteil. Bei Pfeifen gibt es freilich große Unterschiede, wie auch bei den Menschen, das eine Mundstück ist angenehmer zu kauen als das andere, und der eine Nagel ist stumpfer oder schärfer als der andere. Ich habe außerdem bemerkt, dass der Mensch, wenn er eine gute Pfeife zwischen den Zähnen hat, eine Pfeife, mit der er zufrieden ist, dass er dann auch zufriedener mit allem anderen im Leben ist, und deswegen überlegt sich der Kluge stets genau, welche Pfeife er aus dem Regal nimmt. Hat man eine gute Pfeife im Mund, ist man zu niemandem unnötig grantig, und die sündigen Gedanken gegenüber seinen Nächsten fallen für diesen

Tag geringer aus. Wenn zum Beispiel jetzt der Pukkila da drüben – Härkäniemi drehte den steifen Nacken und ein bisschen auch den Rücken gerade so weit, um sich mit einem kurzen Blick über die Schulter zu versichern, dass Pukkila inzwischen auf dem Sofa saß –, wenn jetzt zum Beispiel Pukkila, und ich glaube, dass ich Pukkila am Poltern im Hausflur erkannt habe und mich darum beeilte, ans Pfeifenregal zu kommen!, wenn Pukkila also jetzt an meiner Stelle hier vor dem Pfeifenregal stehen und sich eine Pfeife aussuchen würde und ich an seiner Stelle auf dem Sofa an meinem leeren Lippenbart kauen und neiderfüllt zuschauen würde, wie er vor meinen Augen die beste Pfeife an sich nimmt, die, die ich mir schon für diesen Tag zwischen meinen Zähnen vorgestellt hatte, wäre ich dann, was die Gedanken betrifft, ein so gelassener Fuchs, wie ich es jetzt bin, da ich weiß, dass mein Rücken, solange ich vor dem Regal stehe, breit genug ist, um im Weg zu sein, falls ein anderer auf die Idee käme, sich an mir vorbei nach einer Pfeife im Regal zu strecken, und dass danach, wenn ich mir meine ausgesucht habe, die anderen Pfeifen von mir aus in der Kinnlade dessen landen dürfen, dem sie taugen? Ich bin kein Luchs, dessen Auge sich schnappt, was der Zahn nicht reißen kann, ich bin bis in die Nackenhaare ein sanfter Mensch, solange man mir kein Knochenstück aus der Raffel zerrt, ich mache auch schon mal ein kleines Nickerchen, wenn ich den Bauch voll habe und mir behaglich zumute ist. Auch mit Alastalo habe ich es behaglich, weil er sich was schnappt und für mich dabei etwas abfällt. Wie dieser Pfeifenbestand hier. Was will ein Mann weiter mit seinen Pfeifen anfangen, als sie sich in den Kiefer zu hängen, und dafür genügt eine, wenn sie mit Bedacht gekauft wird. Andererseits ist es praktisch, wenn einer sich die Mühe macht und Sachen sammelt, dann hat das Auge sein müßiges Vergnügen und der Geist etwas zu tun. Ich selbst wäre dafür zu bequem, mir schmeckt der Roggen, wenn ich Hunger habe, aber ich greife immer zum Weizen, wenn man ihn mir anbietet, ich wäre ja albern, täte ich es nicht.

Mein Mund versteht sich durchaus auf die Delikatesse, und am Esstisch nehme ich stets Platz, wenn man es mir befiehlt. Aber es ist etwas anderes, ob man der Hase ist, der gegessen wird, oder der Esser des Hasen, oder ob ich für meinen eigenen Mund etwas zu essen richte oder den Tisch für andere richte. Ich für meinen Teil verstehe mich darauf, welcher Löffelvoll an der Festtafel schmeckt und welche Brühe von welchem Gericht den Nasenlöchern angenehem aus der Schüssel duftet, aber ich verstehe den Gastgeber nicht. Ich verstehe ausgezeichnet die Bestückung von Alastalos Pfeifenregal, aber ich verstehe Alastalo nicht. Warum hat er sich mehr Pfeifen angeschafft, als er jemals selber braucht? Und darunter auch noch ein solch herrschaftliches Gerät, dass man mindestens das Gesicht eines Gouverneurs braucht, damit die Pfeife in einer Kinnlade steckt, die der Pfeife wert ist! Was ist mit der da? Härkäniemi betrachtete eine Weile den Goliath in der Mitte der Pfeifenreihe, dessen feierliche Größe ein, zwei Viertelellen über den oberen Rand des Pfeifenregals hinausragte und dessen Stiel auf ganzer Länge in einem Gewand aus Glasperlen glitzerte und funkelte. Bei Aronsson in Turku ist die gekauft worden, Alastalo und ich hatten das Inserat in den Zeitungen gesehen, als wir auf dem Markt waren, und gingen aus Jux und Dollerei hin, uns das Fallström-Haus anzusehen, so wie es im Inserat empfohlen wurde. Da gab es alle Sorten Pfeifen, gerade und krumme, schmucke und noch schmuckere, auch mir lief das Wasser im Mund zusammen, als ich ausprobierte, wie sie zogen und wie angenehm der Kopf sich anfühlte; innerlich fragte ich mich, wessen Mund aus welcher seinen Rauch gesogen hat und was für Herren was für Pfeifen geschmaucht haben, aber die prachtvollste im Bestand war die da, diejenige, die ich jetzt ganz in der Mitte von Alastalos Pfeifenregal vor mir habe; Aronsson mit seiner flinken Zunge pries sie als Gouverneurspfeife an. Und warum nicht, für einen Gouverneur eignet sie sich auch, silberne Fadenkringel müssen auf der Schulter eines Mannes glitzern, damit er sich und sein Revers nicht hinter so einer Klunkerstange blamiert. Wir hatten auf dem Markt gute Geschäfte gemacht, damals waren wir beide noch Jachtkapitäne, und der Teufel der Großmannssucht stieg Alastalo zu Kopf, als er die Gouverneurspfeife eine Zeit lang betrachtet und betastet hatte. »Die kaufe ich«, sagte er zu Aronsson, »falls man sie doch einmal braucht«, erklärte er. »Was willst du mit so einer, nur die Elster trachtet nach Tand!«, versuchte ich, als der Vernünftigere, ihn zu warnen, aber vergebens, Alastalo kaufte die Pfeife und zahlte dafür den vollen Preis von zwei Fässern Hering. Damals tat es mir in der Seele weh, auf dem ganzen Weg vom Fallström-Haus zum Fischhafen murrte ich. Was, zum Teufel, fängst du mit einer solchen Pfeife an?, sagte ich damals schon! Du hast doch nicht die Absicht, dir so einen Bauch wachsen zu lassen, dass man einen Pfeifenstiel von anderthalb Viertelellen braucht, um sie mit der Hand auf dem Magenhügel zu halten, sagte ich und nörgelte dazu, dass auch der strotzendste Rogenranzen eines Heringshändlers nicht prächtig genug schnauft, dass der ellenlange Perlenstiel auf dem würdegerechten Kissen der Weste schaukelt, als wäre er dort heimisch! Ich redete mit losem Mundwerk, obwohl ich damals schon hatte feststellen müssen, dass in Hermanni Alastalo ein großer Geist wohnt, größer als in einem gewöhnlichen Fischhändler, obwohl ich schon zu jenem Zeitpunkt eine Ahnung davon hatte, dass der junge Falke nicht länger im Nest bleibt, als bis die Federn am Flügelbügel ausgewachsen sind, und dass Hermanni Alastalo nur so lange mit den Fingern durch die Heringslauge fährt, bis sie etwas zu schnappen kriegen, was nach mehr Geld schmeckt. Ich verurteile das Großspurige im Menschen nicht, ich habe es damals nicht verurteilt und verurteile es heute nicht: Ist der Grundriss großkalibrig, wird das Gebäude genügend Raum zum Wohnen bieten. Übertriebene Großspurigkeit treibt den Menschen manchmal zum Kauf einer zu prächtigen Pfeife, und dazu trieb es Alastalo, als er bei Aronsson die Pfeife kaufte, das ist mein Eindruck von der Angelegenheit: Die Gouverneurspfeife bleibt weiterhin ein zu anmaßendes Stück in Alastalos Pfeifenregal, aber Großspurigkeit enthält noch mehr Proviant fürs Leben: Großspurigkeit im Herzen und im Schädelsatz kann einen Mann zu weit größerer Großartigkeit anspornen als zur Pracht der Pfeife! Hätte in Alastalo nicht ein Hexer gewohnt, der ihn dazu trieb, die Gouverneurspfeife zu kaufen, stünden dann in seinem Pfeifenregal jetzt ein Dutzend anderer brauchbarer Pfeifen neben der Gouverneurspfeife, Pfeifen, die dazu geeignet sind, ebenfalls von einem qualifizierten Mundwinkel bekaut zu werden? Und wäre dann in diesem Saal jetzt ein Dutzend Männer versammelt, für deren Kinnladen sich genau solche Pfeifen eignen, sich umso besser eignen, je anmaßender der Stiel bemessen ist? Alastalo hat im Geiste eine Hefe, die ihm den Bauch aufgehen ließ seit den Tagen, da er, ranker als jetzt, zum Kauf der Gouverneurspfeife in Aronssons Laden war, er ist, geradeheraus gesagt, großmännisch geworden, und auch seine sonstige Erscheinung ist seit jenen Zeiten mit dem Bauch gewachsen, sodass er letztendlich doch noch nicht zu viel an Umfang misst. Aber Alastalo ist nicht von alleine dick geworden, der Teufel in ihm hat auch uns andere praller gemacht; geht man neben einem mit großen Stiefeln her, muss man nämlich auch selbst weiter ausschreiten, und an Nackenreichtum hat außer Alastalo wohl auch manch anderer in der Gemeinde zugelegt. Ich meine mich zu erinnern, dass auf den schmalen Lippen des dünnen Aronsson ein kleines Lachen spielte, als er Alastalos Geld in der Thekenlade verstaute und die Gouverneurspfeife in Papier einschlug, aber ich glaube, dass das Lachen unter Aronssons schmalem Nasendorn jetzt spärlicher wäre und das Linsen seiner Kieker lauernder als damals, wenn er, der hungerfingrige Händler im Eckladen vom Fallström-Haus, in seinem fleckigen Gehrock jetzt vor Alastalos Pfeifenregal stünde und die Gouverneurspfeife im Regal des Kapitäns betrachtete, hinter sich das Gemurmel der Männer, die über ihre Barken und Schiffe reden so wie er über den Kram in seinen Regalen. Du hättest nicht lachen sollen, Aronsson, oder dein Lachen hätte wenigstens schief sein sollen, als dir auf der anderen Seite der Theke ein Mann gegenüberstand und mit dir ein Geschäft abschloss, der damals zwar noch Heringe abwog, so wie du saure Sardinen, aber hinter dessen Stirnbein sowohl Raum als auch Kraft für größere Dinge als den Kauf einer Gouverneurspfeife waren, und der jetzt eine Bark zusammenzimmert, während du dir noch immer hinter deiner Theke die Vernunftstellen an deinem Gehirnkasten reibst, damit du ein Pfund Sardinen um ein Quäntchen schwerer auswiegen kannst, als es ist. Sieh mal, Aronsson, der Mensch ist nicht immer das, was die Augenoberfläche einem vorspiegelt, man muss einen Mann auch mit der Innenseite des Auges betrachten, die näher am Verständnis ist! Jeder Mensch hat einen anderen Fluss im Blut, und du hättest nicht lachen, sondern verstehen müssen, dass in einem Heringshändler, der sich eine Gouverneurspfeife kauft, vielleicht die Hefe für mehr steckt und dass ein Küken, das kräht, vielleicht später einmal als Hahn singt.

Lachenden Mundes, aber trotzdem respektvoll anerkennenden Sinnes hatte Härkäniemi die Gouverneurspfeife aus dem Regal genommen und hielt sie nun in der Hand, wie man einen Gegenstand hält, den man seiner Hand nicht recht anzuvertrauen wagt. Selbst für ein Gouverneursstück bist du ein ganz schönes Möbel!, dachte er, mit den Augen gemächlich die farbige Verzierung des Stiels in ihrer ganzen Länge begutachtend. Man schämt sich direkt für seine Pfote, wenn man sich an so einem Augenschmaus vergreift. Der Finger ist fein genug, das Gefühl zu schmecken, und ich gönne ihm gern alles Gute, das er betasten kann, aber ich mag Ordnung in den Dingen, und gehört es sich etwa, dass der Finger sich eines Dings bemächtigt, dessen Liebreiz als Liebreiz des Auges gedacht ist? Mein Empfinden sagt mir, dass die Pranke die Perlen verdeckt, und meine Hand kommt mir wie eine Sünderin vor, an welcher Stelle ich sie auch um den Stiel dieser Pfeife lege. An diesem müsste man sie freilich halten, wenn man sich ihrer annehmen wollte! Härkäniemi balancierte die Pfeife auf der Hand aus und ließ das Schmuckstück einen Moment lang auf der offenen Handfläche ruhen, sodass die generöse Größe in ihrer ganzen Pracht und ihrem feierlichen Kleid rundherum vom Auge genossen werden konnte. Sie hat, zum Teufel, in der Tat die Natur, die richtige Natur einer richtigen Pfeife, räumte Malakias Afrodite Härkäniemi bereitwillig ein, während er mit Kennerauge von der glatten Wachswange des Kopfes bis zum anmutigen beinernen Schwung des Mundstücks den anmutigen Stiel entlangwanderte. Auch im Stiel – von der Labsal der Perlen ganz zu schweigen –, gerade in dessen Dicke, genau die richtige Dicke, die sich so trefflich der Faust des Mannes fügt: Ei, ei, was für eine Natur, wie in die Handfläche gegossen! Und die Maße des Stiels, gegen die ist nichts einzuwenden, wie aus einem Guss, so wie es dem Auge gefällt! Stolz ist die stangengerade schöne Streckung, ja, stolz, denn was wäre das für ein stolzes Ding, das keinen Stolz hätte. Aber jetzt pass auf: Gib nur einen Zoll zum stolzen Maß hinzu, wäre das hochmütige Ding dann noch anmutig, nimm einen Zoll vom geraden Maß weg, wäre die Autorität des Stiels dann nicht mit ebendiesem Zoll gekappt? Nein, eine großartige Augenwaage hat der Mann gehabt, aus dessen Hand diese Pfeife stammt, das muss man zugeben, weil es stimmt, auch die Wange des Kopfes wie für die Hand geschaffen, und der Knochen des Mundstücks so gedrechselt, dass die ganze Natur im Mann gefragt ist, wenn er sich beherrschen soll, es nicht zwischen die Zähne zu stecken. Je genauer man sich das Ding anschaut, desto besser wird es. Auch die Eitelkeit und der Prunk der Perlen am Stiel, auch das taugt durchaus und ist an seinem Platz; wenn eine schon edel ist, darf auch ihre Montur edel sein! Ich glaube, ich hielte es für einen prächtigen Anblick, dieses Instrument im Mundwinkel eines Gouverneurs zu sehen; es ist imposant, wenn auf der Brust eines imposanten Mannes eine imposante Pfeife ruht und der Mund eines feierlichen Mannes hinter einer feierlichen Pfeife feierliche Worte oder feierlichen Rauch ausstößt, je nachdem, ob das Mundstück gerade im Bart steckt oder neben dem Bart in der Luft. Wäre auch ich ein höherer Herr und hätte die Pantoffeln eines Propstes an den Füßen, würde vielleicht auch in meinen Mund eine so bemessene Pfeife passen, aber selbst dann keine mit solchen Perlen. Ich habe die Vorstellung, so wie ich es gerade eben dachte, dass eine Pfeife imposant sein soll, gern darf sie ebenso imposant sein wie der Mann, der sie raucht, es ist sogar angenehm anzuschauen, wenn eine imposante Pfeife in einer imposanten Kinnlade sitzt, aber eine Pfeife ist trotzdem eine Pfeife und ein Mann ein Mann, und die Pfeife sollte nicht mehr hermachen als dieser. Eine resolute Frau im Haus ist eine gute Sache, ein vortrefflich Ding, kraftvoller Schwung bei der Arbeit und das Salz der Disziplin im Benimm, aber auch in einem guten Haus schämt sich der Gast fürs Haus, wenn die Hausherrin tüchtiger als der Hausherr ist. Eine prächtige Pfeife in einer kompetenten Kinnlade verschönert beide, die prächtige Pfeife ist im prächtigen Mund noch prächtiger, als sie von Natur aus ist, und auch das Wort des Kompetentesten noch gültiger als sein Gewicht, wenn es hinter einer kompetenten Pfeife ausgesprochen wird, aber ich schäme mich sowohl für den Mann wie noch mehr für die unschuldige Pfeife, wenn ein Mann im Schatten seiner Pfeife bleibt und man ihn beäugt, weil man ihn im Vergleich zu seiner Pfeife als gering bemisst und die Pfeife nicht als das erachtet, was als Geeignetes in einer geeigneten Kinnlade zu Ehren kommt. Diese Pfeife werde ich mir nicht in den Bart stecken, nein, auch wenn ich davon ausgehe, dass sie durchaus ein brauchbares Instrument für die Erfüllung der Aufgaben einer Pfeife sein mag, sogar ein vortreffliches, wenn man es bedenkt und ihren Wert versteht. Aber in meinem Gesicht und meinen Krallen? Wie würde sich da so eine ausnehmen? Was fein ist, passt nicht in die raue Hand. Habe ich mich nicht auch gerade darum und deswegen nicht getraut, mich zu vermählen, weil jede Frau, die mich hätte heiraten wollen, immer so ein feiner Lebensfaden gewesen ist, dass ich es von meiner Natur her nicht gewagt habe, die harten Männerfinger um einen so zarten Zwirn zu schließen? Ich nehme keine Pfeife, die man so vorsichtig und mit zärtlicher Rücksicht in der Hand halten muss, dass fraglich ist, ob man bei alldem überhaupt noch dazu kommt, den Rauch zu schmecken! Ich habe ein viel zu respektvolles Herz, fürs Heiraten wie für den Umgang mit einer prunkhaften Pfeife.

Mit der Andacht des Verzichts und einem Seufzer des Respekts stellte Malakias Härkäniemi die Festtagspfeife an ihren Ehrenplatz in der Mitte der Pfeifenreihe zurück. Das sich gütlich tuende Auge mochte das Schmuckstück trotzdem noch nicht loslassen. Sogar der Mundstückschutz der Pfeife strotzt vor reichem Silber wie eine Schüssel voller Leckereien! Was hat sich Alastalo nur dabei gedacht, als er so eine Pfeife kaufte? Ich weiß es wahrhaftig nicht! Ihn selbst habe ich diese Pfeife nie benutzen sehen, dafür ist er zu schlau. Alastalo macht nie längere Schritte, als es das Maß seiner Glieder von Natur aus erlaubt, und er knöpft sich niemals eine größere Jacke über seinem Bauch, als die freilich reichliche, ja zu reichlich bemessene Rundung braucht. Nein, Alastalo macht keinen Unfug, er kennt seine Waage und das Gewicht seiner Würde, er steckt sich keine Pfeife in den Mundwinkel, die stattlicher wäre als das natürliche Gesicht eines stattlichen Mannes. Aber für wen hat er eine solche Pfeife dann angeschafft? In der ganzen Gemeinde gibt es keine Kinnlade und keine Gesichtstafel und keinen Nacken, die mit einer so prachtvollen, so großzügig geschwungenen und so protzigen Pfeife im Lot wären. Zwar gibt es bei uns den Langholma, und man muss in viele Gemeinden gehen und die Hofherren mustern, bis man einen Mann findet, der vom geistigen Wert und sonstigen Mannesmaße her Langholmas Kaliber gleicht. Ein Pferd erkennt man am Heben des Hufes und den Mann am Blickwurf des Auges. Ich gehe gern neben Langholma durch die Straßen Turkus, da merken selbst die Herrschaften, dass neben mir ein Mann von Würde geht, das sagt ihnen schon die Schärfe seines Auges und die Melodie in seinem Schritt. Aber auch zu ihm passt so eine Pfeife nicht, zu ihm passt eine stabile Pfeife, eine mit Autorität, auch eine mit ganz viel Autorität, je mehr Autorität, desto besser, aber keine, die vor Perlen blinkt und perlmuttartig blitzt, keine, die sich mit dem Schmuck des Äußerlichen brüstet! Die andere daneben, das ist eine Langholma gemäße Pfeife, das ist eine ernste Pfeife, eine ernsthafte Pfeife, ich würde sagen, das ist eine strenge Pfeife, die ehemalige Pfeife des verstorbenen Richters aus Ristimäki. Vom Stiel her ist auch diese Pfeife stattlich; stünde daneben nicht die Gouverneurspfeife, würde man sich über ihr Maß wundern, sie dürfte kaum mehr als ein, zwei Zoll kürzer als die Gouverneurspfeife sein. Als Pfeife ist sie kein außerordentliches Instrument, ich habe sie ausprobiert, die zieht so stark, dass einem der Rauch dick in den Mund kommt und schon unnütz in die Luft gepustet werden muss, bevor er sich richtig gesammelt hat, um nach etwas zu schmecken. Außerdem verhält es sich meines Erachtens so, dass man beim Rauchen einer Pfeife gemütlich plaudern soll, aber gemütliches Plaudern und die Pfeife des verstorbenen Richters aus Ristimäki passen so gut zusammen wie das Spielen einer Ziehharmonika in der Kirche oder ein Walzerzucken in den Kniegelenken auf dem Weg zum Abendmahl. Der alte Richter aus Ristimäki war ein standhafter Mann, ein ernster Mann des Alten Testaments, mit einem Kinn im Gesicht, so starr und lang wie alle zehn Gebote auf Moses' Gesetzestafel in einer langen Litanei geschrieben, und seine Pfeife hat nach vierzigjährigem Gebrauch die Natur seines Kinns angenommen, falls sie nicht von Anfang an als Richterpfeife geschnitzt worden ist, so wie das Kinn des verstorbenen Richters aus Ristimäki vermutlich schon als Säuglingskinn die Fasson des Richterkinns gehabt hat. Falls Jeremias Pfeife rauchte, als er die Kinder Israels beschwor, dann hat, sowohl von der Glätte und Geradheit wie auch von der sonstigen Ernsthaftigkeit her, eine solche Pfeife im Mund des Propheten gehangen, als er den Schwerhörigen und Dickhäutigen Schwefel und Wortdonner predigte. Nein, geschwätzige Sprüche und schwache Scherze passen nicht in denselben Mundwinkel wie die strenge Pfeife des Richters aus Ristimäki, und ich würde mich für mich und meinen Bart schämen, wenn der Lachteufel anfinge, Sperenzchen in meinen Backen zu machen, während meinem Kinn das Saugen an einer Pfeife anvertraut wäre, deren Stiel warnend wirkt wie der ernste Finger des Gesetzes und deren Kopf schwer wiegt wie des Urteils harscher Hammer. Aber gerade deswegen und genau aus dem Grund, dass die Pfeife ist, wie sie ist, passt die Pfeife des Richters aus Ristimäki in Langholmas Kinnlade wie der Arsch auf die Bank und die Melodie in die Kehle des Kantors. Es ist schicklich, dass der Fuchs den dicken Schwanz des Fuchses trägt und der Propst den runden Bauch des Propstes, und es ist eine Sünde, zu sehen, wenn ein Fuchs mit gestutztem Schwanz sich trollt und die Pfarrersweste Hunger schreit, während von der Kanzel das Brot des Wortes und fettes Gutes rinnt. Mir gefällt es, wenn der Stiefel sich dem Fuß fügt, der große dem großen Fuß und der schlanke den schlanken Zehen, mir gefällt es, wenn das Auge sanft ist, wenn auch die Haut weich ist, das Wort aber barsch, und mir gefällt es auch, wenn ein Mann und die Pfeife in seiner Kinnlade demselben Glauben angehören, eine stabile Pfeife in einer stabilen Kinnlade sitzt und eine eitlere in einer eitlen. Ich habe eine Art zu denken, die in den Dingen bohrt, so einen verweilenden Verstand, der nicht von einer Sache lässt, bevor er ein Loch hineingekerbt hat, das dann angenehm mit dem Daumen der Verstandeskraft zu bestasten und zu befühlen ist, und dieser mein trägfingriger Verstand sagt mir, dass die Pfeife des verstorbenen Richters aus Ristimäki dann im passenden Mund sitzt, wenn sie sich im Mund von Efram Langholma befindet. Efram Langholma ist vom Gewicht seines Kinns, von der Waage seines Blicks, von der Streckung seines Rückens und der Führung des Armes her ein Mann, dessen stattliche Erscheinung auch beim Gebrauch einer stattlichen Pfeife von der Stattlichkeit des Mannes rührt und nicht von der Stattlichkeit der Pfeife und dessen Pracht im Gesicht und in der prächtigen Brust noch prachtvoller ist als der noch so prachtvoll ausgreifende Bogen eines Pfeifenstiels und eine noch so glänzende seidenschwarze, würdevolle Ernsthaftigkeit. In Langholma als Mann steckt so viel Hufengutshaftes, wie in seinem Haus an Hufengut steckt, sodass man ihm gern eine Pfeife zwischen den Zähnen gönnt, die zu halten Raum erfordert, was den Arm betrifft, aber auch die geistige Führung des Mannes, und die kein anderer mit Würde zu halten weiß als derjenige, dessen Mund aus dem dicken Rauch auch abgewogene Worte in den

Saal entlässt. Mein Gedanke lautet, dass die alte Pfeife des verstorbenen Richters aus Ristimäki in ihrem Pfeifenmaß und ihrer Pfeifenform erst in Langholmas Kinnlade zu Ehren kommt und dass Langholmas Kinnlade erst dann die echte Kinnlade von Efram Langholma ist, wenn darin eine Pfeife vom Kaliber der Pfeife des verstorbenen Richters aus Ristimäki hängt. Ein Ziffernblatt ohne Zeiger ist keine Uhr, sondern nur eine dumme Rübe an der Wand, und ein Zeiger ohne Ziffernblatt ist kein Uhrzeiger, sondern ein Spieß, der ins Leere sticht, erst der Zeiger macht das Ziffernblatt zur Uhr, und erst das Ziffernblatt verwandelt den Spieß in einen Zeiger. Das Gesicht von Efram Langholma und die Pfeife des Richters aus Ristimäki brauchen einander wie Ziffernblatt und Zeiger auf der Uhr: Langholmas Gesicht, damit die Macht dieses Gesichts im Saal zu sehen ist, und damit auch einer, der hinter der Stirn keinen Verstand hat, welcher weiter reicht, als die Augen gucken können, schon aus dem Maß des Pfeifenstieles schließen und vom Gewicht des Knorrenkopfs her abwägen kann, wessen Wort im Saal was wiegt und wessen Geist die Dinge mit der Elle misst, während die anderen mit Viertelellen messen; und die Pfeife des Richters aus Ristimäki, damit genau der hervorgehoben wird, der an Größe genug besitzt, und damit auch der Dumme nicht dumm lachen muss, wenn der Weg schneller im Gebüsch endet als der Zipfel des Mantels in der Luft, und der Sinn im Sinn des Mannes kürzer ausfällt als der Stiel an seiner Pfeife. Das ist so klipp und klar wie die Liednummer auf der Tafel des Küsters: Langholma ist der Mann für eine Pfeife wie die des Richters aus Ristimäki, und die Pfeife des Richters aus Ristimäki ist die Pfeife für einen Mann wie Langholma. Der Umstand, dass Alastalo diese Pfeife im Regal hat, leuchtet mir vollends ein. Nicht nur, dass er ein Auge dafür besitzt, was in seinem Regal und seinem Saal etwas hermacht, auch hat er beim Kauf der Pfeife an Langholma gedacht und sich gesagt: Wenn ich einmal einen Mann benötige, der in meinem Saal Wörter spricht wie abgewogen, dann braucht dieser Mann in seinem Kiefer eine Pfeife, die auch den anderen das Gewicht seiner Worte abwiegt; es kann durchaus der Fall eintreten, dass ich einmal Langholmas Hilfe brauche, wenn gewisse Dinge in Gang gesetzt werden müssen, und dann ist es auch wegen der anderen gut, wenn ich Langholma eine Pfeife in die Hand drücken kann, deren Stiel bereits über die Note des Bestimmens und den Takt des Befehls verfügt. Ich verstehe also bestens, dass sich diese Pfeife in Alastalos Regal befindet, und ich glaube, dass am heutigen Tag und gerade am heutigen Tag diese Pfeife sowohl unter den Männern wie unter den Möbeln im Saal das Quäntchen ist, das Alastalos Ansicht nach für jetzt am besten Platze ist: Fast würde ich sogar zu dem Gedanken neigen, dass Alastalo die Pfeife genau für diesen Tag gekauft hat.

Alastalo ist ein lang aufragender Mann, so wie er auch ein dicker Mann ist, ein ziemlich dicker Mann; was seine Gedanken angeht, kann man nicht immer sicher sein, sie sitzen im Fleisch der aufragenden Länge, so wie der Knochenknorpel in seinem Rumpf im Speck des sonstigen Runden sitzt, aber wenn ein Mann die zwölf Liespfund seines Leibes so aufrecht und erhaben trägt wie Alastalo, dann lässt sich daraus schließen, dass unter der weichen Hülle ein kräftiges Knochengestell steckt, und wenn die Nase einen Mann vom Jachtkapitän zum Barkenbauer geführt hat, dann darf man vermuten, dass dieser Mann mehr als Geknatter in der Nase hat, dass im Speck der Geschichte womöglich das Geweih einer langen Absicht steckt und dass die Pinne einer gezielten Absicht die Ausrichtung des Wortes lenkt. Ich kenne Alastalos Gedanken nicht, aber ich ahne sie. Die Pfeife des Richters aus Ristimäki ist heute ein wichtiger Bestandteil von Alastalos Pfeifenregal; falls ich nicht völlig in die

Irre denke, würde mich Alastalo für den gesamten fetten Rest seines Lebens schief anschauen, wenn ich mich ruchlos gäbe und aus Jux und Dollerei den Kranichhals aus dem Regal nähme, wenn ich, als wäre nichts dabei, ausprobieren würde, wie er zieht, und mit der Unschuld eines Säuglings die geräumige Brennkammer mit Duftendem stopfen würde. Alastalo kann sich durchaus beherrschen, wenn es arg wird, und er hat genügend Festigkeit am Leib und Feistigkeit im Gesicht, um selbst einen hüpfenden Teufel im Blut unter Speck und Schnurrlachen versteckt zu halten, aber ich glaube, ich bekäme einen Blick gleich dem Tritt eines Fohlens ab, wenn ich mit der geladenen Pfeife des Richters aus Ristimäki vom Regal davonspazieren würde. Aus Jux und Dollerei könnte ich mir die kleine Bosheit sogar erlauben, ich würde wiegenden Schrittes zum Sofa gehen, neben Pukkila Platz nehmen und mit frommem Bart mächtig schmauchen, was die Backen nur aus dem ellenlangen Stiel saugen und ausstoßen, aber auch ich verstehe, dass man, wenn man einen Pott vom Gewicht einer Bark in Bewegung setzen will, Schmierseife und Winde braucht; die Schmierseife verteilt Alastalo mit der Zunge, aber als Hebel hat er Langholma ausersehen, und auch ein schwerer Hebel wirkt erst dann, wenn ein Stiel im Spiel ist, der den Tritt versetzt; Langholmas Kinn ist zwar von Natur aus und von Gott geschaffen ein Kinn von schwerem Kaliber, aber Alastalo hat sich gedacht, dass auch ein grobes Kinn noch gröber seine Grobheit von sich gibt, wenn das Ellenmaß auch über die Kinnspitze hinaus die Waage hält, und es am heutigen Tag, falls es eng werden sollte, eine gute Sache sein möchte, Langholmas Wort durch den Schwung der Pfeife des Richters aus Ristimäki zusätzliche Schwungkraft zu verleihen. Ich piesacke keinen, wenn es ernst ist, ich spare mir die kleinen Piesackereien für dann auf, wenn gescherzt wird, und von mir aus soll die Pfeife des Richters aus Ristimäki für Langholma im Regal bleiben. Es wird sie auch sonst niemand nehmen, selbst Pukkila wird begreifen, dass es sich nicht ziemt, diese Pfeife zu nehmen, wenn Langholma auf dem Weg nach Alastalo ist, es ziemt sich nicht, auch wenn es einen noch so in den Fingern juckt und die Großmannssucht es einem in die Ohrenhärchen flüstert. Die Schleifen von Alastalos Denken sind großzügig bemessen und die Schnüre weiträumig sortiert, ich wundere mich bisweilen, wenn der Knoten zugezogen wird und das lose Band sich vor meinen Augen strafft! Ich hätte bei der Auktion des verstorbenen Richters aus Ristimäki ums Verrecken nicht daran gedacht, dass diese Pfeife einmal ihren Platz in Alastalos Regal finden würde. Ich stand daneben und stieß bloß mein dummes Lachen aus. »Einen Rubel für so ein Trumm und noch zehn Kopeken obendrauf!«, sagte ich und lachte. »Denk nur, was man für das Geld bekommen könnte: mehr als zehn Grog im besten Hotel der Stadt, zehn Kopeken der Schluck, wenn man schon mal das Geld hat, es zum Fenster hinauszuschmeißen. Schon zwanzig Kopeken wären zwanzig Kopeken zu viel bezahlt für so eine Pfeife, die du dir doch nie unter die Nase steckst, aber zwanzig Kopeken sind nur eine Münze, und hättest du zwanzig Kopeken bezahlt, hätte ich gesagt: Behalt den Schaden für dich! Ein Rubel und zehn Kopeken, das ist hingegen schon ein Geld, und ich wundere mich, dass du in deinem ansonsten so kompakten Kopf eine so weiche Stelle hast, dass sie einem Rubel auch dann erlaubt, aus der linken Hand zu rollen, wenn er nicht schnurstracks zweifach in die rechte zurückrollt!« So schwatzte ich damals und hielt mein Mundwerk für einen ach wie guten Wetzstein, aber wenn Alastalo spielt, ist es besser, sich das Lachen bis zum Ende des Spiels aufzuheben, damit man nicht vergebens lacht. Er hält den linken Augenwinkel stabil wie eine Wand, wenn er mit dem rechten verschmitzt blickt, und auf dem Damebrett zieht er den Spielstein so, dass er geschlagen wird, damit er, wenn er wieder an der Reihe ist, drei Sprünge machen kann. Sogar der Teufel muss auf seine Finger achten, wenn er mit Alastalo spielt! Welcher Herr mit Hufen, welcher Schwanzwedler hätte mir damals bei der Auktion des verstorbenen Richters aus Ristimäki ins Ohr geflüstert, dass ein Rubel und zehn Kopeken am heutigen Tag womöglich einen Topp mehr, einen dritten Topp fürs Schiff bedeuten? Wenn ich bedenke, wie sehr die Pfeife des Richters aus Ristimäki heute in Alastalos Regal am Platz ist, und zwar am haargenau richtigen Platz – womöglich wird das Teufelsding, wird dessen Schmiss in der Luft, wenn Langholma mit dem langen Stiel rührend den Rauchwirbel um sich herum lichtet, womöglich wird das Teufelsding heute den Takt zu den Worten schlagen, von denen in Erinnerung bleiben wird, dass die Sache in Alastalos Saal klar und die Bark in der Gemeinde so gut wie gebaut war, sobald Langholma seine Worte gesetzt hätte –, wenn ich das bedenke und auch, was für ein verflixt wichtiges Werkzeug die gerade Schwarze heute ist und wie sehr am Platze in Langholmas Hand, dann sage ich nichts mehr und denke auch weiter keinen Mucks über die Gouverneurspfeife daneben. Wahr ist, dass sie, die Gouverneurspfeife, wie gesagt, zu protzig ist für Alastalos Regal, aber wahr ist auch, dass sie sich nicht mehr so protzig und prominent im Gestell ausnimmt, wie ich damals dachte, als er sie, noch als Schiffer, dem Aronsson im Eckladen des Fällström-Hauses abkaufte. Alastalo ist seit jenen Tagen wohlhabender geworden, an seine Pfeife hingewachsen, hat an Modell und Fasson so weit zugelegt, dass er bereits auf Bauchhöhe über ein Kissen verfügt, auf dem auch der Stiel einer imposanten Pfeife, und sei es einer mit Perlen, prunken kann. Und ich werde mich nicht erhängen, selbst wenn jemand sagen sollte, dass Alastalo die Pfeife von Anfang an für sich gedacht hat.

Alastalo hat einen schreitenden Verstand, er geht rasch voran, und zwar auch dann noch, wenn der Verstand eines anderen sich schon nach einem Kissen fürs Ohr umsieht, auf dem sich bequem ruhen und vielleicht ein kleines Schläfchen auf der weichen Ecke machen ließe. Als wir noch Schiffer waren und gut verdienten, eigentlich so gut verdienten, wie man bei vernünftigem Verstand Hunger auf Einkünfte hatte, da wunderte ich mich schon, was für eine Feder in Alastalos Kopf gespannt war, weil er ständig von Schonern und Fahrten nach Lübeck sprach, als wäre das Geld nicht ebenso rund und in die Geldbörse zu stecken, wenn man es in Stockholm auflas. Die Menschen haben alle einen sehr unterschiedlichen Verstand, wenn ihr Verstand am Jagen ist. Dem einen gefällt es, wenn der Kork an der Angel schwimmt und das Wasser neben dem Kahn gemütlich blubbert und sich zitternd kräuselt, es kräuselt sich, das Röhricht raschelt, im Abend und in der Luft liegt Gold, die Mücken führen summend ihren Tanz auf, und man selbst sitzt ruhig bei sich auf der Ducht, der Geist spinnt Schläfriges und allerlei sonstiges Gutes auf der Welt, bis man aus dem Schlummer hochfährt, weil einem Barsch langweilig wird und er nach der Süßigkeit schnappt, damit er nicht vorm Futter einschläft; einem anderen wiederum gefällt es, in Sunden und Buchten zu lauern, ohne an den Riemen zu ziehen, den Haken mit wachem Auge schleifen zu lassen: Der Gierige jagt den Gierigen, der Mann den Hecht, der Hecht das Glitzernde, die Schnur schwirrt, der Glitschige verbirgt sich: Wo versteckst du dich, flinke Flosse, wo lauerst du, Schlingschlund, schnappst du jetzt endlich nach dem, was da flimmert? Oder erst in Stunden? Liegst du an der Landspitze dort auf der Lauer? Oder wartest du einige Werst weit im Wasser? Beißt was an? Fische ich im Leeren? Ziehe ich den Zappelnden heraus? Lebt die Schnur? Der Mann, in seinem Boot stehend, lockert und strafft mit gespannten Händen, zieht gekonnt an, gibt gekonnt nach: Ist es ein Biest von einer Elle Länge, das an der gespannten Schnur zieht und zappelt, hinterhältig mitgeht, mit pfundschweren Schlägen zerrt, oder narrt ein gekrümmtes Hölzchen von einem Hechtjungen mit seinen Kniffen den Mann, und die Beute, mit Geschick geschnappt, stellt sich im Boot als hüpfende Verhöhnung des Fischers dar: Der Mann flucht, und das Meer lacht! Ein Dritter probiert es mit der Reuse, die fertigen Fallen sind dieses Jahr dieselben wie letztes Jahr und liegen an demselben Sund, das Wissen des Vaters, vom Großvater geerbt, besagt: Dort zieht der Fisch vorbei, im Frühjahr dicht gedrängt, im Sommer genug für die Suppe, die Jahreszeit gibt die Reihenfolge vor, das hat sie schon beim Vater getan, wie auch vor dem Vater beim Großvater: In einem Haus, wo Ordnung herrscht, kommt die Reuse an Michaeli an Land, damit die Strömung nicht daran zerrt und das Eis nicht darauf drückt. Im Winter ist es Zeit, Stangen zu schnitzen, jeden Winter ein Drittel neue Stangen, dann ist die Reuse immer heil, und selbst der alte Tapani im Haus erinnert sich nicht mehr, ob der Großvater des alten Hausherrn erzählt hat, die Reuse sei ganz neu gewesen, als er sie von seinem Vater geerbt habe, oder nur zu einem Drittel, denn auch damals seien weiße Stangen zwischen den grauen gewesen, im April tauen die Weidenruten auf, und an den Ufern riecht es feucht, dann dient der Fels als Webstuhl, die harzige Reihe der Reusenstangen liegt wie ein Kettfaden da, und die eingeweichten Reiser der Birkenschösslinge wie ein Schussfaden, das Mannsvolk zieht und strafft mit zusammengebissenen Zähnen, flicht und fädelt, zwirnt und flicht, der Hofherr wettert, die Knechte sind in Schwung, zwischen ihnen wuseln die Knaben, es herrscht Eile, aus den Schneefeldern schwindet der spannkräftige Schimmer, feucht glänzt die Felswange im Sonnenglitzern, der schwankende hohe Wipfel der Fichte taucht mit grünen Trieben und üppiger Frische in die Dunstkühle des Blaus ein, es herrscht Eile, schon schlägt der Staketenschwanz der Bachstelze drängend auf die Ränder der Rinnsale, das Wasser wimmelt plätschernd über das knorrige Geäder der groben Kiefernwurzeln, und bald erschallt am Himmelszelt der Lerche klingelndes Wonneglöckchen, Eile, es herrscht Eile, schon perlt es eisfrei an der Mündung der Meerenge, das wallende Wasser gluckert schon mit matten Augen in den Engstellen des Sundes, der Fisch ist in Fahrt, der Glitschige gleitet dahin, der bunte Barsch, der hellgraue Hecht, der alerte Aland, auch die Silberschuppe der Maräne, der ganze schwanzschlagende Besatz befindet sich mit rudernden Flossen in Scharen auf Meereswanderung, frische freie Schwärme streichen durch die freie Frische, aus ewig kalten Kühlen, aus salzgesättigten Tiefen kommen sie an in endlosen Reihen, in Reihen, die sich verdicken und verdichten, zu Tausenden und Abertausenden, stumme Prozession der Ringaugen und Glanzflanken, wenn in den offenen Engstellen die Welle springt und das Murmeln der Sunde ruft: Mild ist im Wasser der Geschmack, lieblich zu schnappen für die gierige Kieme, erdsüß das Perlen des fließenden Betts, weich an den Schuppen das Spülen des strebenden Stroms; naht schon mit hochzeitlichem Plätschern des Laichufers willige und wohlige Wärme? Der Melcher ist reif in der Weiche! Eilig hat es der Fisch, eilig das wirbelnde Wasser, der forsche Frühling, das schmelzende Eis, eilig der schuftende Hausherr und die schwitzenden Männer: An die Arbeit, Henrik, mach hin, Kristian: Das Wasser bringt seine Frucht auf, es verdickt sich der Sund, und die Reuse liegt noch an Land! Flink, Nestor, feste, Petter, heute schwingt der Ärmel am Unterarm des Mannes, wilder wird der Fisch morgen gegen das Gestänge der Falle schlagen; schwatze nur, Taavetti, aber schufte auch, fluche, Kaaleppi, aber flechte auch, bis morgen haben wir einen Zaun im Meer und eine Sperre in die Tücke des Wassers gekettet als Falle für die reisenden Schwärme der kühlen Tiefen;

flink, ihr Finger, flott, ihr Pfoten, das Meer wartet nicht, und der Fisch pfropft die Meerenge zu: Bald erntet der Hofherr den Besatz, Korn fürs Haus aus dem Wasser des Hauses, Nahrung für ein Jahr, Geld für ein Jahr, gesegneter Fang aus ergiebigem Sund, den schon der Vater einholte und den einmal auch der ausgewachsene, wohlhabende Sohn einholen wird, der Erbe von Haus und Sitte, von Grund und Boden und vom Wildbret der Ufer.

Es gibt Fischer, Männer, die die Angel halten, so wie ich, die warten auf das, was kommt, und holen den Fisch ein, wenn er anbeißt, die nicken weg, wenn keiner beißt, und sind mit beidem zufrieden, mit dem Nickerchen, weil es angenehm ist, und mit dem Einholen, weil auch das angenehm für einen Mann ist. Es gibt diejenigen, die am Ufer fuchteln, so wie Pukkila, die einen Widerhaken im Auge haben und einen Widerhaken an der Angel, einen Doppelhaken im Sinn und einen Doppelhaken an der Schnur beim Schnappen nach dem Glückshecht; da rudert der Mann, da krallt das Metall, da zieht der Riemen, und da flitzt der Verstand: Ruckt es schon? Wo ruckt es? Angle ich Algen, oder hascht da der Hecht? In einer Werst Leere versteckt sich das Glück: Wann wird was Fettes zappeln? Verdammt, das Meer hat mehr leere Dellen als schnappende Rachenknochen, und was, zum Teufel, haben Algen da verloren, wo ein Mann nach Hechten fischt? – Es gibt Fischer, auch solche mit eigenen Reusen, wie Langholma, die ein Nest neben dem Uferhaus haben, da kommt der Fisch, von ganz alleine kommt er an, kam in dichten Scharen letztes Jahr, kommt dieses Jahr wieder, drängt sich auch im kommenden Jahr auf, wenn die Jahreszeit danach ist und die Reuse an ihrem Platz, schwimmt der eigenen Nase nach in die Falle und wartet, bis der Hausherr mit dem Kescher kommt und das, was ihm gehört, aus dem Nest ins Boot holt, pralle Alande, auch Maränensilber dazwischen und glatte Aale, ein Hecht mit breitem Rücken planscht im Kescher, und ein Barsch spreizt seine Flossendorne, auch eine zappelnde Plötze landet im Boot auf dem Haufen, es gibt genug Kübel im Haus und Leute im Bezirk, die Zukost brauchen, der Hofherr hat die Macht, sein Eigen einzustreichen, ob das Korn nun vom Feld geliefert oder vom Meer gezüchtet wird, und die Schuld, zu schauen, dass reichlich Kost im Haus ist, Reichtum in der Kiste und der Jahresvorrat in der Kammer. Es gibt Fischer, Fischer, die an der Angel hocken, es gibt den, der mit dem Schwimmer durchs Wasser streicht, es gibt den Mann, der sich streckt und beugt und seine Reuse prüft, aber es gibt auch Fischer anderen Schlags, Männer mit Zugnetzen, wie Alastalo einer ist, bei denen hängt ein zig Klafter langes Zugnetz in Falten und trocken am Balken, ein geteertes Netz, ein Netz mit Simm, die Schlingen aus siebenfachem Garn, sie machen sich auf, diese Männer, schlendern an den Ufern entlang, müßig bloß, schauen müßig, wie steht's mit dem Wind? Wird sich der Hauch zum Abend hin legen? Am Himmel drückt ein Wolkenzipfel der Sonne etwas Weiches ins Gesicht, man könnte meinen, es liegt Fischgeruch in der Luft, die Laichfeuchte in den Nasenlöchern, kommt die aus der Nuotviikki-Bucht? Oder wird es heute hinten im Siikarauma-Sund fett? Sieh an! Habe ich es nicht geahnt? Darum bin ich ja hergekommen! Nach Katkuru bin ich gegangen und dabei auch hierhergeraten, der Wind hat sich am heutigen Tag entsprechend gedreht, tagsüber dachte ich: Am Abend gehe ich hinten nach Katkuru, warum sich beeilen, warum sich beeilen, wenn die so spritzen! Ist das eine Art, die ganzen Ufer der Insel Katkuru zum Kochtopf zu machen? Flugs jetzt! Die Brachsen planschen! Die wissen sich zu wälzen, die Wollüstigen! So viele moosgrüne Rücken im Wasser, wie soll man da das Netz dazwischen bringen? Hätte mein Rogenkopf nicht, auch ohne es zu sehen, ahnen müssen, dass es heute bei Katkuru nur so wimmelt, habe ich meine Nasenlöcher den ganzen Tag Gottes lang in der Tasche stecken gehabt, wo es in der Luft doch fett nach Brachsen riecht, jetzt, Junge, die Beine unter den Arm genommen, manchmal trabt auch der Dicke! Auch der Bauch, mein Augenstern, trabt manchmal zu viel! Verflixte Zauntür, soll sie doch zersplittern! Jetzt werden keine Hölzchen aufgelesen, jetzt wird gesprungen! Großknecht, zieh die Bux an! Burschen, raus aus den Dachkammern jeder Ranzen, heute Nacht werden keine Polster gewärmt: Der Brachsen ist bei Katkuru! Die Sachen ins Boot, das Netz in den Kahn, wenn wir zurückkommen, streift die Reling das Wasser, morgen ist Markt am Ufer von Alastalo, da wird geschnackt und geschuppt, wenn die Kähne an den Landebrücken bis kurz vorm Versinken beladen sind, ein voller Korb mit fettem Fisch nach dem anderen wird aus dem vollen Kahn auf die sich biegenden Balken gehievt, und die Weiber aus dem Drei-Dörfer-Bezirk wuseln geschäftig zwischen Brücke und Magazinen hin und her, die Messer metzeln, die Zungen plappern, Fisch um Fisch glitscht ausgenommen vom dröhnenden Brett, die Möwen kreischen in der Luft, die Krähen lauern auf den Felsen, ein übervoller Korb mit Brachsen nach dem anderen verschwindet im Inneren des Magazins, und Bottich um Bottich füllen sich die langen Reihen der Gefäße an den nach Salz riechenden Wänden, vollgestopft mit fettem Fang: Am Tag nach diesem Abend geht der Hofherr, nachdem der Brachsenschwarm gesichtet und gesammelt worden ist, gern über seine Landebrücke und durch sein Magazin, anderthalbtausend Brachsen in Bottichen sind der Lohn für den kleinen Trab vom Vortag, da darf sogar das Zugnetz ein bisschen reißen, die Nachbarn können sich in Eimern den Rogen holen, wenn sie wollen, und in den drei Dörfern werden drei Wochen lang in jedem Haus zu jeder Mahlzeit Brachsenköpfe ausgekocht, wenn nicht die Schweine zuvor ihren Teil davon abbekommen! Alastalo ist auch außerhalb des Fischens ein Mann des Zugnetzes, er geht herum und lauert, faulenzt, er spaziert umher und lauert, das Augenpaar hellwach, die Witterungshärchen in den Nasenlöchern hellwach, der Verstand hinter dem Stirnbein als Drittes wachsam, und womöglich riechen sogar seine Sohlen etwas: Er geht dorthin, wo etwas los ist, Alastalo ist stets vor Ort, wo der Fisch laicht oder das Geld laicht, und wenn das Auge etwas spitzkriegt und die Katze des Verstands die Fäden in der Absicht des Mannes straff zieht, ist gewiss kein Bauch im Weg, wenn das Netz geholt wird: Das Geschwabbel kommt schwer in Schwung, wenn die Stelzen sich in den Trab stemmen und der Dreck von den Absätzen spritzt! Ich bin gern Alastalos Nachbar: Hat Alastalo sich eine gute Stelle ausgeguckt und es wird in einer größeren Bucht gewarpt, dann werden bisweilen auch das Netz des Nachbarn und der Kahn des Nachbarn gebraucht, damit das Netz des Nachbarn dort das Loch stopft, wo das eigene Netz aufhört, und der rappeldicke Fang bis auf die letzte Flosse, mit der er angeschwommen ist, eingefahren werden kann: Wenn nebenan kein Fisch entwischt, ist die Ernte in der Anse eine vierfache, weil sie dicht ist, und Alastalos Verstand und rechnender Kopf begreifen, dass es besser ist, zwei Haufen Ladung einzufahren, die volle Last des eigenen Kahns ans eigene Ufer und die volle Last des Nachbarkahns ans Nachbarufer, anstatt allein mit der halben Last an Fang an Alastalos Ufer zu rudern.

Nein, ich bereue nicht, Alastalos Nachbar zu sein, und auch nicht, dass Alastalo vorangeht und ich ein, zwei Schritte hinter seinem Rücken her, ob es nun zum Kirchengang hineingeht oder ob man in anderen Obliegenheiten unterwegs ist. Es ist nämlich nicht wichtig, wer als Erster das Ziel erreicht, vielmehr ist es in einer wichtigen Angelegenheit wichtig, dass man am Ziel ist, wenn es ans Verteilen geht, und wer Alastalos Spuren folgt, erreicht gewöhnlich rechtzeitig den Ort der Verteilung, der kommt zur Spendung des Wortes in die Kirchenbank und gelangt auch dort an Ort und Stelle, wo Geld verteilt wird und die runde Münze laicht und demjenigen in den Sack rollt, der einen Sack an der Warpleine hängen hat. Als Alastalo noch ein Knabe war und im Haus von Vater Mattsson, da baute sich der Herman aus dem Wald des Hauses einen Nachen, segelte im Sommer durch die Gewässer Ålands und verscherbelte Fisch in Stockholm, im Herbst hatte er Reichstaler, daheim einen Weckentanz zur Begrüßung, und einen blauen Düffelpaletot trug der Knabe bei jedem Kirchgang im Winter; im nächsten Sommer hatte auch ich meinen eigenen Nachen, geschlagen im heimischen Wald, und im folgenden Winter einen Düffelpaletot, in Stockholm gekauft. Alastalo verkaufte den Nachen und baute sich eine Jacht, mit der kam er bis Petersburg, und weil der Rubel ein größeres Geld ist als der Reichstaler, war es fleischträchtiger, den Rubel zu nehmen, und weil der Russe betrügerischer als der Schwede ist, so hatte der Betrüger des Betrügers in Petersburg ein dickwolligeres Schaf zu scheren als in Stockholm, und Herman Alastalo war bald ein dicker Mann und stand auf dem Kirchenhügel bei den Hofherren, auch einen Tulup aus Sankt Petersburg hatte er da schon an, und so baute ich mir ebenfalls eine Jacht. Auch die Zeit der Galeassen kam, mit einem Jahr Zwischenzeit bei jedem von uns beiden, Alastalo hatte begriffen: Wenn eine Jacht mit einem Mast Geld einsegelt, dann segelt eine Galeasse mit zwei Masten zweimal mehr Geld ein, und ich verstand Alastalos Gedankengang, außerdem waren wir damals beide schon die Herren unserer Häuser, und Geld, welches in der Tasche eines jungen Kerls ein großes Geld ist, ist in der Tasche eines Hofherrn kein großes Geld mehr. Auf der Stirn des Kalbes wachsen Hörner und hinter der Stirn des Mannes Pläne, junge Hofherren haben große Pläne – zu jener Zeit kaufte sich Alastalo auch die Gouverneurspfeife im Eckladen des Fällström-Hauses –, und selbst das Kalb im eigenen Stall, das im Folgejahr ein Stier mit Hörnern ist, hätte sich schämen müssen, wenn der Kahn seines Hofherrn nicht zwei Toppen gehabt hätte und statt eines Jachtbürgers nicht fortan ein Galeassenkapitän Herr des Hauses gewesen wäre! Wir mussten dann allerdings noch einmal zu den Jachten zurückkehren, aber daran war der Engländer schuld, der kam und lauerte und spähte mit seinen Lupen auf die Mündungen der Sunde und die Engstellen der Belte und machte den Leuten in der ganzen Gemeinde Beine; jeder aufragende Galeassentopp im Sprengel wurde mit Reisern als Fichtenwipfel getarnt, und in einer Rotte von zwanzig Schiffen wurden die Pötte im Schlepptau mit der Kraft der Arme in die kleinsten Buchten des Vehmassalmi-Sunds gerudert, um sie vor den Feldstechern der Engländer zu verstecken. Aber auf die Galeassen mit den besagten Toppen war gepfiffen, wenn man auch mit dem Strug eine im Geldwert fünffache Galeassenladung über die Ålandsee retten konnte, sofern man Knochenhärte im Nasenbalken und ein scharfes Augenpaar hatte, um den Engländer auf den Meeren und den Zollschnüffler vor den heimischen Küsten aufzuspießen. Verdammt, was war das für eine Zeit, als wir Geld scheffelten, mit dem Reichstaler einkauften und den Rubel dann in Scheinen stoßweise in die Geldbörse steckten! Alastalo brachte damals auch als Erster eine Ladung Zucker über das Kihti-Fahrwasser, beim zweiten Mal segelte ich bereits mit meiner Jacht in seinem Kielwasser, Alastalo sagte, zu zweit ist es beim Handel angenehmer, wir laden beide je zur Hälfte Zucker und zur Hälfte Salz: Wenn sich der Engländer einen von uns schnappt, entwischt der andere, und beider Risiko ist Genüge getan, aber wenn wir Glück haben und beide vor den Engländern wieder auf dem Kihti sind, dann laden wir das Salz in die eine Jacht und den Zucker in die andere und segeln gelassen nach Hause, die Salzjacht müßig vorneweg, die

Zuckerjacht dahinter, aus dem Schatten der Landspitze verstohlen hervorschielend: Soll der Schnüffler nur kommen, auf der Salzjacht haben die Schnüffler schön zu tun, da dürfen sie, als würden sie für ihre Motion bezahlt, mit Schweiß unterm Hut bis zu den Bodenplanken im Laderaum in ehrlichen Säckestapeln wühlen, während der Zucker sicher hinter der Landzunge lenzt und die Last Zuckerhut um Zuckerhut gelassen auf der Insel gelöscht wird; nur ein Knirps passt am Ufer gegenüber hinter einem Busch auf, wann der Zoll genug Vergnügen mit den Salzsäcken gehabt hat: Am sichersten ist es, dann zu löschen, wenn der Schnüffler in Sichtweite mit seinem eigenen Kram beschäftigt ist, dann geht das Anpacken in Sicherheit vonstatten, und alle Burschen packen tüchtig an, dass die Zuckerhüte fliegen wie Weberschiffchen, bald dringt die Nachricht bis ins Dorf vor, und Männer eilen zu Hilfe, und kurze Zeit später spricht es sich dann in der ganzen Gemeinde herum, worauf die Zuckerhüte wie berechnet in Verwahrung kommen und den Schnüfflern nicht mehr zur Last fallen. Auf diese Art und manche Weise haben Alastalo und ich es plätschern lassen, und selbst wenn es, was das Geld betrifft, nicht so geglückt wäre, wie es glückte, wäre das Spiel an sich schon ein Glück für die eigene Natur gewesen; der Engländer schnappte uns nicht, auch wenn manchmal nur eine Daumenbreite fehlte, und der Schnüffler bekam uns ebenfalls nicht an den Rockschößen zu fassen, auch wenn er manchmal schon fast den Saum berührte, Alastalo war zu der Zeit ein Wirbelwind, und wenn eine Bö bläst, kommt auch der Faule in Fahrt, selbst einer wie ich schwillt dann zum Schwungvollen an, die Belte von Åland und die Schmalstelle von Kapellskär lernten wir kennen wie unsere zehn Finger: Wie viele Weiber auf dem Festland mochten in jenen Jahren dank uns ihre Tasse Kaffee gesüßt haben? Und die Galeassen kamen uns gar nicht mehr wie Schiffe vor, als die Engländer endlich Heimweh bekamen und wir wieder unsere Reisigmasten aus den hintersten Winkeln des Vehmassalmi-Sundes holen konnten; nach Erde schmeckendes Meerwasser ist ein Biest darin, den Teer selbst vom bepechten Rumpf zu lecken, und ein Schiff kommt bei Festlandgeruch schlecht voran, wie auch ein Mann, der das Salzige gewohnt ist: Ja, wir schämten uns für unsere Nussschalen, als wir sie nach vier Jahren wieder in der Bucht des heimischen Ufers vor Anker liegen sahen. »Bei so einem sitzt die Krähe im Reisigwipfel, aber ein Mann betritt keines, wo er sich die Stiefel abputzen muss, wenn er es wieder verlässt!«, sagte Alastalo bald.

»Ich werde den Åländern die ganze Reuse verkaufen; denen ist jedes Kielholz weggeschnappt worden, die wissen schon gar nicht mehr, wie ein Kahn aussehen soll!«, sagte er dann. »Außerdem habe ich mir gedacht, dass ich mir einmal im Leben Lübeck ansehen will, und auf der Mole stapelt sich die Ware von vier Jahren!«, sagte er anschließend und wandte den Blick von den Galeassen ab. »Tu du, was du willst, aber ich baue mir einen Schoner!«, fügte er noch hinzu und griff dorthin, wo die Brusttasche war. »Wenn der Bauer ein Feld hat, dann wird auch gesät, und wenn ein Mann Geld hat, dann wird es auch eingesetzt: Hat man eine Stange in der Hand, dann schiebt man sie unter den Stein, und dann bewegt sich auch ein Brocken, den man mit bloßen Händen nicht bewegen kann. Wozu haben wir an den Inselufern des Kihti geschuftet, wenn nicht dafür, dass wir höher hinauswollen? Und ich wäre ein Nichtsnutz, und du ebenfalls, würden wir nicht die Nase schnauben, wenn sie läuft! Dem Menschen sind nicht deshalb ein Paar Augen in den Kopf gesetzt worden, damit er damit eindöst. Und wofür hat der Mensch Fingernägel, wenn nicht zum Zugreifen, und wofür einen Verstand, wenn nicht, um zu sagen, wann zugeschnappt wird und wo? Wenn man Geld hat, dass man einen Schoner dafür bekommt, und wenn man mit einem Schoner noch mehr

Geld bekommt, dann würde mein Verstand im Krebsgang rennen, mit dem Schwanzende voraus, wollte ich mir keinen Schoner bauen! Auch eine Brigg bauen wir uns noch, aber probieren wir es zuerst mit dem Schoner, auch an der Tafel wird zuerst aus kleinen Näpfen gegessen, damit sich der Hals ans Schlucken gewöhnt hat, wenn die großen Schüsseln auf den Tisch kommen. Ich habe sehr wohl die Hoffnung, dass wir einmal Briggs haben und in Hull erkunden werden, wie es beim Engländer daheim aussieht, wo er doch wie der Teufel aussah, als er hinter der Insel lauerte, aber einen Schoner baut man schneller, und nach Lübeck ist die Fahrt kürzer, schließlich mäht man auch zuerst auf der Rodung, die am schnellsten urbar geworden ist. Lass auch du den Teufel in deinem Blut rumoren und bau dir einen Schoner so wie ich, damit ich es wage, meinen Nachbarn auch künftig als Nachbarn zu bezeichnen! Du hast doch nicht etwa deshalb Sündennissen auf der Seele angesetzt und deinen Leib geschunden, den Zoll und die Obrigkeit ausgetrickst und deinen Hofherrenschweiß auf den Steinen der Felseninseln des Kihti ausgeschwitzt, damit das Papiergeld bequem in deiner Geldbörse ruht? Ich dulde keine gelte Kuh im Stall und kein faules Geld in der Lade, eine Kuh muss trächtig sein, damit sie Milch gibt, und das Geld muss gedeckt werden, damit es kalbt! Der Rübensamen treibt Kraut in die Luft und eine Knolle in den Lehm, nachdem der Keim in die Erde gedrückt worden ist, und das Geld, das sich bei einem Mann befindet, bei dem es keimt, wächst sich sowohl zu einem Strauch aus, damit auch die anderen sehen, wer vermögend ist und wer was schafft, als auch zu einem Knorren, damit der Vermögende selbst weiß, wer stämmige Wurzeln und das Zeug dazu hat, eine breite Krone auszutreiben! Als der Herr uns den englischen Krieg geschenkt hat, damit wir reich werden und zu Geld kommen, da dachte er, verdammt noch mal, nicht an unsere Kommoden, sondern er dachte, geben wir den Burschen, die verstehen, das Runde rollen zu lassen, mehr Rundes in die Hände, dann sehen wir, ob in den Burschen Sinn und Verstand steckt und ob das Runde unter ihren Fingern weiterrollt. Einen Schoner werde ich mir bauen, und bau auch du dir einen, beide bauen wir uns einen Schoner, das schaffen wir; und wenn wir es schaffen, dann ist es unsere Pflicht, es zu tun: Wer sonst soll den Maltersack vom Boden aufheben und in den Speicher tragen als derjenige, der das nötige Rumpeln im Rücken hat, um Fass und Sack zu heben? Der Schoner fährt jetzt Geld ein, weil der Zucker gelt ist; Gott sitzt nicht im Himmel, um den Faulen Geld zuzuschaufeln; er hat sein Werk getan, als er dem Menschen eine Nase gab, die riecht, wo das Geld fließt, und wir müssen diese unsere Nasen, diese Geschenke Gottes, wieder nutzen: Was hätte das Möbelstück sonst im Gesicht verloren! Die Nase sagt, aus welchem Winkel der Wind jeweils weht und in welcher Himmelsrichtung das Geld im Fluss ist, aber der Schädel sagt, der Verstand im Schädel sagt, wie man das Segel spannt, damit es den Wind in voller Breite fängt und Fahrt in den zischenden Bug bringt, und wie man die Falle stellt, damit das Geld ins eigene Netz geht und damit das volle Netz, ohne dass eine Schlinge reißt und ein Silberling entwischt, gekonnt in den eigenen Kahn gehoben wird. Gott gibt darauf acht, dass der Mann einen feinen Geruchssinn in der Nase hat, aber einen noch feineren Geruch im Verstand! Es reicht nicht, dass man weiß, wohin der Fisch schwimmt, sondern man muss die Netze bereit haben, um sie vor den Fisch zu bringen, wenn er kommt, Netze mit engen Schlingen und mit eigenen Fingern geprüft, dass sie halten, und man muss sein Netz so gekonnt platzieren, dass es vor dem Maul des Fisches landet und nicht hinter dem Schwanz, denn der Fisch schwimmt in die Richtung seines Kiemenkopfs und nicht im Fahrwasser seines Schwanzes, und ein Netz hinter dem Schwarm siebt leeres Wasser, wohingegen es sich vor dem Schwarm mit jeder Schlinge in etwas Zappelndes verwandelt; es muss außerdem die Fertigkeit da sein, den vollen Fang einzubringen, denn ein Netz muss Faden haben, damit es etwas fängt, und die Fischernte Liespfunde, damit sie ein Fang ist, und mit den Fäden müssen die Pfunde über die Reling gehievt werden: Dann bewege dich gemächlich, auch wenn die Gier dir befiehlt, zu raffen, und hole mit gleichmäßigen Zügen und vielen Fingern ein, was mit Gewalt und Schulterruck dir aus den Händen rutscht und dabei auch noch das Netz mitnimmt. Ich weiß, dass in Lübeck jetzt das Geld laicht, ich habe davon gehört und es verstanden. In Russland gibt es Mann und Boden, und hinter Lübeck gibt es ebenfalls Grund und hungrige Mäuler, und die Weltordnung ist nun mal die, dass Grund und Boden nicht nur reichlich geben, sondern Grund und Boden auch etwas brauchen, und dass die Männer eine tatkräftige Hand und einen tätigen Verstand haben, aber auch ein hungriges Maul und einen geräumigen Bauch, und weil die Schrauben außerdem so im Werk verteilt sind, dass der eine für gewöhnlich von dem zu viel besitzt, von dem der andere zu wenig hat, und dass dem Brotreichen die Beikost fehlt und dem Beikostreichen das Brot, entsteht auf beiden Seiten Hunger, Hunger hinter den Brotstapeln und Hunger neben den Beikosthaufen, wenn nicht getauscht wird. Da der Engländer jetzt ein paar Jahre lang auf der Ostsee gelauert und zwischenzeitlich den Türspalt eng gehalten hat, herrscht jetzt schreiender Hunger an beiden Ufern des Tümpels, und die Molen von Tornio bis Riga und von Haaparanta bis Memel sind vollgepackt mit Ballen links vom Nassen und rechter Hand des Nassen: Verrückt wäre ich, und ein verrückter Mann wärst auch du, wenn wir jetzt nicht beide bis zum Frühjahr einen Schoner auf den Kiel setzen und uns beeilen, dorthin zu kommen, wo die Befrachter demjenigen auf Knien danken, der im

Herzen die Gnade hat, das Geld einzustecken, das man ihm aufdrängt! Der Pfarrer füllt sein Amt aus, wenn er predigt und das Wort Gottes spricht, und wir füllen unser Amt aus, wenn wir achtgeben, wo das Geld rollt, und den Segen an uns nehmen! Dafür haben wir Meersalz gerochen, damit wir auch in unseren Gedanken salzige Schärfe und frischen Mut haben, wenn der Mut des Mannes gefragt ist. Zwei Schoner bauen wir, jeder von uns einen, du deinen und ich meinen, die Herren in Lübeck haben Geld auf einem Haufen liegen, dass es zum Beladen von zehn Schonern reichen würde, gar für zehn Schoner von dir und zehn von mir, aber wir bauen nur, was wir schaffen, es verstopft einem die Kehle, wenn man mit dem Mund ein größeres Stück abbeißt, als der Rachen Raum hat, wir bauen zwei, das können und das schaffen wir, aber wir bauen beide auf eine Rechnung, wir bauen beide unseren eigenen Schoner, Härkäniemis Schoner und Alastalos Schoner, aber beide besitzen wir die Hälfte vom eigenen und die Hälfte vom Schoner des anderen, ich von deinem Schoner, du von meinem. Gott gibt nichts demjenigen, der zu Hause sitzt und in der Nase bohrt: Man muss schuften und schaffen, damit auch der Schicksalsgefährte eine Schnur in der Faust hat, an der man ziehen kann, wenn Hilfe hilfreich ist! Aber ich wäre ein weicher Mann, wenn ich meine Sachen allein dem Glück überlassen würde, denn der Teufel des Unglücks ist so flink an den Schnüren wie der des Glücks! Die Wurst hat zwei Enden, das eine und das andere, und in beide Enden muss man ein Hölzchen stecken, damit das Essen nicht im Stroh landet. Wir werden mit unseren Schonern Geld einfahren, das ist sicher, aber das Meer ist ein Schlund, es ist ein Raubtier, teuflischer noch als der Engländer, und es kann auf die Idee kommen, unseren ganzen Schoner samt Takelage und Talern zu vertilgen, und was ist dann übrig von dem Schoner, wenn er ganz einem Eigentümer gehört? Wir stecken auch ins andere Ende der

Wurst ein Stöckchen und bauen die Schoner je zur Hälfte, zwei Schoner, jedem gehört die Hälfte von beiden, so kriegen beide im Lauf des Sommers ihren Verdienst voll, genau so, als wäre jeder allein mit seinem eigenen Schoner geschippert, aber das Risiko ist für beide auf jeder Fahrt nur halb so groß; wenn es für einen von beiden dumm kommt, muss er sich hernach nicht am Tor zum Paradies klatschnass das Murren des heiligen Petrus anhören und sich schämen, wenn dieser sich den Bart kratzt und schnackt, da habe der Trottel wohl aus Habgier sein Haus vor den Erben verschissen! Wenn es mehr von uns in der Gemeinde gibt, die Verstand im Kopf haben – und Langholma hat ihn! Auch Pukkila, und selbst wenn er keinen hätte, so würde er ihn sich als Leihgabe von anderen schnappen! –, wenn in den Männern die Vernunft kalbt, dann wird in diesem Winter die Axt auch in einem anderen Wald am Kivivesi-Ufer widerhallen, und bis zum Frühjahr werden auch anderswo als in unserer Bucht Schoner mit Rahen dastehen, und wenn wir klüger als wir selbst sind, dann sind wir Anteilseigner an den Schonern der anderen, auf der Ostsee ist Platz genug für alle unsere Pötte, und das, was sich jeder von uns in Lübeck in die Tasche steckt, ist nicht aus den Taschen der anderen gezogen, schließlich ist ein Teil der Fracht in der Tasche des Nachbarn besser aufgehoben und näher an einem als ein Teil der Fracht in der Welt, denn es kann einmal günstig sein, dass es einen Nachbarn und gar einen vermögenden Nachbarn gibt, dann nämlich, wenn man einen vermögenden Nachbarn braucht; heute repariert man seine Leinen vielleicht mit eigenen Kräften, aber morgen schon kann einem das Ende eines Taus in die Finger geraten, das einem aus den Händen rutscht, wenn es nicht nebenan einen Nachbarn gibt, und zwar einen Nachbarn, der was kann, der Manns genug ist, anzupacken, und mit dem zusammen man die großen Trossen samt ihrem Zappeln an Land zieht; außerdem und dessen ungeachtet ist der Schaden, wie gesagt, für jeden Einzelnen geringer, wenn das Eigentum auf mehrere Schoner verteilt ist, und auch im Falle, dass man Pech hat, besteht für den bereits genannten Petrus weniger Grund zum Ärger: Der war zeit seines Lebens Fischer von Beruf und versteht, dass der Anteilseigner vieler Netze nicht aus seinem Haus verschwindet, wenn ein Netz reißt, selbst wenn es das Leben kostete!«

So redete Alastalo, als wir damals in ebendiesem Saal dort am Seitenfenster standen und unsere Galeassen auf der Bucht betrachteten: Hhth! Pfth!, machte er und versprühte ein bisschen Speichel auf seiner Brust, so wie er es immer noch tut, wenn er glaubt, dass etwas vortrefflich gesagt worden und die Angelegenheit so weit im Lot ist, dass es nur noch heißt: Schmiere in die Ritze und Schraube anziehen! »Die Spankörbchen da draußen treten wir einfach an die Åländer ab!«, sagte er, den Daumen an der Fensterscheibe noch in Richtung Bucht gerichtet, doch sein Auge lieh er den Toppstangen da nicht mehr. Wir traten sie dann doch nicht gleich ab, aber im Herbst wurden sie verkauft, Alastalo nagelte sogar die klaffenden Lücken zu und hobelte die Toppen weiß, damit er einen besseren Preis bekam, er jagte wohl auch eine Ladung Ameisen in den Rumpf, damit die Fugen sich mit Lebendigem füllten und er nicht vor den Augen des Åländers am Pumpenschwengel hängen musste. In der Summe führte das Ganze jedenfalls dazu, dass wir im Frühjahr beide einen Schoner hatten, Alastalo ebenso wie ich und Pukkila ebenfalls wie auch andere in der Gemeinde, und im Sommer schipperten wir fleißig und im nächsten auch, wir sammelten mit jedem unserer Segler so viel Geld als möglich ein, solange es als Schaum auf den Gewässern zwischen Lübeck und Kronstadt schwamm; die *Siivo* ging dabei mit Mann und Maus verloren, die Landzunge Ristna ist eine schlimme Stelle, dort war es aus mit Frans Vuorenpää, aber wir anderen kamen durch, und der Preis für einen Schoner sprang jeden Sommer heraus, wenn abgerechnet wurde. Anfangs war es gar nicht mit allen Schonern so weit her, es wurde sich beeilt, und man hatte im Sommer an den Pumpen ziemlich zu tun, aber egal, der Kiel klapperte nicht, es gab Frachten, was das Zeug hielt, und die Zahlung im Herbst war fett; während der Winterruhe brauchte man auch keine Pumpe an den undichten Stellen, weil im Herbst der Åländer mit seinem Hunger kam und die Kähne in seine Obhut nahm: Um den Preis wurde nicht weiter gefeilscht, außer dass man mit dem Geld den Winter über zwei Kähne bauen können musste, und zwar bessere anstelle der verkauften. Alastalo war damals ein Fuchs darin, das Ganze voranzutreiben, so wie er es noch immer ist: »Wenn einem das Geld von alleine in die Hände rollt, ist es unanständig, es nicht einzustecken!«, sagte er leise schimpfend. Die anderen bereuten es nicht, und ich auch nicht, dass wir mitgingen, als Alastalo voranschritt, die Kühe rempeln sich ja auch nicht gegenseitig an, wenn die Leitkuh mit der Glocke die ganze Herde ins Kleefeld führt; »beim Aufteilen der Maränen entsteht dann kein Streit, wenn sich bei jedem der Fang im Boot häuft, wenn er von der Netzstelle nach Hause rudert«, sagte auch Langholma im ersten Herbst, als wir hier beim Abrechnungsbankett in ebendiesem Saal saßen. Alastalo takelte dann auch als Erster seine Brigg.

Ich kann mich noch daran erinnern, als wäre es gestern gewesen, weil ich im Herbst zuvor einmal von daheim aus über die Bucht zu Alastalo hinüber ruderte, es nieselte, so wie es im November eben nieselt, und unsere Schoner knirschten an den Ankerketten im Winterquartier in der Bucht vor sich hin, die Rah-Enden trieften, und es tropfte, dass es schlimm anzusehen war. Ich ging den Uferhang hinauf und wollte ins Haus, hörte aber Geräusche aus dem Holzschuppen. Da war der Alte selbst zugange, saß mit verschwitzten Haaren am Hackklotz und schnitzte, beäugte ein großes Scheit, als würde er den Lauf einer Seehundbüchse prüfen. »Denkst du schon ans Heizen, weil du dich an einem Scheit vergreifst!«, schnackte ich, als ich aus dem Regen in den Holzschuppen trat. »Nasses Wetter!«, meinte ich und schüttelte mir das Schlimmste von den Schultern, »mir ist bei dem Wetter noch kein Holzscheit in den Sinn gekommen, auch wenn unsere Schoner da drüben aussehen, als würden sie frieren wie durchweichte Hunde!« Alastalo nahm das Scheit von der Wange, an dem er gerade die Kante gesichtet hatte. »Wenn ein Mann bei so einem Wetter nicht darauf achtet, dass seine Gedanken etwas zu schmieden und seine Finger etwas zu werkeln haben, was soll er dann tun, als die Nase über dem Lippenbart hängen zu lassen oder sinnlos in den Regen zu gehen, um sich die Jacke nass zu machen!«, sagte er und drehte das Scheit so, dass ich das Modell eines Schiffes darin erkennen konnte. »Siehst du, was ich hier geschnitzt habe?«, fragte er. »Ein Hang ist dafür da, dass der Mensch seine Treter kräftiger in die Erde rammt und rascher auf den Hügel kommt, und der grämliche Herbst dafür, dass sich der Mensch gereizt überlegt, was er im Winter alles zu tun hat und was bis zum Sommer erledigt werden muss! Hör zu, mein Junge! Ich habe jetzt die fixe Idee, dass ich nächsten Sommer nach England segle, und hier, wenn du genau hinschaust, hier siehst du das Modell einer Brigg!« Alastalo hielt mir den umgedrehten Kiel des Scheits direkt vor die Nase, und in der Tat war der schlanke Boden länger geschnitzt, als es bei einem gewöhnlichen Schoner in dem Maßstab nötig und am Platz gewesen wäre. »Der Engländer ist ein höflicher Mensch, wenn er will, und ist auf eigenem Kiel in unsere Belte gekommen, um uns Guten Tag zu sagen!«, kehrte Alastalo die Tatsachen ins Scherzhafte und legte das Brigg-Modell auf den Holzklotz. »Wenn der Große höflich ist und vor dem Kleinen die Mütze lüftet, muss der Kleine auch höflich sein und das höfliche

Mützenlüften mit höflichem Mützenlüften beantworten, sonst hält man ihn für einen Binnenländer!« Er lachte und befühlte wieder sein Modell. »Ich habe mir gedacht, dass auch wir endlich eine Brigg haben sollten, dann können wir unsererseits den Herrschaften einen Besuch abstatten, und der Engländer muss sich nicht darüber ärgern, dass wir hochnäsig sind!«, setzte er sein gut gelauntes Spielchen fort und hob wieder das Scheit auf, um die Seiten zu beäugen. »Wenn man da mit einem Schoner hinsegelt, hält einen der Engländer gleich für einen Heringsfänger, und einen Besucher, der mit einem Sack voller Strömlinge unter dem Arm vor die Stufen tritt, führt man nicht durch die Tür in den Saal; dem befiehlt man bloß, sich in die Stube zu setzen, auch wenn er in seinem Sack noch so viel für in den Topf hat!« »Außerdem«, fügte Alastalo hinzu und hörte auf zu schmunzeln, »wechseln die Laichzeiten, der Brachsen schwimmt nicht länger in flachen Gewässern, und man holt sich am Ende bloß noch üble Plötzengräten in den Topf, wenn man nicht beizeiten die Netze aus den Ansen zieht und mit ihnen in tiefere Gewässer rudert! Der Schoner war zu seiner Zeit ein guter Kahn, das wissen wir beide, du so gut wie ich, aber jetzt gibt es zu viele davon, und die Maklerbärte werden wählerisch, wenn von Lübecker Lasten die Rede ist, das konnte man schon im Sommer riechen, als man sich in diesen Angelegenheiten streiten musste. Die Ostsee wird allmählich zu einem trockenen Gewässer für den, der aus Gewohnheit daran festhält, dass man aus dem Nassen das Geld zieht wie den Fisch. Ich denke inzwischen, es wäre an der Zeit, einen Wechsel der Netzstelle ins Auge zu fassen: Der Fisch sucht nicht den Weg in unser Netz, vielmehr muss unser Netz den Fisch finden. Ich habe bei Bornholm gesehen, dass die besseren Schiffe gar nicht Kurs auf Lübeck halten, sondern dass ihr Bugspriet auf den Öresund weist. Und die Makler lassen einen im Hausgang warten, während sie in der Kammer mit dem Brigg-Herren ein Gläschen Grog trinken und über Frachten aus Hull zanken. Die Äxte sind geradezu davon besessen, in Schweden wie auch auf der finnischen Seite in den Wäldern loszulegen, seit dem Ende des Kriegs sind sie verrückt danach, endlich loszulegen, und sie werden jedes Jahr verrückter; was siehst du denn in den Häfen noch anderes als Bohlenstapel neben Bohlenstapel, und Bohlenstapel noch dahinter? Und hast du in ebendiesen Häfen mal geschnuppert? Jedes Jahr wird der Geruch nach Kohlenruß dicker! Was glaubst du, wer die Bohlenstapel kauft, und was glaubst du, wo der Kohlenrauch herkommt? Der Deutsche kauft nicht molenweise Bohlen, der Deutsche ist ein armer Mann wie wir und kauft nur, was der Mund braucht und den Körper wärmt: Von den Bohlen kauft er nur die Enden. Wer kann, der baut, und ein großer Hofherr braucht das Holz nicht nur für den Ofen und für unter die Pfanne! Der Engländer ist ein Hofherr, der sich rüstet, und der Engländer kauft die Molen leer, und die Kohle desselben Engländers ist es, die aus den Backsteinschloten der Häfen schwelt und das eiserne Pferd durchs Land der Russen traben lässt. Glaubst du etwa, die Stapel Bohlen werden durch Hexerei von Pori nach Liverpool gepustet und die Steinkohle mit der Schaufel von Cardiff nach Kronstadt befördert? Nein: Jede platte Planke muss in Fracht genommen werden, und bei jedem in den Laderaum gekippten Kohlenkorb muss man zu zählen lernen, wann aus dem Cent ein Shilling wird und aus dem Shilling ein Pfund. Und das Pfund ist hervorragendes Geld, es steht neben den anderen Geldern da wie der Hofherr neben dem Pachtbauern. Ich bin mir darüber im Klaren, dass wir von dem Geld nur noch den Schwanz sehen werden, wenn nicht auch wir die Kreide Bornholms links liegen lassen und Gewässern entgegenfahren, hinter denen so viel Kohle unter der Erdkruste liegt, dass auch unsere Söhne noch etwas in Fracht zu nehmen haben, und wo auf der Erdkruste Männer stehen, die wissen, wie man Kohlschwarz in glänzendes Geld verwandelt und das glänzende Geld zum Rollen bringt. Wir, die wir selbst schon einmal Geld in der Hand gehabt haben, wir wissen, dass Geld rund ist, und dass es deshalb rund ist, damit es rollt, und dass es deshalb rollt, damit es sich vermehrt. Der Engländer verfügt über dieses Wissen, hast du dir schon einmal das Gebiss des Engländers angeschaut? Das ist ein festes Gebiss, ein harter Kiefer, ich habe Respekt vor dem Engländer, sein Kiefer hat die kompakte Erkenntnis abgebissen, dass rollendes Geld sich mehrt, dass es zehn rollende Gelder hervorbringen kann, wenn man es richtig wirft, und zwar mit so einem Schwung und in so einem Bogen, dass das Geworfene mit zehn Jungen am Schwanz klingend in die Pranke des Werfers zurückkehrt. Ich habe Respekt vor dem Engländer, wie gesagt – darum war es auch so verdammt lustig, ihm hinter den Ålandinseln eins auszuwischen –, der Engländer hat die Fäden so sortiert, dass das Geld fließt, silbern fließt es in alle Ecken der Welt, in so viele Ecken, wie es an der Sternwarte von Greenwich Striche auf dem Kompass gibt, aber dieselben Rinnsale rieseln golden auf die Insel zurück! Wenn man im Hafen liegt und einen kleinen warmen Grog vor sich auf dem Tisch stehen hat, mag es sich begeben, dass, wenn es Abend wird, einer an die Reling rudert und in die Kajüte kommt, und wenn man dann seinen Bart gut einsetzt und seine Ohren ebenfalls und die Dinge in seinem Kopf richtig einfädelt, dann erfährt man das eine oder andere und kriegt dazwischen auch etwas Kenntnis davon, woher der Wind abseits der eigenen Takelage rauscht. Ich habe die Witterung aufgenommen und weiß, dass derjenige, der dem Geld auf die Spur kommen will, mit dem Engländer Geschäfte machen muss. Der Engländer zwackt ab, er zwackt dem Russen etwas ab und kommt zu Geld, er zwackt dem Osmanen etwas ab und kommt zu Geld, er zwackt dem gelben Mann und dem schwarzen Mann etwas ab und kriegt jedes Mal Geld, er verkauft seine Sichel und kauft für den Preis der Sichel Reis in Bengalen, er verkauft Ruß nach Sankt Petersburg und kauft eine Ladung Korn dafür, er drechselt dem Neger einen Nasenring aus Ochsenknochen und tauscht ihn im Sudan gegen das Zahnpaar eines Elefanten ein, verdammt, wenn wir mit unseren Kähnen bei so einem nichts zu suchen haben, dann haben wir Rogen im Kopf und keine Denkschmiere! Am besten kriegt man Korn in den Kasten, wenn man zu der Darre geht, wo die Dreschflegel fliegen! Zum Feiern gehe ich in das Haus, wo die Tafel gedeckt ist, und meinen Löffel stecke ich in die Schüssel, in die der Koch die Leckerei geschaufelt hat: Wenn man heute zum Geldbankett will, dann steht dieses Bankett in England, und auf dem Tisch befinden sich so viele Schüsseln, dass auch der Gast seinen Löffel benetzen kann, dass er seinen Löffel sogar voll bekommt, wenn er nur mutig ist und sich schöpft, was zu schöpfen ist.

Siehst du, was ich hier schnitze? Ein Scheit ist das, aber merkst du, dass es allmählich Fasson bekommt? Schau mal, ich habe dir schon gesagt, dass ich daran gedacht habe, nächsten Sommer nicht mehr mit einem Schoner zu segeln, sondern mit einer Brigg, und wenn du ein bisschen schärfer hinguckst, dann verstehst du, dass in diesem Scheit eine etwas andere Musik spielt als in unseren Schonern: Ich schnitze das Grundmodell einer Brigg! Einen Schoner habe ich in drei Wintern nacheinander gebaut, jeden Winter einen neuen und besseren als im Vorjahr, und allmählich komme ich auf den Trichter, wie der Bogen des Schiffsbodens laufen muss, und diesen Lauf schnitze ich nun in dieses Scheit. Ein Schiff soll so sein, dass seine Seiten außen glatt zum Gleiten sind, obschon in seinen Rumpf Ware passt wie in eine Scheune. Eine Scheune!«, wiederholte Alastalo und lachte, wobei er mit dem Daumen über sein Holzscheit fuhr, als wollte er ausprobieren, wie das Wasser eine solche Krümmung einmal unter der Oberfläche betasten würde. »Die Scheune war auch das Vorbild, als wir unsere ersten Schoner zimmerten!« Er schmunzelte und nahm das Messer vom Hackklotz, um geschickt einen kleinen Span von der Achterflanke seines Scheits zu ziehen, die sich vermutlich zu dick unter dem gleitenden Finger angefühlt hatte. »Ich jedenfalls schäme mich«, sagte er, immer noch lachend, »ich schäme mich jedes Mal für mein Geschöpf, wenn mir der Mann aus Kumlinge mit seiner Schüssel auf der Ostsee entgegenkommt, meinem ersten Schoner. Gott sei Dank!, denke ich, wenn er vorbeitrödelt und tapfer durch das Wasser pflügt wie andere Meeresutensilien, die wie Schiffe aussehen sollen, Gott sei Dank!, denke ich, wenn ich ihn sehe, dass ich nicht als Kapitän über das Deck eines solchen Bretterfloßes spaziere und dass auf dem Heckspiegel – hatten wir das Hinterbrett unserer Fischerboote im Sinn, als wir damals die Achterkante unserer Schoner justierten? –, dass auf dem viereckigen Querholz hinten nicht mehr das aufgemalte *Ystävä, Kustavi*, sondern *Ystäwä från Kumlinge* prangt! Auch wenn man nicht schlecht reden soll über etwas, das einem selbst und anderen in der Gemeinde einst ehrliches Geld eingebracht hat«, fügte Alastalo versöhnlich hinzu. »Sag, was meinst du, hat dieses Modell nicht langsam schon die Natur eines Schiffes?«, fragte er und hielt mir die Unterseite des Holzscheits hin. »Da muss noch etwas weggeschnitzt werden, damit der Bug auch gut das Wasser nimmt«, urteilte er und betastete mit prüfendem Daumen die vordere Wange des Modells. »Das Wasser hat ein Feingefühl dafür, welche Flanke glatt läuft, und wenn man an ein paar Kähnen ausprobiert hat, wie sich das Wasser am Boden reibt, dann weiß man beim neuen Kahn die Höckerstellen von den Flanken zu hobeln. Der Rumpf ist es, der beim Schiff sagt, wie glatt das Meer an seinen Flanken entlangstreicht und wie kompakt der Bug in den Gegenwind geht, und der Daumen lernt mit der Zeit, an welcher Stelle der Rumpf fett sein darf, damit er trägt, und an welcher Stelle er schlank sein muss, damit er schneidet: Hier ist noch ein Höcker, aber den schleifen wir glatt!« Zufrieden hielt sich Alastalo das Holzscheit vor die Augen, sodass auch ich es betrachten konnte. »Auf der Ostsee spielt es keine große Rolle, ob man mit dem Schneepflug segelt oder mit einer Schüssel, die einen Kiel hat, über diesen Tümpel schippert man auch, wenn man in einer Schütte sitzt, wenn man aber mehr See vor dem Bugspriet hat, dann zeigt sich, wessen Kiel läuft und wessen Fracht den ganzen Sommer über zwischen Gävle und Hull verkehrt. Es liegt nämlich nicht in meiner Absicht, auf dem Meer Moos an den Planken zu züchten, sondern auf meinem Plan stehen im Sommer drei Lasten von der Ostsee nach Hull, und dafür muss der Rumpf des Schiffes einer sein, der läuft: Wenn die Heringe in der Nordsee an den Spanten schnuppern, sollen sie nicht sagen, dass Bauer Alastalo seine Ackerschleppe zur Brigg aufgerüstet hat! Hier ist das Modell, mit einem Rumpf, wie er dem Meer gefällt; hier noch ein Span, da noch ein feiner Schnitt, dünn wie eine Feder, dann atmet das Weberschiffchen schon in voller Fahrt auf der bloßen Hand des Mannes, und wie dann erst auf den flotten flüssigen Wellen! Salomo betrachtete einst Sulamith in der Laubhütte; ich werde dem Achtersteven eine solche Streckung schnitzen und die Glätte der Seiten in einem so hohen Bug münden lassen, dass im Frühjahr auch das Auge des Seemanns sich beim Betrachten an der Anmut laben mag, wenn ein Schiff mit zwei gereckten Rahtoppen wie eine Braut in der Bucht von Alastalo schaukelt! Zur Hochzeit segle ich, wenn ich zum ersten Mal nach England fahre, und dann muss die Braut eine sein, dass sich der Mann wie ein Bräutigam fühlt und ihm die Brust schwillt wie ein Segel!« Alastalo brach in breites Lachen aus. »Mein lieber Bart, was plapperst du da!«, sagte er und zog die Hosen über dem Bauch hoch, der damals allmählich schon den Umfang eines Kapitänsbauchs annahm. »Ich könnte auch noch in eine junge Ohrmuschel gefährliche Reden träufeln, wenn es darauf ankäme, sodass sich die Wange am anderen Ende des Händedrucks röten würde! Auch bei einem Alten lebt das Blut noch in den Adern auf, und die Kruste über den Gedanken schmilzt, wenn bei einem Mann der Wille die Feder spannt und die Tatkraft Fahrt aufnimmt! Lass auch du das Denken in deinem Kopf schnurren: Dies ist ein Holzscheit, ein gewöhnliches Holzscheit aus Alastalos Wald, aber an diesem Holzscheit hat das Beil gearbeitet, hat das Messer seine Arbeit verrichtet, feine Arbeit, aber noch feinere Arbeit haben Gedanke und Vernunft geleistet, und wenn die Maße dieses Scheits auf die Spantenwange übertragen wird, dann haben wir einen Kahn in der Gemeinde, der über die Natur eines echten Kahns verfügt, und du und die anderen in den Kirchenbänken und in den Kammern der Makler, ihr müsst euch schämen, wenn ihr nächsten Sommer nicht ein gleichwertiges Gefährt auf dem Wasser habt! Ärgerlich ist es auch für mich, wenn ihr Schlafmützen seid, denn fluchend sitzt derjenige bei der Frachtenteilung des Schoners, der sich darüber klar wird, dass er mit demselben Öffnen der Geldbörse ein Bündel mehr eingestrichen hätte, wenn er sein Geld in eine Brigg reingesteckt hätte! Bringe also auch du das Räderwerk hinter deinem Stirnbein zum Hämmern, dann verstehst du, dass man die Beere auf der Beerenbrache pflückt und das Geld dort, wo Bülten und grüne Stängel von der Sorte sind, dass diese Art von Preiselbeere wächst! Wir haben jetzt in England was zu suchen; ich habe dir als Knabe die Beerenstellen verraten, und ich verrate sie dir immer noch; wenn der Rand einer Brache eine Werst misst und vor einem mehr Rot zittert, als das Auge schauen mag, ist es um der Gesellschaft willen angenehm, einen zweiten

Pflücker neben sich zu haben: Den eigenen Korb bekommt man trotzdem voll, und der Korb des Nachbarn ist bei der Ernte zusätzlich dabei, das Vergnügen außerdem zusammen größer, und wenn im Boot die Beerenkörbe bei beiden voll sind, dann sind beide fröhlich, und das Rudern ans heimische Ufer in einem Boot ist für sie um die Hälfte leichter. Bau auch du dir eine Brigg, so wie ich, du hast es nicht bereut, dass du dir eine Jacht gebaut hast, nachdem ich mir meine gebaut habe, und auch nicht, dass du im selben Frühjahr den Schoner fertig hattest wie ich, auch glaube ich nicht, dass du an Deck einer Brigg unzufrieden an deinem Bart kauen wirst, wenn in deiner Tasche anstelle von Schwedens Reichstalern und Deutschlands Talern das Pfund Englands wiegen wird, obgleich es mehr Gewicht hat! Sage deinem Verstand so streng ein, dass du im Frühjahr eine Brigg haben willst, dann hast du im Frühjahr auch deine Brigg, und wir sind wieder zusammen wie als Knaben in den Beeren und machen einen Wettkampf, wer seinen Spankorb schneller voll hat bis zum Rand! Außerdem hast du Biss in den Zahnwurzeln, das habe ich schon früher bemerkt, und in deinem Schädel haben die Gedanken Platz zum Werkeln – der Hutmacher stößt nicht von ungefähr Verwünschungen aus, wenn du einen Hut kaufen willst und der arme Kerl keinen Deckel im Regal hat, der auf den Kopf eines ganzen Mannes passt! –, du hast unter der Schädeldecke den Raum, die Dinge sowohl von zwei Seiten als auch im Würfel zu bedenken, und ich, ehrlich gesprochen, hätte gern, dass du dir mein Holzscheit auf die Art anschaust, wie man ein Stück Holz betrachtet, in das man sich die Natur seines Schiffs hineindenkt. Sieh mal, ich denke, an meinem Scheit dürfte es immer noch Stellen geben, an der man Fleisch wegnehmen müsste, das zu viel ist, und ich vermute, dass eines Tages, nachdem du die eine oder andere Woche in den Holzschuppen hier gekommen bist und dieses Scheit in deinen Händen hin und her gedreht hast, dein Daumen eine Stelle am Lauf des Modells betasten wird, von der dann auch ich verstehe, dass dort die Messerspitze ansetzen muss. Du hast Verstand, aber dein Verstand ist zu faul zum Laufen, und ich bin ein wesentlich unternehmungslustigerer Mann als du, aber wenn man schiebt und stößt und das Mühlrad deines Denkens zum Drehen bringt, dann, zum Teufel, dreht es sich verlässlicher als meines und mahlt die Sache feiner. Wenn ich mir das Tau schnappe und anfange zu ziehen, dann sehe ich es gern, dass deine Hände nach derselben Brasse greifen, denn dann weiß ich, dass nun in Bewegung kommen wird, was in Bewegung kommen soll; und wenn ich vor dem Tisch des Maklers mein Mundwerk einsetze und disputiere, dann bin ich nur ein halber Mann, wenn du nicht auf dem Stuhl neben mir sitzt und ich am kurzen Blick deiner Augen ablese, ob ich noch ärger disputieren muss oder ob die Angelegenheit festgezurrt und das Geschäft abgeschlossen werden soll. Bau dir auch eine Brigg, dann sausen wir nächsten Sommer zusammen nach England und probieren aus, ob der Makler in Hull besser Englisch versteht, wenn es aus zwei Bärten kommt anstatt aus einem; hättest du ein Weib, dann würde ich sagen, dass unsere Weiber im Herbst das gleiche englische Porzellan als Mitbringsel in die Regale bekommen und die gleiche gleitende Seide über die Schultern, aber auch deiner weiberlosen Stube steht es zu Gesicht, wenn in der Stellage Porzellan blinkt, es ist ja schon was von der Sorte vorhanden, wenn auch nur deutsches, und die Seide, ich sage dir! Knisternd und rosig, glatteste ostindische Ware. Wer weiß, womöglich würdest du damit noch jemandes Finger umschlingen: Es sind schon Mädchen in schlechtere Häuser gelockt worden als in eines, wo schönstes Porzellan eine ganze Wand in der Stube ziert, bereit für den Tag, da die Frau ins Haus kommt, und wo die Kommodenschublade bis zum Rand gefüllt ist mit raschelndem Gefalteten von der Sorte, dass einem weiblichen Menschen der Finger schwach wird, wenn er sich vorstellt, diese Ware betasten und als sein Eigentum ausbreiten zu dürfen! Glaubst du, ich hätte nicht zwanzig Jahre lang mit Wildfangaugen gesehen, was du aus Stockholm mitgebracht hast und aus Lübeck, und wüsste nicht, was du aus Hull mitbringen wirst, wenn du dort hinkommst? Um dich wird sich das Weibervolk in der Gemeinde noch schlagen, wenn du erst die eine oder andere Fahrt nach Hull unternimmst!«, sagte er und zwinkerte. »Verrückt bist du, wenn du jetzt nicht klug bist und dir einen Kahn baust, mit dem du dich nach Hull wagen kannst, sobald ich ebenfalls hinfahre, und stell dir meinen Verdruss vor, wenn du nächsten Sommer noch nach Lübeck schipperst, denn glaubst du vielleicht, es ist ein Spaß, wenn man im winterlichen Trübsinn über die Bucht spaziert, um beim Nachbarn die Abendstunde zu verbringen, und dort nur eine deutsche Mischung ausgeschenkt wird anstatt echter Rum aus England? Im Frühjahr eine Brigg auf den Kiel! Vergiss das nicht, Härkäniemi, wenn du ein Mann bist: Auf die Saunapritsche steigt man, solange der Ofen speit, und was ein Mann ist, der muss ans Werk gehen, solange es in seinem Kopf zischt!«

So redete Alastalo damals Ende November in seinem Holzschuppen neben dem Hackklotz daher, als die Vorweihnachtszeit nahte. Und es kam, wie es kommen sollte, im Frühjahr hatten wir beide eine Brigg, auch England ließ sich finden, wenn man den Bugspriet schön nach dem Kompass hielt und in die Kajüte rannte, um mit dem Daumen über das Blatt der Spezialkarte auf dem Kajütentisch zu fahren; im Herbst gab es dann für die Hofherren was zu verteilen, auch an die Frauen: Dort, wo es eine Frau im Haus gab, und auch da, wo keine war, blinkte neues englisches Porzellan in den Regalen. Wieder einmal bereute ich es nicht, Alastalos Melodie gefolgt zu sein, und er bekam damals ja auch eine gute Linie in sein Holzscheit, ich mag die *Toivo*, die damals gebaut wurde, immer noch nicht hergeben, obwohl Alastalo seine Brigg zwei Jahre später nach Vårdö verkaufte und im nächsten Winter die *Siwiä* in Spanten setzte. Seiner Meinung nach brauchte er eine größere Brigg, weil er selber Jahr für Jahr dicker wurde, und außerdem wuchs seiner Tochter ein Zopf: »Ich baue meiner Tochter ein Schiff mit ihrem Namen, weil kein Sohn im Haus erscheint!«, gab er als Erklärung an. »Es kommen bessere Freier ins Haus, wenn sie wissen, dass sie ein Schiff bekommen, das so gut ist wie die Tochter, wenn der Vater einmal müde wird!«, scherzte er bei einem Glas Grog.

Alastalo ist ein Mann, der vorwärtsgeht; wenn man ihm folgt, wenn man nur Manns genug ist, ihm hinterherzustiefeln, bleibt man nicht zwischen Poststationen stecken! Und seinen Gedanken wirft er in voller Länge aus, das ist die reine Wahrheit, bisweilen wirft er ihn so weit aus, dass man, selbst wenn man nebenhergeht und vom eigenen Verstand Gebrauch macht, nur schwer kapiert, vor welchem Maul der Haken hängt; manchmal fragt man sich gar, ob an dem Gedanken überhaupt etwas zum Reißen dran ist, bevor man Jahre später dann dahinterkommt, dass, zum Teufel, an dem Gedanken eben doch ein Widerhaken war, verflixt, und man entdeckt, dass er etwas gerissen hat, der verhexte Kerl! Geht es schnurstracks voran und der Gedanke läuft geradewegs vom Knäuel, dann halte ich mich sehr wohl am Rocksaum des Verständnisses und sichte den Faden des Gedankens so weit, wie das Knäuel Wolle hat, aber ist mein Verstand denn wesentlich leichtläufiger als der Verstand des Hammels, wenn das Vorhaben beim Lavieren hinterher kreuzt und der Gedanke um die Ecke herum der Sache in den Nacken springt? Herrschaftszeiten, ich habe selbst mit eigenen Augen gesehen, wie Alastalo bei Aronsson im Eckladen vom Fällström-Haus die Gouverneurspfeife, die da im Regal stand, kaufte, und ich habe über zwanzig Jahre hinweg ebendiese Gouverneurspfeife in ebendiesem Regal vor mir gesehen und mir dabei so meine Gedanken gemacht; aber habe ich bis auf den heutigen Tag auch nur ansatzweise erfasst, was Alastalo im Sinn hatte, als er damals diese Pfeife kaufte? Er kaufte sie für sich, verdammt, der Jachtschiffer; er dachte, wenn er einmal in seinem Schaukelstuhl sitzt und ein großer Reeder ist, dann ist es angenehm, wenn sich über dem Bauch ein Pfeifenstiel biegt, bei dem die Hand eine Elle Perlen zu betasten hat, die auch die anderen im Saal sehen können! So dachte das Aas damals, auch wenn ich es nicht verstand! Er hat sie bis auf den heutigen Tag noch kein einziges Mal selbst benutzt, das ist mir aufgefallen, er ist ein kluger Mann und nimmt die Gerichte auf dem Tisch in der Reihenfolge zu sich, wie die Schüsseln vor ihm erscheinen, aber wenn er nicht am heutigen Tag, nachdem die Namen und Namenszeichen eines jeden Einzelnen in der richtigen Reihenfolge unter dem Barkvertrag stehen und der Vertrag gefaltet und in der Kommodenschublade verstaut ist, wenn Alastalo danach nicht zum Regal geht und die Gouverneurspfeife aus dem Regal nimmt und sich auf den zweiten Schaukelstuhl setzt, weil auf dem ersten Langholma sitzt und seine Richterpfeife raucht, dann heiße ich nicht Härkäniemi, und der Stoff in meinem Kopf ist nicht besser als gekochter Rogen vom Aland! Ich gönne ihm die Pfeife von Herzen, wie auch den Umstand, dass er sie benutzt; er hat sich nach und nach mit solcher Leibesfülle und Backenautorität und Brauenführung ausgestattet, dass einen der Anblick nicht mehr quält, auch wenn er eine ziemlich dicke Uhrkette auf dem Westenbauch liegen hat, und selbst wenn er jetzt den Rauch aus einer Pfeife wirbeln lassen würde, hinter der ein Mann gebraucht wird, der etwas an Gedanken aus dem Mund zu lassen hat, das es an Dicke mit seinem Qualm aufnehmen kann, und dessen Pläne eine Pracht enthalten, die einem solchen Pfeifenstiel entsprechen. Ursprünglich hatte er keine Gesichtsmöbel besessen, die wesentlich bemerkenswerter gewesen wären als meine, und wenn man die Wahrheit spricht und auf die Nase schaut, dann glaube ich, dass meine Kartoffel am unteren Ende dicker ist als seine, auch wenn seine Nase nie ein Säbel gewesen ist, eher schon ein Sattel, wie meine, wenn auch nicht so breit, aber man muss zugeben, dass er die Büsche seiner Augenbrauen so hat wachsen lassen, dass ein Augenpaar in ihrem Schatten gut lauern und versprechen kann: Einvernehmlich, einvernehmlich wird die Sache hier geschultert, aber wenn Einvernehmlichkeit nicht hilft, dann ist auch noch ein Spieß vorhanden, ein Spieß wie eine stählerne Spitze im Lachen beider Augen. Ist da ein einvernehmliches Geschäft nicht besser? Und die Kinnlade, die versteht sich bei Alastalo auf die wahre Kinnladennatur: Man sieht, dass sie zubeißt, wenn gebissen wird, aber auch sie wird lachend eingesetzt, solange die Leckerei weich ist, und der Zahn schlägt erst dann zu, wenn er gebraucht wird; der ganze Mann hat eine Rundung an sich, bei der es klug ist, bevor man ihm ans Schlafittchen geht, die Finger zu fragen, ob es nicht doch besser wäre, als Kamerad beim Kameraden einzuschlagen und einträchtig zu teilen, was man durch Kämpfen doch nicht bekommt. Mein Auge macht Alastalo die Gouverneurspfeife nicht mehr streitig, eher würde ich allmählich gerne sehen, wie er sie benutzt, er ist inzwischen ein Mann, der so fest auf seinen Fersen steht, dass selbst der Balken einer imposanten Pfeife angemessen im übrigen Rigg seines Gesichts aussieht, und sowohl sein Hüftumfang als auch die Krempe seiner herrschaftlichen Unterlippe sind von einem Hufengutsausmaß, dass man den Mann stets eher bemerkt als selbst die prächtigste Pfeife auf seiner Brust; es verhält sich beinahe doch so, dass es für nahezu jedweden Pfeifenstiel eine Ehre wäre, auf einem Revers zu ruhen, wie Alastalos Bauch ihn bereits heutzutage bietet, und einem Mann Rauch in die Backe zu brodeln, auf dessen Wort in der Gemeinde auch andere als die eigene Frau hören, solche, die die Ohrmuschel an der Stelle des Kopfes sitzen haben, wo das Wort eines Mannes ins Verständnis des anderen Mannes eingeht.

Härkäniemi war mit seinem Getue um die Gouverneurspfeife nun endlich am Ende angekommen. Poliert ist der Kopf der Bestie, so geschmeidig glatt poliert, dass man sich fragt, ob das Auge überhaupt glaubt, es noch mit echtem irdischen Stoff unter der Lasur zu tun zu haben, ob ein gewöhnliches Auge anfangs überhaupt dahinterkommt, wo die Oberfläche so ein wildes Spiel treibt, aber wenn man seine Augen zu Kiekern spitzt und nach dem dritten Darübergleiten noch einmal versucht, die Haut unter der Glasur mit Blicken aufzuspießen, dann merkt man schließlich, dass unter dem braunen Glanz und der zarten Glätte doch das Körnige gewöhnlichen Tons durchscheint, zwar fein und schmeichelnd geschliffen, aber doch das gewöhnliche Korn gebrannten deutschen Tons, und da versteht man es und freut sich noch mehr: Wenn gewöhnlicher Lehmbrei einen solchen Schliff bekommt wie bei diesem Pfeifenkopf und so anmutig zum Auge und so lieblich zur Hand ist wie die Wangenhaut einer Prinzessin, warum sollte dann nicht eine sachkundige Hand den Lehm eines Mannes wie Hermanni Alastalo betastet und weich geknetet haben – an den zu verdickenden Stellen verdickt, an den zu glättenden Stellen geglättet, das Innenmaterial gerührt und die Oberfläche geschliffen –, sodass schließlich das raue Korn im Kitt des Mannes in fließende Form geknetet und der Kitt rund gemacht wurde, wie es dem Daumen gefiel, ihn zu runden: ausgreifender, wenn der Daumen des Werkenden entsprechend gestimmt und genügend Ton vorhanden war, auch stattlich, falls der Daumen über derlei Wissen verfügte, und zum Vergnügen des Auges und zum Wohlgefallen des Mannes, wenn der Daumen sanft voranrückte und das rechte Gelingen im Geist der Bewegung lag? Danach brauchte es nicht mehr als einen gleichmäßigen Brand im Ofen und das Bestreichen mit Lasur, dann wäre aus der Lehmschmiere ein blinkendes Ding geworden, das sogar als Kopf einer Gouverneurspfeife taugte und sich auch an einem stattlichen Perlenstiel und selbst unter der hochmütigsten Silbertülle als Zier ausnähme, und aus Alastalo, dem Fischkasten-Herman, wäre der Kapitän einer Bark geworden, der selbst als Benutzer einer Gouverneurspfeife taugte und auf dessen Brust die Gouverneurspfeife nichts anderes wäre als eine feierliche Pfeife an einem feierlichen Ort.

Härkäniemi löste seinen Blick schließlich von der Gouverneurspfeife. Die stand für Alastalo selbst in Alastalos Regal, dafür war sie seinerzeit bei Aronsson gekauft und ins Regal gestellt worden, damit sie eines Tages in Alastalos Kinnlade steckte; sie passt zu Mattsson, man zieht die Uhr auf, sodass ihr Werk läuft und die Zeiger wandern, damit sie einmal schlägt, wenn der Zeiger auf der Eins ist, zweimal, wenn der Zeiger auf die Zwei zeigt, damit eine Jacht angeschafft und abgestoßen wird, eine Galeasse angeschafft und abgestoßen wird, damit es bei jedem Schlag ein Klingeln länger und heller bimmelt, vier Mal, fünf Mal, vom Schoner zur Brigg und von der Brigg zur Bark, bis beim sechsten Bimmeln bereits jeder ablesen kann, dass die Stunden den Tag errichten und das Schlagen des Schwengels ein Lied von sich gibt, und wenn man den dritten Mast gezählt hat, versteht man, hier handelt ein Mann wie ein Mann und rüstet sich selbst aus, wie die männliche Fülle, die in ihm steckt, ausgerüstet werden muss; ich gönne dem Herman die Pfeife, ich bewege mich an der Nase des Gedankens entlang bis zu seiner Spitze und verstehe, dass ich nicht derselbe Härkäniemi wäre, der ich heute bin, wenn Alastalo nicht genau der Mann wäre, der sich die Pfeife von Aronsson gekauft hat, und zwar zu dem Zweck, dass er sie selbst einmal benutzen wird; in den Fußstapfen dieses Herman Alastalo bin ich bis an die Stelle geschritten, an der ich nun stehe, und ich weiß, dass mein Wort hier Gewicht hat und dass auch mein Name auf dem Papier benötigt wird, bevor die Bark in der Gemeinde beriggt ist.

Härkäniemi betrachtete bereits wieder die Pfeifenreihe, streckte die Hand aus und nahm die letzte Pfeife von links aus dem Regal. Die nehme ich schon mal an mich, weil ich sie am Ende ja doch wähle, dachte er. Die kann ebenso gut in meiner Hand liegen wie im Regal stehen, dachte er sich, aber das Auge verweilte noch auf der Pfeife unmittelbar neben der Gouverneurspfeife, auf derjenigen, die sich auf der anderen Seite der Gouverneurspfeife befand, nicht auf der, wo die Pfeife des verstorbenen Richters aus Ristimäki stand. Auch die stehen nach Rang und Ordnung auf ihrem Platz, die prominenten Pfeifen in der Mitte, so wie die prominenten Hofherren in der Kirche in der ersten Bank. Und ob sie an der richtigen Stelle stehen!, sagte sich Härkäniemi und besah sich die Pfeife links von der Gouverneurspfeife. Die Gouverneurspfeife ist eine prächtige Pfeife, zweifellos die prächtigste Pfeife im ganzen Regal, und die Pfeife rechts von ihr, die des Richters aus Ristimäki, ist eine ehrenwerte Pfeife, eine ernsthaft ehrenwerte Pfeife, um die Wahrheit zu sagen, doch die Antwerpener Pfeife, die kann sich durchaus neben den beiden sehen lassen. In Antwerpen hat Alastalo sie gekauft, als ihn die zweite Fahrt mit seiner ersten Brigg dorthin führte, und seitdem steht sie links neben der Gouverneurspfeife im Regal, während rechts die Richterpfeife steht. Und sie hält die Stellung gut, dort, wo sie steht: Antwerpen ist eine großartige Stadt, in der man gut gefertigte Ware bekommt, wenn beim Suchen das Auge dabei ist! Nicht mein Auge, im Fall der Antwerpener Pfeife. Das ist eine schmucke Pfeife und ein wohlgeformtes Instrument in jedem Pfeifenregal! Man sehe sich nur den Stiel an! – Härkäniemi hatte unmerklich die Pfeife, die er aus dem Regal genommen hatte und in der Hand hielt, angehoben und ihr Mundstück langsam am ebenholzschwarzen Stiel der Antwerpener Pfeife entlanggeführt, als wollte er besser erfassen, wie die Drehbank sich am Holz gütlich getan hatte, bevor es in der Form, in der es nun als Pfeifenstiel zu betrachten war, ihren Zähnen entkam. Aus den Hornschwielen eines ungetauften Heiden müsste die Handfläche desjenigen bestehen, dessen Haut nicht ein Geschmack des Himmels streifte, wenn er einen solchen Geist von Gegenstand befühlt!, dachte er und erkundete mit dem Auge wie auch mit einem dem Mundstück folgenden Befühlen den schlanken Hals des Antwerpener Pfeifenstiels an der Stelle, wo das Auge zu seinem Wohlgefallen und feierlichen Vergnügen Geschmeidigkeit wahrnahm, eine feinere Verdickung genau an der gedankenzarten Stelle, wo der Stiel etwas mehr Stämmigkeit benötigt, damit die Faust zu ihrer Freude und Zufriedenheit etwas zu halten hat und der Keil des Mundstücks und die Waage des Pfeifenkopfes leicht in der Hand des Benutzers liegen. Ja, der Gedanke des Menschen ist ein lebendiger Funke, und ich gestehe, dass sich hier ein Gedanke vornehmer, als man geglaubt hätte, und lebhafter, als man hätte meinen können, in den Geistesknötchen wie auch in den Fingerspitzen bewegen durfte, bevor er in seiner jetzigen Gestalt die Drehbank verlassen hat!, dachte Härkäniemi und führte zur Vergewisserung und mit dem Bedürfnis, hinzufassen, den Daumen sacht an der Stielhülse entlang auf die beinerne Seerose zu, in deren Scheide das Seidenschwarz des Stieles endete und oberhalb deren Glanzes ein frisches Rot in Saffian das Auge verführte. Ich kann meine Finger nicht zurückhalten, wenn es etwas gutes Rundes zu befühlen gibt, gestand sich Härkäniemi ein und befingerte genießerisch drei aufeinanderfolgende, angenehm erhabene Karbunkelperlen auf dem Hornbeschlag. Wenn ich das graue Schimmern einer beinernen Perle betrachte und über das Zartglatte einer Hornoberfläche taste, dringt mir ein ganzer Mundvoll Gutes ins Gemüt, als hätte ich bereits dicken Qualm in der Backe und als würde die Lippe blaue Watte in die Luft entweichen lassen, damit das Weiche ihrer Wölbungen Bälle bildet. Ich mag alles, was sich gut anfühlt, Menschen, die angenehm sind, Gegenstände, die von Natur aus taugen, Dinge, zu denen ein Gedanke passt, und so ist auch der hübsch gedrechselte Hornbeschlag am hübsch gedrechselten Pfeifenstiel gute Nahrung, sowohl für das Auge wie für den tastenden Finger und den begehrenden Geist, wenn er einen gefälligen Lauf aufweist und in die Biegung gebracht worden ist, die er haben soll. Ich hätte nichts gegen diese Pfeife, sie ist zweifellos ein edles Stück aus den Händen eines geschickten Mannes, allein der Saffianbogen dort oberhalb der beinernen Seerose so erhaben und rot schillernd, wie nur Saffianleder vor Pracht schimmern kann; von mir aus dürfte es noch sprühenderes Rot verschleudern, wenn das Kirschrot schon röter als eine Kirsche sein muss, aber ich mag die Fransen und den Flitter an der Pfeife nicht. Man sehe sich nur das hier an: Bögen und Doppelbögen von Tand und glänzendem Kram hängen und schaukeln vom beinernen Mundstück herab, baumeln unterhalb des Saffianbogens um die beinerne Seerose in der Mittelkehle des Stiels herum, und von dort geht es mit denselben Gehängen und Umschlingungen bis zum Kopfbeschlag am Ende des Stieles weiter! Was hat solches Gebaumel und Perlengeschaukel mit einer Pfeife und dem Pfeifenrauchen zu tun? Da weiß man als Mann ja erst mal gar nicht, wo man mit der Hand hinsoll, um den Stiel gut in den Griff zu kriegen! Ich mag auch Mädchen und Frauensprösslinge nicht, die sich zu sehr behängen: Da meldet sich jedes Mal die Angst, mit der Hand nicht gut zurechtzukommen, weil sich die Finger dauernd in Fransen verheddern! Solche Schlingen und Poussiergirlanden, die sich um alle Kerben und Knoten winden und wickeln, als müssten sie das von Gott geschaffene unschuldige Horn und die saubere Arbeit des Drechslers überdecken! Was ist das für eine Art, eine Pfeife aufzutakeln wie eine Mamsell, mit Quastenputz und Bändelbündel, die am Hals schaukeln und glitzern und auch am Busen, sodass man als Mann Mut fassen und sich zugleich für seine Natur schämen muss, bevor man die Pfote ausfährt, um nach dem flatternden Flitter und tingelnden Tinnef mitten auf einem handfesten Pfeifenstiel zu greifen! So eine Pfeife passt zu Pukkila, der hat die Natur dafür, der denkt nicht zuerst an sich, an die eigenen Finger, ob sie passen, und auch nicht daran, was zu den Fingern passt, stattdessen denkt er als Erstes ans Nehmen, wenn etwas in Sicht ist, das man an sich nehmen kann; und diese Antwerpener Pfeife ist ein Instrument, das aus dem Regal hervorsticht, hervorsticht wie verflixt, einem von Weitem schon ins Auge bimmelt: Nimm mich, dann hast du eine Schöne! Pukkila wäre nicht Pukkila, wenn ihm nicht Seide und Perliges ins Auge stächen, auch wenn noch schlimmere Schätze am Stiel baumelten und der Hand im Wege wären als die an der Antwerpener Pfeife! Er hat ein Auge dafür, den Glanz an einem Gegenstand eher zu sehen als den Gegenstand selbst, und eine Natur, die schlingt, bevor sie schluckt, und darum hat er die Antwerpener Pfeife als Erste im Auge, wenn er vor Alastalos Pfeifenregal tritt, darum steckt sie zwischen seinen Zähnen, bevor er die anderen auch nur angeschaut und aus dem Regal genommen hat. Für mich ist sein überstürztes Handeln eine vorteilhafte Sache, denn ich kann ja nicht immer als Erster am Regal sein und mir nehmen, was ich will, auch ein anderer könnte mir durchaus einmal zuvorkommen und diese Pfeife an sich nehmen, die jetzt in meiner linken Hand verwahrt ist, aber für unanständig halte ich das Nehmen einer Pfeife, wenn man nicht die Pfeife selbst betrachtet, sondern die Kleidung der Pfeife und die Pracht des Putzes.

Ich werde gewiss nicht die Ketten heiraten, die einem Frauenzimmer auf der Brust hängen, und nie eine Pfeife wegen des Flitters, mit dem ihr Stiel behängt ist, aus dem Regal nehmen, sondern ich heirate, damit ich eine tüchtige Frau bekomme, und nehme eine Pfeife aus dem Regal, damit ich eine Pfeife, die sich für die Aufgaben einer Pfeife eignet, im Mund habe. Es ärgert mich, wenn in eines Mannes Handeln keine Gedankenklarheit herrscht, und ich kann auch in anderen und besseren Männergeschäften nicht an einen Mann glauben, der bei der Wahl der Pfeife schnell den Tand sieht, aber die eigentliche Pfeife nicht beachtet. Wann ist Pukkila zum Beispiel je auf die Idee gekommen, die Pfeife aus Hull aus diesem Regal zu nehmen und auszuprobieren, die Pfeife, die sich jetzt in meiner Hand befindet und die als Pfeife doch zweifellos die beste in Alastalos Regal ist? Kein einziges Mal, selbst wenn es ihm einmal gelungen wäre, sie mir vor der Nase wegzuschnappen! Pukkila wäre nicht Pukkila, wenn er die Brauchbarere nehmen würde, während er die Schönere im Auge hat. Deshalb würde ich auch nie mit Pukkila zum Schiffskauf gehen, denn er würde die Toppen auf den Masten und die Nocken an den Rahen betrachten, ob sie weiß gestrichen sind, aber nicht in den Laderaum steigen und mit der Messerspitze prüfen, ob es weiche Stellen in den Spanten gibt. Wenn der Makler Pukkila in den Saal geführt hat, darf Pukkila womöglich in der Ecke des Seidensofas sitzen, der Makler hat ihm vielleicht sogar selbst seine beste Pfeife mit dem besten Wohlriechenden gestopft, die Gläser auf dem Tisch sind womöglich ebenfalls geschliffene Ware, und ich glaube, dass der Stoff in den Gläsern das Beste aus dem Schrank des Maklers sein mag: Pukkila versteht sich auf den Geschmack, aber wenn die Zunge erst am Glatten des Geplauders wie auch am noch Glatteren des Glasinhaltes geleckt hat und man sich auch sonst versteht, will ich nicht garantieren, dass in Pukkilas Tasche beim Verlassen des Saals und beim Abschiednehmen nicht ein Frachtbrief steckt, dessen Schillingziffer pro Lasttonne nicht im gleichen Maße bis zum Rand gefüllt ist wie gerade eben noch die Gläser auf dem Tisch. Ein Mann von Vernunft schließt Frachtgeschäfte lieber im Kontor als auf dem Sofa des Maklers ab, und ich für meinen Teil halte es für die bessere Reihenfolge, den Geschäftsabschluss nach dem Geschäft zu begießen und nicht davor, und ehrlich gesagt bin ich bei solchen Anlässen auch lieber derjenige, der zahlt, als derjenige, für den bezahlt wird, denn es schnurrt der Kater, der sich wohlfühlt, und es gibt der Mann einen aus, der weiß, dass er ein gutes Geschäft gemacht hat.

Pukkila ist ein listiger Mann, und listig muss ein Mann auch sein, aber er ist nur listig mit der Pfote, nicht vom Verstand her. Der Verstand muss die Gemächlichkeit besitzen, nachzudenken, und erst wenn bedacht ist, was es zu bedenken gibt, kommt die List der Pfote an die Reihe. Pukkila besitzt die gute Charaktereigenschaft, dass seine Augen so wachsam sind, wie ein Augenpaar im Kopf eines Mannes nur wachsam sein kann, und seine Finger so flink, wie die Natur der Finger eines Mannes nur flink sein kann, aber er hat den Fehler, dass das Hurtige der Augen und das Flinke der Finger bei ihm den Verstand bestimmt und nicht der Verstand das Augenpaar und die zehn Finger. Auch die schnelle Katze schnappt die Maus nicht, wenn sie ins Leere springt, und auch der Mann, der es knallen lässt, holt das Birkhuhn nicht vom Ast, wenn er das Birkhuhn beim Schuss nicht im Visier hat. Pukkila nimmt sein Birkhuhn nicht aufs Korn, bevor er abdrückt, und wartet mit einer Pfote Abstand auf seine Maus, bevor er nach ihr hascht, er glaubt, was das Auge sieht, entspricht der Reichweite des Arms, und was der Gierige will, wimmert am Ende dann in seinen Klauen. Darum ist Pukkila immer auf dem Sprung, und darum bleibt zwischen Sprung und Beute normalerweise ein Spalt, sodass die Beute den Klauen entwischt und die Katze sich die Barthaare lecken darf. Pukkila ist unter uns der Spatzenfänger, dessen Auge über zig Äste huscht; aber wo Alastalo von allen Ästen nur den Ast ins Auge fasst, auf den er klettert und auf dem er sich seinen Spatzen schnappt, da leuchten Pukkilas Augen auf allen zehn, und der ganze Schwarm fliegt auf, wenn Pukkila von Wurzel zu Wurzel hüpft, weil er es auf alle zehn Bäume gleichzeitig schaffen möchte. Ich kratze mir immer den Bart, wenn Pukkila redet, und höre bloß mit halbem und ungläubigem Ohr zu, wohl wissend, dass er einen Verstand wie Quecksilber hat. Ist die Rede vom Untermast, ist er schon bei der Bramstenge, rede ich vom Rübensamen, hält er den Samen schon als Rübe zum Schälen in der Hand, wenn ich im Herbst meine, die Londoner Frachten werden im Frühjahr zunehmen, dann tastet er schon nach seiner Börse, ob das Geld schon daheim ist. Kauft sich einer Fischerstiefel und lobt sie als wasserdicht, dann stellt Pukkila seine Lackbottinen daneben, wenn Pukkila hört, dass einer sechs Knöpfe an der Weste hat, dann näht er sich sieben an die eigene Weste, wenn Pukkila ein Schiff kauft, dann misst er vor dem Kauf, ob die Wimpel länger sind als die an Alastalos Topp. Wahr ist, dass man einen Bugspriet am Schiff braucht und am Schlitten einen Nocken an der Deichselspitze, aber der Bugspriet ist ein nutzloses Stück Holz, wenn er kein Schiff hinter sich hat, und der Deichselnocken ein Bauklotz, wenn er nicht auf der Stange sitzt, die als Deichsel den Schlitten zieht, und auch das lebhafteste Augenpaar eines Mannes ist gerade so viel wie sein Blinzeln wert, wenn es nicht in Verstandesangelegenheiten blinzelt, als Bugspitze, wo das Schiff des Verstandes vorwärtsstampft, und als Deichselnocken des verständigen Schauens, wo die Deichsel des Handelns den mit Steinen beladenen Schlitten der Geschäfte den Hügelhang hinaufzieht. Pukkila sieht, worauf sein Blick fällt, und sein Blick fällt auf vieles und auf noch mehr, aber was hat ein Mann vom Essen auf dem Tisch, wenn er es nicht schluckt, und was nützt der beste Überblick über die Schüsseln mit den Leckereien, wenn der Mann der Fertigkeit entbehrt, mit dem Löffel in der Hand die Fleischbrocken aus der Brühe zu fischen? Pukkila sieht den Putz, sieht wie geschmiert den schmucken Putz, auch sein Finger ist wie geschmiert, wenn es darum geht, das Schmucke zu betasten, aber wann und in welcher Angelegenheit sieht und tastet er je über den Putz hinaus? Er sieht nur die gewienerte Kajüte, auch wenn im Laderaum noch so ein Wust herrscht, sieht nur die blinkenden Masten, selbst wenn das Holz unter dem Firnis morsch ist, Hauptsache, die Reling am Schiff ist gestrichen, selbst wenn der Boden leckt wie ein Sieb; auf Pukkilas Schiff lernen die Männer, die Riemen senkrecht in die Höhe zu stemmen und die Blätter dabei in schnurgerader Reihe zu halten, wenn der Kapitän mit seinem Seidenhut am Hafenkai an Bord der Slup geht, aber was haben sie an Rah und Reff in den Fingern, wenn man ihnen befiehlt: auf den Mast? Bei Alastalo ist die Kajüte in Ordnung, aber bei ihm ist auch das Schiff in Ordnung, und bei Alastalo wissen die Männer, wie sie sich ins Zeug zu legen haben und wie sie die Riemen führen müssen, wenn der Kapitän achtern sitzt und die Slup an Land gerudert wird, aber sie wissen auch, wie die Rahen zu bewegen sind, wenn der Kapitän auf der Kommandobrücke geht; bei mir ist es mit der Kajüte ein bisschen so und so, aber wehe, wenn auf meinem Schiff auch nur eine Schnur falsch um den Belegnagel läuft, ich paddle selber mit dem Boot an Land, wenn ich an Land etwas zu tun habe, aber eins garantiere ich, dass die Männer bei mir in den Masten mehr zu tun wissen, als die Pimmel über die Rahstangen baumeln zu lassen, wenn oben das Buldan-Tuch an den Fingern zerrt wie ein um sich schlagender bärtiger Teufel und ich unten auf Deck fluche wie der wütende Satan! Pukkila hat ein habgieriges Auge und einen Finger, den es juckt, etwas zu nehmen, und so ist es auch bei Alastalo und auch bei mir, und so soll es auch sein, weil der Mensch ein Augenpaar im Kopf hat, um zu suchen, und vorne am Arm zehn Finger mit Nägeln für den Akt des Nehmens, aber mein Auge sucht, und mein Finger nimmt, was meine Augen exakt in einer Armlänge Abstand als Sechskantkopf sehen können und was meine hohle Hand fix und fertig als Sechskantkopf halten kann, Alastalo wiederum scheint aus größerem Abstand als dem einer ausgestreckten Pranke zuzugreifen, er sieht etwas bereits, wenn die Armlänge noch nicht reicht, es aufzuheben, sieht das Stück als solches, wenn das Auge als Auge noch nicht mehr erkennt als eine Gestalt aus vier Strichen, falls der Verstand das Auge nicht gelehrt hat, dass sich hinter dem platten Blatt Papier für gewöhnlich Handfestes befindet, bisweilen sogar viel an Handfestem, das derjenige einstreicht, der hingeht und es sich nimmt: Aber wie funktioniert Pukkilas Auge? Es bewegt sich, aber richtet es sich auf die Dinge? Die Hand erkennt das Sechskantige als Sechskantiges und hält es fest, das Auge sucht weiter weg das Vierkantige, und wenn es auf seinem Ausflug den Bootshaken der Vernunft dabeihat, dann tastet es auch hinter dem Vierkantigen und kapiert, wo weit über die Armlänge hinaus noch was an Sechskantigem zu erhaschen ist, aber lass das Auge allein und lose fliegen, dann ist es im Nu überall, flitzt wie ein Strich von Blinkendem zu Blinkendem, ist im Osten, wenn der Gedanke sagt: »eins«, und hat auch den Westen schon hinter sich gelassen, bevor der Verstand bis zwei zählen kann, hat gar zehntausendfach an sich gerafft, was auf Deck schimmert, wenn der Verstand bei drei oder vier mit dem Zählen an den Fingern durcheinanderkommt und die Fünf schon als Unzahl vor dem inneren Auge im schwindligen Geist schwirrt, aber was brachte das Auge je nach Hause, selbst wenn es jeden Stern vom Himmel geschossen hat, was kriegt jener Beerenpflücker in den Spankorb, für den die Bülte nebenan immer röter blinkt als die Bülte vor seinen Fingern und der die Beere nicht vom Stängel zupft, weil er bereits die nächsten zwei ins Auge gefasst hat!

Pukkila hat den Charakterfehler, dass er den Abstand zwischen Ding und Nehmen nicht mit seinem Arm abmisst, sondern mit den großen Schritten seines Auges. Und das menschliche Auge, das ist sowohl ein flinkes Wesen als auch ein Fenster, in das viel hineinpasst! Der halbe Himmel, so viel, wie an gewölbter Stirn vorhanden ist unter der halben Kuppel von Ost nach West und an Flugraum vom Scheitel des Himmelsgewölbes bis zu den Ufern der Welt, ein halbes Firmament auf einmal passt in das Fensterpaar, obwohl die Kötel, wenn man genau nachmisst und einen Zollstock dabei benutzt, als Sehschlitze nicht mal so groß wie runde Bohnen sind! Und immerhin sind unter dem Schlafbein des Menschen auch die Schnecken schnell, die nassen Schnecken: Einen Zoll flitzen die wie geschmiert, aber mit derselben Bewegung der Pfote flitzen sie auch eine Meile, wenn es nötig ist, unter der Stirn schielen sie gleich flink, ob im Abstand einer Nasenlänge eine Laus in den Zinken eines Hornkamms zappelt oder ein funkelnder Glanz hinter einem Wolkenspalt aufscheint, in einer Entfernung, die keine menschliche Elle je gemessen hat. Seine Augen nimmt der Mensch gern in Gebrauch, es ist ja auch schön, so viel Himmel auf einmal zu betrachten, wie es zwei Augäpfeln zu sehen gestattet wird, und schön ist es auch, dass der Mensch in seinem Kopf zwei Sendboten hat, für die ein Weg von einer Meile, auf der immerhin ein schönes Stück gekreuzt werden muss, nichts bedeutet, wenn nur nichts im Weg ist, und bei denen man staunen darf, was sie alles aufspießen, wenn man sie einmal ans Werk gehen lässt, und wie hoch sie klettern, ohne dass ihnen der

Kopf schwirrt, wenn man ihnen die Erlaubnis zum Klettern erteilt. Ich wundere mich oft über das, was unter meiner Stirn in zweifacher Ausführung talgweiß blinkt, über das, was sehen kann, und dass ich, Härkäniemi, der ich an Spannweite von großem Finger bis großem Finger nicht so viel als ein, zwei Zoll mehr als einen Klafter habe und der ich nun hier in Alastalos Saal stehe, ohne mit meinen Händen weiter zu kommen als bis zu ein paar Pfeifenstielen im Pfeifenregal vor mir, dass ich vom Schwellenstein vor dem Eingang ebenso natürlich nach dem Morgenstern am Himmel spähe, wie ich um die Ecke meinen Strullstrahl pisse, und dass ich, ein steifer Mann, dessen Nacken sich auch mit Gewalt nicht weiter als einen Quartwinkel auf seinem Nackenwirbel dreht, dass ich zwei Ausreißer im Gesicht habe, die sich aus einer Meile Abstand eine fliegende Seeschwalbe aus der Luft schnappen und es schneller an der Seeschwalbe vorbei zu dem hin schaffen, was die Meeresbücher Zenit nennen, als die Seeschwalbe eine Strecke von einem Zoll in ihrem wilden Flug saust! Die Augen sind ein merkwürdiges Paar im Gesicht des Menschen, ohne Augen könnte der Seemann kein Seemann sein, aber die Augen sind auch ein listiges Gespann, wenn man sie galoppieren und seinen kleinen Verstand mit ihnen ausreißen lässt. Der menschliche Verstand ist an sich ja nichts Besonderes, müßig ist er und beweglich wie die Augen auch, flink und flatterhaft im Inneren des Schädels, wie es das Auge im Fenster desselben ist, beide beinahe von gleichem Flug und gleicher Natur. Bisweilen lache ich über mich und wundere mich auch, was der Verstandesfunke alles in seinen Fingern hält und prüft und was er alles betasten kann und will! Was geht es mich an, ob sich in Onnikmaa bei einem Ferkel der Schwanz im oder gegen den Uhrzeigersinn ringelt, solange es ein rechtmäßiger Korkenzieher ist, wie es der Schwanz eines Schweins sein soll, und was geht es mich an, ob die Sterne des Großen Bären

Messingknöpfe am Himmelsblech sind, dort im Gewölbe festgeschraubt, wo der Verstand Gottes sagte, hier wird eine Schraube zur Stabilisierung gebraucht, damit alles fest am Himmel sitzt, oder ob sie, eben jene Sterne, der Große Bär und auch die anderen, Brocken aus Erde und brennendem Erz am schwindelerregenden Rocken des Weltenwerkes sind, auf ihre Bahn geschleudert mit so verfluchter Wucht, dass sie wie im Ring durchs Leere sausen, mit der gottlosen Genauigkeit der Hand, sodass man noch heute auf die Sekunde genau seine Uhr stellen und seinen Kompassstrich daran überprüfen kann, wo die Spulen am Gewölbe jeweils haspeln; was geht es mich an, frage ich, ob es Knäufe oder Weltenbrocken sind, zehnmal größer als diese Erdkugel, auf der die Entfernung zwischen dem Ufer von Turku und der Mole von Amsterdam nur ein Hahnentritt ist, auch wenn man mit dem Zweimaster einen Monat braucht, bevor man sich durch Ost- und Nordsee gekämpft hat, was geht es mich an, frage ich, solange sie nur an dem Platz am Himmelszelt stehen und zu den Stunden blinken, wie das Seebuch es bestimmt, und sie an ihrem Leuchtplatz sind, wenn ich sie brauche? Das frage ich, und ich frage es aus vernünftigem Grund, aber hält sich der menschliche Verstand in seinem Tun denn an die Vernunft? Nicht einmal ungefähr, der lausige: Wenn das Auge den Schwanz eines Ferkels sieht, auch eines Ferkels in Onnikmaa, und wenn der Verstand in dem Moment zufällig und müßig im Oberstübchen weilt, kommt dann in den Fühlern der Schnecke nicht ziemlich schnell die Erkenntnis an, ob der Schwanz im Uhrzeigersinn oder gegen den Uhrzeigersinn geringelt ist? Ebenso gewinnt man, wenn man gut Zeit zum Gucken hat, Klarheit darüber, ob der Gauner sich am Ansatz enger schlängelt als an der schlaffen Spitze, als wäre es der Seligkeit der Seele nützlich, dass auch diese Schraube nun vermessen worden ist; und bei den Sternen gilt genau das Gleiche: Pickt man welche von denen aus den Plejaden, indem man sie mit den Augen aufspießt und dem Verstand in die Finger gibt, begnügt sich dieser dann etwa mit Longitude und Latitude und dem Wissen um den Polarstern, damit die Spitze der Kompassnadel in die richtige Richtung ragt, was ja das Einzige ist, was die Sterne dem Seemann preisgeben, mehr nicht, selbst wenn er in seiner Kajüte die Wände hochgeht? Nein, sie müssen während der gesamten Wache beobachtet und beäugt werden, während unten das Meer rauscht und tost und oben der Himmel seine Höhe hält, beobachtet und beäugt, wenn nicht gerade das Rigg davor ist, ihr Blinken muss beschaut und beaufsichtigt werden, vor lauter Beobachten werden die Augen blind, und der Verstand wird vom Staunen noch blinder, weil man ums Verderben nicht darauf kommt, was für eine Ordnung die ganze Chose eigentlich hat, obwohl es offenbar eine gewisse Ordnung gibt; Herrschaftszeiten, ein Mann kann schon mal zornig auf sich selbst sein, weil er sinnlos nachgedacht hat, weil es immer dasselbe Spiel ist, und nie ist man, wenn man um vier Uhr morgens in die Koje kriecht, in seinem Verständnis weiter, als man es um zwölf in der Nacht war, als man aus der Koje kroch und an Deck stieg! So ist der menschliche Verstand, ein bewegliches Klümpchen zwar, auch wenn er einem in vielem und im meisten kurz vorkommt, eigentlich in allem, wo er sich weiter auf den Weg macht, als die Augen reichen; von den Sternen ganz zu schweigen! Bin ich denn letztlich im Hinblick auf den Schwanz am Ferkel von Onnikmaa recht im Bilde? Ich sehe, dass er geringelt ist, und wenn ich genau sein will, dann kann ich meinetwegen messen, was für eine Runde jeder Kringel in Zoll und Linie dreht, und dann weiß ich auch dies, aber wenn mein Verstand auf die Idee kommt, einen Schritt weiter zu gehen und zu fragen, warum der Schwanz sich unbedingt ringeln muss und nicht stattdessen zum Beispiel gerade herunterhängen kann, wie es natürlicher wäre, dann stiert mein Verstand mit der gleichen Kenntnis und der gleichen Blindheit auf den Achterkringel des Ferkels von Onnikmaa wie auf die blinkende Hinterbacke eines Sterns in den Plejaden. Kurzum, ich halte den Verstand im Kopf eines Mannes nicht für bemerkenswert; er will mehr, als er kann, und bekräht wie der Hahn seinen Flug, nachdem die platte Flechtung des Flügelpaars den Leib prachtvoll auf die oberste Stange im Stall getragen hat und die Hennen auf dem Misthaufen staunen, aber dennoch und nichtsdestotrotz finde ich, dass der Verstand als Fühler des Menschen dem Auge doch immer eine Spur voraus ist, nicht viel, aber immerhin so viel, dass er nicht demgemäß über den Graben springt, wie das Auge den Abstand zur Böschung gegenüber misst, sondern so, wie er glaubt, dass seine Beine springen. Genau das ist bei Pukkila der Fehler, dass sein Auge zwar schnell das andere Ufer erkennt, zu schnell sogar, aber nicht immer die Breite des Grabens und niemals die Tatsache, dass bei einem Sprung schon eine Viertelelle, wenn sie auf die Minusseite fällt, dafür sorgen kann, dass ein Mann mit der Nase im Graben landet. Wir drei, ich und Pukkila und Alastalo, unterscheiden uns darin, dass sich bei Pukkila das Auge schneller etwas schnappt als der Verstand, während bei mir der Verstand auch im Nachhinein noch an den Sachen hängen bleibt, wohingegen bei Alastalo Auge und Verstand gleichzeitig bei derselben Sache sind. Dürfte ich den Schädel tauschen, würde ich ihn, das gebe ich zu, mit Alastalo tauschen, nicht mit Pukkila. Der Mensch hat zwei Hände, und die sind stets gleich bemessen, damit sie sich gegenseitig helfen, wenn zehn Finger gebraucht werden, um etwas zu halten, und der Mensch hat Augen und Verstand, damit das Auge für den Verstand sieht und der Verstand für das Auge versteht, und beide sollen gleich stark in der Schirrung stehen, der Verstand schnell am Zug, wo das Auge etwas heischt, und das Auge nicht lockerlassend, wo der Verstand sich müht. Alastalo hat zwei gleich Starke eingespannt, das Zugtier links zieht mit seinen vier Läufen genauso wie das Zugtier rechts, das Joch wie eine Waage in der Halterung des Hakens, der Pflug drückt, und der Lehm wird gewendet, glatt und gerade bleibt eine Furche zurück, und das Ende des Ackers wird erreicht; bei Pukkila und mir ist beim Ziehen immer ein Pferd dem anderen voran, bei Pukkila um eine Pferdelänge, weil das hektischere von beiden so lüstern zerrt, dass das Verstandespferd keinen anderen Spielraum hat, als mit losem Deichselholz hinterherzustapfen, bei mir deshalb, weil das eine Zugtier im Gespann so langsam die Schritte setzt, dass das andere, auch wenn es sachte macht, die Gabel krumm zieht, bei meinen Zugpferden entsteht die Furche heute oder morgen, vielleicht solide, aber die Tage werden nicht gezählt, vielleicht die Schritte; Pukkila kommt zwar schnell ans Ackerende, aber seine Furche springt hin und her, und die Krume taut an den Stellen nicht auf, wo der Wendepflug in der Eile nicht tiefer als im Gras gekratzt hat.

Wenn ich es geradeheraus und ohne Ausschmückungen sagen soll, dann ist Pukkila ein Hudler des Auges, und ich bin ein Trödler des Verstands, während Alastalo ein Meister der Gleichmäßigkeit ist, was das Vorgehen des Auges wie des Verstands anbelangt. Bei Pukkila hat das Auge bereits Meilen zurückgelegt, wenn der Verstand erst eine Werst hinter sich hat, bei mir kommt das Auge nicht vom Pfeifenstiel los, selbst wenn der Verstand sich schon die Pfeife geschnappt hat, um sie zu befühlen, aber bei Alastalo sind Auge und Verstand im Gleichschritt beim Pfeifenstiel und lassen ihn auch im Gleichschritt los, nach einer Meile hin und einer Meile zurück, das Auge als Fenster und der Verstand im Fenster des Auges als Wache, das Auge als Schnabel und der Verstand als Picker, und die Körner werden nach Hause geholt. Vom Auge her mag Pukkila flinker als Alastalo sein, aber was nützt es, wenn man mit dem Auge vom Fleck kommt, der Verstand aber erst auf halber Strecke ist, wenn es etwas zu holen gibt; ich packe die Dinge mit meinem Verstand womöglich fester am Schlafittchen, als Alastalo es mit den Greifern seines Verstandes tut, aber was nützt das strammste Zupacken, wenn man mit den Fingern noch die erste Beere betastet, während der Nebenmann bereits die nächste Bülte leer zupft. Und wenn ich noch eine zweite Wahrheit sagen soll, dann die, dass das Auge als Auge nichts anderes ist als ein Ausreißer und der Verstand als Verstand nichts als ein Festhalter, aber das vom Verstand geschickte Auge sucht, und der dem Auge folgende Verstand findet.

Pukkila galoppiert mit seinen Gedanken davon, ich halte mit meinen Gedanken fest, aber Alastalo sucht und findet. Pukkila, ich und Alastalo: Merkwürdig, wie alles auf der Welt seinen Leisten hat, der Stiefel wie der Mann! Ich sitze bisweilen und, wenn es sich ergibt, auch öfter mal in der Stube auf der Bank neben dem Werktisch, wenn Solenius bei uns arbeitet, und lache mir in den Bart, wenn er diverse Leistenpaare aus dem Sack kramt, bis er die richtigen in der Hand hält, da liegen dann schlanke und stramme nebeneinander, bis der Boden des Sacks erreicht ist, aber jedes, zum Teufel, hat so eindeutig seine Fasson wie das Wort im Buch vor beiden Augen, und sein Gefühl, damit man weiß, dass das Feuchte trocken und der Rücken des Kaulbarschs glatt ist, wenn jenes hungerleidige Leistenpaar nicht für Pukkilas Rist geschnitzt sein sollte! Noch im Grab würde ich mich für meine Augen schämen, wenn ich nicht unter drei Dutzend Leistenpaaren das zierliche herauskennen und sagen würde, das ist für die Trippelfüßchen von Alastalos Siviä! Und meinen eigenen Leisten würde ich ansehen, wenn ich es nicht ohnehin wüsste, dass sie für einen Mann sind, der seine Sohlen eher dafür hat, fest zu stehen, als rennend zu hetzen. Ein

Mann kann einen anderen mit einem kleinen Wort nur narren, aber aus einem Leisten kann auch die flinke Zunge nichts anderes machen, als er ist, der Leisten bleibt der Leisten, und nach dem, was Solenius schnitzt und mit Lederflicken gekonnt ausbessert, wird dem Mann der Stiefel geschustert. Und Gottes Leisten sind ebenso strikt auf den Mann zugeschnitten wie die von Solenius, auch von der Natur jener Leisten kommt der Mann nicht los, sosehr er sich auch windet; befindet sich auf dem Leisten eine Beule am großen Zeh, dann befindet sich dort auch am Stiefel eine Beule, und gut, dass der Stiefel eine Beule hat, wenn auf dem Zeh eine solche sitzt, denn sonst würde der Schuh drücken. Im Leben bleiben wir bei unseren Leisten, Alastalo wie Pukkila und ich sowie alle anderen. Auch die Antwerpener Pfeife da im Regal, ein unschuldiges Ding, gleich jedem leblosen Gegenstand, wie dem Leisten gemäß gemacht steht sie in Alastalos Regal, gerade in Alastalos, wie nach dem Leisten betrachte ich sie, gerade ich, wie dem Leisten gemäß wird sie heute noch in Pukkilas Hand liegen, in keiner anderen als Pukkilas. Alastalo hat sie gekauft, wer sonst als Alastalo, er entdeckt schnell und kauft schnell, wenn ihm der Gedanke sagt, du sollst das Entdeckte kaufen, vermutlich ist er seelenruhig durch die Gassen von Antwerpen spaziert, hat sich gerade über eine gute Rückfracht geeinigt, hat die Papiere in der Tasche, ist verdammt zufrieden, wenn man es genau nimmt, dort ist er spaziert, die Fracht pro Tonne zwei Franken besser als erwartet, ist spaziert und hat geschaut: Was steht denn da im Fenster? Eine sympathische Pfeife, eine richtig schmiegsame Pfeife, die würde daheim ins Regal passen wie ein sündiger Blick ins Augenpaar eines Mädchens: Wenn man Zeit und Muße hat, kostet es nicht viel, die Tür zu öffnen und zu feilschen, dann hat auch Härkäniemi was zu gucken und Pukkila etwas, worauf er neidisch sein kann, und die Gouverneurspfeife ist ihre Nachbarin! Und ich, bin ich nicht ebendieser Härkäniemi und stehe hier vor dieser Pfeife, so wie ich Härkäniemi auch in vielem anderen bin? Was, potz Blitz, habe ich mit dieser Pfeife überhaupt zu schaffen, die ich nicht einmal mit dem kleinen Finger des Gedankens aus dem Gestell zu nehmen gedenke und aus der ich am ganzen heutigen Tag Gottes keinen einzigen Zug nehmen werde, aber schaffen es meine Augen etwa, an dem Trumm vorbeizuschauen? Nein! Es muss geguckt werden, so wie man sich den juckenden Wadenmuskel kratzen muss, das Auge muss schauen, wenn der Verstand zwickt, und das tut er, er kratzt wie wild, weil das Jucken bis in den Nacken vorgedrungen ist, er kratzt, als ginge es um etwas Ernstes und nicht bloß um ein Jucken, er kratzt, und je verflixter er kratzt, desto verflixter juckt es; mein Denken ist wie die Zehe des Hahns, die auch dort in der Erde scharrt, wo es nicht die Spur eines Korns und nicht einmal den Geschmack eines Wurms zu picken gibt: Auch diese Pfeife – was, zum Donnerwetter, habe ich mit einem Instrument zu tun, aus dem mein Mund nicht den Nutzen des Rauchs ziehen wird –, und trotzdem muss ich sie mir anschauen, mit meiner Natur die Gedanken traktieren, so wie der Hahn mit seiner Hahnennatur die Kralle in den Krümeln des ertragslosen Mulchs zucken lassen muss! Und Pukkila, der bleibt ebenso eindeutig bei seinen Leisten, wenn er nach der Pfeife grapscht, wie ich und Alastalo, so wie er auch bei seinen Leisten bleibt, wenn er nach anderen Sachen grapscht: Wenn ich sage, ich habe auf meiner Wiese zehn Fuder Heu gemäht, dann hat er den Teufel seiner Natur schneller auf der Zunge als den Gedanken und sagt, dass er elf gemäht hat, obwohl er genau weiß – und weiß, dass auch ich genau weiß –, dass er auf seiner Wiese noch keinen Halm gemäht hat und dass man von seiner Wiese nicht mehr als acht Fuder in die Scheune bekommt, selbst wenn man die Weidenbüsche mitmäht und dazuzählt; er hat das Überbein des Prahlens an seinem Leisten, Gott hat sich den Jux gemacht, es ihm an den Leisten zu setzen, und zum Prahlen nimmt er auch die Pfeife aus dem Regal, nicht zum Rauchen: Pukkila sieht an der Antwerpener Pfeife die Fransen und Litzen, das Schwingen der Schlingen und das Gebaumel der Bändel, o Schwindel hinterm Stirnbein und aufblitzende Versuchung unterm Herzen! So eine in der Hand, wenn einem etwas Prächtiges aus dem Mund gekommen ist, dann hört der ganze Saal das Prächtige auch als solches, und wedelt man mit dem Stiel, dann schwirrt Schwingendes mit dem Handgelenk, und auch der Unverständige kapiert, dass Pukkila ein Wort abgelassen hat; die Antwerpener Pfeife ist eine Pfeife für Pukkila, weil der Hahn ein echtes Hahnenkrähen erst dann kräht, wenn er einen Putz auf dem Helmkamm hat, den er hin und her werfen, und Schwanzfedern, die er aufrecht stellen kann, und Pukkila singt aus vollem Pukkila-Mund erst, wenn er einen beschlagenen Stiel in der Hand schwenken kann, bei dem die Troddeln schwungvoll kreisen, wo doch auch die Worte des Mannes Schwung haben. Pukkila ist ein Ass, wenn er tüchtig etwas in der Hand wie auch im Bart hat, und zum Kuckuck, wenn nicht auch mir bis in die Magengrube angenehm zumute ist, wenn Pukkila zu Atem kommt, dann kollern ihm die Worte aus dem Mund, als würden zehn Pfarrer aus zehn Gemeinden gleichzeitig in derselben Bütte brabbeln, die Augen veranstalten zu zweit ein Treiben, als würde eine ganze Schafherde auf einmal durch das Gatter des engen Mundes springen und drängeln, und die Antwerpener Pfeife verstärkt jedes schmissige Wort, blinkert flugs, wie das Auge in Fahrt ist, schwingt am ausgebreiteten Arm in der Hand des Mannes nach zwei Seiten, dass man nur sagen kann, armer unschuldiger Rauch, der da mit Gezappel in der Luft zerstückelt wird, und arme fliegende Schlingen und wedelnde Bommeln, weil sie mit ihrem Schwung mit Ach und Krach nur hinterherkommen, wo der Pfeifenstiel außer

Rand und Band jeweils beschwörend fuchtelt! Ich habe die Bachstelze mit ihrem Stängelschwanz auf den Ufersteinen beobachtet, und ich habe den Ukelei im Wasser neben dem Steg gesehen, ich habe das Eichhörnchen auf dem Ast beobachtet und das Ferkel im Koben, und komischerweise bleibt das Stängelschwänzchen bei allem ein Stängelschwänzchen und das Ferkel ein Ferkel, das Stängelschwänzchen, wenn es am Ufer von einem Rand des Steins zum anderen trippelt, wenn es ein Moosblättchen vom Felsen pickt oder seinen eigenen kleinen Bachstelzenfloh von den Federschäften seiner Flügel, wenn es zum kleinen Gleitflug ansetzt, die Flügel einklappt, als würde es sie in die Tasche stecken, und sie dann wieder auffächert, wenn es durch die Luft schnellt wie eine Stricknadel, bis es sich auf einen Zaunpfosten setzt und mit dem Schwanz schlägt, immer ist es die gleiche munter trippelnde Bachstelze, ob sie sich nun auf dem Vorsprung eines Steins die Schuhe sauber pickt, den flinken Hals auf dem Pfosten hin und her dreht oder ob sie mit ihrem Schwanzstängel auf den Felsen klopft und einen Tropfen Unschuldiges auf die glatte Fläche klatschen lässt! Und auch der Mensch, zum Teufel, steckt in seiner Haut und seinem Gefieder wie der Spatz und das junge Eichhörnchen in ihrem! Pukkila nicht minder, er ist ein Mann in seiner Haut, was kann der Fuchs dafür, dass er hinten einen Schwanz hat, der länger als er selber ist, und was kann Pukkila dafür, dass sein Fuchteln mehr Schwung hat als ein Sprung und dass das Schwingende an ihm den Mann in Fahrt bringt und nicht der Mann das Schwingende. Pukkila ist von den Knochen her ein schmaler Mann, erlangt aber, was die Fahrt der Hände anbelangt, Breite, und wie sollte ich neidisch auf die Pfeife in der Hand eines Mannes sein, der erst dann ganz und gar er selbst ist, wenn auch das einen Bogen hat, was in der Hand geführt wird, und wenn er an den Troddeln was zu zoppeln hat, wenn es gilt, ein Wort zu zupfen?

Von mir aus darf die Antwerpener Pfeife für Pukkila im Regal bleiben, ich werde mich nicht daran vergreifen! In mir steckt ein Stier, nicht nur dem Namen nach, und beim Stier steckt der Mumm im Nacken und im Druck der Hufen und nicht im wedelnden Schwanz, und wenn ich mal ein Wort schmettere, dann ist es mein Kinn, das es schmettert, und nicht die Pfeife, und es schmettert umso schärfer, wenn die Pfeife ohne unnötiges Gefuchtel an ihrem Platz bleibt. Wegen des Schmauchens nehme ich mir zum Vergnügen meines Mundes und zum Wohl meines Gemütes eine Pfeife, damit der Rauch im Mund gut schmeckt und damit die Augen etwas Schönes zu schauen haben, wenn die Kringelköpfe sich gemütlich in der weichen Leere der Luft entfalten und der Rauch das Leinen seiner Laken schleppt, während auch das denkende Gemüt die Wange auf etwas Gutem ruhen lassen kann; wegen des Rauches Schmauchens, nicht wegen des Rauches der Worte nehme ich die Pfeife, damit der Verstand hinterherstürzt, wenn das Wort auf dem Weg des Rauchs aus dem Mund stürzt, und damit das Denken auf den Buckeln des Blaudunsts hoppelt, während der Mund Schlingerndes in die Luft bläst, damit es auf dem wolkigen Rain galoppiert, als läge ein ernster Wall als Brücke unter seinen Hufen; als glaubte ich, das Schwebende würde mich tragen, wo einem der Schuh des Wortes leicht auf dem wallenden Untergrund ausgleitet: Sein Gemüt kann ein Mann den Rauchwölkchen überlassen, aber nicht seinen Verstand, und man darf auch das Auge seinen Ausflug machen lassen, wenn man nur daran denkt, dass die Augen im Kopf daheim sind, ebenso wie alles, was das Auge sieht auf den weiten Wegen zwischen Pfeife und Wolken!

Härkäniemis ruhiges Auge begutachtete bereits die Pfeife neben der Antwerpener Pfeife, begutachtete sie auch von weiter weg. Beides brauchbare Pfeifen, die eine wie die andere, so wie alle Pfeifen in Alastalos Regal, auch ohne sie auszuprobieren, weiß man, dass sie einen guten und ziehenden Atem haben; nicht umsonst ist Siviä im Haus. Die Pfeifen sind bei Alastalo stets geputzt wie die Kehle des Kantors am Sonntagmorgen, und habe ich etwa jemals auch nur ein Staubkörnchen auf dem schimmernden Wachs eines einzigen Pfeifenkopfs in diesem Regal gesehen? Sogar die Stiele sind poliert und leuchten klar, so klar wie das lebendige Augenpaar im munteren Gesicht des Mädchens selbst! Doch, von diesen Pfeifen wären mir beide recht, und nicht nur mir, warum also sollte ich nicht eine von beiden nehmen, welche auch immer, wenn ich nicht schon diese hier in der Hand hätte. Flüchtig warf Härkäniemi einen kleinen, ziemlich anerkennenden und zufriedenen Blick auf die Pfeife, die aus seiner linken Hand ragte und die bereits bei ihm gelandet war, als er die Antwerpener Pfeife betrachtet hatte. Jeder hat seine bessere Hälfte, dachte das sichere Wohlgefühl in Härkäniemis Gemüt, während sich die Finger fester um den Stiel legten. Man darf durchaus, denke ich, sein Auge müßig gehen lassen, wenn man etwas Gutes sicher und das Gemüt zu Hause hat! Schadet es etwa dem Rind, wenn es am Rand der Wiese liegt und in der Wärme der sinkenden Sonne die Abendmücken betrachtet, selbst wenn der kleeige Wind mit vollen Rockschößen den milden Mief der Weide vor die Schnauze trägt und das heuige Gras den ganzen Ackerstreifen entlang in schmackhafter Fülle vorm träumenden Häutchen des zufallenden Auges sprießt, solange die Kinnlade ihr gelassenes Werk verrichtet und eine Kugel Weiches nach der anderen langsam seine Säfte im Maul sickern lässt, damit das in der Kehle Angenehme nach und nach in den wohlgenährten Frieden des Magens rutscht? Und sollte ein Mann etwa auf der Schwelle seines eigenen Hauses trauern, die bessere Hälfte in einer Elle Abstand neben sich, selbst wenn auf den Straßen Samstag ist, Lachen durch den Dorfabend schallt und ein saunareines Mädchen nach dem anderen mit rauschenden Rocksäumen in ihrer Dachkammer verschwindet, wo doch die eigene Frau ebenso saunafrisch ist, ebenso munter mit den Augen, ebenso lachbereit mitsamt ihren eigenen Rocksäumen und noch allerlei mehr? Und was fehlt einem wie mir, mit dem eigenen Mundbedarf in der Hand, auch wenn das Auge die anderen Genusstauglichen im Regal sieht, das Fingerwohl auch an anderen Köpfen ertastet und die Biegungen der Stiele bei jeder einzelnen versteht, auch wenn sich in der hohlen Hand bereits treu die Auserwählte befindet, und er weiß, dass vor der eigenen Nase und zum Wohl des eigenen Mundes diejenige knistert, von der er nicht will, dass sie vor den Nasen der anderen und zum Wohl derer Münder knistert? Gut und gütig ist der Mann, der sich sein Eigen genommen hat, und da ich die Stielhülse der Pfeife aus Hull in der Hand halte, ist mein Gemüt frei von Neid, wie das gewaschene Fenster des Himmels, und ich gönne die beiden anderen Pfeifen dort bereitwillig Lahdenperäs breiter Kinnlade, gleichzeitig oder abwechselnd, ganz, wie er will. Vor ihm hatte ich vielleicht die meiste Angst, als ich auf das Regal zuging, er hat ein ziemliches Kinn und massive Mundwinkel, wie es sich für einen Schöffen gehört, auch die Nase ist breit genug nach beiden Seiten, sodass sich ein anderer die Hälfte davon für sein eigenes Gesicht leihen könnte, aber an der Stirn hat er einen so dicken Knochen, dass die Kerze dahinter ihm nicht immer die Erleuchtung bringt, was für eine Pfeife im Regal er sich nehmen soll und welche besser zu den anderen passt: Manchmal hat er mir für einen ganzen Tag Verdruss bereitet, weil er es hier vor mir ans Regal geschafft hat und mit der Pfeife aus Hull zu seinem Platz zurückgekehrt ist, mit genau dieser Pfeife aus Hull! Mit Teer getränkt bin ich an so einem Tag von ganzem Herzen, es pocht wie verrückt in mir, wenn bloß irgendetwas zwischen den Zähnen qualmt und der andere auf dem Sofa mit meiner Pfeife den Rauch aus seinen Backen stößt, so unschuldig, als wäre ein Gaul mit Blesse aus dem Stall in den Saal geführt worden, um sich dort zu setzen!

Härkäniemi hielt die schon vor geraumer Zeit und sicherheitshalber aus der Ecke des Regals genommene Pfeife als Gegenstand billigender und nachdenklicher Betrachtung. Im Übrigen habe ich mit Lahdenperä kein Hühnchen zu rupfen, dachte er noch versöhnlich über das eben Erwähnte, aber seine Hand balancierte bereits auf der Handfläche das Gewicht der Pfeife, richtete den Bogen so aus, dass es hübsch fürs Auge war und das ernste Gewicht des Kopfes und die sich reckende leichte Rute des Stiels leicht für die Hand. Ein tüchtiger Mann ist er, der das Kinn von seinem Vater geerbt hat, solange er versteht, die Finger von meiner Pfeife zu lassen, fügte Härkäniemi noch ob des gerade Erwogenen in Gedanken hinzu und legte den Kopf schief, da der Pflock von Pfeifenstiel nun endlich frei auf dem Tablett des Handtellers wippte und das Auge klar den gesamten Lauf verfolgen konnte. Herrschaftszeiten, was für ein hübsches Ding, wie ein Wohlgefallen unterm Herzen! Zeit meines Lebens werde ich Alastalo nicht verzeihen, dass er es war, der sie in Hull wer weiß wo aufgestöbert hat! Hat er sich die Geruchshaare seiner Nüstern vom Fuchs im Wald geborgt? Immerhin bin auch ich ein Dutzend Mal in Hull gewesen, und auch mein Auge erkennt eine Pfeife, aber bin ich etwa derjenige, der diese Pfeife entdeckt hat? Nein, es ist Alastalo! Nie im Leben hätte ich auch nur einen Gedanken an eine Frau für mich verschwendet, hätte ich zu Hause in Härkäniemis Regal diese Pfeife stehen gehabt! Auge, schau dir nur diesen Lauf an! Glaubst du, jemals etwas Anmutigeres gesehen zu haben als die scheue Biegung in der Beuge, wo das Mundstück sich dem Mund verheißt? Es ist gerade genug an Beuge, dass sie noch scheu ist, doch Beuge genug, um bereit zu sein. Und sieh nur, falls du es verstehst, schau auf die Streckung des Stiels: ganz das Wesen eines Pfeifenstiels!

Fasst einen das nicht an? Sie ist schön, ei, ei, dass der Hand eines Mannes etwas so zierlich Hübsches anvertraut wird, aber merkst du, dass sie auch schüchtern ist, sie ist in einer Weise behutsam schön, dass das Herz in seiner Grube schmilzt, weil es auf der Welt so etwas Wohlgefälliges gibt! Oft, wenn mir zu Hause fade ist, rudere ich auf diese Seite der Bucht und nehme hier in Alastalo Platz, um für kurze Zeit diese Pfeife in der Hand zu halten. Zum Teufel, was zerreißt es einem die Brust vor Seligkeit, wenn man die Tür aufmacht, und die Vertraute scheint einem vom Regal aus treu entgegen, winkt dem Auge schon von Weitem im hinteren Teil des Saales mit ihren Mildtätigkeiten: Komm nur, komm, ich warte schon seit Tagen, Wochen, Ewigkeiten auf dich! Ich sage, ich bin ein weicher Mann, bis in die Knochen hinein ein wohlwollender Mann, wenn meinen Augen ein Mensch oder ein Ding wie durch Gottes Fenster unverstellt gezeigt wird, und Segen spende ich meinen Augen, dass ich gelegentlich durch diese Fensterscheibe spähen darf.

Wie mit dem Waschwasser der Engel gewaschen kann ein Mensch bisweilen sein, ein Frauenmensch, mit Augen, dass es besser wäre, solche Augen zeit seines Lebens nicht zu sehen, so klar und frisch und rein und von so lauterer Tiefe, dass einem die Wehmut ins Herz beißt wie der Zahn des Wolfs, und das Gesicht erst, der Stirn milder Glanz, der Wange frischer Sommer, der Lippen volles junges Lachen, ah, nicht zu verarzten die Wunde im Herzen, wenn man den Engel gesehen hat wie durch Gottes Fensterscheibe! Und noch mehr auf der Welt ist dem Gemüte gefällig, so wie das wogende Roggenfeld im Wind sich neigt am heraufziehenden Sommerabend. Auch diese Pfeife in meiner Hand, mit dem Herzen muss man sie hin und her drehen und betrachten: Wenn es im Himmel Pfeifen gibt, dann liegt so eine Pfeife für mich dort bereit. Meine Klaue, die fürwahr nicht seidenweich ist, nein, eher ist sie mit gegerbtem Leder verwandt, auch sie wird schwach, die alte Haut, vernarrt, sodass sie sanft wird wie die Haut des Säuglings, wenn ein solches Instrument, eines wie der Geist der Pfeife, wie der Lebensfaden eines Engels in Pfeifengestalt, sich meiner Klaue, meiner schwieligen Klaue anvertraut, um sich von ihr halten zu lassen. Was mag der mooshaarige Apfelbaum unter seiner rauen Schale fühlen, wenn sich im Herbst die Äste biegen und der Alte junges Gold trägt, wenn schwer das Reife wiegt und so viel an Fülle durch den Vorhang des Laubwerks scheint, wie in den von vielen Jahren zerwühlten Wipfel passt? Dankbar ist unter seinem rauen Kleid der Apfelbaum, weil der Herbst seinen Freund nicht vergessen und auch dieses Mal noch reichlich schwankende Last an Früchten und goldenen Gnaden seinem Getreuen vergönnt, und dankbaren Sinnes ist der Mensch, auch er von den Jahren verhärtet, weil das Herz noch eine zarte Haut hat, trotz Schwielen an den Händen, und weil die Feuchte der Augen frisch ist, auch wenn das Eis der Erkenntnis bereits die Brauen getrocknet hat.

Ich weiß zu danken, wenn ein Schmuckstück auf meinem Handteller liegt, ein mir anvertrautes Schmuckstück auf meiner Hand: Der Schmuck in meiner Hand wird nicht von einer unwissenden Hand befühlt und der Schmuck vor meinen Augen nicht von einem unwissenden Auge betrachtet! In guten Händen bist du, Pfeife, in Härkäniemis Händen, bei keinem bist du in so guten Händen wie bei mir. Schau, ich weiß nicht, warum du so gut bist und warum bei mir in so guten Händen, aber ein gutes Stück bist du und in guten Händen jetzt! An und für sich bist du gar keine so außergewöhnliche Pfeife, man hat dich nicht in der Mitte des Regals platziert, weiter seitlich stehst du, und es nimmt dich keiner außer dem, der dich kennt. Und auch ich bin nichts Besonderes, aber dich kenne ich, und dich nehme ich, und ich bin glücklich, wenn ich dich bekomme. Ich glaube, dass ich auch verheiratet wäre, wenn mir im Leben je ein so vertrauter Mensch begegnet wäre und sich als Mensch gezeigt hätte, wie du als Pfeife unter den Pfeifen. Allein die Kurve deines Mundstücks mit seinen beinernen Karbunkelperlen! Gewiss, auch andere Pfeifen haben ihre Kurve mit runden und geglätteten Karbunkeln daran, aber welcher anderen Pfeife Kurve biegt sich so angenehm dem Mundwinkel entgegen wie deine, spricht mich lockend schon von Weitem an und sagt bloß mit dem Blick der Augen in unserer gemeinsamen Geheimsprache: Um in deinen Bart gesteckt zu werden, ist diese Biegung meiner Natur da, bin ich denn nicht dazu geschnitzt, zwischen deine Lippen zu gelangen, probiere zum Vorgeschmack gern erst mal kalt, ob ich in deinen Mund passe, genau für deine Lippen hat die Glätte des Schlitzes einen so geschmeidigen Schliff bekommen! Ach, arme Pfeife, wie könnte ich widerstehen, wenn du mir Weisung gibst, warum probiere ich nicht, ein bisschen mit der kalten Pfeife herumzuspielen: Du bist dieselbe wie immer, auch wenn dein Atem noch kühl ist und ihm des Rauches Süßigkeit fehlt; mein Mund wäre nicht der kenntnisreiche Mund eines Mannes, wenn es nicht der Lippenhaut wohltäte und an den Zähnen perlte, weil die Gewohnte wieder bei ihm daheim ist und die Seligkeit im Bart: Mein Mund ist ein Mund, der dir gefällt, und du bist das Mundstück einer Pfeife, das mir gefällt, an jeder Pore deiner Haut. Und nicht nur mundgefällig, sondern auch den Augen zum Pläsier. Nimm, Härkäniemi, die Zarte von den Lippen und halte das gute Stück eine kleine Weile vor den Augen, damit du Zeit hast, zu verstehen! Glaubst du, das Mundstück jeder Pfeife ist so schimmernd und dem Auge so geneigt wie dieses? Nicht einmal ungefähr! Ich habe die beinerne Krümmung so mancher Pfeife zu Gesicht bekommen, aber ein so strahlendes Stück Bein wie dieses hier habe ich im Leben nicht an einem Pfeifenstiel gesehen. Bei den Augen der Frauen gibt es große Unterschiede, bei der einen sind sie so, als redete ein Mensch, sie sagen: So eine bin ich, bin ich ein Wunder? Auch die anderen schauen, und das Rund beim Augenpaar ist genau das gleiche, aber sie kommen nicht einmal auf die Idee, zu fragen: Bin ich eine Plaudertasche? Noch größer freilich ist der Unterschied zwischen dem Mundstück einer Pfeife und dem Mundstück einer Pfeife. Die einen gleichen der Messerscheide, sie zeigen nichts, blind muss der Rauch in ihnen wandern, und der Mann weiß nie, was ihm in den Mund kommt. Aber sieh dir das hier an: Die beinerne Haut schimmert in so zarter Helle, dass man sich fragt, ob sich dem Auge jemals Zarteres gezeigt hat! In der Tat, ich habe viele Male hingeschaut, und sieht da nicht das Auge die Linie der spendenden Ader unter der Haut und verfolgt zu seinem Vergnügen, wie der Rauchfaden kräuselnd und hingebungsvoll ankommt und gemächlich zum Wohle und zur Wonne des Mundes sanft und mild heranschleicht? Wie läuft dem Menschen in seinem sündigen Sinn doch die Molke zusammen, wenn er das Gute sieht, das auf ihn zukommt, und die Zunge zur Stelle ist, sobald ihr die Oblate dargeboten wird! Man glaubt, hinter die Gardinen des Himmels zu blicken, wenn einem im Leben mal ein redlich gutes Augenpaar in seiner ganzen Lauterkeit sich vor dem eigenen Augenpaar auftut und das eigene Auge bis in die zuckende Herzspitze in die Brust des anderen Menschen hineinreicht, wie also sollte der Mensch da nicht dankbar sein und voll des Lobs über die Pfeife und wegen ihr, wenn sie in aller Unschuld sich dem Auge hingibt wie dem Mund, zart zu betrachten und ergiebig im Zug, wegen der Pfeife, die sich jedoch als Pfeife mit dem Herzen einer Pfeife lauterer schenkt, als je ein Mensch mit seinem Menschenherzen sich jemandem schenken würde!

Härkäniemi war bereits mit vollem Eifer damit beschäftigt, seine Pfeife mit duftendem Tabak aus dem hinter der Pfeifenreihe stehenden, bis über den Rand hinaus gefüllten Mahagonigefäß zu stopfen. Ein bisschen Eile war im Spiel, denn es hatte sich ein saftiger Geschmack auf seiner Zunge ausgebreitet, während sein Geist beschäftigt war, und weil sich der Gefäßinhalt mit seiner weichen Häufung überdies verlockend vor seinen Augen erhob. Auf einmal hatten es die Finger eilig: Es war in der Tat höchste Zeit, etwas in den Atem zu kriegen, wo man so lange nur vom Geschmack gelebt hat, dachte Härkäniemi, als er mit dem Fingerpaar etwas von dem fest ins Gefäß gestopften Ausgerippten rupfte. Weich wie ein Gedanke bei gutem Gewissen!, stellte er fest, sobald er eine Portion zwischen den Fingern hatte. Wenn Engel einen Bart haben, dann ist ihr Kinnflaum aus solchem Stoff gemacht!, dachte er und rieb das Häufchen mit den Fingerspitzen. Trocken und frisch; was ich nicht verstehe, ist, wie ein Stoff beides zugleich sein kann, aber das hier ist Watte von ebensolcher Qualität! Man meint, Prinzessinnenhaar zu befühlen: als zuckte es vor den Fingerspitzen zurück und als wäre beim Reiben der Finger alle Lindheit der Lüfte da! Ja, Alastalo hat in seiner Tabakdose gute Ware, wie auch anderswo, schloss Härkäniemi seinen Gedankengang, konnte es sich aber nicht versagen, das Saftige zum Riechen unter die Nüstern zu führen, bevor er endgültig in den Pfeifenkopf stopfte, was erst dort seine volle Verwöhnung zu entfalten hatte.

Härkäniemi war ein besonnener Mann, und auch wenn zugegeben werden muss, dass er endlich auf den Geschmack des Rauches kommen wollte, ging das Stopfen der Pfeife doch mit all der Sorgfalt und Genauigkeit vonstatten, die die Maßnahme erforderte; schließlich ertrug er auch bei anderen Menschen nicht, wenn sie hudelten, geschweige denn bei sich selbst, namentlich beim Präparieren einer Pfeife. Unanständig wäre das, auch beim Beladen eines Schiffes muss man im Laderaum umherlaufen und springen, dass man kaum zum Fluchen kommt, weil die Menschen keinen Verstand im Kopf haben, sondern das Brett dort liegen lassen, wo es ihnen von der Schulter fällt. Ein Schiff belädt man so, dass nichts zwischen die Bretter passt, nicht kreuz und auch nicht quer, dass nicht mal eine Maus mehr gähnen kann, und unter der Decke darf kein daumenbreiter Spalt mehr bleiben, auch wenn man noch so stauen muss. Man kreuzt nicht nach England, um in Hull dann leere Luft zu löschen! Und wenn ich ein Seil kaufe, dann kaufe ich es gewiss nicht blind, ich rupfe das Ende auf, löse jede Faser, reibe die Faser auch, sodass ich mit einem Zupfen weiß, ob ich Scheiße in den Händen habe oder Hanf. Wie könnte ich da beim Stopfen der Pfeife sorglos sein, derer sich immerhin der eigene Mund bedient, sorglos darin, womit ich sie stopfe und wie? Jeder vernünftige Mann, der Hände hat, reibt den Tabak zwischen den Fingern, bevor er ihn in die Brennkammer drückt, reibt ihn lieber zwei Mal als ein Mal, damit er weiß, ob der Stoff fein und gefällig ist sowie von einer Beschaffenheit, dass er gut glimmt und gleichmäßig. Und wenn man so einen auserlesenen Stoff in die Brennkammer drückt, trampelt man ihn nicht mit den Stiefelabsätzen platt wie Heu im Schober, sondern drückt ihn mit zarter Fingerspitze dorthin, wo er hingehört, damit der Pfeifenkopf vom Boden bis zum Rande dicht gefüllt ist, dicht und durchlässig, doch nicht zu fest: Auch guter Tabak füttert den Mund mit klumpigem Rauch, wenn er in die Brennkammer gepfropft wird, wie es gerade kommt. Ich messe das Geschick eines Mannes stets daran, wie er seine Pfeife füllt: Nie lasse ich einen Bootsmann auf mein Schiff, ohne ihm zuvor den Tabaksbeutel hinzuschieben und zu schauen, wie es sich bei ihm mit den Fertigkeiten seiner Finger verhält: Ich weiß, dass derjenige auch beim Segelsäumen mit dem Verstand dabei ist, der beim Umgang mit dem Tabak den Verstand gebraucht, und dass derjenige, der darauf achtet, dass der Rauch gleichmäßig vom Flausch in der Brennkammer aus sein Zahnfleisch erreicht, auch darauf achtet, dass das geflickte Segel an der Rah niemals Rippen bildet!

Härkäniemi hatte die Pfeife nun tatsächlich schon gestopft: Er drückte noch ein letztes wohlbedachtes und vorsichtiges Mal mit der Innenseite des Daumens die Fusseln auf der Erhebung glatt, fuhr auch noch mit der Fingerspitze leicht tastend über die Anhäufung hinweg, prüfte, ob auch jede Stelle gleich straff gedrückt war und ob die Flocken an den Seiten sorgfältig die Innenwand des Brennkopfrandes auskleideten: Die Dinge standen gut! An sich war Härkäniemi kein pathetischer Mensch, auch in großen Dingen bewegte er sich ausgewogen; selbst als er einst vor Skagen auf dem Weg in die Nordsee mit seiner *Avio* frech seitlich an eine Kuff heranfuhr, die an der Spitze einer Klippe schaukelte, gerade als die Bretter beim Krachen die Weise sangen, bei der auch der Holländer in seiner Seelenruhe nicht mehr mit den Holzschuhen übers Deck des Küstenseglers poltert, selbst da trug Härkäniemi nicht dick auf, sondern rief an der Reling nur aus dem Wirrwarr seines Bartes heraus in klarem Finnisch: »Jetzt aber die Finger an die Wanten, wer kann, wir sind gerade klar zum Wenden, das Aas von Meer wütet wie der Teufel!« Und die Holländer verstanden, was er sagte, krallten sich wie nasse Schnecken an die Wanten, die *Avio* nahm wieder Wind auf, auch wenn die Fock ein bisschen knatterte, und acht gerettete Männer schauten vom Deck aus zu, wie das, was eine Kuff gewesen war, wie ein Stöckchen nach achtern geworfen wurde: Damit waren auch die Holzschuhe dahin, die in der Eile von den Füßen geschüttelten! Härkäniemi also war kein Mann des dicken Auftragens, aber da die Pfeife nun genussbereit in der Hand des Mannes lag, so musste er sie mit ausgestrecktem Arm vor sich hin halten, damit sich das Auge auf der richtigen Warte befand, um das gute Stück in ganzer Stiellänge zu betrachten, auch das Bartbüschel hob sich dabei gut um eine halbe

Viertelelle von der Brust, weil der Kopf nach hinten geneigt werden musste, damit das Auge großzügiger schauen konnte. Dich mag man anzünden!, bekannte er, während er mit Wohlgefallen Bogen und Biegung begutachtete. O glänzender Strohstern, wie schön kann die Streckung an so einem Stiel sein!, stellte er voller Bewunderung fest. Oft wird ja ein buntes Band um die Pfeifen geschlungen, um den Staken zu verzieren, aber welcher Teufel ist auf die Idee verfallen, ausgerechnet wollene Litze um diese Pfeife zu wickeln, wo ich den weichen Anblick von Wolle doch so gernhabe, dass ich beim bloßen Gucken schlucken muss, kurioserweise auch noch in drei Farben, drei einfachen Farben: Was ist Grün mehr als Grün, was helles Grau an sich und was der gelbe schmutzige Streifen dazwischen, was sind sie jedes für sich? Drei gewöhnliche Farben in drei wollenen Fasern, sie flimmern so schimmernd vor einem, als sollte davon für den Rest des Lebens ein köstlicher Geschmack im Auge zurückbleiben! Ich wundere mich bisweilen über die Frauen, wie schmuck sie sein können und wie sie sich auch noch mit Schmuck behängen, sodass man, zum Teufel, beim besten Willen nicht darauf kommt, warum es einem so verflixt den Kopf verdreht; es liegt am Flitter, der mehr als flittert, an den mehr als bezaubernden Schnüren am durchscheinenden Hals und am weichen, wogenden Busen, oder daran, dass die Holde selbst holder als hold ist und zarter als zart, wenn der Augen Glanz auch von den Brauen her strahlt und das Beben des Busens auch über dem Busen blinkt! O Federglättlichkeit des Stieles in der Hand und Flatterhaftigkeit des Bändergeschlinges, würde es das Auge für wahr halten, wie schlank der Staken tatsächlich ist, wenn nicht das muntere Garn in bauschenden Bögen die Länge des Halses umfädelte, und würde das Gemüt es für irdisch halten, wie warm selbst die Schüchterne schwelt, wenn die Stolze nicht auch Schamhaftigkeit an sich trüge und die Dünne den prächtigen

Prunk des Stieles nicht hätte, um Weichheit zu wecken. Härkäniemi betrachtete die Pfeife in ihrem ganzen Maße, hielt sie weiter weg, streckte den Arm so weit aus, wie es ging, gestand weiten Auges und weiten Herzens ein, dass ein Mann auf dieser Welt keine bessere Pfeife zwischen die Zähne bekommen konnte: die Wange des Kopfes von so warmer Röte und so hübsch geformt, dass man sich selbst bemitleidete, weil man das Gute nicht sein Leben lang in der hohlen Hand gehalten hat; und die Krümmung des Mundstücks dergestalt, dass sie sich gleichsam nach dem Mund des Mannes neigt, in die Luft sich biegt, sich einem neckisch zuwendet, als wollte sie verschmitzt verführen, als spräche sie, verflixt, und sagte, ich komme heim, wenn ich in deinen Mund gelange, Härkäniemi!

Ich bin ein Mann, und ich bin schwach, dachte Härkäniemi, als die Hand bereits die Schöne von oben her dem Bart zuführte. Der Biss auch so perlglatt passend gedrechselt, dass die Natur es nicht ertragen würde, dergleichen Klapperndes nicht zwischen die Zähne zu schieben: Ich probiere schon mal kalt, wie die Holde atmet! Und sogleich verschwand das schimmernde beinerne Mundstück im dicken Bart, als wäre es dort daheim, die Lippen schürzten sich, den Schatz zu schnappen, die routinierte Hand streifte bereits über die Haut des Kopfes, und ein gieriger Atemzug sog den Lufthauch durch den geneigten Stiel. Was für ein Segen, wenn einem Mann im Leben eine Pfeife anvertraut wird, die seinem Munde entspricht! Härkäniemi dankte aus tiefstem Herzen seinem Glück, wobei der Finger schon tatkräftig nach einem Zündholz im Briefchen auf dem Regal tastete. Hat man die richtige Pfeife zwischen den Zähnen, wähnt sich der Mund im Himmel, ganz gleich, wo der Mann in seinen Hosen steckt, konnte er noch denken, aber dann hatte er keine Zeit zu weiteren Erwägungen mehr, denn allzu süß war ihm der Hauch in den Mund gehuscht; es war Zeit, dass er echten

Rauch zu schmecken bekam, das Phosphorhölzchen knasterte am Hosenboden, zischte auf und entbrannte, und gelassen und bedacht entzündete der Fachmann das Geflaum am Rand des Pfeifenkopfs. Anderswo mag man sich beeilen dürfen, aber niemals beim Anzünden einer Pfeife, war Härkäniemis allgemeine Meinung, und gemächlich und mit Sorgfalt führte er denn auch den Flammenfächer über den schwelenden Flaum, während das Auge schielend darüber wachte, dass das Streichholz sein Werk verrichtete, wie es sich gehörte: einen exakten Kreis entlang des Randes zog, in der Mitte kurz verweilte, Luft holte und flatterte, gleichmäßiges Knistern in der gesamten streng riechenden Bülte verbreitete; auch musste der Atem angehalten und gekonnt beherrscht werden, damit der Anbrand an keiner Stelle tiefer in die Wolle drang: Der Geschmack der ganzen Brennkammer ist bis in die Bodenkrümel verdorben, wenn man den Brand am Anfang wie Kraut und Rüben durcheinander saugt: Wie soll der Tabak von sich aus zur Vernunft kommen, wenn der Mann ihn nicht mit Vernunft entzündet?

Allmählich war das Werk so weit: Die Pfeifenkopföffnung lebte, gekräuselter Qualm schlängelte sich schmal von den Rändern her in die Luft, auf der rundum geplätteten Fläche knasterte es gleichmäßig in der Mitte wie am Rand, eine etwas unbändigere Flause trachtete, sich zu lösen, und zischte gesträubten Haares aus dem übrigen Geknister hinaus, und schon drang in die Nasenlöcher auch aus der Luft ein guter Geruch. Härkäniemi wagte es bereits, einen tieferen Zug zu machen, sachte noch und wie versuchshalber zog er, die Rauchspende pausierte an den Brennkammerseiten, das ganze Häufchen im Pfeifenkopf glomm auf, und wenig später wurde aus beiden Mundwinkeln die Rauchportion in zwei Wolken dem Regal entgegengeblasen. Gut war es: Härkäniemi schwenkte das fast abgebrannte Streichholz, bis es erlosch, und warf es in den Aschenbecher, glättete noch mit an den Lippen befeuchteter Daumenspitze den Flaum, der sich gelöst hatte, drückte ihn fest gegen die Seiten, und ein durch und durch gründlicher Mann wandte sich in so voller Breite vom Regal ab, wie er vor selbigem gestanden hatte, schritt gemächlich auf das Sofa zu und setzte sich neben Lahdenperä in der Sofaecke auf seinen Platz. Die zwischen Pfeifenregal und Sofa in nur drei Ellen Höhe in der Luft liegende und schwebende Rauchwolkenschleppe zeigte danach noch eine Weile an, wo Härkäniemi durch den Saal gegangen war, mit schaukelnden Kapitänsschritten, und seine Pfeife hatte flackern lassen; nachdem das Sofa erreicht war, konnte man anfangs für gewisse Zeit vor lauter Rauch nicht mehr als seinen Bart erkennen, so dick war die Wolke, die ihn umgab. Es hatte sich vor dem Regal doch ordentlich Tabakhunger angestaut.

VIERTES KAPITEL

Pukkila schaut zu und fühlt sich als Kaulbarsch, als der große Langholma im Saal von Alastalo eintrifft und zum Schaukelstuhl geleitet wird.

Alastalo war, während Härkäniemi sich am Pfeifenregal zu schaffen machte, zweimal schon zum meerseitigen Fenster im hinteren Teil des Saals gerannt, von dem aus man, wenn man sich etwas bückte, unter den Ästen der Apfelbäume hindurch zur Spitze von Nautio an der Kivivesi-Mündung blicken konnte. Vergebliches Rennen beide Male, weil das Auge jeweils die gleiche unnötige Reise unter den Apfelbäumen hindurch zur Landspitze und der Wetterfahne auf dem Giebel des dortigen Ufermagazins absolvierte, während der Fingerknöchel etwas ungeduldig aufs Fensterbrett klopfte: Stur wie die Sünde streckte die Fahne ihre Spitze von Nord nach Süd. Da half es auch nicht, einen Blick auf die Toppwimpel der *Siwiä* auf der Bucht zu werfen. Demjenigen, der auf dem Kivivesi herauf kreuzte, blies der Wind weiterhin auf den Klüver. Alastalo schnaubte bei beiden Gängen verdrossen durch die Nase, ließ aber dennoch lachend einen kleinen Spott aus dem Bart springen, sobald er sich wieder dem Saal zugewandt hatte: Die Gäste mussten bei Laune gehalten und die Gemütssäuernis aus dem eigenen Gesicht verdrängt werden. »Da unten am Südende scheint die Kornschwinge so herbsthaft in der Tenne zu singen, dass der Wind auch hier auf unserer Seite der Insel nichts Besseres zu tun hat, als wochenlang über das Ufer des Kivivesi nach

Süden zu blasen, wo die Luft gebraucht wird, um Spelzen und Spreu zu trennen!«, meinte er beim ersten Mal zu Lahdenperä. »Ich schaue jeden Morgen kurz aus dem Fenster und denke, sieh an, auf Lahdenperä wird auch heute wieder in der Tenne geschwitzt, weil man den Luftzug bis in die Wimpel der *Siwiä* spüren kann!«, fügte er noch hinzu, weil er wusste, dass dieser Ton Musik in Lahdenperäs Ohr war und er gut daran tat, auch bei ihm das Räderwerk geölt zu halten an diesem Tag. Als er sich beim zweiten Mal dem Saal zuwandte, schnappte er einen kleinen schadenfrohen Schimmer in Pukkilas Augenwinkel auf und verstand, dass Pukkila erraten hatte, worauf das Spähen aus dem Fenster gerichtet gewesen war. Langholma sollte in der Tat zur Stelle sein, bevor dein Mund anfängt zu mahlen!, dachte Alastalo unwillig, sagte aber mit einem Lachspross in den Falten seiner Augenwinkel und auf den wabbelnden Wangen: »Hast du den Bauch deiner Slup außen mit Aalhaut verkleidet, weil der Kiel wie geschmiert durchs Wasser schneidet, auch wenn der Wind noch so widerborstig gegen den Bug keilt? Ich glaube, dein Steven bringt den Wind durch Hexerei in einen günstigeren Winkel, bevor er die Segel deiner Slup anfassen darf! Mich wurmt noch immer jenes eine Mal im letzten Herbst, als wir auf dem Rückweg von Turku nebeneinandersegelten und du mit deiner Slup glasklar die Spitze von Viheriäinen meistertest, während ich den Bug meiner Barkasse noch einmal auf Kuuva zudrehen musste!« Jetzt hat Pukkila für eine halbe Stunde etwas anderes zu reden, als Teufeleien aus dem Bart zu lassen, dachte Alastalo, auch wenn ihn innerlich ein kleines Grummeln quälte: Gleich würde er wieder das Ohr mit Pukkilas Aufschneidereien vollbekommen! Aber wenn man im Schlitten sitzt, muss man dem Wolf die Schaffelldecke hinwerfen, dann kommt die eigene Haut heil davon, und die Pferdeläufe bleiben vor den Zähnen verschont, tröstete er sich selbst. Endlich nickte Janne neben dem Fenster, der sollte von seinem Platz aus das Meer im Auge behalten und gab nun das Zeichen, stand sodann auf, nahm seinen Hut von der Wand neben der Tür und verließ den Saal. Zum dritten Mal trat Alastalo nun ans Fenster, noch eiliger diesmal als zuvor, sogar zwei kleine schlaffe Laufschritte legte er ein, obschon er wusste, dass seinem Bauch ein solcher Trab nicht gefiel. In der Tat, dort schnurrte Langholma bereits in günstigem Seitenwind über die Bucht, er hatte es bis an Härkäniemis Uferhäuschen geschafft, fierte bereits die Schot des hinteren Segels, auch wenn er sie noch nicht aus der Hand ließ, während er Kurs auf diese Seite der Bucht hielt. Ein Mann der Sicherheit, im Boote wie im Saale!, dachte Alastalo, als das Besansegel genau am richtigen Punkt aus dem Wind genommen wurde und das zweimastige Sprietsegelboot bei abnehmender Geschwindigkeit mit dem Vordersegel genau so viel Fahrt aufnahm, wie nötig war, um sachte am Uferhäuschen vorbei an die Landungsbrücke zu gleiten. Markant und gekonnt wurde sich bewegt, wo Langholma sich bewegte, bei ihm knallt der Bug nicht gegen das Pfahlwerk, legt aber trotzdem dicht an der Brücke an, räumte Alastalo ein, den das Gefühl beschlich, als wäre auch im Saal allmählich Ballast wie im Laderaum vorhanden. Rede du nur!, dachte er nach hinten, als er mit halbem Ohr hörte, wie Pukkila auf dem Sofa eifrig Lahdenperä und Eenokki Karjamaa schilderte, wie das Umschiffen der Spitze von Viheriäinen vonstattengegangen war, einst im Herbst, bei der Rückkehr vom Turkuer Markt. »Ich sah, ich guckte, ich hatte die Augen auf Wacht, da erkenne ich und sage gleich zu Evald, schau mal, sage ich, schau mal, Evald, der Wind hat da drüben eine Schaumkrone, die schnappt nach dem Achterdeck, wir machen keine Wende, Evald, sapperlot, das tun wir nicht, wir halten Kurs, bleiben bloß in der Halse, lass den Alastalo nur wenden, aber wir wenden nicht, da drüben kommt ein Schub von hinten, und wir meistern die Spitze wie die Kehle den Schluck Schnaps! Donnerwetter, und wie blendend wir sie meisterten, ich fierte die Schot und rief Alastalo zu: Musst du auf einmal nach Kuuva, ich will nach Naantali! Nach Kuuva? Nach Naantali!, sagte ich und rief auch Evald zu: Stoß den Bootshaken gegen einen Stein, wenn du kannst, dann kommen wir noch flinker vorwärts und schaffen es eine halbe Länge vor Alastalo! Wir räumen uns selbst aus dem Weg!, rief ich noch hinter mich zu Alastalo!« Rede du nur!, dachte Alastalo erneut, aber es fuchste ihn doch bis ins Blut, sodass er vor Verdruss vernehmlich durch die Nasenlöcher schnauben musste. Dann erzähle aber auch, wer am Ende doch als Erster durch den Sund von Naantali gesegelt ist!, dachte er, aber jetzt war nicht die Zeit für mündliche Dispute, Langholma hatte bereits das Ufer erreicht, da war es gar nicht schlecht, wenn Pukkila bei seiner Melodie blieb. Er drehte sich also nur kurz am Fenster um und sah dabei flüchtig noch immer Härkäniemis Rücken vor dem Pfeifenregal: Der könnte sich allmählich mal auf dem Sofa verzahnen, dann stünden Pukkilas Reden bald ein paar Hindernisse im Weg!, grollte er ein wenig, warf dann aber seinerseits Pukkila einen kleinen Knüppel zwischen die Beine, damit dieser was zum Hüpfen hatte: »Wie war das denn, als du ein zweites Mal nachschauen gingst, wie an der Landspitze die Steine aus der Nähe aussehen?«, fragte er knapp im Vorübergehen. »Ich meine mich zu erinnern, dass die Wende an der Klippe Mustanklupu eine ganze Woche dauerte!«, sagte er und lachte gefällig über die Schulter hinweg. Allerdings hatte Alastalo es jetzt ernsthaft eilig, gut, dass Janne auch ohne Anweisung die Nase gehabt hatte, ans Ufer zu laufen, um Langholma beim Abriggen des Bootes zu helfen: zweifellos ein aufgeweckter Bursche, mit tüchtig Verstand im Geweih, dass es eine Lust ist, es zu erkennen! Aber zwei Hände braucht man auch, wenn man einen Kuchen backt, was die Linke glättet, das macht die Rechte eben, und ich muss zusehen, dass ich hinunter ans Ufer komme: An diesem Tag wird Langholma gewiss nicht als Mann ohne geschüttelte Hand aus seinem Boot auf Alastalos Landungsbrücke treten! Erneut legte Alastalo einen kleinen Lauf hin, beförderte seine gut und gern zwölf Liespfund so flink durch den Saal auf die Tür zum Hausflur zu, dass nicht einmal Pukkila seinen Augen getraut hätte, hätte er es nicht mit ebendiesen Augen gesehen. Ist Langholma im Anmarsch?, musste man zwangsläufig denken, als Alastalo in den Vorraum stürzte. Dir wird der Husten aus dem Balg brechen, bevor du am Ufer bist!, dachte Pukkila zu seinem kleinen Trost, als das Rumpeln der Bodenbalken im Hausflur verstummt war.

Aber damit war ihm nicht geholfen, auch wenn er noch so gewettert hätte. Dieser Kladderadatsch und Ärger mit der Mustanklupu-Klippe: Da kommt der ausgerechnet jetzt mit der vermaledeiten Klippe daher! Und weil die Gelegenheit wie im Hotel bestellt und auf dem Tablett zum Tisch getragen worden war, hätte ich auf dem Sofa dichter an Eenokki heranrücken können, und Alastalo wäre aus dem Saal gewesen: potz Blitz, was hätte ich Eenokkis Ohren da zum Jucken gebracht und die Innenseite seines Schädels ebenso! Aber jetzt steckt die Mustanklupu-Klippe wie ein Korken in Eenokkis beiden Ohren! Pukkila hatte die Nasenspitze in den Oberlippenbart geknüllt, zweimal blickte er zur Seite auf Eenokki Karjamaa, bevor er etwas sagte, sah vorsichtig noch ein drittes Mal kurz hin: Eenokki sog bloß an seiner erloschenen Pfeife und guckte an seinem Zinken entlang auf den Kopf der Stummelpfeife, dabei zuckte das Augenlid trocken. Wie willst du mit so einem reden; der hat sowieso schon ein Gesicht wie ein Schusterbrett, und jetzt sitzt ihm auch noch die Mustanklupu im Schädelholz! Pukkila wurmte es innerlich so sehr, dass es die Brust zum Husten reizte. Diese Mustanklupu-Klippe! Dieses Miststück von bösem Geist, nicht einmal eine krüppelige Erle wächst auf ihrem Geröll, aber ein Leben lang plagt einen der Knubbel, liegt da wie eine faule Kuh, hat sich mitten in die Bahn plumpsen lassen wie ein Kuhfladen auf den Weg, mehr sag ich nicht: Kommst du vom Kivivesi, oder kommst du zum Kivivesi, immer ärgert dich die Mustanklupu vor deinem Bug, im Frühjahr hast du Verdruss, wenn du an ihr vorbeimusst, im Herbst Verdruss, wenn du wieder an ihr vorbeimusst, ich fluche, wenn ich sie sehe, und ich spucke aus, wenn ich seitlich an ihr vorübergezogen bin!

Genau gegen die verdammte Mustanklupu-Klippe – warum genau gegen sie, verstehe ich selbst nicht, warum nicht zum Beispiel gegen die Huuskeri, die weiter weg liegt und die nicht gleich jeder vom Kivivesi aus sieht, oder gegen die Hauteri, die noch weiter entfernt liegt? –, genau gegen dieses Drecksding musste ich meinen ersten Schoner segeln! Obwohl es anfangs eigentlich gar kein Schoner hätte werden sollen, Eenokki und ich fingen an, ein Paketschiff zu bauen – auch da hatte ich zu pressen, bis ich Eenokki so weit hatte, aber irgendwann hatte ich ihn so weit –, mit einem Paketschiff fingen wir an und legten den Kiel und setzten Steven und Spanten an. Aber Alastalo und Härkäniemi schwadronierten in dem Winter so viel über ihre Galeassen – Alastalo hatte so eine bereits auf dem Stapel liegen –, dass es uns ärgerte, mich jedenfalls ärgerte es, und ich sagte zu Eenokki, wir können es nicht wagen, ein Paketschiff zu bauen: Alastalo zählt die Masten und sagt, wir haben nur einen, während er zwei hat! Eenokki war damals schon derselbe Streithammel, der er heute ist, auch wenn der Widerhaken seines Kinns noch nicht so gebogen war wie jetzt, er gab sich als Samuel und sagte: »Aber den Kiel taste ich nicht mehr an, der ist gelegt!« Was konnte ich da anderes tun, als die Reling höher zu setzen? Und das tat ich, mutig gab ich an Höhe zu, machte das Ganze doppelt so hoch, Alastalo redete von seinen Registertonnen, und ich sorgte ebenfalls für Raum im Rumpf! Was hätte ich sonst auch tun sollen? Eenokki hatte den Kiel bemessen, an dem durfte man sich nicht mehr vergreifen. An Masten stellte ich zwei auf, das war ein Akt für sich, dafür zu sorgen, dass sie überhaupt hinpassten, aber ich stellte zwei Stück hin! Auch dabei war Eenokki eine Plage, er fing an zu streiten, von wegen wieso zwei, wo einer immer einer ist und man mit einem auskommt. Aber ich erklärte ihm, dass es mit zwei Masten klarer ist: Jeder von uns beiden holt einen Mastbaum aus seinem Wald, ich den Vordermast und er den Hintermast, so gibt es keinen Streit bei der Wertfestsetzung. Zwei Masten wurden also aufgestellt, und weil Alastalo so viel über seine Galeasse daherzureden hatte, montierte ich auch noch Rahen am Vordermast. Auch in dieser Angelegenheit kam mir Eenokki mit dem Arsch entgegen, er murrte, Hölzchen bräuchte man an den Enden der Wurst, aber was hätten sie an Masten verloren? Aber ich sagte, sagte Eenokki ins Gesicht, dass der Vordermast mir gehört: Ich takle meinen Mast, wie ich ihn takle, takle du deinen Mast, wie du ihn takelst, sagte ich.

So bekamen wir einen Schoner, und ich gab ihm den Namen. Eenokki hätte ihn gern Paavaliina genannt, so weich war er dann doch vom Denken her in jenen Jahren: Er hatte nämlich damals eine Viehmagd jenes Namens, eben die Person, die heute auf Karjamaa noch immer die Herrin im Haus ist. Aber ich hatte vorher eine andere Idee gehabt, ich verstand damals schon Schwedisch und konnte alles, was man an Stockholms Ufer brauchte. Was sollen wir uns einen Namen, der vom Namen Paavali, also dem Paulus, stammt, aufs Schiff schreiben, der hatte doch Seepech, wurde sogar schiffbrüchig!, erklärte ich so lange, bis Eenokki es begriff. Nehmen wir lieber einen Namen, aus dem jemand Petrus herauslesen kann, das war ein Fischer und großer Fänger. Nehmen wir lieber »Petrereesa«, dann liest es der Schwede als »Glückliche Fahrt«, und wenn er gottesfürchtiger ist, kommen ihm vielleicht die Fischzüge des Apostels Petrus in den Sinn, erklärte ich. Mir lag der Name so schmeichelnd im Ohr, seit auf meiner ersten Fahrt nach Stockholm ein gewisses Mädchen mit hübschen Wangen aus Dalarna, mit dem ich im Hafen ein bisschen bekannt geworden war, beim Ablegen noch einmal zum Kai gelaufen kam und dort mit der Schürze winkte und wedelte, und aus seinem Mädchenhals schrie und schrillte es wie aus einer Flöte: *»Bättre resa!«*

Na gut, damals war man noch jung, jünger als heutzutage, und auf den Heckspiegel des Schoners wurde »Petrereesa« gemalt! Schließlich war die *Petrereesa* fertig, mit Toppen wie Kerzen, und jede Talje baumelte so sauber wie frisch gewaschen in der Takelage: Mit Fahnen an den Toppen verließen wir die Bucht von Pukkila. Eenokki rief zwar von unten aus seinem Kahn, »Verdammt, auf dem Meer sieht er mehr nach Tasse als nach Schiff aus!«, fügte aber doch hinzu, bevor er ans Ufer ruderte: »Kümmere dich gut um das Schiff, denn die Hälfte davon gehört mir!« Schon damals fuchste mich die Bezeichnung »Tasse«, fand aber selbst, dass ich ziemlich weit oben stand, als ich vom Deck aus auf Eenokkis Kahn hinunterschaute, und ich fürchte, dass ich damals nicht richtig einschätzte, in welcher Tiefe der Kiel wühlte, weil die Reling so weit oben war. Auf dem Kivivesi fuhren wir noch gut, schönes Wetter und der Wind wie auf Bestellung, und als wir an Alastalo vorbeisegelten, ließ ich an beiden Masten sämtliche Signale aufspringen, damit Herman von seiner Galeasse aus, die noch nicht klargemacht war, sehen konnte, wie ein Schoner flaggt. Und es wäre auch weiterhin gut gegangen, obwohl mir selbst beim Vorbeisegeln an Alastalo und beim Betrachten der *Petrereesa* mit Alastalos Augen langsam aufging, dass es von achtern, wo ich stand, bis zum Bug schon ziemlich kurz war, dieses Schiff, vor allem von so weit oben betrachtet, da hatte sich der Eenokki gar nicht schlecht ausgedrückt, als er von einer Tasse sprach, dachte ich. Es hätte durchaus um die eine oder andere Bretterlage flacher bleiben können, gab ich zu. Und die Masten standen auch ziemlich dicht beieinander, sah ich, hoffnungslos eng beieinander, aber wie hätte man die bei den Maßen des Pakets weiter voneinander wegbekommen?

Es wäre auch weiterhin gut gegangen, sage ich, aber vor uns lag die Mustanklupu! Ich bin mit einem Paket schon dichter daran vorbeigesegelt, verflixt, man weiß, wenn man das Scheißding neben sich hat, doch wer verstand schon, dass die *Petrereesa* so tief im Wasser lag, wie sie es tat? Ich hatte selbst nicht daran gedacht, bevor es krachte. Und nachdem es gekracht hatte, da standen wir, die Sichtzeichen schwirrten noch an den Masten, und die Flaggen zum Auslaufen spotteten noch an den Toppen, und es kam mir vor, als wäre mir erst jetzt so richtig der Spaß davongaloppiert. Eine Woche blieben wir dort hängen, eine Woche, so wie es Alastalo gesagt hat, bevor wir loskamen. Schönes Wetter außerdem, das Meer um uns herum die ganze Zeit lasch wie ein Laken und auf allen Seiten ein Gewimmel von Kähnen, als lägen wir zum Vergnügen und zur Begutachtung der Leute auf Grund. Die Mustanklupu sieht man ja meilenweit, vom Hals des Kivivesi aus und von den anderen Rändern auch, von überall, wo es ums Meer herum Ufer hat: Ganz zu schweigen von den Gemeindebewohnern, die kamen sogar von Putsaari aus gerudert, als gäbe es etwas zu rauben!

Als Erster war Eenokki zur Stelle: Merkwürdig, wie fleißig so ein gemächlicher Mann rudern kann, wenn er es eilig hat, schon sah ich sein Boot an der Mündung der Katkuru-Enge und schaute zu, wie am Bug der Schaum zischte: Da kam der Eenokki, den hätte man auch dann von hinten erkannt, wenn er sich nicht pausenlos nach uns umgedreht hätte, wie er es tat, mal über die linke, mal über die rechte Schulter, bei jedem Gucken noch zorniger am Riemenpaar ziehend. Und als er dann an Bord kam, hätte man da die Kinnspitze, die vor mir zitterte, für Eenokkis Kinn gehalten? Was kamen da auf einmal Wörter aus dem Knochen, der sonst so stramm verschlossen war! Ich versuchte, still zu sein, ganz unauffällig, aber das half nicht. »Wo sind deine Augen, dass du gegen die Mustanklupu stößt, obwohl nebendran meilenweise Meer liegt? Habe ich deswegen Geld aus meinem Pult genommen, damit du an der Mustanklupu-Klippe flaggst? Hätte ich bei der Ausfahrt besser meine Pfeife ans Ruder gestellt, die hätte es womöglich an der Mustanklupu vorbeigeschafft.« Solche Sachen durfte ich mir anhören, und das eine ganze Woche lang! Eine ganze Woche Gottes lang; nicht die geringste Sorge, dass Eenokki von Bord gehen könnte, nein, obwohl auf den Feldern die beste Zeit zum Kartoffellegen war und der Sonnenschein im frischen Teer des Decks zischelte. Eine Woche lang ein und dieselbe Leier in meinen Ohren! »Und mitten am helllichten Tag: Du hättest die Mustanklupu gar nicht gefunden, wenn nicht so ein gottlos klares Wetter gewesen wäre! Und was zum Teufel hattest du bei der Mustanklupu überhaupt verloren? Hast du pissen müssen, oder was, dass du das Ufer angesteuert hast?« Man hätte es nicht für Eenokkis Kinn gehalten, hätte man nicht selber gesehen, wessen Kinn sich da bewegte. So wie ich mir den ganzen Herbst und Winter den Mund fusselig reden musste, bis Eenokki endlich als Schiffsanteilseigner zeichnete, so salbaderte der Anteilseigner jetzt in meine Richtung: Ich wunderte mich, dass ich nach der Woche noch in meiner Haut steckte! Und was soll man auf so etwas erwidern? Mein ganzes Leben lang war ich nicht so kleinlaut wie an jenen Tagen bei der Mustanklupu-Klippe.

Und was waren die Leute mit meiner Havarie beschäftigt, zur besten Zeit fürs Kartoffellegen! Ich fürchte, in dem Frühling sind in der ganzen Gemeinde die Kartoffeln schlecht gelegt worden! Sogar der alte Tammelin, der damals noch lebte, ruderte nach Pukkila. Der hatte auf Pukkila ansonsten nichts verloren, trug mir aber eine alte Sache nach: Ich hatte ihn nicht als Bootsmann an Bord geholt, weil ich von früher her sein Mundwerk kannte. Er ruderte also nach Pukkila, auch die Alte war damals noch am Leben und rüstig. Er kam in die Stube und setzte sich auf die Bank. »Der Petter ist also auch schon im Hafen!«, fängt das Hundekinn von der Bank aus an und betrachtet die Kaffeekanne in der Asche des Kamins. Darauf lamentiert die Alte: »Und ob! Er hat es wieder mal geschafft! Auch wenn man es sich ja denken kann, dass es der Petter schafft, wenn der Petter loszieht! Gottes Segen trotzdem, dass Ihr gekommen seid, um es zu sagen! Nach dem Rudern schmeckt Euch bestimmt ein Schlückchen Kaffee? Mehr sag ich nicht, als dass der Petter schon im Hafen ist! Der Petter, der Petter, der geht und kommt, der kennt die Reiche der Schweden und Franzosen, Kronstadt und die Häfen! Schon im Hafen also, sag ich Euch, und gestern ist er noch um mich herumscharwenzelt, von der Kammer in die Stube gerannt und von der Stube in die Kammer: ›Näh da einen Knopf an: Der Ärmel flattert, ist der Hut schon geputzt?, hol zwei schwedische Sacktücher aus dem Schrank, leg sie zusammen und in die Kiste, verflixt, jetzt ist er mir aus den Fingern gerutscht, heb den Messingknopf vom Boden auf, und der Schlips, mein Schlips aus deutschem Samt, wo ist der jetzt, wo man ihn braucht und man es eilig hat, die *Petrereesa* wartet am Ufer, zieh die Kommodenschublade auf, ob er da drin ist, lauf in die hintere Kammer und mach die Klappe auf, marsch, marsch! Was rennst du umher wie ein kopfloses Huhn, verdammt, wo er doch neben dir auf dem Tisch liegt! Jetzt aber hopp hopp, die *Petrereesa* hat schon geflaggt, den Schlips zu, erst um den Nacken, um den Nacken, und einen Knoten unterm Kinn, einen Zierknoten, zwei Schleifen! Verflucht, wo sind jetzt die Bottinen, guck in der Kammer unterm Bett, schau in der Stube auf dem Ofen, such im Flur den Wandschrank durch, als Kapitän werd ich bestimmt nicht strümpfig an Bord gehen! Ist die Zierweste auch in der Kiste?‹ – Der Petter ist also schon im Hafen, so ein Segen, sage ich noch immer. Obwohl man es sich denken kann, der Petter weiß, wie man der Eile Beine macht, und bei einem Schiff sind auch keine Rocksäume im Weg so wie bei mir. Ich gieße Brühe in die Tasse, damit Tammelin was Heißes in den Mund bekommt, wo er gekommen ist, um Mitteilung zu machen. Ich kenne meinen Petter, seine Nase ist geschwind, wenn nur der übrige Körper hinterherkommt! Es wird einem richtig wohl ums Herz, wenn man hört, dass er schon wieder im Hafen ist! Nehmt Euch was Süßes dazu, Tammelin: Einen Brocken Zucker in den Mund und den Kaffeegeschmack aufs Zahnfleisch, dann bleiben die Wörter nicht auf der Zungenspitze, auch wenn man sie noch so zurückhält. Ich gieß mir auch noch ein Schlückchen ein! Wo habt Ihr es denn so schnell erfahren, Tammelin? Petter hat ja versprochen, zu schreiben, wann er ankommt. Wie heißen die ausländischen Häfen noch einmal alle?« Tammelin hatte bereits das Zuckerstück in den Mund gesteckt, den Kaffee auf die Untertasse gegossen und schlürfte in aller Ruhe das kräftig riechende Getränk meiner seligen Großmutter. »Besseren Kaffee als den aus der Kanne von Pukkilas Maija-Liisa kriegt man in diesem Sprengel nirgendwo in den sündigen Mund!«, lobte er und drehte das Zuckerstück mit der Zunge, während er aufs Kaffeegold pustete. »Jau, Petter war diesmal schnell unterwegs, nicht einmal auf Alastalo haben sie es geglaubt, als der Bursche in die Stube rannte und rief, jetzt sitzt der Pukkila am Felsen fest, der Kapitän holte sein Fernglas aus der Kammer und kletterte auf die Anhöhe, um zu gucken. Die Mustanklupu nannten sie auf Alastalo den Hafen und sagten, bei Petter Pukkila sitzt der Kiel jetzt fest an Ort und Stelle.

Danke für den Kaffee, Frau, es hat dem kalten Magen gutgetan, was Warmes zu bekommen! Wäre ich Bootsmann auf der *Petreresa*, wäre ich einmal im Leben als Bootsmann zur Mustanklupu-Klippe gereist!« Tammelin war ein kluger Mann und hatte seine Mütze bereits in die Hand genommen. »Auch ich muss mich jetzt sputen, so wie der Petter es eilig hatte, in den Hafen zu kommen!«, meinte der Kerl im Teufelspelz noch an der Tür. – Nach diesem Auftritt hatte Tammelin freilich beim Kaffee in der Stube von Pukkila nichts mehr zu suchen, solange die Alte lebte. – Die Gemeinde hatte genug zu spotten und ich in jener Woche genügend Gelegenheit, die Flanke von Mustanklupu anzuglotzen, und zwar aus nächster Nähe, sodass ich am heutigen Tag noch jeden Moosfleck auf dem Felsen und die winzigsten Wacholder in den Steinritzen vor mir sehe! Am liebsten würde ich jedes Mal, wenn ich daran vorbeisegle, das verfluchte Ding mit einem Tritt aus dem Weg befördern, und man braucht mir nur das Wort »Die Mustanklupu« ins Ohr sagen, und ich bin ein aufgeklapptes Messer! Und wenn ich von Eenokkis Gesicht auch nur die Kinnspitze sehe, ist es noch immer so, dass ich auf der Stelle an die Mustanklupu denken muss!

Gift, nichts als Gift, der ganze Alastalo, wiegt auf der Waage zwölf Liespfund, aber ich glaube, wenn man das Gift in seinem Körper gesondert auf den Nocken legte, dann würde der Sack allein dreizehn Liespfund auf die Waage bringen! Pukkila kochte nun richtig das Blut. »Wie sehen die Steine von Mustanklupu eigentlich aus der Nähe betrachtet aus?«, fragt er, zum Donnerwetter, fragt er mich einfach so, mit unschuldigem Gesicht, als würde er den Breitopf überm Feuer umrühren und nur aus Müßigkeit Fragen stellen, damit auch die Lippen was zu blubbern haben, während es im Topf beim Quirlen prottelt, fragt er mich so, dass Eenokki es hört! Als hätte er's in einem Buch gelesen, dass bei mir schon die Zehen zappeln: Warte nur, bis Alastalo den Saal verlassen hat; wer sitzt dann im Nu neben Eenokki auf dem Sofa, wenn nicht Pukkila, Pukkila, verdammt, und wenn Petter Pukkila neben ihm sitzt, dann tuschelt er ihm ins Ohr, befeuchtet sich, wenn es sein muss, den Daumen an der Zungenspitze und bringt die Botschaft im Ohrloch von Eenokki Karjamaa an! So dachte ich es mir, ich dachte: Macht ihr nur euren Diener vor Langholma, ich werde derweil Eenokki die Nackenhärchen kitzeln! Ich jedenfalls wäre der Mann dafür gewesen, dass es an diesem Tag auf Alastalo Schwierigkeiten gibt, bevor Eenokkis Name auf dem Papier steht, wenn drei Masten im Plan eingezeichnet werden; ich weiß, was Eenokki in Sachen Masten denkt, und ich hätte Stützhölzer hinter seine Gedanken gesetzt! Und genau da knallt Alastalo die Mustanklupu-Klippe in den Saal, mitten in den Saal knallt er sie, sodass auch Eenokkis Gedanken, soweit er welche hinter seiner Stummelpfeife hat, jetzt ebenso fest an dieser Klippe kleben wie einst die *Petreesa*. Alastalo ist ganz wild darauf, auf dem Damebrett gemeine Züge zu machen, und so einen Zug hat er auch dieses Mal gemacht, gab Pukkila zu und schielte noch einmal auf Eenokki und dessen erloschene Stummelpfeife.

Trotzdem rückte Pukkila dichter an Eenokki heran und wetzte sich an ihm. Wenn man einmal am Tisch sitzt, hilft nichts anderes, als zu schnabulieren, auch wenn man sich am ersten Löffelvoll den Mund verbrannt hat, sprach er sich Mut zu. Auch wenn das Entern diesmal von der schwierigeren Sorte war, schwerer als gedacht, obschon er damit gerechnet hatte, dass es mühsam werden würde. Eenokki richtete zunächst den Blick keine Spur zur Seite, beide Augen waren eine Viertelelle vor seiner Visage wie verankert, dort, wo die stumpfe Stupsnase ihren unerschütterlichen Platz gefunden hatte. Die Stupsnase wiederum schien zu sagen, warum nicht auf diesem Platz bleiben, wo wir einmal auf diesem Platz sind? Wenn sich dem schwarzen

Satz im Pfeifenkopf wenigstens ein Rauchkringel entwunden hätte, dann hätte das vielleicht ein Gespräch in Gang gebracht, aber nein, erloschen war erloschen, und wahrscheinlich war die Pfeife schon beim Aufbruch von Karjamaa kalt in die Kinnlade gesteckt worden. Nur an einem kleinen Zucken des Auges erkannte Pukkila, dass Eenokki wusste, wer sich da gerade dicht neben ihn gesetzt hatte.

Der Mensch sitzt manchmal wie auf Kohlen, und auch Pukkila spitzte die Ohren in Richtung Hausflur: Jederzeit wird man es dort poltern hören können, wenn Alastalo und Langholma auf dem Weg in den Saal sind. Wäre die *Petrereesa* wenigstens einmastig auf Grund gelaufen, dann hätte ich jetzt einen Redeansatz mit mehr Lauterkeit!, lamentierte Pukkila bei sich. Eine üble Intrige brachte mich damals auf die Idee mit den zwei Masten, sodass ich jetzt den einen Mast zu viel, gleichsam wie einen Splitter im Zahnfleisch stecken habe, wo ich reden müsste! Nein, zum Donnerwetter, ich gönne Alastalo die Bark nicht, nein, auch wenn ich den ganzen dritten Mast samt Rahen schlucken müsste! Aber wenn ich jetzt auch nur ein unschuldiges Wort von mir gebe, ein Wort von einem Zoll, ein kleines Wörtchen über Rigg und Rigg und Topp und Toppen, Rah und Rahen, dann nimmt Eenokki die Pfeife aus dem Mund, und ich darf mir anhören, was ich mir schon an der Mustanklupu-Klippe mehr als genug anhören durfte! »Hast du dein Amt ausgeschissen, weil du in den Anfängen doch der Mastenmacher gewesen bist!«, wird er poltern, so sicher, wie der Pastor seine Litanei vom Abendmahlstuch abliest. Eenokki hat sonst kein loses Mundwerk, aber das Thema Mustanklupu lockert die Federn an seinem Zungengestänge, sodass es gefährlich wird, auch wenn man direkt danebensitzt. Über Toppen darf ich nicht reden, kein Viertelwörtchen, das steht fest! Aber worüber, zum Teufel, soll ich sonst reden? Alastalo, der Mistkerl, hat dafür gesorgt, dass ich dermaßen im Kleister sitze! Ich bin so zornig, dass es mir in den Beinen kribbelt! Der Eenokki hier, ich sehe sein Ohrloch, wenn ich hinschaue, aus zwei Viertelellen Abstand, und ich, Herrschaftszeiten, ich gekochter Heringskopf aber auch, ich, vermutlich einmal Großvater eines Schöffen, schaffe es nicht, die Zunge zu bewegen, jetzt, wo es nötig wäre, selbst wenn ich das Ding zwischen Daumen und Zeigefinger nehmen und daran ziehen würde, wie ein Batzen in der Bratpfanne liegt es in meinem Mund! Es ist schon ein Kreuz, dass Gott Knäufe gedrechselt hat, wie Eenokki einen aufhat! Wenn du mit dem Hobel zu einem Berg gehst, um von dessen Flanke einen Span abzuziehen, hörst du es kratzen und zählst die Scharten in den Klingenstücken, aber der Span, wo ist der Span? Was für einen Span will man da erst mit der Zunge von einem Schädel wie dem von Eenokki ziehen? Immerhin ist eine Zunge nur aus Fleisch und nicht aus Stahl, so wie die Hobelklinge, und was bröckelt wohl eher, Eenokkis Schädel oder der Putz am Berg, wenn beide mit den Stirnen aneinanderstoßen? Nach der Mustanklupu-Klippe glaube ich, dass Eenokkis Schädel bei dem Aufprall jedenfalls nicht nachgeben würde, und falls der Schädel doch nachgibt, dann nicht das Kinn! O armer Sünder, sagt der Pfarrer, und so sage auch ich: Da hat mir Alastalo ein Ei ins Nest gelegt! Über Masten brauche ich nicht zu reden, kein Wörtchen, das Wort Mast ist für Eenokki derzeit so viel wie »Fass!« für einen bösen Hund: »Schnappe mit beiden vorstehenden Zahnreihen nach den Hosenbeinen!« Wie will man das Brot schlucken, wenn man vorher nicht hineingebissen hat, und wie von einer Bark sprechen, wenn man nicht von den Masten spricht? Wie flüssig ich dann doch darüber reden könnte, ich würde einfach sagen, würde Eenokki ins Ohr tuscheln, sodass niemand es hört, würde ihn anstoßen und sagen: »Alastalo ist ein Großherr, verdammt groß ist er geworden, richtig aufgedunsen kommt er mir vor, und jetzt kriegt er auch noch eine Bark, wir bauen ihm jetzt auch noch seine Bark, bald sind wir neben ihm nichts als Kleinpächter, einer wie der andere, verflixt, nur Kleinpächter! Karjamaa, sage ich, Eenokki Karjamaa als Alastalos Kleinpächter, sage ich, neben Herman Alastalo!«, würde ich flüstern; da kommt auch Härkäniemi bereits vom Regal zurück, aber auch er würde keinen Mucks hören, so leise würde ich es sagen, direkt ins Ohr, jedes Wort wie mit dem Korkenzieher ins Ohrloch hineingedreht. Und warum sollte ich nicht reden, näher rücken und genauso vorgehen, wie ich es sage, Eenokki ins Ohr flüstern? Nicht einmal das Gähnen einer Maus werde ich verlauten lassen, nicht über die Masten, nicht über den Splitter eines Masts, wer kann mir befehlen, darüber zu sprechen, wenn es nicht sein muss? Ich spreche über etwas anderes, puste einfach in die Glut, blase boshaft auf die Stelle, wo es schwelt, blase satanisch in den Keim des Funkens: Schließlich habe ich in der Schmiede schon am Balg gestanden und weiß, dass es im Schwarzen zischend glimmt, wenn man es beschwört, und wenn die Glut auflodert, dauert es nicht lange, bis auch das Eisen weich und biegsam ist!

Pukkila glühte selbst schon durch und durch, er saß nun so dicht neben Eenokki auf dem Sofa, wie es vom Platz her angemessen war, nebeneinanderzusitzen, die Hand legte er mit der Innenfläche nach außen an den Mundwinkel, als er den Kopf so weit drehte, dass er Eenokki direkt ins Ohr tuscheln konnte, dabei schielten die Augen dorthin, wo sich Härkäniemi, nachdem er vom Regal zurückgekehrt war, am anderen Ende des Sofas gesetzt hatte, auf seinen alten Platz, und in seiner Rauchwolke verschwunden war, die Augen schielten, aber der Mund war in Aktion. »Hast du gemerkt, Eenokki, dass wir hier im Saal gar nicht beachtet werden? Niemand befiehlt uns zum Pfeifenregal: Härkäniemi hat dort eine ganze Mahlzeit lang herumgestanden, und Alastalo selbst rennt hin und her beim Warten auf die besseren Gäste auf dem Hügel: Dabei wurdest du immerhin ein Jahr früher als Langholma konfirmiert! Ich rede nicht von mir, sondern von dir: Karjamaa ist immerhin ein Haus, das den Vergleich mit dem von Langholma nicht scheuen muss, wie viele Farren hast du diesen Sommer nach Stockholm geschickt? Obwohl, nichts gegen Langholma, Vettern seid ihr, und vornehme obendrein, aber Alastalo macht mich zornig. Hat ein Gut, dessen Felder bei einem Hofherrn vom Schlage Karjamaas in die kleinste Westentasche passt, und trotzdem stolziert er in einem Saal wie diesem umher! Hast du auf Karjamaa überhaupt schon einen Saal, mehr als ich auf Pukkila? Wenn jemand aus einer anderen Gemeinde in der Kirchenbank sitzt und zuschaut, wie die Hofherren in ihren Fellmänteln in die Kirche gehen, wen, glaubst du, halten sie dann für den größten Hofherrn in der Gemeinde? Bestimmt Alastalo, wenn er durch den Gang schreitet, so wie die Planken jetzt schon unter seinen Sohlen knarren! Wir selbst wissen, wann Karjamaa in die Kirche kommt und wann Langholma, aber einer aus der anderen Gemeinde, der ist fremd und verwechselt leicht die Männer, der denkt, Eenokki Karjamaa an der Seite von Hermanni Alastalo, das ist der Kleinpächter neben dem Rittergutsbesitzer! Als Alastalo noch einen Schoner hatte, wog er knapp zehn Liespfund und war noch kein so bemerkenswertes Möbel, weder in der Kirche noch auf dem Kirchenhügel, auf der Brücke seiner Brigg und *Siwiä* hatte er dann bereits zwölf Liespfund auf den Rippen, und was bei ihm an Gewicht hinzugekommen war, ist ihm auch an Anmaßung zugewachsen, und ich denke, dass er als Kapitän der Bark vierzehn Liespfund wiegen wird, und neben einem solchen Mann passt kein Nachbar in den Kirchengang, wie ein Lakai muss man da hinterherrennen, falls Platz zum Rennen ist!«, legte Pukkila los. »Rennen, rennen!«, sagte er und schnippte mit Daumen und großem Finger vor Eenokkis Augen, dass es knallte. Er vergaß nun, dass er flüstern wollte. »Rennen, wie das Säuglingslamm seiner Mutter nachrennt!«, sagte er. »Eenokki Karjamaa rennt im Kirchengang hinter Hermanni Alastalo her, wie ein kleiner Bengel seinem Opa!«, quiekte aus Pukkila nun schon ein durchaus tönendes Wort, es quiekte so plötzlich und kieksend, dass sogar ein so gelassener Mann wie Eenokki den Kopf um einen Zoll drehte, auch die Pfeife wechselte vom Mundwinkel in die hohle Hand. »Jau, Eenokki, bauen wir Alastalo eine Bark, dann haben wir einen großen Mann in der Gemeinde!«, mäßigte Pukkila seine Stimme, war dabei aber schon vom Sofa hochgeschossen. »Verdammt!«, sagte er und wedelte vor Eenokkis Augen mit der Hand, von der man nach alter Rechnung wusste, dass sie fünf Finger hatte, die nun aber so durch die Luft sauste, dass man auch zehn Griffel hätte zählen können. »Verdammt!«, sagte Pukkila ein weiteres Mal und glühte, die Stielbeine knickten ein, damit sie ihn wieder in die Höhe schießen lassen konnte, wenn ein Wort mehr Schwung benötigte. »Hast du mal Alastalos Felder ausgemessen, und die Felder von Karjamaa, hast du die auch gemessen? Die Krähe macht einen Hüpfer, wenn sie bei Alastalo von einem Ende des Feldes zum anderen wechselt, aber auf Karjamaa muss die Krähe übers Feld fliegen! So sehen die beiden Höfe aus, wenn man ihre Ländereien nebeneinanderlegt! Aber hast du mal an Alastalos Weste und an deiner eigenen Weste Maß genommen? Der Schneider nimmt die große Schere von der Wand, wenn er das Tuch für Alastalos Weste schneidet, aber deine Weste schneidet er mit der Hemdenschere seiner Frau! So sehen die Hofherren aus, wenn man die Westen nebeneinander auf den Tisch legt! Und das Tuch der Weste ist es, das man in der Kirchenbank sieht, nicht der Lehm des Ackers! Bist du weiterhin willens, Alastalo noch fetter zu machen? Dann stell ihm eine Bark hin, rudere dein Geld nach Alastalo, ich glaube, dass man es hier einsteckt, ohne dass man es aufnötigen muss, aber komme nicht in meine Bank, wenn dein Banknachbar weiter an Umfang zunimmt und du neben dem Kapitän vom Rand der Bank plumpst und dann im Gang auf Bodendielen hockst!«

Pukkila war nun voll in Fahrt, er merkte nicht, dass das Pfeifenröcheln auf Härkäniemis Seite des Sofas nachgelassen hatte und seit einem Weilchen sogar ganz pausierte und dass hinter dem dünner werdenden Rauchvorhang ein ziemlich zielsicheres Augenpaar zum Vorschein kam, das mit einiger Genauigkeit die Ereignisse am anderen Ende des Sofas verfolgte. Pukkila war nun also voll in Fahrt, das gebeugte Beinpaar sprang endlich in die Streckung, sodass auch Eenokki die Kinnspitze heben musste, weil der Mann vor ihm an Höhe gewann, Pukkila hatte die Hand zur Faust geballt und las ihm die Leviten wie Moses dem Goldenen Kalb, dicht vor Eenokkis Augen schwang sie hin und her, worauf sogar beim ruhigen Eenokki die Wimpern blinzelten, wenngleich er wusste, dass er sich nicht in Gefahr befand. »Ich sage, ich sage dir, ich sage es jedem, ich sage es meinetwegen auch zu Alastalo, dass ein Stöckchen ein Stöckchen ist, selbst wenn man es Mast nennt, und dass man eine Fracht nicht mit dem Stöckchen transportiert, sondern mit dem Rumpf! Mit dem Rumpf, Eenokki, mit dem Rumpf!« Pukkila schlug sich nun mit der Faust auf den Handballen und schob den Kopf so dicht heran, wie es Eenokkis Augenbrauen zuließen, um diesem auf die Pupillen zu starren. »Kein Hölzchen, auch nicht, wenn zehn davon hintereinander in der Reihe stehen, spießt mit seiner Spitze eine rollende Münze auf, der Rumpf ist es, der im Schiff dem Reeder die Ladung liefert!«, versicherte er, wobei sich sein Nacken feierlich versteifte. »Oder glaubt Alastalo, meint Alastalo womöglich, dass man das Geld aus den Wolken kratzen kann, wenn man nur genügend Toppen hat, die lang genug sind?«, fragte Pukkila und lachte giftig. »Wir anderen wühlen auf unseren Feldern im Lehm und schaffen uns am Pflug ab, dass der Rücken zwickt, um irgendwann Korn aus der Erdfurche in die Kiste zu kriegen, aber auf Alastalo herrscht offenbar ein anderer Glaube, hast du auf deiner Seite des Sundes mal geschaut, ob dort die Leute gar mit aufgepflanzten Brotspießen aufs Feld rennen und die garen Knusten aus der Luft stechen?«, fragte er und brachte sogar Eenokki dazu, einen Mundwinkel bis an den Lachhaken zu ziehen. »Mit anderen Methoden bekommt man aus den Steinen auf Alastalos Acker auch gar kein Brot!«, sagte Pukkila mit gelockerter Zunge, weil der Ton passte und Eenokkis Gesicht anzusehen war, dass die Geschichte dem Nachbarn an den Nieren nagte, »jedenfalls tragen die Placken so spärlich Ähren, dass einem sogar die Dorfkrähen leidtun, weil sie mit solchen Fluren vorliebnehmen müssen!«, sagte er und verstummte für einen Moment, damit der andere Zeit hatte, gedanklich hinterherzukommen. »Eine Bark, verdammt, das ist ein Mast zu viel für ein Schiff von Alastalo!«, sagte er abrupt, als er meinte, Eenokki wieder im Schlepptau zu haben. »Alastalo braucht bestimmt kein breiteres Oberdeck unter seinen Sohlen, als er Ackerland zum Wenden seines Mistschlittens auf seinen Fluren hat«, fuhr Pukkila weiter mit dem Bogen von eben übers Rosshaar, auch wenn seine Finger nicht vergaßen, auf den Saiten Quinten zu zupfen. »Warum nicht, warum nicht!«, lenkte er ein und war für die Dauer eines flüchtigen Blickes ein bereitwilliger Mann. »Das Stattliche wird mit Stattlichem erhalten, und ein Reeder wird nach nichts weiter als dem Geld gefragt, nur nach seinem Geld, nach Papiergeld, nach einem Bündel oder zweien aus dem Sekretär, was soll's, solange man weiß, dass man das Stattliche ins Stattliche reinbuttert, den Nachbarn ausstaffiert, damit man einen stattlichen Nachbarn hat: Der Nachbar sagt womöglich ›Danke auch‹, und der Buchhalter meint auf dem Herbstmarkt im städtischen Laden: ›Ach, der Hofherr Karjamaa vom Ufer des Kivivesi? Liegt Karjamaa nicht nahe bei Alastalo? Alastalo scheint ein großer Hof zu sein, wo es dort sogar eine Bark gibt und einen dicken Mann, scheint schwerreich zu sein, macht bei uns seine Geschäfte! Kauft ihr noch etwas anderes als diese Kartusche Tabak, Landwirt?‹«

Pukkila war ob dem, was er da als Letztes gesagt hatte, teuflisch zufrieden mit seiner Zungenspitze. »Kauft ihr noch etwas anderes als diese Kartusche Tabak, Landwirt?«, ließ er sich die eigenen Worte noch einmal durch den Kopf gehen. Damit bekam der mäkelige Eenokki eins auf die Nase, und zwar so eins auf die Nase, dass ihm die Pille brennt, als hätte Alastalo ihm eins übergebraten und nicht ich!, dachte er und ließ die Handflächen mit einem Schlag übereinander schleifen. »Das ist es ja!«, fügte Pukkila hinzu und war nun bereits so in Fahrt, dass er nicht mehr nur zu Eenokki allein sprach, es durfte auch weitläufiger im Saal gehört werden, falls gewünscht! »Das ist ja die Zange des Satans bei dem Ganzen, dass Alastalo dermaßen aufgequollen ist, ein bisschen zu sehr aufgequollen, sage ich. Was wird passieren, wenn wir die Masten zu dicht auf den Kutter setzen und der Kapitän dann zwischen den Masten stecken bleibt, weil er nicht durch die Lücke passt, hängen bleibt und zappelt wie die Flunder im Heringsnetz! Eine Bark hat zu viele Masten, als dass Alastalo mit seinem Leib von einer Kuff mit den vielen Stängeln an Deck zurechtkäme!«, appellierte Pukkila bereits an den ganzen Saal, und man hörte aus verschiedenen Ecken Gelächter, nachdem als Erster Lahdenperä vom Sofa aus ein Mordslachen in die Luft geklatscht hatte. Pukkilas Augen huschten über alle vier Wände des Saals, und von allen Seiten fuhr das Ohr ein Prusten ein.

Auf Härkäniemis Seite des Sofas war es indes still geblieben, für kurze Zeit fast verdächtig still, der Rauchvorhang um ihn herum war jetzt so dünn, dass man das Augenpaar deutlich auf seiner Wacht unter der stämmigen Stirn sehen konnte, auch die Pfeife und erst recht der Bart ruhten in diesem Moment so reglos an ihrem Platz auf der Brust, dass einer, der hinschaute und Härkäniemi kannte und wusste, dass er als Kapitän auf der Kommandobrücke, bevor sich das Pfeifenmundstück aus dem Lippenbart löst, »Klar zum Wenden!« brüllt, dass so einer erriet, dass Härkäniemi bald etwas sagen würde. Und genau so geschah es auch: Das Mundstück der Pfeife wurde aus den Zähnen gelöst und dann gerade so weit vom Lippenbart weggeführt, dass man es schnell wieder zurückschieben konnte. Ein kurzer, geduckter Blick schielte noch aus den Augenwinkeln auf Pukkila, bevor sich die halbe Elle Bart in Bewegung setzte. »Erinnerst du dich gerade an den Mastenabstand auf der *Petreesa*?«, kam dröhnend die hornlos klingende Frage aus dem rotbraunen Flausch. Und der harmlos wirkende Bart fuhr fort, nachdem er einmal angefangen hatte, sein Werk zu verrichten: »Wie viele Masten hattest du noch auf deine Tasse gezwängt? Sie standen jedenfalls dicht an dicht, daran kann ich mich erinnern, und ich dachte auch damals schon, als ich von der Uferbrücke aus sah, wie du an der Mustanklupu-Klippe flaggtest: Zum Glück ist der Kapitän wenigstens ein ranker Mann, so kann er an Bord immerhin frei umherrennen und zwischen den Masten hindurch vom einen Rand zum anderen schlüpfen, um nachzusehen, an welcher Reling das Schiff Grundfühlung aufgenommen hat. Hat Eenokki damals verstanden, was du an der Mustanklupu-Klippe verloren hattest? Danach hat er mich nämlich gefragt, als er auf dem Kivivesi vorbeiruderte und ich ganz vorne auf meiner Brücke stand, er zog so andächtig an den Riemen, als wäre er mit einer Sünde der schlimmeren Sorte noch nicht fertig, er zog und ächzte zwischen jedem Zug: Was hat der

Mann an der Mustanklupu-Klippe zu suchen? Nach dem nächsten Zug ächzte er noch kräftiger: Was, zum Teufel, hat Petter Pukkila an der Mustanklupu-Klippe zu schaffen? Von weiter weg noch gab er immer wieder von sich, als hätte er es jeden dritten Riemenzug auf seinem Weg getan: Braucht man zwei Masten, um auf die Mustanklupu-Klippe zu fahren?« – Das Mundstück kehrte wieder an seinen Platz in Härkäniemis Kinnlade zurück, und ein tiefer Zug vergalt der Backe die kurze Fastenzeit, dick quoll erneut der Qualm auf, wo die Worte für diesmal endeten und wo auf der Sofakante wieder ein Mann saß, von dem man nicht gedacht hätte, dass seinem Mund innerhalb der letzten Stunde mehr entwichen wäre als Rauch, auch der Bartflausch ruhte wieder reglos auf der Brust, und die Augen richteten sich ernst auf das Häufchen im Pfeifenkopf, das am Ende des Stiels munter knisterte. Angenehm, sich gemütlich anzuhören, was Pukkila jetzt zu sagen hat, dachte Härkäniemi jedoch, als er die Hand so weit ausstreckte, dass er die Streu am Rand der Brennkammer glatt drücken und bei derselben Gelegenheit eine kleine Augendrehung in Richtung des anderen Sofaendes vornehmen konnte.

Pukkila sagte diesmal jedoch nichts, keinen Mucks gab sein Mund von sich, auch wenn er Augen wie Quecksilber hatte. Wenn man mit dem Kiel auf einen Stein stößt, ist es am besten, eine Weile regungslos im Kahn zu sitzen, damit man merkt, auf welche Seite das Boot mit dem Schnabel kippt. Freilich hörte Pukkila, dass im Saal das Lachen erloschen war, es wäre ganz und gar still ringsum gewesen, wenn nicht ein Prusten, das jedoch gleich zum Husten verschärft wurde, hier und da verkündet hätte, dass Härkäniemis Worte verstanden worden waren. Und er sah auch, dass die Stummelpfeife wieder in Eenokkis Kinnlade steckte, diesmal auf der anderen Seite als zuvor, und dass er von Eenokki nun eine Quartwende mehr an Rücken und

Nacken zu betrachten hatte als zuvor: In die Richtung brauchte er es mit Reden erst gar nicht mehr versuchen. Pukkila schnappte mit dem Kescher der Unterlippe nach seinem Oberlippenbart. Dieser Versuch ging in die Binsen, gestand er sich ehrlich ein und mümmelte ein Weilchen die Flusen im Mund, bevor er sich hinter Eenokkis Rücken wieder aufs Sofa setzte. Der Teufel lässt überall auf der Welt seine Kötel fallen, so auch die Mustanklupu!, verfluchte er innerlich die besagte bösartige Klippe. »Unter dem Schwanz Luzifers ist der Klumpen an genau jener Stelle rausgeplumpst!«, tröstete er sich kräftig. »Verdammt, habe ich neben dem Felsen nicht eine deutliche Hufspur auf dem Grund des Meeres gesehen, als ich über die Reling schaute, ob wir wirklich festsaßen!« – Eigentlich handelte es sich bei der Mustanklupu um eine unschuldige Klippeninsel, wenngleich um eine etwas eingebeulte, die von Gottes Hand in der Eile der Schöpfung an der Einfahrt zum Kivivesi vergessen worden war, aber die sündige menschliche Natur denkt nun mal nicht nach, sie will schimpfen, und Pukkila war in diesem Augenblick zornig, so zornig, dass er kochte, und darum musste die Mustanklupu so manches über sich ergehen lassen. »Überall muss sich der Teufel hinhocken und sein Geschäft verrichten, wie auch an der Stelle, wo die Mustanklupu entstanden ist!«, schimpfte er vor sich hin, weil er es nicht mehr wagte, neben sich zu schauen, denn dort wusste er Härkäniemi mit seiner ewigen Pfeife und seinem noch ewigeren Bart in der Sofaecke sitzen, und auf der anderen Seite wiederum befand sich Eenokkis Rücken.

Wer weiß, was ihm in den Sinn gekommen wäre, so flimmerte ihm vor Augen, womöglich hätte er gesagt, was ihm auf der Zungenspitze tobte, hätte er es aus tiefstem Herzen zischend spritzen lassen: »Der Mustanklupu-Klippen-Klumpen oder das Gegenstück zu Härkäniemis Stiernacken am anderen Ende des Rückens – was von beiden ging dem Teufel wohl besser von der

Hand?« Jetzt musste der Groll jedoch eilends in die Westentasche gesteckt werden, denn das Ohr nahm bereits Bewegung im Hausgang wahr. Da kommen die Teufel schon: Alastalos Kinn mahlt, als wäre auf jedes Mal, da er die Zunge blicken lässt, ein Reichstaler ausgesetzt! Eine geschmierte Zunge hat der Wurm, auch wenn ich sonst nichts Gutes über ihn zu sagen habe. Hör hin, hör nur hin! »Herein, herein in die gute Stube, in den Saal, Pukkila hat auch schon gesagt, dass du unterwegs bist, man hat auf dich gewartet und noch nicht angefangen, die anderen sind schon alle hier, und jetzt, da auch du da bist, sind wir so weit!« Genau so, genau auf diese Art, genau mit dieser platten Zunge!, schimpfte Pukkila innerlich. Langholma hört, bekommt zu hören, dass man weiß, dass Langholma Langholma ist, er bekommt genug zu hören, damit er es versteht, braucht aber nicht so viel zu hören, dass er sich für seine Ohren schämen müsste.

Und mit welchem Nacken, mit welcher verdammten Nackennote Alastalo seine Worte setzt: Er verbeugt und krümmt sich nicht, als wollte er die Hand ablecken, aber höflich ist der Nacken doch, er hält den dicken Nacken aufrecht, aber auf höfliche Art aufrecht, so, dass der andere seinerseits denkt, ich muss auch höflich sein. Zig Mal bin ich auf Alastalo zornig gewesen, weil er beim gemeinsamen Vorsprechen bei Konsuln und Hafenherren seinen Nacken in so eine höfliche Linie bringt, auf die gleiche verteufelte Art wie jetzt neben Langholma, und die Herren stecken ihre Köpfe auf die gleiche Art zusammen, und es wird geredet wie unter zwei Konsuln! Ich habe gelegentlich den gleichen Kniff probiert, habe zu meinem Nacken gesagt, jetzt: zwei Haarbreit nur leicht nach vorn und dann höflich, dann verstehen die Herren, dass sie mit einem Herren reden, aber verdammt, wenn man den Kniff angewendet hat, fühlt sich der Nacken wie ein Pfahl an, man denkt nur noch an seinen Nacken, den stocksteifen, und kann an anderer Stelle nicht denken, und Barmherziger, wenn das Auge die herrische Pupille des Konsuls aufgepickt hat, zuckt es da in der Nackenstreckung nicht erneut, und man macht einen Diener, verflixt, obwohl man sich sträuben müsste, man macht einen weiteren Diener, hoffnungslos zu demütig, sodass man das Gefühl hat, die Hand des Konsuls in der eigenen Hand verwandle sich in eine andere. Verflixt und zugenäht, wie es in der Leber gekniffen hat, als der Konsul dann zunächst Alastalo aufgefordert hat, sich zu setzen, und danach erst mich! Und setzt der Mistkerl nicht auch jetzt die gleiche Nackenführung ein, wo er scheinbar nur Langholma den Weg in den Saal weist, die gleiche zwei Haarbreit dicke Verbeugung im Nacken, das gleiche kleine respektvolle Augenzuklappen und dabei dasselbe Wissen um den eigenen Wert: Ich bin Alastalo, aber ich bin der höfliche Alastalo, höflich zu dir, Langholma, namentlich zu dir! Und wann, zum Teufel, lerne ich, den Großen so großspurig zur Tür hinein zu befehlen, sieh nur, einfach so, da, rasch die Hand leicht gestreckt und geschwenkt, so leicht und einfach, wie Maijastiina daheim die kleinen Eierkuchen in der Pfanne wendet. Stupst Alastalo Langholma in den Rücken so wie mir oder Lahdenperä bei der Aufforderung an der Tür? Nein. Kein aufmunterndes Klopfen auf die Schulter, nein, nicht die kleinste Bewegung in die Richtung, die Hand bleibt einfach weiter ausgefahren: Einen Großherrn ermuntert man nicht, einen Großherrn achtet man, weil man glaubt, dass er die Kühnheit selbst ist! Oh, was ich an Alastalos Stelle jetzt Bücklinge machen würde, und er steht da mit einem Nacken wie eine Kerze, den Kopf nur zwei vermaledeite Haarbreit nach vorn geneigt, und die Hand, zum Teufel, der gelingt es, sowohl offen als auch regungslos auf der Stelle zu verharren, als würde sie dem Gast den ganzen Saal anbieten, ohne dass der es zu merken braucht. Zum Donnerwetter, wie es mich wurmt, das mit ansehen zu müssen! Ich probiere das gelegentlich auch aus, wenn wir Besuch haben und Langholma zu uns kommt oder der Propst, aber ich hüpfe dabei doch nur neben- und dann hinterher, zum Teufel. Wann werden sie einmal in so feierlicher Gelassenheit zu meiner Tür hereinkommen, wie es ihnen angenehm ist und wie Langholma auch jetzt in Alastalos Begleitung in den Saal tritt? Und mit solchen Leuten muss ich es an diesem Tag aufnehmen, mit einem wie Alastalo, der es auch jetzt versteht, sich einen Quartschritt hinter Langholma zu halten, obwohl er fast auf gleicher Höhe ist!

Pukkila war in diesem Augenblick bis in die Grundfesten seines Herzens hinein verstimmt. Fraglos befand sich nun ein feierliches und stattliches Paar im Saal, auch die anderen schienen es so einzuschätzen, denn an jeder Wand des Saales herrschte Schweigen, als säße man schon seit Stunden mucksmäuschenstill da, obschon es gerade noch in allen Ecken nur so gesummt hatte. Wann, bitte, wird, wenn ich den Saal betrete, wie auf Befehl ringsum aufgehört zu reden?, füllte Pukkila weiter den bitteren Kelch seines Gemüts. Allerdings war Alastalo ein ansehnlicher Mann, der den Raum ausfüllte, namentlich das. An Länge die ein, zwei Zoll über drei Ellen, die man braucht, um als groß zu gelten, zwar bin ich selbst nicht mehr als ein Stäubchen größer, aber ein Stäubchen größer bin ich, das ist oft gemessen worden. Und vom Rahmen her ist Alastalo mit einem Maß ausgestattet, dass man bis in die Stadt reisen muss, bevor man etwas Vergleichbares zu Gesicht bekommt; ich leugne auch nicht den Gedanken, dass ich ihn bisweilen um seinen Bauch beneide, weil ich sehe, wie ihm die Bewegung seines Leibs und sein sonstiges stattliches Gebaren Größe verleiht. Doch, der Mistkerl ist ein stattlicher Mann, ob er am Türpfosten steht oder am Tisch sitzt, ich bin ein ehrlicher Mensch und leugne nichts; was voll beriggt ist, hat die Takelung eines Vollberiggten, an Land wie auf dem Meer, und das Fortkommen einer Fregatte ist von anderem Kaliber als das eines Schoners. Aber im Saal wird nicht vergessen, was man erzählt hat, wenn Alastalo neben der Tür Platz nimmt, die Bärte bleiben in Betrieb, wenn es nicht noch mehr schnarrt als vorher, weil nun ein Schnarrer mehr neben der Tür sitzt. Es ist wegen Langholma, wenn man im Saal jetzt eine Stecknadel fallen hören könnte, falls sich irgendwo eine lösen würde. Was für eine Größe er allein schon hat, obwohl er gar nicht besonders lang ist, drei Ellen vielleicht, wenn er dasteht, mit einem Nacken, so gerade wie eine Kerze, trotzdem eher ein bisschen darunter als darüber, und was sind drei Ellen für einen langen Mann, aber trotzdem, das ganze Maß ist ausgefüllt bei ihm, und wenn er neben einem steht, der länger ist als er, verdammt, dann bemisst man ihn nicht für kurz, sondern schaut auf den andern, findet, dass sich bei dem die Rumpfgräte unnötig in die Länge gezogen hat, so unnötig, dass man sich fast für ihn schämt, weil er neben demjenigen länger erscheint, der größer ist als er. Und das Gewicht, wo, verflixt, ist bei Langholma das Gewicht, aber eine Gewichtigkeit hat er, steht er an der Tür und blickt sich um, so wie jetzt, oder sitzt er mitten im Saal im Schaukelstuhl und redet nichts. Würde er auf die Waage treten und Alastalo nach ihm auf dieselbe Waage, dann verstehe ich, dass man viele Liespfundgewichte bei Langholma in die Waagschale setzen müsste, bevor sich das Waagengestänge unter Alastalo bewegte, aber trotzdem steht er jetzt neben Alastalo dort auf den Planken, als wäre er das Pfund und Alastalo was auch immer, aber jedenfalls kein Mann seines Gewichts. Es ist teuflisch, wenn ein Mann groß gewachsen aussieht, obwohl er in Ellen gemessen gar nicht so lang ist, und dass ein Mann Gewicht hat, ganz gleich, was die Waage an Liespfund anzeigt; ich meine, dass so etwas verkehrt ist! Immerhin ist es die Wahrheit, dass er sein Haus von seinem Vater geerbt hat und die Falte seines Mundes ebenfalls, der seine Worte spricht, als hätte jedes Wort aus diesem Mund den Wert eines Siegels auf Papier. Aber auch wenn der Vater mächtig war und sich die Ländereien von drei Höfen auf dem Stuhl niederließen, wenn er Platz nahm, was muss der Sohn dann länger aussehen, als er ist, und wozu ist bei ihm der Mund geschnitten, als müsste er auch für andere mündig sein als nur für sich?

Es ist teuflisch, dass der Mensch mehr als Geld und Grund und Boden erben muss! Habe ich das nicht auch beim letzten Wintermarkt auf dem Hof von Nordfors so empfunden, als der Sohn von Arvela Vehmasperä sein Pferd wendete, um zum Hoftor hinauszufahren? »Bist du der Sohn vom Vehmasperä Arvela?«, fragte ich, als ich zusah, wie er die Zügel hielt: mit dem gleichen Fingergriff wie sein verstorbener Vater, den ich gut kannte, im Gegensatz zu seinem Sohn, der auch noch außerhalb der Gemeinde wohnte. Genauso ist es bei Langholma, diese Mundhaltung, dieses verdammte Wissen, handfest in der Gelassenheit der Backenpfosten und in der laschen Straffung der Lippen, als hätten die Langholmas die Erlaubnis, nur dann den Mund aufzumachen, wenn ihnen danach ist, die gleiche Fasson und die gleiche Mündigkeitsermächtigung lag schon in der Mundhaltung des Vaters, und auch der des Großvaters, heißt es, und genau dasselbe bereitete mir schon als Junge bei Efram Verdruss, wenn wir fertig waren und im Pulk losziehen sollten, die ganze Jungenschar; ich hatte mir die ganze Woche den Mund fusselig geredet, dass wir uns alle zusammen früh am Pfingstmontag das Boot von Mikko Huuskeri schnappen und zu den Felseninseln des alten Juusluoto rudern würden, um Eier zu sammeln: »Ich komm nicht mit!«, sagt Efram mit derselben Kinnlade, die er noch immer hat, kein Wort, kein Silbenmaß mehr als »ich komm nicht mit«, aber er sagt es genauso Langholmahaft aus der Kinnlade heraus und so, als bräuchte man nicht mehr zu sagen, alles ist klar, weil ich es sage. Und die anderen Hühnerhüte, kamen die danach noch mit? »Ich glaub, ich komme auch nicht mit«, sagte einer nach dem anderen, und die Fahrt war gestorben, als wäre Eframs Kinn schon damals das Gesetz gewesen, obwohl es glatt wie eine Hasenschnute war. Eframs sind sie über so viele Generationen hinweg gewesen, wie es die Kirchenbücher wissen, und ihre Münder sind Eframsmünder geblieben, als hätte ihrer Meinung nach kein anderer Mund auf der Welt eine so richtige Fasson wie der Mund der Eframs. Und an Ohrmuscheln scheint es auch für jeden von ihnen zu reichen: Ich bin Langholma aus einem großen Geschlecht, diese Ohrmuscheln sitzen sicher an meinem Kopf und trauen sich, an ihrem Platz in Höhe und Breite auszugreifen! Und die Backen haben Kanten, wie die Gesetzestafel Moses' einen Rand, kein normaler Mann würde sich erdreisten, mit so einem Gesicht umherzugehen, aber Langholma hat vom Teufel die Bescheinigung erhalten, eine breitere Visage als andere Menschen zur Schau tragen zu dürfen. Bei anderen Menschen würde man so eine Vorderseite als mit der Axt geschnitzt bezeichnen, vor allem, wenn man nur die Knochen der Kinnpartie betrachtet, aber die Langholmas, die es sich vom Vater bis zum Sohn schon immer leisten konnten, haben oberhalb der Augenbrauen ein Stirngerüst nach den Maßen ihres Kinngestells errichtet, dass der Brocken eben doch ein Muster hat, insbesondere, weil unter dem Stirnbein als Fenster ein Augenpaar eingesetzt ist, das schaut, als müssten die Dinge der Welt mit Stahl betrachtet werden und nicht mit einer gewöhnlichen Pupillenwölbung. Auch jetzt steht er in der Tür und führt die Augen durch den Saal, seine ererbten Langholma-Augen, als hätte allein Efram Langholma die Erlaubnis, sich umzusehen. Es gibt durchaus auch andere, die sowohl im Haus wie in der Gesichtstafel etwas Geerbtes haben, auch Eenokki da drüben, der Hof Karjamaa kann sich gegenüber Langholma an Gewann wie an Gewässern durchaus sehen lassen, und das gleiche Kinnmassiv wie der heutige Eenokki haben die Herren von Karjamaa gehabt, solange die Eenokki Karjamaas bekannt sind, womöglich haben sie alle auch die gleiche Erbpfeife im Mund gehabt, aber die Eenokkis führen ihre Augen nicht so herum, auch die Mikkels von Krookla nicht, obschon auch sie von altem Geld und Hof sind. Sie bleiben mit ihren Gedanken und ihrem Tun wie auch mit ihren Augen in ihrer eigenen Haut und auf ihrem eigenen Grund und Boden, und die Welt hört für sie da auf, wo der Zaun des eigenen Hofes steht und der Nasenknochen des eigenen Gesichts. Die Efram Langholmas hingegen, die scheinen es als ihr Amt anzusehen, nicht nur die eigene Nase zu tragen, sondern auch die der anderen in der Gemeinde!

Ihr Haus halten sie in Schuss, das weiß man, da gibt es keine Lücke, in die man den Zahn schlagen könnte, selbst wenn man es versuchte, und ich habe sogar versucht, einen Zahn anzusetzen, aber beiße mal in einen Kanten, der härter ist als dein Zahn, und setze etwas an einem Hof aus, der zwei Heuhocken auf dem Feld hat, wo bei dir eine steht! Auf Langholma keimt die erste Saat schon, wenn die anderen noch auf ihren Äckern werken, auf Langholma werden die Sicheln geschärft und wird geschaut, ob das Korn bald reif ist auf der Flur, wenn die anderen noch die Sense in der Hand haben und die Hälfte des Heus noch auf den Wiesen liegt; auf Langholma ist eine Scheune noch an Urbani unberührt, das Getreide vom Vorjahr an Bertel noch unangetastet in der Kiste, und an Allerheiligen sind im Holzschuppen trockene Scheite für zwei Winter aufgestapelt: Ob ein Schönwetterrückgang kommt oder ob der Grashalm auf den Wiesen brennt, so wird im Herbst auf Langholma trotzdem nicht reichlicher geschlachtet, und im Winter muss das Strohdach nicht an die Kühe verfüttert werden; ob der Nachtfrost im Juni den

Ährensaft staut und die Sichel im August kornlosen Roggen schneidet, die Kiste ist an Michaeli trotzdem bis oben hin voll, und der Brotkanten auf Langholmas Tisch hat den ganzen Winter über die volle Größe; ob der Winter klafterdick Schnee in die Wälder weht, sodass nicht einmal der Hase aus seinem Dickicht schlüpft, so ist, auch ohne dass Scheite angefahren werden, in Langholmas Holzschuppen die Wärme für den nächsten Winter vorrätig. Nein, ich wäre verrückt und würde mir den Zahn abschleifen, wenn ich Langholmas Wirtschaftsführung damit bearbeiten würde. Aber es befruchtet einem übel das Gemüt, dass sie den Kopf so weit oben tragen müssen, als wären die Angelegenheiten der anderen nicht in Ordnung, wenn kein langholmasches Auge darüber wacht. Im Kirchenboot schickt es sich, dass derjenige, der hinten sitzt und das Steuer hält, über die anderen, die rudern, hinweg aufs Meer blickt, und in unserem Kirchenboot, in der *Kihlakunta*, sitze auch ich auf der Fahrt zur Kirche lieber auf jenem Platz und bin zufrieden, dass Langholma in großspuriger Manier sein eigener Bezirk ist und in seinem Boot bleibt, sodass ich in der *Kihlakunta* auf der hinteren Ducht sitzen darf, wenn ich auf dem Weg zur Kirche bin. Aber eine Kirchfahrt ist eine Kirchfahrt und eine öffentliche Angelegenheit, eine gemeinsame Sache, und im Kirchenboot muss einer sitzen, bei dem die Nasenabteilung im Gesicht wittert, wo es hingeht, während die anderen mit dem Rücken voran dasitzen und ziehen, denn wie, wenn man nicht von der hinteren Ducht aus guckt, weiß man sonst, dass ein Stein links liegen bleibt und nicht gegen den Bug prallt, und woher käme der stämmige Zug im Boot und das gemeinsame Reißen an den Riemen, wenn nicht auf der hinteren Ducht, am Helmstock, ein Mann sitzt, dessen Nacken im Takt hin und her ruckt, während die anderen ziehen, auf Männerart, und auch mit den Schultern hin und her ruckt, wenn daneben die Kleineren versuchen, sich hinterrücks vorbeizuschieben, und in der *Kihlakunta* die volle Kraft von drei Armpaaren an jedem der zehn Riemen wirkt und am Heckruder, zusätzlich zu Pukkilas Ruder, vier Männer ziehen: Die Schar schuftet, und die Masse wirkt, und die Leute aus fünf Dörfern ziehen zügiger als der noch so große Bezirk eines einzigen Hauses, und auch Langholma, derselbe große Langholma, der jetzt da drüben steht, hat vom Heck seines Bootes aus den Heckspiegel der *Kihlakunta* studieren dürfen, als man ihm gezeigt hat, wer auf dem Kivivesi der Primus ist, und an dem vorbeizukommen sich die Schwächeren gar nicht erst versuchen sollen. Im Kirchenboot, sage ich, schickt es sich, dass einer am Steuer sitzt und die anderen ziehen, in der *Kihlakunta* sitze natürlich ich am Helmstock, wenn ich in der *Kihlakunta* sitze, wer sonst sollte da sitzen, wo ich sitze, am Helmstock ist kein Platz für zwei; bin ich nicht im Boot, darf Lahdenperä am Ruder sitzen, aber Lahdenperä sitzt bestimmt nicht dann am Helmstock, wenn ich im Boot bin, das kommt Lahdenperä gar nicht in den Sinn, auch mir nicht und den anderen ebenfalls nicht, ich sitze am Helmstock, wenn ich in der *Kihlakunta* sitze, denn am Helmstock muss einer sitzen, und Langholma hat sein eigenes Boot. Aber in anderen Angelegenheiten, braucht man in anderen Angelegenheiten überhaupt einen Mann im Bug und oder am Helmstock, die Angelegenheiten gehen vonstatten, wenn ich tätig bin und die anderen ebenfalls tätig sind, ich gehe ins Heu und schneide mein Heu, und die anderen gehen ins Heu und schneiden ihr Heu nach mir: Was braucht man da einen Langholma, um die Mahd zu eröffnen? Ich habe eine Stube, so wie Langholma eine hat, und ich habe in meiner Stube Bänke, wie sie auch bei Langholma an den Stubenwänden stehen, musste es unbedingt und ausgerechnet Langholma sein, der als Erster in der Gemeinde die Bänke in seiner Stube zu Sofabänken umbaute, sodass in der Stube Platz für Tagwerker und Handwerker und Reisende ist, damit die einen Platz zum Schlafen haben, wenn sie im Haus bleiben, ohne sich in Winternächten auf Bänken ausstrecken zu müssen? Ich verstehe nicht, wer gerade Langholma zu dem ausersehen hat, nach dessen Schnauze wir uns richten sollen, und wir anderen unsere Schnauzen erst zu gebrauchen wagen, wenn er gesprochen hat, aber so ist es, so war es schon in den Tagen des alten Langholma, und so ist es noch immer: Wenn ich als Erster auf meinem Feld ins Korn gehe, dann sagen die Leute, guck dir Pukkila an, der mäht seinen Roggen zu Futter, will der sein Stroh in der Scheune haben anstatt Korn in der Darre? Aber wenn Langholma seinen Bezirk aufs Feld schickt, dann sagen dieselben Leute: Ist ja auch schon Zeit fürs Korn, Langholma hat Diemen auf dem Feld, setz Hausbier an, Malja, wir gehen übermorgen ins Korn! So sind die Leute, sie schließen sich nicht mir an, sondern Langholma, rennen ihm gar hinterher! Ich selbst auch. Warum habe ich in meiner Stube die Bänke nicht vor ihm zu Sofabänken umgeändert, sondern erst nach ihm? So etwas sitzt in den Knochen, es sitzt in den Knochen wie die Sünde, selbst wenn man es besser versteht; würde Langholma zum Bezirk Isoluoto gehören und als Langholma in der *Kihlakunta* sitzen, würde ich dann in der *Kihlakunta* am Helmstock sitzen? Nein, von meiner Natur her nicht, auch wenn es mich innerlich noch so teuflisch quälte, am Riemen würde ich sitzen und Langholma im Heck, die Leute würden ihren Augen nicht trauen, wenn ich mich da an den Helmstock drängen und über die anderen im Boot hinwegschauen würde, sogar über Langholma hinweg!

Es ist die Hölle, aber es ist wahr! Unangenehm sind solche Männer wie Langholma, unangenehm, solange sie leben; wenn sie gestorben und begraben sind, denkt man gern an sie zurück, lobt sie gelegentlich sogar gegenüber Leuten aus anderen Gemeinden, indem man sagt, wir hatten einst den Langholma, aber solange sie am Leben sind, haben sie einen zu schweren Wurzelstock, man kann sie nicht hin und her bewegen, wie man es gerne möchte, es sind lästige Männer! Und was ist er letztlich denn? Wenn ich mir die zwei da drüben betrachte, Alastalo korpulent und großnüstrig, ruhig wie eine sich rekelnde Robbe, aber auch gefährlich wie dieselbe schnelle Robbenbestie mit ihren kräftigen Zähnen, ein Leib wie ein ächzender Sack, rundlich und willig, aber die Augen im Kopf wie zwei bereite Krallen; und dann er, Langholma, wie eine Standuhr, die laufen kann, mit festlichem Gesicht: Schau auf mein Ziffernblatt, wenn du wissen willst, welche Stunde der Zeiger ankündigt! Und der Rücken steif: Ich verbeuge mich nicht, aber ich sage an! Ja, auch wenn ich über Alastalo nicht viel Gutes rede und auch denke, so würde ich doch sagen, falls jemand fragen sollte, dass Alastalo von den beiden ein für alle Mal den glatteren Verstand hat, den flüssigeren Verstand. Alastalos Verstand ist nämlich so glitschig wie ein Schlangenrücken, das muss auch ich zugeben, verdammt, auch wenn es mich wurmt. Wenn es zehn Löcher gibt, durch die die Maus des Verstandes schlüpfen kann, dann riechen Alastalos Geruchshärchen auf der Stelle neun, und im Nu ist er an jedem einzelnen. Langholma riecht nicht mehr als das zehnte, nur das zehnte, aber das Teuflische ist, genau das ist das Teuflische, dass jenes zehnte Loch, das Langholma riecht, genau dasjenige ist, das zum Schrank führt! Was habe ich mich schon über diesen Teufel aufgeregt, was mich anlangt und manchmal auch Alastalo: Wir sind wie Quecksilber, wenn wir etwas tun, wir pfoteln nach links, und wir pfoteln nach rechts, wir sehen jeden Ritz und sind in jedem Spalt, wir langen und lugen hinein, Alastalo ist dabei fast so schnell wie ich, bloß dass ich geschmeidiger bin, vom Verstand wie auch vom Körper her, und in noch kleinere Löcher passe, aber das Teuflische mit diesen Löchern ist, dass sie mittendrin aufhören und man zurückkehren und es beim nächsten probieren muss! Wie hingegen läuft es bei Langholma? Er geht lediglich, er rennt nicht, und er übereilt nichts, er sucht auch nicht, er geht nur und, zum Donnerwetter, kommt an, wo immer er hinwill, er geht einfach nur, und die anderen, die sich bemüht haben, dürfen ihm mit eingeklemmtem Schwanz folgen.

Das ist etwas, da könnten einem als Mensch die Nähte platzen! Was soll es einem Menschen mehr erlaubt sein als dem anderen, seine Augenfenster zu benutzen, geradeso, als würden allein seine Augen sehen, während die anderen nur gucken? Genau auf diese Art führt Langholma seine Augen spazieren, auch jetzt, da er an der Tür steht und sich an Alastalos Seite nach uns anderen im Saal umsieht. Als säßen wir allesamt nur dafür hier zusammen, damit Langholmas Augen uns sortieren können: Aha, Pukkila ist hier und Härkäniemi schon auf seinem Platz, sieh an, Karjamaa ist auch gekommen, und Krookla sitzt an der Tür, Lahdenperä ebenfalls, wie es sich gehört, und an den Seitenwänden jeweils eine volle Reihe, Pukkila hat gar seinen Evald mitgenommen! Als wären wir keine Männer und kein gar nichts, wenn Langholma uns nicht mit den Augen aufpickte, einen nach dem anderen! Und das Teuflische daran ist, das Allerteuflischste an dem Irrsinn besteht gerade darin, dass die anderen allesamt Schafe sind, sieh nur, wie ausgeglichen selbst Eenokki ist, er wischt sich sogar die Pfeife aus der Kinnlade, wobei er als Antwort auf Langholmas kleines Kopfnicken seinen Nacken zucken lässt, und an den Wänden, sieh nur, wie die ganze Reihe zuerst links, wohin Langholma als Erstes schaut, und dann rechts, wohin er danach blickt, wie auf Befehl den Nacken beugt, als würde statt Langholma der Propst der Großgemeinde von der Tür aus auf den Schaukelstuhl zugehen. Der Schaukelstuhl ist in Alastalo denn auch so platziert, dass es einen prominenten Mann braucht, der sich auf ihm niederlässt, und natürlich streckt sich Alastalos Hand für Langholma zum Schaukelstuhl hin aus, um ihm den Kurs zu zeigen! Es verdrießt mich nicht, dass Langholma der Nabel der Gemeinde ist, er ist der Nabel, man kommt nicht darum herum, das weiß auch ich, aber was mich ärgert, ist, dass ihn alle für den Nabel halten! Warum läuft Alastalo mir nicht ebenso eifrig am Ufer entgegen, wie er es bei Langholma tut, warum verstummt das Gemurmel im Saal nicht, wenn ich eintrete, so wie es der Fall ist, wenn Langholma den Saal betritt, und warum ist der Schaukelstuhl der Platz, den man ihm anbietet und nicht zum Beispiel, wenn nicht mir, dann etwa Krookla oder Eenokki oder meinetwegen Härkäniemi? Und warum ist Langholma selbst ein Mann, der den Rücken gerade hält, wenn die anderen sich verneigen, der sich auf den Schaukelstuhl setzt, als wäre es sein Platz, wenn man ihn auffordert, darauf Platz zu nehmen, und der im Saal erst dann das Wort ergreift, wenn die anderen rundum verstummt sind, als wäre man entlang der Wände nur still geworden, damit man hört, was Langholma zu sagen hat! Ich hielte es für nicht so schlimm, wenn er ein Großherr wäre, denn ein Großherr ist er zweifellos, aber man sieht dem Teufel auch an, dass er ein Großherr ist, und das ist etwas, etwas, das sich mir wie ein Schliffer unter den Daumennagel schiebt.

Auch jetzt wieder: Geht er wohl geradewegs zum Schaukelstuhl, wie man es ihm anbefiehlt und Alastalo es ihm nahelegt? Nein, es ist nicht so, dass er sich ziert, nicht deswegen geht er nicht hin, sondern er ist ehrenhaft und betritt auf seine Art den Raum: Langholmas Händedruck hat einen Wert, und Langholma muss jedem im Saal die Hand geben. Wann komme ich jemals auf den Gedanken, und wann, sollte ich darauf kommen, gehe ich, ohne etwas zu überstürzen, von Mann zu Mann, sodass jeder weiß, dass ich ihn begrüße? Sieh dir nur Krookla an, wie flink er von seinem Stuhl in der Ofenecke springt, schon steht er auf seinen Hachsen, der ganze Kerl samt seinem Rumpf, obwohl er bei den anderen bloß kurz den Handstumpf hochhält, so wie bei mir vorhin, ohne den Arsch auch nur einen Zoll vom Stuhlholz zu heben. Und einen Diener macht er, der Mikkeli, dass die Nackenhaare sich bei der ungewohnten Bewegung sträuben: Ist es etwa eine Ehre für den Herrn von Krookla, wenn ihm Langholma die Hand schüttelt? Und einen Bückling macht er auch noch hinterher, der Mikkeli, verflixt, da Langholma schon weitergegangen ist, macht einen Bückling, verflixt, bevor er sich wieder auf seinen Stuhl setzt, als hätte sein Nacken einen neuen Trick gelernt, den man am besten für das nächste Mal schon übt! Das gerade ist die Kunst bei Langholma, dass er auch seinesgleichen dazu bringt, vor ihm einen Bückling zu machen, ohne dass er selbst den Nacken verbiegen muss, außer um die berühmten zwei Haarbreit! Ich würde nicht lachen, nein, verflixt, würde den Mundwinkel nicht verziehen, wenn Mikkeli Krookla dort auf der Stelle vor seinem Stuhlbein einen Kratzfuß machen würde! Und begibt sich Langholma jetzt etwa auf den Weg hierher zum hinteren Sofa, um uns zu begrüßen, nachdem er zuerst Krookla die Hand geschüttelt hat? Nein, keine Angst, zwar würde ich hingehen, und jeder andere ebenfalls, immerhin sitzen hier ich und Härkäniemi und Eenokki dazu, der Karjamaa, aber Langholma, würde es ihm, dem großen Langholma, etwa entsprechen, im Saal hin und her zu hüpfen? Nein, er hält Miko Puosletti gleich nebendran die Hand hin, weil Miko Puosletti der Reihenfolge nach gleich neben Mikkeli Krookla auf dem Stuhl sitzt, oder, genauer gesagt, davor, an der Ofenecke. Ein Dreirigger im Hafen, der hat seine eigenen Bewegungen, so wie auch Langholma; mit einer Jolle, mit der schlüpft man auf Reede hin und her und kreuz und quer, was das Ruderblatt drückt und die Bugspitze sich dreht, aber ein voll beriggtes Schiff fährt gemächlich am Kai entlang, so wie es die

Dreierreihe seiner Toppen anzeigt und die Länge seiner Flanken sich der Richtung fügt. Miko Puosletti sitzt neben Mikkeli Krookla, und ebendiesen Miko Puosletti begrüßt er also jetzt, nachdem er zuerst Krookla begrüßt hat. Es ist die Hölle, dass ein Mensch von seinem Kiel her so stattlich sein kann, dass sogar seine Fortbewegung sich feierlich vollzieht, wenn er nichts weiter tut als das, was ich zu tun auch fähig bin: nämlich einen Fuß vor den anderen zu setzen! Sieh dir nur Miko Puosletti an: Ein Mann, der auf eigenen Füßen steht, mit eigener Galeasse am heimischen Ufer und Geld auf Schuldscheinen sogar bei Hofbesitzern, hat sich jetzt trotzdem bereits erhoben, als wäre im Stuhlholz eine Feder eingebaut, steht kerzengerade vor Langholma, als würde er dem Propst das Vaterunser aufsagen! Und schau nur, schau jetzt, die ganze Reihe tut es ihm gleich, da Langholma weitergeht, Männer wie Kerzen vor ihren Stühlen, immer drei auf einmal: der, dessen Hand losgelassen worden ist und der noch steht, bevor die Maßnahme des Hinsetzens auf die würdevolle Handlung folgt, der, dem der Ernst gerade bevorsteht, und der, der als Nächstes drankommt und schon bereit ist! Es würde mir nichts ausmachen, wenn Langholma selbst gar noch so feierlich wäre, von mir aus dürfte er sogar noch feierlicher sein, auch wenn Nacken und Rücken bei ihm steifer wären als bei einem Meilenpfosten auf zwei Beinen, was ich aber für teuflisch halte, was an mir zieht und zerrt, was mich im ganzen Inneren sticht wie ein Ungezieferbiss, das ist, dass ich mit ansehen muss, wie die anderen vor ihm feierlich werden!

Ist etwa Langholma der Einzige, der ein Gesicht hat, das einmal die Woche in der Sauna gewaschen werden muss und unter der Woche als Dreingabe ein zweites Mal, dass die anderen vor ihm stehen, wie wenn sie in der Kirche das »Ich armer Sünder« singen? Man möchte einem Floh im Zorn das Fell abziehen, wenn Männer wie hornlose Schafe dastehen, damit der mit den abstehenden Hörnern als prächtiger Schafsbock in der Herde und vor der Hufschar umherstolzieren kann. Schafshufe allesamt, so viel, wie man im Saal Hufe sieht, daheim würde ich jede Schnauze, die blökt, in den Schafstall führen! Schau dir Äärtalo an, stehst du schief, dass du so einen Bückling machen musst, und sieh nur Harakanperä: Lass bloß nichts fallen, wo du so den Sterz reckst! Glauben die etwa, dass nicht auch Langholma in der Wiege gewimmert, in die Windeln genässt hat und noch immer den Dünnen hat, wenn sein Magen krank ist, dass sie vor ihm solche Diener machen müssen?

Auch Alastalo zappelt neben ihm herum, als würde er gebraucht, während Langholma Hände schüttelt; er schwatzt und schnackt, was die Backe hergibt, als würde man Bohnen vom Putzbrett rollen lassen. Steht es irgendwo gedruckt, dass man neben einem, der größer als man selber ist, auch als Großer in die Knie gehen muss, damit der Große auch als rechter Großherr neben einem hergeht? Verdammt, wie ich mich schäme, wenn ich Alastalo jetzt betrachte, aber ich kann nicht garantieren, dass ich es nicht genauso machen würde, nur mit noch etwas loserem Nacken und mit elastischem Rücken, wie zum Verknoten, wenn ich einen Saal hätte und wir in meinem Saal säßen und ich Langholma in meinem Saal an den anderen Neideraugen vorbei zum Schaukelstuhl führen und bei jeder Zungenbewegung und mit jedem Zipfel und jeder Spitze des Verstandes denken würde: Von Langholma hängt es jetzt ab, genau von ihm, von ebendiesem verteufelten Langholma mit seinem gestärkten Kragen und seinen geplätteten Hosen, den ich führe, dem ich gut zureden muss, von ihm hängt es ab, ob ich an diesem Tag eine Bark ins Werk setze oder nicht! Herrschaftszeiten, was würde ich Funken sprühen, aber wie höflich wäre ich, der Nacken demütig, die Zunge demütig, ich würde spähen, würde schauen, mit beiden Augenkiekern schauen, ob nicht doch ein

Stäubchen auf seinem Rocktuch vergessen worden ist, am Kragentuch seines gebürsteten Rocks – wozu hält sich ein Mann auch für so feierlich und für so viel besser, dass er kein Stäubchen auf der Jacke haben darf! –, ich würde mit meinen Augen hinschauen und danach suchen, wie der Teufel die Sünde im Herzen des Unverdorbenen und in den Säumen der Innereien des Unschuldigen, aber die Zunge, die Zungenspitze hielte ich im Zaum, das Wort, das Ringelwort würde ich wie einen feinen Hobelspan von der Klinge ziehen und wie einen laufenden Faden vom Knäuel! Sapperment, würde ich jetzt in Alastalos Weste stecken, dann säßen wir in diesem Augenblick im Saal von Pukkila, und die Rede ginge über Pukkilas Bark, über die Bark von Pukkila im Saal von Pukkila, und Petter Pukkila würde Langholma vor aller Augen zum Schaukelstuhl in Pukkilas Saal geleiten, damit jeder, der Augen hat, sehen und glauben würde, was seine Augen sehen, nämlich dass Pukkilas Bark Wirklichkeit wird, weil Efram Langholma neben Petter Pukkila hergeht! Efram Langholma, der Langholma Efram! Dann wäre ich frank und frei und würde wer weiß wie viele Teufelchen aus dem Mund lassen, würde die Teufelchen wie Wespen auf Alastalos Nacken loslassen, damit dieser Pfosten, dieser Meilenpfosten auf zwei Beinen, dieser Paragraf und dieses lange Blatt aus dem Gesetzbuch nicht quicklebendig vor aller Augen durch den Saal stolziert, während die anderen ringsum Bücklinge machen wie die Flachspflücker: Würde man etwas sagen und die Zungenspitze lockern, würde man einfach etwas sagen, wie es einem von der Zunge kommt, dann würde sich der Pfosten umdrehen, die Standuhr auf zwei Beinen würde sich umdrehen, und aus dem Ziffernblatt würden zwei Augen schauen wie zwei Urteilszeiger: Hast du etwas gesagt, Pukkila, setzt du ein Siegel unter deine Worte? Und jedes Augenpaar im ganzen Saal würde auf die gleiche Weise gucken, würde wie auf Befehl von allen vier

Wänden her gucken: Setzt du ein Siegel unter deine Worte, Pukkila? Die Spucke trocknet einem im Mund, noch bevor man in Langholmas Anwesenheit und von Langholmas Augen festgenagelt sein Wort gesagt hat. Als hätte der Mensch eine bewegliche Zunge im Mund, damit man darauf ein Siegel drückt! Worüber ich mich wundere und nicht aufhöre, mich zu wundern, mich zu wundern anfange, es zwischendurch bleiben lasse und mich wieder wundere, ist, dass ein Mensch es schafft, in seinem Leben fortwährend feierlich zu sein, das Gesicht feierlich zu halten, den Nacken feierlich, und die Zunge, verdammt, ebenfalls feierlich, und das Eichhörnchen des Gedankens, auch dieses feierlich! Auch ich versuche mich daran, ich sitze in der Bank und halte den Nacken wie eine Krickente, wenn ich den Pfarrer auf der Kanzel auf das Ende zusteuern höre und das Amen in der Kirche erdröhnt und die Leute aufwachen; mein Gesicht ist wie Sohlenleder, wenn in den Bekanntmachungen der Name Pukkila verlesen und von der Kanzel aus, sodass es alle hören können, gesagt wird, was die Wahrheit ist: »Vollhufe Einzelhof Pukkila«, und wessen Rücken befindet sich in prächtigerer Streckung als meiner, wenn der Propst bei einer Feier zum Büfett bittet und mich anspricht, bevor er auf das Büfett zugeht und ich ihm nach diesem Zeichen folge und wir noch auf dem Weg zum Büfett und auch am Büfett miteinander plaudern, während wir Brot aus dem Korb nehmen und Butter auf die Scheiben streichen, etwas Passendes von den Tellern wählen, der Propst gewandt voran und ich gewandt hinter ihm her, zwischendurch plaudern wir ein wenig, wechseln dann und wann ein Wort oder auch zwei und picken weiterhin gemächlich etwas von den Tellern, während die anderen ringsum im Kreise stehen und höflich warten, bis sie an die Reihe kommen, sobald der Propst und ich fertig, alle Angelegenheiten besprochen, die Teller beladen und wir beide zusammen vom Büfett weggegangen sind! Auch ich weiß mich zu geben, wenn es nötig ist, und die Fäden meines Rückenriggs wie meiner Backenmuskeln straff zu halten, wenn es gefragt ist, aber was ich nicht verstehe, ist, wenn ein Mensch es sich zum Amt macht, sich ständig unter Druck zu halten. Ich fiere flugs die Schoten, wenn die Eile ausgestanden ist, und bin wieder Pukkila, zum Teufel, und zwar dreifach, sobald der Propst mir den frommen Rücken zukehrt und ich wieder unter Menschen bin! Aber Langholma, sapperment, der ist immer die gleiche gehende Gesetzestafel, dieselbe Säule auf zwei Beinen, ob er nun auf den Schultern etwas trägt, das den Namen Bürde verdient, oder ob er lediglich seine eigene Gestalt in der Senkrechten hält, derselbe Mann, der mit auffallender Frömmigkeit sein Kinn vor sich herträgt, ob er am Werktagstisch ein Viertel Krustenbrot zur Nährung seines Magens vertilgt und mit Buttermilch herunterspült, oder ob er im Kirchenrat sitzt und die halbstündigen Reden des Propstes wie des Pastors über ihre Entlohnung und das Gewese über ihre Ausstände und sonstige juckende Stellen am Pfarrersfinger mit zwei Männerworten als unnützes Gerede vom Tisch wischt. Er ist nicht nur feierlich, wenn er in die Kirchenbank tritt und nach der Predigt, wenn das Amen gesprochen wird, sondern – möge meine Zunge ansonsten lügen oder nicht – er ist, um die Wahrheit zu sagen, die ganze Predigt über feierlich, was die Haltung des Nackens betrifft, er hält den Kopf so steif erhoben, als würde er dafür bezahlt, auf diese Weise dazusitzen, und sei es bei sämtlichen dreiundzwanzig Predigten der Dreifaltigkeit an einem Sonntag hintereinander, und zwar ohne dass ihm ein Auge oder auch nur das linke Lid zur Hälfte zufällt, auch wenn sich der Schlaf nach anderthalbstündigem Gesumse noch so in der Kirchenluft verdickt hat und die anderen anständig erschaffenen Menschen schwer mit ihren Augen zu kämpfen haben, weil die Schläfrigkeit wie ein Balken auf beide Lider drückt, man aber trotzdem eine Ecke im Hören und Sehen wach halten muss, damit man rechtzeitig das Amen merkt, und es nach dessen gesegnetem Erscheinen dann doch irgendwann so weit ist und der Vogel Schlaf eine Meile weit von der Kirche davonfliegt, dass die Flügel rauschen! In der Tat, ich achte Langholma nicht allzu gern in solchem Maße, obschon er zweifelsohne ein verflixt ehrenwerter Mann ist, in jedem Zoll seiner Gestalt und unangenehmerweise auch in allem anderen, wo er im Weg steht und Gewicht hat, aber gerade in der Kirchenbank muss ich ihn besonders achten, weil ich da Muße habe, nachzudenken und mich zu wundern und auch hinzuschauen. Bisweilen denke ich dann und frage mich, wenn ich während der andauernden Predigt kurz zu mir komme und mich von meiner Bank aus umschaue, von der zweiten Vorderbank zur ersten Vorderbank, wo die Herren der Doppelhufen sitzen, Langholma und Karjamaa, und Krookla neben ihnen, obwohl er nur Herr einer Anderthalbhufe ist – zum Teufel aber auch, dass Krookla bei der Bankverteilung zu den Zweifachhufen kam und Pukkila nicht, es ärgert mich noch immer jedes Mal, wenn ich mich in die Bank setze und mein Gebet spreche, dass ausgerechnet dieses Bocksgesicht von Krookla vor mir in der ersten Bank hockt, während ich in der Bank hinter ihm sitzen muss: Auch das war Langholmas Schuld. Wer hat ihm befohlen, sich einzumischen, wo der verstorbene Propst doch deutlich gesagt hatte, weil es an Doppelhufen in der Gemeinde nur zwei gebe, dürfe Pukkila als Dritter in der ersten Bank sitzen – ich hatte dem Propst bei einem passenden Anlass etwas bezüglich dieser Sache zugeflüstert, weil der Propst ein verträglicher Mann war und im passenden Moment zuhörte –, aber Langholma musste auch diesmal die Sache auf die Waage legen, als wüsste der Propst im Kirchenrat nicht, wo seine Nase sitzt, und bräuchte Langholmas Finger, damit er sich schnäuzen kann; ich fand es beschämend, dass Langholma in der Angelegenheit die Leier anstimmte, Krookla werde als Anderthalbhufe gerechnet, wo Pukkila nur mit einer Hufe in den Büchern stehe, und dass seiner Meinung nach deshalb Krookla vor Pukkila ein Platz in der ersten Bank zustehe; es stimmt natürlich, dass Krookla in den Büchern der Krone mit anderthalb Hufen verzeichnet ist, aber muss man im Haus Gottes denn halbe Sachen zählen, wo ganze Hufen eindeutiger sind, und muss ein Gemeindemitglied, auch wenn es Langholma heißt, in Fragen der Kirche und der Seligkeit gewichtigere Rechnungen aufstellen als der Propst? –, wenn ich also in der zweiten Bank sitze, in der Bank von Pukkila und den anderen Herren einer Hufe, und mir die Zweihufenherren sowie Krookla in der Bank vor mir betrachte, frage ich mich bisweilen, weil ich Muße habe und Langholmas Nacken die ganze Predigt über gleich steif und kerzengerade bleibt, da frage ich mich, weil der Verstand ja auch während einer Predigt beschäftigt sein will, frage ich und wundere ich mich: Sitzt du auch in deiner Stube so feierlich da wie in der Kirchenbank, und bist du auch auf der Pritsche in der Kammer während der gesamten wichtigen Prozedur dort immer derselbe Hofherr Langholma?

Es ist eben so, dass es einem auf die Eingeweide schlägt, diesen Mann zu betrachten, dessen Kinn eine Form hat, als wäre der Model seines Kinns der Model für alle Dinge auf der Welt! Darum trägt Langholma wohl auch den Bart so geschnitten, damit die ganze Welt sein Kinn sieht, die Kinnspitze, allerdings kräuselt es sich an den Backenkiefern noch genügend, damit man weiß, dass man einen Hofherrn vor sich hat, eine Hufe an jedem Kiefer, zwei Hufen zusammen, aber das Kinn, die Kinnspitze blank: Seht, hier ist ein Kinn, ein bestimmendes Kinn, ein starres Kinn, mein Kinn: Ihr werdet doch gehorchen? Und die Augen, das Augenpaar, als bräuchte der Mensch zum Sehen zwei Stück schlagfesten Stahls im Kopf, von der Sorte, dass beim anderen die Fußgelenke einknicken, wenn er davorsteht und gemustert wird: Was denkst du da in deinem Inneren? Wenn du vor mir stehst, wird deinem Willen das Genick gebrochen! Und der Mund, das Mundwerk, das Loch zwischen den Lippen unter dem Sattelgut von Nase: Ihr anderen redet und plaudert, aber ich treffe Aussagen! Der ganze Mann: Ich, Langholma, halte den Kopf oben, mögt ihr anderen sein, was ihr seid! Es ist in Gottes Namen falsch, wenn ein Mensch nicht bloß die Ländereien eines Sattelguts erbt, sondern auch noch die Visage eines Sattelgutsherrn und das, was sich hinter der Visage des Sattelgutsherrn verbirgt! Fragt sich, ob überhaupt ein Mensch ein Gesicht tragen dürfen soll, in dem wie mit dem Daumennagel hineingeschrieben steht: Wenn ihr anderen in Sachen Männlichkeit Ausstände habt, so habe ich Vermögen! Wer sollte rechtmäßig die Erlaubnis haben, in seinem Mannesmaß so breit zu sein, dass er anstelle der anderen als Mann auftritt, wenn diesen die Knie einknicken? Und wer hat Langholma eigentlich als Langholma der Gemeinde angeheuert? Brauche ich denn einen Vormund, und brauchen die anderen in der Gemeinde einen Vormund, auch wenn einem manchmal etwas Klitzekleines unterläuft und etwas herausrutscht, was für die Goldwaage gedacht war, ist es dann unbedingt nötig, sage ich, dass Langholma mit dem Zeigefingerknöchel auf die Tischplatte klopfen muss, als wären wir Buben und er der Schulmeister? Natürlich Langholma! Wem fällt sonst ein, Auskiek und Spähwache zu halten, ob die Hofpfosten angespitzt sind, nicht nur vor der Veranda des eigenen Gewissens, sondern auch an den Hoftoren, hinter denen Langholma das Geschäft des Nachbarn verfolgt und die Langholma als dem Nachbarn gehörig anerkennt? Die Efram Eframssons auf Langholma glauben, ihren Bart auch für die anderen zu tragen, den Fehler hatte schon der Vater, und den Fehler hat der Sohn, und darum bürsten sie bisweilen anderen den Bart, als wären sie die Herren auch der anderen Kinnladen und nicht nur der eigenen, sie bürsten sie selbst dann, wenn an den Kinnladen der anderen gar nichts juckt, obschon es ihrer Meinung nach dort jucken müsste! Das ist die Erbsünde bei Langholma, dass er auch den Bart des Gewissens so übertrieben gestriegelt hat, dass die Backe des anderen ebenfalls so in Fasson sein soll, wie Langholma die Backen in Schuss zu halten den Willen und die Mittel hat! Sapperlot, bei Weitem nicht jeder Mensch hat einen Zweihufenhof ohne Schulden geerbt und kann es sich leisten, auch bei der alltäglichen Plackerei ehrlich zu sein, und das sieben Tage die Woche! Sonntags, da wird freilich die Jacke gebürstet, da wird auch der Schmutz der Sünde aus den Säumen der Gedanken gebürstet und die weiße Hemdbrust der Feierlichkeit aus der Schrankschublade genommen, um das Hemd zu bedecken, aber es ist zu viel, und es ist ein Vorwurf ins Gesicht der anderen, wenn man auch werktags mit seinem Gewissen im Sonntagsstaat umhergeht, ein offener Vorwurf an diejenigen, die von Montag bis Samstag in Gewässern skullen müssen, die nicht immer sauber, ja manchmal sogar voller Mist sind! Wer hat ihn eingestellt, frage ich, wer hat ihn angeheuert, frage ich, wer hat Langholma die Papiere ausgehändigt, strikter als die anderen zu sein, strikter gegen sich und strikter noch gegen die anderen? Grund und Felder darf ein Mensch im Umfang von zwei Hufen haben, obwohl auch das schon teuflisch ist, wenn der andere sie nur im Umfang von einer Hufe hat, aber wo sind die Bücher der Krone, die einem Menschen einräumen, als normaler Mann ein Mann von zwei Hufen Größe zu sein?

Schau dir, Petter Pihlman Pukkila, jetzt den Langholma Efram an, den Efram Eframsson, den Sohn von Langholmas Efram Eframsson; wo bist du schlechter als der große Herr von Langholma? Du hast eine Nase, die geputzt werden muss, wie Efram sie hat, du gehst um die Ecke und bleibst deine Zeit hinter der Ecke, wie es Efram tut, wenn das Bedürfnis kommt, und der Kopf, die Innenseite des Schädels, der Stoff unter der Schale, hinter dem Knochen, das, wo das Denken kalbt und strampelt, der ist bei dir sogar lebendiger als bei Efram; verdammt, wenn du bis zehn gezählt hast, buchstabiert Efram noch die Zwei, und während Efram von der Waage noch das Liespfund abliest, linst du schon nach den Ziffern des Viertelpfunds, und die Zunge, die Zungenspitze, meine feine Zungenspitze, diese Spitze würde ich nicht gegen den Schwengel in Langholmas Mund eintauschen, selbst wenn dieser Schwengel das Gewicht von drei Hufen hätte; sapperlot, ich lasse mich auch von drei Langholmas nicht ausstechen, wenn der Verstand auf Trab gebracht und ausprobiert wird, wie dicht am Wind das Wort kreuzt, aber dennoch, Petter, selbst wenn du ein Mann bist, der dem Schlag eines Aals gleicht, und einen Verstand hast wie das Junge einer Schlange, wann würden je in einem Saal Bücklinge vor dir gemacht, so wie man sie jetzt vor dem anderen tut; sieh dir nur den jungen Haukinen an, den Burschen mit der dicken Kasse seines verstorbenen Vaters, der, um sich zu verlustieren – und er verlustiert sich an acht Tagen die Woche, wenn man den Sonntag im Kalender zweimal zählt –, der, nur um sich zu verlustieren und um den eigenen Schnabel zu heben, eine Fünf-Rubel-Goldmünze in einem Bogen von zehn Klaftern wirft, damit der Hund sie zwischen den Barschen im Meer hervorholt, sieh dir den jungen Haukinen an, wie er, ganz Kavalier, beim Menuett neben seiner Mamsell mit dem Absatz über den Boden kratzt und vor dem großen Onkel einen Bückling macht, so wie die Mama es ihm beigebracht, als das Knäblein noch eine weiße Schürze vor der Brust gebunden trug und das Mündchen noch nichts Bittereres geschmeckt hat als süßen Zucker! Und Abram, Abram Koelsuu, dass du es fertigbringst, dass du es fertigbringst, den Nackenstaken zu verbiegen, als hätte Gott das Biegeholz geschaffen, damit es sich wie ein Weidenzweig zur Gerte und Koelsuus Abram zum Bückling krümmt! Wann macht in einem Saal einer vor mir den Bückling, so wie es jetzt alle vor Langholma tun, auf der ganzen Seite des Saals, ob groß oder klein, als würde der Teufel hinter dem Arsch jeden der Reihe nach am Nacken ziehen! Und wann, Petter, hüpft Alastalo in seinem eigenen Saal hinter dir her, so wie er jetzt an Langholma hängt: ein Rockschoß links und ein Rockschoß rechts, als müsste ein Schwanz für zwei Fächer wedeln! Hüpfe, Herman, spring schön schmeichlerisch, aber klein siehst du an Langholmas Rockschößen aus! Würde man das Maß anlegen, dürftest du sogar länger sein als er, so viel, dass das Wasser auf Langholmas Seite im Untermaß laufen würde, und die Taillenwölbungen, denen sieht man, auch ohne zu messen, an, dass man deinen Darmgürtel bei Langholma bis ins letzte Loch ziehen müsste, wenn er denn überhaupt noch die Hose hielte, aber trotzdem, du siehst wie ein Knabe aus und Langholma wie ein Mann neben dir! Schau, mit der Drehschaukel verhält es sich so verhext, dass daran selbst eine große Planke nur einem Stück Holz gleicht, das im Kreise saust, aber das Nabenholz ist das Nabenholz, das an seiner Stelle bleibt, und du hast dich und deine Angelegenheit so platziert, dass du herumsaust, Langholma aber wie die Nabe steht. Freilich ist das eine gute Sache, denn ich gestatte gern, dass dein Speck ein bisschen schmilzt, aber in deinen Hosen würde ich mich schämen, wenn ich in meinem eigenen Saal um den anderen herumwieseln und der andere neben mir als der Größere von uns beiden meinen Fußboden und meine Teppiche betreten würde!

Obschon es auch für mich an Alastalos Stelle höllisch wäre, denn wenn es um etwas geht, ist der Pflock eben der Pflock und Langholma die Spitze des Pflocks in dieser Gemeinde: Der Pflock muss in den Balken, der sich dreht, ob man darüber nun in Rage gerät oder nicht! Scharwenzle also nur weiter, Alastalo, denn du hast dich selbst in diese Position gebracht, dass du scharwenzeln musst; leid tust du mir nicht! Es tut dem Menschen gut und ist auch für Adams Naturell gesund, insbesondere für Alastalos, wenn er als Großherr gelegentlich demütig seinen Nacken ölt und die Erfahrung macht, dass auch der Große klein ausfällt neben einem, der ihn überragt! Aber was im Groll dem Gemüte stinkt und was in der Leber beißt, schlimmer beißt, als man es aussprechen möchte, ist, dass einer in seiner Menschenhaut so als Stützholz auftreten muss wie Langholma. Wieso gehe nicht ich – oder geht meinetwegen ein anderer, von mir aus Eenokki – genauso breithüftig über die Bodenplanken? Wie Langholma besitzen auch wir anderen Gliedmaßen zum Ausschreiten und oberhalb der Gliedmaßen einen Körper in lotrechter Takelage. Aber gehe du, Petter, zum bösen Spaß mal durch den Raum und trage dabei dein Rückgrat, als hätte ein Mastbaum Beine, dann müsste das Verstandesblut hinter Lahdenperäs Stirnbein noch dicker fließen als sonst und das Lachfleisch auf Eenokkis Backenknochen noch sohlenhafter auf den Knochen liegen als sonst, damit keiner von beiden sich den Bauch schlapplacht über deine Sperenzchen. Doch Langholma, der darf mit steifen Nackenwirbeln und schornsteingeradem Rücken durch den Saal stolzieren, als wäre durch die Tür und über die Schwelle mindestens ein Hebeleisen aus der Schmiedewerkstatt getreten, wenn nicht die Eisenstange unterm Hahn auf dem Kirchendach, und lacht da etwa wer? Nein: Jeder hat ernste Backenmuskeln wie beim Steuernzahlen, und ringsum ist es feierlich, dass es, wenn man hören könnte, wie das Denken in den Köpfen der Menschen knackst, an allen vier Wänden im Saal nur so knistern würde! Haben wir andere Beine, damit sie schlottern, wenn wir an der Reihe sind, aufzustehen und uns zu verbeugen, weil Langholma vor uns steht und uns die Hand bietet? Ich schäme mich, schäme mich in aller Offenheit, wenn ich mit ansehen muss, wie jetzt auch Simonsson, der Geld-Simu, und der Simonsson neben dem Simonsson, der Reisig-Simu – Reisig-Simu hat am heutigen Tag sogar eine saubere Jacke übergezogen, in der Tat, eine saubere, eine ganz und gar ungeflickte Jacke heute, der Kerl! Sogar das Tuch an den Schößen steht feierlich seitwärts ab, mit genau den Falten, mit denen sie die zehn Jahre in der Kiste gelegen hat, die seit Reisig-Simus zweiter Hochzeit vergangen sind! –, ich schäme mich, ich würde mir am liebsten die Augen aus dem Kopf schämen, wenn ich sehe, wie beide Simus, die ernsten Simus – den Filou-Simu hat Alastalo gar nicht erst herbefohlen! –, wie beide gesetzten Simus, von denen jeder zu Hause so viel von dem hat, was man Geld nennt, so viel, wie ein Geizhals in zwanzig Jahren Knauserei an Silber und Scheinen in die Schublade schichten kann, wie beide Simus, von denen man nicht weiß, ob der Geld-Simu bei seinen alltäglichen Anschaffungen dürrästiger ist als der Reisig-Simu oder der Reisig-Simu nach dem Handel eine dickere Geldbörse hat als der Geld-Simu, wie beide Simus jetzt aufrecht vor Langholma stehen, wie von derselben Sprungfeder vom Stuhl geschleudert: Die anderen haben die Simus im Sitzen begrüßt, so wie derjenige es tun soll, der Geld zu Hause hat, aber jetzt, jetzt, jetzt muss sich verbeugt werden, mit leichtem Arsch, der Reisig-Simu voran, weil er als Erster an die Reihe kommt, der Geld-Simu hinterher, weil er erst danach dran ist, aber er verbeugt sich zweimal, beim ersten Mal für nichts und nur zur Übung, während sich Reisig-Simus Nacken biegt, und beim zweiten Mal von sich aus und im Ernst vor Langholma. Damm!, sagte Evald mit zwei Jahren, als er noch nicht verdammt sagen konnte, und verdammt sage auch ich, wenn ein behaarter Mann seine Behaarung in der Haut verschwinden lässt und glatt wird und der Geld-Simu höflich und der Reisig-Simu vornehm! Fehlt nur noch, dass der Filou-Simu als Dritter in der Reihe stehen und vor Langholma einen Diener machen würde, fromm wie der alte Fuchs als Lamm! Reisig-Simu, den hält es nicht mehr auf dem Stuhl, nachdem er es einmal gelernt hat und den respektvollen Diener beherrscht: Der Rockschoß kratzt noch immer mit dem Schwanz am Rand des Stuhls wie bei der Bachstelze die Schwanzfeder am Steinvorsprung, und den Bückling, den Geld-Simus Nacken sinnlos und um der Übung willen vorab mit Reisig-Simu zusammen ausgeführt hat, den führt Reisig-Simu jetzt pflichtbewusst zusammen mit Geld-Simu aus, da es bei diesem ernst wird und er wahrhaftig den Nacken beugen muss, das Weiße im Auge fest auf Langholmas Augenweiß gerichtet! O wahrhaftige Wahrheit und zehn Kopeken Seelenfrieden im Klingelbeutel! Muss der Mann wirklich wie ein gescherter und gewaschener Widder vor Langholma stehen! Und Alastalo, Herman Mattsson Alastalo, bei dem liegen jetzt sogar die Ohrmuscheln beidseitig glatter am Kopf an, wie er sich einen abbricht, wie er einen auffordert, obwohl er so tut, als forderte er keinen auf, wie er antreibt, obwohl er so tut, als würde er niemanden treiben, wie er salbadert, aber nicht befiehlt, wie er faucht, aber nicht angreift: Zum Schaukelstuhl, zum Schaukelstuhl, der ist frei geblieben (»der ist frei geblieben!« – Wen hat man denn dorthin befohlen? Mich jedenfalls nicht!), jau, Simonsson hat dann doch kommen können, Fritiof, so wie wir es besprochen hatten, und Simonsson auch, Frans, zu Filemon bin ich gar nicht vorgedrungen (»nicht vorgedrungen!«, verflucht, als hätte ich nicht mit meinen eigenen Pukkila-Augen zugesehen, wie Alastalo letzten Sonntag auf dem Kirchenhügel von hinten einen klafterweiten Bogen um den Filou-Simu machte, als wäre dieser aus dem Spital entwichen: Der Filou-Simu ist Alastalo nicht gut genug, seitdem der letzten Winter sein lahmendes Pferd in Alastalos Stall schlawinerte!); auch Vuorniemi ist gekommen, ich war ja kurz auf Vuorniemi, weil ich dachte, ich wage es doch mal, ihn zu stören, weil sein Ufer gerade auf dem Kurs lag, und hier ist er nun und sieht nicht so aus, als wollte er uns fressen! (»Ich wage es, zu stören! Sieht nicht so aus, als wollte er uns fressen!« Als würde man dem Mann, der da vor Langholma an seiner Wange saugt wie an einem Klumpen Karamell, nicht ansehen, dass er, Aatu Vuorniemi, sich bereits im sechsten von sieben Himmeln befindet, weil er, Aatu Vuorniemi, sich unter den Großen in Alastalos Saal befindet und Langholma ihn persönlich begrüßt wie seinesgleichen. »Lag auf dem Kurs!« Als hätte auf Alastalos Kurs in den letzten Wochen nicht so ziemlich jedes Ufer in der Gemeinde gelegen, an dem es einen Mann gab, auch einen mit winzigem Hof, von dem die Nachbarn wussten, dass er Geld auf Schuldscheinen hatte und ein Namenszeichen, das er auf die Schiffspapiere setzen konnte: Der Fuchs prahlt wohl kaum mit seiner langen Zunge, wenn er von einer niedrigen Eberesche Beeren zupft!). Auch zur Sache werden wir noch kommen, sobald es so weit ist, aber erst mal weg mit aller Hektik: Wird nicht bald auch von der Stube her der Kaffee aufgetragen? Soweit ich höre, klimpern dort schon die Tassen! (»Klimpern, klimpern«: Natürlich klimpern sie, weil Eevastiina in der Stube tätig ist: Seit dem Morgen rennt sie umher, und die Säume sausen durchs Haus wie im Wind, Siviä im Flug, Rauha in Eile, die Hausherrin selbst so geschwind, als hätte sie ihre zwei Augen auf drei Richtungen gleichzeitig zu richten und auf zwei weitere dazu und noch mehr, natürlich klimpern sie: Das Tablett, das Tablett aus London, Alastalos großes Festtablett steht seit Stunden auf der Truhe bereit, die Tassen, Alastalos Sonntagstassen, die Goldkranztassen vom obersten Brett des Geschirrregals, drei Dutzend blinkende Tassenpaare, Ober- und Untertasse aus echtem weißen englischen Porzellan, so sauber und in weitem Bogen aufgereiht, wie nur Eevastiina,

Alastalos Auge und Hand, die Tassen auf Alastalos Tablett platzieren kann; natürlich klimpert es: Alastalos großer Kessel, der Erntekessel, der Erntekessel der ganzen Gemeinde hängt mit schwelender und schwellender Flanke schon im offenen Kamin am Haken bereit, von Eevastiina selbst gekocht, von Eevastiina selbst verlängert, von Eevastiina selbst als gekostet und berochen und als vollmundig befunden bei zehnmaligem Anheben des Deckels und zehnmaligem Probieren mit der Zunge; natürlich klimpert es, wenn man am Fenster gewacht hat, was die Augenpaare dreier Frauen an den Fenstern hergaben, das dritte davon gehörte Eevastiina: Sind die Gäste schon alle im Saal, ist Langholma schon da? Härkäniemi ist gekommen, Krookla ist gekommen, auch der Pukkila Petter ist gekommen, Rauha, schau aus dem Ostfenster, Siviä, halte am Südfenster die Augen auf, ob Langholma kommt, herrjemine, er steht schon am Vorhaus! Rauha, Kaffee einschenken! Siviä, Tassen halten! Wo habt ihr eure Augen, Mädels, dass ihr nichts sagt, und dabei tut ihr so, als stündet ihr am Fenster, muss ich denn selbst an jedem Fenster sein! Wie die Diebe kommen die Gäste ins Haus, und wir haben den Kaffee noch nicht in den Tassen! Sogar Langholma ist schon da! Musstest du, Siviä, dem Janne hinterherschauen, als er zum Ufer lief, da du nicht auf Langholma aufgepasst hast? Schnell jetzt! Rauha! Und Siviä erst recht! Auf Alastalo sollen die Gäste nicht mit trockenem Mund dasitzen, wo doch auch Langholma schon im Saal ist! – Und dann wagt sich Alastalo, sodass ich es höre, zu sagen: »Sie klimpern und klimpern!« Warum sollten sie nicht klimpern, wo mit ihnen doch geklimpert wird, und warum sollte nicht wie in der Fibel nach dem A das B kommen, nämlich hier auf Alastalo der Kaffee, nachdem der große Gast in den Schaukelstuhl gesetzt worden ist, also derjenige, dem als Erstem eine Tasse angeboten wird?)

Pukkila war so gallig, dass er sich das ganze Theater am liebsten gar nicht mit den Augen angesehen hätte. Soll Alastalo doch quasseln, es ist bekannt, dass er einen Mund hat, und soll Langholma doch stolzieren, man weiß auch, wenn er nicht stolziert, dass sein Name in den Kirchenbüchern steht; obwohl man sich, verdammt, fragt, ob Langholmas Name überhaupt hineinpasst, so breit, wie er jetzt durch den Raum schreitet, und dann seine Art, die Hand zu geben, als müsste sich auch ein Großer über den Graben hinweg strecken, wenn der Hofherr von Langholma seinem Nachbarn die Hand leiht, sollte Efram Langholmas Name etwa mit größeren Buchstaben auf den Seiten des Kirchenbuchs stehen als Petter Pihlmans, Pukkilas Pihlman, dieses Pihlmans hier? Ich schäme mich für Alastalo, schäme mich für den ganzen Mann, weil er scharzwenzelt, der Herman, ein selbstständiger Mann, Herr seines Hauses, Kapitän seiner Brigg und Anteilseigner bei jedem Schiff in der Gemeinde, welches Rahen quer am Mast hat, ich schäme mich, weil er scharwenzelt, ein Mann von zwölf Liespfund auf den Bodendielen seines eigenen Saals und in seiner eigenen schuldenfreien Weste, scharwenzelt an den Rockschößen eines anderen Mannes, als wäre es bei Gericht in den Büchern der Krone festgehalten worden, dass auch ein dicker Nacken vor Langholma aalglatt sein muss! Ich habe nichts gegen Langholma, er ist ein mannhafter Nachbar, hat den Grenzzaun immer fest geflochten und gestützt, zum Teufel damit, dass man den eigenen Zaun dann ebenfalls so gut in Schuss halten muss, dass kein Schafsfloh durch einen Ritz auf Langholmas Seite schlüpft, weil sonst der Nachbar wie der ausgestreckte Zeigefinger des Gesetzes am Zaun steht! Aber ja, der Mann ist trotz allem eine rechte Strapaze als Nachbar wie in anderen Angelegenheiten der Gemeinde, und es peinigt mein Herz, wenn ich Langholmas Gesichtsfassade sehe: Lieber würde ich mich gelegentlich zur Erfrischung mit einem anderen Menschen streiten, anstatt immer zu gehorchen, weil der Teufel stets im Recht ist und weil seine ganze Fasson sagt, dass er immer recht hat! Kann es tatsächlich sein, dass jemand als Haustafel zwischen die anderen gehängt worden ist? Und was für eine Vollmacht, was für eine verdammte Siegelurkunde besitzt ausgerechnet Langholma, das Kinn auf diese Art und in dieser Manier zu halten, als hätte er in der Tasche ein Papier und Protokoll darüber stecken, das besagt, dass sich der Mund dieses Mannes nur öffnet, wenn es um die Sache geht, und dass die Sache stets auch im Namen der anderen gesagt wird, wenn der Mund dieses Mannes etwas sagt? Ich gönne Alastalo gern jede kleine Motion und sonstige Nackenerweichung, aber, wahrhaftig, drängt da nicht doch ein kleines Mitleid in den Sinn, in den sündigen Sinn, ein kleines Balg des Bedauerns, ein Kälbchen als Balg des Bedauerns, wenn man mit ansehen muss, mit eigenen Augen das Gesehene aufnehmen muss, wie geschwind der Mann mit dem größten aller Bäuche sich beeilt, weil er den Willen hat, geschwind zu sein: Trip! Jetzt wird links von Langholma geächzt. Trap! Jetzt wird sich ans andere Ohr vorgeschoben. Dass du dich nicht schämst, Mattsson, dich selbst so zu martern: Schon schwillt dir der Schweiß auf der kahlen Stirn, und dein Bauch, denke an deinen Bauch, was hat der Sack für eine Eile, auch wenn das Paar Stifte darunter noch so geschwind im Trab ist! Auch wenn du schwankst, auch wenn du dich krumm machst wie ein armer Sünder beim Glaubensbekenntnis, glaubst du denn selbst, dass die Säule sich beugen und Langholmas Nacken weich werden wird? Du bist Alastalo und bleibst Alastalo, selbst wenn du dich wie drei Alastalos abmühst, und Langholma ist Langholma und bleibt Langholma, auch wenn zehn von deiner Sorte um ihn herum den Bückling machen! Wann wäre dir in den Sinn gekommen, deine Tochter könnte als Schwiegertochter auf Langholma landen? Warum nicht, ja, warum nicht, aber ist dir überhaupt der Gedanke in den Sinn gekommen, der Ableger eines Gedankens wenigstens? Auch das Springpferd setzt nicht an der Stelle über den Zaun, wo die Stange höher liegt, als seine Schnauze reicht! Habe ich je bei Evald an Langholma gedacht? Langholmas Töchter werden verheiratet, ja, das weiß ich, und heiratsfähig sind sie, aber die werden in die Verwandtschaft und an Hufengüter verheiratet, wie es das bessere Wissen des Vaters weiß und wie es das deutliche Wort des Vaters sagt! Wann ist von Langholma je eine Tochter in ein anderes Haus gegeben worden als in eines, in dem es schon Verwandtschaft gibt und vererbten Lehmboden, so weit die Erinnerungen des Großvaters bis in die Tage seines Großvaters reichen, und wann ist für Langholma eine andere Schwiegertochter gut genug gewesen als eine, die ihre Wurzeln im Blut der Väter des eigenen Hauses und den Takt der Scholle als Erbschaft hat, um Hausherrin auf Langholma zu werden? Langholma, wie schon die Langholmas vor ihm, versteht sich aufs Geld und dessen Wert und auch auf den des Lehms: In welchem anderen Haus als auf Langholma steht bei der Erbteilung für jedes Kind ein silberner Pokal im Schrank, und wo liegen für die Hälse der Töchter und Schwiegertöchter schon Erbketten bereit, in welchem anderen Haus als auf Langholma hat der Vater in jeder Generation per Handel oder Heirat für jeden Sohn ein volles Haus ausersehen und für jede Tochter den Platz als Herrin im geerbten Haus; aber die Langholmas schauen noch auf mehr, für die Langholmas gibt es zwei Sorten Geld und zwei Sorten Lehm: geerbtes Geld und geerbten Lehm oder Geld, das auf der Oberfläche nicht den Schimmel des Erbes hat, das gern auch glänzend neu sein kann, und solchen Lehm, über den nicht die Absätze von Vater und Großvater getrampelt sind, und vordem dessen Großvaters Absatz, Lehm also, den sich der Mann allein mit der Bissigkeit seines Kieferknochens und der Flinkheit seiner Finger beschafft hat. Und glaubt Langholma etwa, glaubt sein Vater und glaubt er selbst an das andere Geld und den anderen Lehm, an all das, was nicht nach dem Schweiß der Erbschaft riecht, sondern was dem Manne deshalb zugefallen ist, weil ein geschickter Mann eben selbst dafür sorgt, dass ihm Land und Mittel zufallen? Nein, zum Teufel, er glaubt nicht daran! Er begibt sich selbst an die Stellen in den Büschen, wo die Geldbeere gepflückt wird: Er wäre heute nicht hier und würde jetzt nicht durch diesen Saal stolzieren, hätten sich die Nüstern der gierigen langholmaschen Nase nicht geweitet, als von der Bark die Rede war, und hätten Geld gerochen, aber es ist ein Stück des Wegs vom Stiel der Forke bis zu den Zinken, die auf dem Feld die Zutat wendet, und bei Langholma misst der Abstand zwischen Geld und Mann eine Armlänge. Es ist teuflisch, aber wahr: In Langholmas Augen wird der Mann dem anderen nicht ebenbürtig, nicht mit Geld, nicht durch Erwerb, und ist, zum Teufel, ihm seiner Meinung nach nicht ebenbürtig, wenn er nicht zur Verwandtschaft gehört, zur Wurzel der Sippschaft, zur verdammten familiären Meerrettichwurzel, mehr sage ich nicht; wenn der Großvater ein Knecht war, so wie es dummerweise bei mir der Fall ist, der ich eine Tochter geheiratet habe und dadurch zu einem Hof gekommen bin, ja, eine Tochter geheiratet hat er, der aalglatte Kerl, Pukkilas Tochter, verflixt, und ist Bauer geworden, Bauer von Pukkila, zum Teufel; so bin ich, sapperment, in Langholmas Augen der Enkel eines Knechts und werde noch in den Augen von Langholmas Sohn zeit meines Lebens der Enkel eines Knechtes bleiben, auch wenn ich so dick Geld am Leib hätte wie die Eiderente Federn!

Sieh nur, wie Alastalo jetzt am Trippeln ist! Ein vermögender Mann, gebe ich zu, auch wenn ich es nicht sage, zweifellos ein vermögender Mann, an jedem Schiff der Gemeinde beteiligt, bei einigen sogar mit einem großen Anteil, ein Mann von eigener Hand, ein Mann von eigener Hand sein Leben lang, mit Fängen wie ein Habicht: Würde man die Ziffern zählen und den Geldwert wiegen, kaum dicker möchte Langholma samt seinem Erbe dann als Alastalo sein, als Herman Alastalo, des dünnen Alastalos dicker Herman. Und doch ist Herman neben Efram bloß ein Bub, ein Bub auch nach der Meinung von uns anderen! Es ist gottlos, dass es so sein muss, es wurmt mich selbst, es fuchst mich bis in die Wurzel eines jeden Härchens auf der Haut, dass der eine Mann neben mir einer Wanne gleicht, während ich wie ein Eimer bin, dass mir dort, wo ich gegen Langholma ankommen müsste, die Natur in den Stiefelschaft rutscht und ich bis in die Härchen aus weicher Schafswolle bin, obwohl jede Schuppe meiner Haut wie ein Hammel dagegen anstößt!

Auch bei Alastalo geht mir manches gegen den Strich, aber mich kratzt das Mitleid auf der Gewissenshaut, weil sich da ein Mensch sein Leben lang gestopft und gemästet hat, bis er einer wie Alastalo geworden ist, und dann doch klein aussieht, ja, Scheibenkleister, klein erscheint neben dem anderen, der in seinem Leben kein Amt und keinen Posten innegehabt hat, als zeit seines Lebens Langholma zu sein, Langholma, gerade so, als gälte es auf der Welt nichts weiter zu sein als Langholma, um als Mann Gewicht zu haben und die Gemeinde zu betrachten wie der Schafsbock seine Herde! Sind wir anderen deiner Ansicht nach Hammel, nur weil dein Hörnerpaar höher sitzt, und müssen wir uns selbst für Hammel halten, die für diejenigen mit den Hörnern ihr Geweih hochhalten und sich umblicken? Es zieht dem menschlichen Verstand bei lebendigem Leib das Fell ab, wenn einer nichts weiter als er selbst zu sein braucht, um größer als die anderen zu sein, und dass mir Gott nicht nach demselben Ellenmaß Haut auf die Knochen angemessen hat wie dem anderen! Ist es denn ein so großes Verdienst, als Langholmas Efram, als Efram-Balg in der Wiege auf Langholma die

Windeln nass gemacht zu haben, und haben die Rotznasen von Langholma etwa einen höheren Rang als andere Gören? Warum also trägt der Herr von Langholma seine Nase, als wäre es ein Möbel aus anderen Knochen als der Stutzen, den sich gewöhnliche Christen in ihrem Gesicht schnäuzen, und warum wird über Langholmas Töchter und Langholmas Söhne gewacht, als wäre bei ihnen das Blutgebräu unter der Haut ein anderer Saft als der rote, der bei jeder anderen Miina und jedem anderen Vihtori aufs Bettlaken schießt, wenn sie Hochzeit üben! Meine Menschennatur erträgt es nicht, schluckt es nicht die Kehle hinunter, dass einer ein Butt ist, wenn ich ein Strömling bin, und dass ein anderer Mensch eine breitere Sohle hat als ich! Wäre ich im Saal Gottes, würde ich mit den Zähnen knirschen, wenn sich da ein Teufel einbildete, sein Fell wäre frömmer als meine Härchen! Und ich ertrage es auch hier nicht, ohne dass mir die Leber dick wird, wenn einer sich hier für größer hält, und sei es Langholma, wenn ich nicht selbst der Größere bin! Jetzt bin ich an der Reihe, in die Hand einzuschlagen, die Pfote hinzuhalten, die Pfote artig in Langholmas Vorderlauf zu schieben! Auch Eenokki, Eenokki sogar, verdammt, Eenokki Karjamaa steht in seinen eigenen Hosen aus Tuch vor dem Sofa, als würde er in einer geliehenen Büx dastehen; hat es geschafft, sich hinzustellen, ist geschmeidig auf die Beine gekommen, obwohl sein Hinterteil anfangs schwer wog und die Zeremonien sitzend quittiert werden mussten, ist einfach so aufgestanden, wie ein Mann in seiner eigenen Stube für den anderen von der Bank aufsteht und die Hand hinhält, kam wie geschmiert mit den Beinen in Bewegung, als Langholma leibhaftig vor ihm stand! Und steht jetzt da wie ein Hund auf Wache: Barmherziger, sogar die Pfeife wird aus dem Mund gewischt, Eenokkis Pfeife höchstselbst, aus Eenokkis eigener Kinnlade, und das Nackenscharnier, Eenokki Karjamaas Nackenscharnier wird in Betrieb gesetzt! Verflucht aber auch, dass man hinschauen muss, wie ein Mann sich martert und verbeugt und ein Arsch von zwei Hufen Breite federleicht nach oben schwingt! Ach, Eenokki, würdest du auf Karjamaa in der Stube sehen, dass der Teigzuber in der Ecke leichtsinnig wird und mitten in den Raum spaziert, um Polka zu tanzen, dann würdest du sagen, der Teigzuber ist närrisch geworden, aber was würdest du über dich selbst sagen, wenn du dich vor Langholma stehen sehen würdest, als höflicher Hofherr von Karjamaa? Gott sei Dank hast du immerhin den Nacken an der Stelle des Körpers, wo der Kopf gesenkt wird! Aber, o süßes Brot und Susanna im Saunabottich! Bist du dafür dein Leben lang der Eenokki von Karjamaa gewesen, dass dein Genick geschmeidig wird, wenn Langholma dir die Hand hinhält? Ich würde dir verzeihen, wenn du wie ich wärst und dein Großvater der Knecht von Pukkila gewesen wäre, aber weil das Stützholz der Herkunft ebenso fest im Lehm von Karjamaa sitzt wie der Zahn im Kiefer und dieser Kiefer vom Knochenklotz her von der gleichen Fasson und an allen Ecken gleich gezeichnet ist wie derjenige, der schon im Kiefer des Eenokkis am Werk war, den dein Großvater seinen Großvater genannt hat, wer befiehlt dir da, schlaff an einem Teil des Körpers zu sein, zumal im Nacken? Dass du dich nicht schämst, wenn nicht vor dir selbst, so vor deinem Papa, der schon sagte, sollen sie auf Langholma doch tun, was sie wollen, auf unserem Feld, auf dem Feld von Karjamaa, wird sich an keinem Stein vergriffen, den der Vater auf dem Ackerstreifen liegen ließ, und soll der Verstand in den Köpfen der anderen auch erschlaffen, bei unseren Hofherren, den Hofherren von Karjamaa, erschlafft nichts, weder Verstand noch Nacken, weil Gott uns keinen Schwanz gegeben hat, der hinten am Rücken schlapp herabhängt! O, einstiger Eenokki, du echter Hofherr aus der Zeit von einst, Eenokki von Karjamaa, zwanzig Jahre schon faulst du im Humus des Kirchhofs vor dich hin – obwohl ich nicht glaube, dass dein Kinn schon morsch geworden ist: Es war ein harter Knochen! –, was würdest du jetzt über deinen Sohn sagen, den schlaffen, wenn du sehen würdest, wie dein Sohn, dieser Eenokki, Herr von Karjamaa wie du, Träger des gleichen Kiefers wie du, der gleiche Pfeifenlutscher wie du, wie dein Sohn Eenokki Karjamaa in Eenokki Karjamaas Büx dasteht und vor einem anderen Mann höflich tut, mit der Pfeife in der Hand und nicht zwischen den Zähnen vor Langholmas Efram steht, vor dem Sohn des Efram, mit dem du zehn Jahre lange vor Gericht um das Erbe deiner Schwester gestritten hast, um das Erbe von Efrosyne, weil sie auf Langholma Sachen von Karjamaa an sich rissen, obwohl Efrosyne nur Karjamaas Tochter war und nicht der Sohn, wenn man sie auch mit Langholmas Efram-Vater verheiratet hatte und sie die Mutter des Efram-Sohns war! Ach, Eenokki, du, Eenokki, Sohn Eenokki, dessen Gesicht das Erbkinn aller Eenokkis von Karjamaa anvertraut worden ist, dass du dich nicht einmal schämst angesichts dieses Kinns, dass du die Erbknochen bemühst, Nacken und Becken eines Herrn von Karjamaa, die ein Herr auf Karjamaa vom Vater zum Sohn stets nur für den Bedarf des eigenen Hauses bewegt hat, dass du dich nicht schämst, den beweglichen Knochen in deinem Eenokki-Karjamaa-Körper zu bemühen, um ohne Grund eine Elle weit vor einem anderen Mann zu stehen, wo auch die im Sitzen ausgestreckte Hand eines Herrn von Karjamaa gut genug wäre, um den Vorgang der Begrüßung bei jedem aus der Gemeinde und auch von außerhalb auszuführen! Woher hat Langholma an seinen Händen die Schnur, das Schnurende, das jetzt auch Eenokki mit einem Ruck vom Sofa hochgezogen hat, aus der Sofaecke, wo er stabil gesessen hat, auf Eenokki-Art besonders stabil, auf die Beine gezogen, damit er in voller Größe vor dem Sofa steht und etwas lernt, was Eenokki vermutlich in Gedanken für eine Verbeugung hält? Ich wundere mich darüber bei Langholma, ich wundere mich und ärgere mich, es fehlt nicht viel, dass ich deswegen schimpfe: Sogar ein Vetter, ein voller leiblicher Vetter und ein Mann überdies wie Eenokki Karjamaa, muss sich erheben, da hilft kein Haus und auch nicht das Gewicht des Erbbluts im Hintern und im übrigen Körper, nein, es muss gelichtet werden, man muss zuerst die Stelle am Hintern leichter machen, die der Mann zum Sitzen hat, und wenn die um ein, zwei Zoll vom Sofa in die Luft gewuchtet worden ist, steht der Mann in einem Zug schon aufrecht da, wie von einer Sprungfeder gelupft, und was bleibt dann selbst einem Eenokki, dem jetzt aufrecht stehenden Mann, anderes übrig, als sich an der Kunst des Verneigens zu versuchen, da er Langholma vor sich hat, sich so gut zu verneigen, wie er kann, da er nun einmal aufrecht auf den Beinen steht!

Wäre Langholma Kapitän und hätte in Häfen zu tun, wie erginge es dann den Konsuln, auch den dicken? Ich fürchte, selbst ein Reichskonsul würde auf seinem Stuhl und in der Nackengegend höflich werden, wenn Langholma ins Kontor spazierte: Konsuln sind auch keine sitzenderen Männer als Eenokki Karjamaa! Aber was fährt jetzt in mich? Ich weiß es besser, aber verdammt, es zuckt! Warum kann ich nicht sitzen, sitzen bleiben, im Sitzen vom Sofa aus die Hand hinhalten, so wie ich es bei Lahdenperä tun würde, wenn der zur Handkollekte durch den Saal spazierte, warum nicht, könnte doch zum Beispiel mit Eenokki neben mir plaudern oder an Lahdenperä vorbei mit Härkäniemi über andere wichtige Dinge, während ich Langholma die Hand leihe, jetzt, da ich an die Reihe komme? Warum nicht? Ich könnte auch quer durch den Saal Krookla etwas fragen: Mikkelsson, hast du schon den Hafer eingebracht? Aber verflixt, mache ich es etwa so? Nein; nein, zum Donnerwetter, auch wenn es klüger wäre und Alastalo merken würde, dass nicht alle Langholma für einen so großen Sack halten wie er! Nein, ich mache es, verdammt noch mal, nicht so, obwohl mir der Teufel wie verrückt im Blut umherspringt und es mannhaft wäre, mannhaft zu sein! Diesen Langholma hat Alastalo hergeschleift, um mich unter dem Daumen zu halten, und ich, der kleinlaute Knabe, begebe mich unter den Daumennagel, krieche selbst darunter! Was ruckt da jetzt in den Backenmuskeln und zuckt in den Augenwinkeln? Selbst wenn ich mein Arschfleisch mit einem Steinbolzen befestigt hätte, stehe ich nun aufrecht da: Der Bürzel schwingt aus, da Pukkila krumm vor einem, der größer ist als er, dasteht, und das Gesicht ist mit einem Lachen gebuttert, weil der gnädige Langholma die bettelnde Hand Pukkila Petters aufgepickt hat! Ich würde mir selbst das Fell abziehen, wenn ich mich von der Seite sehen würde: Müsste ich die Hand des Größeren auch noch ablecken? Lahdenperä röchelt und keucht neben meinem Ohr, räuspert sich die Kehle glatt, damit er bereit ist, wenn er drankommt: Verhält es sich so, und ist es christlich, dass ein Mann, der vom selben Pfarrer getauft wurde und auch noch mit Wasser aus demselben Stein, dem anderen die Hand erst dann zu bieten wagt, wenn er seine inneren Schächte gekehrt und die Rotzklappen am Schornstein seiner Kehle geöffnet hat? Es ist ein gottloses Ding, wenn bei einem Mann die Beine Anstalten vor den Augen eines anderen Mannes machen, der auch nur auf seinen eigenen Beinen steht! Ist das Gewicht des Liespfunds an Langholmas Körper eine andere Sorte Liespfund, sodass wir anderen leichtgewichtiger sind, wo er schwer ist? Und an welcher Waage liest man die Ziffer ab, die sagt, dass meine Augen es nicht aushalten dürfen, wenn Langholmas Auge bohrt und blickt? Was ich jetzt weiß, ist, dass, wenn Langholma seinen Namen in Alastalos Barkbuch schreibt, so wie er es gewiss tun wird, ich mich beeilen werde, meinen Namen nach ihm hinzuschreiben, flugs werde ich die Kringelschwünge meines Namens schreiben, auch wenn mir das Blut kocht wie das Wasser unterm Topfdeckel und die Gedanken wie Schweinsborsten von innen an der Hirnschale kratzen. Auch das würde ich schlucken, ich würde es schlucken, denn es weiß kein anderer als ich davon, ich selbst, aber wenn auch die anderen, die anderen Schafe sich zu Schafen machen, zu Bravschafen, sobald Langholma durch die Schar spaziert, und in der Herde hinterhergehen, wenn Langholma als Schafsbock vorneweg stolziert, dann wurmt mich das, es wurmt mich höllisch, es frisst mich auf, es frisst mich bei lebendigem Leib: Wer hat dir ein Hörnerpaar gegeben, dem jeder ansieht, dass es einem Schafsbock und keinem Hammel gehört? Was ich mir nicht verzeihe, ist, dass die anderen demütig vor dir stehen, und ich selbst mit ihnen, dass du der Primas im Gatter bist, wo doch auch die anderen Wolle auf der Haut haben! Wo, im Buch Mose, steht geschrieben, dass ich ein Schaf unter Schafen bin, wenn Efram Langholma der Bock in der Herde ist, und dass jeder in der Gemeinde den Zeh ausgerechnet in Langholmas Hufspuren setzen soll, wo doch auch die Schwänze von anderen nach Schafsbock riechen! Ich, zum Donnerwetter, schlage hier in die Hand ein und behalte eine brave Schnute, eine fromme Schnute wie ein Schaf, aber der Verstand, der Verstand treibt Hörner aus, Gehörn, sie biegen und sie krümmen sich wie ein Hörnerpaar hinter dem Stirnbein, und damit würde er zustoßen, wie ein Bock zustoßen, wenn er es wagte, so zuzustoßen, dass die Knochen in Langholmas Heuhocke bröckeln und man es im Saal krachen hören würde bei dem, der ebenfalls Hörner hat! Ich würde zustoßen! Aus der Lust der Hornwurzeln herausstoßen, aber ich glaube nicht an meine Beine; die Staken stolpern, all die anderen Mistkerle wissen, und Langholma weiß es auch, dass meine Hachsen hadern und versagen würden, wenn ich es auch nur versuchte, der ganze Saal weiß es, alle im Saal wissen es, auch Alastalo, dieser Gauner, der weiß es sowieso, dass der Pukkila

Petter nur was die Zinken von Hörner anbelangt gefährlich ist, was das Klirren der Hörner und das Ballen der Zehen betrifft, aber dass die Beine, die Beine, die Beine klein sind und dass mir sogar ein Widder, sogar Härkäniemi mir beim Hörnergemenge beibringt, wie man Walzer rückwärts tanzt! Ei, ei aber auch, wenn man sich selbst in die Tasche stecken und nach außen hin ein frommes Gesicht zeigen muss, obwohl der Teufel wie verhext unter den Nägeln aller zehn Finger tobt und es in der Spitze des einzigen erbärmlichen Zungenfetzens von Hunderten Satanen wimmelt! Selbst ein Engel würde sich beweinen, wenn er in meiner Haut steckte, und käme sich haarig unter seinem weißen Gewand vor, wenn in seinem Körper so ein Hufschmerz strampelte wie bei mir und er sich die Himmelsweisen aus der Nase leiern müsste, obwohl es zwischen seinen Zähnen vor Pech und Schwefel dampft und lodert. Habe ich meinen Nacken dafür, dass er gebeugt werden muss, und bin ich Pukkila dafür, dass ich vor den anderen rotiere? Krummholz habe ich aus Espenholz gebogen, und das biegt sich, biegt sich, ohne dass ein Span ausfasert, wenn es eingeweicht worden ist, aber Gott bewahre, wie es sich sträubt, bevor es Krummholz und gestaucht ist: Bei meinem eigenen Nacken habe ich jedoch mehr zu stauchen, weil Natur und Grimm ihn gerade halten, aber die Kenntnis und die Kunst des Verstehens sagen, dass er gebeugt werden muss. Ist Langholmas Hand in diesem Moment dabei, als Biegekraft gegen die Rückseite meines Kopfknaufs zu drücken und ihn zu erweichen, so wie die knöcherne Flosse der alten Mutter bei der häuslichen Katechisation, bevor Petters Nackenstrang elastisch und menschengemäß war und vor dem Pastor seine Zuckung machte? Ein Hofherr bin auch ich, und Kapitän dazu, der Herr von Pukkila, Pukkila-Pukkila, und Kapitän der *Usko*, Pukkilas *Usko*, wer sagt, dass die Scharniere in meinem Nacken geschmeidiger geschmiert sind als die bei Langholma, dem großen Langholma, Langholma dem Großen, soll er von mir aus noch größer sein! Beim Haarwuchs Esaus und bei Jakobs Erbsengericht, ich bin kein Mann und kein gar nichts, sondern ein Jammerlappen und krieche unter den Daumen: Schön, dass ich nicht auf alle viere gehe, wenn der mächtige Langholma dem Pukkila die Hand leiht, dem Pukkila die fünf Finger seiner Hand, dem kleinen Pukkila! Sind wir nicht Hofherren in einer Gemeinde, und stehen wir nicht in derselben Gemeinde im Grundbuch? Wird man dir auf dem Friedhof ein Grab von vier Ellen bemessen und mir eines von drei, wenn wir einmal kalt und Kadaver sind? O kalte Wut, dass der Mensch sein eigenes Genick knicken muss, obwohl kein Teufel ihm mit dem Daumen in den Nacken drückt! Es ist die Erbsünde in den Knochen des Menschen, dass sie in ihrem Grundriss nicht halten, sondern dass der Rücken sich stattdessen krumm macht und demütig buckelt, obschon das Blut in seinen Röhren stampft, als wäre der Teufel los im Trog! Bei Esaus Behaarung und Jakobs Erbsengericht, sage ich noch einmal und mit noch mehr Ernst! Selbst wenn das Erstgeburtsrecht verloren ginge und die Härchen auf dem Unterarm unterm Hemdsärmel ihre dicke Kahlheit preisgäben, so muss der Löffel doch in die Schüssel gesteckt und der Gierige sich das ersehnte Essen in den Magen schlecken: Auch ich muss meine Nackenader erweichen und innerlich die Willensborsten anlegen, muss mit Kötergeruch an der Schnauze vor Langholma mit dem Schwanz wedeln, als wäre auch ich ein zahmer Hund in der Schar der Kleinlauten und würde darauf warten, wann der Gnädige ein Bröckchen Fleisch in mein dankbar leckendes Maul fallen lässt! Oh, ich und mein Verstand, wie Bileam und Bileams Eselin: Mein Verstand sieht wie durch Glas, aber der Bileam in meinem Fleisch hält die Kandare wie eine Zange, und der Verstand muss wie die Eselin auf die nackte Stachelspitze zugehen. Jetzt ist es passiert, ich habe mich verbeugt, und nicht das kleinste Hölzchen ist mir im Nacken abgebrochen! Äh, mein Nacken, mein geschmierter Halszapfen, das ist ein verflixtes Ding, eine elastische Einrichtung, für die ein Knecht und andere Minister blanke Goldtaler zahlen sollten, er hat seinen eigenen Verstand, und wenn der Dez sich sträubt, dann gibt der Nacken nach, und nicht einmal eine Böe aus dem Bart des Kaisers persönlich bringt ein Härchen auf der gekrümmten Glatze zum Wackeln! Wer hat gesagt, dass man in den strömenden Regen gehen muss, wenn man im Schutz der Traufe bleiben kann, und wer befiehlt dem Hahn auf der Stange zu krähen, wenn ihm das Deckenbrett gegen den Kopf stößt, sobald er den Kamm hebt! Ich halte die Ohren wohlweislich im Kragenfell des Tulups, wenn es friert, und ich schiebe die Hand geschwind in die Hosentasche, bevor sie dazu kommt, zur Faust zu werden, wenn es gefährlich ist, die Faust außerhalb der Hosentasche zu zeigen. Bockig sein passt nicht zum Menschen, ich hebe ja auch den Kopf nach dem Vaterunser in der Bank im selben Rutsch, in dem der Pfarrer auf der Kanzel sein Amen zur Gemeinde spricht, warum sollte ich da nicht zur Stelle sein, wenn Langholma die kahle Seite am Kopf gezeigt werden muss? Glatt ist es gegangen und hat keine runde Kopeke gekostet, das Kunststück zu erledigen, und jetzt ist man mit sich selbst in schöner Eintracht und mit dem Strich, ebenso wie mit den anderen im Saal. Hat man den Pfeffer erst geschluckt, brennt er nicht mehr im Mund, auch wenn er auf der Zunge noch so scharf ist! Ich bin eben doch ein kleiner Buchfink, wenn es darum geht, eine Verbeugung und einen Schwenk hinzulegen, mit dem Bürzel wie mit dem Schnabel! Der Pukkila Petter ist auch nach dem Bückling noch der Pukkila Petter, und ich stehe weiterhin auf meinen Pfoten! Ich habe auch noch nie gesehen, dass eine Weidenrute für länger als die Zeit krumm bleibt, da der Windstoß ihr die Borsten bürstet: Ist das Wetter vorbei, schnellt der Schopf wieder hoch, und alles steht gerade, als wäre nicht einmal der Schweif eines Windes über den Nacken hinweggefahren. Ich bin nicht schlechter als die Weide: Mein Nacken ist noch dran, obwohl ich ihn gebeugt habe, und Pukkila, sapperlot, ist Pukkila, sapperlot, auch wenn er einen Bückling gemacht hat! Sollen sich nun der Reihe nach auch die anderen auf der Westseite verbeugen, sollen sie sich nur verbeugen und mit Schultern und Knien einknicken, als wären sie als Orgeltreter in Alastalos Saal bestellt worden: Es tut dem Körper gut, wenn der Mensch Motion hat, außerdem rostet der Nacken, wenn man ihn nicht ab und zu schaukelt! Auch Lahdenperä ist mit seinen Hinterknollen schon wieder auf dem Sofaleder gelandet und sitzt keuchend nach dem Tagwerk da, als hätte er einen Maltersack vom Rücken abgeworfen, und Härkäniemi wird gerade vor der Sofaecke examiniert, das hintere Kopfende in höflicher Haltung und federleicht, der vierkantige verschlagene Denkkopf schafsmild und jakobsfromm: ein ehrlicher Mann, jedenfalls von der Gesichtstafel her, und auch die Augäpfel freundlich aus den Ecken gekirnt, die Pfeife rechtzeitig zur Begrüßung aus der Kinnlade gepflückt und das Schlafbein manierlich positioniert, sogar die Gedanken wie für den Sonntag zum Scheitel gekämmt.

Wer weiß, vielleicht wäre Härkäniemi doch neben Langholma der mannhafteste Mann in der Schar, ein verträglicher und mit dem Strich striegelnder Mann zwar, aber ein Mann in seinen eigenen Hosen und auf seinen eigenen Sohlen, ein Mann, der mitzieht, aber beim Mitziehen seinen eigenen Knauf oberhalb der Schultern sitzen hat. Falls sich meine Augen auch diesmal nicht täuschen, dann verweilt Langholmas Hand tatsächlich den kleinen Moment länger in Härkäniemis Hand, den es braucht, um von Handteller zu Handteller die Botschaft weiterzureichen, dass wir zwei uns hier als Männer begrüßen. Sollte es in der Gemeinde einen Mann geben, der sein Hornpaar mit Langholmas Hornpaar kreuzen könnte, dann wäre womöglich Härkäniemi dieser Mann, sowohl was den Stirnknorren als auch die Nackenstämmigkeit und die Festigkeit der Füße anbelangt, aber er ist als Mann mit Hörnern insofern Schiet, als er vom Verstand her mild und ein Schaf ist und das Hornbein nur dann gegen ein anderes Hornbein stemmt, wenn es sein muss und der andere ihn in seiner Dummheit drückt, sodass er mit dem Arsch voran geht. Bisweilen möchte ich auch jetzt, besonders jetzt, erwünschte mir aus tiefstem Herzen, die beiden würden mit den Hörnern aneinanderrasseln, der Zugochse Härkäniemi und Langholma, der rückenstarke Stier, würden eine Kraftpolka hinlegen, wer von beiden der Baron ist, derjenige, der Schmackes im Schwung seiner Horngabel hat und ein kräftiges Gerüst unter der Kruppe, oder derjenige, der einen Buckel im Nacken sein Eigen nennt und in den Kniescharnieren seiner Hufpaare pralle Beulen. Ich wünschte mir und möchte, aber was fängt der Mensch mit den leeren Gedankenfingern an und mit dem nackten Wunsch des Geistes, biegsam wie die Spitze eines Halms, wo die beiden doch selbst Herren ihrer Geweihe sind und unter den Hörnern ihrer eigenen Schädel eine stierhafte Stirn haben, wo unterm Knochen nicht meine Krätze kratzt, sondern die Nissen ihrer eigenen Gedanken jucken! Ein Ochse nutzt auch den noch so starken Buckel seines Nackens nur, wenn er in die Furche steigt und auf dem Acker Lehm umgräbt, und selbst der stolze Stier schlägt seine Hörner nicht scheppernd gegen die Hörner einer Kreatur, die demütig im Gehege steht und von der Ecke aus zuguckt, wie derjenige mit der breiten Brust zwischen dem Vieh umherstolziert und besteigt, was bestiegen werden soll! Langholma ist ein Mann des Samens, derjenige, der auf dem Feld die Spanschachtel mit dem Samen trägt, und Härkäniemi ist der Emsige im Lehm, der auf den Fersen des Säers durch die Furche pflügt, und nie geraten beide auf demselben Acker mit den Stirnen aneinander, der Säer und der Pflüger, denn wer den Samen schleudert, schreitet feierlich voran und schwenkt weit ausholend den Arm, während der Furchenwender festen Schrittes und mit zähen Knien folgt. Ich bin nicht der Mann, der einen Stein in der Hand zerbröckelt oder den Wind am Schwanz fasst und ihn, der sich gegen den Steven stellt, vom Bug weg und als matten Mitwind hinters Achterschiff dreht, und ich helfe auch nicht Härkäniemi gegen Langholma auf die Hinterbeine, so wenig ich die Borsten auf dem Schweinerücken je anders als in Richtung Schwanz glätte! Langholma ist im Stiefelpaar ein echter Mann, wenn es heißt, voranzugehen, und Härkäniemi beherzt in seinen Filztretern, wenn es heißt, zu folgen, und wenn die beiden einmal in Gang gekommen sind und ihre Nasen in dieselbe Himmelsrichtung halten, geht es voran, auch wenn der Schmutz noch so spritzt und die Straße unter den Sohlen noch so sehr von Steinen ausgebeult ist: Was bleibt den anderen in der Herde dann übrig, als hinterherzustapfen und zu springen, was die Hachsen bei jedem Einzelnen hergeben? Bei mir drückt sich die Nase in den Schatten des Oberlippenbarts, und die Spucke auf der Zunge wird im Mund zu Moos, wenn ich die zwei betrachte und mir denke, dass ich, der Pukkila Petter, der ich als kleiner Kerl redselig und als Knabe rank war, jetzt mit dem Mundwerk für mich einstehen und mich am heutigen Tag mit aller Rückenkraft auch den beiden entgegenstemmen müsste, von denen der eine wahrscheinlich schon ein Vernunftschloss an der Lippenfasson gehabt hat, als noch der Schnuller darin steckte, und der andere ein Rückenbrett, an das ich mich noch von der Konfirmation her erinnere. Was mag der Stoffballen in den Kettfäden seines Tuches fühlen, wenn er auf dem Schneidertisch aufgewickelt wird und der Schneider das Ellenholz in der einen Hand hält und in der anderen die Schere mit dem klaffenden Maul: Ein Schneidertisch ist dieser Saal hier, der Schneider selbst ist Alastalo, das erhobene Ellenholz Langholmas messendes Auge und Wort und die bleckende Schere der bereite Härkäniemi: Wir selbst sind der auf dem Tisch ausgebreitete Loden, und ins Lodentuch wird dort gebissen, wo das Ellenholz hinzeigt und der Daumen des Schneiders den gleitenden Rachen hinlenkt!

Schon recht, dass Langholma und Härkäniemi einander achten und sich die Hand drücken, als wäre der Kirchturm einer Großgemeinde zum Turm einer Kapelle gegangen, um ihn zu begrüßen: Wie ein Mann stehen sie jetzt hier im Saal und sind die Brachsen in Alastalos Netz, während die anderen als Kaulbarsche hinterherschwimmen dürfen! Aber, zum Teufel, auch der Kaulbarsch hat Stacheln auf dem Rücken, und wie die sich spreizen, wenn sie aufgerichtet sind: Seid ihr nur Brachsen und liespfundschwere Fische, der Kleine setzt euch trotzdem zu, wenn ihr ihm zu nahe kommt, und der Kaulbarschstachel wird euch noch an den Schuppen kratzen, bevor wir im Topf landen und brodeln! Und wieso überhaupt Winzling? Schnell sage ich dem schnell dahingesagten Wort ein besseres hinterher: Ich bin Herr eines Hufenguts und Kapitän einer Brigg und Petter Pihlman noch dazu: Wenn so ein Fisch sich sträubt, dann spürt man den Schlag der Schwanzflosse! Geh du nur die Reihe entlang, Langholma, dreh deine Runde im Saal meinetwegen zweimal und schau, ob in der Gemeinde die Haare schön gescheitelt sind, wenn die Demütigen die behaarte Seite ihrer Köpfe samt den kahlen Stellen zeigen, damit sie von den Aufrechten besichtigt werden; bleib du nur sitzen, Härkäniemi, da du schon wieder sitzt, sitze meinetwegen zwei Rücken breit in deiner Sofaecke und lasse eine Schnur Qualm aus deiner Backe ab, die dicker ist als der Verstand in deinem Kopf, schieb weiter, Alastalo, schieb deinen glatten Leib von zwölf Liespfund weiter, knote meinetwegen den Sack zu an der Stelle, wo sich die Weste wölbt, und sei falsch nach links, wenn du höflich nach rechts schwabbelst, ich bin und bleibe Pukkila, Petter Pukkila, und der Kaulbarsch dieses Namens wird am heutigen Tag noch an eurem Netz zerren, bevor die vereinte Kraft von drei behaarten Armpaaren den zappelnden Fang, Rotauge wie auch Aland, aus dem wogenden Meer und auf die Duchtplanke im Bootsbug geholt hat! Ich bin ich, und Verdruss ist Verdruss, und wenn Pukkila den Bart an der richtigen Stelle hat, dann darf Alastalo noch am heutigen Tag, bevor wir bei den Namenszeichen sind und die Barkverträge zusammengeflickt werden, sich so viel Sünde aus dem Leib schwitzen, dass er seinen Darmgürtel ein Loch enger schnallen muss, und Härkäniemi darf vor sich hin fluchen, warum er nicht lieber geheiratet hat, als sich hier im Saal in die Sauna zu setzen, und Langholma sich fragen, ob zwischen die Deckel des Gesangbuchs auch Kraftausdrücke passen und ob das langholmasche Kinn dem Teufel gegenüber in klarem, frommem Finnisch erzittern darf. Ich bin Pukkila, ich zahle überall für mich selbst, und jeder, mit dem ich eine Rechnung offen habe, bekommt bis auf die Kopeke seine Rechnungen bezahlt!

Pukkila war wieder ernsthaft Bock und Bursche allerdings ein Bursche, der einen kleinen Nasenstüber eingesteckt hat, und ein Bock, der eins auf die Hörner bekommen hat, aber als Herr aufrecht wie ein Distelstachel und als Bock in Spreizspannung wie ein vierzackiger Warpanker: Pukkila stößt man nicht von der Bank auf die Bodenplanken, wenn er sich erst mal auf der Bank niedergelassen hat! Sollen sie sich nur gegenseitig begrüßen und die Pfoten betatschen, ich werde ihnen schon gefährlich werden! Man hätte sich nicht unterstanden, hätte sich verflixt noch mal nicht unterstanden hinzuschauen, mit den eigenen, von Gott geschaffenen Augen zuzuschauen, wie diese Prozession, der Fortgang dieser Prozession verläuft, wie der Großherr einherschreitet, weil er der große Hahn in der Schar ist, und wie die Kleinen auf den Zehenspitzen stehen, weil sie Hahnenküken neben dem Hahn sind, man hätte sich, verdammt noch mal, nicht erkühnt, hinzuschauen, aber man muss, zum Teufel, damit man es sieht! Herrschaftszeiten, auch mein Bürzel würde sich heben, und, zum Kuckuck, mein Hahnenkamm würde ebenfalls wackeln, wenn man mich durch den Saal führen würde wie den König durch sein Reich und den stolzen Stier durch den Mittelgang im Viehstall! Wohin sonst mit dem Gemeindestier als ins hinterste Gestühl, und von wo aus sonst sollte Efram Eframsson sein mächtiges Langholma-Auge und die Pfeifenkrümmung in der versammelten Gemeinde umherschweifen lassen als vom geschwungenen Schaukelstuhl im Saal von Alastalo aus? Nur zu, nur hin zum Schaukelstuhl: Kurs auf den Kai, wenn man durch die Hafeneinfahrt gelenzt ist und die Leinen locker sind, wenn der Großfahrer sich in den Hafengewässern befindet und die kleinen Kähne am Ufer schaukeln; mitten im Saal, gemächlich und gewiss: Wo verläuft die Bahn des Großen sonst als durch die Mitte der Rinne, und wann vollzieht der Große den müßigen Schritt, wenn er am Kai anlegt; Schritt für Schritt und feierlich: Wenn Efram Eframsson im Saal umhergeht und wenn es einen prominenten Platz im Saal gibt, an den, an diesen prominenten Platz er befohlen wird, dann stolziert der prominente Mann prominent an seinen Platz und lässt sich als Langholma im Schaukelstuhl nieder! O Erdbeben von Lissabon und mein eigener Kinnbart, dass ich mir das ansehen muss, ohne aus der Haut zu fahren! Mir knicken beide Kniekehlen ein, und ein Nackedei vollführt zehn sündige Sprünge auf meiner Nase, wenn der eine als Major und Absalom vor dem anderen durch den Saal stolziert, während ich brav auf der Eckbank sitzen und mir als rechtschaffener Christenbruder die Nase schnäuzen muss! Ich würde es ja noch schlucken und verzeihen, dass Langholma in seinen Kleidern steckt, als hätte der Schneider sie ihm geschnitten und Gott die Knochen dazu ausgemessen, aber muss der Mann mit so ellengeradem Rücken und einer solchen Achterfasson zwischen den Armlehnen im Schaukelstuhl sitzen, als wäre Efram Langholmas Hinterabteilung zwischen den Holmen eine Predigt, die wie ein Rücken auf dem breiten Sitzbrett des Wörtchens Amen hockt? Es ist eine Sünde, ich bekenne, dass es eine Sünde ist, wenn der Mensch murrt, und ich mag keine Menschen, die innerlich knurren und knarren wie ein ungefettetes Scharnier, aber der Splitter der Sünde steckt auch in mir, in dem Adam, der ich bin, ein kleiner Sündensplitter in mir kleinem Adam, und stehen die Teufelsdinger nicht samt und sonders senkrecht im juckfreien Genick des Unschuldigen, wenn er das Antlitz im Schaukelstuhl sieht wie ein Altes Testament im Ledereinband, und die Kinnspitze an der Unterkante dieses Antlitzes wie die Episteln des Paulus als ein einziger Brocken aus dem Neuen Testament, und wenn er in seinem aufsässigen Inneren weiß, dass die Haustafel oberhalb der Schultern da drüben doch nichts weiter ist als das Gesicht von Efram Langholma, aus Knochen, Fleisch und Barthaaren wie meines? Es macht keinen Spaß, zu messen, wenn man um einen Zoll hinter dem anderen zurückbleibt, auch wenn man die Halsadern noch so höllisch strafft, und es schmeckt weder nach Erbsen noch nach Leckersuppe, wenn man selbst als Mann ein Mindersack ist neben einem anderen, der ein Maltersack ist, und brav in der Ecke in sich hineinquakt, während der andere als Bonze und Patron mitten im Saal thront und sich von den Männern wie ein Waagengewicht betrachten lässt!

Fehlt nur noch, das heißt, wer weiß, wie lange es noch fehlt, da Alastalo an den Fäden ist und die Fäden durch Alastalos Hände laufen und der große Gast ehrenhaft in den schwankenden Schaukelstuhl gesetzt worden ist, wie lange es noch dauert, frage ich, dass es an der Tür zur Stubenkammer rumort? Ich weiß, wie die Fäden von hier aus in die Stube laufen und von der Stube in den Saal, Eevastiina hat das Ohr an der Tür und die Hand am Griff, und wenn im Saal die Kufe des Schaukelstuhls mit dem ersten Ruck losrudert und die Fußbodensenke davon singt, dass der Stör nun in der Reuse ist und die Brachsen sich gehorsam um ihn herum versammelt haben, Langholma als der Nabel im Saal und die Gemeinde rundherum an den Wänden, dann setze ich die Seligkeit meiner Seele als Pfand ein und einen Zoll von meinem schwarzen Bart dazu, wenn nicht auf denselben Streich die dreispieglige Tür der Vorderkammer sperrangelweit auffliegt und in der Türöffnung von Pfosten zu Pfosten glänzendes Porzellan und klimpernde Kaffeetassen so großflächig erglänzen, wie auf Alastalos Feiertagstablett Platz für Tassen und deren runde Ränder ist und Alastalos Siviä Geschick und geschmeidige hübsche Arme sowie Obacht hat, um eine Fuhre köstlich Riechendes und blinkend Klimperndes in den Saal zu tragen! Gleich rumort es, ich weiß es, es rumort an der Tür, und Siviä ist im Saal und hinter ihr die Hausherrin mit dem Korb auf den Armen, in dem sich die Brötchen türmen, und wohin zieht die Prozession, wenn der Knicks gemacht ist, das Knie bei Siviä geknackst und der dicke Zopf seinen Schwung auf dem Rücken gemacht hat, der Saum bei der Hausherrin sich kräuselt und der Knoten in den Haaren sich geneigt hat, mit den Spitzen von Alastalo-Eevastiinas Seidenknoten auf dem feierlich gekämmten Scheitel, wohin zieht sie, frage ich, die Prozession und Kaffeestaat-Parade? Wie am Schnürchen gezogen von der Tür auf den Schaukelstuhl zu, das weiß ich, als sähe ich es bereits vor mir, die Tochter als die Jüngere voraus, mit einer Frische in den Augen, die klimpert über dem klimpernden Tablett, die Mutter als die Alte hinterher, mit dem Wissen, was zu tun ist, Munterkeit in den Augen und Gares in der Hand, Gutes aus dem Hause und dem Reich der Hausherrin, geradewegs vor Langholma hin, natürlich, Tochter und Mutter durch den Saal auf Langholma zu, als Gefolge mit festlicher Fracht, die begüterte Hausfrau und lebhafte Tochter, beide beladen mit Gaben des Hauses im Überfluss, durch den geräumigen Raum auf den Ehrengast zu, die Tochter voran, die Hausfrau hinterher, geradeso, als hätte der Saal das Ausmaß des Saales von Alastalo und seine Webwersten an geknüpften Teppichen nur dafür, dass der Prominente prominent in der Mitte des Saals vor dem mächtigen Teppichfeld im Schaukelstuhl sitzen kann, wenn das Haus mit Freigebigkeit und Würde dem Besten das Beste darbietet! Ich kenne Alastalos Eevastiina: Langholma muss auf Alastalo nicht bei sich denken, dass man sich bei Alastalo und bei anderen in der Gemeinde nicht auf die Gebräuche und Gepflogenheiten versteht wie Langholmas Helena, schon in der Küche ist Siviä eingeschworen worden, sind ihr Lehren fürs Ohr und Ratschläge für den Geist erteilt worden, ist ihr immer wieder alles vorgesagt worden, während das Tablett von der Truhe genommen und ihr auf die Arme gelegt wurde, hat man auf sie eingeredet, auf dem ganzen Weg durch die Stube und die Stubenkammer und auch noch in der Vorkammer, man hat sie angespornt und sie von hinten und von der Seite belehrt, sie noch vor dem Eintreten, noch beim Öffnen der Tür zum Saal gewarnt: Zu Langholma, denke daran, zuerst zu Hofherrn Langholma, geradewegs von der Tür aus über den Querteppich über Eck in den hinteren Teil des Saals zu Langholma im Schaukelstuhl, hab acht aufs Tablett, damit es nicht wackelt, gehe geschickt, damit du nicht wankst. Onkel Langholma weiß es zu schätzen, und vor Onkel Langholma tritt man mit Würde hin, mache deinen Knicks und blicke erst auf, wenn wir mitten im Raum sind, knickse erst und hebe sittlich den Blick, wenn du die Kreuzung der Eckteppiche passiert hast, dann stehst du vor Langholma und begrüßt ihn, und das Tablett auf deinen Armen verneigt sich gemeinsam mit dir standesgemäß vor dem Gast! Ich weiß das, ich weiß es von Maijastiina und ahne es bei Eevastiina: Dieser Tag liegt Eevastiina auf dem Herzen, auf Eevastiinas stolzem, schnellem Hausfrauenherzen liegt schwer dieser wichtige Tag, es ist gerannt worden auf Alastalo, schon die ganze Woche ist man geflitzt, hat Hausbier gären und Teige gehen lassen, hat im Saal gewienert und in der Küche gebacken, die Teppiche geklopft und die Kuchen garniert, die Hausherrin hat gestöhnt und die Tochter sich beeilt, hastig noch am Montag, flugs am Dienstag, hektisch am Mittwoch, und wie ist es heute? Ein Wunder, dass einem das blonde Werg nicht Feuer fängt und die Stirnhülle in Stücken vom Kopf fliegt, wenn es an zehn Ecken und Enden so viel zu schaffen gibt und anderswo noch mehr, woran man denken muss! Getümmel in der Küche und Gewimmel vorm Kamin, klimpernde Mörser und stampfende Stößel, Gewürze sichten und Klumpen kneten, Aufläufe in den Ofen und Salate in die Schüsseln, die Gäste und die Aufsicht, der Kaffee und was dazu geboten wird, Gerichte und Garzeiten, Tische und Mahlzeiten, rennen und jagen, hat der Mensch denn mehr als ein Augenpaar unter der Stirn und mehr als ein einziges Paar Beine unterm Rock verborgen, einen Kopfknauf zum Denken und zum Tätigsein, fünf jämmerliche Finger an jeder Hand? Herrajestas, ist das Tablett endlich fertig, die Gäste warten, und Langholma ist auch schon im Saal! Siviä, Siviä, die Löffel sind vergessen worden! Hol sie aus dem Schrank, lauf in die Stubenkammer, die Silberlöffel aus der Seidenschachtel im obersten Fach, die Mitbringsel aus Frankreich, muss ich immer selbst an alles denken, wo du doch Augen im Kopf hast, die zwanzig Jahre jünger sind als meine! Nimm den Stuhl, damit du drankommst, und lege bei der Gelegenheit gleich auch die Esslöffel und die Kelle auf dem Tisch in der Stubenkammer bereit, da platzt einem Menschen ja der Kopf, wenn man an alles denken und alles schaffen muss, und was ist damit? Die Kringel liegen über den Brötchen im Korb, als hätten die Gäste auf Alastalo nicht die Erlaubnis, sich von beiden Sorten etwas aus dem Korb zu nehmen, so: die Kringel als hübscher Haufen in die Mitte, die Brötchen aufgetürmt in einem schönen Kranz darum herum, so und so, alles muss man mit den eigenen Fingern selbst in Ordnung bringen, bevor man es wagen kann, den Gästen aufzutragen, Allmächtiger, wenn man auch schon den Kaffee aus den Händen und im Saal hätte, vorher schaue ich noch in den Ofen, ob das Ferkel schmort und die Aufläufe braun sind! Ist die Maräne aus der Kammer geholt und geschnitten worden, Sandra? Da bist du ja schon, lass es klimpern, Siviä, damit die Löffel auf die Untertassen kommen und das Tablett fertig ist und wir in den Saal können, Rauha, Rauha, leuchte mir, damit ich in den Ofen schauen kann! Streck die Hand mit dem Kienspan weiter aus, damit ich besser sehe! Gott behüte! Das Ferkel ist schon dunkelbraun! Auch das noch, und der eingeschenkte Kaffee wird in den Tassen kalt! Schnell, schnell den Schieber her! Da und da, stelle die Aufläufe auf die Truhe, nebeneinander und in einer Reihe, hilf du auch mit, Siviä, das Tablett weiter rüber! Alle anpacken! Da ist der Rübenauflauf, stell ihn zur Seite, Sandra, hier der Ofenkäse, hier, ui, Omas Eingeweichtes, da, uff, Opas Brei, Schwiegertochters Lieblingsspeise, ei! Vetters Gericht, puh! Flink, Rauha, nimm es mir ab! Flott, Sandra, sortiere die Finger, zisch, der Auflauf auf den Schieber, zack, und runter damit vom Schieber, das wär das, braun und gar bis ins Fell wie der Pelz des Fuchses und das Kleid des Eichhörnchens, das wäre dies, glatt auf der Haut und süß im Saft wie das geläufige Wort auf der Zunge des Mütterchens im Pfarrhaus und der schwappende Kaffee in der Kanne des Pfarrhausmütterchens am Adventssonntag vor Weihnachten, wenn die eine Hausfrau geht und die andere Hausfrau kommt und die mitgebrachten Bündel ausgepackt werden und der mitgebrachte Käse in der Küche des armen Pfarrers auf den Tisch gelegt wird, wipp!, sagte die Bachstelze mit ihrem Schwanz, als sie etwas auf den Stein fallen ließ, na!, sagte das Ferkel mit seiner Schnauze, als es den Trog umschmiss, hipp, Siviä, hopp, Rauha! Der Fuchs hat seinen Schwanz, damit er wedelt, und das Mädchen seinen Rock, damit er flattert! Herrjemine und hoppla aber auch! Der Kaffee wird kalt, und der Rock ist im Weg, nimm das Tablett, Siviä, heb das Tablett hoch, Siviä, dann gehen wir! Wo ist meine Schürze? Und die Haare kreuz und quer durcheinander auf der Stirn! Leg ein Tuch über die Aufläufe, Rauha: eins, zwei ... fünf ... zehn ... der Mensch braucht auch seine Augen! Über alles, was auf der Truhe steht! Leg ein Laken drüber, damit sie nicht kalt werden, pack eine Wolldecke drauf, damit sie heiß bleiben, auch auf der Seite, dann sind sie auf dem Tisch noch warm! Herrje aber auch, ich hab noch den Schieber in der Hand und müsste längst in den Saal laufen, wo hast du deinen Verstand, Sandra, dass du mir nicht hilfst? Schnapp die Schürze von der Bank und nimm den Schieber, das Ferkel rücke aber ich an die Ofenöffnung, du kannst das nicht, so, geschickt auf die vorderen Steine, ein Stück nach links, so, einen Hauch nach rechts, so, noch ein bisschen nach hinten, nicht wahr, nicht wahr, jetzt war es zu viel, haargenau auf die zweite und die dritte Steinreihe, wo die Ziegel bräunlich sind und auch die Haut des Ferkels auf dem Blech gemächlich bräunt, sodass einem das Wasser im Mund zusammenläuft, wenn man in die Schüssel guckt. Härkäniemi weiß die Bräune des Ferkels auf dem Tisch zu schätzen und erzählt es den anderen: So, und jetzt schön die Klappe zu, aber nicht zu fest, nicht zu lose, mit kleinem Spalt und kleinem Luftzug, damit der Hitzeflaum wie lebendig das Braun des Bratens an der Seite kitzelt und das Gargut daran denkt, dass es noch im Ofen ist, hier wird nicht geschlafen, sondern geschmort und geschwitzt, so jetzt, mit Geschick und Gemach die Klappe schön langsam schließen: Keine Hast darf in den Fingern flackern, auch wenn es einem unterm Putz pressiert, schließlich fädelt man ja auch den Faden mit zugekniffenem Auge in die Nadel ein und nicht im Flug! So, gleichmäßig auf beiden Seiten und mit zarten Händen, damit oben und an den Seiten im Ofen der gleiche Atem herrscht und das, was braun werden soll, in gleichmäßiger Hitze brutzelt: Soll Langholma auf Alastalo etwa ein verbranntes Stück auf die Gabel bekommen und Härkäniemi am heutigen Tag bei Tisch nichts sagen, nachdem er sicher den ersten Bissen vom Teller gepickt und in den Mund gesteckt und probiert und dann auch einen zweiten gekostet hat, soll er etwa kein Lob aussprechen: Eevastiina Alastalos Schweinebraten! Jetzt ist die Luke zu und das Wärmchen drin, und ich putze mir die Nase, eine Hektik, dass unterm Rock das Pipi tropft! Kaffee und Geklecker, Bankett und Braten, Grogs und Kram: Eevastiina, wenn der Kaffee getrunken ist, dann die Karaffen in den Saal! Eevastiina hier und Eevastiina da, rennen und bedienen, Tafeln und Tabletts, Gerichte und Geschirr, Kellen und Kelche, Teller und Trinkgefäße, Aufputz und Abwasch! An welcher Stelle meines Körpers habe ich die Nase und an welcher Stelle hinten den weichen Po, man müsste vorne und hinten eine Spule sein und sich drehn! Schiffe und Schmeicheleien, lange Bärte und lange Reden, Männer und Mannsvolk wie am Jüngsten Tag, wo die Einstrümpfigen sich eilen und das Rockvolk mit Ernst im Kleid und mit Leben in den Zehenspitzen fliegen muss, während die Zweistrümpfigen als Bonzen und wie Götzenbilder im Saal sitzen und mit ihren Bärten nichts Besseres zu tun haben, als Schlauheiten zu schnauben! Siviä, jetzt gehen wir! Du knickst, und ich nicke, du bist die Tochter und gehst sittlich voran, ich als Hausfrau komme umsichtig hinterher, du hältst die Augen schicklich aufs Tablett gerichtet, ich richte meine wachsam auf den Saal, du keusch mit dem Tablett, ich energisch mit dem gefüllten Korb, du, Siviä, Alastalos Tochter, zierlich aufwartend, schüchtern vorrückend, das Blinkende in deinen Händen, das Blitzende in deinen Augen, ich, Eevastiina, die Herrin von Alastalo, reichlich verteilend, stolzen Schrittes, mit vollen Händen, Ermunterung in den Augen, so zieht der Zug bewirtend durch den Saal, das Haus trägt seine Gaben mit Würde, und jeder Gast wird, wenn er an die Reihe kommt, mit Ehrerbietung bedacht, indem die Tochter ihn ermuntert und die Hausfrau ihm befiehlt, mit duftendem Kaffee in den Tassen und köstlichen Brötchen im Korb! Jetzt machen wir uns auf den Weg: Ruht das Tablett schon fest auf deinen Armen, und bergen die Augen die Bereitschaft zum Lächeln? Tür auf, Rauha! Ein Rascheln in den Röcken und dann nichts wie in den Saal mit uns! Jetzt sich bloß nicht hängen lassen wie Kraut an der Stange, du rank, ich rüstig, du trippelnd, ich trappelnd, du die Gerte, ich der Stiel, die geschmeidige Tochter und das geschwinde Mütterlein, wie an der Schnur gezogen in den Saal, an der Angelschnur in den Saal vor Langholma hin, dann geht ein Ruck durch den Raum, und es kommt Leben in die Gäste, ein Raunen in die vier Wände und Tröpfchen in die Bärte, wenn die Hübsche unter aller Augen schnurgerade vorangeht und die Tüchtige den Saal durchschreitet und das Haus in Würde mit hoch beladenen Busen und tragenden Armen die Fracht der Gaben der Reihe und dem Rang nach vor jeden Gast hinträgt, als Erstes geradewegs dem Auge nach und ohne zu zögern zu demjenigen, der mit Hofherrenehren zum Hauptplatz im Saal geleitet wurde und dem die Hausherrin zuvorkommend das Tablett mit den vollen Reihen unangetasteter Rundungen und das oberste Gebäck zur Wahl aus dem stolzen Stapel der Brötchen im Korb darbietet. – Ich kenne den Geist Eevastiinas, sie ist meine Base, und ein großer Tag ist der heutige Tag für sie, und es wird ein tüchtiges Rumoren geben, wenn von der Vorkammer her die Tür zum Saal aufgeht und die Rollen sich in Bewegung setzen, dann darf Langholma sich anschauen, und die anderen sehen es auch, wozu man auf Alastalo fähig ist und was Eevastiina kann und als Hausfrau versteht und fertigbringt, wenn ein Fest ansteht und das Haus vor Ansehnlichem und Schmeckendem aus allen Nähten platzt, Sonntagsstaat und Taktgefühl, standesgemäßes Auftragen und zügiges Servieren, Blitzendes auf den Tabletts und Übermaß in den Tassen, tüchtig auf den Tisch und gleitend in die Gläser, reichlich überreichlich, so weit das Auge reicht: Die Gäste sollen wissen, dass sie auf Alastalo Gäste von Alastalo sind und die Herrin des Hauses Eevastiina heißt!

Pukkila schluckte seine Gedanken an dieser Stelle und löste die Augen von der Klinke der Vorkammertür, die nun tatsächlich jeden Moment aufschnappen konnte, denn Langholma ließ sich bereits endgültig im Schaukelstuhl nieder. Auch dieser Tanz samt Händeziehen wie am Schleppnetz hat also doch einmal ein Ende, und man kann es wieder wagen, sich mit seinen Augen umzublicken!, dachte Pukkila, auch wenn ihn im Herzen noch der Ärger wurmte und juckte, ein beträchtlicher Wurm sogar, da er in seiner Schwäche und aus blankem Mutwillen kurz das Auge dem Spiel mit dem Schaukeln im Schaukelstuhl überließ: Der Mensch hat die Stirn, sich unter Menschen und anderen in der Schar mit einer Gesichtsfassade zu bewegen, als wäre bei einigen und diesem Efram im Besonderen der Vorname in den Kirchenbüchern samt und sonders mit Großbuchstaben geschrieben! Sein Gesicht und sein Geschau mögen seine Sache sein, aber muss daher und deswegen jemand glauben, dass der Wackelstuhl im Saal für Langholmas Achterschiff leer geblieben ist? Obwohl, an sich: Irgendwo muss auch das Hufengut sein Hinterteil platzieren, wo nun mal jeder Mensch sein eigenes

Gesäß besitzt, aber sagt es der Beelzebub dem Menschen ein, sich so zu geben, als wäre es ihm eine Ehre, dass jemand auch am unteren Teil des Rückens ein Langholma ist! Rituale und Sakramente gehören in die Kirche, und steife Stärke gehört an den Kragen, aber erträgt das Auge einen Menschen und sein Inneres, ohne zu quengeln, den Träger eines Nasensparrens, dem groß und breit ins Gesicht geschrieben steht: »Ich bin es!«, und dessen Mundschwengel zeremoniell läutet: »Ich bin es, aber wer bist du?« Ich sprühe Funken, und der Grimm schleift seine Spitze am Wetzstein meines Herzens wie die Sichelklinge ihre Krümmung am Abziehstein, wenn ein anderer vor meinen Augen und in meiner Anwesenheit der Welt einredet und es selber glaubt, dass der Zinken in seinem Gesicht ein anderes Möbel und ein anderer Turm von Babel ist als das, was ich in meiner Gesichtstafel zu schnäuzen habe! Da sträubt sich die Geistesapparatur wie der borstige Baumwipfel gegen die Astgabel der Espe, wenn die Dickstämmige blockiert ist und die gerade Stange sich durch die Kraft der Menschenhand in der Schweißklemme krumm biegt! Bin ich denn der von meinem Vater gemachte Petter Pihlman und der von Gott geschaffene Hofherr von Pukkila, um artig zuzugucken und mir dabei wie ein Wallach die Mundwinkel zu lecken, wenn die Hengste im Stall ihre eigenen Angelegenheiten verrichten? Da ist ein Halfter gefragt und zäher Hanf im Strick am Halfter, damit ich im Verschlag und zwischen den Wänden bleibe, wenn der andere mit langem Hals über die Mittelbohlen stolziert wie ein Graf über die Stallbretter! Ich könnte wiehern, so eine Lust hätte ich, die Nüstern tönen und die Vorderläufe loszulassen, damit sie sehen, wie leicht das Hufpaar in der Luft ist und wie mächtig die Mähne im Nacken, wenn der Lüsterne zu voller Größe aufsteigt, die Feder aufgezogen und Spannung auf den Kniesehnen ist! Aber bleiben wir leise, auch wenn die Flanke bebt, und machen wir ein Gesicht wie Abraham in Ägypten, als er den Pharao anlog und sagte, Sarai sei seine Schwester! Obwohl das Ärgerliche hier zusätzlich darin besteht, dass man sich unnötigerweise ausgerechnet neben Eenokki hingesetzt hat, so unnötig, wie was Schiefgegangenes schiefgegangen und danebengeschossen umsonst geschossen ist: Eher bringe ich den eingeweichten Rüben in der Schüssel die A-Wörter bei, als dass ich auch nur einen Splitter Vernunft in dem Schädel unterbringe, den ich hier neben mir habe; und die eingeweichten Rüben, wenn man davon etwas auf den Löffel bekommt, schiebt man sich wenigstens in den Mund, aber was fängst du mit dem Brei hinter Eenokkis Stirn an, selbst wenn du die Schädeldecke aufhackst? Was habe ich nur geglaubt, hier verloren zu haben? Jetzt sitzt Härkäniemi an meiner Stelle am Ende des Sofas, obwohl ich an seinen Platz hätte rücken können, während er im Pfeifenregal kramte, wie ein Stützholz im Lehmboden sitzt er da, wie eine kräftige Krähe im Wipfel der Lulatschfichte hinterm Zaun zum Gerstenfeld; und so sicher, wie Athanasius im Buch auf die Kapitel des Kleinen Katechismus folgt, so sicher wird jetzt, da Siviä und Eevastiina im Saal sind, das Tablett von Langholma als Nächstes vor Härkäniemis Schnabel in der Sofaecke hingetragen! Dass Härkäniemi auch so reichlich Rücken haben muss; er selbst kommt nicht auf die Idee, sich dafür zu schämen, aber von außen betrachtet ist es einem an seiner Stelle peinlich, dass die Schultern eines Mannes so gottlos viel Raum auf dem Platz, der nach dem Schaukelstuhl der prominenteste im Saal ist, beanspruchen: Er hätte den Platz gut und gern mir überlassen können, der ich ihn christlich und menschengemäß und schmäler ausgefüllt hätte! Und mit Härkäniemi nicht genug, der auf See immerhin in der Kajüte und Kapitän ist, pflückt sich jetzt auch Lahdenperä vor mir und vor meinen Augen eine Tasse vom Tablett, denn Siviä springt keineswegs mitsamt Tablett kreuz und quer durch den

Saal und vor dem Sofa hin und her, damit jeder seinem Rang gemäß bedient wird und ich meine Tasse in der richtigen Reihenfolge erhalte! Dass ein Mensch vom Gesetz her die Erlaubnis hat, so vierkantig im Gesichtsgestell zu sein wie Lahdenperä, dazu mit einem massiven Kinn, wie Lahdenperä es als Schöffe haben zu müssen glaubt! Da muss man sich seine schuldlose Seele wegen anderer Menschen blutig und sündig ärgern und sich braten lassen wie auf dem Rost, weil die anderen ihre Knochen und ihren Anstand vergessen! Hätte Lahdenperä nicht einen anderen Platz im Saal finden können, als sich ächzend und zu meinem Verdruss neben mir niederzulassen? Ich leihe in diesem Saal mein Auge keiner Seite, weder der linken noch der rechten, schließlich kann ich Lahdenperä auch vom Fenster der heimischen Stube aus sehen, da ich ihn zum Verdruss meines Auges an acht von sieben Wochentagen als Nachbar betrachten muss, und die Borsten in Eenokkis Nacken kann ich jeden Sonntag während der Predigt studieren und zählen, von vorne und von hinten, weil mein Platz nun einmal in der zweiten Bank und somit in der Bank hinter Eenokki zu sein hat, während Eenokki Karjamaa in der ersten Bank und somit vor mir sitzt, und Eenokki schläft, während ich wach bin und der Pfarrer leiert. Der Unglückshäher und die *Petrereesa* haben mir befohlen, hier zu sitzen und mein Hinterteil auf dem Sofaleder abzunutzen, mit Eenokki links von mir, aus dem ein Mann in diesen meinen Hosen im Laufe unserer Zeitrechnung kein Wort herausbringen wird, auch wenn er sich einen Schwanz am Hinterteil wachsen lässt zum Scharwenzeln, und mit Lahdenperä zur Rechten, der am heutigen Tag einen Stein im Ohr hat und bei allem, was gesagt wird, in brüllendes Gelächter ausbricht, außer bei den Reden, die dem Laban und Giersack etwas von Vaarniemi und Waldverkauf durchblinzeln lassen! Sitz nur in deinem Kleister, wo du schon im Kleister sitzt, und bereue zum Zeitvertreib meinetwegen die Sünden, die du in deinem Leben zu begehen vergessen hast! Wenn der Mensch sich die Hörner abgestoßen hat wie ein hornloser Hammel, dann hat er allen Grund, fromm zu sein und den Braven zu spielen! Sitz einfach da und warte auf den Kaffee, nachdem zuerst die anderen welchen bekommen haben, betrachte Langholma, so wie ein Geringer den Großen im Schaukelstuhl betrachtet, höre mit zugenähtem Mund zu, wie Alastalo an allen sieben Wänden des Saals schwadroniert, als wäre deine Zunge ein Schuldpfand mit dem Siegel der Krone, schiele auf Härkäniemi, als würdest du wie ein Weißfisch nach dem Stör am Sofaende spähen; tu so, als würdest du am Zuckerstück in deinem Mund lutschen, während dein Ohr lauscht und sich innerlich alles aufbäumt, während die anderen justieren und du am Lippenbart kaust, die Männer eine Bark hinstellen und du das Amen zum Evangelium murmelst! – Man macht aber auch was mit, sagte der Teufel als Gutsverwalter, als er die Witwe tröstete und die Bäuerin heiraten musste! Aber habe ich etwa nicht immer noch Pukkilas Hosen an und Pukkilas Bart am Kinn?

FÜNFTES KAPITEL

Siviä trägt den Kaffee herein, und Alastalos Eevastiina ist die Hausherrin im Saal, Langholma wird feierlich, und Härkäniemi denkt über Diverses nach, über das Blühen des Lebens wie auch über die Eitelkeit, und ist glücklich darüber, keine Frau zu haben, aber Kaffee und Gebäck.

Im Saal kam es zu einem Moment, wie er stets eintritt, wenn Dinge beginnen, wenn die Fäden laufbereit auf den Rollen liegen und alle wissen, dass man jetzt so weit wäre, anzufangen, aber jeder auf den anderen wartet und ein bisschen das Auge schweifen lässt: Wer hüstelt als Erster und sagt, fangen wir an, du oder ich oder einer von den anderen? Alastalo wiederum, geschickt und gemächlich dort, wo auch der Schnelle sich gemächlich bewegen muss, befand sich im selben Schwung wie der Fischer, der beim Aufhaspeln der Schnur mit Erfolg nachgebend und mit Glück heranholend nach und nach einen zappelnden Hecht von einem Liespfund ans Boot heran geleitet und gehievt hat und jetzt schätzend schaut, dabei die eigene Zunge bewegt und den Takt des Zappelns verfolgt, mit welchem Ruck ziehe ich straff, damit das Biest sich mit den Schlägen seines eigenen Schwanzes über die Bootskante bugsiert und der fette Fang, ohne dass die Schnur reißt, auf die Bretter platscht. Langholma seinerseits war Gast und zum Schaukelstuhl im Saal geführt worden, und es gehört sich für einen

Mann nicht, der an seinen Platz geleitet worden ist, vorzeitig die Zunge zu lösen, um dann der Stimmgeber zu sein, wenn das Verfahren eröffnet wird und die Zeremonie ihren Gang nimmt. Dasselbe galt für Härkäniemi, er hatte seine Pfeife zu hüten und fand es gemütlich am Ende des Sofas, was sollte er auch reden, wenn er nicht zu reden brauchte, ein Mann kann ebenso gut still sein wie auch sein Mundwerk benutzen, und der Faden des Gedankens ist im Kopf genauso angenehm wie ausgeplaudert. Pukkila kennen wir, er hatte seine eigenen Fahrten und Jagden im Kopf, und außerdem steht auch die flinke Zunge nicht immer im Speichel, Lahdenperä wiederum musste im Gesicht die Fasson bewahren, damit er ein Mann war, vor allem ein Mann mit Schöffenwürde, der am heutigen Tag seinen Wert hatte, wie einer seinen Wert haben muss, aus dessen Wald womöglich eine Bark gebaut würde, und der deswegen jetzt auf dem hinteren Sofa im Saal von Alastalo neben Kapitän Härkäniemi und Kapitän Pukkila saß: Auf dem Ledersofa und mit einem gepolsterten Kissen unterm Hintern ziemt es sich nicht, das gleiche Gerede und Geschwätz im Bart zu führen, wie wenn man müßig an der Wand unter den anderen Bauern auf einem gewöhnlichen Holzstuhl sitzt. Ganz zu schweigen von Eenokki Karjamaa, dessen Mund nie ein geschaffenes Wort verließ, oder von Mikkeli Krookla, auf dessen Rede ohnehin keiner hören würde, wenn er in der Ofenecke aus der Deckung seines Lippenbarts heraus ein Wort krächzen würde, war auch sonst im Saal der Gebrauch der Mundwerke in diesem Moment an den Wänden wie in der Mitte vergleichsweise lau: Schließlich erschallen auch beim schwingenden Erz die Ränder nicht eher, bis der Schwengel gegen sie schmettert, und so gehört es sich auch im Saal und unter Mächtigen für die Geringen nicht, an den Seitenwänden und bei den Türen die Zunge zu schwingen, bevor die Großen im hinteren Teil und an den Sofawänden

Laut gegeben haben und die Mücke sirren darf, wo die Bremse surrt.

Was jeder auch an Gedankeneingebungen im Kopf und an ersten Worten in der Backe haben mochte, es musste jetzt auf jeden Fall wohlweislich bei einem Prozent Wachstum bei sich behalten werden, denn in Küche und Stube war man nun endlich so weit; an der Vorkammertür kratzte es, so wie Pukkila es vorausgeahnt hatte, die Tür flog sperrangelweit auf, und durch die offene Tür segelte aus der Vorkammer in den mit Männern gefüllten Saal zuerst die Tochter, Alastalos Siviä, danach die Mutter, Alastalos Eevastiina, Siviä in Raffrock und gestärkter Schürze, auf der weißen Wangenhaut frisches und helles Rot, im lebhaften Augenblau junge Tatkraft und ein erquickliches Lächeln, Eevastiina mit schwarzseidenem Rüschenknoten am grauen Hinterhaupt, im Hausfrauenstaat und mit Kapitänsgattinnengeraschel in den Rocksäumen, geschwind in den Bewegungen, gewieft im Gebrauch der Zunge, flinke Falten im lebendigen Gesicht, in den Augenwinkeln Wachsamkeit daheim und Behändigkeit beim Bewirten; die Tochter sorg- und achtsam, mit gewandten Wendungen und zierlichen Zügen, mit findigem Geschick und biegsamen Verbeugungen die Gäste anweisend und führend, sich an den Türpfosten vorbei schlängelnd und windend, die Last auf den Unterarmen von blinkendem Rand zu blinkendem Rand breiter, als guter Platz in der von Pfosten zu Pfosten eine Elle und drei Viertelellen messenden Tür war, die Mutter dahinter geschwind mit Zunge und Geist, den Fuß noch jenseits der Schwelle, aber das Augenpaar schon über beide Schultern der Tochter hinweg durch den Saal fliegend, die Säume sausend, obschon der Fuß noch gleitend, die Zunge spornstreichs, wenngleich die Worte noch nicht am Köteln, der hoch getürmte Brötchenkorb im Arm und von der Hand zusammengehalten: »Lässt du mich vorbei, Siviä, ehe mir die Kringel aus dem Korb rieseln, bieg dich ein wenig und schiebe dich zur Seite, Herr im Himmel, was machen sie die Türen auch so, dass man nicht hindurchpasst, wenn man etwas zu tragen hat! Auch du hast es auf die Welt geschafft, Siviä, wenn auch durch einen noch engeren Gang, durch eine solche Klemme, dass einem alles Mögliche in den Sinn kommt und Pisse in den Rock! Husch, das Tablett voraus und du hinterher, dann komme ich nach, ich werde gewiss nicht so belämmert sein, hier hinter dir zu bleiben, wo die Gäste im Saal warten und ich die Brötchen habe und es pressiert!« Zum Glück befand sich das Tablett jedoch bereits im Saal, Siviä trippelnd unterwegs, die Hausherrin hopsend hinterher, die Gäste schnurrend rundherum.

Es ist eine jungfräuliche Wanderung und anmutige Augenkurzweil, wenn die Aufblühende des Hauses Gaben des Hauses aufträgt, ihre Fessel sich leichthin hebt und ihr Busen beim Atmen wogt, die schmiegsame Hüfte sich biegt und wenn sie über der getürmten Last den Gast mit Gutem bedenkt, das Lächeln der jungen Augen und das Grübchen in der frischen Wange, die entzückende Jungfrau mit knospender Brust, die Tochter und Siviä von Alastalo! Flink ist die Sohle der Hausfrau und flatternd ihr Rock, weil hurtig und schnell und von alter Gewandtheit, der Saum in Fahrt, der Korb beladen, die Zunge im Zaum und das Augenpaar als wachende Fenster, das Wort rollend wie dotzende Bohnen, die Aufmerksamkeit springend wie mit den Beinen eines Flohs, Kreisel und Spindel, Wiesel im Rock und Weberschiffchen im Fuß, die Herrin des Hauses und Eevastiina von Alastalo! Da drücken Männer mit frohgemuten Bärten an vier Wänden im Saal die Stühle, die gespitzten Lippen in Lachlust auf den seitlichen wie auf den bequemeren Plätzen, als die Tochter auf dem weiten Fußboden ausschreitet, rank und schlank wie der Birke frühlingshafter Zweig mit seinen Knospen, dahinter die Mutter, die rührige Tripplerin, wie eine Bachstelzenmutter auf dem sommerlichen Stein neben dem Nest, fünffach flink in einem Gefieder; in der Obhut der Tochter auf dem sich biegenden Tablett blinkendes Schimmern, so weit das Auge reicht, und die Luft sättigend mit warmem Duft, als Last der Mutter aufgeschichtet die Ladung duftfrischer Brötchen, köstlich in ihrer Bräune, verlockend mit ihrem Weiß, Eevastiinas beste, Wecken für die Zunge, Kuchen fürs Gemüt! Und schon erwärmte sich auch die Strenge in der Winkelecke von Langholmas Augenschärfe zur Milde, da sich ihm geradewegs die geschmeidige Jugend keuschen Blickes näherte, mit Respekt in der Beugung des Knies, mit Gnade in der Anmut des Antlitzes, mit demütigster Demut, lieblichster Lieblichkeit, mit der höchsten der hohen jungen Jungfräulichkeit, und weiter hinten lief auch schon Härkäniemi das Wasser im buschigen Bart zusammen, weil das Kaffeegold im Saal war und die Erblühende erschien: Nun war es wohl an der Zeit, die Pfeife aus dem Mund zu nehmen und die Bürste von den Lippen zu wischen, damit man gefällig und bereit war, wenn man die Zierliche in ansprechbarer Nähe und die Delikatesse in der Tasse greifbar auf dem Tablett vor sich hatte! Auch Pukkila schluckte bereits die letzten Schalen seines Grolls hinunter, denn die Natur des Mannes duldet keine mürrische Miene und keinen missmutigen Mund, wenn das Auge junge zarte Haut erblickt und Verwöhnung für den Mund wie auch für raffinierte Geschichten in Aussicht steht: Ich kriege Kaffee und meine Tasse, dann fühlen wir uns wie daheim und lassen was Spaßiges und auch mal was Bissiges aus der Backe, und dann wollen wir mal sehen, ob wir Siviä nicht ein bisschen Farbe auf die Wangen zaubern können, wenn die alte Zunge noch ihre Kunst beherrscht!

Langholmas Takt bestand darin, dass sich bei ihm alles mit Würde vollzog, das Naseputzen ebenso wie die Zahlung an den Pfarrer, daheim beim heimischen Mahl wie in der Kirche beim kirchlichen, nicht weiter ausgreifend, als wie die Ellenbogen gedreht werden mussten, aber auch nicht in Ich-Armer-Manier, als könnte man kaum die Nase tragen, die einem Gott gegeben hat. Somit war also auch im Saal beides würdevoll, die Zeremonie wie das ernste Schweigen, da nun mit ihrem Tablett Siviä vor Langholma trat und der gesetzte, seriöse Mann ohne einen Blick zu viel, ohne ein Wort zu viel, ohne sich zu zieren in aller Ruhe und ohne auch nur flüchtig nach rechts und links zu schauen, nach einem Tassenpaar in der Mitte der vorderen Reihe griff, als wäre es geradewegs aufs Tablett gestellt worden, damit man es als Erstes nahm. Es wurde auch dann noch kein Wort gesagt, als Siviä das Knie beugte und ihre Last fürsorglich absenkte, damit der verehrte Gast mit ausgestrecktem Arm leichter herankäme an die mitten im blinkenden Porzellan von drei Tassenreihen umzingelte schimmernde Silberwölbung des Sahnegefäßes und an das Weißblau der muldenreichen Zuckerschale mit ihrer üppigen Überfülle. Doch selbst in Langholmas Augen lag so viel an menschlicher Natur und Schwäche von männlichem Blut, dass auch sein Blick, der Blick des gesetzten, ehrwürdigen Mannes und Ersten in der Gemeinde, eine Spur länger, als es für die Durchführung des Grüßens eigentlich notwendig gewesen wäre, bei dem jungen Augenpaar verweilte, das, aus solcher Nähe betrachtet, zweifellos berückend schön und wie ein offenes Fenster anzuschauen war. Auch dem, der ernst ausschreitet, entgleitet gelegentlich ein kleiner Schritt, wenn er auf sehr glattem Untergrund geht, obschon die anderen es nicht merken müssen, und wenn man ehrlich ist, so legte Langholma jetzt durchaus eine kleine Pause ein, bevor er sich nach dem ersten Zuckerstück ein zweites nahm, schließlich ist es keine Sünde, dass das Schöne schön ist und es guttut, das Gute anzusehen. Es ist vielmehr erfreulich, wenn die Jugend an einer jungen Person Farbe zeigt und auch das Blut des Alten zu kräftigerem Glauben erquickt, dachte er und war dankbar für seine Gedanken, auch wenn es sich nicht gehörte, sie zu billigen. Ihm war beinahe wie manchmal im Sommer beim Gang entlang einer Wiese, wenn der Abend einen weich umgibt und Duftkaskaden selbst den Verstand des reifen Mannes schwächen, sodass er kindlich frisches Kleekraut vom Wegesrand pflückt, auch wenn er es dann mit Verlegenheit unmerklich zwischen seinen Hofherrenfingern zerreibt, bevor er es sich unter die Nase hält. Auch hier steht der Schössling schon im Kraut!, dachte er mit sonderbarem Wohlbehagen, das ihm beinahe schon sündhaft erschienen wäre, wenn es nicht so unstatthaft die weichen Stellen des alten Herzens milde gestimmt hätte.

»Auch du bist seit jenen Zeiten gewachsen, und dein Zopf ist dicker und länger geworden seit damals, als du mir auf den Schoß geklettert bist, mich mit beiden Händen am Bart gezupft und dabei behauptet hast, dass auch dein Flachshaar wüchse, wenn man die Kringel aus den widerspenstigen Locken ziehe!«, entwich dem ansonsten so maßvollen Mund eine unerwartete Rede, während Langholma sich Sahne in die Tasse goss, und Siviä musste bis zum Haaransatz auf dem weißen Schimmer ihrer Stirn erröten und zugleich die Lachrundungen auf den frischen, lebhaften Wangen zurückhalten, bis das schmiedesilberne Gefäß wieder stabil und mit dem seinem Wert angemessenen Gewicht an seinem Platz zwischen dem leichtgewichtiger schimmernden Tassenvolk mitten auf dem Tablett stand und sie mit ihrer Last zu Onkel Härkäniemi weitergehen konnte, der am Sofaende schon mit Schmunzelaugen wartete, die Pfeife aus dem Mundwinkel genommen und das übrige Mienenspiel in jener Unschuldsstellung, in der sich ein Mensch, der schon etwas Gutes gehabt hat, darauf einstimmt, etwas noch Besseres in den Mund zu bekommen. Auch bei Langholma verweilte noch der Schatten eines Lächelns im Augenwinkel und Milde in der

Verstandesecke, als er mit der vollen Tasse in der Hand der sich entfernenden Jungfrau wohlwollend mit dem Blick folgte: Seltsam, was für ein Blatt des Lebens ein Menschenkind doch darstellt, wenn es jung ist, seine Seele morgendlich und unschuldig in Blüte steht, wenn es den Frühlingsschein auf der reinen Stirn und den offenen Morgen im Aufschlag der Augen hat, lieblich ist im Gesicht, voller Almosen im Herzen, lächelnd mit der Wangen voller Frische, schimmernd das Geheimnis des Goldes im Haar, pochende Sünde im blubbernden Blut wie ein dunkler Sog in munteren Wassern, ernstester Ernst und lustigste List, wehmütigste Wehmut des Lebens und tauendes Auge des Himmels, Jungfrau und Menschenwunder an der Schwelle des Lebens!

Langholma lächelte mit der Tasse in der Hand vor sich hin: Stimmt es also tatsächlich, dass auch das alte Herz noch die Erinnerung an altes Schmachten befällt, wenn die Jugend umhergeht, die Jungfrau in Schuhen im Saal? Kann ein Mensch und kann auch ich dafür bürgen, wohin die Vögel des Gedankens jeweils flattern und was sie im Schnabel ins Nest tragen? Auch ich, ein Mann im Schaukelstuhl mit einer Furche auf der Stirn, als trüge ich das Gesetz zwischen den Brauen und den Hammer des Urteils in den Schläfen, auch ich habe einen Geist wie eine Hummel und recke den Rüssel nach Honig, wenn nur Nektar zu riechen ist, der Blütenkelch sein behaartes Bündel zum Hineinkriechen hinhält! Worin hätte ich den anderen in meinem Ernst etwas voraus als darin, dass ich die Stirnfurche tiefer in Falten legen und den Schatten um die Brauen strenger halten muss, weil ich ein schlimmeres Hummelnest im Blut zu hüten habe als viele andere und Gedankenvieh auf dem Sprung davonjagen muss, wenn man es nicht an die Kette legt. Ein Speicher, dessen Kästen leer sind, braucht kein starkes Schloss an der Tür, und der Hanf am Halfter des Wallachs muss nicht so haltbar sein wie beim Hengst. An zwei Sorten Männer glaube ich nicht mehr als an Spreu in der Kiste und Federn im Wind, an jene, die einen so milden Saft in den Adern haben, dass sie nicht einmal das Keuchen der Sünde im Blut zurückhalten müssen, und an jene, bei denen sich die Segel am Rigg mehr blähen und die mehr losen Flug in der Takelage haben als schweres Gewicht im Kiel und Ladung im Rumpf. Ich mag die Tat, für die ein Mann mit seiner ganzen Stärke einsteht, den Widerspenstigen bei den Hörnern packt und den Jungbullen in die Knie zwingt, und ich mag den Mann, der mit Leichtigkeit einen schweren Sack schultert; mir gefällt es, wenn ein Mann so weit Manns ist, dass sich sein Nacken bäumt und dass sein Blut Raum zum Gären hat, er dabei aber immer den Nacken im Zaum und den gärenden Hopf im Holzgefäß hält: Ein Mann muss Herr seines Mannseins und die Eiche des Fasses stärker als der Schnaps sein!

Langholma fuhr aus seinen Gedanken hoch: Da stand nun die Herrin des Hauses als leibhaftige Eevastiina vor ihm und bot Gebäck aus dem hoch gefüllten Korb an, auf dass die Hand zugreife! Langholma musste bei sich verstohlen schmunzeln, als er im Nachhinein bemerkte, was für ein Gestöber er wieder mal in seinen Gedanken gehabt hatte. Eigentümlich, dieses Flügelgestell des Denkens, es muss rauschen und so tun, als schnappte es nach Luft, auch wenn es nur auf einem morschen Stumpf sitzt, und selbst dann, wenn es nichts anderes zu tun hat, als vor süßer Müßigkeit sein Gefieder auszuschütteln. Musste schon wieder der Flügel gemessen werden, als stünde der Aufstieg in breitere Gefilde bevor, wo es doch nur darum ging, im Saal von Alastalo flach auf dem Holz des Schaukelstuhls zu sitzen und sich eine Semmel zu schnappen? Der Gedanke im Blut ist des Menschen gefährlichster Körperteil, und mit knirschenden Zähnen muss man die Trense halten, damit das Fohlen nicht mit der ganzen Fuhre durchgeht. Immerhin trage ich über den Augen den Ernst meiner Stirn und die Strenge meiner Brauen, sodass das leicht scheuende Blut im Zaum bleibt und der Wildfang am straffen Zügel trippelt. Aus dem Leisten der Stiefel und aus dem Buckel des Gedankens der Mann, und dieser ist genauso breitbrüstig wie der Balg, den er in der Lunge aufzufalten hat! Langholma schmunzelte ein weiteres Mal bei und über sich: Was ist das für ein Fohlenstall im Geist des Menschen, und was schüttelt da nicht alles hinter dem Riegel im Gatter die Mähne! Auch ich bin ein Mächtiger unter den Männern, von der Art meiner Augen und den straffen Mundwinkeln her, und in gewisser Weise bin ich ein Pflock, und die Dinge liegen bei mir sicher wie hinter einem Riegel, aber wo sie dann trotzdem überall umherwuseln, die Gedanken! Gehört es sich etwa für einen ganzen Mann, wenn sein Geist große Sachen schnaubt und sein Arm hochmütig ausschwingt, obwohl nichts Imposanteres im Gange ist als die Entnahme eines Weckens aus dem Brötchenkorb? Der Mensch hat nun einmal Schmiss im Blut und unnötig Galopp unterm Haar, wenn sogar ich wie ein angespanntes Fohlen und wie ein Dreijähriger im Geschirr bin!, erging sich Langholma innerlich, bevor die gesenkten Augen sich hoben, und erst dann neigte ein gesetzter Mann, Langholma, der Schlussstein der Gemeinde auf dem Schaukelstuhl im Saal von Alastalo, würdevoll und tief den Nacken vor der Hausherrin, vor Alastalos Eevastiina.

Manchmal ist auch der Wendige leichtfüßiger als er selbst, und der Steinschmätzer hat bisweilen drei Zehenpaare zum Hüpfen, und so hatte auch Eevastiina jetzt, Alastalos Eevastiina, sowohl mit der Zunge als auch mit dem Auge zu tun, da sie den Großgast vor sich und den Langholma also höchstselbst anzusprechen und zu bedienen hatte. »Hier hätten wir ein kleines bisschen was, ein Brötchen wenigstens, wenn schon nichts sonst, hat das Krümelchen von Mädchen, hat das Stückchen Mensch, ich meine die Siviä, hat sie auch befohlen, Zucker zu nehmen? Aber bevor ich es vergesse, wie geht es Helena? Auch einen Kringel, so Gott es will! Warum ist Helena nicht mit ins Boot gestiegen? Schon gestern habe ich zu Siviä gesagt und zu Rauha vergangene Woche: Wenn Helena kommt, wenn die Langholma-Tante kommt, Siviä, wenn die Hofherrin kommt, die Hofherrin von Langholma, Rauha, dann rennst du, Siviä, und du, Rauha, flitzt, aber ich sitze in der Stubenkammer wie der Kessel im Kamin oder die Ziffer auf der Nummerntafel des Küsters, sitze wie der Satz am Boden einer Tasse und rede, rede, ratsche, was die Zunge und der Bauch hergeben, wenn endlich einmal jemand mich besucht und Helena in der Stubenkammer sitzt, die alte Großcousine, das Mädchen aus demselben Viertel, mit dem ich in der Konfirmandenschule das Bett teilte, Siviä!, hab ich gesagt, Rauha!, hab ich gesagt, ihr dürft laufen, laufen und flitzen, dass eure jungen Beine sich biegen, aber ich bleibe sitzen, bleibe in der Stubenkammer auf dem Stuhl sitzen, erteile meinen Segen und sehe zu, wie ihr saust, und warum sollte ich auch nicht dasitzen und zuschauen, wenn ich müßig bin und Helena die Ohren vollrede, da ich schon einmal die Gelegenheit habe: Auch die Zunge wird schimmelig, wenn man sie nicht in Bewegung hält, falls das schlüpfrige Ding nicht vorher zu Stockfischhaut im Mund vertrocknet wie Plötze und junger Barsch bei Sonne und Seewind an der Wand des Ufermagazins, Herrschaftszeiten, und wie die Hülle des Mondes am Himmel! Ich plaudere und quassele hier wie eine Schafschererin und lade den Gast weder zu Brot noch Braten: einen Kringel jetzt, in Gottes Namen! Weil ich ja nicht viel rede, fordere ich auch keinen auf, zuzugreifen, aber bei uns nimmt man sich unaufgefordert: Hat man sein Brötchen geschluckt, schiebt man den Kringel hinterher, und beide haben Platz, das Haus bäckt, der Gast isst, so kommt man ins Einvernehmen, und keiner bleibt müßig! Ich würde es nicht mehr wagen, am Sonntag in der Kirchenbank vor

Helenas Augen zu treten, wenn du als Gast von Alastalo zurückkommen und daheim sagen würdest, nicht einmal zwei Sorten Gebäck hat es bei Eevastiina gegeben!«

Die Worte liefen Eevastiina von den Lippen wie der faserige Faden von einem Bündel Werg, wenn die Hand nur zupft und reibt, der Fuß das Pedal tritt und die Spindel am Rocken sirrt; da wurde selbst Langholma kleinlaut und griff glatt und wie befohlen sowohl zum Wecken als auch zum Kringel, sofern sie in die offene Hand und zwischen die gespreizten Finger passten, denn bisweilen ist auch der Große klug, und die ganze Gemeinde wusste, dass bei Alastalos Eevastiina nichts half als gehorchen, wenn im Haus getafelt wurde und es ans Auftragen ging: Ein Mann, der gegen den Wind vor Gericht zöge, wäre ja auch verrückt und würde seinen Hut nicht retten, bevor eine Bö ihn sich vom Kopf geschnappt hätte! Artig pickte sich also auch Langholma ohne ein Wörtchen ein Brötchen wie auch einen Kringel aus dem Korb, wenngleich es schwierig war, sie zwischen den fünf Fingern einer Hand zu halten, weil es die von Alastalos Eevastiina eigens für den Besuch gebackenen waren und die dicksten überdies ganz oben auf dem Haufen lagen, für Gäste von Langholmas Rang.

»Bei dir ist der Ofen noch so warm wie früher, und die alte Kunst des Knetens steckt dir noch immer in den Fingern!«, hörte sich Langholma nun selbst als lockere Lappalie plaudern, da ihm der Geruch des Gebäcks milde in die breite Nase wehte und es ohnehin angebracht war, Müßiges von sich zu geben, bevor man seinen Kiefer für die ernsten Dinge brauchte. »Das kannst du laut sagen!«, löste Eevastiina auf der Stelle ihre Zunge, die ohnehin schon nicht mehr straff saß: »Das kannst du laut sagen, und Gott vergelte dir die Botschaft! Gewiss renne ich, und gewiss ist die Ofenmauer heiß, wo das Haus seinen Wert hat und der Gast sich erinnert und der Saal voller Leute aus der Gemeinde ist! Gewiss macht sich die Hausherrin dann krumm, und ich bin auf den Beinen, die Küche ist in Schwung, und die Teige sind am Tanzen, wenn der Herman am Montag und der Mattsson am Dienstag ein ums andere Mal sagt: Die Gäste kommen, die Gäste kommen, und auch am Mittwoch noch Wind macht und bei jedem Namen eine andere Fingerspitze antippt: Langholma kommt, Härkäniemi kommt, Pukkila kommt, Lahdenperä kommt, Krookla kommt, auch Eenokki kommt, die ganze Gemeinde kommt! Noch am Donnerstag schnurrte er hinter mir her: Hast du gehört, dass auch Langholma, Efram Langholma, versprochen hat zu kommen? Gewiss macht sich eine Hausfrau da krumm, ihr Fußzeh scharrt, der Ofen glüht, und der Schieber schnellt hin und her! Die Helena hat also keine Zeit gehabt, zu kommen? Obwohl ich das als Hausfrau ja verstehe, wenn man mehr zu tun hat als der Rocksaum Zeit, einmal ordentlich um die Beine herumzuschwingen!«

Die letzten Worte warf Eevastiina dem im Schaukelstuhl sitzenden Langholma schon über die Schulter hinweg nach hinten zu, weil der Brötchenkorb ja auch zu den anderen Gästen vorrücken und man mit Siviä mithalten musste. In der Sofaecke hatte sich Härkäniemi denn auch bereits gewissenhaft eine Tasse von Siviäs Tablett genommen. »Du hast wohl daran gedacht, für jeden eine Tasse auf dein Serviertablett zu stellen, auch für mich!«, kam es schon bald fertig aus Härkäniemis behaglichem Bart, als die blühende Siviä mit ihrer duftenden Fracht bei ihm ankam und er seine Augen über das Porzellanmeer lotste. Hast und Härkäniemi waren bei seiner Taufe durch den Pfarrer nicht gerade Knaben vom selben Tag, und außerdem wäre es verrückt, sich zu beeilen, wenn die Hübsche des Hauses einen bedient und sich die Gelegenheit bietet, mit der Schönen zu plaudern, und so war auch jetzt schon eine gewisse Zeit verstrichen und geschwatzt worden, bevor die Handlung so weit gediehen, wie es jetzt der Fall war, und Härkäniemi eine Tasse in der Pranke hielt. »Welche von denen nimmst du dir, wo es in der Reihe schimmert, wohin das Auge sieht, und jede Tasse ruft: Für dich blitze und blinke ich, blinke ich etwa nicht wie der Sünde Glitzer im jungen Blut? Nimm mich, damit es dein Herz später nicht reut, weil du mich nicht auf den Handteller bekommen hast!«, war das Geplauder weitergegangen, sodass auf Siviäs Wangen schon das Lachen und die Blutfarbe einige Male gewechselt hatten, bevor Härkäniemi nun also endlich sein Eigen in der Hand hielt und das Auge sich überwunden und sich mit Wehmut von den weiteren Verlockungen auf dem Tablett getrennt hatte. »Bei der Tasse hat man noch die Wahl, welche man vom Tablett nimmt, denn die stehen in einer Reihe, und man nimmt im Zweifelsfall die nächste, aber glaube nicht, dass das Serviertablett des Lebens mit ebenso klarer Ordnung aufwartet wie du mit deinen Tassen auf dem Tablett!«, reihte Härkäniemi weiterhin Wort an Wort, weil sein Bart nun einmal in Bewegung war und es sich anbot, etwas herauszulassen, da man die passende Zuhörerin vor sich hatte. Härkäniemi besaß nämlich von alters her die Natur und Schwäche, dass sein Herz leicht den Faden einer Geschichte abspulte, wenn er guter Dinge war und sich ein junges Mädchenkind mit empfänglichen Ohren und von Lachen erfüllten Augen in Hörweite seiner Worte befand. Und was das Verstärken des Kaffees angeht und die Kunst, die eigene Backe auf die Melodie des Kaffees einzustimmen, abgesehen davon, dass es schon mal angenehm ist, in aller Ruhe den Zucker ins Heiße zu rühren und gelassen zuzuschauen, wie das Süße seine übermütigen Blasen an der Oberfläche platzen lässt, bevor das Harte zerfällt und sich geschmolzen am Boden absetzt und seinen guten Geschmack ins Gold der Brühe sickern lässt, liegt eine Lust für sich darin, wenn man über den Kaffeereiz hinaus jenseits des Tabletts ein frisches Wangenpaar mit lebhaften Augen betrachten und mit einem kleinen Spott die Unschuldige herausfordern kann, darauf lauernd, ob auch das Bröckchen des Scherzes in den offenen Augen zu einer Sünde der Freude schmilzt und ob auch das gute Aroma des Lachens in die Farben und bebenden Röten auf den jungen Wangen sickert.

Der Mensch kann in seinem Leben gar nicht so alt werden, dass eine Junge in seinen Augen nicht mehr jung wäre und dass es sein Blut nicht mehr belebte, wenn eine Holde hold und eine Jungfrau jungfräulich in der Reinheit ihrer Augen und der offenen Anmut ihres holden Gesichtes ist! Wessen Auge erträgt schon ungeschützt die Scheibe am Firmament, und wessen Herz, ohne dahinzuschmelzen, den Funken eines jungen Augenpaars? Ich hätte eine Haut aus Fischschuppen und kalte Flüssigkeit in den Adern, wenn mein Auge nicht dankte für das, was es sieht, und mein Herz seine Schläge nicht segnete, wenn es mit beiden Augen etwas Schönes zu betrachten gibt und es auch in der Brust des Alten unschuldig glimmt! Dem Menschen ist nun einmal ein Stück Zunge in den Mund gegeben worden, damit er danken kann, wenn es etwas zu danken gibt; und wenn eine aus gutem Herzen jung ist und überdies eine junge Dame und einem überdies das Gold des Kaffees darreicht, wäre es sündhafter und verstockter, als es dem Blut auch in der Klammheit der Jahre zu stocken erlaubt ist, wenn im Gemüt nicht ein kleines Saitenzupfen erklänge und auch der Alte munter wird, um zu probieren, ob der Strich des Bogens noch Zug hat und die Geige gestimmt ist, frei zu singen! »Wäschst du deine Augen mit Quellwasser, weil sie so klar sind?«, fragte, ohne mit der Wimper zu zucken, der Mann, dessen Gesichtshaut das Meersalz und die Sonne über mehrere Sommerzehnte hinweg so dick gegerbt hatten, dass sich in ihrem Schutz allerhand an Worten in der Backe verdicken konnte, und das ein zusammenzuckendes Fräulein durchaus Härkäniemi zuordnen konnte, wegen der gemäßigten Gelassenheit, mit der gleichzeitig das Sahnegefäß von gut und gern zwei Quart von seinem Platz auf dem Tablett genommen und ohne unnötiges Zittern der Hand gekippt wurde, um seinen dicken Inhalt zum Segen in Härkäniemis Tasse zu ergießen. »Ich kenne keine geschmackvollere Farbe auf der Welt als das Gelb der Sahne, wenn es köstlich rinnt und friedlich sachte seine sanfte Färbung mit dem stählernen Dunkel des Kaffees mischt, und keine zartere als die des flüchtigen Widerscheins des Blutes, wenn er ungebunden die jungen Wangen anfliegt und die kühle Haut mit der Wärme seiner Glut verrührt!«, ging die Rede aus dem unbeirrbaren Bart weiter, ohne sich in dem Umstand zu irren, dass es sich bei dem Mädchenkind um einen lebenden Menschen handelte, wenngleich es eine Zier und wie ein süßes Wunder anzuschauen war, und dass Siviäs Gesichtsgarten offen erblühen konnte, wenn sie so schön hinter dem Tablett stehen und sich dergleichen anhören musste.

»Der Onkel sollte sich jetzt seinen Kaffee nehmen und nicht unnötig reden!«, beeilte sich die Hilflose abzuwehren, als sie das Glühen im Gesicht verspürte, und es hätte nicht viel gefehlt, und ihre Lämmchenstimme hätte einen Hauch von Ungeduld in sich geborgen und die lebhaften Augen ein unschuldiges Paar Pfeile leichten Missmuts geschleudert, weil sie verlegen zu werden drohte, obwohl sie es mit einer ernsten Angelegenheit zu tun hatte und bei der Sache bleiben musste: Es ging nicht an, dass man vor aller Augen errötete, und auch noch im Saal vor Gästen. »Wenn der Onkel sich jetzt nicht beeilt und schnell eine Tasse nimmt, dann sitzt er bald ohne Kaffee da!«, sagte die Tochter von Herman Alastalo, die vom Vater den Schlag in der Zunge hatte und von der Mutter das Glatte. Es war beinahe gefährlich für einen männlichen Mann, von einem schönen Augenpaar einen Blick zu bekommen wie den flackernden von Siviä, der jetzt einen so Unschuldigen traf, wie es Härkäniemi tatsächlich war.

Der Mensch, auch der ältere, bedenkt nicht immer jedes Wort, und braucht es denn eine Strafe, etwa den Ärger eines ebenso reizenden wie jungen Mädchens, wenn einem die Zunge einen Streich gespielt und ein Lob hervorgebracht hat, wo der Geist doch insgeheim mit der Sünde des Lobs belastet ist? Was wäre das für ein Mann, der es mit seinem Dank nicht lohnte, wenn eine hold in ihrem ganzen Antlitz ist und so lieblich, wie der Schein ihrer Augen Platz zum Schauen hat.

»No, noo, und noch mal no«, beeilte sich Härkäniemi auf der Stelle, die junge Robbe zu erleichtern und den straffen Plauderfaden zu lockern und Einigkeit zu schnüren: Er mochte durchaus ein kräftiger Bursche sein und auf Deck fest auf den Beinen stehen, wenn die Katze des Meeres auf der nassen Seite der Reling haarig zischte und Katzenspucke an Bord spie, und er genierte sich auch nicht, wenn ihm mal Gröberes aus dem Bart kam, weil der Wind in den Masten sich zum Luchs aufschwang und man sich an Deck den Mund blutig und die Seele sündig fluchen musste, bevor den Jungs auf den Rahen die Idee in den Schädel kam, dass der Mensch deshalb einen Fingerrechen an der Hand hat, damit er damit anpackt, wenn es nötig ist, und ein Mann deshalb Schmalz in den Schultern und Zähigkeit in den Armsehnen, damit er zieht, und sei es wie verrückt, falls der Teufel seinerseits ebenso wie verrückt mit seinen Krallen an den Tuchrändern hängt; womöglich war Härkäniemi an Deck ein Mann mit standfesten Fersen und mit Worten aus dem Mund wie geteerte Taue, wenn er als Mann die Zähne zeigen musste, weil das Meer es ebenfalls tat, aber gütiger Gott, was für eine Natur, wenn er an Land war, wie war er weich und wie platt sein Bart, wenn auf dem Parkett auch nur der Rocksaum eines Frauenzimmers erschien: Fluchte der Mund da etwa noch, dass selbst einem Mann das Blut gefror, wenn er es hörte, und spürte man im Fell des Widders noch den Eber und in Kapitän

Härkäniemi noch jenen Mann, bei dem das Augenpaar schlimmer flackerte als bei einem Schafsdieb vor dem Tisch in der Gerichtsstube, wenn es doch während der Kaffeenahme den ganzen Mann forderte, die Mundbravheit zu wahren und die sonstige Daseinsfrömmigkeit so glatt und gestrichen zu halten, wie sie glattfellig gewahrt werden musste, wenn man das Gemüt voller Manna hat und das Fensterauge einen so allerliebsten und dem Herzen gefälligen lebendigen Menschenfunken erblickt und man es als Gottes Lohn empfinden muss, wenn ein grobes Menschenauge dergleichen ungestraft betrachten darf? Man stelle sich nur vor, in den Sälen des Himmels wären die Bodenplanken aus blankem, glattem Glas und das harte Los würde den Mann mit Haut und Haar und allen seinen Sünden dort vom Schiffsdeck aus hineinwerfen, um mit seinen holländischen Holzpantinen über jene Spiegel zu spazieren, dann wüsste man, wie man sich bewegt, wenn man sich vorsichtig auf dem Parkett zu bewegen hat; und gerate mit deinem festen männlichen Seemannsmund in ein Gespräch mit einem Mädchenkind, angesichts dessen du wahrhaftig nicht im Bilde bist, ob der Blick des Menschen aus einem Stoff ist, den man über eine so zarte Oberfläche führen darf, wie es die Haut auf dem Gesicht des Täubchens ist, und ob die Stimme des Menschen in der Kehle eine so sanfte Gottesgabe ist, dass es sich schickt, sie ohne Scheu in Hörweite eines Ohrenpaars zu benutzen, vor dessen empfindliche Muscheln nur die Flöte eines Engels sich zu den feinsten Klängen und silbernen Läufen ihres Fläuselns erdreisten dürfte, dann weißt du, wie ein Mensch sich dafür schämt, dass er von der Haut wie vom Gemütsgewand her nicht feiner gewebt ist, und wie auch der Demütige manchmal in seinem Fleisch gegen die Werke Gottes aufbegehrt und innerlich den Umstand verwünscht, dass ausgerechnet da, als er gemacht wurde, ein raues Gesicht und sonstiges grob Männliches entstand, wo doch mit dem gleichen Schöpfungsbemühen und Arbeitsschweiß mit etwas Glück selbst bei ihm ein Gesicht hätte gelingen können, auf dem durchaus auch das Auge des Mädchenkindes, ohne Schaden davonzutragen und zu seinem vollen Vergnügen, für einen Augenblick hätte verweilen können; und ansonsten eine Gemütlichkeit des Herzens, dass selbst das Wunderfräulein tief in seinem Herzen den Mann als Menschen erkennen würde, dessen Obhut auch die Schüchterne sich anvertrauen kann, so wie ein Vogel sich sanft flatternd mit seinem Schaukelbauch den leichten Lüften anvertraut.

»Runzle nicht den Flor der Stirn und grolle nicht mit Schimmeraugen, die Rose ist Rose durch das Rot ihrer Blätter, und Seide ist seiden durch die Schimmerschicht ihres Glanzes: Du verbirgst, Fräulein, nicht das Holde deiner Stirn, indem warmes Blutrot auf die schimmernde mit den leuchtenden Brauen fliegt, und du verheimlichst auch das Strahlen deiner Augen nicht, indem die empfindlichen sternengleich blitzen und die entfachten funkeln!« Härkäniemis offene Rede war im Grunde nicht ernsthaft gefährlich, zumal sie von einem so sanftmütigen Bart hervorgebracht wurde wie demjenigen, der sich wallend auf Härkäniemis großflächiger Brust ausbreitete, aber Himmel hilf, was für ein Schwall von Rot trotzdem die blühenden Gärten der Wangen im Gesicht des Menschenmädchens anflog, um dort zu leuchten, und kann denn ein einziges Fensterpaar, auch das des großäugigen Kindfräuleins, ein solches Bündel Loderpfeile und sonstige Feuerhammer enthalten wie das Funkensprühen, das jetzt als Wirbelgestöber ungebändigt um Härkäniemis verhältnismäßig stabil gebauten Schädel flog, als hätte der ganze Himmel einem einzigen armen Sünder mit einer Ladung sämtliche Sterne in die Nackenwolle geschossen!

»Wenn der Onkel jetzt nicht seine Tasse nimmt, und zwar schnell, stelle ich das Tablett auf dem Boden ab, und dann darf sich jeder selbst seine holen, sofern er drankommt!«, verstärkte sie mit flammenden Augen die grausame Drohung, und man sah dem Mädchen und ihrer blassen Nase an, dass sie es ernst meinte und keineswegs scherzte.

»Nun sei mir beim besten Willen nicht böse!«, erschrak nun auch Härkäniemi und drehte den Schlitten der Worte in Richtung Einmütigkeit. »Dir wird noch der Flachs in den Haaren lichterloh brennen, wenn du solche Flammen auf deiner Stirn brennen lässt!«, warnte er auf die Schnelle väterlich, die Augen erstaunt auf dem Haaransatz des Mädchenflämmchens, dachte dabei aber: Sonderbar, sie ist bis auf die Kopfhaut die Tochter ihres Vaters, wenngleich sie mit einem Gesicht wie das Windspiel, das in der Weihnachtsstube an der Decke schwankt und schaukelt, sodass das Auge zurückschreckt, weil es glaubt, die Flimmerblinker des Himmels würden ihm auf die Wimpern rieseln, während er in der Spannung seiner Wangen dem Leder einer zu voll gestopften Geldbörse gleicht, dass selbst dem Rechtschaffenen, allein vom Befühlen mit dem Blick, der Wunsch nach Mammon auf der Handfläche juckt und kribbelt: Schaue ich nicht auch jetzt mit der gleichen Verstohlenheit des Auges, ein wenig scheufüßiger nur, auf den gleichen Strubbelschopf über der Stirnglätte, diesmal nur dichter und berückend weich, während ich sonst auf Schütteres schaue, nämlich an manchen Winterabenden in Alastalos Stubenkammer, wenn die Zeit länger ist als das, was man zu erzählen hat, und ich zum Zeitvertreib und zum Beleben der menschlichen Natur sogar ein bisschen necke und spotte und einen kleinen Zwist herauskitzle in Ermangelung eines besseren Gesprächs; auch da schaue ich hin, dann allerdings auf das Kupfer von Hermans Stirn, und schiele mit dem Augenwinkel, in dem ich Unschuld walten lasse, ob den Worten noch Salz hinzugegeben werden darf oder ob die Haut des Alten schon an den Haarwurzeln über der Stirn rot glüht und an der Nasenspitze die gefährliche bleiche Färbung eintritt, die mir sagt, dass der Moment gekommen ist, die Schoten zu fieren und die Geschichte lockerer laufen zu lassen, denn nach solchen Anzeichen kann auch bei Mattsson mitten in der allgemeinen Eintracht unerwartet die Faust auf den Tisch donnern, vor allem, wenn er ein bisschen Rum unter den Haaren hat. Härkäniemi verstand also auch jetzt die Zeichen, dachte nur an den bemerkenswerten Umstand, dass auf Alastalo beim Vater wie bei der Tochter der Ärger durch rote Farbe an den Haarwurzeln und durch Blässe am Nasenspitzenböhnchen signalisiert wurde, so wie jetzt bei Siviä, während bei ihm selbst beim gleichen Manöver stets an der Rübenspitze das rote Licht gehisst wurde und blasse Farben in der schroffen Takelage seiner Stirn aufzogen. »Obwohl es sich auf den Meeren ja auch so verhält«, knackte Härkäniemi, bevor er weitermachte, auch die Nuss dieses Gedankens, »dass bei dem, der geht, rechts an dem Rigg das grüne Licht brennt und das rote links, während es bei dem, der kommt, an der linken Riggseite grün ins Auge blinkt und rot gegenüber, und daran erkennt man auch im Dunkeln, dass man das Ruderrad weit drehen muss, will man nicht gegen das Grüne poltern, sondern am Roten schön längs der roten Wange, ohne anzukratzen, auf der nassen Seite vorbeikommen. Wenn ich also mit Alastalo beim Bestimmen des Strichs, den das Gespräch nimmt, mein Auge so weit über meine Nasenzwiebel und Alastalos Stirnwölbung wachen lasse, dass ich sehe, wann es bei einem oder bei beiden anfängt, rot zu blinken, um zu wissen, wann es Zeit ist, den Kurs des Gesprächs zu lockern, damit die Flanken nicht aneinanderrasseln, wenn ich also bei Alastalo, selbst wenn er alt und ein mit dem Pech der Sünde geteerter Männerleib ist und auch sonst ein verbeultes Gefäß, wie ich selbst es bin, mich so geschickt bewege und das Auge für die Signalfarben offen habe, warum sollte ich da nicht auf weiche Weise eine wie Siviä in den Griff kriegen und meine Worte ebenso wie meinen Körper leichter machen können, damit er sich beim Manövrieren mit Vorsicht und auf Zehenspitzen an dem Zerbrechlichen vorbeibewegt, das ein Mädchengefäß ist und noch mit unberührter Farbe im Glanz der Jugend steht?«

Tatsächlich schnitt ein gutes Stück Mitleid mit dem armen Mädchen Härkäniemi ins Gewissen, weil sich wegen des müßigen Geredes seines losen Mundes die unschuldige Stirnhaut unübersehbar rot ärgern musste. Während ich mit Alastalo auskomme, weil wir beide von unserer Seite aus die Signale im Auge behalten und im Einvernehmen bleiben, obwohl wir Nachbarn sind, rassle ich mit dem Mädchenkind, das die Meeresregeln und den Verkehr nicht gelernt hat, aneinander, denn eine wie sie hält ganz und gar nicht von ihrer Warte Ausschau, und was soll erst passieren, wenn der kleine Fuß jetzt auf dem Boden aufstampft und die klaren Augen die gleichen Flammen schlagen, die schon rot auf der Stirn lodern? Manchmal wird der Mensch auch unschuldig sündig! Habe ich denn mehr gesagt als das, was wahr ist, nämlich dass so ein Mädchen Molke für das Mannesauge ist, und Siviä insbesondere?

Auch die Augen eines Junggesellen, der fünfzig Lebensjahre vollendet hat, sind manchmal fromm und sind erst recht fromm, wenn sie versuchen müssen, vor einem weiblichen Wesen die Fasson zu wahren und in ein wütendes Augenpaar zu blinzeln, das zugleich hoffnungslos schön ist und einem an die Herzhaut geht: Da fehlt ihnen die Handhabe, sich zu behaupten. Ein lammfrommer Mann war jetzt also auch Härkäniemi, bis in die letzte Faser seines großen Bartes, da er jene zwang, belastbar auszusehen, die nicht belastbar waren, und mit diesen Augen, die beim Reden mit den Maklern zu Spießen wurden, wenn es sein musste, und die, wenn die Nordsee vor Zorn spie, an der Reling der *Toivo* so hart wurden, dass es selbst dem Meer

Mumm und die Wahl des rechten Zeitpunkts abverlangte, wenn es, ohne um Erlaubnis zu fragen, seine Tropfen an Bord spritzen wollte, mit diesen Augen wurde jetzt ausprobiert, ob Kapitän Härkäniemi es wagte, etwas Blickähnliches gegenüber dem Lodern zu hissen, das durch die Wimpern des jungen Fräuleins hindurch und über das Tablett hinweg den sich schuldig wissenden Mann traf. »Ich habe in so mancher Klemme gesteckt, aber nie in einer schlimmeren als jetzt!«, verwünschte Härkäniemi sich und sein schweres Schicksal, bevor er endlich seinem Kiefer etwas entweichen ließ, was er für eine Bitte um Verzeihung hielt.

»Ich rede Scheißdreck, hör nicht darauf!«, sagte er. Und nachdem er sich erst einmal aufgerappelt hatte, beschwichtigte Härkäniemi natürlich gründlich: Schließlich gab sich sein Kinn auch in müßigeren Angelegenheiten Mühe, zum Beispiel, wenn es galt, darüber zu räsonieren, ob Rum nasser ist als Kognak oder ob der Kranich seinen langen Hals dafür hat, dass er über den Zaun blicken kann, oder dafür, dass er Ausschau halten kann, um nachzuschauen, ob tatsächlich noch alle Zehen an seinen Beinpfeifen vorhanden sind, wie also hätte Härkäniemi nicht benutzen sollen, was dem Menschen als Zunge gegeben war, jetzt, da in einer Elle Abstand vor seinem Bart ein Bild von einem Mädchen den hübschen Kopf mit den zarten Ohren neigte und Härkäniemi ausprobieren durfte, ob sich in seinem manierlichen Mund etwas fand, das sich eignete, von so feinen Seerosen angehört zu werden. Die menschliche Seele hat ein derbes Fell, aber sie hat auch ihre weichen Stellen auf der Haut, und so war also Härkäniemi jetzt, da eine so günstige Gelegenheit dafür bestand, während seine Hand nach der Kaffeetasse griff, aus vollem Bauch heraus bester Dinge und ließ seinen Mund plappern, was nur die Haut am Ohr der anderen hören konnte.

»Auch die gefrorene Erde taut im Frühling auf, wenn die Sonnenscheibe sie wärmt, und schiebt zu ihrem Vergnügen einen Grasstummel, sogar die Spitze eines kleinen Blümchens aus dem Torf heraus! Was kann ich alter Mann da für mein raues Herz, wenn es mir ein müßiges Wort in den Mund speichelt, und sei es eines von der etwas üppigeren Sorte, als es sich eigentlich schickte und auf Lippen meines Alters sich zu ballen rechtens wäre, wo auf der Welt immerhin noch etwas blinkt wie deine Augen und so viel Jugend im Gesicht erstrahlt, dass es dem Herzen eng wird im Brustkorb, der, auch wenn er anschwillt, doch nur ein kleiner Pferch ist! Schere dich, du ranker Halm, um das, was ich sage, nicht mehr, als die Lerche sich bei der Arbeit des Zwitscherns darum schert, in welchen Himmelsrichtungen es klingt, solange nur zu allen Enden hin aus vollem Hals die Schelle klingelt, oder wie sich die schöne Scheibe, die von ihrer frühlingshaften Höhe herab ihr Gold verschwendet, darum schert, ob ihre warme Gnade vom kargen Skarn an einem Felsen oder von der wogenden Flur einer wiesigen Weide aus voller Brust aufgesogen wird! Das schauende Auge schadet der Röte der Haut kein bisschen, wenn es den Schimmer der Wange bewundert, und der süße Dank im dankbaren Gemüt raubt keinen Deut vom Blitzen der strahlenden Augen! Ein junges Fräulein muss sich nicht genieren, auch wenn ein altes Auge ihr zur Belebung eines alten Herzens etwas von der Gnade der Freude stiehlt! Sei du nur froh, wenn du einen wie mich mit Wärme erfüllst: Auch die Sonne wird nicht davon ärmer, dass sie auf alle Welt hinabscheint, auf die Stupsnasen der Mädchen ebenso wie auf die Pantoffeln der Onkel! Du kennst doch den Onkel Härkäniemi, und ich kenne die Siviä, die Nase kratzt nicht, auch wenn sie schnaubt, und das Maiglöckchen piekst nicht, obwohl es ein spitzes Blatt hat, ich erzähle haarige Geschichten und habe selber grobe Zotteln, aber was schaden die Haare, solange darunter kein Fangzahn lauert? Du bist, was die Zunge betrifft, spitz und vom Augenaufschlag her eine Schleuder, aber was schadet das Sticheln, wo du unter allem Groll doch eine Erdbeere und saftig im Geschmack bist! Versöhnen wir uns, ich werde zeit meines Lebens keine Ruhe finden, wenn ich auch nur eine einzige Wimper an deinen wunderbaren Augen erzürnt habe, und du, willst du wirklich und mit allem Funkeln, das die Augen unter den Wimpern hergeben, wütend auf den alten Onkel Härkäniemi sein, ohne dass dich schon eine Minute und eine Kopfdrehung später die Nadeln der Reue ins Herz stechen? Du hast nicht das Herz, böse auf mich zu sein, auf den alten Onkel Härkäniemi, auch wenn aus dem Spalt deiner Augen Funken sprühen, die fähig wären, Kerzen zu entzünden!« Schelmisch musterte er Siviäs besorgtes Augenpaar. »Ob ich es überhaupt wage, mir mit diesen Fingern meinen Kaffee zu nehmen, bei all den Funken über dem Tablett?«

Siviä wusste wahrhaftig nicht, ob sie sich ärgern oder ob sie lachen sollte. »Der Onkel nimmt jetzt seinen Kaffee und sagt nicht weiter solche Sachen! Und weil der Onkel alt ist, wollen wir wieder gut miteinander sein! Aber der Onkel darf nicht vergessen, dass auch ein Onkel Schelte kriegt, wenn er dumme Sprüche von sich gibt!« Ihr Mund war streng gekniffen, aber die offenen Augen lachten bereits. »Beim Onkel ist ja schon der Bart älter, als ich es im Ganzen bin: dass ihm nicht einmal der Einhalt gebietet, sondern Nutzloses nuschelt«, schalt die Zungenspitze im Mund von Evas Tochter, wie es der Zungenspitze einer jungen Tochter Evas flugs ankommt, wenn es gilt, einen aus dem Geschlechte Adams zu ermahnen, und ein Klaps angebracht ist. Die Hellröte auf dem Gesicht des armen Mädelchens – war das inzwischen noch das Flackern des Verdrusses auf dem zarten Flaum oder die Munterkeit des Bluts auf der freudigen, sich ihrer Jugend bewussten Haut?

»Versteh der Hund diese Geschöpfe und ihre Farben!«, zuckte in Härkäniemis trägem Blut ein Gedanke über die Menschenmädchen im Allgemeinen auf. »Nicht doch, zum Kuckuck!«, beeilte er sich trotzdem zu sagen. »Bin ich etwa alt, auch wenn ich es gerade selbst gesagt habe? Glaube den Alten nicht, wenn sie so etwas sagen, es ist nicht so gemeint, wie es gesagt ist! Ein Mann ist erst dann alt, wenn seine Augen derart von Schimmel überzogen sind, dass er zwar den Zaun sieht, aber nicht das Rübenbeet dahinter, die Jungfrau, aber nicht den Schimmer ihres Wangenbluts. Noch beißt mein Zahn ein Stück vom frischen Apfel ab, und noch ist mein Auge auf der Weide, wenn die Vollblüte einer jungen Wange zu betrachten ist, und ich bekenne mich erst dann als alt und bin ehrlich gesittet, wenn im morschen Zahn die Lust auf das Blut des Apfels schal geworden ist und der Köder des Auges nur brav über das Angebot auf dem Tablett dümpelt, während dank Gottes Gunst auch hinter dem Tablett Gottesgaben dargeboten werden und das Auge in der Schuld steht, für das zu danken, was schön ist, und die Geschmeidigkeit der Kessen zu sehen und das Blinken im Feuchten des blinkenden Augenpaars zu verstehen. Ich bin so alt inzwischen, dass meine Zunge robust genug ist, geradeheraus ihr Anliegen zu sagen, aber so alt auch wieder nicht, dass auf meiner Zungenplatte nicht noch frisches Wasser perlen würde, wenn ich eine rote Beere auf der Bülte leuchten sehe!«

Malakias Afrodite Härkäniemi, Kapitän und eingefleischter Junggeselle, war nun fertig mit seiner Geschichte wie mit seiner Tassenhand. Die Tasse ruhte auf dem Handteller, wie Porzellan auf der Hand eines ruhigen Mannes eben ruhen soll, nachdem vom Hügel in der Zuckerdose die zwei obersten Weißbrocken zum Versüßen weggepickt und in der Tasse versenkt worden waren, um mit der Kaffeebrühe zu verschmelzen, und nachdem aus der bauchigen Sahnekanne so viel gelb Triefendes ins Dunkle gegossen worden war, wie es das Schwarz verlangte, um köstliche Farbe anzunehmen, und die Mischung dann noch eilendsgemächlich mit dem Löffelsilber verrührt worden war, damit man mit dem Auge sah und mit den Nüstern am Geruch wahrnahm, ob der Saft das richtige Aussehen und den richtigen Geruch zum Kosten hatte. Und auch die Geschichte war genau bis zu dem Knoten geführt worden, zu dem ein Mann in Meeres- wie in Festlandangelegenheiten seine Rede immer bringen muss, damit er weiß, wann er aufhören muss und den Mund gelassen schließen darf, auch wenn die Rede einen weiten Bogen geschlagen und den Garnfaden lose aufgewickelt hat. Härkäniemi war zufrieden, sowohl mit seiner Kaffeetasse, die er sich nun genommen hatte und die als die seine duftete und zum Wohle des Mundes auf dem Handteller bereitstand, als auch mit seinen Worten, die nun ausgesprochen worden waren und wie Zucker auf dem Boden des Mädchengemüts schmolzen, welches schon von Gottes Händen an als etwas Süßes gedacht war. Was für einen Wert hat der Mensch und Mannesgleiche sonst auf der Welt und im Leben, wenn er nicht so viel Nase im Verstand und Herz im übrigen Körper hat, dass er die Dinge nach der Strichrichtung des Felles und seine Worte jeweils gut und verdaulich setzt, wenn er es kostenlos und ohne Mühe tun kann, indem er sich mit gutem Kaffeeduft munter macht und seinen Nächsten, zumal die weibliche Nächste, die schwächer ist, mit einem guten Versöhnungswort bedenkt, das doch, auch wenn es bloß ein vom müßigen Mund geschnitzter Span ist, im Ohr der anderen schmeichelnd klingt und den eigenen Mund nichts kostet? Wäre ich nicht schlimmer als der Geizige, wenn sich auf meiner Zunge nichts Gutes bilden und ich mit keinem Wortpfennig dem Mädchen danken würde – das von der Haut seines Gesichts her doch Augenmedizin und Herzensspeise ist in seiner zarten Seele und das aus ganzem Inneren einen Dank für sich verdient, weil es zu einem so holden Bild von einer jungen Frau geworden ist – danken auch für das Kaffeegold, das sie so wohlwollend auf ihrem Tablett dargeboten hat! Schließlich bedanke ich mich zum Lohn für mein Wohlbehagen und zur Schuldrückzahlung meines Herzenswohls auch für den Meerschaum des Pfeifenkopfs, auch wenn es bloß ein Möbel ist und ein lebloses Ding in der Faust, weil es vertraulich schmaucht und wie zu mir gehörig die Innenseite meiner Hand wärmt und auch sonst Gutes in mir zum Glühen bringt als nur die haltende Hand und den saugdankbaren Mund, wie also könnte ich da nicht der Menschenkreatur dankbar sein, der jungen fraublütigen zumal, und mich in warmen Worten für diejenige ergehen, bei der im Schatten des feinen Haares eine zartfarbene Ohrmuschel flächsern wacht, für den Fall, dass es ein kleines Wort zu erhaschen gibt, sollte ein gutes dieser Art als Schmetterling in Hörweite des Ohres und um den Geist zu kitzeln geflattert kommen, sodass ein süßer Tropfen bis in den hintersten Winkel der Herzgegend sickert. Es ist keine Sünde und kein gar nichts, einem Menschen Gefälliges zu sagen, der in seiner lebendigen Erscheinung selbst so wohlgefällig daherkommt, dass es allein Gottes Schuld und Fehler ist, wenn einem Manne ein solcher Mensch gezeigt wird. Ist jemand im Gesicht so zum Gefallen der Seele anmutig anzuschauen, wie der Kaffeetropfen zum Gefallen des Geschmackssinns auf der Zungenspitze schmeckt, könnte ein aus Sohlenleder gemachtes Stück im Mund des Menschen denselben Zweck erfüllen wie die von Adam ererbte Zunge, wenn diese nicht flugs in Bewegung geriete und auch dann diente, wenn ein Wort des Lobes über etwas noch Besseres zu sagen ist als über das Kaffeegold in der Tasse. Ein anständiger Mensch weiß sich menschengemäß zu bedanken und beugt den Nacken, wenn er ein Tablett mit Kaffeetassen vor sich hat, wie sollte er da klotziger sein, wenn er auf Gottes Tablett einen lebendigen Menschenspross vor sich hat, einen so anmutigen Augenschmaus, dass auch in der Kammer eines alten Brustkastens das Herz vor Wohlgefallen schnurrt? Das Auge nutzt sich nicht ab beim Schauen, selbst wenn es sich noch so freut, und der Stern strahlt nicht ärmer aus den Höhen, obwohl der aus den Niederungen dorthin reichende weite Blick reicher an Pulsschlag ist! Eine Schuld muss bezahlt und das Kirchenlied muss gesungen werden, und auch ich tue nichts anderes, als mich zu bedanken, wenn der Mund in der Dankesschuld steht, und lasse den Bart singen, wenn es den Sinn zum Kirchenlied zieht!

»Du bist ein schönes Geschöpf und durch die Gunst deiner Augen Medizin für das Herz, wundere dich nicht darüber, es ist kein Fehler, du hast es von Natur aus!«, hielt Härkäniemi für nötig, noch laut hinzuzufügen und das arme Mädchen tröstend zu belehren, das mit glühenden Ohren im Schatten des Haarbrauns endlich sein Tablett von Härkäniemi forttrug und, mit brennendem Boden unter den Füßen, rasch über den Teppich woandershin eilte.

Was für unmögliche Sachen man da mit dem Ohr aufschnappen muss, dass man nicht weiß, ob man böse werden soll oder aus vollen Augen lachen, kreiste es bei der wachsamen Siviä in Gedanken noch hinter der kleinen zarten Stirn, als sie sich bereits gekonnt mit ihrem Tablett herabbeugte, damit es sich vor Lahdenperä auf angenehmer Höhe befand, aber trotzdem blickte sie neugierig aus dem Augenwinkel seitlich nach hinten, wie es der Kunst der Mädchen entspricht. Nie weiß man, was wahr ist an den Worten, auch nicht an denen, die aus dem Mund der Älteren kommen, aber dem Ohr schmeicheln sie doch, auch wenn das Auge so tun muss, als wäre es böse!, schlussfolgerte der klare Kopf beim geschäftigen und fürsorglichen Absenken des Tabletts, damit Hofherr Lahdenperä seine harte Landmannspranke frei und ohne Umkippgefahr über den empfindlichen Porzellanutensilien bewegen konnte. Das wäre so, als würden einen Ameisen wie Nädelchen unter den Haaren stechen, wenn man alles Gerede zum Ohr hineinlassen und mit den Gedanken aufspießen würde!, dachte sich die schnelle Siviä und vergaß dabei nicht, Lahdenperä zu ermuntern, sich noch ein zweites Stück Zucker zu nehmen. Obwohl, warum sollte ich mir Onkel Härkäniemis Geschichten nicht anhören, immerhin lachen sie im Herzen, so wie bei ihm der brave Bart sich bauscht, wenn er Unsinn schwatzt. Vilho, den Hund, packe ich am pelzigen Ohr, weil er so treu aus seinen lustigen Büscheln guckt, und schüttle den Schlingel beim Wirbeln im Hof zum vollen Vergnügen für mich und den haarigen Hund! Warum also sollte ich nicht scherzhaft mitspielen, wenn Onkel Härkäniemi im Saal seine flaumigen Ohren spitzt wie der alberne Vilho im Hof seine flauschigen, mein Herz singt trotzdem für Janne, auch wenn das Auge unentgeltlich für Vilhos flinke Pfoten zwitschert und für Onkel Härkäniemi mit seinem braven Bart, und warum nicht auch für die tschilpenden Spatzen auf den Zaunstaketen! Die sündigen Augen hatten bei dem Gedanken als munteres Paar schon die Vilhos, Onkels und lustigen Härkäniemis vergessen, sogar die wichtige Aufgabe mit dem offenen Tablett und dem aufmerksamen Bedienen, und waren leichten Fußes eine fliegende, gestohlene Strecke auf die andere Seite des Saales gewandert, wo den erwarteten Blick bereits derjenige erntete, dem das helle und warme Auge galt, dem vielleicht die ganze zarte Seele samt regem Tun und mädchenhafter Anmut gehörte.

Auch Härkäniemis Auge war gezwungen, sich zu bewegen. Das Leben und der neue Augenblick sorgen stets dafür, dass nach einer Sache die nächste dem Auge vor die Nase und dem Sinn vor den Schnabel kommt, und das Denken hat keine Zeit, in eine leere Kerbe zu beißen. Eevastiina stand nun mit dem Brötchenkorb vor ihm, und wenn man in der eigenen Tatze eine Tasse hält, in die Süße gemischt ist und wo der Zucker am Boden des dampfenden Kaffees schmilzt, muss der Gedanke eigentlich nichts weiter tun als einen Hühnersprung, um zu verstehen, dass man den Brötchenkorb deshalb vor sich hat, weil nun das Ergreifen einer Semmel gefragt ist. Und Härkäniemi sah tatsächlich sowohl den Brötchenkorb als auch Eevastiina und hörte diese auch, denn es wäre nicht Eevastiina gewesen, wenn von ihren Lippen nicht Geplapper gerattert wäre wie rieselnde Bohnen und rollende Erbsen vom Teller der Erbsendreherin, wenn er auf dem Leinentuch umgedreht worden ist, und alles, was rollt, hüpfende Eile hat, anderes, das ebenso rollt, einzuholen, bevor es von der Schräge gleitet, um in die sich füllende Rinne des Bottichs zu springen.

»Und du, Malakias Härkäniemi, hast du dir auch genügend Zucker genommen, zwei Stücke wenigstens, wo es doch auch Wecken gibt, soll ich das Mädchen zurückrufen, damit du dir noch Zucker nimmst, die Jungen merken nichts, immer müssen die Alten mit den Gedanken auf der Hut sein und die Augen vorne und hinten haben, weil man auf alles achten muss, sonderbar, dass Gott dem Menschen und der Hausfrau kein zweites Augenpaar im Nacken gegeben hat und eine Zungenspitze an jedem Härchen, denn die bräuchte man alle, wenn man es eilig hat! Nimm eine Semmel, nimm einen Kringel, du hast es gut bei dir daheim auf Härkäniemi, weil du keine Frau im Haus hast und nur bei den Nachbarn Betrieb herrscht, während du in Ruhe dasitzt! Ach, ich verlier mich in Gedanken, aber du verlier dich nicht, sondern nimm dir eine Semmel! Die Mannsleute haben kein Räderwerk und keinen Rocken im Kopf und keinen Grund zu Eile und Sorge, sie haben bloß einen Bart außerhalb ihrer Backen, und einen weichen Bart, den bauscht man glatt oder pelzig, wie man will, den formt man in jede Fasson, ob er dem Bock oder dem Geck gehört, aber die Zunge, die Zungenklappe im Mund, das ist ein wildes Ding, das ist ein Wiesel, das muss sausen, das ist eine Dasselfliege hinter den Zahnreihen: Hüte so etwas im selben Pferch mit deinem Verstand und deiner Spucke, dann fliegen bald alle drei und deine Rocksäume noch dazu! Du hast es gut, weil du Härkäniemi bist und ein Mann und Malakias, aber ich bin Hausfrau und Eevastiina und die Kapitänin von Alastalo, ein Kreisel muss nur kreiseln, aber ich rotiere noch dazu, und das nicht nur auf zehn Zehen, sondern zusätzlich mit elf Zungenspitzen! Wie gesagt: Nimm eine Semmel, wie gesagt: Nimm einen Kringel, nimm als Drittes einen Hahnenzeh: Ein Zacken am Brot ist ein zusätzlicher Zacken für den Verstand, sagte mein Vater immer ...«

Über Härkäniemi ergoss sich ein Wörterschauer wie Regen vom Sommerhimmel über den Heureuter, kaum dass die Sonne über der Mahdwiese weniger stark auf die Halme brennt. Mensch wie Heu sind wahrlich in gewissen Stunden ein bisschen oder sogar ziemlich unvorbereitet darauf, trocken unter die Traufe zu kommen. Der Uhukauz flackert als Lebenszeichen mit den Augenquasten, wenn die Sonnendiebin zum Scherz sich in den Schopf der Fichte gedrängt hat und mutwillig zwischen den Zweigen hüpfend dem Kauernden den Augenstar betastet, ob sich darin ein Spalt findet, den man blenden und wärmen kann; und auch den alten Kapitän rührt es ein wenig unter seiner schwieligen Gemütshaut, wenn ein süßes Mädchen so dicht an ihm vorbeifegt, dass einem sogar auf der tabakbitteren Zunge der Met zusammenläuft, und ein so leckerer Augenschmaus zu betrachten ist, dass sich auf dem Herzgrund Perlen bilden und der Mann sich für einen Moment gehen lässt und glaubt, dass es im Leben doch Angenehmeres mit den Lippen zu berühren gibt als das beinerne Mundstück einer Pfeife. Auch Härkäniemi wurde also ziemlich rührselig und im Herzen weich, als er das Auge noch eine Weile auf der sich entfernenden Siviä ruhen ließ und mit dankbarem Herzen dachte, was es doch für eine Gnade ist, dass Gott stets neues Mädchengras auf der Welt wachsen lässt, sodass immerfort Junges und Frisches für das Auge zu sehen ist, auch wenn das Moos auf dem eigenen Scheitel schon grau wird und an Ohren und Brauen zu Gesträuch verbuscht. Was für ein Schmuck und was für ein Enthobensein der Seele, die Siviä dort, wie sie schwingt und blinkt als wahres Wunder vor den Augen, als wäre ein Stern am Himmel im Herzen vom Mitleid mit uns anderen hier unten erfasst worden und herabgeeilt aus seinen Höhen, hätte sich mit den Augenstrahlen des Mädchens bekleidet und sich in die Schuhe des Mädchenkindes begeben, um im Saal von Alastalo mit dem Tablett auf den Armen leibhaftig unter uns zu treten! Wie schaffte es ihr Blick auch jetzt von Lahdenperä aus, schnell wie die Sichelschwinge einer Schwalbe durch den Saal zu fliegen? Wohin führte sein Weg? Wie der muntere Vogel im Winterwald auf den weichen Schnee, wie der warme Strahl auf die Wange der Beere auf der Bülte im Sommer? Zur Wand zwischen den meerseitigen Fenstern, wo ein Bild hängt, ein Jüngling, sich auf das Knie seiner Liebsten stützend? Vielleicht an die Wand: Wer wachte schon über die Augenwege eines Mädchens? Und warum sollte sie nicht dorthin schauen, schließlich schaue ich, der Ältere, auch hin, betrachte es mir oft, wenn ich in den Saal komme und es vom hinteren Sofa aus angenehm ist, bei einer Lücke im Geplauder und zwischen den Zügen aus der Pfeife das Auge auch mal über die Wände schweifen zu lassen. Alastalo hat seine eigene Fasson, seine Mannsfasson, Fasson an der Nase, aber Fasson auch sonst dort, wo ein Mann seine sichtbare Seite hat, seine Nase ist groß, sie ist ein Möbel und schnaubt gottlos, wenn der Mann sie auf Männerart putzt, für den Bauchumfang muss er sich auch nicht schämen, und selbst ein Dümmerer versteht schon auf den ersten Blick, wenn er die Weste sieht, dass es nicht Großspurigkeit ist, sondern Natur, wenn einer beim Zusammenstehen für zwei Männer schnaufen und schon vom Rahmen her ein Kapitän sein muss, von der Statur her ist er zweifellos ein Mann, der eine Hülle aus Männerleder hat, und für die innere Konstruktion gilt das Gleiche, stramm die Griffel des Verstands und alles andere, wenn es um etwas geht, bei ihm schlagen die Fingernägel so gezielt in die Dinge wie die Kneifzange ihre Zähne in den Nacken des Nagels, keiner muss befürchten, dass Alastalo weich wäre, wenn das Spiel im Gange ist und die Wette läuft, bei wem sich der Finger als Erstes streckt. Ja, doch, Alastalo ist ein Mann in männergemäßen Angelegenheiten, und er ist dick in dicken Dingen, er hat einen bitteren Männergeschmack an sich und Tabakgeruch, aber er kauft sich Lieblichkeiten, um sie sich an die Wand zu hängen, so wie das Glanzgepinsel, das ich soeben betrachte. Spürt der Mensch sein Herz noch unter seiner Haut und seiner gegerbten Oberfläche, wenn er für ein Stückchen Zeit den gleichen Geschmack in die Augenfenster bekommt wie auf die Zungenspitze, wenn er sich einen Löffelvoll Himbeere mit Zucker und Sahnemilch in den Mund geschoben hat? Mir wird das Gemüt immer durch und durch süß, wie als Kind beim Trinken, wenn ich das Paar unter dem Busch da sehe, was haben die überhaupt an, samtartige Kleider, und kann in der Wirklichkeit und auf der Welt ein menschliches Wimpernpaar aus seinen Spalten einen solchen Klumpen Gold, und was sonst noch an Gutem auf der Welt ist, quellen lassen, wie das Mädchen mit seinen Augen Überflüssiges an denjenigen vergeudet, der doch nichts weiter ist als ein herrschaftlicher Knabe, der die Wange auf ihr Knie legt? Herrschaftszeiten, Mädelchen, Rachel von den Augen und Susanna vom Gesicht her, Esther vom Schmuck der Brauen und Sulamith von der Seide des Herzens, dass ein Menschenkind die Erlaubnis hat, und sei es nur auf einem Bild und hinter Glas im Rahmengeviert eingeschlossen, im Gesicht ein Augenpaar zu tragen, als stünde es in der Macht ebendieses einzigen Augenpaares, zwischen den Wimpern hindurch dem Menschen zuzublinken und mit denselben dünnen Wimpern für immer und ewig den Himmel mitsamt seiner Sonne und allen Sternen auszulöschen und zu verhüllen. Ein Gesicht wie klarer Honig, und der Safran der Augen wie schmelzende Zuckerstückchen am Boden eines Grogs! O Abraham im Eichenhain von Mamre und Jona am Fuß des Ölstrauchs, wie können allein das Farbgut und der Seidensamt auf dem Papier einem das Herz zerreißen und sogar einen ausgewachsenen Mann bis zum Hals hinauf schwach werden lassen, diese Schönheit hinter dem glänzenden Glas, die ein Prickeln für die Augen ist, wie das Flimmern eines Windspiels aus dem blinkenden Nichts! Es kann einem schon taugen, auf diese Stelle der Wand zu schauen und das Auge müßig auf die Weide und aufs Kleefeld zu lassen, wo sie am Haken hängt wie die Wiese des Lebens im goldenen Rahmen, eine solche Wollust der Farben und über die Maßen sonstiger herrlicher Schein, süßes wisperndes Blau und schwellendes schieres Rot, köstliches Grün und Gelbgewelltes, pulsierende Augen mit den Fingern zu greifen und schimmernde Haut, mit der Seele zu schmecken, so reichlich Gemütsbalsam und Herzenssalbe, dass das Auge schlemmen und sich vollfressen darf wie ein Rind, das man frei durchs Gatter in einen grasigen Garten lässt, wo zaunhoch Bestes zu beißen wächst und man nur das gefräßige Maul bis zu den Ohren und den Hörnern zwischen die duftenden Halme stecken muss, um mit der Zunge einen dicken Bund saftigen Grases zu umschlingen und zum Kauen in die Backen zu schieben! Ich darf mir das ansehen, und auch Siviä dürfte es, aber es steht nicht zu befürchten, dass Siviäs Auge das Gemälde an der Wand einen Moment länger streifte, als die Bachstelze benötigt, um im Flug von Stein zu Stein das Flügelpaar zu öffnen und zu schließen, und wäre es überhaupt denkbar, dass die ausgewachsene und anständige Tochter des Hauses mitten beim Kaffeeservieren die Augen über die Wände hüpfen lässt und übers Tablett hinweg Bilder betrachtet? Nein, Siviä weiß, was sich ziemt, und versteht es, ihre Augen züchtig und bei der Zeremonie zu halten, wo es gilt, aufmerksam zu sein, aber unter dem Bild sitzt wer, dort sitzt an der Wand wie bestellt unter dem unteren Rand des Gemäldes Janne, und wer würde etwas dagegen einwenden, ich jedenfalls nicht, dass das Auge des Mädchens sich den kleinen Blick raubt, den es braucht, um nach dem Hüpfer wieder zufrieden und mit Ernst bei der Sache zu sein. Und wer hat ihn überhaupt bemerkt, den kleinen Ausflug des Auges, hätte ich denn merken müssen, auch wenn ich gut sehe, wie Janne sich den Schnurrbart richtet, als wäre es jetzt noch wichtig, ihn sich glatt zu streichen, da Siviäs Augen doch längst anständig zurück zum Tablett und den Reihen der Kaffeetassen geführt worden sind? Es ist trotzdem sonderbar, wie zwei Augenpaare, die den Weg zueinander kennen, es schaffen, schnell wie im Flug beim anderen etwas aufzuschnappen und dann zu sonstigen Verrichtungen zurückzukehren, als wären sie nirgendwo gewesen, obwohl sie eindeutig beladen und erfüllt sind wie die Imme, nachdem sie einen Honigtropfen aus der Kleetrompete gegiert hat. Soll Janne nur seinen Schnurrbart zwirbeln und befingern, den jungen Flaum auf seiner Lippe, als hätte es unerwartet Nektar geregnet auf alles, was sprießt und einem auch die Finger kitzelt, und soll Siviä sich noch bereitwilliger und holder vor dem unwissenden Lahdenperä verbeugen und ihr Tablett dem sich streckenden Abnehmer mit einer Gewogenheit des Auges und einer Güte des Gebens hinhalten, als hätte sie all das Gute nun tausendfach reichlicher anzubieten als kurz vorher, vor dem Augenflug von eben!

Sollen sie glücklich sein, ich gebe ihnen die Erlaubnis, schließlich sind sie dafür jung, dass ihre Herzen bange sind und jenseits der Leere in den Himmeln! Ich neide ja auch den anderen Mündern die Gouverneurspfeife nicht, jedenfalls nicht denjenigen, die der Pfeife würdig sind, und mein Herz dreht sich auch nicht wegen des Nebelhauchs eines Mädchens um, auch wenn es geflügelt bereit ist, sich aufzuschwingen, und der Weg für das Auge der Jungfrau dorthin reicht, wo der vertraute Jüngling sitzt! Die Welt hüllt sich nicht für meine Hand in einen Nebelschleier, sondern zu ihrem eigenen Schmuck und schönen Vergnügen, und verrückt wäre ich, und mein Herz jede Woche Gottes vom Sonntagmorgen bis zur Samstagssauna wund, wenn ich über das Sonnengold trauerte, das ich vom Tagesglanz der Erntefelder nicht als mein Eigen einsammeln konnte, und wenn ich wegen jedes frischen Wangenpaars bekümmert wäre, dessen Sprießen sich blühend meinem Auge zeigt, obschon es meiner Hand nicht gegönnt ist, es zu berühren. Übergeschnappt wäre ich, wenn ich von den Niederungen der Erde aus die Hand nach den zur Zier am Himmel funkelnden Sternen am hohen Himmel ausstreckte, so perlenbesetzt der Bogen unerreichbarer Universen über mir auch funkelt; noch übergeschnappter wäre ich allerdings, und noch vergeblicher spreizte der Greif meines Geistes das gerupfte Gestänge seines mausernden Flügelpaars, wenn ich aus dem Schatten meiner Jahre heraus noch die Schwinge der Hoffnung auffächerte und das flüchtende Auge aus der bereiften Kälte meines Blutes zu einem anderen Flug sich erhöbe als zum Gleitflug des Danks an die Himmelsbläuen, deren Bögen eine tragende Brücke nur für die Schritte der beflügelten Jugend sind und auf deren rot schimmernden Rändern allein die junge Hoffnung und der glaubende Traum des jungen Herzens die schimmernden Stoffe des Lebens aus den Kettfäden des roten Blutes und den lauteren Längsfäden der Seele weben, sosehr es die Brust auch dürstet nach der Zartheit eines empfindsam atmenden Busens, dessen Anmut jedoch nicht pulsiert, um sich an eine erkaltende Brust zu drücken; und so klar der Glanz des lebensfeuchten Augenpaars auch anzuschauen ist, von den Wimpern enthüllt, von den Wimpern verhüllt, schwebt dessen Funkeln jedoch nicht auf den Wundern der Lüfte, um von einem durch die Jahre getrübten Blick gefangen zu werden!

Gleichwohl ist der Mensch ein Wesen, das eine Stirn trägt, ein beweglicher Bauchsack auf zwei Beinen, haarig und glatt an der Oberfläche wie unter der Gedankenhaut: Auch ich, ein gesetzter Mann in der Gemeinde und Großvater von Gewicht, sowohl beim Saugen an der Pfeife als auch beim Drücken des Namenszeichens aufs Papier, sitze mit offenem Mund und triefendem Auge da, wenn unter den Säumen eines Mädchens auch nur der Schuh sichtbar wird, und bekomme flüssige Gedanken und ein trabendes Herz, wenn bloß eine die Mädchenhaut als Geschenk im Gesicht und jenen Ablass und jene Sulamith in den Augen hat – zu viel fast zwischen den Wimpern der Mädchenkinder –, wenn mithin so ein Wunder und Lebensbündel auch nur kurz vor einem verweilt, um Sahne einzugießen, und mir, wie um mich zu ärgern, zeigt, dass es so etwas gibt, so einen Vorgeschmack von Himmel fürs Herz innerhalb der vier Wände desselben Lebens, in dem du nur eine Pfeife zu deinem Wohl gefunden hast! Betrachte ich Siviä und Siviäs Augenflug im Saal nicht auch jetzt mit so brüchigem Herzen und so wehmütig, als wäre mir kalt in meiner Haut, weil ich den Rücken vom warmen Lagerfeuer ab- und der Kälte der Nacht zuwenden muss?

Zu welcher Weichheit doch die schwielige Handfläche selbst meiner Gedanken gerade eben noch fand: Nach der Zartheit eines sanft atmenden Busens sehnte sie sich, nach einem flammenden Herzen, schüchtern drückend und liebevoll aufgelegt, nach dem Auge suchte sie, dem frischen, lebensfeuchten, um zu trinken, nach dem ewig einsamen Blick aus voll blühenden Pupillen und pulsierender Augenader, und trällerte dabei ihr süßes Drängen aus allen Registern wie der geblähte Bauch des Dudelsacks die Schmerztöne seines Gepiepes aus jedem fiependen Loch! Ja, im Menschen und im männlichen Adam leben die Fehler, ob er ein milchbärtiger Bengel ist, gerade erst von der Leine des Konfirmandenunterrichts gelassen, oder ob er so weit gediehen ist, dass er schon Flaumsaat auf dem Schnauzbartacker zu bestellen hat, oder noch stolzer vom Bartwuchs her und am Kinn mit einem Besen versehen, der es mit meinem aufnehmen kann: Bei allen glotzen die Augen, was die Sehschlitze hergeben, auf die gleiche Art wie Sündenkugeln, dorthin, wo auch nur der Saum einer Tochter Evas über die Bodenbretter fegt und wo etwas wie ein Zopf beim Nackenwurf auflodert! Es wächst nicht unbedingt Vernunft im Kopf, wenn an den Backen ein Bart sprießt, und auch ich bin albern und bringe mein Herz zum Springen, obwohl der Flor von fünfzig Jahren sein Moos um das pochende Knäuel gewickelt hat. Auch jetzt ist mein Gemüt weich wie ein Apfel vom letzten Jahr in diesem Jahr und hat die Siviä vor sich, wie unser Turva den Zuckerkrümel vor der Schnauze hat, wenn ich den Zeigefinger hebe und eins, zwei, drei zähle, bevor der Welpe sich daraufstürzen darf.

Obschon ich anerkennen muss, dass ich klüger bin, als ich es verstehe und verdiene. Habe ich das Knäuel denn rollen lassen, so eifrig es auch war in seinen Versuchen und Verwicklungen? Noch immer bin ich so unverheiratet wie einst, als mein Herz auf die gleiche Weise auf Eevastiinas Rocksäume rieselte, ja, warum nicht auf Eevastiinas wie zuvor auf die von manch anderer, deren feine Wange wie für mein Herz geschnitzt gewesen zu sein schien in ihrer Glätte. Hört nur hin, Eevastiina hat wahrlich noch immer Schwung in der Zunge, und in Schwung war sie auch damals und zu jener Zeit, als dieselbe Zunge noch sausend und zack, zack hinter dem perlenweißen Zaun des glänzenden Zahngartens hin und her sprang, durch dessen blitzende Gatter die munteräugige Tochter von Maanpää eine bunte, mit klingendem Lachen und ungebundenen Worten umherspringende Herde Lämmer auf die Weide der Luft ließ und hütete. Damals wusste Herman sich elastischer zum Walzer zu verbeugen als ich, es waren ihm noch nicht die Liespfunde seines Bauches im Weg, und er wusste seine Wortbotschaft den Mädchen so passend in die Ohren zu drechseln wie später die flutschenden Wahrheiten und glatten Lügen in die Bärte der Makler am Grogtisch, und das Glück erntete damals er, falls es ein Glück ist, wenn einem Mann vom Hochzeitshocker bis zum Sargbrett das ganze Leben lang die Ohren schrillen von dem Geschwirr, das der Zungenschlag seiner Frau in erstaunlichen Maßen hergibt, vom Augenöffnen am Morgen bis zum Liderschließen am Abend, an jedem Tag Gottes in der von der Sonne gedrehten Zeit. Ich wünsche Alastalo nichts Böses, aber ich gönne es Herman, dass Eevastiina seine Frau ist und nicht meine: Meine Ohren wären schon nach einem halben Jahr zugegangen, wenn ich nicht vorher ausgeröchelt hätte, aus blanker Angst um die andere, weil der Mensch, auch der Frauenmensch, sich nach aller Vernunft doch wenigstens Zeit zum Luftholen nehmen muss, wie lose auch immer die Zunge im Mund klappert und der Faden vom Knäuel läuft. Wahrhaftig ist der innere Bau eines Frauenzimmers von anderer Machart als meiner, ich sauge hauptsächlich nach innen, wie viele Schober Rauch sind zeit meines Lebens schon vom schnaufenden Pfeifenkopf über den Pfeifenstiel in meinen Mund gewandert, um dort geschluckt zu werden, bei einem Frauenzimmer hingegen vollzieht sich die Atemprozedur nach außen, und statt zu schlucken, muss sie zwitschernd so viel Wortluft aus dem Mund lassen, wie der Landvermesser Faden auf der Spule hat, sodass man das Ende weniger befürchten muss, als dass im Dünnbierkrug eines armen Hauses das Wasser ausgeht.

Heutzutage beneide ich Alastalo ganz und gar nicht um Eevastiina, auch wenn ich seinerzeit einen kleinen Herzgroll unter meinen Rippenknochen gespürt haben mag, als er mir am Ufer von Stockholm in der Kajüte seiner Jacht das goldene Klimperkettchen zeigte und auf dem Handteller hüpfen ließ, von dem ich nur zu gut wusste, welchen hübschen Hals es umgarnen sollte, ich beneide ihn nicht, sondern gönne meinem Nächsten sogar von Nachbarsherzen gern und mit dem Segen des Reedergenossen die ganze Spieldose samt ihrem Geklimper und Mundwerk, die ständig aufgezogen scheint, als kleine alltägliche Erinnerung und als Vorgeschmack der Sünde schon zu Leb- und Fleischeszeiten für den Mann und Nächsten, bei dem ich befürchte, dass er auf jeden Fall und auch bei verkürztem Schuldenkonto im Fegefeuer einen heißen Platz und viel zu schwitzen haben wird. Ja, ja, Herman, damals warst du honigsüß mit deinem Schnurrbart und strichst dir voller Genugtuung mit den Fingern durch den bauschigen Eichhornpinsel, so wie jetzt Janne da drüben, weiter hinten im Saal, es mit seinem Bart tut, nachdem er Siviäs Augenmanna eingestrichen hat, aber warum drehst du jetzt und in diesem Moment die Schulter so inbrünstig zu der Ecke im Saal, aus der gerade und genau die grelle Stimme tschilpt, als würde ein ganzer Spatzenschwarm mit einer Zunge schwätzen?

Es ist doch seltsam, wie das frisch keimende Gras im Sommermonat zu trockenem Stroh verkarstet und wie eine Jungfrau, Hämmern des Herzens und heller Halm der Hoffnung, mit Augen wie das trillernde Tirilieren der Lerche und einem Gemüt wie der heitere Flug der sausenden Schwalbe, auf der klaren Stirn die Verstecke und zarten Versprechen des Glücks, auf den gerundeten Wangen die Röte warmen Blutes und flammender Haut, wie eine Jungfrau, nichts als blühende Bülte und schwellende Lebensbeere, auf der flachen Hand sonnenwarmer Erde im schnellen Hergang der Jahre sich wandelt und das Wunder und die Blume und Maanpääs Vögelchen Eevastiina auf einmal die Hausfrau und Mutter mit dem Brötchenkorb ist, die schwatzende Alte von Alastalo, und es darf seine Ohren verwünschen und vergeblich zu schützen versuchen vor dem leeren Geschwätz derjenige, der sich als Glückspilz wähnend einst seine Augen segnete, die gierig auf dem holden Gesicht weideten, den üppigen Klee voller Blüten mit seiner herrlichen Süße erntend!

»Nimm eine Semmel, um Gottes willen, eine Semmel, nimm einen Kringel, unbedingt einen Kringel, auch einen Hahnenzeh nimm, warum nicht einen Hahnenzeh, von jeder Sorte nimm, drei Sorten, die passen in die Hand und passen in den Bart, da mampft der Mund und bauscht sich der Bauch; ein Haus, in dem im Winter der Holzstapel nicht schrumpft, bleibt kalt, und ein Fest, bei dem das aufgehäufte Gebäck nicht weniger wird, bleibt mau, nimm dir unaufgefordert, wenn ich nicht dazu komme, dich aufzufordern, greife zu, ohne dass man es dir aufdrängt, wenn ich nicht daran denke, es aufzudrängen; der wählerische Gast zieht den Zorn der Wirtin auf sich, und wer sich dem Aufguss entzieht, bleibt in der kalten Sauna sitzen! Als Drittes einen Hahnenzeh; man stolziert nicht wie ein Herr übers Feld, wenn man nicht bei der Arbeit ist, und das Haus duldet keine Gäste, die nichts verzehren, sei so gut und greife zu, danach iss mit Einverständnis und nicke mit dem Nacken, dann darfst du dich brüsten; die Bohne ist klein, aber sie rollt, und die Zunge ist kurz, aber flink: Die Bohne, die herunterrollt, pickst du nicht vom Boden auf, ohne dich zu bücken, und die zornige Zunge der Hausherrin wirst du nicht bezähmen, wenn du den Willen der Hausherrin nicht befolgst; du solltest unaufgefordert gehorchen, auch wenn der Mensch seine Zunge durchaus zum Befehlen hat, so wie der Floh zum Hüpfen seine Beine, nimm nur so viel in die Hand passt, auf Alastalo wird genommen, was auf Alastalo angeboten wird, das glatte Holz fügt sich der Hobelklinge und der höfliche Gast dem Willen der Wirtin, der Fisch ist silbern im Auge des Netzes, und der Dank des Gastes laicht im Ohr der Gastgeberin; nimm mit fünf Fingern, was vier nicht fassen können, weil auch das Zungenstück nicht immer dort sein kann, wohin es schwungvoll eilen sollte; habe ich es ihm nicht oft genug befohlen, sodass die Zungenhaut schon Splitter kriegt? Gottes Glück, wenn auch noch Spucke auf der Zunge ist, dann kann der Brand nicht qualmen …!«

Gottes Glück, Gottes Glück!, stimmte ein dankbarer Gedankenhase in Härkäniemis Kopf zu, als er während einer Zwischenpause des Schwalls hinter seiner breiten Stirn erneut den eigenen Sinn ein wenig zum eigenen Verschnaufen und Atmen kommen ließ. Glück Gottes und gnädige Weisheit, dass im menschlichen Gesicht auch beim Frauenmenschen die Mundklappe sich nicht paarweise öffnet, so wie Auge und Ohr!, seufzte er erleichtert. Ob in zwanzig Jahren auch in Siviäs losem Mund eine solche Zunge klappern wird? Dieser Gedanke vergalt ein bisschen seine kleine Delle von eben, und ungewollt unternahm er mit den Augen noch einen kurzen Flug auf Jannes Seite des Saals: Auch einer guten Haut von Mann fällt es schwer, nicht den Tropfen der Schadenfreude als Balsam des Herzens zu schlucken. Befingere du nur deinen Lippenbart, als wäre Bedeutendes auf der Welt passiert, und schaue dümmer drein, als du in Wirklichkeit bist, so ungehörig glücklich im ganzen strahlenden Gesicht, dass sich bei Tageslicht sogar ein dickfelliger Mann wie ich für dich schämt! Ist es denn ein Wunder, welches an Größe eine Zehn-Kopeken-Münze übertrifft, und ein heute erstmals eingetretenes Ereignis, dass sich die Augen eines Mädchens dorthin stehlen, wo junger Flaum über der Lippe sprießt? Ich beneide dich nicht, dumm wäre ich, wenn ich es täte, auch als Hecht würde ich den Hecht nicht beneiden, der planschend neben mir mit dem Schlund nach dem Blinker schnappt und mit dem Haken im Kopf auf jenem Weg verschwindet, auf dem man nicht mehr frei mit der Flosse schlägt, sondern von der Schnur gezogen wird. Ich beneide dich nicht, wie ich auch Alastalo nicht mehr wegen Eevastiina beneide, obschon mich einst ein kleiner Stachel samt Widerhaken im weichen Herzen piekte, als das Trachten nachließ, aber was mich verdrießt, ist, dass ein Hecht bloß wegen seines gierigen Kiefers dümmer als ein Hecht sein muss, dass aber der Mann mit seinen trunkenen Augen als Ukelei schluckt, was ihm dann für alle Tage seines Lebens eisern in den Kiemen sitzt. Warum hätte es nicht auch mich erwischen sollen, schließlich habe auch ich Kiemenmuskeln und einen Schnappschlund, und ich danke nicht meinem Verstand, sondern meinem Glück dafür, dass ich immer noch leicht entwische und mit der Flosse des Denkens locker in die Wasser schlage, wie es mir gefällt und mir die Schnauze kitzelt, während andere an der Angelschnur zappeln, entweder noch am Schnappen oder schon ein langes Stück Wegs an dem verflixten Haken, was die Lippenknochen aushalten, ohne sich zu verziehen, und dass ich meine Steuer mit »Vergelt's Gott« und »Danke schön« quittiere und indem ich mir eine Tasse vom Tablett nehme, wenn man es mir hübsch anbietet, während andere für den Rest ihres Lebens wegen eines einzigen weichen Gedankens Müh und Last und Stirnrunzeln haben und als jahrelange Strafe dicht am Ohr eine gellende Zunge, selbst beim Essen, und wenn der Mensch seine Mahlzeitruhe braucht, ganz zu schweigen von den Pausen zwischen den Mahlzeiten, bloß aus dem unschuldigen Grund, dass sie für glatt und lippenweich diejenige hielten, bei der auch das Gewand mit Widerhaken gegürtet ist und Nadelspitzen selbst an den Innenseelenseiten wie an der Gürtellinie der Taille sitzen.

Ein Seemann soll nicht ans Heiraten denken, würde ich auch Janne raten, falls der Verstand des Weiseren und Erfahreneren beim dummen Jungen anschlagen würde! Ein Seemann gewöhnt sich daran, an Deck das Gewicht vom rechten Bein aufs linke zu verlagern, wenn das Meer unter ihm tobt und die Sohle Stand braucht, je nachdem, wie die Wasserwaage des Decks liegt, und beim Seemann gewöhnt sich auch das Denken an den Gewichtsausgleich, es braucht Platz, um die Schulter kippen zu können, je nachdem, wie die Dinge schaukeln, und Spielraum ist nötig, um im Filzschuh zu bleiben, aber wie sollte der Verstand der Weibsleute mit seinen Hasenpfoten davon etwas begreifen? Wäre auch in meinen Kopf zum Keimen so viel Ablagerung von Vernunft gedrungen, wenn man bedenkt, wie viel davon jetzt immerhin bummelt, wenn ich mich einst fortgepflanzt hätte; und welchen Gedanken hätte ich bis in alle Fasern hinein betasten können, so wie ich es jetzt leidlich und weiterhin fingerfertig tue, wenn ich in jüngeren Jahren so albern gewesen wäre, mich zu verheiraten, und zeit meines Lebens von werktags bis feiertags wie auch von feiertags bis werktags eine Rockenspindel dieselbe Melodie in meine Ohren gesurrt hätte wie der Körperteil, den Gott der Eevastiina als Zunge in den Mund gesteckt hat? Ich wundere mich über den Aapeli Markomäki, den Handwerker und Spinnradmeister, der, solange ich mich erinnern kann, die Zeit, in der er nicht den Drehbankkreisel tritt, an einem Gedankenstein in seinem fröstelnden Dachstübchen schleift, um ein Rockenrad zum Rotieren zu bringen, das von Hahnenschrei zu Hahnenschrei sieben blanke Methusalemalter lang kreist, ohne dass die Zehen strampeln müssen; ich wundere mich über die sinnlose Denkbemühung des kränklichen alten Kerls, wo einem unverheirateten Mann doch von der Kanzel jedes Pfarrers ein Knäuel in die Stubenecke hätte fallen können, sodass er nicht mehr überlegen müsste, wie man den Kreisel zum Drehen, sondern wie man ihn verdammt noch mal zum Anhalten bringt! Mein Ohr ist jedoch aus einer Haut gemacht, dass fortwährendes Kratzen und Rasseln, sei es im Pfeifenstiel oder in einem Menschen, mir das Fell der Geduld abzieht, und ich wäre der Letzte, der heiraten würde! Auch Alastalo mitsamt seinem Speck wird, was das Fell seiner Seele betrifft, gewiss noch zum Engel gegerbt werden, falls die Tage seines Lebens dafür reichen, weil er jeden zweiten Tag seinen alten Adam die Kehle herunterschluckt, während den ganzen Jahresalmanach hindurch in seinen Ohren dieselbe Zunge schwatzt, die mich hier allein in der Zeit, die es dauert, sich eine Semmel zu nehmen, fast dazu bringt, aus den Nähten zu platzen! Die geringste Seligkeit muss auf dieser Erde teuer bezahlt werden, so wird Alastalo, wie ich vermute, manchmal aus der Tiefe seines fetten Bauches heraus seufzend sagen, wenn beim Schlucken fast die Riemen reißen wollen. Aber was zerbreche ich als freier Junggeselle mir den Kopf über seine Nöte, ich nehme mir ein Brötchen und bin in sicheren Gewässern, so wie ein Mann von Vernunft aufpasst, dass sein Boot am Schwimmen bleibt und der Kiel an keinen Stein kracht!

Härkäniemis breites Stirnbrett lag in der üblichen Ruhe da, und im Bartgebüsch schnurrte ein stilles Lachen in voller Breite, als er jetzt endlich gemächlich tätig wurde und sich mit fester Hand am hohen Gebäckberg im Korb zu schaffen machte. »Der Gast tut schon, was er muss!«, beschwichtigte er die zur Eile antreibende Hausfrau, wobei er sich einen von Alastalo Eevastiinas Wecken in die hornhäutige Hand packte, der die Pfote eines ganzen Mannes ausfüllte, sowie einen der berühmten Brezelkringel von derselben Eevastiina, prall schon in den Fingern und umso schmackhafter im Mund. »Und du, Eevastiina, bist immer noch die Alte und hältst die Zunge in Gang wie eh und je«, räumte er ihr mit versöhnlichen Worten ein, als kleine Arznei für das Gewissen und um sich selber zu besänftigen: Immerhin ist auch der Frauenmensch ein Mensch, und man sollte nicht immer denken, was man denkt, dachte er leicht sündenbewusst bei sich. »Und dann legst du als Tagwerk fest, dass mehr auf den Handteller passen muss, als die Gabel mit den fünf Zinken fassen kann!«, plauderte er wohlkraulend weiter, guckte scheinbar ratlos auf die mit Gebäckbeute gefüllte Faust und auf den hohen Hahnenzeh-Haufen im Korb und schalt sich noch mehr dafür, dass er als ausgewachsener Mann aus bloßer Müßigkeit auf die Idee kam, feindselig über eine Angehörige des schwächeren Geschlechts zu denken, die doch keine weiteren Mängel an sich hatte als die gewöhnlichen einer Ehefrau. Was mussten sie denn mehr haben als den Krümel Vernunft, den Gott in seiner Weisheit ihnen für ihren Bedarf gegeben hat, und für diesen Bedarf ist er bei ihr schnell und flink wie die rollende Kugel des Quecksilbers!, gestand Härkäniemi ein, weil die Gebäckstücke angenehm auf dem Handteller lagen und er auch sonst verträglich gestimmt war.

Das Thema war es jedoch wert, weiter bedacht zu werden, und Härkäniemi ließ für gewöhnlich nichts unabgeschlossen, nicht das Ziehen am Pfeifenstiel, wenn es noch nicht zu Ende geführt worden war, und auch nicht das Entrollen eines Gedankens, solange es etwas vom Knäuel zu wickeln gab. Wie der Verstand bei den Frauen gebaut ist, verstehe ich allerdings im Allgemeinen nicht!, gestand er ein und überlegte sich, dass der Mann ein Zugtier ist, das als Angelegenheit und Arbeit nur begreift, was als Schnittfurche in der Brust des Ackers zurückbleibt, nachdem die Pflugschar ihr Werk verrichtet hat. Trotzdem weiß ich Mitleid zu haben mit meinen Nächsten, die die Gestalt von Menschen haben, und sei es mit den weiblichen, fuhr er in der Furche seines Denkens fort, weil es welche gibt, für die das Leben nicht das Zerren am Vernunfttau und das arbeitsame und mühevolle Ziehen am Seil, selbst des sich sträubenden und widerspenstigen ist, bis ein wachsender Haufen in der Ecke des Lebensspeichers entsteht, der als Haufen in derselben Ecke liegen bleibt, wenn nur die Schulter mit Glück und Glaube arbeitet, sondern bei denen Auge und Zunge und Zehenspitze anstelle des Zerrens des Verstands und des Ziehens am Tau auf dem Sprung hinter dem Wind her und dem Nichts auf den Fersen sein müssen, die Staub aufwirbeln, damit derselbe Staub glatte Stellen bekommt, auf die er sich dann wieder legen kann; die in Eile den Dreck vom Teller spülen müssen, damit der Teller sauber ist und zum Schmutzigwerden wieder auf den Tisch gestellt werden kann, die es von einem unnützen Gerenne zum nächsten unnützen Gerenne schaffen müssen, die den Bottich füllen, um ihn leeren zu können, und in den Eimer melken, um den Eimer auszugießen, die mit der Hand durch das Wasser fahren, das hernach plätschert wie zuvor, als wäre die Hand gar nicht in dem unbeweglich Beweglichen gewesen, denen Brüste wachsen, um die Brust geben zu können, und die ihr Leben lang Eevastiina sind, damit neben der Welkenden im Turnus der Jugend Siviä zur gleichen Frau erblühe, bei denen das Menschenleben mit Hasenbeinen rennt, auf denen man, auch wenn man springt, nur im Kreis zum Ausgangsbusch zurückkehrt! Ich verstehe, dass bei einer solchen Hatz sich der Verstand ganz anders abschleift als bei uns richtigem Menschenvolk und dass die rollende Bohne mit anderer Flinkheit flutscht und unterwegs vor Vergnügen auch noch hüpft, während ein Steinbrocken mit Stemmeisenkraft von einer stabilen Seite auf die andere schwere Seite gewälzt werden und man sich nach jedem Hebeln den Schweiß von der Stirn wischen muss. Ich verzeihe dem Frauenmenschen aus voller Seele, dass er den Weibsleuten angehört, und es tut mir im Blutfleisch meines Herzens leid, dass Gott wegen seines Haushalts und wegen der Verwelklichkeit der Menschensaat auch Menschen erschaffen musste, die gebären und darum nicht an den Säumen zugenäht werden konnten, damit auch sie unversehrte Gefäße bei der Kraftanstrengung des Denkens wie bei anderer männlicher Schulterarbeit auf dem steinigen Acker des Lebens wären.

Härkäniemi wurde so beklommen im engen Zwischenraum von Herzpochen und Rippen, dass sein grobes Männerauge ernsthaft wieder auf den Gedanken kam, so etwas wie einen Blick auf das Gesicht zu werfen, dessen Frische vorher ein wenig zu sehr von ihm beäugt worden war. Auch du, armes, altes Wiesel, bist im Leben so manchen Sprung gerannt und hast deinen schnellen Zeh abgewetzt seit den Tagen, an denen die Schonglätte der noch jungen Wangen nicht wusste, dass sie einmal faltig und runzelnd herabhängen würden, und an denen die Augen mit ihrem frischen Aufschlag und lebensdurstigen feuchten Glanz noch nicht glaubten, dass sie nur als Leihgabe des vollen, abkühlenden Blutes blitzten, aus dessen Puls das Alter und die Tribut fordernden Jahre gnadenlos Tropfen für Tropfen auspressen! Härkäniemi schüttelte den schweren Kopf, wobei ihm Schmerz und Wehmut wie mit Zähnen ins Herz bissen. Auch die straffsten Flammzöpfe werden vom Leben spröde, und die Wäsche der Jahre bleicht die blühendsten Wangenbacken aus, dachte Härkäniemi und blickte in die armen, ihrer Freude entkleideten Augen in Eevastiinas Gesicht, so wie man manchmal das betrübte Auge über das kahle Land des herbstlichen Feldes schweifen lässt, auf dessen Augenhintergrund noch als Erinnerung das schmeichelnde Grün in den rauschenden Wogen des sommerlichen Flores lebt.

»Du mühst dich genauso mit gespannter Feder ab wie immer, und ich bemitleide den alten Mann für die schweißtreibende Arbeit, die es bedeutet, bis ein Lamm wie du einmal in den Pferch geführt worden sein wird!«, sagte Härkäniemi denn auch herzlich, da er als Schuldiger an seinen eigenen Gedanken das Bedürfnis verspürte, seine Nächste mit Freundlichkeitskrümeln aufzumuntern. »Du rollst die Wecken noch ebenso voll und rund, wie einst die Tochter von Maanpää es mit dem Weizenwerk für den Freier tat, zum Trost für den Korb, den sie ihm gab, und deine Zunge ist noch immer so flink wie damals beim Walzer dein Zeh!«, ließ Härkäniemi nun etwas mutigere Männerworte ans Ohr des Frauenzimmers dringen, nachdem er das erste Husten einmal hinter sich hatte.

»Herr meines Lebens und meiner Geduld, denkst du noch immer an die alten Zeiten? Das kannst du laut sagen, dass wir einmal jung waren und Walzer getanzt haben!«, schäumte Eevastiina unter vollem Dampf. »Und was die Spannfedern betrifft, um Himmels willen, wo doch jede Stelle am Körper wie mit dem Breiknüppel weich geschlagen ist, keine Ruhe hat man als das Momentchen, das die Zunge braucht, um von der linken in die rechte Zahnlücke zu wandern, wenn sie sich beeilt. Und in den Pferch? Sag dem Pendel in der Uhr: Was saust du sinnlos hin und her? Geh schlafen, dann wird auch Zeit gespart! Befiehl dem Hunger im Bauch: Was knurrst du? Gähne lieber, dann hast du einen Mundvoll zu schlucken! Gib der Hausfrau einen Ratschlag: Was rennst du wie verrückt umher? Du kommst doch nicht weiter als bis zu den Säumen deines Rocks! In den Pferch also. Der Zeiger bewegt sich nicht, ohne dass das Pendel schwingt, der Bauch lebt nicht vom Grimmen, sondern von dem, was im Topf köchelt, und ein Haus ist kein tätiges Haus, wenn der Hausherrin Rockschöße nicht fliegen! Von wegen in den Pferch: Wo man so viel zu tun hat, dass die Zunge nicht im Mund bleiben würde, wäre sie nicht hinten am Rachen befestigt, und wo man eine solche Eile in den Beinen hat, dass sie auch dann auf die Knie gehen würde, wenn mir ein Dutzend davon geschaffen worden wäre und nicht bloß armselige zwei! Du kannst ein Wiesel in einem Steinhaufen einhegen, aber mich nicht in der Ecke: Wo das eine Wiesel wie fünf aus dem Loch guckt, gucke ich wie zehn heraus! Auch Herman glaubt, man könnte die Zunge im Zaum halten und den Dampf unterm Deckel, aber über beides wacht nicht einmal Gott, geschweige denn die Ehefrau in ihrer Eile, und gewiss muss man das kleine Ding, das einem in den Mund gegeben worden ist, auch benutzen! Sogar darüber wird ständig gestritten, als hätte man sonst nichts zu tun, und du sprichst zu allem Überfluss noch von Pferchen, obwohl du ein anständiger Mann bist und unverheiratet. Wann lernt ihr Zweistrümpfigen zu verstehen, dass der Mensch ein Gefäß ist wie ein Fass, das man zu behandeln wissen muss, auch beim Fass muss man den Luftzapfen lösen, damit der Hahn läuft, ohne zu spucken, wie also sollte man einen Menschen zustopfen, wo ihm nun einmal ein Atemloch für die Zunge gegeben worden ist! Dieser Einsicht muss auch Herman mehr hinterherjagen, als es die Zunge in der Hast des Tages schafft, sich zu bewegen, dass man beim Melken sowohl ziehen als auch quetschen muss und dass, wenn man es bei seinen Verrichtungen eilig hat und fliegen muss, der Finger sich von der Zunge angefeuert dreht: Wenn die eine flugs ist, dann sind beide flink! Behält aber ein Eimer, der geschüttelt wird, das Wasser und der Verstand des Mannes einen eindeutigen Sachverhalt? Sag ihm, dass dem Menschen eine Zunge gegeben worden ist, dann kriegst du zur Antwort: Aber auch Zähne, um die Zunge einzupferchen! Sag ihm, die Spucke trocknet, wenn man den Mund nicht nutzt, dann dröhnt es als Erwiderung: Im Napf an der Ofenecke hat die Spucke ihren Platz, nicht im Mund des Menschen, speie dort hinein und behalte den Verstand im Kopf, dann haben beide ihren Platz, und du schonst sowohl die Ohren anderer als auch deine Zunge! Bemühst du dich dann um Eintracht und versuchst es mit Verständnisworten, indem du sagst:

Bei der Schere schnappt das Maul zu, wenn man am Schaft schnippt, und beim Menschen entzündet sich nun mal die Zunge, wenn der Geist blakt! ›Die Wollschere schert das Schaf am Rücken, und ins Tuch beißt sie auf dem Tisch, aber dasselbe Eisen würde nicht mal einen Streifen Verstandeshaar von deinem Werg scheren und selbst die schärfste Schere nicht abschneiden, was durch den Lenzstopfen rinnt und bei dir an Geschwätz rauskommt‹, folgt darauf bloß als knurrende Antwort, worauf er sich abkehrt und die Stubentür hinter sich zuschlägt. Und so hört Herman im Hausgang nicht, wie ich noch sage, dass auch die Maus ihren Schwanzwurm tragen und drehen muss, wie die Laufrichtung es verlangt, wie soll es dann beim Menschen anders sein mit seiner Zunge, die er immerhin im Mund trägt und nicht hinten. Mit euch und anderen Männern reden ist, als würde man ein übermütiges Kalb auf der Landstraße führen: Ziehst du, stemmen sich vier Hufe störrisch in den Kies, hältst du an, setzt es alles daran, mit beiden Beinpaaren davonzulaufen, als müsste es dem eigenen Schwanz entkommen! Der himmlische Engel aus Goschen bliebe keinen Tag mit einem Mannsmenschen verheiratet, ohne Splitter auf die Zunge zu kriegen bei der Hobelei von solchen Teerspanten, wie ihr es seid: der eine wie der andere und alle zusammen! Noch mit dem Brötchenkorb in der Hand wird man wütend, wenn man nur daran denkt! Von dir hätte man auch Besseres geglaubt, aber dann redest du vom Einpferchen! Auch mit dem Herman hat man nichts als Verdruss und Arbeit, und die anderen auf der Welt müssten ebenfalls zur Vernunft gebracht werden! In den Pferch also mit meiner Zunge und meinen Zehen, wie schlau gesagt, wo ich hier durch den Saal rennen muss, damit alle ihre Brötchen kriegen! Ihr habt Köpfe auf den Schultern wie die anderen Menschen, aber was drinnen ist, frage ich mich und habe ich auch Herman gefragt. Auch du, der du unverheiratet bist und Zeit zum Nachdenken hast, würdest du jetzt in diesem Moment mit einem Wecken dasitzen, wenn ich nicht auf den Beinen und in Fahrt wäre? Der Aalquappe zieht man die Haut ab, und der Brachsen wird geschuppt, aber Mannsleute, wie behandelt man die, damit sie zur Vernunft kommen? Auch Gott piesackt einen, weil er dem Menschen eine Natur gegeben hat, aber nur ein Stück Zunge in den Mund, und damit soll dann in allen Kopfkoben die Spreu vom Weizen gedroschen werden! Hättest auch du ein Reibeisen und ein Frauenkreuz für dich, dann hätte ich nicht auch mit dir noch meine Last! In der Sauna braucht ihr Seife in die Haare und zu anderen Zeiten in der Woche Abreibungen auf die Haut, aber wie wird es euch an der Himmelspforte ergehen, werdet ihr dann sauber sein? Wenn Petrus nach den Sünden und den Läusen schaut! Ein Jammer, dass man mich als Frau geschaffen hat, mit Röcken an den Beinen, wo ich doch rennen müsste, die Eile hält am linken Saum, am rechten zerrt die Hatz, Herman ist Herman und ein Stein auf der Fuhre, du bist du und ein Baumstumpf vor der Sohle, die anderen sind die anderen und der Anstieg, den man vor sich hat! Zerre du mal einen Schlitten voller Steine den Hang hoch über einen Stubben und versuche mal, in meinen Röcken hinzukommen, wohin du springst; Frau des Hauses!, ruft der eine, Eevastiina!, ruft der andere, Siviä will wissen: Wo sind die Löffel? Siina an der Tür: Wohin mit den Schafen? Herman aus der Stubenkammer: Die Gäste kommen, ist das Grogwasser aufgestellt? Bin ich ein Knäuel, dass ich überallhin rolle, bin ich Wasser, dass ich über jedes Mühlrad laufe, bin ich ein Vogel, dass ich auch noch im Flug mein Tröpfchen fallen lasse? Ein Mensch bin ich und habe die Nase auch nur auf der Seite des Körpers, wo der Hintern nicht ist! Die Semmeln müssen rasch verteilt werden, und ich stehe immer noch hier, Lahdenperä wartet schon, wie der Kranich von der Spitze seines Halses aus späht, und ich soll einfach mit dir schnattern, weil du

Reden schwingst und den Qualm aus deinem Kopf abziehen lässt, da in deiner Stirn die Klappen klemmen, ich soll also in den Pferch, schick die Zunge hinterher, wenn der Schluck in der Kehle getrunken ist, und packe das Fohlen nach einer Werst am Schwanz, wenn du selbst mit der Nase im Graben liegst, wenn du bis eins zählst, bin ich schon bei der Zehn, und wenn du noch mit ›Ich Elender‹ anfängst, bin ich längst beim ›Amen‹; ich in den Pferch, wo mir schon die Lumpen vom Leib flögen, wenn ich noch hierbliebe, wie soll ich da meine Zunge zu fassen kriegen? Husch, husch, wenn ich mich nicht fortmache, fliege ich schon, wenn es nichts zu reden gibt, ratsche ich schon, bin ich denn ein Ranzen, dass ich nicht rolle, bin ich ein Hermelin ohne Läufe, dass ich nicht fortkomme! Lahdenperä lauert, Pukkila kauert, Eenok nickt ein, weil es dauert, und die Semmeln sind hier, und du schwafelst bloß, und ob ich gehe, schnurstracks und schleunigst, rede du nur, selbst wenn du redest, bleib ich still, versuche nur ein Wort, ich höre dir nicht zu, wenn man alle Hände voll zu tun hat, hat man keine Zeit, wenn man alle Hände voll zu tun hat, wird gerannt, und die Zunge darf mitkommen, falls sie es schafft! Wegen dir kriegt man hier solche Eile, weil schwadroniert wird und man selbst nicht zu Wort kommt! – Wenn du mit einem wie Härkäniemi an die Mundsäge gerätst: Kannst du deine Zunge da wenigstens halbwegs lösen, bekommst du auch nur das winzigste Wort, ein Mäusegähnen als Wortwelpe dazwischen, kommst du wenigstens mit einem Worttropfen an die Reihe, damit dir die Zunge nicht erstickt, weil er auch dann zu Wort kommen muss, auch dann schwatzen muss, wenn er nicht spricht, und spricht, wenn er nicht schwatzt!«, lamentierte die Hausfrau im selben Atemzug nun bereits vor Lahdenperä, flink der Brötchenkorb und flink der Mund und flink das ganze kleine lebhafte Mensch. »Wenn ich bei Menschen nicht zu Wort komme, die den Mund dabeihaben, wo immer sie auch sind, mahne ich mich stets, sage ich mir und warne mich: Eevastiina, Eevastiina, rede wenig, rede kaum, rede überhaupt nicht, biete Semmeln an, dränge Semmeln auf, pack dem Besucher Semmeln ein, aber sprich kein halbes Wort, nicht mal ein Wörtchen, so kann der Besucher etwas sagen, hat eine Lücke für sein Wort, darf reden, um seinen Bauch anzuregen, denn auch ein Gast ist ein Mensch, und ein Gast braucht seine Anregung, der Gast ist immerhin im Hause und bei Tisch zu Gast …«

Allmählich gingen Härkäniemi wieder die Ohren zu. Er hielt ein Brötchen in der Faust und einen Kringel noch dazu und hatte eine volle Kaffeetasse in der Hand: keine Trauer, keine Not. Das Auge blickte bei seiner Rückkehr zur alten Tätigkeit freilich wieder auf Alastalo, der vor Langholmas Schaukelstuhl den sturen Rücken dorthin richtete, von wo das schwerste Schwatzen rund um den Brötchenkorb im Saal kam: Damals hast du die Eevastiina gekriegt und nicht ich! Das Auge war müßig und pickte auch noch Siviä auf, bevor die Gedanken zu ernsten Dingen zurückkehrten und die Hand dazu überging, die Gebäckstücke auf dem Knie in einer Reihe zu sortieren, damit eine Hand zum Umrühren des Kaffees frei wurde: lebhaft und im Auge zerfließend, diese Siviä, dass einem das Herz schwach wird, aber ist nicht doch die lose Lippe eindeutig von Eevastiina, und wo habe ich das gleiche Augenglimmen gesehen, wenn nicht in Eevastiinas Gesichtsvorbau, als Mittsommer war und die Zweige in vollem Laub standen? Auch auf Janne richtete sich nun der träge Blick: Mit Lust lässt du das bloße Auge dort verweilen, wo strohbraun das Haar des Mädchens und der Zopf aufscheinen, und mit Lust würde auch ich an deiner Stelle das Auge verweilen lassen, aber hat etwa das Stroh den gleichen Glanz im rostigen Rohr wie auf dem raschelnden Reuter, und wird die Siviä noch die von heute sein, wenn dort eine Falte ist, wo jetzt der Glanz der Stirn, ein Aschenschatten in des Haares Pracht, und wenn von den zarten Lippen die Falter des Lächelns geflüchtet sind, damit aus den vertrockneten Schoten Mäuseerbsen in Form von Wörterbohnen in solchen Schwallen aus einem einzigen Munde kullern, als schmetterten zehn Wunder in der Kirne anstatt einer kümmerlichen Zunge! Ja, ja! Alastalo wie auch Janne und Siviä wie auch die Eevastiina, jedes hat seine Zeit, das Fohlen, um auf der Flur seine Hufe springen zu lassen und als Klepper mit dem Kummetriemen auf den Brustknochen zu schuften, das Gras, um munter ein Blümchen auf der Böschung sprießen und als Schote seine Unkrautbohne mit den Speisekörnern in die Kiste rieseln zu lassen, das Mädchen, um mit freudigen Augen fröhlich zu sein und glatt mit der feuchten Zunge, wenn das Blut in Wallung ist und Röte auf den Bäckchen, aber mit schlaffem bejahrtem Auge und schwachem Schnarren der Zunge, wenn der Galopp geritten ist, vom Spiel nur noch das Alter übrig bleibt und das eigene Blühen dann der Tochter vorbehalten ist! Ob eine Semmel frisch ist, weiß ich, wenn ich sie esse, und du hast mir, Eevastiina, wohl das Beste, was du hast, serviert, da ich so ein üppiges Gebäckstück sicher in der Pranke halte!

Härkäniemi ließ nun von Siviä wie von Eevastiina ab, denn jeder Augenblick hat seinen eigenen Kummer und seine eigene Sorge, und wenn man Kaffee trinkt, besteht die größte Sorge eben darin, dass das, was in den Mund kommt, gut im Munde schmeckt.

SECHSTES KAPITEL

Kapitel, das man bequem auslassen kann, weil darin auch nicht mehr passiert als in den anderen.

Siviä hatte tatsächlich bereits Lahdenperä hinter sich gelassen, der erst nach dem üblichen Geziere und anständigem Ablehnen bereit gewesen war, ein zweites Stück Zucker aus der Dose zu nehmen, ohne sich dieses jedoch im Ganzen in den Kaffee zu rühren, stattdessen die Hälfte davon abbiss und den Rest in die Dose zurücklegte. Lahdenperä war auf Besuch nämlich ein Mann der Zeremonien und sorgsamen Sitten, wie sich auch im Sommer zuvor bei der Hochzeit von Taavetti Urkola gezeigt hatte, als er mit seiner Frau und seiner Tochter die Feier verließ, da die Mahlzeit gerade begann. Ob der Kellner eingenickt war oder die Augen woanders hatte, jedenfalls begab es sich, dass, als zum Essen gerufen wurde, Lahdenperä nicht mit Zupfen am Ellenbogen und Schubsen am Rücken zu Tisch gebeten wurde, worauf Lahdenperä sich still und heimlich aus dem Saal in den Hausflur driften ließ, Miina, seiner Frau, mit dem Zeigefinger ein Zeichen gab, bevor er seine Mütze vom Haken nahm und hinausging. Auch die Tochter, Tiina, war vom Flur aus dazugeholt worden, und so gingen sie zu dritt den Ackerrain des großen Felds von Alaskartano entlang, Lahdenperä selbst mit großen Schritten voranstiefelnd, seine Frau, die Säume ihres Sonntagsrockes hebend, mit kurzen Hühnerbeinen hinterhertrippelnd, so schnell es auf dem

Grasweg ging, und als Letzte die Tochter, die die Mutter von der Flurtür aus am Rockschoß mitgezogen hatte, in ihren neuen Hochzeitsstiefeln, eigens für die Hochzeit von Solenius gemacht: Der schmale Zopfschwanz hing dem armen Mädchen aufsässig verstimmt auf dem Rücken, zuckend vom schmalen Widerspruch bei jedem Schritt, sofern er nicht gerade widerspenstig über die Schulter fiel, wenn das Augenpaar sich wehmütig nach dem Hochzeitshaus umdrehte, von dem das Kratzen der Geige bis ans Waldufer herangetragen wurde. Es war ein bitterer Marsch, aber eine gute Lehre für die Leute auf Urkula, damit sie sich in Zukunft genauer überlegten, wen sie als Kellner holten, jedenfalls ging es nach Hause, und auf Lahdenperä gab es Salzhering und Buttermilch in der eigenen Stube, und der Abend zog sich, weil das ganze Haus kalt war und das übrige Volk als Zaungäste bei der Hochzeit schnorrten, aber die Zeit zum Schlafengehen kam wie an allen anderen Tagen, und man durfte sich die Decke über die Ohren ziehen wie immer, und zum Festhaus wurde nicht zurückgekehrt, obwohl sie dort wer weiß wie taten und sogar eine Chaise zum Abholen schickten, nachdem sie was gemerkt hatten! Entsprechend anständig wurde auch jetzt der Zucker erst nach der dritten Aufforderung genommen und vom zusätzlichen Stück bloß abgebissen, um den Rest zurückzulegen: Unter Menschen gibt man sich wie ein Mensch, auch wenn der Mund manchmal garstig ist. Das Gleiche, wenn man bei Gericht sitzt, dann soll man anständig dasitzen und Nacken und Bauch so halten, wie es sich gehört: Das Auge wie das Alte Testament, wenn man den Angeklagten anschaut, aber der Mundwinkel wie das Evangelium, wenn man zum Richter spricht, man darf sich sogar ein Lachen leisten, wenn man sich gleich darauf ernsthaft räuspert. Zeremonien und Sakramente sind an jedem Ort genau und notwendig, ob man als Schöffe in der Gerichtsstube auf der Bank an der

Wand sitzt oder ob man als Gast gebeten wird und zum gedeckten Tisch schreitet, es gehört sich nicht, zu prahlen und sich auf die Stühle der Richter zu setzen, aber es steht auch nicht an, zu dulden, dass der Kellner so ruchlos ist und den Jagdvogt, sei es auch der »Wolf« und Vetter des Kellners, vor dem Schöffen und Hofherrn zur Sitzbank am Tisch bringt: Steht der Jagdwolf etwa bei Gericht anders da denn als Lakei neben der Tür, während wir samt Richtern zu zwölft um den Tisch herumsitzen? Ich bin seit zweiundzwanzig Jahren bei Gericht, ich kenne die Regeln und Verordnungen und weiß, nach wie vielen Aufforderungen man unter hohen Herren das Glas vom Tisch nehmen muss und man die Vorladung dreimal zu verkünden hat, wenn ein Mann vor Gericht gerufen und der Paragrafenschlüssel im Schloss gedreht wird. Mit dem Strich ist der Hund glatt und gegen den Strich borstig, und der Schöffe ist höflich beim Fest, aber in der Gemeinde ein Teufel, bevor das Gericht anfängt: Ich halte den Mund, wenn Größere das Wort ergreifen, und die Hände gefaltet bis zum Amen, wenn das Vaterunser gebetet wird, aber auch ich habe einen Schlund, der sich was untersteht, und wenn man brav beim Gebet gewesen ist, kommt einem der Fluch umso tüchtiger aus dem Mund. Rudert man das Netz zu den Fischgründen, rudert man mit Bedacht, und wenn man den Faden in die feine Nadel fädelt, dreht sich selbst die derbe Hand geschickt. Auch ich weiß, dass man eine Robbe nicht rennend schnappt, sondern indem man auf dem Bauch an sie heranrobbt, und den Pfarrer nicht mit Worten hinters Licht führt, sondern indem man sich bekreuzigt, und ich weiß, dass die Geschicklichkeit einen Bogen um den Stein macht, wo die Kraft sich den Zeh blutig stößt. Lieber neige ich den Nacken, wenn ich durch die Tür trete, als dass ich mir die Stirn am Balken stoße, und unter Menschen halte ich den Kopf nicht höher, als es der Sparren in der Stube erlaubt. Warum also sollte ich nicht auch so lange ein braves Mundwerk behalten, wie ich mir Zucker nehme, und im Saal anständig sein, wenn Dickere um mich sind, die größere Hörner haben? Der Schuldner brüstet sich nicht, wenn er den Schuldschein unterschreibt, und bei der Katechismusprüfung schütteln nur der Pfarrer und der Propst die Faust, und dementsprechend halte ich die Schnüre für die Schnatterschnauze in der Hand, damit sie nicht loslegt, wenn es klüger ist, still zu sein. Man muss das Fett kauen, bevor man das Schwein schluckt, und auch ich, ich schnaufe nicht auf, bevor mir der Saunaeimer ins Genick geschüttet worden ist. Wir harren aus und halten die Noten in den Backenkammern unter Verschluss, bis der Kantor Laut gibt und das Kirchenlied angestimmt wird, sodass man mitschmettern kann. Ich werde nicht vor Alastalo das Hüsteln anfangen, nein, auch wenn ganz Vaarniemi rauscht und der glatte Span bereit ist, sich unter dem Biss von hundert Äxten von den Zehnklaftrigen in Lahdenperäs dortigem Wald zu lösen! Man rülpst erst, wenn der Bissen geschluckt ist, und ich lasse erst Dampf ab, wenn ich den Wald in der Tasche und so viel Papierfüllung als Futter in der Jacke habe, dass man nicht fett sein muss, um dick auszusehen! Halten wir also das Mundfohlen hinterm Gatter und nehmen wir uns hübsch und nett ein bisschen Zucker in die Tasse! Ich bin mucksmäuschenstill, ein braves Schaf, ein hornloser Hammel, ich werde nicht das feinste Härchen auf meiner Haut erzittern lassen und keinen Speichelklumpen in der Backe kirnen, solange die Großen das Wort führen und die Primusse die Leithammel sind. Soll Alastalo schwatzen und Pukkila schwallen, ich bin unschuldig wie eine geputzte Nase und unauffällig wie ein Loch in der Kiste, ich nehme meinen Kaffee und zittere erst mit dem Bart, wenn ich in den Wecken beiße! Man zerdrückt unterm Nagel keinen Floh, wenn er das Springen nur so lange bleiben lässt, bis man nicht mehr hinschaut, und die Maus, die im Loch bleibt, wenn es im Raum nach Mieze stinkt, wird nicht in den Krallen der Katze gähnen!

Lahdenperä legte denn auch brav die Lider über die Augen, wie er anlässlich des Besuchs das Haar auf seinem breiten Scheitel nass gekämmt und glatt gelegt hatte, als er es mit der Frömmigkeit eines Kindes nach dem Saunabad ablehnte, ein weiteres Stück Zucker zu nehmen, und sich stattdessen aus dem Kännchen einen so kleinen Tropfen Sahne in den Kaffee goss, wie ihn die Bachstelze am Rand des Moortümpels die Kehle herunterschluckt, um ihren Durst zu stillen. Es war beinahe schön anzusehen, dass eine so große Hand sich so verstohlen und geschickt bewegen konnte, als Lahdenperä nun seine leicht behaarte Pfote bändigte. Und es stand nicht zu befürchten, dass der Mundkessel diesmal mit dem Geblubber brodelte, für das er von Natur durchaus die Rundung hatte, und womit Siviä, eingeschüchtert von dem, was Härkäniemi eben von sich gegeben hatte, ängstlichen Ohres und mit gemischten Gefühlen auch jetzt rechnete, sprungbereit mit den Sohlen, wenn nur erst das Sahnekännchen wieder auf dem Tablett stand. Aber nein, Lahdenperäs Mundwerk blieb für dieses Mal manierlich und wohlweislich zu, so wie die Tür zum Darrhaus vor dem Schlachttag, und dankbar knicksend, weil sie so leicht davonkam, eilte Siviä, bevor es doch noch in den Ohren tönte, weiter, um ihr Tablett neuen Aufgaben zuzuführen. Sie hatte nicht einmal daran gedacht, Lahdenperä ein weiteres Mal Sahne aufzunötigen, als sie schon vor Pukkila hin schlüpfte, sodass der Kaffee in Lahdenperäs Tasse ziemlich magerfarbig und schwärzlich blieb, da er ihn nun beim Rühren betrachtete. Die merken und kapieren es nicht, wenn ein Mensch sich beim Servieren ziert!, lamentierte er leicht verstimmt, bevor das Boot seiner Gedanken sich auf den Kurs von Eevastiinas Schnurren begab, das seit kurzer Zeit bereits vom Ohr eigenständig aufgenommen worden war, weil das Bündel von Wirtin und der Brummkreisel von Gattin jetzt leibhaftig vor ihm stand und Eevastiina Alastalo das Redegarn von der Zungenspule lief, als wäre derselbe Faden schon aus dem Mund gespindelt worden, bevor man unter der Schwelle von Maanpääs Sauna ein wimmerndes Mädchenkind hervorgezogen hatte, und als müsste die Garnrolle auch am heutigen Tag in der gleichen geläufigen Fahrt fliegen, und morgen ebenfalls, und weiter bis zu dem Tag, an dem die Nachbarn dereinst auf Alastalo um die Verstummte herumstehen und das Abschiedslied singen und sich wundern werden, dass sogar Eevastiinas Zunge nun die Luft ausgegangen ist.

Man möchte kaum glauben, dass dies einmal geschehen, dass dieses Uhrwerk einmal stehen wird, führte Lahdenperä seinen eigenen Gedanken fort, bevor er die Ohren spitzte.

»... den anderen das Wort und mir meine Rede und allen zusammen der Rest, damit sie zum Atmen kommen, pflege ich stets zu sagen, ich denke es auch, aber sage es namentlich, auch zu Hermanni, zu Alastalo: Lass mich reden, wenn ich rede, dann darfst du reden, wenn du redest, zuerst die eine, dann der andere, so kommen beide an die Reihe. Wie gerade mit Härkäniemi, kaum dass er mir eine Sprechlücke gelassen hat, damit ich ihm befehlen konnte, sich eine Semmel zu nehmen; in den Pferch, hat er gesagt, meine Zunge in den Pferch, ich selbst in den Pferch! Soll er doch seinen Bart in den Pferch sperren und dem Gebüsch dann seinen Verstand als Strick umbinden, damit es im Leeren nicht so schaukelt! Natürlich braucht der Floh Beine, wenn er hüpft, und natürlich rede ich, wenn ich Brötchen serviere, oder soll man der Zunge ein Halfter anlegen, der einzigen, die dem Mund gegönnt ist, obwohl der Mensch so viel zu tun hat, dass auch zehn von der Sorte im Mund wieseln könnten und selbst dann noch nicht die Hälfte der Besatzung an Bord wäre, die man bräuchte, nimm du dir jetzt unaufgefordert eine Semmel, dann kann ich meine Zunge für Dringenderes einsetzen, nimm eine Semmel, nimm einen Kringel, nimm einen Zeh, einen Hahnenzeh – weil ich nicht alles auf einmal sagen kann! Die Semmel zuerst, dann ist die Hand voll und der Handteller im Einsatz, den Kringel danach, dann haben die Finger Arbeit für fünf, weswegen sie ja auch zu fünft gemacht worden sind, den Zeh danach, das Hahnenzehgebäck – das verflixte Wort ist so gottlos lang und doppelt, dass die Zunge den vorderen Teil verschluckt, damit sie sich nicht vor dem Ende verknotet! –, den Hefehahnenzeh, den gezackten, danach, dann geben auch die Rechen Rat, und die Fingerspitzen helfen dem Verstand, wenn man die letzten Wecken dorthin hängen muss, wo das Verständnis keinen Haken mehr hat; greife unaufgefordert zu, dann habe ich keine Mühe, greife zu, ohne dass man es dir aufdrängt, dann kann ich mal Luft holen, lange mit der Pranke zu, dann verschnaufe ich inzwischen, ist meine Zunge denn ein läufiger Hund, dass er immer auf den Pfoten sein muss, und ist mein Mund der Mund des Schneiders an der Mangel, dass er ständig Spucke auf den zischenden Stoff sprühen muss? Der Kopf einer Frau hat auch nur eine Hülle, die aus Knochen ist und zerspringt, wenn man für zehn denken und ein volles Fuder in den Spankorb stopfen muss; nimm jetzt, weil du es aus freien Stücken willst, dann zwinge ich dich nicht; pflück dir was schiedlich, dann nicke ich friedlich, eine Sorte zuerst, dann nimmt sich die zweite leichter, und bei der dritten ist man schon geschickt, und das Haus schämt sich, weil es keine vierte gibt, nicht einmal einen kleinen Pfefferkuchen oder die Kruste eines Zimtzwiebacks, verachte das wenige nicht, wenn es nicht mehr gibt, der Gast muss sich mit dem begnügen, was das Haus zuwege bringt, bei uns wird nur in diesem Umfang serviert, drei Sorten, aber ein Mehr an Zorn entsteht, wenn der Gast sich nicht mit allen fünf Fingern am Gebäckkorb zu schaffen macht …«

Lahdenperä hatte schon vorzeiten verstanden, dass die unvermeidlichen Schwellen des angemessenen Ablehnens überschritten waren und die Hand sich nun ohne Scheu der Brötchenweide im Gebäckkorb nähern durfte. Er hatte auch schon, brav gehorchend, sowohl eine Semmel als auch einen Kringel in die Hand genommen und sie auf sein Knie gelegt, damit sie aus dem Weg waren, damit die Hand frei wäre, hatte auch einen Hahnenzeh genommen, ohne weitere Überredungsversuche abzuwarten, und weil er in der Pranke Platz hatte und nicht nur von der Pranke, sondern auch vom Mund und der sonstigen Lebenslust her robust war, stand er, da er nun schon einmal dabei war, im Begriff, bei der Gelegenheit noch einen weiteren und pralleren Brötchenbrocken vom Berg im Korb in seine Obhut zu nehmen, während die Gastgeberin bedauerte, dass keine weiteren Sorten vorhanden waren, nicht einmal ein kleiner Pfefferkuchen. »Der Gast tut, was er kann, auch wenn der Magen keucht!«, pflichtete er artig der Hausfrau bei und legte die neue Beute neben die vorige aufs Knie. »In einem großen Haus nimmt man auf große Art!«, sagte er auch selbst, als er merkte, dass Eevastiinas Brötchen doch prächtige Apparate waren, wenn man sie so paarweise nebeneinander betrachtete. »In jede Backe eins, dann bleibt das Gesichtsfleisch im Gleichgewicht!«, erklärte er Eevastiina, die behände den Korb ein wenig zurückgezogen hatte. »Man muss versuchen, sich mit der Wirtin zu vertragen, auch wenn die Weste platzt!«, beschönigte er den Fang, den er nun auf seinem Knie zu Hause hatte. Da haben die Innereien zu tun, und man hat Kraft, wenn man mit dem Reden an der Reihe ist, und mit vollem Bauch hat man einen besseren Stand, wenn das Gespräch auf Waldangelegenheiten kommt, dachte er mit Blick auf seinen Leib.

Siviä hatte den Pukkila bereits gemeistert. Es war doch einigermaßen gegangen, wenn auch nicht ohne ein kleines Brennen des Fußbodens unter der zierlichen Sohle. Sie hatte hinter ihrem Tablett nicht viel sagen müssen, weil Onkel Pukkila auf der anderen Seite schnell und gekonnt etwas losgelassen hatte, aber auch das Zuhören hat bisweilen etwas für sich. Und diesmal war kein Blick zur Seite infrage gekommen, zum Beispiel dorthin, wo Janne neben Evald im Saale saß, Evald Pukkila, auch wenn ein kleines Entweichen des Auges sie gerade jetzt sehr verlockt hätte. Der Anfang war nicht gefährlich gewesen. »Ich bin bestimmt nicht zum Kaffee gekommen, wegen des Kaffees, sage ich, gekommen-gekommen, ich habe daheim schon getrunken, vor nicht mehr als zwei Stunden, vor zwei, drei Stunden trank ich welchen, Maijastiina kochte ihn, kochte-kochte ihn daheim, aber ich nehme mir trotzdem einen, wo er schon mal serviert wird, auch wenn es nicht nötig gewesen wäre, nicht nötig, sage ich.« Dies war der unvermeidliche Anfang, denn wie soll man den Faden vom Knäuel wickeln, wenn man nicht zuerst das Fadenende befreit, und weil Pukkila nirgendwo eine Tasse vom Tablett nahm ohne ein »Bestimmt-nicht« und »Maijastiinas-Daheim-Kaffee« und ohne vorsichtshalber den Rand des Tabletts festzuhalten, damit es ihm nicht doch vorzeitig vor der Nase weggezogen wurde. Das wusste auch Siviä, und sie konnte die Rede auswendig, bevor sie begonnen hatte. Aber von Pukkilas Kurs kannte man nicht mehr als den Anfang, denn er schnappte sich das Visier im Rennen, und das Korn an der Mündung seiner Geschichten war dorthin ausgerichtet, wo der Hase auch hoppelte. »Ich habe den Evald mitgebracht, den Evald, damit er nicht müßig daheimhockt und Kapitänsbücher und Logarithmen liest, er geht nämlich den Winter über auf die Seefahrtsschule in der Stadt, ich schicke ihn hin, was soll er sich mit dem Lundström und seinen Lehren hier abgeben, der trinkt seinen Schnaps, kennt seine Navigation durch sein eigenes Segeln, soll der Janne wieder zu Lundström, der Janne Pihlman,

Netzfang-Fiinas Janne, geht er auch diesen Winter zum Lernen in die Schule? Ich schicke den Evald nach Turku, dann kriegt er sein Kapitänspatent ohne extra Examen, er hat Dispens bekommen, ich hab den Jungen hierher mitgenommen, damit er nicht über seinen Papieren und Rechnungen hängt, da kann er sich hier umsehen, und wenn ihm unter den Alten im Saal die Zeit lang wird, so gibt es ja auch Junge hier, wie vertreibst du dir denn die Zeit, wenn bloß die Härkäniemis und solche wie ich Reden schwingen?« – Pukkila hatte seine Zeit vollständig aufgebraucht, die Tasse hielt er bereits in der Hand, den Zucker hatte er hineinfallen lassen, und auch das Sahnekännchen war er im Begriff aufs Tablett zurückzustellen. »Ich habe zu dem Jungen gesagt, bleib nicht im Saal hocken, geh spazieren, sicher kann Siviä dir die Ställe und alles zeigen, und dann sprichst du über Kiel und Apenrade.« Siviä erwies sich als vergleichsweise schnell, als es darum ging, das Tablett von Pukkila weg und vor Eenokki Karjamaa hin zu tragen, da Pukkila den Henkel des Sahnekännchens losgelassen hatte und die Bahn frei war. Manchmal weiß man bei den eigenen Augen nicht, wohin man mit ihnen schauen soll, dachte sie, als sie das Tablett in die passende Höhe hielt, damit der steiffingrige Bauer von Karjamaa ohne schlimmes Gepolter an seine Tasse kam.

Im Saal duftete es bereits nach Kaffee, jeder war darauf eingestimmt, an die Reihe zu kommen, und das Summen in dem Teil des Saals, in dem Siviä sich, für Labsal sorgend, vorarbeitete und Eevastiina ihr wie ein Kreisel auf den Fersen folgte, belebte die Zungen allmählich auch anderswo, sodass bald in allen Ecken ein bisschen gegrummelt wurde, und wer nicht einfach so ein Wort parat hatte, der hustete wenigstens zum Zeichen, dass er am Leben war und um sich aufzumuntern. Vor allem jene, bei denen bereits die kräftige Braunbrühe auf dem Handteller dampfte, um aus der Tasse heraus die Nüstern zu wärmen – und das waren insofern mehrere, als die Tochter voraus und die Hausherrin hinterher im Saal vorankamen und somit in immer mehr Händen eine duftende Tasse klimperte und auf immer mehr Knien ein pralles Brötchen und ein leuchtender Kringel als köstlicher Vorrat lagen –, vor allem jene also wurden unverkennbar munter, Lahdenperä hatte sich bereits dreimal geräuspert und versuchsweise mit dem Brustbalg geblasen, damit die Röhren auch sauber wären, wenn sie gebraucht wurden, Pukkilas Augen sprangen wie verflixte Kugeln umher: Sagt jemand was, schwingt auch nur ein halbes Wort oder das Quart eines Wortes, dann sage ich bald eins hinterher, ein ganzes Dutzend; auch Härkäniemi strahlte wie eine volle Bierkanne auf dem Tisch der Stube, wenn frisches Selbstgebrautes eilends aus dem Keller geholt worden ist und der Schaum über die Ränder rinnt, bereit, in jeden Bart gekippt zu werden, der Lust hat, sich zu neigen. Nur Alastalo und Langholma tuschelten mitten im Saal untereinander, Langholma im Schaukelstuhl, ernst hinter seiner Tasse, und Alastalo wie ein Lakai stehend daneben und in seiner breiten Weste ächzend; nicht einmal Pukkila schien mit seinen Ohren aufzuspießen, wovon dort die Rede war, so weit sich seine rechte Ohrmuschel auch in die betreffende Richtung dehnte. Sonderbarerweise war Eenokki derjenige, Karjamaas Eenokki, der als Erster ein Wort ausstieß, er hatte sich sorgfältig aus Eevastiinas Korb etwas von jeder Brotsorte herausgepickt, wie es ihm befohlen worden war und Eevastiina es lebhaft verlangt hatte, und so sorgfältig, wie er sie gegriffen hatte, auch jede Sorte in die Tasche gesteckt, in die Saumtasche seiner Jacke, deren Öffnung aus dem steifen Tuch an der rechten Seite des Wamses klaffte und in die er auch stets seine Pfeife steckte, wenn er sie nicht im Mund hielt: während der kirchlichen Zeremonien und beim Abendmahl sowie bei anderen Mahlzeiten und Feierlichkeiten, solange das Essen dauerte; die Semmel zuerst und den Kringel danach und den Hahnenzeh zum Schluss, so hatte er Proviant für Paavaliina und die Kinder daheim und konnte selbst in Ruhe und ohne sonstige Aromen seinen Kaffee schlürfen, Kaffee, wie er von Natur aus schmecken sollte und gekocht wurde, Eenokki also war derjenige, der als Erster ein Wort ausstieß, nachdem er zuletzt noch seine Pfeife aus dem Mund genommen und sie samt Knaster in die Tasche zum Gebäck geschoben hatte, solange die Brühe sich in seine Kehle ergoss. Immerhin dachte er, bevor er weitersprach, als ihm der angenehme Geruch aus dem Tassendampf in die Nase stieg, dass es doch ein Ding war, dass die Menschen die Bohnen der Herrschaften aus der Stadt an ihr Wasser verschwendeten, obwohl man eine Plörre in der gleichen Farbe auch aus Gerstenböhnchen aufgießen konnte, um sie sich anschließend aus der Tasse in die Backe zu schütten. »Barken sollen hier also gebaut werden, und stangenweise Masten auf Schüsseln gestellt!«, sagte er, nachdem die Pfeife nun einmal in der Tasche und der Mund lose für Geschnack war und er noch nicht am Kaffee geschlürft hatte.

Das kam aus einer so unerwarteten Richtung und Kinnlade, dass sogar Pukkila, obwohl er gleich danebensaß und obschon er wie ein Vogeljäger bei den Lockenten auf der Lauer lag, mit dem Finger am Abzug, bereit, es krachen zu lassen, sobald er eine Eiderentenflanke auf dem Korn und eine rudernde Ente im Visier hatte, dass ein Siegel sogar Pukkilas Lippen verschloss und eine Zange seine Zunge festhielt. Nicht einmal ein Verrückter würde sich etwas Schlaueres einfallen lassen, als davonzuspringen, so schnell die Läufe ihn tragen und die Gliedmaßen sich strecken, wenn der Steinbrocken neben ihm plötzlich leichtsinnig wird und unerwartet die bemooste Flanke von einer Seite auf die andere dreht, und so vermochte auch Pukkila nach Eenokkis Überraschungsknall fürs Erste nichts weiter zu tun, als sich die Semmel, die auf dem Eenokki nahen Knie lag, zu schnappen und auf das Härkäniemi-seitige Knie zu verlagern, als wäre, wenn es so weiterginge, von Erstgenanntem weiß Gott was zu erwarten und es daher am besten, zu retten, was zu retten war. Er beruhigte sich jedoch auf der Stelle, und die Augen berieten sich für die Dauer eines Blitzes, ob es jetzt nicht am vorsichtigsten wäre, ruhig zu bleiben, damit auf einen Schlag nicht noch mehr Brocken fallen, oder ob jetzt die Keilerei begann und derjenige ein Mann war, der als Erster mit der Faust das krumme Horn erwischte. Auch Alastalos Ohr hatte neben Langholma die Worte von Eenokki in den Kescher bekommen, was für ein Amt hätten die müßigen runden Rinnen auf beiden Seiten des Kopfes an einem solchen Tag auch sonst ausüben sollen, als darüber zu wachen, wo ein Mund etwas aus eigener Ansicht vortrug, und das Augenpaar musste auf der Hut sein, ganz zu schweigen vom Wiesel des Verstands, das mit seinen Tasthaaren vor jedem Loch lauern musste; Alastalo hatte mit seiner rechten Ohrmuschel also ebenfalls Eenokkis Worte aufgeschnappt und zugleich brenzligen Pulvergeruch im Saal wahrgenommen, und darum unternahm er träge die knappe Vierteldrehung, die ein Mann mit standesgemäßem Bauch, der sich gerade in wichtigen Gesprächen und beim Anpeilen noch wichtigerer Gedanken mit einem noch prominenteren Mann befindet, unternahm nun die Vierteldrehung, die er sich und seinem Körper an würdevoller Regung und in angemessen respektvoller Nackenhaltung dem Gast gegenüber zugestehen mochte, indem er ein kleines bisschen in den steifen Nackenadern nachgab, wie auch in den weichen Seitenteilen, und die Augen ein Stück zur Seite rutschen ließ. Alastalo also, ohne den Gesprächsfaden mit Langholma zu kappen – er war gerade dabei gewesen, einen guten Gedanken darüber zu entwickeln, wie neben der Sommerfracht eine Winterfracht für zwei Frachten im Jahr sorgen könnte –, ohne also das Redeknäuel, das so gut ins Rollen gekommen war, anzuhalten, fasste er Eenokki lediglich aus schiefem Winkel ins Auge, darauf achtend, ob die Schoten sich auf dieser Seite bereits spannten und das Rigg sich in den Wind stellte, wenn es so weiterging.

»Ja, ja, zwei Enten mit einem Büchsenknall sind eine bessere Beute im Boot als eine, und zwei Ladungen bei der Jahresauszahlung ein und desselben Kahns verhelfen dem Reeder zu einer Rendite, die doppelt so dick ist wie eine!«, schwatzte er also weiter in der Melodie, die er im Hinblick auf Langholma angestimmt hatte, aber sein Auge wurde auch zur Seite hin immer wachsamer. Rümpfte Pukkila die Nase, oder formte sein Schnurrbart einen Muff? Alastalo lächelte sich in die Leber. Und Härkäniemi? Zehn lebende Würmer im Augenwinkelgeringel, aber der Bart so reglos an den Kinnknochen wie am Weihnachtstag der unberührte Besen in der Stubenecke! Und Langholma hier vor mir? Hat mir das Ohr geliehen, hat mit Sicherheit Eenokkis Worten das Ohr geliehen, auch wenn er tut, als würde er meiner Leier lauschen: Was arbeitet in seinem Verstand? Alastalo ließ die Lippen ploppen: War die Bö vorbei? Hat sich auch Eenokki Kaffee eingegossen, und setzt er an, davon zu schlürfen? Zum Reden bewegt er jedenfalls nicht mehr das Kinn; Pukkila ist samt Mund und Schnabel in seinen Lippenbart versunken: Bemerkenswert, wie er sich diesmal am Riemen gerissen hat; von Härkäniemi, das sieht man ihm an, wird fürs Erste kaum mehr zu befürchten sein als schielende Blicke nach allen Seiten und gedankliches Ameisengewimmel im Kopf, und Langholma, der ist immer ein Fass, dessen Hahn keiner öffnet als er selbst! Bei Alastalo mischte sich ein kleines Brennen von Grimm ins Schnauben seiner Nase. Selbst ist man so dick, dass man ächzt, wenn man sich ärgert, und bald wird es einer merken, Pukkila gar, doch er schaffte es trotzdem, mit räusperndem Schlucken sich und seine sonstigen Rundungen zu beherrschen.

Auch wenn man hier befehlen und sich abrackern muss, dass einem der Schweiß auf der Stirn steht, weil die anderen wie Säcke sind!, schimpfte er dennoch in seiner breiten Weste und zog sogar sein Sacktuch auseinander, um seinen Verdruss hineinzuschnäuzen. Wenigstens Härkäniemi könnte auf die Idee kommen, sich zu räuspern und eine Kleinigkeit zu sagen, meinetwegen etwas wie: »Ich zünde mir aber erst noch eine Pfeife an, bevor Eenokki eine Bark baut!« Dann wäre der Holzstoß angebrochen, und ein anderer würde bald ein neues Scheit vom Stapel nehmen. Hier muss man gleichzeitig und in denselben Hosen sowohl im Bug an der Ankerapparatur stehen als auch in der Achterpiek an den Hörnern des Steuerrads, und ich müsste das Wort in die Luft schleudern und selbst wieder auffangen, damit das Spiel in Gang kommt und der Ball anfängt zu sausen. Soll der Verrückte nur auf zwei Duchten rudern, und soll der Pfarrer in seiner Kirche vom Altar auf die Kanzel rennen und von der Kanzel zum Altar, was die armen, dünnen Beinchen hergeben, aber ein Kapitänsmann steht mit breiten Sohlen fest auf der Brücke, wenn am Bug des Schiffes zehn Kehlen schreien, wenn zehn Rücken knacken, die Kette spannt und der Anker die ellenlangen Zähne aus dem zähen Lehm löst: Wer, wenn nicht der Mann auf der Kommandobrücke, sollte dann einen Hinweis ans Ruder geben, wie die Spitze zu drehen ist, damit der stolze Bug ins Glatte geht und an den Flanken Klares schäumt. Ich werde gewiss nicht so belämmert sein und als Erster hüpfen und springen mit meiner Statur, wo doch gerade ich am Gatter Wache stehen sollte, damit die Herde, ohne dass die Hörner scheppern und die Hufe sich verheddern, gekonnt und ohne platt gedrückte Wolle dort durchschlüpft, wo ruhig und gelassen der Leithammel geht. Langholma könnte zum Beispiel zwischendurch etwas sagen, nachdem er sein Gebäckstück zum Einweichen in die Kaffeetasse getunkt, das eingetauchte Brötchen aber noch nicht in den Mund gesteckt hat, was hindert ihn daran, in der Zwischenzeit zum Beispiel Folgendes zu sagen: »Eenokki hat gerade eine Bark erwähnt, in der Angelegenheit dürfte Alastalo etwas zu sagen haben, das man sich hier und auch sonst gern anhören würde, während man seinen Kaffee trinkt.« Mehr wäre nicht nötig, und das Ganze würde wie ein Rad auf geölter Achse in Gang kommen, ich würde was Kleines sagen, auch ein bisschen mehr, wenn es sich fügte, aber sofort die Zahnräder ausklinken, wenn die Winde in Betrieb ist und ein anderer zuschnappt; das Räderwerk würde leben, Zahn um Zahn in die Kehlung greifen, die Mühle anfangen zu klappern und der Trichter das Korn zwischen das laufende Steinpaar schleudern. Mehr wäre nicht nötig, und man müsste bloß noch die Leiter hinunterrennen, den Sack an die Öffnung des unteren Trichters anpassen und das warme Mehl auffangen, das aus dem Spuckmund weich in den Beutel läuft! Mehr wäre nicht nötig, und der Müller könnte sich auf die Schwelle der Mühle setzen und rauchen. Aber verdammt, was der Müller für eine Zeit hat, bevor die Mühlenflügel Wind gerochen haben, bevor die Achse merkt, dass Schlummern jetzt nichts nützt und der Eichenzahn des Kammrades den ersten Quietscher von sich gibt, der den anderen sagt, jetzt sind wir in Fahrt, und gleich werden wir rattern, dass der steife Steert hinten zittert. Kein Müller setzt das Räderwerk seiner Mühle in Bewegung, wenn nicht draußen der Wind den Flügeln Schwung gibt, und kein Mund singt ein Kirchenlied, wenn die Kehle keinen Laut ausstößt! Soll ich hier mit meinen Beinen den Orgelbalg treten und gleichzeitig und in einer Hatz mit meiner Kehle als Kantor auf der Empore stehen? Wer würde zuhören, wenn ich zeterte, »Bark« hier und »Bark« dort, wenn ich wie eine Schröpferin beim Egelzählen auf der Saunapritsche und wie ein Plapperpfaffe am Altartuch schnattern würde, »Bark« hier und »Bark« dort, wenn ich Krookla ins linke Ohr flüstern und Haarla ins rechte zischeln würde: »Wir bauen eine Bark, zum Teufel, eine Bark!« Wenn ich den ganzen Reim durch den Saal rennen ließe und Gedudel obendrein, wenn ich vor Eenokki fuchteln würde und vor Pukkilas Schnabel mit dem Finger schnippen, wenn ich mittels des Knüppels mit den fünf Fingern Härkäniemis Augen zum Schielen brächte, die Zunge und den Rockschoß flattern lassen und in die eine Ecke leiern würde: Ein Schoner ist ein Boot, Buben spielen mit Booten! Wenn ich in die andere Ecke unablässig leiern würde: Eine Brigg ist eine Schüssel, nur das Rockvolk schippert mit Schüsseln! Wenn ich in den ganzen schallenden Saal schmettern würde: Erst eine Bark ist ein Schiff, haben wir endlich genug Bart am Kinn, dass der Wind, wenn er den Untersatz betastet und die Masten zählt, den Kapitän auf der Kommandobrücke als Mann erkennt und das Schiff als Fahrzeug, das auf den Meeren schaukeln kann! Wer würde mir zuhören, sage ich, selbst wenn ich dabei meine Haut in der ganzen Breite, die Gott mir als Westenmaß gegeben hat, auf links drehen würde! Auch ein verflixter Fisch schwimmt bei der Frühjahrslaiche nur dank seines eigenen dummen Verstandes und des Schlags seines eigenen Schwanzes ins Netz: Da kannst du vor Ungeduld am Ufer platzen und zusehen, wie die Unvernünftigen in der Schmalstelle in einem solchen Batzen vorwärtseilen, dass sie sich gegenseitig in die Schwanzflossen beißen, aber du darfst dich nicht rühren, sondern musst warten, kannst fluchen, aber leise, und auch wenn dir die Knöpfe von der Weste fliegen, lasse deinen Stiefel nicht auf dem Felsen kratzen, selbst wenn du dir nur die Nase schnäuzt, wird der ganze Schwarm wild, und sieben Fuhren Brachsen landen am anderen Ufer der Bucht in der Reuse des Nachbarn; wettere in deiner Haut vor dich hin, aber still, und warte, wische dir den Sabber nicht aus den Mundwinkeln und den glänzenden Tropfen nicht mit dem Handrücken von der

Nase, und sei es vom kühlen Abend bis zum kalten Morgen, wache und warte, ohne dass ein Härchen am Kinn und ein Faden Hanf an deinem Wams zittert, warte, ohne die ganze lange Nacht vor Kälte zu schlottern bis zum nächsten Morgen, der dir den Rücken steif macht, weil schließlich auch im Fischkopf das matte Verstandeslicht des Meeres dämmert, einer die Kiemenklappe öffnet und schließt, ein zweiter sie schon lebhafter öffnet und schließt, schon sind bei dem dritten die Augen rund, und ein vierter probiert, ob er noch Leben in den Flossen hat, ob schon der Geschmack von Erdwasser das kalte Maul umspült, ob die Grätenlippen schon mit dem Geruchswissen herausrücken, wo süßes flaches Laichufer naht: Einer hat schon gewendet, der Schwanz eines zweiten lebt, und ein dritter schwimmt bereits mutig an der Seite des Schwarms, um mit entschlossenen Schlägen die Richtung dorthin zu weisen, von wo aus schwallweise milde Botschaften die gleitende Riechgrube erreichen; wer hat das Kommando gegeben, dass jetzt bereits so viele Rücken wie schlagende Schwanzflossen in der Schmalstelle und zuckende Leiber auf Wanderung sind und dicht an dicht als schwarzer Schwall im Wasser wimmeln, in dieselbe Richtung zu den sandigen süßen Flachstellen hin ausgerichtet sind? Jetzt, Jungens, jetzt wird nicht gefragt, ob das Wasser zum Stiefel hineinläuft, jetzt gehen wir, auch wenn unsere Bäuche eingeweicht werden, aber jetzt wird mit dem Netz abgeschöpft, egal, ob uns die Garne nass werden, wenn nur alles, was zappelt, uns ins Garn geht; den Stiefel in den Sand, Vihtori, der Brachsen beißt nicht, wenn du vom Meer her nach der Flosse rennst; lauf mit dem Simm nur ins Tiefe der Engstelle, Kustu, das Tuch lässt das Plätscherwasser mit dem gleichen Rieseln aus der Hose, wie es auch ins Hinterteil einsickert, aber der Arsch des Zugnetzes hält seine Brachsen, wenn der Mann nur seinerseits den Arsch straff hält, und was sich in dem Arsch dann staut, laden wir in den Zuber, während du den deinen nur durch ein Loch in der Kiste entleerst; jetzt, Jungens, wird malocht, dass dem Mann die Haut trocknet, obwohl das Garn darüber nass wird, und es wird gezogen, dass eher der Rücken reißt, als der Arm nachgibt; auf die Beute muss still gewartet werden, aber dann schnappt man sie sich mit Wucht, auch die Katze liegt lange auf der Lauer, doch auch die Katze springt, und je länger der geplante Sprung, desto flacher der geduckte Körper! Ein Fischer ist nicht in Sachen Fischen unterwegs, um aus vollem Hals männlich helle Laute auszustoßen und sich mit stampfenden Knien in stattlichem Gang zu wiegen und den Simm schwirrend über dem Kopf zu wirbeln, um das Zugnetz zu zeigen, wenn der loslegende Laich an der Schmalstelle schnuppert und der Schwarm der Scheuenden sich verdickt; wenn er wartet und wacht, wo es am Ufer erlenbestandene Stille und ruhendes Röhricht gibt, um dort mit den Paddeln die Rogenklumpen samt ihrer prallen Schwere in die Obhut des schwappenden Flachwassers zu geben; und die Katze geht nicht, wenn sie losgelassen, auf Katzenpfoten, um aus Hüpflust, von der Tatze angespornt, über den Fußboden zu springen und um sich zur reinen Erheiterung ihrer Katzennatur gelenkig hopsend hin und her zu werfen, wenn die Schleicherin vor dem Loch auf das Mäuschen lauern muss und das Seidenschwänzchen der Maus diejenige zu schnappen bekommt, die ihre Krallen unbemerkt dem Leckerbissen in den Nacken schlägt; und auch ich klopfe nicht den Takt, bevor die Geige kratzt, und schnappe mir kein Mädchen, bevor die Holde mir einen Blick gegönnt hat! Der Jäger wartet, und ich komme unter dem Apfelbaum erst zum Zug, wenn die reife Frucht vom Ast fällt! Ich muckse mich nicht, wenn sich kein anderer muckst, ich spreche nicht von der Bark, spreche nicht mal von einem Toppenstecken, genauso wenig, wie auf dem Pferdemarkt ein geschickter Mann und Verkäufer seines besten Mähnentiers einen Mucks über sein wieherndes Wesen verliert, bevor einer kommt und den krummen Nacken unter der Mähnenlinie getätschelt, ein anderer mit billigender Hand auf die glänzende Kruppe geklatscht, jemand die Lippe zum fletschenden Grinsen von den Zähnen gezogen und mit den Händen die zuckende Breite der Brust befühlt und betastet hat und bevor sich ein bisschen mehr Volk ringsum schart und schaut und, ja, warum nicht auch zuhört, aus der Ferne wie aus der Nähe, wie jemand sagt: »Diese Kreatur hat den Geist eines Pferdes und die Form ebenfalls, Donnerwetter!« Und ein Zweiter daraufsetzt: »Sieh nur, wie es mit den Hufen trappelt, als hätte es den Teufel in der Federung, die Stifte sehen aus wie welche, die sich von selbst strecken, wenn es nötig ist und die Sohle geschwungen werden muss!« Dann erst äußert sich vielleicht auch der Verkäufer: »Ich hab das Fohlen jetzt auch mal hierher mitgebracht, falls es jemandem taugt: Im heimischen Stall ist es schon längst als eines aufgefallen, das wie ein Pferd aussieht!«, würde er gemächlich sagen und das Pferdekind dabei unter dem Kinn kraulen, damit es feurig den Kopf hochwirft, sodass der ganze Markt es sieht und die dicke Mähne aufflammt. Ein gutes Fohlen lobt man nicht, ein gutes Fohlen führt man aus dem Stall, damit es gelobt wird, und darum mache auch ich keine Worte, wenn der beste Stoff aus dem Schrank in die Gläser geschenkt worden ist, dann warte ich ab und lausche, was der Besuch sagt, nachdem seine Kehle nachgeschmeckt hat, ob es gut war oder noch besser, das Scharfe, das mit einem Schluck von der Innenhaut aufgenommen worden ist. Auch jetzt bin nicht ich mit Reden an der Reihe, sondern die anderen sind es, weil von meiner Seite und Anstrengung her die Festtafel derart zu einem solchen Turm gestapelt worden ist, dass man jeden Gast ruchlos nennen muss, der nicht aus der Lust seiner Nüstern und von seinem Riechorgan gezogen hingeht und sich nimmt, wonach der Sinn ihm steht! Man darf es nicht zu sehr aufdrängen, wenn man das Beste offeriert: Sonst glaubt bald einer, dass unter der Kruste doch nicht der Wecken steckt, der äußerlich glänzt. Ich dränge lieber nur so lange und so knapp, bis der andere anfängt, selbst etwas zu riechen, aber wenn die Hörner der Erkenntnis unter den Haaren hervorgekitzelt sind, überlasse ich es lieber und klugerweise jedem selbst, seine Hörner auszuprobieren, denn so glaubt ein jeder, durch den Stoß der eigenen Stirn zur Sache zu gehen. Und außerdem: Es ist auch kein Kommando mit Sinn und Verstand, wenn an der Seite des Spanhobels, wo Kraft gefragt ist, mit reißenden Schultern und schlackernden Ärmeln derjenige schuftet, dessen Auge gebraucht wird, um neben der Klinge zu prüfen, ob der Klotz im richtigen Winkel auf dem Bock liegt und das Hobelmaul so breite und glatte Späne ausspuckt, wie es die gebogene Flanke des Holzes an Breite und Glätte hergibt! Ich darf bei dieser Wache nicht mehr vorne ausgucken, sondern muss am hinteren Ruder sitzen, um, wenn nötig, mit den Riemen zu streichen und gegebenenfalls auch unmerklich zu schieben, wenn es so aussieht, dass die Gehrung des Bugs seine eigene kleine Hilfe benötigt! Hat denn, verdammt noch mal, auch jetzt keiner von den hornlosen Hammeln, möchte ich sagen, so viel Verständnis, dass er ein paar Worte von sich gibt, gerade das winzige bisschen, das den Anfang macht, worauf der Rest wie von selber rieselt, auch Härkäniemi kaut so andächtig auf Eevastiinas Brötchen, als würden wir hier sitzen, um uns den Wanst mit Wecken vollzuschlagen! Ich gönne jedem seine Füllung, aber elendig ist es, Teig in den Hahn zu stopfen, wenn der Hahn hell sprudeln soll! Alastalo warf von unten heraus einen fast grausamen Blick auf Härkäniemi, der sich jedoch mit Inbrunst seiner Beschäftigung hingab: Eevastiinas Semmel war tatsächlich schmackhaft! In diesem Moment hätte auch ein stangenhafteres Stupsen als das bloße Streifen mit den Augen kein Sündenbewusstsein in ihm geweckt, welches er in seiner unschuldigen Haut nicht einmal bemerkte, vom Spüren ganz zu schweigen. Es bräuchte nicht mehr als einen kleinen Stoß in die Rippen, und der übervoll gefüllte Kelch würde nur so überlaufen, wetterte Alastalo innerlich und dachte, was die Menschen doch für Teer anstatt Verstand in ihren Köpfen durch die Gegend tragen, wenn sie es nicht einmal fertigbringen, ein Wort zu sagen, wenn das Wort bei jedem ohnehin schon an der Lippe hängt! Alastalos Weste war reichlich Breite zugemessen worden, aber ab und zu schlug der Barsch des Blutes in seinem Inneren so gnadenlos aus, dass sie trotzdem an den Knöpfen spannte.

Lahdenperä war es, der ihm aus dieser Klemme schließlich half. Dem war in seinem grauen Loden ebenso heiß wie Alastalo in seinem englischen Blautuch, und der vierkantige Denkschädel des Schöffen ebenso unter Druck wie der hart in den Wind gestellte Verstandeskahn im Kopf des Kapitäns auf seinen glatten Kielhölzern. Für die Backenzähne des Denkens war der Knust, den Alastalo ihm am letzten Sonntag zum Zermahlen zwischen die Kiefer geschoben hatte, kein alltägliches Kaugut. »Im Wald von Vaarniemi rauschen bei dir tausend Rubel im Wind, so wie bei uns anderen die Sacktücher an der Leine hängen! Was würdest du sagen, wenn du statt Schafsfutter mal Geldscheinpapier aus deinem Wald nach Hause schippern würdest? Ich habe mit Langholma darüber gesprochen, dass der Vaarniemi-Hügel die passende Stelle für die Balkenlage wäre!« Tatsächlich war das Lahdenperä die ganze Woche über durch den Kopf gegangen, sogar nachts hatten ihn die Gedanken derart umgetrieben, dass Miina klagte, nächtelang nicht schlafen zu können, weil das Kopfende des Bettes in einem fort polterte. Schon auf den ersten Blick sah man, wenn man den Schöffen auf dem Sofa zwischen Kapitän Härkäniemi und Pihlman Pukkila betrachtete, dass es für das Brötchen kein Spaß war, von einer solchen Backe zerbissen zu werden, die es jetzt mit voller Kraft zermahlte. Selbst ein starker Nagel wäre bei dem Brechvorgang in Stücke gegangen, dessen Gegenstand gerade nur Alastalos Eevastiinas unschuldiger und ziemlich saftiger Wecken war. Wenn ein Mann selten denkt, muss er bei der Arbeit auch die Kinnlade zu Hilfe nehmen, und außer der leidenden Semmel hätte auch ein Außenstehender Lahdenperä angemerkt, dass es seine Zähne ernst meinten und er über Mumm im Biss verfügte. Sind wir jetzt endlich mal so weit, dass jemand mehr tut, als mit der Nase zu schnaufen! Wenn ich vom Gericht nach Hause komme und nach einem heißen Tag die Hitze habe, setze ich mich daheim auf die Bank und sage zu den Frauen: Bier auf den Tisch. Und das Bier kommt auf den Tisch! Und wenn der Richter am Kopfende des Gerichtstischs, nachdem er zuerst aus seinen Kieferscharnieren den restlichen Schlaf herausgegähnt hat, lauthals fragt: Wo ist denn jetzt der Schafsdieb von Kituranta, dann wird Vihtori Hiikka hereingeführt und das Protokoll beginnt! Und wenn man auf Besuch ist: Hat man hier also an einem Werktag im vollen Sonntagsstaat bei fremden Leuten auf dem Sofa zu sitzen und wie ein Schluckwurm an der Angel zu warten, bis was anbeißt? Ich sage, und denke es auch, dass ich Alastalos Herman, den Mattsson, für einen tüchtigeren Mann gehalten hätte und für einen, der sein Kinn ertönen lässt, wenn es etwas loszuwerden hat. Das sage ich mir und denke es, aber sag so etwas mal, wenn es klüger ist, still zu sein. Auch auf der Tour im Fahrtenboot nach Turku, wenn der Teufel in der Luft zu riechen ist und an den Seitenwänden des Himmels so gut wie überall dickes Gewölk hängt und auch noch der letzte Windhauch aus den schlaffen Segeln an den Masten wie aus der japsenden Luft darüber sowie von der schlaffen Bauchseite des Wassers ringsum wie abgeschält und in die Hexenküche geräumt ist, dann gucke an deiner Pinne nur mal kurz mit krummem Nacken und ein bisschen nach allen Seiten schielenden Augen, an welcher Ecke der Himmelsbauch als Erstes aufreißt, und schon fährt der feurigste Windeszorn wie heulendes Werg in den gerefften Lumpen deines Segels, falls du es nicht vorher vom Mast geholt hast und es in einem Haufen im Boot liegt! Ich spiele mich nie neben dem Propst und auch vor keinem kleineren Richter auf, ich bin nur gemäß meiner Dicke ein Großer und rede nur dann mit breiiger Kehle, wenn Hofherren von einem halben Hufengut und weniger ringsum auf den Seitenbänken sitzen und das Kinn des Schöffen unter ihnen das vorderste Kinn ist! Und auch hier in der Ritze zwischen Kapitän Härkäniemi und dem verflixten Pukkila bin ich kein so gepökelter Hammel, was mein Schädelinneres betrifft, dass ich lauter husten würde, als es sich für mich im Saal von Alastalo auf Alastalos Sofa gehört, vor allem, weil ja auch Langholma im Schaukelstuhl sitzt! Aber zweifellos schwelt unter der Haarmähne Meilergestank, strampelt unter der Haut ein Teufelswurm wie ein ganzer Aal, wenn ich schlucken muss, wo es mir hochkommt, und buckeln, wenn sich der Rücken sträubt! Bin ich samt meinen Ausgaben fürs Essen denn ein Engel, dass ich brav im Gesicht bleibe, obwohl es in den Rippen wettert, dass die Hüftriemen spannen? Wenn nötig, lasse ich aus meinen Kinnbacken etwas raus, aber ich habe auch Schnüre, um den Groll zurückzuhalten, wenn es klüger ist, still zu sein. Ich singe nicht, wo andere die Kantoren sind, aber gütiger Gott, ich hätte durchaus Lust, aus der Haut zu fahren! »Von der Rinde einer Bark redest du, Eenokki, weil du von einer Bark sprichst, und ich dachte, hier käme die Rede auf blanke Bäume und Langhölzer!«, ließ es Lahdenperä plötzlich unerwartet für ihn selbst in die Luft schallen, die nach Eenokki Karjamaas Äußerung leer geblieben war. Hat man sich einmal auf dünnes Eis gewagt, ist es am besten, schnelle Schritte vorwärts zu machen, bevor die Mulde unter einem aufplatzt, und am günstigsten mit leichten Zehen. Auch Lahdenperä hätte fürs Erste, als er merkte, dass sein Mund sich nun doch ans Werk gemacht und sich gelockert hatte, mit der flachen Hand auf die Plappertasche knallen sollen, zur Warnung für seine eigene Schnauze, aber als abgefeimter Schöffe, der er war, und auch bei Gericht daran gewöhnt, dass man, wenn das Maul manchmal beim Verfallen auf einen anderen Gedanken die Zügel in die eigene Hand nimmt und man, nachdem man sein Wort losgelassen hat, am Blick des Richters und den bösen Augen erkennt, dass das Räderpaar unter dem Gedankenkarren vom Weg abgekommen ist und polternd auf den Graben zusteuert, dass man sich in dem Moment zusammenreißen und die Schnüre des Verstands mit der ganzen Pranke packen muss, wo man sie nur zu fassen bekommt, und mit einem neuen Wort die Fußspur des vorigen verwischen muss. Man hört auch in der Gerichtsstube nicht immer allem mit runden Ohrmuscheln zu, und wenn man zum Beispiel zu sich kommt und am Geschau des Richters erkennt, dass jetzt der Schöffe an der Reihe wäre, den Mund aufzumachen, versöhnlich und einwilligend sagt: »Es verhält sich nun doch so und derart, dass Vihtori Hiikka Kalle den schwarzen Widder von Kituranta gestohlen hat«, und man, wenn man gehüstelt hat, an der Verdüsterung der Richterstirn merkt, dass der Hobel den Span von der falschen Kante gezogen hat, dann ist es am besten, noch einmal und überzeugender zu hüsteln, schnell bei der Drehung der Pinne zu sein und zum Beispiel hinzuzufügen: »Das blassgraue Mutterschaf vom Kituranta Kalle, sage ich, das ein schwarzes Lämmchen hatte, oder war es weißwollig, als Widder geboren!« Lahdenperä erschrak also auch jetzt und in diesem Augenblick über seine Kühnheit und seine übereifrige Zungenspitze innerhalb dieser Schar, vor allem darüber, dass er in voller

Fahrt ein Wort wie »Langhölzer« aus dem Bart gelassen hatte, wo doch gerade ein solches ins Weiß der Augen stechendes und nach den Revers greifendes Wort das Letzte war, was aus dem Munde desjenigen hätte kommen sollen, der erschienen war, um abzuwarten und zu schauen, wie die Übrigen und manche anderen sich bewegten, bevor das Handelstreiben begann. Lahdenperä verwünschte sich also selbst, und sein zu loses Mundwerk dazu, und wie ein verschämter Hund, der merkt, dass er seiner Meinung nach zu viel an einem öffentlichen Ort gekonnt hat, gleich nach seiner Tat mit allen vier Pfoten inbrünstig damit beschäftigt ist, die hässliche Spur zu zerkratzen und zerschaben, auch wenn die Kralle nur über den blanken Fels reibt und hinter der Pfote nur der trockene Schopf von dünnem Bergmoos in die Luft fliegt, ebenso beeilte sich Lahdenperä nun, den allzu sichtbaren Kötel seines Wortes zu glätten und zu verdecken, den er sich, nachdem er von seinen eigenen Gedanken und Jagdpfaden abgekommen war, als schlimmeren Haufen vorstellte, als er für die Ohren und die Aufmerksamkeit der anderen eigentlich war. »He, he«, lachte er auf einmal auf und löschte das vorher unvorsichtig Gesagte mit einem Husten, wie es sich der Mensch immer aus der Kehle schaben kann. Da die Rede trotzdem auf etwas anderes gelenkt werden musste und kein Spielraum bestand, sich das Horn auszusuchen, nach dem man auf Anhieb griff, so war es Gottes Geschick, dass Eevastiinas Kaffee anfing, in der Kehle Sperenzchen zu machen: Vor dem Hüsteln war davon zum Mundausspülen eine gute Pfützevoll geschlürft worden, und die sorgte für Wirkung und ein Räuspern und Spucken, bevor der Atem in den Halsgängen wieder in Betrieb kam: »Und die Kapitänin hier im Haus, was für Bohnen mischt die in ihre Brühe, damit der Kaffee in der Tasse so stark ist, dass der Hals des Mannes einen Aufstand macht!«, schob er seinem Prusten so beiläufig hinterher, als hätte derselbe Mund niemals einen Mucks von Bäumen und anderen Dingen gesagt, die Splitter haben konnten, welche an der Flanke kratzen. Und geht es erst mal den Hang hinunter, läuft der Ski wie geschmiert, solange der Mann auf den Beinen bleibt, und Lahdenperä hatte nun eine Loipe unterm Brett. »Werden in Alastalos Kaffeekessel noch immer dieselben Kaffeebohnen gekocht, die einst mit der Kraft der ganzen Gemeinde in Säcken an den Ufern der Klippen des Kihti geschleppt wurden?«, witzelte er bereits mit großem Schöffenmund und blickte sich dabei um wie ein Mann, der glatt eine Stelle gemeistert hat, an der ein anderer in dünneren Hosen auch auf den Hintern hätte fallen können. – Jetzt mag weiterreden, wer will, falls jemand etwas sagen möchte, und in welche Richtung jeweils die Lust am Schnabel juckt! Er sah sich um: Zu seinem Nest waren die Spuren jetzt jedenfalls verwischt.

So, wie es bei Sommerwetter dem Kuhvieh, das die morgendlichen Gefilde der östlichen Weide verlässt, wenn die Sonne den südlichen Himmel erreicht und anfängt, von den Waldrändern her ihre Laken vom offenen Gras einzuholen, und in der aufkommenden Mittagshitze eine nach der anderen, die Leitkuh voran, sich in den Schoß des Waldes begibt, um, in sich schlängelnder Reihe, Hufabdruck für Hufabdruck, den wiegenden Kopf treu am Schwanzansatz der jeweils Voranschreitenden und das Auge halb geschlossen haltend, gemächlich und unerschütterlich die ermüdenden Wege und kiefernreichen Irrgänge der werstlangen Strecke dorthin zu wandern, wo in des Seewindes wallenden Lauheiten das üppige Gras der westlichen Weide wartet, welches die Sonnenscheibe zum Abend hin wärmt, damit es sich eignet, von der Kuhzunge umfangen und vom Maul verschlungen zu werden, wie es also diesem Kuhvieh, dem sich unterwegs beim Ausweichen von Senken und beim Umgehen von schlimmem Gestrüpp neben dem Pfad zufällig ein Flecken zeigt, wo der Wald so weit den Saum an sich gezogen hat, dass die Sonne dort einen Untergrund findet, um zu ertasten, ob auch die Wange der Heide bereits zu liebkosen wäre, und an dieser Stelle der offenen Schwende munteres Grün neben den Wurzeln der Stubben wächst, ganz wie ein Lachen mitten im Ernst, so, wie es einem solchen vernunftbehörnten Kuhvieh passiert, dass es für eine Weile die Gemessenheit des Gangs in der Schlange und das melkreife Alter vergisst und ausschwärmt, um, zur Natur des Kalbs zurückkehrend, nach der Halmspitze auch auf ärmlicher Heide zu haschen, der in diesem Moment von der Sonne verlockend befleckten, sobald also eine aus der Schar nur den Anfang macht, obschon in den Knien einer jeden das Wissen steckt, dass sie noch einiges zu knacksen haben und darum bald weiterknacksen müssen, damit die Schnauze büschelweise Gras auf der Uferweide zu verschlingen bekommt, wohingegen hier nur da und dort als Zungensüß ein Halm hervorsprießt, so passierte es auch jetzt im Saal. Alastalo wusste ja, dass die Schiffsangelegenheiten irgendwann zur Sprache gebracht werden mussten, schließlich hatte man sich deswegen hier versammelt, und die Gesichtspunkte waren wochen- und monatelang hin und her gewendet und durchgekaut worden, wo immer Männer zusammenkamen; auch Langholma dachte schon während des gesamten Kaffeetrinkens, und zwar gründlich, darüber nach, wie das Ganze gleich von Beginn an eine klare Linie finden könnte, sodass man mit vernünftigen Worten die Dinge hinbekam; gleichermaßen getrieben waren Härkäniemi und Pukkila, die in ihrem jeweiligen Kopf zweifellos einem eigenen Gedankenhasen hinterherjagten, soweit sich aus dem gemächlichen Kiefereinsatz des einen und der Augenstellung des anderen, dem alles Gemächliche fernlag, folgern ließ, und als genau der Hase würde sich in diesem Fall bei beiden sicher jener flinke Kerl entpuppen, den Eenokki mit seinem unerwarteten Wort und Lahdenperä später mit der gleichen unvorsichtigen Stimmerhebung und ein bisschen auch im Sinne aller anderen im Saal losgelassen hatten: Mit einem Knall rechnet man, wenn einem der Finger am Abzug aus Versehen abrutscht, und mit einem Plumpsen des Rumpfs auf den Boden, wenn das hintere Hufpaar des Schlachtschweins vom Eichenhaken an der Wand gelöst wird. Die Gedanken standen also Schlange im Saal, die Schnauzen waren zum Schnuppern in eine Richtung gedreht, und die Schlaffschwänze hingen, wo sie zu hängen haben, wenn das ganze Vieh im Schritt der Leitkühe voranstapft und das Maul von den futterreichen Fluren einer neuen Weide mehrere Werst jenseits des Waldes und am Ende der faltigen Pfade träumt. Und es passierte jetzt das Gleiche wie bei der Viehkolonne auf der Brandrodung: Man hatte sich in den Wald begeben, und auf dem trockenen Pfad knackten so viele Gedankenhufe, wie sich Beinpaare tief im Kiefernhain rieben, als nun Lahdenperäs verbessertes Wort auf das leuchtende Frischgrün jenes Fleckens auf der Flur verwies, das schon im schönsten Schein der Sonne unwiderstehlich verlockend lauerte und abseits des Pfades aus den ergiebigen Flanken junger Heidehöcker lugte. Einer solchen Verführung hält weder Zunge noch Seele eines auf vier Hufen gehenden Tieres stand, geschweige denn die Vernunft auf der Zungenspitze eines Menschen, die immerhin lebhafter und seelenvoller ist als die Zungenspitze des Tiers: Die Kuh namens Mansikki kann es nicht bleiben lassen, sich zu recken, was Hals und Zunge an Länge hergeben, wenn ein saftiger Halm in Reichweite der Schnauze neben dem Pfad geerntet werden kann, und was die Mansikki sich einen Schritt nebenan schnappt, das reißt die Mustikki schon ein Stück weiter seitlich aus, und bald ist das ganze Vieh mit voller Maularbeit und in der ganzen Breite der Schwende am Rupfen und bückt sich in der vollen Blüte des Tages auf der Lichtung im Wildniswald nach den versengten Stubben; und was soll in einem mit Männern gefüllten Saal, wenn an allen Wänden so viele untätige Bärte und müßige Kinne sitzen, wie gestreckte Rücken an allen vier Rändern der knapp fünf Klafter weiten Bodenfläche gegen die Stuhllehnen drücken, was soll also in einem geselligen Saal, in dessen vier Wänden man aufgrund von Stand und Anstand stundenlang schweigend dagesessen hat, im Munde nichts als Spucke bildend, obwohl man doch versammelt war, um die Backen babbeln zu lassen, und obschon hinter jedem Stirnbein die gleiche Sache hin und her gewälzt wird und die Zungenwurzel fast über das hinaus geladen ist, was die sprechende Menschennatur billigend ohne Murren ertragen würde, was soll in einem so gestimmten und überladenen Saal also, wenn aus einem unvorsichtigen Mund ein Missgeschick in Worten rieselt, so wie bei Lahdenperä jetzt der Fall, was soll dort anderes passieren, als dass überschwappt und davonläuft, was zu viel ist: Was aus Lahdenperäs Bart gerieselt ist, wird bald und leicht aus anderen, noch glatteren Bärten rieseln, wer wollte sich zum Beispiel für Pukkila verbürgen, was dessen Kinnlade entweichen mochte, und erst für Härkäniemi, auch ihm ist ein Maß an Bartgut zum Tragen gegeben worden, dass der ganze Saal es sieht, wenn es sich bewegt, und im Nu ist das Gemurmel so allgemein, wie im Kreis auch andere Bärte bereit sind, sich in Bewegung zu setzen.

Da Lahdenperä also in Ermangelung eines Besseren und zur Verschleierung seines Fehltritts das Wort von den Kaffeebohnen und den geschleppten Säcken auf den Klippen des Kihti entschlüpft war, wirkte dieses Wort in dem Moment im Saal auf die gleiche Weise wie auf dem Kuhpfad Mansikkis Ausscheren aus der Reihe zum lockenden Grün auf der Schwende: Wem würde nicht das Wasser im Munde zusammenlaufen und es in der feuchten Schnute jucken, wenn er den anderen am üppigen jungen Trieb schnuppern sieht und die gleiche Leckerei selbst in Reichweite hat, dabei ebenso müßig ist, sich seinen Teil des Grases auszurupfen, um es zu kauen? Was einem schmeckt, schmeckt auch den anderen, und niemand hatte hochnötige Eile. Die westliche Weide blieb auf der Westseite der Welt an ihrem trockenen Platz am Ende des Pfades und die Bark-Angelegenheiten als Gesprächsthema dort, wo sie warteten, bis ihre Zeit und Wichtigkeit gekommen wäre; warum nicht eine kleine Belebung der Backen, wenn man schon büschelweise Beißbares neben dem Maul und Schmackhaftes in der Nähe hatte, sodass man mit nur einem kleinen Schritt zur Seite daran knabbern konnte? Der Zug nach vorne bleibt in den Hörnern und Gedanken, auch wenn man seiner Zunge etwas kleines Saftiges genehmigt, und den trappelnden Beinen so viel Weile, dass der lose Schwanz die surrenden Fliegen von der gefleckten Flanke wedeln kann.

Härkäniemi war es, der in seiner Gelassenheit und in der vom Kaffeeschlürfen schnurrenden Behaglichkeit des Saals zu jener Mustikki wurde, die als erste Kuh einen halben Schritt schräg vom Weg abwich, wo die Mansikki sich damit begnügt hatte, beim Voranschreiten den Hals zu strecken, das ein oder andere Grasbüschel von einer Bülte zu rupfen und während des trippelnden Gehens zu kauen, insofern also den anderen in der Reihe ein Beispiel gab, denn warum soll sich nicht auch eine andere und jede für sich die Mundwinkel erfrischen, wo etwas abseits das müßige Gras schmeckt und sogar die Mustikki beim Setzen der Hufe den Takt ihres Ganges änderte. Härkäniemi also sprach, nachdem er einen Schluck Kaffee genommen hatte, und warf mit schwankender Untertasse einen Blick auf Lahdenperä neben sich: »Auch du als Mann der Krone trinkst mit gutem Magen eine Brühe, die kein Körnchen Salz vom Zoll enthält?«, sagte er schmunzelnd und scheinbar erstaunt. »Oder hast du vielleicht für den Zoll auf der Landungsbrücke geschwitzt und damals als Schöffe Kaffeesäcke in Alastalos Ufermagazin über ebenjene Brücke getragen, was die Hosenträger hielten, während Alastalo in ebendiesem Saal mit den Herrschaften vom Zoll am Grogtisch punschte?« Das war gemächlicher Schnurrschnack, und ein fremdes Ohr hätte davon nicht mehr verstanden, als dass einem Bart ein Wort entwichen war, weil es sonst nichts zu reden gab und gerade eine Schweigelücke im Saal herrschte. Es war jedoch mit Tücke abgegeben worden, das Wort, und es sorgte dafür, dass man allmählich auf allen Seiten des Saales aufmerksam wurde; es war, wie wenn der Schönwetterhimmel nach langen Wehen endlich die ersten nassen Tropfen auf die darbende Erde fallen lässt: Ein frischer Duft wallt auf, es rauscht in Gras und Wildgesträuch, und jede Halmspitze und jedes Blattöhrchen reckt sich ein bisschen länger, als es ist, um sogleich die Belebung des Gusses und das gesegnete Geprassel frisch zu verschlingen gegen den Durst der aus der Starre erwachenden Poren: Auch im Saal spitzten sich die Ohren durch die Wortraritäten, die Härkäniemi fallen gelassen hatte, die Bärte hoben sich hier und da aufmerksamer, und die Augen erwachten an allen vier Wänden ringsum aus ihrem Grau. Dieser und jener erinnerte sich, ein jeder erinnerte sich ein bisschen, sogar bei Eenokki, Eenokki Karjamaa, dehnte der Hauch eines Lachens die matten Mundwinkel, weil ihm in der Sofaecke und beim Kaffeeschlürfen behaglich einfiel, dass auch er einmal bei anderen Schleppereien und jugendlichen Streichen dabei gewesen war als nur beim Schuften in den Furchen von Karjamaas Feldern: »Das Hemd hat mir vor Schweiß am Rücken geklebt!« Er lachte trocken in seinen Bauch, sich über seine eigene Verrücktheit von damals wundernd und sie mit einem Tadel billigend. Lahdenperä wiederum, der sich ein wenig als Anteilseigner des Wortes fühlte und außerdem damit zufrieden war, dass jetzt ungefährlicher Boden betreten wurde, um das angespannte Gemüt ein wenig zu lockern und etwas anderes aus der Backe zu lassen, weil man schließlich nicht über das reden konnte, was die Gedanken straffte und im Kinn pochte, ihm entfuhr ein schallendes Lachen, als Härkäniemi ihn gewissermaßen aufs Schlachtfeld zog. Lahdenperä war keiner, der in den Bart brummelte, auch in der Gerichtsstube schleuderte er den Richtern, wenn es sich ergab, dass von Männermund zu Männermund Geschichten getauscht wurden, stets das Wort unmissverständlich zurück, sogar dem Bezirksgerichtsdirektor mit der blitzenden Brille, und auch jetzt zauderte er nicht wie ein Tawastländer, wo es darum ging, einen Zahn neben Härkäniemis Wortzahn zu setzen. »›Der Kiefer des Schöffen ist das Scharnier des Gesetzes! Vergiss das nicht, mein Sohn!‹, lehrte mich mein Vater einst, als er selbst noch Schöffe war«, sagte also lachend Lahdenperä auf Härkäniemis Herausforderung. »Aber er fügte noch etwas hinzu: ›Die Tür hat ein Scharnier zum Öffnen und zum Schließen‹, sagte er. ›Und der Mund des Schöffen ist das Scharnier des Gesetzes, dafür gedacht, dass er die Tür des Rechts einen Spalt öffnet, wenn das Öffnen gebraucht wird, und sie schließt, wenn das Schließen angebrachter ist. Lasse nicht, mein Sohn, das Gesetz als Kamerad aus dem Gatter, wenn das Auge des Gesetzes besser auf der anderen Seite des Tors sein soll, um den Nachbarn im Auge zu behalten!‹ Ich ließ die Vormacht des Gesetzes und den Zoll in diesem Saal von Alastalos Rum kosten, solange wir anderen in der Enge von Alastalos Magazin an der Uferbrücke geschäftig hin und her liefen«, sagte Lahdenperä mit seinem besten Gerichtslachen und blickte Härkäniemi auf den Bart.

Inzwischen drang der Grasgeruch bereits an den Geruchssinn jedes Nüsternpaars im Saal, und wenn auch hier die Spitzblätter der Ohrenpaare aus den Haarhöckern geschnellt wären wie bei den haarigen Hornköpfen an den duftenden Rändern der Schönwetterschwende, dann hätte jetzt im Saal die doppelte Anzahl von dem, was an Hüten und Mützenartigem im Hausflur am Haken hing, die Luft aufgespießt. Auch Krookla war in der Ecke aufgewacht, und Fisch-Nordberg betastete an der Westwand seine Uhrkette, gegenüber wischte sich der Hofherrensohn von Haukinen den dicken Schnurrbart von der Lippe, wie um besser durch den Mund einschlürfen zu können, was eventuell an Kräftigerem von sich hören lassen würde, und selbst Langholma im Schaukelstuhl billigte den Schlenker im Ablauf der Angelegenheit und setzte die Augenhaltung und Gesichtsruhe auf, mit der ein ernster Mann unnütze Geschichten und sinnloses Gerede gestattet, solange Besseres in Aussicht steht, auf das man vorläufig noch wartet. Auch Alastalos Strippenspiel kam diese kleine Wendung zupass als Vorwalzer und Lockerung der Knie, bevor die eigentliche Musik einsetzte: Immerhin rauschten auch die Frauen noch mit ihrem Kaffee durch den Saal, sodass man ohnehin noch kein echtes Männerthema in die Litze ziehen konnte, selbst wenn man mit dem Einfädeln schon anfinge, zudem befand sich der Fortgang des Ganzen so günstig in der Bö, dass sich die Gedanken exakt mit dem Strich legten, wenn es hier einmal daranging, die Fäden zu sortieren und laufen zu lassen. Sollen sie schwatzen, wenn die Lust dazu nun einmal vorhanden zu sein scheint, und sollen sie sich nur das Zahnfleisch mit alten Geschichten locker machen, dann juckt der Zahn auch für die heutigen Angelegenheiten, dachte er. Auch wenn man mit Frauenzimmern zugange ist, wird ja erst gekitzelt, bevor es ans Eigentliche geht, und auch Männer, so wie Pferde, muss man zuerst unter dem Kinn oder hinter den Ohren kraulen, wo es sich jeweils gut anfühlt, bevor der Störrische bereit ist, den Kopf ins Halfter zu schieben, damit der Ring an der Trense fügsam sitzt! Eigentlich war Alastalo dankbar, dass die Sohlen in diese Kufenspur gefunden hatten: Jetzt ging es mit Gepolter den Hang hinab! Auch dem Barsch läuft das Wasser auf den kalten Lippen zusammen und der Gaumen wird zum Gabern gereizt, wenn er eine Weile an einem Stück Plötze am Angelhaken geknabbert hat, und was das Innenmoos seines Kopfes anbelangt, ist der Mensch gewiss nicht mehr berindet als der Fisch: Schneller, als er es selbst begreift, verschlingt er, was für die Nüsternhaut so würzig riecht. Sollen sie nur von jenen Zeiten reden, in denen das Geld auch dem Faulen in die Börse lief, sofern der Mann den Verstand hatte, seine Geldbörse aufzuhalten, dann spreizt sich vielleicht auch jetzt am Beutel das Scharnier, und der Grips flüstert dem Ohr die Vernunft ein, dass, wer aus dem Sack heraus um ein Schachtelmaß voll etwas in die Erde sät, später ganze Kisten voll über die Darre in den Speicher einfährt, und dass auch der Samen der Münze keimt, wenn man ihn einsät und die Geldbörse leert, damit sie fett wird. Sollen sie reden, sage ich, dann pflügt das Kinn den Lehm im Kopf mürbe, und die Erinnerung durchsetzt mit ihren starken Stoffen die Gedankenscholle, sodass der Samen sich ins Keimende setzt, wenn die Hand des Sämanns an der Reihe ist und dieser samt seiner Schachtel mit ausholenden Armen großzügig gebend durch die Furche schreitet. Allmählich fühlte sich Alastalo als Herr im Saal, und als Mann, der von der Kommandobrücke herabschaut. Das erfrischt das Blut, und die Nüster schnuppert Wind! Reden wir!, dachte er und setzte selbst etwas auf Lahdenperäs Worte drauf, bevor Härkäniemi in der Sofaecke aus dem Bart lassen konnte, was dort offensichtlich entweichen wollte, er setzte noch etwas drauf, wie es ein Mann tut, der unter den Haarwurzeln noch jugendlichen Schalk hat, wenn das Blut munter wird und es ihn auch sonst drängt. »Du schickst also das Gesetz in den Saal, damit es sich vor einem Glas Rum niederlässt, während das Evangelium in deinem Fleisch mit dem Sack auf dem Rücken auf der Brücke schwitzt!«, gab er als halt- und bedeutungslose Gedankengärung in die Richtung von sich, in der es an diesem Tag am einträglichsten war, die Zungenbürste zum strichgemäßen Streicheln einzusetzen, und nickte Lahdenperä zu, wie ein Mann von gutem Schrot und Korn einem Mann von gutem Schrot und Korn zunickt, mit dem er gleich einen Pferdehandel abschließen muss. Da die Natur es ohnehin so eingerichtet hatte, dass man unter Männern die Zähne zeigen musste, und sei es im Spiel oder zu keinem anderen Belang, als für Salz in der Suppe zu sorgen, flachste er im selben Atemzug nach der Seite im Saal, wo Härkäniemi saß und wohin es darum im jetzigen Moment am ungefährlichsten war, ein kleines unschuldiges Zähneknirschen zu spielen, flachste er mit freundlichem Welpenfletschen und zeigte mit einem Augenzwinkern an, wen er meinte: »Jetzt habe ich endlich gehört, woran es lag, dass ihr damals so lange auf der Brücke herumgetappt seid und ich hier im Saal auf dem Stuhl sitzen musste wie ein Hering auf dem Rost, genötigt, so andächtig Zoll-Blombergs roten Bart zu begucken wie Gabriel den Drachen am Tor zum Paradies: Härkäniemi stand also nur herum und spuckte auf die Brücke und sah zu, wie die anderen schwitzten!«

Alastalo hatte sich warmgeredet, und bald häuften sich bereits in breiterem Umfang die Äußerungen im Saal: »Ein schweißtreibender Abend, aber damals habt ihr Reichstaler auf dem Rücken balanciert und keinen Kaffee!«, sagte Alastalo. »Tjah, tjah, tjah!«, milderte er seine womöglich zu abrupte und allzu durchsichtige Bemerkung ab und sprühte dabei feinen Speichel aufs Revers seiner Jacke, damit die anderen rundum etwas Zeit für sich bekamen und das Denken die Seufzerruhe hatte, die es brauchte, um mit der eigenen Nase auf die richtige Fährte zu finden. »Kaffee, sage ich, Kaffeesäcke, auch wenn ich nicht über Geld plappere, und den Zucker nicht zu vergessen!«, verbesserte er, da die Geschichte nun einmal in eine gute Rille gerutscht war und man Druck ausüben konnte, damit die Pflugschar schnitt und der Lehm in der Furche hübsch zur Seite kippte, wenn der Stiefel des Pflügers ein bisschen drauftrat. »Zucker!«, er lachte. »Zucker dürfte auch an jenem Abend mehr an Land gekommen sein, als man in zehn Jahren im Grog auflösen kann, oder wie, Pukkila? Hast du immer noch eine Blase an der Pfote, Härkäniemi, weil es die Handfläche schmirgelte, als ein reichsweißer Zuckerhut nach dem anderen weitergereicht werden musste, der im Flug liespfundleicht aus dem Kahn kam und in gleich schweren Wurfbögen dem Taavetti an der Tür zum Magazin zugespielt werden musste, damit das Prankenpaar wieder frei war, wenn ein neues Mistding wie eine Höllenschwalbe angesegelt kam, bevor man noch die Zeit hatte, sich auf den immer heißer werdenden Handteller zu spucken? Hast du, Lahdenperä, den Klafterstapel hinter dem Magazin gemessen, als schließlich der Strug von der Ladung gelichtet war und das Dollbord, das gerade noch unterzutauchen drohte, jetzt strotzend vor Leere an der Brücke schaukelte, während sechs erhitzte Männer sich die brennende Stirn mit dem Ärmel abwischten – der eine sich auf der Bootsbank Luft in die Lunge hechelnd, der andere unterm Vordach einfach so in seinem Hemd keuchend, wieder ein anderer im Innern des Magazins sich an die Salzfässer lehnend, soweit seine Kleider ihn aufrecht hielten, dass er sich anlehnen konnte –, jeder in seinen Knochen sich fragend, wohin die Arbeit so plötzlich verschwunden war, da nicht mehr geschuftet wurde; hast du ihn gemessen, sage ich, und hast du eine volle Dreiklafterwand von einem Stapel herausbekommen, aus dem abwechselnd ein dickes Ende und ein dünnes Ende herauslugen und fragen: Ob wir wohl alle Geldwert haben, auch wenn wir süß sind, was glaubst du? Oder tat es euch um den Zoll leid, als das Schloss des Magazins schließlich dreifach verriegelt wurde? Härkäniemi trat zur Probe noch mit der Stiefelkappe gegen die Tür, ob das Eisen von einem Kubikzoll auch bestimmt in die Öse gerutscht war, und sechs faule Männer stiefelten träge den Uferhang hinauf dem Haus entgegen und verfluchten in ihren sündendurchgräteten Herzen den Rum, der fremden Kehlen eingeflößt worden war, und welchen Kehlen zumal, während gewisse andere und Nächste mehr ackern mussten, als das trockene Hemd erlaubt? Ich glaube, dass auch an jenem Nachmittag eine solche Menge süßer Zuckerhüte in Alastalos Ufermagazin geschleppt worden ist, dass der eine oder andere Topp in unseren Booten noch immer dank der damaligen Hitze und Verdienste als Briggmast dasteht: Auch das Feld braucht den Samen, bevor es Ähren treibt, und Geldkeime zum Auswerfen muss auch derjenige in der Spanschachtel haben, der vorhat, auf dem nassen Meer Erntekorn zu schneiden! Schade nur, dass man vor dem Säen mit der Forke auf dem Feld ackern und die Männer vom Zoll mit Rum abfüllen muss, bevor die eigene Fracht im eigenen Magazin liegt!«

Alastalo hatte jetzt seiner Meinung nach genug und so viel, wie für ihn angebracht, alte Sachen aufgewärmt und dazwischen auch ein bisschen Jetziges aufs Korn genommen, sodass die anderen nun ihre Sachen denken durften, falls ihnen etwas dazu einfiel. Insbesondere war er zufrieden damit, wie seine Zungenspitze spaßeshalber gespielt und die geistreiche Verbindung zwischen Zuckerhut und Masttopp hergestellt hatte: Sollte das nicht vielleicht die kleine Saat an der Stelle im Kopf zum Keimen kitzeln, wo der Mensch seinen Humus für den Samen des Gedankens hat? Eben jene Zuckerhüte, das weiß jeder, ohne dass man es sagen muss, sind doch die Burschen, die den Paketskipper zum Schonerkapitän aufpäppeln, vorausgesetzt, die Westenknöpfe geben Spielraum für den Zuwachs an Umfang her, und die aus dem Heringshändler einen Briggbaron machen, sofern er die Sohlenbreite aufbringt, um auf der Kommandobrücke zu stehen, dazu so viel an Nasenknochen vorne im Gesicht, um sich dorthin einen Weg zu bahnen, wo sich eine Lücke in der Luft auftut; und die Toppen, die Masttoppen: Selbst der Hammel im Stall versteht mittels der Knochen seiner Hörner, wie etwa auch Eenokki Karjamaa mithilfe des Ackerlehms in seinem Kopf, dass die Toppen diejenigen sind, die am Schiff rauschen, wenn Geld zum heimischen Ufer gesegelt wird, und dass sich der Reeder bei der Frachtaufteilung so viele Bündel davon in die Taschen stopfen kann, wie es am Kahn Knäufe gibt, um sie mit Wimpeln zu beflaggen! Aber auch dem Fohlen, das im Volldampf zwischen seinen Gespanngefährten läuft, knallt der Kutscher die Zügel auf die Flanken, ganz allgemein um des Eindrucks willen, aber auch, um ein prächtiges Bild abzugeben, und so ließ Alastalo zusätzlich eine naseweise Bemerkung los, damit er mit seinem Fohlen noch mehr imponieren konnte: »Die Toppen am Schiff und die Hufe am Gut, was die betrifft, ist es ein schöner Anfang, wenn man jeweils eins davon hat; sind es zwei, hat man mehr, aber erst mit dem Dritten fängt die Stattlichkeit an!«, sagte er und dachte, jetzt müsste doch endlich jemandem die Bark in den Sinn kommen, ein Schiffstyp namens Bark.

Dies war wohl durchaus der Fall, sowohl die Bark wie auch deren Toppen kamen dem einen oder anderen in den Sinn, danach sah es jedenfalls aus, wenn man Pukkilas Beißen auf dem Bart deutete, das verhältnismäßig vehement war, oder Härkäniemis Herumbugsieren der Beine, das er jetzt wieder vollführte, diesmal war das rechte an der Reihe, den Vortritt zu bekommen und sich auf dem Boden dorthin zu bewegen, wo bislang das linke gestanden hatte, und gleichzeitig zog Härkäniemi ebendieses linke an, sodass er sich die Wade am Randbrett des Sofas prellte, gegen das bis dahin fest das rechte gedrückt worden war: ein sicheres Zeichen, dass er bald aus seinem Bart heraus das Wort ergreifen würde, zumal seine Augen dazu in leicht versetzter Reihenfolge mit den Deckeln klapperten; auch Langholma merkte man an, dass sein Auge in die Position glitt, mit der im Kahn der Mann am Ruder auf dem Wasser um sich späht, wenn er an den Himmelsrichtungen abliest, dass so gut wie von allen Seiten des Himmels gleich eine Bö in die Segel fahren kann und deshalb die Hand dauerlocker auf der Pinne liegen muss, und zweifellos hielt auch Eenokki persönlich seine kleinen Augenbohnen über der Kaffeetasse wach und legte womöglich gar eine kleine Schluckpause ein, bevor er wieder zu seiner Tätigkeit zurückkehrte und sich einen neuen Mundvoll Brühe schlürfend einverleibte; doch, ja, geben wir es zu, hier und da im Saal wurde ein Ohr hellhörig, und Augenbrauen hoben sich an aufgewachten Köpfen, aber auch das Meer schwillt nicht von jetzt auf gleich zu vollem Seegang an und rauscht auf ganzer Fläche wie ein schäumendes Mahlwerk, sondern streicht zuerst seine Säume glatt, tut so, als hätte niemand vor, irgendwohin zu gehen, man steht bloß mal zum Vergnügen auf und zeigt in den trägen Wellentälern und auch an der plätschernden Bauchseite ein bisschen grüne Glätte, dazu Seidengekräusel um den Nabel und die schimmernde Hüftkeule herum, bis die Rippe gerippt ist, der Rückenbuckel obenauf und die ganze Brustbreite ein galoppierender Wellenkamm, mit allem, was an Sausen im Meer steckt und der Wind an Spreizfingern hat, um die Haare zu zausen; auch im Saal war zuvor kein Grund zur Eile gewesen, bevor die Welle am Überschlagen war und die Angelegenheit so auf der Kippe stand, dass Schaum sich von der Spitze löste und vom Gedanken ein klares Wort der Zunge.

Härkäniemi hatte also die Füße versetzt, den rechten Fuß anstelle des linken nach vorn geschoben und den linken in Vertretung des rechten gegen das Sofa gewinkelt, und aus dieser Schleuder schoss nun ein Wort in den Saal, nachdem zunächst auch die breite Schulter eine entsprechende Wende durch den

Wind geführt und sich in manövergemäße Richtung begeben hatte, bereit, eine linksseitige Halse durchzudrücken, um mit gespannter Leine am Eichennagel und schnabelharten Bug weiter durch die Wellen zu pflügen. Als Mann der ordentlichen Reihenfolge griff Härkäniemi jedoch nicht gleich und direkt Alastalos Wort auf, dessentwegen er das Bein versetzt und so platziert hatte, dass er auch mehr sagen konnte, da er nun einmal vorhatte, etwas zu sagen, denn zunächst brauchte Lahdenperä nämlich eine Antwort, und so musste erst aus dem Bart gelassen werden, was sich dort bereits befand, damit das, was sonst zu sagen war, an die Reihe kommen konnte. »Ach, ein Schöffe besteht nur vorne und an den Gesichtsseiten aus Brettholz und Hobelblanken, am Rücken und am Nacken aber ist er der gleiche ungehobelte Klotz samt Aststellen und Splittern wie wir anderen auch!«, sagte er also. »Obwohl ich der Obrigkeit gern gönne, was der Obrigkeit zusteht: dem Mann vom Zoll einen Splitter im Finger und dem Richter in der Robe eine glatte Bank, über die er mit der Hand fahren kann!«, fügte er versöhnlich hinzu. »Was mich an der Angelegenheit noch heute ärgert, ist, dass ihr euch hier im Saal mit den Männern vom Zoll Rumgrog in die Bärte gesogen habt, während wir mit knappem Atem auf der Brücke schufteten und uns wie die Verrückten mit den Zuckerhüten abmühten! Was hattet ihr es so eilig, sie mit Rum zu bewirten, bevor wir zur Stelle waren und im Saal ebenfalls jenen Schluck in die Kehle bekamen, den ein durstiger Mann, der sich bei der gemeinsamen Arbeit den Rücken schweißnass gemacht hat, braucht!«, sagte er und richtete das Auge und seine Art Frage dorthin im Saal, wo Alastalo von unten herauf in alle Richtungen schielte, ob endlich einer anbiss und man schließlich von den Toppen zur Sache kommen konnte. So weit war man aber noch nicht, denn bei Härkäniemi hatte sich das Denken nun so gewendet, dass er sich umdrehen musste, bevor von seiner Seite aus das Rad der Rede wieder in die Schlaglöcher polterte, in denen die wilde Fahrt auf dem Stückchen Strecke vorangepoltert war, bevor das Gatter erreicht wurde, hinter dem die Weidegründe dieses Tages lagen. »Die Kehlen der Zöllner wären gewiss nicht vertrocknet in der Zeit, die es dauerte, bis wir den Zucker vom Strug gelöscht hatten, zumal sie es immerhin fertiggebracht hatten, ohne einen belebenden Tropfen Rum auf ihren Pharisäerzungen eine Woche lang bei Alastalos Ufer aufzupassen, die wir versteckt vor dem Engländer, der auf dem Bottnischen Meerbusen lauerte wie ein böser Greif am Schönwetterhimmel auf die Hühner, die sich auf dem Anger tummeln, hinter den Felseninseln von Kihti kreuzten!«, scherzte Härkäniemi, während sich die Erinnerung an seinen Verdruss auf seine Zunge legte. »Jetzt redest du von Toppen, als wärst du ein Bursche und ein Mann und hättest schon immer an Dutzende von solchen Reisern für deinen Kahn gedacht, aber damals fluchtest du über den einzigen armseligen Mast deiner Jacht wie Bileam über die spitzen Ohren seines Esels, als wir jenseits von Luuskeri waren und auf der anderen Seite eine englische Fregatte vor Anker lag! Der Bergknubbel befand sich zufällig an der richtigen Stelle, und der Fels hatte ausreichend Höhe am Hut, sodass man, wenn man stillhielt und nicht außerhalb der Zahnreihen fluchte, sondern nach innen in den eigenen Bauch, hinter dem Knubbel keine Not hatte, solange der Engländer die Anker nicht lichtete: Man konnte sogar tagelang mit der ganzen Mannschaft in der Kajüte Durak spielen! Aber zum Teufel, wenn der Engländer das Auge wie wir anderen Menschen eine Weide weiter gehabt und nicht mit dem Feldstecher immer nur dorthin gespäht hätte, wo das Rohr hinzeigt, dann hätten sie die verdammten Eiderenten in der Luft bemerkt, die wie verrückt mal auf unserer, mal auf ihrer Seite der Klippe flatterten und wie mit dem Lineal gezogen flach übers Meer sausten, was die Flügel hergaben an schnurrenden Schlägen rechts und links vom Rumpf der schweren Weberschiffchen, sie schossen in die Ferne, kehrten aber ebenso unruhig in Topphöhe zurück, um über die Insel zu zischen, als würde man sonst nicht verstehen, dass sie aus ihren Nestern geflogen waren; wenn, wie gesagt, die Engländer ihr Auge für etwas anderes benutzt hätten als zum Glotzen durch den Feldstecher, und wenn auch nur einer von ihnen damals klares Fensterglas zwischen Augenveranda und Verstandesflur gehabt hätte, dann wäre bald die Slup neben der Fregatte im Wasser gewesen, und danach wären so viele Männer über die Steine der Insel gehopst, dass sie die Eiderentennester gefunden, aber auf dem Knubbel außerdem etwas anderes gesehen hätten, und wer weiß, ob wir danach noch viel mit unseren Zuckerhüten auf Alastalos Uferbrücke zu hantieren und gewisse andere noch Zöllner im Saal abzufüllen gehabt hätten! Du gucktest auf den Topp am Mast und gingst den ganzen Tag an Deck auf und ab, als würde dir der Topp der Jacht wie eine Hechtgräte in den Hals stechen, hast wohl das eine oder andere Mal in deinem unschuldigen Kopf auch verwünscht, dass das Mistding als nackter Stecken den lieben langen Tag faul und für jeden sichtbar dastand, obwohl er mit demselben Aufwand an der Spitze seines Fichtenknaufs wenigstens einen Wacholderstrauch hätte wuchern lassen können; ich wiederum gestehe, dass auch ich nichts Frommes über die dummen Eiderenten dachte, die in der Luft ein Gewese machten, als hätten sie den Auftrag, dem Engländer mitzuteilen, dass es hinter der Insel eine Ladung Zuckerhüte zu schnappen gab: Es war ein teuflischer Tag, und bis heute tritt mir der Schweiß auf die Stirn, wenn ich daran denke!«

Härkäniemi hatte jetzt so viel geredet, dass sein Augenpaar aus der Nähe wie aus der Ferne betrachtet zu glänzen begann. Lahdenperä gelang es als Erstem, sein Wort zu schmettern. »Verdammt noch mal!«, sagte er, »ich gewann in der Kajüte damals den großen Durak, knallte in dem Moment Pikass als Trumpf auf den Tisch, als Alastalo durch die Kojenluke linst und herunterkrächzt: ›Eine Brise, eine Brise! Jungs, eine Brise bläst vom Meer! An Deck jetzt alle Mann! Auch die Sonne schämt sich immerhin so weit für ihre Hündischkeit, dass sie ein bisschen matter wird; wenn wir, ohne anzukratzen, in Fahrt kommen, dann lenzen wir am Wind, und der Engländer kann sich die Nase putzen, selbst wenn er später merken sollte, dass wir in den Schutz der inneren Klippen schlüpfen!« Lahdenperä schlug sich auf den Oberschenkel. »Verdammt noch mal, sage ich noch einmal, war das eine Zeit! Als der Engländer schließlich hinter der Kuppe der Klippe unser Toppsegel entdeckte und einen kleinen Zischer aus seinem Kanönchen von sich gab, von wegen ›Ade! Weil ihr nun mal in Fahrt seid und Gott einen Klippennagel dort eingeschlagen hat, wo wir uns mit unseren Kielen nicht hinwagen‹, da rannte ich in die Kajüte, um meine Harmonika aus Stockholm zu holen, und machte von unserer Seite aus Lärm, dass die Heringe im Meer hüpften, weil die Musik von beiden Seiten kam! Da war so viel Musik im Blut, dass wir, als wir am nächsten Tag ans heimische Ufer kamen und der Zucker unter den Salzsäcken hinter Kaaskeri in Eenokkis Strug geladen war, nicht lange bei Maantaka liegen wollten, nachdem du mit deiner Jacht und deinen unschuldigen Salzsäcken hinter Nautniemi in der Einfahrt zum heimischen Hafen verschwunden warst, sondern dass auch wir anderen die Sprietsegel auf Eenokkis *Laiska* setzten und uns zur Einfahrt des Viikka-Fahrwassers durchdrückten, dorthin, wo Eevastiina Alastalos Kaffee warm war und im Saal der Willkommensrum wartete; viel hätte nicht gefehlt, und in meinen Händen hätte wieder die Harmonika losgelegt und prächtige Stücke gespielt, als wir mit unserer Zuckerfracht an Nautio vorbeikamen und vor uns in Alastalos Bucht neben der Mole am Magazin einträchtig zwei Toppen schaukelten, einer davon der tadellose Topp deiner eigenen Jacht, aber der andere der verfluchte Maststängel der Zolljacht! Härkäniemi, der an der Pinne saß, flucht oft unnötig, aber damals fluchte er aus gutem Grund, wenn auch leise und nur in seinen Bart, und auch uns anderen wurden die Zungen kalt. Wer zum Teufel wäre auf die Idee gekommen, dass uns nach so einer Klemme, in die uns der Engländer zuvor gebracht hatte, eine neue Klemme erwartete, und zwar eine noch teuflischere!« Lahdenperä blickte sich um, und die Augen des Gerichtsmannes appellierten an die Vernunft und den Verstand im Saal.

SIEBTES KAPITEL

Der Zoll wird im Saal von Alastalo mit Rum versorgt und der Zollkapitän unterm Tisch hervorgeholt, wie auch die übrige Zollbesatzung, außer dem Koch.

»Wer zum Teufel wäre auf die Idee gekommen!« Es war Alastalo, der sich nun im Saal ereiferte und die überflüssige Frage nachäffte. »Selbst ein holzköpfiger Ochse hat so viel Verständnis in den Hufen«, sagte er frisch erzürnt durch die alten Sachen, »selbst ein holzköpfiger Ochse hat so viel Verständnis in den Hufen, dass er sich sträubt, wenn es dorthin geht, wo ihm mit der Messerklinge der Hals gekitzelt wird, aber wenn ein Schöffe am Riemen sitzt und Härkäniemi am Ruder, dann müsste bloß noch das Akkordeon klingen, während man die volle Schiffslast Zucker direkt den Zöllnern vor die Nase rudert! Bis auf den heutigen Tag rege ich mich auf, dass mir das Leder spannt, wenn ich daran denke, wie ich vom Deck meiner Jacht aus mit diesen meinen Augen zusah, wie hinter der Spitze von Kaaskeri schmutzig weiß und rabenfarben hinter den Bäumen etwas aufblitzt, was ich bald schon als die Segel von Eenokki Karjamaas *Laiska* erkenne. Was, zum Teufel, trieb euch erwachsene Männer da, hattet ihr die Notdurft in der Hose oder Durst nach Mamas Zitzen, weil ihr so daherkommt, weil ihr wie Mastkälber mit galoppierenden Hufen angehoppelt kommt und die langen Hälse durchs Gatter nach dem Trunk streckt, obwohl im Haus erst die Eimer zum Melken geholt werden?

Ohne Sinn und Verstand kommt ihr angerannt, rudernd auch noch, an den Ruderblättern sitzt ihr und bewegt den trägen Rücken, als würde der Wind, der schwache Windhauch, der da noch Lust hatte zu wehen, den Prahm nicht schon genug anschieben, sogar zu stark dorthin, wo man es in diesem Moment überhaupt nicht gebrauchen konnte, von wo man sich so weit hätte fernhalten sollen, wie die kluge Maus sich von den Krallen der Miezekatze fernhält, sogar gerudert habt ihr noch, sage ich, als hätte man sich die Rückenbelebung nicht für spätere Verrichtungen aufsparen können. Ich war so zornig, dass ich kochte. Gerade war ich mit dem Zoll so weit – der Zoll hatte mit seinem Paketschiff schon vor mir am Ufermagazin angelegt, schon eine Woche hatten sie in der Bucht auf uns gewartet –, wir waren also so weit, dass die Männer vom Zoll einschließlich ihres jungen Kochs, nachdem wir die Leinen festgemacht und die Jacht an der Mole vertäut hatten und die Luken geöffnet worden waren, die Salzsäcke im Rumpf umwälzten, um nachzuschauen, ob unter den Säcken etwas lag, das in ihren Nasen besser roch als Salz. Ich hatte ein reines Gewissen, wenn auch eine etwas reduzierte Fracht, wie ihr wisst, und plauderte deswegen gerade aus vollem Männermund mit dem Zollkapitän, der neben mir an Deck stand und lauerte, was sein kurzer Hals und die kleinen Pfefferkornaugen hergaben, ob in der Luke noch etwas Besseres zum Vorschein käme, ich quatsche also tüchtig und komme just an den Punkt, an dem ich sage: ›Also alles klar, 80 Fass Salz, zollfreie Ware, sonst haben wir keine Fracht im Rumpf, falls nicht von der Mole in Stockholm eine Maus hineingerannt ist! Verflixt und zugenäht‹, bekräftigte ich noch, weil der Mensch auch in diesem Alter noch ehrlich sein muss, ›nicht einmal Zuckerhüte wagt man zuzuladen, um wenigstens einen kleinen Lohn zu haben, weil hinter jeder Insel der Engländer kreuzt und bereit ist, zuzuschlagen, sobald er auch nur die Spitze eines Topps erblickt. Aber immerhin‹, spulte ich weiter meine Sprüche ab, ›immerhin gut, dass man wenigstens Salz für seine Heringe ans eigene Ufer bekommt, rechtzeitig zum Frühjahr, wenn die Laichzeit ist, und ein Glück, dass die Jacht wieder an der eigenen Mole vertäut ist und auch noch Männer der Krone zur Sicherheit an Deck stehen.‹ So habe ich geredet, habe die Fäden geglättet und meinen Männern gesagt, sie sollen in den Laderaum gehen, den Herren vom Zoll beim Hin-und-her-Räumen der Säcke helfen, damit wir schneller ans mitgebrachte Wärmende kommen, so habe ich geredet und alles ausgezeichnet im Visier gehabt, als ich aus alter Gewohnheit und aufgrund meiner Seemannsnatur ein wenig zur Seite blicke und euren verdammten Lumpen hinter den Fichten von Kaaskeri aufblitzen sehe, Herrschaftszeiten, die Segel der *Laiska*! ›Diese Kohl- und Rübenköppe!‹, entfuhr es mir aus Versehen, da mein erster Gedanke zu der Rogenmasse in euren Schädeln ging. ›Rühmkäppi? Was der Käptn schnaken da?‹, fragt der Idiot neben mir auch noch in schlechtem Finnisch und mit gespitzten Ohren und Augen. ›Ich rede bloß mit den Leuten vom Hof da am Ufer, ob sie die Rüben schon gesetzt und den Kohl zum Keimen in die Erde gelegt haben‹, erwiderte ich, obwohl es in mir Funken schlug wie zwischen den Ofensteinen vor der Katechismussauna und mir vor lauter Zorn die Hautnähte knarrten. Man muss schon Rübenkraut im Kopf haben und keinen menschlichen Denkstoff, wenn man den Befehl gibt, ungesaunt ausgerechnet in diese frische Wäsche hineinzusegeln!, wetterte ich für mich und dachte dabei an jeden von euch, bei Härkäniemi angefangen. Was hattet ihr es, verdammt noch mal, so eilig als ausgewachsene Männer, wo es doch wer weiß wie viele Inseln gibt, hinter denen ihr hättet bleiben können, und ihr genug Knochen im Leib hattet, um bis zum Jüngsten Gericht auf der faulen Haut liegen zu können! ›Zum Teufel aber auch!‹, und damit entfuhr mir überdies noch eine Sünde – die Sünde wird euch gutgeschrieben, wenn die Schlussabrechnung kommt! –, ›zum Teufel aber auch!‹, entfuhr es mir, und die Hand kratzte die Nackenmähne, als im selben Moment das, was immerhin noch so viel weißen Schimmer an sich hatte, dass man es als Segel erkannte, wenn man es wusste, anhielt und sich langsam in die Deckung des Kiefernbestandes zurückzog: Der Wind und die Ufersteine hatten mehr Verstand als ihr, der Stein tauchte vor euch auf, der Wind riss euch herum, und ihr musstet mit Kreuzschlägen wenden! Der Mann vom Zoll war auch jetzt ganz Ohr, und das kleine Augenpaar neben mir spießte mich so fragend auf, wie es bei den Pupillen eines Zöllners in Ausübung des Amtes durchaus der Fall sein kann. Da half nichts, als weiter zu stöhnen und so zu tun, als würde man sich den Schweiß von der Stirn wischen, der sich dort inzwischen tatsächlich gebildet hatte. ›Verdammt, was für ein heißer Tag!‹, beschwichtigte ich und strich mir mit der Hand über die Stirn, wo ich sie schon einmal erhoben hatte. ›Jetzt würde der Kehle ein Gläschen mit etwas Stärkerem schmecken!‹, sagte ich und wandte mich Pukkila und Mikkeli Krookla zu, die auf der Magazinbrücke standen und an deren Augen ich ablas, dass sie dasselbe gesehen hatten wie ich.

›Gibt es auf Alastalo denn keinen Rum mehr, dass der Hausherr auf seiner eigenen Landungsbrücke vor Durst wehmütig wird?‹, wirft Pukkila darauf so schnell er kann ein. Er hatte das Manöver erkannt und war sogleich zur Stelle, und außerdem, das brauchst du gar nicht abzustreiten, Pukkila, hattest du nichts dagegen, dass dir lieber früher als später ein Schluck eingegossen wurde. ›Nichts wie an Land und schön den Tisch im Saal gedeckt!‹, plappertest du und drängeltest. ›Die Herren vom Zoll haben auch schon Durst, weil sie mit Schweiß unterm Hut die Salzsäcke im engen Rumpf umgedreht haben!‹, hautest du aus der Backe, als würdest du zu deinem eigenen Rum einladen. ›Wo auch der Hausherr anwesend ist, wird gewiss keiner auf den Bohlen von Alastalos Landungsbrücke verdursten!‹, gabst du von dir, ein Hund vom Unter- wie vom Oberkiefer her, ein Schelm und Quälgeist für mich wie für die Zollschnüffler. ›Mattsson Alastalo hat stets den besten Rum aus Schweden im Schrank!‹, lobtest du, als würdest du bereits davon kosten, und dabei kitzelte es in deiner Kehle mindestens so schlimm wie in der Kehle, die du zu kitzeln vorgabst und auch tatsächlich kitzeltest, denn Zoll-Blombergs Stielaugen hüpften nun wie Eichhörnchen im roten Gesicht. Auch im Laderaum hörte man offenbar das Wort von der Brücke, denn es waren klare Anzeichen von Sachtemachen zu spüren: Auch ein Verrückter ruiniert sich nicht den Rücken, wenn die Zeit der Getränke naht, schon gar nicht, wenn es danach klingt, als wäre diese Zeit allein den Bärten anderer zugedacht und nicht dem eigenen Bart.

›Tüchtige Burschen habt ihr!‹, hielt ich es noch für nötig zu sagen, ›wälzen die Säcke so gründlich um, dass sie sogar eine Nähnadel finden würden, wenn sie ohne Genehmigung des Zolls zwischen den Stapeln stecken würde: Nach alledem werde ich in Zukunft nicht eine Kaffeebohne mehr zuladen, geschweige denn ein Bröckchen Zucker, und sei es nur für einen einzigen Grog! Aber ich bin ja mein Leben lang ein braves Schaf und ein gesetzeshöriger Hammel gewesen, sodass ich sowieso nichts zuladen würde! Im Gegensatz zu Pukkila da drüben, den Mann müsst ihr im Auge behalten, wenn seine Jacht anstelle meiner Jacht hier läge, würde ich an eurer Stelle jedes Salzkorn in den Säcken kosten, ob es nicht doch eine Kaffeebohne ist!‹ Mich ärgerte ein bisschen, dass Pukkila allzu forsch den Mund aufgemacht hatte, als es um den Inhalt meines Schrankes ging – du standest, du Schuft, auf meiner Brücke und warst so in Schwung, als würde der Schlüssel zu meinem Klappschrank in deiner Hosentasche stecken und nicht in meiner! –, und so gab ich dir wenigstens etwas mit der Nase zu kosten, weil für bessere Zurechtweisungen jetzt keine Zeit war.

›Gehen wir nur, so ein Rum würde in der Tat jetzt schmecken!‹, sagte auch ich nun fromm und bekräftigte Pukkilas Ermunterung, weil mir nichts anderes übrig blieb und ich nur allzu gut verstand, dass auch das Manöver von euch Ungehäuteten hinter der Spitze von Kaaskeri nicht unendlich lang dauern würde. ›Gehen wir wie ein Mann, Herren und Matrosen zusammen, schließlich ist auch die Arbeit zusammen verrichtet worden, und alle haben die gleiche durstige Menschenkehle!‹, drängte ich und deutete zum Weg, da die Seife nun einmal gekocht werden und man glatter sein musste, als man war. ›Alle, wie sie da sind, auch der Koch darf mit, wir werden ganz gewiss nicht den besten Mann der Truppe zurücklassen, wo er mit den Säcken geschuftet hat, dass mir schon vom Zuschauen der Schweiß ausgebrochen ist! Jedes Bein an Deck jetzt, und wer es flink wie die Dasselfliege als Erster den Hang hinauf schafft, dem ein Glasvoll in den Mund, das ich mit Scharfem fülle, sodass es überläuft!‹, spornte ich die anderen an und gab mein Bestes, damit die Schweife Feuer fingen, wenn wir den Hügel bergan rannten, denn woher sollte ich wissen, was eurem Lumpen noch einfallen würde, ob er wieder leuchten würde wie das Laken des Mondes hinter den Ästen! – Obschon, wer weiß, ob die Gefahr des Leuchtens so groß gewesen wäre: Hätte in jenen Jahren überhaupt noch viel Schwarzschimmer auf die Tücher gepasst, wie du die Segel deines Ausflugsbootes nanntest, Eenokki? Na ja. Die Summe des Ganzen bestand jedenfalls darin, dass wir schneller, als ich dachte, mit allen Mann den Hügel hinaufsprangen, sogar der Zollkapitän war verflixt schnell auf den Stiften, obwohl er aus seinem kurzen Hals ächzte und böse nach allen Seiten schielte, als die Männer aus dem Laderaum an

Deck kletterten. Pukkila schaffte es natürlich trotzdem, als Erster an der Hausecke zu sein, der hat schon von Natur aus einen so langen und dehnbaren Hals, dass man ums Verrecken nicht daran vorbeikommt, wenn er Durst hat und ihn streckt, und bestimmt wäre er auch als Erster im Vorraum gewesen, wenn nicht an der Ecke ausgerechnet der kleine Stöpsel von Koch, der einem beim Rennen zwischen den Beinen gar nicht aufgefallen war, wie eine Bachstelze an ihm vorbei und vor allen anderen über die Treppe in den Vorraum geschlüpft wäre, so schnell, dass man ihn nicht mal mehr am Schwanz packen konnte! Ein aufgeweckter Bursche und ein echter Seemannsbalg, hat auch die Seefahrtsschule schon besucht, und Ekblom von Eckerö hat ihm seine Bark zum Führen gegeben, letzten Sommer in Hull lachten wir zusammen über die alten Zeiten, als wir beim Makler saßen und begrogt wurden! Inzwischen waren auch die anderen im Vorraum angelangt und standen im Pulk, der Zollkapitän und ich als Letzte, weil wir die Fettesten waren und der Rang nicht viel zu bedeuten hat, wenn nach einem Schluck Schnaps um die Wette gelaufen wird. In dem Gedränge im Vorraum, als jeder allmählich wieder seine Vernunft am Schweif zu fassen bekam und damit herumgetan wurde, wer vor wem den Gang betreten durfte – sogar der Zollkapitän, eingeschnappt, weil er Letzter geworden war, zauderte und versperrte dadurch den Weg zur Tür wie die Mamsell des Pastors, die nicht einmal die Hausherrin vorbeilässt, aber selbst auch nicht über die Schwelle tritt, bis sie lange genug zeremoniert hat, damit man erkennt, dass sie zu den Herrschaften gehört –, dort im Vorraum also schmeckte ich noch einmal Messing im Mund, als ich, während ich Eintrachtskrach anschlug, auffordernde Handbewegungen machte und den Kerlen auf die Schulter klopfte, zufällig mit einem Seitenblick durchs Fenster aufs Meer schaue und auf der Bucht so deutlich, wie in der Fibel der Buchstabe A spitz hervorspringt oder die Kirchenliednummer auf der Tafel des Küsters an der Kirchenempore, euren Strug so voll beladen kommen sehe, wie es je ein Strug mit aufgehäufter Zuckerlast gewesen ist, ohne dass das Dollbord Wasser schmecken muss, und so unschuldig wie ein frommer Misthaufen neben der Luke an der Stirnwand des Kuhstalls. Ich glaube, Zoll-Blomberg musste schneller als gewollt über die Schwelle zum Hausflur steigen, jedenfalls hatte ich das Gefühl, ihn ziemlich robust geschubst zu haben, da meine Hand schon auf seinem Rücken bereitgelegen hatte, und mit derselben Hand bekam ich auch die anderen in den Hausgang, ohne dass geguckt wurde, ob der Koch als Erster reinging oder einer der Konstabler. Eilig wurde es denn auch, weil einer der Schamhaftesten schon die Klinke zur Stube befingerte: Als würde man sich unterstehen, nicht darauf zu warten und auszuharren, dass man zusammen mit den Herren in den Saal gebeten wurde! Dorthin, auf die Bänke in der Stube, hätte ich in diesem Moment nicht einmal den Floh eines Zollhundes gelassen, geschweige denn einen Mann, der im Gesicht das Augenpaar eines Zollschnüfflers hatte, denn vor dem Stubenfenster lag die Bucht wie ein aufgeschlagenes Gesangbuch da, und man brauchte kein Brillengestell auf der Nase, um von dort aus zu sehen, was für ein Vers gleich auf der Uferbrücke angestimmt würde! ›In den Saal, nichts wie in den Saal!‹, rief ich und trieb sie voran, wie eine Schafsmagd ihre Herde durchs Gatter scheucht. Es wäre ja auch eine schöne Bescherung und hübsche Sache gewesen, wenn vier Zöllner mit vier Zöllneraugenpaaren und der Koch als fünfter kleiner Teufel aus dem Hinterfenster von Alastalos Stube geschaut und bei schallendem Gelächter zugeguckt hätten, wie ihr, in vollem Ernst am Ufer damit beschäftigt wart, eine Fracht am Anleger zu vertäuen, als wolltet ihr sie einem Wolf ins Maul legen, eine Fracht, bei der man sich wundern musste, dass der Strug, ohne zu bersten, solche Zuckerhaufen aushielt: Süßstapel in Liespfundkästen, wie knorrige Scheite im Brennholzschuppen eines reichen Hauses, um damit zwei Winter lang zu heizen! Fast hätte ich es euch gegönnt, dass euch als eure Lehre auch dieses Malheur passiert wäre und jeden Einzelnen von euch dazu gebracht hätte, sich die Haare zu raufen, die zumindest in diesem Fall nicht einmal den Knauf vom Format eines gepökelten Hammelkopfes bedeckt hätten! Klimpere du nur mit deinen Augendeckeln, Härkäniemi, wenn ich das erzähle, aber damals hättest du sie wenigstens so weit offen halten sollen, damit du die Toppen der Zolljacht an der Mole neben dem Ufermagazin bemerkst, auch wenn du die Jacht selbst nicht sahst, weil die Halbinsel mit dem Haus und den Apfelbäumen davor lag und auch eine Ecke des Uferhauses sie verdeckte. ›In den Saal, alle Mann in den Saal!‹, beeilte ich mich zu sagen, weil ja sonst nichts half und die Hufe nun einmal in denselben Sack mussten wie die Sau. ›Wenn Alastalo Gäste hat, führt er sie in den Saal: In der Stube sitzen nur die Tagwerker!‹, redete ich, so gut die Spucke im Mund die Wörter ölte, und stieß die Tür sperrangelweit auf, damit notfalls zwei Männer nebeneinander hindurchpassten.

Das Ganze verlief dann nicht ganz in der Reihenfolge, wie Liturgie und Zeremonie es eigentlich verlangt hätten, denn der Zollkapitän war immerhin der Zollkapitän, wenn auch ein Blomberg, und scheel schielte besagter Blomberg zur Seite, da die Männer hinter ihm trampelten. Ist das recht, und was sagt das Reglement dazu, dass der Kopf der Truppe und seine Handlanger durch dieselbe Tür zur Bewirtung gehen? Ich hatte jedoch keine Zeit, ihn darüber grübeln zu lassen, also schubste ich ihn etwas weiter oben am Rücken, statt an der Stelle, wo ich ihn am liebsten weich geklopft hätte, und er trat, wie zuvor bei der Vorraumtür, ein zweites Mal schneller, als es seinem natürlichen Schwung entsprach, über die Schwelle. ›Hier wird nicht gezaudert und sich nicht geziert!‹, sagte ich. ›Die Obrigkeit zuerst! Ich habe Verständnis dafür, dass einem Kapitän Ehre gebührt!‹, quasselte ich weiter, weil ich nun mal das Wort hatte und um die Gedanken des anderen vor unnötigen Flügen zu bewahren. Auch wenn man ein Kalb führt, ist es am besten, die eigenen Beinröhren in frischem Lauf zu halten und die Gelenke so weit zu bewegen, wie der Schneider den Hosenstoff bemessen hat, denn auf diese Art kommt ein Farre gar nicht erst dazu, im Kopf eigene Gedanken auszubrüten, bevor er durchs Gattertor und im Pferch ist. ›Als letzter Mann über die Reling, wenn die Dollborde Durst haben und das Schiff gierig Meerwasser schlingt, als erster Mann auf der Sitzbank, wenn reichlich und randvoll etwas auf dem Tisch steht, das man sich in den Bart kippen kann: So lautet das Seegesetz für einen Kapitän!‹, schwatzte ich, als schon die ganze Bande in den Saal gestiefelt kam: der Kapitän zum Sofa an der Hinterwand spazierend, die Männer trödelnd in der Ecke neben der Tür, und einer sich hinter den anderen drängend, solange es Dümmere gab, die sich in die erste Reihe stellten, denn auch der langsamere Verstand begriff, dass das Sitzen im Saal nicht ein Leben lang dauern und man irgendwann zur Jacht und zum Kommandoreglement zurückkehren würde, weshalb es besser war, mit seiner Visage nicht allzu deutlich das Auge des Kapitäns zu beleidigen, weil dieser ja doch irgendwann auch mal zu der Ecke mit den Männern schielen würde.

Auf beiden Seiten war die Stimmung deutlich angeschlagen, das roch man auf der Stelle, der Kapitän schnaubte wutähnlich durch die Nase, auch wenn er noch brav am Halfter ging, die Männer sahen aus, als bewegte sich jeder von ihnen mit der Vorsicht desjenigen, dessen Fuß gerade noch den Schritt nach vorn gemacht, dessen Zeh aber schon bereit ist, sich zurückzuziehen, falls ihm etwas unter der Sohle gefährlich vorkommen sollte, und auch Pukkila, der, wenn es eng wird, für gewöhnlich seine Natur beisammenhat, bewegte sich hinter dem Kapitän auf das Sofa zu, wie man sich beim Apfelstehlen bewegt, wenn man selbst beim kleinsten Knacken Beine haben muss, die man unter den Arm nehmen kann: Er hatte eure beiden Sprietsegel ebenfalls durchs Vorraumfenster bemerkt und wusste, was ich wusste, nämlich dass man durch die seeseitigen Fenster im Saal, wenn man das Gesicht an die Scheibe presste und fest zur Seite spähte – obschon sie ansonsten wie die anderen Fenster im Saal in unschuldige Richtung zeigten –, auf der Uferbrücke sehen konnte, was die Zöllner nur zu erblicken brauchten, um es schlagartig eilig zu haben, wieder hinauszukommen. Obwohl ich jetzt in der Stube gebraucht wurde, verstand ich, dass ich mich so schnell, wie es ein Mann mit meinem damaligen Bauch, der noch wesentlich schmäler war als mein jetziger, schaffte, eilends und geschwind umdrehen musste: Schließlich hieß es, euch in Kenntnis zu setzen, euch ungehobelte Hobelköpfe und keimlose Verstandesrüben, dass in der Zeit, in der die Katze hinter der Ecke Milch aus der Schüssel schlürft, sich die Mäuse jenseits der Wand still zu bewegen haben, wenn auch schnell! Obschon ich also begriff, dass ich in der Stube gebraucht wurde, so wie man am Kamin die hurtige Hausfrau braucht, und komme sie gerade vom Roggenmähen, wenn der Kaffeekessel am Haken am Überkochen ist und die Goldbrühe jeden Moment aus voller Tülle in der Asche zischt, falls die Flinke nicht zur Stelle ist und der Rocksaum fliegt; dass ich gebraucht wurde, wie man auch mitten beim Naseputzen den Daumen des Steuermanns braucht, damit man die Schotleine um den Belegnagel legen kann, wenn der Windbursche im Segel in Schleuderlaune ist und das Dollbord sich senkt, um zu trinken, nun, obwohl es so war und es auf dieser Seite des Rockschoßes für die Finger eng wurde, so waren die Röcke auch auf der anderen Seite noch nicht gerefft, sodass man es wagen konnte, den Saal für ein Momentchen zu verlassen, um ein Wort durch den Türspalt in die Stube gelangen zu lassen, und sei dieser Spalt auch nur so schmal, dass gerade mal eine Maus hindurchpasste! Nach den Frauen müsse ich rufen und dafür zur Stubentür rennen, damit sie das Grogwasser aufstellen!, schnackte ich weiter, war aber eilends am Schrank: ›Trotzdem erst mal einen Klaren in die Kehle, damit nicht gehustet wird, wenn etwas Besseres kommt!‹, plapperte ich und stellte ein paar Gläser auf den Tisch. ›Hier, fürs Erste ein bisschen Silber aus eigenem Roggen!‹, schwatzte ich, während ich eingoss und es blubbernd aus der Karaffe perlte. ›Der Herr Kapitän kommt jetzt schön her zu mir und kippt sich einen Kräftigen in den Mund: Schließlich hat er an der Frachtraumluke so viel Salzgestank geschluckt, dass seine Kehle Belebung braucht!‹, sagte ich, wobei ich ein volles Glas an die Stelle auf der Tischplatte platzierte, zu der sich der Kapitän bereits aus eigenem Antrieb begab. ›Gieße dir ebenfalls einen Bechervoll in die Backe, auch wenn du es von der Arbeit her nicht verdientest!‹, sagte ich zu Pukkila. ›Ich würde mich nicht wundern, wenn du, nachdem du deine Kehle erst einmal abgehärtet hast, die ganze Karaffe an dich nimmst!‹, spottete ich. ›Und jetzt schenke den anderen ein – so viel darfst du mir schon helfen –, dann kann ich inzwischen in die Stube schauen, damit die Frauen wissen, dass sie etwas Dampfendes in den Saal bringen sollen, so wie ich es versprochen habe!‹, sagte ich und drückte tatsächlich Pukkila die Karaffe in die Hand. ›Gieße aber nicht jedes Mal, wenn du den anderen gibst, dir selbst einen ein, damit die Übrigen auch noch etwas abkriegen!‹, warnte ich ihn noch, als ich schon am Gehen war, um ein kleines Lachen und gute Laune im Saal zurückzulassen. – Meine Angelegenheit in der Stube hatte ich erledigt, denn nach einer Weile kam klimpernd ein volles Tablett mit Gläsern in den Saal, dazu Zucker und eine Porzellankanne mit Heißem, und es war zu vermuten, dass man unten auf der Brücke ebenfalls in Schwung gekommen war, auch wenn davon kein Laut bis in den Saal drang; und auch Pukkila hatte im Saal seine Aufgabe erledigt: Meine Karaffe stand leer auf dem Tisch, ohne auch nur einen Tropfen auf dem Boden, und die Augenpaare blinkerten unter den Haarborsten bereits ein bisschen kühner, und zwar auf dem Schaukelstuhl wie in der Ecke neben der Tür. Vsjo rovno!, dachte ich auf Russisch, bald werden sie hier mit Geschnatter loslegen wie unter Kameraden: Der Zollkapitän hat sich schon in den Schaukelstuhl gesetzt!

›Habt ihr anderen was abbekommen, oder hat Pukkila alles in die eigene Kehle geschüttet?‹, redete ich gleich los, nachdem ich wieder in den Saal gekommen war, und hob die leere Karaffe hoch. ›Der Bock als Gärtner, der Bock als Kohlwächter und Pukkila als Korken auf'm Glas: alles ein und dieselbe Geschichte!‹, tönte es lachend vom Zollkapitän im Schaukelstuhl. Der Wind blies nun aus günstiger Richtung. ›Mit was macht sich der Skipper jetzt den Hals nass, wo das Spülwasser futsch ist?‹, fragte der Kapitän und kicherte weiter aus voller Brust, und seine Augen leuchteten als schadenfrohe Knäufe am Kopf. Aber die Knäufe verwandelten sich im Nu in Knöpfe: Vom Schaukelstuhl aus konnte man durchs Fenster sehen, wie die Magd Miina in vollem Lauf aus der Vorraumtür fegte, wie ein Wirbelwind den Uferhang hinunterstürmte und verschwand. ›Was ist das für ne Jagd im Haus? Die Weiber rönnen, dass die Röcke rascheln, sind da Raben auf dem Feld und klauen?!‹, kauderwelschte der Kapitän in seinem schlechten Finnisch, aber sogleich wurde das Amt im Augenpfeffer lebendig, und der Blick wachte auf Schwedisch!

Verdammte Krähen haben wir hier auch im Auge, die Zollkrähen nämlich!, schoss es mir schon in den Kopf, aber zum

Glück kam da Eevastiina mit dem Tablett durch die Tür zum Saal herein, sodass bei dem Geklimper selbst ein strengerer Mann als der Zollkapitän nicht weiter auf der Spur der Vernunft geblieben wäre: Auch bei Blomberg sprangen die Augen zum Tablettgewisper an der Tür wie das eisfrei hüpfende Frühjahrswasser im kühlen Bach, und im Schaukelstuhl saß wieder ein Mann, der vom Zöllner nur die Uniformjacke und die glänzenden Knöpfe an der Brust hatte, der aber sonst die gleiche durstige menschliche Natur zu versorgen hatte wie wir anderen, der das sündige Jucken spürte, wenn der Glanz des Glases dem Kropf perlendes Feuer verheißt. Auch ich war bereits wieder am Schrank tätig und zog das Schlüsselbund aus der Hosentasche. ›Rum war versprochen, und wegen Rum sind wir hergekommen!‹, sagte ich, nachdem ich den richtigen Schlüssel hervorgeklimpert hatte, und kitzelte mit diesen Worten die Kehlen, damit die Gedanken an der richtigen Schnur blieben. ›Ei, nach den Krähen rönnen sie?‹, sagte ich mit gespieltem Lachen, als ich den Schlüssel ins Schloss schob. Es war am besten, das Unkraut dieses Gedankens gleich mit den Wurzeln auszurupfen, bevor es einen Schössling austrieb, und daher fügte ich vorsichtig hinzu: ›Jetzt ist nicht die Zeit, Krähen hinterherzujagen, wo doch Herrschaften im Saal sitzen, da haben die Frauen in der Küche so viel zu tun, dass es staubt, und auch die Mägde müssen rennen, damit sie genug Brennholz unterm Grogwasser haben!‹ Die Klappe war inzwischen offen, und ich hielt den ersten Glanzbauch aus der vordersten Reihe in der Hand. Ich schwenkte ihn in der Luft und hielt ihn vor dem Fenster gegen das Licht, scheinbar um die Klarheit des Stoffs zu überprüfen, aber letztlich, damit die anderen einen Vorgeschmack auf die Zunge bekämen, wenn das Rot im Innern des Schimmerglases strahlend funkelte. ›Und was braucht man in einem klugen Hause auf die Felder zu laufen, um Krähen zu verscheuchen, wenn man auf den Felsen doch Gammel ausbreiten kann als Festbankett, dessen Geruch die Krähenschnäbel aus mehreren Werst Entfernung wittern!‹, schnackte ich noch mutiger in der begonnenen Furche weiter, in dem Glauben, dass die Natur inzwischen auch die Gedanken der Männer vom Zoll regierte. Fast wäre mir allerdings etwas herausgerutscht, da ich genauso großspurig das Tablett mit der Rumkaraffe mitten auf den Tisch stellte und weiter groß daherredete, um die Stimmung der anderen zu heben. ›Hier wäre jetzt auch für die Zollkrähen der Tisch mit Vergorenem gedeckt!‹, wollte der Teufel mir schon über die Lippen kommen lassen, aber ich schaffte doch noch rechtzeitig eine saubere Wende und sagte in höflichem Plauderton: ›Was Besseres hat das Haus heute nicht zu bieten, bloß alten schwedischen Rum, aber die Brühe scheint noch keinen Schimmel angesetzt zu haben, sodass sie den Herren vom Zoll vielleicht doch die Kehle herunterrinnt!‹, quasselkötelte ich und ordnete die Gläser besser auf dem Tisch. ›Jetzt darf man kommen und sich was mischen!‹, sagte ich und ermunterte sie: ›Die Herren kennen ihr Maß und ihre Menge beim Wasser wie beim Stärkeren besser als ich, also soll jeder sein Ferkel selbst abbrühen: Ihr habt mit feuchten Rücken nach Zucker gesucht und gestochert, aber das war vergebene Liebesmüh, denn unsere Frauen scheinen noch ein Bröckchen davon auf Lager zu haben, sodass wir mit den heimischen Vorräten den Rum süß kriegen werden!

Ans Werk, ans Werk! In unserem Saal wird keine Bummelei geduldet!‹, gluckste ich, als der Kapitän auch schon an den Tisch trat, ›immer nur ans Werk, der Kapitän zuerst und die Besatzung hinterher, dann ist die Krone kraft Obrigkeit und Untrigkeit im Amt! Ich hätte halt bloß den hier anzubieten, alten Rum vom königlichen Kellermeister in Schweden!‹, machte ich auf bescheiden, wobei ich die Karaffe weiter auf die Seite des Tisches schob, wo der Kapitän bereits amtlich tätig wurde.

›Gluck, gluck‹, machte das Gefäß, als er es andächtig zum Glas neigte, in das er nur der Form halber etwas Wasser gegeben hatte, dafür aber eine hohle Handvoll Zucker, so viel, wie die geübte Pranke eines Zöllners in seinem fünfzackigen Greifer halten kann. ›Brauchbarer Stoff sollte das sein!‹, sagte ich zur Ermunterung, während ich zusah, wie es im Hals des Gefäßes mutig blubberte. Auch der Kellermeister lobte den Stoff, als er ihn mir gab: ›Herbes aus Schweden zum Verkosten in Finnland!‹, sagte er. ›Der König hatte sich für meine letzte Ladung Maränen bedankt, und es waren ja auch beste Herbstmaränen! Und dafür so ein Flachmännchen! Ich habe ihn dort in der Schrankecke aufgespart, damit Kehlentau vorhanden ist, wenn herrschaftlicher Besuch in den Saal kommt!‹, quasselte ich weiter und half auch noch nach, indem ich die Karaffe am Boden leichter machte, dass der Kapitän sich nicht zieren muss, auch wenn sein Glas bereits ein wenig überlief.

Damit sagte ich die Wahrheit!«, unterbrach Alastalo seine Geschichte. »Denn den Stoff hatte ich sehr wohl vom Kellermeister des schwedischen Königs bekommen! Wir hatten ein Geschäft mit einem Fass Maränen gemacht, und er gab mir tatsächlich die Flasche, nachdem er zuerst mit dem Auge gezwinkert und ich den Preis so kühn aufs Fass geschlagen hatte, dass er mir nicht mehr als die Hälfte in die Hand zählen musste, und auch dabei kam ich noch auf meine Kosten, wie auch der Kellermeister auf seine, als er die Rechnung in seine Bücher aufnahm. Aber der Kellermeister war auch in anderen Dingen ein Fuchs, nicht nur, wenn er für den Hof Maränen einkaufte, und der Stoff in seiner Flasche die schlechteste Mischung, die ich je in meinem Schrank aufbewahrt habe; nie habe ich sie anderen ernsthaft angeboten, außer den Zöllnern, in der Hinsicht ist mein Gewissen rein! Pukkila zähle ich nicht mit, weil er bei den Publikanen saß, und so einem geschieht es recht, wenn er trinkt, was auch die Publikanen trinken! Aber als Zeuge taugt er, ob der Stock dem zu verdreschenden Pelz gemäß gewählt worden und das Getränk die passende Plörre für Zöllnerkehlen beim Zöllnergelage war!« Alastalo ließ das Auge zu Pukkila schwenken, was durchaus auch zum Vergnügen der anderen beitrug.

Pukkila zog weiterhin eine Brutsche. »Rede nicht so lasterhaft daher!«, sagte er und tat, als spuckte er aus. »Wenn bei dem Maränen-Rum-Geschäft der Fuchs mit dem Fuchs in den Beeren war, so wie ich es vermute, weil ich dich kenne, dann fürchte ich, dass deine Maränen nur beim Besuch der Schwiegermutter der Königin auf den königlichen Tisch gekommen sind! Pfui Teufel, dein Rum, noch immer habe ich den Geschmack im Mund, als hätte ich Rizinusöl geschluckt! Zöllner sind Zöllner, denen gönne ich sogar Teer in den Innereien, aber der Nächste ist näher, und warum hast du nicht wenigstens mir zuliebe anständigen Stoff auf den Tisch gestellt? Als ich heimkam, spülte ich mir den Mund mit klarem Schnaps aus! Ich musste meinen gesamten Verstand gefangen halten, damit ich die erste Pfütze nicht genauso schnell aus dem Mund prustete, wie ich sie mir in den Hals geschüttet hatte, in meinem unschuldigen Glauben mit einem kräftigen Schluck, die ganze Ladung auf einmal! Ich kann gar nicht so alt werden, dass ich dir diese Bescherung je verzeihe!« Pukkila räusperte sich, als hätte er sich noch immer das zehn Jahre alte Pech aus dem Hals zu putzen. – Im Grunde belebte es Pukkila unsagbar, weil er nach dem freiwilligen Schweigen endlich etwas sagen durfte. Für einen Mann mit regem Mund ist es nicht angenehm, über längere Zeit mit Groll in Gesellschaft anderer zu sitzen und die eigenen Worte in den Knitter des eigenen Inneren zu schlucken, obwohl man beim Aufbruch zu Hause beschlossen und gelobt hat, sich nicht mehr einzumischen als nötig. ›Lass Alastalo nur seine Reden schwingen und von Barken schwadronieren, was der Bauch hergibt, wo dafür die ganze Gemeinde zusammengetrommelt worden ist und er auch für längere Reden Luft im Bauch hat!‹, hatte er bei der Anfahrt in der Slup zu Evald gesagt und hinzugefügt: ›Wir setzen uns einfach hin und hören zu, hören still zu, dann wissen wir Bescheid, hören zu, weil uns nun mal ein Paar Ohren an den Kopf gegeben worden sind!‹ So hatte er im Kahn zu Evald gesagt und gemahnt, aber eine Entscheidung zu treffen ist das Eine, und hinter der Entscheidung schmollend dazusitzen und nicht aus der Haut zu fahren das Andere. Im Grunde krümmt sich der Mensch in seinem Inneren, wenn er den Mund nicht benutzt, da dem Menschen nun einmal der Mund gegeben ist und darin die Spucke läuft. Und dann hatte sich auch noch Eenokki auf die eine Seite gesetzt und auf die andere, ausgerechnet an diesem Tag, Lahdenperä, sodass nicht einmal kleines Wortgewisper in die Ohrmuschel des Nachbarn angeraten war, wenn es schlimm im Inneren rumorte: bei dem einen nicht, weil zu Eenokki zu sprechen war, als würde man zu einem Wandbalken reden, und bei Lahdenperä nicht, weil man auch ohne nachzudenken wusste, dass an diesem Tag das Ohr des Schöffen keine andere Rede an sich lassen würde als diejenige, die den Anfang der Melodie zum Verkauf des Vaarniemi-Waldes summte! Aber auch wenn er schlechter Dinge ist, lebt der Mensch nicht den ganzen Tag vom Nuckeln am Lippenbart, und das eigene Schweigen bedeutet fürs Ohr gottloses Zuhören, während die anderen schwadronieren und das eigene Kinn müßig ruht! Als Alastalo daher nun an den Fäden gezogen hatte – ob er das tat, weil er ein Hund war und aus Bosheit, wusste man nicht, oder bloß wegen seiner glitschigen Schlangennatur, weil er der Gastgeber im Saal war und er ein Auge darauf haben musste, dass sich bei keinem der Gäste die Nase in den Mund bog und auch sonst der Schwung erhalten blieb, in den Schößen des Gesprächs wie auch im sonstigen absichtsmäßigen Saumgeflatter –, als Alastalo ihn nun also zum Anfang verholfen und einen Brocken aus der inneren Verdickung gebrochen hatte, mochte und konnte auch Pukkila als Christenmensch und Nächster nicht mehr länger seiner Natur widerstehen und weiter den Teil seines Fleisches foltern, der ihm als Zunge in den Mund gegeben war. Natürlich darf der Mensch sprechen, auch wenn er sich innerlich ärgert!, dachte er. Und wen brauche ich eigentlich um Erlaubnis zu fragen, wenn ich etwas sagen und meinen eigenen Bart benutzen will? Der Mensch muss sich ganz und gar nicht selber peinigen, wo die Qual doch ohnehin nur die eigene ist!

»Ein verdammter Hund bist du!«, sagte er also zu Alastalo und lieferte ein Geständnis. »Reden wir nicht über meinen Mund! Obwohl du wenigstens mir zuliebe auch den Zöllnern, den Teufeln vom Zoll, besseren Stoff hättest eingießen können, sage ich. Aber dein glattes Gesicht, deine Visage: Was für ein Schnürwerk hast du da eigentlich, und wie kriegst du es so glatt gezogen, dass jedes bisschen in deinem Gesicht gehorcht und fromm bleibt, kreuzbrav wie ein Ochse, der durch die Furche stapft, obwohl der andere weiß, dass unter der Haut kleine Teufel toben – kleine Beelzebube, sage ich, auch wenn ich an große, schwere denke! –, sie hüpfen und toben unter deiner Haut wie das Weberschiffchen im Kettengang und weben ihre Teuflischkeiten! Dein Gesicht, diese Fassade, die du hast, auf der andere und unschuldigere Menschen für gewöhnlich ihre Sünden tragen wie die Küstertafel in der Kirche die Nummern der Choräle, die hatte ich im Blick, ich betrachtete sie wie der Tropfenzähler, wenn er einen Schluck Medizin in die Arzneiflasche füllt, mit den gestreckten Spießen meiner zwei Augen spitzte ich darauf, ob ich wenigstens die Schwanzquaste eines Teufels über das Glatte wischen sehe, das du in der Kirchenbank und in Geschäftsangelegenheiten und in anderen solchen Fällen als Gesicht aufsetzt, wo Frömmigkeit einen Mann weiterbringt als die ehrliche Lüge! Aber keine Angst: Der Mann lässt seinem Mund so dicke Lügen entweichen, dass die Mistgabel in dem Haufen stehen bleibt, wenn man sie hineinrammt, aber das Gesicht bleibt dabei rein und blank wie der gefegte Stubenboden am Sonntag, und die Augen, die zwei Ziegenböcke von Augen, die können genauso gräulich andächtig auf ungefährlich und überreichlich treu machen, wie die Sündenknäuel unter dem Stirnhaar eines Mädchenkindes ihre Unschuld beteuern, wenn jemand aus Müßigkeit, wenn auch nicht, um es zu glauben, fragt, ob der kleinen Magd diese Vorhaben und solches Mundgetuschel von jeher bekannt und vertraut sind! Selbst die Katzenbestie auf dem Fußboden ist schön anzuschauen, wenn sie über ein Mäusejunges zwischen ihren Pfötchen wacht: Warum soll man da nicht über die flinken Augen sagen, dass sie als gute Augen leuchten, und warum sollte man der streichenden Tatze nicht glauben, dass die zierliche seidenweich ist, würde man nicht das brennend Gelbe in den beiden glimmenden Schlitzen sehen und wüsste man nicht um die fünf bereiten Krallen in den beiden Wollverstecken! Zum Vergnügen meines Bauches sah ich zu und hörte mir zur Belebung meines sündigen Charakters und Adams auch deine Katzenspiele und dein Gerede mit dem Zollkapitän an, und obwohl ich jedes Mal innerlich so zornig wie ein zischender Saunaofen war, wenn ich deine schmutzige Pechbrühe aus dem Glas trinken und mit meiner angesengten Kehle schlucken musste, so schmierte es mir doch jedes Mal unsagbar die Herzwände, wenn ich meine Augen von deinem verfluchten Bart auf Blombergs frech glotzende Visage richtete: Es erfrischt die Niere, wenn etwas gewaschen wird, was das Waschen verdient, und wenn der Zöllner gehobelt wird, dass man die Holzfasern sieht und als grobe Kiefer das erkennt, was von der Uniform aufpoliert wie bestes Mahagoni glänzt! Einen solchen Zöllner verschaukelt man auch in anderen Fällen mit lachendem Mund, wenn er so simpel ist, dass er sich sogar bei einem Glas verschaukeln lässt und beschissenen Rum als guten Rum in seinen frommen Bart schüttet, dachte ich und ärgerte mich, weil ich selbst nicht mehr Versuche gewagt hatte. Ich dachte allerdings auch, als ich dich zwischendurch anguckte und nach deiner glatten Gesichtsoberfläche ausspähte, dass ich seit jeher weiß, dass du nicht mit der Wimper zuckst, wenn ein Pferdehandel abgewickelt wird und meinetwegen ein knubbelbeiniger Wallach als dreijähriger Hengst an einen verkauft wird, der so etwas glaubt, aber dass du derart in Teufelsbrühe ausgekocht bist und einen so fetten Gewissensspeck besitzt, dass du sogar beim Anstoßen mit den Gläsern, wenn der Mensch immerhin mit nackten Augen vor den Brauen des andern steht, und beim ehrlichen Kosten von Bart zu Bart, ohne im Bart rot zu werden, etwas als Rum bezeichnest, was kein Rum ist, und beim simpel Gestrickten auch den letzten Glauben durcheinanderbringst, sodass er an dem klaren Zeugnis des Geschmacks in seinem Mund zu zweifeln anfängt, das hätte ich von dir nicht gedacht! Jedes Mal, wenn ich einen neuen Schluck nahm – und der Schluck musste genommen werden, denn du hast wie der Teufel darüber gewacht und angestoßen, damit jeder bei dem Gelage ganze Arbeit leistete, der Kapitän wie auch die Männer: ›Im Saal wie auch im Frachtraum wird keine Faulheit geduldet!‹, quasseltest du und drängeltest, wenn einer seinen Mund verschonte und eine längere Pause einlegte, auch mich, verdammt, auch mit mir hattest du kein Mitleid, ich glaube, dass du, weil du so ein Hund bist, auf mich besonders aufgepasst hast –, jedes Mal, jedes einzelne Mal, wenn ein Schluck genommen werden musste, und ich nahm die Schlucke tapfer, obwohl ich am liebsten sofort den unanständigen Teer aus dem brennenden Mund gespauzt hätte, jedes Mal dachte und wetterte ich nach einem Schlückchen: Denk immer daran, Petter Pihlman, dass

Herman Mattsson ein gefährlicher Mann ist, noch glatter, als du gedacht hast! Wäre die Uferbrücke nicht zwei Steinwurf entfernt gewesen und hätte ich nicht geahnt, wie dort die Dinge standen – die Zuckerhüte, an denen auch ich meinen Anteil hatte, wurden in höllischer Eile vom Strug in den Uferspeicher geschleppt, und auf der Brücke schwangen so viele Rücken, wie verschwitzte Kerle zwischen Boot und Boden schufteten –, und hätte ich aus christlichem Herzen dem Zoll-Blomberg nicht durchaus Schlimmeres noch hinter die Binde gewünscht als die Lauge, die er mit Lust und Andacht vor meinen Augen in sich aufsaugte, hätte am Ende doch die Ehrlichkeit in mir das Heft in die Hand genommen, und ich hätte Alastalo ins Gesicht geknallt: ›Mit diesem Trunk kannst du die Beine deiner Schweine auf Trab bringen, aber nicht die Kehlen von Menschen, die mit dem gleichen Christenwasser getauft worden sind wie du!‹, hätte ich, verdammt noch mal, gesagt und den letzten Dreck ausgespuckt, um einen sauberen Mund zu bekommen! Was für eine teuflische Intrige befahl dir, ausgerechnet den Rum des königlichen Kellermeisters aus dem Schrank zu holen – der Mann gehört ebenfalls aufgehängt! –, und auch wenn ich verstehe, dass die anderen im Auge behalten werden mussten, damit sie nicht auf unnötige Gedanken kommen und ihre Kehlen nicht rechtzeitig erkennen, was für ein Höllenstoff in sie hineinrinnt, stellt sich, verflucht, die Frage, warum du auch mich wie einen Feind überwachen musstest, ob ich auch treu zum Glas greife, als hätte ich mit Knöpfen der Krone am Rock und von Amts wegen in deinem Saal gesessen: Pfui! Ich habe noch immer den unanständigen Geschmack im Mund!«

Alastalo lachte aus vollem Schwabbelbauch über Pukkilas Herzenserleichterung, es war angenehm und obendrein besser, wenn Pukkila es in seinem Groll nicht aushielt, sondern wieder als frischer Knabe unter den anderen saß, mit dem Kinn in der Mähbahn: Die Quadrille schmeckt den Sohlen nicht, wenn man allein über den Tanzboden patscht! »Als dein Nächster konnte ich doch nicht mit ansehen, wie du allein durstig dasitzt und leere Luft in deinen langen Hals schluckst, während die anderen und Dickhalsigeren ringsum Feuchtigkeit aufsaugen wie die Pilze!«, gab er vor, sich zu verteidigen, und stachelte damit den anderen zum weiteren Wortgefecht an. »Und was trauerst du der Vergangenheit hinterher, wo du doch leibhaftig hier sitzt und am Leben geblieben bist! Oder spürst du noch immer am Bein, wie ich dich unterm Tisch trat: Du hast mir ins Ohr gefaucht wie die Kornschwinge, wenn sie Spreu ausspuckt, hast schlimmer gekeucht als der Träger eines Malters Roggen, nachdem er den Hang hinaufgerannt ist: ›Warum hast du keinen besseren Stoff spendieren können, schon wegen mir, es dreht dem Menschen ja den Hals heraus, wenn er sich solches Zeug hinunterzwingt!‹ Ich trat dich, weil mir nichts anderes übrig blieb, und habe wohl ein bisschen zu saftig zugetreten, denn der Koch, der Zollkoch stellte an der Tür die Ohren auf wie der Hase vor dem Sprung, und auch jeder andere hätte hören können, was du für Tuscheln hieltest, wenn es außer dem Koch und mir noch weitere klare Köpfe im Saal gegeben hätte. Du nörgeltest zu Unrecht am Stoff des Kellermeisters: Er erfüllte seinen Zweck, und die Gemeinde saß andächtig am Tisch, an den allmählich alle herangerückt waren, näher heran an Bethesda! Und du versuchtest ja auch selbst, etwas zu verkleppern und zu erklären, so viel Spalt an Verstand hattest du noch im Kopf, deine Spuren zu verwischen und zu überdecken, falls jemand zufällig gehört hat, was du mir ins Ohr rauntest: ›Immerhin bin auch ich mit dabei und an Ort und Stelle, und auch meine Kehle wird abgebrüht, vergiss das nicht!‹, hast du herausgebracht und mich dabei mit solchen Augen angesehen, dass die Kommode an der Wand da drüben auf ihren Füßen erschrocken wäre und die besseren Rumkaraffen in ihrem Bauch als schlechte Gewissen geklirrt hätten, wenn die Türklappe von deinem statt von meinem Auge durchdrungen worden wäre. Hätte ich in dem Moment anstelle des Herzens eines Mannes einen Zinnknopf hinter den Rippen gehabt, wäre er aus blanker Trauer und Gemütsschmerz um meinen Mitmenschen und wegen des Elends der mir nahestehenden Kreatur mit einem Schnaufer geschmolzen! Wer weiß, wie es gekommen wäre, wenn ich mich gezwungen hätte, noch einmal aufzustehen und mich am Schrank zu schaffen zu machen, um nachzusehen, ob dort nicht doch noch etwas ist, das sich eignet, auf den Tisch gestellt zu werden, etwas, das auch deine Mundwinkel in die Breite gezogen und zum Wohlgelächter gebracht hätte, wenn du die Goldlettern auf dem protzigen Plakat von Etikett gelesen und buchstabiert hättest, wer weiß, wie es gekommen wäre, sage ich, wenn der Teufel nicht im selben Augenblick auch deinem Kopf den Gedanken eingepflanzt hätte und du nicht selbst auf die Idee gekommen wärst, dass dein Raunen und dein Tuscheln von zuvor womöglich nach ein bisschen Fegen und Beseneinsatz verlangte. ›Ein feurig guter Stoff!‹, sagtest du also überstürzt zum Kapitän und schmatztest dabei so stark mit dem Mund, dass ein geschliffenerer Mann als der Kapitän auf der Stelle gemerkt hätte, dass hier das Seil einer Lüge auf den Belegnagel läuft. ›Gerade habe ich Alastalo flüsternd gefragt, habe in sein Ohr geschnackt‹, quasseltest du und machtest du und tatest so, als würdest du dem Kapitän bloß Unverfängliches erklären, obwohl dein Augenteufel aus dem Winkel, der in meine Richtung ging, mir süßes Gift zum Schmecken schickte, ›ich habe dem Mattsson ins Ohr geschnackt und gefragt‹, sagtest du und warst mit deinen Augen wie das Wiesel mit seiner spitzen Schnauze in zwei Steinhöhlen gleichzeitig, ›ich habe, wie gesagt, den Mattsson gefragt, mit welchem Trick er, ohne dass der Zoll es roch, mitten im

Krieg eine so gute Ware in seinen Klappschrank kriegte, eine, bei der die Zunge juchzt, bevor sie noch auf den Geschmack gekommen ist!‹ Ich blieb, was mein Gesicht betraf, weiter fromm und ruhig, und weil das Tun stets flinker sein muss als das Wort, wenn es darauf ankommt, hielt ich die Rumflasche bereits erhoben in der Hand, bevor du deine ungehäuteten Worte bis zum Amen gebracht hattest, und ließ neue, klare Stoffzufuhr ins halb leere Glas des Kapitäns gluckern, damit seine Augen und seine Gedanken nach Ergiebigerem gelüstete als danach, der unnützen Fährte deines Geredes hinterherzuschnüffeln. Trotzdem trat ich dir unter dem Tisch ein zweites Mal ans Bein und zischte dir mit meinem auf deiner Seite befindlichen Mundwinkel ins Ohr, was ich auf die Schnelle zischen konnte: ›Wage dich, den schlafenden Bären an den Lippenhaaren zu kitzeln!‹, mahnte ich in meiner Klemme. Ich lauschte jedoch unnötig auf das Ticken der Uhr in meiner Westentasche, wie ich es, um einen klaren Kopf zu kriegen und auch sonst bereit zu sein, zu tun pflege, wenn es eng wird und ein jähes Segelmanöver bevorsteht, denn der Verstand des Zollkapitäns hing bereits am Bugsierer und sein Gemüt am Schlepptau des Rums. Für dieses Mal konnte der Kapitän also mit deinem Gefasel nicht groß etwas anfangen, wie es das eigentlich verdient gehabt hätte, schließlich stupst einem der Hund auch nicht gegen das Bein, wenn man ihm einen Knochen vor die Schnauze hält, und selbst ein Mann mit Segelohren rollt die Ohrwascheln ein, wenn man einvernehmlich beieinandersitzt und ihm der Duft aus dem Rumglas in die Nasenlöcher steigt. Etwas glaubte der Kapitän jedoch um seines Amtes und der Knöpfe an seiner Jacke willen sowie im Namen der allgemeinen Ordnung und Würde der Obrigkeit mit seinem gequälten Finnisch lallen zu müssen: ›Wenn mir das man bloß nix Geschmüggeltes ist, Mattsson! Man darf kein Stark aus Schweden einführn! Daheim brennen genehmigt, nix schmüggeln! Bauermund braucht Branntwein gute Stoff, Banause Mund braucht nix Konjack und nix Rum! Nix verschwenden Schisspulver an Raben!‹«

Pukkila unterbrach Alastalo und lachte: »Weißt du noch, wie er sagte: ›Du züchtest deinen Köpper viel zu viel, Mattsson, viel zu große Bausch, größer noch als ich. Wie kann man mich und die Opprichkeit neben dir respekteern, wenn du digger bist? Was machen Bauerkäptn mit som großen Bausch? Zu viel Herrschaftsbausch, Westenknöpfe spannen sündig, zu viel Fött, um glitschige Mann zu sein, gefährlich Mann, Aal zwischen die Finger, wenn man festhält: Du mir verdächtig, obwohl dein Getränk!‹ Wie war das, Mattsson, die bittere Beere zu schlucken und dabei den Mund höflich zu halten, wie wenn man mit der Mamsell plaudert? Der Koch an der Tür lachte, dass er japsen musste, und auch ich musste lange Zeit husten, weil mir beim Prusten dein verdammtes Pechöl in den falschen Hals geraten war!«

»Wärst du damals nur erstickt, dann wärst du jetzt keine Plage, wo es darum geht, eine Angelegenheit zu klären!«, fuhr Alastalo ihn an, lachte aber dennoch. »Ja, du hast alles getan, damit ich schwitzen musste! Was für ein Amt wird für dich einst in der Hölle vorgesehen sein? Wahrscheinlich wirst du auch dort als Schürer der glühenden Kohle unter den Brattöpfen umherrennen. ›Alter Stoff!‹, beruhigte ich den Kapitän, weil ich dir nicht gleich einen Nasenstüber versetzen konnte. ›Noch aus den Zeiten meines verstorbenen Vaters auf Lager und im Schrank!‹, sagte ich, und so log sogar ich ein Mal im Leben, auch wenn ich mich für die Lüge nie werde verantworten müssen, denn die ist in deine Bücher übertragen worden: Du hattest es so weit getrieben, dass gelogen werden musste! ›Und ich bewahre solche Stoffe ganz und gar nicht für mich und zur Belebung meiner eigenen Kehle im Schrank auf!‹, erklärte ich weiterhin und war fromm, obschon ein Mann wie Pukkila danebensaß. ›Was hätte ich denn anzubieten, wenn ich mir das Beste hinter die eigene Binde gießen würde, für den Fall, dass Herrschaften ins Haus kommen und große Gäste, so wie jetzt? Oder sollte ich es etwa wagen, hinter dem Rücken des Zolls etwas an Land zu bringen? Der Wille wäre da, das leugne ich nicht, ich würde lügen, wenn ich es leugnete, auch bei dieser Fahrt, verflixt, wie es mich reizte, ich fragte mich und zauste mein Gewissen: Soll ich nicht doch etwas als Mitbringsel kaufen, wenigstens eine Flasche Punsch aus Schweden? Falls zufällig die Jacht des Zolls am heimischen Ufer wartet, hätte ich wenigstens einen frischen Mundöffner anzubieten und müsste nicht im Schrank nach dem alten tasten, frisch und erfrischender, damit auch die Herren ihre Belebung kriegen, nachdem sie mit trockenem Mund warten mussten?, fragte ich mich und gab mein Bestes, aber nein, die Natur und die Ehrlichkeit behielten ihre starren Nackenhaare, und wenn nicht etwas Altes auf Lager wäre, würden wir jetzt leeres Wasser schlabbern. Es ist eine gottlose Sache, Kapitän, dass der Mensch im Herzen zu ehrlich ist und ein Feigling! Wäre es nicht etwa angenehm, wenn ich mich getraut hätte und wir hier auf dem Tisch eine große bauchige Flasche mit Gelbem aus Schweden vor uns stehen hätten? Aber ich würde es nicht einmal wagen, heimlich Hosenknöpfe an Land zu bringen, solange Ihr der Zollkapitän in diesen Gewässern seid!

Der Blomberg hier‹, sagte ich zu den anderen am Tisch und hob das Glas, damit sie die Arbeit nicht vergaßen, ›der Blomberg hier, der hat Augen im Kopf wie rollende Bohnen, die haben runde Kanten und sind überall, manchmal wundere ich mich ernsthaft, ob man mit solchen Köteln, wenn sie im eigenen Kopf funkeln, einen Haarfaden ins Nadelöhr einfädeln könnte, wenn es auf die eigenen Augen ankäme, und man sogar weibliche Hilfe erwägen würde, wenn man wollte, dass etwas in der

Öse bleibt; und seine Nase, habt ihr mal versucht, verstohlen im Auge zu behalten, mit welchen Salben, mit welchem Mittel er diesen Körperteil einschmiert und bestreicht, weil die Geruchshaut in den Nüstern so fein ist, dass nicht einmal die Sitzhälfte eines Engels glatter wäre und eine einzige Kaffeebohne in der Fracht sie zum Niesen bringt, selbst wenn das arme Ding unter zwei Lagen Bohlen versteckt und in der Teerbütte versenkt worden ist!

Oh, Blomberg, was für ein Möbel und was für einen Edelstein du da als Nase hast: Wenn ich nicht genau wüsste, dass jedes Haar in meinem Bart aus meinem eigenen Kinn sprießt und mit den Wurzeln ehrlich in meinem eigenen Grund und Boden sitzt, würde ich es dann wagen, den Knochen so frei durch die Luft zu schwenken, die du schnupperst? Ich weiß noch, wie dereinst in ebendiesem Saal mir das Herz im Halse hüpfte, als Ihr wieder einmal Euer Amt ausübtet und mit mir ein Gläschen trankt, Ihr hattet dieselbe Pfeife aus dem Regal genommen, die Ihr auch jetzt in der Hand haltet, und, Herrschaftszeiten, ich habe meinen Augen nicht getraut, wie Ihr einfach so, wie in Gedanken und zum Zeitvertreib, um Eure Nasenhaare zu kitzeln, den ganzen Pfeifenstiel, beim weichen Saffianteil angefangen, unter Eurer Nase entlangführtet: Ihr habt etwas gerochen, auch wenn Ihr nichts gesagt habt, und es stimmte: Auf derselben Fahrt hatte ich in Stockholm meine Pfeife mit einem neuen Lederstiel ausgerüstet, auch wenn ich es nicht für wert hielt, dem Zoll Meldung und Deklaration davon zu machen! Ich würde mich nicht trauen, Euch an der Nase herumzuführen, nicht im Traum, auch nicht, wenn man mir auf der Stelle zehn Rubel Bares auf die Hand zahlen würde! Im Gegensatz zum Pukkila Pihlman hier!‹, sagte ich, zum fünften Mal das Glas des Kapitäns füllend und dabei auch Pukkila einen Blick leihend, damit er verstand, dass ich in Sachen Schuldbegleichung tätig war. ›Im

Gegensatz zu Pukkila hier!‹, sagte ich. ›Nicht schön, dies über einen Mann aus der eigenen Gemeinde sagen zu müssen, aber mit ihm sollte der Kapitän klugerweise vorsichtig sein. Der Bart, den er hat, ist zwar ehrlich und am eigenen Kinn gewachsen, so wie meiner, aber ansonsten garantiere ich bei ihm für nichts. Dankt Eurem Schicksal, dass er sowohl seine Jacht als auch seine Galeasse zum Vermoosen in eine Bucht des Vehmassalmi-Sunds gebracht hat! Darum sitzt er jetzt auch hier und schmarotzt, damit er einen Sack Salz für seine Alande bekommt, weil er den Fisch am Ufer ohne Risiko in seinen Kahn wälzen kann. Aber, gütiger Gott, dass der Mann seine eigene Haut und seine Kielschüssel hinter einer Insel aufs Spiel setzt, wo auf der anderen Seite womöglich der Engländer lauert, da müsste schon eine Sünde geschehen, und man müsste seine Last ziemlich auf den Kopf stellen, bevor man zwischen dem Zucker auch einen Sack Salz finden würde, der beim Öffnen kein Kaffeesack wäre. Ich sage Euch als Freund, weil wir zusammen trinken: Passt auf einen Mann von seinem Bart auf, der ist von der kaltblütigen Sorte, der könnte Euch glatt in seinen Saal setzen und die gesamte Zollbesatzung mit geschmuggeltem Rum abfüllen, während vor der Tür im Hausgang die Kaffeesäcke an der Wand gestapelt werden und die Zuckerhüte auf den Dachboden marschieren!‹ Ich zwang meine Augen zu einem ziemlich festen Blick, als ich das sagte, und probierte aus, wie dicht man an die Verständnishärchen des Zollkapitäns bereits herankam, ohne dass das Weiß der Vernunft anfing zu blinzeln.

Zu früh hatte ich diesmal jedoch das Rübenkraut sortiert: Noch war die hubbelige Knolle an der Wurzel nicht so dick, wie ich geglaubt hatte. Die Zollkrähen, so wie Krähen nun einmal sind, waren an bittere Brühen gewöhnt, und ihre Kehlen musste man mit Starkem spülen wie die der Ente mit klarem Wasser, und die Mistkerle sträuben ihre Haarfedern einfach an den Stellen, wo sie nass geworden sind, dann sind sie wieder nüchtern und plustern ihre Quasten wie der Hahn auf dem Mist! Der Teufel von Zollkapitän war schneller auf den Beinen, als ich geahnt hatte, trank zwar für alle Fälle noch sein Glas aus, während der Stuhl hinter ihm polternd umfiel, aber was ich über den Hausflur und die Kaffeesäcke gesagt hatte, hatte sich in seinem Kopf festgesetzt, und in der Tat schwankte der Kerl zur Tür, watschelte auf seinen Hachsen wie die Ente, die ich gerade erwähnte! Man hätte nicht gedacht, dass selbst ein Zöllner sich nach dem fünften Glas so flüssig auf den Beinen bewegt, wie es hier der Fall war, auch wenn man merkte, dass die kopflastige Hälfte des Körpers schon schwere Schlagseite hatte und dass die Füße ihre eigenen Vorstellungen davon besaßen, in welche Richtung der Kurs abgesteckt war, wütend drängten sie zur Kammertür, wo der Nasenprimas doch eindeutig mit dem Bugspriet auf die Gangtür zuhielt, aber wenn er tapfer ist und mit einem Schlag eine Umschiffung macht, sobald die Ecke des Kachelofens auf ihn zukommt, klärt ein Mann die Sache trotzdem, sofern das Kommando steht. Ich versuchte, ihn zu beruhigen und zu beschwichtigen, von wegen, es besteht keine Not, das Grogwasser ist noch nicht aus, im Kessel ist noch etwas übrig, man muss keines aus der Stube holen gehen, und ich goss ihm auch bereits ein, ließ in meiner Not etwas ins Glas des Kapitäns gluckern, diesmal jedoch reinen, unverdünnten Rum, so viel, wie der Rand des Glases fasste, wenn man nicht zitterte, weil ich merkte, dass dieser Saunaofen einer war, der einen starken Aufguss brauchte. Trotzdem wurde die Tür erreicht, und sie wurde auch mit Ach und Krach geöffnet, obwohl zuerst an der Scharnierseite nach der Klinke getastet wurde, und der Kapitän schaute tatsächlich, wie es das Amt verlangte, in den Gang.

›Haben sie die Kaffeesäcke schon im Hausgang aufgestapelt?‹, entfuhr es mir teufelsschelmisch, weil ich mich nicht beherrschen konnte und der Kapitän so weit, wie es sein kurzer Hals erlaubte, den Hals durch den Türspalt in den Gang reckte, ohne sich jedoch zu trauen, den einen Schritt über die Schwelle zu unternehmen, der nach allen Seeberechnungen den Mann mit Sicherheit dazu gebracht hätte, als Sack auf den Fußboden im Gang zu fallen. ›Hat der Kapitän nun genug Frischluft gerochen? Hier auf dem Tisch wartet ein neues Glas!‹, sagte ich und stellte polternd den Stuhl des Kapitäns wieder an den Tisch, obwohl dieses Manöver auch mir nicht mehr ganz flüssig von der Hand ging und der junge Koch angerannt kam, um mir zu helfen, dabei war gar keine Hilfe nötig. Ich dürfte bereits den Schimmer des einen oder anderen Glases im Kopf gehabt haben, das ich leeren musste, um den anderen ein Beispiel zu geben. Der Kapitän hatte meine Worte gehört und dachte wohl auch sonst, dass seine Amtspflichten ehrenhaft erfüllt waren, denn er hielt nun wieder Kurs auf den Tisch, wobei man nur erahnen konnte, dass es auf den Tisch zuging, denn seine Beine wussten sich einen Spaß daraus zu machen, auf der kurzen Strecke von der Tür zum Hafen auf dem Stuhl allerlei Haken zu schlagen.

Könnte ein Mensch überhaupt Mitleid für einen Mann vom Zoll aufbringen, so hätte es einem im Herzen wehgetan, mit anzuschauen, wie der arme Kerl zwei schräg gesetzte Schritte tut und drei ebenso andächtige Schritte in die entgegengesetzte Richtung versucht, bevor er einen halben Schritt auf dem Kurs vorankommt, auf dem Kurs zum Tisch, der mit einem vollen wartenden Glas gedeckt ist, sofern man es bis dorthin schafft. Aber einen Dickschädel hatte der Mann, das muss man zugeben! Zwar richteten die Beine nicht mehr viel aus, aber, sieh an, als er zwischen zwei Schritten und nach einem gefährlichen Übersteiger den Koch auf den Kieker nimmt, der gerade an seinen Platz neben der Tür zurückkehrt, nachdem er mir geholfen hat, den Stuhl wieder an den Tisch zu stellen, da ist der Verstand im Kopf des Mannes auf den Beinen und zur Stelle: ›Was spazürst du faul herum, Bursche, hopp, hopp, ins Schüff, unsre Jacht braucht Wacht!‹, sagt er, und die Augen in seinem Kopf sehen wie Knöpfe aus. ›Aber Kapitän, das ist doch nicht nötig!‹, beeilte ich mich zu sagen. ›Die Jacht schaukelt direkt unterm Fenster da unten, gut vertäut an der Mole. Und unsere Bachstelzen sind keine Diebe, auch wenn sie übers Deck hüpfen!‹, sagte ich lachend und deutete mit dem Daumen zum Seitenfenster, das zum Meer ging und vor dem man durch die Äste des Apfelbaums hindurch ein Stückchen vom Deck der Zolljacht sah und darauf tatsächlich zwei Bachstelzen beim Ausüben des unschuldigen Amts der Zollbesatzung. ›Außerdem hat der Bursche sein Grogglas auf dem Tisch noch nicht geleert: Nicht mal an den Galgen wird ein Mann geführt, wenn er seinen Grog nicht ausgetrunken hat, wie könnt Ihr da Euren besten Mann mit trockenem Mund nach draußen schicken! Geh nicht!‹, beruhigte ich nun auch den Koch. ›Der Kapitän macht Witze, der kleine Mann braucht seinen Grog erst recht, damit er wächst! Du siehst es ja schon am Gang des Kapitäns, dass er es nicht ernst meint: Wenn der Zeh auf einer Strecke von einer halben Elle drei Quart zur Seite schnappt und ein Quart nach vorne, dann schleift der Zeh einen Walzer übers Parkett, und was der Mann spricht, leiert im Takt mit, man muss daher der Garde der Noten folgen und nicht im Trab davonlaufen!‹ Der Bursche hatte den Schalk unterm Haar und dürfte wohl auch ein bisschen zu uns gehalten haben, so wie ein Christ immer für den Christen eintritt, wenn es ihm selbst nicht zum Schaden gereicht und eine Sache geeignet ist, das eigene Gemüt zum Schnurren zu bringen, außerdem war er ja auch nur der Koch auf der Zolljacht, und an seiner Jacke glänzten noch keine Knöpfe der Krone, er ging also wieder zu seinem Stuhl neben der Tür und setzte sich, die Augen wie Zicklein unter dem Haar umherblickend: Mir gefiel der Junge, er hatte Augen, so flink wie Spindeln im Kopf, und ein Mann ist aus ihm ja auch geworden, wie ich schon einmal sagte, auch wenn er mir diesmal ein Dorn im Gewissen war und ich wackelig ein Auge auf ihn werfen musste. Der Kapitän hatte die Angelegenheit jedoch bereits vergessen, weil der Bursche aus den Augen war und jenseits einer ernsthaften Strecke und etlichen Torkelns und Stolperns das Grogglas auf dem Tisch wartete. Aber als der Kapitän sich nach seiner Kreuzfahrt endlich wieder in Reichweite des Tischs befand und wie ein Mann, der nach nach vollem Tagwerk und erduldeten Prüfungen verdient einen vollen Schluck braucht, im Stehen und gegen den Durst alles gekippt hatte, was sein randvolles Rumglas enthielt, wurde er munter wie ein Krebs, der ins Wasser gelangt, und der Talg seines Verstandes ließ wieder die Kerze in seinem Kopfe flackern.

›Mach voll, Käpt'n!‹, sagte er, sobald er wieder das kräftige Stuhlbrett unter seinem unteren Rücken spürte und den Beinen nicht mehr schwindlig war, und schob das leere Glas auf dem Tisch vor mich hin. Erstaunlicherweise sprach er diesmal klares Finnisch und kauderwelschte nicht mehr herrschaftlich wie zuvor, was er von Anfang nicht hätte tun müssen, denn er war nur ein Junge von Naatila aus Rymättylä, aber das Amt und die Herrschaftlichkeit brachten ihn dazu, sich aufzuplustern. Der herzhafte Schluck hatte bei ihm offensichtlich mit einem Schlag für einen klaren Schädel gesorgt. ›Wüso, Mattsson‹, sagte er plötzlich scharf und zum Kauderwelsch zurückkehrend, ›wüso segelst du, Mattsson, immer knappe Last auf Jacht, Last mit Delle, wenn ich Kontrolle?‹, fragte er, während ich neuen Rum in sein Glas goss. ›Ich immer wundere und Zweifel, wenn Luke auf und Fracht im Rumpf wie Hühnerschiss aus Hühnerarsch: braucht Fernglas, dass man sieht, ob Fracht überhaupt! Wüso, verrückter Mann, du segeln leere Jacht aus Stockholm? Warum nicht völle Fracht reinnehmen? Verdient besser, wenn volle Ladung Salz im Rumpf!‹, murrte und brummte er an meinem Ohr wie eine Hornisse. Ich merkte, dass ich die Geschichte jetzt so weit in die Länge ziehen musste, bis der herzhafte Schluck von eben dem Kapitän in den Kopf gestiegen war. ›Zu großes Risiko, zu großes Risiko!‹, versetzte ich und goss ihm so kühn Rum ins Glas, dass der Fusel auf den Tisch lief. ›Der Engländer würde sich alles schnappen, wenn er hinter der Insel lauerte, die ganze teure Fracht samt Jacht und allem würde ihm ins Maul gehen!‹, schwatzte ich und schob vorsichtig, damit nichts überschwappte, das Glas dichter an den Kapitän heran. ›Ich bin ein armer, vorsichtiger Mann, ich riskiere nicht zu viel, eine halbe Ladung Salz, das ist alles, womit ich mich vor die Klauen des Engländers traue!‹, sagte ich und tat ernst. ›Wenn man Zucker und Kaffee einführen dürfte, wäre das etwas anderes, dann würde es sich lohnen, mit voller Ladung zu segeln, den Rumpf vollzupacken und auch das Deck so weit, wie der Stapel ohne zu zittern innerhalb der Reling bleibt!‹, fügte ich hinzu und war dabei noch ernster. ›Was reden du, Mattsson? Machst, als wärst einfache Mann, obwohl ausgeschlafter Teufel! Zucker und Kaffee viel teuer, Engländer schnappt Zucker auch, Risiko viel groß, du rüiniert! Verstehen, hoi!‹ Blombergs Augen wurden allmählich doch ziemlich trübe, und es fiel ihm schwer, die Kieker gleichzeitig auf mich zu richten, aber in den grauen Winkeln hielt sich noch der wachsame Hund des Verdachts, und ich musste mich zusammenreißen. Unstreitig ist allerdings, dass ich mit meiner Geduld am Ende war und langsam zornig wurde, weil der Mann nicht weich wurde, obwohl er so ehrlich trank: Er hatte schon wieder sein Glas geleert und rückte es an mich heran, damit ich es von Neuem füllte. ›Du hast schlöchte Vernunft, aber gute Rüm!‹, sagte er.

Mir blieb nichts anderes übrig, als mit der gleichen Melodie weiterzumachen, ich setzte wieder ein frommes Gesicht auf, als würde ich in der Kirchenbank der Predigt des Propstes aus der Großgemeinde lauschen, ließ eine neue Ladung Starken in das aufgedrängte Glas gluckern und kackte Schnack: ›Ihr seid ein kluger Mann, Kapitän, mit einem Verstand, so fein wie ein Härchen, erstaunlich, dass es der Krone noch nicht aufgefallen ist, denn wenn ein Mann wie Ihr als Verwalter in der Zollkammer im Schaukelstuhl kippelt und Zigarre raucht, wie sollten wir armen Kerle dann auf unseren Inseln leben: Ihr würdet dem Menschen den Traum von letzter Nacht vom Kopf pflücken wie eine Laus und würdet ihm eine Geldstrafe verpassen, falls dem Sündigen darin auch nur eine unverzollte Kaffeebohne im Glasrahmen erschienen wäre! Tatsächlich, so weit hätte ich ums Verrecken mit meinem Verstand nicht zu springen verstanden, aber wahr ist es, ein zweites Mal eine Tatsache, klar, wie mit Tinte geschrieben: Warum sollte sich der Engländer nicht eine volle Ladung Kaffee schnappen wie eine volle Ladung Salz! Da würde vermutlich nichts anderes helfen, als nur mit einer halben Ladung Kaffee und Zucker zu segeln‹, sagte ich kleinlaut und war noch frommer als zuvor. ›Aber wollen wir nicht noch ein Glas trinken, wenn es recht ist?‹, fügte ich hinzu und half nach, indem ich das Glas vor ihn hin schubste, nach dem er schon die Finger spreizte. ›Prächtiger Mann, prächtiger Mann, du, Mattsson!‹, klopfte mir der Kapitän auf die Schulter, ›du bist prächtiger Mann, aber verdammt ei-fach: Engländer schnappt halbe Ladung so gut wie ganze! Skål, Mattsson, dein Verstand läuft wie eine Laus, eine Laus im Teer, aber meiner hüpft wie Floh, Floh auf dem Laken! Verflucht angenehm, mit aufrechten Männern zu saufen! Der Zollherr und der vom Zoll Gepreite sind Kameraden, wenn sie sich gegenseitig verstehen.‹

Einen kniffligen Kopf hatte ebendieser Blomberg, von innen

her ausgespült wie eine Reuse, die ein Jahr lang im Wasser gelegen hat, und jetzt erst fingen die Zeichen an zu sprechen, dass an den Denkgelenken die Halterungen nachgaben: Es war auch Zeit, denn der Rum des Kellermeisters sang allmählich sein letztes Lied in der Karaffe, und das Gefäß wurde gefährlich leicht in der Hand; im Verlauf der letzten Stunde war es eifrig in Gebrauch gewesen, und es war kein Krug der Witwe von Sarepta, bald würde man den Boden sehen; ich hatte mich bereits gefragt und innerlich geschimpft, ob es tatsächlich doch noch ernst würde, dass ich doch noch echten Stoff aus dem Schrank holen müsste, den die Männer dann nur unter sich trinken würden. In der Flasche war tatsächlich nicht mehr übrig als die Neige auf dem Boden, als ich sie in der Luft schwenkte und prüfte, ob aus den letzten Winkeln nicht doch noch ein Glasvoll Bodensatz zu holen wäre, falls zur Heilung weitere Arznei gebraucht würde. Ich war jedoch nicht mehr schnell und unnötig übereilt; wenn die Spitzen der Flagge sich einmal nach dem Wind gedreht haben, wird auch günstiger Zug in die Segel kommen, dachte ich und sparte die Neige auf. Ich wusste ja von der Gläseranzahl her auszurechnen, dass der Zollkapitän nach aller menschlichen Vernunft eine volle Ladung im Kopf haben musste und dass es jetzt galt, abzuwarten, so wie der Sämann den Segen seines Säens abwartet. Ich gebe zu, ich atmete vor Erleichterung auf, dass wir an diese Stelle gekommen waren und den Kienstock auf die Seite gedreht hatten, denn auf die Seite war Blombergs Gedanke schon sichtlich gekippt: Er dachte nicht mehr daran, mir sein leeres Glas zum Nachfüllen hinzuschieben. Jetzt müsste man allmählich doch auch die Männer vom Ufer heraufkommen hören!, dachte ich und segnete zwischen ein paar Gedanken sogar den alten Kellermeister und seinen Rum: Auch du hattest deine Weisheit, alter Fuchs, als du mir den hier seinerzeit aufgeschwindelt hast, dachte ich: So hatte ich eine Sorte im

Haus, die ich sogar den Männern vom Zoll anzubieten übers Herz brachte! Du, Pukkila, sage ich ein weiteres Mal, regst dich umsonst über den Stoff auf und verziehst vergebens den Mund: Wie immer es sich mit dem Geschmack verhalten mag, seinen Zweck in den Köpfen der Zöllner hat er wie ein Mann erfüllt! Oder was hättest du in dem Moment eher als Tagwerk auf dich genommen: Hättest du lieber mit vollem Teigscheffel im Schoß in der Stube Trampler getanzt oder Blomberg zur Brücke hin in Bewegung gesetzt, um die Zollkontrolle durchzuführen?«

Alastalo lachte mit gutem Gewissen über seine Geschichte und sah sich mit ruhigem Bauch um. Er spürte, dass ihm die Schnurre mit einer Note aus dem Bart gelaufen war, wie es bei einem routinierten Mann sein soll, der als Gastgeber die Stimmung im Saal heben, bei seinen Gästen den Mund in Lachbereitschaft und das Gemüt im Saft halten muss, damit die Kinnladen sich nicht versteifen, und der mit ausdauerndem Auge mittendrin sitzt. Er wusste von Natur aus, aber auch durch die Erfahrung des alten Anglers, dass es beim Angeln nichts nützt, die Rute auf Dauer unbeweglich zu halten, denn der Barsch ist auch nur ein Geschöpf und nickt ein, wenn das Auge zu lange vor der Reglosigkeit ein und desselben lockenden Fettköders döst, vielmehr muss man die wippende Rute geschickt lebendig und in einem gewissen feinen Zittern halten, das den klugschnäuzigen Schnupperer nicht plötzlich erschreckt, aber rechtzeitig das Begehren in der Tiefe des kalten Rachens weckt und ihn zum Triefen bringt, was schließlich selbst dem vorsichtigsten Knabberer den Verstand raubt und dazu reizt, zwischen die Kiemen zu schlingen, was er sich ursprünglich nur aus Müßigkeit und zum Vergnügen seiner beiden kreisrunden Augen zu betrachten vorgenommen hatte. So muss der Fischer vorgehen, wenn er einen Fisch an die Angel kriegen will, er muss tätig sein, auch wenn die Bewegungen leise und unmerklich zu sein haben, und so verhält es sich mit den Augen der Menschen, wenn sie auf den fetten Köder in Riechweite ihres Schnabels schielen, auch da muss die Bewegung mit Geschick und Mut ausgeführt werden, umso geschickter, als unter der Haut des Menschen mehr Hinterlist verborgen liegt als unter des Fisches Schuppenhülle, und umso mutiger, als der Mensch von seinen natürlichen Gelüsten her noch gieriger ist als Fisch und Barsch. Führt man eine Sau, sagen wir, zu ihrem eigenen Trog auf der Schweineweide, muss man sie bei Laune halten, sie abwechselnd hinter den Ohren kratzen und an der Stelle an den Rippen, wo die Borstenwurzeln am angenehmsten jucken, dann geht sie hübsch wie angeleint neben einem her und grunzt und rülpst ihren Schweinedank, das runde Maul voll wohligen Gemüts und dank des Kraulens vor sich hin schnutelnd, und wenn man einen Menschen, einen Mann, der in seinen eigenen Stiefeln geht, auf zwei Sohlen, und der ein viel halsstarrigeres Wesen ist als das auf vier Hufen wandelnde Schwein, wenn man den führen will, ohne dass er sich wehrt, sagen wir, zum Futtertrog und zu den besten Schnabuliergründen, ist es ebenfalls am besten, die Stellen zu kratzen, an denen die Wärzchen des Wohlbehagens auf der Haut sitzen, mit den Fingerspitzen des Wortes die Nissenstellen des Denkens hinter den Ohren zu jucken und mit dem Daumen der Rede bis in die Borstenwurzeln hinein die Gemütsrippen an der Zarthaut zu kitzeln, wo das Bein zu träumen anfängt und unnütz in der Luft zuckt und das Maul nach Schleckereien schlingt, als durchpflügte es den futtervollen Trog, obwohl nichts Dickeres mit dem Huf zu betreten und mit dem Rüssel zu durchwühlen ist als die Luft des Gesprächs, gewürzt mit ein bisschen Kratzen! Wenn man an der Vergangenheit schnuppert, ist der Geist auch am heutigen Tag mannhaft, auch der Saunaofen muss zuerst zischen, bevor der Aufguss sich über die Pritsche verbreitet, und der Schnaps muss zuerst die Zunge stechen, bevor er unter den Haaren anschlägt. Kräht etwa der junge Hahn mit Hahnenkehle, bevor ihm am Bürzel eine schaukelnde Feder steht, und schwillt einem Mann etwa der Manneskamm, wenn nicht zuvor das Denken seine Männlichkeit gelüftet hat? Zuerst den Gaumen auf eine Rede einstimmen, dann läuft der Speichel, und der Mund ist locker für ein besseres Thema, das mehr abwirft.

Alastalo blickte sich im Saal um: Zur Sache wird gekommen, indem man die Wärzchen, in denen das Denken im Saft steht, so lange reibt, bis sie weich werden und nässen! »Das waren einträgliche Zeiten, Tausende Reichstaler habt ihr schwankend über die Uferbrücke in den Schutz des Magazins hinter die Salzkübel geschleppt, während wir hier im Saal unsere schweißtreibende Arbeit verrichteten!«, sagte er, in der Note nun etwas weiter gehend und den Stein auf dem Damebrett schon auch mal nach vorne schiebend. Er meinte nicht, dass es sich mit der Geschichte habe und sie mit diesen Worten beendet sei, aber das musste er auch nicht befürchten: Viel zu deutlich hätte selbst ein weniger aufmerksamer Beobachter als Alastalo bemerkt, dass im Saal viele saßen, die schon darauf warteten, an die Reihe zu kommen, um auch ihr Wörtchen beizutragen, schließlich hatte auf der Uferbrücke ein ähnliches Gewimmel wie im Saal geherrscht, und wenn Härkäniemi sich auch damit begnügen mochte, an seiner Pfeife zu nuckeln, wenn ein anderer das Wort ergriff, so waren auf der Brücke doch etliche andere mit den Zuckerhüten zugange gewesen, zum Beispiel Lahdenperä, der schon von Amts wegen einen Schöffenkiefer besaß, dessen Scharniere äußerst locker saßen, wenn mündlich verhandelt wurde. Alastalo meinte also nicht, die Geschichte bliebe eine Frühgeburt, denn ein Mann von Verstand darf sich niemals so verquasseln, dass er die Geschichte zuknotet, mit der er die anderen zum Zuhören gebracht hat! Er gab seine Bemerkung nur von sich, weil er es für günstig hielt, die Gedanken nun in die richtige Anweisungsrichtung zu lenken: Dafür hatte er schließlich das Ganze angestimmt, damit die Zeiten in Erinnerung kämen, in denen man gemeinschaftlich so viel Geld eingetrieben hatte, dass man heute durchaus zu den größeren Männern gehörte! Und weil man außerdem einen Spalt im Gespräch lassen musste, wie es sich für einen Gastgeber gehörte, damit auch die Gäste, sofern es ihre Lippen dazu lockt, eine Lücke für ihr Wort finden. Denn ein schlechter Spielmann wäre derjenige Musiker, der selbst mitten im Raum über die Planken springen würde, was die Schenkel hergeben, während das Festvolk auf seinen Bänken in den Ecken sitzt und längs der Nasen die Bretterritzen auf dem Fußboden mustert! Kein Gast bedankt sich für eine Mahlzeit, wenn der Gastgeber sich selbst die Fleischstücke aus dem Topf fischt, und die Kufen unter dem Schlitten eines Mannes lassen nicht sausend Werst um Werst hinter sich, wenn er sein Pferd hinter der Ladepritsche anschirrt, um sich selbst zwischen den Zugstangen zu brüsten! Kommt der Gast im Haus zu Wort, wagt er es nicht, anders als mit dem Strich zu sprechen, selbst wenn sein Verstand sich mit Klauen sträubt, und was kümmert es einen, was der Hecht denkt, wenn ihm der Haken in den Backenknochen des eigenen Rachens steckt! Ein quasselnder Mann hängt an der Angelschnur der Rede, während der Schweigende ein Fisch ist, der noch mit der eigenen Flosse schlägt. Sieh zu, dass du bei den Männern die Kiefer in Schwung bringst, dann schwimmt auch das schwerste schuppentragende Liespfund wie von selbst und wie aus freiem Willen in die Richtung hinterher, wohin es an den Kiefern gezogen wird. Alastalo schickte aus seinen Augen einen kurzen Blick herum, der alle in die Zange nahm: Redet jetzt, falls sich Erzählspeichel am Zahnfleisch gesammelt hat, ihr werdet geschmeidiger folgen, wenn euch der eigene Schleim die Flanken fettet!

In meine Reusen werdet ihr nicht zu eurem Schaden schwimmen!, dachte er noch und war, auch was das Wohlwollen seines Gemüts betraf, fetter guter Dinge. Auch das Vieh, die Schafherde muss auf der Weide vom Leithammel mit wohldosiertem Blöken geführt werden, vorneweg schreitend und lockend und nicht von hinten mit der Hörnergabel stoßend, um die unschuldige und nicht mit eigener Witterung ausgestattete Schar wenn nicht mit Vernunft, so doch mit List von den abgerupften Trockenrasen in fettere Niederungen zu lenken, damit man, wenn man zum eigenen Wohl wieder grünes üppiges Gras in der Backe kaut, rechts und links das angenehme Knirschen auch der anderen hört und sich in sicherer, wolliger Umgebung weiß. Auch der Mensch ist ein gewogenes und geselliges Wesen, wenn nur die Weidenflur weitläufig genug ist, dass die Hörner sich frei und ohne anzustoßen bewegen können, und es vom saftigen Gras so reichlich zu beißen gibt, dass man vor lauter Eile und Gier der eigenen Schnauze nicht dazu kommt, das Neidauge schweifen zu lassen und auf jene Halme zu schielen, die, von der Zunge geerntet, in den Nachbarmäulern verschwinden. Als verträglicher Mann und mit wohlwollender Ermunterung in den Augen blickte sich Alastalo also jetzt im Kreise seiner Gäste um und dachte aus dem gastfreundlichen Herzen des Hausherren heraus: Wenn sich die Ohren zum Lauschen neigen, fahre ich fort, höre aber auf und gebe anderen das Wort, sobald bei einem die Zunge kalbt.

Immerhin saß Pukkila auf seinem Platz auf dem Sofa, Pihlman Pukkila, der stets fürs Parkett bereit war, wenn die Geige eine entsprechende Melodie schrabbelte oder man sich in einer Wörterpolka drehte, und den, ganz unabhängig davon, Alastalo mit seinen Geschichten von eben eigens zum Einholen des Wörternetzes angespornt hatte; neben ihm saß Lahdenperä, der Schöffe, der, selbst wenn er unter gewöhnlichen Umständen still dasaß, ohne ein Wort von sich zu geben, von der Form des Kinns und von der Lippe her eh wie ein Mann aussah, bei dem man damit rechnen konnte, dass er auch dann ein kleines Blubbern von Erinnerung und ein bisschen Redebrodeln hören lässt, wie in einem Breitopf, der zum Abkühlen vom Feuer genommen und an den Haken gehängt worden ist und noch aus seinem garen Inneren heraus köchelt und sich selbst auf der Ecke des Herds und auf dem kalten Stein noch zischelnd an seine Hitze von eben erinnert: Hänge denselben Breitopf erneut an den Haken und lasse seine rußige Flanke erneut von den Flammen ablecken, dann hast du gleich Leben im Topf, dem Brei wird es eng, und schnell leckt er langsam nach der Stelle am Rand, wo er am flinksten hinüberkommt; genau so saß Lahdenperä jetzt auf dem Sofa, auf glühenden Kohlen, die Alastalo mit seinen Geschichten geschürt und durch Pusten entflammt hatte, und man sah auf den ersten Blick, dass es ein Wunder wäre, bliebe die Natur dieses Mannes noch lange unter dem Deckel und liefe der Topf nicht gleich über, in dessen Innerem schon mit eigenem Eifer der Sprudel spie, erprobend, wo die Randkante niedrig war! Pukkila und Lahdenperä waren also auf dem hinteren Sofa die Männer, bei denen der, der wetten wollte, nur mit hohem Risiko zu sagen vermochte, wem von beiden es gelingen würde, vor dem anderen die Stimme zu erheben, da Alastalo nun eine Redelücke gelassen hatte; als Dritter saß noch Härkäniemi in der Sofaecke, von dem jeder wusste, dass man auf ein Wort von ihm nicht warten musste, wenn die restlichen schwiegen und sich Raum für eine gemächliche Rede bot.

Diesmal war jedoch niemand auf dem hinteren Sofa so schnell am Abzug seines Kinnes, wie es nötig gewesen wäre, um vor Mikkelsson von Krookla zu Wort zu kommen, vor Mikkelsson in seiner Ofenecke neben der Tür. Er, Mikkelsson Krookla, war ansonsten und unter gewöhnlichen Umständen die Art von Mann, der auch als Herr eines großen Hofes in größerer Runde nur als einer von vielen an der Stelle in der Männerreihe saß, wo das Kieferpaar hauptsächlich zum Schweigen benutzt wurde. Auch unterm Vieh gibt es stets die trödelköpfigen Nachzügler, die sich noch trittfaul am Gatter reiben und kratzen, während die Aufgeweckten schon in schneller Hufpolka weit voraus den gelobten Gefilden der Weide entgegenstreben, und die auch am Abend erst aus den Weidensträuchern und sonstigem niederem Waldrandgebüsch kommen und hinterherbummeln, wenn die Bereiteren und Euterschweren schon längst im Melkverschlag stehend Laut geben und mit nach vorne zeigendem Ohrenpaar zur Eile treiben: Kommt heute etwa niemand mit dem Melkeimer aus dem Haus! Genau so gibt es in jeder Männerschar immer einen, bei dem Verstand und Kinnlade langsamer zünden als bei den anderen und der darum als von Natur aus Schläfriger am Ende der Schlange geht, wo die Schnelleren die Hörner schwenkend auf dem Pfad vornweg gehen. Wenn nun einem aus dieser unwandelbaren Nachzüglerschar unerwartet eine Pferdebremse unter den Schwanz oder in den Verstand fährt und er losstiebt und mit gestreckten Hinterhufen an den anderen vorbei an die vorderste Stelle der Schlange prescht, dann ist die Leitkuh anfangs eventuell verdattert, und auch ein anderer Schnauzenprotz vom stolzen Vordervieh fragt sich für die Dauer eines Schrittwechsels, ob so ein Tempo sinnvoll ist, aber da der ganze Trupp mit allem, was zwei Paar Beine hat, fluchtartig und die klirrenden Hörner schüttelnd vorbeirennt, bleibt auch dem Klügsten nichts übrig, als selbst seine zwei Paar zu schwingen und hinterherzueilen, was der gestreckte Huf und das knackende Knie hergibt: Sollen die Euter wackeln, wenn die Kruppe schaukelt, soll Milch über die Erde spritzen, wenn die Großbäuchige übers Gefilde tollt! So auch jetzt im Saal: Mikkel in der Türecke, der Krookla Mikkel, Mikkel Mikkelsson, ein Mann mit nachlässiger Nase und unauffälligem Aussehen, obschon durch das Erbe von seinem Vater und die eigene Pfennigfuchserei reich wie ein Aas, der mäkelig das Gesicht verzieht und buttermilchsauer die Unterlippe hängen lässt, ein Mann, an den einst niemand in der Gemeinde dachte, außer wenn man den dürren Kranich in der Geldbörse zu Besuch hatte und der Finger vergebens jeden Winkel nach Geldscheinartigem absuchte, dann kam einem neben anderen unmöglichen Dingen vielleicht auch Mikkel in den Sinn und die quietschende Klappe des Sekretärs in der Stubenkammer von Krookla mit den straffen Schlössern, der Krookla Mikkel also, Mikkel Mikkelsson, dessen Anwesenheit in der jetzigen Situation im Saal, wie auch damals in ebendiesem Saal beim Leeren der Gläser mit einem gewissen Zollkapitän, beide, Alastalo wie Pukkila, vollkommen vergessen hatten, wiewohl jeder von ihnen gerade in der jetzigen Situation einen guten und jeweils eigenen Grund gehabt hätte, gerade den Mikkel von Krookla im Sinn zu behalten, den reichen Mikkelsson von Krookla: Alastalo, weil derjenige, der das große Netz in den Fischgründen hat, zusehen muss, dass vor allem die mit dem breiten Rücken eifrig die Schulterkraft einsetzen und die Pranken griffbereit haben, um das Tau heranzuziehen, und Pukkila, weil er von den Dingen des heutigen Tages noch nichts wusste und die Waage womöglich so ausschlug, dass der Dünne zusätzlich zum eigenen Gewicht einen dicken Freund benötigte; Mikkelsson also brachte sich nun in Erinnerung, weil die anderen nicht an ihn zu denken schienen, und räusperte sich in der Türecke, räusperte sich kräftig. Dieses überzeugende Räuspern war, da es aus der Ecke des Saales kam, in dem der Hofherr von Krookla saß, und da es Mikkelssons Hals entsprang, so unerwartet, dass sowohl Lahdenperä als auch Pukkila, von denen jeder auf dem Sofa vorsichtig und verstohlen neben sich und nach dem anderen geguckt hatte – ob ich es diesmal schaffe, als Erster loszulegen, oder ob du Mistkerl mir zuvorkommst –, dass beide, sowohl Pukkila als auch Lahdenperä, wie mit einem Pflaster auf dem Mund dasaßen und schwiegen gleich zwei Gatterpfosten, zwischen denen hindurch der alte, aus dem Zaumzeug gelassene Wallachklepper im Übermut des Samstagabends auf die Weide tollt, dieses Räuspern, das von der Tür aus zu den anderen vordrang und das Mikkeli Krooklas Kehle entstammte, war aus gleich zwei verschiedenen Gründen verrichtet worden. Erstens aus dem bedeutsamen Grund, dass sich Mikkel an der Stelle von Alastalos Erzählung, wo der Zollkapitän, besagter Blomberg, so kuckucksblau war, dass ihm das Amt entfiel und seine Zunge nicht mehr Schritt hielt und mit Würde stelzte, sondern pures, unverbogenes Finnisch aus dem Mund stieß, dass Mikkel sich an der Stelle der Geschichte lebhaft und unerwartet daran erinnerte, wie auch bei ihm, und anlässlich nämlichen Gelages mit den Zöllnern, genau in diesem Augenblick schließlich die Kraft zu Kopf gestiegen war, sodass auch er, nachdem er bereits länger darüber nachgedacht und gezaudert hatte, schließlich mittendrin, in ebendiesem Saal und auf ebendiesem Platz, seine Kehle geklärt, sich geräuspert hatte, und zwar kräftig, mochten die anderen ringsum denken, was sie wollten, sich mannhaft geräuspert hatte zum Zeichen dafür, dass auch von ihm jetzt ein Wort kommen wird, sollten die anderen ruhig einmal zuhören, so wie er es bis hierhin getan hat; an dieses Großgeräusch erinnerte sich Krookla, und ihm fuhr ein Lachen ins Gesicht: Ich werde mich auch jetzt räuspern, dachte er. Außerdem gab es einen zweiten Grund für Mikkelsson, die Aufmerksamkeit von sich auf andere, wirksamere Dinge zu lenken, auf gefälliger zu Betrachtendes, als er selbst es war: Siviä hatte mit ihrem Tablett inzwischen die gesamte meerseitige Wand abgeklappert und war nun auf dem Weg um den Kachelofen herum zu Mikkel, der in der Kachelofenecke saß. Es ist mindestens peinlich für einen männlichen und ausgewachsenen Menschen, der es gewohnt ist, in Gesellschaft still und sicher in seiner Ecke zu sitzen, der sich darauf versteht, das Kinn geschlossen zu halten und auch sonst nicht herumzuspucken, es ist peinlich für so einen, sich vor aller Augen und für alle sichtbar mit der Tatze eine Tasse vom Tablett zu greifen und Stück um Stück Zucker in die Brühe zu geben, in der man zu keinem anderen Zweck rührt, als um sie mit dem eigenen Mund zu schlürfen, und ganz besonders schlimm und heikel ist es, wenn hinter dem Tablett ein Mädchenmensch steht, als wäre es eine Cousine der Engel, und einen mit solchem Augenrein anschaut, als hätte sie sich vom Lüster in der Weihnachtskirche zwei Kerzen für ihren Kopf geborgt, und man sich angesichts dieser Lichter mit der Zange seiner behaarten Hand manierlich ein Tässchen aus dem Dutzend auf dem Tablett aussuchen soll: In der Hitze eines solchen Augenblicks denkt man an seine Seele und daran, dass man sich vor dem Aufbruch von zu Hause nicht die Stoppeln der Vorwoche vom Kinn gekratzt hat! Auch deswegen räusperte sich Mikkel also, und zwar gründlich, weil Siviä tatsächlich jetzt mit ihrer Tassenlast vor ihm stand und es zu handeln galt, damit auch diese Zeremonie mit Würde absolviert und der Mensch wieder abgekühlt und bei sich war. Immerhin gelang es Krookla, eine Tasse in seine Hand zu manövrieren, und da er sich nun einmal schon geräuspert hatte und es auch sonst angenehmer war, wenn die anderen ringsum etwas anderes zu tun hatten, als auf seine Finger zu schielen, hielt er an der gewählten Linie fest und lenkte die Aufmerksamkeit auf etwas anderes als sich selbst und die Klemme, in der er sich schlimmstenfalls befand.

»Ich war es«, sagte er also quer durch den Saal zu Alastalo und zu Alastalos Geschichte, »ich war es, der auf den Fußboden spuckte und zum Kapitän sagte, ›wollen wir doch mal sehen, mein Junge, wessen Kehle mehr verträgt, dein dicker Hals oder Pukkilas lange Flöte, das frage ich mich nämlich, seit ich hier sitze!‹ Mikkelsson gab das ganz plötzlich von sich, während er sich Sahne aus dem Kännchen von Siviäs Tablett in die Tasse goss. Er fand, wenn er schon einmal tätig war, konnte er bei der Gelegenheit auch etwas sagen, da fiel es nicht so auf. »Es ärgerte mich, Pukkila auf den Mund zu schauen, dass er ihn verzieht bei einer Ware, die ausländisch ist und gefärbt und Geld kosten würde, wenn man sie kaufen müsste, außerdem verstand ich an deinem Ton, dass die Absicht diejenige war, Blomberg voll zu kriegen wie ein Lägel. Darum spuckte ich auf den Boden und sagte, sie sollten um die Wette trinken, ich gönnte Pukkila den Verdruss auch deshalb, weil er seine Zinsen nicht auf den Tag bezahlt hatte!«, erläuterte Krookla, wo sein Mundwerk schon einmal in Bewegung und auch der Zucker noch nicht in der Tasse war. Er wagte es sogar, ein weiteres Mal zuzugreifen, während er zum übrigen Saal sprach, zwei Stückchen auf einmal, weil nun auch schon Eevastiina mit dem Brötchenkorb auf den Armen näher kam: Zwei Stückchen hatte er daheim noch nie zu nehmen gewagt, und auch den Gast hatte er scheel angesehen, wenn dieser zu kühn zugegriffen hatte. Ist man zu Besuch, darf man zulangen und sich nehmen, weil es einem angeboten wird, redete er sich Mut zu: Der Mensch verbraucht ja nicht sein Eigentum, wenn er das Gute vom Nachbarn schmeckt! Auch damals, bei besagtem Gelage mit den Zöllnern, schenkte ich mir mutig ein, obschon ich dachte, dass Pukkila so falsch nicht lag, als er nach jedem Schluck eine Grimasse zog, aber wenn man es umsonst bekommt und ohne zu bezahlen trinkt, dann trichtert man sich notfalls auch Teer in den Hals, solange die Brühe nur in der inneren Abteilung brennt. »Was für ein gieriger Trichter, dieser Blomberg!«, kam es durchaus laut wieder aus der Ecke neben der Tür: Nun war die Pranke an der Zuckerdose, so wie gerade eben am Henkel des Sahnekännchens. »Auch wenn es mich nichts anging und der Stoff nicht meiner war, hatte ich Lust, Blomberg wegen des Verschwendens reinen Gotteskorns und Geldwertes am Ärmel zu packen und ihm zu sagen, dass er auch so schon ein Kuckuck war, ohne dass er es nötig hätte, weiter zu gluckern! Doch was sollte ich mich in die Angelegenheiten anderer einmischen, wo ich selbst noch nicht weich war und mein Tagwerk erst im dritten Quart. Aber es war ein schöner Tag, und sogar ich, der ich nicht ohne Not lache, lachte mir den Bauch schlapp, als ich meine Augen jedes Mal den Moment abpassen ließ, in dem Pukkila einen Mundvoll schlucken und die Kehle hinunterzwingen musste, und auch wenn meiner Meinung nach ein Wort in der eigenen Backe fast eine Kopeke wert ist und man darum solche nicht lose und haufenweise abschütteln soll wie die Kuh ihre Hinterlassenschaften, ergriff ich doch das Wort und fragte nach dem fünften Glas den Blomberg listig, ob der Herr Kapitän den Unterschied zwischen einem Zuckerhut und einem Salzsack kennt, falls eine Fracht zufällig beides enthält und nach der Inspektion ein Protokoll geschrieben werden muss. Da heißt es genau sein, damit keine Verwechslung passiert, sagte ich, denn Salz kommt auf die Heringe, aber Zucker mischt man in den Grog. Ein bisschen zu früh wagte ich freilich meine Frage, auf die ich schon aus war, als wir uns an den Rumtisch setzten, denn das Schwein hatte noch einen rumfreien Platz in seinem Kopf, und anstatt dass er, so wie jeder andere Vernunftmensch an seiner Stelle, sich über die Schwierigkeit des Ganzen einen Gedanken gemacht hätte, glotzten mich aus den vernebelten Augen zwei Fragenpupillen an wie Nadelspitzen auf dem Breilöffel, den man gerade zum Mund führt: ›Du reden ja! Haben du auch Kinn? Zuckerhut? Sag du Zuckerhut, du Holzbild? Wo, verdammt, Zuckerhut?‹ Alastalo hatte es verflixt eilig mit seiner Karaffe, er merkte, dass ein sechstes

Glas nötig war, damit endlich die Ecke in Blombergs Kopf ausgeschwenkt wurde, wo der Zöllner noch auf der Hut war, und auch ich wurde für einen Moment nüchtern, so sehr erschreckte ich mich. Unnötig war unser beider Schreck jedoch, und unnütz gucktest du mich hinter Blombergs Rücken böse an, Alastalo, als würdest du geloben, mich zu fressen, nachdem du mich gekocht hast, denn die Beine unter Blombergs Verstand waren doch schon ziemlich weich, und dem Denken knickten, nachdem es kurz aufgesprungen war, die Knie ein. ›Zuckerhut?‹, sagte er, und sein linkes Auge stierte fragend schief. ›Salzsack?‹, sagte er, und auch das rechte Auge wurde trüb. Ich merkte schon, dass meine Hilfe jetzt gebraucht wurde, und hatte mich demgemäß bei der Vernunft eingehakt, damit nicht auf einen Schlag der ganze Körper in die Ecke rasselt und einschläft! ›Den Zuckerhut, wisst Ihr‹, sagte und erklärte ich, ›den Zuckerhut unterscheidet man in einer Fracht vom Salzsack, indem man beide an Deck stellt und anfängt, sie zu drehen: Der Zuckerhut ist dabei der reinste Teufel, auch wenn du ihm noch so höllischen Schwung gibst, er bleibt auf der Stelle stehen, saust um sein dickes Ende herum, dass es einem beim Zugucken wehtut, weil er Werst um Werst hinter sich lassen würde, wenn er denn von der Stelle käme, aber das schmale Ende, die Spitze des Huts, bewegt die sich etwa irgendwohin? Nicht einen Zoll, kein Stückchen, sie sitzt auf der Stelle wie der Teufel mit dem Hosenboden auf seinem Pechbock, sosehr er sich auch dreht; sitzt wie der Stöpsel im Luftloch, und man kriegt ihn dort nicht weg, auch wenn man sich gegen Bezahlung ins Zeug legt; der Salzsack an Deck hingegen, der ist ehrlich und in der Handhabung ein Bauer, der rollt dahin, wo man ihn wälzt, plumpst auch von der Schulter über die Reling, falls man so verrückt ist, ihn dorthin fallen zu lassen, der kippt ohne Wenn und Aber auf die Uferbrücke und gleichermaßen über die Schwelle des Magazins, wenn einer da ist, der ihn wälzt und vor einem ungebetenen Zuschauer verbergen soll! Der Kapitän versteht schon, was ich meine!‹, sagte ich und schaute mit gespanntem, ehrlichem Augenweiß dem Kapitän in die abwechselnd blinzelnden Augen. Der Kapitän saß schwer in der Klemme und versuchte zu denken: Schweißtropfen hatte der Kerl auf der Stirn. ›Aber drehen Hut mit Hand andersrum und rollen!‹, dämmerte es ihm. ›Rollen klipp und klar über Schwelle von Magazin!‹ Er wurde stolz und klopfte mir auf die Schulter: ›Trottel, Hammelkopf ohne Hörner, klare Sache, klar wie Mond: dreh den Misthut, schmale Teufel von Nordost-Richtung nach Südwest, dicker Teufel von Südwest nach Nordost, dann rollt Hut wie nix über Deck, und ich, Zollschnüffler, guck ins Rohr, weil Zucker flink in Magazin! Achtgeben und Rat behalten, wenn Weiser was sagt!‹

›Ach so, daran hatte ich gar nicht gedacht, weil es mir gar nicht eingefallen ist!‹, sagte ich, legte aber wieder die Stirn in Falten. ›Was aber zum Teufel passiert, wenn das dicke Ende als Pol dasitzt und das dünne Ende zu sausen anfängt, wie bringst du es dann zum Stehen, denn das Stämmige ist stabiler als der Spitzenzipfel, und die Spitze dreht sich leichter als unten der dicke Arsch?‹ Jetzt wurde es ernst, denn auch dem Kapitän glitten die Schnüre der Vernunft endgültig aus den Händen, und zwei andächtige Augenpaare starrten einander in grauer Ratlosigkeit über den Tisch hinweg an: Die Ferse spürte bei der Gedankentiefe keinen Boden mehr unter sich! ›Der Kapitän wird selbst verstehen‹, sagte ich und warf einen Blick auf Alastalo und Pukkila, ›er wird selbst verstehen, wie albern ein Mann herumhüpfen würde, der versucht, die Zuckerhutbengel am Zoll vorbei zu schwindeln: An Deck kann man sie tragen, aber wohin damit, wenn es ans Rollen geht und man die Mistkerle vor den Augen des Zolls in Sicherheit bringen muss? Sie würden sich auf der Stelle drehen wie ein Huhn, dem der Kopf zwischen die

Füße gerollt ist und das diesen mit flatternden Flügeln sucht, ohne ihn freilich zu finden, weil ja die Augen mit dem Kopf auf der Erde liegen! Was ich mich mein Leben lang, oder doch immerhin solange ich den Herrn Kapitän kenne, gefragt habe, ist, ob auch der Kapitän, ein Mann von Verstand, der noch seinen Kopf beisammen- und auf dem Hals sitzen hat, sodass er ihm nicht vor den Zehen umherrollt wie bei dem Huhn von eben, ob auch der Kapitän, der Augen hat wie geputztes Glas und einen Verstand wie die Rückenzacke des Barschs, ob auch der Kapitän, als dicker Mann, sinnlos herumfuhrwerkt und ins Leere tritt wie der Falke, der in der Luft über dem Wiesengraben rüttelt, auf der Suche nach etwas, das selbst ein Verrückter nicht mit der Ladung an Land bringt, damit der Zoll es einkassiert, dass er also arbeitet, während die Unschuldigen sich die Nase putzen und zuschauen. Ich habe manches Mal gedacht, dass ich, wenn sich mir einmal die Gelegenheit bietet, mit dem Kapitän zu schnacken, so wie ich die Gelegenheit jetzt habe, ihm das sage und erkläre. Seht mal, Herr Kapitän, sollte ich einmal den Tuscheleien des Teufels mein Ohr leihen und mich die Lust überkommen, betrügerisch zu sein, dann sagt mir mein Verstand, listig wie eine Schlange sein zu müssen: die Zuckerhüte in Schweden lassen, weil man die doch nicht von Deck bekommt und vor dem Zoll rettet, wie sehr man auch schwitzt und rollt, und stattdessen nur mit Salzsäcken nach Hause segeln. Die könnte man dann meinetwegen über die Bretterbrücke polternd an Land schaffen und flugs hinten im Magazin aufstapeln, während die Zollherren im Saal rund um den Tisch sitzen und meinen Rum probieren.‹ Ich schwatzte und war dabei mit den Augen andächtiger, als ich selbst glaubte: Nicht für einen Augenaufschlag ließ ich die Glotzer des Kapitäns los.

›Du bist schlaue Mann und studierte Hund, ich halt dein Magazin fest unterm Auge!‹, schwatzte der Zollkapitän, der in einer Ecke seines Kopfes noch mehr Kerzen brennen hatte, als ich geglaubt hatte. ›Aber du bist Hammel, Schafhammel, geräucherter Schafhammel in deinem Kopp: Für was mit Salzsack vor Zoll pfusche, wo Salz zollfreie Ware?‹

›Ach so? Für was?‹, fing auch ich mich an zu wundern. ›Das zu bedenken dauert eine Weile‹, sagte ich und legte wieder die Stirn in Falten. ›Ich komme nicht drauf! So einen Kopfapparat habe ich nicht‹, sagte ich. ›Der ist nur für den Hausgebrauch geschnitzt, man sieht die Spuren der Beilklinge noch. Aber hört, Kapitän!‹, sagte ich und wechselte das Thema, ›hört, Kapitän, weil Ihr einen Verstand habt, so scharf wie die Klinge eines Rasiermessers, und lebendiges Verständnis für die Verwicklungen der Lebensdinge wie die Brennschere für die Haare der Pfarrhausmamsell, also sagt mir, Kapitän, wie hoch ist die Provision des Zöllners und Schnüffelschiffers, wenn die Ladung unterwegs über die Deckluke abgeflossen ist und im Rumpf, wenn die Zöllner an Bord kommen, nur noch übrig ist, was am Ufer von Stockholm an Salzsäcken als Ballast geladen wurde?‹ Mir war neben anderem und auch dem Rum ein kleiner Spritzer Wut in die Haare gestiegen, zwar hätte ich noch keine große Sache daraus gemacht, wenn er mich bloß einen Hammel genannt hätte, einfach Hammel, denn Hammel gibt es mancherlei, fünfhörnige und dummgeweihige, aber dass er mich Hammelkopf nannte, sogar Schafhammelkopf, und auch noch einen geräucherten, das wurmte mich, es fuchste mich so richtig, und darum fragte ich vielleicht ein bisschen zu forsch, als es bei dem Manöver womöglich günstig gewesen wäre. Bevor ich jedoch meine Frage selbst beantworten konnte – der Kapitän befand sich seinerseits bereits in einem Zustand, dass man ihn auch hätte fragen können, mit welchem Beinpaar der Floh beim Hüpfen springt, ob mit den Vordertatzen oder mit den Hinterpfoten, oder auch, ob Rum, zum Grog gemischt, laut Seegesetz und nach der Zollbestimmung süßer oder scharfer Stoff ist, und er wäre, anstatt eine Antwort zu geben, stundenlang in der Dachstube seines Verstandes und auf der Leiter seines Verständnisses herumgeklettert, wie um das Athanasische Glaubensbekenntnis zu ergründen –, bevor ich also gehüstelt hatte und dazu gekommen war, meine eigene Frage zu beantworten, aus klarem Mund geschmettert, wie einer, der nach gemächlicherem Kippen die Kraft von drei Gläsern Grog unterm Hut hat, bevor ich selbst hätte sagen können, dass die Provision für den Zöllner bei einer derartigen Kontrolle eine lange Nase wäre, ein Liespfund schwer und so rüsseldick wie der Arsch eines Zuckerhuts, der im Gesicht baumelt! –, bevor ich also dem Zöllner das in die Visage geknallt und derart klares Finnisch mit ihm geredet haben würde, warst du, Alastalo, du Hasthose, warst du schon mit siebenfacher Eile dabei, zu glätten und zu schlichten, hast geredet und getan, Segel gehisst und Reffs gebunden; ich hätte mich angeblich betrunken – die Risiken auf dem Meer, weil der Engländer lauerte – und es darum nicht gewagt, mit mehr als mit Minderladungen im Kahn zu segeln – ›Minderladungen!‹: Das Wort hast du dich auszusprechen getraut! – Du warst so hektisch mit dem Mund wie der Suppenkoch mit seinem Quirl am Topf, hast mit krachenden Fingernägeln gescharrt wie ein Hund auf dem Felsen das Moosfilz, um seine Hinterlassenschaft zu verdecken: Scheißdreck hast du geschwätzt und Blödsinn geplappert, denn wenn Zoll-Blomberg überhaupt je eine Verstandesmaus in seinem Oberstübchen rennen hatte, dann schlief diese Maus damals und in dem Moment bereits so fromm, dass man das Schnarchen hörte, wenn man die Ohren spitzte!«

Der Hofherr von Krookla hätte sich die Mundwinkel gewischt, hätte er eine Hand frei gehabt. Er hatte inzwischen sowohl eine Kaffeetasse als auch eine Semmel und einen Kringel von Eevastiina an sich gebracht; sich beides zu schnappen war unmerklich vor sich gegangen, weil er dabei geredet hatte und im Saal nicht unnütz geguckt worden war. Nun gab es nichts mehr zu sagen, denn das Leeren seiner Tasse und den Verzehr seines Gebäcks verrichtet ein Mann, ohne sich irreführen zu lassen, wenn beides schon einmal ehrenhaft in seinen Pranken ist, und am besten vollzieht sich diese Maßnahme in aller Ruhe. Also verstummte Mikkelsson von Krookla, und auch Eevastiina sagte nichts, als sie Mikkelsson hinter sich ließ und zu Nordberg weiterging, der neben dem anderen Türpfosten schon mit der Tasse in der Hand auf seine Semmel wartete; Eevastiina war es nämlich gewohnt, keinen himmlischen Mucks mehr aus ihrem Mund von sich zu geben, sobald die Männer schwadronierten: Die hatten eine andere Melodie beim Reden, weil sie den Bart mithieven mussten, wenn sie das Kinn drehten, und ein Mensch mit Rock fand in diesen Takt nicht hinein. Außerdem war es manchmal angenehm, die eigene Zunge um des Wunders willen ausruhen zu lassen, wenn dafür Zeit war.

Mikkelsson von Krookla war also ebenso abrupt im Saal verstummt, wie er unerwartet das Wort ergriffen hatte, und da er nun damit begonnen hatte, sich von Eevastiinas Brötchen etwas abwechselnd tief in die Tasse und weit in den andächtigen Mund zu stecken, so viel, wie auf einmal in beides hineinpasste, hätte man gut und gerne einen Gottesdienst lang warten müssen, bevor von seiner Seite und aus seiner Kinnlade wieder etwas Wortähnliches gekommen wäre: Eher hätte der Kachelofen neben ihm die Messingklappe aufgemacht, um aus offenen Scharnieren eine Predigt zu halten, als dass Mikkelsson von Krookla die Backen ans Wortemachen vergeudet hätte, die in diesem Moment gebraucht wurden, um die Semmel in christliche Verwahrung zu nehmen. Im Saal entstand denn auch ein Augenblick wie auf den Wassern des Meeres, wenn bei kräftigem Südwest unerwartet der Südost auf die Idee kommt, probehalber auch seine Backen in Pustestellung zu bringen, und der Mistkerl auf einmal und mit gebleckten Zähnen ein tausendmal feurigeres Werg über die weite Weide bläst und an Haarmähnen zaust, was ihm in seiner blindwütigen Fahrt an Meeresbüscheln in die rasenden Klauen gerät, bis der ganze Wirbel sich im Nu auf dem schwanzlosen Weg in die Lufthöhlen verzieht, von wo aus er so aberwitzig in den Nacken gebraust hat: Solange das Lüftchen andauert, sind die flüssigen Fohlen verwirrt auf dem weitläufigen Wellengeplätscher, ihr Galopp durcheinandergebracht von den sich hebenden Hufen wie der spritzende Ritt von dem sich bäumenden Nacken, bis der Kamm mit der wehenden Mähne wieder ausgerichtet ist auf die Biegung des Rückens und die Kruppe mit ihren Mulden sich sauber senkt, worauf die Herdenpferde auf den Aapamooren wieder in schäumender Wanderschaft über die uferlos wogenden Ebenen sind, über welche der Wind trampelt, als hätte er ein Gemüt und der Weg ein unerklärliches Ziel. Ein solcher Augenblick herrschte im Saal kurz vor dem Umbruch, wenn der plötzliche Wirbel bereits den Griff in den gezausten Mähnen lockert, aber die Wellenrücken in der ersten Besinnungslosigkeit noch nicht wissen, ob sie den Nacken noch immer gegen den alten Herrn buckeln sollen oder ob schon ein neuer sicher im Sattel sitzt und die Galoppierenden erneut an die Kandare nimmt!

Nicht einmal Pukkila, so flink er auch mit dem Quecksilber seines Verstandes und mit dem Griff seiner schnellen Seemannspranke war, besaß gleich nach Krooklas Wirbelsturm die Klarheit darüber, ob in den Noten nun weiterhin die Leier mit Alastalo über den alten Rum an der Reihe war oder ob man an den Schoten sein musste wegen Krooklas Reden, aus denen man durchaus heraushören konnte, dass auch ihm, Pukkila, auf der Nase herumgetanzt wurde, obwohl er eine Kapitänsnase sein Eigen nannte und Krookla bloß den geerbten Sparren eines Sattelgutbesitzers im Gesicht trug; und noch weniger war Lahdenperä, der Stocherer in widerspenstiger Erde und Bankdrücker bei Gericht, der er nun einmal war, bei diesem Manöver darüber im Bilde, wie und nach welchem Plan das Rad gedreht werden musste, während man die Steuerhörner hielt: ob man ein schönes Lachen ablassen sollte, um Mikkeli Krookla zu honorieren – der Judas hatte auch von ihm einen verdammten Schuldschein im Sekretär liegen, und ein Lachen aus dem Bauch heraus ist kostenlos! –, oder ob es an diesem Tag klüger war, Alastalo gegenüber aus vollem Sattelgut heraus höflich zu sein und alles Fett für jene Achse aufzusparen, die bei den wichtigen Dingen die Rädchen dreht: in diesem Saal und auf diesem Sofa nur bei Alastalos Reden aus vollem Bauch in Gelächter auszubrechen und bei den Sprüchen der anderen höchstens mal einen Mundwinkel zu lupfen, so wie es in der Gerichtsstube angebracht und standesgemäß ist – in den Plauderpausen die Dicke des Lachens unterschiedlich dosieren, je nachdem, ob der Richter etwas schmettert oder der Schreiber unter seinem Vogelschnabel etwas Humorvolles wispert. Es war also ein bisschen so im Saal, wie wenn man im Wald auf Stegbäumen über eine moorige Senke geht: Man muss das Auge wachsam halten, damit man nicht mit dem Fuß auf einer von beiden Seiten ins Weiche tritt, weder rechts, wo Sumpf ist, noch links, wo man auf einer Bülte im Torf ausrutschen könnte.

Alastalo saß in diesem Saal immerhin an der Pinne, und in seinem Kahn durften die Segel sich auch bei schlimmeren Wirbeln nicht nach eigenem Gutdünken verlustieren: Ein kleiner Ruck am Stiel, so dünn, wie die Haut auf der Hand zu befehlen scheint und der Atem sagt, was der Bug braucht, um auf die Fährte gesetzt zu werden, und die Lappen an den Masten waren wieder bei Vernunft und befanden sich im Geist der Fahrt, und die Schotenschnüre spannten den Fahrtdruck an den Dollborden fest. »Du Teufelskerl!«, ermunterte er also zunächst Krookla, den bei guter Laune zu halten es sich ebenfalls gebot, und sagte in seine Richtung das Wort, das geboten war, damit Krooklas Naht als zusätzliche Schlaufe mit den anderen Knoten am Zugnetz mitlief und Krookla nach seinem Wagnis mit zufriedenen Backen und ehrenwert seinen Kaffee schlürfen würde; »du Teufelskerl!«, sagte Alastalo also und betrachtete Krookla ganz so, wie man einen Mann betrachtet, dem man lobend sagen möchte: Was bist du auch vom Kinn her für ein Hund, wenn es gefragt und nötig ist, obwohl man das bei deinem zahmen Fell nicht glauben möchte! »Du hättest mich, verdammich, beinahe hingehängt! Was für ein unerschöpflicher Krug der Witwe von Sarepta war meine Rumflasche deiner Meinung nach, dass auf ihrem Boden nach all dem vielen Einschenken noch eine Neige hätte sein sollen wie in der Pfütze von Bethesda, um sie als Wasser für den Wettkampf zwischen Blomberg und Pukkila in die längst leckenden Kehlen zu schütten? Oder meintest du bei vollem Verstand und eingeflüstert vom bösen Geist, dass ich mich ernsthaft und in dieser meiner fetten Körperhülle, die Gott mir gegeben hat, bemüht hätte, vom Stuhl aufzustehen und ein weiteres Mal zum Schrank zu gehen, um den Zöllnern echten Stoff für Menschen einzuflößen? Nichts da!, dachte ich gleich und wehrte mit Macht den Versucher in den langsamen Hosen ab, die Eevert Munttila, Gott hab ihn selig, seinerzeit für deine Beine geschnitten und samt Bügelfalten genäht hatte. Ein milder Mann, dieser Mikkeli, was die Zunge betrifft, auch wenn er sie meistens im Zaum hält!«, rühmte Alastalo schützend und durchaus großzügig, damit in Krooklas Ecke ein vergoltener, im übertragenen Sinne auf den Scheitel getätschelter Mann bei den geruhsamen Verrichtungen zurückbliebe, bei denen der Mensch am versöhnlichsten ist, wenn er aus Versehen etwas seiner Meinung nach Schönes aus dem Bart gelassen hat und in ein Gebäck beißen und dazu Brühkaffee schlürfen darf. Das Kalb, das man am Stirnfell gekrault hat, setzt sich im Gatter nicht zur Wehr, dachte Alastalo, das Auge bereits auf andere Hofherren und Zügelriemen gerichtet. »Pukkila war auch damals natürlich das schlimmste Kreuz!«, sagte er, weil im Topf von allen Rändern her gerührt werden muss, damit der Brei gleichmäßig kocht, und es war längst an der Zeit, dass man sich auch auf der Sofaseite im Saal vor dem Einnicken daran erinnerte, dass man wegen etwas anderem zusammensaß, als um am eigenen Nasensparren entlang auf die Bretterritzen im Fußboden zu blicken. »Mikkel hatte kaum sein schlimmschelmisches Wort über Pukkilas langen und Blombergs dicken Hals gesagt und darüber, wer von beiden im Ernstfall mehr Rum vertragen würde, als in Pukkilas beiden Augen auch schon das Eichhörnchen hüpfte: Das Eichhörnchen, sage ich manierlich, obwohl ich den Teufel meine, der in beiden heidnisch glänzenden mit platten Sohlen Polka tanzte. Ich begreife nicht, mit welch sündhaftem Spiel das Augenpaar eines Christenmenschen es schafft und wagt, allein von der bloßen Luft getragen, so schnelle und so kühne Sprünge von der leeren Rumflasche auf dem Tisch zum Schlüsselbund im Schloss der Klappkommode und von dort zurück zum eigenen leeren Glas zu machen, wie die Geißlein an der Stelle in Pukkilas Gesicht, wo andere Menschen Augen haben; im Nu waren sie gesprungen! Und wenn einst die abschließenden Verhandlungen stattfinden und auch auf der Seite der Böcke die Verdienste bemessen und die Großsünder zu den größten Saunaöfen verurteilt werden und die Kleinsünder zu den kleinsten Zischsteinen und man mich dann in der Causa Pukkila Petter als Zeugen an den Tisch befiehlt, werde ich mit reinem Gewissen und, um bei der Wahrheit zu bleiben, nicht anders können, als unverhohlen zu sagen, dass die Flamme der Schadenfreude – ein Jammer, dies zu sagen – eine ziemlich große in Pukkilas

Augen war, als er in der heiklen Umschiffungsklemme bei dem damaligen Gelage mit den Zollschnüfflern seinen Nächsten, also mich, musterte, und wenn man mich nach meiner schlichten Meinung fragt, so befürchte ich, dass die Erbsünde in Petter Pukkilas Knochen ordentlich fest sitzt und dass bei ihm kleine Flämmchen und die übliche Kohlenglut, mit der man Heringe grillt, nicht ausreichen werden, wenn man aus ihm ein Täubchen braten will, das auf den Zweigen der himmlischen Bäume zwitschert! Ja, ja, Petter, aber diesmal lecktest du dir trotzdem zu früh die Lippen, denn Blomberg war in diesem Lied inzwischen zum Täubchen auf Erden und frommen Buben auf seinem Stuhl geworden. In irgendeiner Ecke seines Kopfes war noch so viel Verstand wach, dass es ihm gelang, den steifen Nacken so weit zu drehen, dass er verwundert Mikkeli in der Ofenecke beäugen konnte, da drüben, wo Mikkeli auch heute sitzt, dass er erstaunt nach der Stelle in Mikkelis Visage spähen konnte, wo der Bartlappen bei Mikkelis Rede an Mikkelis Kinn gewackelt hatte. ›Hat da gerade die Kachel an der Wand gesprochen oder der Mann in der Ecke?‹, fragte er reichlich verdutzt, weil aus der Richtung kein weiterer Mucks mehr zu hören war und das, was zuvor reglos gewesen war, sich nun wieder nicht rührte. ›Die Kachel sagen, ich dicken Hals und Schnaps kurzen Weg in den Bauch!‹ Er lachte begeistert mit dem hüpfenden Stumpf, der als sein Körper auf dem Stuhl saß, und goss sich den Tropfen ins Gesicht, den er noch auf dem Boden des Glases hatte. ›Lehnt wie Schürhaken in Ecke, ist aber weiser Mann wie Spruch von Salomon!‹, johlte er und glotzte mit den Rübenaugen in seinem Gesicht auf Mikkeli wie auf das siebte Menschenwunder auf einer Straße in Naantali. ›Gesicht wie eine Vierkantkachel, aber redet wie Daniel in Babylon: Langer Hals, sagt er, da hat Schnaps eine Werst Weg, kurzer Hals, sagt er, ist Rum bald daheim! Blomberg hat prima Verstand, Blomberg

Verstand wie Hühnerschnabel: Pickt weises Wort wie Korn im Mist und Denkwurm, wenn muss sein, aus Backenzahn von Trotteltölpel! Hals kurz, jestasjessus, was Gedanke! Hat Rum kurzen Weg, und auch Rum vom Bauern kommt in den Himmel und in den Hut des Herrn vom Zoll! Wo hast du, Alastalo, noch mehr Stoff? Blombergs Hals ist kurz, wie Salomon und die Kachel in der Ofenecke sagen, und auch der Rum von Skipper klettert darin auf zur Ehre und kommt im Kopf von Kapitän in hohe Gesellschaft!‹ Er schob sein leeres Glas auf dem Tisch zu mir herüber, und ich befürchtete schon, dass es nun doch ernst würde und der verflixte Pukkila etwas zu lachen hätte, wenn ich schließlich doch zum Schrank gehen und dort dasjenige herausholen und auf den Tisch stellen müsste, von dem Pukkila wusste, dass es sich dort befand. Aber bei Blomberg machte der Verstand für diesen Tag die letzten Knickse, und als ich noch so lange abwartete und die Schot meines Geistes straff hielt, bis ihm, weil er immer wieder eindöste, das Glas aus der Faust fiel und auf dem Tisch umkippte, da wusste ich, dass, wenn ich mich nicht beeile und in Hektik ausbreche, bald auch die anderen einknicken würden und somit in meinem Saal kein Stoff in die Münder der Männer vom Zoll gelangte, den ich nicht für die Männer vom Zoll in meinem Schrank aufbewahrte! Blomberg blinzelte auf sein umgekipptes Glas und auf den Tropfen, der nun doch noch auf das feine Leinen des Tischtuchs rann, obschon er sein Glas für leer gehalten hatte: Es tat ihm wohl in der Seele weh, dass ihm der Tropfen nicht in den Mund, sondern in die Leinwandfäden lief. Dieser Wehmutsstaub auf der Herzrinde blieb für diesen Tag jedoch das Letzte, was er mit klarem Bewusstsein wahrnahm, die Gedanken hatten gerade mit allzu starken Schwankungen in seinem Kopf geschaukelt, und jetzt würde die Krängung den ganzen Mann endlich dorthin wischen, wo er schon früher hätte landen sollen: Zuerst sank der

Oberkörper weich gegen die Tischkante, die Augen schielten im Nebel über Kreuz, wodurch es schnuppe schien, ob der Osten im westlichen Winkel des Himmels torkelt oder ob er in seinen eigenen Ecken kehrt, und danach musste man nicht mehr lange warten, bis die Stuhlbeine rumpelten und man das Krachen hörte, mit dem der Mann vollreif vom Gestühl und außer Sichtweite unter die Tischkante kippte, wo er auf den Bodendielen seine verdiente Ruhe fand.

Ich bin ein christlicher Mensch und habe ein christliches Herz, aber mein Geduldsfaden war abgelaufen, und als ich auch noch bemerkte, dass die anderen Männer vom Zoll ebenfalls mit ausreichender Andacht auf ihre Gläser glotzten und dass die Besatzung annähernd so viel geladen hatte wie ihr Erster Offizier, da hielt mich nichts mehr zurück, im Nu war ich aufgesprungen wie der Teufel und stand wie der Stachel im Nacken des Kaulbarschs da, meine Hand packte die Sprosse des nächstbesten Stuhls, und schon hatte der Kapitän unterm Tisch Gesellschaft vom nächsten Mann, dem hinterarschs die Sicherheit des Stuhles weggerissen worden war. ›Was soll das für ein verdammtes Kommando sein, wenn der Kapitän bei der Zollkontrolle unterm Tisch liegt und seine Männer mit ihren Schnäbeln faul um den Tisch herumhängen!‹, brüllte ich, und es schepperte Stuhl um Stuhl, als ich für klares Protokoll sorgte und ein Mann nach dem anderen wie ein Sack dorthin rollte, wo er nicht mehr auf die Füße kam, ganz gleich, wie seine Zollbeine auch zuckten. Dem jungen Koch konnte ich freilich nicht mehr das Fell gerben, denn der Teufelsbraten war mir bereits wie ein Eichhörnchen auf seinen eigenen Beinchen bei der Arbeit behilflich und riss, wie ein Bettler den Knust an sich reißt, unter Pukkilas Hose das Stuhlholz weg, sodass Pukkila übel dran war, bevor es ihm gelang, so weit über die Rückenlehne hinter sich zu greifen, dass er den Feind an der Nackenwolle zu fassen bekam und den Bengel flugs zu den erwachsenen Männern unter den Tisch gezwirbelt hatte. Auch Krookla rührte sich nun in der Ofenecke, er hatte angefangen, sich vom Stuhl zu lösen und zum Mannesmaß aufzurichten, so weit sich die Winkelscharniere seiner Knochen ausfahren ließen, und für gewöhnlich reichte er bis an den oberen Balken des Türrahmens, wenn er alle Stellen streckte. ›Ich muss wohl mal ans Ufer gehen und Helfer holen, wo du unnötig den kleinen Lümmel unter den Tisch geworfen hast, obwohl der jünger und flinker im Laufen gewesen wäre!‹, murrte er in Richtung Pukkila, während er den Kopf einzog, um durch die Tür zu treten. ›Die werden auch diese Säcke schultern müssen, wo sie schon die Zuckerhüte verstaut haben!‹, meinte er noch vom Hausgang aus und blickte hinter sich, den Kopf dabei so schief haltend, dass er die komplette Reihe zwischen den Tischbeinen sehen konnte. ›Der Hof hat sein Schwein und die Krone ihren Zoll, und beide wühlen, aber die Schweine kommen, nachdem sie umgefallen sind, in Schüsseln auf dem Tisch, wohingegen man die Zöllner samt den Stiefeln unterm Tisch liegen lässt!‹, kam noch eine Weisheit aus seinen Wangen, bevor Mikkel ernst in den Vorraum verschwand und zum Ufer hinunter stiefelte.

Unterm Tisch wurde tüchtig gefaucht, schließlich lagen dort keine Polster als weiche Unterlage für die Rippen, sondern Holzbohlen aus Kiefer, und der eine oder andere von der zäheren Sorte versuchte sogar, sich noch aufzurappeln, doch es blieb bei dem Versuch, außer beim Koch, der ruckzuck wieder wie ein Wiesel auf den eigenen Beinen stand und einer Hummel gleich flugs mit dem Rüssel an jedem Glas auf dem Tisch war, in dem man noch Stoff riechen konnte. ›Der gute Pfarrer segnet die eigene Seele zuerst, bevor er den anderen Heiden predigt!‹, frotzelte der Frechling, wobei er Pukkila das fast noch unberührte Glas vor der Nase wegschnappte und mit schuftigem Blick an die

Stelle des Tisches lief, wo Pukkilas Hand nicht hinkam. Danach musste Pukkila den Mund nicht mehr am Glas verziehen, so wie er ihn jetzt noch schlimmer als zuvor verzog, denn im selben Augenblick war die Brühe schon geschluckt, und der Bursche prustete, wie ein Alter prustet nach einem ordentlichen Schluck. Ich kam trotzdem nicht dazu, mein Lachen zu Ende zu lachen, weil auch mein Glas auf dem Tisch vor mir verschwand. ›Zum Teufel!‹, sagte ich, aber es war zu spät, denn der Junge kauerte bereits neben dem Tischbein, eine Hand als Stütze unterm Nacken des Zollkapitäns, und Blubb, Blubb machte mein Grog, wie er in den röchelnden Blomberg rann. ›Ein Karpfen im Kahn und ein Karpfen auch hier!‹, plapperte der Bursche nur, als Krooklas Glas ebenfalls vom Tisch verschwand und sich neigte, um einen neuen durstigen Zöllnerbart zu benetzen. ›Ich will nicht weiter ans Haarezausen zurückdenken, christlich mochte es wohl gewesen sein, weil es im Nacken des Kochs geschah, und so teile auch ich christlich an jeden etwas aus‹, hörte man nur unter dem Tisch, als Glas um Glas von der Platte verschwand und an seinen Platz zurückkehrte, nachdem die Neige geleert war. ›Ich habe als Koch auf dem Kahn angemustert, und ich habe im Dienste der Krone das Amt, den Abwasch zu machen, wenn die anderen mit anderen Amtshandlungen befasst sind und trinken!‹, schob der freche Kranich in einer Lücke seiner Maßnahme als Erklärung für mich hinterher und zwinkerte mir mit seinen Ketzeraugen so sündig zu, dass auch weniger genügt hätte, um zu verstehen, dass wir denselben Kaulbarsch ausnahmen.

Vom Tisch war denn auch jeder einzelne Tropfen abgewaschen und der unverzollte Rum des Kellermeisters des schwedischen Königs bis auf den letzten Rest unterm Tisch hinters Zollsiegel gebracht, als es endlich im Hausgang polterte und in der Tür Männer erschienen wie Engel, allen voran Härkäniemi mit seinem Bart und hinter ihm Lahdenperä, die anderen lugten, soweit das Gesicht über die Schultern der Vordermänner passte, auf die schwadenbreit gemähte Mannesreihe auf der Fußbodenflur. ›Die kontrollieren aber genau, wenn sie sogar in die Bodenritzen linsen!‹, plapperte Härkäniemi los und tat, als gälte es, mit dem Löffel durch eine gewöhnliche Bohnenschüssel zu fahren, kratzte sich aber doch zum zweiten Mal, oder, genauer gesagt, zum dritten Mal in seinem Leben die Nackenhaare. Das erste Mal passierte ihm das, wie bekannt ist und im Dorf erzählt wird, als der Knirps noch keine Hosen an den Beinen hatte – der Spross war damals, als er noch Malle genannt wurde und ein dreijähriges Kittelkerlchen war, schon der gleiche Malakias mit festem Kinn und starkem Nacken, der auch heute und in diesem Augenblick als Härkäniemi dort auf dem Sofa zur Betrachtung vor uns sitzt und an seiner Pfeife nuckelt, als hätte in dem Schraubstock seiner Kinnlade nie ein anderer Lutschstopfen gesteckt –, aber je nun, einen Stumpf von Lutschstopfen hatte er in jenen Tagen trotzdem anstelle der heutigen Pfeife zwischen den Zähnen stecken, der Mann, der später mit wehenden Rockschößen in aller Ruhe durch die Nebengassen seines Heimatdorfes stampfte, ohne sich von der Frage durcheinanderbringen zu lassen, ob die Passanten über ihn, den erwachsenen Mann und das Weißwollhaar, lachten oder ob sie das nicht taten, oder ob ein Ferkel hinter den Streben eines Gatters verwundert grunzte; hatten daheim etwa jemals die Macht der Frauen und die Tadel der Mutter ausgereicht, um dem Mann dasjenige aus dem Mund zu nehmen, was er, solange er sich erinnern konnte, im Mund zu tragen gewohnt war? – Versucht nur heute mal Härkäniemi aus der Kinnlade zu nehmen, was zwischen Härkäniemis Zähnen sitzt! – Nun gut, jedenfalls spazierte derselbe Malakias Härkäniemi wie heute dahin, wenn auch damals noch in Hosen mit Klappe, wackelte Malle also wieder einmal durch die Gassen, als er zufällig an einem Brunnen vorbeikam und, weil so schönes Wetter war, in vollem Ernst auf die Idee verfiel, unterm Brunnendeckel nach dem Spiel der Frösche unten Ausschau zu halten: Er guckte auch hinein, aber es wurde nichts daraus, die Frösche zu beobachten, wie sie sprungbereit auf den Moosspalten hockten, denn in der Tiefe des Brunnens blinzelte dem Männerauge im Spiegelbild ein komischer Schlingel entgegen, der einen Haarschopf aus Flachs um den Kopf herum trug wie er selbst und in der Gesichtsrübe die gleichen Augenschlitze sah, die er als seine eigenen Fensterchen erkannte, und als Nase genau so einen Stutzen, den er im Großen und Ganzen für seine eigene Nasenspitze hielt, aber im Mund, eindeutig im Mund, hatte der Mordskerl einen Zuckerstopfen, einen lupenreinen Zuckerschnuller als Lutschstopfen im Mund eines ausgewachsenen Mannes, der im großen Kittel umherging wie er selbst: Da und bei dieser Erkenntnis kratzte Malles Nagel zum ersten Mal Malles Nackenhaare, bis der Mund im Gesicht des Jungen allmählich breiter wurde, der Ellenmann über sich lachte und aus Härkäniemis damals noch bartloser Klappe etwas in den Brunnen fiel, von dem ein Mann, der das Klappenhosenalter erreicht hat, nicht mehr wissen will, dass er es einmal im Kinn getragen hat, und das ich in Härkäniemis Gegenwart auch jetzt noch nicht als Säuglingsschnuller bezeichne.

Das zweite Mal in seinem Leben rechte Härkäniemi die Nackenhaare in dem Alter, in dem man nicht mehr im Kittel geht, sondern in dem ein Mann bereits mit einem Gürtelriemen seine Hose oben hält und ihm auch der Schnurrbart schon so dicht auf der Lippe sprießt, dass in die Kinnlade durchaus ein Pfeifenstumpf anstelle des vorigen Stopfens passt. In dem Alter also, wenn man das Gesicht eines Mannes auch von Weitem schon durch seine Grobheit von weiblicher Glätte unterscheidet, aber in dem selbst ein Mann vom Schlage Härkäniemis trotzdem noch ein grüner Junge und schüchtern ist, irrte sich Malakias einst bei der großen Hochzeit von Herras-Heikkilä in der Großgemeinde in der Wahl der Dachkammer. Wenn man als Mensch mit Mannsgestalt und von Jugend an Härkäniemis stabile Knochen und sonstige innere Natur hat, kann man beim Älterwerden in ein Niemandsland geraten, in dem man sich auch bei den besten Feiern nicht daheim fühlt und an der Saaltür hängt, solange man Lust dazu hat und das Gehopse, dem man von dort aus zuschaut, für Jux und Tollerei hält, in dem man noch keine Festigkeit in sich und auch nicht den sonstigen inneren Antrieb verspürt, sich in die Kammer zu den Bärtigeren zu begeben und unter den anderen am Grogtisch mit dem eigenen Kinn zu schnurren; und so war auch Härkäniemis Malakias auf jener Hochzeit schließlich die Zeit lang geworden, und abendschläfrig, wie er war, hatte er es am Ende für das Klügste gehalten, auf eigene Faust loszuwanken und sich dort einen Ruheplatz zu suchen, wo er sich am besten finden ließe. Schließlich hatte er ihn auf einem der Dachböden des Hochzeitshauses gefunden, befand den Ort für gut, Polster in Reih und Glied auf dem Fußboden, eines bauschiger als das andere, zehn Klafter weit von einer Wand zur anderen – man kennt ja die Polstervorräte in einem großen Haus, in dem es fünf Töchter zu verheiraten gilt! –, auch das Oberlaken auf jeder einzelnen Decke herrschaftlich schön gefaltet, sodass es dem ausgewachsenen Mann recht kühn vorkam, hinzuschauen, geschweige denn sich vorzustellen, die eigenen Beine in so eine linnene Weichheit zu schieben. Trotzdem gelang es Malakias, die Hosen auszuziehen und sich unter den mittleren Plätzen auf dem Dachboden den seiner Meinung nach besten und weichsten zu ertasten, er fasste dann schließlich auch Mut, hob den Saum an und schlüpfte kühn zwischen die Laken: Da raschelte kein Stroh unterm Rücken, sondern er streckte die Glieder aus wie eine Mamsell in den Federn, segnete sich sogar einmal wieder nach vielen Jahren. Auch über die Nacht ist nicht mehr zu sagen, als dass der Schlaf bekömmlich war, ich glaube nicht, dass Härkäniemi zeit seines Lebens je andächtiger geschnarcht hätte als in jener Nacht, so sagen es jedenfalls diejenigen, die es gehört haben, und von denen gibt es in drei, wenn nicht gar mehr Gemeinden einige unter den Bäuerinnen. Aber auch aus dem tiefsten Schlaf wacht man irgendwann auf, und Härkäniemis Erwachen an jenem Hochzeitsmorgen war sündhafter Art. Anfangs bestand keine Not, er schlenkerte wie üblich den restlichen Schlaf aus Armen und Backenmuskeln und schüttelte, um munter zu werden, das Schulterfleisch, wunderte sich lediglich, dass er nicht mit den Fußsohlen ans Bettende stieß, aber dann gewöhnten sich die Augen an die Morgendämmerung, der Blick löste sich von den Dachbalken und ging in der Dachstube auf Wanderschaft, zuerst gemächlich über die linke Schulter zum westlichen Ende hin und danach ganz und gar rührig auch nach rechts zur östlichen Seite, und da geschah es, dass Härkäniemi sich zum zweiten Mal im Leben mit der Hand die Nackenhaare rechte, die inzwischen schon ziemlich viel dichter waren als damals am Brunnendeckel die Denkkrausen des dreijährigen Buben. Der Mann saß auf seinen Polstern, und ob es das bestürzte Auge nun glaubte oder nicht, jedenfalls lag, so weit der bange Blick des jungen Burschen und verschlafenen Mannes im Schein des Sommermorgens auf dem Dachboden nach rechts und links reichte, auf der weißen Schräge jedes Kissens ein sorgloser Zopf, und unter jedem Laken atmete es anmutig, wo nicht aus dieser und jener Ecke im Schatten der bis zur Nasenspitze heraufgezogenen Decke ein Augenpaar wie eine Bachstelze beim Stehlen lugte! Man muss zugeben, dass Härkäniemi später in seinem Leben ein furchtloser Mann war, wenn es eng wurde, einer, dessen Hosen nicht bei jeder Kleinigkeit flattern, aber damals hatte seine erste Tat, nachdem er sich das Hinterland seines Haars gekratzt hatte, darin bestanden, dass er schneller als ein Weberschiffchen wieder unter seine Decke schlüpfte, alles, was er in die Hände bekam, bis über die Ohren zog, sodass man von ihm nicht mehr sah als den oben herausstehenden Haarschopf auf dem Kissen und den großen Zeh eines Fußes, der unten hervorspitzte. Nicht einmal bei der Katechismusprüfung steht der Mensch, wenn er vor dem Pfarrer sein Stück nicht kann, so mucksmäuschenstill und ohne ein Härchen zu rühren, auf dem Boden und in seiner Haut da; wie Malakias Härkäniemi jetzt unter dem Laken lag und länger als der Spatz brauchte, um am Rand des Tümpels einen Tropfen mit dem Schnabel aufzupicken und gegen den Durst die Kehle hinabrutschen zu lassen, bis er auch nur mit dem kleinen Zeh wackelte, lediglich beide Augen blinzelten, vermutlich sperrangelweit offen, im Dunkel der Kapuze, wo er wenigstens seinen Kopf verstecken konnte, so wie ein Hase im Gebüsch. Länger als der Spatz braucht, um einen Schluck zu trinken, sage ich, denn im Nu waren vor dem inneren Auge das sündige männliche Hosenpaar oberhalb der Decke am Fußende der Matratze so sichtbar wie das Zeigerpaar auf dem Ziffernblatt oder die eigene verschnupfte Nase vorm Kirchentuch, wenn man als Schnaubender mitten beim Sakrament niest, und im selben Moment wurde unter der Decke auch schon so gewühlt, dass sie sich gottlos bauschte, als würden, verhüllt von Herras-Heikkiläs Hausherrins Sonntagsdecke, mindestens zwei grunzende Ferkel rumoren. Zwar verschwand jetzt in der Tat wie verhext die Hose mit beiden Beinen von der Bettdecke im warmen Schlund, aber die ganze Dachkammer war aufgewacht, und so viele jungfräuliche Wangen bei der großen Hochzeit von Herras-Heikkilä die lange Reihe der Kopfkissen auf dem weitläufigen Dachboden gewärmt hatten, so viele Kissen waren jetzt kalt und so viele Zopfköpfe erhoben, weil es mit den Kicheraugen, von denen jeder Mädchenkopf zwei besitzt, und bisweilen zwei zu viel, etwas zu sehen gab, nämlich wie schnell ein Mann doch in seine Hosen kommt, wenn er es wirklich eilig hat. Schneller als in diesem Fall hatte Härkäniemi sich in seinem ganzen Leben noch niemals bewegt, und es polterte auch tüchtig auf der Dachbodentreppe, nachdem es der Adam in die Bux geschafft und aus dem Paradies Reißaus genommen hatte, das er sich durch Ersteigen der Frauendachkammer nie verdient hätte. Erst auf der unteren Treppe, in den Ohren das schrille Lachgeklingel und unmögliche Gekreische, wie es die Kehlenpfeifen einiger Dutzend Mädchen ihren Registern entlocken können, kam der erschrockene Mann ein weiteres und abschließendes Mal dazu, sich die Nackenwolle zu kraulen, und ich glaube, dass der Erschrockene damals unter seinem Haar jenen Eid schwor, der Härkäniemi auch am heutigen Tag die Gunst erweist, dass er seine Pfeife als freier Junggeselle unter uns raucht!

Das dritte Mal in seinem Leben kratzte Härkäniemi jetzt also das Gebüsch im Hinterwald seines Haars, als er vor den anderen den Saal betrat und die Obrigkeit unter dem Tisch und den Zoll bei der Amtsausübung auf dem Fußboden sah. ›Na, den Kapitän habe ich noch an keinem passenderen Ort gesehen‹, sagte er als zweites Wort und gedankliche Sägemehldämmung aus Rücksicht auf Blomberg, weil dieser, auch wenn er auf dem Fußboden lag, immerhin ein Mann der Krone war und der Erste der Besatzung, und wischte sich die Perlen von der Stirn, die noch vom Schuften auf der Uferbrücke auf dem Hautkupfer glänzten. Blomberg geriet jedoch in Vergessenheit, denn auch ein bauchreicher Mann sieht ziemlich ungefährlich aus, wenn er einem unter dem Tisch den Hintern hinstreckt, und Härkäniemis Auge lavierte von den Tischbeinen zur Tischplatte. ›Was für ein füchsisches Spiel soll das hier sein!‹, sagte er scheinbar verärgert, während er das wehmütige Auge von der leeren Rumflasche zu den leeren Gläsern auf dem Tisch bewegte. ›Christliche Männer und Nächste, so wie wir, quälen sich auf der Uferbrücke, dass die Brust pfeift und der Rücken mit dem Schweiß davonläuft, und indessen sitzen Buben und Publikane müßig im Saal um den Tisch herum und kippen in die Zöllnerkehlen, was auch einem menschlichen Mund taugen würde!‹, murrte er und hätte noch gefährlicher ausgesehen, wenn er nicht damals am Brunnendeckel schon gelernt hätte, das Lachen im Kiefer zu halten. ›Oder was für einen Fusel hast du denen eingeflößt?‹, fragte er gleich darauf mich und richtete das Auge wie die Klinge eines aufgerissenen Klappmessers ein weiteres Mal auf die Flasche auf dem Tisch. ›Diesen Kameraden glaube ich zu kennen!‹, kam es ihm im selben Atemzug durch die Zähne, und die Barthaare auf seiner Brust fingen an, sich zu bewegen, wie sie sich bei Härkäniemi stets bewegen, wenn seine Gesichtsbacken sich darauf vorbereiten, aus vollem Rigg ein Lachen loszulassen, aber noch nicht rollen. Die Rumkaraffe des Kellermeisters des schwedischen Königs hatte er trotzdem bereits so weit von der Tischplatte in die Höhe gehoben, wie ein Männerarm ein leeres Glasgefäß nach oben strecken kann, und sie wurde mit einem solchen Schwung geschüttelt, dass die Karaffe, wenn Glas als bloße gläserne Hülle schwitzen könnte, bei dem Gerüttel auch noch den letzten Süßträufel durch ihre glatten Wände hindurch preisgegeben hätte. ›In der Tat, sie ist leer und bis auf den letzten Tropfen ausgetrunken!‹, lautete Härkäniemis durch und durch ehrliches Bekenntnis, und er schaute mich mit solchen Augen an, als hätte ich mindestens den Mord meiner Schwiegermutter auf dem Gewissen, wenn die Alte damals noch am Leben und in Redestimmung gewesen wäre. ›Du hast in deinem Leben früher schon Hündisches getan, aber du bist ein noch größerer Hund, als ich es je von dir geglaubt hätte!‹, sagte er; so aufrichtig begeistert war er, dass seine beiden Hände in die Hosentaschen fuhren, nachdem er den Krug des Kellermeisters auf den Tisch gestellt und losgelassen hatte. ›Endlich hast du es also geschafft und auch diesen Fusel jemandem eingeflößt!‹, sagte er und trat zwei Schritte zurück, damit er mit schief gelegtem Kopf wieder unter den Tisch sehen konnte. ›Ich verstehe es nicht, aber trotzdem habe ich Mitleid, obwohl sie Zollhunde sind und zwischen den Tischbeinen angenehmer zu betrachten sind als an Deck!‹, hast du gemeint und mit deinem kolossalen Kopf hin und her gewackelt. ›Auch solche können Bälger haben, die sich in der Stubenecke mehr besudeln, als selbst die Tüchtigste mit der Schürze unter den Nasen abwischen kann; eine Alte zu Hause und in der eigenen Hirnschale surrende Kümmernisse vom Advent diesen Jahres bis zum Advent des kommenden, weil das Brot nicht mehr wird, selbst wenn man es schneidet, und die Münze, auch die eingetriebene Münze, sich nicht nach allen Seiten dehnt und von der Kopeke zum Rubel wird: Kein Wunder, wenn bei so einer Fahrt und Hungerjagd die Maus durch jenes Loch schlüpft, das vor ihrem Maul klafft, und der Mann die Heuer dort nimmt, wo den Fingern ein Pfennig in Aussicht steht, wenn er seine ehrlichen Knochen verleiht, um sie eben in eine Zöllnerjacke zu knöpfen! Man verurteilt einen Mann nicht, sobald man sich in seine Haut hineinversetzt und in die Stelle am Zeh, wo der Schuh drückt, und ich habe auch nicht vor, auf die Racker vom Zoll loszugehen, auch wenn ich mich dafür schäme, dass einer, der einem Menschen gleichsieht, in die Lage gerät, sich und seine Samensprösslinge mit einer Hundetätigkeit zu ernähren, bei der er über das Brot der anderen und ihren mit ehrlichem Schweiß erschufteten Verdienst wacht, und um die Wahrheit zu sagen und mir den Speichelschaum von den Zungenseiten zu spülen, muss ich sagen, dass mein Mitleid auch jetzt wahrhaftig ist, wenn nicht gerade mit den Zöllnern, die alles Mögliche sein können, so doch mit ihren Kehlen, die unschuldiges Menschenfleisch sind. Zu viel ist zu viel in allen Dingen, und meiner Meinung nach ist es zu viel, wenn der Korndieb auf Besuch den Hausherrn aus dem Schlaf und der Wärme des Bettes klopft, damit er in der Nacht beim Arbeiten hilft, wenn der Speicher geleert wird und man die Kornsäcke für bessere Münder auf den Gastkahn schleppt; und wenn derjenige, der den Zoll zwackt, beim Kneifen der Zollnase den Zoll auch noch an anderen, empfindlicheren Körperteilen quält und sogar die unschuldigen Kehlen des Zolls in seinen Dienst nimmt, die doch immerhin auch bei Zöllnern nicht im Lohn der Krone stehen und an die Krone verkauft worden sind, sondern von Gott beim Menschen für das Bedürfnis des Trinkens geschaffen, wenn er sich selbst diese heimischen Bestandteile der Person des Nächsten und die jedem Paulus heiligen Innenwände des Seelengefäßes für die Arbeit auch außerhalb der Amtsausübung leiht und sie als Traufen gebraucht, um seinen Ausschussrum hineinzuschütten und seinen Schrank von Stoffen zu reinigen, an die sogar das geleerte Glas auf dem Tisch, das sie mit seinen Wänden umschlossen hielt, nicht ohne das Gesicht zu verziehen zurückdenken kann! Du quälst, sage ich, wenn es Quälen wäre, den Hasen, die stumme Kreatur, wenn der Hase beim Rennen neben seine eigene Schnauze springen müsste, und ein Quälen des Menschen, des Menschen in Montur und des Amtsmannes der Krone ist es, wenn der Mann vom Zoll mit seinem Körper das Amt des Zollmagazins übernimmt und im Lägel seines Bäuchleins das Unbrauchbare aufnimmt, das er zuvor bei der Ausübung seines Amtes nicht gerochen und als ungefährlich für die Krone konfisziert hat, wenn er also für die Irrtümer seiner Nase bezahlt, seiner Nase, die immerhin nur ein Außenstück des Körpers ist, und zwar mit dem Lohn des Amtsmanns, wenn er für die Irrtümer seiner Nase mit der Folter seiner Kehle bezahlt, seiner Kehle, die immerhin zur Innenhaut des Menschen zählt und zur Seelenfläche eines jeden!‹

Härkäniemi predigte wie ein Kerl und wie der Propst von Pyhämaa, und wer weiß, was sein Bart noch an Frommem posaunt hätte, wenn das Auge genau auf diesem Redekurs nicht zufällig über das Glas gestolpert wäre, das, nachdem der junge Koch es abgestellt hatte, leer und ohne dass ein Tropfen auf seinem Boden schimmerte, am Tischrand unter Pukkilas Nase stand. Von dem leeren Glas war es nicht mehr als ein Hühnerhupf in Pukkilas längliches Gesicht über dem Glas, und Härkäniemis Bart hörte auf zu reden, wie das Fohlen vor der Wand aufhört zu galoppieren. Ich weiß nicht, was Pukkila diesmal an Säuerlichem an den Stagen seines Schnurrbarts kaute, aber auch meiner Meinung nach war Petters Gesicht in diesem Augenblick eher von der Art eines Käsekorbs, der im Vorjahr im Schrankfach vergessen worden war, und auch mein Mund hätte sich zum Lachen verzogen, wenn da nicht Härkäniemi im Saal ein so dickes Schüttellachen ausgestoßen hätte, dass ein Christenmensch innerhalb derselben vier Wände fürs Erste nichts weiter tun konnte, als die Seerosenblätter seiner Ohren zu schützen. ›Na, hast auch du angefangen, deine Sünden zu waschen und deine Innenseiten zu spülen? Ich glaube auch, dass man für diese Maßnahme Lauge benutzen soll! Alastalos Rum als Schmiere und fünf Zollnägel als Bürste, dann kommt sogar das Hemd eines Zigeuners täubchenweiß und deine Kehle als Engelsflöte aus der Wäsche. Denke an mich, wenn Petrus dir dereinst von seinem Wachstuhl aus befiehlt, probehalber zu singen, weil anderer Rat nicht hilft, und nach dem dritten Kiekser seine Vernunft verleugnet, so wie einst beim Krähen des Hahns, und die Pforte öffnet! Oder musstest du den letzten Tropfen des Kalkwassers leeren, den Alastalo uns zehn Jahre lang jedes Mal ehrlich aufzuschwätzen versucht hat, wenn er beim Zusammensitzen etwas am Schrank zu schaffen hatte, und über den du selbst gesagt hast, du würdest sogar im Albtraum Gebete brabbeln, um deine Kehle vor der betreffenden Befeuchtung zu bewahren! Ein Nächster bin ich auch dir, und ich gestehe, dass ich in diesem Moment ebenfalls den Geschmack von Teer zu schlucken habe, wenn ich dein leeres Glas anschaue! Ja, der Mensch muss für seine Seele und sein Gewissen einen hohen Preis bezahlen, hast du, glaube ich, nach jedem Tropfen gedacht, als dir die Arznei die Kehle hinablief, und ich glaube auch, dass du jedes Mal Schwefel im Auge gehabt hast, als dein Blick heimlich von den Zöllnern auf Alastalos unangesengten Bart gegangen ist! Das Gesetz verbietet das Quälen von Schindmähre und Pferd und verordnet dafür die Rute, aber vom Menschen und dessen fleischlicher Kehle sagt es in seinen Paragrafen nichts! Ich will keine Lauge in die Brandwunde deiner Seele gießen und auch in sonst kein Blutfleisch deines Herzens, aber ich bemitleide dich und deine Kehle kolossal und mehr, als die Westenknöpfe rechtmäßig aushalten.‹ Härkäniemi hat Ochsenhachsen, auch wenn er einen Wortpflug zieht, und wenn die Furche einmal offen ist, dann wird im Ziehen nicht nachgelassen und das Geschirr nicht gelockert, bevor der Huf am Ende des Ackerstreifens anlangt und das Zugtier keucht. ›Fluche ein Wort von einem Viertelpfund, dann wird dir vielleicht leichter!‹, tröstete er also noch Pukkila mit einem letzten Ruck.

Aber Härkäniemi war vom Zugriff her auch ein Seemann, wenngleich von der Nackenstarre her ein Ochse, und ein Seemann ist ein tüchtiger Bursche am Tau und eine flinke Flunder am laufenden Gut, wenn eine Wende im Gang ist, das Bugholz sich dreht und der Mann sich kräftig in die Hände gespuckt hat! ›Was gibt es für die Gemeinde hier noch groß zu beten, wo die Pfarrer bereits ihre Plätze unter dem Tisch eingenommen haben!‹, sagte er zur Eröffnung und warf zur Vorbereitung die auf der Brust hängende Bartpracht über die Schulter. ›Jungs!‹, fügte er in einem Atemzug auch nach hinten an die Adresse der Männerschar hinzu, die sich vom Hausgang in den Saal geschoben hatte und die Tür ausfüllte, sodass die Letzten gar nicht hereinkamen, sondern die Hälse über die Schultern der Vorderen hinweg reckten, um mit jedem Auge etwas von dem aufzupicken, was unter dem Tisch wie auf dem Tisch und um den Tisch herum zu sehen war. ›Jungs!‹, sagte er und bereitete seinen Rücken und seine Beine zu dem Tritt vor, den der Grabenschaufler tief im Graben macht, bevor er die Last auf der Schaufel aus dem zähen Lehm hebt und über den Rand schleudert, ›wie ihr seht, wird hier die Hilfe von Männern gebraucht: Nachdem die Brücke sauber ist, muss nun der Saal geputzt werden! Und unsre Arbeit da draußen mit den Zuckerhüten war ja das reinste Spiel, während hier am Tisch ums Leben geschuftet wurde: Schaut euch Pukkila an und schaut euch Blomberg an, der eine bleich am Tisch, der andere rot unter dem Tisch!‹ Härkäniemi war nun in Stimmung und packte Blomberg mit beiden Händen an den Schulterstagen, aber der Mund musste weiter in Gebrauch gehalten werden, bevor die eigentliche Anstrengung begann. ›Wenn bei einer Auktion ein Haus versteigert wird, geht es nach dem Klopfen des Hammers nicht weiter, das Gleiche gilt für die Predigt nach dem Amen, da frage ich mich, was der Zoll noch für ein Amt hat, nachdem er die Kontrolle durchgeführt hat, von den Gläsern auf dem Tisch bis zu den Ritzen im Fußboden!‹, plapperte er wie als Erklärung, während er gemächlich den Zollkapitän unter dem Tisch heraus raffte. ›Nimm du die Deichseln, damit die Pantinen nicht abrutschen!‹, befahl er Lahdenperä, der als Schöffe und Mitglied der Obrigkeit neben ihm stand und mit seiner Vernunft über die Frage fingerhakelte, ob er nur als Nächster hier vor Ort war oder doch in Ausübung seines Amtes, und ob er, wie es sich für einen Menschen und Christenbruder gehörte, an den Füßen anpacken sollte, damit Blombergs Treter nicht über den Fußboden und die Schwellen polterten, wenn der übrige Körper freie Fahrt hatte, oder ob er die Hände klug in den Hosentaschen behalten und dem Mann der Krone Respekt zollen sollte, indem er sich nicht an ihm vergriff, außer indem er zuschaute; sollten die Knochen in den Schoten doch in den Türrahmen rappeln, wie sie wollten, und sollten die amtsmüden Beine zappeln, wenn sie eine Furche in den Staub des Weges zogen. Diesmal siegte die Christlichkeit jedoch über die Einflüsterungen der Klugheit und der Rat des Herzens über die warnenden Paragrafen: Bevor es Lahdenperä selbst bemerkte, hatte er auch schon mit beiden Pranken Blombergs wollstrümpfige Waden gefasst, und der Zoll bekam einen umstandslosen Abgang aus dem Saal: der Kapitän dem Rang gemäß feierlich vorneweg, die übrige Besatzung der Musterordnung entsprechend hinterher, denn kräftige Pranken hatten auch nach den anderen Männerähnlichen unter dem Tisch gegriffen, und was bleibt einem getragenen Sack anderes übrig, als dort zu landen, wo er hingeschleppt wird, nur der junge Koch entwischte auf eigenen Beinen, schlüpfte, wo er nur konnte, wie ein Weberschiffchen durch und sprang ungezogen drängelnd aus der Haustür ins Freie, als Härkäniemi gerade den Kapitän an den Schultern zum Luftholen nach draußen zerrte, während Lahdenperä am zuckenden Fußende ächzte. Auch ich hatte mich in Bewegung gesetzt und schloss mich dem Kapitän zu Ehren Lahdenperä an, um zu schauen, ob die Türen in den Scharnieren offen standen und die Prozession freie Bahn hatte. Draußen an der frischen Luft, als wir am Saal vorbei den Uferhang hinunter zu den Jachten an der Magazinmole gingen, war trotzdem der Teufel in der Reuse los. Es herrschte kühler Nordwind, und wie es bei erfrischender Luft nun einmal ging, schob beim Kapitän der Verstand den großen Zeh unter der Decke des Trottels hervor, um sich umzugucken, auch die Mütze, die Dienstmütze des Zollherren mit dem roten Band, die der junge Koch freilich gleich von der

Erde aufhob und sich selbst aufsetzte, war durch das Reiben an Härkäniemis Brust vom Kopf gefallen und bedeckte nicht mehr die Augen, auf die sie im Getümmel gerutscht war, sodass der Mann sich nun wieder umsehen konnte, und ein kühler Hauch betastete die Stirn und lockerte die Haarwurzeln auf dem Fruchtboden der Kopfhaut. Bald hörte man denn auch ein Brummen an der Stelle von Härkäniemis Brustkorb, wo der Kopf des Zollkapitäns in der Krümmung steckte, die sich durch die Stauchung ergab. ›Na, falls nicht eine Bestie oder Schlimmeres meine Augen verhext, dann ist das dort tatsächlich die Wimpelstange von Alastalos Ufermagazin, dessen Knauf irgendein Teufel so gesetzt hat, dass er genau an der Stelle in den Himmel ragt, auf die ich blicke!‹, kam es deutlich aus Härkäniemis und Lahdenperäs Bündel. Und da der Verstand nun einmal seine Windeln abgeworfen hatte, fing er auch an zu strampeln. ›Ich bin Kronenmann, und warum, verdammt, Bauernstange an selbe Plätzchen am Himmel ragen wie Kronenmannauge?‹, fing der Mistkerl sogar an, Streit zu suchen, bevor er sich klar darüber wurde, in welcher Waage seine Beine lagen. ›Geh ich mit vier Beine, zwei klappern unter Achselhöhlen, zwei unter Fersen?‹, war sein nächster Gedanke. ›Schaukel hin, Schaukel her‹, johlte er gleich darauf, während Lahdenperä und Härkäniemi auf dem holprigen Weg weiter ächzten und der schwere Teil des Zollkapitänkörpers zwischendurch zuckte wie in der Engelsschaukel.

Aber jetzt waren zumindest die Augenplaneten bei Blomberg wieder in Betrieb, und auch die Zunge fand in die herrschaftliche Spur zurück. ›Viele Mönner, viele Mönner, beim Saufen am Tisch nicht so viele Mönner‹, wiederholte er ständig und guckte sich um, so weit er in Härkäniemis Griff den Kopf drehen konnte. ›Und was für verdammter Schandpfahl hebelt mein Genick?‹, lamentierte er und drehte den Kopf, bis von Härkänieml der Teil des Bartes in den Horizont des Zolls geriet, der mit offenen Wurzeln dalag, weil der restliche Besen über die Schulter geworfen worden war, damit er nicht im Weg hing und lästig wurde. ›Bloß einer meiner Knechte und ein Tagwerker!‹, erklärte ich. ›Ich hab die beiden vom Feld gerufen und von der Arbeit wegbefohlen, den Herren ans Ufer und auf die Jacht zu helfen, damit diese sich nicht selbst bemühen und anstrengen müssen, wo doch immerhin den Hügel hinuntergestiefelt werden muss!‹, erklärte ich beruhigend. ›Das hier ist mein Vogt, unser Großknecht!‹, sagte ich noch und nickte mit dem Kopf in die Richtung, wo Härkäniemis Brust hinter dem Genick des Zollherrn schnaufte. ›Der Vogt?‹, wunderte sich der Zollkapitän. ›Der Vogt?‹, vergewisserte er sich noch einmal und bog seinen kurzen Nacken so weit nach hinten, dass er von Härkäniemis Gesicht das gesamte vordere Rigg sehen konnte. ›Der Vogt!‹, kreischte er ein drittes Mal und war im selben Moment ein ganz und gar nüchterner Mann, jedenfalls von der Zunge und den Stellen hinter dem Stirnbein her, die beim Menschen die Augen zum Glotzen bringen wie Zicklein, so nüchtern, dass die Zunge in ihrem Stammeln stärker wurde. ›Is das nicht der Härkäniemi, zum Deubel aber auch!‹, lallte er, und aus seinem Zahngehege purzelten die Wörter wie das Vieh aus dem Gatter, schwarze und weiße Lämmer durcheinander. ›Der Härkäniemi, zum Deubel, verkauft vor meiner Nase Zucker am Turku-Ufer, vor meiner geputzten Nase, wo ich von der Brück runterguck in Kahn, guck und aufpass, wo ich es seh, von der Brücke oben seh, da lauert er, der Mistkerl, linst nach allen Seiten, aber nicht nach oben, zieht und zoppelt Zuckerhüte unter Salzsäcke heraus, guckt sich ganz genau um, aber nicht nach oben, und zieht Zuckerhut raus für Frau auf Mole. Ich seh, ich renn, flitz schnelles Tempo Ufer lang, ruf schon von Weitem, auf der Treppe, schrei und ruf: ›Du Mistkerl hast Zucker unterm Salz im Kahn!‹, aber was machen der, der Härkäniemi, verdammt? Lässt Zuckerhut liegen, wo er ist, oh, wie Zunge in Mund und Wasser in Rinne isser an der Vorlein, zoppelt und ruckelt, tritt sogar, und als ich hinkomm, schaukelt Kahn schon los vom Ufer mitten Fluss, und ich guck von der Mole, wie Gaffelsegel glatt am Mast aufsteigt! ›Die Sorte hab ich auch, du kannst Nase nach bis Landspitz Kuuva rennen‹, ruft er noch hinterher, wo er Pinne gepackt hat und am Steuer sitzt. ›Ich hab's ein bisschen eilig, weil guter Wind und Wehen‹, schwätzt der Teufel noch, wie er mit starker Brise Fluss hinuntersegelt. Ich musst erst Nase putzen, bis ich habe kapiert, aber dann ich getrabte. ›Trott, trott‹, sagte Bauch unter Weste, ›hott, hott‹, sagte Ferse am Strump in Pantinen, weil eilig ich war und gerannt! An erste Straßenecke ich geflucht, an zweite ich die Stirn gewischt, an dritte ich auf Weib gestoßen, das sich bekreuzigt in Straßenrinne, und an vierte Kutscher gedöst in Droschke an Straßenrand in Sommerhitze. Ich wie nix zu Droschke und hau und hetze Kutscher an Rücke wie wild. Er wach und hetzt jetzt Pferd, und los geht, dass Räder saust, aber auf Raunistula zu, wo ich wollt Ottkantti! ›Verdammt, wo fahr du hin, Fluss fließt Richtung Burg!‹, ruf ich und zieh an Ohrn vom Kutscher vorbei Zügel, dass ihm die Mütz verrutscht. ›Nach Ottkantti wir kommen auch, aber als wir am Kanalschnabel, segelt Teufel schon wie wild auf Pikisaari zu und winkt, der Drecksack, mit rote Nastuch winkt auf Achterdeck von seine Kahn, wo ich auf Mole und am Ufer die bleiche Faust schwing. Seitdem erkenn ich den Mann, und wenn ich mir sonst nicht sicher bin, außer am Bart!‹, schwatzte Blomberg zum Schluss schon deutlich auf Rymättylä-Art, sodass ich verstand, dass keine Not mehr bestand und die Gefahr also vorüber war, und dazu überging, den Mann zu beruhigen, vor allem, weil Härkäniemi inzwischen ungeduldig geworden war und hinter dem Kopf des Kapitäns Flüche an dessen Adresse brummelte.

›Damals hast du es nicht in den verteufelten Kahn geschafft, aber im Kahn wird dich bestimmt der Teufel irgendwann holen, denn du bist ein schweres Aas, wenn man dich an den Achseln tragen muss!‹, knurrte Härkäniemi also und war wütend, weil er den Mann an der schwereren Seite zu schleppen hatte. Ich eilte herbei und erklärte, ›Das ist nicht derselbe Mann, er sieht nur exakt genauso aus! Härkäniemi hat einen längeren Bart als der hier, und er wächst ihm auf die Brust und nicht nach hinten über die Schulter, so wie der Vogt sich seinen Bart hat wachsen lassen: Daran kann man sie leicht unterscheiden!‹ Härkäniemi lachte ob meiner Geschichte und blies sie noch weiter auf: ›Hier in den Ländereien am Meer pusten immer diese Winde, da zieht es auch auf den Feldern, und da wächst einem der Bart, wenn man in die Ackerfurche tritt, halt schief!‹, erklärte er ernst, Schritt für Schritt seine Fracht nach dem Ufer rumpelnd.

Der Zollkapitän brauchte solche Erklärungen jedoch nicht mehr, und er hörte sie auch gar nicht, denn sobald die Geschichte zu Ende war, fiel er wieder in unschuldigen Schlaf, und sein Kopf bommelte an Härkäniemis sicherem Busen bei jedem Schritt hin und her wie das Kraut an einem aufgehängten Bund Rüben. Die Zolljacht lag nicht weiter als einen Steinwurf entfernt am Ende des Magazinufers, und es ging bergab dorthin, aber ich sah, dass sich bei euch die eine oder andere Schweißbeere durchs Stirnkupfer drückte, bevor es sich ausgekeucht hatte und der Zoll hinter der Reling der Zolljacht verstaut worden war: Auch Zöllner nähren ihren Leib nicht mit Knäckebrot, sondern mit Roggen! Da wurden keine langen Zeremonien abgehalten und zum Abschied Hände geschüttelt, nachdem der Reihe nach jeder Sack samt Hufen auf das der Krone gehörige Deck gewälzt worden war; nur Härkäniemi und Lahdenperä ächzten noch mit ihrer Last und bugsierten den Kapitän nach unten in die Koje, hievten den Kerl sogar ins Bett und deckten ihn bis an die Ohren zu mit dem, was sie an Klamotten fanden, damit er nicht beim ersten Poltern aufwachte: ›Ein Mann verdient die Ruhe des Schlafs, wenn er so viel geschuftet hat wie Blomberg am heutigen Tag: sich im Akkord den Rachen mit überjährigem Unbrauchbaren aus Alastalos Schrank geputzt und im Amt der Krone die Zuckerzukost von zwei Gemeinden für das kommende Jahr ermöglicht hat‹, hatte Härkäniemi gemeint und sich Sorgen gemacht, weil er zum ersten Mal im Leben als Kindermädchen Mitleid empfand, und zog zum Wohle der Säuglingswange dem Kapitän den Rand der Decke über den Bart. Hilfsbereit waren auch wir anderen an Deck, wir liefen zwischen den Tauen umher, was die Kehle Luft hatte, hissten die Segel, machten die Schoten an den Belegnägeln fest und lichteten den Anker der Zolljacht; dem jungen Koch hatte ich vorher schon befohlen, ans Ruder zu gehen, weil er der einzige Nüchterne in der Besatzung war und weil außerdem die erwähnte Mütze des Zollmeisters schief auf dem Kopf des Schlingels sowohl dessen Nasenspitze als auch den Dienstrang hob, und mit den verdeckten Ohren ging der Kochbengel, über die Reling hinweg betrachtet, durchaus als besserer Blomberg durch – ich drückte dem Hundsfott sogar einen halben Reichstaler in die Hand, weil mir der Bursche gefiel und er es verstand, sich während des Spiels an die Noten zu halten! So gut wir konnten, hantierten wir also auf der Jacht: Guter Mitwind ging, und wenn der Bug nur erst in Fahrtrichtung schnupperte, musste kein Nagel das Tauwerk befingern, bevor die Mole von Turku erreicht war, vorausgesetzt, das Ruder hielt das gestreckte Bugholz dorthin, wo die Sunde einen Spalt weit offen und keine Steine sind, gegen die der Kiel poltert, und darauf passten die Bachstelzen, die der kleine Koch als Augen hatte, bestimmt besser auf als die Kohlmeisen des Kapitäns. ›Gruß nach Naantali, und schaut beim Vorbeisegeln, was die Uhr auf dem zeigerlosen Ziffernblatt zeigt, wenn am Ufer etwas planscht und bei einer Madame die Sonnenseite aufblitzt!‹, johlten wir vom Deck unserer Jacht aus, als endlich auch Eenokki, der als Letzter auf der Zolljacht herumgetappt war – ihm war bei dem Drunter und Drüber die Pfeife aufs Deck gefallen, und das musste revidiert werden, selbst auf die Gefahr hin, dass der Mann samt Kinnlade womöglich in die Zwinge des Zolls geriet! –, als auch Eenokki über die Reling der Krone auf seine eigenen Planken gesprungen war und die Zolljacht sich den Bug putzte, um sich sodann auf den Weg in Richtung des Meeresfeldes zu machen, von wo aus es zu ihrer eigenen Ehre nie die Nase in Alastalos Bucht hätte stecken sollen: Der kleine Koch als Knirps am Ruder schwenkte zum Abschied ein-, zweimal die Mütze des Zollmeisters über dem Kopf, bevor er sie sich mannhaft wieder auf Dez und Ohren setzte und der Wicht von Mann unter der Mütze auf dem Achterdeck mitsamt dem Schiff hinter Nautluoto verschwand, wobei er aus vollem Halse ›Der Englische Krieg‹ schmetterte, so schrill, wie er Pfiff in der klingenden Flötenröhre hatte!«

Alastalo speichelte wie üblich sein Weihwasser auf den Jackenaufschlag, zum Zeichen, dass die Geschichte nun zu Ende war, und hier und da belohnte ein Auflachen die gut gelaunte Schnurre. Längst bekannte Sachen waren das für jeden, die meisten waren ja selbst dabei gewesen, und wann hätte man sich solche Erinnerungen erzählen sollen, wenn nicht, sooft man beieinandersaß und guter Dinge war: Angenehme alte Sachen sind immer angenehm! Und auch Alastalo hätte nicht davon gesummt, wenn es nicht die müßige Zeit gewesen wäre, in der die Frauen mit dem Kaffee im Saal umherliefen und ernstere Themen nicht passten, bei den Hofherren aber trotzdem das Lachen in den Bärten wach gehalten werden musste, damit die Gäste beim Warten nicht ihre Nasensparren maßen. Außerdem ist es beim Feuermachen im Kamin immer klug, die Scheite auf die trockene Seite zu drehen und die Rinde gut anzureißen, bevor man das Feuer entfacht, damit die Flammenzunge gleich zu Anfang auf nahrhaften Geschmack kommt, und ebenso müssen Menschen und Mannsleute mit passender Behandlung und geschicktem Reden so geschichtet und auf die Kanten gedreht werden, an denen der Geist von Natur aus mit Werg und willigem Flaum absteht, sodass der Zündstoff, wenn er sich schließlich den Holzhärchen nähert, keine weiteren Amtsmühen hat, als das Trockene zu kitzeln, und schon knistert im Fichtenen wie im Birkenen die Flamme bis dorthin, wo der Schornstein den dicken Rauchmuff wie auch die sich davonmachenden Feuerzungen und die wackelnden Wipfel des flackernden Feuers in seine verrußte Kehle schluckt! Alastalo weihte also zufrieden seine Jackenaufschläge und ließ im Saal von Mann zu Mann ein freundliches Auge schweifen, was sich der Schafhüter leisten kann, wenn die Herde zahm im Verschlag umherspringt und es nebenan von Mutterschafen wimmelt, willig, sich zwischen die Knie nehmen zu lassen, und zwar so wollig, dass die Schurschere zu beißen hat: Blöken wir auf der Weide alte Geschichten, dann kommt sogar beim Scheren schöner Saft zum Wiederkäuen in den Mund!, dachte er, Alastalo.

ACHTES KAPITEL

Alte Geschichten nicht zuletzt darüber, wie die Zuckerhüte gerettet wurden und der Zoll mit Rückenwind nach Turku segelte.

In der Ecke des hinteren Sofas blinkerte allerdings auch Härkäniemi schon mit den Augen. »Bei der Gelegenheit kannst du gleich auch die Geschichte erzählen, wie der Zollkapitän das nächste Mal kam, um nachzuschauen, ob auf Alastalo noch Rum im Schrank ist!«, wurde von dort aus im Saal hörbar, nachdem Härkäniemi zuerst das Mundstück seiner Pfeife aus den Zähnen entfernt hatte. Ein gutartiger Schadensschmunzel leuchtete in seinem Bart, als er gemächlich von unten her den Schalk in seinen Augen vom schmauchenden Pfeifenkopf über Alastalos Brust bis in Alastalos üblicherweise leicht gerötetes Gesicht hinauf bewegte: Er wusste schon lange, dass Alastalo diese Geschichte nicht recht schmeckte, sie hatte Stellen, bei denen Alastalo, auch wenn er sie aus anderen Mündern hörte, an seinem Lippenbart zu kauen hatte, wie zum Beispiel die, dass Blomberg doch geschmeidiger im Kopf gewesen sein musste als vermutet und hinterher, nachdem er die Nebel überstanden hatte, fähig, das, was sich in Alastalos Saal und auch am Ufermagazin auf der Brücke abgespielt hatte, in seinem Kopf zu ordnen und Sinn und Verstand zu geben; Härkäniemi, der Nachbar und Mitpflücker auf gemeinsamen Beerenbülten, bedachte also im Sinne einer freundschaftlichen Kostprobe Alastalo mit einem kleinen Blick aus dem Augenwinkel, bevor er mit der

Erzählung begann, von der er wusste, dass sie, wenn es nach Alastalo ginge, gern unausgesprochen im Zahnfleisch stecken bleiben dürfte, wie das Knochenfrühstück vom geizigen Kitula-Matti unangerührt im Beutel. Auch im Saal blickte sich Härkäniemi um und schätzte anhand der Aktivität der Frauen, dass noch eine ganze Weile dahingehen würde, bevor man wieder unter Männern wäre und seine Ruhe hätte: Die erste Tasse war gerade erst angeboten worden, und Siviä lief geschäftig umher, zusammen mit Rauha leere Tassenpaare auf dem Tablett einsammelnd. Ich werde ein bisschen erzählen, dachte er, dann wird die zweite Runde unmerklich hereingetragen, und die Zeit vergeht, sodass wir bereit sind, wenn es losgeht.

Härkäniemi hüstelte also und nahm das Mundstück der Pfeife aus dem Bart. »Soweit ich mich erinnern kann, ist Blomberg noch einmal hierher zurückgekehrt!«, sagte er also. »Diesmal warst du nicht mit in Schweden gewesen!«, fügte er als Erklärung für Lahdenperä neben sich hinzu, als würde er nur zu ihm reden, obwohl der ganze Saal zuhörte, weil die Ohren sonst nichts zu tun hatten und weil man üblicherweise still dasaß, wenn man Härkäniemis Bart anmerkte, dass er im Begriff war, sich länger zu bewegen.

»Es passierte zwei Wochen nach dem, was eben erzählt worden ist, und wir hatten auf der Heimfahrt ausgezeichneten Wind, brausten in einer solchen Eile über die Ålandsee, als hätte Alastalo die Nachricht erhalten, dass daheim die Sauna schon angeheizt wurde. Der Engländer war inzwischen vom Bottnischen Meerbusen verscheucht worden wie die summende Mücke aus der Weihnachtskirche, die Kihti-Sunde schluckten wir wie der Strumpf die Maschen, und schneller, als ihr zu Hause ahnen konntet, waren wir bei Maantaka und an der Nautrauma-Meerenge: Auf dem offenen Meer hatte ein anderer Wind geblasen als hier in den inneren Gewässern, sodass euch auch das prellte und ihr allesamt, jeder Einzelne, daheim wart, als wir schon am Markustag den Markt erreichten. ›Halten diesmal Möwen und junge Barsche Wache, um den Zucker abzupassen!‹, beschwerte sich Alastalo, als er vom Ruder aus auf die leeren Ufer spähte, auf deren Steinen bloß die Flussseeschwalben kräkten und Rabatz machten. Ich meinte, wir sollten vor Anker gehen und einen Mann im Boot mit einer Nachricht an Land schicken, damit sie wissen, dass wir löschen wollen und den Zucker sicher unterkriegen. ›Kann sein, dass der Mistkerl von Blomberg wieder auf der Lauer liegt!‹, sagte ich. Aber Herman Alastalo trägt bisweilen einen Hahnenkamm auf dem Kopf, der höher aufragt als das Horn der Vernunft, und diesmal war ihm danach, den Hahn zu machen. ›Nicht nötig!‹, wehrte er hochmütig ab und warf, da am Bürzel nun mal kein Federbesatz schaukelte, den Kopf in den wolligen Buckelnacken. ›Wir segeln einfach prächtig ans heimische Ufer, dafür sind die Landungsbrücken schließlich gemacht, dass die Jacht des Hauses im heimischen Hafen anlegt!‹, prahlte er mit dickem Kamm. ›Blomberg hat beim letzten Mal einen derartigen Priem in die Schnauze gekriegt, dass er noch mehrere Wochen niesen muss, bevor er wieder Lust auf Alastalos Mole kriegt!‹, schwadronierte er und blies die Weste auf Bauchhöhe auf. ›Und mich wurmen die Schlafmützen an Land, weil sie nicht das Näschen haben, um wie die Raben dort zu sein, wo die Krähenbeeren reifen! Verflixt, ich hätte nicht schlecht Lust zu sehen, wie Pukkilas Nase, die Nase in seiner Visage sich über den eigenen Sparren hinaus in die Länge zieht, weil er erst zur Stelle ist, wenn der Begrüßungstrunk gekostet und gut untergebracht ist! Schoten fieren und Baum nieder, weil der Wind weht, diesmal wird sich selbst Blomberg nicht wundern müssen, warum Alastalo mit halber Fracht ans Ufer segelt: Im Rumpf sind stapelweise Zuckerhüte geladen, was die Borde hergeben, ohne Wasser zu schlürfen, Salz nur in einer Lage als

Abdeckung, damit die Möwen ihre Untaten aus der Luft nicht direkt in die Kaffeewürze fallen lassen, wenn man die Luken öffnet!‹ So brüstete sich Alastalo damals, auch wenn er jetzt mit den Augenlidern blinzelt wie der Schafsdieb vor Gericht oder die Netzfang-Fiina bei der Katechismusprüfung, und mit Segeln beiderseits so breit wie das Gesangbuch rauschten wir denn im Achterlichen in Alastalos Bucht, die Fahne prächtig gehisst und an der Gaffelspitze knatternd. Der Stolz hielt auch noch an, als wir in stattlichem Bogen mit den flügelgleichen Segeln Wind schnappten und mit der Jacht, wie auf Befehl, in auslaufender Fahrt schräg mit der Flanke voran genau passend an der heimischen Mole anlegten. Schon liefen die Leute aus dem Haus und auf die Brücke, es wurde festgemacht, und Alastalo rieb sich zufrieden die Hände, bevor er über die Reling hinweg zum Gruß aus Stockholm den Seinigen die Hand reichte. Bis jemand vom Ufer aus in Richtung Kaaskeri-Spitze spähte und auch Alastalo den Nacken um das halbe Quart drehte, das nötig war, um die Öffnung des Kivivesi zu sehen. Auch ich hatte bereits dorthin geschaut, und sosehr der Wille auch Nein sagte, konnte das Auge nicht leugnen, dass sich dort das bekannte Segel der Krone hinter der Landspitze hervorschob, man sah schon den Bugspriet, und wenn man noch einen kleinen Moment länger hinschaute, lag die Zolljacht in voller Breite vor der Einfahrt zur heimischen Bucht wie der Riegel im Schloss.

›Verflucht!‹, entfuhr es Alastalo im selben Augenblick aus tiefstem Herzen, und auch wir anderen standen bestürzt da, sogar die Knechte auf der Brücke. Ich habe bisweilen beobachtet, was der Mann für ein Gesicht macht und wie er die Augen führt, der am Ruder an sich schon alle Hände voll zu tun hat, die Keuchköpfe am oberen Rand im Auge zu behalten und den unteren Rand vor den Schlürfköpfen zu hüten, und der inmitten der gischtigen Fahrt genau in dem Schlamassel, in das der stoßende Bug gerade seinen Flug lenkt, die Spitze eines Felsens ausmacht, die im schäumenden Meer ihre kahle Flanke zeigt, bereit zu prüfen, wer nachgeben wird, die graue Kante des Steins oder das brüchige Holz der Bretter. Wenn der Mann an der Pinne dann ein Mann ist, ist das Spiel seiner Wangen im Gesicht schön anzuschauen: Als Erstes verändern sich die Augenschlitze und beißen zu wie Eisen, danach ist stark wie aus Stahl jede Linie im Gesicht, von den sprühenden Augen bis zu den straffen Striemen der Mundwinkel, und erst wenn der Bug beim Beschleunigen aufsteigt und die Flanke des Bootes mit einem Klafter Abstand die spuckende Spitze des Feindes passiert, ahnt man, dass vom gespannten Bogen der Befehl erklungen ist und die Stahlspannung im Gesicht stählerne Arbeit im Arm an der Pinne geleistet hat. Das gleiche Spiel beobachtete ich damals auf Herman Alastalos Gesicht, als die Zolljacht Fuß um Fuß ihre gesamte bemalte Flanke aus dem Schatten der Nautniemi-Spitze löste und, sobald sie das Glatte erreicht hatte, den Am-Wind-Kurs änderte, um auf uns am Ufer zuzufahren, die bunte Fahne am Gaffelmast hisste, zum Spott und scheinbar auch als Begrüßungsschwank, so wie an der Spitze unseres Mastes noch das Farbtuch als unschuldiger Teufel flatterte und wedelte wie der Leibhaftige, obwohl niemand das Wedeln befohlen hatte; ich beobachtete sowohl die Zolljacht, die mit jedem trockenen Speichelschlucken im Rachen näher und immer näher kam, als auch Alastalos Gesichtshälfte, in der es kribbelte wie im Rigg, wenn ein Böenbursche und Galoppmatrose von Wind an jedem Tuch testet, ob die Naht am Buldan-Stoff dicht im Stich ist und aus was für einem Material der Hanf der straff an den Nägeln sich spannenden Seile, ich beobachtete es und fragte mich, ob es das Ruder dieses Mal noch bis an den unteren Anschlag schaffen und wir seitlich am Stein vorbeistreifen würden, ohne ihn zu kitzeln, oder ob die Schüssel jetzt zerschellte!

So schaute ich also zu und kirnte die Spucke im Mund, aber bei Alastalo stachen die Augen im Kopf hervor wie Kaulbarsche im Netz: ›Janne!‹, schrie er im selben Moment. Schrie, sage ich, aber aus so dicker Haut heraus, dass die Stimme schon nach drei Klaftern Strecke unhörbar war wie ein Stein, der ins verschlossene Wasser geschleudert wurde, im Schoß des Meeres landete. ›Janne!‹, zischte er also zwischen den Zähnen hindurch dem jungen Knecht auf der Brücke zu, eben jenem Janne Pihlman von heute, der dort an der Wand sitzt. ›Du hast doch Beine, mein Junge? Dann lauf so schnell du kannst den Kumpeli-Berg hinauf und noch geschwinder zurück! Einen Rubel bekommst du für jedes Wort, wenn du rechtzeitig wieder da bist und schon hinterm Uferwall keuchst, dass der Engländer kommt, dass man vom Kumpeli aus die Toppen und eine Fregatte auf dem Seeabschnitt Seksmiilari sieht!‹ Da war keine Zeit für biblisches Erklären und Blättern, und das war auch gar nicht nötig, denn Janne, der Janne Pihlman, der da drüben sitzt, hatte sich schon die Mütze von der Mähne gerissen, und während die Zolljacht eine Wende machte, um den Wind aus den Segeln zu nehmen und im Bogen neben unserer Jacht an der Mole anzulegen, wartete der Junge den Moment ab, in dem der Baum der Zolljacht den Männern vom Zoll die Sicht auf die Ecke der Landungsbrücke verstellte, an der er stand, und verschwand wie weggehext hinter der Ecke des Magazins.

Auch Alastalo hatte jetzt, da diese Schot gefiert worden war, keine Zeit für weitere Maßnahmen auf dieser Seite des Riggs. Da schritt er nun, ein gelassener Mann, mit wiegendem breiten Leib übers Deck, an der Oberfläche reglos wie der glatte Sahnerahm nach einem Tag und einer Nacht auf der Dickmilch in der Wanne, schritt in aller Ruhe auf die Reling seiner Jacht zu, neben der gerade die königliche Längsseite des Zolls mit schlackernden, schlaffen Segeln anlegte. Das ruhige Auge beobachtete das Manöver, und Alastalo hielt es sogar für nötig, den Gast zu warnen, bevor er sich breit mit den Armen auf die Reling stützte, um den Vorgang besser verfolgen zu können. ›Schamfilt mir ja nicht die Flanke, die Balken sind frisch geteert, und der Anstrich der Zolljacht wird auch ramponiert!‹, rief er gut-häutig und ließ wie zur Polsterung Spucke zwischen die Schiffe tropfen. Ich hatte mich neben ihn an die Reling gestellt, lehnte dort und schaute zu, damit der Zoll einen höflicheren Empfang hätte, und ich plauderte auch ein bisschen, um etwas zu sagen, nachdem ich zuerst meinen Priem, den ich zur damaligen Zeit noch kaute, von einem Mundwinkel in den anderen geschoben hatte. ›Ihr kommt zur rechten Zeit‹, sagte ich, ›ich hab gerade nach einem Napf gesucht!‹, sagte ich und spuckte in meinem Ärger ebenfalls aus, und zwar einen ordentlichen Klecks, aber auf das Deck der Zolljacht. ›Hör auf, sie zu ärgern, verdammt, wir haben auch so schon genug am Hals!‹, zischte mir Alastalo ins Ohr, aber der Zollkapitän war bereits wie der heilige Wirbelwind an der Reling seiner Jacht, und die Augen in seinem Kopf sprühten dermaßen, dass man mit den Funken seine Pfeife hätte anbrennen können. ›Spuck nicht, Bengel verdammt, auf feine Deck von Krone, ich werd dich lehren, Härkäniemi Mistvogt, deine Bart zu putzen!‹, fauchte er und wurde so schlimm rot, dass ich nahe daran war, ihn zu fragen, ›kommt der Herr etwa aus Rymättylä, und hat er einen Heringskopf verschluckt‹, aber Alastalo kam mir zuvor. ›Ist der Herr Kapitän hergekommen, um das Rumgelage fortzusetzen?‹, schwatzte er und stand so breit da – wozu ich neben ihm mit meinen Schultern beitrug –, dass sie auf der Zolljacht ernsthaft schauen mussten, wo ein Mann über die Reling schlüpfen konnte, falls er gewissermaßen auf unserem Deck etwas verloren hätte, was offenbar der Fall war, dem Umstand nach zu schließen, dass sich so viele Nasenspitzen, wie es auf der Zolljacht zu putzen gab, jetzt an der

Reling drängten. Alastalo schnackte aber bloß mit gelassenen Zähnen weiter, als wäre der Zollkapitän bloß zum Plaudern in aller Eile von Turku hierhergekommen. ›Ihr kommt zur besten Zeit, weil wir gerade aus Stockholm zurückkehren und der Rum noch frisch ist, außerdem wurde beim letzten Mal die Feier ja unterbrochen: Was hatte es der Koch plötzlich eilig, aufzubrechen!‹, sagte er und rückte an der Reling seine massive Westenfront rücksichtsvoll und versöhnlich an die Stelle, die der auf seinem Deck hin und her hüpfende Zollkapitän sich ausgeguckt hatte, um auf unsere Seite zu springen: Schließlich musste man einen Mann der Krone höflich und direkt auf den Bart zu ansprechen und nicht schief und seitlich über die Schulter! ›Rum, Rum!‹, schnaubte der Kapitän und ächzte hinter dem Dollbord wie ein Brummer an der Scheibe, durch die er auch mit Gewalt nicht kommt. ›Dein Rum wie Dreckbrüh: Koch hat gehört, wie Pukkila Pihlman in dein Ohrwaschel sagen: Hast eingeflößt Zollherrn schlechte Rum, Pukkila, prächtig Mann, gesagt: schlechte Rum! Und gespuckt! Du, Mattsson letzte Mal viel klüglich gesprochen, ich nachher gedacht, wie ich aufgeklart: Du bist nicht einfache Mann, so wie dein Gesicht, du bist zweibodige Mann, unterm Saum zweites Tuch, und das Tuch erst hat echte Farbe. Ich hab daheim überlegt, im Bett gedacht und alles mich erinnert: Gefährliche Mann, den Bursche muss im Auge haben! Gedacht und auch zu Frau gesagt, vom Schnarchen aufgewacht und gesagt: Nächste Woch, denk dran, und sag mir, nächste Woch ich muss wieder Alastalo Ufer lauern, wenn Mattsson kommt von neue Fahrt, der segelt flink!‹

Der Zollkapitän war mit seiner Rede schon in den letzten Zügen und trotz Alastalos stillen Manövern auf dem Deck unserer Jacht gelandet, mit geschlossenen Füßen war er zwischen mich und Alastalo gesprungen, und schon drückten sich auch andere Zollheinis um uns herum, einer hebelte sogar bereits eine Luke auf, sodass man die Ladung sah, die Salzsäcke unschuldig obenauf. Der Zollkapitän stand an der Luke und betrachtete die volle Ladung im Rumpf: ›Diesmal du segeln volle Last, Mattsson, ganz große Last. Viel Salz?‹, plapperte er boshaft, und die Augen spielten auf Alastalo, als wäre er ein guthäutiger Mann hier an Deck. Nun bestand auch keine Eile mehr, weil man praktisch in der Hand hatte, was es zu fassen galt: Auch die Katze beeilt sich nicht mehr, wenn sie die Maus zum Spielen zwischen den Pfoten hält. ›Flinker Mann, du Schelm!‹, meinte er also und klopfte Alastalo lobend auf die Schulter: Der Vorgeschmack war so gut, dass dem Kerl der nasse Speichel aus dem Mundwinkel troff. ›Rum schmeckt gut, wenn Kontrolle vorbei!‹, sagte er und wischte sich mit der Handfläche die Tropfen vom Bart, als müsste er sich die Bürste nach einem gekippten Grogglas trocknen. ›Volle Last!‹, tönte er mit glänzenden Augen und war so zufrieden, dass die Zunge auch jetzt den Rymättylä-Schlag annahm, wie immer dann, wenn er ein Gläschen getrunken hatte. ›Richtig Spaß zu gucken eine so tüchtig Last, wo auch so treu vertäut, dass kein Ritz zwischen Säcke, wo durchgucken kann, selbst mit Nasenglas auf. Hast du bis zum Boden so dicht geladen: Salzsäcke sitzen in Ladung viel dichter als Zuckerhüte, die rollen, oder? Jemand von euch hat auch gesagt, dass Zuckerhüte Mistkerle, wenn rollen! Aber ich sag bloß, dass du viel Salz in Ladung, wenn bis zum Kiel alle Säck gleiche Nation. Ich kein Verdacht, aber von Amts wegen müssen wir wälzen. Aber besser versteh ich dich jetzt vom Verstand her als früher, wo du immer mit halbe Last in Hafen segeln, damit du nicht unnötig Mühe und kein Engländer dich ärgern!‹

Blomberg war so gut gelaunt, dass seine Zunge Wörter ausschwitzte wie ein triefender Schinken Fetttropfen beim Schmoren. Es besteht zum Trinken ja auch keine Eile, wenn man den schäumenden Krug vor sich hat und wenn die Nasenlöcher zuerst ihren Teil des Aromas verschlingen, bevor die Kehle sich ihren Teil aufs Leder schlürft! ›Salz braucht man ja‹, sagte er, ›und Krone sehr zufrieden mit Untergebene, wenn demütig und brav und segeln mit Risiko ohne groß Verdienst ehrliche Salz ins Land. Ich versteh zwar solche Mensch nicht, und ich glaub auch nicht, dass gibt, aber schäm ich mich ehrlich und wunder mich danach, wenn auch hier alles vollgestopft ist bis zum Kiel und nicht mehr rauskommt als bitter Salz und dumme Säck. Aber voll Last hast diesmal du gesegelt, Alastalo, und dafür sollst du kriegen alle Ehre! Ich fluch immer und manchmal schwer, wenn Luke auf und in Rumpf Ladung so ein Haufen wie Scheißkrümel von Floh und Säcke drüber kreuz und quer schlecht verteilt im ganzen Rumpf, als hätt jemand vor mir in Ladung gestochert! Du hast die Säcke hübsch in Reih und Glied!‹, lobte er und schaute Alastalo ins Weiß der Augen, wie der Kaffeeröster ins Innere seiner Röstung, ob die Bohnen bereits braun werden. ›Am liebsten würd ich die obersten ein bisschen schwenken und gucken, was drunter ist!‹, sagte er und schaute auf seine Männer, die an der Luke herumstanden und warteten, was der Kapitän befiehlt. Auch ein Hund leckt sich die Mundwinkel, wenn er einen Leckerbissen zwischen den Pfoten hat, und leckt sie sich auch zweimal, bevor er den Eckzahn an der ausgeguckten Stelle ansetzt, wo der Knochen knirschend bricht und die Maische des Marks dem gierigen Zahnfleisch ihr Schmierakel abtritt.

›Jaa, jaa‹, sagte Alastalo gedehnt, der keinen Grund mehr hatte, den Fortgang des Ganzen zu beschleunigen und der als Zwischenbeschäftigung zum Uferhügel schielte, ob von Janne etwas zu sehen und zu hören wäre. ›Jaa, jaa, sage ich.‹ Alastalo schluckte und überlegte, ob in den Worten des Kapitäns etwas wie eine Gräte zu spüren wäre. ›Beim letzten Mal gab der Kapitän im Saal diverse Ratschläge, und ich dachte, man sollte, verflixt, auch das mal probieren, auf die Worte des Erfahrenen hören und einmal eine volle Fracht laden, es kann nicht schlechter gehen, als es läuft! Und gut ist es gelaufen, weil die Ladung nun am heimischen Ufer und im Hafen liegt, die Säcke ordentlich, sogar vom Kapitän gelobt, auch der Zoll vor Ort wie bestellt, sodass Kontrolle und Löschen in einem Aufwasch über die Bühne geht! Gut ist es geglückt, sage ich, und dank des Kapitäns gibt es hier jetzt eine volle Ladung an Land zu wälzen, bevor wir wieder zum Rum kommen. Obwohl man beim Sprung über den Graben ja nicht immer weiß, ob der Fuß tatsächlich die Erde auf der anderen Seite kratzt, auch wenn man glaubt, genügend Anlauf genommen zu haben. Auch diesmal –‹ Alastalo drehte sich um, bevor er fortfuhr, um gemächlich über die Schulter auf den Sund von Kaaskeri auf der Seksmiilari-Seite zu blicken, wie um zu prüfen, ob die Einfahrt der Meerenge rein war.

›Auch diesmal‹, wollte er fortfahren, aber Blomberg war zu sehr mit sich zufrieden, als dass er die Geduld hatte, zu warten, bis etwas Fertiges aus Alastalos Kinn kam. Er wollte Herman ein weiteres Mal auf die Schulter klopfen, schließlich musste man einen Mann, der so eindeutig in diesem schiefen Wind in der Klemme saß wie Alastalo, wenigstens beschwichtigen. ›Du aufmerksame Mann, folgst gute Rat und segelst volle Last!‹, plapperte er und tätschelte den anderen wie ein zufriedener Bratenkäufer ein gutes Stück Keule auf dem städtischen Markt. ›Gute Fahrt gehabt, Mattsson?‹, erkundigte er sich in voller Güte und war durch und durch Kamerad. ›Deine Jacht segelt flink, beinah ich mich verspätet!‹, kostete er sein Glück aus. ›Hervorragende Fahrt‹, bestätigte Alastalo, ›und noch besseres Glück!‹, fügte er hinzu. ›Was ich gerade sagen wollte‹, sprach er weiter, da er das Wort behalten durfte, ›war, dass der Mensch manchmal mehr Glück hat, als er verdient. Jetzt hier im Schutz der Krone ist auch für mich wohl sein, aber vor zwei Stunden hätte ich weder für meine ganze Ladung wie für die Jacht bezahlt, nicht den Preis eines Schlucks Rum: Der Engländer spielt nicht mit der Jacht, die er sich schnappt. Zum Glück hat Gott beim Einpflocken im Kihti-Fahrwasser doch Verstand und genug Zeit gehabt, Klippennägel aufzustellen wie Zinken auf dem Pferdestriegel: Auch ein Kriegsschiff fürchtet das Rumpeln unterm Kiel, und die Fregatte, eine Bestie im Fliegen und ein Falke auf Schwingen über den Weiten des Meeres, verwandelt sich in einen platten Vogel auf dem Wasser und legt die Flügel an, wenn vor dem Bug die Klippen schäumen und die Jacht wie ein Spatz vor den Krallen flieht, dorthin, wo die Ufergrimassen den Sundenspalt gerade so weit öffnen, dass nicht mehr als ein Bürzel hindurchpasst. Dort, auf dem Seksmiilari, ließ ich den Engländer vorhin hinter den Klippen von Kihti sich die Nase putzen, falls es Rotz war, was aus den Kanonen lief, und von mir aus darf er dort auch bleiben, wenn er nicht den Kaaskeri-Sund da drüben entdeckt und eine Slup losschickt, um nachzuschauen, ob wir Salz haben oder was, weil wir es so eilig hatten!‹ Wieder drehte Alastalo Nacken und Rücken, um ein weiteres Mal auf die Öffnung des Kaaskeri-Sundes zu blicken, und lauschte für ein Momentchen dem Rauschen der See. ›Auch wenn jetzt immerhin keine schlimmere Not herrscht, als dass wir Männer der Krone im Kahn haben!‹, meinte er nach einer Weile und wandte sich Blomberg zu, als fühlte er sich sicher.

Der Zollkapitän zog sich etwas wie einen Schrecksplitter an der empfindlichsten Hautstelle der Fingerspitze seines Lachens zu, worauf das röhrende Lachen auf der Stelle im Bart vertrocknete wie das Saftgrün im Kartoffelkraut an der Zaunstange, und zwei sehr kugelige Augen starrten auf die leere Einfahrt zum Kaaskeri-Sund, als würden von dort aus bereits Engländer aufgebracht die Bucht bedrohen wie Wespen nach einem Tritt gegen den Stubben. ›Der Engländer‹, brüllte er, und seine zwei stämmigen Zöllnerstempel erzitterten auf Deck wie die vier staksigen Röhren unter einem schreckhaften Fohlen, wenn es im Gebüsch neben der Straße ein Rascheln hört. ›Der Engländer!‹, sagte er ein weiteres Mal, aber Flucht und Hasenpanier waren trotzdem auf den folgenden Moment verschoben, wenn man sie vielleicht brauchte, und das argwöhnische Augenpaar hing mit seinen Pfeilspitzen vorerst noch an Alastalos unbeweglichem Bart. ›Haust du Mistkerl mir wieder über Ohr, schelmischer Mann?‹, entfuhr es Blombergs Zähnen in der Not. Das Auge hatte es bereits geschafft, einen Sprung zur Lukenöffnung und auf die einladenden Hinterbacken der Säcke im Rumpf zu machen und von dort wieder zurückzuschlüpfen auf die geheimnisvoll wallenden Wasser an der Kaaskeri-Spitze, um schließlich ein verzweifeltes Mal auf Alastalos ausnehmend verschlossenem Gesicht zu landen. ›Du bist ein Hund und hast Visage von ernsthaftem Fuchs, spielst du mir vor meinen Augen einen Streich?‹, versuchte der arme Kapitän einen Wissenskrümel herauszuklopfen, wie einer, der mit kraftlosen Händen ans Eisentor hämmert, als er merkt, dass er eingeschlossen worden ist, und blinzelte in Alastalos reglosen Bart wie in die Laubkrone vom Baum der Erkenntnis.

Alastalo hatte freilich Erbarmen mit dem armen Mann. ›Ich werde den Herrn Kapitän nicht zum Glauben zwingen, wenn er nicht glauben will!‹, meinte er überaus ruhig, wenngleich mit etwas schärferer Stimme als zuvor: Er merkte, dass er den Zacken bald in den Händen hatte. ›Aber ich erkenne den Engländer, wenn ich ihn sehe. Und es ist nicht gesagt, dass die Engländer als Erstes ausgerechnet hierher finden, selbst wenn sie die Slup zu Wasser lassen. Außerdem wird es doch wohl nicht dasselbe Schiff sein, das letzten Sommer seine Slup zum Schnüffeln vom Kaaskeri-Loch aufs Kivivesi geschickt hat?‹, redete Alastalo beruhigend auf den Zollkapitän ein, der wie auf glühenden Kohlen auf Deck stand.

›Von dort drüben kamen sie, ich saß gerade am Stubenfenster und sah zu, wie sie mit zwanzig Mann in die Bucht ruderten‹, erklärte Alastalo weiter, als erinnerte er sich an gute alte Zeiten, und deutete mit dem Daumen an Blombergs erblassender Nase vorbei auf die Kaaskeri-Spitze. Alastalo lachte leicht. ›Wir ermannten uns danach im Dorf, und als der Engländer, ohne uns zu jucken – ich hatte meine Jacht hinter Nautio versteckt –, aufs Kivivesi ruderte, schickten wir eine Botschaft: Ich glaube, es war Härkäniemi, dessen Birne damals Possen machte! –, schickten wir eine Botschaft nach Karjamaa und in die anderen umliegenden Häuser, dass ein Robbenrudel in Sicht sei, sie müssten nur die Robbenbüchsen an der Sundmündung haben und an beiden Ufern des Kaaskeri genügend Männer mit ebensolchen stationieren. Zwei Stunden später war eine ganze Schar von uns versammelt, und gewiss wären den Engländern von beiden Seiten der Meerenge Löcher in die roten Jacken geballert worden, wäre der Engländer zu unserem Glück nicht geschmeidiger gewesen und bereits draußen auf dem Seksmiilari gerudert, als wir mit unseren Büchsen hinter den Steinen auf Posten waren. Zu unserem Glück, sage ich, denn was wäre von unseren Häusern und Dörfern jetzt übrig als glühende Kohle, wenn wir zum Schießen gekommen wären und der Engländer mit seiner Fregatte an der Sundmündung nachgeschaut hätte, was da gespielt wird. Wenn er will, dann kennt der Engländer den Weg hierher!‹, erzählte Alastalo, als würde er bloß irgendwas Schönes zur Beruhigung reden, wobei er allerdings ständig verstohlen auf den Uferhang schielte. ›Ich glaube trotzdem nicht, dass der Engländer diesmal seine Nase hier hereinstreckt, ich glaube es wegen meiner Ladung und auch wegen meiner Salze nicht!‹, fügte er hinzu, als er hinter der Anhöhe einen hellen Haarschopf aufblitzen sah.

›So was aber auch, der Wind steht voll auf Nordost und bläst mit ganzer Kraft!‹, meinte er und spähte nach der Windfahne am Topp der Zolljacht aus. ›Guter Wind nach Turku für Euch, wenn die Kontrolle fertig ist, Kapitän, der wird Eure Schüssel von hinten anschieben wie der Teufel den Hexenbesen zu Ostern! Was habt Ihr schon für Not, selbst wenn der Engländer zum Kaaskeri-Loch hineinniesen sollte: Die Männer in den Kahn, die Segel auf West, das Ruder an den Anschlag, und schon geht es in höllischer Fahrt mit leerem Pott auf Turku zu; dann versuche du nur zuzuschnappen, Engländer, falls du schnell genug ruderst und den Schwanz erwischst! Bei mir sieht es ganz anders aus: Die Segel unten, die Trossen fest, die Jacht schwer beladen – meine Salze rettet nichts, selbst wenn der Teufel die Messe liest und der Bischof flucht!‹ Alastalo hatte nun bemerkt, wie Janne, Janne Pihlman, drüben den Uferhang herunterkam, was die Beinstempel in den Hosen hergaben und so schnell, dass die Wurzeln der Haarmähne gerade noch so in der Kopfhaut stecken blieben; das Gesicht des Jungen glühte rot wie ein gekochter Krebs.

›Was zelebrieren wir hier eigentlich noch für eine Warterei und Kirchenliturgie, führen wir die Kontrolle durch, wo die Luken schon mal offen sind, dann kommen wir schneller an den Rum!‹, sprach Alastalo antreibend, sobald er seine Augen von dem Jungen hatte lösen können. Er war nun ein durch und durch ruhiger Mann, hatte eindeutig nichts anderes im Sinn als die Himmelsrichtungen und das Riechen nach dem Wind. ›Der Nordostwind hat die Eigenschaft, dass er gegen Abend abnimmt, und dann fegt selbst eine Zolljacht nicht mehr übers Kivivesi, wenn wir hier so lange faulenzen und die Nasenelle wachsen lassen, bis der Engländer dann doch seinen Schnabel bis zum Horizont streckt!‹, sagte er, um Blomberg einen Gedanken im Kopf einzusäen. ›Drücken die Pantinen an die Zehen, Kapitän?‹, fragte er gleich darauf mit scheinbarer Anteilnahme, als er zusah, wie der Zollkapitän zwischen Lukenrand und Reling tatsächlich einen solchen Tanz auf dem Deck der Jacht hinlegte, dass einem Simpel in dem Moment durchaus schlimmere Befürchtungen um den Kapitän und womöglich auch um den Inhalt von dessen Hose in den Sinn gekommen wären als gequetschte Zehen. Die innere Abteilung kann sich bei einem Mann durchaus schon in leichteren Fällen lösen als in der Klemme, die Blomberg jetzt zum Hüpfen brachte, mit Hosenträgern, die offensichtlich an Leib und Seele gleich straff saßen: Es war so klar, wie wenn man seinen eigenen Nasenknubbel im eigenen Gesicht mit der eigenen Pranke betastete, dass man die Salzsäcke unter der Luke bloß auf die Seite wälzen musste, und schon würden im Rumpf mehr Zuckerhüte aufblitzen, als der eigene Magen sich vorzustellen wagte, aber würden sie noch dazu kommen? Die Finger müssen genau dann das Zugnetzseil loslassen, wenn sich an der Netzstelle planschende Maränenhälse zeigen, so dick wie Brei, der im Topf blubbert!

›Der Engländer kommt, der Engländer kommt!‹, hörte man es im selben Augenblick von der Böschung her schallen. ›Sie kommen, sie kommen!‹, keuchte Janne, nun schon auf der Landungsbrücke, so laut es seine hechelnde Lunge erlaubte. ›Was bin ich gerannt, was bin ich gerannt!‹, schnaufte er auf der Brücke, als wäre er mit dem letzten Atemzug angehetzt gekommen, um die Nachricht zu übermitteln, und als wäre der Zollkapitän mit Stielaugen an die landseitige Reling unserer Jacht gerannt, um es zu hören. ›Von der Anhöhe aus sieht man's, vom Berg aus hab ich's beobachtet!‹, sagte Janne außer Atem immer wieder, sodass auch ich geglaubt hätte, dass es sich um die Wahrheit handelt, hätte ich es nicht besser gewusst. Der Schlingel hatte hinter der Ecke des Söllerspeichers aufgepasst, bei dem Stallhammel, der dort mit dem Kalb auf der Weide stand und dem er im Winter aus Spaß beigebracht hatte, zuzustoßen, wenn man ihn an den Hörnerstümpfen packte: Davon war er außer Atem.

Der Bengel hatte sich, durchaus vernünftig, gedacht, was soll ich unnötig auf die Anhöhe und in den Wald rennen, wenn ich in der Nähe gebraucht werde, und das vielleicht eher, als man denkt, also war er unter dem Söllerspeicher geblieben, zwischen dessen Pfeilern hindurch er im Auge behalten konnte, was sich auf der Landungsbrücke tat, und hatte zwischendurch mit dem Hammel gerangelt, um sein Blut ein bisschen zu reizen. Von dort aus, hinter der Ecke des Söllerspeichers, war er also angeflitzt gekommen, weil der Zollkapitän seiner Meinung nach und von der Ecke des Söllerspeichers aus betrachtet auf eine Art mit den Händen gefuchtelt hatte, als würde er gleich durch die Luke in den Laderaum springen, er war angeflitzt gekommen und keuchte jetzt dank der Kämpfe mit dem Hammel auf der Landungsbrücke neben der Reling der Jacht. Für diese Tat belohnte ihn Alastalo später, indem er ihn als Koch auf die erste Fahrt mit seinem Schoner mitnahm und ihn zum Seemann machte!

›Von der Anhöhe aus hab ich's beobachtet!‹, japste der Junge, ›gerade haben sie von ihrem Kriegsschiff die Slup zu Wasser gelassen, zwanzig Mann hab ich gezählt, als sie sich an die Ruder setzten.‹ ›Was machst du für ein Aufheben, Junge!‹, erwiderte Alastalo, der ebenfalls auf die Seite der Jacht gegangen war, wo der Kapitän stand, und sich neben ihn an die Reling stellte. ›Der Junge hat sicher vom Berg aus einen Fischer gesehen, der von seinem Boot aus die Netze ins Wasser warf, und dabei haben sich seine Augen so verguckt, dass er jetzt herkommt und Histörchen redet!‹, beruhigte er den Kapitän. ›Wo hast du mitten am helllichten Werktag herumgelungert, anstatt zu helfen?‹, murrte er denn auch Janne gegenüber. ›Du darfst jetzt in den Kahn springen und den Herren vom Zoll beim Verrücken der Säcke helfen, damit wir endlich anfangen und fertig werden!‹, befahl er. Der Zollkapitän hatte Janne jedoch schon am Schlafittchen gepackt und schüttelte ihn, als würde die Wahrheit den straffen Knöpfen so besser entweichen. ›Was du gesehn? Was rede Bursche? Engländer kommt? Kommt schon gar bald?‹ Janne hatte inzwischen das schlimmste Keuchen aus der Lunge gepustet und war dazu übergegangen, normal zu reden. ›Auf dem Kumpeli-Berg war ich, hinterm Kumpeli am Nistkasten, ein Gänsesägernest ausheben. Ich klettere gerade und bin schon am Loch des Nistkastens, da gucke ich auf den Seksmiilari, hinter der Landspitze Katanpää. Dort liegt ein großer Engländer vor Anker, eine dreimastige Fregatte, mit Kanonen in den Luken. Und sie lassen gerade die Slup ins Wasser, zwanzig Mann an den Rudern, der Bug in Richtung Kaaskeri-Loch. Ich so schnell ich kann vom Baum: Die kommen und stecken Dorf und Haus an!‹ Der Zollkapitän riss die Augen im Kopf auf. ›Ist Sache sicher, Bursch, sicher Sache ohne Augenblinkern?‹ ›So sicher wie ein Hammelhorn!‹, antwortete Janne, dem wohl das Gerangel von eben in den Sinn kam, und ohne zu blinzeln und ohne ein Zucken im Weiß schaute das Augenpaar aus dem Gesicht eines ehrlichen Jungen in den noch ehrlicheren, wenn auch diesmal etwas unruhigen Bart des Zollkapitäns. Auch ich dachte da, dass aus dem Jungen noch mal ein tüchtiger Seemann wird! ›Wie viel Weg bis Kumpeli Berg, ich renn gucken, ob Wahrheit spricht?‹, drängte der Kapitän. ›Gut eine schwedische Werst‹, sagte der Junge, ohne blass zu werden. ›Und zwei Schluchten dazwischen, die man umrunden muss, die eine auf der Seite der Eichhörnchenkiefer, die andere hinterm Hasenbusch entlang zum Fuchsstein, an der Birkhuhnfichte vorbei‹, schüttelte er seine schelmischen Reime aus dem Ärmel. ›Eichhörnchenkiefer? Hasenbusch?‹, fragte der verdatterte Kapitän, kam aber nicht dazu, die durcheinandergeratenen Verstandesfäden in seinem Kopf zu ordnen, weil Janne, allein schon um das eigene Entschlüpfen zu vertuschen, die Pinne fester auf die Seite drückte, von der aus der Bug in die Wende gehoben wurde. ›Bald sind sie im Kaaskeri-Loch, die haben achtern eine große Kanone und eine zweite im Bug und zerren an den Rudern wie verrückt, der Mann hinter der Bugkanone lauert wie ein Hammel mit gereckten Hörnern, dass er endlich zustoßen kann!‹, plapperte der Bursche so sündig, dass sogar ich, obwohl mein Kinn in dem Moment unschuldig war, allmählich Sündenläuse im Bart spürte. Und ich leugne nicht, dass auch wir, ich und die anderen auf der Jacht, die besser wussten, wie die Sache stand, dass auch bei uns die Augen in dem Moment ein bisschen knopfig im Kopf standen und eben auf die Kaaskeri-Spitze stierten und uns etwas über den Rücken lief, das man Schauer nennt, weil man sich vorstellte, dass vielleicht doch hinter dem Felsen in genau diesem Augenblick eine Kanonenmündung auf die Bucht strich, mit einem roten Mann dahinter: Janne war so ernst wie Josef beim Umwälzen der Getreidesäcke seiner Brüder!

Was den Zollkapitän angeht, so hätte ihn jetzt nicht einmal mehr die Zange des Teufels auf unserem Deck gehalten, auch nicht, wenn Alastalo eingegriffen und sich mit dem Gewicht seiner damaligen zehn Liespfund an Blombergs Rockschöße gehängt hätte: Mit geschlossenen Füßen sprang der Kapitän auf seine Jacht und die übrige Besatzung im selben Schwung über die Reling der Krone. Auch ich bin bei etlichen Manövern dabei gewesen, aber einen so geschwinden Lauf in den Brassen habe ich im Leben nicht gesehen wie damals auf dem Deck der Zolljacht, im Nu war das Ruder in der Faust des Kapitäns persönlich so herumgerissen, dass der Bug nichts weiter tun musste als dorthin pflügen, wohin der Mitwind drückte und die Segel mit gestreckten, an den Belegnägeln spannenden Seilen in voller Breite voransausten. Wir kamen nicht einmal dazu, uns auf dem Deck unserer Jacht zu bekreuzigen, geschweige denn zum Abschied die Hüte zu schwenken, da hinter der Spitze von Nautio bald nur noch das Kielwasser der Zolljacht zu sehen war und

Blomberg mit schäumendem Bug übers Kivivesi sich dorthin verzog, wo der Engländer achtern zurückblieb, falls er sich denn dort hinten befand, wo aber auch die Vernunft zurückblieb und den Kerl nicht am Haarflaum zu fassen bekam, außer vielleicht irgendwann später in Turku an der Mole.

Wir hatten jedoch keine Zeit, ihm unten am Ufer nachzutrauern, sondern mussten es auf später am Grogtisch im Saal verschieben, denn an der Brücke lag diesmal eine dichter gepackte Ladung als sonst, welche die Rücken der Männer stärker zum Dampfen brächten, bis alle Stapel gelöscht wären. Du bist auf der Fahrt damals gieriger als sonst gewesen, Alastalo, und als man endlich den Rücken durchstrecken und sich den Schweiß von der Stirn wischen konnte, da waren im Magazin Zucker und Kaffee für einen kleineren Gouverneursbezirk untergebracht und für jeden Uferspeicher genug zum Verscherbeln während der Sommerwochen!«

Härkäniemi verstummte. Während seiner Geschichte war die zweite Partie Kaffee im Saal herumgetragen worden, diesmal allein unter Siviäs Obhut, weil kein Korb mit Gebäck mehr aufgenötigt wurde und Eevastiina in der Küche genug zu rennen und Deckel zu lüften hatte, zu befehlen und zu glühen, bis das Grogwasser und die anderen Gerichte und Mahlzeiten durch Kochen oder Braten oder sonst wie fertig und rundum gebräunt waren, bis gerochen, abgeschmeckt, mit Zucker verlängert oder mit Salz gewürzt, mit Zimt bestreut oder mit dem Schöpfer aufgeschäumt war, bis nach links gesprochen und nach rechts angetrieben, mit vollen Händen gewerkt und mit wehenden Röcken geeilt worden war. Härkäniemi verstummte also und bemerkte zu seinem Erstaunen am leeren Kaffeetassenpaar in seiner Pranke, welches Siviä ihm gerade abnahm, um es auf das Tablett zu den anderen im Saal eingesammelten leeren Tassen zu stellen, dass auch er im Eifer des Erzählens sich eine zweite Kaffeetasse vom Tablett gepflückt hatte, ohne Siviä dabei zu beachten, und die ganze gute Brühe gerührt und so gedankenlos getrunken hatte, dass er vom Geschmack nicht mehr im Mund übrig behalten hatte als die Erinnerung daran.

»Ich hab geredet wie gekackt, und dabei ist mir eine ganze Tasse Kaffee durch die Lappen gegangen!«, beklagte er sich denn auch gegenüber Siviä, als er das leere Tassenpaar aufs Tablett stellte. »Eine Plage, diese Blombergs und, warum sollte ich es nicht sagen, wenn ich es denke, auch diese Jannes, die einem vor den Bart gerannt kommen, wenn man eigentlich Besseres zu tun hätte, da das Mädchen Kaffeegold zum Kosten aufgetragen hat! In meinem Alter sollte ein Mann gelernt haben, dass man bei zwei gleichzeitigen Dingen sein Auge wie auch seinen Mund immer für das Bessere von beiden verwendet: dass man die Nebel der Vergangenheit vergisst, wenn vor einem unverhofft ein frisches Wangenpaar aufscheint und ein blühendes Gesicht zu betrachten ist, und sich das Moos der alten Geschichte so lange hinterm Backenzahn verkneift, wie die duftende Tasse in der Pranke ihre Gerüche verschwendet und das Mundwillige auf der Untertasse schillert, auf dass die Lippe die Wohlgeschmäcke schlürfe!«

Härkäniemi lachte genüsslich in seinen Bart, und die Augenmäuse unter seinen Brauen wuselten mutig auf eigene Faust umher, weil er nun doch wieder Siviä für die Weile vor sich hatte, die eine Hand braucht, um ein leeres Tassenpaar auf dem wartenden Tablett zu platzieren, und weil ein schöner Lebenstropfen stets auf der Stelle gekostet werden muss, wenn er auf die Zungenspitze fällt, damit man es im Nachhinein nicht bereuen und leer schlucken muss. »Da schwätzt und schwadroniert man, dass ein Fräulein und Gotteswunder, wie du es bist, samt üppigem Tablett vorbeigehen kann, ohne dass man es auch nur mit einem Wort anspricht und sich nicht einmal mit der Mundspucke bedankt, obwohl die Hand die Tasse greift, und dass man seine Brühe schluckt, ohne danach im Mund den Kaffeegeschmack als seinen eigenen zu spüren!«, sagte er bedauernd und hatte Mitleid mit sich selbst. »Altersschwach und von den Jahren schon zerstreut auch das Schaf, das vom beißbaren Büschel und übers Üppige auf den kahlen Felsen steigt, um dort zu singen und, von diesjährigem Grün umgeben, blökend die vertrockneten Halme des vergangenen Frühjahrs zu betrauern: Es nagt von grauen Zaunpfählen die Mooshülle, anstatt, so weit die Schnauze reicht, mit den Zähnen nach dem Frischen zu schnappen, das jung auf der Flur sprießt! Einsehen, dass er alt ist, muss der Mensch auch gegen seine Natur und verstehen, dass der Altersstar ihm seine Netzmasche ins Auge geknüpft hat und den Fluss seines Blutes stocken lässt, wenn er erst, nachdem die Sonne untergegangen ist, der Abend sich geneigt hat und ihm ein Schauder über den Rücken läuft, anfängt, seine ausgekühlte Seite der Wärme des Tages zuzuwenden, um aus der kalten Luft Strahlen über sich zu raffen; und wenn er erst beim Zurückstellen der leeren Tasse aufs Tablett zu seinem späten Bedauern bemerkt, dass er die Tasse auch voll schon in den Händen gewiegt hat, obschon er nicht daran gedacht, für die Gesegnete auf seiner Handfläche zu danken, während sie ihren besten Duft verströmte, und das gnädige Fräulein mit der gehäuften Fracht ihres Tabletts vorübergezogen ist, ohne dass das Auge vor lauter Schuppen etwas Flammendes mit den Lidern wahrgenommen hat, so wenig wie das Blut vor lauter Schatten die Wärme in unmittelbarer Nähe, die Schöne also schon einen Schritt entfernt ist, sich herrlich mit schwirrenden Schwingen entfernt und im Gatter des Herzens nur die Kühle der Erinnerung, die schaudern macht, zurückbleibt!«

Härkäniemi sprach schmunzelnd und zufrieden, und in den diebischen Augen des ernsten Gesichts funkelten Ernst und

Spott, so wie schwarzer Schimmer und blitzendes Blinken auf dem gefleckten Wasser schillern: Man hätte, da man einmal an der Reihe war und das Glück des Wortes hatte, die Hübsche nicht ohne sich zu bedanken ziehen und ohne die Ohrmuschel des Jungfraueninbilds zum Glühen zu bringen sich im großen Raum entfernen lassen dürfen!

Zwei Dinge schluckt mein Gewissen nicht, ohne einen Stich in der Seelenkehle zu spüren: ungesegnetes Einschlafen ohne das Gebet gefalteter Hände und ein hübsches Mädchen gehen lassen ohne ein schmeichelndes Wort im Ohr!, dachte Härkäniemi und war hinter der Deckung seines Bartes zufrieden. Und auch Siviä tat auf ihrer heißen Stelle unter den Füßen und hinter dem Tablett nichts anderes, als mit leuchtenden Zähnen zu lachen, auch wenn fliegende Röte über und über auf ihrem Gesicht loderte. Es ziemt sich auch nicht, sich zu entrüsten, wenn das Herz im Tiefsten zufrieden ist: Wer ärgert sich schon über gemütliche Sprüche? Sie kannte Onkel Härkäniemi ja: Es war wie mit Vilhovelho, dem Hofhund mit borstigem Fell und Puschelohr, soll man mit dem etwa streng sein, wenn er vor Unbeholfenheit umherspringt und das treue Augenpaar weit aufreißt und einen mit harmloser Schnauze stupst, um seine übermäßige Gunst und fellpfotige Freundschaft zu bezeigen? Immerhin hallte im Ohr auch noch der Name Janne nach, Janne Pihlman, eben beim eiligen Verrichten aus den Reden aufgeschnappt mit der feinen Ohrmuschel im Schatten flirrenden Haars und schnell versteckt in den Winkeln jungfräulichen Sinns: Soll man etwa der Hand unfreundlich begegnen, die einem eine übervolle Spanschachtel mit Beeren hinhält, damit man sich daraus nehme, und sich etwa mit Tadel dafür bedanken, dass die Herzknospe vor Freude mehr wispert, als die armen Wangen vor Glücksstolz sich röten können! Siviä, Alastalos hübscher Siviä, blieb vor dem schmunzelnden alten Onkel Härkäniemi nichts anderes übrig, als rot zu werden, was die zarte Haut im jungen Gesicht hergab, und mit dem Tablett und den unter dem Blütenboden des Mädchenhaars kreisenden Gedanken so schnell, wie die leichten Fesseln sie trugen, in den Teil des Saales zu eilen, wo die Tür zur Vorkammer offen stand, um das eilende Fräulein wie auch die klimpernde Tassenlast vor den Augen zu retten: Nicht einmal Janne hätte in dem Augenblick von seiner Hälfte des Saales aus in die glühende Hitze im Gesicht der von dannen Eilenden blicken dürfen.

NEUNTES KAPITEL

Kapitel, in dem tatsächlich schon über die Bark gesprochen wird, über das Schiff.

Im Saal war die Stimmung ziemlich geschürt, wenngleich auch noch ein wenig abwartend. So wie auf dem Meer, wenn einem ein tüchtiger Landwind mal von hier, mal von dort um die Nase wirbelt und vom Festland her seine Tatzen in die Segel schlägt wie der Leibhaftige, wie der Teufel mal von der linken Wangenseite, mal von der rechten dicken Backe her saust und sengt, falls er nicht ein Atemschlucken lang sein Pustewerk vergisst und sich bei losen Segeln faulenzend fläzt wie die im Sommergarten die Fliegen von den Flanken wedelnde, sich übers Maul leckende Kuh, so wie auf dem Meer die schlaffen Schlauköpfe, wenn die Zeichen des Himmels in der Fluchtrichtung der Wolken sie plötzlich doch mahnen und die Schaumketten der auf dem Meer treibenden Irrwischblasen sie lehren, dass das Wetter sich bald wenden kann und dann ein stürmischer Bursche ernster als der andere sich auf dem Wasser und an den Segelnähten austobt: der Süd mit aller Macht der freien Meereslungen tost und ehrlicher Wind die östlichen Wirbel wie Elstern von der weiten Fläche auf ihr Festland fegt; und so wie auf dem Meer bei solchem Schwung die Hand das Ruder bereits auf ernsten Druck durch das tückische Spiel einstellt, das Auge aber noch Ausschau hält, was mit dem jungen Hahn ist, der sich gerade noch nebenan auf dem Wellenkamm plusterte, so verhielt es sich jetzt im Saal: Auch dort saßen die Wirbel der

Erzählung noch in den Bartgebüschen, und Blut belebte die müßigen Ohrenpaare ringsum, weiterhin nach rechts und links und zu den Nachbarn hin zu schielen, ob noch jemand etwas zwischen den Zähnen hatte, Angenehmes von früher, um weiter zu der Seite auszurichten, wo jeweils das Dollbord des Denkens sich neigt und schwallweise nass wird; aber die Augenmurmeln waren im Schatten ihrer jeweiligen Brauen bereits nach anderen Himmelsrichtungen hin auf der Hut und die Gedankenfinger an den Schoten bereit, an denen sie auch ruhen sollen, wenn gewartet wird, dass das Wetter seine wahren Krallen zeigt und von den Kanten her bläst, wo es an diesem Tag sein Wolkenvieh auf der Schafweide hat, und zwar mit genau der Wucht, wie die Farbe des Wassers sie bereits geheimnisvoll andeutet.

Selbstverständlich wurde über Härkäniemis Geschichten gelacht, war es doch erfreulich, sich solche saftigen Erinnerungen zu vergegenwärtigen, und der Mund überließ sich beim Zuhören ganz von selbst dem schönen Schmalz des Geschmacks. Aber da die Frauen nun nach dem Kaffeetragen und sonstiger Geschäftigkeit endlich im Begriff waren, den Saal zu verlassen – nur Siviä beugte und bog sich noch an der Tür zur Stubenkammer jugendlich und mit gelenkigen Hüften, um mit Glück und Schlängeln die Tassenlast auf ihrem Tablett in voller Breite durch den Türrahmen aus dem Saal zu befördern! –, als es nun also anfing still zu werden im Saal und die Männer gleich unter sich sein würden, da hatte eigentlich keiner mehr Zeit und Raum, innerlich voll und ganz und Tropfen für Tropfen die vom Ohr aufgeschnappte Geschichte auszukosten, sosehr sie auch das Gemüt in Fellrichtung streichelte, stattdessen musste man die Aufmerksamkeit nun von diesem Kurs lösen und die Augen für jene Wendungen spitzen, bei der sich die Schot auf einer neuen Seite straffen mochte. Alastalo war zufrieden, dass auch dieser Schlag beim Kreuzen mit den Gesprächsthemen gemacht worden und man mit dieser Bugdrehung hart an den Wind herangekommen war: Schön, dass innerlich belebt wurde, wer schon mal in heiklen Lagen an der Ruderpinne saß! Aber man schmatzt nicht auf dem kleinen Bissen, den man geschluckt hat, wenn etwas Besseres für die Backe auf dem Löffel liegt, und es verschlingt der Hecht auch nicht den Barsch von heute, wenn ihm noch der Ukelei von gestern zwischen den Kiemen sitzt! In der Kirchenbank soll der Mensch sich bekreuzigen und seinen Dank murmeln, falls ihm das Auge nicht zufällt, aber am Netz und am Seil hat ein Mann zu ziehen!, dachte Alastalo und ließ das Auge durch den Saal wandern, wie der Schnitter, der seine Sichel geschliffen hat, am Feldrand vor der reifen Ernte. Lasse ich die Klinge hier ins Raschelnde sausen, oder biegt sich dort das Strohgold am empfänglichsten, um die Sichelspitze in die harten Halme schwingen zu lassen?, überlegte er, während er den taxierenden Blick von der frommen Lammwolle an Lahdenperäs Kinngarten auf die gesäuberten, vom Striegel gezüchtigten Backenhöfe richtete, die der gestrenge Langholma in der Öffentlichkeit als die seinen kannte und anerkannte, etwa wenn er sich mit einem besseren Mann als dem Gouverneur beriet, wie auch im heimischen Gefilde, wenn er zehn Tagwerker befehligte. Welchen Bart sollte man jetzt am besten zuerst bauschen, denjenigen, der gespitzt und gelupft flugbereit flattert, wenn man auch nur ein bisschen in den Busch bläst, oder den, in dem jede Strähne straff sitzt, als hinge ein Mühlstein als Gewicht an jedem Flaumfaden am Kinn?, wägte Alastalo ab und spürte einen ersten Grimm im Gemüt, weil ein besenbreiter Bart nie gleichzeitig auch nadelspitz ist und ein sprungfederhaft straffer nie zugleich auch vogelfederweich. Warum nicht den Zapfen ziehen und Lahdenperä sprudeln lassen: Schließlich spuckt auch das volle Wasserfass nur Wasser in die Kanne und kein Bier! Langholma hingegen: Den Stein, der flach an seiner

Stelle liegt, fasst vielleicht ein Kind und Gör mit bloßen Fingern an, ihn zu bewegen, nie jedoch ein vernünftiger Mann, bevor er eine Eisenstange als Hebel in den Händen hält und die kleinen Steine und den Torf rundum abgepolstert hat!

Alastalo ließ seine Augen auch anderswo über die Männerreihen schweifen. Auch du sitzt da, als wärst du hier als fauler Pfeifenhirte angestellt und nicht als hilfreicher Mann, den man jetzt braucht!, ärgerte sich Alastalo über den unschuldigen Härkäniemi, als sein Auge auf die Sofaecke traf, in der dieser zu seinem Unglück eben saß und die Weisheiten des Rauchs über dem qualmenden Pfeifenkopf betrachtete. Auch an deine Backen ist mehr Haar verschwendet worden, als man auf einen Schlag in die Scheune eines kleinen Hofes schieben könnte, aber selbst ein Säugling ohne den geringsten Bart auf der Milchhaut seiner Backe und auch ein Streuballen ohne den Schatten einer Pfeife, der sich aus seinem gammelnden Gestrüpp streckte, würde im gebündelten Zustand das gleiche Amt des Sprechens ausüben wie du jetzt mit deinem Rigg eines fünfzigjährigen Mannes!, grollte Alastalo Funken sprühend unter seiner Haut, während er diesen unbeweglichen Bart betrachtete, der doch manchmal flattern konnte und bisweilen auch zu unpassenden Zeiten flatterte und bei unpassenden Gelegenheiten, und zwar lang und breit lavierend und mit Schlägen von der Länge einer schwedischen Werst! Auch du hast einen Bart am Kinn, um mit ihm als Besen beispielsweise den Staub aus den engsten Winkeln des Denkens zu fegen und den Schmutz vom breiteren Fußboden des Geistes, und an deinen Backenstreben stehen Härchen, härter als die bei einem grollenden Jagdhund: Warum benutzt du die jetzt nicht und lässt die Gaben deiner Gesichtsfläche aufs Gelände, wo es gilt, den Schlaf der Faulen aus der Gemeinde zu kehren und die Herde, die ohne grollendes Bellen nicht auf die eigene Weide findet, zum Gatter zu treiben! Alastalo brannte in der Tat der Pfeffer auf dem Zahnfleisch des Gedankens, als er seinen Nachbarn und Nächsten betrachtete und dachte, dass der Mann zwar fürs Gesicht ein in der Länge, besonders aber in der Breite mit dem Zollstock bemessenes Kiefernbrett der Ehrlichkeit verliehen bekommen hatte, das man kubikweise verkaufen könnte, jedoch nicht den Grips für hinter die Stirn, der ihn auf die Idee brächte, dann auf den Markt zu gehen, wenn Ehrlichkeit bare Münze wert war! Was, zum Teufel, hindert dich daran, jetzt hier im Saal die Fassade deines breiten Stirnbalkens einen Zoll zu drehen und ernst zu neigen, die Gott dir als Knochenhülle irrtümlich reichlicher gedrechselt hat als Rogen der Klugheit für in den Kopf, sodass der gemächliche Mensch, bei dem zum Beispiel das Zahnweh brennt, beruhigt in sich zurückkehrt und ernsthaft an dem lebendigen und reißenden Beweis zweifelt, der in seinem Zahnfleisch sengt, und welche Krebszange setzt dir gerade jetzt die Bisswerkzeuge seiner Kneifer an die Zungenspitze, dass du sie nicht in Bewegung setzen kannst, oder was für ein Ding von Schloss ist dir ausgerechnet zu dieser gemeinschaftlichen Grünfutterernte an die Tür deiner Mundscheune gehängt worden, dass kein Worthalm in den wartenden Fuderschlitten gestopft werden kann, obwohl du, soweit man weiß, nicht nur ein Stück Zunge im Mund hast, sondern auch Streu für die Rindviecher von zehn Höfen in der Backenscheune, und obwohl du selbst so gut wie jeder andere weißt, dass du, wenn du den Mund aufmachst, mit der blanken Buttermilch der Ehrlichkeit deiner Worte und mit dem geschnitzten Treueblick deines bloßen verlässlichen Gesichtsbretts, wenn es denn sein muss, am Zahnfleisch zerrend und an den Lippen ziehend das Denken der ganzen Gemeinde an der Angelschnur führst wie der Fischer den zappelnden Hecht am Hakenwerk neben seinem Boot! Man möchte bersten vor Zorn, wenn man mit eigenen Augen den Anblick eines Mannes erdulden muss, der einen Mund quer im Gesicht hat wie jeder von Gott geschaffene Christ und jede in den Kirchenbüchern verzeichnete Menschenseele, und der dieses Loch in seiner Tafel nicht aufmacht, wenn es nötig ist und die Vernunft durch die Scharniere seines Kiefers die Welpen in der Pfarrgemeinde werfen könnte! Der Ochse wird zum Acker geführt und ins Joch gespannt, damit das Zugtier mit der Kraft des Buckels zerrt und zerrt, wenn die Furche angefangen und die Brust des Lehms aufgebrochen werden muss, und du bist deswegen im Saal, damit du mit der Kraft deines Kinnwerks pflügst und mit dem Schulterpaar deines Verstandes umbrichst, wenn ich mit dem Zügel schlage und der Pflug die scharfe Schar in den Torf schneiden muss!

Alastalo schimpfte brodelnd in sich hinein wie ein Bohneneintopf auf dem Feuer unter seinem Deckel kurz vor dem schwallartigen Aufkochen, und weil sich bei dieser Erhitzung gerade Härkäniemi zu seinem Unglück im Visier von Alastalos Augen befand, ergossen sich über Härkäniemis unbescholtene Haarhede und relativ schuldlosen Bart nun die Herzenshexereien des Gemütsausbruchs. Auch in der Hölle darf der Mensch nicht auf der faulen Haut liegen und zwischen dem sonstigen Brutzeln die Stummelpfeife zwischen seinen Zähnen versorgen, selbst wenn die Zeit dort mit der Elle der Ewigkeit gemessen wird und die Schrift vor dem Advent wie nach dem Advent von den Kalenderblättern gerieselt ist; welches Buch der Krone und welche Gouverneursgenehmigung also lässt einen Mann dann hier auf Erden aus der Federspannung und Härkäniemis Denken aufs Altenteil, wo der Mensch die Zeit wie ein fliehendes Pferd vor sich hat und der Mann dem Schweif eines Galoppers nachsetzen muss, dessen Mähnenhaar er nicht zu fassen kriegt, bevor die Hufe ihm Sand in den Mund schleudern und beide in der Grube liegen, der Gaul ohne Beine wie der Hechelnde mit Kies im Balg! Alastalo lachte über seinen eigenen Gedankenflug: Gleich wird der Hammel Junge werfen und der hüftlahme Wallach traben, wenn ich schon Psalter schwätze! Er schmunzelte. Aber die maischige Kartoffel würde vor Zorn in der Schüssel zerspringen und der einbeinige Holzbock in der Nadeldickung die Geduld verlieren und vor Ingrimm durch vier Gatter galoppieren, müssten sie, wenn es eilig ist, einem Mann zusehen, der sich wie Malakias Härkäniemi bewegt! Ist es recht und vom Gesetz erlaubt, dass ein Mensch samt seinem Kiefer einfach mit dem Daumen auf das Nest der Wörter drücken darf, als hätte ein menschliches Wesen auf der Welt nichts anderes zu tun, und dass er in aller Ruhe die Tabakkräusel im Kopf seiner Pfeife in festere Ordnung bringt, wenn er die Augen seines Nächsten wie glühende Kohlen auf seinem Backenbart spüren und er das Schwelen schon in der Nase riechen und kapieren müsste, dass es jetzt an ihm war, im Saal das Wort zu ergreifen? Rede jetzt, verdammt, sag etwas, weil du sonst nichts verstehst und für nichts Besseres taugst und weil darauf gewartet wird! Auch das Weidenbüschel deines Kopfes wird vermutlich kaum Gedanken von der Art ausbrüten, dass der Koch als Kellner beim Bankett umherrennen möge, der Speisenzubereiter vom Speisenkocher zum Speisenaufträger werde und ich als Mundschenk Trinkbares im Strahl aus dem Fass in Kannen laufen lasse, an dessen Tülle man mich als einen bräuchte, der mit Eimern gießt! So wie der Mann, der achtern auf dem Kommandodeck aus vollem Kapitänshals schreit, ganz und gar nicht derselbe ist, der mit gleicher Rockschoßdrehung und der Rückenkraft eines Matrosen im Vorschiff am Ankerzeug zerrt, so bin ich hier im Saal ganz und gar nicht derjenige, der im verdammt windig rauschenden Riggwerk des Denkens umherklettert und die Buldan-Stoffe der Vernunft an den Rahen des Geistes in Fahrt bringt und gleichzeitig wie ein Eichhörnchen im selben Sprung, in gleicher Hatz mit den Pfoten klappernd übers Deck galoppiert, um hinter dem tumben Belegnagel eines jeden Ohrenknubbels, wie sie so zahlreich innerhalb der Reling dieses Saals paarweise aus dem Schatten der Haarbüsche ragen, ein Worttau festzuzurren!

Alastalo stöhnte aus allen Innenwänden seiner dicken Körperhütte heraus, weil es spätestens jetzt an der Zeit war, die Augenhaken von Härkäniemis Bart zu lösen: Eher blitzt in der Dickmilch eine Ahnung von Alkohol in der Bütte auf, und eher läuft die Kuh auf Eichhörnchenwegen einen Kiefernast entlang, als dass innerhalb Christi Zeitrechnung noch ein Wort aus deinem Munde kommt, wenn sich deine Lippe so fest um das Hornstück deiner Pfeife schließt, dachte er seufzend, bevor er weiterredete. Würdest du die Augen um den einen Zoll heben, den es bräuchte, um auf Pukkila zu schauen, würdest du, ohne gesondert hingucken und mit dem Finger tasten zu müssen, an deinem Nebenmann auf den ersten Blick erkennen, wie einer aussieht, der aus Verrücktheit seine Natur gefangen und in seinem Mund so viel zurückhält, dass sogar die armen Zähne Schüttelfrost haben, weil sie das Amt des Riegels bei einem Zungenschnepferich ausüben müssen, der absonderlicherweise den Käfigvogel eingesperrt hat, damit er hinter Drähten hüpfe!

Alastalo hatte Härkäniemi und seinen Groll inzwischen schon vergessen, weil sein Auge nun tatsächlich jenes Gesicht aufs Korn nahm, von dem er gewollt hatte, dass der andere es anschaute. Bestimmt quält der Kerl sich selbst, wenn er nicht redet, obwohl er Lust dazu hat, lautete sein nächstfolgender Gedanke, als ihm aufging, dass er gerade in Pukkilas Gesicht las wie in einem offenen Buch. Das Eichhörnchen im Sprossenkreisel oder der Gedanke in deinen Augenknäueln, welcher Wickel dreht sich wilder unter den wetzenden Tatzen?, fragte Alastalo innerlich, bevor er etwas anderes dachte. O du Kornschwinge mit deinem Flügelrad, spuckst Spreu und Weizen im Wirbel aus, den Weizen zum Weizen, die Spreu auf den Spreuhaufen, solange die Hand an der Kurbel ist und die Schaufel Kaff in die Siebmündung stopft! Mattsson Alastalo war in seiner breiten Weste wie zu Hause: Im Nu hatte das Auge die Schärfe, mit der man eine Nadel ins Visier nimmt, durch deren Öhr der Faden geschlängelt werden muss! Du denkst, du gibst heute nichts Unnötiges von dir, wartest ab und liegst auf der Lauer? Ach ja? Den Lauf gezielt und den Finger am Hahn, das Wort am Abzug des Zahns bereit, wenn der Hase aus dem Busch springt und du ihn auf dem Korn hast? Aber was ist, wenn jemand neben dir steht und dir gegen den Ellbogen stößt, irgendein Mistkerl? Der gespannte Hahn ist gut für alle Fälle, aber auch dem Listigen juckt der Hahn am Finger und kann leicht durch eine Laune des Nagels losgehen, bevor der Verstand auch nur gegähnt, geschweige denn die Fingerspitze gehoben und bis drei gezählt hat! Bei Alastalo versah die Hand des Mattsson die hohle Hand des Herman mit einer kleinen Reibung: Auch als Fischhändler musste man an der Stellung des Augenpaares eines Stockholmers erkennen, wann das Feilschen reif zum Kaufabschluss ist und man die ganze überbordende Ladung als Reichskronen unter Dach und Fach hat! Den Brennholzklafter baut man an der Stelle ab, wo die Holzbengel am losesten liegen und der ganze Haufen am Zusammenbrechen ist!

»Stellst du dir auch den Bugspriet deiner Bark einen Fuß länger vor, so wie du auch deiner *Usko* zumindest am Bugstock einen Fuß mehr Briggmaß gegeben hast als ich meiner *Siwiä*?«, fragte Alastalo plötzlich und kniff einen Augapfel zu, damit man wenigstens diesen als fromm ansehen konnte, auch wenn der andere sein teuflisches Spiel auf Pukkilas Bart trieb. »Ein halber Zoll länger, ein Fuß mehr oder weniger, oder wie immer du die Maße auch justierst!«, mischte und sortierte Alastalo noch auf Ausgleich bedacht seine Worte, zufrieden damit, nun doch das Korkenstück im Flaschenmund in Bewegung gebracht und unschuldig, wenn auch nur mit einem Lachen und versehentlich im Spott, etwas erwähnt zu haben, wofür die Ohren ringsum gespitzt waren und was die eigene dicke Zunge schon so lange mit sich herumgetragen hatte, dass es einen selbst verdross. Nun war also auch dieser Kahn zu Wasser gelassen und der Name der Bark so hübsch ausgesprochen worden, dass niemand im Saal es bemerkt haben musste, wenn er nicht wollte, dachte er vor Erleichterung und schwenkte das Auge geschwind an Pukkila und Härkäniemis Pfeife vorbei auf Langholma im Schaukelstuhl und ein bisschen auch über die Wände des Saals in ihrer ganzen Breite.

Jetzt war es an Pukkila, sich auf den Bart zu beißen. Freilich in dem Beschluss, nicht aus der Haut zu fahren, ruhig zu bleiben! Schon beim Aufbruch zu Hause hatte er zu Maijastiina an der Tür gesagt, im Plauderton gesagt, war er noch einmal vom Hausgang in die Stube gegangen und hatte gesagt: Ich werde nicht reden, ich rede nicht, ich rede nichts, kein Zungenzucken über die vermaledeite Bark, nicht um ein Mäusegähnen mache ich den Mund auf, nicht um einen Flohfurz! Aber wenn der andere einem wie Mohammed auf die Pelle rückt. Mit Bark- und Brigggebrabbel und mit Fuß und Zoll! Der sollte lieber mal den Umfang seiner Weste messen! Nach der Fasson müsste man auch Schiffe modellieren können! Ich werde ihn fragen, was ich ihn wohl schon mal gefragt habe: Steckt bei der *Siwiä* der Brigg-Bugspriet in einem Weich- und Wampenbauch, weil an dem armen Schiff nur wie zum Spott ein Hölzchen absteht, gerade so viel wie der sichtbare Stummel der Stupsnase in deinem Rübengesicht? Es pfuscht dir wohl ins Handwerk, dass der *Usko* ein Stückchen mehr Bugspitze angemessen wurde, sodass die *Siwiä* nicht das längste Schiff in der Gemeinde ist!

»Gedenkst du aus deiner Bark einen Laib Brot zu machen, einen Brotlaib?, frage ich dich, backst du, knetest du, tätschelst du einen Laib? So wie als Tasse, Wassertasse, Saunawassertasse deine Brigg vom Napfboden her durchgeht, deine Schüssel dort auf der Bucht, die *Siwiä* meine ich, auch wenn ich sie nicht beim Namen genannt habe, einen Brotlaib, einen runden Laib Brot bäckst du aus deiner Bark, frage ich, eine Tasse, ein Tassennäpfchen, rede ich – ich sage, meinetwegen einen Kessel, an einen Kessel auf vier Beinen denke ich, mit einem Boden voller Ruß bis an die Bauchwölbung!« Pukkila waren die Worte fast ohne Erlaubnis des Mundes losgegangen, sollen sie kommen, wenn sie kommen wollen!, dachte er und blickte sich wütend um, mit so viel innerlichem Groll, dass sogar die Stimme wie bei einem dicken Schnupfen aus der Kehle durch die Nase schnaubte. Ständig redet und stichelt er gegen den Bugspriet meiner *Usko*, als wäre nicht klar und ausgemessen und in den Registern der Krone entsprechend eingetragen, dass die *Usko* von Spitze zu Spitze und vom ehrlichen Rumpfmaß her knapp unter einem Fuß länger als die *Siwiä* ist; soll Alastalo doch vor Neid zerplatzen! Ein Zoll unter einem englischen Fuß, verdammt!, dachte Pukkila und schluckte. Obwohl auch dieser Zoll nur wegen eines Fehlers unvollständig!, sprühte es in seinem Innern Funken. Ein voller englischer Fuß stand in den Plänen, so voll und sicher, wie das Amen am Ende der Predigt kommt und mein Schädel mir gehört; wie oft habe ich auf den Zollstock geklopft und dem Meister immer wieder gesagt: einen Fuß länger als die *Siwiä*!, habe ich gesagt, auf das Papier gezeigt und mit dem Lineal gemessen: exakt einen Fuß länger als die *Siwiä*, habe ich gesagt, als Alastalos Brigg, verflixt, sagte ich und fluchte! Ob ich mir auch den Bugspriet meiner Bark einen Fuß länger vorstelle, fragt er mich und steht lammfromm mit seinem Bauch vor mir! Bugspriet und Gerstenhaar! Ich müsste ein Frosch in meiner Haut sein, wenn ich jetzt nicht wütend wäre und mir das Blut hochkochen würde! »Werden auf Alastalo die Haarstacheln aus der Gerstendresche in die Kiste gefegt, und takelt die Bugsprietstange an der Hofscheune die *Siwiä* zur See-Schüssel und zum Schiff auf?«, fragte Pukkila außer sich mit Pfefferaugen und Schlangenzunge. Und auch das erleichterte ihm das dicke Herz noch nicht. Das Wort ›justiert‹ brannte und stach ihm in den Nieren wie eine Falkenklaue. Ich würde justieren, wo die Maße und die Ziffern klar in den Büchern der Krone auf dem Papier stehen: ein knapper Zoll unter einem Fuß länger, selbst wenn man die *Usko* und die *Siwiä* und als Dritten auch noch Alastalo zum Strampeln an die Bugspitze der *Siwiä* hängen würde! »Hast du denn schon deinen Plan justiert, den Plan für deine Bark, Bark-Bark, sage ich, den Plan für deine verflixte Bark, von welcher Reling aus an dieser Schüssel der Bugspriet die Windrichtung schnuppert, von Backbord oder von Steuerbord, oder stellst du lieber eine Achterspitze statt einer Bugspitze als Bürzelschwanzverzierung auf deinen Hefelaib?«, fragte er und fältelte seine Augen gnädig. Jetzt hat er sich sein Justieren anhören und schlucken müssen!, dachte Pukkila giftig in seine Zähne hinein, fügte aber trotzdem im Plauderton aus seinem Lippenbart heraus als Erklärung an: »Über die Bark rede ich, die Scheißbark!«

Auch innerhalb breiter Ränder kann man sich bisweilen durchaus beengt fühlen, und um die Wahrheit zu sagen, schoss Alastalo ein kleines heißes Aufgusszischen in die Haarwurzeln, bevor die Lachfalten wieder zu ihrem alten Schmunzeln auf dem Backenfleisch gebändigt waren und das Geschau der Augen die Krallen in die Lachhaut eingezogen hatte. »Juu, juu, der Hase auf der Mahdwiese und Pukkilas *Usko* auf Frachtfahrt«, stimmte Alastalo gedehnt zu, weil es ihn innerlich doch fuchste und er Zeit brauchte, um seinen Groll zu schlucken. »Joo, joo«, lästerte er, »das kennt man ja: Der Hase klopft schon mit der Zehe an den Wiesenzaun, bevor die Nase es kapiert, und die *Usko* kratzt mit dem Bugsprietstöckchen an der Kieler Mole, bevor der Kapitän sich noch die Spreu des Heimathafens aus der Nase geschnäuzt hat, aber was hat der Rechen des Schwadenmachers nach dem Hasen auf der Mahdwiese verloren, und welchen Schaum an Geldscheinen raffen die Finger des Reeders aus dem Fahrwasser, das der Kiel der *Usko* auf dem Nacken der Ostsee hinterlassen hat? Nicht durch den rennenden Hasen fällt das Heu in die Schwade, sondern durch die sausende Sense, und die Kosten des Transports zahlt man nicht für den schnellen Kiel, sondern für das, was im Laderaum zu löschen ist!« Alastalo schnaubte: Musste Pukkila wieder seine uralten Streitthemen als Knüppel auf den Weg werfen, als wäre das glückselig Machende eines Potts allein in der Glätte seiner äußeren Schale und als hätte ein Schiff auf seinem Kiel nicht auch den Bauch des Laderaums zu schleppen! »Sind die Säume deines Hemdes allein mit Nadelstichen umgenäht worden, ohne flatternden Faden im Öhr, und lässt du deine *Usko* den Sommer über nur in der Ostsee schwimmen, um den Kiel zu spülen, ohne einen Faden Verstand im Kopf, um das Geldbündel zu schnüren?«, fragte er. »Schlürfen am Tisch macht nicht dick, wenn der Löffel keine Kuhle für die Erbsensuppe hat, und ein Schiff, bei dessen Planung der Laderaum hinter dem spitzen Bugspriet vergessen worden ist, fährt keine Reichtümer ein!« Alastalo hustete kurz und spürte am Griff des Geistes, dass in der Hitze und Heftigkeit des Gefechts die Schot womöglich ein bisschen zu straff und zu plötzlich dichtgeholt und dass vor Gier zu hoch am Wind gesegelt worden war: Gut, sich auch diese steife Brise für den Schwung der Segel geschnappt zu haben, aber am besten gibt man doch immer an der Pinne ein bisschen nach, damit das Tuch bei voller Fahrt gut im Zug bleibt, nachdem es einmal den Windschub eingesackt hat! Alastalo hustete und hüstelte also zur Warnung an sich selbst: Eine gute Bö durfte man nicht hinter den Mast lassen, um ärgerliche Spielchen und knatternde Gemeinheiten zu treiben! »Hast du nicht gerade was über die Bark gesagt, über das Schiff?«, fragte er mit veränderter Tonordnung beiläufig, wobei die Augen nun gelassen und ernst sprachen und im Gesicht die Kante oberflächlich gehobelt worden war: Immerhin sprach er im Saal ja nicht zu Pukkila allein!

Nein, diese Worte, mit leicht erhobener Stimme ausgesprochen, kaum spürbar, ein wenig nur, aber doch genug, dass man es merkte, falls man seine Ohren von zu Hause mitgebracht hatte und hinter diesen beidseits des Kopfs den Grips, diese Worte waren nicht zur Verlängerung des Brodelns im vorigen Topf bestimmt! Nein: Jetzt war ein neues Gericht angesagt, das aufgetischt zu bekommen die Tafelgäste durchaus schon ein klein wenig gewartet haben dürften! Jedenfalls entstand im Saal – und Alastalos Saal war geräumig, zweifellos der größte in der Gemeinde, knapp fünf Klafter von einer Ecke zur anderen, selbst nach Pukkilas Messung, und außerdem in diesem Moment an allen vier Wänden so voll gestaut mit breiten Bauern und dicken Kapitänen, dass schon allein deswegen ein Ächzen und Schnaufen herrschte, weil alle ordentlich nebeneinandersitzen und den Anstand wahren mussten, ohne sich bei der Behauptung ihres Raumes mit den Schultern anzustoßen –, entstand im Saal nach jenen Worten von Mattsson Alastalo und infolge der Erwähnung der Bark eine Abruptstille solcher Art, dass das daran nicht gewöhnte Ohr im Rauschen der unerwarteten Lautlosigkeit, und weil seine sonstige Betätigung endete, sich sogar darin eine wichtige Beschäftigung suchte, zu horchen, ob sich tatsächlich das jeweils unterschiedliche Knirschen der sich um die Männer neben einem spannenden Nähte gehörlich unterscheiden ließe, dieweil der Nachbar zur Linken ächzend in seiner weichen englischen Tuchgarnitur, der Nachbar zur Rechten aber beengt dasitzt und dabei mit gespanntem Balg und voller Ernst einen stracken, hausgewebten Lodenstoff aufbläht.

Es war also schlagartig mucksmäuschenstill im voll besetzten Saal, so wie am Rand einer Waldlichtung in der grasenden Schafherde, wenn der Leithammel unerwartet ein Prusten durch die Nüstern schnaubt und mit den Hufzapfen eine Warnung auf den Weidenboden klopft: Im Nu sind dann so viele Köpfe wachsam erhoben, wie in der Herde Schnuten im Einsatz sind, und ebenso viele Ohrenpaare ragen speerspitz in die Luft, wie eifrige Zahnreihen gerade noch Kraut vom Gelände rupften. Was wird da jetzt für vernünftig gehalten unter der Wolle: davonrennen, dass man nur noch die Stummelschwänze von hinten in den Büschen sieht, wenn die Herde dorthin stiebt, wohin jeweils die Hufe klappern, oder mutiges Voranpreschen, sodass der Boden bebt im stolzen Lauf, wenn die Schar ausschlägt und die Hörner rasseln? Der Leithammel sagt, wo es langgeht, das Hörnerpaar des Leithammels und des Leithammels Kniegelenk! Glaube an deine Hörner, die Gabelkrone, und verlasse dich auf die Klappernden unter dir, auf die Hufhelden, dann führst du auf vier Zehen die Herde, wenn es sein muss, auch ins Feuer, möge Schafswolle ihre Schafsherzen einhüllen! Alastalo, Kapitän Alastalo, Mattsson in seinem Saal und stämmiger Mann auf den Planken daheim wie auch im Kirchengang und auf der Kommandobrücke seiner *Siwiä*, obschon er einst nur der Herman gewesen war, Alastalos dünner Herman, der glatte Herman beim Fischhandel und der harte Herman am Geldnetz, der Finnen-Herman in Stockholm und Herman der Fuchs im Gedächtnis des Zolls, Mattsson Alastalo stellte nun den Kamm auf, und der Saal hatte eine Westenseite vor sich, die sich zu betrachten lohnte; was ein Mann ist, der wagt es, sich unter Männern auch von seiner Vorderseite zu zeigen, wenn er weiß, dass die eigene, obschon etwas weitläufigere Rundung unter eigenen Knöpfen und im eigenen Tuch sitzt und das eigene Gewicht Liespfund für Liespfund die eigenen Bodendielen biegt! »Ich habe mir gedacht, dass in unserer Gemeinde eine Bark gebaut werden sollte, darüber habe ich mit Langholma bereits geredet, und deswegen habe ich am heutigen Tag auch die anderen zusammengerufen!«, sagte er ruhiger als ruhig, so wie der Lotse ausspricht, was er weiß, wenn das starrende Auge in der Blindheit des Dunkels und in der Dicke des Nebels die Rinne erkannt und endlich die klaren Klüfte erspäht hat und die Hand wieder mit Gewissheit und rechter Streckung zeigt, wo das Fahrwasser frei für das gestreckte Bugholz ist und der Meeresrücken klar für den hineindrückenden Kiel. »Auf dass wir reden, zanken und uns die Spucke aus den Mündern kirnen!«, fügte er nicht ganz so andachtsvoll hinzu und überdeckte die zu große Feierlichkeit, auch wenn er sich aufblies, die Rippenklammern und die sonstigen Balgpfosten seiner Körpergroßartigkeit so sehr weitete, dass er wiegend durch den Saal gehen und auf den zweiten Schaukelstuhl zuschreiten musste, der noch leer dastand, während Langholma im ersten schaukelte. Niemand war aufgefordert worden, dort Platz zu nehmen, und Pukkila hatte von sich aus die Nase dafür gehabt, den Platz den Heiligen zu überlassen und sich auf das Ledersofa an der hinteren Wand zu setzen. Besser ist es, von der Mitte des Raums aus zu sprechen, dann hören es alle ringsum!, dachte Alastalo, während er seine kapitänsvoluminöse Körperhülle zwischen den Armlehnen des Schaukelstuhls platzierte und die Holzstreben ein kleines Knarren hören ließen, als die Liespfunde ihren Platz auf der Waage einnahmen. Man kann sich von hier aus auch umsehen, wenn es nötig ist und man Lust hat, das Ächzen im Saal zu sichten!, dachte der Mann im Tretstuhl, und innerhalb der vier Wände glitt durch den Saal zur Probe von Mann zu Mann ein Augenpaar, das als Eichhörnchenamt die Wache im Schatten von Mattsson Alastalos Stirnschirm innehatte. Das Gewicht hatte nun seinen Platz im Saal gefunden, und der Hausherr drückte inmitten der Gäste seinen Stuhl.

»Hast du über die Barkangelegenheit inzwischen genauer nachgedacht, von der im letzten Winter und auch früher schon einmal die Rede war und die letzte Woche noch einmal zur Sprache kam, als ich und Härkäniemi in der Angelegenheit zu dir nach Langholma gesegelt sind?« Die Frage war quer durch den Saal an Langholma im zweiten Schaukelstuhl gerichtet und mit der angemessenen Gemütsruhe und sonstigen hofherrlichen Ausgeglichenheit vorgetragen worden, mit der ein Mann unter Männern über männerwürdige Dinge zu demjenigen spricht, dem in der Schar die mannsgemäßen Worte zustehen. Es war durchaus ein wenig feierlich, so öffentlich über den Saal hinweg von Schaukelstuhl zu Schaukelstuhl zu sprechen und beim Knirschen der Stuhlkufen zu lauschen, wie das ernste Wort in der Luft erklang, nachdem die eigene Lippe es mit vollem Gewicht zu Langholma gelassen hatte und es seine Arbeit auch in den Ohren der anderen ringsum im Saal verrichtete. Angenehm auf jeden Fall, dass seinerzeit der Bau mit ausreichend geräumigen Ecken und der Saal mit so viel Platz errichtet worden war, dass man, ohne von den Wänden eingeengt zu werden, auch über wichtige Dinge reden konnte, wenn es sich ergab!

Wahrhaftig und soll's der Teufel glauben, was fühlt sich das eng in den Nähten an!, entwich es Alastalos Lunge im Schaukelstuhl halblaut als Seufzerpfiff, da beim zu starken Schaukeln das Wohlbehagen im Schatten der Rippen die Glieder streckte und man gewissermaßen die Westenknöpfe an den engsten Stellen lockern musste. Manchmal hat es sein Gutes, fett zu sein, dann glauben die anderen, dass man bloß unter dem Druck seines Rahmens stöhnt, fügte er schnell innerlich hinzu, als er seine Äußerung bemerkte und den Ton verschluckte.

Ebenfalls angenehm, dass man so auch vom Leib her laderäumig ist, dann kommen die Leute nicht auf die Idee, immer und unnötig nach den Gedankengräten unterm Fleisch zu tasten!, gelang es Alastalo noch, den Rüssel seines Wohlbehagens auf einen kleinen Honigtropfen zu lenken, bevor das Auge wieder zur Sache kommen und der Verstand auf seinen Wachtposten am Fenster des Verständnisses geschickt werden musste. Was wird Langholma jetzt sagen?, fragte er sich. Die Sense ist geschärft und die Mahd eröffnet: Werden die Halme sauber auf die dicke Schwade fallen? Auf der Mahdwiese reicht der erste Streich der Sense nicht aus, auch wenn dabei noch so weit ausgeholt wird, vielmehr muss der Rücken auf der weiten Wiese bereit sein, sich zu steigern, selbst für Schwünge über eine Werst! Was wird Langholma jetzt sagen, und wie schwirren hernach die Worte, wird die Spannung der Schultern und das Tempo der Hüfte halten, ohne nachzulassen, wie sehr das Gras sich vor dem Schnitter auch dick stauen mag bei jedem Gesang des Stahls und bei jedem geschwinden Schritt auf der sengenden Ebene das Heu von der glänzenden Klinge über die Schulter auf die Schober sprüht?

Auf Langholmas Seite im Saal hatte der Schaukelstuhl aufgehört zu wippen. Für eine ganze Weile kam von dort auch sonst nichts Geräuschähnliches, außer dass die Pfeife – des alten verstorbenen Richters von Ristimäki und Rehbinders ehemalige lange Baronspfeife, die Langholma sich, nachdem er die zweite Tasse Kaffee getrunken und das Tassenpaar losgeworden war, aus dem Pfeifenregal geholt und angezündet hatte –, außer dass das beinerne Mundstück der Pfeife aus den Zähnen genommen wurde und in die Luft ragte und dass die Büsche der Brauen einander entgegenrunzelten. Es lag keine Spur von Rauch mehr in der Luft und dem Augenstahl im Weg, als die zwei Graublauen nun ihren forschenden Stachel in die Richtung des Saales nagelten, wo Alastalos stämmige Persönlichkeit auf gut sichtbare und ehrliche Weise den anderen Schaukelstuhl ausfüllte, seinen eigenen Stuhl in seinem eigenen Saal. »Du denkst also, dass wir es, ohne Schulden zu machen und ohne dem Geld nachlaufen zu müssen, schaffen, in der Gemeinde eine Bark zu bauen?«, wurde quer durch den Saal die Frage gestellt, mit einer Stimme, die gemach war und nicht unnötig erhoben, aber trotzdem von der Eckschärfe her etwas von einer Felsplattenkante hatte, sodass ein Mann, dem eine Hand das Wort in solcher Art waagrecht auf die Schulter des Gewissens legte, nicht nur fest auf den Beinen seines Denkens stehen, sondern auch sicher in der Haustafel seines Herzens sein musste. »Auch wer eifrig losrennt, wird als Läufer nicht gelobt, wenn er mitten auf der Strecke schlappmacht, und über den Graben zu springen ist nur dann klug, wenn man weiß, dass der Zeh am anderen Ufer festen Boden erwischen wird! Bist du dir sicher, dass wir auch für die Toppen hereinbekommen, was im Ausmaß einer Bark als Kielholz ins Bett gelegt wird? Ein Maltersack macht sich prächtig auf dem Rücken eines Mannes, und noch prächtiger ist es, wenn der Bauer die Malterlast in seine Kiste leert, aber ein Roggensack von einem Malter, der auf der Erde steht, ist ein schwerer Klumpen Korn, und manch ein kräftiger Rücken ist schon zum Gespött des Dorfs geworden, weil der Mann zerrte, was sein Mumm hergab, der Sack jedoch wie ein hoher Herr an Ort und Stelle und mit breitem Arsch auf dem Acker hocken blieb! Briggs und Schoner haben wir, das ist wahr, aber ein Sack von einem halben Malter und ein Vollmaltersack halten sich unterschiedlich in den Fingern, und Briggs und Schoner sind Halbmaltersäcke neben einer Bark! Ich meine es nicht weiter böse, aber ich frage doch, ob das Eis geprüft und der Weg abgesteckt ist, bevor ich mit meinem Fohlen vom Ufer fahre.« – Der Schaukelstuhl setzte sich wieder in Bewegung, und das beinerne

Stück der Pfeife kehrte zwischen die Lippen zurück, aber unter den Brauen blieb die Wache gelassen an der Fensteröffnung, und auf Alastalo wurde von Schaukelstuhl zu Schaukelstuhl quer durch den Raum ein Augenpaar geheftet, dessen Besitzer es gewohnt war, dass man ihm antwortete, wenn er etwas fragte.

Auch die anderen im Saal lockerten bereits ihre Gedanken, und wenn man sich umblickte, bemerkte man, dass bei manchem, von Alastalo ganz zu schweigen, die Nackenhaut sich schon ins Kupferne rötete, wie bei einem Mann, der es noch nicht wagt, ein Wort zu sagen, aber bereits die Absicht hat, den Mund aufzumachen. Am losesten waren die Nähte jetzt bei Lahdenperä, der ohnehin schon stundenlang wortlos unter Größeren, als er es war, hatte sitzen müssen, sodass sein Gemütsgefäß allein aus Stummheit schon am Überschwappen war, und der es außerdem wegen seines Grundstückes auf der Halbinsel Vaarniemi und im Gedanken an ein damit verbundenes Waldgeschäft für angeraten hielt, sich in Erinnerung zu bringen und gleichzeitig in Höflichkeitsschuhen vor Langholma dazustehen: Am Ende ist eben doch Langholma derjenige, der die Anzen einklinkt, bevor sich die Fracht in Bewegung setzt! »Ein Mann muss seinen Riemen prüfen und den Gürtel enger um die Hüfte schnallen, bevor er sich aufs Ringen einlässt!«, sagte Lahdenperä also und bestätigte zustimmend Langholmas Worte, um zu beweisen, dass er den Zweck verstand. »Wenn man eine Speckwamme an den Balken wuchten will, und sei es ein großer Brocken, zieht man ihn hübsch zum Baumeln an die Decke hoch, nachdem man sich zuvor bloß in die Hände gespuckt hat, aber wenn ein ganzes Schwein am Haken hängt, ist es am besten, die Talje zu holen und womöglich gar zum Nachbarn zu laufen, damit er hilft, am Tau zu ziehen!«, fügte er passend hinzu, wo sich der Wortschlitten nun einmal in Bewegung gesetzt hatte und auf seinen Kufen ohne größere Mühen des Anschiebens voranwackelte, und weil es nie von Schaden ist und keine Fettverschwendung, wenn ein Tropfen Schmiere mehr an die Stelle des Räderwerks fällt, wo sich die Achse in der Nabe dreht! Vielleicht sollte ich noch etwas sagen und plaudernd das Fell mit dem Strich kämmen, dachte er, zum Beispiel, dass auch die Stränge des Fadens gezählt und gewogen werden, bevor man anfängt, ihn aufzuwickeln, wenn im Haus ein Stoff von dreißig Ellen angezettelt wird. Ein Wort der Eintracht tut dem Mund nicht weh und kostet nicht mehr als etwas Spucke!, überlegte er sich.

Allerdings musste Lahdenperä seinen schönen Trab mitten am abschüssigen Hang unterbrechen, denn auch Eenokki, Eenokki Karjamaa am Ende des Sofas, hatte unerwartet erkannt, dass ihm ebenfalls ein trächtiger Gedanke auf der Zungenspitze lag und sein Verstandeshuhn ein rundes Ei fallen zu lassen hatte. »Den Sack lädt sich derjenige auf den Rücken, der einen Sack in den Speicher zu tragen hat, und zwar einen, der nach seinem Rücken bemessen ist, und das Schwein hängt derjenige zum Räuchern an den Haken in der Sauna, der ein Schwein geschlachtet und sich vorgenommen hat, im Winter Geräuchertes zu essen, aber ein Schiff baut derjenige, der Geld im Schrank hat, und an der Aufteilung der Bark beteiligt sich derjenige, der seinen Teil bezahlt hat: Ich bin hier, um zu sagen, dass ein Viertelpfund vom Scheffel einer Bark der Sack ist, den ich mir ohne Zeremonie auf den Buckel lade, und ein Zweiunddreißigstel von dem, was die Bark einbringt, das Keulenstück, das ich mir bei der jährlichen Verteilung ohne Geschnack von der Räucherfracht abschneide!« Es war Eenokki Karjamaas Kinn, das diese Worte in den Saal geschossen hatte und die meisten Fäden von Lahdenperäs Beitrag durcheinanderbrachte, und sobald dasselbe Kinn nach Abschluss seines Werks wieder geschlossen und die Stummelpfeife im Mundwinkel daheim war, als wäre sie nicht gerade eben so lange in der hohlen Hand versunken, wie das Kinn mahlte, was zu mahlen war, hätte man zunächst, und nachdem man sich von der ersten Verblüffung erholt hatte, glauben können, dass in Eenokkis Ecke im Saal niemand auch nur das Knarren eines Wortscharnieres hatte verlauten lassen.

Man musste dem Zeugnis des Ohres aber nun doch Glauben schenken, und außerdem war Alastalo ein zu erfahrener Seemann, um nicht den Windhauch mit dem Segel dort aufzuschnappen, wo jener jeweils auf die Idee kam, aufzufrischen, Hauptsache, man kam voran, und der Bug drückte vorwärts. Bei diesem Manöver – er wusste, dass Lahdenperäs Worte eine Antwort verlangten, so wie der Brachsen auf dem Teller entgrätet werden muss, bevor man sich den Fisch mit dem Geschmack des Brachsenfleischs in die Backe schieben kann! –, bei diesem Manöver waren ihm sowohl Lahdenperä als auch Eenokki zuvorgekommen, Lahdenperä mit seiner üblichen Schnauze, in der, wenn es etwas zu sagen gab, nicht die Bohne von Vernunft den Hohlraum hinter den Zähnen belästigte, sondern nur blankes, unverdicktes, aus dem Mund sprotzendes Spuckwasser, und Eenokki mit einem Mundwerk, das sich tatsächlich einmal im Jahr in den Scharnieren bewegen konnte, dann aber stets zu einer so unerwarteten Jahres- und Tageszeit, dass es nicht einmal der Teufel selbst einen Moment zuvor erraten könnte, geschweige denn, dass betreffender Zeitpunkt im Almanach vermerkt wäre! Geantwortet werden musste jedoch, darum kam man nicht herum, und zwar lieber früher als später: Langholma war einer, der die Furche bis zum Ende pflügt, wenn die Pflugschar erst einmal den Boden aufgebrochen und er seinem Pferd Poju von hinten zugerufen hat, jetzt drücken wir die Brust ins Kummet, und der Lehm soll krachen! Alastalo hüstelte also auf dem zweiten Schaukelstuhl, sammelte innerlich, was er von Eenokkis Worten und Lahdenperäs Reden noch im Ohr hatte, und schnaufte wie ein Mann, der endlich dazu kommt, mit seinem Pferdepaar die Fuderfuhre durchs Gatter zu fahren, vor dessen Öffnung die Fohlen lästigerweise unbändig und wie wild hin und her gerannt sind.

»Karjamaa hier hat gesagt« – Alastalos Blick war, während er das sagte, mit der anerkennenden und ernsten Verzögerung auf Eenokki gerichtet, mit der sich an der Wanduhr das Pendelgewicht ohne Hast, mit Achtung, aber entschlossen von der einen Seite des Schrankes löst, um sich unversehens zu einer neuen feierlichen Runde auf seiner vorbestimmten Reise zu jener Kante aufzumachen, die auf der gegenüberliegenden Seite des Schrankes harrt –, »Karjamaa hat gerade hier gesagt, und das Gleiche, glaube ich, wirst auch du meinen« – jetzt war das Pendel schon im Begriff, sich vom Gipfel der Vermutung ins Tal zu begeben, neuen Anhöhen entgegen, und Alastalos Auge war mit Überzeugung überzeugend auf die Seite des Saals gewandert, wo Langholmas Schaukelstuhl quietschte und wohin jetzt ein respektvolles Wort und das Gewicht einer Ehrbezeigung getragen werden mussten, damit der Zeiger der Angelegenheit weiterlief –, »Karjamaa hat gesagt, und das Gleiche, glaube ich, wirst auch du meinen, dass jeder mit der ganzen Kraft seiner Brust an dem Tampen reißen soll, dann setzt sich auch ein großer Baumstamm in Bewegung, löst sich, verflixt, beim gemeinsamen Zug, selbst wenn ein nicht abgeschlagenes Miststück von Ast sich im Tor und im Gestrüpp dagegenstemmt, was die Gabel an Reisig krallen kann!« Diese letzten Worte entfuhren Alastalo heißer, als beabsichtigt und eigentlich auch klug war, denn sein Auge war auf eigene Faust anderswo unterwegs gewesen, war durch den Saal geschweift und hatte auf dem Sofa an der hinteren Wand flüchtig Pukkilas Gesicht aufgespießt, den Lippenbart des bösartigen Pukkila, an dem mit einer Hitzigkeit gekaut wurde, die nichts Gutes verhieß, so wenig wie die ärgerlichen zwei Stück Plageaugen, die wie flitzende Flöhe auf dem Laken überall im Saal waren, außer da, wo der Daumen die Springenden suchte! Was für Gemeinheiten hat der im Sinn?, fragte sich Alastalo aufgebracht im Moment des Zu-sich-Kommens, der einem Menschen nach dem Zukneifen der Lider allein gehört, bevor er sie wieder öffnen muss, um die frommen Fenster klarglasig demjenigen zu zeigen, der gerade spricht. Alastalo beherrschte sich jedoch, bis er das Gedankenstückchen in seinem Halse ganz und gar geschluckt hatte: Man soll den Ellbogen nicht kratzen, auch wenn er noch so juckt, wenn der Fädelfaden gerade das Nadelöhr kitzelt, und man soll keine Krähen vom Ast scheuchen, wenn man ein Haselhuhn im Visier seiner Büchse hat! Welcher anständige Mensch denkt in der Kirchenbank daran, hinauszugehen, bevor der Pfarrer seinen Segen samt Amen ausgesprochen hat, und welcher vernünftige, sein Kinn in Ehren haltende Mann führt das Fohlen aus dem Stall seines Mundes auf den Hof, wenn vor der Tür der Scherbaum wartet und der beste Zugwallach des Hauses eingespannt werden soll!

Alastalo beschwor sich mit geschlossenen Lidern, ruhig zu bleiben, und war nun von der Männermiene her wieder wie ein drei Ellen tiefer klarer Quell, da es galt, jetzt Langholma von Pupille zu Pupille zu bedienen, damit man nach dem jähen Ausbruch von eben und um diesen zu überdecken, wieder zur Sache kommen und mit Eintrachtsworten und striegelnden Sprüchen Eenokkis ernste Absichten ausdeuten konnte. »Karjamaa hat recht!« – wieder wurde Karjamaa ein anerkennender Blick zuteil, allerdings ein verschwendeter, weil Eenokki in diesem Moment nur Augen für seine Pfeife hatte –, »Karjamaa hat recht: Es braucht nicht mehr als einen vereinten Ruck mit der Kraft jeden Buckels, dann geschehen in der Gemeinde Wunder!« In diesem Stadium hatte der Blick unter Alastalos Augenbrauen den Biss und die Blickführung die Breite, mit der ein

Mann beim Mähen mit schwenkendem Rücken die Sense nach beiden Seiten schwingt, so weit, wie sein Arm nach links und nach rechts reicht, um die Klinge im fallenden Gras aufblitzen zu lassen; in einem Zug schnappte das Auge bei der Rückkehr von Eenokki die Standhaften auf dem Sofa und die Mikkelis an der Tür auf, nahm im selben Schwung die Sitzenden an der seeseitigen Wand mit und wickelte die Reihe der an der Hofwand Hockenden in voller Länge ein, bevor sich die mannhafte Pupille wieder darauf konzentrierte, wohin vom Haufen aus das Gras des Glaubens mit zwei aufgeschlagenen Augen hingetragen werden und Langholma von Kieker zu Kieker davon überzeugt werden musste, dass die Sense durchs Üppige sauste und dick das Heu von der Klinge kippte, wenn dieser sich nur sputete in seinem Tun! »Wenn jeder mit seinen Pranken zugreift und sich ins Zeug legt, so wie Karjamaa, dann wird das Seil bald singen, und gnade dir Gott, wenn dann Liespfunde zur Stelle sind, und zwar in ihrem alten Gewicht, dann löst sich sogar der Arsch eines Berges von seinen Wurzeln, sobald gezogen wird!« Alastalo ließ den Kopf so gewichtig wackeln wie den erzenen Rand einer Kirchenglocke, bevor der Schwengel sie schlägt und der Schall ihr entweicht, um auf seinen Runden über die weiten Felder und Wälder widerzuhallen.

»Eine Bark, ein Barkschiff, ein Dreimaster mit drei Toppwimpeln – zum Besitz eines solchen Pottes wagt auch ein Mann an der Mole von London sich zu bekennen, und so eine werden wir bauen, falls wir Manns genug sind, nicht nur auf dem Körperteil zu sitzen, der das Holz des Schaukelstuhles drückt! Auch die Spanten einer Bark sind nur aus Kiefer, und Kiefern wachsen in unseren Wäldern dichter als Seemannsflüche, und wohin sonst recken sich die Toppen einer Bark als gen Himmel, wo, ohne dass die Wolken angekratzt werden, noch um eine Rah breit mehr Mastplatz ist, als die Spieße unserer Briggs einnehmen. Es braucht nicht mehr, als dass ein Mann von seiner Bank aufsteht und den Rücken durchdrückt, um größer zu sein als im Sitzen, nicht mehr, als den Rachen einen Zollbreit aufzusperren, damit die Kehle ihren Klang gar eine Werst weit übers Wasser hinaus keift! Indem man ausschreitet, legt man Meilen zurück, und Masche für Masche strickt man den Strumpf! Eine Bark wird aus Planken gebaut, Plankenholz an die Flanken und Plankenholz auf die Kanten, und eine Planke ist vom Plankenmaß her ein großes Stück Holz, aber ein großes Gefäß macht daraus derjenige, der baut! Die Bibel im ledernen Einband ist ein gewichtiges Buch auf dem Tisch, aber angefangen mit dem A ist auch sie auf jeder Doppelseite nur mit Buchstabe für Buchstabe bedruckt! Wenn ein Schuhmacher steif und fest im Sitzen ist und in dreißig Jahren Tagwerk das Sitzbrett desselben Dreibeinschemels reibt, dann wetzt sein treues Gesäß schließlich auch ins Brettgesicht des härtesten Kieferknorrens eine passende Kuhle, und wenn der Verstand seinen Zahn behält und der Mann seinen Verstand wahrt, dann dringt der Wille dieses Mannes durch den Zaun, wo er nicht über diesen kommt, und umkreist als Fuchs auf seinen Pfoten den Berg, den er als Dachs mit dem Kratzen seiner Krallen nicht durchscharren kann! Der Zugochse hat nicht mehr als das Gewicht seines Buckels und die Beuge seines Hufs, und der Fischadler nichts weiter als sein Augenmaß und eine krumme Kralle, aber die Last bewegt sich, wenn das Zugtier ausschreitet, und der Hase schnellt als Beute hoch und knickt die Knie, wenn in der Luft über seinem Nacken der Flügel flattert, und auch wir haben nicht mehr als die Kraft des Verstandes im Kopf und die Schärfe des Tuns in den Fingern, aber wenn der Verstand Schultern hat zum Drücken, dann drückt er auch, falls inständig gedrückt wird, und wenn der tätige Finger einen gebogenen Knochen zum Zupacken und einen geschliffenen Widerhaken zum Zuschlagen hat, dann wimmert bald die Beute mit verdrehtem Nacken auf der Wiese, von unseren eigenen Sporen niedergetreten! Auch der Greif am Firmament muss zuerst die Augen schärfen und von oben schauen, bevor die Klaue im Nacken des Huhnes sitzt und die Federn am Gehegezaun aufstieben!«

Mit jedem Bogenstrich spuckte Alastalo prallere Worte aus dem Mund, und der Schaukelstuhl half dabei nach. Man nuschelt nicht in seinen Bart, wenn man zur ganzen Gesellschaft spricht, und man schont auch nicht den Stiefel, wenn die Geige bei der Polka mit einem solchen Schmiss kratzt, dass der Absatz Schwung am Boden nimmt, das Knie hochschnellt und der Arm diejenige an den Hüften leicht in die Lüfte hebt, die mit sausenden Säumen fliegt, weil der Stemmende in Fahrt ist! »In der Gemeinde sind auch früher schon Planken zu Schiffsflanken genagelt und durch Schuften mit dem Klopfer Zapfen ins Kiefernholz der Spanten getrieben worden, dass es im Stahl des Winterwetters nur so geschallt hat vom Behauen der Balkenlagen, warum nicht auch jetzt wieder und größere Flanken, wo wir doch selber größer geworden sind!« Alastalo drehte sich zwischen den Armlehnen des Schaukelstuhls so weit um, damit man sah, dass ein Mann seinen Platz brauchte und ihn auch ausfüllte: Zugleich konnte man dabei weiträumiger in den Saal sprechen, da es einen innerlich drängte. »Oh, der Harz am harzigen Baum, und oh, der Teergeruch, der auch im Männerstubben sitzt! In meinen Nasenlöchern rieche ich bereits die Balkenlage, wenn ich euch so betrachte! Spantenholz, bestes harziges Spantenholz, so viel, wie hier längs der Wände rote Männernacken aus dem Kragentuch ragen! Sollten solche Männer in ihren Wäldern etwa keine Riesen finden, die auch für zehn Barken als Grätenhölzer reichen würden, die in ihrem Stamm so viel an knirschender Kraft haben, dass man noch fünfzig Jahre nach dem Einweichen Teer daraus kochen könnte?«

Wer Fischerstiefel an den Füßen hat und in Langschäftigen geht, der macht keine überflüssigen Sprünge, sondern schreitet würdig aus. Alastalo war stattlich anzusehen von der Statur wie auch von der Kinnhaltung her, und der Schaukelstuhl half nach, und der Fußboden sank ein, während der Mann sprach; die Worte wurden breitschultrig aus dem Mund geschaufelt, wie der stechende Spaten Ladungen von Lehmklumpen aus dem Graben auf den Haufen schleudert! »Verflixt!«, sagte Alastalo, »die Elstern flattern durch die Luft und sprühen vor Leben auf dem Zaun vom Schmiedeplatz, aber es kommt dabei nicht mehr heraus als ein paar weiße Tropfen vom Pfostennocken und ein schmutziges Klatschen im Wacholderstrauch, wir Männer haben keine Federstange am Bürzel zu schwenken, und auch sonst steht uns das Spektakel der Elstern nicht an, wir haben das Schlafbein, wo die Elster ihr Flügelzucken hat, und hinterm Schlafbein hat ein Mann mancherlei Wiehermäuler im Stall, von denen er ans Tor der Zahnreihe nur dasjenige Fohlen führt, das beschlagen ist und in dessen Hufeisen der Geist der Wersten steckt! Das Fohlen wiehert im Geschirr, damit es auf den Weg darf, und der Mann streckt den Rücken, damit er den aufrechten Rücken eines Hofherrn hat! Der haarige Bart ist ein Bart, und ein Kerl darf sich Kerl nennen, wenn er auch mit dem Mund eines Kerls flucht! Wenn ein Mann nicht mit dem Beil in der Hand am festgezurrten Baumstamm Balkenkanten schnitzt, dann soll er die Hosen herunterlassen und sich seinen Daumen als Stöckchen borgen, um sich damit die Rückseite zu putzen, denn zu etwas anderem ist das Stück Finger dann nicht gut, und wenn wir mit unseren Gesichtern und den Sparren, die als Nasenknochen an uns verschwendet worden sind, nicht bewerkstelligen, dass in der Gemeinde eine Bark über die Toppen geflaggt wird, dann soll lieber bald jedes Hosenbein von hier aus durch den Hausgang in die Küche gehen, und wir bitten Eevastiina, die Rocken vom Dachboden zu holen, damit wir uns im Hause nützlich machen, nachdem wir uns Röcke angezogen haben!«

Alastalo ächzte im Schaukelstuhl mit echtem Blasen aus den Bälgen und blickte sich um wie Elia in seinem feurigen Wagen. »Der Vorschlaghammer hat einen Holzschaft im Auge, damit der Brocken von einem halben Liespfund mit dem Schwung von zehn Liespfund erschallt, wenn der Mann im Gebälk ausholt, der Arm in die Höhe fährt, der Meißel dröhnt und der Eichennagel durch den Schlag, der ihm auf den Hut gehämmert wird, versteht, in welcher Rille er durch den brüllenden Kiefernbalken zu dringen hat, und ein Mann hat darum auf der Spitze seines Willens ein paar Gucker der Vernunft am Funkeln, damit der Skipper dort, wo seine Sohlen auf dem Deckholz stehen, die Augen unter seinen Brauen wie ein Greifpaar auf freier Wacht in Meilensprüngen über den westlichen Rand und den östlichen Schaum hinweg zu den glimmenden Nadeln des Firmaments hinauf bewege, wenn auf den uferlosen Schleuderwellen an den Stacheln der Sterne abgelesen und aus den als Zeichen im Himmel steckenden Nägeln geschlossen werden muss, wo auf den wogenden Wegen die glatte Rinne vor einem liegt und wohin im blinden Brodeln der bebende Bugbaum die Spitze zu recken hat, dem fernen Schutz des Hafens entgegen: Der Zimmermann, der einen kräftigen Kopf auf dem Hammerstiel hat, um den Nacken des Balkens zu züchtigen, zögert nicht vor dem Balken, und der Zügelhalter, der die Zügel fest um die Hände geschlungen hat, fragt nicht das Fohlen nach der Meinung! Und wir sind Männer und haben vom Schneider geschnittene Hosen an: Eine Bark ist auch nichts weiter als ein Schiff, das mit der Axt geschnitzt und dann abgedichtet wird!«, beendete Alastalo langsam seine Rede. »Ein Mann reicht so weit, wie sein Arm misst, und eine Zehbreit hinzu, wenn er sich streckt!«, sagte er und ließ ein überzeugtes Augenpaar auf Langholma blicken.

Ist schon einmal jemand durch die Winterstrenge gegangen und stehen geblieben, um von der Straße aus zu schauen, und sei es nur mit einem Abstand von zwei, drei Steinwürfen, wie ein Mann mit seinem Klopfholz in der Frostfrische des hellen Novembermorgens bei der Fertigung seines Zimmerwerks sich bewegt? Der Klopfer steigt in die Höhe, von zwei Armen geführt, er steigt und steigt mit seiner ganzen Wucht über den Kopf hinweg dem Himmelsblau entgegen, was der Stiel an Maserholz hat und so weit der Arm sich aus dem Stoff am Handgelenk reckt, steigt noch weiter in die Höhe, bis der Mann sich auf der Bohle des Gerüsts auf die Zehenspitzen stellt und den schleudernden Schwung seines Leibs in der gespannten Schulter sammelt, bevor aus der Tiefe der Lunge heraus der Schwung ausgeführt wird und der Schlag durch die Kraft der männlichen Schulter und den Druck des gespannten Rückens mit schwerem Bogen durch die Luft saust. Man sieht die Keule, wie sie auf den schallenden Föhrenbalken niedergeht, merkt, wie der Beitel von dem traktierten Kiefernholz zurückschnellt, und ahnt, wie die Moosritze sich um einen Zoll unter dem Gezüchtigten verdichtet; doch das Ohr schnappt das Dröhnen aus der Luft nicht auf, ehe der Gedanke es geschluckt hat, wenn auch die Waldränder im winterlichen Schnee bereits tönende Laute einander zuhallen, so weit und so hoch, wie an Höhe und Weite in den morgendlichen Einfassungen des stählernen Märzes vorhanden ist. So auch jetzt im Saal von Alastalo: Das Wort war gesagt, auf dem Gerüst war mit Schulterkraft und Schwung ein unbändig mächtiger Schlag auf die stöhnende Föhre des Wandzimmerwerks geschleudert worden, aber zuerst nahm nur das Auge das Zurückspringen des Beitels vom getroffenen Holz wahr, bevor der Verstand zur Stelle und das Verständnis darauf gekommen war, dass der Fugenspalt mit einem Hammerschlag fünf Klafter weit getrieben wurde und nun eine Föhrenflanke dicht an der anderen atmete und dass der rollende Hall ringsum so lange kratzen müsste, bis der Saal mit seinen vier Wänden erfasst und entlang dieser knapp fünf Klafter langen Wände die Kieferpaare als Wortschmiede bereit wären.

Lahdenperä kam als Erster auf die Idee, etwas zu sagen. »Wir haben wahrlich Hosen an und sind als männlich in den Kirchenbüchern eingetragen!«, sagte er lauthals mit Schöffenmund zur Bestärkung von Alastalos Worten und machte mitten auf dem Sofa mit einem Ruck die Schultern breit. Er erschrak jedoch über die eigene Überstürzung, weil die anderen noch stumm waren, und versteckte seine Stimme unter einem jähen Husten. »Es ist die Pfeife, die die Kehle zum Rülpsen und zum Würgen bringt!«, erklärte er, als hätte er sonst nichts von sich gegeben, jedenfalls nichts Wortartiges, und sein Gesicht war plötzlich wie ein Gesangbuch, die Doppelseite sichtbar aufgeschlagen, die als Gesichtsseite dem verständigen Mann auch auf der Gerichtsbank und vor den Richtern wohl ansteht: Lahdenperäs Augen waren von ihren Ausflügen und kleinen Polkaversuchen zurück und wieder daheim und ernst blinzelnd auf Langholma gerichtet: Von dort schien auch Alastalo, wie die Neigung des Kopfes und das Lauern der Augen verriet, etwas zu erwarten, und die eigene Vernunftdämmerung teilte ebenfalls mit, dass von nämlicher Seite des Saals bald etwas zu hören sein würde.

Auch die anderen im Saal mussten nicht lange warten, denn Langholmas Schaukelstuhl knarrte wieder leicht in den Kufen, und das beinerne Stück seiner Pfeife war bereits seit einer Weile von den Lippen genommen worden. »Ich bin der Auffassung, dass man einem Fohlen schon im Verschlag des Stalles ansieht, ob das Beben seiner Nüstern die Breite hat, die der Galopper zum Pusten braucht, wenn nach werstweitem Flug die Nüstern eine weitere Werst weit nach Luft gieren müssen, ohne dass der Lungenbalg keucht, und ob beim Wieherhengst unter der Seide seiner Schenkelpfeifen der feine Spannungsstahl steckt, der mit der Leichtigkeit der Hufe die Meilen hinter sich lässt, auch wenn die Wegstrecke länger bemessen sein sollte, und ich habe den Glauben, dass auch ein Mann den Sinn eines Mannes am Atmen erkennt und das Ausschlagen des Gedankens an der Knie-Biegsamkeit der Vernunft ertastet!« Langholma verstummte und nahm ein paar Züge aus seiner Pfeife, der langstieligen des verstorbenen Richters. »Ich säe Roggen in die Lehmerde und Kartoffeln in den Graupensand und weiß, dass ich von beiden eine ertragreiche Ernte haben werde, und wenn Alastalo in Schiffsangelegenheiten die Büchse anlegt, weiß ich, dass er dabei einen so kapitalen Auerhahn auf dem Korn hat, dass auch ich gern bei der Verteilung sitze, wenn die Beute vom Ast geplumpst ist und der gerupfte Vogel zum Essen angeschmort wird. Am Trinktisch muss man sich seine Gesellschaft aussuchen, damit man auch nach dem dritten Glas noch unter Vernünftigen sitzt, und der Säger sucht sich als Partner für die Plankenarbeit einen Mann, von dessen Schultern und Rücken er weiß, dass sie es vom Morgeneifer bis zum Feierabend zäh am Sägebock aushalten: Ich verlasse mich auf Alastalo, denn ich weiß, dass ihm im Kopf auch vor der schäumenden Kanne am Bankett nicht schwindelt und ihm in der Werktagswoche der Rücken nicht müde wird, selbst wenn die Säge lange im Knick des Balkens singt! Ich bin dabei, wenn du das Kielholz der Bark auslegst, und sei es um einen Fuß länger in der Bugstreckung und eine Viertelelle breiter in den fettesten Spantengräten, als du es dir gedacht hast!« Dieses Wort war in die Weite des Saales hinein gesprochen worden, auch wenn der Kurs der Augen ohne unnützes Umherirren lediglich von Alastalo auf die braune Wölbung an der Meerschaumpfeife des verstorbenen Richters gelenkt worden war und das beinerne Stück des Stiels zurück an seinen festen Platz im Mund des Gutsherrn wie in die Kinnlade eines Fürsten: Der Schaukelstuhl war nun frei, noch feierlicher zu wippen.

Jetzt hätte jeder im Saal, der sich getraut und es im ersten Moment gewagt hätte, den Mund aufzumachen, die glänzende Gelegenheit gehabt, das Wort zu ergreifen, denn nachdem Langholma verstummt war und sein Schaukelstuhl wieder angefangen hatte, zu wippen, hielt sich für eine ganze Weile eine Lautlücke samt mucksmäuschenstillem Respekt, als würde auf gemeinsame Abmachung hin und mit gespitzten Ohrenpaaren gelauscht, ob die Schaukelstuhlkufen auf dem Bodenbalken beim Zug nach vorne anders knarrten als beim Druck nach hinten. Alastalo seinerseits kam es nicht an, auf die Schnelle etwas verlauten zu lassen, denn wenn es bergab geht, und zumal, wenn es ordentlich bergab geht, ist es stets am klügsten, sich mit Bedacht zu bewegen und an den Zügeln abzuwarten, welche Geschwindigkeit die Räder selbst für günstig halten: Wenn es bergauf geht, muss man sich ins Zeug legen, aber bei der Abfahrt atmet man auf und bremst vielleicht sogar ein bisschen, wenn es nötig erscheint! Pukkila wiederum fehlte aus anderen Gründen die Stimmung, gerade bei dieser Wendung der Ereignisse nach den Spielsteinen zu greifen, allerdings saß er auf dem Sofa wie auf glühenden Kohlen, und die Natur kochte in seinem Inneren schlimmer, als er es sich selbst eingestehen mochte und wie er es eigentlich aushalten konnte: Noch immer steckten ihm wie ungeschluckte Gräten die von Alastalo vorhin ausgesprochenen ärgerlichen Worte im Hals, und jetzt noch dieses pausenlose Geschwätz über die ewige Bark, als wäre zum ersten Mal auf der Welt von einem Dreimaster die Rede! Man führt kein Fohlen, auch kein wieherndes, dann aus dem Stall, wenn der Weg zugeschneit ist und der Kamm der Schneewehe sich auf der Höhe der Zaunpfosten befindet. Und Langholma hing an Alastalos Hand, wie ein viereckiger Fels als Stütze am

Gatterpfahl lag! Pukkila tat also vorläufig nicht mehr, als an seinem Bart zu kauen, auch Lahdenperä blieb nach dem Versuch von eben ohne Mucks auf dem Sofa sitzen, und auch bei den anderen im Saal drängte sich bei jedem mehr Wortvieh am Gatter, als auf einmal hindurchpasste, um sich zur Weidenwiese hin zu zerstreuen. Härkäniemi blies vorerst noch Rauchwolken nach allen Seiten. Nur auf Eenokkis Seite des Saals bekräftigte mitten im Schweigen der anderen ein kurzes Wort Langholmas Redegarnitur. »Genauso ist's bei mir!«, hörte man Eenokki am äußersten Sofaende, und zur besseren Überzeugung wurde der Holzstumpf der Stummelpfeife vom linken Zahndamm des Hofherrn von Karjamaa ins Hebelwerk der rechten Kieferseite versetzt.

Um Härkäniemi herum und in der näheren Umgebung seines Bartes war der Qualmflachs inzwischen so weit gelockert und bauschweise weiter in die dicke Luft des Saals hineingepustet worden, dass man den Mann inmitten des sich verteilenden Rauchs wieder erkennen und aufgrund der Vorkehrungen erahnen konnte, dass von dort aus bald etwas zu hören sein würde. Man hätte allerdings auch vorher schon begreifen und innerlich schlussfolgern können, wenn man bei aller Verstandesanspannung Zeit gefunden hätte, die Gedanken zu benutzen, dass, so verwirbelt, wie die Qualmwolke doch seit einer ganzen Weile schon gebaut gewesen war, um die Luft in dem Teil des Saales zu verdicken, wo Härkäniemis Pfeife in Betrieb war, dass so etwas selbst Härkäniemi nur passierte, auch wenn er bekanntermaßen ein noch so starker Mann des Tobaks war, wenn sein Mund nach langem Schwadronieren und einer Geschichte von zehn Werst Länge Entschädigung für das erduldete Rauchfasten brauchte oder wenn er die Backe auf das Gegenteil einstellen und denken musste: Bei der Mahd werde ich nicht dazu kommen, mich zu verköstigen, also verköstige ich mich jetzt!

Weil Härkäniemi nun also längere Zeit wortarm gewesen war – und er hielt das Kinn ebenso gern ruhig, wie er es gern benutzte, wenn er erst einmal damit angefangen hatte –, hätten die jetzigen Rauchwolken an seinem Platz des Sofas aufgrund ihrer Dichte bereits früher deutlich und ohne weitere Ergründung gelehrt, dass man darauf gefasst sein müsse, dass Härkäniemi gleich etwas sagen würde.

Und Härkäniemi sagte auch etwas, jedoch nicht mit Hast. Er hatte die Wolkenwallung, die sich um ihn herum aufgetürmt hatte, von sich weggeblasen und noch ausreichend Zeit, seinen Mund einzusetzen und seine Angelegenheit auszusprechen, nachdem er zunächst das Auge ein wenig hatte ruhen lassen und zum Vergnügen des Gedankens dem davonrollenden Rauch dabei zugeschaut hatte, was dieser sich so ausdachte und machte, während er seine Placken im Saal verbreitete, sich reckte und streckte und dick sich ballte, wie ein schwebendes Blauflachslaken an den Stellen der Luft niedersank, wo durch die Fenster Lichtkegel in den männergeschwängerten Saal stachen, und sich in grauen Ballungen in den hintersten Winkeln und an den Kanten des Kachelofens vorbei wie Polster in den Schatten bauschten, als verschluckten sie sich selbst. »Warum sollten wir keine Bark bauen?«, ließ Härkäniemi verlauten, wobei er seine Augen vom Schweifen des Rauchs auf den Kreis der Männer richtete. »Der Hahn kräht so lange, wie er den Hals reckt, und der Mann niest, wenn ihn die Nase juckt. Was für ein Amt hat das Ziffernblatt, wenn es im Uhrschrank nicht knackt und die Federn nicht straff aufgezogen sind? Die Zeigerspitze darf erst dann ans Schlafen denken: Nicke ich bei der Eins ein, oder muss ich noch bis zur Zwölf weiterzuckeln?, wenn die Schnüre im Räderwerk zu Ende gelaufen sind und das Pfundgewicht sich auf den Bodenbohlen zur Ruhe gelegt hat, und für den Mann und also auch für mich ist es erst dann an der Zeit, zu beurteilen, welchen Masttopp ich im Leben unaufgepflanzt lasse, wenn der Sensemann schon humpelnd neben mir herrennt, mich am Ellbogen zupft und über beide Ohren grinsend mir die Sanduhr zwischen seinen Stockfingern hinhält, in deren Trichter schon die letzten Körnchen in den Kolben rieseln!« Härkäniemi schmunzelte selbst über seine Worte, als er merkte, dass die Tonart seiner Orgel in die unteren Lagen gegangen war, und tätschelte sich mit der flachen Hand den Bart, als wollte er den Besen bauschen. »Warum sollten wir keine Bark bauen, wo doch das Naseputzen noch in unserer eigenen Hand liegt und Holz für weitaus mehr Sachen in den Wäldern steht als für einen Kasten von drei Ellen?«, fragte er, um auch etwas Gewogeneres aus dem Mund zu lassen. »Auch der Rauch dreht und wendet sich in der Luft, solange er Dicke hat und die Sonne ihn betastet, was soll der Mensch da fauler sein und aufhören, sich in seinem Leben zu drehen und zu wenden, solange man auf dem Feld steht und sich auf den täglichen Tummelplätzen recken und strecken darf! Bauen wir nur die Bark, solange sich durch unser Beil der Span vom Baum löst, denn unsere Späne wird nach uns niemand sonst schnitzen, gleichwie aus einem erloschenen Pfeifenkopf kein Rauchwirbel mehr Schnörkel in die Luft kräuselt: In der Sauna hat man genügend Zeit, auch nach schlimmer Schufterei zu verschnaufen, und der Wind hat im Garten Platz genug, um mit seinen Rockschößen selbst den dicksten Rauch aus dem Dunst der Luft zu wedeln!« Härkäniemis Schulter zuckte kurz, als würde er einen Stängel aus dem Lehm ziehen. »Ich stelle nicht weiter groß Fragen, ich bin dabei, wenn der Stiefel sich bewegt und Kies von den Fersen aufspritzt: Der Stiefel wird dem Menschen besohlt, damit er auf der Straße herumtrampeln kann, und die Nasenspitze ist ihm ins Gesicht gedrückt worden, damit er die Luft an der Stelle zerschneidet, aus der die Puste kommt, wenn der Mann seinen Weg zurücklegt! Ich für meinen Teil bin bereit: Drei Toppen sind zahlenmäßig einer mehr als zwei, und Dame spielt man so, dass man einen Stein auf dem Brett nach vorne rückt, wenn man an der Reihe ist. Auch der Pfarrer trachtet in seinem Amt nach besseren Pastoraten, und weil bei uns die Schiffe unsere Brotbeutel sind, so ist die Brigg die Präbende des Pfarrers und die Bark diejenige des Propsts, und der dünne Bauch bleibt als Berufung für den Kapellenpfarrer, der zeit seines Lebens nicht den Kittel des Propstes einer Muttergemeinde zuknöpft! Ich habe daran gedacht, selbst Reeder der Bark zu werden, falls bei uns auf der Werft einmal Holzdübel in die Rumpfrundung eines solchen Pottes geklopft werden sollten: Ohne zu gehen, legt man keinen Weg zurück, und ohne auszuschreiten, kommt ein Mann nun einmal nicht vom Fleck!« Damit hatte Härkäniemi das beinerne Stück seiner Pfeife bereits wieder zwischen die Zähne gesteckt, und das vom Pfeifenkopf ausgestoßene Rauchgetümmel wie auch die noch dickeren Wirbel, die den Backen entwichen, teilten demjenigen, der möglicherweise Weiteres aus jener Ecke des Sofas erwartete, mit, dass Härkäniemi nun gesprochen und vorläufig geendet hatte.

Alastalo hatte es in dem Moment eigentlich recht gemütlich: Auch das Heu fällt Halm um Halm, dachte er, als er sich umsah und das Auge durch den Saal wandern ließ wie der Bauer auf der Mahdwiese über seine Helfer. Langholma im Schaukelstuhl, der Mann in der Gemeinde, der wie Moses mit einem Stockstreich eine rinnende Ritze in den grauen Fels zu schlagen vermag, Härkäniemi hinter ihm am Sofaende, als Aaron vernünftige Worte mahlend wie der Mühlentrichter Manna aus dem ernsten Mund, und am anderen Ende des Sofas Eenokki, das verflixte Kinn wie das Amen am Ende einer langen Predigt hingedrückt: Wenn beim Schulterschwung dieser Männer das Heu nicht fällt und das Gras sich nicht brav vor die Egge legt, wäre das ein Wunder! »Langholma hisst die wehende Fahne an der Gaffel des Besanmastes, Härkäniemi steht am Mittelmast, und Eenokki stützt den vorderen, damit hätten wir für die Besatzung der Bark den Anfang gemacht und Männer genug, um von der Kommandobrücke aus auch über die langen Mastabstände hinweg Befehle zu brüllen, dass man sie bis an die Bugspitze hört!«, sagte Alastalo denn auch in aller Pracht von seinem Schaukelstuhl aus, dass der ganze Saal es vernahm. »Man braucht für eine Bark ja nicht mehr Masten als drei!«, fügte er der Feierlichkeit halber noch hinzu und führte das Auge über die volle Länge aller vier Wände von Bart zu Bart, wie um mit der Mähne seines eigenen Bartes jeden Einzelnen tröstend zu bemitleiden: »Da seht ihr's nun, dem Trödelfritzen, der sich nicht zeitig ein Viertel vom Gebäck aus dem Kuchenkorb klaubt, bleibt am Ende nur der Brotkanten!«

ZEHNTES KAPITEL

Pukkila und Alastalo wetteifern.

Pukkila hatte, das muss zugegeben werden, bis dahin nicht allzu sehr seinen Mund im Saal benutzt. Still war er geblieben, so wie er es schon beim Aufbruch zu Hause entschieden und wie er es, um es sich zu bestätigen, unterwegs auch Evald im Boot, in der Slup geschworen hatte, abgesehen von einigen Ausbrüchen so still, dass selbst Alastalos Augen im Schaukelstuhl immer öfter und taxierender heimlich zum hinteren Sofa zwischen Lahdenperä und Eenokki schielten und sich fragten, was da wohl für Vorzeichen in der Luft liegen, wenn Pukkila Pihlman reglos bleibt wie Buttermilch unterm Deckel in der Bütte und nicht das geringste Brodeln aus seinem Topf zu hören ist! Natürlich las man am kleinen Zucken der Wangen ab und erriet an den giftigen Blicken der Augen, dass jedenfalls kein »Ich armer Sünder« zwischen Pukkilas Zähnen aufgesagt wurde und dass, falls etwas unter Pukkilas Weste gegen die straffen Reifen seines Gemütsfasses trat, die Hopfengärung im Malz dieses Gefäßes jedenfalls nicht brave Frömmigkeit war!

Auch bei einem gefestigten Mann ist manchmal Charakter gefragt, um nicht aus der Haut zu fahren, wenn er sich ärgert, sich verflixt innerlich ärgert und keinen Mucks von sich gibt, weil er gedankenlos beschlossen hat, jetzt nicht zu reden, auch wenn er schier platzen will! Kein Wunder also, wenn es in Pukkila, in Pihlman Pukkila in diesem Moment Funken schlug, so sehr Funken schlug, dass die Säume knirschten, denn unter seinen Abzugsklappen staute sich das Kohlengas so sehr, dass sogar die gemauerten Kachelsteine und erst recht der beinerne Brustkorb beim Seufzen geknarrt hätten. Er hätte es noch ertragen, geschluckt und ertragen, als Gräte geschluckt und als Kaulbarsch im Hals ertragen, dass Alastalo, Mattsson Alastalo, Herman, von der Bark redete, von seiner Bark, dem Mistding, aus vollem Bauch heraus von seinem Mistding einer Bark, weil ihm danach war und sein Bauch ohnehin schnaufte, aber warum, verdammt, musste der Bugspriet der *Usko* damit vermengt werden, warum, frage ich, denn mein Bugspriet ist aus meinem Holz, aus meinem eigenen Holz, Holz aus dem Wald von Vaarniemi, Zoll für Zoll Holz aus unserem Vaarniemi-Wald, selbst wenn er zu lang wäre, um einen Fuß zu lang, so wie es tatsächlich auch der Fall ist! Es ärgerte ihn so sehr, dass er hätte ausspucken mögen! Der sollte lieber die röchelnde Rundung seines Westenzuschnitts korrigieren als die Nagelbreite am Bogen des Vorderstevens meiner Brigg, meiner *Usko*, meines zweimastigen Augensterns, der dem Sinn des Menschen und dem Geist des Schiffes genügt und dem geschliffenen Walzer unter der fliegenden Sohle eines Mädchens gleicht! Da hört man sich die Reden von so einem mit aufgestellten Ohren und mit nach Schweden reisendem Verstand an, wie der Bewohner einer Unterpfarre der Predigt des Propstes aus der Großgemeinde lauscht!

Auch Langholma, obschon er seine großen Ohren von seinem noch mächtigeren Vater geerbt hat, sperrt ebendiese Großerbe-Muscheln wie gierige Scheunen und Stopfschober auf, wenn Herman, möge er auch Mattsson von Alastalo sein, Heufutter in den Saal spricht, so viel, wie durch die Luke passt; bei Härkäniemi versteht man's ja, wo soll der Ochse sonst mit seinem Ochsenmaul rumoren, wenn nicht dort, wo es raschelt, möge das Rascheln auch bloß das von Stroh sein! Drei Masten, und Eenokki am ersten davon schnuppernd! »Eenokki stützt den vorderen!« Genau so hatte es Alastalo gesagt. Es juckte noch immer in den Ohren! Wo habe ich Eenokki je auf dem Gerüst gesehen? Wo beim Stützen? Wo, zum Teufel? Soll ich doch etwas sagen? Aus reiner Bosheit sollte ich was fragen! Was kleines Giftiges von mir geben, einen Tropfen Wermut in Alastalos Ohr. Ich könnte zum Beispiel so sagen, ganz harmlos anfangen: Soll auf Alastalo jetzt ein Schweinestall gebaut werden, da Eenokki als Baumeister gebraucht wird? Ich hab ihn schon mal im Geviert eines Schweinestalls rumoren gesehen, aber auf der Werft und beim Aufrichten des Vordermastes …?

An dieser Stelle biss Pukkila jedoch plötzlich den Gedankenfaden ab, es hätte nicht viel gefehlt, und er hätte sich die platte Hand als Pfropfen aufs Mundwerk geklatscht, und er segnete im nächsten Augenblick sein Glück, dass seine Lippen straff und die Wörter hinter den Zähnen geblieben waren. Da hatten wir es doch: Kein Wunder, dass er Eenokki so lebhaft im Sinn hatte, ebendiesen Eenokki Karjamaa mit dem Pfeifenkinn dort nebenan, wie er am Vordermast herumfuhrwerkt! Die gemeine Mustanklupu-Klippe und der Kadaver der *Petrereesa*: Hätte ich hier im Saal an ein und demselben Tag noch einmal auf euch hereinfallen sollen! So wenig hätte gefehlt, und in einem Rutsch wäre es Hals über Kopf die Schlucht hinuntergegangen, wenn man im Nachhinein bedachte, wie knapp der Zeh schon daran war, sich zu bewegen. Pukkila blickte sich verstohlen unter den Augenbrauen um, ob ein Mistkerl in seiner Bosheit den Gedankenschwanz in seinen Augen erfasst hatte, bevor der Welpe es ins Versteck geschafft hatte. Auch das noch, auch den Ärger darüber musste man schlucken und bekam davon den Geschmack von Messing auf die Zunge: Wer schaute jetzt im Saal auf seine Verdienste und sein Stolpern über die Schwelle des Gemüts, wo über die gesamte Wandbreite bei jeder einzelnen Kohlmeise die Augen reifenrund hervorstanden, als wäre Gott weiß was Bedeutsames geschehen und der Talgkuchen des Mondes vom Himmelsbalken herabgescheppert, um auf den Bodenplanken in Alastalos Saal zu kreiseln, wo doch lediglich Herman Alastalos dicken Wangenbacken das Bark-Wort entwichen war!

Der Mistkäfer gräbt sich im Pferdehaufen nicht schäbiger seinen Weg als der Verstand im dummen Kopf!, schimpfte Pukkila in seinem Herzen, als er seinen bitteren Blick von Eenokkis Pfeifenknorren neben sich an der Seitenwand entlang von Gesicht zu Gesicht bis zu Mikkeli Krooklas schmutzig-fahlem Bocksbart ihm gegenüber neben der Kachelmauer an der Tür vorrücken ließ. So wird der Mensch bisweilen zerrissen wie ein Hanfbündel unter den Zinken der Hechel: Auch Pukkilas Charakter wurde in dem Moment in die Mangel genommen, als würde ein Bohrer ins Innere eines knirschenden Holzes getrieben! Sollte man den ganzen Tag den Mund geschlossen halten und sich dadurch rächen, verdammt, damit sie verstünden und sich wunderten: die Lippen versiegelt und einen Balken vor die Mundöffnung, sodass kein Spalt für die geringste Wortmaus bleibt, um auf den Bart zu rennen, auch wenn es noch so in den Zahnwurzeln pocht? Es war jetzt trotzdem für Pukkila zu spät, Vernunft in seiner Natur heraufzubeschwören, oder auch Unvernunft: Auch ein umgekippter Wassereimer verstopft seine Ränder nicht mehr durch Fragen, wenn der Inhalt bereits überläuft, und die Föhre steht nicht mehr als Herrin da und lässt die Krone nach eigenem Willen rauschen, wenn die Axt bereits über der Wurzel ihre Kerbe ins Herz des Stammes genagt hat und am fallenden Baum die Kerbe der brechenden Flanke kracht! Zu weit war der Gedanke bei Pukkila schon mit seinen Pfoten auf dem Sprung, weshalb nun auch gesprungen werden musste, wenn man nicht auf der Nase seines Schnauzengesäßes landen wollte: Auch der Abzug geht unter dem juckenden

Finger fast von selber und aus Versehen los, wenn man eine Zeit lang daran herumgetastet hat!

»Baust du nur ein Rigg für dein Schiff, weil von nichts anderem die Rede gewesen ist und du dir die Stützmänner schon ausgeguckt hast?«, sagte er für den Anfang, damit etwas aus dem Gatter kam und Platz für weitere Worte geschaffen wurde. »Ein Rigg-Rigg, sage ich, Riggstangen!«, stichelte er, wobei er zwischendurch seine Wörter kaute, damit dem Gedankenfohlen Zeit blieb, die Beine unter sich zu sortieren und mit den Nüstern die Luft zu schnuppern, bevor dem Zeh erlaubt wurde, den Erdboden zu kosten, und der Huf sich streckte. »Das Amen spricht der Pfarrer an der rechtmäßigen Stelle seiner Predigt, wenn ihm die Worte in den Wangen ausgehen, und das Amen schmetterte auch einst ein ehemaliger Pfarrer zur Warnung gleich am Anfang seiner Predigt, damit die Gemeinde in der Weihnachtskirche wenigstens nicht mit dem Ende der Predigt im Rückstand war, bevor das Rumoren begann, und der Pastor nach dem Poltern ehrenhaft zurückstapfen und die Arbeit dort fortsetzen konnte, von wo aus man ihn unter den Achseln gestützt vom Weihnachtsgrog ins Kanzelfass geführt hatte! Warum nicht, warum nicht, warum sollte das Amen nicht an seinem Platz sein, wenn es am Ende der Rede steht, warum nicht, sage ich!« Pukkila zog seine Worte in die Länge, auf den Lippen noch das Evangelium und brave, dem Fellstrich folgende Eintrachtsworte, auch wenn die Augen bereits Flüche ausbrüteten und die Zungenspitze drauf und dran war, zehn Gebote und teuflische Kaulbarsche zu werfen! »Warum soll das Amen nicht am Ende des Gesagten an seinem Platz sein und der schlaffe Schwanz schön den Rücken verlängern, wenn er hinten am Köter hängt, aber fange eine Predigt mit dem Schwanz des Amens an und hebe einen Welpen am Hintern, dann hat dein Mund einen Kötel losgelassen und dein Auge nach einer Kötelmündung ausgespäht!« Pukkilas Augen sprühten Funken, und er kam allmählich in Fahrt, soll es Alastalo nur hören, wo wir einmal damit angefangen haben! »Scheißdreck redest du, wenn du das Amen schwätzt und schon von Masten sprichst, obwohl nicht ein einziges Mäusejunges auch nur von der Rinde des Kielbaums geträumt, geschweige denn vom Barkenfell gekostet hat! Auf dem Weg zur kleinen Kammer ist es am besten, wenn man die Hölzchen schon in den Fingern bereithält, aber beim Bau eines Schiffes stellt man die Masthölzer als Letztes auf, als Letztes auf!«

Pukkila schmiss seine Worte und schaute triumphierend in den Saal, ob die andern ringsum zuhörten, da nun Üppiges aus seinem Mund kam. »Maststäbchen werden auf einem Schiff als Letztes aufgestellt, und danach zählt man die Toppen, wie viele es geworden sind!«, bekräftigte er noch einmal, polierte seine eigenen Worte auf; jetzt wird nicht bloß mit Alastalo allein geplaudert, sondern der ganze Saal darf zuhören, ob aus dem Mund dieses Mannes weiter Mannhaftes kommt. Sapperment, dachte er, würden wir jetzt und in diesem Augenblick in meinem Saal sitzen, in meinem neuen Saal, in jenem Saal, den ich mir noch bauen werde, und würden schnacken, Schnack kacken, würden überschwänglich auch über meine Bark schnacken, über meine neue Bark, über jene Bark, die ich mir noch bauen werde, verflixt, die ich auch baue, selbst wenn Alastalo vor Neidärger platzen sollte, weil ein Kutter größer als der andere sein kann, so wie auch ein Saal größer sein kann als der andere, bis zu fünf Klafter, sage ich, größer an allen vier Ecken, wir würden, sage ich, in meinem Saal sitzen und schnacken, denke ich, über meine Bark, über meinen Kutter, über meinen kleinen Dreitoppigen, der Rahenknäufe am Rigg hat, wie die Plejaden Sternenfunkel haben, ja, o Jesus im Himmel und ihr hellen Engel des Herrn, wie würde ich da jetzt reden, ich würde eine Stimme von mir geben, die vom Bogen freigesetzt wimmert wie ein Geigenrumpf, wenn der Ellbogen in voller Krümmung zieht! Pukkila biss sich auf den Bart. In seinen Haaren knisterte es, als finge Zunder Funken: Wenn ich jetzt nicht rede und meine Zunge ihre Flamme nicht ans Werg hält, bin ich ein Schaf und ein blökender Engel und kein Teufelskerl und kein Pukkila, konnte sein Kopf noch als kleines Gedankenei legen, bevor das Wort auf den Krallen und die Verstandespfote mit einem Satz von zwei Paaren auf dem Sprung war.

»Zapf-Zapf, Fasszapfen, Topp-Topp, Barkentopp, renne, rasch, mit dem Zapfen in der Hand, hole, husch, einen Topp für oben, frage den Floh, freie den Krebs, wo ist das Fass, ich hätte da einen Zapfen, wo ist ein Schiff, ich hätte da einen Topp: Die Mäuse rollen leere Fässer vom Tyhjälä-Hügel zum Markt von Marjattula, und die Spanten für die Bark bleiben im Wald und setzen noch bis zur Spechtweihnacht im nächsten Jahr Rinde an! Mach die Vorleine hinter der Windspitze fest und schnitze den Haken der Doppeldeichsel aus einem Astloch im Kornkasten, aber quatsche nicht von Masten, wenn sich das Eichhörnchen noch im Wipfel des Kielbaums die Nase schnäuzt, in einer schwankenden Kiefer von Vaarniemi, und der Fuchs sein Fuchsbein am Stamm des Spantenbaums hebt, um die Fichte zu wässern!«, stichelte Pukkila gnadenlos von unten herauf und sah Alastalo so teuflisch an, als wäre die nächste Maßnahme die, den Mann im Schaukelstuhl, so dick er auch sein mochte, samt Hosenbeinen, ohne mit den Zähnen zuzubeißen und in einem Happen herunterzuschlucken.

Alastalo gehörte indes nicht zu der schwachblütigsten Sorte von Mann, und so saß er, vorerst noch vergleichsweise sicher und breitwestig, auf den Quietschteilen seines Schaukelstuhls und schloss das eine Auge, um Pukkilas hüpfendes Gesicht mit dem anderen umso schärfer ins Visier zu nehmen. »Tja, tja«, speichelte er seiner Gewohnheit gemäß einen kleinen Sprühregen aufs Revers, zum Zeichen dafür, dass auch er einen Mund hatte, dem bei Bedarf etwas entfuhr. »Tja, tja«, bekräftigte er, wie der Heringbrater, der sich bereit macht, das Rösteisen umzudrehen, damit der Hering von beiden Seiten in der Glut zischen kann. Zweifellos juckte Alastalo allmählich der Ärger an den Haarwurzeln, auch wenn ihn im Bauch das Lachen kitzelte. Das Gebrumm der Wespe dicht an den Augenbrauen muss man aushalten, dachte er. Gleichzeitig hatte er sich im Gesicht verändert: Die Augenkugeln funkelten, als würde Pukkila Petter persönlich mit seinem feurigsten Blick unter den Brauen hervorlugen, von derselben Pukkila-Sorte waren die schwabbelnden Backen der Gesichtshälften, weil beide Weckenhälften gleichsam wie beim Tauziehen darin wetteiferten, welcher Rundling verflixter alle tausend Wiesel auf Pukkilas Backen hüpfen lässt, wie auch die anderen hüpfenden Schlingel an den unbehaarten Gesichtsstellen, wo die Gedankenmaus über die Hautfläche des Menschen läuft und trippelt; auch die Zunge tönte wie die im Mund des leibhaftigen Pukkila, als Alastalo nun schelmisch in den Saal hinein loslegte, und die alte Litanei wurde schließlich dem Vorredner in den Nacken geschleudert, als freundliche Erinnerung daran, dass keine Gefahr besteht, auch wenn es gefährlich aussehen sollte, und dass bei Pukkila auch früher schon die Zunge fest am Gaumen sitzen geblieben war, obschon sie einen gottlosen Galopp hingelegt hatte! »Mit'm Kiel in Kiel«, ahmte er nach und hüstelte, damit alle ringsum verstanden, hinzuhören und über Pukkilas jetzige und frühere Lautgebungen zu lachen. »Mit'm Kiel in Kiel, im Dock getrocknet, abgedichtet-abgekratzt, gespundet und gemennigt: Kahn wie 'n Sieb, jetzt wie 'n Ei, obwohl's kein Ei is; leck wie 'n Stibbel, jetzt dicht wie 'n Topf, obwohl's kein Topf is; is gesegelt wie 'ne Scheune, jetzt flitzt er wie 'n Biest, obwohl's kein Biest is – verflixter Bursch, polier meine Blankstibbel, sag ich zum Koch, obwohl ich mit dir schnack! –, guter Kahn, obwohl er früher gestunken hat, glatter Kahn, obwohl früher haarig, glitschig, obwohl früher kratzig: Segel geflickt, Trossen gesplisst, Deck geteert, Baum geölt, Rigg gestellt, Rahbaum gestemmt, Pumpe rührt sich, Steuer dreht sich, und die Nase hebt sich. Maat, hol mir meinen steifen Pelzhut aus der Kabine, Bootsmann, blasser Bube, lass das Boot ins Wasser; denk dran, Koch, dass du die Bohnen weich kochst, Bub; verdammter Hut, ist runtergefallen, der Mordskerl schaukelt auffem Meer, und der Pelz wird nass!« – Alastalo hatte atemlos die ganze glatte Litanei aufgesagt, ohne zwischendurch auch nur einen Atempfiff geholt zu haben, aber er ächzte durchaus nach der Anstrengung und schnaufte, rot im Gesicht wie ein Krebs: »Verflixte Pfeifen hast du in deiner Lunge, man muss sich schinden und die eigene Haut auf links drehen, bevor man sich auch nur eine halbe Werst Musik aus dem Hals gezerrt hat, wo du schon eine ganze Werst von der Poststation weg bist!«, lachte er und wetterte scheinbar lobend in einer Lücke seines Hustenanfalls, die eigene Zufriedenheit überspielend. Das ging wie geschmiert, und Pukkila hat Pfeffer aus seinem eigenen Büchsenlauf in die Schnauze bekommen, dachte er als Freund des lieben Gemeindenachbarn und diesem wohlgewogen.

Ringsum war allgemeines Gelächter ausgebrochen. War doch der ganze Bocksgesang von Anfang bis Ende und bis auf jedes abgeschmeckte Wort jedem im Saal bekannt, wer hätte ihn nicht gehört, von jedem beliebigen Seeburschen in der Gemeinde spöttisch heruntergerasselt, und wie oft hatte man selbst den ganzen Spruch geschmettert, um die eigene Zunge zu erfrischen, aber der Mensch ist ein Mensch und lacht, wenn es erlaubt ist: Des anderen Haut ist nicht die eigene, und dem Fell des Nachbarn gönnt man gern ein bisschen brennendes Salz zur eigenen süßen Aufmunterung, wenn man dabei zuschauen kann und die eigene Haut in Sicherheit ist. Als Erster platzte natürlich Lahdenperä auf dem Sofa neben Pukkila heraus.

»Hehehe! Als hätte es Pukki persönlich losgelassen!« Er lachte so viel, wie der Bauch innerhalb der weiten Schöffenweste Platz zum Hüpfen hatte. »Bis aufs Wort genau hast du so über die Reling hinweg zu mir geplappert, als ich mit meinem Kartoffelkahn auf der Reede von Turku an deinem Schoner vorbei zum Heringsmarkt segelte und du gerade deine *Frida* nach der Deutschlandfahrt vor Anker gekriegt hattest, die halbe Besatzung hievte mit aller Kraft die Slup ins Meer, die andere Hälfte rannte im Eichhörnchentrab das Fallreep hinunter, der Kapitän selbst in Staat und Gehrock oben an dem Reep, mehr Stimmen und Kommandos in der Luft als aus zehn Rentierglocken an der Deichsel: Auch weniger hätte genügt, um zu verstehen, dass Pukkila sich anschickte, die Schiffspapiere den Hafenherren vorzulegen. Und dein Bart, zum Deibel, wie der wedelte, im Wind herumfuhrwerkte wie ein Hexenbesen am Ostermorgen vor Sonnenaufgang, deine Augen spielten, als wäre es allein die Aufgabe der zwei mickrigen Teufel gewesen, auf jedes sündige Wort auf dem gesamten Pferdemarkt zu achten, und dein Mund plapperte, als hätte die gesamte Schafherde eines vollumfänglichen Hufenguts wie auf gemeinsame Abmachung von vierzig Stummelschwänzen im selben Moment ihre Bohnen rieseln lassen! Es war ja auch feierlich, vom Kartoffelkahn aus zuzuschauen, wie die Jungs schließlich mit aufgerichteten Ruderblättern in Ehrenhaltung dastanden, als der Kapitän über das Fallreep hinab zur Slup stieg, und der verflixte Hut rollte dabei tatsächlich klimps-klomps wie ein Deckel vor dir die Tritte hinunter, strammer, als du selbst jemals die Sprossen hättest nehmen können, und sprang boshaft in stattlichem Bogen geradewegs, plumps, ins Meer! Da lachten die Jungs an der Reling und in der Slup, aber auch ich lachte herzhaft in meinem Kartoffelkahn, als das prächtige Trumm schließlich aus dem Wasser geangelt wurde, der Pelz wie der einer begossenen Katze, und du betrachtetest die Schönheit und drehtest sie in deinen Händen hin und her, als würdest du dir überlegen, ob du den Hut jetzt allein zum Konsul schicken oder ob du ohne Hut hingehen sollst.« Lahdenperä lachte andächtig ob des Histörchens, was seine zwei Zahnreihen hergaben, und so unschuldig gen Pukkilas Bart, als hielte er sich mindestens für eines von Noahs Täubchen, das im Schnabel einen grünen Ölbaumzweig zu tragen hat, um den anderen aufzumuntern: Über die massiven Gesichtsknochen rollten flinke Wasserperlen, so viele, wie der Lachanfall dem Ehrlichen an Rundem aus den Augen pressen konnte.

»Du warst damals gerade von eben der Deutschlandfahrt zurückgekehrt, auf der du in Kiel die *Frida* geputzt hast, die die Åländer dir im Winter zuvor aufgeschwätzt hatten und die du auf eben dem Heringsmarkt zum Glück dann noch an Leute aus Luvia verkaufen konntest, die rochen, dass der Firnis unten am Mast frisch war«, schilderte Lahdenperä sicherheitshalber noch, um den Sachverhalt zu erklären. Allerdings sprach er dies doch mit einem um ein gutes Stück gesetzteren Tonfall und gewissermaßen wie um zu beschwichtigen, denn ihn begann die vage Ahnung des Gedankens zu plagen, dass Pukkila vielleicht gar nicht aus ganz vollem Hals in das allgemeine Gelächter im Saal eingestimmt hatte, und so wischte er sich denn auch mit dem Handrücken das Gesicht trocken, damit niemand bemerken musste, dass er selbst ebenfalls gelacht hatte: Es waren auch die hundert Reichstaler noch nicht zurückgezahlt, um die er letzten Herbst am Zahltag des Gesindes Kapitän Pukkila hatte angehen müssen.

Es stimmte mit der Wahrheit überein, dass Pukkila nicht gelacht hatte, eher fragten seine schielenden Stielaugen, die in diesem Moment gefährlich unter seinen Augenbrauen hervor in Richtung Lahdenperäs vierkantig gehauene und darum auch ohne Schuld ehrlich aussehende Visage lugten. Diese zwei Stückchen Glühkohle fragten: Soll man dich vorher räuchern oder gleich lebendig fressen? Und was ist mit dem Herbst, dem letzten Herbst, hast du die hundert Reichstaler, wenn ich mich an die Summe recht erinnere, schon bezahlt? Der erste Teufel war schon drauf und dran, von der Zunge zu springen, aber ein flinker Blick zur Tür, wo Mikkel Krookla mit seinem hungerdürren Krummbart in der Kachelofenecke hockte, und ein ebenso rascher Seitenblick auf Langholma, der so groß und mächtig wie eh und je in seinem Schaukelstuhl saß und wippte, brachte ihn schnell darauf, dass es am Ende wohl am günstigsten war, über Schulden, auch über Forderungen, kein Wörtchen mehr zu verlieren, als es in dieser Gesellschaft unumgänglich war: Langholma könnte einen dann nämlich lange anschauen und Krookla anfangen, seine Bartwurzeln zu entlausen! Etwas musste dennoch gesagt werden, denn es wurmte ihn enorm im Blut, und Lahdenperä brauchte Seife!

»Halt den Mund in der Waage, Lahdenperä!«, ließ er streng vom Stapel. »Der Wald von Vaarniemi, dein Vaarniemi, ist noch nicht verkauft, du Depp! Kräht der Hahn etwa schon, obwohl sein Bürzel noch nicht aus der Eierschale raus ist? Schnäuz dir erst die Nase, bevor du dich unter der Nase abwischst!« Lahdenperä hatte sein Teil bekommen: braver Mann und frommes Lamm auf dem Sofa, und für mehr Weichklopferei war dieses Mal nicht die Zeit: Man scheucht auch die Schafherde nicht weiter fort, als bis sie auf den Füßen ist, wenn man innerhalb desselben Zauns mit dem Stier zu schaffen hat und der Stier die Hörner in eine Haltung bringt, aus der heraus er stoßen kann. »Die *Frida* morsch? Im besten Anstrich! Dein eigener Kopf ist morsch und außerdem vorn nicht gestrichen!«, sagte er denn auch nur noch zu Lahdenperä, der neben ihm etwas nuschelte, von wegen, er habe es nicht böse gemeint, sondern nur geschnackt: Pukkila selbst musste nun bereit sein, Augenweiß in Augenweiß Alastalo gegenüberzutreten, denn es war zu vermuten, dass von dort noch etwas zu hören sein würde.

Pukkila täuschte sich allerdings. Alastalo gab kein Sterbenswörtchen von sich, sondern linste nur mit seinen verdammten Augen boshaft herüber, gerade wie einer, der einen Stapel Holzscheite abbauen soll, müßig danebensteht und zusieht, wie der Stoß die Scheite ganz von selbst zu Boden rasseln lässt, von wo man sie dann aufheben kann. Und der Stoß rasselte weiter: In Pukkila sprühten Funken, und er verstand, dass dieses Mistding von *Frida* – nichts als ein Schiffskadaver und eine Last, der ganze Kahn! –, dass außer Alastalo und ihm selbst nun auch die anderen im Saal an die verteufelte *Frida* erinnert wurden. »Die *Ansio*! Die *Ansio*!«, sagte er zweimal und fuchtelte mit den Händen so dicht in der Luft vor Alastalos Augen herum, als befände er sich in dessen Gesicht auf Fliegenjagd. »Die *Ansio*! Die *Ansio*!«, beschwor er und bumberte mit beiden Beinen auf den Boden wie eine Lappenhexe vor dem Bild des Baumgottes. »Die *Ansio*! Die *Ansio*!« Mehr bekam sein Mund auf den ersten Rutsch gar nicht gebacken: Jetzt musste, auch wenn der Teufel noch so kreischte, von etwas anderem gesprochen werden als von der *Frida*, jetzt musste es, und sei es mit den Händen, Alastalo an die Nackenwolle gehen, an ebendiese dicken Borsten, die bei ihm das englische Tuch des Jackenkragens kratzten! »Die *Ansio*, frage ich, was sagst du dazu?«, machte Pukkilas Stimme bereits einen Sprung, und zwei Flitzaugen wurden wie Nägel einen Zoll weit ausgefahren, um als Spießspitzen in Alastalos regungsloses Augenweiß zu stieren. »›*Frida-Frida*‹, wird gequengelt, ›die morsche-morsche‹ nachgeäfft, ›feine-*Frida*‹, blökt die Weise, ›die morsche-morsche‹, leiern Hammel, Schöffenschaf und Lahdenarsch, und dabei nenn ich ihn noch nicht mal so, wie es mich drängt!« Lahdenperä bekam auf seinem Sofa einen mörderischen Wutblick ab, damit er verstand, wer gemeint war und wer dieses Wort zu schlucken hatte, und zwar manierlich, wenn er nicht wollte, dass hier etwas überschwappt!

»Die *Ansio*?« Jetzt waren die Augen, wie auch die Frage, fest auf Alastalos Visage geheftet. »Wer von uns beiden hat gesagt: Himmel, Arsch und Zwirn! Als du neben mir im Rumpf gestanden hast und ich mit der Messerspitze in die Achterspanten deiner *Ansio* stocherte wie in gekochten Rogen? Was sagst du dazu, Mattsson?« Pukkilas Handwaage hatte sich erhoben, und vor den Pupillen des anderen drohte das Dogma mit Überzeugung. Eigentlich ärgerte sich Pukkila in diesem Augenblick unwahrscheinlich, über den gesamten Tag und ein wenig auch über sich: Der Mistkerl von Alastalo wird seine Bark bekommen, und wenn man einen Stein verknotet, dachte er, während er die Faust schüttelte, und hatte an sich selbst zu schlucken. Aber ein Mann muss sein Bestes geben, und wenn dabei der Kopf im Napf landet, fasste er sich wieder und gab seinen Worten Rückhalt, indem er vor Alastalo, und zwar dicht an dessen blinzelnden Augen, die Fausthand in die Handfläche hämmerte. Schließlich muss das Pferd dann am wildesten strampeln, wenn knisternd das Eis unter den Hufen bricht und die Hachsen samt Zehen zusehen müssen, dass sie es schaffen, auf festen Untergrund zu kommen!

»Die *Ansio*?«, dehnte Alastalo seine Antwort. »Die *Ansio* habe ich an die Männer von Vårdö verkauft, und soweit ich weiß, hast du dein Sechzehntel vom Preis bekommen, so wie die anderen auch und so wie es die Papiere sagen!«, fügte er kalt hinzu und verbarg die Spitze eines kleinen Funkenblitzens auf seinem Augenhintergrund. »Was stimmt mit der *Ansio* nicht, dass man sich deswegen die Kehle blutig schreien muss: Ich bin nicht taub!«, ergänzte er schroff und hitziger, als er es geplant hatte, beherrschte sich aber auf der Stelle wieder. »Wir haben das Geld und die Åländer das Schiff: Das ist doch eine klare Sache, und außerdem registriert!« Alastalo lachte bereits leicht und war die reine Gelassenheit. »Die pumpen es aus, um sich aufzuwärmen, wenn es kalt wird auf dem Meer und den Jungs der Schüttelfrost in die Schultern schleicht!«, fügte er in all seiner Geräumigkeit und mit der behaglichen Fülle seines Leibes hinzu. »Und sie laufen seltener auf Grund, weil sie langsamer segeln und der Kiel dadurch zögert, bevor es scheppert!«, setzte er seiner Geschichte weitere Tröstungen schmunzelnd hinzu. »Außerdem ist es eine Lehre für die Kerle, wenn sie künftig zum Schiffshandel schreiten, dass sie die Augen offen halten, wenn sie Kähne kaufen! Ich fresse die aus Vårdö nicht, aber bei einem Handel nehme ich, was ich kriegen kann!« Alastalo war eine gute Haut demjenigen gegenüber, dem er nicht gefährlich war. »Hätten sie mich eben um Rat fragen sollen, dann hätte ich vielleicht, wer weiß, sogar gesagt, dass sie faul ist, die Schüssel, wenn auch im Gewand eines Schiffes, aber sie haben nicht gefragt: Sie feilschten nur um den Preis, und hätte ich da etwa anders handeln sollen, als dafür zu sorgen, dass sie uns nicht die Butter vom Brot nehmen?« Alastalo schüttelte sich vor Lachen, und ein ehrliches Gesicht schaute an Pukkila vorbei nach allen Seiten im Saal.

Pukkila war jedoch keiner von denen, die beim ersten Ruck die Finger vom Seil lösen. Er hüpfte noch immer auf den Zehen vor Alastalo auf und ab und ballte die Fäuste, weil er nicht anders konnte. »Du hast sie betrogen, ihnen ins Gesicht gelogen, betrogen, hörst du, sage ich!«, winselte er, was seine Brust an Piepsen hergab, und ereiferte sich wie die Elster auf dem Stein neben dem Frühstück der Krähe. »Für ein altes, leckes Schiffsaas hast du den vollen Preis genommen, den zweifachen! Den zweifachen!, sage ich!« Pukkila war heilig wie Moses vor dem Goldenen Kalb und Laban, als dieser Jakobs Herden verfluchte.

»Flieg mir mal nicht in die Augen, auch wenn du noch so mit den Flügeln schlägst!«, regte sich Alastalo allmählich auf. »Du hüpfst vor mir herum, als würde dir wer weiß was in die Hosen rutschen!«, dämpfte er jedoch gleich wieder den Ton. Es ärgerte ihn freilich, dass die anderen es gehört hatten, und er begann zu erklären. »Unter Männern wird nicht betrogen, unter Männern wird bloß probiert, wer der Geschicktere ist! Wir haben, das ist wahr, einen Spottpreis an die Städter für das Wrack bezahlt, als die Herren es nicht mehr wagten, damit zu segeln, obwohl die Frachten gut waren, aber wir brauchten eben ein Schiff, und zwar schnell, und war es etwa unsere Schuld, dass die Herren sich für ihr Sieb schämten? Wahr ist auch, dass die Schüssel leckte, aber hätten wir deiner Meinung nach als Bezahlung für die Löcher vor den Städtern mehr Pfennige aufstapeln sollen, als sie zu verlangen verstanden? Und was die Löcher betrifft, so waren die nicht schlimmer, als dass sie Geldscheine aussiebten, die sich am Boden absetzten, nachdem das Wasser aus dem Rumpf gepumpt worden war: Den zweifachen Preis hatte jeder im Herbst für seinen Teil sich in die Brusttasche zu stecken von dem, was er im Frühling für die *Ansio* bezahlt hatte! Ich drücke ein Auge zu und schaue dich mit dem anderen umso schärfer an! Bist du bei der Verteilung damals außen vor geblieben? Und mit welchem Geld, wenn nicht mit dem Verdienst der *Ansio*, hast du die Fenster deiner Veranda in dem Herbst mit geschnitzten Spitzen verziert, die ganze Wand nichts als Spitzenschnitzerei und Prunk: Du bist umherspaziert und hast hinausgeguckt, hast mal durch eine rote, mal durch eine gelbe Scheibe aufs Kivivesi geschaut, von welchem aus betrachtet der Welt das Fell besser sitzt. Und ist Verkaufen deiner Ansicht nach neuerdings eine Sünde?« Alastalo sprach jetzt wieder zu den anderen im

Saal. »Warum hätte man die Löcher nicht verkaufen sollen, wo man dafür unversehrtes Geld bekam? Und warum sollte man nicht verkaufen, wenn der andere unbedingt kaufen will, und warum nicht den Preis bestimmen, wenn der andere das Geld hat, ihn zu bezahlen? Ich musste davon ausgehen, dass auch die Leute aus Vårdö Verstand unter den Haaren und ihre Augen bei sich haben, wenn sie zum Handel kommen! Wann hätte ich mich je zu solcher Größe aufgeschwungen, dass ich mich jemandem als Verkäufer angetragen hätte? Den zweifachen Preis, sagst du! Verdopple deinen eigenen Verstand, falls du kein Geld nimmst, wenn du welches bekommen könntest, weil der andere es dir aus vollem Herzen aufdrängt! Und woher willst du wissen, dass sich nicht auch der Mann aus Vårdö im nächsten Herbst die Hände gerieben hat, so wie wir auch? In der Laichzeit schöpft man den Fisch selbst mit einer Spanschachtel aus dem Meer, wenn man auf Anhieb kein anderes Fanggerät in die Finger kriegt. Auch ein Sieb kann als Schüssel dienen, wenn nichts Besseres zur Hand ist und ein Gefäß gebraucht wird. Wir haben den Städtern das Sieb abgekauft, weil es nicht anders ging, aber haben wir im Herbst den Kauf bereut? Vielleicht hat dasselbe Sieb den Leuten aus Vårdö zwei Schoner ausgesiebt, so wie uns, deine *Frida* und meine *Freija*, wenn auch bei ihnen vielleicht einen Herbst später, als wir die Briggs bereits auf dem Zeichentisch hatten? Du kauftest die *Frida*, und ich baute die *Freija*: Da leugne du mal, dass du in dem Winter von Handel zu Handel geeilt bist und ich auf der Werft hantiert habe, mit den Reichstalern als Schmiere, die aus der lecken *Ansio* gelaufen waren!« Alastalo hatte Letzteres zu Pukkila gesagt, war dichter an den Wind gegangen und hatte die Schot für einen schärferen Schlag dichtgeholt, aber an der kleinen Schielung der Augen hätte auch ein Außenstehender merken können, dass hier zwar die nächstliegende Spitze umfahren wurde, der Kurs des

Wortes jedoch darauf ausgelegt war, sich mit dem Bug nach ferneren Zielen zu strecken. Alastalo meinte an einem gewissen Stirngrimmen und sonstigen Zuckungen in Langholmas Gesicht schon früher bemerkt zu haben, dass aus Versehen und in der Wallung des Blutes womöglich das eine oder andere Wort zu viel gesprochen worden war und er etwas gesagt hatte, das man vielleicht bei sich und innerhalb seiner Zähne denken mochte, aber ums Verrecken nicht aus den Backen lassen soll! Langholma war als Mann bekannt, der mäklige Ohren und eine ebensolche Gemütshaut hatte: Auch er ging in die Sauna und ließ seinen Körper auf der Pritsche brüten, aber in Saunakleidung oder mit schmutzigen Knöpfen sollte man besser nicht vor ihm erscheinen! Alastalo war deshalb selbst über die anfangs eventuell ein bisschen zu nackte Note in seinen Worten erschrocken – verärgert vom Mistkerl Pukkila da drüben! – und zeitig dazu übergegangen, auf der Hofseite seiner Rede vor der Veranda zu kehren: Auch unausgesprochen verstand Langholma unter Männern einen Teil des Themas, nämlich dass man bei Händeln in Handelsschuhen zu gehen hat und beim Schlachten des Schweins mit der Messerspitze arbeiten muss, aber es war sauberer, über klare Dinge nicht unnütz zu reden und seine notwendigen Besuche in der Bretterbude in aller Stille zu vollziehen. Aus diesem Grund also hatte Alastalo seine Meinung geschluckt und angefangen, in seiner Geschichte das schöne Fell zu streicheln, und gleichermaßen zu Langholma gesprochen wie zu Pukkila, als er den alten Handelsmurks mit der *Ansio* schönredete; überdies musste auch von den Männern aus Vårdö im Grunde keiner das Geschäft bereuen, falls sie verstanden hatten, ihre Angelegenheiten zu regeln, und außerdem: Jeder hat seinen eigenen Bart zu striegeln! »Wir bekamen Geld für die Reparatur und das Saatgut für unsere nächsten Schüsseln: Muss ein Schössling der *Ansio* in den Furchen derer aus Vårdö denn notwendigerweise dünnere Keime austreiben?«, fragte Alastalo forschend, und das Auge löste sich redlich von Langholma und sammelte bei seiner Kollekte auch von anderer Seite Glaubensbekenntnisse ein.

»Morsch war die *Ansio* trotzdem, das sage ich!«, nuschelte Pukkila mit angelegten Rückenstacheln, nuschelte es in seinen Schnurrbart, damit der Bart etwas zu tun hatte und weil ihm auf die Schnelle nichts Besseres einfiel. »Wir haben auf Pukkila in meinem Haus und Wohngebäude mehr als nur Verandascheiben!«, entfuhr es ihm aufbrausend im selben Moment, weil im Hals der Erinnerung doch noch eine spitze Gräte aus Alastalos Rede von vorhin piekste, die einfach so und unbemerkt und ohne Räuspern herunterzuschlucken seine Natur ihm nicht erlaubte. »Wie viele Kammern hat dieses euer Wohnhaus hier noch hinter dem Saal, vermutlich zwei, zwei nur, wenn ich mich recht entsinne, ich kann mich auch falsch entsinnen, aber vermutlich zwei. Auf Urkola, Gut Urkola in der Großgemeinde, bist du dort mal gewesen? Dort gibt es zwei Vorbauten, die Staatsveranda als Herrschaftsvorbau und die Volksveranda als Hausgangsvorraum, so habe ich es mir auch gedacht, und hinter dem Saal drei Kammern, drei Kammern und ein Gang, so wie bei Urkolas Eriksson, ein Herrschaftsgang! Und dann meine Brigg, meine *Usko* – welche ist länger, die *Usko* oder deine *Siwiä*? Zwei Fuß, zwei Fuß trennen sie, wie du weißt, zumindest anderthalb, ein Zoll über einem Fuß wenigstens, auch wenn nicht die volle Länge ins Register gelangt ist und auch in den Papieren ein Zoll unter einem Fuß steht, ein Zoll unter einem Fuß steht in den Papieren, obwohl es ein Fehlmaß ist! Einen Zoll unter einem Fuß ist die *Usko* länger als die *Siwiä*, deine *Siwiä*, zum Donnerwetter, so muss es sein, falls die Bücher der Krone zutreffen! Meine *Usko*! Was sagst du dazu, hä, du, du – da siehst du's, ich finde nicht mal die Worte! –, du Feder von dreizehn Liespfund, wenn du auf die Waagschale spazieren würdest!«

»Zwölfeinhalb, zwölfeinhalb!«, korrigierte Alastalo sachlich. »Und auch das nur nach der Mahlzeit, wenn beim Bankett ein halbes Liespfund von den Schüsseln auf den Teller und vom Teller in ein noch besseres Gefäß gewandert ist. Aufs Deck einer Brigg passt kein Kapitän von dreizehn Liespfund, erst die Kommandobrücke der Bark, denke ich, wäre für das Modell von dreizehn Liespfund passend für mich!« Alastalo prangte mit seinem Rumpf und blies die Pustung seiner Backen auf, als wollte er bereits losstiefeln, um den anderen zu ärgern, und seine Sohlen schon aufs breite Deck der Bark setzen. »Wann werden deine Hopfenstangen einmal so dick sein, dass man denjenigen als Kapitän auf seiner schiffsähnlichen Schüssel erkennt, der mit solchen hungerelenden Stelzen übers Deck hüpft wie du?« Er lachte gelassen und tat so, als nähme er vom Fußboden aus nach oben mit seinen Augen Maß an Pukkilas dünnen Beinpfeifen. »Hast du auch den Unterschied zwischen deinem Schrittwinkel und meinen Beinstempeln in Werst gemessen so wie in Zoll den zwischen der *Usko* und der *Siwiä*?«, fragte er, als würde es aus Härkäniemis Kinn geschmettert kommen. »Hat man womöglich schon als diese Beine gedrechselt wurden, im Bett auf dem Pukkila-Gut, in den Tagen deiner Mama und deines Papas gedacht, wir machen sie so, dass wir sie wie bei Alastalo machen, machen-machen, aber ein bisschen länger als bei Alastalo, ein bisschen länger, länger-länger, viel länger, verdammt! Hat ja geklappt, hat ja geklappt!« Alastalo lachte jetzt bereits üppig und gestand es ein, nachdem er mit seinen Augen den halben Weg nach oben bis zur Weste geklettert war. »Aber was die breite Brust betrifft, ist Vati und Mutti eine Fehlmessung passiert, so wie dir beim Bau der *Usko*: Der Bauch ist vergessen worden, so wie bei der *Usko* der Laderaum!«, brach es aus ihm hervor, und er stach mit dem Pfeifenstiel gegen Pukkilas schmales Gestell.

Für ein Stückchen Zeit war Pukkila nun platt. Durfte jemand ihm, Pukkila, Pukkila Petter, Petter Pihlman, ihm selbst so etwas in die Augen sagen, ins Gesicht klatschen, in die haarlose Blöße des Gesichts, dass der Mann nach der Erschütterung, platsch, mit dem Rücken auf dem Boden liegt und mit den Kiefern nach Luft schnappt wie der junge Brachsen im Boot! Die lachen auch noch, dass man sich fragt, ob zum Beispiel die Nähte von Lahdenperäs Bauchgürtel halten. Sogar bei Langholma zuckt es im Gesicht, auch wenn die Lachschnüre auf dem Kirchenbild nicht gelockert werden! Bin ich etwa ein Brachsen, ein junger Brachsen? Bin ich etwa dein Fausthandschuh, dein Fellfäustling auf dem Fußboden, und sei er aus Luchspelz gemacht? Ein Kaulbarsch bin ich, ein junger Kaulbarsch! Pass nur auf, am Ende ist der Handschuh der Luchs selbst!

Und er befand sich auch schon auf den Tatzen, der Luchs! Man beißt sich nicht auf den Bart, wenn man die Zähne fletschen muss! »Du kannst daheim herausplatzen, aber nicht, wenn du zu Besuch bist!«, bekam Lahdenperä als Erster blindlings auf der Haut zu spüren, bei dem Versuch, ob die Kralle schnitt, erprobend, ob die Tatze traf. Wie er dröhnte, lachte, dieser Unverschämte, bis über beide Ohren, dass ihm das Fell über den Knochen spannte! Beim Kaulbarsch standen jetzt die Stacheln scharf gespreizt in alle Richtungen. »Bei Härkäniemi kommt der Mist aus dem Mund, nicht aus dem Güllenende!«, bekam auch Härkäniemi beiläufig einen Streich ab, als feine Erinnerung daran, dass er Pukkilas Meinung nach in diesem Moment am Sofaende mit zu offenen Zahnreihen lachte. Jetzt musste aber trotzdem, auch wenn es im Blut noch so höllisch rot schlug, von der blinden Wut zurückgekehrt und die Pfote genau auf der Backe platziert werden, die das Kratzen nötig hatte und einen Klaps verdiente.

»Woher kennst du die Maße deiner Beine? Vor wie vielen Jahren hast du sie über deinen Wanst hinweg zuletzt gesehen, den du an der Stelle des Körpers hast, wo bei anderen Menschen der Hunger knurrt? Sag schnell und ohne ein Bein zu heben aus dem Kopf, ob du ein Paar Stifte unterm Bauch hast oder noch einen mehr!« Pukkila blickte sich im Saal um und spreizte die Finger: Es müsste doch mit dem Teufel zugehen, wenn die Lacher nicht auf meiner Seite lachen!, dachte er und schnappte mit dem Ohr ein Schnaufen an der Fensterwand auf und ein Prusten an der Tür: Aha, schon kapierte auch Lahdenperä auf dem Sofa, woher der Wind wehte, und schmetterte los! Jetzt war Pukkila an der Reihe, sich im Ringkampf nach oben zu wälzen: Im Saal rollte es ungehindert an allen vier Wänden entlang, sogar Alastalo selbst sprühte sich Speichel aufs Revers beim zuckenden Lachen im Schaukelstuhl! Pukkilas Augen schossen brennend wie Kohle umher: Lache, Nordberg!, spornten sie zur Türwand hin an; genier dich nicht, lass es heraus!, ermunterten sie den Skipper von Kaaskeri neben dem Fenster, verdammt!, lobten sie, hat die Sohle beim Walzer Feuer gefangen?, fragten sie jedes Auge entlang der ganzen Fensterwand und auch auf der Hofseite: Pihlman, Petter Pihlman, ich bin also doch der Bursche Petter!

Wer klügelt da jetzt hinterm Rücken am Sofaende? »Die Katze fällt immer auf die Pfoten, ob man sie direkt von der Bank auf den Fußboden wischt oder ob man die Mieze an beiden Pfotenpaaren baumeln und mit den Rückenhaaren voraus auf die Erde fallen lässt: immer auf die Pfötchen!« Pukkila schnellte herum, Auge in Auge mit Härkäniemi: »Stoß den Bock vom Stein, diesen Bock, dann steht neben dem Stein derselbe Bock, dieser Bock, das Hufpaar steif und steif das Hornpaar, wenn nötig ein Rammen: Muss der Bock auch dem Ochsen noch in den Mistmagen stoßen?«

Pukkila hatte jetzt jedoch keine Zeit für weitere Scharmützel: Zuerst muss immer der Braten geschmort werden, der gerade auf dem Spieß steckt! Härkäniemi durfte denn auch das, was er sagen wollte, zum Mundstück seiner Pfeife sagen, falls er etwas zu sagen zwischen den Zähnen hatte, denn vor ihm schwang von Pukkila inzwischen nur noch der schwarze Rockschoß, weil alles andere, was loderte, schon der Kompassnadel der Nase nach in die entgegengesetzte Himmelsrichtung schoss und Pukkilas Faust nun Petters Handfläche so dicht vor Alastalos Augenbrauen Glauben einhämmerte, dass die Gefahr groß gewesen wäre und die Flamme wie Tabaksfeuer Mattsson in Brand gesetzt hätte, wenn Alastalo Werg als Behaarung im Gesicht gehabt hätte und Pukkila in seiner Handfläche nicht auf Knochen, sondern auf Pechschiefer eingedroschen hätte.

»Der Laderaum der *Usko*!«, giftete und zischte er: Verdammte Zunge auch! Dass man nicht zwei Stück davon im Mund hat, wenn man das Doppelte auf einmal sagen will!, dachte und wetterte er innerlich. »Der Laderaum der *Usko*!«, schnaufte er und ließ Luft ab, bevor der Korken aus der Flasche knallte. Pfeffer auf die abgehäutete Wunde aber auch und verdammte Litanei von Alastalo über den Laderaum der *Usko*, wie kann der Biss des Salzes aber auch auf der Körperhaut und die Zungenspitze des Nächsten auf der Seelenhaut eines Christenmenschen brennen! »Schmal? Schmal? Warum soll die *Usko* nicht schmal sein, wo sie doch als Schiff gebaut worden ist? Hä? Hast du dir einen Schneepflug, einen Schneepflugplattkahn, den halben Schleifbauch eines Plattkahns als Vorbild ausgeguckt, wenn die Bark gebaut wird, deine Bark, die Bark von Alastalo? Werden auf Alastalo die Linnensäume mit dem Wedelkopf eines Besens zugenäht, hä, die Linnensäume und die Sacktuchkanten, mit dem Wedelkopf, frage ich, und nicht mit der Nadelspitze?«, knatterte er, weil er sich nicht beherrschen und lockerlassen konnte, ganz gleich, ob es das Wort im Galopp nun dorthin schaffte, wohin der Verstand vorausgeeilt war, oder nicht! »Deine Bark, die Bark von Alastalo: Kasten auf den Kiel, aufs Scheunendach ein Rigg mit drei Toppen, weil auch das Schiff gepeinigt werden und sein Wanst durchs Meer schleifen muss wie du das Schnittmuster deiner Weste hier durch den Saal? Aber was rede ich von Scheunen: Dient dir am Ende dein eigener Rumpf als Fasson, wenn du Schiffe baust? Pom, pom: Dein Gestell mag zwei Fuß breiter sein als meines, es mag, im Namen des Gesegneten, auch zweimal die jetzige Rundung haben, aber die *Usko*, die *Us-ko* …!« Bei Pukkila versagte allmählich die Stimme in den Registern, da er nun so recht sagen musste, was er zu sagen hatte. »Die *Usko* lädt, was auch die *Siwiä* lädt, zum Donnerwetter, wenn ich selbst staue, wenn ich selbst im Laderaum umherhüpfe, wenn ich selbst rechne: In die Lücke dort! Ich deute drauf, eins passt noch rein! Und hierher, an diese Stelle, verflixt, Keule drauf, dann gibt die Planke nach, doch die Spanten der *Siwiä* krachen, wenn sie mehr fassen sollen, als die Spanten der *Usko* fassen; Keule drauf, und wenn sie nicht nachgibt, dann passt die vermaledeite Planke trotzdem hinein, indem man stopft, und so verzeichne ich sie dann doch, verzeichne sie, und sei es verärgert, die verflixte Planke dann doch noch in meinen Papieren, in meinen eigenen Papieren, in den Erinnerungspapieren in meinem Kopf, nicht in den verdammten Papieren des Stauers auf dem Papier! Verflucht! Und das Fußmaß der Planke muss ebenso ehrlich in meinem Kopf sein wie je in der *Siwiä*, wenn der Laderaum gestaut ist! Die *Usko* lädt dasselbe, was die *Siwiä* lädt, das weißt du von jedem Mal, dass ich es dir gesagt habe! Leugne es, wenn du kannst! Versuch nur, es zu leugnen!«

Pukkila war aus dem Schneider. »Weißt du noch, an der Spitze von Gotland? Welche segelte da besser, die *Usko* oder die *Siwiä*? Weißt du noch, wie ich in einer Halse mit meiner *Usko* glänzend die Sandspitze meisterte und sie dann auf Bornholm zulaufen ließ, was das Tuch hergab, während du mit deiner

Siwiä schön den Bug in Richtung Riga drehen musstest? Hattest du so dringenden Durst nach Rigaer Balsam, obwohl deine Fracht für Lübeck bestimmt war?« Pukkila hatte seiner eigenen Meinung nach den Wortschlitten jetzt günstig gedreht, im Stehen blickte er auf Alastalo im Schaukelstuhl herab, als würde er die Augen einen Hang hinunterrutschen lassen, und überließ aus Gnade schließlich auch dem anderen das Wort, falls dieser noch etwas zu sagen hatte: Er selbst war beinahe ausgesöhnt.

Aber manchmal strampelt anstelle des Brachsens doch ein junger Lachs im Boot, und das hätte Pukkila beim Umgang mit Alastalo wissen müssen: Der Brachsen gähnt, auch wenn er ein bisschen zu zucken scheint, aber der glitschige Lachs schlägt aus, und wenn du nicht aufpasst, dann springt er dir über Bord, und das sogar zwischen den Fingern heraus! Diesmal fing Alastalo jedoch langsam an. »Kannst du dich zufällig daran erinnern, wo du so gut darin bist, dich sogar an die Winde beim Schlag zu erinnern, wer von uns beiden bei derselben Fahrt schon fest an der Mole von Lübeck vertäut war, als der andere noch in Travemünde nach einem Schlepper jaulte? Falls ich die Schiffe und die Männer in der Erinnerung nicht verwechsle, dann hisste ich damals achtern bei der *Siwiä* die Fahne an der Gaffelstange, damit sie dich flatternd im Hafen willkommen heißt, wenn du mit deiner *Usko*, vom Schlepper gezogen, endlich in Lübeck eintrudelst. Hatte dich in Kopenhagen der Punsch verführt, weil du dich so lange den Gewässern Dänemarks überließest, dass die Windkante wie ein Anstieg vor dir lag, als dir wieder einfiel, dass die Reise ja nach Lübeck ging und nicht zu den Grogwassern von Schierbeck? Du fiertest nicht einmal, wie es sich für einen Menschen gehört, das Flatterfähnchen von der Gaffel nach unten und zum Gruß wieder an die Spitze, als du mit dem Fernglas von Bord aus zugucktest, wie auf dem Deck der *Siwiä* das

Löschen schon im vollen Gange war. Es wird doch hoffentlich nicht gar die Sünde des Fluchens dir da über die Lippen gekommen sein, obschon du murrtest?«

Da hatte Pukkila nun einen bitteren Bissen zu schlucken. »Na, der Mistkerl von Wind musste sich halt gerade das Stückchen verkanten, das er sich nun mal verkantete, als ich an meinen Schlag kam!«, sagte Pukkila, der sich noch immer vor Verdruss auf den Schnurrbart biss. »Du hattest mit deinem Südsüdost keine Not, aus gutem Winkel von Riga her nach Lübeck zu kommen, während ich in einem Schiefwind hinter Bornholm ständig mit der Nase gegen denselben Wind ankämpfen musste! Warum sollte ein achterlicher Wind nicht auch eine Scheune vor sich hertreiben, wenn sie nur Tuch an den Masten hat!«

»Scheune schön und gut, Nadel schön und gut, aber bisweilen gibt es auch zwischen den Kapitänen einen kleinen Unterschied!«, stichelte Alastalo ein bisschen, nun selbst schon wieder leicht gereizt: Soll man über den Mann und seine Weste doch wer weiß was reden, aber bei den Schiffen und der *Siwiä* nehme ich nicht jedes Wort in Kauf: Der soll seine Scheune noch schlucken!, dachte er. »Hättest du die Windrichtung berechnet, so wie ich, und hinter Gotland gewendet, dann wäre die *Usko* auf der Fahrt womöglich bald hinter dem Achterschiff der *Siwiä* in die Travemündung eingefahren! Nicht der Wind hat sich in der Himmelsrichtung geirrt, sondern deine Seeberechnung!«

»Achtern der *Siwiä*!«, fuhr Pukkila auf wie gestochen: Etwas anderes hätte er womöglich ertragen, aber das duldete er nicht! »Deine Weisheit und *Siwiäs* Achterschiff! An der Spitze von Gotland lagen deine Bahnen: Wäre die *Usko* nicht selbst deinem Bugspriet in den Weg gerückt, hättest du ihren Heckspiegel nicht einmal mit dem Fernglas am Horizont gesehen, während ich auf der Trave schon den Lotsen an Bord holte!«

»Zum Teufel mit deinen Reden!«, kochte das Blut nun auch in Alastalo bis zu den Haaren hoch, denn allmählich ging es um die Ehre. »Die *Siwiä* ist ein ebenso guter Segler wie die *Usko*: Schließlich habe ich selbst die Pläne gezeichnet und sie selbst gebaut, und ich mache aus einem Schiff keinen Pflug, zumal man bei uns auch keinen Schneepflug braucht! Du erinnerst dich also erst beim Stauen der Fracht daran, dass es auf einem Schiff einen Ort geben muss, in den etwas hineinpasst?« Er lachte im gleichen Moment auf und streute seinerseits Gift, zur Erinnerung daran, dass er gehört und sich behalten hatte, was Pukkila gerade vor lauter Eifer herausgerutscht war. »Ja, ja, das kann einen manchmal ärgern und tüchtig zum Schwitzen bringen, wenn man in der Schiffszeichnung den Laderaum vergessen hat!«, gab Alastalo ernsthaft zu und sengte Pukkila damit noch schlimmer an: Vor den Ohren der anderen dem Plan des Mannes die Beine abschlagen, dann kriegt sein Kinn nichts Böses mehr in Gang, auch wenn es im Saal noch so schnarrt, dachte Alastalo bereits leicht grob. »Um Fracht zu befördern, baut man ein Schiff, und nicht, um den Kapitän und die Glanzpantinen des Kapitäns von Gefle nach Lübeck zu befördern! Zum Teufel mit dir, wie du fluchtest und wie die Flöte deines Halses sang, als du nach der Ankunft an der Mole bei eben jener Fahrt nach Lübeck an Deck tobtest, bevor der Koch an Land in den nächsten Straßen umhersauste und Vierrädrige an die Reling gebraust kamen und warteten. Herrschaftszeiten, gehört es sich für einen Kapitän und Schonerskipper, im Gehrock und in den eigenen Pantinen die drei Straßenecken zum Konsul zu gehen, wenn man dieselbe Strecke donnernd im Gefederten fahren kann, der Kutscher vorne auf dem Bock, die Peitsche senkrecht und die polierte Bütte auf dem Kopf? Zum Teufel, wie du gezwitschert und wie deine Kehle dir im Kantorsamt einen Streich gespielt hat, als du mitten im tollsten Toben mit deinen Hosen dem Bootsmann gerade dann in den Weg kamst, als er in allem Ernst einen Eimer Wasser aufs Deck schüttete und der Schiffsbesen dir mit seinem Seilwedel von zwei Ellen Länge Feuchtes auf die Beine klatschte: Traurig sah auch nach Ansicht des Bootsmanns die Wichse deiner Pantinen aus nach dem Plautz, und obwohl das Deck rein und dank des Besenwischens blank geputzt war, so waren deine Hosenbeine aus englischem Tuch doch weniger sauber!« Das Lachen schwoll in Alastalos Stimme, als er zum Spaß der anderen und zur Stauchung Pukkilas die alten Geschichten in Pukkila Pihlmans Innerem belebte. Der Hund, der einen Eimer Wasser ins Genick bekommen hat, beißt jedenfalls nicht zu, bevor er sich das Kalte aus dem Fell geputzt hat, dachte er. »Wenn meine Bark fertig ist, dann komm mit deiner *Usko*, falls du dich traust, mit mir auf den Atlantik zu den Brisen in der Biskaya, damit der Bugspriet deiner Schüssel das Meer schnuppern kann! Dann siehst du die Toppen, falls du vorausgesegelt bist, siehst die drei Toppen meiner Bark bei der Morgenwache so weit hinter dir aus dem Meer aufragen, wie das Auge Weidegrund vom Kielwasser am Achterschiff bis zum Horizont hat, auf der Wiese, die den Teich des Atlantiks ausmacht; und dieselben drei Toppen kannst du bei der Abendwache mit dem Fernglas erspähen, aber diesmal in Sicht deiner Vorderspitze, wie sie vor deinen Augen auf der gegenüberliegenden Himmelshälfte die Ufer der Luft glatt hinter sich lassen! Ich habe mir bei meiner Bark den Grundentwurf so vorgestellt und mit dem Daumen das Modell betastet, dass, da Holz nun mal ein Stoff ist, der das Wasser teilt, dann auch die Lippe des Meeres den Kiel unter dem Schiff als glatt erfahren muss! Am besten bleibst du mit deiner Brigg in den heimischen Ecken und planschst in der Bottnischen See, während ich mit meiner Bark an der Kanalmündung ausprobiere, wie es ist, wenn man ein echtes Meer mit dem Bugspriet zu durchpflügen und eine solche Luft im Bart hat, dass man nicht befürchten muss, die Haare könnten im Landgeruch baumeln!«

Alastalo war schon ein stattlicher Mann, aber seine Reden bliesen ihn bisweilen noch praller auf: »Mit Barken befährt man Meere und den Atlantik, aber mit Kähnen Tümpel und die Buchten der Ostsee!«, sagte er. »Zwei sind ein Paar, aber drei sind viele, und wenn das Meer schön ist und der Atlantik trägt, wagt es ein Mann dann, den Leuten und den Lüften vom Vorschiff aus seine Westenbrust als Kapitänswestenbrust auf der Kommandobrücke zu präsentieren, wenn er nicht hinter seinem Rücken einen Mast hat, an den er sich lehnen kann, während das Auge die Toppen der beiden vorderen sucht, und der Wind in die Tücher aller drei Masten strömt!« –

Auf dem Meer kommt es gelegentlich vor, dass die Gier sogar die Klugheit täuscht und auch der Erfahrene in einem Schiefwind den Klüver mit Macht so dicht an der Windklinge hält, dass sich der Teufel hinters Tuch schleicht und einem von dort aus plötzlich wie ein Biest und eine Bestie entgegenschlägt und -strampelt! Auch Alastalo befand sich nun im Siegesrausch und war, weil die Woge in ihrer Heftigkeit die Nussschale des Gedankens so leicht auf ihren Kamm gehoben hatte, unvorsichtig geworden, hatte vor lauter Überschwang den Bug seines Wortes genau an der dünn zulaufenden Spitze zu dicht an die Nase des Windes geführt, wo dieser mit seinem Blasebalg von der besten Rückenböe hinterm Tuch zum Retourblasen wechseln und die Segel ruckartig in knatternde Gegensteife schlagen kann.

»Und wir anderen – was ist mit uns anderen, und auch mit dir selbst bis zum heutigen Tag, mit dir selbst, mehr sag ich nicht, mit deinen zwölf Liespfund, was sind wir denn alle? Du bis zum heutigen Tag und wir anderen auch weiterhin, wir anderen, wir Dünneren: Skipper? Kapitäne von Plötzenkästen? Sailor des Schweineboots von Säkylä? Und die *Siwiä*, deine

Siwiä? Eine Brigg auf einem Tümpel, mit einem Frosch auf dem Achterdeck und mit dir als Großkotz auf der Kommandobrücke? Ich sage nichts, ich frage nur!« Pukkila war zufrieden: Der Anfang der Litanei war günstig gelaufen, genau so, wie es sein sollte, brav dahingeplaudert, braver fast, als nötig gewesen wäre, das Auge dabei so fromm gehalten, wie es sich schickt, und den Mundwinkel so auf Demut geputzt, als hätte er am Esstisch den Speisesegen gesprochen: Wenn man jemanden sticht, wenn man etwa mit der Nadelspitze einen sticht, mit der Spitze eine empfindliche Stelle sucht, dann schusselt man dabei nicht, sondern hält die Hand ruhig und kaltblütig so lange, bis man zuschlägt! Natürlich wollte bei manchem Wort, mitgerissen von einem Gedanken, sich im Blut ein bisschen was aufbäumen, ein bisschen was ausschlagen wie ein Hengstfüllen beim Davonrennen im Trab, aber wenn man aufpasst und die Zügel straff hält, stiehlt sich auch das Fohlen nicht mehr als den einen Schritt, den es zur Beschleunigung der Kufen auch gern stehlen mag! Pukkila hustete: Die Nadel war gesetzt und steckte im Fleisch, saß als Splitter in Alastalos Gedankenfleisch an der Stelle, an der es den Menschen am meisten verdrießt, auch wenn er es nicht zeigen darf, nein, selbst wenn es ihn noch so schlimm und verteufelt wurmt! Pukkila hustete und brachte die Falten in seinem Gesicht in eine Furchung, aus der heraus es sich schickte, in aller Eintracht noch mehr Schmerzhaftes zu schnacken. Eigentlich hatte er vor, noch etwas über die Bark abzulassen, ein klcines Wort nur, etwas Beißendes, etwas, das sticht, irgendetwas, zum Beispiel giftig mit spitzer Zunge und gedehntem Ton zu fragen, geradeso, als wär man fromm, ein braver Hammel, mit gedehnter Stimme zu fragen und sich dabei auf die Lippenbarthaare zu beißen, ganz sachte durchaus, in aller Ruhe zu sagen: Jedenfalls-jedenfalls, auf den Atlantik muss die Westenseite jedenfalls nur dann geschleppt werden, wenn die Schulterstücke des Kapitäns in engeren Gewässern an den Ufern kratzen und Skagen auf der linken Seite in Gefahr ist und Hull auf der rechten, wenn sich der Kapitän auf der Kommandobrücke durch die dortigen Ritzen manövriert! Mit leichter Zurückhaltung und das Gesicht messingstrahlend vor Rechenschaft so etwas sagen und dann lauschen, wie schnell es Lahdenperä nebenan kapiert und, als Signal für die anderen im Saal, in Bauchgelächter ausbricht. Ist schon recht, wenn Alastalo keucht, dass sogar ein Fremder sich beim Zuhören für ihn schämt! Vielleicht sollte man ihn noch was Kleines fragen, nur zum Pieksen, gerade so viel, dass der Geschmack der Kralle in der Pfote auf der Haut zu spüren wäre, ihn unschuldig fragen, ob er, ohne dass wir anderen es wussten, seine Bark denn schon geschnitzt hat und ob wir anderen überhaupt noch gebraucht wurden, weil er doch jetzt schon mit seinen Sohlen die Kommandobrücke der Bark abwetzt und hier im Saal zwischen uns, den Dünneren mit den eingedellten Westen, ihm schon der Atlantik um die schnaufende Rumpfbespannung spült, sagte sich Pukkila schielend und innerlich schäumend, aber beim Blutfohlen stand die Mähne bereits so, dass der Galopp nicht mehr aufzuhalten gewesen wäre, selbst wenn der Teufel persönlich an den Zügeln gezerrt hätte: Sucht sich der Meereshammel, wenn er mit seinem schäumenden Wellenkamm zustößt, denn aus, wohin die Sause geht: auf die offenen Flächen hinaus, um dort zu schwappen, oder gegen die Bergesbrust, um sich an deren Wand tausendgischtig zu brechen? Hauptsache, er kann sich mit vollem Brausen in donnernde Schwalle stürzen! Wie also hätte Pukkila sich noch fragen können, ob er so oder so sagt, Hauptsache, Alastalo wird etwas gefragt, etwas Teuflisches, das ihn wurmt!

»Weißt du noch, weißt du noch, zum Kuckuck, wie ich mich einmal vor der Treppe zur Veranda von Iso-Kevo bei der Hochzeit von Mannoinens Andersson auf meinen Schlitten setzte und meine Schwarze eingespannt war, die Schwarze, meine pechschwarze Schwarze, weißt du noch, zum Donnerwetter, wie glatt eine Schlittensohle schon mal sein kann!«, keuchte er, weil ihm auf die Schnelle nichts Besseres einfiel und Alastalo plattgeschlagen werden musste. Der schwadroniert über sein Schiff und die Heckspiegel im Hafen von Lübeck, als hätte er nie auf dem Schlitten gesessen und an den Zügeln seines Braunen gezoppelt, als ich vom Uferwall von Kevo aufs Eis fuhr und auf der Bucht, nachdem ich die anderen hinter mir gelassen hatte, mit meiner Schwarzen vor aller Augen so glatt an seinem Braunen vorbeisauste wie die Schwalbe mit ihren Flügeln am stehenden Zaunpfahl! Da hast du's, du da, guckten die Augen lebhaft in Pukkilas Kopf, da nun Hals über Kopf ein Anekdotenlämmchen von der Zungenspitze und in den Saal gelassen werden musste, auf seinen Tätzchen tapsend, als hätte es Hopshachsen und Schlenkerschenkel. »Maijastiina saß schon in die Decke gewickelt im Schlitten, die Schwarze war vor die Veranda getrieben worden, und der Knecht hielt sie am Zaumzeug, ich zog die Fäustlinge an, weil der Tulup schon zu und der Bauchgürtel geschnallt war. Die Schwarze wieherte und randalierte an der Deichsel: Der Junge hatte mit der Kandare alle Hände voll zu tun, und auf der Treppe spornte Andersson spottend an: ›Du hast zum Abschied ja gehörigen Grimm im Bart, wo du in die Kälte hinausmusst!‹ Die anderen fuhren bereits den Hang hinunter, die ganze Hochzeitsgesellschaft, Alastalo mit seinem Braunen ganz vorne auf der Bucht: Die Glöckchen klingelten in immer größerer Entfernung, und die Flanke der Schwarzen zitterte!« Pukkila guckte flugsflink, weil die Geschichte mit Schwung in einem Atemzug aus dem Mund und an den stolzen Stellen mit Schmackes hinüberkommen musste. »›Der Bursche hält dir die Zügel, bis du einen Schluck zum Aufwärmen getrunken hast: Schließlich lässt man den höchsten Gast die Hochzeit nicht verlassen, damit er sich Kälte in den Bauch schnauft‹, schwatzte Andersson auf der Treppe, als die Glocken auf der Bucht kollerten und die Schwarze mit gespitztem Ohrenpaar dastand. Auch ich dachte, als ich meine Schwarze betrachtete, lass die anderen nur fahren, dachte ich und betrachtete meine Schwarze. ›Ein Schluck kann nicht schaden‹, sagte ich zu Andersson und tätschelte mit dem Fäustling die Kruppe der Schwarzen. ›Lass die Kandare locker, Bursche!‹, sagte ich, als die Schwarze auf den Zehenspitzen tanzte und buckelnd die Nüstern blähte. Andersson lief bereits die Treppe hinauf, um von drinnen die Karaffe und einen Becher zu holen, während ich die Fäustlinge abstreifte, die Zügel vom Rücken meiner Stute nahm und sorgfältig ganz lose neben Maijastiina auf die Decke in den Schlitten legte und meine Fäustlinge obenauf. ›Wenn's nach dir ginge, wären wir schon in Fahrt‹, sagte ich zu meiner Schwarzen, die mit gebogenem Rumpf den Kopf senkte, mit langem Hals hinter sich auf meine Verrichtungen am Schlitten blickte, eingespannt dastand, ein Bild von einem Pferd, wie hingegossen, auch wenn die Flanke zitterte und im Grün der Augen das Feuer schimmerte. Ich beeilte mich nicht, als Andersson mit der Karaffe in der Hand wieder die Treppe heruntergekommen war und das Glas bis oben hin vollgegossen hatte: ›Der ist fürs eine Bein‹, sagte ich, nachdem ich den ersten gekippt hatte, ›und der fürs andere!‹, sagte ich noch klarer, als erneut Feuriges bis zum Rand im Glas schwappte. Die Schwarze tat nicht mehr als zittern und schauern, sie verschlang mich und das Fäustlingsschloss auf der Decke mit den Augen, zuckte aber nicht mit dem Zeh, obwohl die Zügel locker ruhten und weiter weg auf der Bucht noch immer das Glöckchen des Braunen klingelte. Ich hatte Andersson bereits das leere Glas zurückgegeben, mir mit dem Handrücken die Bartborsten trocken gewischt, den Saum der Decke angehoben und war als erfrischter Mann auf den Schlitten gestiegen, um mich neben Maijastiina zu setzen, aber noch immer rührte sich der feine Kopf der Schwarzen nicht, und das kluge Auge rückte nicht von der Erhebung der Fäustlinge auf der Decke ab, obschon es über und über zitterte, das edle Tier, und der Samt der Nüstern sprühte. Erst als ich saß, den Rand der Decke genau um die Beine gestopft und sorgsam zum Schutz um die Brust gelegt, Andersson auf der Verandatreppe zum gelassenen Abschied einmal zugenickt hatte und alles fertig war, die Fäustlinge wieder an den Händen hatte und die Zügel erhoben in der festen Faust, erst da wallte die schwere Mähne der Schwarzen auf, der Halsbuckel bäumte sich in den Bogen, und Funken schossen in die Schenkelstrümpfe.

›Sissooja, Schwarze!‹, bekam ich noch heraus, als beim Schlitten auch schon die Kufen leicht wurden und in voller Fahrt ihren Stahl singen ließen und die Schwarze mit klimpernden Schellen an den Riemen den Hang hinunterflitzte, die Glocke am Krummbogen dröhnend. Weißt du noch, Malakias?«, bekam Härkäniemi einen Schlag mit der flachen Hand aufs Knie, »hast du geguckt, Lahdenperä?« – jetzt war es an Lahdenperä, sich das Knie zu reiben nach einem kräftigen Klaps, einem geschwind geklatschten –, »hast du geguckt, wie schön die Hufe ausgriffen, als das Pferdchen lief und die Schwarze mit jedem Aufsetzen ihrer Beine besser in Fahrt kam! Ah, wie die Eisschicht hinter den Hufen zurückblieb und die Kufen ihre weiße Doppelspur im Schnee zurückließen, als die Schwarze und ich, die Schwarze an der Deichsel und ich am Zügel, mit bebendem Deichselkopf und breiten Zügeln über die Bucht preschten, als Erstes an Härkäniemi vorbeisausten, wobei dessen Polle seine verdrossenen Ohren anlegte, Lahdenperä mit seinem Fuchs ließen wir hinter uns, als würde er stehen, auch Eenokkis Wallach blieb zurück und Krooklas mausfellige Stute, Pferd für

Pferd rückte die Schwarze auf, ob Nordberg an den Zügeln seines Valko zog, oder Haukka mit gelockertem Zaum den häckselbäuchigen Pläsi galoppieren ließ, Ylistalos Kröpi und Likitalos Laiska, Pruuni von den Pornainens und Urkolas Hengst, so viele, wie an Doppelpaaren von Hufen auf dem hallenden Eis klapperten und Glöckchenklang klimpernd an den Krummholzbögen schaukelte, so viele Schnaufmähnen holte die Schwarze ein, und so viele Streckhälse überholte sie auf der stiebenden Strecke, wie das fromme Knie arbeitete und das Horn der Hufe zuschnappte! Schon prustete hinter uns auch Langholmas Stute Tuima, keuchend Luft in die Bälge ihrer breiten Brust einsaugend, weil sie hilflos zurückfiel und der Schritt der Schwarzen Strecke schluckte. Alles Glöckchenklingeln war nun nichts weiter mehr als eine zurückbleibende Reihe, nur an der Öffnung der Bucht rannte noch der Braune mit Riesenschritten, so gut die tollenden Läufe es vermochten und die Mähne noch an der Nackenhaut blieb. ›Jetzt, Schwarze, ducken jetzt!‹, sagte ich und brüllte ich. ›Jetzt fängt das Laufen erst richtig an!‹, sagte ich und spreizte zum Zeichen für die Schwarze die Zügel. Und ratet einmal, ob mich meine Schwarze verstanden hat! O ihr Engel des Himmels und Josuas Posaunen, wie einer Kreatur manchmal die Vernunft in die Beine fahren kann und wie die Hufe daraufhin Strecke schlucken können! Oh, sage ich ein neues und weiteres Mal, o Kyrie eleison in der Weihnachtskirche, wie es von Mädchenkehlen geschmettert durchs Gewölbe fährt! Meine Schwarze lässt auch sonst, wenn sie läuft, Boden zurück, aber diesmal hätte sie sich selbst abgehängt und ihre eigenen Schweifhaare gelesen, als wir jetzt auf die Landspitze preschten, wo der Braune mit fliegender Mähne alles gab, sodass man Angst haben musste, im Fell könnte Feuergefahr ausbrechen. Weißt du noch, Herman, wie ich mit meiner Schwarzen zu dir aufschloss? Keinen Mucks gab ich von mir, kein Wort kam durch den Spalt meiner Lippen, aber war es nicht prächtig anzuschauen, wie die Stute lief? Du hast vielleicht geflucht, wenn ich mich nicht falsch erinnere und wenn ich es richtig hörte, sogar ziemlich kräftig, wenn auch murmelnd, weil es sich lauter nicht schickte, als ich mit meiner Schwarzen, ich und die Schwarze und Maijastiina als Dritte im Bunde, als ich und die Schwarze nach und nach, allmählich nur, doch sicher, immer ein Zoll nach dem anderen, Zoll für Zoll, sage ich, Zöllchen um Zöllchen neben dich kamen, uns an deine Seite klemmten und an die Seite des Braunen, uns neben euch drängten, und da, als gerade die Weggabelung kam, der Abzweig nach Alastalo an der Spitze von Vikatmaa, genau an der Stelle, wo dein Weg sich von uns anderen, die wir auf Isoluoto wohnen, trennte und wo du mit deinem Braunen gern gelassen an der Spitze vorneweg getrabt wärst, ohne dass jemand dich auf der Strecke zum heimischen Stall in die Zange genommen hätte mit der Musik seines Laufs, genau an jener gesegneten Stelle bin ich dir, zum Teufel, bin ich kleiner Teufel dir mit meiner verteufelten Schwarzen im Weg, schneide ich dir den Weg ab: aus blanker unschuldiger Bosheit, ich gestehe es, aus reiner, purer, böser Gemeinheit: Ich hatte gedacht, zu meiner Schwarzen auch gesagt, mit den Zügeln in der Hand geschnackt, versuchen wir es, setzen wir uns an der Weggabelung vornedran, schneiden wir genau dort Alastalo den Weg ab, wo der Braune beidrehen muss und der Feger von der Spitze aus als Sieger an den knirschenden heimischen Hafer springt, dessen Mähne ganz vorne lodert, wenn wir uns trennen! So dachte und redete ich, und so dachte auch die Schwarze, ohne dass ich es sagen musste, ah, diese Kreatur, hast du gesehen, wie flach sich das Pferd macht, wenn es richtig in Fahrt ist, und wie es die Hufe streckt, wenn es das Eis hinter sich lässt! Weißt du noch, Herman, wie der Braune sich mit seinen Beinen verhedderte, als statt des vertrauten Weges plötzlich die glänzende Flanke der Schwarzen neben ihm tollte und er verdutzt hätte weitertraben müssen, auch wenn jeder Schritt und Tritt weiter von der heimischen Heuraufe wegführt! Da zogen wir an der Abzweigung nach Alastalo an dir vorbei, an dir und dem Braunen, an der Spitze von Vikatmaa auf dem Eis des Kivivesi, ich und die Schwarze, ich und die Schwarze vorneweg, und der übrige Pferdehaufen wie ein Wirbelwind hinterher: Wie viele Heckspiegel von Schlitten habt ihr gezählt, du und der Braune, ein Dutzend genau?, als ihr vom Wegrand aus zusaht, wie diejenigen, die auf Isoluoto wohnten, von der Hochzeit nach Hause fuhren, die von Isoluoto, und ganz vorne Pukkilas Schwarze, Pukkilas Stute, die nicht mehr auf ihre Hufe achten musste, damit diese nicht gegen das Heck eines anderen Schlitten schlugen! Weißt du noch, frage ich, was da los war, Herman? Lerntest du da die Zahl der Heckspiegel zu erfassen, als du zähltest, wie viele Schlitten ihr von hinten angucken musstet, du und der Braune, bis auch das letzte Krummholz an euch vorbeigesaust, vor der Nase davongezischt war, in kolossalem Galopp an der Kehle des Kivivesi, ganz vorne die Schwarze, Wind in den Nüstern und Wirbel in der Mähne, ihr mit freier Bahn vor euch, du und der Braune – von Härkäniemi rede ich nicht, der mit seinem Polle als Letzter fuhr und dir, seinem Nachbarn, folgte –, du und der Braune, ihr hattet freie Bahn und Werst, um im Froschtrab oder im einpaarigen Gang der Schnecke bis zum Querholz der Schwelle von Alastalos Stall zu trotten! Du willst vom Fahren und Ankommen reden, wo du aus eigener Anschauung weißt, wie sich die Schweifhaare heben, wenn die Schwarze trabt, das Pferd schiebt sich auf dem Eis am Häckselsack vorbei, und beim Braunen fragt das angelegte linke Ohr das aufgestellte rechte: Wohin ist die Schwarze nur verschwunden, weil wir hier stehen, mit einer langen Blesse beiderseits der langen Nase? Meine Schwarze hat auf der Stirn nur einen scharfen Stern als weißes Flämmchen, wohingegen bei deinem Braunen die ganze Schnauze von einer Blesse wie mit Buttermilch gefleckt ist, aber, zum Donnerwetter, bei wem von beiden zeigt das Weiß auf der Stirn besser, wie weit man den Zeh recken muss, wenn man mit dem Huf Strecke machen will! Hufe, weißt du, die Schwarze hat Hufe! Und der Braune, weißt du, der Braune hat einen Häckselbauch! Aber wer von beiden gab deiner Meinung nach auf dem Eis des Kivivesi der Sohle besser Schwung, der Huf der Schwarzen oder die Wampe des Braunen? Weißt du, ein Huf ist nämlich eine Feder, ein Huf stößt sich ab unter der Deichsel, wenn gerannt werden muss, aber eine Wampe ist ein Sack: Die Wampe schwabbelt und schwingt zwischen den Deichseln, wo sie vom Fleck kommen sollte! Hast du vor, auch dein Schiff, deine Bark zur Häckselwampe, zur Bauchbeule aufzufüttern, zum Häckselsack, sage ich, zum Rundrumpf, frage ich, zum Brotlaib im Spantengürtel, zum Hinterteil des Braunen mit Takelage? Flimmerte es dir, frage ich noch, obschon ich gar nicht fragen müsste, weil ich es sowieso weiß, flimmerte es dir in den Augen, als du vom Schlitten des Braunen aus in Ruhe zuschauen musstest, wie sauber die Stute läuft, wie ein Engel auf vier Beinen, wenn die Schwarze angeschirrt ist und meine Schwarze das Beste aus ihren Hufen herausholt? Flimmerte es dir da in den Augen, frage ich, und pinselte das dem Pferdekenner nicht richtig schön das Herz wie mit der Gänsefeder?«

Alastalo war über Pukkilas Geschichte nicht gerade froh, und das kann man verstehen: Schließlich war sie ihm als Schnupftabaksteuer und Verdrussgestrick dargeboten und unter die Nase gerieben worden! Und es musste jeder, der mit der Lampe in der Hand und mit der Brille auf dem Nasensparren den gesamten Gouverneursbezirk abklapperte, ernsthaft für das Wunder danken, wenn er am Ende einen Mann mit derart dickem

Fell vorfindet, der, ohne das Gesicht zu verziehen und mit den Lippen am Dickmilchbottich, sich vom Anfang bis zum Ende eine stichelnde Geschichte darüber anhört, wie der Primas aus seinem Stall, den er vom Fohlenalter an das Laufen gelehrt hatte, wie, als es darauf ankam, die Flachsmähne hoffnungslos und mit jedem gestreckten Schritt ins Hintertreffen geratend zurückfiel, immer weiter nach hinten rückte, obwohl er alles gab, ständig weiter zurückfiel, wie er von hinten das Schlittenbrett anguckte, als die Stute vom Nachbarn mit flatternder Mähne vorauspreschte und mit jedem gestemmten Schritt den Abstand vergrößerte, wie sehr sich auch das Geschirr des eigenen Wallachs straffte und treu sich streckte der fromme Huf! Wer würde außerdem überhaupt vernünftigerweise erwarten, dass ein Mann, der zwölf gekrönte Liespfund auf die Waage bringt, mit den Trippelschritten eines Engelskindes über die Bodendielen spaziert, ohne dass die Planken knarren, und dass Alastalos bärtiges Kinn Manna und Hosianna lächelt, wenn es bis in die Haarwurzeln mit dem Nagel gekitzelt worden ist? Immerhin hat es nicht so schlimm gescheppert, wie man es hätte befürchten und aus gutem Grund erwarten können, als die zwei besten Pferdekenner der Gemeinde sich die Zähne zeigten und die Rede um Pukkilas Schwarze und Alastalos Braunen ging. Alastalo saß nämlich in diesem Moment doch immerhin in seinem eigenen Saal und hatte Gäste: Als Gastgeber muss man, um der Eintracht willen, manchmal auch etwas schlucken, was die Natur und Ehre des Pferdekenners unter anderen Umständen nicht die Kehle herunterbekommen würde, ohne fuchsteufelswild zu werden. Außerdem gab ihm auch die Klugheit ein, wenngleich es wehtat, das Lamentieren über den Braunen und die Schwarze auf ein anderes Mal zu verschieben, denn es wäre fraglich gewesen, ob man bis zum nächsten Tag noch einmal auf das Thema Bark zu sprechen kommen würde, falls Pukkila ins Traben käme und zur üblichen Abhandlung über seine verdammte Schwarze verfiele. Wo blieben die Frauen, was trödelten sie? Sie haben noch immer kein Grogwasser in den Saal gebracht, damit man besser einen Anfang fände!, ärgerte er sich in Gedanken, um seinen Grimm an jemandem auszulassen, und schickte einen kleinen Augenstachel auf die Tür zur Stubenkammer, ob sie sich nicht bald öffnete.

»Was soll man nach so vielen Jahren noch groß über eine Schlittenfahrt reden, bei der du mit deiner Schwarzen vorneweg gestümpert bist und wie verrückt im Weg gestochert hast, als ich mit meinem Braunen gerade nach Hause abbiegen wollte?«, sagte er trotzdem als kleinen Hinweis an die anderen, weil die Wortlücke nun einmal da war und Pukkilas Augen durch den Saal sausten, als wollten sie jeden Einzelnen fragen: Hast du gehört, hast du gehört, hat es auch bestimmt jeder gehört? Keinen Mucks soll Alastalo mehr in dieser Angelegenheit gähnen! »Immerhin konnte ich meinen Braunen so lange am Zügel halten, bis ihr aus dem Weg wart und wir vor den Hufen freie Spur hatten!«, fügte er zur Verdeutlichung noch hinzu und kämmte den Gedankenscheitel innerlich in die richtige Richtung.

»Und es wäre auch sinnlos gewesen, wenn ich mit meinem Braunen noch einmal angefangen hätte, um die Wette zu rennen, weil am Tag zuvor schon der Wallach Teemu aus unserem Stall der Schwarzen gezeigt hatte, wer wen abhängt, wenn ein Pferd von Alastalo einmal in Gang kommt!«, ergänzte Alastalo und ließ nun auch seinerseits zu, dass ihm der Schalk in die Augen trat. »Unsere Tiina, die Magd Teija-Tiina, war damals auf dem Weg zur Kirche – die Tiina kennt ihr, die hatte gerade ihre brenzlige Zeit, so wie es bei der Tiina gelegentlich und sogar oft vorkommt, und bei der sie zu den Menschen in der Stube wochenlang keinen Mucks sagt und auch mit den Kühen im Stall und in den Verschlägen nur das Notwendigste redet, und dies auch nur zischend; Teija-Tiina saß also an den Zügeln und war auf dem Weg zur Kirche – in die Kirche musste Tiina nämlich in solchen Zeiten gehen, damit sie in der Kirchenbank ausbrüten konnte, was sich bei ihr in Kopf und Herz an Druck angestaut hatte, um nach der Predigt erfrischt und gewaschen nach Hause zurückzukehren wie ein Mensch aus der reinigenden Sauna! –, Tiina hatte also Kirchentag und Seide am Leib, und ich hatte bereits am Morgen zum Großknecht gesagt, spannt den großen Teemu ein, dann bekommen wir sie bis zum Abend heil zurück, das Pferd wie die Magd, und Tiina kann schon auf dem Hinweg Demut lernen, und auch bei Teija gerät auf dem Weg zur Kirche nicht die Kunst des Anrüstens in Vergessenheit, die fingerfertige Kunst, weil mit dem Zaumzeug und auf Melkerinnenart in Teemus Erinnerung der Umstand wachgeruckelt werden muss, dass er auszuschreiten hat, auch wenn es nur gemächlich vorangeht! Sie gelangten bis zur Kirche, Tiina und Teemu, denn die Kirche bleibt, wo sie ist, auch wenn sie verspätet ankamen, und auch heimwärts setzten sie sich in Bewegung, als Teemu wieder mit seinem Tagwerk an der Reihe war und Tiina eine Zeit lang mit den Zügeln gesägt und so kräftig und mit Inbrunst geschnalzt hatte, dass man wer weiß was von dem alten Frauenzimmer hätte denken können, wenn man in ihrem Tun und ihrer Tätigkeit nicht erkannt hätte, dass Teemus verstocktes Klepperherz mit diesen Tönen erweicht werden sollte und nicht das der ringsum lachenden und grimassierenden Dorfburschen. Man setzte sich schlussendlich also in Gang, da man sich gemeinsam mühte, und bewegte sich so schnell und mit einer solchen Fahrt heimwärts, wie Teemu es für günstig und der Würde eines zwanzigjährigen Wallachs für angemessen hielt, und so wären sie wohl auch ohne einzuschlafen bis vor Alastalos Stalltür gezockelt, wenn nicht am Hügel von Itäranta, gerade als sie aufs Eis hinunterfuhren, deine Glocke, die Glocke der Schwarzen, von hinten immer dichter herangescheppert wäre. Teemu hatte ohnehin am Hügel schon seinen Verdruss, die Deichsel drückte ihm am abschüssigen Hang das Kummet auf die Ohren, sodass der Alte seine schmerzenden Glieder bemühen und den einen oder anderen Schritt traben musste, damit seine Knochen dem Schlitten nicht im Wege waren. Außerdem war dieser Ort, der Hügel von Itäranta, wo man das abschüssige Stück aufs Eis hinunterfährt, für Teemu ein alter Bekannter aus frühen Fohlenerinnerungen. Kommt dort am Ufer doch bald links das Haus von Huuskeri, und weil auch zwanzigjährige Wallache Pferde sind, die einmal Dreijährige und Hengste waren, haben sie irgendwann und irgendwo auch einmal die Hufe springen lassen, was diese hergaben. Und Teemu hatte eine solche Stelle nun ausgerechnet vor den Fenstern von Huuskeri im Gedächtnis. Mein verstorbener Vater, der alte Alastalo, war, wie ihr euch erinnert, auch ein Pferdekenner, und da auf Huuskeri damals noch der alte Holmroos Huuskeri wohnte, der beste Freund und Skipperkamerad des Alten, fuhr man an dessen Fenster schon aus Scham nicht im Entengang vorbei, wenn man von der Kirche zurückkehrte, vielmehr hatte das Pferd sich daran zu erinnern, ob es nun Teemu oder ein anderes war, dass es Beine besaß. Teemu war auch als Fohlen keine schnelle Natur im eigentlichen Sinne gewesen, schon damals hatte er zu viel an Knochen und Rücken an der Deichsel dabei, als dass sein Schritt richtig flott gelaufen wäre, aber bei Huuskeri und am Zügel meines alten Vaters hatte er schon in jungen Jahren und als Hengst die Lehre in die Knochen aufgenommen, dass es an der Stelle im Sauseschritt vorangehen musste, und wenn es das Leben kostete. An der Stelle also, vor den Fenstern von Huuskeri, preschtest du mit deiner Schwarzen den Hügel von Itäranta hinunter, auf dem Eis hinab in einem Zug, geradewegs neben Teemu und Tiina hin und wohl auch an ihnen vorbei, so wie es zumindest dein Plan gewesen war. Ich weiß nicht, was Tiina dachte, als sie am Zaumzeug zeterte, aber Teemu verstehe ich gut. Dieser hatte vom unnötigen Trab am Hang vor Verdruss die Ohren angelegt, das Geschwindigkeitsbewusstsein vor den Fenstern von Huuskeri in den Knochen und Zorngroll in den Zähnen, als das ungezogene Mädchen gerade da piesackend neben ihn fährt, wo man ihn als Pferd und Wallach in Ruhe sein ernsthaft Bestes geben lassen sollte, so wie es ihm beigebracht worden ist und wie es in den Sakramenten steht. Also kam es, wie es kommen musste und verständlich war, denn Teemu hatte nicht in der Kirche gesessen und seine Sünden bekannt, so wie Tiina es getan hatte, sondern auf dem Kirchenhügel gestanden und gefroren und nach dem heimischen Hafer gequengelt, den er nicht vor sich hatte, war also auf dem Heimweg nicht frommer als auf dem Hinweg: Teemu vertrug keinen Spott! Wie du dann also mit deiner Schwarzen hochmütig heranfährst und die Schwarze flach neben ihn gleitet, so wie du ihr beigebracht hast, flach voranzugleiten, wenn mit prächtigem Schwung an jemandem vorbeigesaust werden soll, und sei es, dass die trächtige Kuh des Nachbarn an der Deichsel geht, was lag da für Teemu näher, als das schon bereite Zahnpaar in die Stelle des Leibs der Schwarzen zu schlagen, wo der Rücken aufhört und der Schwanz beginnt, und die so flach sich darbot wie auf dem Präsentierteller, um sich in seinem Groll zu erleichtern? Das tat Teemu denn auch, und der Lauf der Schwarzen kam im selben Moment zum schnellen Ende, in dem Teemu selbst die zwei Beinpaare unter sich nahm und sich vor Huuskeris Fenster so inbrünstig in Königstrab setzte, dass die auf Huuskeri den lieben langen Sonntagabend was zu lachen hatten: Der jetzige Huuskeri hat dementsprechend auch gesagt, dass Teemu nicht einmal unter den Händen meines verstorbenen Vaters so inbrünstig seine Läufe an seinen Fenstern vorbeibewegt hätte wie damals, als Tiina an den Zügeln saß und Pukkilas Schwarze geschlagen hinterherschnuffelte. Wann willst du ein weiteres Mal ausprobieren, wer, wenn es ernst wird, vorneweg fährt, du mit deiner Schwarzen oder unsere Tiina mit dem Teemu? Ich werde jedenfalls die Tiina losschicken, wenn du willst und es dir passt, dann wird auch dieser Streit geklärt!«

Alastalo hatte seine Geschichte zu Ende erzählt und seine Schulden bezahlt, die Augen blickten auf Pukkila und fragten: Quittierst du, oder sind noch Restzinsen übrig und nicht bezahlt? – In Pferdeangelegenheiten versteht selbst ein Mann, der sich aufs Scherzen versteht, keinen Spaß.

Allerdings war auch Pukkilas Schädel seinerzeit nicht aus einer Rübenmiete geklaubt worden, die der Frost berührt und zum Frieren gebracht hatte: Er kapierte, dass man, wenn allgemein gelacht wurde, auf der Seite der Lacher bleibt, indem man selber mitlacht! »Teemu ist das beste Pferd in eurem Stall, das habe ich schon immer gesagt!«, bestätigte er also kaltblütig und kurz und bündig Alastalos Anekdote. »Und du solltest die Teija-Tiina auch dann aus dem Garten holen und als Kutscher auf den Bock setzen, wenn du mit deinem Braunen unterwegs bist, dann wird womöglich auch aus diesem noch ein Traber!«, verschärfte er sein Zugeständnis und gähnte Rauchringe in die Luft, als säße da ein gelassener Mann hinter seinem Pfeifenstiel. »Teemu-Klepper, Teemu-Klepper, sag ich, das beste Pferd in Alastalos Stall!«, wiederholte er guthäutig plappernd, damit diejenigen, die es vielleicht auf Anhieb nicht verstanden hatten, es ein zweites Mal hörten. »Teemu, Teemus Knochenleib? Das ist ein Laderaum! Hast du dir den als Vorbild für die Zeichnung deiner Bark ausgesucht?«, schnappte er plötzlich zu. Da half keine Zurückhaltung mehr, wenn man aus der Haut fahren wollte. »Teemus Rippenrundung als Spantenbogen und Tiina im flatternden Rock auf den Kapitänsplatz, verdammt, wenn es dann nicht sogar das Meer mit der Angst zu tun kriegt und den Kahn vor sich aus dem Weg spuckt wie der Teufel den Holländer auf dem Atlantik, dass es vor dem Bugspriet nur so flimmert und wimmelt von Hafeneinfahrten, so wie vor Zech-Mattis Augen, als bei der Heimkehr von der Hochzeitsfeier als Tür des eigenen Hauses nicht eine, sondern sieben Öffnungen in der Wand zu sein schienen und er sich an jeder einzelnen den Kopf am Sturz stieß!« Bei Pukkila standen nun wieder die Rockschöße in Flammen, und die Segelleinwand brannte: Soll er nur von seinem Teemu hören, wenn von Teemu schon einmal die Rede ist, und von Tiina ebenso!, dachte er und ließ es laufen. »Wirst du die Tiina gleich in den Saal rufen, damit wir uns anschauen dürfen, wer als Kapitän für die Bark vorgesehen ist?«, fragte er und ließ seine Augen im Saal auf Fang gehen, um diesmal sein eigenes zappelndes Lachen aus den Fischgründen zu ziehen.

ELFTES KAPITEL

Das Grogwasser wird in den Saal getragen, und Härkäniemi, wie auch die anderen, dürfen ein weiteres Mal zu ihrer Erbauung die Jungfer Siviä betrachten, sogar in einem Spiegel. Auch sonst ereignet sich manch Hübsches, so sichert sich zum Beispiel Krookla ein beinahe pures Glas Rum, und Pukkila erhält Gelegenheit, sich prachtvoll in Szene zu setzen.

Nun hielt Langholma das röhrende Lachen allmählich doch für ausreichend und schickte sich an, in aller Gelassenheit das Wortgefecht zu ordnen. »Ihr zankt und zetert wie zwei junge Hähne, die am selben Spulwurm ziehen!«, sagte er schmunzelnd und tat so, als würde er sie tadeln. »Mir scheint, dass über Tiina nun genug gesprochen worden ist und wir wieder zu den Barkgeschäften zurückkehren können!«, fügte er in ernsthafterem Ton hinzu. »Sind alle Anwesenden bereit, ihren Anteil zu zeichnen, sodass wir die Papiere klar- und die Bark komplett gezeichnet kriegen?«, fragte er Alastalo, weil er davon ausging, dass eben doch einer als Erster über die Schwelle treten musste, und warum sollte nicht er das tun, solange die anderen abwarteten? Auch bei einem Fest geht keiner an den Tisch, wenn nicht einer den Anfang macht! »Ich glaube, wir können anfangen, schließlich sind längst alle anwesend«, sagte er also und war ganz Langholma im Schaukelstuhl.

Im Saal hatte das lärmende Gelächter aufgehört, in allen vier Ecken war es gar sehr still, und längs der Wände ebenfalls, auch Lahdenperä hatte bereits aufgehört zu prusten, nachdem er sein vollbäuchiges Anfallslachen auf die Schnelle zum Hustenkeuchen erstickt hatte und mit Schöffengesicht auf dem Sofa saß, selbst Pukkila hatte die Tatzen eingezogen: Jetzt hieß es auf dem Sprung sein, aus welcher Ecke sich das Mäuschen auf seinen Pfoten ins Zimmer traut! Allein Alastalo saß ein wenig wie auf Kohlen, seine Augen blieben wie Stiele auf den Türgriff der Vorderkammer gerichtet: Was stümperten die Frauen in der Stube, dass man nichts hörte und es noch immer nicht an der Tür raschelte. Langholma also!, grämte er sich, ansonsten ein vernünftiger Mann, was denkt der nur, dass er anfängt zu drängen und einen genau im besten Moment ungeduldig am Ellenbogen stößt, wo man nach vielem Zielen und vergeblicher Mühe endlich das Fadenende ans richtige Öhr geführt hat und die Faser zur Belohnung aller Qualen am Ende dann doch das Auge der Nadel trifft, dicht daran, mit der schmalen Spitze hineinzuflutschen, wenn auch noch nicht mit der ganzen Gewissheit des Durchschlupfs! In Alastalos Nüstern schnaubte es, obschon er nichts sagte, weil es doch Langholma war, Efram Langholma, der jetzt Unordnung stiftete. Schwatzt vom Fertigwerden und vom Klarkriegen der Papiere, obwohl nicht einmal das Grogwasser im Saal ist!, dachte er einen kleinen Schluck lang verächtlich, da die Wahrheit eben immer in der eigenen Haut und im Strudel des eigenen Blutes das, was wahr ist, als das Wirkliche wettert, auch wenn man sie nicht vor aller Welt mit der Zungenspitze hinausbefördern muss wie ein Pferd mit Durchfall seine Ladung auf die Straße! Als gehörte es sich, mit ernsten Sachen anzufangen, bevor das Grogwasser auf dem Tisch steht und die Gläser dampfen!

Selbstverständlich hat jeder hier seinen Schädel von zu Hause mitgebracht und den Inhalt seiner Geldbörse gezählt, bevor er sich auf den Weg hierher gemacht hat, aber was will man mit dem vollsten Kessel am Haken, wenn darunter kein Feuer knastert und den träge hüpfenden Brei aufkocht, dass es spritzt und die kalte Graupe kräftig gart? Auch der Verstand des Mannes muss erhitzt werden, bevor er merkt, dass seine Natur Sprünge macht, und ein Glimmen aus dem Glas kann für das gleiche Sprudeln im Kopf sorgen wie drei, vier aufflammende kleine Scheite im Feuer unterm Essenskessel: Warte auf deine Zeit und passe deinen Augenblick ab, dann wird es in beiden köcheln, im Topf auf dem Feuer, wo das fauchende Essen in den ehernen Wänden simmert, und in der Schmiede des Kopfes, wo der Mut des Männergemüts schwillt! Was schadet ein Rausch, es ist auch unausgesprochen eine bekannte Tatsache, dass das Ferkel, das neben einem am Tisch sitzt, unter dem Tisch ein Schwein ist, aber das brodelnde Zischen, wenn unterm Haarschopf etwas schabt, was man ansonsten nicht kennt, und wenn der Kopf glaubt, dass die Flügelbügel rauschen und der Manneskörper abhebt, obwohl er auf seinen üblichen Sohlen auf festem Boden steht, dieser erste Ausreißer in den Blutstropfen, dieses helle Aufflammen in der Herzgrube, die machen das Schaf zum Löwen und den Schlappschwanz zum tanzenden David mit getakelter Harfe! Man füllt seine Männer nicht ab, wenn das Getreidefeld aufgebrochen wird, aber der Hofherr hat auf dem Feld ein Glas dabei und ein scharfes Schnäpschen als Rachenputzer für jeden in petto, wenn die Rotte loszieht und auf dem Acker das Rotieren beginnt: Im Wallen der Adern die Lieder des Blutes, wenn auf dem Feld der Burschenschwarm loslegt und das Stroh sich sausend der im Wettstreit schlingenden Sichel beugt; Geplauder in der Furche und Geplänkel in der heiteren Schar, wenn die Jungfrauenfinger flink am Binden sind und dank der Zierlichen im Nu die Garben auf dem Stoppelacker stehen; Schmiss und Schneid im Schwingen der Männer, wenn die Standhaften es schwirren lassen mit schlenkernden Ärmeln und in Reihen Hocke um Hocke unterm heiteren Himmel der Ebene wächst! Soll man da etwa die Schiffspapiere mit einem Gähnen auf dem Tisch ausbreiten und mit Siebenschläferkreuzel die Barkverträge unterkritzeln?

Alastalo setzte sich bereits von seinem Schaukelstuhl aus in Bewegung, und sogar die Spannbalken unter den Bodendielen erkannten am Gewicht, dass nun der Hausherr und Mattsson persönlich den Saal durchschritt: Auch die steife Föhre mit auf acht Zoll abgezogenen Kanten kann an der passenden Stelle geneigten Respekt bezeugen und um ein Fünftel nachgeben, ohne in der Klafterspannung auch nur um ein Haarbreit nachzulassen, sodass man am Federn erkennt, ob da ein Kajaphas von zwölf Liespfund die Balken biegt oder bloß ein dünnerer Iskariot. Und auch die anderen im Saal verstanden gleich den schwankenden Bodenbalken, dass eine wichtige Maßnahme im Gange war, als Alastalo sich durch den Saal hinweg gemächlich der Tür der Vorderkammer näherte, gemächlich sich wiegend und ohne Beeilung. In der Luft lag, schon bevor die Tür geöffnet und etwas in die Stube hinein gesagt wurde, das Wissen darum, was passieren würde: Bei Pukkila brannten die Augen im Kopf, und er saß auf dem Sofa wie ein Eichhörnchen auf dem Ast, bereit zum Satz, aber auch schnell wieder auf seinem Platz, so flink man als munterer Mann nun einmal sein musste, wenn man auf dem Sprung war, bei Lahdenperä weiteten sich und leuchteten die Wangenbacken in ehrlicher Schöffenbreite, und man würde seinem Mund ganz und gar unnötigerweise eine sündige Lüge entweichen lassen, wenn man behauptete, dass auch Härkäniemi in diesem Moment lediglich als in sich ruhender Gast und gähnender Zeuge der Anklage hinter seiner Pfeife gesessen hätte: Auch in seinen Lidern zuckten die Adern, als Alastalo jetzt vor der Tür der Vorderkammer ankam und die Klinke jeden Augenblick knacken konnte.

Und so geschah es: Alastalo öffnete die Tür, und sein in so manchen Winden geflattertes Haar und item dito sein bei etlichen Manövern geschwenkter Bart verschwanden samt dem restlichen behaarten Kopf für einen kurzen Augenblick im Türspalt zur Vorderkammer, während der übrige Teil des Kapitäns und kapitalen Mannes mit der stämmigen Seite des Körpers im Saal stehen blieb und somit im Visier so vieler Augenpaare, wie es in diesem Moment mucksmäuschenstill Dasitzende längs der vier Wände gab. Verhielt es sich doch so, und das war bekannt, dass Alastalo auf der Kommandobrücke der *Siwiä* ein stämmiger Mann auf seinen Sohlen, in seinem Saal der Kapitän auch inmitten einer größeren Schar und in der Kirchenbank und der Gemeinde ein Sattelgutsherr reinsten Wassers war: glatt, wenn es hieß, ein Aal zu sein, schwer wie ein Roggensack, wenn jemand glaubte, ihn wie ein Leichtgewicht hin und her schieben zu können, mit Schmackes auch, wenn ein Tritt nach hinten mit den Hufen nötig war. Warum also sollte er nicht auch daheim, wenn dort Alltag herrschte, das Haus seinen Gewohnheiten folgte und Eevastiina ohne Spitzenmütze ging, der Bär in seinem Bau und der dicke Mattsson auf Alastalo sein? Aber an einem Tag wie heute und am Vortag eines solchen Tages und auch noch am Tag davor, wenn also das Haus seit Tagen auf dem Kopf steht und voller geschäftigem Gerenne und sonstigem eiligen Betrieb ist, dass ein männlicher Mensch in seiner Nutzlosigkeit und aufgrund des Umstands, dass er sogar dort im Weg und zwischen den Füßen ist, wo er glaubt, sein Bestes zu tun und hilfreich zu sein, kann man durchaus anfangen, still bei sich mit seinem Gott und der natürlichen Ordnung zu hadern und sich zu fragen, ob es das Resultat eines Fehlers und fatalen Irrtums ist, dass Menschen für die Welt geschaffen worden sind, die von Geburt an keinen Rock anhaben; an einem solchen und, wie gesagt, am vorigen eines solchen, aber besonders an einem solchen Tag selbst, wenn die Hausherrin trotz der zig Dinge, an die sie denken muss, und während der erste Gast schon im Hausflur poltert, sich endlich zwischen sieben eiligen Verrichtungen den notwendigen Zeitspalt vor dem Spiegel der Stubenkammer gestohlen hat, den man selbst in der Hast benötigt, weil, während die Augen in die Stube spähen und der Mund die Rennenden wieder und wieder zur Eile treibt, zur Ankunft der Gäste auch das Haar passend geglättet und der Würde des Hauses gemäß die Spitzenseide zum Staat der Hausherrin aufs Haupt gesetzt werden muss, an einem solchen Tag und an solchen Tagen ist auch der mutige Mann und Herr im eigenen Haus, zumal er mit Eevastiina als Hausherrin und Kapitänsgattin eine hat, die weiß, was nötig ist, wenn aus der ganzen Gemeinde Gäste im Saal sind, ist auch der stolzeste Mann und gedrungenste Mattsson ein braves, mildes Geschöpf, was die Lautgebung betrifft, und ein zahmes Schaf, wenn es sich an stubenküchenseitigen Dingen vergreift. Sogar der Löwenkater, heißt es, ist, wenn sein Magen genährt und sein Bauch zufrieden ist, für die Zeit der Sattheit ein recht verträgliches Tier, und selbst wenn man ihm über den Weg läuft und einer Mumm im Herzen und einen Prügel in der Faust hat, um den Kerl zu verscheuchen, springt er übers Weizenfeld fliehend zwischen dem Stroh hindurch in die Deckung des Gebüschs im Wald, um seine Nackenhaut und Schwanzbacken rechtzeitig in Sicherheit zu bringen; warum also hätte Alastalo in diesem Augenblick und an der Tür zu seiner eigenen Stubenkammer hinsichtlich der Heilhäutigkeit seiner Würde großmähniger sein sollen, wo ihn doch keine Not zwang und wo schöne Worte doch immer wohlgefälliger sind, wenn man weiß, dass der Radau sein Risiko hat und die eigenen Füße fürs Hasenpanier bereitstehen. »Wird bei euch in der Stube allmählich mal das Grogwasser fertig, damit wir hier was Warmes reinbekommen!«, sagte Mattsson also manierlich durch den Türspalt und drückte gleich darauf die Tür schnell und flugs wieder zu, nachdem er zuvor flink den Kopf zurück auf die Saalseite gezogen hatte. Nun war zur Stube drüben immerhin die Kenntnis gelangt, dass im Saal bereits gewartet wurde, und die Tür war so fix wieder zu, dass man im Saal nichts hörte, falls in der Stube etwas gesagt wurde. Als erleichterter Mann kehrte Alastalo von seinem Manöver in Richtung Schaukelstuhl zurück. »Ich habe den Frauenzimmern in der Stube was geflüstert, damit sie wissen, dass es uns pressiert!«, erklärte er im Gehen beinahe prahlend.

Warum auch hätte das Manöver nicht bemerkt und auch verstanden werden sollen: Härkäniemi nahm einen tieferen Rauchseufzer als gewöhnlich aus seiner Pfeife und kniff zweimal die Augenlider zu, wobei er – während er sich bemühte, das flüchtige Hüpfen einer kleinen Schadenfreude in den Augenwinkeln zu verheimlichen – an das bemerkenswerte Glück, an den wehmütigen Glückssegen dachte, den es bedeutete, dass er selbst Junggeselle und ein unverheirateter Mann war und bei sich daheim die Tür ganz und gar aufmachen konnte, wenn er vom Saal aus etwas in die Stube hinein zu sagen hatte. Auch Pukkilas Augen waren in diesem Moment derart wohlgehütete Lämmer und unschuldige Samariter, dass Alastalo, da er sich wieder in seinen Schaukelstuhl einpasste und einen verstohlenen Blick auf Pukkila warf, bei sich als unwiderrufliche Wahrheit beschwören musste, dass der Mistkerl und Wieselpfeil doch rechtzeitig kapiert und mit dem Schnabel aufgepickt hatte, was man brauchte, um bereit zu sein, wenn es so weit war, seinem Mund etwas Kleines entfahren zu lassen, so wie die artige Bachstelze mit einem Schwanzschlag aus der Tasche ihrer hübschen Jacke einen Klecks auf den Stein tropfen lässt!

Das Manöver war also bemerkt und in Gedanken in gewissen Ecken des Saales enträtselt worden – auch Eenokki hatte, bemerkenswert genug, ein Lebenszeichen von sich gegeben und oberhalb seiner Stummelpfeife missbilligend mit den Nüstern geschnaubt, ohne sich jedoch zu bemüßigen, mehr als ein halbes Auge vom Pfeifenkopf auf das Elend zu richten: Disziplin und jede Art von Mitspracherecht sollte im Namen der Ordnung selbst in den unnützesten Dingen in einem Haus immerhin derjenige haben, der als Kommandostab die Pfeife im Mundwinkel hat! Aber im Allgemeinen lag ein Rauschen der Belebung in der Luft nach Alastalos Worten an der Vorderkammertür, hinter der die Stubenkammer lag und neben dieser auf der einen Seite die Stube, aus welcher selbst ein Schwerhöriger das Klirren von Geschirr und ähnlich stimulierendes Klimpern hören konnte. Vom langen Sitzen werden die Gedanken selbst in bester Gesellschaft ein bisschen zerknittert und schlagen doppelt Falten, wenn nicht jeder in der Runde einmal an die Reihe kommt, seine steifen Gemütsglieder zu strecken, und so hatte sich für die Anwesenden trotz der geschmeidigsten Eichhörnchensprünge von Pukkilas Zunge und trotz der kräftigen Klapse von Alastalos Geistestatzen das Spiel im Saal allmählich doch in die Länge gezogen und dieser und jener begonnen, den anderen vorsichtig in die Augen zu schauen und nach dem Sitznachbarn zu schielen: Sollte nicht bald einmal Besseres zu hören sein – und allmählich die Gerichte und auch Teller auf den Tisch gestellt werden? Unter diesen Voraussetzungen also wirkte Alastalos willkommener und in gewisser Weise auch erwarteter Gang zur Stubenkammertür sowie seine Rückkehr nach vollzogener Tat zum Schaukelstuhl auf die Gemüter in gleicher Weise ein wie die Brise aus besserer Richtung auf die Segel, die sich bei der Fahrt zum Markt schon anschicken, an den Masten zu faulenzen und sich nach dem Einschlafen des vorigen Windes in Falten zu legen, die sich dann aber wieder durch den Geist des neuen Ruckes regen und munter werden, mit vollem Ernst erneut die Backen blähen, sodass die Fahrt wieder die reine Lust ist: die Ruder dürfen ruhen, der Bug macht leichte Bücklinge in den aufwallenden Mitwindwellen, der Kahn saust schäumend auf die Stadt zu, und an den Rändern zwitschert das Meer, das Bürschchen, sein silbernes Plätschern!

Lahdenperä war zur Stelle und als Erster munter: »Wie es scheint, wird gelaicht, und die Fische schwärmen, weil es an der Oberfläche blubbert und auch der Brachsen schon das Maul aus dem Meer streckt, um an Atemstellen nach Luft zu schnuppern!«, sagte er und vollzog eine so bedeutsame Blickverschiebung von Alastalo im Schaukelstuhl zur Kammertür und von der Kammertür zurück zu Alastalo, dass keiner zweimal überlegen und sich den Kopf darüber zerbrechen musste, wer bei dem Vergleich womöglich mit den planschenden Brachsen gemeint war, die im Frühlingsgewässer voller Vergnügen ihre vielversprechenden Kunststückchen machten, und wohl keiner hätte, dank eines gewissen Klimperns von der Stubentür her, besser geartete Fangerwartungen im Sinn haben können. Auch auf der gegenüberliegenden Seite, neben der Tür zum Gang, waren die jüngsten Ereignisse an der Kammertür und jenseits der Ofenmauer bemerkt worden, und Mikkel Krooklas Kopf mit seinen wehenden Bartflusen kam auf gestrecktem Kranichhals hinter der Kachelofenecke hervor, als schöbe er ihn an einer Stange Stück für Stück immer weiter in den Saal hinein. Und so geschah das Wunder, dass Mikkel, seinen Stuhl ein wenig vorwärtsrückend, aber freilich sitzen bleibend, von seinem Platz aus um die Mauer lugte und um die Ecke auf die Tür zur Vorderkammer spähte, so wie es seine Absicht war. Er, Mikkel, hatte nämlich seine Regeln und genauen Gesetze sowie die Nase dafür, dass bei Besuchen die Ofenecke neben der Tür nicht aus

Bescheidenheit, sondern aus anständiger Geziertheit ihm als Ort gebührte, von dem man ihn selbst dann nicht wegbekam, wenn man ein Paar Ochsen in den Saal schaffte, es sei denn, er holte sich als zweiter Mann nach seinem Vetter Langholma ein Glas vom Grogtisch oder setzte sich, nachdem man es ihm befohlen hatte, an den Esstisch; und auch jetzt bewegte er sich also nicht vom Fleck, zog seinen Stuhl jedoch so weit nach vorne, dass er um die Mauerecke herum verfolgen konnte, wann sich an der Tür was tat und das Manna aus der Kammer in den Saal getragen wurde: Auch klärte er sich schon die Kehle und räusperte sich die Kanäle blank.

Ein kleines Rascheln von Erwartung war auch anderswo im Saal vernehmbar, hier und da scharrte ein Stuhlbein, wenn jemand sich zurechtsetzte, und das Gespräch verlief in den diversen Ecken ringsum dergestalt, dass, wenn einer der Sitte und des anständigen Sitzens wegen oder auch der Form halber auf den Gedanken kam, etwas zu seinem Nachbarn zu sagen – vielleicht auch aufgrund eines Anblicks und um nicht völlig stumm dazusitzen wie die Leute auf dem Kontinent bei ihren Banketten und wie die Kohlraben beim Schmarotzen auf den Kammhölzern des Feldzauns –, demjenigen, an den er sich wandte, als Frage hinwarf, was die Zunge, ohne groß nachdenken zu müssen, an zu Fragendem gerade hergab, so blieb das Ohr doch nicht gespitzt, um die Antwort zu hören, falls überhaupt geantwortet wurde, denn die Frage war gar nicht zum Beantworten gedacht gewesen, sondern nur im Sinne der Mundbenutzung ausgesprochen worden und um der Gesellschaft willen und um die leere Stelle in der Luft zu füllen, solange beim Frager wie beim Befragten die Aufmerksamkeit bei wichtigeren Dingen und genaueren Witterungen lag, mit feuchter Schnauze schnuppernd wie ein Hund auf der Spur des Hasen, falls das Langohr mit Geraschel aus dem Busch schlüpfte und die Zickzackjagd begann!

Hier nun war freilich keine Hatz zu erwarten, das wusste man, kein Wetzen von der Art, dass die Bauchwölbung mit der Fellseite über das Gras der Erde wischt, wenn der Zeh in den Torf greift, was die Kralle hergibt und das Bellen aus dem Hals jault, was die Stimme keucht, wenn dem Rachen bei der Hetze und mit hängender Zunge das Wimmern des Eifers entfährt, nein, hier stand kein Wettlauf über Wersten und keine Konkurrenz zwischen Hinter- und Vorderläufen bevor, das wusste jeder, kein Kannenkippen und kübelweises Kehlenbegießen, sondern lediglich das menschengemäße und artige Leeren eines Glases Grog, ein unschuldiges Flämmchen für den Mund, welches das Blut erfrischt und dem Mann einen Schluck Bewusstsein davon in die Haarwurzeln unterm Kamm bringt, dass er ein ebenso mutiger Junge ist wie jeder andere Jalmari auch. Es wurde also nicht mit Getöse gerechnet, nicht mit einer Vaasaer Polka und nicht mit einem Marktmontagsvorabend innerhalb der vier Wände, bei dem sich die Moosfugen zwischen den Kiefernbalken unter der Tapete gegenseitig fragen und die Glasscheiben in den Fensterrahmen einander zurufen, ob die Hofherren verrückt geworden sind; nein, man rechnete im Saal nur mit einem gebührlichen Punsch samt Klimpern und Blinken für Auge, Herz, Ohrmembran und Nieren, sobald die Tür aufgehen würde und die Last eines vollen Tabletts mit der gläserglitzernden Festlichkeit und dem karaffenglänzenden Leuchten vor einem belebenden Menschenkind her und von lebendigen Augen bezeugt mit seiner himmlischen Fracht zur ausgezogenen Seite des Tisches wanderte, der sicher und wahrhaftig und in Bereitschaft zwischen den Fenstern der Seitenwand wartete!

Ein seltsames Gefühl und eine Freudenfärbung entsteht im Herzen, wenn auf dem Meer inmitten windstiller Spiegel und bei meilenweitem Glattglanz das Auge des Seglers endlich vom

Boot und von der Ruderpinne aus viele Werst entfernt Fasern von blinkendem Blau erspäht: Schon pickt er, wenn auch noch nicht mit Gewissheit, so doch mit den Riechhaarspitzen seiner Ahnung auf, dass der Vogel der Lüfte sich wieder aus dem Morgenschlaf erhoben hat und im Atem des Meeres probiert, ob die Schwinge noch mit Sausen schwirrt, das Plätschern sich noch an seine gestrige Kunst erinnert und in großer Schar, in Schwärmen von tausend sich abertausendfach und vom Wind gehütet von Uferlosigkeit zu Uferlosigkeit bewegt; ein seltsames Gefühl entsteht, sage ich, wenn der Geruch des frisch erwachten Windes die Nüstern nährt und das hängende Segel zu seiner Aufmunterung bemerkt, dass die Luft lebt, die Wellen freudig an den Seiten singend aufwachen und der Bug kostet, ob es wahr ist, dass die See noch ihre Nässe von früher und ihr salziges Spritzen hat. Das gleiche Rauschen und der gleiche Pfingstmorgengrasgeruch wehten jetzt mit vollen Wändewettern auch in den Saal, als tatsächlich die Tür zur Vorderkammer sperrangelweit aufflog und von der Kammer her geschwinde Schritte zu hören waren, das hastige Rascheln von Röcken und das vielversprechende Klingeln von glänzendem Glasgeschirr.

Und da war sie denn auch wieder, die Erscheinung zwischen den Türpfosten, Siviä, mit geschmeidiger Schulter und hübschem Haar, auf den Armen das gewaltige Rund des Tabletts, in den Augen Anmut und der Freude rühriger Reiz. Zwar war das Tablett mit seiner Last von Rand zu Rand nicht unermesslich, doch unübersehbar glänzte in Reihen klares Glas hinter klarem Glas, ein Schimmer wie auf dem uferlosen Meer und ein Blinken wie von der Himmelskuppel war der Gläser feierliches Volk in seinem Stillstand auf dem freigebigen Tablett. Schon erfüllte die Jungfrau mit ihrer ganzen Frische den Raum, die Löffelstiele in den Gläsern wisperten ihr Silber, die Ränder sirrten noch vor Leere, und die Wände der Gefäße stimmten ihren feinen

Klang an, wenn sich die leichte Ferse hob und sich die leichte Ferse senkte und der blühende Arm die klirrende glitzernde Ladung mitten durch den imposanten Saal trug, beäugt vom Kreis erfreuter Männer entlang der weitläufigen Wände.

Und wer kam da dem trappelnden Mädchen hinterhergewackelt, wenn nicht wieder die Hausherrin höchstselbst, Alastalos flinke Eevastiina! Schlängelt sich ein Wiesel durchs Geröll, schafft es das Auge erst dann, das laufende Huschen zu erhaschen, wenn es nur noch die graue Öffnung des leeren Loches vor sich hat, und so war es auch bei Alastalos Eevastiina bei der Geschäftigkeit des Auftragens; man musste das eine Auge zupetzen und mit dem anderen umso schärfer zielen, wenn man mit dem Augenaufschlag, mit dem man auf sie schaute, das Huschen der Hausfrau aufschnappen wollte! Auch jetzt rollte das Menschenwiesel wie ein Knäuel, ja wie als Wunder durch den Saal, scheinbar auf Flügeln schwebend, kunstvoll leise und ohne ein Zittern, in der Obhut die teure Ladung mit ihren zwei Karaffen und geblümten Porzellankannen, bewegte sie sich wie ein Wiesel durch den Saal: schlüpfte links vorbei, überholte Siviä rechts, als die schnelle muntere Mutter, um schon vor der Tochter mit geschwindem Tun und schwingenden Säumen die flackernden Farben des Festes auf die Schräge des Tisches zu schieben. Und jetzt war auch Siviä am Tisch: vielleicht nicht geübt, doch hold war die Neigung des jungfräulichen Busens und das reizende Wuseln der blühenden Maid, da ernst und geschäftig von den jugendlichen Armen mit Geschick und mit Vorsicht, mit wachsamen Augen und sorgsamen Bewegungen, mit Schwung und mit achtsamer Neigung die von den Armen umfangene leuchtende Last in einem Rutsch auf die sichere Unterlage des Tisches geschoben werden musste, ohne dass ein einziges Glas innerhalb der weitläufigen Ränder des Tabletts gegen ein anderes klirrte.

Ehrenvoll war die Aufgabe ausgeführt worden: Es ruhte auf dem scheibenartigen Tragebrett das umrandete Meer der Gläser, ohne dass der wispernde Schwarm mehr zitterte und ein einziger Silberstiel seine feinen Lieder an den schimmernden Rändern wisperte; vor Erleichterung seufzte die befreite Brust auf, das um die Last erleichterte Auge erhob sich entfesselt, und Alastalos hellstirnige Siviä begegnete ihrem eigenen jugendlichen Blick auf dem blanken Boden des Spiegels an der Wand über dem Tisch zwischen den Fenstern. Gleißenden Goldes war die breite Einfassung des prächtigen Spiegels, und von den Verheißungen des Festes schimmerte auf dem Tisch die vielhäuptige Herde der Gläser, es glänzte im Kreis das Blinken der beuligen Ecken, und es vergossen die ausgerichteten Gläser das Funkeln ihrer Flächen, als vor dem leuchtenden französischen Spiegel und über dem englischen Glasglanz Alastalos junge Tochter die strahlende Stirn hob und in anmutigem Bogen den Arm nach oben führte, um mit geschäftigen Händen die Locken in der reichen Schwere am Kopf zu glätten und den frei fliegenden Flaum des in der Farbe des Gerstenstrohs glimmenden Haares zum Scheitel zu streichen. Die zwei schweren Flammen der Zöpfe ergossen, zurückgeworfen vom gelenkigen Genick, das Gelb ihres Flachses schlank in die biegsamen Senken von Rücken und jungen Schultern, während die Hände auf dem Scheitel ihr pflegendes Werk verrichteten und die rastlosen Augen der Finger lebhaftes Tun prüften, der Wuchs des Leibes sich wiegte und bog und die Linie des Halses sich schlank in die Höhe schwang. Schön war es anzuschauen, wie ein schwankender Halm auf der sommerlichen Wiese, der geschmeidigen Taille jugendliches Aufrichten in der Einfassung des hohen Spiegels, und ermunternd fürs Auge, wie ein lebhaftes Lammskind auf der frisch aufkeimenden Weide, auf die in der Tiefe des Spiegelbilds glänzende Gesichtslinie der hautwarmen Jungfrau zu schielen, die aus voller Seele wissend-unwissend ihre Herrlichkeit bewunderte.

Auch die Onkel ringsum schauten hin, jeder von seinem Platz aus und ohne Ausnahme, angefangen bei Härkäniemi am Ende des Sofas bis zu Mikkelsson Krookla neben der Tür, schauten mit erwachendem Appetit im Sinn und ziemlich zufrieden sowohl auf den hübsch beladenen Tisch, der so, wie er jetzt gedeckt war, Gutes und noch Besseres für Zunge und Kehle wie für das liebe Herz versprach, als auch auf das allerliebste Mädchen bei seinem Kätzchenspiel vor dem glatten Spiegel, bevor der eigentliche Einsatz begann und dazu übergegangen wurde, geschickt aus den Kannen die Gläser zu füllen; es schauten, sage ich, ringsum im Saal all die Onkel mit ernstem Schmunzeln und schnurrenden Bärten auf die erfrischenden Erscheinungen auf dem Tisch wie auch auf das blühende Leben vor dem Tisch und in die verjüngende Fläche des Spiegels, aber um die Wahrheit zu sagen und aufrichtig zu sprechen, verhielt es sich in diesem Moment im Saal und insbesondere vor dem Spiegel ein für alle Mal so, dass in den verschiedenen Ecken im Saal ein jeder – ob nun gelassen, wie zum Beispiel Härkäniemi zur eigenen Gemütsfrömmigkeit, oder ob angespannt, wie Pukkila, augensündig mit seinen Schwächen, aber in erster Linie und hauptsächlich doch um seines verflixten Sohnes Evald wegen – den andächtigen Kopf neigte, der eine schon leicht ergraut, der andere überwiegend von einer Glatze geprägt, und auf fester Wacht saß, den Blick unter den Brauen hervor dorthin gerichtet, wo es bald in den Gläsern perlen würde, zuerst vor Klarem und anschließend vor Schärferem, und wo beim Warten auf Besseres inzwischen Augenreiz allein auf der Weide des Spiegels als Blickfutter in reichlichem Glanz vorhanden war und das muntere Wunder des Menschenfräuleins bei seiner Geschäftigkeit am Tisch das Herzbündel mehr erweichte, als das hart verfilzte Ding es wohl eingestehen mochte, ungeachtet all dessen also und während Dutzende standhafte Augenpaare müßig die treue Opferflamme ihres erfahrenen Schauens trugen und unnützerweise verschwendeten, mal heller lodernd, mal stickiger schwelend, als Dank und Weihrauch für die Jugend, die noch mit zugekehrtem Rücken in ihrer Anmut blühte und mit der holden Schlankheit ihrer Gestalt gnädige Almosen verteilte, all dessen ungeachtet verhielt es sich also trotzdem nun so, dass Siviä, Alastalos junge und blühende Siviä, vor dem Spiegel im Saal von Alastalo und von den Hofherren und Kapitänen der Gemeinde betrachtet, beim Glätten ihrer Haare und Wiederherstellen der Ordnung, die sich auf ihrem Kopf gelockert hatte, bevor sie die Kanne in die Hand nahm und anfing, Wasser in die Gläser zu gießen, nichts wusste von all dem Schauen, nicht mehr, als das Lämmchen beim Rupfen des Grasflors auf der Flur davon weiß, dass nebenan, nur eine Elle entfernt, der Zweig eines Strauches sein saftiges Grün zum Kauen hinstreckt, jenseits des Laubwerks und darüber schwer rauschend gar ein ganzer hoher Birkenwipfel schwankt, neben der schwankenden Birke das Ufer des Waldes in der vollen Breite des Weidenrandes sich wiegt und über dem Strauch, der Birke, dem Waldufer, den ganzen unwahrscheinlichen Weiten der Weidenebene das Himmelszelt sich derart dehnt, wie sich blaue Farbe in den Lüften aufspannen lässt, und auf der blauen Wölbung Schönwettergold in einer solchen Fülle flackernd, wie es das unschuldige Herz des Lämmchens niemals wird begreifen und seine Schnauze niemals zum Wohle des Lämmchens wird verzehren können, ebenso wenig also wie das besagte Lamm beim unschuldigen Rupfen etwas vom Blau des Himmels wusste, wusste Siviä etwas von all dem Schauen im Saal, ahnte mit den spitzengeklöppelten feinen Fühlern ihres Mädchenhirnes nicht, was in den umschlingenden Maschen ihres fasernreichen Netzes in Schwarmstärke an

Fischen schwamm, von der planschenden Plötze bis zum brachsengleichen Brocken; nichts hätte das Mädchen in ihrer Unwissenheit geahnt, wenn nicht, gerade als die Hand im besten Tun und Glätten oben am Kopf begriffen war und das prüfende Auge soeben die Glättung als glatt genug billigen und das forschende Urteil des Blicks das Bild im Spiegel als gut genug anerkennen wollte, um den anmutigen Bogen des Halses zu tragen und die reine Form des Gesichts auch im tadellosen Namen von Alastalos Siviä zu zeigen, wenn nicht gerade in diesem Moment und bei diesem Loslassen der Augen der bis dahin untadelige Blick den Bachstelzensprung weit vollzog, der an der eigenen Wangenhaut vorbei und entlang des Ohres in die Innentiefen des Spiegels hinein ausgeführt werden musste, damit er geradewegs und Hals über Kopf wie in einen Brunnen stürzte: und zwar in Jannes schauende Augen, die wie Hungermäuler auf diesen Fehltritt gewartet hatten, gelauert wie auf sichere Beute unmittelbar neben dem Ohr, obgleich auf der gegenüberliegenden Seite des Saals! Ein junges Mädchen mag sich bisweilen ärgern, sogar aus tiefstem Herzen böse werden, wenn der zarte Blütenboden an seinen Haarwurzeln errötet, und so erging es jetzt auch Siviä, es geschah so schnell, dass sie nicht einmal mehr das Gesicht abwenden konnte, wie Werg entflammte sie bis unters Haar, sodass es ausgeschlossen war, das Erröten vor dem offenen Spiegel zu verbergen. Dieser Trampel, wie er sich auch platziert, setzt sich wie aus Berechnung geradewegs vor den Spiegel, genau gegenüber, gafft, wenn auch von der anderen Seite des Saales aus, linst einem direkt ins Gesicht, wenn man sich das Haar richtet und unwissend ist, guckt, als hätte er einen wer weiß wie guten Streich ausgeheckt, und befingert seinen Lippenbart, als würden wir uns auf gemeinsamen Beschluss betrachten und als würde ich im Spiegel nach jemandes Schnurrbart Ausschau halten: Muss sich der Nichtsnutz ausgerechnet dann mitten in den Weg setzen, wenn ich auf ihn blicke!

Wahrlich, einen Vogel im Flug hätte der Blick getötet, der den unglücklichen Janne in den Tiefen seiner Schuld auf dem Grund des Spiegels zurückließ und seine blitzenden Fasern nun auf die Gläser auf dem Tisch richtete, den zu ihrem Glück immerhin noch unschuldigen, weil sie leer dastanden und warteten. Ein Glück war es, dass von dem, was Eevastiina gebracht hatte, noch eine zweite Kanne harrend an einer Ecke des Tisches stand – aus der anderen, der mit dem niedrigeren Hals, goss Eevastiina persönlich am anderen Tischende eilig und eifrig, die Lippen diesmal jedoch straff geklöppelt, kochend Heißes fauchend in die Gläser, so rasch sie konnte –, ein Glück war es, dass an der Ecke eine Kanne bereitstand und Siviä somit wie bestellt eine Arbeit zur Hand hatte. Und auch Janne durfte seinem Schicksal danken, falls er es verstand, und zwar dafür, dass er heil und mit unversengter Wangenhaut auf der anderen Seite des Saales fest auf seinem Stuhl saß, weit weg und in Sicherheit von dem Heißen, das, von Siviäs hitzigen Händen geführt, Alastalos hochhalsige Festtagskanne nun aus ihrem englisch-porzellanenen Bauch spie und an kochendem Vorrat mit voller Tülle in die zischenden Tiefen der Gläser schießen ließ. Ei, ei, was für ein Schmuckstück von Kanne mit ihrer blinkenden Brust und ihren verzierten goldenen Seiten, wie das Porzellan leuchtete und seine Helligkeit funkelte, als wäre die Tür einen Spaltbreit geöffnet worden und das Auge hätte einen flüchtigen Blick auf ein Fest im Saale des Himmels erhascht, den es nicht für wahr hielt, obwohl es den Himmelssaal eindeutig sah, und ei, ei, dieses Bild von einem Mädchen mit seinen Schimmerwangen und Argusaugen, was da an Flammrot über und über die Haut der Menschenmaid überzog und was da an Pfeilspitzen aus dem anmutigen Augenblau schoss, als wäre den Streben des friedlichen

Pferchs anstatt einer Lämmerherde und anstelle artiger Wollgesäße ein ganzes Gatter voll Sternenvieh aus dem himmlischen Garten entwischt und feurigstes Funkenhaar und wimmelnde Hummelvögel in so dichter Schar aufs Gelände gestoben, dass es die Augen trübte, auch wenn man es mit der Vernunft abwehrte, damit der Brand nicht auf breiterer Fläche loderte als auf dem schmalen Streifen, den die Wimpern an holdem Spalt zum Schauen auf dem Augenweiß des Mädchenkindes ließen!

Gnade dennoch für Janne – für den armen Janne, der bei dieser Beichtveranstaltung eigentlich ein ziemlich unschuldiger Mann hätte sein sollen, so weit weg, wie er an der gegenüberliegenden Wand des Saales artig auf seinem Stuhl saß, und der außerdem eine viel schlimmere und unverzeihlichere Sünde begangen hätte, wenn seine Augen nicht bereit und auf der Wacht gewesen wären, als Siviä wundersamerweise bei aller Eile der Gedanke ankam, zwischen den Verrichtungen auch ihrerseits die Augen aus Erbarmen, wenngleich nicht verdientermaßen, auf Nebenwegen in den Spiegel zu lassen, und zwar an die Stelle, wo ihnen, wie zu erwarten war, ein gewisser Blick begegnete, wenn auch nur bei der Durchführung eines Diebstahls und unerlaubterweise –, eine Gnade bedeutete es also trotzdem für Janne, dass die Gläser, in die nun Kochendes aus der Kanne gegossen wurde, von Geburt an innenseitig aus hautlosem Material waren und nicht aus den empfindlichen Stellen der menschlichen Oberfläche, und auch die Löffel in den Gläsern aus klarem, gehärtetem Silber, um, ohne bös verbrüht zu werden, selbst feuriges Begießen klimpernd ertragen konnten, Gnade insofern, als die schön gewachsene Mädchenhand zweifellos hitzig war, die jetzt mit unwirschen, wenn auch fließenden Bewegungen, ohne die Folgen zu betrauern, das Zepter der Kanne am Tisch schwang und dafür sorgte, dass wenigstens die Gläser, so harmlos sie auch glitzerten in ihren unschuldigen Reihen, mit ihren

Fühlern, so sie denn solche besaßen, in voller Hitze erlebten, wer hier erzürnt war, und dass nebenbei auch ein gewisser anderer, falls er herschaute und genug Verstand im Kopf hatte, merkte, was ihm in diesem Moment an Warmem zum Versengen aus vollem Herzen zugedacht und wohlverdient für ihn bestimmt war!

Aus Porzellan und ohne Mitleid war auch die gebogene Kannentülle, deren gefühllose Falte nun, weiß, wie sie war, mit vollem Mund das dampfende Gezisch und kochende Gefunkel ihres Heißguts auf die vor Kühle kümmernden Silberstiele in den Gläsern schießen ließ; stolz oberhalb ihrer demütigen Untertanenschar gab sich die hohe Kanne auch bei ihrer Wanderung über die harrenden Gläser, da sie großbäuchig mit leuchtenden Flanken und gelenkt von der blühenden Maid in ihrer Neigung Gnade in die Kescher der leeren Gläser goss und das stumme Begehren auf dem Tisch sich dank der schenkenden Verteilerin in ein Schillern im perlenden Kelch verwandelte; und so unerreichbar, wie es der kreisende Vogel der Lüfte beim Gleiten oder das auf den Schrägen des Meeres mit breitem Segel in den dahineilenden Winden atmende Schiff ist, so unmöglich wäre es nun gewesen, auch nur einen Blick des Mädchens zu erhaschen, von Alastalos stolzer Siviä, die mit der Tatkraft ihres Tuns, mit mädchenhafter Meisterschaft und töchterlicher Tüchte, wach und wachsam ihr Werk vollbrachte, wenn nicht oberhalb der Hüftbeuge im hübschen Busen auch ein Herz gepocht hätte und wenn der Schwanenhals außer dem schmucken Gesicht und den Zopf-Wundern nicht auch den unerwarteten Sinn im Köpfchen des Mädchens und jenen Schimmer der Augen getragen hätte, wie ihn auch die Wimpernpaare eines klugen Mädchenkindes bei einem heimlichen Lächeln verschwenderisch aufblitzen lassen, wenn die Augen sich auf die bekannten Irrwege verirren und in der näheren Umgebung einem, wenn auch nicht als Lohn für seine Tölpelhaftigkeit, so doch als reine Gnadengunst der guten Güte, Herzmanna aus dem Bündel einer so entzückenden Holden zuteilwird, dass der Empfänger Mitleid mit sich selbst und Herzbrand wegen der Enge seiner Brustknochen bekommt, wenn mit dem Seufzer eines Atemzuges und der gleichzeitigen Ausdehnung der Bälge mehr Glücksschwellung aufgenommen werden muss, als ins Gehäuse hineinpasst und die Säume ohne zu knirschen aushalten! So sonderbar verhielt es sich nun also, dass Janne, der einen so scharfen Klaps auf die Fingerspitzen seines Herzens verdient und gerade auch bekommen hatte, der Art, wie ein schönes Augenpaar ihn, ohne seine Anmut zu verlieren, mit seiner züchtigenden Blitzschleuder austeilen kann, der nun also im Namen jeglichen Gehorsams und Anstands gleichsam wie ein ich-lahmer Mann, dem man die Leviten gelesen hat, auf seinem Stuhl sitzen müsste, dass ebendieser Janne jetzt als Pihlman, als Janne Pihlman auf seiner Seite des Saals so sprießend und überschießend dasaß wie ein ausschlagender Weidenschopf in seiner Frühlingswolle, dem das Sonnenrot gerade die neuen Gerten des Frischwipfels färbt, sogar die Schnurrbartkringel über den schnurrenden Lippen unverschämt glücklich, die Augen wie ein Hummelpaar bei der Arbeit und die Wangen wie bei einem, der eine Köstlichkeit kaut: Da muss es schon etwas Bemerkenswertes auf der Welt gegeben haben und Wundersames muss geschehen sein, wenn ein junger Mann so prachtvoll dasitzt und es geschafft hat, gleichwohl als Dieb und auf eigene Faust, im Spiegel den unvorsichtigen Blick eines jungen Mädchens zu erhaschen und zusätzlich auch noch den nächsten schnellen Blick, der aufrichtig mitteilt und Funken sprühend sagt, dass man einen Trampel nicht anschaut, keine Sekunde lang den Blick auf so einem verweilen lässt, nicht einmal durch den Wimpernspalt das unnütze Mannsbild bemerkt, auch wenn man ihn sucht oder es so aussieht, als würde man ihn suchen!

Es dampften die Gläser nun lebhaft um die Wette auf dem weiten Rund des mit Rand versehenen Tabletts, und ein mit kochend Heißem zur Hälfte gefülltes Glanzstück nach dem anderen hellte sich mit perligem Beschlagen zum halb gefüllten Glanzstück auf, als die hitzige Tochter mit glühenden Wangen und die forsche Hausherrin mit tüchtigen Fingern, die hübsche Siviä und die behände Eevastiina, jetzt beide am Tisch die schimmernden Kannen schwenkten, jede an ihrer Seite des Tisches, und dank ihrer Tatkraft blinkte bald Reihe um Reihe fertig auf dem festen Feld der mit Kelchen versehenen Fläche des Tisches. Keinen Mucks gab Siviä von sich, denn ihre Wangen brannten, und auch Eevastiinas Zunge zuckte nicht, denn es gab Ernsteres zu tun, und wenn man Grogwasser in den Saal trägt und in Gläser füllt, ziemt es sich für einen Frauenmenschen nicht, die Zunge vom Pflock zu lassen, und für eine Hausherrin ziemt es sich bei der Männerverkostung lediglich, einen standesgemäßen Knicks zu machen, wenn der Tisch fertig ist und die Gäste zur Zeche schreiten dürfen. Nur die Kannen mit ihren Reckhälsen sangen mit warmem Gezischel ihr Lied, es raschelte der Rock der raschen Mutter und schwirrte der Ärmel der schnellen Tochter, so schleunig war die Geschäftigkeit am Tisch, die letzten von Dutzenden glitzernden Gläsern dampften schon nach dem heißen Guss, und im Rund an den Wänden des Saals harrte in feierlicher Habachtstellung der Ring ernster Männer.

Schon war die Tochter so weit, und auch das letzte Glas schwappte halb voll auf ihrer Seite des Festtagstabletts, während eine sorgsame Hand die bei all der fürsorglichen Führung leichter gewordene Kanne versorgte und die andere grazil die glänzende Reihe der Gläser in noch hübschere Ordnung rückte; und auch die Hausherrin, nach der Sorge ums Eingießen bereits mit anderem beschäftigt, prüfte mit dem Auge, ob aus dem bis über den silbernen Rand hinaus gefüllten Gefäß auch nichts von der schneegleichen, einladend weißen Ladung des Zuckers herabgerieselt war, überwachte mit hütendem Blick, ob die fürstlichen Figuren der beiden vornehmen Karaffen auch so stolz über dem blinkenden Gläservolk aufragten, wie es bei einer Festivität der Fall sein sollte und es sich für Alastalos Tisch gehörte, und ob die zwei gemeindeweit Berühmten mit ihren kristallenen Bäuchen und ihrem edlen Inhalt so flammend und hell geschliffen Funken sprühten, wie es die wohlhabende Würde des Hauses und der Ruf der emsigen Wirtin verlangte. Eevastiinas tätige Aufmerksamkeit sorgte sich jetzt nur noch darum, die Gläser vor dem Zuckergefäß auf dem Tablett in etwas gelockerte Formation zu schieben, um demjenigen das Zugreifen zu begünstigen, der als Erster heranträte, sich sein Glas zu mischen, auch gab sie, unter Kenntnis von Langholmas Gewohnheiten, noch einen guten Schluck puren klaren Wassers in das Glas, welches nun für den Ehrengast bereitstand, und der tüchtigen Tochter blieb nichts weiter zu tun, als mit der leeren Kanne in die Stube zu laufen, um die Großbäuchige anschließend wieder gefüllt in den Saal zu tragen, als heißer Nachschub auf dem Tisch für diejenigen, die sich nach dem ersten Glas in einer neuen Runde mit einem neu gefüllten zweiten stärken wollten. Nach diesen letzten Tätigkeiten und Betätschelungen durch die Hausherrin, mit denen sie penibel und kunstvoll die von Siviä gebrachte Kanne an der besten Stelle auf dem Tisch platzierte, sie ein Stück nach hinten schob, damit die Glanzfläche des Porzellans Raumweite um sich hätte, um in ihrer ganzen goldblumigen Pracht zu glitzern, sie ein Stück heranzog, damit der Henkelbogen der Karaffe sich passend der Hand darbot, wenn man ihn brauchte, sie wieder auf haargenau die Zwischenstelle rückte, wo Siviä sie ursprünglich abgestellt und ausgerichtet hatte und wo sie in all ihrer Erfreulichkeit einen erfreulichen Anblick darstellte sowie angenehm und bequem zu ergreifen war; nach diesen letzten Betätschelungen und besorgten Augen- und Fingertätigkeiten gab es für die Frauen im Saal keine wichtigeren Verrichtungen mehr als den gekonnten und statthaften Knicks der Hausherrin, die in Stockholm erlernte Kniebeuge, mit der den Gästen längs der vier Wände im Saal raschelnden Rockes mitgeteilt wurde, dass der Grogtisch nun bereit war und die Gäste, bei Langholma angefangen, über Krookla bis Härkäniemi und ohne Karjamaa zu vergessen, geladen waren, sich ihr Glas zu holen: Der weite Kreis der ermunternden Verneigung schloss jeden an jeweils seinem Platz im Saale ein, den Letzten wie den Ersten, nur der ehrenwerte Langholma in seinem Schaukelstuhl erhielt zweimal, zu Beginn der Verneigung und zum Ende des Knickses, den respektvollen, standesgemäßen Augenbefehl der Kapitänsgattin und zweiten Großhausherrin der Gemeinde. Schon schritt Eevastiina, nach den erfüllten Repräsentationen als Gastgeberin und mit erleichtertem Gewissen ob der Versorgung des Grogtisches, federnd aus wie früher, lief zwischen den Gästen durch den Saal auf die Tür der Vorderkammer zu, anfangs würdig und den Schritt feierlich verzögernd, so wie es der Augenblick und der gemessene Anstand verlangten, am Ende aber schon flotter auftretend und an der Tür bereits zum Laufschritt ansetzend: Noch alle Pfannen und Braten im Ofen und das festliche Mahl ganz und gar noch nicht fertig! Nun befand sich ihre Feierlichkeit an den Rocksäumen bereits auf dem Hasensprung.

»Ihr mit euren Grogs und großen Reden, wo es bei mir in der Stube ernst und eilig ist!«, hörte man nur noch, als das Hausherrinnenbündel durch die Tür verschwunden war, und wenn man anschließend genauer in Richtung Stube lauschte, verstand man, dass Eevastiinas Zunge durchaus noch vorhanden war, auch wenn man, als pflichtgemäß der Grogtisch vorbereitet wurde, an diesem Umstand kurz gezweifelt haben mochte. Auch Siviä verließ im Gefolge ihrer Mutter jetzt den Saal, auch wenn ihr Herz im letzten Augenblick nachgab und sie an der Stelle der seeseitigen Fensterwand, wo zufällig ein gewisser Janne Pihlman mit seinem braunen Lippenbart saß und von wo aus es zuvor so günstig gewesen war, in den Spiegel über dem Grogtisch zu schauen, also genau in dieser Gegend des Saales verweilte nun auf dem Weg zur Stubenkammertür ein kleiner heimlicher Blick des Mädchens, der sich aufschwang, die Luft zu durchqueren, um im männergefüllten Saal erstaunlich sicher sein Ziel zu treffen, und, wenn auch nicht verdientermaßen, so doch gnadenhalber demjenigen Sündenerlass gewährte, der im unerlaubten Augenblick die Wanderung der Mädchenaugen und das Erröten des Jungfrauengesichts in den Tiefen eines Spiegels erhascht hatte: Zweifellos war Janne vieles verziehen, bevor Siviä den Saal verließ, jedenfalls hätte Härkäniemi das vom Sofa aus schlussfolgern können, wenn er bei all seiner Aufmerksamkeit für den Grogtisch in dem Moment dazu gekommen wäre, hinter seiner Pfeife auch noch etwas anderes im Saal in seine Hut zu nehmen, und er Janne Pihlmans Gesicht bemerkt hätte, das so mit Glück beschlagen leuchtete, dass man sich für den Jungen allein beim Hinschauen schon hätte schämen müssen.

Das Frauenvolk war also fort, die Tür der Stubenkammer war geschlossen, und die Männer waren mit dem Grogtisch unter sich. Es war denn auch beinahe feierlich ringsum, da man einmütig stumm dasaß und es vermied, dorthin zu blicken, wo es die Augen hinzog. Für Pukkila, der die spiellustigsten Augen besaß, war es am härtesten, er hielt seine Lider jedoch in der Zucht eines braven Blinzelns und fand Beschäftigung für schicklicheres Schauen draußen in den Ästen der Apfelbäume, jenseits der oberen Scheibe des seeseitigen Fensters. »Auch der Wind legt sich-legt sich, wenn er nicht dreht-dreht!«, schwatzte er und ergänzte gedehnt: »Er legt sich, sage ich, wenn er nicht dreht, sage ich!« An diesem Gedankenfaden gab es freilich nicht viel zu spinnen, und selbst wenn es so gewesen wäre, so war jetzt nicht die Zeit für das Entwickeln solcher Fasern, denn ein Mann ist ein Mann und das menschliche Gemüt das menschliche Gemüt und ein bereiteter Grogtisch eben auch ein bereiteter Grogtisch. »Heimwärts-heimwärts müsste man aufbrechen, aufbrechen, sage ich, solange noch Wind ist-noch Wind ist, die Windsmagd saust schon-saust schon, und in den Ästen schwankt der Hauch-Hauch, sage ich!«, versuchte sich Pukkila um der Schicklichkeit willen noch an einer Art Fortsetzung, aber seine Augen schielten nicht mehr auf die Apfelbaumkronen vor der Fensterscheibe, und auch der Gedanke folgte nicht mehr so weit hinaus: Vielmehr wurde nun auf den Grogtisch geblickt, so wie es Krooklas Mikkel längst tat und andere redliche Männer ebenfalls, auch Lahdenperä verstohlen vom Sofa aus.

Alastalo war inzwischen bereits aufgestanden und zur Tat geschritten: Hausherren haben ihren Hausherrenturnus, und die Nase eines Kapitäns muss riechen, wann das Ruder in Drehbewegung gebracht werden muss! »Wie wuselig die beiden eben am Tisch zu Werke gegangen sind!«, sagte er lachend und war ganz Mattsson. »Wollen wir doch mal schauen, was die Hühner für Eier gelegt haben: Vom langen Sitzen sind ja auch die Glieder schon ganz klamm! Und Pukkila studiert bereits den Wind und reckt den Hals: Gieß dem armen Kranich Schmiere in die Röhre, damit sie nicht in den Scharnieren quietscht!«, fügte er hinzu und zwinkerte durchschaubar mit dem lachenden Auge in Richtung Sofa, wobei das ernste Auge würdevoll streng blieb. »Wenn du den Anfang machst, Langholma, dann trauen sich nach dir auch die anderen, die noch durstiger sind!«, glossierte er, den Tonfall dabei absichtlich und im Sinne der Zurückhaltung so gestimmt, dass sich weder dieser noch jener noch einmal eigens hinter die Ohren schreiben musste, wessen Name hier als Erstes erwähnt wurde, auch wenn die feste Blickausrichtung anzeigte, dass das Wort genau für denjenigen bestimmt war, an den es sich auch richtete, und dass man auch ohne großes Getue und Zeremonie wusste, wer sich als Erster im Saal sein Glas zu mischen hatte. »Auch die anderen haben keinen weiteren Weg vor sich, als einmal quer durch den Raum zu gehen!«, ergänzte er in umfassenderer Aufforderung und war ganz höflicher Hausherr, was das natürliche Wenden der Augen und des Leibes zu den links von ihm wie auch zu den rechterseits Sitzenden betraf. »Ein kleiner Spaziergang bricht einem großen Mann die Knochen nicht, und ein gewogener Saal duldet keine faulen Gäste an seinen Wänden!«, schwatzte und schnackte er seine Alastalo-Schnurren, um die übermäßige Feierlichkeit zu verscheuchen und die erste Vorstarre in den Scharnieren der Gemüter aufzutauen.

Langholma war jedoch bereits der ersten Ermunterung gefolgt. Es war ganz nach seiner Nase, und ihm gefiel die beiläufige und unmerkliche Form, in die Alastalo seine Aufforderung gebracht hatte – Respekt durfte man zeigen, wenn es gewissermaßen nebenbei geschah, als Beigeschmack, und man keine größere Sache daraus machen musste, als angemessen war! –, und weil ja doch jemand als Erster sein Glas ergreifen musste und es niemand vor ihm sonst getan hätte, darum also hatte er, Langholma, den Schaukelstuhl bereits verlassen und schritt auf das Eckregal auf der gegenüberliegenden Seite des Saales zu: Zuerst musste die langstielige Pfeife des verstorbenen Richters aus der Hand gelegt und an ihren Platz im Regal an der seeseitigen Wand gestellt werden, bevor man zum Tisch an der landseitigen Seite des Saals ging, um sich sein Glas zu mischen. Jetzt wäre die passende Zeitlücke für Pukkila gewesen, die Gelegenheit beim Schopf zu packen und, da die anderen sich bald in Bewegung setzen würden, loszuwackeln, um mit dem Grogtisch nähere Bekanntschaft zu schließen, zumal er inzwischen doch nur noch ganz leicht auf dem Leder des Sofas saß und außerdem durchaus Manns genug gewesen wäre, mit der Pfeife in der Hand zu hantieren und gleichzeitig die Karaffen zu prüfen und in die Höhe zu heben, derweil auch ein Wörtchen zu reden, damit nicht der ganze Saal ringsum mit wachsamen Augen erspähte, ob er sich stärker oder schwächer dosierend eingoss; es wäre der passende Zeitpunkt für Pukkila und ebenso für Mikkelsson Krookla gewesen, der in der Kachelofenecke ebenso wach und auf dem Sprung zu sein schien, um zu riechen, was sich auf der Welt tat und ob man nun losstiefeln sollte; es wäre für beide und für jeden anderen im Saal, auch für Härkäniemi, der ebenfalls zu den Ersten gehörte, oder für Karjamaa, der sich dann in Bewegung setzte, wenn es ihm selbst gefiel, oder etwa für Lahdenperä, der, obwohl ein Mann der Rituale und bei Gericht an Bräuche und Weisungen der Richter gewöhnt, trotzdem manchmal und im Zuge einer gewissen Erhitzung tölpelhaft – auch dem Weisen unterläuft hier und da ein Missgeschick – selbst in Gesellschaft von Kapitänen und Großherren seinen Schöffenstand und die Saalzeremonien vergessen konnte und wie unter gewöhnlichen Bauern vor den anderen und ohne besondere Aufforderung dorthin ging, wo der Tisch schön gedeckt war; für jeden von ihnen also wäre jetzt die Zeit gewesen, da Langholma am Pfeifenregal, mit dem Rücken zum Saal, die langstielige Pfeife des verstorbenen Richters aus Ristimäki ausklopfte und an ihren Platz stellte, die Zeit und die Gelegenheit, sich seinerseits zu erheben und zum Grogtisch zu gehen, sofern man sich traute und es für angebracht hielt. Doch niemand tat es, niemandem im ganzen Saal kam es in den Sinn, jeder saß für sich an seinem Platz und schaute, der eine auf seine Pfeife oder

Stiefelspitzen, der andere müßig auf die Fensterscheiben oder sonst wie weitschweifig in den Saal hinein, wieder ein anderer auf die vergeblich vor sich hin dampfenden heißen Gläser auf dem Tisch oder auf Langholmas schwarz betuchten Rücken vor dem gebeizten Pfeifenregal. Schließlich war Langholma fertig, die schwarzstielige Pfeife einwandfrei auf ihrem Platz zwischen den Mittelsprossen im Regal, und ein gelassener Mann machte sich in aller Ruhe auf den Weg dorthin, wohin er schon beim Aufstehen aus dem Schaukelstuhl unterwegs gewesen war.

Es braucht einen Mann, der seinen Platz ausfüllt, ohne die eigene Würde zu übersteigern, sich aber dennoch, jeden Zolls seines Maßes bewusst ist und als das seine anerkennt, um öffentlich einen klaftergroßen Saal zu durchqueren, wenn dabei alle Augen auf ihn gerichtet sind; man muss mit Haltung und Natürlichkeit den Weg des Kaisers und seiner selbst zurücklegen, den auch in der Herde nur der Leithammel und Horngraf in Angriff zu nehmen wagt, an der Spitze der übrigen Blökschar und des sonstigen hastenden Hufvolks, den Weg, den derjenige absolvieren muss, sei es auf Schafspfaden, beim Gang zum Grogtisch oder auf anderen Hauptachsen des Lebens, der mit der Genehmigung und Ausrichtung seiner eigenen Nase als Erster sich erkühnt hat und dann auch als Vorderster ankommt. Und genau so ein Mann, der seinen Platz und somit seinen Luftraum wie auch seine Jacke wie hineingegossen ausfüllte, war Langholma, er war es anderswo, er war es wo auch immer, und er war es hier und jetzt, da er ohne Eile und ohne sein Maß auch nur um einen Zoll weiter aufzubauschen, als er in seiner kompakten Gestalt zur Genüge besaß, durch den Saal von Alastalo auf den Grogtisch zuging. Es war kein feierliches Ereignis, als er endlich am Tisch angekommen war – man stelle sich nur vor, wie Pukkila, der lange Pihlman Pukkila, bei der gleichen Quadrille sich aufgeführt und aufgeplustert hätte auf seinen Stelzen. Da wäre gesichtet worden, da wären die Karaffen in die Höhe gehoben und gegen das Fensterlicht gehalten und mit schief gelegtem Kopf begutachtet worden: ob im Rum das gesetzesgerechte Feuer brannte und ob es im Kristall der Kognakkaraffe loderte, wie es sollte, Tausende Spielchen wären da getrieben und zig Zeremonien angestellt worden, bevor das Theater so weit gediehen wäre, dass man nach verschiedenen Schritten und sonstigen ärgerlichen Menuettumschiffungen des Denkens endlich zum ernsthaften Handeln geschritten wäre und sich aus der gekippten Karaffe dasjenige ins Glas gegossen hätte, was bald in der eigenen Kehle kratzte! –, man denke nur an Pukkila im gleichen Kaftan und beim selben Sakrament, dann muss man zugeben, dass Langholma ein ziemlich ausgeglichener Mann in seinen Bewegungen war und als Fisch eher ein Aland als ein Stör oder Zappellachs, da er sich nun anschickte, sein Glas zu mischen.

Nicht dass er darauf geachtet hätte, welche der beiden Karaffen hinter den Gläserreihen er in die Hand nahm, er griff einfach nach derjenigen, die am leichtesten erreichbar war; das war zufällig die Rumkaraffe, und die Kognakkaraffe blieb somit stehen! Selbst Pukkila konnte das beim Zuschauen von außen nur bedauern. Immerhin war Langholma doch ein Mann in vielen Dingen, und warum hätte er nicht als Erster losgehen sollen, sich sein Glas zu nehmen, wenn er Lust dazu hatte und die anderen es ihm aufdrängten und befahlen, zumal man daran gewöhnt war wie an das Amen am Ende der Predigt, aber es stand fest, dass der Mann beim Mischen seines Grogwassers am Tisch ebenso wenig eine Handschrift hatte wie beim Zügelhalten auf der Fahrt mit dem Pferdegespann. Geht das denn an! Nimmt sich die Rumkaraffe, wo daneben bester französischer Kognak auf dem Tisch steht? Und wie er die Karaffe in der Hand hält: lässt sie in der Luft hängen wie ein Wäschestück oder ein im Nacken gepacktes Katzenjunges! Pukkila ging es wahrhaftig zu Herzen: kein Augennicken, keinen flüchtigen Gedanken für den Arrak, keinen Gruß des Erkennens, nichts dergleichen, obschon im Griff der Pranke der Rum rot im Kristall loderte wie Moses' brennender Dornbusch! Ist etwa der Zucker im Grog die Hauptsache, dass er vor dem Starken auf diese Weise ins Wasser gerührt werden muss, weil das Auge bei dieser Aufgabe dem Edleren nicht einmal so viel Aufmerksamkeit gönnt, dass du wüsstest, selbst wenn du auf der Stelle einen Eid schwören müsstest, ob du nun Eevastiinas Spülwasser in deiner Hand schüttelst oder Alastalos feurigsten Jamaica? Ich habe dir zugeschaut, Efram, wie du mit deinem Polle fährst und die Zügel hältst, als würdest du Teig in der Mulde walken, aber Herrschaftszeiten, in mir hat es sich dabei nicht schlimmer umgedreht als jetzt, da ich mit meinen lebendigen Augen zusehen muss, wie Gottes Sud behandelt wird, als enthielte die Karaffe die Bodenpfütze aus dem Saunaeimer zum Schütteln! Sei du ruhig, was du in der Gemeinde bist, aber neben meiner Schwarzen bleibt dein Polle stehen, und ich sollte der erste Mann sein, der sich am Tisch den Grog mischt, damit Alastalos Stoff Ehre zuteilwerde!, dachte Pukkila beleidigt, und neben seinem eigenen Verdruss, an dem er zu schlucken hatte, ging es ihm auch um Alastalo und den Namen des Hauses.

Langholma ahnte beim ernsthaften Hantieren jedoch nicht, was für Stachel Funken schlagend gegen ihn löckten und was für Bitterkeiten andere wegen ihm zu erleiden und ohne ein murrendes Wort unter der Hülle ihres frommen Wartens zu unterdrücken hatten. Er hatte sich inzwischen tatsächlich Zucker ins Wasser gerührt, und zwar genau in das Glas, das am nächsten wartete und das Eevastiina bereits für ihn so weit gefüllt hatte, dass er selbst nichts mehr aus der Kanne hinzugeben musste: Sieh an, die Eevastiina, sie hat daran gedacht! Langholma erkannte bei sich die Aufmerksamkeit, und weil auch eine ernste Gesichtstafel bei einem Mann nicht immer garantiert, dass die Augen in ihren Ecken bei allen Witterungen gleich feierlich die Fassung wahren, so geschah es nun auch hier, dass, selbst wenn im Saal es offenkundig niemand bemerkte, Langholma trotzdem vor seinem Gewissen wusste und in Gedanken ehrlich eingestand, dass ihm die Schwäche des Lächelns dieses Mal sehr dicht ans würdevolle Gesicht herangerückt und fast schon wie bereit zum Schmunzeln war. Exakt die drei Quart Wasser, wie ich sie ins Glas gieße, wenn ich mir einen Grog bereite, dachte er billigend und schmunzelte tatsächlich: Auch hinter einer ernsten Stirn ist ein Mann vor unnützen Gedankenwirbeln nicht sicher. Die Eevastiina denkt also doch mit ihrem Köpfchen, auch wenn man das von einem Frauenzimmer nicht glauben und stattdessen meinen würde, dass nicht mehr in den Fingerhut ihres Verstandes passt als die Hast, mit der ihre Gedanken dem Quecksilber ihrer Zungen nachsetzen und ihren Gliedern hinterherkommen müssen, wo die Rocksäume im fliegenden Lauf vornedran sind! Auf den Tropfen genau so viel Wasser im Glas, wie ich für meinen Grog brauche!, bezeugte er ein weiteres angenehmes Mal innerlich und bekräftigte es wohlwollend, indem er zwei weitere Stückchen aus dem Gefäß ins Wasser gab, in welchem bereits die vorige Prise Zucker schmolz: Mischt man das Wasser süß, schmeckt das Scharfe im Mund besser!, dachte er menschlich.

Mit den Augenspitzen und den Fingerkuppen führen sie ihren Verstand am laufenden Faden und nicht wie wir Männer mit Mühe und aus dem Innern des Kopfes heraus, überlegte er sich und dachte ans Weibervolk, weil es beim Mischen eines Grogs nicht angebracht war, an ernstere Dinge zu denken, und gab noch ein Bröckchen ins Wasser, schmunzelte dabei jedoch ein weiteres Mal, diesmal über sich selbst: Da hält man Gericht über den Lauf von Eevastiinas Verstand, aber wo sind die eigenen Gedanken? Schließlich hielt er die Rumkaraffe in der Hand, die gleich nach seiner Ankunft vom Tisch genommene! Das wurmte ihn nun doch: Da lacht man über andere und über die Gedankenlosigkeit der Frauen, obwohl diese ihre Gedanken stets zur Hand haben und von der Stelle aus dem Regal des Geistes nehmen können, wo sie hineingelegt worden sind und wann man sie braucht; aber die eigenen Gedanken, von denen glaubt man, man könnte sie schaufelweise aus dem vollen Behälter seines Männerkopfs befördern, macht jedoch die Erfahrung, dass man zwar Körner in der Kiste hat, womöglich sogar einen überbordend rutschenden Haufen, dass aber die Schaufel, mit der man hineinstechen möchte, wer weiß wo ist und der Sack, in den man sie stopfen würde, dort verweilt, wo man ihn nicht findet! Langholma schnaubte mit seiner ererbten prustenden Efram-Langholma-Nase: Da bekrittelt und beschimpft man andere, hält in seinen Eingeweiden Gericht und führt Protokoll übers Barkengeschnack und über das Grogwasser der Weiber, bemisst die Pukkilas und prüft die Nähte von Alastalos Geschichten, sogar die Eevastiina, das Frauenknäuel in seinem eiligen Lauf, setzt man auf die Waage, als wäre man Gott weiß wer und als Krähe mehr als eine Krähe, obwohl man die Spatzen um sich herum als spatzengroß erkennt! Brauchte es hier am Tisch etwa Samuel, den Richter Israels, um zu merken, dass man die falsche Karaffe in die Hand genommen hat?

Langholma hatte während seiner Eigenbeichte zwar im Nu und flugs die Karaffen ausgetauscht, der Rum war auf den Tisch zurückgekehrt und der Kognak an seiner Stelle in die Hand genommen worden: kindisch und eitel, aber er konnte auf den Tod nichts Ritzerotes und keinen Scharlachrum im Glas vertragen! Mit einem Schillern wie im trügerischen Prunk eines Felles, das so viel Tand und Katzengold in seinem Putz enthält, dass man dem Haar nicht ansieht, ob man eine Bärenhaut oder ein ehrliches Katzenfell in den Händen hält! Der Kognak stattdessen: Der ist im Glas für das Auge eine offene Ingredienz und blitzt durch nichts anderes als durch sein eigenes Feuer, so wie ein wohlhabendes Haus durch seinen ererbten Reichtum und ein Mann durch den Geist seines Verstandes! Langholma hatte jetzt also die Kognakkaraffe in der Hand: Ob Essen oder Geld, Getränk oder Mann, ehrlich muss die Substanz in jedem Tropfen und Krümel sein, schimmernd rund oder geräumig im Maß, ob Schnaps oder Kognak, Bauer oder Herr, aber vom Rückenwuchs her aufrecht und im Auge lauter, so klar wie feurig, die Schneide so scharf wie die Funken sprühende Spitze!

Langholma hatte seinen Gedanken ein kleines Falkenflügelrascheln erlaubt: Wenn man unter anderen sitzt und, um der Eintracht willen und weil man das schnurrende Schnacken gestatten will, sich sanftmütiger gibt, als man von Natur aus ist, dann überkommt den Menschen nach einiger Zeit und sobald ihn in den Schultern schon die Taubheit drückt, das Bedürfnis, sich wenigstens innerlich aufzumuntern und die steifen Glieder seines Geistes zumindest so weit elastisch auszustrecken, dass man das Blut wieder in den Adern und sich selbst als sich selbst spürt und weiß, wer man ist! Die Haut des Menschen besteht zum Glück jedoch aus gedankenfestem Stoff, und die Sprünge des Blutes bleiben Fohlensprünge im heimischen Stall, wenn man das Gattertor geschlossen hält und den Eisenhaken fest im Ösenmund. So würde also niemand im Saal Langholma etwas anderes anmerken, als dass dieser in aller Ruhe seine Verrichtung am Tisch ausführte und sich, ohne mit den Händen zu hetzen, französische Ernteerträge ins Glas goss. Die eingeschenkte Pfütze wurde kaum reichlicher bemessen, als es zur Färbung des Wassers nötig war und zum anständigen Maß im Gefäß passte, nachdem Eevastiina daran gedacht hatte, das Glas mit ausreichend Wasser zu füllen. Gerade so, um die Zunge zu reizen und den Geschmack im Mund zu beleben. Zu welchem Zweck sonst mischte man sich sein Glas, wenn man als Mann von sich aus das Hausbier des Blutes in den Röhren seiner Adern hat und den richtigen Stoff nach eigener Gärung? Stets spreizt der Hahn des Stolzes im Gemüt des Menschen seinen Federbürzel in die Höhe, und auch Langholma musste sich beim Rühren im Glas und Vermischen des Tropfens Farbe mit Wasser innerlich eingestehen, dass er doch hochmütig war, so hochmütig, dass es im Blut pochte. Musste man etwa die Federn und die Nase in die Höhe recken, weil man sein Glas schwächer mischte als die meisten anderen? In der Tat befremdete es, wenn man Männer sah, die sich für Humpen hielten und so lange leer waren, wie man sie nicht vollgegossen hatte! Selbstverständlich sollte der Mensch in seinen Röhren so viel Baumsaft enthalten, dass ein Mann, wenn er bei anderen Leuten zu Besuch ist, nicht mit Starkem seinen Mut befeuern und beschleunigen muss! Gewiss war jedenfalls und zweifelsfrei, dass er auch bei gutem Willen Männer nicht als seinesgleichen ansehen und als der Wahrheit und des Fingerhakelns würdig anerkennen konnte, bei denen es unter der Haut erst wie ein Lägel blubbern musste, bevor sie von sich selbst etwas hielten! Pukkila zum Beispiel, der hat einen Verstand so flüssig wie glattes Wasser und eine so wendige Vernunft im Kopf wie die Schlange eine Zunge im Mund, aber selbst wenn sein Wissen eine Spitze hat wie ein Dorn und sein Geschick sich dreht wie eine Spule um ihre Nabe, was ist von einem Mann zu halten, der, nur wenn er das Glas kippt, Wallung im Herzen hat und nicht durch das Pulsieren in den eigenen Adern, und Mut im Blut nur, wenn der Korken knallt, und nicht durch die Schwellung des zu ihm gehörenden Gemüts! Der eigene Flügel trägt den Falken, und aus eigener Kraft und im vollen Saft richtet die Kiefernstange ihren Bogen unter dem Druck selbst des stürmischsten Windes wieder gerade: Auch in des Mannes Adern pulsieren eigene Säfte als Manneskräfte, und die Spülungen der eigenen Fluide schäumen das Blut des Mannes zu Mannsblut auf!

Langholma hatte die Karaffe nun geneigt, und dies geschah denn auch mit Bescheidenheit, obschon die Gedanken auf solche Weise Schlagbögen hinlegten, als wäre eine größere und feierliche Prozedur im Gange, als bloß ein paar Schlucke Kognak ins Wasser zu tröpfeln. Es verhält sich nämlich so, dass auch ein Wannenfass, wenn es denn leer ist, sich um seinen ganzen Umfang dreht, und dass in einem geräumigen Mann das Denken genug Platz hat, seinen Rücken in geringen Dingen wie in größeren Unternehmungen aufzurichten. Langholma hatte für einen Mann seiner Größe mit einem sehr reellen Maß von knapp drei Ellen einen starken Balg unter den Rippen pochen und offene Wege in den Röhren, in denen das Heiße lebendig bis in die Saalkammern hinter der Stirn fließen konnte, in denen das Blut zum Gedanken geklärt wird, sofern im Gebälk des Oberstübchens ererbter Platz und Raum vorhanden ist, in dem der Geist des Mannes sich bewegen kann, und auf dem Grund des Geistes eine von vorigen Generationen verdichtete Gewebeschicht, um auch kräftigeren Gärschlamm zu spülen. Daher empfand er innerhalb seiner Rumpfwände keine Angst, dass ihm zu eng und niedrigdeckig werden könnte, auch wenn er manchmal in geringen Dingen die Glieder seines Geistes weit ausstreckte, so wie jeder in seinen Blutgelüsten den Drang hatte und im Sehnenwuchs das Bedürfnis, sich zu dehnen; also nahm auch er jetzt, um die Anstrengungen des langen nichtsnutzigen Sitzens abzuschütteln, wenigstens innerlich mit einem Ruck seine volle Größe an und rächte das bislang ertragene sinnlose Geschwätz und das erzwungene Ducken des Denkens, indem er, wenigstens solange das Eingießen des Kognaks dauerte, die eigene Figur in den Wirbeln und die eigenen Gedanken unter der Oberflächenabdeckung der Gemütshaut gerade zog. Man muss den Stolz nicht zu Markte tragen und seine Größe nicht auf der Dorfstraße bimmeln lassen wie die Leitkuh in der Herde die klappernde Kuhglocke an ihrem Hals, aber den Stolz und das Wissen des Mannes benötigt man in seinem Inneren, wie der Hackklotz im Garten die vier Spreizbeine unter sich braucht, und der vierschäftige Sackdrillich das Korngold in seinem leeren Werg, damit er als Roggensack wie ein Fass auf der Tenne steht! Auch der Fluss muss nicht gegen die Steine schlagen, um zu zeigen, dass das Fohlen eine schwingende Mähne zum Schwenken hat, sondern es genügt ein kleiner Klaps auf das Oberleder des Kopfes, um zu zeigen, dass es ordentlich vorangeht, wenn man ihn nur in Ruhe rieseln lässt! Die Knochenkante bestimmt die Maße des Mannes und spannt die Schultern, nicht die Füllung des Fleisches, und durch die eigene Beschleunigung singt das Blut in den Adern am besten, nicht durch das, was man sich in die Kehle gießt!

Langholma schmunzelte mitten im Denken in sich hinein: Bald passe ich nicht mehr in meine Haut!, dachte er und brachte Ordnung in sein Herz, während er die Karaffe, die er nicht mehr benötigte, zurück auf ihren Platz hinter den Gläsern auf dem Tisch stellte und sich anschickte, sein selbst gemischtes Gebräu vom Tablett zu nehmen. Großartige Sache, dass der Mensch eine Stirnschale zum Verhüllen seiner Gedanken und die Herzbörse außer in deren eigener Kuhle auch noch geschützt unterm Tuch seines Jäckchens hat, sodass sich ein Fremder nicht alle Lämmersprünge und sämtliche Hammelhüpfer im Pferch anschauen muss!, tröstete er sich selbst, das Glas nun bereits in der Hand und auf dem Weg zurück zum Schaukelstuhl. Vom Wuchs her bin ich nicht besonders groß: Stellte man einen mickrigen Fichtenstock, den man in einer dichten

Schonung gebrochen und ausgesondert hat, damit er den besseren Mannsbäumen und dem wahren Wald nicht im Weg ist, als Maßstab ellenlang neben mir aufrecht hin, würde er meinen Scheitel mit seiner Nadelspitze um eine Nagelspanne überragen; trotzdem gehe ich hier quer durch den Raum, als ginge der Kirchturm vor der ganzen Gemeinde her, damit alle ihn betrachten, und als würde aus der Resonanz des Kopfes das Sonntagsdröhnen der ehernen Schwengel tönen, dass man es noch zehn Dörfer weiter hört! Was würde Härkäniemi sagen und was als hüpfende Gedankenbohne in seinem Kopf hin und her rollen, wenn er zu mir herschauen und meinen Gedanken aufschnappen würde: So viel Kognak ins Wasser im Glas gegossen, als hätte der Hahn hineingespuckt, aber trotzdem hat der Mann Gedanken in der Mähne und in den Absätzen seines Geistes eine Leichtigkeit, als hätte er schon wer weiß wie viele Gläser gekippt und ein siebtes, noch Schärferes zum Schnuppern unterm Schnabel? Wie spöttisch redet Pukkila manchmal daher, wenn zwei Gläser ihn erweicht haben: Das Auge, Langholma! Ein Mann muss in den Augapfel schauen und schlottert womöglich mit den Knien wie ein Schaf, wenn ihm schwach ums Herz wird, aber die Hand, Langholma! Das Fohlen fühlt an der Kandare nichts als die Hand und den Halt der Zügel und rennt, wohin es will, wenn der Zug nicht straff ist: Du, Langholma, du bist ein gewichtiger Bursche im Saal und im Schaukelstuhl, und der Langholma in der Gemeinde, wenn Auge gegen Auge steht und gefragt wird, wem von den beiden folgen, die sich so hübsch gegenseitig anschauen, aber im Schlitten, Langholma, im Schlitten sitzt du nicht Auge in Auge da, sondern hinterm Schwanz, und das Fohlen, das Teufelstier, schlägt zuchtlos mit dem Schweif, da kann das Auge sein, was es will, wenn das Handgelenk nicht gnadenlos ist und die Hand nicht hart mit den Zügeln umgeht. Ich werde dir mein Fohlen nicht zum Anlernen geben, aber ich selbst nehme mir manchmal ein Beispiel an dir! Ist ja etwas Wahres daran, so wie immer bei einem richtigen Spott, aber auch im Blut gibt es ein Fohlen, das gehütet werden muss, und auch wenn das Fohlen ein Fohlen und das Blut Blut ist, so geht es doch unterschiedlich zur Sache beim Blessen-Polle einerseits, der es erst für nötig hält, sich zu bewegen, nachdem ihm eine Viertelstunde lang mit den Zügeln der Mut zum Gehen eingesägt worden ist, und bei der wirbelwindschneidigen Tuisku andererseits, bei der die Wersten schon in den geweiteten Nüstern zittern, wenn der Huf noch Schmutz scharrt, dass es auf den Stallboden spritzt. Ich erkenne denjenigen Mann als Pferdekenner an, in dessen straffer Hand das weichenscheue und das Hengstpferd demütige Zehen kriegt und wallachartig wird, aber für einem Mann ebenbürtig halte ich ebenso denjenigen, bei dem die Hand auch an der eigenen Kandare aus Stahl ist, sodass sein Blut, auch wenn es schäumt, im Zaum geht, wie man es ihm in den Adern des Mannes zu laufen erlaubt, und erst dann fliegt, wenn man es lässt!

Langholma war inzwischen mit seinem Grogglas zum Schaukelstuhl zurückgekehrt, und der Platz war vor dem Tisch für diejenigen frei geworden, die den Mut hatten, sich als Erste und vor den Übrigen in Bewegung zu setzen. Pukkila war denn auch schon auf den Beinen, aber Mikkel Krookla, der ebenfalls darauf gespitzt hatte, an die Reihe zu kommen, und der einen kürzeren Weg von der Mauerecke zum Tisch hatte als Pukkila vom hinteren Sofa aus, fand sich als Erster ein; er hatte freilich mehr an Wuchs in seinen Gliedern loszubinden, um sich vom Stuhl zu erheben, als Pukkila, aber er konnte in solchen Fällen und auf dem Weg zum Grogtisch unerwartet schnell sein, und weil er außerdem nicht neben dem Schaukelstuhl und an Langholma vorbeizukreuzen brauchte, wie es der vom Sofa her kommende Pukkila tun musste, so war er als Erster vor Pukkila und als Zweiter nach seinem Vetter und Cousin Langholma am Grogtisch und hatte die Rumkaraffe an sich genommen, bevor ein anderer sie nahm. Pukkila war allerdings schon so nahe, dass sein Atem neben Mikkels Ohr schnaufte, und hatte nicht weniger schnell die Kognakkaraffe in der Hand, als befürchtete er, Mikkel würde doch noch die bessere Ware an sich reißen, so wie er bereits diejenige an sich gebracht hatte, aus der er sich, die Wahl habend, eigentlich nichts machen sollte. Sie fanden gut und gerne zu zweit am Tisch Platz, und da beide in Gewahrsam hatten, was zu bekommen ihnen wichtig war, so bestand auch keine sonderliche Eile mehr, und man konnte in Ruhe vor sich blicken, damit man keinen Pfusch vor lauter Hast beging, den man womöglich später bereute. Mikkel kontrollierte, ob in irgendein Glas um so viel weniger Wasser geschenkt worden war, dass der Rum anständig Raum hatte und man es überhaupt übers Herz brachte, den Stoff hinzuzugießen: Auch in der Kirchenbank drängen sich in Räume, die kleiner als ein Großer und ein Hofherr sind, nur Kleingründler und Tagwerker zwischen drückende Ellenbogen, und im Glas gehört das Starke nicht in ein Volumen, das kleiner als die Wasserpfütze ist!, dachte er. Ich bin nicht hergekommen, um Alastalos Brunnenwasser zu trinken, sondern Rum!, fügte er an Gedankentagwerk noch hinzu, als er merkte, dass Eevastiina die Sache nicht bedacht und auch für ihn schon Wasser fertig eingegossen hatte, wie vorher – was ihm aufgefallen war – auch für Langholma. Einem Mann zieht kein anderer die Hosen hoch als er selbst!, stellte er danach nur fest und leerte die Hälfte des ihm am nächsten stehenden Glases in das daneben: Selbstverständlich kippt man den Schmutz aus dem Fass, wenn man Brachsen einsalzen will!, dachte er sich. Noch eine doppelte hohle Hand Zucker hinzu, dann darf man den Glasstopfen lüften und Starkes hinzugluckern lassen. Gerade das machte für ihn den Rum zur besseren Substanz:

dass man sah, wie er das Wasser färbte, Schluck für Schluck dunkelfelliger machte, sodass es die Zunge schon vorab schauderte, noch bevor man gekostet hatte. Auch Pukkila neben mir hält es der Mühe wert, die blinkende Kognakkaraffe mit der Hand zu umschmeicheln, obwohl er ein ausgewachsener Mann ist und die Lohe des gleichen Geschmacks im Mund haben müsste wie ich! Krookla nahm als Kostprobe einen ordentlichen Schluck aus seinem vollen Glas, ob die Stärke passte: Auch hatte er die Karaffe noch in der Hand, weshalb es sich anbot, nachzuschenken, damit man nicht mit leerem Glas zu seinem Platz zurückkehren musste. Nach einer zweiten Prüfung und einem anschließenden ebenso genauen Nachschenken – man musste nehmen, wenn man es umsonst bekam und nichts bezahlen musste! –, nach einer zweiten Verschärfung bis zum Rand hatte die Mischung Krooklas Meinung nach die richtige Stärke und stand ausreichend dunkel im Glas, und so brachte er es über sich, die Karaffe an ihren Platz hinter der Gläserreihe zurückzustellen, wenngleich mit deutlich weniger Gewicht als bei der Aufnahme der Amtshandlung. Man muss nicht eigens erwähnen, dass Krookla mit Würde zu seinem Stuhl neben der Mauer zurückkehrte, er war immerhin Langholmas Vetter und Cousin mütterlicherseits und neben Karjamaa und Langholma der großackrigste Mann in der Gemeinde. Freilich musste er beim Gehen einmal stehen bleiben, weil es gefährlich danach aussah, als würde etwas über die Ränder laufen, und den Mundvoll wegschlürfen, der ansonsten übergeschwappt wäre, aber er erreichte doch mit einigermaßen gerettetem Glas seine Ofenecke und sortierte seine Scharniere so, dass wieder ein ernster Mikkel Krookla auf dem Stuhl saß, jetzt jedoch mit einem fast unberührten Grogglas in der Hand und einem halben Glas bereits intus. Man hat später keine unnötige Reue, wenn man bei seinem Handeln vorausblickt!, dachte er sich, bevor er seine vom

Gehen in Gang gesetzten Gedanken zuklappte. Das ist was Anständiges, und das ist Alastalos Rum, sagte er zum Abschluss nur noch zu sich selbst, während er den blutdunklen Brand der Flüssigkeit in seinem Glas betrachtete, bevor er sich das Scharfe in den Bart kippte.

Auch Pukkila war, während Mikkels Manöver andauerte, auf seiner Seite des Tischs tätig gewesen. Die Kognakkaraffe hatte er, wie schon gesagt, in Sicherheit gebracht, sie sich sogleich geschnappt, als er den Tisch erreichte, auch wenn es ihn im Nachhinein ärgerte, dass er das Möbel, das Glastrumm in den Händen hatte und es im Weg war, als er freie Finger und uneingeschränkt Bewegung gebraucht hätte. Dann auch noch Krookla, Mikkel, Mikkelsson mit stocherndem Ellenbogen daneben, und so herumfuhrwerkend, dass man sich fragte, ob man überhaupt hantieren konnte, wie unter Menschen und in Lübeck, und das Handgelenk und den Körperrand zu führen vermochte wie die Konsuln und Schierbecks und die übrigen Maklerherren, wenn sie herrschaftlich in der Nase bohren, bevor sie sich Zucker ins Glas geben! Dabei grämte sich Pukkila umsonst: Er konnte es durchaus, und es war der Betrachtung wert, auch für Lahdenperä, der immerhin schon Amtsgerichtsdirektoren beim Grogmischen gesehen hatte. Pukkila gehörte zu den dehnbaren Männern, die, wenn es die Lage verlangte und in wichtigen Situationen, über sich hinauswachsen und die, wenn sie mit hohem Hut gehen, auch unten am Fußende auf Zehenspitzen schreiten.

Wenn zum Beispiel mit der *Usko* und auf der Kommandobrücke der *Usko* in die Travemündung hineingesegelt und in Lübeck an der Mole angelegt werden musste, dann konnte schon mal halb Lübeck, sofern es müßig und auf den Beinen war, am Kai stehen und zuschauen! Auf der Trave schaukelten manchmal und sogar häufig Schiffe, die mehr an Masten, mehr an Größe, mehr an allem Möglichen und sowohl mehr hübsche Bemalung als auch pure Pracht zu bieten hatten als Pihlman Pukkilas *Usko*, die schließlich nur eine Brigg war, und auch unter diesen nicht größer als der kleine Finger in der Reihe der anderen Finger. Aber wenn man Pfeffer kostet, spürt man im Mund nicht dessen Größe, sondern seine Schärfe, und der Kaulbarsch ist nicht wegen seiner Größe, sondern wegen seines Zappelns im Netz spürbar, und so war auch Pukkilas Brigg unter Pihlmans Kommando bei der Ankunft im Hafen ein Schiff, das auffiel wie der Pfeffer auf der Zunge und der Kaulbarsch in den Maschen des Netzes, ganz gleich, was sie an Größe aufzubieten hatte. Schon Pihlman selbst, Petter Pihlman Pukkila, hatte auf der Kommandobrücke einen solchen Funken im Federwerk seiner Beine, dass man ihn auch ohne Fernglas als Kapitän erkannte, sogar wenn man von ferne schaute und mit bloßen Augen! Selbst die behände Bachstelze auf dem Frühjahrsglatteis drehte die Stakete an ihrem Bürzel nicht so flink wie Petter seine Schöße, dass sie flogen, weil mit beiden gewedelt werden musste, wenn der Mund mit einem Handausstrecken und in einem Atemzug ein Kommando an die Bugwacht im Vorschiff und, mal mit Steuerborddrehung, mal über die Schulter hinweg nach Backbord, einen Befehlsfluch an den Steuermann kreischte. Das ging noch und gehörte zum Kommando auf einem anständigen Schiff wie der Roggengeschmack zum Brotknust, dass der Kapitän beim Lenzen in den Hafen seine Kehle von allem Salzigen und sonstigem Rost des Meeres befreite und auf dem Vorderdeck brüllte, als müssten den Belegnägeln mit ihrer Eichenmaserung die Ohrlöcher geöffnet werden, wenn er nicht auf denselben Streich und wie der Strich zur Stelle ist, um das Seil zu lockern, wenn geflucht wird; all das wäre noch gegangen, und Pukkilas *Usko* hätte an der Lübecker Mole angelegt wie jedes andere briggberiggte Schiff mit geteerten Flanken, wo ein bärtiger Kapitän behaart auf dem Kajütendach steht, die Schiffsjungen wie schwitzende Kobolde übers Deck wieseln, das Segeltuch mit schwarzfleckigen faulen Falten unter den Rahen flattert und das Ankerspill auf dem Bugdeck quietscht, dass es einem die Ohrknochen zerreißt; das wäre noch gegangen, und die Lübecker wären mit den Händen in den Hosentaschen vom nutzlosen Herumstehen am Kai zu lustigerem Gesums in die Kellerkneipen spaziert, wie an Mannsleuten durch die Türen gepasst hätten, aber jetzt stand Pihlman, Pukkilas Pihlman, Petter Pihlman persönlich in seinen Pantinen, und kein gewöhnlicher Pechbart und Aschenkapitän in voller Pracht mit beiden Beinen auf der Kommandobrücke seiner Brigg, und an der Mole legte nicht einfach ein weiterer Kahn oder irgendeine Gaffelgaleasse von Nordblom an, sondern die *Usko*, die *Usko* selbst, Pihlman Pukkilas *Usko*, Petter Pihlmans zweitoppige Brigg, auf der, verdammt, die Taljen im Rigg weiß blitzen mussten wie auf einer Fregatte und die Mastknäufe vor Farbe strotzten wie die Wange einer gespülten Schüssel im Geschirrregal! Und nicht einmal der holzschuhigste Deutsche und durstigste Meister, der gekommen war, sich nach getaner Abendmühe in friedlicher Ruhe den Staub des Tages aus der Kehle zu spülen, brachte es über sich, sich durch die wartende Kellertür zur harrenden Schaumkanne zu schieben, bevor seine Augen bis zum Schluss bezeugt hatten, dass ein Manöver halt doch ein Manöver ist, wenn ein Mann es mit großem Geschick durchführt, und eine betrachtenswerte Angelegenheit, wenn ein Schiff mit der Flanke an der Mole anlegt, gleichwohl es einem, wenn ein beliebiger Bursche und Priembürzel es verrichtete, sonst gar nicht auffiele! Gelegentlich sieht man ja und beobachtet müßig, wie der Hahn durch den Hof laviert, bis alle Flügelquadrillen und Kratzfüße durchgeführt und bis aufs letzte Menuett absolviert sind und das Huhn sich duckt, aber auch auf dem Schiff gibt es im Hafen den Flatterdruck und die Pracht des Brüstens, und der Kapitän hat auf der Kommandobrücke eine Hachsenpolka hinzulegen, bevor die Brigg festgemacht hat, die Taue belegt sind und der Kapitän als Herr und mit Hut auf dem Weg zum Konsul übers Fallreep spaziert! Unnötig zu behaupten, es wäre nicht auch mit dem Ohr zu hören gewesen, was mit dem Auge zu sehen war! Aus der Kehle eines Mannes können sich mancherlei Laute lösen, vor allem, wenn als Kehlenflöte Petter Pukkilas Halsklarinette dient und ebendieser Petter auf der Kommandobrücke seiner *Usko* Atem holt und vor den Augen der halben Stadt in Lübeck anlegt! »Maat! Die Sichtzeichen sind ja noch gefiert: jede Fahne an der Leine über Topp, wenn ich es befehle, wie der Furz aus seinem Visier unterm Weiberrock in die Kirchenbank! Bootsmann auf dem Vorderdeck, ist das Seil noch aufgerollt? Stracks an Land damit, wie der Pissstrahl des Wallachs aus der Schweifstreckung auf die Stallbretter, wenn ich rufe! Vilén am Marsnagel und Zimmermann am Bramholz, habt ihr Krallen an den Gelenken und Finger an den Händen? Die Schnüre lösen! Wenn ich schreie, lasst ihr Segel und Tücher fallen, wie das Fräulein im Griff des starken Mannes die Röcke fallen lässt und rot wird!« Auf dem Meer und dem Deck eines geteerten Schiffes wird nicht für die Ohrmuscheln von Pfarrmamsellen geredet, und bei Eile und in der Klemme rüttelt man seine Worte nicht durch die Löcher eines Mehlsiebs, und Pukkila hatte nun Schwung im Loden und Wind in den Rockschößen! O Verklärung und zolldicker Butterhaufen auf dem Weizenbrot, wie sauber die *Usko* aufschoss und die Spitze des Bugspriets Zoll um Zoll kletterte, als der Kapitän auf dem Vorderdeck wedelte, der Steuermann am Rad drehte und das Ruderblatt durchs Lehmwasser der Trave schnitt; o Engelshemden und Wolkenwolle des Himmels, wie flatterte lose das Segeltuch, wie sangen die Rahen knarrend los und wie atmeten locker die Taue, als die

Kehle von der Kommandobrücke kreischte, von den Belegnägeln das »all right« schallte und der Wind die Riggspannung losließ wie die Kralle des angeschossenen Luchses die ausgedorrte Föhre; o flüchtiger Blick eines Mädchens in den Augenfenstern, o Kratzen der glatten Sohlen des jungen Burschen, wenn er sich die Eigene schnappt, an der Brust der Walzerseide auf dem glatten Parkett des Hochzeitssaals, und o Pukkilas Petter auf den Deckplanken von Pukkilas *Usko* und Pukkilas *Usko* unter dem Befehlskommando von Pukkilas Petter, wie ist die aus Plankenholz und Kiefernknorren geschnitzte Schiffsschüssel doch voll lauterem Willen und gleitendem Schiffsgeist, von der gestreckten Spitze am Bug bis zum Stevenkinn am Heck, und was ist der Mann in seiner Weste und mit seinen Hosenträgern doch für ein Springbursche und tanzender David von den Haarwurzeln bis zu den Schuhsohlen, wenn prachtvoll die eine dem kompromisslos Kommandierenden gehorchend ihre geteerte Schiffsflanke und stolze Gestalt der Mole zudreht und der Kapitän persönlich auf dem Vorderdeck zu betrachten ist, wenn auf der *Usko* an Schnüren die Sichtzeichen hinauffliegen zu den Toppen der zwei bunten Masten und grell die Kapitänskehle ruft, zum Deck hinunter wie zum hohen Rigg hinauf, und es im ganzen Hafen widerhallt. Noch im Putz der Kalkfugen an den Backsteinfassaden ist das Hallen zu spüren, während das Volk am Kai mit radrunden Augen sieht, was für ein Lärm und was für eine Stimmarbeit nötig ist, wenn eine Brigg am Poller der Mole vertäut wird und Pukkila mit wehender Weste feierlich in Lübeck anlegt!

Petter Pukkila wusste sich in Szene zu setzen und seine Rockschöße zu führen, ob der Saum nun länger oder kürzer am Gehrock schwang und ob es sich um herrschaftliche Schöße auf Galeassen handelte oder welche von der dickeren Sorte unter Seekommando, und ja, es war derselbe Mann, der hier betrachtenswert im Saal und am Grogtisch sich sein Glas mischte, wie der in Lübeck im Spritzwasser an Deck und beim Kapitänsgetrippel auf der Kommandobrücke! Am Anfang hatte er freilich geschusselt und die Kognakkaraffe wegen Krookla zu früh an sich und in die Hand genommen, sodass sie ihm nun in den Händen hing und im Weg war, wo er ansonsten die Finger frei gehabt hätte und ganz Baron gewesen wäre! Der Übelkranich und Kräherich von Krookla stümpert mit seinen Ellenbogen aber auch derart am Tisch, dass man sich platt wie eine Wanze unterm Finger bewegen muss!, ärgerte sich Pukkila mit dem ersten Atemzug des Gemüts, merkte aber trotzdem, dass in sein Manöver ein gewisser Bogen und eine Schwungrundung hineinkam, da unter der Vormundschaft der Hand eine fünf Schoppen fassende Karaffe einer fast unberührten Ingredienz zu befördern war. Und so wurde die Karaffe denn nun auch auf Augenhöhe in die Luft gehalten, und dieses Kunststück hätte bei Weitem nicht jeder Mann so auffällig und feierlich ausführen können wie Pukkila, da er nun, indem er sich vor weiteren Zeremonien dem Fensterlicht zuwandte, die Farbe der im Kristallbauch funkelnden Substanz prüfte, groß wie ein besserer Kohlkopf. Ich betrachte mir das jetzt so lange, wie Krookla sein Gebräu bereitet, dann habe ich Platz, mir, ohne zu drängeln, den Zucker fürs Wasser aus der Dose zu picken!, dachte er und erinnerte sich dabei an den Konsul von Hull, der immer die Brille auf die Nase setzte, bevor er sich etwas ins Glas goss, und dabei würdevoll wie auch vom Wissen her erfüllt aussah wie ein Beispiel, dem man folgen sollte, wenn er sich zuerst, und ohne große Eile, die Flasche dicht vor Augen führte und gemächlich, also Silbe für Silbe, die französische Schrift auf dem bunt-goldenen Etikett der Flasche las und sich und sein Gemüt auch danach noch so lange beherrschte, bis die Flasche nach allen Regeln der Kunst in unterschiedlichen Höhen gegen das Tageslicht gehalten worden und mittels verschiedener Neigungen und Schrägsichtungen mit den Augen die Echtheit der Farbe fraglicher Substanz als die richtige und das flüchtige Funkeln als ehrliches Kognakfeuer innerhalb des Glaswandglanzes festgestellt worden war. Auch Pukkila bewegte sich nun also gemäß den Zeremonien des Konsuls von Hull und hob beherzt die Karaffe, obwohl es ihn im Inneren wurmte, dass Krookla, dieser Mikkelsson, es dann doch vor ihm an den Tisch geschafft hatte und nun den Weg versperrte, wo er doch an der Reihe wäre, sich den Grog fertig zu mischen! Man vergeudet auch Zeit, dachte er und legte den Kopf schief wie ein Kenner, weil die Karaffe nun einmal in der Luft und der Kognak zu begutachten war: Es flackerte die verflixte Karaffe auch so verlockend feurige Grüße aus dem Inneren, dass es die Kehle schlimmer reizte, als man in christlicher Manier glaubte!, wetterte es in jener müßigen Ecke seines Gehirnwinkels, die ohne jede Nächstenliebe den schiefen Blick auf die träge Rückenansicht von Mikkeli Krookla richtete: Schief schaute man sie mit den Augen an, wie einen reglosen Flügel an einer faulen Windmühle! Ich bin gewiss nicht hergekommen, um hinter deinem Rücken zu stehen und meine eigene Spucke zu schlucken!, fuhr es ihm kribbelnd in den Kopf, als das Denken allmählich ehrlich wurde. Ich pfeife auf die Konsuln mit ihren Feinheiten und Besichtigungen!, wetterte Pukkila weiter, nun bereits mit wahrem Verstand: Ich werde mir meinen Grog schon holen, wo ich schon einmal am Tisch stehe, zumal ich einen Ellenbogen auch auf der Seite habe, wo sich Krooklas Körper befindet!

Und unversehens machten sich beide Männer nebeneinander in breiter Front zu zweit am Tisch zu schaffen, und zwar zur rechten Zeit, denn Härkäniemi ging bereits durch den Raum, um seine Pfeife zum Eckregal zu bringen, und Lahdenperä hüstelte und räusperte sich auf dem Sofa, um sich Mut zu machen, bevor er sich in Bewegung setzte, und auch Eenokki Karjamaa traf gewisse Vorkehrungen. Pukkila hatte trotzdem gleich wieder Anlass zum Verdruss, als es darum ging, sich nun endlich ein Glas zu brauen: Da hat dieser verdammte Krookla, dieser Wicht und windige Starenvogel, da hat dieser Kümmerling von Mikkel hier neben mir doch tatsächlich das, was ihm zu viel an Wasser und Quellpfütze in seinem Glas war, als Haube auf dasjenige gegossen, das jetzt in der Reihe zum Greifen vor mir, Pukkila, steht, neben der leeren Stelle, von der Langholma sich sein Glas genommen hat! Auch die Krähenbeere hat einen Geschmack und Krookla im Kopf offenbar doch eine gespannte Feder, die losschnellen kann, bestaunte er zunächst, was ihm gerade aufgefallen war, bevor er die Hinterhältigkeit darin erkannte und den Umstand, dass der Schelm das überzählige Laichwasser mit Berechnung genau in das Glas auf dem Tisch geschüttet hatte, das passend an der Stelle stand, um von ihm, Pukkila, genommen zu werden! Weniger hätte genügt, um dafür zu sorgen, dass es unter den lebendigen Papillen auf Pukkilas Stirnbeinen geschäumt hätte! Krookla, du Patron aus dem Amtssitz der Krähe, wenn nicht der unglückliche Schuldschein vom letzten Frühjahr in deinem Schrank in der Stubenkammer auf Krookla eingeschlossen wäre, würdest du dein Wasser jetzt mit Zins und Zinzeszins in dein eigenes Glas zurückbekommen, sodass der Überschuss an Rum über die Ränder rieseln würde, um dem Zuviel an Brunnenstämmigem Platz zu machen! Dies war der erste Gedankenschwall, und schon darin lief tapsend auch der Welpe der Vernunft im Trab mit, obschon das Blut am Galoppieren war wie das Wallachfohlen nach saftigen Streichen der Peitsche auf die gespannte Rückenhaut an den Hüften! Nicht ein Wiehern durfte der Hengst unter Pukkilas Zügeln ausstoßen, auch wenn er an den Hufen scharf herangenommen wurde und ihm die Kandare keinen eigenen Willen ließ, weil die Zügelenden sich in den Händen von Pukkila persönlich befanden!

Falls noch eine Groll-Anwandlung im Halse stecken geblieben war, so war das größte Stück nun geschluckt, bevor es zu schlimmerem Würgen kommen konnte, und Pukkila, wenn auch mit Schielaugen, hantierte gezügelt und gezielt mit den Gläsern am Tisch. Ich schiebe aus dem Weg, was Krookla da gemixt hat!, dachte er und schob vorsichtig das schuldige Glas ein Stück zur Seite, damit es ihm nicht weiter als Gefahr drohte, schob es, da er schon mal dabei war, auf dem Tablett gleich noch ein bisschen weiter aus dem Blick, damit es die Augen nicht beleidigte, rückte es so nah ans Zuckergefäß heran, dass es fast dessen Rand berührte. An dieser Stelle nahm sich Härkäniemi nämlich für gewöhnlich sein Glas, dort, wo es die geringste Mühe machte, Zucker ins Wasser zu geben!, überlegte er sich und richtete das Glas gewissenhaft und genau nach dem Rand des bis zum Überrieseln gefüllten Gefäßes aus. Da rollen die Stückchen ganz von selbst ins Wasser, ohne dass der Empfänger auch nur auf sein Glas schauen muss, bevor er es in die Hand nimmt, dachte er nutzbringend für seinen Nächsten mit und hatte Krookla samt Verdruss und Rückenansicht schon vergessen: Krookla entfernte sich inzwischen auch, sodass Platz war, um am Tisch zu werken. Pukkila überzog nun bereits sein eigenes Glas der Inspektion und Vorbereitung: Warum sollte ich nicht Krooklas gutem Beispiel folgen!, fasste er Mut, und wieder schwappte ein Schluck von Eevastiinas heißem Wasser schnell und geschickt gegossen, diesmal von Pukkilas Hand, in jenes Glas, welches bereits reichlich mit Wassersubstanz gesegnet war. Härkäniemi hatte jetzt wenigstens genug Wasser im Glas, dass der Zucker schmolz!, bekräftigte Pukkila die Zufriedenheit seines Herzens, als er sein Werk und das klare Glitzern der perlenden Wasserbrühe neben dem Zuckergefäß begutachtete. Noch das eine oder andere weiße Bröckchen dazu, und das Glas ist bis zum Rand ganz und gar mit der Gabe des Brunnens und dem Süß des eingeweichten Zuckers schlürfbereit, und Härkäniemi wird sich am Kopf kratzen, weil der Pfarrer doch nicht in die Kirche passt und der Kognak nicht ins Grogwasser!

Pukkila war wieder munter, und die kleinen Dellen im Gemüt waren vergessen: Stand in diesem Moment doch nur er selbst allein am Tisch, als wäre er der Erste und würde als Langholma sich sein Glas nehmen und sich so raumgreifend bewegen, wie ringsum an allen Seiten Platz war. Und wie sich da nun gleich bewegt wurde: Wären die Lübecker mit ihrem Kai jetzt hier, würden sie sehen, dass das Brauen eines Grogs das Brauen eines Grogs ist, wie das Manöver einer Brigg das Manöver einer Brigg, wenn ein Mann den Gehrock anhat und wenn Pukkilas Rockschoß flattert. Auch beim Pfarrer im Feiertagsmessgewand ist Können gefragt, damit er nicht schmalstelzig und hastig zum Altar rennt, sondern breit die Sohlen setzt, wie es der Regel des Hin- und Herpendelns und dem gemessenen Takt im Samtgewand entspricht, und Geschick wird gebraucht, wenn ein Mann ehrenhaft seine Aufgabe am Grogtisch versieht, in Ruhe, wie es seine Würde verlangt, und mit Schwung, wie es der Respekt vor dem Haus und den Gaben des Hauses befiehlt. Aber es stand nicht zu befürchten, dass Pukkila das nicht gekonnt hätte: Kein Wort von Saumseligkeit und vom Verstecken des eigenen Nasenknaufs hinter den Segensbrettern der hintersten Bank, wenn Pukkila in Gang und in Fahrt war! Wie da nun auch der Zucker aus der Dose gepickt wurde: Nicht einmal ansatzweise so, dass man, wie gewöhnlich bei weißem Hagel, etwas zwischen den anderen Krümeln heraus in die Finger genommen und unmerklich ins Wasser fallen gelassen hätte, als wäre es ungeweihte Kaffeebrühe, kein Wort von so etwas: Ein

Gast wird nicht ins Haus befohlen, damit er mäkelt, sondern damit er durch umfassendes Zugreifen würdigt, was umfassend angeboten wird! Und so musste auch das Zuckerstück so aus dem Gefäß genommen werden, dass man es merkte und das Stück als eines erkannte, das Eevastiina zum Stück und nicht zum kleinen Krümel geschnitten hatte! Und mit einem solchen Schwung musste es aus den Fingern entlassen werden, dass der Fahrtwind den Jackensaum über dem Schenkel zucken ließ: Der Verfertiger des Grogs ist Gast im Saal und feierlich bei einer feierlichen Prozedur, und keine Krähe, die im Wipfel einer Fichte verstohlen etwas auf die Nadeln drückt, was sie sich öffentlich nicht aus dem aufgefächerten Bürzel fallen zu lassen traut! Und das Rühren ist heftig, wenn der klirrende Löffel das Süße im Wasser verkleppert, bis es schmilzt, und dann wird durch Anheben des Silberblatts geduldig geprüft, ob die Flüssigkeit klumpenlos aus der Wölbung läuft und der Boden hell und klar dem Kognakguss entgegenleuchtet. Auch hierbei ruhte der Schwanz des Gehrocks nicht auf den Oberschenkeln, und der Haarkamm blieb nicht ungesträubt, weil die Arbeit eine ernste war und der Vorgang ein genauer: Was soll ein Mann sonst achten, wenn nicht seinen Mund und das, was er für diesen zubereitet! Der Kranich, der auf einem Bein steht, und der Propst, der es auf beiden tut, der eine auf der Wiese in der Niederung, tief in Gedanken, der andere in Amt und Gewand bei der Pastorenversammlung, sind in ihrer würdevollen Körperhaltung und der Feierlichkeit ihrer Schenkelstreckung eine halbe Werst von einer ganzen Etappe mit der Postkutsche entfernt von dem gekonnten Stehen, von der Stakenhaftigkeit der Schenkelröhren und der Streckung der Rückensäule, in der Pukkila seine Gestalt auszurichten vermochte, wenn es geboten war, und wofür er sowohl im Nackenbogen als auch dort, wo der sonstige Körper schwang, die gottgegebenen Wirbel besaß, wenn es am Platze war und er als Mann feierlich und federnd auftreten musste.

Gut war jetzt außerdem und großartig die Tatsache, dass er den Kognak schon bereit und die Karaffe in der Hand hielt, sodass im Arm Waage und Gewissheit für die Führung des Gewichts vorhanden war, weil man auch von der Geschmeidigkeit her Kapitän und stattlich sein musste am Tisch! Und es lohnte sich durchaus, hinzuschauen, und war das Eintrittsgeld wert, zu sehen, wie nun die linke Hand sich mit geschicktem Gelenk dem schlingernden Löffel im Glas so weberschiffchenflink widmete, als schlüge das Schellenklingeln des Silbers durch das Schwingen der feinen Finger einer Mamsell gegen das Glas und nicht durch die groben Finger von Petter Pihlman, und wie dabei unter Vormundschaft der rechten Hand die schoppenschwere Karaffe klaren französischen Kognaks so offenbarungshaft einen mühelosen Bogen in der Luft beschrieb, wie es der edle Brand der teuren Substanz im blinkenden Kristall verlangte, und mit der ausgewogenen Großartigkeit, die der Wert und die ehrwürdige Hebung des Festhumpens befahlen! Ein Mann kann sich und seine Glieder durchaus beherrschen und – ohne dass die Linke von den Geschäften der Rechten Kenntnis hat und die unschuldige Rechte weiß, was die Linke tut – an den Biegestellen der Gelenke und in der Drehung des Handgelenkes etwas von der blanken Biegsamkeit der Weidenrute haben und gleichzeitig durch Nackenhebung und Rückenstreckung wie ein Stangenholz und stolzer Hochzeitsbaum für alle sichtbar sein in seinen würdigen Bewegungen: »Evald, denk immer daran! Gelenkig die kleinen Dinge und die großen Bögen mit großem Schwung!«, belehrte Pukkila stets auch seinen Sohn!

Schade nur, dass nun schließlich, da die Kirchenliturgie sich dem Ende näherte, das Amen nach der Predigt absehbar war und es endlich daranging, die Karaffe tatsächlich zu kippen und ins fertige Wasser gemächlich dasjenige zu gießen, ohne welches auch das Wasser aus dem Bach Kidron und aus dem Krug der Witwe von Sarepta in der Kehle eines ausgewachsenen Mannes bloß nach Brunnen und nach der Pfütze in einer Niederung schmeckt, und durch dessen Färbung wie beim Wunder von Elia auch das Wasser aus Alastalos Hofbrunnen, im Eimer heraufgekurbelt und an Schulterstangen schwappend in die Stube getragen, vor sehenden Augen und bei hüpfendem Herzen im Glas das Fell wechselt, mit jedem rinnenden Tropfen sich vom Getränk der Kuh in die Taufe des Menschenhalses und vom Zubergut in der Hausgangecke in edlen Stoff und Feuerzwirbel im Grogglas auf dem Tisch im Saal und in der Hand des Kapitäns verwandelt; schade, könnte man sagen, dass jetzt endlich, da man das Beste in den Händen hielt und das Amen von der Kanzel tönte und der Stattlichkeit und Pracht des Manövers nicht mehr fehlte als das kleine, feine aufflackernde Knattern, wenn die Flaggen an den Schnüren zu den Toppen hinaufsausen, das Rigg sich bunt entfaltet und die Flaggen an den Masten so weit in der Höhe rauschen, wie ihre Knäufe in den Himmel ragen, dass ausgerechnet in diesem wichtigen Moment und dieser Drehung des Züngleins an der Waage die Hast am Ellenbogen kratzte und die Maus der Eile über die Pfade des Blutes in den Adern wetzte: Knarrten da nicht hinter dem Rücken schon die Bodendielen? Wer sonst schreitet in dieser Melodie aus als Härkäniemis Papa Malakias, im Takt seines linken und im Zug seines rechten Fußes? Und war da nicht auch schon Eenokki unterwegs und im Begriff, sich zu nähern, der Hofherr von Karjamaa auf seinen Beinen, dem Schliffern der Stiefel nach zu schließen? Vergeudet all die schönen Betrachtungen: Wie willst du dich frei bewegen, wenn du als platter Hering ins Salzfass gerätst, und wie imposant erscheinen, wenn du dir als Geplätteter zwischen zwei solchen Dicknacken, die sich an den Grogtisch drängeln, um sich ihr Glas zu holen – Härkäniemi rechts von dir und Karjamaa auf deiner linken Seite –, Kognak in dein Glas tröpfeln musst? Wenn das Ohr ihn nicht trog, war außerdem auch Lahdenperä bereits mit seinen Schöffensohlen auf den Dielen!

Bei Pukkila waren nun die Noten im Eimer und die Stimmung verdellt, und er hatte nichts weiter vor sich, als zu schludern und sich ganz gewöhnlich Kognak ins Glas zu gießen, ihn so schnell es ging aus der Karaffe gluckern zu lassen, damit er sein Glas voll bekam und den anderen aus den Füßen gehen konnte: Schade freilich um den guten Stoff und die feierliche Gelegenheit und sonstige Annehmlichkeit, aber nun ja, am Ende und eigentlich war es Alastalos Kognak und nicht etwa Stoff aus der eigenen Karaffe daheim auf Pukkila, und für welchen Lohn und im Amt welchen Messpfarrers sollte er hier die Sachen anderer Leute in die Höhe heben, um etwas zu verteilen, für das die Ehre doch nur dem hiesigen Haus und Herman Alastalo zufloss: Soll der Hund seinen Schwanz doch selber heben, wenn er Schwung im Schweif und Haare am Fächer hat! Pukkila hatte eine Rümpfnase und einen schlaffen Kamm, da jetzt nach all den Hahnenhüpfern und Elsternsätzen ohne weitere Menuette und Kannenschwenkungen eilends der Kognak ins Wasser gegossen werden musste, als handelte es sich um irgendein dünnes Bier aus einem Holzhumpen: Schäbig der Hahn, der auf die Federn der Henne steigt wie eine Katze, die es sich auf warmem Stoppelstroh gemütlich macht, und elend auch die Ente, die, ohne auch nur mit dem Flügelansatz zu flattern, in den Teich torkelt!

Da standen sie denn auch tatsächlich neben ihm, Härkäniemi auf der einen und Eenokki auf der anderen Seite drängten an den Tisch, auch Lahdenperä schnaufte direkt hinter dem Rücken, sodass großspurige Bewegungen und Führungen der Ellenbogen gar nicht mehr infrage kamen, man konnte von Glück sagen, wenn man mit Anstand die Karaffe aus der Hand geben, den Kognak wieder auf den Tisch stellen und sich mit heiler Haut und randvollem Glas in Sicherheit bringen konnte, indem man sich aus dem Andrang und dem Schubsen der Hammelwidder am Trinktrog herausschlängelte. Was waren sie auf einmal alle und überall im Saal gleichzeitig durstig geworden!, murrte er und war auch dann noch ein nörgelndes Kind Israels, als er bereits offeneres Gelände erreicht und sein Glas in der Hand mit einem solchen Glück behütet hatte, dass immerhin kein Tropfen über den Rand geschwappt und verschwendet war, so genau und exakt und mit Geschick, wie das Glas bis zu den Rändern edel gefüllt war! So schamlos bin ich nun doch nicht und nicht so unbrauchbar bei der Verteilung des Fangs, dass ich selbst bei einer Bischofsversammlung und bei Pfarrhausbanketten vom Klimpern am Grogtisch und vom Lösen der Stopfen mit leerem Becher in der Faust zurückkehre, mit einem halb gefüllten Glas, das ich in der Hand baumeln lasse wie die Katzenpfote den toten Fäustling, den sie aus einem Loch gezogen hat, dem die Maus längst entschlüpft ist! So ermannte sich Pukkila nun, da er sich wieder in freiem Fahrwasser befand und es in einem Mann mit Stolz keinen Platz für Beanstandung gab, schritt er doch mit erhobenem vollem Glas in großartigem freiem, festem Gang mitten durch den Saal dem Ehrenplatz auf dem hinteren Sofa entgegen, das in seiner mächtigen Breite von zwei Klaftern darauf wartete, welcher der großen Männer vor aller, ringsum an den drei anderen Wänden des Saals verteilten Augen mit seinem Pokal als Erster die lederne Lehne erreichte!

Es ist eine Pracht, wenn sich jemand so bewegt, dass man den Anblick billigt, und eine Ehre für die ganze Gemeinde, wenn die Würdigen würdevoll sind: Denn was fängt man mit einem Wimpel an der Hochzeitspforte an, wenn keine Stange da ist, an der man die Fahne hisst, damit sie flattern kann, und was hat ein großer Gast im Festsaal verloren, wenn er nichts im Gesicht hat, das er heben kann, wenn es darauf ankommt, die Nase aufrecht zu tragen und den Rücken durchzudrücken, weil ein feierlicher Mann dem Hause zur Ehre gereicht! Auch die Kuh bummelt auf dem Viehweg nicht, wenn die Glocke an ihrem Hals bimmelt und die Horngräfin stolz als Erste den Waldsaal betritt, gefolgt von dreißig dünnbeinigen Schwanzschwenkern, und so geniert sich auch auf den Parkettbalken der Mann nicht, der als Pihlman Pukkila von den Verrichtungen eines echten Pihlman Pukkila vom Grogtisch zurückkehrt und nun mit einem vollen Glas in der Hand vor aller Augen aufs hintere Sofa zugeht, wohl wissend, dass man ihn betrachtet und dass man, wenn er sich gesetzt hat und auf dem Sofa den Rücken an die Lederlehne lehnt, es ringsum als Zeichen dafür verstehen wird, dass die Großen und Ersten der Gemeinde sich das Ihrige genommen haben und nun die anderen an der Reihe sind, sich einer nach dem anderen, ohne Unterschied und Umstände wegen des Rangs, sein Glas zu holen.

Sie sind nicht losgegangen, bevor ich gesessen habe!, dachte er, sein Herz schadlos haltend, sobald er auf seinem Platz saß und sich vom Sofa wie von einer höheren Warte aus umschaute und wahrnahm, wie gleichsam auf eine gemeinsame Abmachung hin in verschiedenen Ecken des Saals gleichzeitig eine gewisse Betriebsamkeit und Vorbereitung zum Aufbruch und Unruhe einsetzten: Engström neben der Tür, Jäger-Engström auf der einen Seite der Gangtür, während auf der anderen Seite in der Ofenecke Krookla sitzt, entledigt sich seiner Mütze und lehnt sie auf dem Boden gegen ein Bein seines Stuhls, Nordblom neben ihm, Fisch-Nordblom streckt seine Stelzen und probiert, weil er damit gleich gehen muss, ob sich die Glieder, vom langen Sitzen steif geworden, noch bewegen, Hannu Haukinen, der Taugenichts, befindet sich bereits im Stiefelmarsch von der seeseitigen Wand aus dorthin, wo einem der Groggeruch in die Nase weht: Der Junge und Herr eines geerbten Hofes hat ja auch einiges zu schlecken und am trockenen Adamsapfel zu schlucken gehabt, weil er des Anstands wegen einen halben Tag lang sinnlos und unter alten Männern manierlich auf der Stuhlkante hat sitzen müssen, nüchtern und ohne einen Mucks von sich zu geben, ohne die Schultern breit zu machen, obwohl er daheim Haus und Hof hat! Und Sjölund, der Kapitän, wenngleich auch klein und ohne Haus, wo will er schon hin – anständig und seitlich anschiffend, genau dem Querteppich folgend und die offenen Stellen und Teppichzwischenräume menschlich meidend, allerdings wohlweislich und mit gekonntem Schleichen –, wenn nicht dorthin, wohin auch die anderen gehen und wo man offiziell sein Grogglas in die Hand bekommt, falls man wartet und seine Zeit abpasst: Du bist der reinste Knut beim Marsch der Markusse! Sieh an, der ganze Saal kommt in Bewegung, nachdem ich meinen Platz erreicht und mein Glas vom Tisch geholt habe!, schnurrte Pukkila guter Laune, bis er wieder Ärger und Verdruss zu schlucken hatte: Janne, Janne Pihlman ist so unverschämt und setzt sich vor Evald in Bewegung: Warum hat Evald wieder nicht kapiert, dass er darauf achten muss, wann er an die Reihe kommt, und sich dann rechtzeitig vordrängelt!

Am Grogtisch wurde es allmählich eng. Härkäniemi, wie wir wissen, und Karjamaa und Lahdenperä waren bereits eingetroffen, hatten schon zu Pukkilas Zeit dort herumgefuhrwerkt und waren diesem ein Ärgernis und im Weg gewesen, sodass derjenige, der das Zeug dazu und den Saum am Kaftan dafür gehabt hätte, sich nicht mit Würde und Erbauung und mit der Bewegungsfreiheit sowie dem Raum zur Führung des Ellenbogens, den auch der Hahn braucht, um auf dem Misthaufen den Bürzel zu spreizen und sein Lied zu krähen, sein Glas fertig zubereiten konnte, sondern ausgerechnet an der besten Stelle und beim Kikeriki die Noten schlucken und die Kurve kratzen musste, hastig wie die Schröpferin vor der Sauna ihre Hörner in den Beutel stopft und der Pfarrer in seiner Predigt dem Amen entgegenhetzt, ohne mehr als mit der Faust gedroht zu haben und vom Evangelium nicht einmal die Eingangsschnörkel geflötet worden sind!

Immerhin hatte Pukkila es noch geschafft, seine Gehrockgestalt und sein gesichertes Glas mit einer gewissen Würde und gewahrter Rückenhaltung aus dem Auflauf zu befreien, aber jetzt, nachdem er gegangen und beim hinteren Sofa angelangt war, lag der Fußboden des Saales offen hinter ihm da, um von jedem betreten zu werden, und jeder hatte auf dem breiten Parkett vor sich lediglich die Strecke zu bemessen, die sich vom eigenen Sitzplatz bis zum Grog, zum Tisch und zum Geklingel erstreckte, überall und in sämtlichen Ecken des Saals ging jetzt also langsam die Betriebsamkeit des Sich-in-Bewegung-Setzens und das Tappen zum Aufbruch los, auf der Seefensterseite ebenso wie auf der Landfensterseite, neben der Tür wie auch in der hintersten Ecke, und bald wimmelte es von Hosenbeinpaaren auf dem weitläufigen Fußboden aus Kiefernholz, und glatte Sohlen schleiften über die sich biegenden Bohlen und die weichen Teppichstreifen, als die Männer nun im Stiefelgang losstampften und die Jungen mit beschwingten Schenkeln aus verschiedenen Richtungen antanzten, doch mit dem immer gleichen Ziel geradewegs dorthin, wo beim Mutigen die Nasenspitze den kürzesten Weg zum Glas anzeigte. So wie auf dem Kompassblatt sämtliche an den Rändern verstreuten Striche und Streifen schnurstracks auf das schwarze Herz des Mittelflecks hin pfeilen und so wie die durch Gewöhnung gezähmte Schafschar im Herdenlauf aus allen Richtungen der eingezäunten Weidefläche ans selbe offene Gatter rennt und rempelt, weil der vertraute Rufer hinter dem Zaunpfosten und für jedes Maul ein Stück Roggenbrot in Aussicht steht, so war jetzt der ganze mächtige Saal auf den Beinen und von der müßigen Runde rings an den Wänden her in Bewegung; von vier Richtungen drängte nach einem Muster das kräftige Trampeln der schreitenden Männer heran, da im Trupp ein durstiger Ankömmling nach dem anderen mit der Kraft seiner Schultern dicht die leeren Lücken am anvisierten, lockenden, mit Gläsern beladenen und edel funkelnden Tisch schloss.

Solange jedoch das derzeitige Trio am Tisch beschäftigt war, in der Mitte Härkäniemi mit seinen Schulterellen und rechts und links von ihm jeweils ein anderer, auf der einen Seite Eenokki, dünner zwar, doch immerhin ein Karjamaa, und als zweiter Schulternachbar dicht daneben Lahdenperäs Schöffenbuckel, hatten die Neuankömmlinge, auch wenn sie in dichter Schar eintrafen, fürs Erste nichts weiter zu tun, als hinter der Rückenwand über die Schultern hinweg zu erspähen, wann sie an die Reihe kämen, falls ihr Hals lang genug war, um zu sehen, ob in der Karaffe noch eine Pfütze für sie übrig bleiben würde, nachdem die drei Männer sich eingegossen hatten. Eenokki, der es sonst seinerseits genau nahm und unnötiges Zugreifen sowie die Sünde des Vergeudens für einen Verstoß gegen das elfte Gebot hielt, sofern man sich auf Karjamaa befand und seine eigene Ware verzehrt wurde, sah auf Alastalo und mit der Karaffe eines anderen in der Hand keinen vernünftigen Grund, den Blick geizig auf den Inhalt der Kanne gerichtet zu halten, ob diese sich etwa zu schnell leerte, sondern schaute im Gegenteil wachsam auf den Rand des eigenen Glases, damit dieses sich bis dorthin füllte: Ich selbst bin es, dem ich Rum eingieße, und dieser Rum ist der von Hermanni!, rief er sich zur Vernunft, als seine Natur doch Anstalten machte, zu knausern, und die Hand wie aus Zwang das Eingießen vorzeitig beenden wollte. Bis auf den Tropfen das, was die Ränder fassten, schenkte sich

Eenokki schließlich ins Glas: Das, was man als Gast bekommt und was das Haus hergibt, gehört dem Gast und ist in den heimischen Ranzen gerafft!, dachte er, der Vetter väterlicherseits von Mikkel Krooklas Mutter, und bestärkte und überzeugte auch ohne Ermunterung von außen sein zähes Selbst: Man vergeudet nicht sein eigen Gut, wenn man den Rum eines anderen trinkt! – Eine eindeutige Lüge käme einem von der Zunge, wenn man zudem behaupten würde, dass etwa Lahdenperä auf Härkäniemis anderer Seite nennenswerte Sparsamkeit und Mitleid mit den Rumsubstanzen in Alastalos Karaffen an den Tag gelegt hätte, als es nach all dem Zuckermischen und sonstigen Zeitvertreibsverrichtungen und unnützen Zeremonien endlich ernst wurde, er an die Reihe kam und sich, nachdem Eenokki den Behälter auf dem Tisch abgestellt hatte, an Härkäniemi vorbei strecken und nun seinerseits den von Krookla und Karjamaa schon etwas erleichterten, aber vom Waagenmaß her und mit der Hand geschwenkt immer noch recht verlässlichen Funkel-Opa und Glucker-Ahn an sich nehmen konnte. Nein, es wurde durchaus ungeniert gekippt – Lahdenperä hatte keineswegs die Angewohnheit und den Anstand, sich zu zieren, außer wenn ihm etwas befohlen und mit Schulterklopfen aufgedrängt wurde, wohl wissend, dass ohnehin etwas zu bekommen war und man sich das Seine ohne Wettstreit sichern konnte –, mutig wurde die Karaffe jetzt gekippt, da man sie nun einmal in der Hand hatte und es gluckerte und der Rum ins eigene Glas lief. Lahdenperä mochte Rum mehr als Kognak: Allein die Farbe hat es schon in sich!, dachte er, als das Fell des Wassers im Glas sich dunkel färbte und das Klare sich rot verdickte. Die Mundhaut eines Bauern ist nicht aus dem Lippenzart eines Fräuleins gemacht, sondern aus dem Leder eines echten Mannes, und der Stoff, den man braut, um dieses Leder zu schneiden, muss schon im Glas kräftig brennen und nicht erst im

Mund!, sekundierte Lahdenperä sein Werk, während er wohlgefällig zusah, wie beim Eingießen der Silberglimmer des Löffelstiels im Glas von ruhigerem Rotgeflämmel in schwärzlichen Gefahrenbrand überging: Der wird den Gaumen triezen, weil er schon dem Auge schmeckt!, prophezeite er und war ganz andächtiger Mann in der Gemeinde, während er mit dem Löffel rührte.

Der Dritte in der Front am Tisch, Härkäniemi, war trotzdem am besten und nahrhaftesten anzuschauen, da man sich nun einmal die Zeit vertreiben und beim Warten hinter den drei Rücken darauf lauern musste, dass man an die Reihe kam. Malakias Härkäniemi und die Eile waren nicht am selben Tag erschaffen worden, und am allerwenigsten hatte ein zufriedener Mann am Grogtisch und bei der Zubereitung seines Grogs Grund zur Hast. Sieh an, die Eevastiina! Sogar den Zucker hat sie in Festtagsstücke geteilt, die groß genug sind, dass man sie anfassen kann!, sagte ihm sein Kennerblick, und er nahm sich Zeit für den nächsten Gedanken, während er vor dem Zugreifen die mächtigen Brockenberge im Gefäß betrachtete, noch immer hoch aufragend, obwohl von der Aufschichtung schon etwas abgetragen worden war und auch Pukkila sich seinen Grog gewürzt hatte! Davon ein paar Klumpen ins Wasser gewälzt und geworfen, dann hat auch Hermannis Kognak eine Weile zu tun, bis er sich so weit ins Süße gebissen hat, dass die Medizin echt am Zahnfleisch bitzelt!, mutmaßte er, um die Zeitlücke zu füllen, die es brauchte, sein Glas aus dem Schatten der Zuckerdose näher an sich heranzuziehen. Bemerkenswert: Siviä, eigentlich immer ein geschicktes Mädchen und ein Mensch der Ordnung, hat das Glas so verrückt, dass man es suchen muss: Wo sind die Gedanken der kleinen Elster da bloß hingeflattert?, konnte er sich gerade noch ein klein wenig verdrießen, bevor er, da er schon den Zucker befühlte (vier Stück reichen bestens bei Eevastiinas Würfelung!), auch hinsichtlich dieser Seite des Vorgangs bereits auf dem Laufenden und im Bilde war, gerade also, als er die Stücke über den Rand des Gefäßes ins Wasser fallen lassen wollte, gewahrte er dann doch etwas und ließ im letzten Moment einen Laut von einem Fluch entfahren, noch bevor das Missgeschick geschehen war. Zum Heiden aber auch, um es nicht schlimmer auszudrücken, da hätte ich mir doch um ein Haar meinen Grog in einem vollen Wasserglas gemischt!, stöhnte er wie ein Mann, der mit dem letzten Augenwink gerettet worden ist, und stieß in der ersten Verwirrung das bis zum Rand mit Wasser gefüllte Glas so weit von sich weg, wie Platz auf dem Tablett war und sein Arm reichte.

Ist die Siviä, das arme Mädchen, so schlimm verschossen, dass sie bis oben hin Wasser ins Glas gluckern ließ, da ihre Augen auf fremde Wege entfleuchten?, versuchte Härkäniemi sich den unerklärlichen Umstand zu erklären und spürte Mitleid im Herzen, als er das vernunftwidrig überwässerte Glas in der Reihe der anderen, anständigen Groggläser betrachtete. Und ausgerechnet ich hätte die Lauge abbekommen! So umkreisten noch immer der Abscheu sein Herz und die Knappheit, mit der er dem Unglück entgangen war. Was schwappt da für eine kräftige Farbe in Pukkilas Glas, so kräftig, dass einen der Neid am Hals packt, wenn man zusehen muss, und ich hätte um ein Haar bei der Rückkehr zum Sofa bleiches Wasser in der Hand getragen! Härkäniemi stieß das Fehlerglas auf dem Tablett noch weiter weg und wohlweislich hinter die Reihen der anderen Gläser, damit es auch sonst niemand in die Hände bekam. Pukkila! Es blieb ihm wie ein Dorn im Kopf: Pukkilas Glas glomm golden, ja gar zu gelb! Hatte ihn das nicht gleich, ohne dass er es groß bedacht hätte, misstrauisch gemacht, weil es ins Auge stach: Hat der Kerl, zum Teufel, am Ende puren, unvermischten

Kognak im Glas? Oh, dieser ungeschorene Hund und diese unverbesserliche Fuchsfresse: hat eine Pfütze Wasser aus seinem eigenen in den Napf eines anderen geschüttet, dieser Ungeräucherte, und dieses Gift von ungefärbter Wassermixtur eigens für mich in den Schatten der Zuckerdose Rand an Rand geschoben, damit ich es nehme! Härkäniemi schlug es derart aufs Gemüt, dass er das nüchterne Glas ein drittes Mal versetzen musste, aus den Augen nur, damit es nicht störte, wurde es hinter den Gläserreihen sorgfältig an den äußersten Rand gestellt, in den hintersten Winkel und in die Schandecke des Tabletts. Soll daraus einen Schluck nehmen, wer will, und sei es Pukkilas eigener Evald, aber ich ertrage es nicht, mir in der Kirche einen nichtsnutzigen Untertan anzusehen, der unverständig mit dem Hintern auf der Bank sitzt, während die Großen und Mächtigen unnötig über den Gang wandern, um in der vollen Kirche einen Platz für sich zu suchen, und so führe ich auch beim Grog nicht die Kognakkaraffe vorsätzlich und ohne ablehnenden Blick über ein solches ungehöriges Glas hinweg, das die Unverschämtheit besitzt, wassersatt auf dem Tisch zu stehen und sich mit Ausschuss vollgeladen darzubieten, während Edleres fließt und der Kognak im Karaffenhals gurgelt, wo man demütig der Gnaden des Getreides und des Gluckerns gelben Goldes harrt!

Evald!, schmunzelte Härkäniemi noch, als er sich bereits das nächste unter den halb vollen Gläsern ausgesucht und so dicht herangezogen hatte, damit er bequem Zucker aus der Dose ins Wasser plumpsen lassen konnte. Wenn ich es nicht falsch verstehe, dann hat Siviä abgezählt, wie viele Gläser hier am Tisch gebraucht werden, und dem Letzten bleibt daher nur Pukkilas Gebräu dort an der Ecke, wohin ich es geschoben habe! Und beim geschäftigen Tun erwachte sogar ein kleiner Teufel von Schadenfreude mit Vergnügen in seinem Sinn. Evald darf das

Laichwasser seines Vaters schlürfen, bevor auch nur ein Tropfen Stärkeres ins Glas passt!, vergalt er seinem Herzen: Der Junge besitzt immerhin so viel Nase, dass er sich als Jüngster hinten anstellt, und Janne wird sich rechtzeitig vorsehen!

Härkäniemi hatte in dieser Angelegenheit nun seinen Herzausgang ordentlich gereinigt und die Veranden seines Gemüts gekehrt, sodass er jetzt, da auch der Zucker schon im Glas und verrührt war und die Süße mit dem Wasser verschmolz, in aller Ruhe und mit günstigen Gedanken gelassenen Geistes und aus voller Schulterbreite heraus andachtsvoll und voller Glauben die Tat und ernste Handlung verrichten konnte, die nach wie vor ausstand und als noch nicht in Angriff genommenes Werk vor ihm lag, bevor er zu seinem Platz auf dem Sofa zurückkehrte und für ein halbes Stundenglas ein zufriedenes Kind Israels und inmitten der Gemeinde ein Geschöpf wäre, das sich nicht beschwerte. Die Kognakkaraffe befand sich nun in seiner Hand, und als gewissenhafter Mann, der eine Respektbezeigung schuldig war, hob er nun, bevor er zu weiteren Vertraulichkeiten überging und die Kippungen zum Guss begannen, das edle Gefäß mit seinem gesegneten Inhalt gegen das Fenster und das Tageslicht, damit auch das Auge durch seine prüfende Einschätzung ausreichend Untertänigkeit und Anerkennung dem zollte, dem der Mund danach durch Kosten ein gutes Zeugnis ausstellen würde. Hohen Herren schaut man in die Augen und anständig ins Gesicht, bevor man sich erkühnt zu sprechen und nach dem Befinden fragt!, dachte er. In meiner Pranke funkelst du nun und hier im Saal von Alastalo und bald auch in meinem Glas und im Schluckloch unter Härkäniemis Lippenbart, obwohl du auch bei Herrschaften in reichen Sälen schwappen könntest und bei anstoßenden Grafen und bei Banketten des Patrons die Barthaare von Baronen betrachten könntest, wenn nur ein anderer als Alastalos Herman für dich eine französische Mark lockergemacht und eine Goldmünze auf den Tresen geworfen hätte, wo sie dann kreiselte!, überlegte er mit Wohlgefallen, wenn auch von trauriger Wehmut geprägt, und schmeichelte dem Gemüt, bevor der Mund an die Reihe kam. Man könnte sich geradezu selbst beneiden, wenn der Mensch ein Herz und Dankbarkeit hätte! Wir waren als Buben, Herman und ich, auch nicht mehr als die anderen wuselnden Schlingel und Bengel auf dem Dorfanger, feucht unter der Nase, wenn es Winter war, und die Beine voller Stiche im Sommer, und jetzt sitzen wir als stabile Stützen in unseren Sälen, in denen an den Wänden Ledersofas stehen und mahagonifarben gebeizte Stühle, kippen uns als Männer, die es geschafft haben, statt scharfen Schnaps aus einer kalten, fahlen Flasche nun Kognakgold aus heißen Gläsern und mit warmem Zuckerwasser in den Hals und schwatzen als große Männer großspurig über Barken und das Strecken von Spanten zu Bögen wie kleinere Leute und geringe Schüsselmacher über das Auskerben ihrer Schälchen: Einst haben wir Stöcke zum Würstchenbraten geschnitzt, aber jetzt stellen wir Masten auf!

Da war sowohl ein Nackenbeugen der Demut am Mann als auch solides Wissen um sich selbst, als Härkäniemi nun mit Würde, so wie es zum Ort passte, aber ohne sich aufzuplustern, wie es der Geschmack verlangte, die Karaffe kippte und ins fertig gemischte Glas die Flüssigkeit goss, die auch derjenige, der es gewohnt ist, nicht ohne Respekt in die naturfarbene Wassersubstanz rieseln lässt. Ja, Wasser ist klar, aber im Mund schmeckt es pur und an sich nicht nach viel!, überlegte er weise, während er mit Anerkennung und mit der Andacht von Geist und Vorgeschmack zusah, wie das erste gelbe Tröpfeln golden rann und die Farbe des Wassers mit einem Schauder auf der Stelle wechselte und entflammte und entbrannte: Ein lernendes Kind bist du und ein Zwölfjähriger im Tempel!, lobte er. Härkäniemi war kein Lägelkropf und kein Gierpilz, der alles Nasse aufsaugte, aber sein Glas goss er sich trotzdem immer voll, und er leerte es auch, weil ihm Gott nun einmal quer etwas unter die Nase gesetzt und ihm einen Gaumen in den Mund gegeben hatte, der das Gute schmeckte. Wer wäre ich, dass ich in schwerem Schwall von mir spucke, was dem Menschen als Korn der Belebung geschenkt und als Trost des Herzens gegönnt worden ist!, dachte Malakias Afrodite Härkäniemi und ermutigte seine schwankende Menschennatur: Es gibt viele Formen des Unglaubens und der Undankbarkeit, und eine davon, und zwar nicht die mildeste, ist die, wenn der Mensch seine Vernunft weiser einstuft als die Gaben Gottes und seinem Mund etwas versagt, das nach dem klaren Zeugnis von Geschmack und Wirkung doch mit Stärke gefertigt wurde, um auch dem sündigen Männermund mit Biss von Gnade zu künden, eigens als Flüssigkeit geschaffen, um in der Kehle des Menschen feurig zu gurgeln! Als ein mit Glauben gerüsteter und stabil gestärkter Mann führte Härkäniemi nun seine Arbeit am Tisch mit Gewissheit zu Ende, goss sich sein Glas so voll, wie es sich schickte, ohne dass es gierig aussah, aber auch ohne unnötige Luft unter den Rändern zu lassen: So viel Respekt und Ehrbezeigung ist der Gast dem Hause und den Substanzen desselben schuldig, dass er nicht vom Serviertisch zu seinem Platz zurückkehrt und dabei ein halb leeres Glas in der Hand schwenkt!

Nachdem das Glas nun voll, die Verrichtung ausgeführt und die Karaffe auf ihrem Platz war, bedurfte es am Tisch keiner weiteren Überlegungen mehr: Härkäniemi schickte sich an, friedlich seine Schultern aus der Schar der anderen zu befreien und sich und seinem Glas einen Weg von der Tischumgebung in freiere Gefilde zu bahnen. Er stieß in eine Lücke und schuf eine Fahrrinne im Gedränge, sodass das Glas hindurchkam und hinter diesem er selbst und in seinem breiten Fahrwasser

Lahdenperä und auch Eenokki, ebenfalls die ehrenhaft geretteten Gläser in der Hand, heraus aus dem Gedränge, in dem mit Ellbogenkraft und nach dem Recht der Reihenfolge anstatt der drei zufriedenen, die sich ihren Grogproviant gesichert hatten, jetzt fünf mickrigere Männer sich den von den Mächtigeren hinterlassenen Raum vor dem Tisch erstampften: Sie bekamen ihren Platz, weil sie sich einträchtig bemühten und Härkäniemis Schultern nicht mehr den Tisch verschatteten. Mitleid mit dem zähen Haufen, bei dem vorerst nur das Stehen hinter den Rücken der anderen und das trockene Schlucken des eigenen Kehlapfels an der Reihe war, während die Gerüche die Lüfte spülten und die Glücklicheren schon den Groggeruch in den eigenen Nasenlöchern hatten, war freilich vorhanden. »Da stehen schon noch glänzende Gläser auf Siviäs Tablett und in Eevastiinas Kanne kochendes Wasser für euch bereit!«, tröstete denn Härkäniemi auch gütig und von Herzen jene Männer in der hinteren Reihe, bevor er mit Glas und schwappendem Inhalt zu seinem Platz auf dem Sofa ging. »Und in Alastalos Karaffen ist genug zum Einschenken, wie bekannt und wie es derjenige erfährt, der sich eingießt!«, ermutigte er noch die Schar, bevor er sich ernsthaft in Bewegung setzte und durch den Raum schaukelte. »Du hast auf dem Tisch ja schon für Evald ein Glas hergerichtet, und ich habe es zur Seite geschoben, damit kein anderer vor ihm das bleiche Gefäß vom Tisch nimmt!«, sagte er beiläufig zu Pukkila und hob sein kräftig gefärbtes Glas in die Höhe, als sollten die anderen es betrachten. Oder hielt er es Pukkila vor die Nase, in der Absicht, mit ihm anzustoßen?

ZWÖLFTES KAPITEL

Kleines Zwischenstück, in dem man sich seine eigenen Gedanken macht und auf Weiteres vorbereitet, während man wartet und es im Blut ein wenig rauscht.

Es gab da schon einiges an Gezupfe und kleinem Geraschel im Gedrängel, verstohlenes Vorschleichen und auch Formen kühnerer List des Ergatterns, einvernehmlichen Ellbogeneinsatz und sonstige geschäftige Geschicklichkeit, bis jeder im Saal bei den Broten am Jordan und beim Werken am Grogtisch an die Reihe kam, und zwar lieber vor seinem Nachbarn als nach ihm. Es heißt, die menschliche Kreatur sei kein hingebungsvolles Geschöpf, aber wer so etwas sagt, hat nie neben einem frischen Menschenkind gestanden und ihm unter einer Saftbirke im Frühjahrswald mit eigenen Augen genau in dem Moment ins unschuldige Gesicht gesehen, in dem sich durch das Schwitzen des berindeten Stamms an der hölzernen Spitze des Zapfstäbchens ein zitternder Tropfen gebildet hat und die bebende Perle gerade sich lösen will, um vom Wartenden aufgeleckt zu werden, und der Nektar des ersehnten Tropfens kurz davor ist, auf das zusammengelaufene Wasser der Zunge zu fallen, als himmlische Erfrischung, die das gierige Auge schon mit Lust geschluckt hat, während das nadelspitzenkleine Tröpfchen mit sachter Langsamkeit zur Erbse schwoll; auch hat ein solcher Schwätzer nie ins ernste Weiß eines andächtigen Männerauges geschaut, wenn eine Schar ernsthaft am

Werk ist, mit gereckten Bärten wie wimmelndes Hummgelgebrumm an der Strohöffnung des Nesteingangs, in andächtiger Arbeit über den Tisch gebeugt, auf dem die Gläser in der gleichen dutzendfachen Zahl warten, wie ringsum noch ungetaufte Männerbärte aufgereiht in der Durstreihe und Witwenschlange standen, und als künftiger Inhalt der klingenden Gläser in den Karaffen eine so starke und pestscharfe Ware harrte, dass selbst der Engel, der die Pforte zum Paradies bewacht, mit neidischem Auge hinsieht und sich mit Schleim im Schlund beschwert, weil er nicht in der Nähe steht, in der Erwartung, ebenfalls etwas abzubekommen, und weil bei der Aufteilung des Erbes durch die Schöpfung nur den Adams und den Menschen männlichen Geschlechts die Kenntnis und das Kennertalent in die Mundhaut gegeben war, zu schmecken, was auf der Welt am besten auf der Zunge brennt! Schließlich bekam jeder der Reihe nach treuem Harren endlich als Lohn für die Geduld sein Glas, so wie Jakob einst am Ende seine Rahel, und für längere Zeit lösten sich zufriedene Männer, einer nach dem anderen, aus dem Pulk des Gedränges am Tisch in Richtung freiere Gefilde und in den offenen Raum, die gesicherte Beute in der ausgestreckten Pranke und den gezapften Brandgeist stolz erhoben! Als ermunterter Mann und mit gerüsteter Seele stiefelte auch manch einer von demütigerem Blut und mit hausgefertigter Jacke durch den Raum, da er Herrschaftliches im Glas zu tragen hatte und Trost für die Backe in Aussicht stand, sobald er wieder auf seinem Platz und auf seinem Stuhl in Sicherheit war! Und bald hingen an allen Enden des Saals in stummer Andacht und auf den Zoll genau bemessener Höhe zufriedene Nasenspitzen in dem feierlichen Reihenring, der sich bildete, nachdem Mann für Mann allmählich vom Treiben am Tisch auf seinen wartenden Platz und stabilen Stuhl zurückgekehrt war, die randvollen Gläser in starker Fellfärbung ringsum im

Saal von Männerhänden mit behaarten Gelenken erhoben und die Ellenbogen auf die Knie gestützt.

Vielversprechend wehte der nahe und bei jedem Atemzug spürbar stechende Geruch und scharfe Hauch aus dem mit Schuss angereicherten Trinkglas und wurde als gefälliger Vorgeschmack aufgesogen, aber steif war dennoch das Harren, so wie immer, bevor man den Anfang fand, und unschön das Warten, bis alle ihr Glas bekommen hatten, jeder an seinen Platz gegangen war und das Trampeln auf dem Fußboden aufhörte: Auch Alastalo als Hausherr hatte sich etwas genommen und sein Glas gemischt. In einer so großen Schar und ehrenwerten Gesellschaft muss es, was die Bräuche betrifft, bei der Prozedur des Beginnens schicklich und anständig zugehen, und so hatte im ganzen weitläufigen Saal und im Kreis des vier mal fünf Klafter messenden Wandrunds noch kein Einziger die Lippen befeuchtet, außer Mikkelsson Krookla, der bei der Rückkehr von der Grogherstellung, wie wir uns erinnern, auf seinem Gang durch den Raum den Überfluss aus dem Glas geschlürft hatte, der sonst ausgelaufen und vergeudet gewesen wäre, aber selbst er hatte sich anschließend zurückgehalten und seine Lust beherrscht, nachdem er wieder in der Mauerecke Platz genommen hatte. Erst jetzt also, da auch Alastalo sich sein Glas zubereitet hatte und die Bodenbalken nicht mehr unter ihm knarrten, nachdem er zu seinem Schaukelstuhl zurückgekehrt war und sich schräg gegenüber von Langholma und vor dem hinteren Sofa zurechtgesetzt hatte, jetzt erst fuhr also Erleichterung durch die Gemeinde, und im ganzen Saal erfasste ein kleines Schwanken die schwappenden Gläser, so wie im Wipfel der Fichte das Gehege der Triebe erzittert, wenn sich der Auerhahn mit einem Rauschen aus der Sitzruhe zum Flug in die Lüfte aufschwingt.

Alastalo hob denn auch mit der Tatkraft eines Seemanns,

der weiß, dass der Finger schnell sein muss und die Schnüre geschmeidig und ohne Abenteuer des Denkens von den vorigen Belegnägeln gelöst und noch fixer an den Pollerbengeln der gerade noch faulen Seite straff gezogen werden müssen, wenn der Bug dreht und das Schiff von einer neuen Seite Wind aufschnappt und Schwung in die Segel kommt; mit der Nase des Seemanns und dem Wissen, woher der Wind weht, hob Alastalo also, nachdem er seine hinterteiligen Besitztümer und seine Kapitänsbrust ordentlich und in harmonischem Arrangement in die für einen anderen und schmäleren Mann durchaus geräumige, für Alastalos Rundungen jedoch eher engere Einfassung und knarrende Umarmung eingepasst hatte, er hob, kaum dass er in der Obhut des Sitzens angelangt war und ohne sich auch nur durch ein Ächzen Erleichterung zu gönnen, hob mit Schärfe und Spitze in der Ausführung sein randvolles Glas schneidig auf die Höhe der Augen, suchte mit geballtem Respekt im Visier als Erstes Langholmas an Ehrbezeigungen gewöhnte Augen, richtete danach seinen Hausherrenblick auf das hintere Sofa und führte ihn, angefangen bei Härkäniemis Schultern, von Mann zu Mann, von einem kräftigen Augenpaar zum anderen, über Lahdenperäs dauermildes und Pukkilas blinzelblitzendes bis hin zum zugepetzten in Eenokki Karjamaas Gesicht, erweiterte anschließend den Ring der Aufmunterung auf den ganzen Kreis im Saal, um jeden zu ermutigen, die Linksseitigen genauso wie die auf der rechten Seite Sitzenden, führte das Glas an seinen Bart und nahm zum allgemeinen Zeichen und als Hinweis für jeden den ersten mundvollen Schluck. Eigentlich hätte er, anstatt sich zu setzen, stehen bleiben und vor dem Schaukelstuhl die Aufforderung durchführen können, die Rundung seines Rumpfes dazu passend drehend und mit erhobenem Glas den Nacken beugend, so wie Pukkila Pihlman es an seiner Stelle mit Sicherheit getan hätte, aber seiner Ansicht nach war die Aufforderung im Sitzen robuster und fiel überzeugender aus, außerdem durften so auch die anderen in Ruhe auf ihren Plätzen sitzen bleiben und ohne überflüssige Zeremonien und das Geräusch allgemeinen Aufstehens bedächtig die Wirkung des ersten Schluckes kosten. »Auf die Gesundheit der Bark!«, sagte er also schlicht von seinem Platz aus als gewichtiger Mann und erfrischt vom ersten Schluck, aber auch, um die Dinge wieder ein wenig in die Spur zu lenken, sowie als Erinnerung daran, wozu man sich versammelt hatte und wozu auch der Grog in den Saal getragen worden war.

Dem würdevollen Beispiel des Hausherrn und der auffordernden Ermutigung durch der Augen Befehl war natürlich Folge geleistet worden und im Saal ein Moment der Andacht entstanden, als die Gläser gemächlich an die Lippen geführt und wie auf gemeinsamen Beschluss hin mannhaft der feierliche Schluck zelebriert wurde, wenngleich so weit zeitversetzt und mit unterschiedlicher Gründlichkeit, als es Krookla in seiner Kachelofenmauerecke gelang, das Glas vor allen anderen an die Lippen zu setzen, selbst vor Langholma in seinem Schaukelstuhl und schneller sogar als Pukkila auf dem hinteren Sofa, und dann, nachdem das Beispiel gewirkt hatte und die Gläser ringsum an allen Wänden und bis in die abgelegenen Winkel des Saals der Probe unterzogen wurden, war es erneut Krookla, der sich als Letzter vom Tagwerk trennte und erst, als die anderen sich schon als befriedigte Männer die Lippenbehaarung abwischten, das Glas von seinem Bart löste, obschon er, um die Wahrheit zu sagen, es nicht geschafft hatte, mehr in sich aufzusaugen als Huukainen an der seeseitigen Wand, der, jung, wie er war, und mutig im Zupacken, sich auch in der Kürze der Zeit nicht lumpen ließ und bei dem schon nach dem ersten Schluck das halb leere Glas in der Faust von tüchtiger Arbeit zeugte. Die anderen waren allerdings gemäßigter, Langholma pflegte ohnehin nur, sich die Lippen zu befeuchten und das Glas der Geselligkeit halber nur leicht zu kippen; wenn es sein musste, kam er aus reiner Hinterhältigkeit und zum Ärger der anderen den ganzen Abend und den halben Tag mit einer einzigen Glasmischung aus, ohne sich nachzufüllen; Alastalo selbst war angesichts der anliegenden wichtigen Maßnahmen ebenfalls vorsichtig, Härkäniemi wiederum ließ sich zum Auftakt Zeit, und auch Lahdenperä hielt es nicht für passend, in besserer Gesellschaft und unter Größeren gleich zu Beginn den Mund voll und die Rolle des Schöffen einzunehmen; Pukkila hatte seine eigenen Gründe, nicht mehr als ein Quart aus seinem Glas zu kippen: gerade so viel Aufguss, dass das Blut ein bisschen zischt, aber noch nicht spuckt!, warnte er sich: Am heutigen Tag wird im Kopf lebendige Vernunft gebraucht, ja, lebendige, verflixt! Aber auch Weitblick hinter der Stirn, Weitblick auch!, dachte er und hielt sich beim Kippen zurück. Sehr maßvoll und würdig war also rundum im Saal der erste Guss, und in den Gläsern – von denjenigen Krooklas und Hannu Huukainens abgesehen – kam es zum Schwund, wie er dem Verkosten um die Mittagszeit und neben den eigentlichen Angelegenheiten anstandsgemäß und passend war.

Heiterkeit strömte, von der bloßen Tätigkeit geweckt, dennoch ins Blut, und auch durch das Gebräu selbst dürfte ein kleiner Geist unter die Haare gefahren sein, denn immerhin war der Stoff reell und von Alastalos bestem, jedenfalls summierte sich das Ganze insofern, als dass die belebten Augen nun mutiger unter den Brauen hervor in den Saal linsten und der eine oder andere sich bereits aufs Feld wagte und sich am Sprechhüsteln ins Ohr des Nachbarn versuchte, nachdem man so lange beim feierlichen Schlucken der eigenen Meinung ausgeharrt hatte wie bei einer langen Predigt in der Kirchenbank. »Habt ihr schon die Gerste in der Darre?«, wandte sich als Erster Lahdenperä an Pukkila neben sich, um seine Zunge wieder an den Betrieb zu gewöhnen und um die leere Lücke zu füllen, die seiner Meinung nach anstand, bevor man zu reden begann und anfangen konnte zu klönen. Unnötig war diese Frage eigentlich an diesem Ort und aus der Müßigkeit heraus gesprochen, in der Erwartung, dass einem bald etwas anderes in den Sinn kommen würde: Aber wenn man neben seinem Grenznachbarn saß, lief die Zunge wie von selbst, und außerdem soll der Mensch höflich sein und mit demjenigen plaudern, neben dem er sitzt.

Es war jedoch nur Lahdenperä, der Schöffe, der von den beiden Nachbarn nun redewillig neben Pihlman Pukkila saß, und Pukkila hatte anderes im Sinn und Heißeres zu kauen, als über Windiges, das die Spucke anschwemmt, zu schnacken. »Ja, wohlwohl!«, bekam Lahdenperä daher nur als einsilbige Antwort eines zerstreuten Geistes zu hören, dessen Augen beim Blick auf Alastalo im Schaukelstuhl brannten wie Kohlen: Was führt der im Schilde, werden gleich die Papiere auf den Tisch geknallt, jetzt, da alle ein Glas in der Pfote haben? Sogar Härkäniemi hat gerade eben so giftig mit der Zunge gestichelt, als spielten sie alle zusammen, er lacht sich hinter Lahdenperä noch immer ins Fäustchen über seinen Streich an Evald und somit an mir, als wäre ich schwer von Begriff: Der Junge hat tatsächlich ein nüchternes Glas, hat wieder einmal getrödelt und ist hinter Janne zurückgefallen, während ich mit dem Ellenbogen geschubst habe: In Lundqvists Unterricht hat er sich das angewöhnt, weil er in der Stube und am Tisch immer die Logarithmen nach Janne und seinen Zetteln rechnet! Verdammt, ich werde den Jungen nächsten Winter in die Navigationslehre der städtischen Schule stecken, damit seine Nase lernt, sich selbst dorthin zu lenken, wo es hingeht!, wetterte und wütete er. Gleichzeitig war Pukkila aber auch schnell und wandte sich an Langholma, ließ die anderen links liegen, verlor sie aus den Augen, und sprach geradewegs zu Langholma, weil es ihm in den Kopf schoss und weil seine Zunge für Langholma bereit war: Auch beim Äpfelstehlen muss man den Ast schütteln, an dem Zitterndes leuchtet, und die Fichte muss vom Ansitz aus ins Visier genommen werden, wenn in ihrem Wipfel das Birkhuhn hockt!

»Der Kapitän, verdammt!«, sagte er, sprang wie von der Nadel gestochen vom Sofa auf, und gelangte wie von der Feder geschleudert in einem Sprung zu Langholma: Der Brei muss kochend aus dem Topf in den Napf und heiß auf den Tisch, und das Wort muss wie ein Welpe aus dem Zahngehege in den Bart geworfen und dem Nachbarn auf die Nase gedrückt werden! »Der Kapitän!«, wiederholte er vor Langholma, mit geschlossenen Tatzen tänzelnd und mit Wörterschnauben seinen Drang entladend: Der Hase hat vier Läufe unter sich, wenn er springt und die Flur hinter sich lässt, aber der Mensch und der gute Gedanke hat immer nur ein mickriges Wort zurzeit, als müsste die ganze Predigt von den Anfängen des Evangeliums bis zum Amen am Schluss in einem Atemzug herausgehechelt werden! »Der Kapitän!«, keuchte und schnaufte er, weil nicht mehr in den Mund und in die Sprechöffnung passte. »Die Deichsel?«, fragte er, »schnitzt man zuerst im Haus die Deichsel, bevor das Fohlen im Stall im Geschirr steht? Die Deichsel?, frage ich, und der Verschlag wieherlos!, sage ich!« Pukkila vollführte Sprünge auf dem Parkett und schnippte mit den Fingern vor Langholmas Augen für den gesamten Saal: Sie sollten hören und sehen, dass Pukkila noch Federkraft in den Kniegelenken hatte und dass es in ihm auch sonst noch zwitscherte. »Die Bark!«, sagte er, »der Kapitän!«, sagte er und drehte sich um, damit alle ringsum es hörten, auch Alastalo, wenn er wollte: Schließlich hatte er aus dem Glas in seiner Hand so viel Blutgemisch geschlürft, dass er sich drehen konnte, ohne dass was über die Ränder schwappte! »Mit einem leeren Deichselpaar fährt man über keine Landstraße, und eine Bark segelt man ohne Kapitänspatent in keinen Hafen!«, sagte er und zog den Knoten an seiner Gedankenschlaufe stramm. »Wer von uns hat die Schule besucht und das Siegel auf sein Examen bekommen?«, fragte er, und jetzt waren seine Knie so weit geknickt, dass er Langholma von Augapfel zu Augapfel in die Gesichtstafel gucken konnte, ohne das Genick krumm machen zu müssen. »Wer?«, fragte er und führte den glimmenden Kauder seiner Augen so dicht an Langholmas Augenbrauen heran wie der Raucher das zündende Streichholz an den entbrennenden Randflaum im Pfeifenkopf. »Wer!«, fragte er ein weiteres, schärferes Mal, als wäre Langholma hier der Schuldige und er selbst der Mann, ihn zu durchbohren.

Dabei war Langholma unschuldig, ein Lämmchen in dieser Angelegenheit und bloß Besucher im Saal und im Schaukelstuhl eines anderen, außerdem mit jedem Zoll seiner Erscheinung ein Mann, der sich seiner bewusst war, und selbst Pukkilas Hopser, seine Knieknickungen wie auch sein sonstiges Hahnengeplaster und Gedankenkikeriki, das vom innerlichen Blatt Gelesene wie das Auswendiggelernte, konnte Langholma im Schaukelstuhl also nicht zum Schwanken bringen, nicht einmal ein Lid zuckte in einem Zoll Abstand vorm Augenweiß des anderen: Auch der Adler tut, wenn er gerade friedlich ist und einen vollen Bauch hat, demjenigen, der vor seinem Schnabel flattert, nichts weiter, als ihn aus dem Abstand seines gebogenen Knochens heraus anzuschauen und darauf zu achten, dass ihm nicht als Dreck ins braune Auge fliegt, was da erbärmlich in der Luft kreischt, nachdem ihm das Nest leer gefressen wurde. Demjenigen, den man unter der Fuchtel hat, grollt man nicht mehr, und man konnte es mit seinem Verstandesherzen durchaus verstehen, dass es Pukkila in der Kehle kratzte, weil es trotz allen Gegenstrampelns nun doch ernst zu werden schien und der Kaulbarsch als Gedanke samt Gräten geschluckt werden musste, dass Alastalo also doch vor den anderen und Besseren in der Gemeinde, und vor allem noch vor Pukkila, seine Bark bekommen würde! »Was zerbrichst du dir jetzt schon den Kopf darüber, wer Kapitän wird, wo doch das Kielholz noch im Wald wächst!«, sprach Langholma darum beruhigend auf ihn ein und scherzte: »Beim Säen die Sorgen der Saat und erst beim Mähen die der Mahd!«, sagte er und war weise und ganz Langholma und der Kopf des Kaps, der es gewohnt ist, dass sein Felsen auch dann an seinem grauen Platz bleibt, wenn das Meer mit seinem Wasser daran leckt oder sogar darauf spuckt, wenn es mit Spucken einmal anfängt!

Auch Pukkila erkannte am Geschmack seines Lippenbartes, dass er es überstürzte, wenn er weiterredete. Der Petter war er, bloß der verflixte Petter neben Efram, Langholmas Efram, schon damals, als er noch zehn war und Efram schon ein großer Junge und fünfzehn und im Konfirmandenunterricht, und die fünf Jahre, die schon damals zwischen ihnen lagen, holt man sein Leben lang nicht ein, das stand nicht zu befürchten: Eher bleibt man zurück, als dass man den anderen überholt, wenn dieser andere Langholma ist und sich selbst als Langholmas Efram kennt! Wie Petter kam sich Pukkila auch jetzt vor Efram vor, genau wie der Petter, dessen Kopf als Zehnjähriger noch nicht bis an die Schulter des Fünfzehnjährigen reichte, obwohl inzwischen und vierzig Jahre später ein jeder mit Sicherheit beim Messen auf der Stelle und beim Nebeneinanderhergehen im Kirchengang bezeugen könnte, wer drei Zoll größer war, Kapitän Pukkila mit seinen schwankenden drei Ellen und drei Zoll oder die Gestalt des großen Langholma von einem Klafter, und sei dieser Klafter auch die Rückensenkrechte eines Sattelgutsbesitzers! Aber wer weiß, verdammt, womöglich käme einem gerade wegen dieser drei Zoll, die sein Dez über den anderen hinausragt, das eigene Maß übertrieben vor und der Weidenschössling als zu sehr in die Höhe geschossen, wenn man so dicht neben einem hergeht, der bei sich zu Hause wie auch auf Besuch mit dem Rückenbewusstsein umherspaziert, ein Klafter sei das einzige denkbare Maß für einen ausgewachsenen Mann und für den Besten voll und ganz ausreichend: Was zu wenig ist, ist zu wenig, was zu viel ist, ist zu viel!

Pukkila verwandelte sich also in einen stummen Mann und zog zahm die Krallen ein, verwünschte innerlich auch seine Schnelligkeit und seine jähe Art: Ich bin hierher gesprungen und gerannt und habe noch nicht den kleinsten Wortwelpen herausgebracht, nicht ein kleines, laufendes, nicht ein kleines, werfendes Welpenwort hervorgepresst, das etwas bringt, kein Wort über Evald habe ich verlauten lassen, nicht einmal Evalds Namen erwähnt oder etwas über die Seefahrtsschule, nur so viel, dass sich danach keiner mehr daran erinnern wird, dass ich Evalds Namen genannt habe; und nichts über den Kapitän und das Kapitänspatent, so dicht am Ohr und in die Leber des Gewissens, dass es die Geldbörse berührt und sich um den Hals der Gedanke gewickelt hätte, an wessen Obhut und an wessen Blick auf den Kompass man schließlich glaubt und ob die Lehren in der Stube von Kaaskeri und das Lob von Lundström tatsächlich aus dem gleichen Wachs gemacht sind wie das Siegel auf den Papieren der Krone: »Lundström, ja, der Lundström lehrt auf Kaaskeri, hat uns alle seinerzeit das Meereswissen und die Logarithmen beigebracht!«, hätte er eingeräumt, er hätte sogar noch mehr in dieser Hinsicht geplaudert, hätte der Eintracht Spiel gelassen, das Tau gelockert, damit es nicht ruckt, bevor gezogen wird: »Warum sollte Lundström nicht unterrichten, warum-warum nicht, sage ich, auch Alastalo, genau, und Härkäniemi ebenfalls, genau, und ich auch, auch ich, fraglos auch ich, ich selbst ebenfalls, wir alle haben unsere Zeit in der Stube auf Kaaskeri gesessen, in der Stube von Kaaskeri die Bank am Tisch abgewetzt, an Lundströms Kiefernholztisch auf Kaaskeri geschwitzt und zum Zeitvertreib und zur kleinen Erholung von den Spuren des Stiftes und dem Fliegenschiss auf dem Papier die Kapriolen des Winddrachens am Giebel des Ufermagazins betrachtet und die Spielchen der Meisen in der Rindentraufe, wir haben zugeschaut und dabei am Stift gesaugt, so lange, wie der trächtige Kopf kein Lämmchenjunges an Ziffernzahlen in den karierten Pferch des Papiergeheges warf! Warum nicht, sage ich, und warum nicht auch die Jungen, der Winter ist lang, und auch für die Jungen ist es besser, wenn sie zur faulen Zeit, und wenn die Schiffe ruhen, den Nummern nachrennen und ihren Verstand straffen, anstatt den Rocksäumen auf den Fersen zu sein und nach der Heuer des Teufels suchen! Warum nicht, auch letzten Winter saßen sie dort, Janne, Janne Pihlman, Netzfang-Fiinas Janne, wie auch Evald, unser Evald, in der Stube von Kaaskeri, hockten da unter Lundströms Lehren, von Allerheiligen bis Walpurgis, und warum nicht, sie haben wohl auch etwas gelernt für den Preis, für den Schnaps und die Metze Korn, pro Monat eine Kanne Schnaps und eine Metze Korn pro Woche, von beiden, ich habe für Evald bezahlt und Alastalo für Janne, warum nicht, warum auch nicht, sie haben wohl etwas gelernt, Kettfäden von Zahlen zu Additionsrechnungen geschärt, Faser für Faser, eine neben der anderen, wie die Stränge des Webers auf die Walze gewickelt und durch die Litzen gefädelt und durch die Finger des Webkamms gezogen und fest auf den Warenbaum geknüpft und über den eisernen Summenstrich der Kuliernadel in eine Maschenreihe gebracht, haben das Absenken der Litzen und die Schnittkanten der Kappnähte im Stoffgewebe beim Subtrahieren gelernt, das Flitzen des Weberschiffchens im Einmaleins, die flinken Hebelwechsel bei den Litzensprüngen und die genauen malnehmenden Mittel des Vierschäftigen, das Teilen und die listigen Führungen der Fasern vom Sichtbaren ins Unsichtbare und vom Unsichtbaren zurück in den offensichtlichen zigbunten Stoff, haben die hochwertigen Ratschläge des Dreisatzes gelernt und die hinterhältigen Litzenwürfe des Bruchstrichs, damit beim Webschütz der Vernunft die Augen an der Spitze scharf sind und es flutscht beim Schuss durchs Fach, wenn man sich durchschlängeln und den Furchen in den Bahnen folgen muss, die von den Litzen der Zahlen geöffnet worden sind, und mit dem Warenbaum der Trigonometrie und dem Pedal der Logarithmen die Schussfäden der Breitengrade in die Kettfäden der Längengrade zum vierlitzigen Tuch des Wissens auf dem Papier verweben muss, in dessen Büchern das Auge es dann liest, worauf der Verstand die Belegnagelstellen der Sterne am Himmelszelt und auf die Sekunde genau die schäumenden Freiersküsse der Sinusse auf den trügerisch rollenden Balken des Meeres an den geteerten Flanken des eigenen Relingholzes erfassen kann; sie lernen das womöglich, warum sollten sie es nicht lernen, sage ich, die Jungen, so wie wir, schließlich haben auch wir es gelernt und kennen den Weg nach Memel und finden nach Lübeck und wissen in der Lücke zwischen zwei auf und ab tanzenden Wellen, über deren Kämme hinweg man keinen Fetzen mehr vom Himmelstuch über dem Kopf sieht, und durch die Entfernung des dreitägigen Wolfssprungs, wann die Spitze des Bugspriets genau in Richtung der Hafenpier von Hull gerichtet wurde, so wie es auf dem Kartenpapier eingezeichnet war, warum wüssten wir das nicht, und die Jungen ebenfalls, nach Lundströms Lehren und der eigenen Nase nach: Die Erde ist eine Kugel und der Himmel ein Garten, die Zeichnungen sind im Navigationsbuch und die Häfen auf der Karte und in den Spezialien! Aber was nützt alles Wissen, damit segelt man nur und findet sich auf dem Meer zurecht. Mit Papieren und dem Siegel darauf, mit dem Siegel der Krone auf den Papieren, damit werden die Häfen klariert und die Konsuln gemeistert!

Die Häfen und die Konsuln!, sage ich. Die Häfen und die Konsuln sind bei der Navigation die Hauptsache, die Hauptsache, verdammt! Im Seewissen und bei der Frachtverteilung: Das Meer und auch der Atlantik haben nicht mehr als Wasser zum Laichen, aber Geld und Fracht und Pfundgold werden in den Häfen und bei den Maklern gehoben! Und wo liegen eigentlich Lundströms Papiere? Auf dem Hügel von Gotland, als Notschiss auf dem Hügel von Gotland, Langholma! Von den Seeschwalben studiert, weil der Kerl selbst nach einer dortigen Kollision seit dreißig Jahren als geschasster Kapitän Schimmel ansetzt und in der Stube von Kaaskeri mal auf den Boden des Schnapshumpens stiert, der klar ist, weil er jede Woche bis auf den letzten Tropfen geleert wird, und mal aus einer der sechs Scheiben seines Fensters, die matt sind, weil seit dem Tod der Justiina vom Malakias drinnen kein Weibsmensch mehr die jahrelange Liebesmüh der Spinnen ins Verderben gewischt und weil die Sonne draußen in der Sommerruhe von Jahrzehnten auf dem gewellten Glas eine Regenbogenhornschicht von nageldickem Grind gebrannt hat, warum nicht, sage ich, warum sollte Lundström keine Logarithmen unterrichten können! In den Logarithmen ist er wie Jehu in Israel und Kain als Kohlzüchter, aber die Papiere, die Kapitänspapiere! Die haben sich bei ihm aus dem Staub gemacht wie bei Hiob auf dem Aschehaufen die Schafherden und das Kamelvieh! Die Papiere, sage ich, das Kapitänspatent! Und selbst wenn er, verdammt, von seinen Logarithmen her ein Mann wäre und mit dem Stift ein Kerl, der meinetwegen den Mond in eine Dose steckt und die Sphären doppelt gefaltet in seine Westentasche, so vertraut ihm nach dem Krachen von Gotland nicht einmal mehr der Stadttrottel einen Kiel zum Fahren an, und selbst in den hintersten Vertiefungen des Finnischen Meerbusens öffnet sich ihm, wenn er seine Flagge hisst, kein Hafentor mehr! Verdammt, sage ich ein weiteres

Mal, auch wenn ich es nicht verstehe und ihr den Sachverhalt wohl besser kennt, aber ich habe mir gedacht, dass ich den Jungen aus der Lehre nehme, aus Lundströms Lehre, den Evald, meine ich: Der hat auf Kaaskeri gelernt, was man auf Kaaskeri lernen kann! Ich nehme den Jungen, den Evald natürlich, unseren Evald, und schicke ihn über den Winter in die Stadt, in die Schule soll er, statt daheim zu faulenzen, in die Schule von Stenius, dann haben wir im Frühling einen in der Gemeinde, der das Kapitänspatent besitzt und das Seewissen parat hat und die Papiere beglaubigt, meinen Jungen nämlich, den Evald!«, hätte er am Schluss der Geschichte noch in demütigem Ton hinzugefügt und damit geendet, dadurch wäre Evalds Name ein weiteres Mal genannt und in Erinnerung gebracht und vielleicht sogar auch ein weiterer Same gesät worden, etwas anderes Unschönes in Langholmas Gedanken und warum nicht auch in denen der anderen.

Pukkila beschwor sich selbst. So hätte er gesprochen und noch mehr, so hätte er es ihnen gesteckt, wie bei der Frühjahrssaat die Keimkartoffel in die offene Furche gesteckt wurde, so hätte er gesprochen und sein Wort gesetzt, wenn er giftig und geschickt gewesen wäre und nicht gleich zu Beginn geschusselt hätte, versucht hätte, an einer Stelle über den Zaun zu kommen, wo dieser zu hoch war und er mit den Nagelhufen gegen das Rundholz geknallt war, über das der Sprung ihn nicht getragen hatte! Es war freilich nichts sehr Bedeutsames geschehen und nichts Wichtiges besprochen worden, aber Pukkilas Rückkehr zu seinem Platz auf dem Sofa war diesmal trotzdem die eines geknickten Mannes, und er wusste nicht, wem er deswegen mehr gram sein sollte, sich selbst oder Alastalo oder dem großen Langholma. Man dachte auch nicht jedes Mal daran, wie verflixt Alastalos verflixte Substanzen waren, insbesondere bei einem solchen Anlass, bei dem stets das Beste aufgetragen wurde:

Man rührte sie sich wie Bier und gewöhnliche Kognakbrühe ins Wasser, und jetzt stapfte man vorzeitig und mit einem halb leeren Glas in der Hand durch den Raum und redete unnützes Zeug: Gleich mit dem ersten ehrlichen Schluck war ihm der Schmiss in die Haare geschossen und hatte ihn dazu verleitet, vor Langholma Polka zu tanzen, obwohl er schon auf dem Weg hierher entschieden und den ganzen Tag mit sich abgemacht hatte, dass es am heutigen Tag klüger wäre, so still wie möglich in der Ecke sitzen zu bleiben! Und so schielte Pukkila denn auch, als er sich aufs Sofa setzte und sich auf seinem Platz zwischen Lahdenperä und Eenokki einpasste, einigermaßen finster von unten herauf auf Alastalo, als wäre es dessen Schuld und Streich, dass die Mischung in seinem, Pukkilas, Glas ein wenig stärker ausgefallen und ihm der erste Schluck aus dem Glas daher ein bisschen kühn aufs noch kalte Blut geschlagen war. Pukkila war also wieder auf seinem Platz auf dem Sofa und nun klüger als derjenige, der sich vorhin in Bewegung gesetzt hatte, und auf jeden Fall ein Mann, der vorläufig den Mund hielt.

Möglicherweise war auch anderswo im Saal das Blut ein wenig munterer geworden, nachdem die ersten Schlucke gekippt waren und die Gierigeren bereits ein zweites Mal die Haare ihrer Lippenbärte mit Scharfem befeuchteten. Augenfällig schien es bei Eenokki, dessen Augenstiele bis dahin – wie gewöhnlich, wenn er auf Besuch war, doch auch in der heimischen Stube – gewissenhaft und wohlweislich auf die schwelende Asche im knisternden Pfeifenkopf sechs Zoll von seiner Nasenspitze entfernt gerichtet gewesen waren, die aber nun, wenige Minuten nach dem ersten Schluck, unerwartet anfingen, nach rechts und links zu lugen und mal den Kinnbart von Alastalo zu beäugen, als sollte von dort bald etwas kommen, mal den Fußboden vor den Stiefelspitzen, als wäre da Bedeutsames zu entdecken, etwa ob die Lücke zwischen den Teppichkanten über den gesamten

Plankenbalken hinweg gleichmäßig breit war, von der Kappe des eigenen Stiefels an der Kachelofenecke vorbei bis hin zur gegenüberliegenden Seite des Saals: Im Dickmilchzuber sieht man die Unruhe unter der Rahmschicht am kleinen Schatten einer Rinnenfalte auf der Buttermilchhaut und bei Eenokki die Blutstürme an dem stumpfen Stechblick der Blinzelaugen im trockenen Gesichtsleder. Immerhin ging es bald ums Bezahlen, und das war fast so, als würde man am Schlafittchen gepackt, was eine bittere Angelegenheit war, auch wenn man sich dafür entschieden hatte und das Bezahlen zum eigenen Nutzen geschah!

Rundherum lag Erwartung in der Luft, auch Alastalo fühlte sich allmählich beengt in seiner Weste und schaute auf sein Glas, eine recht große Portion daraus hatte er in sich hineingeschüttet, ein wenig blickte er sich auch um, ob andere ebenso mutig gewesen waren, das Auge stahl sich zum Schlüssel am Klappdeckel des Sekretärs in der hinteren Ecke der hofwärtigen Wand: War es schon Zeit, dort hinzugehen, und die Gelegenheit günstig, quer durch den Raum zu schreiten und die Papiere hervorzuholen? Den Schlüssel hatte er schon ins Schloss gesteckt, bevor die anderen kamen, damit alles bereit war. Er hielt die Zeit dann doch noch nicht für passend: Erst beim Mischen des zweiten Glases wird es einem so richtig warm im Gemüt und der Mut hat Zug!, entschied er geduldig und rückte mit den Augen, sich selbst bezwingend, noch einmal vom Schlüsselblatt ab und blieb auf seinem Platz. Es ist bemerkenswert!, dachte er, dass auch die Menschen wie kopflose Schafe sind, die man mit List rufen und durch Zureden ans Gatter locken muss, obwohl die Weide jenseits des geöffneten Tores fett ist und jeder den Hals gereckt und die Schnauze riechbereit haben sollte, um es als Erstes vom Kargen auf die Flur und zum grünen Gras zu schaffen! Schon beim ehrlichen Betrug und beim Verdiensterwerb häuft der Mensch genügend Sünden auf seinem

Gewissen an, und dann müssen obendrein noch unnütze Lasten geschultert werden, und man muss mit seinen Liespfunden selbst dann verstohlen auf Zehenspitzen schleichen, wenn man sein Allerbestes für die anderen und seine Nächsten tut, damit man sie einfängt und an der Nase zu den Einkünften zieht, die sie mit ihrem eigenen Schnabel und von sich aus nicht riechen!, lamentierte er und ächzte ernsthaft. Als hätte man sich nicht schon beim Schwitzen aus anständigen Gründen und zum eigenen Wohl ausreichend Pfefferschärfe auf die Hautrinde verdient, um sich seiner Sünden zu erinnern und sie rechtzeitig zu bereuen, wenn der innere Bedarf aufkommt, an dergleichen zu denken, nun muss man sich auch noch, wenn man barmherzig sein will und den anderen den Geldbeutel fett macht, Sündennissen wachsen lassen, dass es in den Härchen juckt!, murrte er und dachte, dass der Mensch bisweilen doch ein ganz und gar unschuldiges Schaf sein kann, auch wenn er ein Widder ist und Hörner auf dem Kopf hat.

Alastalo spähte zu Härkäniemi hinüber, ob nicht wenigstens in jener Ecke kapiert wurde, dass es jetzt recht wäre, die Ärmel hochzukrempeln und zu helfen, die Fuhre in Bewegung zu setzen! Mein Kognak ist gut genug, der wird geschlürft!, dachte er bitter, als er den zufriedenen Mann betrachtete, der jedenfalls von außen gesehen und dem Gesichtsausdruck nach zu schließen nichts anderes im Sinn hatte, als das Wissen um den Umstand, dass ein Mann, wenn er in der Hand und in Riechweite der Nase ein Glas in Wartestellung hat, das nahezu randvoll ist mit etwas, das besser als gut ist, und im Mund und im Gedächtnis der Kehle ein erster herrlicher Schluck ebenjenes Guten brennt, nichts weiter als dankbar sein und die übrigen Sorgen warten lassen will, bis sie an der Reihe sind und ihre Zeit gekommen ist, zur Sache zu werden. Verstehst nicht einmal du, dass man jetzt mit Gepolter nach den Speichen greifen müsste, in die Hände spucken und mit Schulterkraft drehen, damit die Achse sich am Karren dreht, die Räder sich in der Pfütze in Bewegung setzen und die Ladung auf den Weg kommt!, verwünschte er seinen Nachbarn und sprühte Funken, weil Härkäniemi, auch wenn es eilig war und bei schnellen Wendungen, in der Haut der Malakias und Härkäniemi blieb. Du sitzt im Saal, als wärst du hier, um deine Nase über dem Grogglas hängen zu lassen!, erleichterte er sich innerlich das Herz, weil es nicht angebracht war, ein Wort von sich zu geben.

Diesmal salzte Alastalo mit seinen harschen Gedanken und barschen Blicken jedoch einen unschuldigen Mann ein. Als Seemann und Bursche mit vielen Manövern hatte Härkäniemi durchaus von selbst kapiert, dass im Saal der Wind nahe daran war, sich zu drehen, ständig ließen seine Klauen an den Segeln und den Laken des Meeres lockerer, und er lauerte und wachte nun still in seiner Ecke wie eine Katze, die es in den Zehenspitzen und den Beugen ihrer Läufe zum Sprung nach der Beute juckt. Aus Erfahrung kannte Härkäniemi diesen Moment zu gut, in dem das Meer vor Trägheit an den Rändern und auch weiter weg noch gähnt, eine Welle die andere und sich selbst fragt, ob sie überhaupt noch Lust hat, die Flanke in dieser Gegend und den Rückenbuckel bei der Arbeit in diesem Haus noch krumm zu machen, und wenn auf dem lichten Gefilde jedes Plätschern, das einem gerade noch den Kamm wie eine Zunge ins Genick geschleudert hatte, schläfrige Mattigkeit in seinen Gliedern vorspielt und mit der Lidhaut über seinen heimtückischen Augen blinzelt, als würde nicht mehr geschaut und Rücken und Bauch in friedliche Krümmung gebracht und in die Verwicklung zum Knäuel, diesen Moment, in dem die Bestie ihr Maul und ihre Schnutenfeuchte in den Schutz der Pfoten und des Schwanzes steckt und nur noch mit dem Spalt wacht, der an einem halb geschlossenen Auge offen gehalten wird, während das andere unschuldig träumt. Vom Meer her kannte er diesen Moment außerordentlich gut und wusste genau, dass das Aas selbst dann, wenn es aus blankem Hals kreischte und schrie, was die Gelenke der Kinnlade hergaben, nicht so gefährlich war wie in einem solchen zusammengerollten Zustand und dass eine Katze mit eingefahrenen Krallen eine ist, die den Sprung vorbereitet, und eine abrupte Flaute auf dem Wasser nichts als eine Bö, die Atem in ihre Bälge holt, bevor sie die Luft zerreißt. Er wusste das und wusste auch, dass einem Seemann bei einer Flaute dieser Sorte nichts anderes übrig bleibt, als die Streu in seinem Pfeifenkopf fester zu drücken, mit den Augen daheim und mit dem Verstand unter der Mütze und von den Haaren geschützt, bereit zu bleiben und abzuwarten, denn der Wind weiß selbst, aus welcher Richtung er einem in den Nacken springt, wenn er herankommt, und erst danach besteht die eigene Arbeit darin, den Stiefel in die Richtung zu treten, in der standhafte Stellung gefragt ist. So auch bei der jetzigen Kalme und Flaute im Saal, da die Segel schlaff und vom Windhauch losgelassen an den Rahen der Gemüter hingen und kurz den unumgänglichen Moment ausruhten, die Atemweile und Verschnaufpause einlegten, die es zwischendurch geben muss, bis das Blut sich von den Wallungen der Belebung, zu denen ein volles Grogglas das Gemüt des Mannes animiert, beruhigt hat und sich aus dieser Ruhe mit gesammelten Kräften auf die Tat vorbereitet, die mannhaft mit aufgestelltem Kamm gemeistert werden muss, indem man mutig voranstürmt, und sei es mit klarem Kopf; Härkäniemi wusste das, und er wusste auch bei den Wetterwendungen und Windlöchern hier im Saal zu bedenken, dass man abwarten musste und zusehen, aus welcher Richtung es anfangen würde zu blasen, ob scharf auf die Bugspitze oder von achtern her schiebend, denn erst dann weiß man, wie man die Pinne drehen und ob man in den Wind gehen oder abwettern soll.

Aber Härkäniemi wusste auch, dass beim Warten die Zeit lang wird, die eigene wie die der anderen, wenn der Verstand keine geistige Beikost zum Kauen bekommt, solange der Körper müßig dasitzt und es nicht mehr zu tun gibt, als den Finger der Aufmerksamkeit auf dem Abzug des Gedankens bereitzuhalten, für den Fall, dass es im Gebüsch raschelt, so wie es mit Sicherheit der Fall sein wird, sobald der Hase aus seinem Versteck springt. Ferner merkte er an Alastalos Geschau und ungeduldigem Rucken mit der Körpermitte, dass es unter Mattssons Knöpfen schnaufte und dass seiner Meinung nach nun ein anderer an der Reihe war, die Melodie mitzusummen und dem Kantor zu helfen, damit die ganze Gemeinde den Choral erhaschte und sang. Härkäniemi fing denn auch an, sich zu rühren, und fasste auf der Ecke der Kommode, eine Türbreite von ihm entfernt, den Platz ins Auge, auf dem er sein Glas abstellen konnte, falls es etwas zu reden gäbe. Warum versuche ich nicht, zu helfen, wenn es nun mal nötig ist, dachte er und ordnete seinen Verstand, überdies war er im selben Augenblick auch schon so flink auf seinen Beinen, wie es nur ein Mann sein kann, der von den fast fünfzig Jahren seines Lebens einige auf Strickleitern und schaukelnden Deckbrettern verbracht hat. Schnell war das Glas auf der Kommodenecke vor Eevastiinas ellenhohem Blumenbukett unter der glänzenden Glasglocke und neben dem schwarz gebeizten Kippspiegel platziert, dabei musste lediglich aufgepasst werden, dass der Rand nicht unvorsichtigerweise gegen den goldohrigen Porzellanhund schlug, der im Leuchten seines Prunks und im Funkeln seiner Pracht treu auf einem Spitzendeckchen inmitten von zehn anderen Schmuckstücken Wache saß und mit wehmütigen Augen einen sehnsuchtsvollen Blick samt Schnauzenglanz auf sein Ebenbild auf der anderen Seite der Kommode sowie am entgegengesetzten Ende des Spitzendeckchens warf, auf sein Abbild, das im Kippspiegel unter einem gleichartigen Glasglockenwunder saß wie er selbst und auch mit der gleichen geflochtenen Goldkette bemalt war wie er. Der bringt lastenweise Zierrat vom Meer mit und stellt es auf seine Kommode, weil er Weibsleute daheim hat, Eevastiina zuerst und danach Siviä, die mit ihren Fingern alles hübsch arrangieren!, dachte Malakias Afrodite Härkäniemi noch billigend, aber auch ein wenig neidisch, bevor er sich den Ort für sein Glas ausgeguckt hatte und an der Tür der hinteren Kammer vorbei wieder auf seinen Platz in der Sofaecke zurückkehrte.

Warum sollte ich nicht inzwischen die Geschichte von dem Kapitän aus Vaasa erzählen, wo sich gerade die passende Zeitlücke dafür auftut!, dachte er, nachdem er sich so präpariert hatte und auch der Geist nach dem Aufzischen und der Erfrischung durch den ersten Schluck schon so in Fahrtrichtung stand, dass die Worte aus dem Bart liefen wie die Furche unter der Pflugschar, wenn man den Wallach nur erst losgehen ließ. Es schadet gar nichts, wenn sie das hören, und Zeit haben wir allemal, ermutigte er sich noch einmal selbst und öffnete die Falten, in die der Gedanke eingeschlagen war. Auch Alastalo schaut mit seinen Augen, als würde er an mir zupfen, und die Übrigen haben nichts anderes zu tun, als sich umzugucken und zu warten, dass jemand sich traut, anzufangen, worauf dann das Gerede aus zehn Richtungen rattert. Eine der sonderbaren Sachen auf der Welt ist diese: Je größer das Fest und je mehr sich die Tische biegen unter Gebratenem und im Ofen Geschmortem zur Sättigung der Augen und zum gierigen Verschlingen der Nasenlöcher, umso langsamer geht das Anfangen, und man braucht gute Appetitschnäpschen und Kümmelklare, bevor die Feierlichkeit aus der Kehle geschwemmt und der Kloß der Klammheit geschluckt ist, die Augen offen sind und auch die inneren Empfindungen, und jeder, nachdem er aufgewacht ist, merkt, dass ihn ein brüllender Hunger am Gaumen juckt und dass er am gedeckten Festtisch sitzt, auf dem in greifbarem Abstand die Teller und Schüsseln in solchem Übermaß gefüllt sind, dass man zehnmal zulangen könnte!

Hier wird auf den Kellner gewartet, der die Kümmelschnäpse bringt und in die Gläser gießt, damit man etwas zu kippen hätte und die Kehle ihre Haut spüren und das Essen schmecken würde!, offenbarten sich Härkäniemi schlagartig die Windrichtung im Saal und Alastalos Augenforderungen. Nicht von ungefähr kam mir gerade die Geschichte vom Kapitän aus Vaasa in den Sinn wie ein an den Hoteltisch bestellter Grog: Die passt zu diesen Manövern und Festtagsgerichten wie die Pfeifenkrümmung zwischen die Zähne des Rauchers und der Windhauch in das von der Rahe gelöste schlaffe Tuch! Härkäniemi hatte angefangen, sich den platten Bart von den Lippen zu scheiteln: So erkannten sie rechts und links, dass aus der Sofaecke bald etwas zu hören sein würde. Alastalo blies als erleichterter Mann die überschüssige Spannung aus seiner Weste, Lahdenperä richtete sein Kiefergestänge in der sicheren Stellung ein, mit der er normalerweise aus Schöffengewohnheit dem Geschwätz eines Schafdiebs vorm Richtertisch ebenso lauschte wie den Reden der Obrigkeit am Grogtisch, auch Pukkilas Augen waren unruhig geworden und blickten unschlüssig von Härkäniemi zu Alastalo und von Alastalo zurück zu Härkäniemi, gespannt, wer von den beiden Mistkerlen als Erster etwas sagen und gefährlich werden würde. Auch ringsum waren Härkäniemis Vorbereitungen schon allseitig bemerkt worden, und weil es, solange niemand den Mund im Saal aufmachte, freie Zeit gab, wartete man nun einträchtig.

Härkäniemi fing jedoch nicht sofort an, nachdem er sich über den Lippenbart gestrichen hatte, sondern stand noch einmal auf und ging ein weiteres Mal kurz zur Ecke der Kommode. Diesmal tat er nicht mehr und hatte es sich auch nicht vorgenommen, als sich mit einem neuen und nun ziemlich gründlichen Schluck aus seinem Glas zu stärken, welches er anschließend zur Hälfte und noch weiter der Neige entgegen geleert auf seinen Platz auf der Kommodenecke zurückstellte. Danach war er bereit, und als in der Sofaecke wieder ein gedrungener, aber langrückiger Mann saß und die ziemlich kurzen, aber stützpfostig gebauten Beinpfeifen in bequemer und sicherer Überkreuzfaltung ausgerichtet waren, ahnte auch einer mit trägerem Verstand, dass aus dem Bart gleich eine von den Geschichten Härkäniemis kommen würde, die auch nach einer Stunde Weg noch nicht im Rücken einknickte. Bevor er anfing, dachte Härkäniemi dementsprechend auch, dass man sich hier im Saal ja nicht beim Kerzengießen und hastigen Hantieren mit dem kochenden Talgtopf befand, wo es zu rennen galt, dass die Rockschöße schauen mussten, wie sie hinterherkamen, ohne zu reißen, sondern beim Hin-und-her-Rücken der Liespfunde und beim Durchdenken des Barkbaus, wo eins nach dem anderen kam und bei geneigtem Kopf, nicht dutzendweise und mit Zehensprüngen. Mit der Getreidefuhre fährt man gemächlich den Weg entlang, und das große Gatter muss sperrangelweit geöffnet werden, und selbst wenn die Grannen in Hasthetze zu Hause eintreffen und mit dem Wind über den Zaun und durch die Ritzen zwischen den Stangen fliegen, staffierte er sich für die Reise aus und trödelte, bevor der Schritt sich in Bewegung setzte.

»Kennt ihr die Geschichte von dem Kapitän aus Vaasa und seiner Abrechnung?«, fragte Härkäniemi also an, weil man ja irgendwie zum Anfang finden muss, wenn man sich in Bewegung setzt und den linken Stiefel aufs Schiff schiebt, wenn der rechte es noch nicht geschafft hat, Platz zu machen. »Aber selbst wenn ihr sie schon gehört habt: Das Glas bäumt sich ja auch nicht auf, wenn man es ein zweites Mal füllt, und eine gute Geschichte passt durchaus mehrmals ins Ohr!«, tröstete er die anderen und mäßigte sich, während er die Hand vom rotbraunen Bart löste, aus dessen dickem Besen er gedankenverloren gar zwei Umdrehungen stramme Strähnen um seinen massiven Handteller gewickelt hatte. Härkäniemi hatte sich gesammelt und fügte, bevor er anfing, nur noch mit schelmischen Augen an Alastalo gerichtet hinzu: »Und sorge du beim Rum für Nachschub, damit die Gläser zwischendurch nicht trocken werden!«

DREIZEHNTES KAPITEL

Härkäniemi erzählt zur vorbildhaften Ermunterung und zum sonstigen Zeitvertreib die Geschichte von dem Reeder und dem Kapitän und der Abrechnung der *Albatros*.

I.

Nun gut, Ferkel sind Ferkel, bevor sie zu Ebern heranwachsen, und manch einer, der heute beide Innentaschen mit einer Geldbörse füttert, hat sich einst die Jacke über einer westenlosen Brust geknöpft. Auch Ville aus Vaasa hat inzwischen Fregatten in zehn verschiedenen Häfen liegen und ein glattes Dutzend eigene Flaggen an den Gaffeln von Barken knattern, die ihm gehören, aber es gab eine Zeit, in der keiner so verrückt gewesen wäre, für Villes erste Fregatte auch nur einen Reichstaler auf den Tisch zu legen.

Ville aus Vaasa war damals noch ein schmaler Junge, auch wenn der Schneider heutzutage ein hübsches Stück Wegs abschreiten muss, bevor der Hüftumfang besagten Mannes ausgemessen ist. Und kein Wunder, dass er einst schmal blieb, wo er doch den Teufel in seiner eigenen Haut zu ernähren hatte und hinter seinem Stirnbein stets ein und derselbe Gedanke pochte: Verflixt, was soll ich mein ganzes Leben lang hinter einer fremden Theke und zugunsten eines fremden Geizkragens sündigen und unschuldigen Menschen unvollständige Kaffeepfunde unterjubeln, von denen ein Drittel ehrliche, runde Bohnen aus Eigenanbau sind, wo ich mit weniger Abnutzung der Beine und Vergeudung meiner Zunge vom eigenen Kontortisch aus den Frachtraum meiner eigenen Fregatte an der Mole von Rio mit eigenen Kaffeesäcken beladen lassen könnte! Wenn in der Wand ein Nagel steckt, dann versteht man es, dort seine Mütze an den Haken zu hängen, und wenn im Kopf eines Mannes ein Gedanke steckt, dann soll man daran ebenfalls etwas aufhängen, sofern man etwas zum Aufhängen hat. Der Schilling ist eine kleine Münze, aber Reichstaler kommen nicht anders als schillingweise zusammen, und wenn genügend Ausdauer da ist und der kleine Finger zehn Jahre lang treu die Schillinge in seine Richtung dreht, wächst der Talerhaufen zu einem Stapel an, und der Ladenschwengel ist Manns genug, sich beispielsweise eine Fregatte zu bauen und seinen eigenen Kontortisch zu kaufen.

Auf der Werft von Närpiö wurde Villes Schiff gebaut, eine Fregatte – welcher Verrückte hätte an eine kleinere Schüssel gedacht, wo doch eine volle Ladung purer Brasilianer ins Land gebracht werden sollte! Und man läuft nicht mit der Tasse in der Hand zum Brunnen, sondern holt das Wasser über Wersten hinweg mit der Wanne. Aber das Mistding verschlang Reichstaler wie ein Aas, schlimmer, als Ville es geahnt hatte. Der Kiel wurde zwar prachtvoll gelegt – der böse Geist der Gier und die Großmannssucht verführten ihn dazu, ihn um zehn Fuß über das ursprüngliche Maß hinaus zu strecken –, die Spantengräten wuchsen, und es gab reichlich Planken an den Flanken anzunageln, auch das Deck wurde geschlossen, und es wurde sogar noch Schmierseife gekauft, mit der die Schiene der Helling bestrichen wurde, als der Rumpf endlich fertig war, um aus seinem Bett zu Wasser gelassen zu werden, aber die an Deck getrunkenen Taufschnäpse waren bereits mit Schuldengeld gekauft, und die vor Anker schaukelnde stolze *Albatros* sah vorläufig eher wie ein Kahn aus Röhricht aus als wie eine Fregatte.

Es gibt zwei Sorten Verrückte auf der Welt, diejenigen, die sich Geld von anderen leihen, und diejenigen, die anderen etwas leihen. Ville war nicht in der Lage, sich die Art seiner Verrücktheit selbst auszusuchen, die *Albatros* musste beriggt werden und der Mann daher laufen, was die Pantinen hergaben, überall dorthin, wo sich in der Stadt Vaasa Türen in den Scharnieren drehten, und zwar so, dass einer, der Geld brauchte, dahinter etwas zu finden erwartete. Nun, wenn man einen fetten Bissen auf den Angelhaken steckt und dick die Prozentzahl auf den Schuldschein schreibt, lockt auch der rostige Haken seinen Barsch an, und der Gierige verpfändet sein Geld ans nasse Meer! Reichstaler-Schuldscheine und Rubel-Schuldscheine, und zwar jeden Monat mit feierlicherer Zinzesziffer, musste Ville den Sommer über so reichlich unterschreiben, dass er lernte, seinen Namen auf dem Papier zu erkennen, aber im Herbst war die *Albatros* beriggt, und in Vaasa lag ein dreimastiges Schiff auf Reede, an dem jede Rah vor Firnis glänzte.

In Närpiö war Villes Schiff gebaut worden, von Närpiö aus war auch Ville selbst als fünfzehnjähriger, frisch konfirmierter Wicht auf der Landstraße nach Vaasa gestiefelt, weil die Brotstange am Balken der heimischen Hütte allmählich hoffnungslos zu kurz wurde, um die Zukost von acht Kindern zu tragen, und in Närpiö hatte Ville auch den Kapitän für seinen Kahn gefunden. Er hatte sich durchaus auch in der Stadt nach einem Kapitän umgehört, und warum hätte es keinen geben sollen, der auf ein neues, voll getakeltes Schiff hätte gehen wollen, einen Mann, oder auch ein Dutzend davon, einen Mann mit bulliger Nackenbeuge, einen Mann, der eine biegsame Rückenkonstruktion besaß, einen Mann, der einen Rachen hatte, mit dem man auf der Kommandobrücke brüllen konnte, und einen Mann mit hartem Knochen im Nasensparren, falls man gegen die Makler mit den Schnäbeln fechten musste, einen Mann, der stattlich auf dem Weg zum Grogtisch und geizig beim Umgang mit dem Schilling war, aber was will man machen, wenn jeder, ob er nun ein glatteres Kinn oder einen gröberen Bart hatte, nur die eine und dieselbe Weise zu leiern wusste: Soundso viel Vorschuss für Proviant und sonstige Barausgaben, »der Reeder zahlt meiner Alten dann ja bestimmt jeden Monat hier daheim die Hälfte der Heuer aus, damit sie und die Gören im Fleisch bleiben, bis man wieder zurückkommt!«. Wenn ein Mann drei Monate am Stück herumrennt und dem Geld nachjagt wie der Hund der gestrigen Pfotenspur des Hasen im Wald, dann, verdammt, zieht sich auch beim geduldigsten Mann am Ende der Magen zusammen bei der ewig gleichen Litanei vom Bezahlen und Bezahlen: »Ich werde bestimmt nicht anfangen, eure Weiber zu ernähren, wo ich es bis auf den heutigen Tag selbst nicht übers Herz gebracht habe, zu heiraten!«, zischte Ville. »Glaubt ihr, Fregatten werden dafür gebaut, dass man das Geld damit fortschafft?«, fragte er, damit die Unvernünftigen selbst ihre Dummheit begriffen. »In Närpiö hat man, jedenfalls als ich ein kleiner Junge war, dem Kalb keinen Beutel mit Heu vor die Schnauze gehängt, wenn es durchs Gatter auf die Weide gelassen wurde!«, erklärte er, bevor er dem Stellensucher den Rücken zukehrte.

Aus Närpiö holte sich Ville also dann den Kapitän für sein Schiff, einen alten Kameraden aus der Konfirmandenschule, von dem er noch genau wusste, dass er sich eigenhändig haltbare Lederflicken auf die Knie und das Hinterteil seiner neuen Hosen fürs erste Abendmahl genäht hatte: »Der Mensch rüstet sich nicht jeden Tag mit Staatshosen aus Tuch aus, aber wenn er es tut, dann soll er sie haltbar machen, damit er was Vornehmes an den Beinen hat, wenn es gebraucht wird, falls man mal heiraten oder vor Gericht muss!«, hatte er gemeint und war dann zur See gefahren und hatte sich allmählich vom Unterdeck bis zur Kajüte hochgearbeitet, vom Smutje über alle Stufen des Maats und vom Maat zum Steuermann, nachdem er sich als einzige Geldverschwendung in seiner Zeit als Seemann bei der Auktion des alten Styrbom antike Navigationsbücher gekauft und in zwei Jahren mit der Ausdauer seiner Augen und mit pflügendem Zeigefinger in seinen Freischichten in der Maatkoje die kniffligen Schlichen der Rechnungen und die Kompasskniffe von den braun gewordenen Blättern in seinen knauserigen Schädel überführt hatte. Bevor Ville jedoch ernsthaft seinen Konfirmandenkameraden fragte, ob er Kapitän werden wolle, stattete er dann doch jenem Kapitän einen Besuch ab, bei dem Kalle die letzten fünf Jahre in der Steuermannskajüte gehockt hatte. Ob in Kalles Backen die Seemannszähne wohl festsäßen?, fragte er hintenherum. »Der findet dir in den Gewässern Brasiliens einen Wurm, selbst wenn der Atlantik ein paar Grad mehr an Breite hätte!«, sagte der Kapitän und lachte bei guter Hafenlaune. »Aber wenn der Mistkerl im Kanal erfährt, dass seinem Koch im Öresund aus Schusselei ein Eimer über Bord gegangen ist, dann wird der Kurs gedreht und der Eimer geborgen, bevor Brasilien ins Journal eingetragen wird!«

In Kalle fand Ville also einen Kapitän für seine *Albatros*. Über Geldangelegenheiten ließen Reeder und Kapitän untereinander kein Wörtchen verlauten, Ville deshalb nicht, weil ihm in letzter Zeit seltsam flau wurde, wenn der Zeiger des Gesprächs auch nur ansatzweise in die entsprechende Richtung ragte, und Kalle nicht, weil er ein sparsamer Mann war, der seinen Mund nicht unnötig benutzte, wenn ihn die dumme Fragerei der Leute nicht unbedingt dazu zwang. Aus Närpiö war später dann zu hören, dass Kalle seine Männer mit der Abmachung angemustert hatte, dass jeder so viel Trockenkost in seiner Truhe mitbekam, dass es bis Kopenhagen reichte, wo dann die erste Anzahlung für die Ladung zum Abholen bereitliegen würde. Erst als auf Reede die Anker gelichtet wurden und die Rahsegel der *Albatros* sich knallend aus der Einwicklung entfalteten – Ville war bis zum letzten Augenblick den rennenden, von Nagel zu Nagel eilenden Matrosen auf dem Deck der *Albatros* zwischen den Füßen herumgelaufen und hatte es erst dann übers Herz gebracht, über Reling und Strickleiter in sein wartendes Boot hinunterzuklettern, als die Ankervorrichtung zu quietschen anfing –, erst da also, als Ville sein schaukelndes Boot von der pechschwarzen Flanke der Fregatte abstieß, die bereits in Bewegung dahintrieb, erst da erwachte in Ville die alte Natur insoweit, dass er mit den Händen als Trichter und in seinem Boot stehend zum Kapitän auf der Brücke hinaufrief: »Und bring auf dem Rückweg eine Ladung Kaffee aus Rio auf Rechnung des Schiffes mit!« Jetzt wird er zumindest nicht mehr anfangen, um Proviantgeld zu quengeln!, schlussfolgerte er schlau.

Da verschwand also nun hinter den Kiefern auf der Spitze von Vasklot die *Albatros*, zuerst geriet ihr Bug aus dem Blick, dann verdeckte auch schon ein nach vorne ragender, hutzeliger Ast das Mittelschiff, und erst als das längliche Achterdeck in den Schatten der Kiefern glitt, kam Ville so weit zu sich, dass er das Taschentuch hervorzog und anfing, immer noch mitten auf der Reede in seinem Boot stehend, feurig der Fregatte zu winken, deren Toppsegel nur noch weiß über den Wipfeln des Waldes aufblitzten. Schließlich verschwand auch der Vordertopp, ebenso der Topp des Besanmastes, und zwischen den Wipfeln tauchte hier und da nur noch der Mitteltopp mit seiner Namenswimpelfahne auf, bis auch dieser endgültig verschwand und für längere Zeit aus dem Blick geriet, als Ville es sich je hätte vorstellen können.

Es vergingen ein, zwei Monate, und Ville ging gelegentlich

schon mal bei der Post vorbei, um zu hören, ob ein Brief für ihn gekommen war: Aus Kopenhagen hätte geschrieben und auch im Kanal hätte ein Zettel auf einem Lotsenboot hinterlassen werden sollen. Aus zwei Monaten wurden drei, vier, fünf, und Ville wurde allmählich zum täglichen Besucher an der Tür des Postmeisters. Dieser konnte ihm nichts geben, da nichts da war, und das Ganze wurde auch nicht dadurch besser, dass sich beide aufregten, Ville deswegen, weil er auf der Post stets die gleiche saure Antwort erhielt: Es ist heute nichts gekommen, und der Postmeister deswegen, weil derselbe vergebliche Besucher an jedem Tag Gottes unnötig angerannt kam und seine Geduld und seine teure Dienstzeit strapazierte: Schließlich bestand seine Pflicht nicht darin, Briefe zu schreiben, sondern sie auszuhändigen, wenn sie eintrafen.

Nach einem Jahr rannte Ville nicht mehr zum Postkontor, sondern stattdessen zum Hafenkai. Aber die Leute glaubten inzwischen zu wissen, was los war: Wenn zwölf Monate lang keine einzige auf Papier gekritzelte Zeile von einem Schiff eintrifft, fängt eher der gekochte Hecht in der Schüssel auf dem Tisch zu gähnen an, als dass von dem betreffenden Schiff noch jemand Nachrichten erhält, der nicht zu den Fischen gehört, die möglicherweise irgendwo auf dem lehmigen Meeresgrund daran schnuppern! Ville hingegen sprach in dieser Hinsicht mit niemandem über seine Gedanken, aber jeden Morgen, wenn er sich hastig angezogen und genügend Heißes die Kehle hinuntergeschüttet hatte, damit sein Bauch nicht den ganzen Vormittag kalt knurrte, sah man ihn im Laufschritt die Hafenstraße hinunterspringen. Um sieben Uhr musste er in Valmqvists Laden hinter der Theke stehen – hinter die Theke hatte Ville nämlich ein halbes Jahr zuvor schon zurückkehren und den eigenen Kontortisch versteigern lassen müssen! –, um sieben Uhr also hatte er am Arbeitsplatz zu sein, aber zuvor musste er unbedingt schnell auf die Mole, um von deren Spitze Ausschau zu halten, ob neue Schiffe da waren – den Namen *Albatros* wagte Ville nicht einmal mehr in seinen eigenen Gedanken zu nennen! –, ob im Lauf der Nacht neue Schiffe auf Reede vor Anker gegangen waren. Immerhin ankerten dort hin und wieder welche, aber Villes stierendes Auge ließ grau von den fremden Riggs ab, und Ville blieb nicht unnötig Zeit, zu beschnuppern, was in ihm schwelte, weil der Zeiger der Taschenuhr ihn trieb und um sieben Uhr Valmqvists Tür aufgesperrt werden musste. Tagsüber schaffte er es in der halbstündigen Mittagspause, wenn er ein bisschen rannte, kurz bis ans Ende der Hafengasse, gerade für so lange, dass er sah, ob ein Schiff, das ihm bekannt vorkam, um die Spitze von Vasklot herum lenzend in den Hafen einfuhr. Und wenn des Abends die letzten Kaffeepfunde abgewogen und eingetütet waren und die Eisensperre scheppernd wieder an der Tür von Valmqvists Laden angebracht war, da führte Villes Weg erneut zur Mole, und jetzt hatte er – ob es nun regnete, dass ihm der Himmel alles, was er an reinem Wasser hatte, in den Nacken goss oder ob der Wind vom Meer so peitschte, dass er seinen schlotternden Körper mit aufgestelltem Jackenkragen schützen musste, so gut es ging –, jetzt hatte er genug der eigenen Zeit, um auf dem Bollwerk hin- und herzugehen, vom südlichen Ende zum nördlichen Ende und vom nördlichen Ende zum südlichen, und nach Lust und Laune das Auge so lange angestrengt auf die Hafeneinfahrt zu richten, bis er im Dunkeln nichts mehr erkennen konnte. An jedem Tag Gottes lief Ville seine Läufe, die Leute lachten, weil er auch im Winter, wenn das Meer bis zum Kvarken zugefroren war und auf der ganzen Ostsee sich kein einziges geteertes Brett bewegte, weil er auch dann seinen Trab zum Hafen absolvierte, seinen Pfad in den Tiefschnee auf der Mole trampelte, und sonntags trieb er sich, da er Zeit hatte, den lieben langen Tag vor den geschlossenen Magazinen herum, aus denen sogar die Ratten den Winter über geflohen waren, mal hin und her stapfend, mal zwischendurch gar stundenlang da oder dort auf dem Bollwerk innehaltend, um mit weit aufgerissenen Augen und regungslos an der schneebedeckten Spitze von Vasklot vorbei auf die Ränder von gefrorenem Meer und eiskaltem Himmel zu starren.

Wie gesagt, die Leute hielten Villes Schiff für längst verloren, die Mannschaft nur mehr in den Totenbüchern eingetragen. Auch Villes Schuldner, die damals in ihrer Albernheit und Habgier ihr Geld gegeben hatten, damit Ville seine *Albatros* bemasten konnte, auch sie ließen, obschon es sie manchmal noch wurmte, und zwar tief im Gemüt wie in der Geldbörse, langsam Moos über ihren Verdruss wachsen. Was willst du von einem blanken Mann nehmen, der nichts hat als einen von Monat zu Monat speckiger werdenden Gehrock am Leib und in der Lade seines hinkenden Mietarbeitstisches verwahrt die Schiffspapiere, für die nicht einmal ein Hai in den Tiefen des Atlantiks mehr ein blinkendes Pfund zahlen würde? Manch einer mit bösem Mundwerk mochte bisweilen, wenn er in Valmqvists Laden zu tun hatte und zusah, wie Ville hinter der Theke beim Abwiegen der Kaffeepfunde für eine Stadtmadame hantierte, fragen: »Na, wann wird denn deine Kaffeeladung auf die Mole geladen, Ville? Von der müsste man sich dann gleich ein Pfund kaufen, bevor Bohnen untergemischt werden! Ich könnte mir sogar sackweise welchen vom Stapel nehmen, damit du deine Zinsrückstände ein bisschen verkürzt, falls du dich erinnerst!«

Jahrelang ging das so, Ville rannte über die Mole und wog im Laden seine Pfunde ab, das Haar wurde dünner und grau über den Ohren, die Augen trieften rötlich und wässrig vom ständigen kurzsichtigen Blinzeln auf die Gewichte der Thekenwaage, wenn sie nicht auf die leere Hafenmündung starrten, und die Leute vergaßen Villes Angelegenheiten mit der Zeit: Schließlich hat man in der Hatz des Lebens noch anderes zu tun und auszufechten, als über den Mann hinter Valmqvists Theke zu lachen, soll er doch über die Mole rennen, wo er ganz offenkundig die Schenkel dafür hat!

II.

Sieben Jahre waren also seit jenem Tag im Oktober vergangen, an dem die *Albatros* ihre Anker gelichtet und Ville durch den Händetrichter befohlen hatte, dass die *Albatros* ihre eigene Kaffeeladung in den Hafen segeln sollte, sieben Jahre, exakt so lang, wie Jakob freite, waren also seit dem genannten Tag vergangen, als Ville eines grauen Oktobermorgens wieder einmal ans Ende der Hafengasse getrippelt kam, um ein bisschen auf die Mole zu blicken, bevor er zu seiner Schinderei in Valmqvists Laden stiefelte. An dem Morgen sollte die Eisenstange vor Valmqvists Ladentür freilich geschlossen bleiben, denn durch die Hafeneinfahrt kam gerade lenzend ein merkwürdiges Wesen von schwimmendem Gebilde auf die Reede. Es hatte das Rigg einer Fregatte und war für eine Fregatte groß, aber man konnte schon von Weitem sehen, dass die Masten und Rahen fingerdick mit Moos überzogen waren, und offenbar hatte der Koch seine alten Spüllappen an den Rahen aufgehängt, denn als Segel wagte man die schimmelschwarzen Fetzen nicht zu bezeichnen, die an den Masten eingeholt wurden, während das Schiff auf die Mittelreede zuglitt. Die *Albatros* war es, die dort vor Anker ging, daran änderte sich nichts, sosehr man sich auch die Augen ausguckte und wie weich einem auch die Knie wurden. Der Bogen der Bordlinie war eindeutig derjenige der *Albatros*, auch wenn sie nun buckelte wie ein geprügelter Hund, wo sie beim Auslaufen mit der prächtigen Streckung eines vierjährigen Hengstes geprotzt hatte, die Randlinie an den Flanken verlief in dieselbe hübsche Richtung wie bei der *Albatros*, obschon am Mittelschiff lange Stücke abgebröckelt waren und am Vordersteven ein klaffender Riss grinste wie der Zeh an einer aufgegangenen alten Schuhnaht, und als das Schiff nun vor Anker leise mit den Wellen schlingerte, erahnte man am Heckspiegel auch einen Schemen von dem dort einst hingeschriebenen Namen, man erahnte und buchstabierte es als *Albatros*, auch wenn an den Lettern nicht mehr viel übrig war von der ursprünglichen weißen Farbe; und wo, zum Teufel, waren der rund um das Namensfeld herum goldgelb gemalte Rahmen und die Rosenverzierungen aus Holz hingeraten, von deren ganzer Schönheit nur noch ein dürftiger Brocken hier und da zeugte, wo das in teurer Arbeit geschnitzte Geranke einst verlaufen war! Ville stand stocksteif auf der Mole, die Fingerspitzen gespreizt durch die leere Luft tastend, als suchte er irgendwo nach seinem eigenen Schädel, ohne ihn zu finden, während die armen Augen im Kopf des Kerls wuchsen wie an Stielen. Plötzlich fing der dünne, spärliche Bart am Kinn des armen Mannes vielsagend zu zittern an, die Schultern schnappten, als würde das Wechselfieber den Körper schütteln, und wer weiß, was passiert wäre, womöglich wäre er auf der Mole zusammengesackt wie ein Haufen alter Klamotten, wo ihm doch die Knie schlotterten und wackelten, als würde ihm ein Maltersack Korn auf den Buckel drücken, wer weiß, was passiert wäre, wenn der Hafendiener, der ebenfalls von der Mole aus den Ankerarbeiten der Fregatte zuschaute, nicht bemerkt hätte, dass es um Ville eher schlecht bestellt war, und ihn unterhakte, bevor er auf den Kai krachen konnte. »Was ist denn mit Euren Knien los, Ville?«, fragte der Hafendiener, und als er merkte, dass Ville auf den Beinen blieb, lenkte er die Gedanken auf etwas anderes und sagte: »Zeit meines Lebens ist bis auf den heutigen Tag nicht so ein Drache in den Hafen von Vaasa gesegelt!« So schwatzte er, wobei er mit dem Daumen der freien Hand auf die *Albatros* deutete, die nun fest verankert war. »Als hätte sie im Türkischen Krieg eins auf die Nase bekommen!« »Das ist die *Albatros*, meine *Albatros*, sieben Jahre habe ich auf sie gewartet, und da ist sie nun, siehst du das, zähl die Masten, es sind drei, und an jedem ein vollständiges Rigg, eine Fregatte ist das, meine Fregatte!«, hechelte Ville, was die Brust an pfeifender Stimme hergab. »Ich bin Jakob, Israels Jakob, Jakob diente um Lea willen sieben Jahre und um Rahel willen sieben Jahre und dann noch sieben für das Schafvieh, einundzwanzig Jahre habe ich jedes Geldstück umgedreht, die Münzen gestapelt, Reichstaler, Kopeken und Rubel gesammelt, einundzwanzig Jahre, zähle es mit deinen Fingern nach, das Alter eines Mannes von der Wiege bis zum Ehebett, aber ich habe nicht an Rahel gedacht und auch nicht an Lea, nur an die Münzen und an das Schichten der Münzen zu einem Stapel, der das Gewicht einer Fregatte hatte! Zäher bin ich als Jakob, er bekam Lea und Rahel und siebentausend Schafe, so wie ich meine Fregatte bekam, aber er rang nur eine einzige Nacht mit Gott um seinen Segen und fing danach schon zu humpeln an, während mein Ringen sieben Jahre gedauert hat, sieben Jahre jede Nacht und sieben Jahre jeden Tag, dass meine Augen die *Albatros* sehen und ich aufrecht am Kai stehe! Schau dir diesen Mann an, diese Knochen haben das Ringen ertragen, und seine Hüfte hinkt nicht, auch wenn der Sack des Segens noch so groß war, um ihn sich auf den Buckel zu laden! Jakob war mit zwölf Söhnen von Ruben bis Benjamin gesegnet, und auch auf dem Meer ist Platz für mehr Fregatten als die *Albatros*!«

Ville hatte sich so schlapp geredet, dass er nun ernsthaft dem Hafenwächter aus den Armen zu gleiten und auf der Mole zusammenzuklappen drohte, weshalb dieser alle Hände voll zu tun hatte, ihn auf den Beinen zu halten. »Als hätte sie im Türkischen Krieg eins auf die Nase bekommen!«, brabbelte Ville mehr zu sich selbst als zum Hafenwächter. »Auch so kann es manchmal kommen. In der Bibel ist auch die Rede von anderen Männern als Jakob. Saul, der Sohn des Kisch, bekam Krone, Zepter und Reich, und bei den Felsen von Gilboa flehte er, der einstige starke Herr über zehntausend, vergebens seinen Waffenträger an, ihn zu durchbohren; er selbst, der König Israels, musste mit eigenen Händen die stumpfe Spitze des Schwerts an seiner Brust ansetzen und sich hineinstürzen. Hiob, der Mann aus Uz, hatte Kinder, Vieh und Sachen, Freunde und volle Tische, aber eines Morgens besaß er nichts weiter als einen Sack, mit dem er seinen kläglichen Körper bedecken konnte, und die Asche, auf der er erbärmlich saß, um sich herum drei Feinde, mit der Lauge des Spotts auf den gespaltenen Spitzen der glitschigen Zungen. An den dunklen Abenden und in den langen Nächten von sieben Jahren, in denen der Schlaf die Lider nicht erreicht, hat man Zeit, mit klammen Fingern die Seiten auch der Bibel umzublättern und sich dort seinen Platz zu suchen! Rudere mich zur *Albatros*, noch habe ich die alte Uhr meines verstorbenen Vaters hier in meiner Faust, die bekommst du, und von daheim die geerbte Bibel, wenn der blanke Mann, der in Valmqvists Laden als seinen einzigen Besitz einen schäbigen Rock trägt, von deinem Boot aus auf die Fregatte klettert!«

»He, he, na klar muss ein Reeder auf sein Schiff gelangen!«, lachte grummelnd der Hafenwächter, der merkte, dass seine Hand unter Villes Arm nicht mehr benötigt wurde, und losließ: Der Mann stand nun so wie eine über den Winter auf dem Feld vergessene, eingefrorene Heuhocke da! – »Obwohl ich, um die Wahrheit zu sagen, meinen Ruderlohn lieber in Münzen als in Form einer Uhr, die in der Westentasche einschläft, nehme!«, schwatzte er, während er die Leine des Boots vom Molenpoller löste. »Auf dem Ziffernblatt Eurer Zwiebel weisen beide Zeiger genau auf die Zwölf, und das ist als Anzeige einer Uhr eine unpassende Zahl des Morgens zum Hahnenlied. Ich bin ein alter Seemann und habe meine Ahnungen und stecke mir auch für zehn Reichstaler keine Uhr in die Westentasche, deren Zeiger rund um die Uhr die Zwölf anzeigen, denn das bedeutet, dass dem Mann entweder die Stunden gezählt sind oder dass der Minutenzeiger im Begriff ist, in etwas Unbekanntes zu springen, mit dem sich ein kluger Mann in meinem Alter nicht mehr abmühen will!« – Der Hafenwächter hatte das Boot seitlich an die Mole bekommen und half nun Ville, indem er ihn unterm Arm stützte, ins Boot hinunter, kletterte behände selbst hinterher, so steif er auch aussah, Balken für Balken an der Molenwand ins schaukelnde Boot. Nachdem er sich auf die vordere Ducht gesetzt und das Riemenpaar in die Hände genommen hatte, kam der Hafenwächter, bevor er in die Handflächen spuckte und anfing zu rudern, sicherheitshalber noch einmal auf das Thema zurück. »Behaltet Eure Uhr und Eure Bibel!«, meinte er zu Ville, der in seiner Ungeduld vergessen hatte, sich zu setzen, und mit gerecktem Hals und gebeugtem Rücken mitten im Boot stand und mit hohlen Augen auf sein Schiff starrte. »Ich rudere Euch auf eigenes Risiko hin und warte neben dem Schiff, bis Ihr zurückkommt, dann sehen wir, ob Ihr ein Mann seid, den Ruderlohn in Münzen von klarem Geld zu zahlen!«, schloss der Hafenwächter seinen Gedanken. »Zehn Reichstaler erhältst du, wenn ich einen roten Geldschein in die Hand bekomme!«, murmelte Ville beinahe gedankenlos, die Augen die ganze Zeit auf die schwarz-graue Flanke der *Albatros* geheftet. – »Na, das ist mir das Versprechen eines Mannes, auf dieser Grundlage lassen sich auch ein bisschen längere Züge machen!«, schnaufte der Hafenwächter wohlbärtig zurück, und das Boot setzte sich mit einem Schwung in Bewegung, dass die von Heringslauge befleckten Schöße von Villes Gehrock bei jedem Ruck gegen die um Standfestigkeit bemühten Beinpfeifen klatschten.

Die *Albatros* lag nun bereits fest vor Anker. In der Tat, das Schiff war reichlich verblasst! Die Flanke in voller Länge grau verschossen wie ein schwarzes Schaf, das sich in einer Lehmpfütze gesuhlt hatte, der Teer in rieselnden Schuppen wie die Brust eines Alands, der ein halbes Jahr in der Lauge gelegen hat! In Ville wuchs der Widerstand. Konnte man in des Teufels und des Mohren Namen im Ausland etwa keinen Teer kaufen? Wie die Stirnwand eines Stalls, wenn der winterliche Misthaufen aufs Feld gekarrt worden ist! Und die Blöcke! Beim Auslaufen blitzten und blinkten sie in ihrem weißen Anstrich wie gewaschene Porzellanpunkte in der schwarz geteerten Takelage, und jetzt hingen sie wie graue Rotzklumpen an den abgewetzten Tauen! Villes Stielaugen hüpften immer gieriger und gieriger in ihrem Elend hin und her. Und ja, die Farbe an den Knäufen der Toppen und den Enden der Rahen hatten sie ausbleichen lassen, und der glänzende Firnis der Masten war von grünblauem Moos überzogen, die Deckleisten verkleistert wie die Holzsohle unterm Mistschlitten eines armen Hofs, und, verdammich, hat der Kapitän etwa sein altes Bettlaken als Flagge am Topp aufgezogen, so wie der Lappen von den Farben und den heilen Kanten her aussieht! Ville hatte auch bemerkt, dass der Galionsfigur unter der Bugsprietspiere die Nase fehlte und von den Holzperlen am offenen Hals der Jungfrau die meisten gesprungen und gespalten waren: Was, zum Teufel, war dort dagegengeschlagen?, lamentierte der wachsende Zorn in seinem Innern.

Man kam nun allmählich ans Ziel, der Hafenwächter hatte seinen steifen Nacken so weit gedreht, dass auch er seine Beobachtungen machen konnte. »Kein Teergeruch am Schiff«, sagte er, während er mit den Riemen das Boot an die Schiffsflanke lenkte. Villes Augen waren wie verhext und unbeweglich auf die Wasserlinie an der Seite des Schiffes geheftet, wo so lang und so tief, wie man die Schiffsflanke im blässlich grünlichen Meer erkennen konnte, ein ellenlanger, gelblich schmutziger Bart wirrte und wallte. »Hat Kalle seine Ladung unter dem Boden von Brasilien aus hierhergeschleppt?«, kribbelte in ihm die verdrießliche Frage. »Hat der Atlantik Kalles Meinung nach gefegt werden müssen, weil er mit so einem Besen darüber hinweggefahren ist? Kein Wunder, wenn die Schüssel bis zu den schlierigen Wanten im Meer hängt, wenn die ganzen Tropen unter dem Kiel mitgeschleift werden!«

Selten hat ein innerlich borstigerer Reeder das verdrossene Auge von der Schiffsseite zur Reling geführt, wie Ville es am damaligen kalten Oktobermorgen im Hafen von Vaasa vom Boot des Hafenwächters aus tat, als er seine gereizten Gucker vom gelblichen Grasschmutz der Flanke allmählich an der verblassten Teerwand aufwärts führte. Wie gebeiztes Elfenbein glänzte diese Flanke vor sieben Jahren, jede Fuge dick gepecht und die Bretter vom Teer wie schwarzes Porzellan!, zerriss ihm die Gedankenspitze das Herz, als er Planke für Planke jede Fuge zählte, aus deren Ritze unanständig nackt des Dichtwergs grauer, bloßer, verschossener Hanf quoll. Selbst auf dem Hügel Golgatha geht es Schritt für Schritt voran, und so erreichte auch das Auge des Reeders schließlich das Randholz. Aber wenn das Innere des Mannes bereits bitter war, so mussten seine Augen nun noch bitterer hinstarren. Auf dem Schiff hatte man die Ankömmlinge nämlich inzwischen bemerkt, und als Villes Augen auf ihrem Kontrollgang endlich bis zur Reling der *Albatros* hinaufgeklettert waren, beugte sich von dort ein haariger Höcker herab, in dem man den Kopf eines Menschen erkannte, sofern man seinen Verstand anstrengte. Bald erriet Ville, dass es sich bei besagtem Wesen um Kalle handelte, obschon man eine Weile hingucken musste, bevor man inmitten des Moosbüschels die funkelnden Augen ausmachte, in denen so viel Lachen schwamm, wie in die kleinen Triefer hineinpasste. Das Haarige war in diesem Fall nämlich bloß äußerer Natur, und wenn man sich an den Zottelbart ein bisschen gewöhnt hatte, hätte man von den Augen her eine sichere Wette eingehen können, dass die im Gebüsch verborgenen Lippen und die Backenschoten mit einem zufriedenen Lachen beschäftigt waren.

»Ist es der Reeder, der da kommt?«, ließ eine Stimme aus dem Inneren der Bülte verlauten, deren Klang bezeugte, dass diese Mundwinkel in sieben Jahren jedenfalls nicht unnötig zum Sprechen benutzt worden waren, sie knirschte wie ein Schlüssel, der sich in einem Schloss dreht, dessen Federn unter jahrealtem Rost erstarrt sind. Aber wenn das Schloss erst einmal nachgibt und flutscht, hat der Schlüssel keine Not mehr! Und auch bei Kalle flutschten, da er einmal seine Stimme gefunden hatte, die Wörter nun bemerkenswert. »Schöne Grüße aus Westindien und Ostindien!«, gluckerte es nun bereits groß aus den bärtigen Lippen wie der Inhalt einer zehn Jahre alten Schnapsflasche, nachdem der oberste Schimmelklumpen aus dem Hals geblubbert ist und diesen nicht mehr verstopft. »Aber wo hat der Reeder denn seinen Bauch fallen gelassen? Die Hosen sind an der Stelle, wo man das Essen aufbewahrt, ja ganz eingedellt, sodass es einem um die unnötige Mühe des Schneiders und die Vergeudung von Textilware leidtut! Darf man in Närpio kein Pfund Butter mehr kaufen?« – Bei Kalle war die Zunge voll in Fahrt, da sie sich einmal mit Glück in Bewegung gesetzt hatte. »Und wo hat der Reeder seinen Bart abgeschüttelt, wo er nur noch hier und da dünnen Flaum am Kinn hat? Bei mir hingegen sprießt er überall hervor, immerhin sind die Augen so weit von

Haaren frei geblieben, dass sie genug gesehen haben, um Kurs auf den heimischen Hafen aufnehmen zu können!«, befriedigte Kalle sein plötzliches Bedürfnis nach Gesprächigkeit. »Maat, wirf dem Reeder ein Seil hin, damit wir ihn an Bord hieven und schauen können, wie ein Mensch aussieht, der in den letzten sieben Jahren nur festen Boden unter den Sohlen gehabt hat!«, kommandierte Kalle.

Ville war vorläufig nicht zum Reden zumute, er stand bloß als vergleichsweise schweigsamer Mann im Boot und schielte misstrauisch auf das Tun des Maats, der an die Reling gesprungen war und dort ein dickes Seilbündel in den Händen hielt. »Wahrschau!«, ertönte es gleichzeitig von oben, und in Ville steckte noch genügend alte Flinkheit, dass er rechtzeitig mit dem Kopf auswich, als das zwei Zoll starke Seil als schweres Bündel ins Boot plumpste. Als alter Seemann schnappte es sich der Hafenwächter schnell: Ville war voll damit beschäftigt, sich auf den Beinen zu halten, damit er nicht Hals über Kopf über den Bootsrand und in den schleimigen Grasschlamm der *Albatros* stürzte. Hinter dem Stirnbein des Kapitäns hatte inzwischen der Verstand schwer gewerkt, denn auf einmal begriff er die Erklärungslücke in der Angelegenheit. »Die Strickleiter war unbrauchbar, die riss in Bombay in zwei Stücke, als der Zollschnüffler an Bord kletterte – der Mistkerl konnte schwimmen, sodass er gerettet wurde! –, und weil wir sparen mussten, brachte ich es nicht übers Herz, eine neue zu kaufen, und wir haben auch nicht Tau im Überfluss, um die alte auf dem Kahn zu spleißen, außerdem waren auch die Sprossen bereits morsch!«, erklärte er ausführlich. Der Hafenwächter hatte indessen den Tampen aus dem Seilhaufen befreit und Ville hingestreckt, der ihn nun mit beachtlicher Ratlosigkeit in der Händen hielt und hin und her bog; hart und steif war das Tau, sodass man fast Kraft in den Handgelenken haben musste, wenn man es krümmen wollte. Der Kapitän beeilte sich darum auch, Ville zu trösten und zu raten: »Damit kommt man gut auf den Kahn! Schling es dir einfach zweimal um den Leib und verknote es am Bauch zum Palstek, dann hieven dich die Männer am Rahblock rauf, und der Maat und der Bootsmann befördern dich an Bord!«, brummte aufmunternd der Kapitän. »Auf die Art haben wir am Kap auch den Konsul der Russen auf unser Schiff gehoben! Der war noch dicker, als der Reeder es einst war, als wir zur Fahrt aufbrachen, und es hat gut gehalten!« – Auch Ville verstand, dass Warten nichts nützte, es gelang ihm, das Seil zweimal um sich zu schlingen, und er wickelte es sicherheitshalber noch ein drittes Mal um die Taille, und mithilfe des Hafenwächters kam auch der Palstek zustande, indem sie zu zweit das harte, störrische Seil flochten. Darauf folgte bloß noch eine halbe Minute Zappeln in der Luft, bis der Reeder außer Atem und Luft in die Lungen schnaufend auf dem Deck der Fregatte stand und etwas über ein Fallreep nuschelte: »Warum hast du das nicht herabgelassen, damit man wie ein Mensch an Bord gekommen wäre?«

Wieder sah sich der Kapitän zu einer Erklärung gezwungen. »Ein Fallreep wäre jetzt in der Tat nützlich gewesen!«, gab er bereitwillig zu. »Aber wer hätte es über sich gebracht, bei so einer ollen Fahrt ein solches Möbel zu benutzen? Es sind ja keine Mamsellen zu uns an Bord gestiegen. Und da die Taue solche Mistdinger sind, dass sie sich beim Segeln abnutzen, haben wir zu ihrer Verlängerung auch die Seile des Fallreeps spleißen müssen, und die überflüssig gewordenen Holzteile sind anschließend zum Flicken von Türen und Luken benutzt worden, weil die gottlosen Dinger ja ständig an den schlimmsten Stellen Zicken machen! Aber was soll's, es ist ja gut gegangen, denn hier stehen wir gesund an Deck und können die Hände schütteln!«, lenkte er das Thema listig in eine bessere Spur. »Schlag ein in die pechige Hand!«, sagte er und hob seine rechte Vorderextremität so weit dem Reeder entgegen, wie er den steifen Arm zu strecken vermochte.

Aber die Hand blieb gereckt in der leeren Luft hängen. Der Herr des Schiffes hatte sich inzwischen so weit von seiner Konfusion erholt, dass er feststellte, sicher an Deck zu stehen, und legte beide Hände auf den Rücken, um den Kapitän ziemlich streng von Augenweiß zu Augenweiß anzufunkeln. Er war nun völlig darüber im Bilde, dass er auf dem Deck seiner eigenen Fregatte stand.

»Wir haben noch einiges zu klären, bevor wir uns die Hand mit der des anderen schmutzig machen!«, fauchte er, wobei er seine Hand auf dem Rücken so weit nach hinten streckte, wie es nur ging, als befürchtete er, der Kapitän würde sie dort mit seiner ausgefahrenen Pranke abholen. »Wo zum Teufel hast du das Schiff hingeschleift, und in welchem Zustand bringst du es zurück? Ich habe es dir wie einen geputzten Salon übergeben, und du bringst es als Schweinestall wieder!«, zischte er, als sein Auge das Ferkelpaar traf, das übers Deck lief.

Der verdatterte Kapitän hielt die Hand noch immer in die Luft gestreckt, aber sie befand sich bereits auf dem Rückweg und kratzte bald die abstehenden Nackenhaare. Seine Augen waren den Augen des Kapitäns zum Ferkelpaar gefolgt, und da es ihm in dem Moment an Worten fehlte, fing er unter weiterem Kratzen der Nackenhaare an, von den unschuldigen Kreaturen zu erzählen. »Na, weil wir so lange Strecken zu fahren hatten, habe ich Schweine gezüchtet, damit man ab und zu frisches Fett in den Mund bekommt!«, plauderte er vernünftig mit dem Reeder. Und weil er glaubte, den Grund für dessen unerklärliche Erregung erkannt zu haben, befahl er dem Maat: »Mach den Jungs Beine, dass sie den Schweinetrog von der Kajütentür wegtragen, damit der Reeder bequemer in seine Kajüte gehen kann!« Und indem er sich wieder an den Eigner des Schiffes wandte, fuhr er versöhnlich fort: »Gehen wir hinein, da lässt sich besser über alles reden. Geschrieben habe ich auch deshalb nicht, weil das mit dem Schreiben so schwerfällig geht und man nur unnötige Zahlungen leisten muss. Einmal, in Singapur, fing ich sogar an zu schreiben, aber ich bekam den Brief nicht fertig, bevor das Schiff beladen war, und hätte ich etwa bloß wegen eines Briefs mit dem Schiff in Singapur liegen bleiben sollen, wo gerade ein guter Passat nach Valparaíso ging? Ich dachte mir, du weißt auch so, wie es mit mir geht und steht, sodass ich es nicht auf Papier kritzeln muss, und was hat ein Reeder beim Warten an Land schon für Not.« Kalle plauderte weiterhin in versöhnlicher Manier, auch wenn eingeräumt werden muss, dass es in seinen Augen rot zu zucken begann und seine Stimme strikter wurde. Alte Genossen aus der Konfirmandenschule, und haben sich noch nicht einmal die Hand gegeben, noch immer nicht, obwohl schon derart viel gequasselt worden ist! Ist das etwa ein anständiger Empfang, nachdem man sich sieben Jahre lang beharrlich zum Wohl des anderen abgerackert hat wie ein Mistkäfer auf dem Haufen? Was sollen die Seemänner ringsum denken? Auch der Maat, ein vernünftiger Mann, und der Bootsmann, der in sieben Jahren während der gesamten Fahrt kein einziges überflüssiges Wort aus dem Mund gelassen hat, blickten an den Nasensparren entlang auf den Boden, als schämten sie sich für etwas. Beim Kapitän verdickte sich das Blut im Nacken.

»Ich pfeif und scheiß darauf, wie es dir geht, aber mir geht es um mein Schiff!«, zischte der Schiffseigner mit Augen, als hätte er den Kapitän am liebsten mit Haut und Haar gefressen. »Du würdest die Peitsche auf dem Markt von Vaasa verdienen, so wie du mich sieben Jahre lang hast in der Klemme sitzen lassen! Sieben Jahre lang befand sich mein gesamter Besitz auf dem Wasser, und ich steckte wie in einem Sack und wusste von nichts! Sieben Jahre lang lief ich an jedem Posttag zur Luke des Postkontors, sieben Jahre lang blinzelte ich mir die Augen beim Blick auf die Schiffsnachrichten blind, sieben Jahre lang schrieb ich an Konsuln in allen möglichen Reichen und Imperien, und keine Spur vom Namen der *Albatros*! Der Strömling wird über der Kohle nicht schlimmer gegrillt als ich von dir sieben Jahre Gottes lang! Ich habe zehn Nägel an den Fingern, bedanke dich bei deinem Glück, dass sie in diesem Augenblick nicht in deinem Backenbart sind!«

Kalle hatte von der Kommandobrücke aus oft genug dem Meer ins grüne Auge geschaut, wenn es als schlimmster aller Kessel kochte und zischte auf der Strecke, die das Auge zwischen dampfender Reling und spritzendem Horizont überblickte, um aus Erfahrung zu wissen, dass es, wenn der Teufel schnaubt, am besten ist, die Lappen an den Rahen zu reffen, so schnell es die Finger schaffen, und sich das Fluchen aufzusparen, bis das Meer mit dem Spucken aufgehört hat. Und so unterdrückte er auch jetzt den Zorn, damit dieser nicht vom Nacken aus weiter in die Höhe stieg und das Gehirn verwirrte, spie nur einen Priem aufs Deck und sagte dann versöhnlich: »Ach, der Herr Reeder ist wegen seines Schiffes unruhig gewesen? So was hat auch der Russenkonsul am Kap gesagt, derjenige, den wir aufs Schiff gehievt hatten, der meinte, im Konsulat wäre mehrmals nachgefragt worden, ob die *Albatros* das Kap passiert hätte. Ich hielt das Ganze jedoch für nicht so tragisch, weil wir uns ja gerade auf dem Heimweg befanden, bloß noch über Rio nach Finnland, ich dachte mir auch, dass die Dinge nicht veralten, wenn man sie mündlich bespricht. Außerdem hätten wir eine Woche am Kap vor Anker liegen müssen, bis ich meinen Brief zu Papier gebracht hätte, und meiner Meinung nach war die Ankunft des Schiffes wichtiger als die eines Papierbriefs. Ich überlegte mir auch, dass du wegen des Schiffs keinen Kummer haben musst, wo du doch weißt, dass ein alter Konfirmandenkamerad sein Kapitän ist, und dazu noch einer aus Närpiö!«, fügte Kalle seiner Geschichte gekonnt noch ein kleines Sicherheitssegel hinzu.

Der Kapitän hatte sich beim Reden in Bewegung gesetzt und wankte nun zur Kajütentür, wo der Schweinetrog bereits ein Stück weit weggetragen worden war. Er hatte den listigen Hintergedanken, der Besitzer des Schiffes würde ihm folgen, damit sie den Männern aus den Augen kommen und in der Kajüte ihre Angelegenheiten klären könnten. In dieser Hinsicht hatte er den Kurs richtig berechnet, denn der Schiffseigner stiefelte, nachdem er in seiner Wut zunächst eines der Schiffsferkel, das, Vertraulichkeit aufbauend, in aller Unschuld zu ihm gekommen war, um sich an seinem Bein zu reiben, mit unnötig brüskem Tritt davongejagt hatte, dem Kapitän so schnell hinterher, dass er sogar eher als dieser die Kajütentür erreichte und zur Demonstration seiner Eigentümergewalt noch vor Kalle eintrat.

III.

In der Kajüte befanden sich nun also der Eigner des Schiffes und der Kapitän. Hätte der mit den Tassen scheppernde Koch in der Messe das Ohr an die hinter dem Kapitän fest verschlossene Tür gelegt, wäre er von dem, was er gehört hätte, nicht sonderlich fett geworden. In der Kajüte war man nämlich vorerst ganz still, was die Benutzung des Mundes anbelangte. Der Kapitän wäre nicht vor der Tür stehen geblieben, aber der Reeder hatte, kaum dass er eingetreten war, ein merkwürdiges Ausschreiten von einer Ecke der Kajüte zur anderen aufgenommen. Der Kapitän musste sich wundern, wie schnell die abgewetzten Schöße des Gehrocks jedes Mal auf den Fersen des Reeders über Stag gingen, wenn der Kurs in einer Ecke gewechselt wurde. Hätte auch das Schiff einen solchen Klüver am Achterstag gehabt, wer weiß, wie schnittig sie dann in den Wind geschossen wären!, erwog Kalle sachlich, ärgerte sich jedoch gleichzeitig: Der wedelt mit den Schößen, als wollte er Fliegen aus den Ecken vertreiben!, dachte er. Mit einem solchen Gerenne kommt man trotzdem nicht über den Hafen von Vaasa hinaus!

Der Reeder dachte so gut wie nichts, ging nur mit großen Schritten hin und her, mal rieb er sich dabei die Hände auf dem Rücken, mal schlug er sich vorne in die Hand. Jedes Mal wenn er auf seinem Gang den vor der Tür stehenden Kapitän passierte, schnaubte er und zuckte mit den Schultern, lief aber noch schneller weiter, und obwohl die Fahrt gleich am Anfang flott war, so nahm die Geschwindigkeit doch bei jeder Wende Knoten um Knoten zu. Zuerst hatte der Kapitän, als er an seine Kajüte kam, die Mütze abgenommen, aber diese hatte inzwischen wieder an ihren vertrauten Platz auf den abstehenden Haaren zurückgefunden, während die Hände vergleichsweise tief in den Jackentaschen Zuflucht gesucht hatten, und je öfter und je bedrohlich näher der Reeder wie ein Weberschiffchen an ihm vorbeihuschte, umso breiter bauten sich die kurzen Beine des Kapitäns auf dem Sisalteppich vor der Tür auf: Auch im Kapitän fing offensichtlich das Blut zu kochen an.

»Ich habe einen Bugspriet im Gesicht stehen wie du, wenn auch einen kürzeren, und du solltest davon so viel Abstand halten wie nötig, damit sie nicht zusammenstoßen!«, sagte er, als Ville beinahe um Nasenlänge an ihm vorbeiwischte. Und nachdem er einmal zu sprechen begonnen hatte, war es leicht, fortzufahren. »Was ist los, Reeder?«, fragte er. »Ich habe rote und gelbe und kupferfarbene Menschen gesehen, aber noch nie zuvor grüne und blau-rot gefleckte! Die Mohren begrüßen sich, indem sie ihre Nasen aneinanderreiben, und der Chinese zoppelt seinen Bekannten am langen Zopf, aber verdammt, noch nie bin ich begrüßt worden, indem man vor meinen Augen hin und her springt, dass meine Nasenspitze in Gefahr ist! Sieben Jahre lang habe ich treu das Schiff des Reeders gesegelt, und noch immer hat mir der Reeder nicht die Hand zum Gruß gereicht!« An der Tür stand ein recht schwerer und haariger Mann, wenn er auch eher klein war, besonders, was die Beine betraf, und den flinken Augenpfefferkörnern lag jeder Scherz fern.

»Du immer mit deiner Hand«, entlud sich nun auch beim Reeder ein Wort. Und indem er von einer Kajütenecke mit zwei großen Schritten bis unmittelbar vor Kalle hintrat, mit den Augen aus nächster Nähe in dessen Augen stechend: »Eher fasse ich eine Erdkröte an als deine Hand! Sieben Jahre treu mein Schiff gesegelt?«, brachte er vor Heiserkeit kaum heraus. »Keine sieben Minuten länger trampelst du über die Planken dieses Schiffs, solange ich hier etwas zu bestimmen habe! Die Abrechnung her, dann darfst du mit deinen kurzen Hachsen in der Luft zappeln, wenn du mitsamt deinen Ferkeln von der Rah aus ins Boot gehievt wirst!«

»Spring mir nicht ins Auge, ich sehe dich auch von weiter weg!«, wehrte der Kapitän ab, der nun ein ernsthaft erboster Mann war. »Und an den Beinen fehlt mir gar nichts! Bis auf die andere Seite der Erdkugel bin ich damit gekommen, auch wenn sie kurz sind. Wie weit hast du es denn mit deinen langen Stelzen über das Zolltor von Vaasa hinaus geschafft?« Kalles Hände waren von den Jackentaschen in die Hosentaschen gewandert, die Augenpfeffer schlugen Feuer, und der Bart stand auf den Backen gefährlich in alle Kompassrichtungen ab. »Und ich gehe auch nicht einfach so vom Schiff!«, schmetterte er. »Meine Geldtruhe reiße ich, wenn es sein muss, sogar dem Teufel aus den Fingern!«

»Deine Geldtruhe?«, fuhr der Schiffseigner misstrauisch zusammen. »Was für eine Geldtruhe?« Für einen Moment hatte Ville seinen Zorn vergessen, und die Augen grapschten nach Kalle wie der Brunnenhaken nach dem untergegangenen Eimer.

»Na, meine eigene natürlich!«, antwortete der Kapitän. »Bis auf den Schilling habe ich sieben Jahre lang am letzten Tag eines jeden Monats meinen vereinbarten Lohn hineingezählt. Das ist meine Sicherheit fürs Alter, und die nehme ich mit, auch wenn du mir zehn Kosaken auf den Hals hetzt!« Auch ein Hund nimmt es nicht ohne Rache hin, dass man ihm den Knochen aus den gefletschten Zähnen reißt: Er versteht das Spiel so, dass er sich mit dem Spalt zwischen seinen Maulwinkeln stattdessen das Handgelenk seines Quälgeistes schnappt! »Ich habe genug Tropfen klaren Verstandes im Kopf, um aufzupassen, dass keiner mit seinen Fingern meiner Geldkiste zu nahe kommt! Der Hund muss die Zähne fletschen, aber ein Mann sagt seine Sache mit einem klaren Wort, und das lautet in diesem Fall, dass meine Truhe mir gehört, und wer sie mir wegnehmen will, der bekommt es mit mir zu tun!« – Kalle sah in diesem Moment an der Tür wie ein Mann aus, der es ernst meint. Der Stumpf wies nicht viel an Größe auf, aber alles, was er an Ausmaß hatte, stand stabil auf seinen Tretern: Im Manne wie im Worte steckte Wucht.

Ville wich ein wenig aus, hielt so weit in seinem Lauf inne, dass die Schöße an seinem Gehrock für ein, zwei Sekunden Ruhe fanden, und glotzte seinem Kapitän verblüfft ins haarige Gesicht. »Stellt sich auch noch auf die Hinterbeine!«, sagte er staunend. »Beraubt mich sieben Jahre lang und ist noch zornig, dass die Funken sprühen! Fast als wäre ich verantwortlich und er der Engel des Jüngsten Gerichts!« Aber der Wellenkamm, wenn er über die Reling lugt, zaudert nicht lange, auch wenn es scheint, als überlegte er, kurz in der Luft zitternd, ob er vorwärtsschießen soll oder nicht, bevor er bricht und schäumend und zischend das Deck überspült. Auch Ville wunderte sich nicht lange, der Zorn in seinem Inneren warf einen zu hohen Kamm auf, und der Ärger ergoss sich im Schwall über den naiven Nacken des Schuldigen. So viel Vernunft besaß Ville in seiner Wut immerhin, dass er nicht handgreiflich wurde, sosehr es ihn auch in den Fingern juckte, und so dicht die gespreizten Fingerspitzen auch vor Kalles Backenflaum durch die Luft rechten – es wäre von Villes Seite aus freilich ein ziemlich unsicheres Unterfangen gewesen, denn an Kalles Standfestigkeit sah man, dass er nicht die Absicht hatte, bei einer solchen Art von Abrechnung etwas schuldig zu bleiben; zu Handgreiflichkeiten überzugehen, erachtete Ville also nicht für günstig, aber den folgenden Wortausbruch hätte auch ein Engel aus dem Himmel bei ihm nicht eindämmen können: In zu dicker Ballung hatte die Bitternis von sieben Jahren sein Gemütsknäuel aufgewickelt.

»Ach, mein Geld hast du dir als Federn für die Polster deines Alters ausersehen? Kratze den Schimmel von den Masten und das Moos vom Schiffsboden, dann bekommst du eine weichere Polsterfüllung und trittst bis ans Ende deines Lebens mit gutem Gewissen gegen etwas, das du dir ehrlich verdient hast! Da kommt der Rübendieb an und fragt um Tageslohn dafür, dass er das Schwendland leer gepflückt und bloß die Erdschollen auf dem Acker zurückgelassen hat! Du hast mich sieben Jahre lang schmoren lassen wie einen Strömling auf dem Rost und bringst mir einen Drachen von Schafstall zurück, wo ich dir das prächtigste Schiff von Vaasa gegeben habe, und ich soll in diesem meinem Gehrock – siehst du, wie er glänzt? Das ist mein Festtagsrock von der Taufe der *Albatros*! –, ich soll in diesem meinem heringsschäbigen Gehrock zuschauen, wie du mit der Geldtruhe auf dem Buckel über die gesplitterte Reling der *Albatros* an Land steigst? Hältst du mich für schmerzendes Zahnfleisch und dich für einen Blutegel, hä, der sich vom Blut eines anderen fett macht?«, wimmerte Ville beinahe, wobei die braunen Augen einen Zoll vor Kalles stahlgrauen loderten. – »Die Geldtruhe wird nicht bewegt, bevor die Abrechnung klar ist!«, kreischte der Schiffseigner unvermutet in drei Registern, wie ein junger Hahn, der das Krähen lernt, die aufgerissenen Augen weiterhin dicht vor Kalles Gesicht. »Rechne ab, oder du wirst im Gefangenentransport vom Schiff in den Hafen befördert!«, kam es noch greller aus dem Hals, und die Augen bohrten bedrohlich aus noch größerer Nähe.

Kalle hatte bis dahin ziemlich robust auf seinen Sohlen gestanden: Was soll ein Mann auch nicht stehen, der es gewohnt ist, seinen Fuß immer so weit als Stütze zu versetzen, wie das Meer sich jeweils unter ihm wälzt? Aber jetzt war die Krängung selbst für Kalles Stöckel zu steil. Eine unerwartet schnelle Veränderung vollzog sich in dem Mann. Als Erstes legte sich das störrische Haar auf seinen Backen platt und glatt, als Nächstes tauchten die Hände aus den Hosentaschen auf, zuerst fiel die linke heraus und dann die rechte, eine Sekunde später wischte eine Hand die Mütze vom Kopf, und vor dem Reeder stand ein ziemlich lauter aussehender Mann mit blinzelnden Augen.

»Die Abrechnung? Ach, der Herr Reeder fragt nach der Abrechnung, ja?«, zischelte Kalle ein Wort nach dem anderen. Er hatte etwas wie einen Kloß in den Hals bekommen, an dem er schlucken musste, und seine Knie wurden weicher als damals vor Valparaíso auf der Kommandobrücke, als die *Albatros* es sich in den Kopf gesetzt hatte, ihren Bugspriet so beharrlich ins Meer zu stoßen, als wollte sie ihn nie mehr daraus befreien, während der sich auf der schlimmen Seite befindliche große

Ozean in einem Schwall zig Tonnen Überschüssiges zischend über die Reling aufs Deck ergoss. War es das jetzt?, sog damals die schwindelerregende Frage an den Leberwurzeln, aber tatsächlich kamen ihm in diesem Augenblick die Deckbohlen der *Albatros* wie eine weit schwächere Hülle unter den Sohlen vor als damals, obschon man jetzt im Hafen von Vaasa fest vor Anker lag und unter dem Kiel so viele Ellen Meerwasser hatte wie damals verschlingende Wersten! Wäre es damals mit einem dahingegangen, müsste man jetzt nicht hier stehen!, blitzte innerlich der nach einer Rettungsritze heischende Gedanke auf.

»So, so, der Herr Reeder fragt nach der Abrechnung?«, vergewisserten sich die Lippen noch einmal der ernsten Lage. Aber ein Seemann darf die Hand an den Knäufen des Steuerrads nicht lockerlassen, auch wenn das Meer noch so grausam seinen Schlund aufreißt und über die gesamte Bordlänge ein ellenhoher Schluck schwappt! Auch Kalles haariger Seemannskopf begriff, dass es, wenn jetzt der Rand des Kutters hochgezogen werden musste, damit er nicht unnötig Wasser schlürfte, dass es dann hektisch am Rad wurde und die Hände des Mannes am Ruder beim Wechseln der Griffstücke geschmeidig sein mussten.

»Abrechnungen, Anfechtungen! Was sollen die unnötigen Spielchen unter Männern!«, lockerte er den Kurs der Bö entsprechend. »Wir sind doch beide ehrliche Männer und alte Konfirmandenkameraden!«, versuchte er den zungenfertigsten Sturmwogenzorn am Relingholz abzuwehren. »Ich habe keine Bücher geführt!«, löste er mit abruptem Ruck nun auch die Schoten an den Nägeln, weil er verstand, dass dem Wind der Mumm bricht, wenn er keinen Fetzen vor sich hat, in den er blasen kann. »Das nimmt so viel Zeit in Anspruch, dieses Kritzeln auf Papier, dass man gar nicht mehr zum Navigieren kommt!«, versuchte er zur Abwechslung etwas Vernünftiges zu sagen. Und in der Annahme, dass der schlimmste Windstoß damit umgangen war und er wieder auf Kurs gehen konnte, fing er an, den Reeder auf die Bahn der Tatsachen zu lenken. »Bis auf den Reichstaler genau habe ich jede Münze in die Truhe gezählt, die mir in die Hand gegeben worden ist, ob es Pfund waren oder meinetwegen Milreis, Gold oder Papier!«, erklärte er, und sein Auge spannte wieder ehrlich seinen Blick in das Weiß des Reeders.

»In die Truhe?« Der Schiffseigner fuhr bestürzt auf, ohne zu wissen, ob er aus der Haut fahren oder in Gedanken auseinanderklamüsern sollte, wer von ihnen verrückt war, der Kapitän oder er selbst. »In deine Truhe hast du die Einkünfte des Schiffes gelegt? Und die willst du jetzt mitnehmen?«, plapperte er, wobei seine Augen und Gedanken so lose am Bartmoos des Kapitäns hingen wie ein Segelfetzen, der vom Wind freigegeben haltlos herabhängt und gegen die Rahe schlägt.

»In meine Truhe?« Jetzt war der Kapitän mit Verblüffung an der Reihe. »Hat der Herr Reeder Brei im Schädel?«, brauste er auf. »Ich bin doch nicht närrisch! Mein Geld stecke ich in meine Truhe und das Schiffsgeld in die Schiffstruhe. Als die erste Truhe voll war, ließ ich den Zimmermann eine zweite, größere machen – dafür wurden dann auch die Bretter des Fallreeps benutzt –, und auch die ist jetzt voll. Ich wäre gar nicht so schnell wieder zurückgekehrt, aber weil die Truhen voll waren und es in der Kajüte auch keinen Platz mehr für eine neue Truhe gab, bin ich schließlich in Richtung Heimat gesegelt!« – Dem Kapitän war derart ernst, und die Angelegenheit griff ihn so sehr an, dass er eine gründliche Erklärung für nötig hielt, gleichzeitig nestelte er unter dem Kragen seiner Lederjacke etwas hervor, und nach kleinem Ächzen wurde zunächst eine Lederschnur von der Dicke des kleinen Fingers eines Mannes sichtbar und danach ein schwerer Schlüsselbund, der daran hing. »Hier sind die Schlüssel!«, erklärte der Kapitän weiter, wobei er die um den

Hals laufende Schnur über die Ohren zog und befreite: Vier massive Schlüssel glänzten und klirrten am Ende des Lederriemens, drei größere und ein kleinerer.

Der Schiffseigner war während der Rede des Kapitäns zum ziemlich stillen Mann geworden, nur seine Augen trachteten danach, vom Tun des Kapitäns auf die Tür zur Schlafkoje zu schielen, vor der tatsächlich quer ein eiserner Riegel gekrampt war, mindestens so massiv und dick wie die Sperre an der Tür von Valmqvists Laden. Wer wohl dessen Schranke heute Morgen von ihrem Platz genommen hat, wo doch ich hier bin?, ging ein durchaus deutlicher Gedanke durch Villes Kopf, während seine Augen müßig über das rostverkrustete Eisen strichen. Der ganze Rahmen ruiniert, weil so starke Krampen in das fein lackierte Brett getrieben worden sind!, versuchte sich der Ärger von eben noch einmal in ihm aufzubäumen. Aber allmählich geriet Ville derart aus dem Konzept, dass sich auch dieser Gedankenfaden nicht lange aufwickeln ließ. Anscheinend kann man selbst in Brasilien Schlösser von stattlicher Größe kaufen!, dachte er nur noch, als seine Augen verzaubert das russenbrotgroße Vorhängeschloss an der Eisenstange betasteten und vermaßen. Hinter so einer Sperre und einem solchen Schloss werden bestimmt nicht nur Kojenflöhe aufbewahrt!, flüsterte nun eine sonderbare Hoffnung dicht an Villes Ohr. Wenn ein knausriger Mensch wie Kalle es übers Herz gebracht hat, sich mit so einem Schloss auszurüsten, dann hat er manch eine Münze einzuschließen!, stieg ihm die Zuversicht bereits mit größerer Gewissheit in den Kopf. Auch wenn noch nicht gesagt ist, dass es schaufelweise Hartgeld ist, denn Kalle war schon als Konfirmand einer gewesen, der eine glänzende Münze zehnfach verknotet in einer Ecke des Sacktuchs versteckte!, beherrschte und zügelte Ville weise seine Gedanken, die ihm, wie er selbst merkte, davonzugaloppieren drohten.

Das Schloss war jedoch ein so verteufelt dickes Ding, dass Ville nicht mehr Manns genug war, die Augen von dessen schwarzdicker Gestalt zu lösen, bevor Kalle endlich seinen Schlüsselbund sortiert und den richtigen Schlüssel ausgesucht hatte, denjenigen mit dem größten Bart.

Kalles Aufmerksamkeit war nun so fest auf sein Tun gerichtet, dass es ihm gar nicht in den Sinn kam, auch nur einen Mucks von sich zu geben, und Ville wiederum hatte in Gedanken so vieles zu klären, dass auch er in diesem Augenblick nicht die Berufung zu irgendeiner Art von Unterhaltung verspürte, auch wenn allerlei Überflüssiges in seinem verwunderten Geist Platz fand, wie etwa die müßige Frage: Hast du deine Schlüssel mal gewogen? Das sind gewiss gut vier Pfund Gewicht, die dir da auf die Hemdbrust drücken! In der Kajüte herrschte also eine recht feierliche Stille, und Ville gab später auch anderen gegenüber zu, dass Kalle mit seinen kurzen Beinen wie ein ziemlich feierlicher Mann ausgesehen habe, als er den Schlüssel schließlich in seinen Händen bereit gehabt hatte und quer durch die Kajüte zur Tür der Schlafkoje geschritten war. »Als Mann ein Stumpen, aber mit einem Schritt so breit, dass der Raum der Kajüte gerade groß genug war!«, erläuterte Ville später. Der Kurs war beim Kapitän nun sicher bis auf den Strich, der Schlüssel versank in seinem Loch wie der Anker im Meer, eine Umdrehung und eine zweite, und die Schlossfeder sprang auf wie geschossen. Dafür immerhin ist Fett verschwendet worden, wenn auch nirgendwo sonst auf dem ganzen Schiff!, konnte Ville noch denken, als die Sperre auch schon aus der Krampe rasselte und schwer schwankend und gewichtig am Bügel hängen blieb. Eine Eisenstange von drei Liespfund an einer gehobelten Tür, deren Spiegel jeder mit dem Fuß eintreten kann!, erkannte Ville taxierend mit dem routinierten Auge eines Ladenangestellten fachmännisch und sachlich. Kalle muss es immer übertreiben, egal, was er macht!

IV.

Die Brettertür zur Schlafkoje stand nun sperrangelweit offen. Ville konnte ein wenig hineinspähen, obschon Kalles breiter Rücken fast die ganze Türöffnung ausfüllte: Er wählte bereits einen weiteren Schlüssel am Bund aus. Tatsächlich zeichneten sich an der einen Wand zwei massive, gut eine Elle hohe Truhen ab, an der anderen Wand stand ein ungemachtes Bett. Ville konnte sich nicht mehr beherrschen, er stand nun auch an der Kojentür und linste über Kalles Schulter hinweg hinein, so weit das Maß seines Halses reichte. Zwei Truhen waren es wirklich, und sie füllten das gesamte Wandmaß aus. Die eine war sogar bemalt, meergrün bepinselt, die Ecken schwarz, aber die zweite, größere, trug noch den Teeranstrich der Bretter vom Fallreep. Und ja, auch sie sind mit Schlössern gesichert!, ging es Ville durch den Kopf, als er den Schlüsselbart betrachtete, den Kalle gerade mit gebeugten Knien und Buckel ins Schlüsselloch der größeren Truhe schob. Eng war es in der Kammer, und Kalles außergewöhnlich stämmige Beinstümpfe schafften es nur mit Müh und Not, sich durch den schmalen Gang zu schlängeln, den man zwischen Bettrand und Truhen mitten im Raum gelassen hatte; die größere Truhe war so breit ausgefertigt, dass Kalle sich sowohl mit den Beinen wie auch mit den Armen geschickt bewegen musste, als er den gut eine Viertelelle messenden Schlüssel ins Schloss einpasste. Es klappte, wenn man es geduldig ein paarmal versuchte, und es war altes Wissen darüber vorhanden, wie weit der Schlüssel hineingeschoben werden musste, damit er sich trotz des Bettrands, der zu dicht heranragte und störte, drehte. »War eine Fehlberechnung, und die Truhe wurde vor lauter Habgier um einen Viertelzoll zu breit!«, hielt Kalle für nötig zu erklären, als der Schlüssel schließlich beim vierten Versuch glücklich an seinen Platz glitt, nachdem das Handblatt mit richtigem Zielen in die Kehle eingepasst worden war, die sich genau gegenüber in den Bettrand gekerbt hatte. Auch bei Ville hatte das Spannende der Maßnahme einen Schweißtropfen auf die Stirn hervorgelockt, er hatte sein Bestes getan, um Kalle bei den ersten vergeblichen Versuchen zu helfen, indem er seine Zungenspitze wohlweislich so genau wie nur möglich mitten im Mund gehalten hatte; jetzt wischte er sich die Stirn trocken und atmete vor Erleichterung auf, als der Schlüssel zweimal im Schloss knirschte und Kalle, den Schlüsselbund zwischen die Zähne keilend, mit beiden Händen den schweren Deckel anhob. Die Truhenscharniere rasselten, als würde an der Ankerkette gezogen.

Da war Geld zu sehen! Der Truhendeckel lehnte jetzt stabil an der Kammerwand, dessen vergewisserte sich Ville in Gedanken als Erstes: So musste man nicht befürchten, dass einem das liespfundschwere Ding auf die Finger fiel, wenn man das Grüne und Rote betastete, das bis zu den Rändern als Papiergemenge in die prallvolle Truhe gestopft worden war, dass es ringsum herausquoll und man befürchtete, die äußersten Scheine könnten auf den Boden fallen. Und wahrhaftig, man bekam Lust, es anzufassen, die Arme in Ellenbogen und Schultern zu strecken, um im Raschelnden zu stochern, hindurchzufahren, es rieseln zu lassen und darin zu planschen wie ein zweijähriges Kind, das man an einen vollen Wasserbottich lässt! Gelbe Goldmünzen, groß wie das Gehäuse einer Ankeruhr, kreuz und quer zwischen den Scheinen, und Silbertaler, dick wie Sohlenleder, mit schimmernden Rändern unter jedem Papierstreifen hervorblitzend! Warum hat der Mistkerl keine Lust gehabt, die Scheine zu Bündeln und die Münzen zu Stapeln zu häufen, dann hätte noch mehr Geld hineingepasst!, flüsterte der böse Geist der Habgier und der Ordnung Ville ein, aber er hatte keine Zeit, auf solche Einflüsterungen zu hören: Seine Hand hatte bereits mit aller

Kraft einen der obersten Scheine herausgezogen: »10 Pound Sterling«, las Ville die deutlichen Buchstaben von der grünen Stirn. Schnell hatte er die Summe in Reichstaler umgerechnet und schob den Schein wohlweislich in die Truhe zurück: Ein solches Geld pflückt man sich nicht einfach so heraus!

Kalle hatte inzwischen in aller Ruhe weiter seines Amtes gewaltet, weshalb auch die zweite Truhe nun offen stand: mit der gleichen Ordnung unter dem Deckel. »Das sind die Truhen des Schiffs«, erklärte Kalle. »Die dritte, dort drüben unter dem Bett, ist meine«, fügte er der Deutlichkeit halber noch hinzu, wobei er mit dem Absatz seines Schuhs auf eine kleine Kassette im Schatten der Bettpfosten wies. »Dort hinein habe ich am letzten Tag jedes Monats meinen Lohn gezählt, den Lohn des laufenden Monats ist mir der Herr Reeder noch schuldig«, ergänzte er, um jeglichen Missverständnissen vorzubeugen. »Und die Heuer der Männer ist seit Rio auch nicht abgerechnet worden: Die muss aus der Schiffstruhe bezahlt werden!«, beendete er seine Abrechnung.

Der Schiffseigner war vorläufig ein geplätteter Mann, ein gemangeltes Laken kann nicht platter sein, als er es vom Gesichtsausdruck her war, sogar die Nase schien über dem verstummten Mund zu hängen. Er starrte auf seine offenen Truhen, das linke Auge schielte auf die linke, das rechte auf die rechte, und die Kerze des Verstandes flackerte in ihnen so hell wie in den Guckern eines Kalbes, das, nachdem es unvermutet aus dem Schummer des Stalles mitten auf die grüne Flur geraten ist, ratlos in die Gegend staunt, ohne anfangs mehr anstellen zu können, als mit den Beinpfeifen zu trippeln, bis sie möglichst breit und steif dastehen: Ringsum reckt sich das Grün in solcher Dichte dem Maul entgegen, dass der Verstand hinter der strammen Stirn nicht ausreicht, zu entscheiden, welches Büschel man sich mit den Zähnen als Erstes schnappen soll: Schnappt man das eine, dann verschwindet womöglich indessen die gesamte übrige Herrlichkeit auf demselben unerklärlichen Weg, auf dem sie gekommen ist, und wäre so wenig vorhanden wie zuvor. Auch der Schiffseigner befand sich erst einmal wie das Kalb auf zweifelndem Fuß, seine Augen sahen, aber sein Grips glaubte es nicht: Er musste noch einmal hinfühlen, damit die Finger sich vergewissern konnten; mit zwei Händen griff er in die erste Truhe, watete mit ihnen tief ins raschelnde Papier hinein, bauschte es wie Brote in der Teigmulde, schob sicherheitshalber die Arme bis zu den Schultern in die Truhe und holte fast vom Boden zwei Raffhände voller Scheine hervor, die er dann hoch in die Luft hielt, und spielerisch entließ er aus seinen Händen einen wehenden, wedelnden Papierregen, sodass die Scheine wie große, faule Schneeflausen durch die Luft stoben, bevor sie wieder in die Truhe rieselten. Er wurde so kindisch, dass er eine Goldmünze herausklaubte, die groß und breit ganz oben auf dem Geldscheinwirrwarr glänzte. Zunächst hielt er sie vorsichtig in den Fingern, als hätte er Angst, sie könnte zerbrechen, platzierte sie sorgsam auf der Hand und streckte den Arm weit aus, um sie zu betrachten wie ein Amulett, da sie so in voller Breite die Handfläche ausfüllte und in die Augen schien. Er holte sie näher heran, um sie zu prüfen: »1000 Milreis«, las er auf der schimmernden Stirn der Münze, und da konnte er sich nicht mehr beherrschen, er packte sie am Rand, versuchte sie zu biegen, strengte sich mit der ganzen Kraft seiner Daumenzange an, um die Metallscholle von einem Viertelzoll Dicke zu knicken, biss nach vergeblichen Biegungsversuchen schließlich mit den Zähnen auf den harten Rand, wie um sich zu vergewissern, dass der Goldklumpen in seiner Hand auch pure Wirklichkeit war; anschließend gab er sich damit zufrieden, das Metallstück auf der offenen Hand hoch und runter zu bewegen und sein Gewicht abzuwägen: »So eine Scheibe würde sogar ich noch leicht über die Toppen schleudern können!«, entfuhr ihm ein bubenhafter Wunsch, aber schnell ließ er nach diesen Worten trotzdem das Geldstück aus der Hand auf die obersten Scheine gleiten und rechte unauffällig ein bisschen Papiergeld darüber, als wäre er selbst vor der Versuchung erschrocken.

Auch sonst kam sein Verstand allmählich wieder auf die Beine. »Sind diese Truhen voller Geld?«, murmelte er, noch so weit benommen, dass ihm nicht auffiel, wie unnütz diese Frage nach dem klaren Zeugnis von Augen und Faust war. »Hast du gezählt, wie viel das ist?«, fing der Bohrer seines Denkens dennoch an zu arbeiten. Und als Mann der Ordnung – hätte Ville es nicht in seiner Natur gehabt, hätte er es in Valmqvists Laden gelernt: Geld muss man mit Respekt behandeln, jede Sorte Scheine auf ihren eigenen Stoß und jede Münze auf ihren eigenen Stapel! –, als Mann der Ordnung konnte Ville eine kleine Äußerung der Missbilligung nicht unterdrücken: »Du hast alles kreuz und quer durcheinandergeschmissen, sodass sich kein Schwein zurechtfindet! Wann soll man dazu kommen, das alles zu zählen?«

Kalle wunderte sich. »Ich werde doch nicht das Geld anderer Leute anfassen! Ich habe es hier reingelegt, wie es kam, und mir gedacht: Das kann er dann selber zählen!« Kalle war ehrlich erstaunt, seine Augen guckten, als wollten sie den anderen fragen, wo der seinen Verstand hatte. »Wo hätte ich die Zeugen dafür hernehmen sollen? Du hättest mich noch für einen Dieb gehalten! Allerdings bündelte ich und band mit einer Schnur zum Stoß zusammen, was in die Fracht ging, die Hundertpfundscheine nämlich, aber der Rest ist in den Truhen, so wie es eingegangen ist und wie ich es hineingelegt habe!« Vor Ville stand ein Mann, dem man ansah, dass er nicht die Absicht hatte, auf seinen Fersen auch nur einen Zoll zurückzuweichen.

»In die Fracht?« Jetzt war in Villes Gedankengang erneut der Anker gelichtet. »Hat die *Albatros* etwa Fracht geladen?«, fragte er in Ermangelung anderer Fragen und um seine Lippe zu etwas zu benutzen.

»Na und ob!«, erwiderte Kalle ungeduldig. »Der Herr Reeder hat mir bei der Abfahrt Order gegeben, und da musste ich die Anweisung natürlich befolgen, auch wenn ich deswegen zwei Jahre länger draußen herumschippern durfte!« Kalle war es inzwischen gelungen, die Dinge unter seinem Haar zu ordnen. Während er sprach, warf er einen Blick auf Ville und brach sogleich in unwiderstehliches Lachen aus. »Der Herr Reeder hat doch nicht etwa geglaubt, das Schiff würde nur durch das Gewicht dieser beiden Truhen bis zu den Wanten tief im Wasser liegen?« Kalle lachte derart aus vollem Leib, dass Ville, hätte er dazu die Nerven gehabt, in aller Ruhe jeden Zahn der beiden weißen Hinterreihen in der offenen Stelle in Kalles bärtigem Gesicht hätte zählen können. »Auf dem Festlanddeck scheint das Gehirn des Menschen tatsächlich salzfrei zu werden!« Kalle lachte noch immer schallend. »Die *Albatros* hat Kaffee geladen, und wir kommen aus Rio!«, beruhigte er sich allmählich in Gesicht und Bauch. »Der Herr Reeder hat also geglaubt, wir segeln bloß mit Papier von Brasilien aus hierher?«, ließ er den letzten lauten Lachrest noch aus seinem kurzen Hals. »Da unten liegt so viel Kaffee, wie an gestapelten Säcken unter Deck passt!«, sagte er und klopfte mit dem Absatz auf den Fußboden der Schlafkammer, um zu zeigen, wo die Gedanken des Reeders auf dem schnellsten Wege zu den Sackstapeln fänden. »Da unten liegen Sack auf Sack und Stapel neben Stapel, von der Bugspitze bis zum Achterdeck, damit der Herr Reeder sie nicht im Rigg suchen gehen muss!«, keuchte er noch vor guter Laune, wobei er mit der Daumenspitze in Richtung Laderaum wies. »Und so fest sind sie verschnürt, dass sich keine Maus hindurchschlängeln kann!«

Villes Gedanken hatten nun Besseres zu tun, als sich über

Kalles Reden und Gelächter aufzuregen. Anfangs juckte es ihn, zu erklären, dass er geglaubt habe, die Fracht werde unter dem Kiel mitgeführt, weil dort das Mitgebrachte noch reichlicher zu wuchern schien als an den Backen des Kapitäns, aber auch dieser Gedankenfaden riss voll und ganz ab, nachdem Kalle die Kaffeesäcke erwähnt hatte. Villes Augen starrten wie festgenagelt auf die Stelle am Fußboden, auf die Kalle mit dem Absatz geklopft hatte, auch sein Unterkiefer vergaß sich und hing herab, als wäre er vorher schon offen gewesen. Genau genommen wurde Ville bemerkenswert schwindlig im Kopf, das schmale Stück Fußboden zwischen Truhen und Bettpfosten fing an, sich vertrackt zu drehen und zu wenden, es war so wie als kleiner Junge, wenn man sich derart schwindlig gedreht hatte, dass der ganze Fußboden und die Stubenbänke in den Augen wirbelten wie ein sich drehender Trichter, an dessen tiefster Stelle man selber stand. Dort also, einen Fußbreit unter seinen Sohlen, lag ein Kaffeesack und darunter ein zweiter und ein dritter, Sack auf Sack in einer Tiefe von drei Klaftern. Und links daneben ein gleicher Stapel und rechts daneben ebenso, Stapel neben Stapel von einer Seite des Schiffes zur anderen! Und jeder Sack prallvoll mit gelbgrünen duftenden Bohnenhälften mit Furche in der Mitte! Wie viele Viertelpfund ein jeder Sack wohl fasste? Und wie viele zwei? Und drei? Ihm drehte sich alles, es kamen zu viele Viertelpfund zusammen, und der Zahn des Denkens kam ihnen nicht bei, die Zahl passte nicht in den Kopf. Wie viele Pfund schaffte er hinter Valmqvists Theke an einem Tag abzuwiegen, wenn er ordentlich die Schöße fliegen und die Finger sausen ließ? Ob ich wohl jemals wieder hinter jener Theke dampfen werde? Und wie müssen einem die Tage vorkommen, an denen man keinen Faden mehr um Papiertüten spannen muss. Valmqvist wird schnauben vor Wut, weil er am heutigen Tag selbst die Heringe aus dem Fass fischen und in Zeitungspapier wickeln muss! Und Valmqvist geht die Kaffeetüte nicht so geschickt durch die Finger wie mir! Kein Ladengehilfe in der ganzen Stadt Vaasa ist darin so geschickt wie ich! Die Ecken glatt unter der Tüte gefaltet, die Öffnung geknickt wie eine Bügelfalte, die Tüte rund und gleichmäßig, der Faden fehlerlos mitten um die Tüte herum und dann noch einmal quer geführt, die Fäden müssen sich im rechten Winkel schneiden; es dreht mir die Augen um, wenn ich ein schief und schändlich geschnürtes Kaffeepaket sehe, Kaffee ist ein teures Gut und darf nicht unanständig behandelt werden! Wer wird den ganzen Kaffee hier unter meinen Füßen zu solchen Paketen schnüren? Bis zum Bug Sack um Sack und Stapel um Stapel! Wie viele Klafter waren es noch von Mast zu Mast? Zwei solche Spannen in der gesamten Höhe und Breite dicht mit Säcken vollgestapelt! Da wird die Waage das ein oder andere Mal schaukeln, bis jedes Viertelpfund davon abgewogen und als Münze in den Kasten geworfen worden ist! Und am Bug und achtern noch einmal ein Mastzwischenraum auf beiden Seiten, straffe, pralle Säcke! Ob diese Kaffeemenge in Närpiö überhaupt in alle Kisten passt? In die Lagerspeicher aller großen und aller kleinen Häuser in der ganzen Gemeinde? Womöglich würden sie nicht einmal in die Kirche von Närpiö passen, selbst wenn man sie vom Chor bis zur Empore zwischen Decke und Boden in einer solchen Dichte stapeln würde, wie der Mensch Sünde und Gier nach Mammon im Herzen hat! In der Kirche, in der ich zum ersten Mal das Wort hörte. Jakob hatte zwei Frauen und zwölf Söhne und an buntem und einfarbigem Vieh so viel wie Weidenschösslinge am Grabenrand! Ich habe die *Albatros* und zwei Truhen, in deren Magen gar zwölf Mal der Preis der Fregatte steckt, und ich habe mehr Kaffeesäcke, als Jakob Hörnervieh hatte! Wer würde einen Sack Kaffee gegen ein mähendes Lamm tauschen, eine Fregatte gegen halsstarrige Söhne, die sich gegenseitig an die Ägypter verkaufen, und die

Albatros gegen zwei zankende Frauen, deren Vater Laban ist, ein ränkesüchtiger Hund von einem Mann! Jakob träumte, auf einem kahlen Stein als Kissen und mit der kalten Erde unter sich, er träumte von einer breiten Leiter, die Sprosse für Sprosse neben seinem Kissen in die schwindelnden Höhen der Wolken ragte, und von Engeln, die an den Holmen auf und ab sausten. Auch ich träume, obschon ich wach bin und auf meinen eigenen Fersen stehe und ohne dass mir die scharfe Ecke eines Steines in den Nacken drückt, aber ich träume nicht von einer hölzernen Leiter, vor der man mit dem Herzen im Hals befürchtet, dass eine Hälfte doch leck und morsch ist und die Engelskinder auf halbem Weg gen Himmel runterfallen und dann auf mich am Fuß der Leiter rollen, sondern ich träume von Säcken, die in einer solchen Breite stramm nebeneinandergeschichtet lehnen, wie der große Markt von Vaasa Fläche bis an die Straße hat, und vom goldenen Kaffee in jedem Sack in der Dicke von einer Elle, und ich träume nicht von Sprüchen über strahlende Engel, die ohne Anlass und Aufgabe kostbare Zeit vergeuden, indem sie sinnlos zwischen kargem Stein und leeren Wolken hin und her flattern, sondern ich träume von schwitzenden Ladengehilfen, von Dutzenden und Aberdutzenden, und hinter den Dutzenden von weiteren Aberdutzenden, die in Dutzenden Städten Finnlands mit Hast und Eile die eine Elle lange Strecke zwischen Regal und Theke hin- und herrennen und in Viertelpfund und Pfund meinen Kaffee abwiegen und eintüten und mit flinken Fingern mein klingelndes Geld einstreichen und die Schubladen damit füllen! Ich bin mit Traum und Wirklichkeit besser gesegnet als Jakob! Ob es in der Stadt Vaasa augenblicklich einen Mann gibt, der reicher ist als Ville aus Valmqvists Laden?

Unter den Rippen brannte bei dem armen Mann die heiße Dankbarkeit. Hätte Kalle nicht neben ihm gestanden, wäre er auf die Knie gesunken. Am Ende musste Gott ihn segnen, nachdem er sich einundzwanzig Jahre lang abgemüht und die Waage bedient hatte! Sich ohne nachzulassen ins Zeug gelegt, sich wie an einem Seilende an seiner Aufgabe festgehalten und sich im Nassen wie im Sumpfigen hineingestemmt hatte. Wer sonst außer mir hat den Glauben gehabt, dass die *Albatros* noch einmal zurückkehrt? Der Glaube misst den Mann, und wer sich mit Zähnen und Klauen an den Glauben klammert, mit den Widerhaken der Gedanken und der Kraft von Herz und Nieren, der schleppt sich aufs Trockene, falls er je an ein trockenes Ufer kommt! Nicht von ungefähr ist auch in der Bibel davon die Rede, Jakob habe mit Gott gerungen. Dieser ist ein Ringer, welcher einen immer wieder zu Boden schleudert, jahrelang das Herzknäuel und den Gehirnscheitel eines Mannes in Valmqvists Laden malträtiert, der ihm über sieben und dreimal sieben Jahre hinweg in durchwachten Nächten auf Brustknochen und Schläfenknoten drückt, aber wenn man zäh zupackt und die Ferse des Willens nicht weichen lässt, bekommt man dafür den Segen, sofern man vor dem Segen nicht nachlässt, auch wenn man als gesegneter Mann dann in der Hüfte hinkt wie Jakob oder kahl auf dem Kopf und in der Herzenshoffnung ist wie ich! Ich habe gerungen, und jetzt bläst es in der Brust, aber der Balg in der Brust des Siegers bricht die Rippen nicht, und wenn der Balg sich legt, beruhigt sich das Rasen des Bluts! Am Ziel darf man keuchen, und die Feder schnurrt, wenn die Spannung sich löst! Auch wer eine Meile geschwommen ist, denkt auf dem festen Uferboden erst dann an die Demut der Dankbarkeit, nachdem die Freude der Rettung in seinem Blut ihr Lied gesungen hat! Ich bin auf offener See geschwommen, mit klafterweise Tiefe unter mir, mit zig Klafter schlingender Tiefe, und meine schmerzende Schulter hat sich geweigert, zu schwingen, der steif werdende Arm, der ermattete Mund hat nach dem ersäufenden Meer geschnappt, aber zu schwingen habe ich den erstarrenden Händen befohlen, den schluckgierigen Mund über das Schwappende gehoben, und jetzt bin ich am Ufer, auf dem sicheren Sande des Ufers, mit Beinen und Mund! – Villes volles Herz schwoll an, eine seltsame Dankbarkeit sickerte leicht aus allen inneren Quellen, und es hätte nicht viel gefehlt, und der schlotternde, schwankende arme Kerl wäre auf der Stelle vor seinen Truhen auf die Knie gesunken und hätte, von seinem überreichen Glück und Erfolg geschwächt, angefangen, wahnsinnige Worte des heißen Dankes in die leere Luft zu lallen, als wäre es das Werk Gottes gewesen, die Truhen mit Scheinen vollzustopfen und das Schiff mit Kaffeesäcken zu stauen.

Auch der rasendste Rausch lässt den Kopf irgendwann los, und so kam auch Ville allmählich wieder zu Sinnen. Er schielte nun mit blassen Augen auf Kalle, wie einer, der am Ostertag im mit Fichtenzweigen ausgelegten Hof so schwungvoll auf dem Karussell gedreht worden ist, dass die Himmelspfosten und die Stallgiebel, die bunte Schar der Mädchen und die lärmende Truppe der Knaben in einem wilden Knäuel an seinen Augen vorbeigesaust sind, und der danach, da die Geschwindigkeit allmählich eine Pause einlegt, wieder den Himmel und den Hof um sich herum und über sich sieht und nach und nach aus seiner Benommenheit zurückkehrend den rechenden Blick auf das nächstbeste feste Ding heftet, ob es das graue Pfostenpaar des Zauns sei oder das blutvolle Gesicht der lachenden Jungfrau am Gattertor, dankbar für das Wunder, dass es auf der Welt noch etwas gibt, das auf der Stelle bleibt. Mit ähnlich verdrehtem Kopf starrte Ville nun auf Kalle, als sähe er zum ersten Mal im Leben den robusten Oberkörper und die stämmigen Beinstümpfe seines langrückigen Konfirmationsgenossen, das haarige Kopfbündel und die festen, ehrlichen Augen.

Die Schaukel drehte sich nicht mehr, und dem Verstand gelang es, das Korn aufs Ziel zu richten. Plötzlich sprang Ville aus der Schlafkoje in die Kajüte, als bräuchte er mehr Platz für die feierliche Gestimmtheit seines Gemüts. »Willkommen an Land, willkommen an Land, Kapitän!«, gelang es ihm dort mit losen Lippen zu Kalle zu sagen, der als gemächlicherer Mann erst im Begriff war, dem Reeder in den Kajütensaal zu folgen. Ville hatte beide Hände ausgestreckt und sagte ein drittes Mal: »Willkommen an Land, Kapitän!«, als läge in diesen Worten ein Sündenerlass, ob für ihn selbst oder für Kalle, das hätte Ville auf die Schnelle sich nicht einmal selber erklären können.

Auch Kalle war endlich in der Kajüte angekommen, aber der Mann, der jetzt alles andere als sich beeilte, um seine Pranke in Villes ausgestreckte Hand zu schieben, war diesmal der Kapitän. Er streckte im Gegenteil beide Armstümpfe so starr im Schutz des Rückens hinter sich, dass sie sich beinahe berührten. Vor den gereckten Händen des Reeders stand ein Mann, der, auch wenn er ganz und gar nicht hoch von Wuchs war, doch eine recht breite Brust sehen ließ. »In die Begrüßungshand des Kapitäns schlägt man vor der Besatzung und an Deck ein, wenn der in den heimischen Hafen kommt, nicht in einer Ecke der Kajüte!«, brummte er mit seinem kräftigen Kiefer, und die Hände strafften sich noch mehr hinter dem Rücken; sie hatten einander, erstaunlich genug, erreicht, und Handfläche legte sich auf Handfläche, als hätten beide nicht vor, sich gegenseitig loszulassen, solange der Wind aus dieser Kompassrichtung blies. »Ich bin gewiss kein Köter, nach dem man tritt und dessen Pfote man vom Hosenbein abschüttelt, als wäre man durch den Morast gerannt! Was glaubst du, was der Bootsmann und der Zimmermann von mir dachten, als ich vor ihren Augen vergeblich die Pfote ausstreckte wie ein Bettler den Löffel nach der Breischüssel, die ihm die Stubenmagd vor dem hungrigen Schnabel wegräumt; und du hast mich angeschnauzt wie der Ochsenkutscher sein faules Zugtier auf dem lehmigen Feld. Auf dem Meer muss es Disziplin geben und auf einem Schiff ein Kommando, und der Kapitän muss in den Augen der Männer ein feierlicher Mann sein wie der Holzgott in der Kirche! Glaubst du, ein Kapitän kann mit dem Biss fluchen, der an Bord gefordert ist, wenn sogar der Koch zusieht, wie dem Kerl die Nase geputzt wird? Ein Mann weiß sich zu schämen, und nach einer solchen Runde werde ich den Männern nicht mehr mein Gesicht zeigen! Keine Stunde mehr werde ich die Bretter dieser Schaluppe abnutzen, ich nehme meine Truhe und gehe nach Närpiö!« Schon riss er mit den Zähnen den Knoten des Lederbandes auf: »Das da sind deine Schlüssel, aber der hier ist der Schlüssel für meine Truhe!«

Der Reeder blähte sich vor Stolz, wie ein flatternder Klüver, dessen Schot sich vom Nagel gelöst hat. »Na, na! Nu, nu!«, sprach er beruhigend, bis ihm etwas Besseres einfiel. »Übertreibe mal nicht, Kalle!«, beschwichtigte er. »Konfirmationsgenosse und alter Kamerad!«, versuchte er auszugleichen. »Reden wir nicht von Truhen und vom Weggehen!«, bemühte er sich, die ausschlagenden Schnüre der Angelegenheiten in die Faust zu bekommen. »Sprechen wir kein Wort über die Abrechnung!«, fügte er glatt hinzu, im Glauben, dass in der Reuse von Kalles Denken noch immer derselbe Hecht planschte, der gerade in seinem eigenen Kopf gezappelt hatte. »Die Abrechnung ist klar wie gedruckte Tinte, und die Auszahlung stimmt bis auf den Schilling!«, übertrieb er in seinem Eifer, dankbar, dass er einen Gedankenfaden gefunden hatte, an dem er ziehen konnte. Plötzlich kam Ville trotzdem noch eine Idee: »Kapitän, gehen wir an Deck!«, sagte er knapp. Und Ville besaß genug Verständnis für Seefahrtsangelegenheiten, um zu wissen, dass man, wenn man die Windrichtung einmal gerochen hat, schnell die Leine um den Nagel schlingen muss, damit das Segel Schwung bekommt: Ohne auch nur eine Sekunde zu verschwenden, waren seine beiden Hände am Arm des Kapitäns. Kalles Plan hatte nun ganz und gar nicht darin bestanden, einfach so bei der ersten Gelegenheit die Kajüte am Arm des Reeders zu verlassen, aber jetzt rächte es sich, dass er seine Arme zu straff hinter den Rücken gestreckt hatte: Er konnte sie nicht schnell genug lösen, um seinen Arm von Villes Händen zu säubern. Bevor Kalle also manöverbereit war, ging der Kurs schon in voller Fahrt auf die Kajütentür zu, und Kalles Beine waren außerdem zu kurz, um sich mit ausreichend haltbarem Nachdruck gegen die Schwelle zu stemmen. Womöglich wäre es Kalle in der Messe noch gelungen, die Hachsen in Sperrspreizung zu bringen, und dann hätte es vermutlich »Halt!« geheißen, wenngleich auch ohne Gewähr, denn Ville war nun derart verflixt in Fahrt, dass die Rockschöße nur so um seine langen Schenkel sausten. So gottlos ging es jedenfalls dahin, dass Kalle wahrhaftig keine Zeit hatte, an etwas anderes zu denken als daran, seine Stempel schnell genug in Gang zu bringen, damit er nicht auf die Nase flog. Außerdem ärgerte Kalle der Umstand, dass er nicht über die Praxis und die natürlichen Gaben verfügte – wenn man die Länge seiner Beine und den Bauplan seiner übrigen Körperkonstruktion bedenkt –, und dass er keinen Deut Erfahrung und Neigung hatte, leewärts abzulaufen, da ein Seemann seine Sohlen und den Winkel seiner Beinpfeifen immer gegen die Steigung stellen muss. Die Summe des Ganzen bestand dennoch darin, dass die gleiche Fahrt, die auf dem Weg aus der Kajüte aufgenommen worden war, durch die Messe hindurch bis aufs Deck fortgesetzt wurde: Kalle schaffte es zwar, an der Tür nach draußen seine Nägel in das Holz zu schlagen, aber der Versuch kam auf jeden Fall zu spät, und außerdem waren die Finger zu stumpf und zu kurz, sie rutschten ab; ein Türrahmen ist kein Seil, um das sich die Hand des Mannes schließt wie die Zange um das Eisenrohr. Auf Deck stand man also vor den Männern,

Villes beide Pranken noch um Kalles Arm gelegt und Kalle zappelnd in seinem Griff wie ein stachelrückiger Barsch an der Angelschnur, beide wie Bälge keuchend, Ville weiß im Gesicht wie Kreide und Kalle rot wie ein gekochter Krebs.

Auf dem Deck hatten sich die Männer zu einem Haufen versammelt. Auch dort ging die Rede offensichtlich ziemlich lebhaft hin und her: Schließlich hatte ein Seemann nicht jeden Tag an Bord das Vergnügen, dass ein Kerl wie eine Hummel vor dem Bart des Kapitäns herumfuhrwerkt und die Faust schwingt! Mit gereckten Hälsen jagten sie in einem Knäuel der Sache nach: Nicht einmal den Handschlag hatte der Reeder dem Kapitän gewährt! Die kernigen Kommandos von sieben Jahren saßen ihnen dennoch so fest im Blut, dass auch der Bootsmann, der in der Mitte des Haufens am häufigsten das Wort führte, sich nur flüsternd traute, seine Gedanken den anderen gegenüber auszusprechen, und auch dies nur mit einem abschirmenden Handrücken vorm Mundwinkel, damit auch bestimmt kein Laut nach achtern entwischen konnte. »Wenn ich es richtig verstehe, dann sitzt der Kerl jetzt in der Klemme! Ville nahm es als Junge verdammt genau mit seinem Eigentum! Wir sind Buben aus demselben Dorf, und ich nahm einmal im Spaß sein Schiffchen aus dem Tümpel, es hatte das Rigg einer Fregatte, und ich wollte gucken, wie die Segel gesäumt waren. Verflucht, sag ich, wenn ich danach noch meine beiden Augen heil im Kopf hatte, dann war das rein dem Umstand zu verdanken, dass die Rindenfregatte schnell genug aus meinen Fingern flog und ich das Zeug hatte, davonzurennen! Kalle ist ein Mann wie eine Walze, das wusste ich von jeher, auch wenn ich es nicht sieben Jahre miterlebt hätte, aber ich möchte nicht in der Kajüte drüben in seinen Hosen stecken, selbst wenn der Bootsmannslohn verdoppelt würde, denn mit Ville ist nicht zu scherzen, wenn es um seine Fregatte geht. Während dieser Fahrt hier, als ich mit Segelnadel und Nähring in der Hand mit Ach und Krach Flicken auf Flicken und Stoffstück neben Stoffstück auf die Leinwandlappen in den Masten dort oben pfuschte, habe ich viele Male mit Sünde im Herzen still bei mir gedacht, was Ville wohl denken würde, wenn er die schwarzen schuppigen Lumpenfetzen an den Rahen seiner Fregatte sehen würde, er, der als Junge schon an seiner Rindenfregatte Segelstoff wie ein gewaschenes und gemangeltes Taschentuch hatte, und zwar so sauber gesäumt, dass sogar ich sie hätte betrachten wollen, um mir ein Beispiel zu nehmen! Kalle ist einer, der ein Schiff steuern kann, und wenn er auf der Kommandobrücke krakeelt, dann wird gehorcht, auch wenn einem innerlich manchmal die Galle hochkommt, aber um bei der Wahrheit zu bleiben, muss man glattweg zugeben, dass die *Albatros*, was das Rigg betrifft, das schmutzigste Schiff ist, das meines Wissens je zwischen Singapur und Valparaíso pflügte, obwohl auf diesen Gewässern immerhin auch die Chinesen schippern, und dass ich viele Male meinen ganzen Mumm zusammennehmen musste, um zu den Rahen hinaufzublicken. Ich verstehe den Ville gut, wir waren Buben aus demselben Dorf, und in Paatkylä sind sogar die Schweinetröge sauberer als unser Schiff. Wir Leute aus Paatkylä waren schon immer der Meinung, dass die aus Ruoninperä schmutzige Leute sind, und Kalle stammt aus Ruoninperä. Worüber ich mich nur wundere, weil ich die Leute aus unserem Dorf kenne und auch Ville von alten Zeiten her, ist, dass Ville in so einem fleckigen Gehrock an Bord gekommen ist. Ich dachte gleich an unser Marssegel, als ich Ville im Boot des Hafenwächters stehen sah. Wenn ein Marssegel sieben Jahre lang an der Rah gehangen, der Äquator es mit seinen Schauern durchgespült und der Passat die Straffheit der Säume mit den Fingerspitzen befühlt hat, die bisweilen Nägel haben, dann ist auch mit dem besten englischen Tuch nicht mehr viel Staat zu machen, wenn man in den heimischen Hafen zurückkehrt! Hat ihm die Jacke etwa auch sieben Jahre im Genick gehangen?, dachte ich gleich, und nachdem wir den Reeder an Deck gehievt hatten, verstand ich, dass auch auf dem Festland die Jahre alles ausbleichen und auch an Land jeder Tag seine Löcher in all dem hinterlässt, das er anfasst: Der Gehrock des Reeders war wahrhaftig nicht viel besser als unser Marssegel, obwohl auch er einst aus englischem Tuch gewesen sein dürfte. Und noch etwas dachte ich gleich, nämlich, dass es um einen aus Paatkylä nicht gut bestellt sein kann, wenn er in so einem Wams unter die Menschen geht, vor allem, wenn es sich um Ville handelt, der als Junge zwölf Rindenfregatten im Teich hatte und an jeder ein blitzsauberes Stück Leinwand! Kalle manövriert ein Schiff besser als seine Zunge, und ich befürchte, dass das Manövrieren der Zunge in diesem Moment die wichtigere Kunst wäre. In der Kajüte wird es heiß, so viel steht fest! Einer aus Paatkylä, und Ville im Besonderen, erträgt es nicht, wenn man seine Sachen schändet, und wenn auf dem Nacken eines Mannes aus Paatkylä ein Jackenkragen in einem solchen Zustand sitzt wie bei Ville eben, dann wird er den Mann anspringen, dem er die Schuld daran gibt! Ich würde mich nicht wundern, wenn in der Kajüte in diesem Augenblick an den Krägen gezogen würde wie am Schleppnetz, ich kenne beide Männer, und sie sind Freunde aus der Kindheit!«

Der Bootsmann hatte offensichtlich noch viel mehr auf der Leber – er war der einzige Mann auf dem Kahn, der nach sieben Jahren Zusammensein innerhalb derselben Borde und mit den immer gleichen Visagen vor Augen sich manchmal noch die Mühe machte, sein Mundwerk zum Sprechen zu bemühen –, der Bootsmann hätte vermutlich also auch noch länger Buttermilch aus seinem Bart laufen lassen, aber da fing das Gepolter in der Kajüte auch schon an. »Habe ich es nicht gesagt!«, hielt er in seiner Rede noch Kurs, aber auch ihm blieben die Worte im

Mund stecken, als das Gespann aus der Kajüte nun tatsächlich an Deck erschien.

V.

Sechzehn Augenpaare starrten auf den Reeder und den Kapitän, Augenpaare, die in sieben Jahren nicht viel mehr gesehen hatten als die Taubündel an den Belegnägeln und den Schaum des Meeres jenseits der Reling. Solche Augenpaare sind so versessen auf das, was sie sehen, und trinken den Anblick so gierig, wie der Erdboden, der nach einem Monat Trockenheit rissig gebrannt worden ist, sich die ersten zitternden Regentropfen einverleibt, sodass der Aschenstaub auf dem Feld binnen eines Wimpernschlags wieder trocken ist und die Stielaugen ebenso hungrig nach dem nächsten Anblick sind. Und etwas zu sehen gab es, als der Kapitän sich in der Handzange des Reeders wendete und wehrte wie ein Stier am Strick. Man hätte durchaus auch böse werden können, weil es der eigene Kapitän war, der da am Arm malträtiert wurde: Immerhin hatte er doch sieben Jahre lang in manch harter Prüfung seinen Mann gestanden, aber der Adam in einem frohlockte dennoch, da nun der Alte einmal in den Klauen eines Stärkeren schnaubte: Bisweilen war einem sein Gemaule während der langen Fahrt schon auf die Nerven gegangen, und außerdem: Wenn man erst einmal sieht, wie etwas geschieht, wartet man ab, was weiter geschehen wird. Jedenfalls: An Bord ist der Kapitän der Kapitän, und die Mannschaft ist die Mannschaft, und zweifellos gerann den Männern allmählich die Galle, weil ihr Kapitän auf dem eigenen Deck wie ein junger Hund herumgezerrt wurde. Recht ist Recht, und schickt es sich etwa, dass einer, und sei es der Reeder, auf einem rechtmäßig gemusterten Schiff die Hand gegen den Kapitän erhebt? Nicht von ungefähr steht man sieben Jahre lang wie ein Mann an Bord. In den Augen der Männer loderte nun so etwas wie Missmut auf: Die Ehre des Kapitäns auf einem Schiff ist die Ehre der Besatzung; wer sich auf ein Handgemenge mit dem Kapitän einlässt, befindet sich bald im Handgemenge mit jedem Mann an Bord, vom Maat bis zum Koch! Ville übertrieb, gegen Ville erhob sich Groll: Sogar der Bootsmann, obschon er aus Paatkylä kam, sah aus, als würde er gleich ein Wort sagen, und zwar so, dass es donnerte – die Sache stank zum Himmel!

Aber Ville hatte alles so hingebogen, wie er es wollte: Sie standen, er und Kalle, nebeneinander vor den Männern auf dem Deck der *Albatros.* Zunächst verging noch Zeit fürs Hecheln, man musste sich genügend Luft in die Lunge pumpen, auch mühte sich Kalle immer noch, seinen Arm frei zu bekommen, sodass sich auch darum gekümmert werden musste, auch wenn Kalle bereits ruhiger zu sein schien; er guckte sich unter seinen Haaren heraus nach allen Seiten um wie ein Mann, der wieder ein festes Deckbrett unter beiden Sohlen hat und Ausschau hält, aus welcher Richtung die nächste Böe blasen wird, damit man rechtzeitig den richtigen Stand einnehmen kann.

So standen sie also da, die Konfirmationsgenossen, wie einst vor dem Tuch, und wieder Schulter an Schulter, diesmal auf dem Deck der *Albatros* anstatt vor einem Pfarrer im Messgewand, von Angesicht zu Angesicht mit sechzehn bärtigen Männern, die zwar nicht sonderlich feierlich gekleidet waren, aber deren sechzehn runde Augenpaare umso feierlicher wurden, je länger sie warteten, was als Nächstes geschehen würde. Und während des Wartens hatten sie Zeit, das Gespann zu betrachten: Ville, der in seinem Leben auf Beinstelzen gestiegen war, die zwar keine Werst maßen, aber trotzdem lang genug waren, um ihn in eine Höhe zu heben, damit auch der Dümmere verstand, dass dieser Mann sich durchaus einen Apfel vom obersten Ast pflücken kann, Kalle wiederum auf solchen Stümpfen stehend, die der gute Gott für ausreichend betrachtet hatte, um auf einem Schiffsdeck umherzuwandern, und deren Maß besonders zu einem Mann passte, der auch sonst nirgendwo etwas unnötig vergeudete. Ein ungleiches Paar war das zweifelsohne, aber lediglich der Kochbursche musste ein bisschen lachen, die anderen verstanden, dass man abwarten musste, bevor man so oder so dachte.

Ville setzte bereits die Lippen in Bewegung. Gleichzeitig lockerte er den Griff um Kalles Arm, und als hätte er Angst, Kalle könnte davonflitzen – diese Angst war freilich ganz und gar umsonst, denn Kalle hatte seine Stemmer so wadenfest aufs Schiffdeck gepflanzt, dass eher die *Albatros* im Schutz der Landspitze von Vasklot ihren zehn Tonnen schweren Anker aus dem Bodenschlamm des Hafens von Vaasa wühlte, als dass Kalle in diesem Moment seine Beine von dort verrückt hätte, wo sie waren –, wie in der Angst also, dass Kalle ihm entwischen könnte, schnappte sich Ville, nachdem er den Arm losgelassen hatte, wieselflink Kalles herabhängende rechte Hand, nahm die andere Handfläche zu Hilfe und hielt die Beute in der Zwinge und schüttelte die zwischen zwei Klauen eingeklemmte Pfote von Kalle ziemlich heftig.

»Willkommen an Land, Kapitän!«, sagte er, als seine Zungenspitze endlich wieder einsatzfähig war und die Lippen gehorchten. »Willkommen an Land, und was gibt's Neues auf dem Meer!«, gab er sicherheitshalber ein zweites Mal von sich, als würde die leichte Verspätung beim Händeschütteln durch das Verdoppeln der Worte ausgeglichen. Und wie ein Mann, der in einem fremden Hausflur im Dunkeln den Türgriff sucht, vergebens alle Ecken und Winkel abklappert und jede Moosritze betastet, über Bottiche stolpert und sich den Kopf an der Leiter zum Dachboden stößt, schließlich, nachdem seine Hand die Klinke gefunden hat, es beim ersten Mal gar nicht glauben will und auch beim zweiten Mal nicht und noch einen dritten Anlauf macht, bevor er glaubt, dass der Türgriff der Türgriff ist: Da ist das verflixte Ding ja endlich!, so bekräftigte nun auch Ville, nachdem er in seinem Geist das Nabenwort zu fassen bekommen hatte, ein drittes Mal: »Willkommen an Land, Kapitän, wie ist es dir ergangen?« Und in dem Gefühl, dass die Maßnahme nun genau so ausgeführt worden war, wie es sich unter anständigen Menschen gehört, schüttelte Ville jetzt Kalles Hand mit einem solchen Schwung und einer solchen wohlwollenden Rechtschaffenheit, dass eine schwächer gebaute Schulter als Kalles bei dieser Begrüßung empfindlich geschmerzt hätte.

Wozu braucht es unter Männern weitere Worte? So dachte auch Ville, denn jetzt ließ er Kalle und Kalles Hand in Ruhe. Aber sein Mund hatte sich nun in Bewegung gesetzt und musste benutzt werden. »Ihr habt einen prächtigen Kapitän, Jungs!«, sagte er und sprach nun zu den Männern. »Nie ist ein besserer Kapitän über ein Schiffsdeck gegangen als der, den ihr über die Kommandobrücke der *Albatros* stiefeln gesehen habt!« Verfällt ein Mensch am Hang erst mal ins Laufen, machen sich die Schritte bald von allein, und es wird nicht angehalten, bevor der Fuß des Hügels erreicht ist. Das musste auch Ville erfahren, denn es kam mehr aus seinem Mund heraus, als er gedacht hatte. »Wenn der Herr es mir gewährt und mir Gesundheit gibt, werde ich von nun an jedes zweite Jahr eine neue Fregatte bauen, und zwar jedes Mal eine größere, und der erste Kapitän auf jeder meiner neuen Fregatten wird Kalle Sparvelin sein, euer Kapitän!« Ville erschrak selbst vor der Pracht seiner Worte, denn er wandte sich geschwind an den Kapitän und tuschelte diesem hastig ins Ohr: »Unter der Bedingung allerdings, dass du einen Steuermann anheuerst, der mir an deiner Stelle aus jedem Hafen einen Brief schreibt!«

Kalles träger, wenngleich fester Kopf hatte nun Kennung vom Kurs aufgenommen. Und wenn der Kurs klar ist, weiß ein Seemann, was er tun muss. Jetzt war sie geflickt, und zwar in Ehren geflickt, die Schande, dass er vor den Augen der Männer vergeblich seine Pfote in die leere Luft gestreckt und der Reeder so getan hatte, als sähe er den Fünfzack nicht! Kalle war kein Mann der Umwege und unnötigen Förmlichkeiten, dieses Zugeständnis glaubte er sich selbst aufrichtig machen zu können. Aber es gibt Dinge auf der Welt, die ehrenhaft sind, und andere, die nicht ehrenhaft sind. Schon seine verstorbene Mutter brachte ihm bei – wesentlich mehr wusste er von ihr gar nicht, denn er war erst sieben, als sie starb –, schon seine verstorbene Mutter brachte ihm bei: Nimm im Vorraum der Kirche immer die Mütze vom Kopf, bevor du die Kirchentür aufmachst, Kalle, und gib den Menschen immer die Hand, wenn sie es fordern! Diese Ratschläge hatte Kalle sorgsam verwahrt: Man darf auf der Welt nichts verschwenden und vergeuden, was man bekommen hat, schon gar nicht, wenn es das einzige Erbe der verblichenen Mutter ist! Und wahrhaftig konnte sich Kalle keinen erbärmlicheren Mann denken als einen, der mit der Mütze auf dem Kopf in die Kirche ging, und einen, der die Hand nicht annahm, die der andere ihm höflich bot. Auf dem Meer hatte er überdies gelernt, dass der Kapitän in den Augen der Seeleute ein hohes Möbel sein muss: Tanzt dem Kapitän einer auf der Nase herum, fährt bald auch alles andere an Bord zur Hölle! Genau deswegen hatte Villes stattlicher Stolz bei der Ankunft an Bord auch Kalle einen Stich bis in die Nieren versetzt, und die Schmach war heillos, weil die Männer sie sahen. Jetzt war das Ganze glänzend geregelt und Kalles Laune gut: klare Sicht und klarer Kurs. »Zum Gruß die pechschwarze Hand und willkommen an Bord, Reeder!«, sagte er und schnappte sich nun seinerseits die Pranke des Eigners: Vor lauter Dummheit hatte er eben nicht einmal den ehrlichen Handschlag erwidert! »Und Grüße aus Rio!«, fügte er hinzu und drückte, ohne dass er es merkte, die Hand des Reeders so heftig, als hielte er ein Stück geteertes Tau in der Faust: Der arme Mann hüpfte bei dem Griff auf den Zehen und erinnerte sich gewiss auch nach fünf Minuten noch in den Fingerspitzen daran, dass Kalle ihn begrüßt hatte. »An Bord ist alles ohl rait und so, wie es sein soll!«, schloss Kalle seinen Seerapport und lockerte die Zwinge. »Und was der Herr Reeder da über die neue Kapitänsstelle sagt, da bin ich sehr wohl einverstanden!«, ergänzte er, eingedenk dessen, was er in der Kajüte gesagt hatte, und um zu zeigen, dass der Zank von vorhin beigelegt war und ihm die Worte vom Weggang vorschnell herausgerutscht waren. »Wenn wir uns nur über den Lohn einig werden!«, hielt er es als vorsichtiger Mann dennoch für angemessen, seine womöglich zu auffällige Bereitschaft einzuschränken.

Der Schiffseigner rieb sich kurz die Hand, die der Kapitän losgelassen hatte, schien aber ebenfalls hochzufrieden zu sein und betrachtete bereits mit Schmunzelaugen auch die Seeleute, von denen ebenfalls jeder kapiert zu haben schien, dass nun eine gute Brise in die Takelung blies: Sechzehn lebhafte Augenpaare aus Närpiö beobachteten mit zufriedener Billigung und auch einem kleinen Stolz die zwei Jungen aus Närpiö vor sich, den Reeder und den Kapitän, von denen der Teufel wusste, wer am Ende der größere Herr auf dem Schiff war.

Ville hatte allerdings schon jetzt das Gefühl, fest auf dem eigenen Deck zu stehen, jeder Belegnagel in den Nagelbänken auf beiden Seiten war sein Eigentum, so weit das Auge das weite Deck zwischen den geschwungenen, wenngleich vielleicht etwas mitgenommenen Rändern bis zum trotz allem noch immer stattlichen Anstieg des Bugspriets maß, außerdem gehörten zur *Albatros* noch immer die drei hochmütigen, wenn auch firnislosen Mastspitzen, die weit oben am von Schönwetterwolken gefleckten Blau des blassen Herbsthimmels kratzten. Bemerkenswert, mit welcher Sicherheit ein Mann den Blick von einer Stelle auf die nächste richtet, wenn er weiß, dass alles, was er im Auge hat, ihm gehört, und er den Blick somit über seine eigene Fregatte führt! Fest sitzt am Tisch der Mann und hält mit starker Hand die Kelle, der aus der eigenen vollen Schüssel nahrhafte Brühe in den eigenen hungrigen Mund schöpft, fester noch ist das Gefühl in seinem Herzen und unerschütterlicher die ruhige Wanderung der Augäpfel, wenn im heimischen Hafen die drei Rahmasten des eigenen Schiffes zu inspizieren sind, wenn die Sohle sicher auf dem breiten Deck steht, unter dem so viel eigene geldwerte Last gestapelt ist, wie in die Magazine von zehn Kaufleuten passen, und wenn ihn innerlich wie die schwellende Ankunft der Welle vom offenen Meer in der engen Einfahrt des Hafens das großartige Gefühl durchläuft, dass noch großartiger als die Großartigkeit der Toppen und noch kolossaler als der kolossale Stoß der Säcke die Macht der raschelnden Geldscheine ist, durch die man bis zu den Schultern hinauf mit den Armen als durch sein Eigentum watet, und das Gewicht des gelben Goldes, das einem als das Eigene durch die Finger rieselt! Man sitzt da wie der Hausherr am Kopfende des breiten Tisches, beladen, dass er sich biegt, mit übervollen Schüsseln und Stapeln von Köstlichem, jede Schüssel und jeder Berg mit der eigenen Hand zu erreichen! Ein solcher Tisch stillt selbst den Hungerbrand von Jahren: Die in Krämpfen gereckte Hand begnügt sich damit, gemessen zuzugreifen; das Auge, das leuchtend nach seinem Eigentum suchte, beruhigt sich und nimmt wie eine peitschende Woge, die sich gelegt hat, das volle Bild des gesamten Himmels auf; das Herz, das mit hechelndem, jagdhundgierigem Hals der fliehenden Beute nachjagte, ist eine stolze Kreatur, ruhig auf seinem Magen ruhend, den Bogen des Halses hochmütig wendend, wenn die Beute, ohne dass die Waden wirbeln, zwischen den faulen Pfoten liegt und die Zunge genüsslich abwechselnd über die Zotte des getöteten Hasen und über die eigene kalte Schnauze leckt! Der Gesättigte fühlt sich wohl, angesichts der Fülle an Gutem auf dem Tisch vor sich, zumal, wenn der Magen jahrelang hungrig an den dürren Wirbeln des Rückgrats gesaugt hat, prachtvoll ist es für einen Mann, mit der Hand nach Gold zu greifen, wenn mehr Gelbes zu grapschen da ist, als man zum Versenken der Unterarme braucht, zumal, wenn die verschlissenen Finger jahrelang die sinnlose Aufgabe hatten, nach dem schäbigen Kupfer des Schillings zu fischen, der immer nur unerreichbar zwischen den gekrümmten durchrutschte wie Wasser durch die Löcher eines Siebs!

Der genährte Hund leckt sich zufrieden übers Maul und über die Haare seiner Pfoten, und der erfolgreiche Mann strotzt vor Dankbarkeit. Auch Villes Herz war in diesem Moment vor Dankbarkeit dick: Mit Freuden betrachtete er die robuste Riege der Seeleute, wobei sein Auge und Gesicht in der flüssigen Butter des Wohlwollens schwammen. Die wohlbekannten, ehrlichen Angesichter aus Närpiö, allesamt ruhig, und wenn er einen Mann nicht selbst kannte, so erinnerte er sich von früher her an die Züge von dessen Vater und Mutter: Der da ist sicher ein Sohn von der Juuskeri Siina, die gleichen Schlitzaugen und die nette Himmelfahrtsnase, er war ja auch der Koch, bei der Abfahrt ein Schlingel mit glatten Wangen, im Frühling erst konfirmiert, und jetzt hat er sich unterm Kinn einen Bart stehen lassen, der von Ohr zu Ohr rüschelt. Verdammt, exakt die gleichen Augen wie die Siina, es wird einem ganz schummerant ums Herz; damals, vor dreißig Jahren, stahl man sich durchaus unnötig oft inmitten der heiligen Liturgie einen kurzen Blick von der jungen Himmelfahrtsnase gegenüber, auf der Mädchenseite des Tuchs: Wäre man damals in Närpiö geblieben, würde einen womöglich ein Haufen ähnlicher Schlitzaugen als eigene Sprösslinge umgeben, mit Himmelfahrtsnasen in der gleichen Form wie bei dem da drüben! Der Junge wird Maat auf meiner neuen Fregatte, er hat lebhafte Augen, auch wenn die Nasenspitze sich ein bisschen gerader strecken könnte, aber die Siina lachte auch ein bisschen viel! Obwohl so ein kleiner Lachschmelz in den Augen gar nicht schlecht ist!, schlängelte sich ein kleiner Betrüblichkeitsfaden ins Wohlbehagen. Nach frischen Wangen hatte er seitdem in der Kirche von Närpiö nicht mehr Ausschau gehalten, zu sehr juckte es ihn damals in Vaasa in den Fingern nach dem Schilling, die Schillinge wiederum häufen sich nicht zu Talern, wenn ein Mann nicht treu ist in seinem Tun und wachsam die Münzen im Auge behält, und Taler wiederum müssen etliche zusammenkommen, ehe man an den Bau einer Fregatte denken darf. Und es ist wahrlich nicht an der Zeit, im Leben an Weiches zu denken, wenn es harte Finger zu haben gilt! Außerdem hatte es auf der Welt nicht noch einmal solche frischen Wangen gegeben, wie Siina sie einst zu Mittsommer gehabt hatte, und der Glanz der Augen noch dazu klar wie der helle Sommertag.

Es ist nicht sicher, ob sich da nicht vielleicht ein kleines Seufzerchen im Brustsack des Reeders geregt hat, zumindest schwoll das abgewetzte Bruststück seines Gehrocks zweimal an und senkte sich dann wieder, wie bei einem Menschen, der es nötig hat, den schlimmsten Druck aus den Knochen zu pusten. Sollte ich in dem und diesem Fall, und da es sich nun einmal so und so verhält, nicht einem von Siinas Söhnen einen Platz auf meiner Fregatte anzubieten haben!, dachte er, wobei er alles Überflüssige aus dem Sinn wischte und den Blick vom Koch auf die anderen Seemänner richtete. Der Bursche sollte anfangen, Navigation zu lernen, seine Augen sehen aus, als könnten sie sehr gut auch Zahlen aufspießen!, dachte er weiter, obwohl er bereits auf den Maat schielte. Siinas Sohn irgendwann als Kapitän auf meiner Fregatte – dann wird der Junge in seinen Heimatbriefen bisweilen auch eine Zeile oder zwei über mich verlauten lassen!, malte sich der Gedankengang in jener Kammer, die man das Herz nennt, und bei deren weichen Einflüsterungen auch der nüchterne Mann nicht immer ruhig bleibt, hartnäckig hübsch aus, aber die Hand schüttelte dennoch bereits eifrig und mit Ernst die steif gereichte Rechte des Maats.

»Gruß mit der Pranke, Kleofas!«, sagte er leichthin und schlenkerte ein weiteres Mal mit Macht die Fünferzange des anderen, an deren Druck man merkte, dass auch der Vorgang des Grüßens eine Kunst ist, die der Mensch vergisst, wenn er sie sieben Jahre lang nicht hat ausführen müssen. »Vorhin bin ich gar nicht auf die Idee gekommen, die Finger hinzustrecken, als ihr mich an Bord gehievt habt, der Husten brachte mir derart die Brust zum Bersten, dass ich mich nicht mal umsehen konnte!«, hielt er es für nötig, seine Ungefälligkeit von vorhin zu beschönigen. »Bis nach Brasilien ist mein Vetter also gelangt?«, fügte er hinzu, sich erinnernd, dass ihre Mütter Schwestern waren, Töchter von Pyörholma. »Wer hätte damals, als wir im Konfirmandenquartier im oberen Bett der Stube von Norrgård gemeinsam gegen die Bettdecke traten, gedacht, dass deine kleinen Augenpfeffer aus Närpiö einmal die Erdkugel von unten sehen würden!«, bedachte er schnurrenden Sinnes den anderen mit gemeinsamen Erinnerungen. »Obwohl du dich damals wohl schon für einen Meerkrebs gehalten hattest, weil du mich locktest, gleich nach der Konfirmation als Decksjunge mit auf Lutströms Galeasse zu kommen. ›Der zahlt eine gute Heuer!‹, lobtest du. ›Einen vollen Reichstaler pro Monat!‹« Er lachte mit der Gewogenheit des Reeders den Maat an, dabei jedoch dem

Schicksal dankend, das ihn dazu gebracht hatte, auf der Landstraße nach Vaasa zu stapfen anstatt übers Deck der mit Brennholz beladenen *Selma.* Auch ich könnte in diesem Alter Maat auf irgendeinem Kahn sein, wenn ich nicht mit der eigenen Schüssel Brennholz nach Stockholm gesegelt hätte!, dachte er und betrachtete mit kleiner Mitleidsbarmherzigkeit das Seemannsgesicht seines Vetters, braun wie gegerbtes Leder. »Hast du unterwegs die Logarithmen gelernt? Denn bald werden Steuermänner aus Närpiö auf mehreren Schiffen gebraucht«, ließ er sich auf dem Gipfel seines Glücks verleiten, den Sohn der Schwester seiner verstorbenen Mutter zu ermuntern. – »Wo ist der Steuermann?«, fragte er dann, von seinem Gedanken geleitet, den Kapitän und blickte sich suchend um.

Beim Kapitän gingen die Finger an den Kamm: Auch in klaren Angelegenheiten ist das Erklären immer kompliziert: »Na, mit dem gab es schon auf der Hinfahrt Streit, in Kopenhagen!«, sagte er ernst. »Der war nicht aus Närpiö, sondern aus Mörskom, oder was es war, und er fing an, Radau zu machen, man müsste Kaffee und Butter und Brötchen kaufen. ›Wir werden an Bord bestimmt keine Katechismusfeiern abhalten!‹, sagte ich, und weil er kein unverzichtbarer Mann auf dem Schiff war, kein Koch oder sonst jemand aus der Besatzung, ließ ich den Aufmüpfigen von der Reede an Land rudern. ›Du kannst von mir aus auf Mamas Rechnung Milch schlürfen gehen!‹, rief ich ihm noch über die Reling nach, damit er künftig versteht, sich nicht bei Männern lästig aufzudrängen. Und gut war, dass wir den Mistkerl los waren, da hatten wir in der Kajüte einen Mund weniger zu stopfen, und zähe Zänkereien gab es schon zwischen Vaasa und Kopenhagen mehr als genug. Ich kaufte dem Maat in Kopenhagen eine Schiefertafel und brachte ihm so weit das Schreiben bei, dass er auf Wache das Logbuch führen konnte, die sonstigen Meereskniffe hatte er schon vorher im

Kreuz gehabt, und die Logarithmen hat der Mensch von Geburt an dort im Kasten, wo gemeinhin der Kopf sitzt, sodass man sie nur aus dem richtigen Gedankenknäuel befreien muss.« Der Kapitän hatte gesagt, was er zu sagen hatte, und schob die Hände in die Hosentaschen, und man begriff, dass da ein Mann stand, der die richtige Gripsspule hatte und wusste, wer sonst noch über eine entsprechende Vorrichtung im Kopf verfügte.

Der Reeder kniff mit Blick auf seinen Vetter die Augen zusammen. »Dann warst du, Kleofas, auf der *Albatros* sowohl Maat als auch Steuermann? Daran werden wir denken, wenn wir in Kalles Nachfolge nach einem Kapitän für die *Albatros* Ausschau halten; und ab Kopenhagen gilt: Für die Hinfahrt wird dir der Steuermannslohn berechnet!«

Der Reeder war nun fertig mit dem Maat. »Burschen aus Paatkylä sind also auch da!« Er lebte auf und holte Schwung, um mit der Rechten in die sichere Hand des Bootsmanns einzuschlagen, der es gewohnt war, sowohl mit Biegsamem als auch mit hart Gewordenem umzugehen. »Reckt in Paatkylä der Fahnenmast auf dem Giebel des Speicherhauses von Mellangård deiner Meinung nach noch immer seine Spitze exakt in die Mittelnabe der Himmelswölbung, wie wir es zu unserem Erstaunen einst erkannt und beim Sichten entlang der Stange überprüft haben? Anscheinend hing die Randleiste des Himmels in Singapur ziemlich niedrig, weil dein Nacken, um dir den Kopf nicht anzuschlagen, krummer ist als damals in Paatkylä.« Aus dem Reeder wäre wer weiß wie reichlich Redestoff herausgekommen, so frisch geworden war das alte, klamme Blut und das Gemüt wie gute Molke. »Ich rüstete Fregatten her, aber du warst damals schon ein Wiesel im Säumen der Segel: Die ganze Fläche des Pirttikulju-Tümpels, so viel flüssiger Platz dort zwischen Froschlaich und wimmelnden Krötenjungen war, bedeckten wir zwei, ich mit Rindenstücken, du mit Lappenflicken an den Stöckchen! Wer hätte damals gedacht, dass meine Rinde und dein Stück Stoff einmal gemeinsam an allen Ecken der Erdkugel nach Luft schnappen werden? Unsere Sichtung entlang des Fahnenmastes von Mellangård dürfte am Ende doch nicht ganz standgehalten haben und Paatkylä und der Pirttikulju-Tümpel in Paatkylä nicht der Nabel der Welt geblieben sein, aber offenbar war die Aussicht aufs Leben damals bei jedem von uns beiden nicht schlecht eingestellt! Deinen Fingern wird die Arbeit jedenfalls nicht ausgehen, denn in der Stadt Vaasa wird jetzt ein Segelmeister gebraucht, und zwar ein Segelmeister mit Schmackes in den Fingern und Spähblick, wie der Specht ihn im Schnabel und in den Nackenadern hat!«

»He, he!«, konnte der ansonsten gesprächige Bootsmann in diesem Moment lediglich lachend herausbringen. Schiebt man den Faden mit zu viel Schwung in die Öse der Segelnadel, verwurstelt sich der Zug, und so ist es auch mit der menschlichen Zunge, wenn die Schlaufe einer Geschichte zu weit aufgeht, sperrt sie sich bisweilen, und der Lauf der Wörter verheddert sich beim Kollern. So erging es jetzt dem Bootsmann zu seinem Verdruss, seine Zunge erfüllte ihren Zweck nicht, sie lag ihm wie zu viel Fettes im Mund, sodass man diesen nicht auf die Schnelle leeren konnte. »He, he!«, konnte der Bootsmann daher nur lachend sagen, allerdings bis in die Augenmolke hinein als Mann voller Zufriedenheit. »Vergelt's Gott!« wäre ihm zwar später menschengemäß zu sagen eingefallen, aber da war es zu spät: Der Reeder war schon beim Zimmermann.

Der Reeder war nämlich in der Reihe der Männer weitergerückt. Es schickte sich nun einmal nicht, sein ganzes Herz vor einem Mann auszuschütten, selbst wenn man aus demselben Heimatdorf stammte, und der Zimmermann wartete schon und hatte ebenfalls eine Männerpranke, die gedrückt werden wollte.

»Die Mundwinkel noch immer genau so in der Wasserwaage wie früher!«, drängte der Reeder auch dem Zimmermann die dankbare Redseligkeit seines überbordenden Gemüts auf: Valmqvist hätte gestaunt, hätte er die Bereitwilligkeit des Mundwerks bei seinem maulfaulen Ladenhelfer gesehen. »Die Augen wie die Spitzen eines Zirkels und der Finger von Geburt an der reinste Zollstock! Verdammt, ich habe bis heute nicht geschluckt, wie du mich bei der Hochzeit von Iivari Pukki einmal verbessert hast. Wir waren zum Zeitvertreib mit der ganzen Jungenschar zum Ufer hinuntergegangen und beobachteten dort, wie die Großen mit den Händen in den Hosentaschen herumstehend, Iivaris Jacht, die auf der Bucht vor Anker lag. ›Der Baum ist fünf Klafter lang!‹, sagte ich, der ich mich als Bursche aus Paatkylä auf Seefahrtsdinge verstand. ›Sogar ein paar Zoll mehr!‹, legte ich um des Nachdrucks willen noch gemächlich obendrauf: Die Jungen aus dem Binnenlanddorf sollten mit eigenen Ohren und zu ihrem Neid hören, wer sich hier auskannte! Aber du – du hattest damals schon dieselben straff gestreckten Lippen wie heute und dasselbe Linsen in den Augen, in den trockenen Backenbalken denselben Schlitz wie immer noch –, du zogst den Zwirn der Lippen dünner, verengtest die Augenstiele dornenspitz, und die trockene Furche in den Backen schien wie mit der Messerspitze eingraviert: ›Zwei Zoll weniger als fünf Klafter!‹, sagtest du, und zwischen Zeigefinger und Daumen spreizte sich in der Luft eine Spanne von zwei Zoll. Es kam zu einem so schweren Disput, dass die ganze Jungenschar im Verbund zur Jacht rudern und sich Klarheit verschaffen musste. Zweieinhalb Zoll weniger als fünf Klafter maß der Baum vom Mast bis zur Spitze, diese Tatsache ließ sich nicht dehnen, auch wenn ich selbst die Strecke zweimal maß. ›Aber die Absicht war gewesen, dass der Baum fünf Klafter hat, auch wenn man den Stamm schließlich zu kurz geschabt hat!‹, bemühte ich mich schwach, meine öffentliche Niederlage zu beschönigen. ›Und das große Segel würde besser stehen, und das Rigg hätte eine schönere Natur, wenn der Baum gut fünf Klafter lang geschliffen worden wäre!‹, fügte ich hinzu und flickte so gut ich konnte meine Ehre. ›Der Baum ist so lang, wie er ist, und alle Dinge haben das Maß, das ihnen bemessen worden ist!‹, sagtest du wie einen Glaubenssatz. ›Man stellt sie nicht mit Worten her, sondern mit der Säge.‹ Du, Malakias, setzt mit deinem Denken nur dort an, wo du auch die Klinge deiner Säge ansetzt, aber dort setzt du sie dann sauber und exakt an! Gott hat sich den Zimmermann ausgedacht, als er in Gedanken versunken deinen Schädel von innen und von außen schnitzte und die Spanne zwischen Daumen und Zeigefinger festlegte! Du wirst die Spantengräten für meine Schiffe sichten, damit die Wangen der Rümpfe den rechten Bogen kriegen, um das Meer zu glätten, und du wirst die Rahen meiner Fregatten zurechtfeilen, damit die Riggs die richtige Breite und Steigung haben, wenn der langhälsige Schwan sich auf die Hafenmündung zubewegt!«

Der Reeder in seinem Gehrock war ein feierlicher Mann in diesem Augenblick, wie ein Fürst schritt er von Mann zu Mann, schüttelte Hände und plauderte, und mit jedem Verrücken des Absatzes wurde sein Schritt länger und strammer, und jeder Mann bekam sein Wort wie aus dem Munde eines Königs. Auch der Rausch eines starken Trunks steigt langsam zu Kopfe, und erst jetzt begann er zu empfinden, dass die Truhen in der Kajüte tatsächlich die seinen waren. »Ich rede mit dem Kapitän, damit jedem Mann als Andenken zwei Monate Zusatzlohn gezahlt wird!«, sagte er, nachdem er schließlich auch dem Koch die Hand geschüttelt hatte, Siinas Sohn, mit dem er für dieses Mal nicht weiter sprach: Immerhin war er nur der Koch, die anderen hingegen Seeleute auf seinem Schiff.

VI.

Nun kam es auf dem Deck zu einem Moment, zu dem es nach einem feierlichen Augenblick immer kommt. Der Reeder war die Reihe der Männer von einem Ende bis zum anderen abgeschritten, und nun, nachdem er zu guter Letzt die Hand des Koches losgelassen hatte, kamen ihm die eigene Hand und der eigene Mund müßig vor. Als müßig empfanden auch die Männer das Herumstehen, nun, da die Prozedur vorbei war, und jemand überlegte bereits, ob man nicht zur Back gehen könnte. Der Kapitän war der Einzige, der etwas auf dem Herzen zu haben schien, was jedoch nicht gleich auf die Zungenspitze zulaufen wollte. Unsicher blickte er in die Takelage hinauf, wohin, wie er merkte, auch der Reeder in Ermangelung einer besseren Tätigkeit die Augen gerichtet hatte.

»Das Schiff sollte man sich ein bisschen genauer anschauen!«, ermannte Kalle sich schließlich mit gedämpfter Stimme zu sagen.

Der Reeder ließ mit den Augen von den Rahen ab, wo er gerade am Marssegel die Teile beäugt hatte, die von der Reise heil in den heimischen Hafen zurückgekehrt waren: Auch seine Augen schauten jetzt etwas unsicher drein. »Genau, gehen wir und schauen wir uns ein bisschen um!«, kam seine Zustimmung, aber seine Stimme klang so bange, dass man nicht im Leben dachte, sie würde von demselben Mann stammen, der gerade so viel Königliches von sich gegeben hatte.

Die Wanderung begann also, eine Wanderung, die offensichtlich keinem der beiden Männer leichtfiel; in Richtung Bug ging es, denn dorthin lenkte Kalle den Schritt. Ihm war zuvor niemals aufgefallen, wie lang das Stück war, das man vom Großmast bis zur Back zurückzulegen hatte, wie sie es nun gerade taten, insbesondere, da der neben ihm gehende Reeder schwieg wie eine

Mauer. Zwar sind die Segel nicht besonders, aber man ist mit ihnen von Brasilien aus nach Hause gekommen!, munterte Kalle innerlich seine geknickte Natur auf, hütete sich aber, das Thema durch unnötige Reden aufzubauschen. Als sie schließlich die Back erreichten, schlug Kalle das sture Schweigen jedoch zu sehr auf die Leber, zumal der Reeder schon an seinem eigenen Nasensparren verflixt genau zu gucken hatte. Es stimmte tatsächlich, dass die Augen des Reeders sehr sorgfältig vor sich schauten, man hätte glauben können, er hütete seine Augen vor unnötigen Ausflügen zur Seite wie auch weiter nach vorn oder nach oben die Masten hinauf, so bestimmt zielten sie auf einen Punkt zwei Zoll vor seiner Nasenspitze, gerade so, als würde eine böse Fliege vor seinem Schnabel schwirren. »Der Zimmermann hat die Belegnägel repariert, weil einige morsch waren und anfingen zu bröckeln«, versuchte Kalle schließlich so etwas wie ein Gespräch anzufangen, damit das andauernde Schweigen einem nicht die Ohren durchfraß. »Das Material dafür nahmen wir von den Tritten des Fallreeps«, erklärte er, um noch etwas mehr Worte gegen die gähnende Stille aufzubringen. »Der Koch hat die Eimer durchgescheuert, sodass sie mit Leinwand geflickt werden mussten!«, sagte er, als das Auge zufällig die Reihe der Holzeimer auf dem Dach der Back streifte, lenkte aber den Blick schnell anderswohin, weil er in der Eimerreihe Löcher sah wie im Zahngehege eines Siebenjährigen: War von den ursprünglichen wenigstens noch jeder fünfte übrig? »Der Bootsmann hat während der gesamten Rückfahrt auch die Segel geflickt!«, rutschte die aufgeschreckte Zunge aus Versehen auf gefährliches Terrain, aber selbst Kalle war in diesem Moment nicht Manns genug, sich zu trauen, die Augen auch nur halbwegs nach oben in Richtung Rah zu wenden, um nach den Resultaten der Arbeit des Bootsmannes zu spähen, von den Augen des Reeders ganz zu schweigen, die wie in einer Messerscheide steckten.

Der Reeder hatte wohl allmählich das Gefühl, nun seinerseits an der Reihe zu sein, etwas zu sagen, und als man um die Back herumging, den Vormast passierte, über die Glieder der Ankerkette stieg und dabei selbst bei bemühtester Vermeidung weder Auge noch Hand dem Mast ausweichen konnten, entfuhr dem Reeder ein Wörtchen: »Die Masten müssten abgeschabt und gefirnisst werden! Warum sind sie nicht rechtzeitig sauber gemacht worden, die sind ja blau wie Hühnerfüße?« Mit dem Daumennagel kratzte er Moos vom schwarzen Mast. Zweifellos lag leichter Schwefelgeruch in Villes Gemüt und auch in der Stimme. Seine Natur hatte in einem schwachen Moment unmerklich den Sieg über Klugheit und gute Entscheidungen errungen.

»Wie lange hätte der Firnis, der uns seit der Abfahrt von Vaasa geblieben war, denn reichen sollen?«, fragte der Kapitän verdutzt. »Fürs Firnissen der Masten reichte es nicht, mit Ach und Krach konnten wir in Singapur die Blöcke damit streichen!«, machte der Kapitän dem Unverständigen klar, wie es auf See zuging.

»Habt ihr auf der ganzen Fahrt nicht mehr Firnis verwendet als das bisschen, das beim Auslaufen des Schiffes hier noch im Fass war?«, fragte der Reeder mit einigermaßen dummem Gesicht. Seine Hand streckte sich noch immer nach dem Mast, und die Augen suchten hilflos den Kapitän.

»Es ist davon noch immer ein Klecks auf dem Fassboden, den habe ich aufgespart, falls man ihn für etwas Notwendiges braucht! Auf See darf einem nie etwas ausgehen. Auf einem Schiff ist man nämlich übel dran, wenn unter dem Halbdeck leere Schüsseln scheppern!«

»Aber du hättest doch in irgendeinem Hafen neuen Firnis kaufen können«, sagte der Reeder in seiner ganzen Einfältigkeit.

Nun wirkten Kalles Augen noch kreisrunder als die des Reeders. »Weißt du, was das kostet?«, fragte er, bestürzt vom Unverstand des anderen. »Man bringt keine Frachten zusammen, wenn man schaufelweise Geld an die Hafenhaie verfüttert!«, ergänzte er mit Überzeugung, und damit hatte der Kapitän die Hacken wieder auf dem Holz des Decks. Auf dem Festland gewöhnt sich auch der Verstand ans Stehen!, dachte er und erklärte darum sicherheitshalber noch einmal: »Geld kommt zusammen, indem man es nimmt, und nicht, indem man es hergibt!«

Auch der Reeder begriff, dass er mit den Eimern zum falschen Brunnen gerannt war. Man muss zwischen Juchtenleder und Sämischleder unterscheiden!, dachte er. Juchten ist gut für die Sohle, aber zu steif für den Handschuh, und Kalle ist ein guter Mann, um mit dem Beil Geldspäne zu hauen, aber schlecht im Fugenfüllen und noch schlechter im Polieren! Der Reeder ließ den Mast los und ging ohne ein weiteres Wort um die Back herum zurück zum Mittelschiff, seine Schritte hatten nun entschlossene Gewissheit und Länge, auch die Augen sprangen jetzt mutig im Rigg umher wie ein vergnügtes Eichhörnchen. Auch die Saling des Großmastes war so, wie es sich auf einem Schiff von Kalle gehörte: eine Geweihspitze, die oben abgebrochen war!, dachte er schmunzelnd. Der Kapitän folgte ihm so schnell, wie seine kurzen Beinstümpfe ihm Bewegungsspielraum gaben, auch er war nun ein anderer Mann als vorhin beim Gang zum Bug, sein Herz tickte unter der Weste unerschütterlich wie eine Taschenuhr, und seine Augen bewegten sich gelassen wie ein ruhiges Ochsenpaar auf einem rechtschaffenen Feld: Der Reeder hatte Blech geredet und darauf eine klare Antwort gekriegt! Fordert einen auf, am Mast zu kratzen, und wird in Sachen Firnis spitzfindig, wo er doch mit dem Verstand eines Mannes begreifen müsste, dass es auf See Sache des Kapitäns ist, Geld zu schmieden, und nicht, auf Staat und Feinheiten zu achten! Auch Kalles Auge wanderte nun mutig von Rah zu Rah: Ja, in der Tat, das Großmarssegel ist ziemlich vergammelt, es war zweifellos garstig anzuschauen, wenn man mit dem Auge danach stocherte, das gab Kalle innerlich ehrlich zu. Und die übrigen Segel waren auch nicht besonders. Auch dies musste zugegeben werden, wenn man sie so jedes für sich ins Auge fasste. Bedrückend grau waren sie, sodass es dem, der etwas empfindlicher war, womöglich auf den Magen schlug: Flicken neben Flicken, und keine sich ringelnden Risse, bemerkenswert, wie der Bootsmann sie so weit zusammenhalten konnte, dass sie uns von Brasilien bis hierher gezogen haben, ohne von den Rahen zu fallen! Aber ist sich Ville darüber im Klaren, was für ein Stapel Leinwandflicken fällig ist, bis man ein neues Marssegel an die große Rah gespannt hat? Ich werde doch nicht das Geld eines anderen Mannes an Leinwand vergeuden, schließlich sind wir ja auch so angekommen! Kalle fühlte sich immer sicherer und stiefelte beinahe wütend hinter dem Reeder drein; die Heftigkeit seines Denkens verlieh auch seinem Gehen Schwung, sodass er am Großmast bereits wieder unmittelbar neben Ville keuchte.

Auch Villes Augen – sie hatten vermutlich gleichartige Wahrnehmungen zu schlucken wie die von Kalle –, Villes Augen hatten also ebenfalls feste im Rigg zu tun, sodass er die Eisen der Pumpe nicht bemerkte und ihnen auch nicht auswich, weshalb er mit dem Ellenbogen dagegenstieß. Das bisschen Mehr an Roststaub bedeutete an sich nichts Großartiges für den Zustand seiner Jacke, aber als Mann der Sauberkeit blieb Ville trotzdem stehen, um die Schlacke vom Ärmel zu schütteln.

»Du wirst doch wohl noch so viel alte Mennige aus Vaasa übrig haben, dass du die Eisen da streichen lassen kannst, damit man sich im Vorbeigehen keine Flecken macht«, sagte er listig, weil er sich erinnerte, vor dem Auslaufen der *Albatros* selbst gegen einen fast leeren Mennige-Eimer auf dem Schiff geklopft zu haben.

»Ob so viel noch da ist?«, erwiderte Kalle abwägend. »Wenig war es schon beim Auslaufen, ich habe es nicht übers Herz gebracht, sie zu verwenden.« Mit festem Blick prüfte er selbst die Eisen. »Auf denen muss man den Hammer klappern und klirren lassen, sodass ein Drittel verloren geht!«, schätzte er mit Blick auf die traurigen brüchigen Schlacken und Rostschuppen auf der brüchigen Oberfläche. »Könnte es sein, dass die Eisen dadurch zu dünn werden?«, äußerte er seinen aufrichtigen Verdacht.

»Hast du also auf der ganzen Fahrt überhaupt keine Mennige benutzt?«, fragte der Reeder, selbst verdutzt, dass er sich noch wundern konnte.

»Na ja, eigentlich nicht, weil die kostet ja auch. Und außerdem muss man vor dem Streichen mit Mennige immer erst den Rost vom Eisen kratzen, und meiner Meinung nach geht dabei immer auch gesundes Eisen verloren, und solches zu verschwenden bringe ich nicht über mich.« Unverwandt schaute den Reeder ein Augenpaar an, das die Dinge wohl abgewogen hatte.

Der Reeder wusste nicht, wohin er seine Augen wenden sollte, denn er wollte vor den Männern, die noch immer ringsum standen und alles hörten und sahen, nicht anfangen zu lachen. Versehentlich rutschte ein Auge in die Kombüse, deren Tür sperrangelweit offen schief in den Scharnieren hing; dort standen auf dem Fußboden zwei mit Leinwandflicken reparierte Holzeimer, denen man ansah, dass sie einmal gestrichen worden waren, auf dem Spültisch zwei Näpfe mit brüchigen Rändern und ein großer, rußschwarzer Kaffeekessel, dessen Henkel lose an der einen Öse hing und dessen Schnabel halb abgeschlagen war, auf dem Ofen zwei Töpfe ohne Deckel, deren verbeulte Ränder am ehesten an eine sehr grobe Säge erinnerten, freilich mit zur Hälfte abgebrochenen Zähnen – in einem davon brodelte eine Suppe, deren Geruch bis zum Mittelschiff ein Erbsengericht meldete.

»Na, immerhin habt ihr im Lauf der Fahrt Essenswaren erworben, wie?«, fragte der Reeder aus dem leeren Kopf heraus, als es ihm gelang, den Blick von der Kombüse abzuwenden, und er fand, dass er nun wieder etwas sagen müsste. Aber im selben Moment sprang ihm auch schon ein Schlingel von einem Gedanken hinters Ohr. »Oder habt ihr auch noch sieben Jahre alte Kartoffeln unterm Halbdeck liegen?«, fragte er mit frommem Gesicht, aber der Koch und die anderen Männer erfassten auf der Stelle, dass dem zuckenden Augenwinkel des Reeders jede Frömmigkeit fernlag.

Der Kapitän wurde noch ernster. »Die Mistdinger haben nicht länger gehalten als ein Stück ins zweite Jahr hinein!«, sagte er mit aller Lauterkeit: »Ich ließ davon zwar in Kopenhagen so viel, wie hineinpasste, an Bord schaffen, aber der Maat kam schon dreizehn Monate später zu mir und beklagte sich, unter dem Halbdeck würde sich ein Kartoffelacker bilden. Er sagte, die Leute fangen an meutern, wenn der Mist weiterhin im Topf gekocht wird. Ich hielt natürlich dagegen, dass man sich auch in Närpiö nicht immer bloß Leckereien in den Mund steckt, aber einen Monat später musste man sie trotzdem über Bord kippen, weil sich selbst die Schweine nichts mehr aus ihnen machten. Das war ein Fehler, der Kartoffelkauf, noch Jahre später ärgerte ich mich darüber, immer wenn wir über den Längengrad von Valparaíso segelten, denn auf diesem Längengrad mussten wir zehn Fässer in den Großen Ozean entleeren! Ich fürchte, dass ich nun nie mehr eine Kartoffel herunterkriegen werde: Jedes Fass hatte blankes dänisches Geld gekostet!« Der

Kapitän sah noch immer grimmig aus, als er davon sprach. Ihm fiel jedoch ein, dass sich der Reeder, bevor die Sprache auf die Kartoffeln kam, nach der Verproviantierung erkundigt hatte.

»Wir haben in verschiedenen Häfen Schiffszwieback gekauft und Bohnen ebenfalls«, legte er gewissenhaft Rechenschaft ab. »Und dann haben wir noch die Schweine gehabt, nach denen der Herr Reeder getreten hat. In Kopenhagen kaufte ich gleich zwei, einen Eber und eine Sau, und so hatten wir über sieben Jahre genug davon. In den Gewässern von China bargen wir einmal einen Ballen Tee und trockneten ihn an Deck, davon ist noch etwas übrig. In Rio kauften wir ein Fass Kaffeebohnen, die auf der Mole zusammengekehrt worden waren, und verkauften sie im Lumpenhandel: Spielt doch keine Rolle, wo sie umhergerollt sind, schließlich werden sie geröstet! Viel mehr dürften wir nicht gekauft haben. Oder doch, in Java kauften wir zwei Fuhren Zuckerrohr, und Salz wurde nach Bedarf angeschafft.« Der Kapitän schien in Gedanken zu versinken und zu überlegen, ob er vergessen hatte, etwas zu erwähnen. »Reis kauften wir einmal in Bombay, als Schiffbruchware, fünf Kartoffelfässer voll«, ergänzte er beim Graben in den Kammern seines Gedächtnisses.

Falls der Reeder anfangs mit seiner Frage nach den Kartoffeln die Absicht gehabt haben sollte, sich mit einem kleinen Gelächter auf Kosten des Kapitäns zu vergnügen, so ging diese Absicht ebenso fehl wie der schicksalhafte Kartoffelkauf des Kapitäns. Je weiter der Kapitän nämlich in seinem Proviantierungsbericht kam, umso ernster wurde die Miene des Reeders. Er guckte verstohlen auf die Männer und hatte äußerst böse Ahnungen.

Der Kapitän war also kaum am Ende seiner Geschichte angelangt, als der Reeder bereits flink zu den Männern sprach: »Diejenigen Männer, die mit diesem Kapitän zu einer neuen Fahrt aufbrechen, erhalten zu dem, was versprochen ist, noch zwanzig Reichstaler Gratifikation pro Mann hinzu!«, sagte er rasch, als wollte er die Rockschöße erwischen, bevor bei jemandem die Säume der Gedanken anderswohin entkamen. »Und bei jedem wird die Heuer um fünf Reichstaler pro Monat erhöht!«, fügte er sicherheitshalber hinzu. »Ich werde versuchen, dafür die Zustimmung des Kapitäns zu erhalten!«, war er gelenkig und vorsichtig genug, um noch schnell seine Worte zu ergänzen.

Der letzte Teil des Versprechens von dem bereitwilligen Angebot war offensichtlich nicht am leichtesten zu erfüllen. Der Kapitän neben ihm schaute in diesem Moment nämlich geradezu streng auf den vollmundigen Reeder, fast mit dem gleichen Blick, mit dem man einen Racker anschaut, der in seiner Unvernunft mit einem brennenden Kienspan neben einem Haufen Holzspäne steht. Eigentlich verhielt es sich bei diesem heiklen Wendemanöver sogar noch schlimmer: Einen Racker kann man am Arm packen, ihm den Span entwinden und in den Ofen werfen, dem Unverständigen als kleine Mahnung die Nackenmähne zausen, aber mit einem Reeder, was macht man mit dem? Den ganzen Tag schon voller Launen, dass man seine Zunge wie einen Aal bewegen musste, und trotzdem war dem empfindlichen Ohr kein Wort recht gewesen! Bringe so einem mal Vernunft bei! Hat der Reeder einen weichen Kopf?, fragten die bestürzten Augen des Kapitäns ratlos. Kalle war ein Mann der Vernunft und des klaren Verstandes, aber die Vernunft des Menschen hat ihre Grenzen, und Kalles Verstand konnte nicht begreifen, wie ein Mensch vom Bezahlen schwadronieren kann, wenn ihn niemand danach gefragt hatte. Ich mache mich zum Samuel, wenn ich verantworten soll, was einem anderen herausgerutscht ist!, verdichtete sich als Gedanke in den Nischen hinter seinen Augen. Für den Ertrag eines Schiffes ist der Kapitän verantwortlich und nicht der Reeder!, sprachen die Augen jetzt bereits mit unbeugsamem Stahl. Gleich werde ich mich äußern, dass es donnert!, dachte er.

Der Reeder hatte lange genug auf Kalle geblickt, um zu bemerken, was für eine Bö in die Segel schlug: Er kannte den Mann von früher und ein bisschen auch von diesem Tag her. »Gib um Himmels willen jetzt keinen Mucks von dir!«, flüsterte er Kalle hastig ins Ohr. »Ich erkläre es dir. Die sind heutzutage so anspruchsvoll geworden! Du kriegst in der ganzen Provinz Vaasa kein Paar männliche Hosen an Bord, wenn der Lohn nicht beim Schmieren hilft! Nicht einmal ein verdammter Engel aus dem himmlischen Paradies löffelt heutzutage noch sieben Jahre lang zu jeder Mahlzeit Gottes Bohnenration in seinen Bart, wenn er nicht bei jedem Lecken am Löffel außer dem Brocken Fett auch die Dicke seines Lohns im Sinn hat! Du verstehst dich auf das Schiffskommando, aber ich verstehe mich auf die Menschen! Halte jetzt die Lippen straff und denke später darüber nach!«

Kalle beruhigte sich immerhin so weit, dass er sich damit begnügte, von der Seite finster zuzuschauen und etwas Kleines aus dem Bart zu brummen, als die Seeleute nun der Reihe nach ankamen, um sich mit Handschlag für die versprochene Lohnerhöhung zu bedanken, zuerst beim Reeder, der erneut für jeden ein Wort übrig hatte, und danach beim Kapitän. Das Händeschütteln des Kapitäns war freilich eine etwas steife Angelegenheit, denn es kam ihm tatsächlich wie eine etwas unnötig feierliche Prozedur vor, die Hand eines ausgewachsenen Mannes zu drücken, den er zwar sieben Jahre lang jeden Tag gesehen, aber sieben Jahre lang nicht angefasst hatte, außerdem hatte es der Grimm von eben noch nicht ganz geschafft, die Augen des Kapitäns zu verlassen, und eine peinliche Unlust hemmte sein Handgeben: So eine sinnlose Stümperei, dachte man auf beiden Seiten, aber an Land und in der Heimat herrschten nun einmal eigene Prozeduren und Bräuche.

Auch für den Reeder war es nun der Feierlichkeit genug. Als er dem Koch die Hand gab, lebte er trotzdem noch einmal so weit auf, dass er ihn fragte, wie sein Vorname lautete. »Johannes!«, sang der ehrliche Mund. Und mit einer kleinen Gemütserwärmung erinnerte sich Ville daran, dass auch sein zweiter Name Johannes lautete. »Du tätest gut daran, wenn du für den Winter bei irgendeinem Kapitän Quartier nehmen und mit ihm Rechnungen lesen würdest!«, sagte er wohlwollend und dachte an Siina. »Immerhin hast du sieben Jahre lang nicht nur Erbsensuppe gerochen, sondern auch oft genug aus der Tür der Back gelugt, damit du die Seepraxis verstehst und weißt, dass man auf einem Schiff das Rigg oben suchen muss!« Er lachte vielsagend. »Du hast die Augen deiner Mutter! Richte ihr Grüße von ihrem alten Konfirmandengenossen aus!«, sagte der Reeder gut gelaunt, weil er auch das nun losgeworden war.

Was gab es noch mehr zu sagen? Die Männer standen schon wieder unter sich beieinander, schauten dorthin, wohin sie eben schauten, und dachten, was sie dachten; der Kapitän beäugte die Pumpeneisen von vorhin: Sollte er einem der Männer befehlen, sie scheppern zu lassen? Und der Reeder hatte keinen Ort, wo er seine Augen lassen konnte: Aufs Rigg mochte er nicht schauen, und auch die übrigen Stellen mied er klugerweise mit den Augen. »Allmählich wäre es Zeit für mich, daran zu denken, an Land zu gehen, immerhin ist es bald Mittag!«, meinte er, um etwas zu reden. Dazu wiederum gab es nicht viel zu sagen, schon gar nicht für Kalle, der als Seemann fand, dass jeder seinen Kutter steuern sollte, wie er wollte, und kreuzen, wann er es für richtig hielt, und der außerdem das Gefühl hatte, dass er heute ein schwereres Tagwerk hinter sich gebracht hatte als die letzten sieben Jahre, obwohl es gerade erst Mittag war.

Dem Reeder blieb somit nichts anderes übrig, als fortzufahren. »Würde der Kapitän also dafür sorgen, dass die Männer die

Hebevorrichtung wieder in Gang und zum Knarren bringen!«, sagte er und schaute mit kleinem Schelmenlachen auf den hängenden Block der Rah.

Jetzt war auch Kalle wieder munter. »Was hat es der Herr Reeder denn so eilig, wo bei ihm daheim doch gar kein Weib die Kaffeekanne warm hält?«, hielt er ihn eher schwach zurück, fügte jedoch rasch hinzu: »Jungs, setzt den Block in Bewegung, damit der Reeder wieder an Land kommt!«

Nun lief es wie geschmiert, der Reeder schlang sich selbst das Seil um den Leib, die geschickte Hand des Bootsmanns machte den Knoten, und im Nu schwankte der Reeder in der Luft, diesmal von sechzehn Armpaaren fröhlich gehalten; und nachdem der Koch damit angefangen hatte, erschallte an Deck ein aus sechzehn Kehlen gejohltes Hipphipphurra. Der Reeder selbst war so froh, dass er am Tau baumelnd die langen Beine schlenkerte wie ein übermütiger Schlingel. Wie angenehm das ist, und man nutzt dabei auch nicht die Sohlen ab!, dachte er und lachte und brachte sich noch mehr zum Schaukeln. »Da habe ich so viel Tuch zu schneiden, wie blaues Luftleinen unter den Weltendeckel passt!«, freute er sich und schlug die Beine zusammen wie der Schneider das Klingenpaar seiner Eisenschere, bevor er es in den unberührten Tuchballen beißen lässt. Um des imposanten Eindrucks willen hatten die Männer den Reeder ein bisschen höher gehievt, als unbedingt notwendig gewesen wäre, um die Reling zu überwinden. »Wenn jetzt die Leute aus Vaasa zugucken würden, könnten sie Valmqvists Laden-Ville fliegen sehen!«, juchzte der Reeder zügellos.

Dann führte die Fahrt dem Boot des Hafenwächters entgegen. »Man hat gar nicht daran gedacht, auch dich an Bord zu hieven«, sagte bedauernd der Reeder. »Aber deinen Ruderlohn erhältst du bestimmt und ein Honorar für die Wartezeit ebenfalls – dafür muss ich nicht einmal meine Uhr verpfänden!«

Der Reeder war bereits im Boot und nahm das Tau ab. »Auch mir hat man dort oben nichts Hartes zur Begrüßung angeboten und etwas Heißes auch nicht!«, tröstete er seinen Ruderer, der auf dem Trockenen sitzen geblieben war. Und dann trompetete er auch schon mit der Hand als Trichter dem Kapitän zu, der wieder, wie bei der Ankunft des Reeders, über die von Moos überwucherte Reling lugte, so weit sein kurzer Hals es erlaubte: »Was für ein Jammer, Kalle, dass man aus den Brunnen von Jamaika den Rum nicht mit Eimern holen kann, sonst hättest du auch davon ein Kartoffelfass voll mit nach Hause gebracht!«

In die Augenpfeffer des Kapitäns sickerte etwas Ähnliches wie ein Lachen ein, das sich allmählich zu den Augenwinkeln hin ausbreitete und von dort auf dem ganzen Gesicht, bis hin zu den Backen, so wenig an kupferner Haut auch unter der Bartdecke hervorschien: »Ich habe in der Kajüte ein Fässchen Jamaikaner, mit echten Real gekauft! Aber das wird dem Reeder ungeöffnet zugestellt, in derselben Fuhre wie die Truhen! Und Kaffee darf sich der Herr Reeder aus dem eigenen Laderaum holen, wie Magen und Gesundheit es vertragen!«

VIERZEHNTES KAPITEL

Alastalo breitet die Barkpapiere auf dem Tisch aus.

Es war eine schmissige Geschichte, die Härkäniemi da aus seinem Bart gelassen hatte, Härkäniemi schmunzelte selbst, als er zum Regal ging, um ein Auge auf seine Pfeife zu werfen, und so wie bei Langholma, so schmunzelte auch der Mund bei vielen anderen, insbesondere Alastalo war zufrieden: Wie Seifenfett auf die Winde, bevor der Keil unter die Pallen geschlagen wird und das Schiff mit Getöse vom Stapel läuft!, dachte er und rieb sich die Hände. »Die Gläser werden leck, wenn ihr nicht schnell zum Tisch geht und eure Pötte mit neuem Stoff verstärkt!«, ermunterte er geschäftig als erste Äußerung und in Hausherrenmanier, als er bei Krookla und einigen anderen ein leeres Glas in der Faust erblickte, hörte aber nicht auf, in seinem Herzen den Glücksfall zu segnen, dass Härkäniemi so eine und auch noch genau diese Geschichte aus dem Bart gezogen hatte: Der Schenkel muss gar nicht von sich aus jucken, aber wenn es sich ergibt, dann kratze nur im Dämmerschlaf daran und reibe mit dem Daumen ein, zwei und noch ein drittes Mal die Pelle, dann kehrt das Jucken wie verrückt zurück, dann kannst du schaben, was die Finger hergeben, und kommst doch nicht hinterher, und die bittere Süße des Kratzens schmeckt auf immer breiterer Fläche unter der Fingeregge: Wenn nach so einer Erzählgeschichte und einem solchen Kitzeln des Verstandes die Gedanken im Saal keine Nissen kriegen und die Geistesfinger mit ihren Spitzen kein Geldjucken und keinen Einnahmenkitzel verspüren, dann sitzen Holzklötze auf meinen Stühlen und keine Menschen und christlichen Lutheraner! »Gehen wir hin und füllen wir unsere Gläser ein weiteres Mal: Dank der Gewöhnung halten die Ränder gewiss mehr Arznei aus als bei der ersten Lektion!«, schwatzte er und spornte er unter Ausübung des Gastgeberamtes an, während seine Gedanken wie die Fohlen tobten.

Jetzt gehe ich zur Klappe und hole die Papiere!, dachte und entschied er über sein weiteres Tun. Das Eisen wird aus der Esse gezogen und auf den Amboss gelegt, wenn der Balg das Schmiedestück durch Blasen zum Glühen und zum Funkensprühen gebracht hat!, gab er sich einen Ruck und machte sich auf den Weg zur Kommode, weil er am Betrieb im Saal erkannte, dass für dieses Mal keine weiteren Hausherrenworte mehr gebraucht wurden, weil die Gemeinde sich umfassend und ohne Ziererei von allen Seiten her über die offenen Fahrwasser des Fußbodens nach der Umgebung des Grogtisches hin in Bewegung setzte. Die Gemüter waren nun mutig im Saal, und die Männer auch: Das erste Glas hatte sich bis in die Haarwurzeln breitgemacht, und Härkäniemis Geschichte ruderte gewiss im Blut und stellte der Kühnheit den Kamm auf. Auch der hitzigste Saunaofen braucht den Aufguss, damit er zischt, und der kräftigste Fleischsaft das Hagelsalz zur Würze, damit die Brühe nach dem Schlürfen im Mund nach etwas schmeckt!, dachte Alastalo mit Genugtuung, während er sich mit geschicktem Lavieren und gekonnt eine Spur bahnte und seine breiten Westenhälften im Gedränge und Geschubse schräg zur Kommode hin manövrierte. Auch das Vieh rennt, wenn es kirre wird, im Pulk sogar spornstreichs den Berg hinauf und sortiert seine Hachsen dort, wo es nüchternen Hornes keinen Huf neben den anderen setzen würde! Der Glaube ist es, der springt, wenn ein Mann einen Satz über den

Graben macht, und jetzt haben die Burschen Glauben im Gehörn, ich muss nur die Papiere auf die Weide bringen!, trieb er sich zur Eile an und war entsprechend flink bei der Klappe und flott mit der Hand, als die Finger fummelten und die Tiefen des Fachs ihre Papiere freigaben.

Unbemerkt werden die hervorgeholt, damit sie fertig ausgebreitet auf dem Tisch liegen, wenn das zweite Glas in die Haare gestiegen ist und es in den Fingern zum Unterschreiben juckt, selbst wenn es den Kopf kostet und den Geldbeutel obendrein! Lässt man einem Menschen keine Denkzeit, um seinen eigenen Kopf zu benutzen, und gibt man dem Pferd keinen Platz zum Überlegen, damit es sich an seine eigenen Beine erinnert, kann auch der Dumme aus Versehen eine kluge Tat begehen und das Beulenbein über die Barriere springen: kann das Pferd ohne eigenes Verdienst sich mit allen vier Hufen inmitten eines wohlschmeckenden Haferfelds wiederfinden und der Mann ohne den Beitrag der eigenen Vernunft sein Kreuz und seinen Namen auf einem guten Papier und seine Pranken beim Raffen in Wannen voller Geld! Ich bedanke mich bei Härkäniemi, der auch als Malakias und Miniaturprophet großartig und mit Daniels Mund gesprochen und, während ich als Moses im Schaukelstuhl wippte und mir mit den Fingerzinken den Bart bürstete, den Reedern die Navigationssterne der Einkünfte und die Verdienstinhalte der Verteilungstruhen traubensaftiger dargelegt hat als Aron einst den Kindern Israels den Honig von Judäa und Kanaans mit ungesäuertem Brot überbordende Gefilde!

Trotz seiner Stämmigkeit und obwohl er etliche Liespfunde zu bewegen hatte, war Alastalo durch das, was ihm das Herz eingab, und das, was in seinem Gesicht triefte, ein strahlender Bursche, wie er nun als massiver Mann, wenngleich einer mit Hüftwölbungen, unter dessen Gewicht sich die Balken bogen, durch den Saal zurückkehrte: in der einen Hand eine Rolle von zwei Ellen – hinter der Klappe hervorgeholt –, in der anderen ein weißes Stück Papier, bescheiden in der Größe, aber in der ehrenden Hand mit Ernst getragen. Es war eine gute Sache, dass der Raum seinerzeit auch hoch konstruiert worden war, so wie man auch den Wänden genügend Maß gegeben hatte, sodass es jetzt sowohl unter den Sparren wie auch von Balken zu Balken genügend Raum gab, in dem ein Mann mit vollen Schritten ausschreiten und auch in voller Breite durch seinen Saal gehen konnte, da nun die Schiffspapiere eskortiert und in die Öffentlichkeit getragen und auf dem Tisch zur Ansicht ausgebreitet werden mussten. Langholma war fraglos ein Großer und zweifellos der Kopf der Gemeinde, und Alastalo hatte dagegen nichts einzuwenden, weil auch ein gutes Rad am Karren stets die Achsennabe in der Umfassung seiner Drehung braucht und weil auch bei einem Webstuhl ein Weberbaum vonnöten ist, damit es eine Kette gibt, und in der Kette Spannung für das Schiffchen, um sausend dort hindurchzuschießen, und einen Schaft, den Stoff zu klopfen; doch stolz reckte sich Alastalos Nacken jetzt trotzdem, und unterm Haar preschte das Blutfohlen hochfahrend los, weil es nun endlich so weit war und er durch den Saal schritt mit einer Rolle in der Hand, und darin fertig die mühsame Arbeit von zwei Wintern in sauberen, mit dem Lineal gezogenen Linien auf Zeichenpapier; und auch Langholma hatte nichts Besseres zu tun, als sich im Schaukelstuhl zu wiegen und zu warten wie die anderen und jeder Beliebige: Nabe schön und gut, aber das schnurrende Rad ist es, das die Wersten herunterspult; und Kette auf dem Webstuhl schön und gut, aber das Tuch misst man erst mit der Elle ab!

So fiel es denn auch breit aus, das Schreiten auf dem Fußboden, ebenso wie das rechtmäßige Schnaufen der Rippen in der Weste, da Alastalo nun hinter den Schaukelstühlen und vorne am Sofa vorbei den Saal durchmaß und beim nordseitigen Seefenster ankam, wo mächtig der gelbe Bankettisch stand, die schon den ganzen Tag offen prangende Fläche bereit und leer, außer dass man für diesen Tag vom Schreibtisch in der landseitigen Kammer das silbern geschmiedete und von Härkäniemi aus Hull mitgebrachte, hochmütig seine gezackten Arme reckende Schreibgestell geholt und hier zum Warten platziert hatte, das die anderen Reeder im vorigen Herbst auf gemeinsamen Beschluss hin bei der Abrechnung der *Siwiä* Alastalo als »Erinnerung an Herman Mattsson für den guten Verdienst« geschenkt hatten, wie es in der Inschrift auf der rauen Oberfläche des Piedestals hieß. Hierher brachte Alastalo seine kostbaren Mitbringsel, legte als Erstes das Papier sorgfältig am seitlichen Rand des Tisches ab, damit es nicht im Weg war, schob danach mit der freien Hand vorsichtig das Silbergestell auf dem Tisch nach hinten, versetzte auch die beiden Kielabstreifer aus weißem Porzellan samt ihren beiden aufrechten Gänsefedern näher ans Fenster – auf den glänzenden Zacken des Gestells ruhte ein dritter Kielhalter, aus einem Knochenstück mit spitzengleichen Verzierungen geschnitzt und mit Knauf, wo auch Eenokki aus Jux einmal hineingeschaut hatte, mit Löchern an vier Ecken, durch die man, so nadelspitzenklein sie sein mochten, das eine Auge zugekniffen, auf die Häuser der Stadt Brüssel linsen konnte und auf rote und gelbe Kirchenbauten auf Marktplätzen und Straßenecken in all ihrer Lebendigkeit –, rückte den Nippes aus dem Weg, damit Platz geschaffen wurde, die starre Rolle aufzuwickeln und auf dem Tische auszubreiten und die Zeichnung zum Betrachten auszustellen. Von dem Zierrat auf dem Schreibtisch in der hinteren Kammer war für alle Fälle auch eine pfundschwere Kugel aus grünem Glas in der Größe eines kräftigen Faustpaares mit ihren viel verzweigten Innenschnörkeln herbeigeschafft und vom Ofensims eine der riesigen roten Muscheln genommen worden, um in vollem Glanz zu warten, damit Gewichte zur Hand und parat waren, um auf die Kanten gelegt und das steife Papier flach auf der Tischplatte zu halten. Und da lag es dann schließlich nach geschäftigem und genauem Platzieren sowie vielfältigem Verziehen und Spitzen der Lippen ausgebreitet da, und der Bauplan der Bark war auf dem Tisch offen einsehbar; und da als letzte Maßnahme nur noch das Parallellineal unter dem Papier, wohin es aus Versehen und ohne dass es die anderen bemerkt hatten, geraten war, hervorgezogen und exakt an den unteren Rand des Papiers gelegt worden war, damit man es im Bedarfsfall zur Hand hatte, falls es jemanden danach drängte oder ein Kurzsichtiger den Verlauf der Zeichnung begutachten wollte und es in den Fingern und der Missgunsthaut juckte, die Kehlung der Bögen zu vergleichen, so war nun alles fertig und somit Zeit zum Naseputzen und Schnauben.

Auch ein von den Verstandesfasern her kompakter, die Zügel seines Denkens fest in den Fingern haltender Mann kann gelegentlich bei Sonnenschein das Schwellen der Baumsäfte unter seiner Gemütsrinde spüren und, wenn es bergab geht, tief in der Brust die Lust, loszulassen, und auch Alastalo hatte in diesem Moment alle Hände voll zu tun, um nicht allzu mächtig ins Innere seines Taschentuchs zu schnäuzen, da er sich endlich erleichtern, sich als Mensch ausstrecken und das, was innerhalb der Rippen zu viel war, loswerden durfte. Es ist keine Kleinigkeit und kein Kinderspiel, wenn man ein, zwei Jahre von Arbeit gebeugt gewesen ist, und zwanzig Jahre zuvor ebenfalls – so viele Jahre, wie Altersmoos den Faden der Erinnerung überzieht –, wenn man zuerst das unbeschnitzte Holzscheit seiner Vorstellung suchen und dann im Holzschuppen das steife Scheit mit den besten Fasern wählen musste, wenn man von klein auf die Geistesklinge und Augenspitze mit den Hobeln geschärft hat, mit denen der Daumen des Meeres die Flanken des

Seefahrzeuges schmiedet, und später, als Klaftermann, auch den Stahlbiss seiner Axt geschliffen und vorsichtshalber das Holzscheit auch von unten überprüft hat, ob die Faserlinie im Holz trefflich geschnitzt verläuft und der Span auch an den dicken Stellen stabil genug ist, um den Lippen des Meeres standzuhalten, wenn man sein Scheit im Schuppen zuerst an den unteren Flächen geschmeidig geschnitzt und dann noch zwischen den Fingerspitzen der Vernunft gehalten und mit dem Daumen des Geistes jeden Zoll betastet hat, über den zu lecken es der Zunge des Meeres mit ihren Windungen einfallen könnte, und zwar auch entlang der Teerbrettfläche eines längeren Schiffs und eben auch an den Glattseiten eines Kielschiffs von den Ausmaßen einer Bark; so etwas ist keine Spielerei, und das Lernen der Katechismusaufgaben ist nicht zu vergleichen mit dem Belauern des Meeres beim Wellenschlagen und dem Lesen der Zeilen im Schaukelbuch, in welcher Neigung und Wangenschräge das Holzmaterial, das von seiner halsstarrigen Natur her doch nur eine unbeugsam aufragende Föhre und ein steifer Kiefernkoloss ist, das Wassermaterial zu schneiden hat, das wiederum aus derselben Erbsünde der Natur heraus, nicht ohne vor Ärger zu spucken, die Berührung mit dem Harten, Ausgestreckten aushält, nicht ellen- und nicht fingerlang, das Lauern und das Lesen, wo in der Schräge die beiden trotzdem ineinanderpassen müssen, damit die Holzflanke am Ende glatt durchs Strömende gleitet, ohne dass man von ihrem Streit mehr merkt als die laufende Spur des Kieles im glatten Fahrwasser; all dies ist keine Kleinigkeit und kein auswendiges Dahersagen der Katechismuslektion, aber das ernste Spiel fängt trotzdem erst anschließend an, der volle schweißtreibende Trab des Verstandes, wenn im Zaum der Berechnungen und an den Zügeln der Erfahrung die Fohlen und die Kälber, die doppelpaarigen Schwingmähnen wie die vierhufigen Widerspenstigen, aus den

Verschlägen des Kopfes und den Pferchen des Wissens heraus und über den Weg des Stiftes aufs Feld des Papiers geführt und die Ausschlagschwünge der fliehhufigen Wieherscheuen gebändigt werden müssen, damit sie verlässlich in den Jochdeichseln der Lineallinien schreiten, und wenn die Verstandesknorren der hornköpfigen Stiernacken zu bereitwilligen Zugtieren niedergezwungen werden müssen, wenn man die Trablust der eigenen Schnauze mit der Kandare des Lineals brechen und das Riemenende der Aufmerksamkeitspeitsche schwingbereit über den Flanken des Furchenzugtiers halten muss, auf jenem Feld, auf dem der Verstand im Joch des Denkens und im Lehm der Mühe vorwärtsstampft und das Nagelpaar des Zirkels als Hinterläufe haargenau und ohne mit den Schenkeln zu schlottern den Rechnungsschritten hinterherkratzt, und wenn durch den Stift auf dem blanken Papier mit jedem gezogenen Strich die Spur einer Geraden und der Zug eines Bogens entsteht, geschmolzen in der Schmiede des Nachdenkens und auf dem Amboss der Erwägung gebogen für alle Verläufe der hölzernen Linien und für die Dutzenden Schnörkel und Lippenlaunen des Meeresgemüts! Der Stolz hebt auch den Schwanz des Eichhörnchens, wenn es aus den Wipfeln einen Satz von zehn Ellen gesprungen ist und wieder festen Boden auf einem schwankenden Ast unter den Krallen hat, und dementsprechend schwoll Alastalos Weste an, als er sich nun vor der fertigen Schiffszeichnung und dem ausgebreiteten Grundriss der Bark die Nase schnäuzen und ins Taschentuch hinein reinigen durfte.

Wer einen großen Sack von den Bodenbalken auf den Buckel gehoben und ehrenhaft am Rand der Kornkiste ausgeleert hat, geniert sich anfangs und schämt sich vor den anderen für seinen Kraftakt, bevor das Blut von den tüchtigen Schultern in die Haarmähne steigt, sein Keuchen sich legt und er die Schultern als seine eigenen fühlt und breit macht. Auch Alastalo spürte unter der Schädelschale ein kleines Schwellen und allmähliches Ausschlagen sowie das trotzige Quellen gehenden Teiges, als er nun, desto zahmer im höflichen Transport seines Umfangs und in der geneigten Setzung seiner Wortrede, je dicker ihm Kamm und Gürtelwerk wurden, anfing, mit einer Stimme im milden Register, also in herunterspielender Manier anfing darzulegen, was auf dem Tisch in voller Größe ausgebreitet worden war: Nur der Marktbetrunkene juchzt, wenn es bergab geht, an den Zügeln und schlenkert sie mit Fleiß; wer klar im Kopf und vernünftig ist, zieht sie eher straff und hält sie eng, damit der Läufer im Geschirr seine Hufe rechtzeitig vor den ratternden Rädern in Sicherheit bringt! »Ich habe an späten Abenden sogar eine Zeichnung angefertigt!«, erklärte er jetzt also lediglich mit einem Lachen und so ausgeglichen wie möglich und ließ zusammenschrumpfen, was er an zu prächtigen Rockschößen hinter sich herschleifte. »Zum Anschauen, falls jemand Lust hat, meine Kritzeleien ins Auge zu fassen!«, plauderte er wie der Hammerschwinger, der nach einem dumpfen Schlag auf den singenden Nacken des Eichennagels und nachdem der Bello den Meißel ruckartig eine Viertelelle tiefer ins Innere des Föhrenholzes getrieben hat, vor einem neuen Schulterschwung mit keuchendem Brustbalg erklärt: Ich habe dem Kerl nur ein bisschen den Hut getätschelt!

Der Mensch ist jedoch nicht Herr eines jeden Krümels seiner Haut, auch wenn er seine Hülle noch so strafft, und so sprang Alastalos Auge dann doch, wenngleich es durchaus in harter Zucht und sauber im Zügel gehalten wurde, für die Zeit, die das Schwanzwippen einer Bachstelze dauert, zur Seite und auf Langholma, um zu sehen, ob der Schaukelstuhl schon anfing zu knarren, weil dort aufgestanden und losgegangen wurde, um sich die Sache anzuschauen. Tatsächlich war Langholma bereits im Kommen, aber vor ihm war, wie ein Wiesel, Pukkila zur Stelle und spähte auf Zehenspitzen und mit langem Hals von hinten über die linke Schulter, in der Hand das eilends vom Grogtisch geholte und eigens gefüllte Glas; auch Härkäniemi schien, dem gleichmäßigen Nachgeben der Bodenbalken nach zu schließen, sich von hinten schon zu nähern, auch er, wie Pukkila, wenn auch gemächlicher, auf dem Rückweg von den Verrichtungen am Grogtisch, in dessen Umgebung sich aus dem Andrang, wie es die Geräusche vernehmen ließen, auch andere inzwischen lösten, nachdem sie ihr Glas aufgefüllt hatten. Mit mutigen Hüten drängten sie nun alle trampelnd heran, sodass kein Raum blieb, um Langholma in Ruhe zu zeigen, wie er sich die Streckung des Vorderstevens und die Flanken des Achterstevens gedacht hatte, bedauerte Alastalo schnaubend, sorgte aber vorsichtig für Luft neben sich und stieß Pukkila geschickt und mit verträglicher Verstohlenheit hinter sich zurück, damit vor dem Tisch die erforderlichen Drehbereiche für seine eigene Vorderfront wie auch Platz zum Stehen und Freihafenschutz für Langholma, den Sattelgutsbesitzer und Mann vom Formate Eframs, frei wurden, auch wenn noch weitere Drängler sich im Rücken ballen sollten.

Und da kam Langholma auch schon, im Schritt dieselbe Sicherheit wie in der stabilen Ruhe seiner Mundwinkel und in der dichten Klarheit seines Augengraus, Hofherr in seiner ganzen Statur, ohne zu übertreiben, wie die graue Föhre unten fest aus der Erde ragt, aber auch so gerade wie dieselbe Föhre bis ins Rauschen ihres Wipfels. Ein Stein, unter den man eine Stange zum Hebeln geschoben hat, bewegt sich, auch wenn es ein noch so schwerer, in der Erde sitzender Brocken ist!, schoss Alastalo die sichere Erkenntnis in den Sinn, als der neben ihm eingetroffene Nachbar gelassen dastand und die Waage seines Blickes aus der Höhe eines ganzen Mannes langsam über die auf dem Tisch ausgebreiteten Ellenflächen der Zeichnung wanderte! Hinter den Schlössern deines Mundes wird nicht bei der erstbesten Gelegenheit ein Eichhörnchenwort zum Sprung herausgelassen, bevor das Auge sich orientiert und anschließend das Denken von der Gräte des Kiels bis zu den drei Toppspitzen oben den Rumpf und die Rippen der Spanten gebaut, das laufende Gut der Takelage und den Sitz der Rahen im Rigg geprüft hat, die geschwungenen Hälse der Reling vom stolzen Achterschiff bis zur Streckung des Bugs entlanggefahren ist und an den gezeichneten Umrissen abliest, wie das breitbrüstige Schiff im platschenden Meer liegt, dachte Alastalo, sich selbst zur Geduld mäßigend und sein Blut beschwichtigend, solange in den Adern des Geistes an den Schwellstellen, wie tief im Netz der Pfundbursche von Brachsen, das Wissen zappelte, dass jeder verdammte Fleck und jeder Linienstrich auf dem Papier auf seinem Platz sein sollte wie gedruckt. Ich garantiere für meine Hand wie für meinen Stift, und ich kenne mein Lineal ebenso gut wie den Zirkel, und sogar der Teufel von Pukkila wird mit seinem Schnabel, selbst wenn er alles aus einem Zoll Abstand und kurzsichtig mit den Spitzen seiner Stielaugen genau betrachtet, auf der gesamten Strecke der Tauwerkswersten und Poststationsetappen der Schiffsflanken nicht den haarfeinsten Ausrutscher der Hand und kein Schwanken der Feder aus dem sauberen Lauf der Vernunft und der strikten Führung der Feder herauszupicken haben!, schärfte sich Alastalo ein und machte sich Mut, solange Langholmas schweigende Prüfung andauerte; auch Pukkila blieb, ohne einen Mucks zu sagen, hinter Alastalos Rücken und spähte mit dem Grogglas in der Hand über dessen Schulter auf die Zeichenpapiere, und an gewissen ernsteren Versionen von Geschnaufe in der engeren Umgebung erkannte man, dass auch Härkäniemi sich inzwischen mit den anderen am Tisch befand und als Malakias Afrodite Härkäniemi sich ebenfalls in die Zeichnungen der Bark vertiefte.

Nun wäre freilich rund um den Tisch wer weiß wie lange geschwiegen worden, weil es an den Papieren wahrhaftig genug zu schauen und ächzend zu denken gab für jeden, der dicht herangekommen war und es verstand, die Dinge in seinem Kopf zu wenden, und weil außerdem all die, die am Grogtisch bereits mit dem Nachladen des Glases und dem erneuten Proviantieren fertig waren, wieder über müßigen Zeitraum zum Umhergehen verfügten und sich die Männer häuften und die Hosenbeinbeweger im Saal sich an den Stellen drängten, von denen aus man, wenn man größer war und sich über die anderen hinweg recken konnte, zwischen Alastalo und Langholma und an Härkäniemi und Pukkilas spähendem Kopf vorbei sogar ein Stück vom weißen Papier und den Zeichnungen auf dem Tisch sah; es wäre also womöglich länger und für geraume Zeit einträchtig geschwiegen worden, weil die einen sich beim Schauen Auge und Geistesbauch vollschlugen und die anderen damit zu schaffen hatten, selbst ein Stückchen Papierfläche aufs Korn zu nehmen, sei es den hervorstechenden Bugspriet, seien es die Scharniere des Steuerruderblatts; es wäre also geschwiegen und neben dem sonstigen geschäftigen Geschubse und feierlicheren Platzbehaupten dafür gesorgt worden, dass auch bei einem stärkeren Stoß nichts von dem kostbar Schmeckenden über die Ränder des in der Obhut der Hand sich befindlichen Glases schwappte, es wäre fest und wie mit einem Kinn geschwiegen worden, so wie immer bei wichtigen Umständen, beim Gang zum gedeckten Tisch und beim Warten aufs Abendmahl in der Kirche, wenn nicht Lahdenperä neben Härkäniemi nun wieder in der Schar der Großen in die erste Reihe am Tisch geraten und ihm die Zeit nicht allmählich zu lang und dickmilchig geworden wäre, weil man schließlich nicht ewig sein Gesicht in weisen Falten halten und sich die Augen auf Plänen blind starren konnte, aus deren Gekritzel ein Pfarrer und ein Bezirksrichter, der sein Amt geschissen hatte, schlau werden möge, aber kein ehrlicher Schöffe aus dem Gerichtsbezirk! Aus Lahdenperäs Kinnlade tönte auch diesmal das erste Wort, und so wie das Krächzen der in der Kiefernkrone kauernden Krähe die Stille des Sommermorgens in der bewaldeten Flur, brach jetzt die Mauer des Schweigens im nachdenklichen Kreis vor den enthüllten Barkplänen Lahdenperäs raue kratzige Schöffenstimme. »Kraak!«, gibt die Krähe beim Aufwachen als Danksagung ins ringsum Erwachende des Morgens hinein weit schallend von sich, und auch der Schöffe musste sein Herz mit einem Öffnen seines Schnabels erleichtern, weil morgendliche Erkenntnis die Geistesfedern zu beleben begann, auch wenn der Körper für klares Fliegen und Flügelschlagen noch zu faul war. »Ein Käsebrett verstehe ich, wenn mit der Messerspitze Buchstaben und geschwungene Schnörkel ins redliche Holz geschnitzt werden, aber verdammt, dass die Augen in meinem Bauerngesicht in meinem Alter sich noch einmal auf die Spuren einer Spinne begeben und in Verstandeshatz drunter und drüber und seidenstrümpfig, kreuz und quer und auf und ab und hin und her über die Maschenbrücken eines solchen Netzes rennen dürfen!«, schwadronierte er und schnitt er prahlend auf, weil er von dem Schwedenhebräisch vor sich nicht mehr verstand als ein Rind vom Gesangbuch, ihn aber die Vernunft und der Wald von Vaarniemi trotzdem lehrten, das Holz entlang der Maserung zu hobeln, und zwar am besten früher und mit größerer Gewissheit als die anderen.

Danach, als der Damm erst mal geöffnet war, war es vor dem Tisch nur natürlich, Laut zu geben, und ein erlaubter Akt zum Runterspülen der ernsten Erwägungen; wie das Husten in der Winterkirche, nachdem ein Mutiger als Erster den Anfang gemacht und sich geräuspert hat und die anderen nach aller anfänglichen Klammheit und sonstiger Andacht samt Hüsteln sich trauen, dem Beispiel zu folgen, so wie ein Einzelner auf der östlichen Empore zunächst noch recht beherrscht schnieft und ein Zweiter auf der westlichen Empore schon klarer und danach in Tropfen und einzeln wie bei prasselndem Hagel oder beim Klopfen des Kesselflickers in der ganzen Kirche losgelegt wird, in allen Ecken der vier Kreuzstreben, auf der seufzenderen Seite der Frauen wie in den heiseren Bänken der Männer, so war also nach Lahdenperäs Mundaufmachen die Stange vom Sprechgatter gefallen, und jedes Hufpaar hatte freie Bahn, auf den Brachacker des Sprechens zu preschen.

Härkäniemi hatte als Erster den Wortwallach vor den Pflug seiner Gedanken gespannt. »Du hast dein Scheit beim Schnitzen von unten her genau beäugt!«, sagte er und legte die Schädelschale schief, als wäre er selbst mit Sichten beschäftigt und im Begriff, breitbrüstige Bögen als Schoten für das Auge auf dem Papier zu ertasten. »Und schön hast du vom Scheit dann auf den Strich des Stiftes übertragen, was am Modell geschliffen war: Wenn der Kahn da in einer Brise loslegt und sich um ein Viertelquart zur Seite neigt, dann streicht die Flanke so leicht über die Seide des Wassers wie das Auge des Bräutigams beim Gang zur Hochzeitsbank über den Gesichtsflaum seiner Braut!«, bekräftigte Malakias Afrodite seine Worte, und sein teerharziges Seemansherz lachte und hüpfte dabei vor einer so belebenden Freude, als ginge er selbst der Hochzeitsbank entgegen und neben ihm trippelte in Seidenschuhen und im weißen Kleid das Wunder, in dessen blaue Beeren hinter dem Schüchternheitsschleier er mit seinen Junggesellenaugen kaum zu schauen wagte. »Donnerwetter, ich wundere mich über die Habgier der menschlichen Natur und über die Bodenlosigkeit der Durstkehle, dass auch du obendrein ein verheirateter Mann mit Familie bist, wo dir immerhin die Vorhöfe des Himmels gehören und du bloß mit dem Schnitzen deiner Messerspitze und dem puren Reiben deines Daumens die steifen Holzseiten eines starren Kiefernscheits dazu bringst, sich an die Melodie des Wassers zu schmiegen wie die jungfräuliche Weichheit der Braut an den Bräutigam, und mit zugekniffenem Auge und Zirkelzug das Bild des Schiffes mit Spannenstrichen und Haarspitzenführung so punktgenau vom Holzscheit aufs platte Papier überträgst wie die Spinne ihre Zeichnung und der Traumengel seine Lügen, so sauber vom Zug der Grundlinie her wie nur je der Geist eines Schiffsgefäßes auf den Gefilden des Meeres, und so fließend in der laufenden Streckung, dass es dem Seemann schon beim Anblick des Papiers und vom bloßen Betrachten den Herzbeutel aus dem Rippenkäfig und der Brusthöhle reißt, so wie auf dem Festland nach dreimonatigem Meeresfasten allein der Anblick des munteren Rocksaums eines Frauenzimmers denselben Wecken in der Brust ergreift!«

Härkäniemi lobte robust und so, dass man es spürte, denn es schimmerte in diesem Moment auch in seinem erwähnten Herzenswecken gehörig der Freudensaft, kräftig wie Harzschweiß in den Fugenritzen eines Decks, auf das mitten auf dem Zinn des Atlantiks die Mittagssonne mit aller Anstrengung vom hochsommerlichen Hitzehimmel und der Spitze des Großmasts brennt, und ohne dass ein einziger Wellenkamm auf den Bauchseiten schaukelt, die zwischen den Ufern des Himmels ruhen zu lassen das faule Meer reichlich Raum hat. Selten passiert es auch dem Seemann, dass er ein Schiff in seiner ganzen fehlerlosen Nacktheit von der Höhe der drei Toppen bis zum blanken Kiel in seiner ganzen Schlankheit und mit all seinen Geheimnissen wie ein offenes, mit den Augen zu lesendes Buch vor sich hat und dass er mit einem Blick im heimlichen Bett seiner Seelenkammer in den Arm schließen kann, was aus den Lüften betrachtet das verständige Herz mit Blick auf den jungfräulichen Stolz des aufragenden Riggs und die mädchenhafte Anmut der

Rumpflinien in Bräutigamsstimmung versetzt, wie das, was unsichtbar im Meer, mit Strecklust in der gewogenen Ergebenheit der Kielgeraden und in der hüftigen Eheweiblichkeit des tragenden Schiffsrumpfs, das Blut des Erfahrenen zu männlichen Taten verlockt! »Der Elch mit geweiteten Nüstern am Rand der Schwendweide kurz vor der Flucht ist ein schönes Tier und vom Waldsaum aus mit dem Finger am Abzug edel zu betrachten, und der Auerhahn mit den rot blitzenden Augen auf dem Ast und vor dem Auffliegen ist ein prächtiges Stück und mit Kimme und Korn saftig auf dem schwankenden Nadelzweig anzuvisieren, aber was sind sie im Vergleich zu dem Atemzug, der die Brust weitet, wenn auf blütenweißem Papier und in den Kritzelspuren des Federstifts das gekniffene Auge das lebendige Bild eines Schiffes mit Toppen und Takelage liest und das muntere Blut davon singt, man also in den Gliedern des Verstandes und den Fingerspitzen der Tatkraft spürt, dass dieses Bild nicht auf dem Papier bleiben wird, sondern dass der Kiel die ernste Wahrheit vor sich hat und die Toppen unter dem Zupacken des Luftgreifs schlottern müssen und dass manch ein Mann in der Gemeinde sich noch ins Zeug legen und man selbst ebenfalls mit Schulterkraft und Riss am Riemen im körperlichen wie im geistigen Sinn anpacken muss, bevor das, was in diesem Moment noch als Knorren mit Wurzeln in den Wäldern rauscht und mit den Liedern fliegender Vögel in den Wipfeln schwankt, bevor das auf der Heide liegt und durch Fällen zum gehorsamen Föhrenbalken gebändigt worden ist und durch den Schwung der Axt und den Klang des Sägeblatts und das Klopfen des scharfen Keils gelernt hat zu verstehen, dass der drei Ellen Große eben doch Herr über den dreißig Ellen Hohen ist, wenn er eine Zeichnung auf seinem Papier hat und einen Griff an seiner Klinge; und dass auch der Stolze, selbst wenn er steif im Stamm ist, sich dem Willen des Schmalen beugen muss, so fein dieser im

Strich auch sein mag, wenn die Spitze des Verstandes den Nagel des Stifts geführt hat und die Kunst mit ihrer Klinge genau den Fußspuren folgt und die Halsstarrigen zu etwas Geschmeidigem und die Grobkanten der klafterfaserigen Kiefernkerle zu gezogenen Linien nach dem Rat und Rundbogen des Schnakenbeins am Zirkel schnitzt!«

Härkäniemi folgte dem Kielwasser der Zeichnung so andächtig wie ein Hecht der Angelschnur und so wahrhaftig in Herzenswinkeln und Nasenwind, dass er selbst nicht merkte, wie das Gemüt mit großem Schwengel schlug und der Mund Prächtigkeiten von sich gab, bevor er seine Stimme und die eigenen Worte hörte. Als ausgewachsener und in seinem Bart lachverständiger Mann beeilte er sich denn auf der Stelle, die allzu großen Feierlichkeiten in seiner Rede zu vertuschen und sich wieder mit vom Schuster gemachten Härkäniemi-Sohlen auf gewöhnlicheren Sprechgefilden zu bewegen. »Ich habe mir einmal die Zeichnungen des Rüssels an der Schnauze einer Fliege angesehen und mich dabei über die Mühe Gottes gewundert, solche Feinheiten für die Bedürfnisse selbst einer solchen Kreatur zu zirkeln, aber ich wundere mich nicht darüber, dass du mit deinem fetten Rumpf am Tisch geächzt und mit deiner dicken Nase über dem Papier geschnaubt hast, bevor solche Spitzen als Arbeit deiner Finger entstanden und bis auf den letzten Knoten fertig geklöppelt waren und bevor auf einem solchen Webstuhl und bei diesen Stoffzusammenstellungen jede von dir geführte Faser und jede Fitze in die Kette gefädelt, am Rand befestigt und verwahrt und unter das Kommando der Litzen gestellt war!«, äußerte er also ein neues und besseres Mal seine Anerkennung auf natürliche Art und ohne Sprünge mit den Absätzen und Schulterwürfen beim Strecken des Rückenbuckels.

Pukkila hatte erneut voll und überreichlich zu schlucken gehabt. Zunächst Härkäniemis uralte Geschichte vom Kapitän aus Vaasa, wie Talg ins Feuer und Flammen an die Hede obendrein, wo ohnehin und ohne sie ringsum schon alle wie die Ukeleie am Zipfel des Angelwurms hingen und bei jedem, bis hin zu Eenokki, die Hosen in Flammen standen, wenn nur das Wort Bark im Saal erwähnt wurde! Mach zum Spaß am Zaun einmal mäh zur Herde, dann stimmen dreißig Mäuler – »mäh, mäh, mäh!« – lang gezogen und nach Noten denselben Choral an, und auch wenn die Widder hier Bärte haben und die Lämmer Schnäuzer, so probiere nur den gleichen Streich bei ihnen aus, und du hörst aus allen Ecken das gleiche Blöken: »Bark, Bark, Baaaark!« Er ärgerte sich mehr, als er ertragen konnte, auch wenn er es ertragen musste! So weit hatte er sich immerhin erleichtern können, als er beiläufig, wenngleich so, dass es auch die anderen hörten, nach dem Ende von Härkäniemis Geschichte Lahdenperä ins Ohr gezischt hatte – jemandem musste man ja sein Herz ausschütten, wenn einen innerlich was wurmte, und warum nicht dem, der einem am nächsten saß, auch wenn es Lahdenperä war! –, ›Härkäniemi hat einen so dicken Bart, dass jede Geschichte stundenlang braucht, bis sie durch die Härchen gesickert ist: wie dicke Dickmilch aus der Schnaupe der Kanne und der Teerdreck auf dem Boden eines Fasses! Ja, über dich schnacken wir und über die Schnelligkeit deines Bartes!‹, hatte er noch hinzugefügt, als er bemerkte, dass der andere Nachbar neben ihm den Kopf neigte und Härkäniemi mit seinen großen Ohrmuscheln ebenfalls aufschnappte, was auch für sie bestimmt und gesund war. ›Aber verflixt noch mal, du hast ganz vergessen zu zählen, wie viel Haarflaum an der Backe des Kapitäns von Vaasa nach Osten wies und wie viel in westliche Richtung!‹, hatte er noch als giftiges Gewürz ergänzt, weil die Gelegenheit da und passend und er schnell genug war. ›Ein Dutzend mehr an jeder Kinnstrebe als bei dir an beiden zusammen‹, hatte Härkäniemi erwidert und ihm den Rücken zugekehrt:

Der Stich hatte also doch einen empfindlichen Punkt getroffen, und der Kerl war nasenwund gewesen nach dem scharfen Lob!

Dies war denn auch Pukkilas einzige Genugtuung seit langer Zeit gewesen, und auch die hatte stattgefunden, als er noch auf dem Sofa saß und bevor Alastalo seine Zeichnungen geholt und auf dem Tisch ausgebreitet hatte. Nun musste man sich hinter dem Rücken der anderen den Hals ausrenken und bekam doch nichts weiter zu Gesicht als saubere Federstriche und einwandfreie Kurvenlinien an den Stellen, an denen die Schiffsform glatt im Holz sein muss, und Aufwärtsstreckung an den Stolzstellen, von denen aus das Masten-Gefäß jeden prächtig anspricht und dem Auge und dem Herzen des Seemanns schmeichelt! Eine Wucht ist der Herman mit dem Holzscheit und ein Wurm mit den Augen, wenn es darum geht, beim Schnitzen des Modells die Verläufe des Holzes zu finden!, gab Pukkila mit stechenden Nieren zu und schluckte diese Tatsache wie in der Apotheke gekaufte Pillen. Wäre wenigstens eine Fliege in der Sommerhitze übers Papier gelaufen und hätte ihre Flecken auf unpassenden Stellen hinterlassen, dann könnte man auf die Zeichnung deuten und spöttisch fragen, was für Blöcke sind damit denn gemeint?, wetterte Pukkila in seinem christlichen Inneren, weil es sich gnadenlos und ein für alle Mal so verhielt, dass sein Auge keinen Fehlstrich und kein Schwanken der Handschrift auf dem Steifpapier entdeckte, nicht am Hals der Bugspitze und nicht an den Balken des Achterstevens, nicht im Lauf der Wasserlinie und nicht in der Senkrechten des ragenden Riggs, nicht in den hornhaften Keilen der Rahen und nicht im spinnenartigen Netzgeflecht der Takelage, nein, selbst wenn man mit den Lippen das Vaterunser gelesen und gebetet oder seine Augen zu Teufeln verhext hätte!

Pukkila hatte selbst schon eine Kiellinie in Holz geschnitzt und mit dem Zirkel die Bögen des Scheits auf Papier übertragen und wusste daher von der Führung der Hand und der Leichtigkeit des Handgelenks, wann eine Arbeit genau war und in welcher Anspannung die Zungenspitze mitten im Mund gehalten werden musste, damit der Schnitt an der wichtigen Stelle fein und atmend gelang und der Zeichenstrich in seiner Kühnheit und seinem freien Lauf striktgenau bis aufs Haar, und er verhärtete seinen Leib darum nicht zu einer solchen Kälte, dass er es gegen besseres Wissen und das klare Zeugnis seiner Augen gewagt hätte, mit nüchternem Mund und blankem ehrlichem Wort an etwas herumzunörgeln, was das eigene Innere, wenn auch mit einem Brennen, zwangsläufig anerkannte und widerborstig als saubere Arbeit lobte, die der kundigen Hand eines Mannes entsprungen war! Er kam anfangs nicht einmal auf die Idee, in die Lippen zu brummen, und wäre womöglich nicht aus der Haut gefahren, sondern hätte nur in den inneren Steinen seines Saunaofens geköchelt und geschnaubt, wenn nicht Härkäniemi neben ihm unmittelbar am Ohr wie ein Brummer von Mücke seine Danksagung geröchelt und das Lob so dick auf seine Worte geschmiert hätte wie die Tante ihrem Patenkind Butter aufs Weizenbrot, sodass man sich schämen und aufregen musste, ohne zu wissen, wo man anfangen sollte. Pukkila war kein Engel, schon gar nicht an einem solchen Tag, an dem die Nähte der Geduld an seiner Weste ohnehin schon gespannt und einer schweren Prüfung ausgesetzt waren, und so bekam Härkäniemis schöne Psalterstimmung eins aufs Dach. »Wo ist eigentlich die Deichselglocke hier auf Alastalo hingeraten, weil du ihr Amt übernimmst und im Saal Spektakel machst? Die Deichselglocke, sage ich, obwohl ich die Kuhglocke meine und den dicken Ochsen nah beim Hof!« Jetzt war der Luchs auf den Tatzen, und der Zahn schmeckte Blut! »Hat da die Krähenflöte gewispert oder die Teigmulde mit ihrer Sohle schleifend einen Seidenwalzer hingelegt? Auch die Krähenbeere ist eine Beere und der Frosch im Graben ein Wassertier, aber was du von Spitzenputz verstehst, Malakias, und von der Webstuhlpolka, das mögen Athanasius und die Klöppelbank erklären! Wann hat das Maul des Ochsen je die Schnauze im Mondgesicht am Himmel abgeleckt, und wann ist der Zugtierhuf deines Verstandes hinter den Trippelzehen einer Häkelnadel hier in der Furche gestampft? Da verzieht sich ja sogar die knöcherne Lippe der Elster zum breiten Lachen, und es lacht auch ein unschuldigeres Wesen noch, wenn der Widder junge Lämmer wirft und Härkäniemi den Weisen am Webstuhl markiert!«

Nun musste es mit dem Tätscheln auf dieser Watschenseite aber genug sein, damit Härkäniemi in Ruhe feststellen konnte, ob das Kratzen der Krummklauen auf der Gemütshaut brannte, denn Alastalos Wangenbacke wartete, und da die Tatzenquasten nun einmal den Vierzack ihrer Krallen ausgefahren hatten, sollte man diesen dann auch dort zum Einsatz bringen, wo es am besten kitzelte und mit dem meisten Schmackes schwippte! »An den Webstuhl und ans Klöppelklimpern hat Härkäniemi dich also gesetzt?«, sagte er als erste Kostprobe zu Alastalo, bevor er ernsthaft zupackte. »Als Frauenzimmer aus Rauma wärst du in der Tat ein ganzer Mann!«, fügte er an Anerkennungsbutter als Reizgeschmack und Gemütsblaubeeren auf das Herz des anderen, so lange, wie auch das Auge dessen, der blindlings zuschlägt, braucht, um für seine Klaue die richtige Ritze auf der Haut des zu Schlagenden zu finden. Ein Roggensack von einem Malter und zehn Metzen auf dem blanken Boden ist in den Fingern auch des strammen Burschen störrisch, der weiß, dass er sich einen Malter mit gutem Glück und im Wettkampf unter Männern womöglich noch in den Nacken wuchtet, aber ums Verrecken keine Metze mehr, und selbst für die glatte Wasserzunge und für das durchtriebene Spritzfohlen ist die abgedichtete Teerritze und die gepechte Fuge an der Flankenseite und der Glattseite des Schiffes eine ärgerliche Stelle und ein fortlaufender Spott, die zu bespucken du dir vergeblich Mühe machst und dir die Schultern verschleuderst und verdrehst, ob du nun als Mähnenkopf im Galopp gegen die Seitenwände rumpelst oder ob du in enger Eintracht mit deinen Lippen am kitzligen Kiel leckst: Pukkila hatte jetzt sowohl gegen Alastalo, gegen Herman Alastalo als Mann, als auch gegen die Entwürfe, Herman Alastalos Schiffsentwürfe auf dem Tisch, das Resultat also der Arbeit ebendieses Hermans, den gleichen schweren Stand und das gleiche Maß an Mühe vor sich wie einer, der mit Ach und Krach einen Malter hebt und jetzt robust einen Malter und zehn Metzen in Angriff nimmt und sich auf den Buckel zu schwingen versucht, oder wie das Meer, das mit schnellem und ädrigem Daumen die dünne Stelle an den Stopfungen finden muss, mit denen die frische Kiefernplanke mit Teerhanf und Hammerschlägen neben der frischen Kiefernplanke tropfenfest und für zehn Mann lebenssicher auch bei starkem Schaukeln ist und wenn klafterhoch gekrümmte Wellenkämme dagegenklatschen. Aber da die Stellen nun einmal dicht waren und der andere weder an seiner Gestalt noch am Nacken seines Geistes und auch die Papiere mit ihren glatten Zügen und dem reinen Verständnis der Federspitze selbst für die juckendsten Finger nicht zu packen und selbst vom flinksten Verstand nicht anzukratzen waren, so half es jetzt nicht, sich zu fragen, ob man Hals über Kopf und mit dem Schnabel gegen den Fels flog oder ob der Flügelkescher Luft fing, sondern es musste etwas gesagt und der Greif im Herzenskäfig auf die Klauen gelassen werden, um mit dem Schnabelknochen zu prüfen, ob es irgendwo etwas zu schlagen und zu rupfen gab – selbst wenn man sich die krummen Krallen am Geröllstein reibt, wenn es an den Spitzen Funken sprüht!

»Du hast als Junggeselle ja auch mal junge Ochsen als Deckfracht auf deiner Jacht nach Stockholm gesegelt, willst du jetzt mit deiner Bark auch noch Kälber als Braten-Muh für die Spanioler laden, weil der Pferch schon fertig ist?«, fragte Pukkila denn auch ganz plötzlich und gewissermaßen wie mit einem Schlangenbiss, weil es ihn innerlich so wurmte, dass er es, ohne sich Erleichterung zu verschaffen, nicht ertrug, und weil das Auge wenigstens im Käfiggeländer des Achterkorbs glaubte etwas aufgeschnappt zu haben, in das man den Nagel des Wortdaumens bohren konnte. Da war, zum Teufel und tatsächlich, doch glatt die ganze Zauneinfassung rund um den Hinterbug altmodisch aus einfachen Holzsparren und geschnittenen Vierkanthölzern aufgepflockt, von der Treppe des Achterdecks am oberen Rand bis zur Treppe des Achterdecks am unteren Rand, und nicht herrschaftshaft und engländerisch mit Stangenstäbchen und Eisenpfosten, so wie er, Pukkila, es bauen würde und es die Städter schon jetzt bei ihren Hintergestellen machen! »Sogar in unserem Viehstall habe ich die Gatterpfosten dichter nebeneinander aufstellen lassen, als du es beim Gestänge des Achterpferchs deiner Bark für nötig erachtet hast!«, ergänzte Pukkila noch gelassen und zog die Schnur, deren Ende ihm in die Pranke geraten war, straffer. Kein Mensch kann sich ewig beherrschen und fromm bleiben, wenn es in seinem Inneren stärker kocht, als die Ränder halten können, und so schwappte Pukkila jetzt über, und er sprach Alastalo direkt in die Augen und hielt dabei mit seinen eigenen auf und ab hüpfenden Brauen nicht mehr Abstand als einen Zoll: »Viehställe, Viehstallpferche aus Kustavi willst du nach Spanien segeln? Und Kraft, zusätzliche Kraft auf den Atlantik, wenn die Männer samstags den Mist vom Vorschiff kehren?«

»Flieg mir nicht in die Augen, bevor du dir den Bart geglättet hast«, wehrte sich Alastalo und beschwichtigte den anderen, bevor der weitere Händel anfing. »Holz ist als Material gut genug fürs Geländer der Empore in der Kirche gewesen, und Holz hat auch als Käfig für den Bock auf dem Deck der *Usko* getaugt!«, fügte er schon etwas gereizter hinzu: Ein Mann erträgt das Kitzeln und versteht den Scherz, wenn es nur um den Bart geht und den Flaum am Kinn, aber nähere dich mit dem Daumen nicht zu sehr den empfindlichen Stellen an den Arbeitsresultaten eines Mannes, und sei er noch so sanftbäuchig! »Du kannst Drahtfäden zu spitzenverzierten Krinolinen auf dem Bürzeldeck deiner Alten flechten, oder meinetwegen zu einem Pferch für die losen Stellen deiner Fresse und deines Mundwerks, aber keine Hahnenfedern an den Schweif des Hengstfüllens hängen und keine Eisenstäbchen dort auf dem Schiff aufstellen, wo die Kiefernbalken singen, wenn der Ozean brausend die auf Flanken Dahinfliegende freit und bespuckt! Eisen ist frivol fürs Auge und schlägt einem aufs Gemüt wie Schmutz auf dem Dickmilchlöffel und ein Fleck auf dem Hochzeitskleid, wenn es an der falschen Stelle hervorragt und wie ein Stachel im lebendigen Fleisch unter dem Fingernagel im glatten Föhrenholz steckt; und außerdem, was glaubst du, was die Deckplanke in ihren Herzfasern und ihrer Kieferndichte davon hält, wenn in ihre heile Oberfläche dumpfes Eisen gehämmert wird, um Rostwasser in die inneren Adern zu leiten, und die Meerlauge im Kern ihre Arbeit verrichtet, auch wenn man das Fell der Fläche noch so golden teert: Die Planke, die zwanzig Jahre halten würde, ist dann in zehn Jahren morsch und weich wie gekochter Rogen!« Beim letzten Satz hatten seine Augen Pukkila bereits fallen gelassen, und der Sachverhalt war auch den anderen im Saal vernünftig erklärt worden, damit man ringsum verstand, wer wieder einmal Unnötiges gesagt hatte und in welchem bockigen Galopp Pukkilas ungezügelte Zunge lospreschen konnte, wenn man sie nicht zäumte.

Bisweilen fällt versehentlich oder weil jemand schusselt, vom

Ruß des Kiens ein Stückchen auf den Spanhaufen vor dem Kamin, und es können ganze Häuser vom Giebel bis zur letzten Balkenlage abbrennen, wenn nicht ein Findiger dabei ist und es rechtzeitig merkt und das sich ringelnde Verderben mit der Sohle austritt, solange der Feind noch ein Würmchen und ein Mäuseschwanz auf dem Fußboden ist und nicht bereits mit dem Schnauben eines Hengstes nach den Balken greift und, nachdem er eine Fliege geschluckt hat, fett wird, um einen Ochsen zu verschlingen, und wenn es den Ochsen als Beute mit der Zunge erwischt hat, schon mit demselben Tentakel nach der ganzen Weide samt ihren Zäunen leckt! Auch Schiffsangelegenheiten sind brenzlige Dinge und wie Werg, das man nah ans Feuer hält, namentlich wenn an den Ecken desselben Tisches und beim Prüfen derselben Barkentwürfe der eine sein Werk verteidigt und der andere an den Fugenstellen desselben Werks nach Scharten und nach Sudeleien sucht wie Pukkila und Alastalo und wenn zwei solche Kenner ein seit zwanzig Jahren ungerupftes Huhn zwischen sich haben betreffs der Frage, wessen Nase feiner ist und wer besser zupackt, wenn es ernst wird und Belegnagel für Belegnagel betastet wird, und wer derjenige ist, der es versteht, auch den anderen, die es selbst nicht riechen, zu zeigen, welches Hölzchen beim Mikado das dickste ist. Wer weiß, was für Grimmigkeiten sich an diesem unschuldigen Funken jetzt hätten entzünden und wie hoch bis zu den Toppen der Bark die Flammen des Streits hätten schlagen können, wenn man das Eichhörnchen auf seinen Pfoten ins Rigg gelassen hätte und es mit seinem Feuerschweif von den Rändern des Decks auf die Strickleitern und bis zu den Hörnern der Saling hätte rennen dürfen und wenn Langholma nicht zur Stelle gewesen wäre, den Brand gleich zu Beginn mit seinen Sohlen auszutreten und das Schwelen zu ersticken, bevor es in Flammen aufging.

»Ich habe mir deine Entwürfe angesehen«, sagte er ruhig

zu Alastalo, wie der Bauer auf seinem Feld, der nach der Ruhepause und dem Erntekaffee das nichtige Gerede und die sonstigen müßigen Kinnladenwuchereien auf der Feldrandböschung abbricht und die Sichel aus dem Gras aufhebt, als Zeichen für die Leute, dass die zwei Tassen nun geleert und die Kuchenviertel vertilgt sind und es wieder Zeit wird, sich zu bewegen und auf den Weg zum Ackerstreifen zu machen. »Ich habe mir deine Entwürfe angesehen!«, sagte er also, als wären die anderen Geschichten ringsum bis jetzt nur Mückengesumm in der Luft gewesen, das ein ausgewachsener Mann vielleicht in den Ohren erträgt, solange man es sich anhören muss, das aber vergessen wird, sobald man in Tritt kommt. »Sie sind gut, soweit ich es verstehe!«, fügte er hinzu und reffte bescheiden seine Segel, bevor er den Baum über Stag flitzen ließ. »Weil du dir deiner Sache sicher bist und ich bislang auf deinem Schlitten in keine Kalamitäten geraten bin, so bin ich dafür und dabei: Ein Achtel habe ich mir als meinen Anteil gedacht, falls so ein halbes Viertel der Bark für mich abfällt!« Das war geradlinig, sehr geradlinig gesagt, und die Stimme spreizte sich dabei nicht mehr als sonst ein Knubbel des Nackens, aber etwas wie ein Raunen war dennoch im Saal zu vernehmen, als das feste Wort mit seinem ganzen Waagengewicht fiel und jeder in der Reihenfolge seiner Schnelligkeit dasjenige im Kopf zum Gedanken sortiert hatte, was von der Ohrmuschel aufgeschnappt worden war: Ein Achtel der Bark war immerhin ein ziemlicher Bissen und als Raufußhuhn ein echter Auerhahn, um ihn mit einmal Mundaufmachen zu verschlingen.

Auch Alastalo, der so etwas immerhin erwartet und gelegentlich bei einem Glas sogar Härkäniemi als Gedanke anvertraut hatte: »Weniger als ein Achtel wird Langholmas Efram sich nicht sichern, wenngleich auch nicht mehr, denn er setzt seine Schritte im Kirchengang wie auf dem heimischen Hügel stets mit dem Maß des Hofherren genau und vollkommen entsprechend seinen Gliedern: keine gestreckten Kranichbeine über den Moortümpel hinweg, keine Sprünge eines Hungerbocks auf der Felsenweide, aber auch nicht die Beine reibend oder mit den Zehen zögernd wie die Kuh auf der Flur oder das Huhn im Schmutz des Hühnerstalls!« Alastalo also, obschon er vorbereitet war, musste zweimal trocken schlucken, da es nun tatsächlich ernst wurde und das Wort eines Mannes im Saal erklang, das Gespannpferd an der Deichsel bereit und der Gabelhaken an seinen Platz gedrückt, damit die Schlittenfuhre zugfertig war: Wie das knackt unter den Sohlen, wenn das Erntekorn das Feld verlässt und auf Kufen in die Darre fährt! Manchmal kann auch dem straffsten Kopfknäuel schwindlig werden, wenn auf der Kommandobrücke der Boden unter den Sohlen sich auf stärkerem Steigkurs befindet und die geneigte Plankenbreite sich nach derselben Sternpeilung streckt, zu der auch die Spitze des Bugholzes vorne auf der Mähne des Meereshengstes aus dem Schäumenden steigt; und es kann das kräftigste Blut berauschen, wenn die Inbrunst günstigen Windes gegen den Bord spuckt und das davonschießende Schiff auf dem Rücken des tragenden Meeres und auf den stürzenden Brechern bebt! Auch Alastalo spürte für die Dauer eines zweimaligen Schluckens in seinem eigenen Saal und am Knarren seiner eigenen Bodenplanken in seinem Inneren und am Kitzeln der Kehle etwas von ähnlichem Geschmack wie manchmal in den Tiefen seines Herzens auf dem Achterdeck der *Siwiä*, wenn das Meer so gut es kann seine wippenden Wellentäler wälzt und das Schiff als fliegender Span sich für einen Vogel hält, der auf den Schwingen der gespannten Segel vorwärtsschießt! Hat der Schubwind nun die Schiffsseite gefunden, und schlägt die schwellende Leinwand an den Rahen?, sang im Blut die Lust am Vorankommen und die Freude des Seemanns wie glatte Seide!

Es war ein zufriedener, aber handelsschneller Mann, der jetzt geschwind die Gänsefeder aus der Halterung nahm, in einem Zug eilends den Silberdeckel am Kristallkolben öffnete und am Tisch vor den Zeichnungen freien Raum schuf für den Schiffsvertrag; er breitete die Urkunde fertig und offen aus und zog auch noch den Stuhl, den Mahagonistuhl mit der Ledersteppung und dem gebogenen Rücken, der eigens zu diesem Zweck von seinem üblichen Platz am Schreibtisch in der hinteren Kammer in den Saal getragen worden war, zog diesen als Eevastiinas Erbstück von Maanpää erhaltenen Festtagsstuhl aus der Deckung und dem Schatten des Tisches so weit heraus, dass man sich daraufsetzen konnte. Auch der Eber bewegt bisweilen seine Weichen mit der Eile eines Wiesels, und der Braten von fünfzehn Liespfund flitzt dann wie ein Weberschiffchen durch den Koben, wenn der Rüssel den Schlack riecht, der in den Trog gekippt wird!, dachte Pukkila bitter in seinem Funken sprühenden Inneren, weil er untätig danebenstehen und das Geschäkere vor sich mit ansehen und vom kümmerlichen Fang im eigenen Netz aus auf den Nachbarn schauen musste, der an einer guten Zugnetzstelle schwer mit dem Einholen von Brachsen beschäftigt war! Der Seehund ist fett, damit ihm die Rippen nicht im Weg sind, wenn er sich glitschig auf die Schwanzseite des Strömlingsschwarms wenden muss, und dafür hast auch du deinen Speck, damit du selbst an deinen dicken Stellen ein Aal bist und mit geschmierten Flanken durch die Zaunlücken schlüpfen kannst und an die Erbsen auf dem Bohnenfeld herankommst, um dort zu schnabulieren, wo sogar der Dünnere und Trockenhäutigere schmalbrüstig und kranichhalsig auf der falschen Seite der Stangenhölzer und jenseits der ehrlichen Anteile bleibt und Leere schluckt!, kaute er an den Ärgerhäckseln im Trog seines Herzens, weil er nichts anderes zwischen die Zähne bekam und das Kinn des Denkens trotzdem benutzt werden musste! Verdammt, wenn ich von deinen zwölf Liespfund eines mehr an meinem Körper hätte, dann würde ich auch in meiner Haut ächzen und wuchern und nicht in meinem trockenen Knochengestell Pfefferfunken sprühen, so wie jetzt!, sengte und salzte er sowohl sich als auch den anderen wenigstens in den brennenden Geheimkammern seines Herzens und was die Reichweite der Schleuderleine seiner Gedanken hergab, weil es sich trotz allem nicht gehörte, bei diesem Sakrament öffentliche Reden aus dem Bart zu lassen, solange noch die eigene Vernunft die Oberhand besaß und die Gürtelstellen des Geistesbehälters hielten! Soll er seine Brachsen doch an Land und seine Bark aufs Papier bringen, aber ich bin immer noch Pukkila und bleibe der Petter und gehe als Pihlman in meinen Hosen!, tröstete er sich wetternd und riss sich zusammen, denn auch der bittere Bissen muss mannhaft geschluckt werden und der Hahn seine Hahnennatur auch dann bis zum Giebel krähen, wenn die eigenen Hosen vor dem Schnabel eines anderen, wendigeren, das Weite suchen.

Berggrau ist trotzdem die graue Brust des Berges, und selbst der Greif, so wild sein Vielfraßherz unter dem Federfell sein mag, erprobt seine Klauen nicht und schlägt sich die Krümmung seines Schnabels nicht dort blutig, wo, wie er aus einstmaligen Erfahrungen und auch ohne es auszuprobieren weiß, selbst ein harter Kerl nur verbogen vom noch Härteren zurückprallt. Auch Pukkila verzieh es sich also, dass er sich vor diesen Steilwänden und beim Anschnauben von Schnabel zu Schnabel doch beherrschte und die glatten, sichtbaren Teile seines Gesichtes fromm hielt, obwohl es im Blut schlimmer kochte, als man es ordentlich unterm Deckel halten konnte, und in den Verschlägen der Stirnbeine die Gedanken sprangen wie zehn Hengstfüllen, die an eine Deichsel gespannt werden mussten! Auch der Verrückte beißt nicht in den Steinbrocken, wenn ihm ein solcher aus Versehen statt einer Nuss zwischen die Zähne gerät, sondern schont sein Zahngehege für ein besseres Bröckchen, und was soll ich meinen Finger beim Fingerhakeln ausprobieren, wenn am Haken ein Zoll Stahl gerade zu biegen ist!, dachte er und brachte die Stagen seines Herzens auf Linie, weil er am blanken Geschmack seiner selbst erkannte, dass er machtlos war und den Stein, den er nicht aufhalten konnte, rollen lassen musste. Auch Lahdenperä steht dumm daneben und guckt mit nassen Augen, was die Größeren zustande gebracht haben, ganz wie eine durstige Kehle verfolgt, wie sich der schäumende Krug an den besseren Bärten der anderen bewegt, bevor sie selbst an der Reihe ist, ihn anzusetzen und auszuschlürfen, was an Leerem in der Neige gelassen worden ist!, dachte Pukkila noch, um seine Missgunst wenigstens im Herzen und in irgendeine Richtung zu biegen, weil sein Gemüt inzwischen so erweicht und zahm war, dass es die Zähne nicht mehr nach echten Kalibern von Kötern gelüstete: Sollen sie mit ihren Papieren doch machen, was sie wollen, und mit ihren Federn kratzen, was sie kratzen!, gab er klein bei und mied es nun, soweit er es fertigbrachte, auch nur einen Blick auf Langholma und Alastalo und auf die anderen zu werfen, die Gott weiß was zu sein glaubten!

»Du schreibst deinen Namen als Erster und ich als Zweiter!«, waren trotzdem die wenigen stechenden Worte, die Pukkila ungeachtet allen Augensenkens und Zukneifens der Gedankenlider in der Traufe seiner Ohrmuschel aufzufangen hatte, und blitzartig musste er ungewollt auch noch mit ansehen und mit eigenen Augen beobachten, wie die ellenlange Gänsefeder nun tatsächlich durch Alastalos gediegene Darreichung feierlich in Langholmas ehrwürdige Hand überging und wie der Mann, der in der Gemeinde stets als Vorderster vorwegschreiten und am weitesten oben sitzen musste, sei es im Trauerzug am Eingang zum Kirchhof oder am gedeckten Tisch im Hochzeitssaal, derjenige, der für die Gemeinde das Machtwort zu sprechen hatte, wenn es bei der Bischofsvisite Streit mit dem Propst gab, oder als Zugpferd vorne stehen musste, für die gemeinsame Sache und mit der Redegewandtheit eines Gouverneurs, wie dieser Mann in der gleichen Geradheit wie immer in wichtigen Angelegenheiten und mit unnachgiebigem Kinn nun entschlossen auf dem bereitgestellten Stuhl Platz nahm, der Brusttasche ein schwarzes Lederetui entnahm, sich gemächlich die Goldrandbrille auf die Nase setzte und vor der entscheidenden Handlung und dem Lesen des Dokuments noch die Gänsefeder in seiner Hand erhob und als letzten Akt vor dem Beginnen mit dem Daumennagel prüfte, ob der gekerbte Kiel an der Spitze biegsam und gleitfähig zugeschnitten worden war: Alastalo hatte während der Vorbereitungen sachte und vorsichtig seine zwölf Liespfund vom Tisch abgerückt, und die anderen hatten, seinem Beispiel folgend, ebenfalls Platz gemacht, um sich noch einmal zu setzen, bis sie drankamen und diejenigen unterschrieben hatten, die der Ordnung nach an der Reihe waren.

FÜNFZEHNTES KAPITEL

Das Schreiben der Namen beginnt, und es werden Schiffsanteile gezeichnet, bis Pukkila etwas Unvorsichtiges von sich gibt und Alastalo etwas noch Unvorsichtigeres und Siviä in dem Augenblick in den Saal kommt, in dem ihr Name genannt wird.

Die Charta der Bark lag nun also als Papierbogen offen vor Langholma auf dem Tisch, die Brille saß auf der von seinem Vater geerbten Eframs-Nase, und der Gänsekiel war geprüft und in der erhobenen Hand bereit, wenngleich noch nicht im Tintenfass benetzt. »Die unterzeichneten Reeder und ehrlichen Schiffsherren, allesamt aus der Gemeinde Kustavi im Gouverneursbezirk Turku und Pori, verpflichten sich und unterschreiben, kraft dieses Papiers und dem Eintrag ihres Namens, mit der Garantie ihrer Vermögen und gemäß ihres Anteils in der Währung der Krone oder in geldwerten Naturalien sämtliche Ausgaben, Kosten und Auszahlungen, die unsere mit der Befugnis und Verantwortung einer offenen Gesellschaft gemeinsam erbaute Bark aufgeriggt vom Kiel bis zur Takelage benötigt, um als segelbereit ins Schiffslastregister eingetragen zu werden«, las er die Überschrift auf dem Papier und wägte jedes Wort hinsichtlich seiner Stellung und Tragfähigkeit ab, bevor er die Kielspitze zum Papier führte und die Feder ihr entscheidendes Amt ausübte: Schließlich musste man wissen, woran man sich band und wofür sich auch die anderen verpflichteten. »Wozu wir uns verpflichten und was wir mit der Niederschrift unseres jeweiligen Namens bestätigen«, las er noch das feierliche und mit großzügigerer Handschrift geschriebene Schlusswort, bevor sich die Hand wieder in Bewegung setzte und die erste Unterschrift auf dem Papier entstand. Langholma hatte als Junge das Schreiben beim Kommissarius von Salminiittu gelernt, und sein Handgelenk beherrschte noch immer die Leichtigkeit der Federführung wie auch das Binden in einem Zug, angesichts dessen sogar der verstorbene Rosenlöf, wenn er noch am Leben wäre und ihm über die Schulter schauen könnte, zugegeben und gesagt hätte: »Genau so, mein Junge, so muss man den Namen schreiben, damit man ihn selbst als den eigenen erkennt und nicht im Nachhinein zweifelt, ob nicht eine Krähe mit ihren Zehen übers Papier getrippelt ist: Denke immer daran, mein Junge, wenn du den Stift führst und deinen Namen schreibst, dass Petrus, bevor er an der Himmelspforte den Schlüssel benutzt, dich nach deinen Papieren fragen und auf deine Handschrift lauern könnte, und wenn er das Efram dann als Färm liest, wie der Räuber und das Meeresaas von Lypyrti heißt, kann es sein, dass er dich daraufhin in eine heißere Herberge weiterschickt!« Sauber nahm auch jetzt der Name Gestalt auf dem Papier an: »Efram Eframsson Langholma«, die großen Buchstaben an den jeweiligen Aufdruckstellen so frei im weiten, offen aufquellenden Bogen dahingeworfen und die feinen Bestandteile mit ihren Ösen so leichter Hand in zarten Schnörkeln ausgeführt, wie es einzig und allein der biegsame Schnittkiel einer Gänsefeder in seinem breiten, glatten Lauf gelenkig aufs Papier zu zeichnen vermag; die kleinen Buchstaben in schneller Schar als gleichmäßige Schlange ausgerichtet und im Reim der Reihe gehorsam hinter dem jeweils dazugehörigen großen, wie auf dem glatten Meer die wimmelnde Brut auf den Fersen der Entenmutter: die Schnäbel schnurgerade ausgestreckt beim Vorwärtseilen mit gerecktem Hals, das Kleinste am tiefsten geduckt als Letztes flügelschlagend hintendrein strampelnd! Nun musste noch mit Schwung und der vollen biegsamen Breite und im leichtesten Flug eine Schleife bis unter den Namen gezogen werden, damit das »Efram Eframsson« auf geringelten Girlanden schwamm wie die Föhrenflanke eines Schiffes auf den wogenden Wellen und dem diese bekränzenden Glast der wallenden Wasser, damit die Waage des Namens, von Generation zu Generation und vom Vater auf den Sohn, mit gleichem Gewicht und gleicher Neigung auf steife Hausbücher wie auf feierlichste Dokumente, gezeichnet mit der dem Mann gemäßen Verantwortung, noch immer das sich schlängelnde Doppel-E des ererbten Namenszeichens trug und weitertrug, verbunden mit dem gleitenden S und dem mächtigen Zackenzug des überzeugenden L. Das gekonnte Werk wurde zu Ende geführt, stattlich stand der Namenszug auf dem Papier, stolz zuoberst auf der Säule, die die anderen Unterschriften, mal geschickter, mal linkischer, von den unteren Teilen des wichtigen Dokuments her bald auf dem noch blütenweißen Papier errichten würden; es fehlte nur noch der bescheiden geschriebene, wenngleich schwer wiegende Zusatz »ein Achtel (1/8) Anteil von der Bark«, und Langholma durfte die Gänsefeder wieder in die Halterung schieben, die Brille von der Nase nehmen, sie eingeklappt ins Etui legen und als Mann, der sein Amt ausgeübt hatte, zum Schaukelstuhl zurückkehren und weiterwippen.

Nicht einmal Alastalo, der danebengestanden und zugeschaut hatte, gab jetzt ein Wort von sich, denn der Vorgang war ernst, sondern setzte sich sogleich auf den Stuhl, der, nachdem Langholma ihn verlassen hatte, leer war, und las im Sitzen noch einmal Langholmas Unterschrift, bevor er selbst die Hand nach dem Kielschaft ausstreckte. Es war eine Freude, sie zu betrachten, zumal es auch den eigenen Glauben stärkte: Das Papier sah noch prachtvoller aus, als er es im Stehen vermutet hatte! Die Eframs von Langholma waren von der breiten Sorte, und großräumig ist die Bewegung, wenn sie sich in Bewegung setzen: das Kinn erhoben und der Schritt als Sohle, aber auch der Rücken in gerader Haltung und die Gestalt im Sonntagsstaat! Das Entenvolk hat's leicht, watschelnd übers Feld zu wandern, wenn der Primas im Keulentakt prächtig vorangeht, und leicht ist es in der Männergemeinde, den Namen aufs Papier zu malen, wenn die Mahd eröffnet ist und der Zacharias des Dorfes mit Schulterkraft die Sense schwingt, die Barkurkunde gedruckt ist und Langholma als Efram von Langholma ganz oben auf dem Papier steht. Verrückt wäre derjenige, der nicht mit juckendem Stift und seinem Namen einen Sprung auf diese Kufen und diesen Schlitten machen würde! Alastalo war so voll von Genugtuung und den Ablegern guter Laune, dass er allein als Vergeltung und Dank für seine Zufriedenheit den Sandstreuer aus der zweiten Halteröhre des Silbergestells nahm und Trockenkrümel auf die frische Kielspur säte, damit nicht aus Versehen etwas verschmierte und den edlen Schriftzug und Augenschmaus verdarb.

Alastalo selbst schrieb seinen Namen nicht in sonderlich bemerkenswerter Weise nieder. Erstens war er den Gebrauch des Gänsekiels nicht gewohnt, denn er hatte das Schreiben nicht beim Kommissarius von Salminiittu gelernt, sondern bei Lundström auf der Insel Kaaskeri, und der Lundström von Kaaskeri war wiederum der Überzeugung, dass die Gänsefeder einzig und allein für große Reden und die Lügen und Aufschneidereien der Advokaten taugte, dass aber ein ehrlicher Seemann, der Logarithmen rechnete und dessen Leben an der Zahl hing und an der genauen Minuten- und Sekundenziffer des Längengrads, niemals auch nur die Hand nach etwas Struppigem ausstreckte, das sich nach Gottes Schöpfung einzig und allein beim Rauschen in der Luft und beim Schaufeln des Vogelflügels in seinem rechtmäßigen Amt befindet, und zwar eines Vogels, der bloß den Verstand und die Geisteskürze einer Gans im Kopf hat: »Denk dran, Junge, denk daran, wie Lundströms Botschaft lautet: aus Manchester-Erz die haltbare Ankerkralle an der Kette und aus Manchester-Stahl die flutschende Feder auf dem Blatt des Schiffsjournals, dann behaupten beide ihren Platz, die Ankerwaage mit ihren Tonnenzähnen auf dem Grund und die exakten Nummern auf dem Papier mit der Spitze des Verstands! Und merke dir außerdem, mein Junge, dass die Faust des Seemanns auf See eine banale Pranke ist, was also, zum Teufel, soll der Umgang mit der herrenhaften Gänsedaune in einer mit Teer beschmierten Hand anderes sein als eine Qual: Ein nüchterner Stift aus trocken-kahlem Holz zwischen den Fingern, dann bleibt die Handschrift im Journal deutlich und der Buchstabe im Seeprotest auf den Beinen, auch wenn der eigene Kopf in wer weiß was für einem Nebel und Dampf braust und wenn die eigenen Gräten wackeln, als würde der Weg unter den Sohlen rollen wie umgekippte Fässer!« Auch jetzt verzog Alastalo die Mundwinkel zu einem Lachen, weil ihm sogar in dieser feierlichen und ernsten Situation Lundström und dessen Unterricht in Malakias' Stube auf Kaaskeri in den Sinn kam, aber er hatte später auch so gemerkt und beim Svenska-Reden mit den Maklern festgestellt, dass in Lundströms Worten Wahrheit gelegen hatte und man seinen Vertrag strikter unterschrieb, wenn die Spitze des Stifts aus Stahl war und man beim Niederschreiben seines Namens den Ellbogen nicht ausfuhr, sondern angelegt hielt: Die Pracht der Namensschlaufen kann einen Reichstaler kosten, wenn mit der Feder auch der Kopf in große Züge und weite Bögen ausgleitet!

Ungeachtet solcher Klugheitsgründe, die bewirkten, dass zumindest Alastalo in allen Fällen seinen Namen nüchtern und ohne sausende Ärmel schrieb, hatte er diesmal in der Schmiede seines Kopfes so viele Eisen auf dem Denkamboss, dass er gar nicht zu Üppigkeiten gekommen wäre, selbst wenn er zum Spaß und zu Ehren des Barkvertrags seine Hand zum Lirumlarum gelockert hätte. Wen, zum Beispiel, sollte er nach sich und als Nächstes bitten, auf dem Stuhl Platz zu nehmen und den Namen unter seinem Namen aufs Papier zu schreiben? Selbstverständlich wäre nun Härkäniemi an der Reihe, aber was würde Krookla darüber denken, und wann müsste der Mistkerl von Pukkila aus dem Gatter gelassen werden? Auch Eenokki muss genötigt und Lahdenperäs Schnabel glatt gehalten werden! Härkäniemi kann man zuzwinkern, dann versteht er einen und bleibt hinter seiner Pfeife, aber Krookla hat seine eigene Nase, selbst wenn er nicht mehr als ein mageres Zweiunddreißigstel schriebe, Pukkilas Rachen wiederum stopfte man lieber früher als später! Alastalo nahm also lediglich den Stift mit der Stahlfeder aus der Kolbenhalterung und setzte in anderen Gedanken seinen Namen unter Langholmas Namen auf den Barkvertrag wie auf irgendeinen anderen Bogen Papier, und auch ohne nur um einen Deut den Hals zu verdicken, den die Feder aus Gewohnheit zur Verstärkung des Geschriebenen unter den Namen zog. »Herman Mattsson, ein Achtel (1/8) Anteil« stand nüchtern und kalt auf dem Blatt zu lesen, nachdem die Feder ihren Auftrag ausgeführt hatte, und nur die kurze Pause nach dem Schreiben und das kleine Verweilen der Augen bei dem Namen auf dem Papier, bevor der Federhalter wieder an seinen Platz im Kolben zurückkehrte, zeigten, dass sich hier jemand des Ernstes der Maßnahme bewusst war, wo immer seine Gedanken sich auch abmühen mochten. Am einfachsten war es wohl dann doch, diesmal die anderen warten zu lassen, bis sie an die Reihe kamen, und von denen, die am nächsten saßen, nur Eenokki zu sich zu bitten, um seinen Namen zu schreiben, weil dieser ohnehin von seinem Platz aus aufs Papier schauen konnte und vom Sofa aus herüberspähte, so weit die Halsscharniere bereit waren, sich zu drehen, und das Auge sich lösen konnte vom geliebten, wenngleich erloschenen Pfeifenstummel in der Halterung der Zahnreihen, und weil nicht einmal ein Durchgedrehter Eenokki beneidete und sich an der Nasenspitze schamfilt oder gelüftet fühlte, je nachdem, ob Karjamaa seinen Namen vor oder nach ihm aufs Papier schrieb oder ob das Ochsenpaar auf der Landstraße lange vor ihm herging, bis man vorbeischreiten konnte: Da blieb dann auch Zeit zum Nachdenken, wen man anschließend zu sich an den Tisch bitten könnte, ohne einem anderen den Schnabel zu kürzen, und womöglich täte Eenokki ein kleines Kitzeln des Gemütes und ein Freundschaftsbeweis durchaus gut, sodass er zwar keinen größeren Anteil zeichnen würde, als er sich beim Aufbruch von zu Hause gedacht und vorgenommen hatte, dies jedoch wenigstens mit geschmeidigerer Führung der Hand und geschürzten Lippen. Schön auch, Pukkilas Gesicht zu sehen, samt dem Hin- und Hergeschiebe des Hagelsalzkorns als Süßigkeit des guten Willens in der Backe, wenn Eenokki nach seiner Unterschrift eine zufriedene Bemerkung knurrt!, dachte Alastalo noch schelmisch, als er bereits neben dem Tisch stand und den Federhalter in die Luft hielt: Er hatte ihn aus dem Kolben genommen, damit Eenokki, ohne suchen zu müssen, einfach anfangen konnte.

»Unterschreibe du jetzt, wo du am dichtesten dran sitzt und überdies mit Eevastiina verwandt bist!« – die alte Bäuerin von Karjamaa war die Großcousine mütterlicherseits von Eevastiinas Vater gewesen und Eenokki und Eevastiina demnach verschwägert –, »unterschreibe du jetzt, dann folgen die Unterschriften in der richtigen Ordnung aufeinander, und der Vertrag wird fertig!«, sagte Alastalo also schlicht und einfach und ohne großes Aufheben, wobei er Eenokki den Federhalter hinhielt. Wenn man mit Karjamaa plauderte, durfte man durchaus etwas Gefälliges einstreuen und dies schön glatt und mit dem Strich, man sollte es nur geschickt anstellen und das Verfängliche unters Wichtige mischen, sodass er nicht so tun musste, als merkte er was, und Hundekäse an der Milch roch! »Schreib mit der Kralle deinen Namen aufs Papier, dann darfst du dich wieder in aller Ruhe auf deinen Platz setzen!«, gab Alastalo an entbehrlichen Worten von sich, damit Geschwätz in der Luft war, solange der Mund ging, und den anderen weniger Zeit blieb, die Gedanken unnütz und auf müßigen Wegen hin und her wandern zu lassen, während man selbst eingespannt und bei der schweißtreibenden Arbeit war.

Aufpassen musste man und die Augen überall haben, wie und gehöriger noch als beim Bauen einer runden Holzschachtel, wenn die Randleisten schon rundherum und aufrecht als Reihe in der Nut sitzen, aber noch lose und in Gefahr, einem unter den Händen umzufallen, weshalb man sie mit seinen Fingern einriegeln muss, wozu man in seiner Not statt fünf Zinken ein ganzes Dutzend an beiden Händen bräuchte, und die Zungenspitze zusätzlich, die flattern zu lassen man gar keine Zeit hat, damit die widerspenstigen verflixten Leisten entweder fügsam oder durch Gewalt gehorchen und einträchtig sowie gleichmomentig einwilligen, über die gesamte Rundung und an den zig Stellen, an denen sie gehalten werden, mit einem Schwupp und Atemzug in den Gürtel und die enge Pressung zu gleiten! Was zum Beispiel dachte jetzt, da man mit Eenokki und dessen träger Art, sich zu beeilen, beschäftigt war, wohl Mikkel Krookla zwischen seinen Zähnen, und was konnte Pukkila mit seinen Augenkötteln in der Zeit alles hinterrücks ringsum im Saal begucken? Belebt vom frischen Regen ist die Ackererde lüstern, durchaus tüchtig Getreidegold und üppiges Kraut wachsen zu lassen, aber dank derselben Erfrischung treibt sie auch reichlich Flor von Unkraut aus, und zwar mehr als selbst der Flinke mit seinen Fingern jäten kann, und die Hirnmasse im Schutz der menschlichen Schädelhülle ist vom gleichen kräftigen Grund, der durch Begießen geweckt und zu Stärke gewürzt wird, dass er sowohl Halme trägt, die in die Scheune eingebracht werden, als auch die Last der Ährenköpfe, damit sie aus Maltersäcken in die Wannen des Getreidespeichers geleert werden, und dafür sorgt, dass die Häuser knustreich und die Stangen voller Lochbrot sind, wenn nur Geschäftigkeit am Trog herrscht und tätige Säure für den Teigansatz da ist, der aber aus demselben mürben Acker und denselben Gärzubern als Wildwuchs der Gedanken und Neidbeeren der Missgunst sowohl die üppige Welle der Wicke und den hübschen Busch des Rübsamens austreiben kann, um das edle Korn und schwere Getreide zu ersticken, als auch die Gase des Gärgestanks und die Dämpfe des Versäuerns, um die Bottichbretter auf die Probe zu stellen und die Fassreifen zu sprengen! Alastalo seufzte in seine straffe Weste und verwünschte in der Fülle seines Herzens die Mühe des Schnaufens, der sich der Mensch mit seinen zu vielen Liespfunden unschuldig aussetzt, wenn er für andere vor Vernunft schwitzt und im Galopp solche Mastkälber zu den Geldtrögen kutschiert, die zwar schon Hörnerhöcker des Verständnisses zum Bocken am Stirnbein haben und zu Ränkestößen des eigenen Verstandes, aber noch nicht den Geruchdrang in den Schnauzenhaaren, dass sie geradewegs und im eiligen Beingalopp zum Ruf des Troges rennen würden: Dem Bullenkalb kann man wenigstens mit der Reisiggerte über die Flanke streichen, aber womit haut man einen Mannsmenschen, wenn bei ihm die unverständigen Beinpfeifen der Vernunft sich wie vier Stöcke widerspenstig spreizen? Die anderen könnte ich schon hüten, aber Pukkila müsste angepflockt sein: Wenn nur einer davonspringt, sind auch die anderen bald wild!, dachte Alastalo mit unruhiger Sorge im Herzen, blieb aber fest und tätig in den gleichmäßigen Drehungen, aus denen heraus er sich fett und sicher umsehen konnte.

»Du schreibst deinen Namen hier nach Langholmas Namen und unter meinen Namen die Zeile entlang, dann stehen drei Namen auf dem Papier, und die Unterlage für den Holzstoß ist gelegt!«, wies er Eenokki an und verlängerte, was er gesagt hatte, indem er mit der Zeigefingerspitze auf die Stelle auf dem Blatt deutete, wo Karjamaa den Federstahl ansetzen sollte, bevor die ungewohnte Arbeit begann und der Ackerstreif des Namens sich Buchstabe für Buchstabe lesbar herausbildete. Man hätte freilich nicht darüber unruhig werden müssen, dass Karjamaa seinen Namen nicht hätte schreiben und auch öffentlich malen können, von Anfang bis Ende und bis auf die letzte Silbe die ganze Majestät, den gesamten Zaren Alexander übers Maß der Zeile und innerhalb der Grenzen der Querbreite des Papiers: Eenok Eenokinpoika Karjamaa hatte in Faustschrift und sogar zu viel ansehnlicherer Lesbarkeit als Amen auf mehreren Papieren und gestempelten Protokollplakaten gestanden, als es für die nachbarliche Eintracht und den Fischgewässerfrieden gesund zu erinnern gewesen war, und der junge Eenokki hatte immerhin Tallrots Schule aushalten und die Mühen des Namenschreibens auf Befehl von Vater Eenokki schon lange vor dem Konfirmandenalter für die künftige Hofherrenzeit und für den Fall eines Gerichtsbesuchs lernen müssen: »So viel christliche Erziehung muss auch der hartverständige Mensch haben, dass er sich eigenlippig segnen kann, wenn er sich in die Kirchenbank setzt und eigenhändig seinen Taufnamen auf Erbschaftspapiere und Streitprotokolle schreiben kann!«, lauteten die Worte des alten Karjamaa. Seinen Namen mit eigener Sorgfalt und Handtätigkeit zu schreiben, war Eenokki also Manns genug, wenn man ihm nur genügend Zeitraum und

Platz auf dem Papier ließ, aber die Stelle, wo der Name hinzumalen und von der aus der Arbeitseinsatz auf dem Papier in Angriff zu nehmen war, musste zuvor genau mit dem Finger angezeigt werden, damit das Namensbataillon und Rottenregiment der Buchstaben auf dem Feld des Papiers sich nicht auf die bloße Gunst Gottes und die zufälligen Spreizungen des Federzehs hin in Marsch setzte, etwa bei der obersten Überschrift oder beim Amen des unteren Randes; und weil Alastalo in gewissen Förmlichkeiten eitel und augenmäkelig war und höchst ungern zuließ, dass die linierten Gartengüter und die sauberen Promenadenseiten der Festveranda seines Barkvertrags von den wilden Kreuz- und Quersprüngen und Rüsselgrabungen eines Grunzmajors verdorben wurden, beließ er langmütig und mit der Kraft der Geduld den Kopf seines Zeigefingers fest und unverrückbar an der Stelle der unbeschriebenen Fläche auf dem Blatt Papier, wo Eenokki sicher mit der Arbeit ansetzen konnte, sobald er in seinen Vorbereitungen so weit vorgedrungen war, dass die störende Pfeife aus dem Weg geräumt und von den Zähnen in die Tasche gewandert, der Federhalter fest im Griff von Daumen und Zeigefinger in die Pranke eingepasst war und die Lippen als von der Pfeife entkleideter, nun freier und müßiger Trichter so zur Rille und Rinne gerichtet war, dass man sie je nach Bedarf geläufig von vorne in die Länge ziehen und zum Vorbild für die Verrenkungen nehmen konnte, die jeder einzelne Buchstabe an Mühe und jeweiliger Malkunst verlangte, damit aus der Handführung eine Zeichnung entstand und sich so herausbildete, wie Tallrot es gelehrt hatte und wie es zur ordentlichen Vollkommenheit der Namensschreibung gehörte.

Langmütig und mit der Kraft der Geduld stand Alastalo, wie gesagt, neben dem Tisch und zeigte mit der Nagelspitze seines Zeigefingers auf die Stelle des Barkvertrags, an der Eenokki mit dem Schreiben beginnen sollte, nachdem die Vorbereitungen beendet waren und der Federzeh im Griff der Männerhand startbereit an die Ackerfurche des offenen Feldes trat. Und Geduld sowie die Buttermilch der Langmut waren auch tatsächlich und wahrhaftig gefragt an den Scharnierstellen seines Gemütes und den Wegstrecken seines Willensnackens, weil am Rücken ständig das Wissen juckte und kitzelte: Drehe ich mich um und entkomme diesen verflixten Fädeleien und Fummeleien mit dem Pechfaden, erhasche ich mit dem Auge Pukkila wie den Dieb bei der Arbeit und den Hasen im Sprung mitten im Spiel auf seiner Seite und im Schatten meines Heckspiegels, wo ich ihn nicht sehe! Und kaum kratzte das Papier unter Eenokkis grober Feder und die Arbeit von einer Viertelstunde war in Gang gekommen, und zwar mit einem Ochsenstampfen, das kein Aufpassen mehr brauchte und dadurch auch nicht besser wurde, da drehte sich Alastalo geschmeidiger und schneller, als man es bei seinem Oberkörper geglaubt hätte, in seiner ganzen Fülle zum übrigen Saal und zur Bartgemeinde um.

Er hatte richtig geraten und das Schlimmste geahnt: Pukkila war gerade dabei, Nissen zu säen und das Kinn zu schwenken! Wann traut sich der Ungehörnte an den Sauftrog und die Maus an die leckeren Krümel, wenn nicht in dem Moment, in dem die Hornschaft am Klee schlemmt und die Katze an den Fladen auf dem Teller! Da stand der Übelkranich aufrecht vor dem Sofa auf seinen Stelzen wie eine Hopfenstange im Nordwestwind, mit wehendem Bart statt mit armseligen Blattresten, die flatternden Schöße gezaust und um den Holzpfahl schwingend, und schlug sich einen knappen Zoll vor dem ehrlichen Gesichtswerg und den flackernden Schöffenaugen von Lahdenperä mit der Wedelfaust in die offene Hand und zeterte schlimmer, als zehn Elstern auf derselben Bohnenstaude im Herbst rascheln: Zwar wurde sogar getan, als verbärge man die Stimme hinter der Hand, soweit man im Eifer daran dachte und es einem vor lauter Wedeln und Schlagen mit der Faust einfiel, und es wurde durchaus auch Gedämpftes aus dem Trichter in die Haarwurzeln am Ohr gerufen, aber es hätte schon jeder seinen Hörkescher daheimlassen müssen, falls die Absicht darin bestanden hätte, es außer Lahdenperä niemanden im Saal hören zu lassen! »Du bist verrückt, du bist das Kraut einer gekochten Rübe und der Schenkel einer gebratenen Bachstelze, wenn du so unvernünftig bist und deinen Wald verkaufst und dich bei Alastalo auf den Schlitten setzt! Der beste Schiffsbauwald in der ganzen Gemeinde! Der beste, sage ich, der beste! Und wenn ich meine Zunge mit der Wäsche wüsche! Ich rede nicht von meinem eigenen Vaarniemi, sondern von deinem Vaarniemi, von Lahdenperäs Vaarniemi, von deinem Wald, verdammt, rede ich, so wahr ich ihn lobe! Der beste, sage ich auch noch beim Jüngsten Gericht und wenn ich am Galgen baumele! Bergkiefer, Holz, so hart wie der Kieferknochen des Teufels und die Klinge der singenden Axt! Spantenholz wie Sündenbalken an den Wandrahmen der Hölle: Die würden auch nach fünfzig Jahren Einweichen noch Harz aus den geteerten Flanken schwitzen, selbst wenn sie keinen Hauch von Teer mehr abbekämen, außer wenn der Kapitän einen Klumpen Tabaksspucke durch die Ladeluke klatscht! Und Stangen in den Niederungen und an nützlichen Stellen: die gestreckten Stiele so klafterwerstlang, dass sogar die Krähe auf halbem Weg faul wird und im Flug mit steifem Nacken den grauen Stamm hinaufspäht, ob an diesem Stummel oben wohl das Wipfelbüschel vergessen worden und die ganze Etappe ohne Herberge und Schlafbank ist, weil man keinen Sitzast rauschen hört und kein Nadelholzhafen mit schwankenden Ruten einen Krächzplatz und biegsame Schlummerquasten bietet! Ich kenne den Wald von Vaarniemi: Sein Harz duftet in meinen Nasenlöchern, und meine Vorstellung schärft die Schneide der Axt! Drei Briggs, prächtige Briggs könntest du aus deinem Wald bauen, Lahdenperä! Drei, verdammt!« Pukkila stieg der Eifer in die Haare, seine eigenen Worte erhitzten ihn, und er redete bereits umfassender, vergaß darüber auch Lahdenperä und sprach zum ganzen Saal, war Feuer und Flamme an den Schößen und redete zu allen. »Drei prächtige Briggs, drei prächtige Briggs für die Gemeinde!«, wiederholte er und breitete die Arme aus: Härkäniemi wurde überzeugt, er saß am nächsten, wenn er auch das eine Auge geschlossen hielt! Langholma wurde überzeugt, er saß im Schaukelstuhl und war der Wichtigste, wenngleich der Schwierigste! Auch Krookla erhaschte der Augenwinkel am selben Fanggrund: Hölzer passen wie Fische ins Netz, kommen aber ohne zu zappeln an Land! Fast kam seine Stimme bei dem Trab nicht mit, weil der Verstand mit Wollmähne dahinsauste und das Wort vierbeinig galoppierte. »Drei Brigg-Briggschiffe vom Kiel bis zu den Toppen und vom Belegnagelkopf bis zum Großmastfuß!«, verkündete er und ritt weiter großspurig auf dem Thema von eben weiter, weil man in voller Fahrt nicht die Pferde wechseln kann, sondern schweißverschuppt an dem zerrt, was man gerade am Zügel hat! »Drei prächtige Briggs, Schiffe wie Adventsweisen und die Verse eines Weihnachtslieds, wie die Seeschwalbe überm Wasser und die Lerchenflügel in den Lüften!«, sang er und brachte er in Wortform hervor wie das Schlagen des Schwengels Laute aus allen vier Himmelstoren des Glockenstapels. »Ein Haus, auch ein besseres, ist für sich allein nur ein Haus, aber eine Ansammlung von drei Häusern ist schon ein Bezirk und ein ganzes Dorf!«, sagte er und war weise und breitete die Arme zur Westseite des Saales hin aus. »Warum soll eine Bark nicht auch ein schwimmendes Schiff sein, aber drei sind meines Wissens immer noch mehr, und drei Briggs im Gänsemarsch an der Mündung der heimischen Bucht sind im Frühling um zwei Kähne stattlicher und im Herbst um zwei Frachtverteilungen reicher als ein armseliges einziges, auch wenn dieses eine auf seinen Fahrten ein Barkrigg mit sich herumschleppt und an Masten einen zu viel hat und mehr, als Holz da war, um es quer als Rahen aufzuhängen!«, stellte Pukkila fest und beteuerte er gegenüber denjenigen, die an der Ostwand saßen, dass der Bart bebte. »An Masten einer zu viel und mehr, als dass das Material für die Rahhölzer der Senkrechtstange am Schwanzsteven gereicht hätte!«, sagte er noch einmal, verbesserte noch seine Süßigkeit von eben und drehte sich im Ring, dass die Rockschöße kaum mitkamen beim Sausen von links nach rechts und beim Schwung von rechts nach links. »Man darf so einen Wald nicht für eine Bark vergeuden, da werden die besten Bäume weggeschnappt, sollen wir unsere Briggs dann aus Würstchenspießen bauen?«, sagte er und spießte mit dem Auge den unschuldigen Krookla so spitz auf, als wäre dieser ein Wahnsinniger und Waldschänder, obwohl er bekanntermaßen so geizig mit seinen Bäumen und seinen wolfswerstweiten Wäldern war, dass die Nachbarn jahrelang vor Gericht rennen mussten, ehe Krookla auch nur einen Stecken für die morschen Grenzzäune herausrückte! »Ein Wald, den man im Nachhinein betrachten kann wie ein von der Klinge des Rasiermessers gekratztes kahles Kinn!«, warnte er und klopfte er auch Nordberg ans Gewissen, weil dieser ihm zufällig gegenübersaß, genau an der Stelle der Türwand und des Rings der Sitzenden, die Pukkilas Augen der Reihe nach durchbohrten, nachdem sie von Krookla abgelassen hatten, weil der Nächste überzeugt werden musste: »Mit der Kneifzange müssen noch die letzten Reisigbüschel samt Wurzeln und selbst die totesten Schwarzspechtföhren mit Stumpf und Stiel aus der Erde gerissen werden, bevor an einer Bark jede Leiste verdübelt ist und auch das letzte Deckbrett auf der Sägebank liegt!«, wurde dem Fischkapitän düster erklärt, auf dessen heimischer Insel ein winziger Wacholder im Schutz einer Felsenflanke das einzige Baumschösslingsartige war, das sich in die Senkrechte wagte, und der sich bei Pukkilas Worten zunächst abschätzig das Kinn an den glatten Sündenstellen gerieben hatte, an denen frische Spuren anzeigten, dass zu Ehren dieses Tages wegen der Leute und weil man in die Gesellschaft der Großen geriet, versucht worden war, die ärgsten Verbuschungen und den Bartwuchs von einem Monat seit der Fahrt nach Stockholm abzuschuppen.

Aber was sich mit Nordberg aufhalten und mit der Frage, ob sein Kinn glatt wie ein Mäuseschwanz oder borstig wie ein Eberrücken war, jetzt hieß es, schnell mit den Krallen zu sein und mit den Augen auf vier Pfoten zu springen, was der Zeh an Erde hinter sich ließ! Langholma schaukelte in seinem Schaukelstuhl hin und her: Wenn dort der Glaube schwankt, dann schwankt der Glaube im ganzen Saal, verdammt! Kein Augenzwinkern mehr an Unnötiges vergeuden, nicht einmal für die Dauer des Schwanzschlags eines Ukeleis zur Seite gucken, auch wenn auf beiden Seiten klafterweise Wand vorhanden ist und dutzendweise Bärte wie Männer bei müßiger Beschäftigung auf der linken wie auf der rechten Warte sitzen; nein, geradewegs wie ein Pfeil vom gespannten Bogen auf ein Stück Fell und wie der Luchs beim Sprung an die Kehle des Widders schoss Pukkilas Augenpaar und hinter diesem her der ganze Mann schnurstracks dorthin, wohin er die ganze Zeit schon unterwegs und im Flug gewesen war, und Langholma in der Ruhe seines Schaukelstuhls und der Gelassenheit des Wippens hatte unerwartet und mit einem Wusch zwei Viertelellen vorm Gesicht einen unbändig wedelnden Bart der Überzeugung sowie ein Paar glühende Kohlen statt blinzelndem Augenpaar eines Menschen vor sich, welches mit der drängenden Dornspitze der Wirklichkeit und den Rindenflammen der Wahrheit so dicht vor seinen Augenbrauen Funken sprühte, dass er befürchten musste, die sprühenden Quasten würden ihm das Werg versengen! »Der Floh ist flohbeinig, aber der Ochse geht auf Ochsenhufen! Hast du daran gedacht, dass auch eine Bark, ein Barkschiff, aus Holz geschnitzt wird, aus Kiefernholz, und dass man als Mühlenachse im Wald ein Hölzchen von anderer Stärke fällt als die Schösslingsrute, die man als Henkel für den Garteneimer braucht? Warum sollte in der Gemeinde nicht die Axt geschwenkt werden, warum nicht, sage ich, und warum auf den Waldwersten keine Klafterschlanken von den Stümpfen kippen, wenn der Männerrücken ausholt und das Ärmelpaar samt den Schultern schuftet, aber, verdammt, hast du, Mannsbursche, das Herz, mit erhobenem Finger und heiler Gewissenshaut die Harzstümpfe auf der Rodung und die Schlachtzahl der Teerklötze auf den Heidelichtungen zu zählen, nachdem die Axt ihre Aufgabe im Ödwald verrichtet hat und der Uhu im Schlag klafterweise neue Stubben zum Sitzen hat?« Pukkila hatte sich so in Rage geredet, dass sogar in seinen Fingerspitzen die Beteuerung zitterte und seine Stimme tränendurchwirkt wimmerte! Das Elend war wahrhaft und lag offen zutage: Musste man dem Mistkerl von Alastalo, ausgerechnet Herman Alastalo, erlauben, im Namen seiner Bark den besten Schiffsbauwald in der Gemeinde zu schröpfen, bis er unbrauchbar war? »Eine Bark hat drei Toppen, nur drei Toppen, sage ich, drei aufrechte Toppen, drei Toppstangen als stehende Masten, drei, so wie die drei Finger an meiner Hand, wenn ich den kleinen Finger unterm Daumen verstecke: eins, zwei, drei! Wenn man es an der Hand des Mannes mit der Zeigefingerspitze der anderen Hand abzählt! Eins, zwei, drei!«, zählte Pukkila ein weiteres Mal zur Sicherheit und ließ nach der Rechnung zur Augenklärung des Ganzen drei Fingerspitzen in die Höhe schnellen. So sehr auf der Siegerstraße fühlte sich Pukkila bei der Entwicklung seines Zeugnisses, dass er gar nicht mehr zu Langholma allein sprach: Der ganze Saal sollte es hören und durfte lauschen, wie die Wahrheit in die

Handfläche gehämmert wurde, in die eigene zurückprallende Hand! »Geht es etwa an und wackelt beim Welpen der Vernunft auch nur ein blödes Büschel von Stummelschwanz, geschweige denn, dass die feine Spitze des Riechhaars an der Schnauze am Schnupperwerk wäre, wenn die Männer der Gemeinde ihren Schädel unter die Achsel schieben und kopflos, aber mit verschwitzten Haaren und flatternder Zunge losrennen und wüten wie die Wahnsinnigen und ihren Wald fällen, was die Axt hergibt, und vom Widerhall der Ostgrenze bis zu den Entblößungen am Westzaun Bäume umlegen, und zwar allein zu dem Zweck und Fett des Nächsten, dass einer, der ein bisschen dicker ist, einen Stumpf mehr stehen und auf seiner Kielzeichnung einen Mastast mehr im Stangenloch stecken hat?«, sagte Pukkila mit wehendem Bart und warf nach einer Runde über die vollen Fanggründe auch noch einen Blick auf Langholma, als würde er einen Zeugen fordern und Eidbestätiger suchen. »Aufs Feld soll man gehen!«, ereiferte er sich, »aufs Feld soll man gehen, und die Flur soll man mähen, wenn das Korn gereift und gelb das Stroh ist, und die Schafe soll man scheren, wenn die Herde Wolle angesetzt und die Lämmer Haare haben, aber ein Wald ist kein Acker, auf dem man das dieses Jahr Gesäte nächstes Jahr schneidet, und ein wanddichter Föhrenbestand auf der Waldheide kein Wollflor auf der Flanke eines Widderschafs, der vom Frühjahrshunger abgeriffelt schon auf der Sommerweide wieder in voller Dichte wuchert, vielmehr sind Föhrensaat und Nadelflaum ein Erntegut und Scherfutter, das der Enkelsohn, ohne dass sich daran vergriffen worden wäre, vom alten Großvater geerbt hat und das aufrecht stehend und aufgespart mit gleichmäßig hohen Wipfeln dem Hause Reichtum und der Sippe Wohlstand auch noch in jenen Zeiten garantiert, in denen das Wiegenkind des Enkelsohns als Hofherr wirkt, das jedoch, wenn man es fällt und zu Boden reißt, nur vermorschende

Stümpfe auf der nackten Heide hinterlässt, es sei denn, dass schon der Schössling zum Staken heranwächst, den sich der Verschwender zum Gehstock biegt, wenn er als Mann ohne alles und Habenichts die ererbte Scholle verlässt!«

Ohne es zu merken, hatte sich Pukkila aus reiner Haarentflammungsbegeisterung und vor lauter Lodern zu größeren Tönen und prächtigeren Redebögen aufgeschwungen, als beabsichtigt und nötig gewesen wäre. Mist aber auch!, dachte er für einen Augenblick, ehe er fortfuhr und seine Gedankenfäden wieder in Ordnung brachte. Auch Langholma, was immer er von sich glauben mag, sitzt mitsamt seinem Kinn wie ein solcher Landgraf im Schaukelstuhl, dass man sich der Wahrhaftigkeit wegen und um der Fasson willen selbst über seine Worte hinaus ins Zeug legen und die Angelschnur der Vernunft in einem so weiten Bogen auswerfen muss, dass man beim Schleudern mit den Knöcheln ins Wackeln gerät und einem die Füße in den großen Stiefeln schmal vorkommen!, grämte er sich ernsthaft und besann sich, was er, verflixt, eigentlich hatte sagen wollen, bevor er sich verirrte und auf den Spuren von Langholmas Vernunftkufen im Lirumlarum verlief! »Was habe ich nicht immer schon gesagt!«, korrigierte er sich also, sobald er seine Gedanken wieder am Schwanz gepackt hatte und der Saal seine Gemeinde war. »Wird hier in der Gemeinde also mit der Kneifzange in den Wald gezogen, um aus den Bülten Moosgras als Baumaterial für Alastalos Bark zu zupfen, wenn es für die Axtklinge nicht genügend Baum zum Beißen gibt?« Pukkilas Augen hatten inzwischen Lahdenperä gesucht und sich als denjenigen auf dem Sofa herausgepickt, dem noch ein Schlag und ein Gnadenstoß als Stich ins Herz versetzt werden musste! »Verdammt, eher lasse ich einen Luchs mit seinen Krallen in mein Schafgehege und am Schlachttag als Fellabzieher in den Viehstall, als den Beauftragten von Herman Mattsson und

Mann für die Balkenlage der Bark mit der Axt unterm Arm in meinen Wald und an die Stangenkiefern heran, damit er an die Baumstämme klopft!« Pukkila war bereits wie ein Eichhörnchen wieder vor Lahdenperä und den Blinzelaugen des ehrlichen Schöffen. »Nimm einen hohen Preis, einen hohen Preis für deinen Wald, wenn du schon so verrückt bist und ihn verkaufst! Keinen Stecken kann man sich mehr aus Vaarniemi holen, keinen Stecken mehr, um die Kaffeekanne zum Kochen zu bringen, aus deinem Vaarniemi, wenn das letzte Hölzchen zum Dübel geschnitzt worden ist und Alastalo als Barkkapitän auf deinen Brettern keucht! Einen hohen Preis, einen hohen Preis!, sage ich, obwohl ich dein Nachbar bin und der Wald auf der anderen Seite des Zauns umfangreicher ist, auf meiner Seite, umfangreicher ist er in Pukkilas Vaarniemi, sage ich, weil es die Wahrheit ist und man nicht darum herumkommt, auch wenn ich deswegen nicht anfange zu streiten und unnötig zu lamentieren! Einen hohen Preis, sage ich, wenn du so verrückt bist, sage ich, und verkaufst, sage ich, deinen Wald an Herman Alastalo verkaufst!«, sprach Pukkila und wiederholte die Wörter, weil eine Zunge im Mundverschlag vom Verstand zum Kreiseln gebracht wird wie das Eichhörnchen im Käfig vom Rädchen: Da wird nicht geschaut, welcher Zeh welche Sprosse erwischt, solange die Pfote bei der Fahrt hinterherkommmt, die Kralle im kreisenden Wirbel wetzt und das ganze Rund rattert unter den schleunigen Sprüngen. »Ein Preis, dass es dich selber umhaut, falls du auf deinen Hachsen stehst, wenn du die Zahl herauslässt!«, sagte er, und der ganze Mann war mit dem Klafter seiner Gestalt und dem einen Zoll darüber, von der Spannung der geknickten Knie über die Rückenlinie bis zur Schulterschräge und von den schlenkernden Armen bis zu den schlagenden Daumen, ein einziger gespannter Flitzebogen und eine schlimme Schleuder, selbst im Flattern der Augen noch und in der tausendfeurigen Schelte der Augenbrauen durch und durch der Teufel von Pukkila!

»Setz dich auf dein Hinterteil und auf deinen Grund und Boden, bevor du etwas sagst, damit du fest verankert bist, wenn du es krachen lässt!«, riet er noch und setzte seine Leier fort, nun aber bereits mit matterer Stimme und sich legender Glaubensmähne, denn sein Auge war inmitten des Aufbrausens versehentlich zur Seite ausgewichen, hatte aus purer Schwäche zum Tisch hin und auf Alastalo geblickt: So ein Mist, hingeschaut zu haben! War Mattsson in seiner Üppigkeit tatsächlich so breit, wenn er die Front beim Manöver drehte, sodass man ihn direkt und in vollem Brustumfang vor sich hatte? Pukkila war in der ersten Verblüffung etwas zusammengefahren, ja ungehalten geworden: Gehörte sich das, und war es der Nase des Hausherren gemäß, dass man mitten im Schreiben und Tun Eenokki am Tisch beim Unterzeichnen allein ließ und selbst im Saal herumzickzackelte und mit seinen beiden großen Ohrkeschern einsammelte, was die Gäste und Nachbarn in gutem Glauben und Vertrauen untereinander redeten und hinsichtlich der Angelegenheit berieten? Das war ärgerlich, aber am Herzen fing auch der Wurm des Unglaubens zu nagen an, und auf der Höhe der Brusttasche brannte es im Innern. Ein stattlicher Mann ist dieser Herman, was die Bauchseite betrifft, und er hat jedes meiner verflixten Worte mit seiner Ohrmuschel aufgenommen!, gab Pukkila als unausweichliche Wahrheit zu und hatte eine Weile zu schlucken, als ob er Eisen in der Kehle hätte. Und er wird sein Aas von Bark zustande bringen, selbst wenn meine Zunge wie ein Cherub kräht und mir Honig aus Kanaan aus dem Bart trieft!, trieb er sich den Bohrer der Wahrheit immer tiefer ins Gemüt. Das geschäftige Auge kehrte noch einmal zu Lahdenperä zurück: Der saß auf dem Sofa wie ein gut genährter Frosch am Grabenrand, zufrieden quakend, oder wie ein trächtigvoller Teigzuber in der Stubenecke, bei dem es dick aus dem Trichter quillt! Versetze einem pummeligen Roggensack oder einem baumelnden Klumpen von Schinken einen Tritt und warte, bis der Speck wispert und der Brot-Stoff im Amt der Hungertrommel und als Kantor einer Kümmergemeinde dröhnt, und stecke das Stöckchen des Zweifels, die Maische der Weisheit in den Schädel und Denkrogen eines Mannes, dessen Kopf seit jeher in voller Stübchenbreite so voller Dummheit ist wie ein Kohlkopf voller krummer Blätter und so vollgestopft mit der Einfachheit des Glaubens und der Größe der Erwartung wie eine gefüllte Wurst mit Hinterlassenschaften aus dem Trog! So grämte Pukkila sich und fing durch Lahdenperäs Anstalten auch schon an, sich selbst und seine vergeblichen Mühen und die Vergeudung von Zungensprache in schlechtem Licht zu sehen. Säuerlich wandte sich sein mattes Auge ab und musterte mit Missgeschmack der Reihe nach jeden einzelnen Gideon und ernsten Israeliten auf den Stühlen entlang der gesamten Wandlänge: jeder Bock und Sünder artig wie Flachsgarben, die zum Trocknen überm Staketenzaun hängen! Selbst Nordbergs Visage, dieses verstockte Sündenbild des Fischskippers: fromm wie williges plattes Sohlenleder unterm Hammer auf dem Kniebrett des Schusters, wie der wettergegerbte Mann da brav auf der Vorderkante seines Stuhles sitzt – weiter nach hinten und robuster wagt sich unter den Großen und in den großen Sälen ein Mann nicht hinzusetzen, der unter der Flagge des Heringsfängers fährt! –, leicht und mit der Hälfte seines Gewichts auf den Vorderbeinen des Stuhls dasitzt und mit der Mütze in der Pranke wartet, bis er an die Reihe kommt, bis genickt wird und Alastalo ein Zeichen gibt, und er seine Mütze auf den Boden legen, sich kurz die Schlacke aus der Kehle hüsteln und artig zum Tisch gehen und den Stift nehmen und führen darf! Und der Bugspriet an der Vorderspitze von Krooklas Gesichtsrigg?

Ist da das Schnapslicht mit seinem Rotsignal gegen die Lampe des Glaubens ausgetauscht worden, so fromm, wie da mit den beiden Grünschielern rechts und links des Nasensparrens aus der Kachelofenecke heraus darauf gespitzt wird, wann man an die Reihe kommt und ob Alastalo bald einfällt und kapiert, wer vom Rang und von der Ordnung her als Nächstes dran ist, falls er es nicht schon längst gewesen wäre, noch vor Eenokki und dem Vieh von Karjamaa? Und Sundqvists schmale Trockenbrotvisage, dieses nach Prisen berechnete Halbgesicht eines armen Kerls, in dessen Gewirke kaum Platz für den Knochen des Nasenrückens ist, so scharf, wie es an den Seiten, und so dünn, wie es an den Längsleisten gebeilt ist, aber die Augen sind schon allein aus Barmherzigkeit an ihrem Platz und wie durch ein Wunder auch die Backenkanten mit im Entwurf: Doch Kapitän muss man sein, und die Augen müssen wachsam bleiben, wenn man bei den Mächtigeren an den Warpleinen steht, auch wenn man winzig ist, arm in der Tasche und die Gefahr besteht, dass der ganze Mann urplötzlich bis über die Ohren in den gestärkten Kragen seines Sonntagsstaats rutscht und verschwindet!

Ob er nach links schielte oder nach rechts schaute, an den Wandwersten im Saal hatte Pukkila nichts vor Augen als Schmerz im Herzen und eine stumpfe oder feinspitzige Nase neben der anderen, mal aufgrund der Aufragung und vor Dummheit höher gereckt, mal aus Vorsicht und Wohlweislichkeit mehr gesenkt, aber ein jeder am Schnüffeln, am Wittern, am Riechen! Der Glaube sitzt beim Menschen in der Kinnspitze und nicht in den Haarwurzeln, und Pukkila musste, soweit er das Lesen auf den ersten Blick beherrschte und das Auge in alle Richtungen schweifen ließ, rechts und links von sich an der klaren Schrift von zehn einmütigen kernigen Kinnen ablesen, dass es der Mundvergeudung gleichkommt, wenn man in der Gemeinde im Choral fortfährt, nachdem die anderen schon das Gesangbuch zugeschlagen haben, und dass es für die Maus ein verspätetes Vergnügen ist, wenn sie mit zerbissenem Kopf im Rachen der Katze gähnt. So wie Jakob inmitten seiner zehn Söhne und Wolfswelpen in Sichem, vergebens quetschte er die Halunken mit den angelegten Ohren aus, als er sie befragte und an den ausweichenden Augen ablas, wovon die verstockten Münder keinen Mucks verrieten und kein Zahn etwas zeterte: Vergebens schlug er die Rindenhülle vom Stein und die Krume des Wissens über Josef und den Zaster Ägyptens!, bemitleidete Pukkila sich selbst und führte das Auge wie ein hoffnungsloser Feueranzünder, der mit der brennenden Borke übers feuchte Verstandesholz fährt. Die Fliege am Klebepapier und ein Schwarm von Männern an der Geldangel: Niemand der beiden zuckt, die Fliege nicht mit dem Flügel, der Männerhaufen nicht mit den Schenkeln des Verstands, selbst wenn die bessere Hälfte am Saum der Lüfte lockte oder gar Salomo auf Sabas Harfe Weisheit wisperte!, dachte er und verwünschte die Dummheit in der Pechbrühe der dummen Köpfe, die dicker war als eine Verknotung von einem Drei-Zoll-Steifseil zwischen den Fingern. Wenn einem bei so etwas nicht die Laune vergeht und das Blut in Form von rostigen Schillingsmünzen in den Adern zirkuliert, dann bin ich ein Fisch und stecke in der Haut von Eenokki Karjamaa!, erzürnte er sich, weil er auch noch seine Augen quälen und artig zuschauen musste, wie die Schultern bei der Arbeit sind und der Rücken tätig, während der Landmann auf dem Papier zugange ist; Eenokki führt den Stift und schwitzt inbrünstig am Tisch beim Ringen mit dem Namen und Beschriften der Barkurkunde! Du als Sekretär und der Frosch im Putz der Mamsell!, dachte Pukkila, weil ihm über seinen Nächsten und Gläubiger nichts Freundlicheres einfiel. Ist der halbe Streifen endlich gepflügt, damit wir bis zum Abend ans Ende der Furche kommen?, fügte er seinem Herzpochen an Lauge hinzu, weil es sich nicht gehörte, seinen Ärger öffentlich herauszulassen. Alastalo hätte seinen Reedern wenigstens beibringen können, innerhalb von einer Woche den eigenen Namen zu schreiben, damit die anderen im Saal nicht wie das Kartoffelkraut am Zaun eines faulen Hofes monatelang warten müssen, bis sie an die Reihe kommen!, bedachte er auch Alastalo noch mit etwas Saftigem, bevor sein Herz endgültig reif war und das Auge mit einem Sprung wieder dort, wohin es in seinem Bogen auf dem Weg war.

Auf Alastalo wurde nun geschaut, allein aus Bosheit wurde dem Mistkerl über den dicken Bauch hinweg auf die Scheiben geschaut, auch wenn fürs erste bisschen noch der Mund zurückgehalten wurde, bevor er überging, und das Gemüt in Zaum und Zügel noch, bevor der Schwarze auf den Weg gelassen wurde, um die Hufe sausen und die Kummetglöckchen wackeln zu lassen. »Hast du den Eenokki an den Tisch gebeten, damit er die Barkpläne verbessert, weil es Tagwerke lang dauert, dass es einem um den Hosenboden leidtut, wenn man an die Stuhlabwetzung denkt?«, wurde dann also für den Anfang im Zaum eines versöhnlichen Tons und mit der frommen Schlangenzunge der Freundschaft gefragt; aber dann war es mit dem Halten der Riemen vorbei, und der Verstand machte sich als Zweierpaar auf die Beine, dass es die Mähnenhaare gerade noch im Nacken hielt. Der Teufel ist nicht schneller auf dem Markt zur Stelle, wenn der Fromme ein listiges Geschäft mit dem noch frommeren Pferdedieb abschließt, und der Habicht am Himmelszelt nicht mit stürmischeren Flügelschlägen im Genick des Huhns auf dem Sand des Hofgevierts, wenn der hungrige Klauenjäger am Mittag über dem Dorf die leeren Höfe ausspäht und aus dem Schatten des Schuppens und unter den Speichergebäuden heraus schließlich der Gelbfuß mit seinem Kamm und seinen gewitzten Zehen in freie Gefilde tritt; der Teufel ist nicht listiger und der Habicht nicht schleuniger, als der Funken sprühende Pukkila jetzt vor Alastalo ist, mit überlaufendem Herzen im zerzausten Bart und mit Wortgekeuch im schnaufenden Atem. Fährt man in vollem Tempo, schaut man nicht auf die Straße, sondern auf die Meilensteine am Rand; und man wählt seine Gedanken nicht, wenn man im zweipaarigen Galopp spricht und einem der Kopf schwirrt. »Wenn ich Lahdenperä wäre, würde ich dich nicht in meinen Wald lassen, nein, selbst wenn du am Gattertor einen Bückling machen und mir deine Tochter als Schwiegertochter versprechen würdest!«, schnaufte Pukkila schwer vor Alastalo: Ein Mann reibt sich beim Fluchen blindlings den Zeh, mit dem er beim Stolpern schlimmstens gegen den spitzen Stein gestoßen ist! »Mir deine Tochter als Schwiegertochter versprechen würdest!«, wiederholte er, da er einmal in Fahrt war und auf die Schnelle keine Luft für neue Wörter schöpfen konnte.

Das sorgte für ein Beben im Saal. Für einen donnergleichen Schlag. Sogar Eenokki, der von seinem Blut her ein gelassener Mann war und nicht so leicht mit den Wimpern zuckte und überdies gerade mit einer wichtigen Tätigkeit beschäftigt, drehte den Nacken und blickte über die Schulter hinweg lange hinter sich und auf Pukkila, wobei er nach seiner Tasche tastete, ob die Pfeife noch da war, falls sie für die Kinnlade und fürs Zuhören benötigt würde! Das Entsetzen war denn auch ein allgemeines im Saal, und nach dem ersten Knall hätte sich eine Maus am Eingang ihres Lochs täuschen und es wagen können, aus der Ecke mitten in den Raum zu huschen, denn so still und atemlos war es innerhalb der vier Wände und in der Männerschar in dem Moment, der nun folgte. Härkäniemi hatte am Rand des Sofas gesessen und sich mit seinen Gedanken in einem Umgang befunden, bei dem einem Menschen, zwischen Schmauchzügen und im Wohlgefühl eingelullt, in guter Gesellschaft durchaus einmal kurz die Augen zufallen können, wenn er kein anderes Amt zu verrichten hat; so lange, wie das Kinn braucht, um bei nachgebendem Genick und knisterndem Bart gemächlich und in aller Unschuld aus der aktiven Aufrichtung auf die Bänke der Brust zu sinken, er war also ein wollüstiges Stück auf den einschläfernden, schaukelnden Knien des Einnickens gewandert, bis er nun schlagartig senkrechtwach sein und vor dem Reiben der Augen klären musste, ob er noch bei halbem Bewusstsein an seinen Träumen femelte oder ob Pukkila am helllichten Tag und mitten im Raum ganz und gar verrückt geworden war! Lahdenperä wiederum war in diesem Moment absolut wach und auf der Hut: Eine Person, zumal eine männliche, die gerade und nach hoffnungslosen Versuchen und kleinen Vorgebeten die verflixte Fadenspitze samt ihren Fasern endlich im Griff und an der Nadel hat und dabei auch schon die Öse anpeilt, eine solche Person befällt mitten in der verflixtesten und besten Berührungsspannung nicht die Krankheit des Einnickens, und sie lässt an ihren Augenlidern keine Spinnenfallen wachsen; und auch er, Lahdenperä, der er nach zehn Jahren Feilschen und Nachbarschaftsschnack endlich und gerade in diesem Augenblick dabei ist, wenn es ernst wird und im Saal sich das Geschäft vollzieht, und er im Sonntagsstaat, als Grogkamerad den Großen gleich, vom hinteren Sofa aus zusieht, wie gemächlich und mit per Faust gedrückter Schrift öffentlich und vor seinen Augen auf dem Tisch ein Vertrag entsteht, durch dessen Kraft das lose Kinn des Schöffen zum dicken Scharnier in der Gemeinde anschwellen wird und sich die dünnen Nadelflechten und armen Tannenspitzen in den Hungerecken des eigenen Waldes in harte Münzen in der Geldbörse und raschelnde Scheine in der ausgebeulten Brusttasche verwandelten – auch er muss sich keine Schlafhölzchen aus den Wimpern reiben und sich zwicken, um wach zu bleiben; aber dann, mitten bei jenem wichtigen Einziehen der Hechtangelschnur und des Sich-Hütens vor den Schwanzschlägen der liespfundschweren Bestie, erschrak auch Lahdenperä angesichts des Ausbruchs schwer und richtete in Blitzverdutzung die Augen von den langsamen Mühen von Eenokkis Feder auf Pukkilas scheltenden Bart: Wird man am Ende noch gar als Zeuge vor Gericht rennen müssen!, dachte er lang und weit voraus und spitzte die Hörhärchen, weil er Schöffe war und das Ohr der Krone!

Auch Langholma hatte sich gestreckt und saß mit steifem Nacken wie eine Kerze im Schaukelstuhl, die Augen auf Pukkila gerichtet wie Mose die seinen pfeilgerade auf Arons Kalb: Das fehlte noch, dass man einem sein Ohr leihen muss, der mitten am helllichten Tag und in vernünftiger Gesellschaft sich unter den anderen geistig splitternackt auszieht und Gewäsch solchen Geruchs herauslässt, dass nicht einmal einer, der auf dem Pott sitzt, es wagte, sich zu ihm als seinem eigenen zu bekennen! Unter Menschen und in Gesellschaft hat man sich anständig aufzuführen und die Säume des Gemüts samt Weste wohlweislich zugeknöpft und geschlossen zu halten, damit Haut und Brusthaare nicht hervorscheinen und ein jeder sie betrachten kann!, dachte Efram Langholma und schämte sich.

Auch Pukkila selbst zog die Ohren ein, nachdem das Wort aus dem Gatter entwichen war, das Wortfohlen, das Mistding, das Hengstfohlen geradezu! Es war entwischt, das Mistvieh! Aus den Fingern geschlüpft wie der Ladestock aus der Mündung des Laufs, wenn der Abzug Zicken macht und der Zunder mitten beim Stopfen loskracht!, dachte er zunächst aus dem Stegreif und befühlte die Schläfenhaare, als befürchtete er, die Büschel könnten angesengt sein. Ein Wort ist ein Wesen, das man, auch wenn man schnell ist, nicht mehr am Schwanz erwischt, ganz gleich, wie sehr man sich bemüht, wenn es erst einmal aus dem Zahngehege heraus und mit seinen Pfoten in Fuchsgeschäften und Werstgewiesel unterwegs ist; und so gab es auch für Pukkila nach dem Knall von eben nichts weiter zu tun, als zu schnuppern, wie Schwarzpulver riecht, wenn es in den Nasenlöchern brennt. Es hätte bis zur Heimfahrt ungesagt geblieben und hinterm Zahnfleisch bleiben und erst im Boot an Evald gerichtet werden sollen!, gestand er ein und tadelte sich schwer und ehrlich. Dass man aber auch so etwas am Körper haben muss, so ein zungengroßes Stück als kleines Ding im Mund, und dass dieses Ding den Mann nach seiner Pfeife tanzen lässt und nicht umgekehrt!, lamentierte er, als seine Gedanken nach dem Missgeschick wieder nüchtern und klar waren. Bisweilen wäre es besser, wenn der Mund, sobald man das Haus verlässt, zugeschnürt und die Schnüre verknotet wären!, schimpfte er zur Mahnung und Nachlektion auf sich selbst, weil man sich nun trotz allem ermannen und das Auge nach und nach unweigerlich und vorsichtig wieder dorthin richten musste, von wo es nach dem ersten Aufprall in aller Schwäche geflohen war und wo nach frischer Erkenntnis Alastalo als Verdecker von Eenokkis Rücken am Tisch stand, so ausladend und westenbreit, wie nur ein Mann vom Brustumfang Alastalos in seinem eigenen Saal und auf seinem eigenen Fußboden von Angesicht zu Angesicht demjenigen gegenüberstehen kann, der als Hahnenküken und Elsternknirps gerade zur Hüpfpolka aufgeflattert ist, um ihm in den Kinnbart zu fliegen. So dauerte es auch ein Weilchen, bis das Auge vom Westentuch und dem Zählen der beinernen Knöpfe so weit gekommen war, dass die Signale des Leuchtturms sich zeigten und das Antlitz des Mannes ins Visier kam: die Kinnspitze zuerst und danach das restliche Knochengebäude seines Gesichts.

Alastalos Kinn war in diesem Moment auch ein ansehnliches Stückchen und selbst für ein kaltblütigeres Augenpaar gefährlich anzuschauen, als es Pukkilas Gucker in dieser Minute und bei dem augenblicklichen Lavierungsmanöver gewesen sein mochten. Ein gewandter Mann war Alastalo unter normalen Umständen und mit den Kinnladen stets zu verträglichem Plaudern bereit, ein Möbel mit artigem Bart und gleitenden Scharnieren, aber auch aus einem glatten Hobelbrett und der besten Spachtelung kann ein Splitter gerissen werden, und auch das geschmierte Scharnier kann durchaus grässlich klaffen, wenn es so weit kommt, dass man die Gelenke mit zu starkem und ungeschicktem Biegen hebelt, und jetzt war Alastalos Unterkiefer das kleine bisschen und Zehntelzoll über seine übliche Position hinausgerückt, und man musste kein Windriecher und Wetterprophet sein und auch nicht nach den Nasengläsern in der Tasche tasten, um die Schrift zu entziffern und an der Bewölkung zu erkennen, dass hier ein Mann erzürnt war und bei ihm die Kiefermuskeln arbeiteten, als gälte es, zwischen den Backenzähnen einen Stein zu Mehl zu mahlen.

»Wann habe ich je meine Tochter feilgeboten und irgendjemandem als Schwiegertochter aufgedrängt, obwohl gewisse Leute hier im Haus umherstreunen wie die Kater!«, entlud sich der erste Ärger aus der Herzensgalle, und zur seeseitigen Wand bohrte sich seitlich hingeschleudert und wie mitten ins Ziel geschossen der Blick direkt auf die Stelle, wo zu seinem Unglück der volle drei Ellen und noch mehr messende Evald saß, Pukkilas Sohn im heiratsfähigen Alter, ein in diesem Interimsgericht freilich verhältnismäßig unbescholtener Mann mit schuldlosem Schnurrbart. Alastalo wusste sich jedoch auch im wütenden Zustand und mit heißroten Verstandesmuscheln so weit zu beherrschen, dass er eine Auswahl treffen konnte, wem er einheizen wollte: Die Ahlen hebt man sich für dann auf, wenn der Schuster selbst versohlt werden soll, und das Haar des Vaters wird nicht dadurch sauber, dass man seinem Sohn die Mähne seift! Auch auf die Schlange muss man schließlich dort einprügeln, wo die Zähne zischeln, und nicht am Schwanz, und es war Vater Pukkila, der jetzt seinen Anteil brauchte, und nicht der Sohn und ungesaunte Evald! »Du hast Augen wie Regenwürmer im Kopf, sobald ein Bild von einem Mädchen zwischen den Türpfosten erscheint; wie der Stecken in der Leimdose und der Safran in der Semmel sitzt der Mann auf seinem Stuhl, wenn die Tochter durch den Saal tanzt und die Erbin serviert, mit Schmelz im Gesicht wie eine Butterbütte in der Sonne und mit Zuckererbsen auf der Zungenglätte, weil die Bachstelze endlich vor der gestellten Falle steht, die Grasmücke von Schwiegertochter mit ihrem Tablett am gespannten Faden und der Papa bei der Schlinge im Zwirn des Sohnes: ›Schaue ich hin oder schaue ich weg, weil du so strahlst, dass das Auge ausweicht und die Pupillen ins Schlittern kommen‹, schnurrt bei dir das Schmeichellied, schon bevor die Holde angetrippelt kommt und mit geneigtem Tablett vor dir steht. ›Gern greif ich zu, wenn gerne dargeboten wird, und pflücke mir eine Beere, wenn die noch Beerenfrischere es mir befiehlt!‹, gönnt deine Zunge dem Ohr an Gegurre, während das dampfende Tassenpaar vom klirrenden Klimpern auf die Handfläche wechselt, ›soll ich mir das Süße in den Kaffee rühren, oder spare ich es mir für später auf?‹, sprudeln die Sprüche des alten Schlaubergers, wenn der Finger über den Zuckerschnee tastet, das Auge aber die junge Wange streift: ›Züchtest du Rosenkeime auf deinem Gesicht, weil dessen Garten so frisch leuchtet, und bedienen sich deine Zopfsträhnen beim Heugras, weil die zwei Flachsgewichte so reichlich Pfunde haben!‹, preist der Hengstgaul mit gewohnter Durchtriebenheit, wenn beim Eingießen der Sahne reiches Gelb ins schwere Schwarz der Tasse fließt. ›Ich hab den Evald mitgebracht, den Jungen, unseren Evald!‹, kommt dann die Vernunft zurück und die Intrige in den ernsten Redespott, wenn, während die Delikatesse in der Faust dampft und der Kaffeeduft, vom Löffel aufgerührt, um die Nüstern streicht, nur noch die Wahl der Semmel aussteht und die Hand sich eine braune Pracht aus dem übervoll gehäuften Korb aneignen muss: ›Den Jungen hab ich dabei, sage ich, auch wenn er schon ein ausgewachsener Mann ist und er einen dicken Schnurrbart auf der Oberlippe hat, sodass es einem beim Hinsehen juckt und man sich schämt, wenn man es sieht!‹ ›Den Jungen mitgebracht!‹, wird beim Kauen auf den eigenen Wörtern wiederholt, obwohl die Semmel bereits in die Faust genommen worden ist und das Fräulein sich auf seinen Absätzen mitsamt Tablett auf Wege begibt, auf denen man auch die schönsten Ohrmuscheln nicht mehr dem Gerede leiht, sondern nur noch heimlich hinter sich auf das lauscht, was man vorsichtig und ohne dass die Wangen glühen zu ertragen glaubt: ›Ich hab den Jungen mitgebracht, den Evald, weil ihr ja gleichaltrig seid, sage ich, der Evald ist lediglich um so viel älter, wie es nötig ist und es sich schickt, der Evald …‹« – Alastalo hatte Pukkila nachgeäfft, bedenklich glatt am Ende und zu schnell im Takt, aber trotzdem nach Noten und mit Pukkilas Brabbeln aus Pukkilas Backen, hatte sein Fohlen an den Zügeln gehalten, das unwirsche Fohlen des Erzürnens mit seinem aufschäumenden Blut, hatte es im Zehenschritt und Hufsprung auf der Stelle und straff an der Leine gehalten, hatte mit versöhnlichem Getuschel und Späßchen geschnackt, Feuriges nur so weit, wie es die Zunge aushielt, ohne sich zu verbrennen und ohne dass die Hede der Haare in Brandgefahr geriet, aber auch ein Topf kocht, wenn man ihn nicht rechtzeitig vom Feuer nimmt, so lange, bis über seine Ränder auch die beste Einlage und Bohnensuppe heraus- und in die zischende Asche des Kamins spuckt, und der Dreijährige trampelt vor dem Stall so lange im Geschirr und klingelt mit den Glöckchen, dass der Feurige, wenn man ihn nicht bereitwillig und nach einem Hufschwenk auf die Meile lässt, selbst einem guten Pferdekenner aus den Fingern und der Faust entwischt und sich den Kopf wüst an der Stallwand stößt und böse anschlägt, und so kam nun auch bei Alastalo die Bluthitze zum Kochen, und der Haken, der den Zorn zurückhielt, ließ die Feder frei, die er bis dahin, bis zuletzt noch im Pferch und hinter Riegeln hatte halten können. »Meine Tochter Siviä schnappst du dir nicht, selbst wenn du drei Söhne und einen Geißbock in Stiefelchen anbringst und in die Hausecke lotst, damit sie im Saal auf den Stühlen lümmeln und Löcher in die Luft gucken!«, sagte er und sprühte Funken, und endlich einmal sträubten sich auch auf Alastalos Backen in ehrlicher Manier sämtliche Härchen.

Man weiß nicht, was im Saal alles hätte passieren können und mit welchem Getöse der Stapel an dem einen oder anderen Ende nach einem solchen Krach ins Rutschen gekommen wäre: Pukkila zum Beispiel hätte auf der Stelle seinem Sohn mit geknicktem Zeigefinger winken können, worauf die zwei, ohne ein Wort zu sagen, in einer Riege aus dem Saal marschiert wären, dass die Hosenbeine vor Schwung gerauscht und die Scharniere an der Tür gejammert hätten, wenn die bemalte Eiche hinter ihnen heftig zugeknallt wäre. Man weiß es nicht, womöglich wäre Langholma auf seinem Schaukelstuhl unwillig geworden, mit stocksteifem Nacken aufgestanden, hätte sich übers Rocktuch gewischt, wie um Schmutz vom Haarflor auf dem Handrücken abzustreifen, und vor seinem Weggang gerade noch so viel mit dem Mund gegrollt, dass es im Saal zu hören gewesen wäre und auch die anderen sich nach ihren Mützen umgesehen hätten: ›Ich dachte, ich sitze hier, um über Barkschüsseln zu verhandeln, aber wenn jetzt Heiratsgeschäfte eingefädelt werden und dabei ohnehin die halbe Gemeinde zuhört, werde ich als zusätzlicher Zeuge nicht mehr gebraucht: Lebt wohl!‹

Auf alle mögliche Weise hätte es also losdonnern können, denn Schwarzpulver war vom Ladestock in der Tat kartuschenweise in den Lauf gestopft worden, und an der Mündung wurde unvorsichtig mit dem Feuer gespielt: Alastalo selbst zog bereits seine Härchen wie auch seine Ohrmuscheln ein und gab innerlich zu, dass nun doch, verflixt und zugenäht, die Pinne dem Geschickten einen Streich gespielt und die Bugspitze zu dicht an die Klippe herangelassen hatte, sodass jetzt auch der Fromme keine Zeit mehr zum Fluchen hatte, sondern nur noch brav lauschen konnte, wie der Kiel klappert, bevor es kracht, und die steinerne Bergflanke beim Brechen der Bohlenbretter im Laderaum ihr schroffes Amen zur weiteren Navigation sagt! Alles Mögliche hätte jetzt also passieren können, und Alastalos geschnitztes Holzscheit wäre der einzige Holzkahn mit Barkrigg in der Gemeinde geblieben, wenn ein nasgeführter Mann nach dem anderen verärgert aus dem Saal gestiefelt wäre, alles Mögliche hätte passieren können, wenn nicht genau in diesem Augenblick, als der von Mattsson Alastalo wütend herausgeschleuderte unschuldige Name Siviäs noch in den Ohrmuscheln eines jeden im Saal widerhallte, wenn nicht genau in dieser Sekunde und bevor auch nur ein Einziger nach dem Donnerschlag sein Gemüt justiert und sich darüber klar geworden wäre, welcher Kompassstrich jetzt näher am Richtungspfeil seiner Nasenspitze lag, wenn nicht genau in diesem wichtigen Moment die Tür zur Stubenkammer erneut aufgeschwungen wäre und ebenjene Siviä leibhaftig und mit der Unschuld einer Schneeammer auf der Schwelle und zwischen den Türpfosten erschienen wäre, mit einer neuen Kanne Grogwasser in den Händen und als Täubchen inmitten der Männer und Onkelschar.

Was hätte das tüchtige Mädchen und Kind des Hauses, das einen ehrlichen Grund und ein klares Ziel hatte – den Grogtisch schräg gegenüber an der Wand des Saales –, lange in der Tür stehen und von der Schwelle aus die Angelegenheiten im Saal im Auge behalten sollen, während in der Stube fliegende Hast samt Eile wartete, und also war Siviä auch schon mit Rocksausen und geschwinder Kanne auf dem halben Weg und mitten im Saal, bevor sie um sich herum etwas Spezielles bemerkte und mit ihrem schnellen Kopf im Bilde war, dass alle auf ihren Stühlen verstummten, einmütig, jeder Einzelne wie eine Mauer, mucksmäuschenstill und ohne einen Laut von sich zu geben, saßen sie auf ihren Plätzen wie die Eulchen bei Frost auf dem Zaun, obschon das Grogtablett vor einer Stunde in den Saal getragen worden war und von den anderthalb Dutzend Gläsern, die sie selbst aufs Tablett gestellt hatte, bevor sie es vom Stubentisch aufhob, kein einziges mehr an seinem Platz und unbenutzt auf dem Tablett stand! Es herrschte eine solche Totenstille, dass Siviä, als sie vor Verblüffung stehen blieb, das Kratzen ihrer Brosche an der Seidenserge ihres geschenkten Kleides hörte, das sie, ein letztes Mitbringsel ihres Vaters aus Hull, anlässlich der Feier trug. Wändeweise präsentierten sich jetzt sündige Bärte, auch im Vorbeirauschen zu betrachten, als das aufgeweckte Augenpaar bei jedem Weiterrücken aufmerksamer wurde und nacheinander und der Reihe nach die konfirmandenfromm blinzelnden, dabei aber ziemlich stark die Schwäche ihres Gewissens entblößenden Männergesichter und Onkelantlitze ringsum las. Zwar brauchte sich keiner direkt schuldig zu bekennen und das Gefühl zu haben, sich wegen der Sache in der Gesetzesstube genieren zu müssen, aber wenn man von einer Richterin gemustert wird wie in diesem Augenblick von Alastalos aufmerkender Siviä und ihren zwei blitzenden klaren Mädchenaugen, kann es geschehen, dass sich auch der von den Kirchenbüchern her reinste Mann seiner selbst und seiner Unbescholtenheit nicht mehr sicher ist, schon gar nicht, wenn in den Ohren desselben Mannes noch der Name ebendieser Siviä mit ihren Flämmchenpupillen grell vom scharfen Schleudern der Peitschenschmitzen widergellt, mit denen er gerade in den Saal geschleudert worden war, und weiß, dass, wenn auch nicht sein ganzes adamisches Selbst gesündigt hat, so doch zumindest seine Ohrmuscheln Sünder sind, die ihren Anteil und keuschen Makel am unpassenden Bergen des Namens derjenigen haben, deren Augen jetzt wie Stachel und Examinierungskerzen über den Schuldigen wie den Unschuldigen flackerten und loderten, falls es in dem Augenblick und bei diesem Schabernack überhaupt auch nur einen Unschuldigen gab in Alastalos geräumigem Saal.

Der Mensch weiß oft viel mehr, als er anfangs selbst glaubt und ahnt, und Siviäs feine Ohren, obschon klein und dick von Haarlocken bedeckt, waren schon beim Öffnen der Tür am Hundewerk gewesen und hatten etwas aufgeschnappt, einen kleinen Widerhall, nicht mehr, die entschlüpfende Schwanzspitze einer Wortmaus, sonst nichts, und auch wenn sie es im Getümmel ihrer Tüchte und beim Eilen mit der Kanne anfangs nicht erkannte, nicht auf den Gedanken kam, so war die Bachstelze jetzt flink auf dem Ast und hinter diesem hellhörig: War von ihr, Siviä, zuletzt im Saal die Rede gewesen, in dem jetzt alle rundum still wie die Hasen dasaßen? Die Augen von Alastalos Siviä und Mattssons Tochter loderten nun wahrhaftig und immer gefährlicher, je öfter ein Unglücklicher nach dem anderen schwach wurde und seine flatternden Lider nach vergeblichen Versuchen, standzuhalten, in Sicherheit brachte, indem er sich, wenn nicht anderem, so dem äußerst wichtigen Studieren seiner Stiefelspitzen widmete: Schließlich wich auch Moses in der Einöde des Horeb aus, bedeckte sein Gesicht und entledigte sich der Schuhe, und er war immerhin Moses und stand vor dem brennenden Dornbusch, wo hier ein jeder wie der Laban aus Mesopotamien und wie ein schelmischer Spitzbube auf seinem eigenen Stuhl saß, quicklebendig unter dem Funkensprühen und erbosten Blinken der Augen des Menschenkinds.

Insbesondere Härkäniemi versuchte in dieser Teufelsküche,

da die hellen Fenster als Gideons Rache an den Midianitern und als Pfeile des Zorns durch den Saal wanderten, ein barmherziges Gesicht und Frömmigkeit auf dem platten Spiegel der Stirn zu zeigen in diesem gefährlichen Moment, da er an die Reihe kam und die Flammenzunge im Begriff war, auf die Stelle überzuspringen, wo, ans Leder gelehnt und auf stabiler Unterlage, seine irdische Hülle zu ihrem Unglück in diesem Augenblick saß und in auffälliger Weise und hoffnungslos großknochig unnötig breiten Platz und Schulterraum einnahm. Härkäniemi hatte auch deshalb wunde Punkte und ein brüchiges Gewissensleder, weil er früher am Tag beim Kaffeeservieren mit Siviä in eine kleine Streitigkeit und ungewollte Reiberei geraten war; darum musste er jetzt ein umso wohlgefälligeres und braveres Schaf abgeben und auf Zehenspitzen und mit wacher Wolle vorgehen, damit nicht wieder die Feinlocken und Gelbkringel auf der lodernden Stirnhaut der Schönen in Brandgefahr und Wergflammen gerieten. Er wurde nun also von Siviä betrachtet, Härkäniemi, als er an die Reihe kam in seiner Sofaecke und unter den richtenden Blitzen der Augenfunken so sündig und mit so armem Blick dasaß, dass auch eine erfahrenere Eingeweidenleserin als Siviä geschworen hätte, der Widder wäre der Geißbock und das verlorene Schaf, das nun endlich gefunden worden war und sich nun auf dem Rost und über glühenden Kohlen wand! Jetzt war das Maß gefüllt, die Flammen überspülten die Stirn von Alastalos Tochter, und bevor jemand ahnte, Härkäniemi am wenigsten, was geschehen sollte, stand die Kannenglocke in voller Hitze vor Härkäniemi auf dem Fußboden.

Damit war die am Tag und hinterm klimpernden Kaffeetablett ausgesprochene Drohung erfüllt, die freilich halb ein Scherz gewesen, nun aber blutiger Ernst geworden war, und die Tochter des Hauses stand feuerrot und aufgebracht mit den Händen in den Hüften vor demselben armen Sünder und Iskariot wie die glühende Kanne auf dem Parkett. »Tragt eure Kanne und eure Grogbrühe selbst, anstatt, erwachsene Männer, die ihr seid, andere Leute durchzuhecheln wie die Watten-Miina ihre Wolle, und den ganzen goldenen Tag lang mit den Zinken eurer Zungen ein und demselben unschuldigen Menschen nachzujagen, und zwar mit dem Sitzeifer einer Fliege, deren Namen man nicht ausspricht, auf dem Hinterteil der Melkkuh!«, zischte Mattsson Alastalos Tochter und Eevastiinas Mädchen naseweis wie der Vater und zungenfertig wie die Mutter: Auch die muntere Bachstelze schimpft mit ihrem Wispermund, und das Lämmchen stößt mit seinem Haarwerg und seinen seidenglatten Hornhöckern zu; wie also hätte die Zungenklinge im Mund des verärgerten Evakindes und der wütenden Sulamith ohne Hummelstachel und Spitze sein sollen? »Auch der Onkel hier hat einen Bart, der allein schon älter ist als ich, und wagt es, zu flachsen, obwohl kein besserer Lein zu brechen ist als mein eitler Taufname!«, bekam der Onkel den Schwall direkt auf die blinzelnden und abwehrenden Augen, obwohl bei der Hummel schon der Tränenausbruch in der Stimmkehle zu hören war. »Nicht einmal mehr seinen Namen kann der Mensch in Ruhe als seinen eigenen behalten, sondern muss sich im Saal ständig ›Siviä-Siviä‹ anhören, dass es an den Türen dröhnt und in den Ohren ebenfalls, wenn man hereinkommt! Was wird hier disputiert und mit wessen Erlaubnis über mich geredet?« Dies war eine strenge Frage, und auch die Tränen waren vorerst noch einmal heruntergeschluckt und die Natur der Frau und unbeschützten Maid für einen Augenaufschlag bezwungen worden, sodass auch die anderen ringsum und nicht nur der armselige Härkäniemi schmecken und am Aufflammen erfahren konnten, wie es sich anfühlt, wenn man als vorübergehend unschuldiges, wenngleich ansonsten vielleicht sündiges Wesen die Pfeile des Urteils aus den reinen Wimpern einer Siebzehnjährigen aushalten muss, die nichts von Gnade wissen, wenn es ernst wird und die Ohren glühen!

Härkäniemi, der See-Erfahrung hatte und schwierige Situationen gewohnt war, wusste, dass es, wenn es eng wird und einem der eigene Kopf keinen einzigen Buchstaben und keine halbe Silbe darüber sagt, in welche Wasserwaagenschräge man die Zungenkante und die gespreizten Zehen bei der nächsten Krängung bringen muss, wenn eine neue Spülwelle die Nacken zu netzen droht, er wusste, dass es auf solchen Messers Schneiden am besten war, im Denken eine kleine Pause einzulegen, bevor man Dummheiten beging und schusselte, sich zum Beispiel zum Zeitvertreib den Mund leer spuckte, etwa in die Hände und sie rieb. Weil ihm auch jetzt eine kleine Atempause gegeben war für die kleine Weile, in der die Flämmchenspitzen auf die Reise und mit anderen Sündengesichtern im Saal zu Gericht gingen und sich sein eigener Stirnschild somit kurz in Sicherheit und außerhalb der Kontoüberprüfung befand, gelang es ihm, in sich zurückzukehren und zu erinnern, dass ein Mann auch in der schlimmsten Klemme und beim härtesten Ruck die Hand nicht lockern und die Klaue seines Lebens nicht vom Tau lassen darf, sondern bis zum letzten Atemzug am zitternden Seil festhalten muss, wenn er nicht will, dass der Körper in Seenot oder die Vernunft in Herzensnöte gerät und ihm als Leidtragender weiblicher Augen schwarz wird. Er, Härkäniemi also, beschloss auch jetzt, dass es am besten wäre, ruhig zu bleiben und gelassen abzuwarten und während des Abwartens zu plaudern, falls ihm nichts Besseres einfiele. Auch die kleine Siviä, das Menschenmädchen, ist immerhin bloß ein Mädelchen, wenn auch ein wütendes, und aus gutem Grund bis in den Haaransatz hinein erbost!, bestätigte er sich im Glauben und wappnete sich in seiner augenblicklich schwach verankerten Natur mit Vernunftgründen, um Zeit zu gewinnen, damit er sich sichersohlig genug auf seinen Beinen fühlte und die Spucke Zeit hatte, sich im Mund zu sammeln, bevor die eigentliche Geschichte anfing. Scharfen Branntwein schüttet man sich unwirsch in den Hals und auf demselben harten Weg, ohne zu husten, in den Magen, aber französische Weine kippt man in Pokale und kostet sie mit geschürzten Lippen und schlürfender Zunge, bevor man die Brühe schluckt, und unter Männern taugt als Gesprächsschnitzwerk die raue Machart mit der Beilklinge, während man, wenn ein Frauenohr lauscht und ein unerfahrenes Mädchen anwesend ist, sogar mit dem Hobel schwitzen muss, bevor das, was man sagt, so splitterlos und glatt ist, dass es der zarten Haut keine Wunde zufügt!, warnte sich Härkäniemi noch selbst und übte das Vorgehen ein, bevor er es wagte, sich aufs Glatteis der Worte zu begeben.

»Die tragen hier nur ihre ewigen alten Streitigkeiten aus, dein Herr Papa und der Pukkila!«, fing er also gewunden und auch ein bisschen unredlich zu erklären an, wenn man jene Worte bedachte, deren Widerhaken aus Versehen gerade an Siviäs Ohr hängen geblieben waren und derentwegen die derzeitige Patsche entstanden war und allgemeine Verlegenheitsverwirrung herrschte, nicht zum geringsten Teil bei Härkäniemi selbst, dem es sowohl um Siviä, seine Patentochter, leidtat, die mit eigenen Ohren einen Hauch von etwas hatte anhören müssen, was ein Mädchenohr besser nicht hören sollte, als auch um alle anderen zusammen, die sie doch immerhin Männer mit ernsten Bärten und soliden Gesprächsstoffen waren und sich nun wegen eines kleinen versehentlichen Ausreißers und weil es kurz zum Galoppsprung im Blutfluss gekommen war, wie es immer einmal der Fall sein kann in der Erregung und bei diversen Dingen, die an sich unschuldig sind, solange kein unnötiges Ohr sie hört und hortet, vor- und füreinander schämen mussten, weil sie an einem solchen Malheur beteiligt waren und als ausgewachsene Männer in der Klemme saßen, als wären sie alle zusammen beim Rübenstibitzen erwischt worden! »Den ganzen Tag schon tun die Kerle hier rum und ziehen am Tau, ob die Masten auf dem Schiff und der neuen Bark nach alter Art und im Gänsemarsch aufgestellt werden sollen, sodass einer hinter dem anderen in der Riege und in Kielrichtung steht, oder ob sich die Stecken auf dem Schiff nebeneinander und in seitlicher Ausrichtung quer und an der dicksten Stelle des Rumpfes hübscher machen, Siviä-hübscher, wie eine hockende Hühnerfamilie einträchtig und aufgeplustert nebeneinander auf der Stange oder wie der Westenstoff über dem schwellenden Bug eines üppigen Mannes und ein Grinsen zwischen schon weit abstehenden Backen: Dein Vater und Papa Alastalo durfte gerade vor Pukkila und den Blicken dieses Kranichs zeigen, wie prächtig sich ein Zuschnitt von der breiten Seite und der Westenfasson her bereits an einem Mann zeigt, geschweige denn an einem Gefäß von Schiffsgröße und Barkrundung!« Härkäniemi hatte seine Sache gleichmäßig und mit verträglicher Gemächlichkeit vorgetragen, so wie es sich bei Zwisten ziemt, damit kein Zank entsteht, und wartete jetzt ab, verharrte unsicher, ein Augenlid eine Spur senkend, ob die kleine Scherzsalbe und unschuldige Wortarznei in diesem Fall etwas bewirkte oder ob die ärztlichen Maßnahmen vergeblich waren: Männermenschen und Frauensleute sind unterschiedliche Kinder und verschieden zu behandeln, so wie salziges Meerwasser mit seinen schweren Köpfen und das süße Binnenwasser mit seinen leichten Zungen; das Meerwasser bringt, wenn es tost und aus der Haut fährt, selbst im Wüten noch Vernunft auf, und man kommt mit ihm klar, solange man ein zusätzliches Brett am Kahn und an der Stelle der Reling hat, wo es aus den Senken aufschäumt und einem geradewegs entgegenspringt, aber das Binnenwasser, das ist schlüpfrig und kopflos und kennt keine Meeresordnung, sondern umzüngelt, verdammt, das Bordholz von der falschen Seite und solchen Bugen her, deren Dollbord – und mit ihm den Nacken des Steuermanns – nass zu lecken dem Wasserrecht nach illegal sein sollte! Härkäniemi verwünschte in seinem schattierten Inneren das schwere Schicksal, das ausgerechnet er als unverheirateter und unbescholtener Mann jetzt mit seinem Gesicht und in seiner vollen Männergestalt auf diesem Platz auf dem hinteren Sofa und im schlimmsten Feuergeprassel wütender Mädchenaugen sitzen musste, und nicht zum Beispiel an Krooklas Stelle und auf dessen Stuhl im Schutz der Ofenecke und gedeckt von der kalten Kachelwand! Versuche mal, so eine zu beschwichtigen und mit vernünftigen Worten und menschlichem Idiom die burschikose Bachstelze zu beruhigen, wenn du dir ahnungslos die Pfeife ansteckst und mitten in der wichtigsten Verrichtung am Keifen und am Kehlenkrach in deinem Ohr merkst, dass einen Schritt entfernt das Nest des Schreihalses und das arme Ding auf den Schwingen ist und dir womöglich in die Augen fliegt!, dachte Härkäniemi auf seinen glühenden Kohlen und schielte bereits zur Seite auf Alastalo und von diesem aus ebenso bitter weiter auf Pukkila: Musste er doch wegen der beiden nun in dieser Sauna schwitzen!

»Zwar bist du ein Stückchen Nektar und ein Krümel Zucker, aber in deinem Honig steckt ein Stachel und im Zuckersüß ein Salzkorn, da ich hier gelöchert und in einem halben Viertelfass zum platten Hering eingekräutert werde!«, sagte er, auch bei diesem Kreuzmanöver und dieser Gegenwindanstrengung immerhin als unerschütterlicher Mann, obgleich dabei den Nacken neigend, um den schlimmsten Wirbeln auszuweichen und nötigenfalls, und dem Geschick entsprechend, die Redeschot zu fieren und die Gemütszunge lose zu geben: Schließlich hatte er ja doch nur ein Mädchenbild vor sich, wenn auch ein feuriges Bröckchen! Er saß bereits so ruhig in seiner Haut auf dem Sofa, dass er anfing, seine Augen auch in Richtung Janne zu hieven, zu Janne Pihlman an der seeseitigen Wand mit seinem Schnurrbart, um herauszufinden, ob dieser begriff, dass auch ein Buchfinklein mitunter wütend zischen kann und dass es am klügsten ist, seine Finger in Sicherheit zu bringen, wenn der kleine Schnabel zuschlägt, denn auch dessen Spitze ist aus Knochen, sosehr er zwischendurch auch zwitschert!

Siviä war inzwischen regelrecht ratlos geworden, sogar ziemlich ratlos, weil der erste Wirbel vorbei und die Bluthitze aus den glühenden Wangen und Haarentflammungen abgeflossen war. Zum Glück hatte sie wenigstens nicht aufgestampft, wie ihre Natur es ihr befohlen hätte und wozu der Fuß sie einlud und wie es sicherlich auch geschehen wäre, wenn es in der Stube mit Rauha und unter Mädchen zum Streit gekommen wäre; aber die Kanne mit dem heißen Grogwasser stand ein für alle Mal auf dem Parkett und Siviä selbst in ihrer Wut für alle sichtbar auf dem Präsentierteller vor Onkel Härkäniemi! Ach, du armes siebzehnjähriges Mädchen unter nichts als lauter Onkeln im Saal, schon hat das Blut wieder seinen Weg in die Wangen gefunden, aber diesmal mit anderem Leuchten und Anflug als beim vorigen Mal, und das Brodeln des Wassers zwischen den Wimpernhärchen des Augenfunkelns, auch das quoll nun hellperlig aus anderen Quellen als eben, um die Blauen zu füllen, die mitten im Zorn getrocknet waren, denn jetzt wurden auch die Nasenwurzeln nass, und eine Träne nach der anderen rollte über die roten Rundungen der Wangen! Sie schämte sich so gewaltig, dass sie am liebsten im Erdboden versunken und verschwunden wäre, auch die Kanne, Funke der Sünde und Wurzel des Übels, konnte jetzt nicht mehr vom Fußboden gerettet und auf den Tisch gestellt werden, man musste dankbar sein, wenn man sich selbst außer Sichtweite bringen und die Stubenkammertür hinter sich schließen konnte, bevor man aus vollem

Busen schluchzte und alle lachten! Siviä war ja immerhin erst eine Maid von siebzehn Jahren und somit junges Mädchenblut. Nicht einmal Janne lieh sie diesmal ein Auge, vielmehr durfte der ganze Saal, die Alten wie die Jüngeren, jeder mit seinen eigenen Gedanken darüber zu Gericht gehen, wer hier der Schuldige war und ob es einen solchen überhaupt gab, da nun der Raum ein Stück leerer, die Stubenkammertür zu war und die Wasserkanne ernst vor Härkäniemi auf dem Fußboden stand.

SECHZEHNTES KAPITEL

Das Unterschreiben des Barkvertrags wird in diesem Kapitel nicht fortgesetzt, weil es zu weiteren Hindernissen und Denkanstößen kommt und die von Siviä zurückgelassene Kanne mit Grogwasser weiterhin auf dem Fußboden prangt, bis Härkäniemi sie in Handarbeit aufnimmt und das kochend Heiße, wenngleich per Zehenpolka, zwischen den Fingern zum Tisch trägt, um es dort fauchen zu lassen.

Wenn ein Gewitter vorbei ist, ob es sich nun um ein kurzes Sprühen von der sanften, heiteren Stirn eines Sommertags oder um einen wilden Wasserguss mit jammernden Torscharnieren nach dem Jakobstag aus allen offenen Luken des Himmelsdecks handelt, überkommen die Luft, die Poren des Erdinneren und die Kreaturen, die Menschen wie die auf dem Felde Gebärenden, auf der Haut, in den Knochen und im Zittern der Nieren stets ein Gefühl, bei dem ein jeder und alle in sich hineinhören, ob es damit nun getan ist, ob es aufhört oder ob noch mehr kommt und es wieder donnert und der Himmel aufreißt und über einen hereinbricht. Auch im Saal von Alastalo hielt man nun, nach dem Schließen der Vorderzimmertür und dem Verhallen des Stampfens in der Stubenkammer, still, jeder sammelte seine Gedanken, und bei jedem waren die Augen für eine so lange Dauer wohlbehütet daheim, dass ein Gleichgültiger, wie zum Beispiel Eenokki Karjamaa, oder ein ansonsten geistig Dickfelliger wie Schöffe Lahdenperä in seiner Gedankenlosigkeit durchaus auf die Idee kommen konnte, sein Sacktuch aus der Tasche zu ziehen und sich zu schnauben, dass rundum die Ohren zugehen und sich die Gefühle schließen. Dergleichen fand jedoch nicht statt, denn Eenokki, der schon vorzeiten sein Tagwerk am Tisch zu Ende und seinen Namen auf dem Barkvertrag zu Papier gebracht hatte, war bereits auf seinen Platz zurückgekehrt und saß in der Sofaecke, hatte die Pfeife erneut in den Mundwinkel gesteckt und war in wer weiß welche Gedanken vertieft: bei Siviäs Anblick beispielsweise in die Überlegung, ob bei ihm daheim die Frauen rechtzeitig daran gedacht hatten, dem Wallach Heu vom Boden hinzustreuen, so wie er es bei der Abfahrt angeordnet hatte und wie es der beinlahme Klepper beim Stehen im Stall brauchte; Lahdenperä wiederum, abgesehen davon, dass er in Gesellschaft von solchen, die größer waren als er und beim Trunk mit Richtern und Kommissariussen ohnehin zumindest auf Manierlichkeit und sonstige körperliche Zurückhaltung achtete, Lahdenperä war diesmal und am Datum dieses Tages viel zu ernst – wegen des Fortgangs der Angelegenheit und all des Hin-und-her-Geredes im Hasenlauf mal fast an der Kippe zum Waldverkauf, mal bei anderen Hakenschlägen und Fluchtsprüngen –, er war zu ernst, um mit seiner ganzen Person und mit der gelassenen Breite seines Hinterendes auf dem gesteppten Leder der Sofabank zu sitzen, die ein Mann auf Besuch zum sicheren Kiefereinsatz und zur Wortergreifung als Grundlage braucht. Man saß also weiterhin eine kleine Weile still da im Saal, auch wenn man am Knarren der Stühle und einem gewissen Verrücken und Wechseln der Beinstelzen erkannte, dass bei dem einen oder anderen und sogar bei den meisten im Schatten der Haare die Gedanken in Fahrt gekommen waren, dickere oder dünnere, und dass nur die Klugheit den Vernünftigen daran hinderte, den Mund aufzumachen, bevor ein anderer sich muckste und Dümmere sich aufs Glatteis begaben.

Alastalo, der Hausherr war in seinem Saal, hätte man – genau genommen zum großen Teil und zumindest, was den ursächlichen Donnerschlag betraf – die Schuld daran geben können, dass man nun hier saß wie eine Schlittenfuhre in der Schneewehe: Vorwärts kam man nicht, rückwärts lief es nicht, und rechts und links war tiefer Schnee! Alastalo wäre bei dieser Störung und Gatterstauung natürlich der nächstliegende Schuldner gewesen, um nach der Schaufel zu greifen und mit Schulterkraft das Tor freizuschippen, aber um die Wahrheit einzugestehen, hatte Alastalo in diesem Augenblick selbst das Gefühl, bis zur Hüfte im Schneeschmutz und Stiefelmatsch zu stehen, und eine Schaufel, auch wenn ein Dutzend davon im Schuppen und daheim bereitstand, war auf die Schnelle, da die Hand eine bestielte Waffe brauchte, nicht greifbar, keine einzige, nicht mal eine Grabenschippe! Warum musste ihm eben auch das Unglück passiert und ihm dieser verdammte Ausbruch gegen Pukkilas Scheiben und Gesichtsfenster aus Mund und Zahngehege entfahren sein, aber der Mensch ist nun mal kein Fadenwurm und das Gefäß der Geduld bei galligem Herzen kein Krug der Witwe von Sarepta, als dass der Wurm sich in voller Länge über die eiserne Spitzgräte eines rostigen Plötzenhakens dehnen ließe und die Buttermilch im Krug für jeden Petter und ewigen Pihlman reichte, damit diese sie sich tagelang und im Wochenakkord die Kranichröhre ihrer Kehle hinunter- und in den bodenlosen Ärgerkübel laufen lassen konnten! Ein Mann wie ich ist kein diesjähriger Schlappschweif eines letzten Winter geschossenen Fuchsrüden, den man hin und her dreht, wie es einem gefällt!, dachte Alastalo noch immer mit gesträubten Lippenhaaren und zornigem Aufstoßen, obschon die Klugheit ihm ins Ohr flüsterte, dass der Mist und Teufelskram und ganze Ärger dieses Tages beschwichtigt werden musste, auch wenn man dabei einen Pfahl in ganzer Fichtenlänge zu schlucken und sich selbst im Nacken zu packen und im Purzelbaum den ganzen Grimmsack und eigenen Rücken zum Schleppen auf den Buckel zu schleudern hatte, weil das Luchstier im Stall und Pukkila im Saal gezähmt werden mussten, das eine vom Schlund-Biest zum krallenlosen Hammel, der andere vom stoßenden Geißbock zum liegenden Lämmchen, wollte man, dass an diesem Tag Wolle in den Korb kam und die ganze Schar im Verhau bereitwillig blökend vor dem Schoß in die Knie ging und sich mit Mäh-Lippe von der Schafschere schaben ließ!

Und das Flämmchen von Mädchen, Siviä mit den lebhaften Öhrchen, muss auf den Zehen des Unglücks ausgerechnet beim besten Gezwitscher auftauchen, als der Vater und Mannsmensch in seinem Element ist und in übelster Manier dicke Galle aus seinem Herzen auf das gegerbte Leder des Nachbarn schüttet, und prompt pickt das muntere Küken einen Krümel mit der Muschel auf, mit der Ohrmuschel des Mädchenkindes, auch wenn man ihr nichts sagt und auch wenn sie die Dinge nicht versteht und auch wenn ihr niemand befohlen hat, hinzuhören, nimmt geschickt das Hagelkörnchen in der Kammer ihres Ohres im Schatten der Haare in Verwahrung, spießt es mit dem Stachel ihres Verständnisses und ihrer Mädchenvernunft auf, und wehe, wenn es wütend wird, mein Mädchen, dann ist es mitten im Raum und vor aller Augen ein fliegender Funke und eine Tramplerin mit Frauenabsätzen, wird wütend wie ein rasendes Huhn und wie Eevastiina in Bußlaune am Waschtag, dass man hätte zornig werden und sie schon wegen der Leute und Langholma hätte tadeln sollen, wenn einem nicht das Mitleid mit dem eigenen Kind das Herz eingeschnürt hätte und der Mund zugeblieben wäre, weil der Wahrheit halber ja doch eingestanden werden musste, dass der eigene Kiefer der Hauptschuldige war und Adam selbst der Verursacher des Schnitzers und Erbsündeausbruchs. Was war jetzt zu tun, und wie sollte man die sichtbare Seite seines Gesichtes tragen, da man als alter und windgegerbter Mann nicht recht wusste, ob man es wagen konnte, sich in diesem Alter noch zu schämen, wie es die Natur einflüsterte! Jedenfalls war er ein Quassler gewesen, das war ein klarer und ehrlicher Fall, und zwar ein Quassler, der überlief wie eine volle Kanne, die geschüttelt wurde, weil er sich mitten im wichtigen Vorgang und beim besten Unterzeichnen des Barkvertrags von Pukkilas Geschwätz verleiten ließ und sich aufregte, dass ihm fast die Knöpfe von der Weste flogen und die Haut rund um seine Vernunft Risse bekam! So rügte sich Alastalo selbst und rügte sich verdientermaßen (weil auch ein Mann und Volljähriger manchmal wie ein Kind toben und sich wie ein Katzenjunges auf dem Fußboden um sich selbst drehen und nach seinem eigenen Schwanz schnappen muss!, lautete der gedachte Tadel, der sich als zu schluckender Zwischenbissen in die Gemütskehle des Mannes schob, bevor die Mahlzeit beim Amen angelangt war: Die Katze mit dem schlagenden Schwanz und der Mann mit der aufblitzenden Wut sind in gewisser Weise gleichermaßen mit einer vernünftigen Jagd beschäftigt, weil beide, falls sie etwas zwischen die Zähne bekommen, am Ende nur sich selbst erwischen, und zwar die Sudelseite von sich selbst!), rügte er sich, fragte sich innerlich dabei aber die ganze Zeit wachsam, welchen Tritt man nun wählen musste, damit man den Hubbel im Stoff wieder glatt bekam und das Knotengewirr geklärt: Nur ein Verrückter lässt das Zugnetz im Meer treiben und seinen Fang im Wasser planschen, wenn es nur mehr ein Stück Zweig aus den Maschenfäden und Zwickeln zu lösen gilt und sich bis zur Stiefelflutung und zur Kältetaufe des Bauchgürtels in der Meerbrühe einzuweichen! Es half nichts, sich darüber den Kopf zu zerbrechen, ob die Stiefel Lehm abbekamen, man musste einfach sehen, dass der Sprung gelang und der Fuß am anderen Ufer des Flutgrabens festen Boden erwischte, aber darin steckte ja gerade der Teufel und der Grund fürs Magendrücken, die Frage nämlich, wo man es versuchte und von welcher Stelle aus man Anlauf nahm, damit man sich nicht mit der Nase im Nassen wiederfand, statt mit flitzenden Hosenträgern und flatternder Hemdleinwand trockenen Grund zu erwischen. Alastalo knautschte mit der glatten Seite des Daumens den Nasenflügel: Hier genügte nicht allein, dass man es versuchte, hier musste man reüssieren, und zwar wie geschmiert, wenn man wollte, dass die gesamte Herde schön zum Scheren im Verschlag und innerhalb der Gatter blieb und nicht vom Hirtenstab der Flucht getrieben im Huftrab kreuz und quer über den Acker und die weite Weide lief.

Eenokkis Handschrift begutachtend und betrachtend, würde Alastalo die Augen so lange auf den Tisch und auf die Barkpapiere heften, bis sein Kopf sich abgekühlt hätte und ihm etwas darüber sagen würde, was nun zu tun war, und zwar so schnell wie das Fieren der Schot bei einem Windstoß: Etwas fällt einem immer ein, wenn nicht dies, dann eben das, wenn die Lage heikel ist und sonst nichts hilft, dachte er und glättete in seinem Blut die Wogen, während sein Auge damit beschäftigt war, halb billigend, aber auch halb mäkelnd der Spur von Eenokkis Handschrift zu folgen: der Name deutlich ins Papier gegraben und die Schlaufe eines jeden Buchstabens gepflügt, wie seinerzeit und einst Tallrot ihm die Kunst in die Fingerspitzen eingepflanzt hatte, aber die Präsentationspracht des Papiers und der Augenschmaus seiner Säuberlichkeit hatten durch Eenokkis Tagwerk nicht viel gewonnen; das beschwerliche Bemühen, wenngleich trotz Überlegung vorab wegen des wartenden 1/32-Zipfels und Mückenschisses, ist ziemlich schweißtreibend gewesen und fast über die Kräfte des Mannes gegangen, denn das Papier wies Spuren und Daumenabdrücke auf; das ergab Alastalos Begutachtung zu seinem inneren Verdruss, während er gleichzeitig mit aller geistigen Anstrengung darüber grübelte, was, zum Donnerwetter, er mit dem vermaledeiten Pukkila anstellen sollte, mit diesem schiefen Balken im Wandgerüst, mit dieser Stolperschwelle an der Tür zum Bankettsaal, mit diesem widerspenstigen Fohlen in der Hufschmiede: Sollte er die beiden aus dem Saal spazieren lassen, den Alten als Großkranich und hochnäsig voran und den Jungen als Küken und Welpen hinterher, beide mit eingeklemmtem Schweif an Hinterplanet und Bürzelschaukel, oder musste man zum Anschein der Eintracht und auch wegen der anderen sowie um die Angelegenheit zu entgräten, sich wie auch dem Nachbarn den Bart zu einem sauberen Scheitel bürsten, den Teufel in der eigenen Haut besänftigen und den anderen zu einem Fohlen zähmen, das sich führen lässt? Alastalos Überlegungen befanden sich freilich noch immer in jenem Kreuzwind, bei dem auch der robuste Ruderhalter auf der Heckducht noch keine Vorstellung davon hat, ob die Pinne im nächsten Moment voll auf losen Mitwindkurs geworfen werden oder angezogen werden soll, damit die bleiche Nasenspitze gegen strammen Schnabelwind drückt!

Mit solchen Beaufsichtigungen und Beobachtungen von Sturmwindböen hätte Alastalo noch wer weiß wie viel Zeit zubringen können, denn ein Seemann darf sich auf den Kämmen seines Geistes wie auch des Meeres nie gemachblütiger und langsambedachter bewegen wie genau in dem Läppchen und Spitzchen von Augenblick, nach welchem ein Mann mit ganzem Schwung und einem Ruck seines Körpergeistes wie ein Wiesel auf den Pfoten sein muss; womöglich wäre reichlich Zeit vergangen: die Krallen sparsam eingefahren, auf der Hut für alle Fälle, und die Rückenrinne in faulen Falten, bereit zum Sprung ins Spiel wie auch ins ernsthafte Getümmel, wäre nicht im Saal zur gleichen Zeit etwas anderes passiert, das bewirkte, dass auch Alastalo dank Nase und Schnuppern der Luft klar wurde, welche Schot gefiert und von welcher Kante schnell der Wind geschnappt werden musste, damit Schwung in die Segel kam und der Bug wieder zwitscherte und das Dollbord sauste und das Schifflein sich daran erinnerte, dass es sich auf Fahrt befand und nicht beim sinnlosen Gerangel mit Windböen und noch übler behörnten Böcken! Außer dass nach Siviäs Abgang unangenehme und leicht unheilverkündende Stummheit und Stille in den verschiedenen Ecken und ringsum im Raum herrschten und der eine oder andere Ungeduldigere und Schwächergläubige schon vorsichtig mit den Augen die Strecke zwischen seinem Stuhl und der Tür maß, durch die man hinaus und in den Flur kam, falls ein anderer sich zuerst in Bewegung setzte und ging, außer dieser allgemeinen Unsicherheit im Sitzen und Unruhe im Weggucken, damit der Blick nicht aus Versehen den eines anderen traf, merkte man auch Langholma an, an seinen ungeduldigen Regungen im Schaukelstuhl und der Verschärfung des Furchenschattens auf dem senkrechten Balken seiner Stirn, dass es heikel war im Saal und man nicht lange warten musste, bis jemand etwas sagen würde, vermutlich eben Langholma, und zwar etwas, nach dem manch einer Lust bekommen dürfte, aufzubrechen und vom Fenster aus den Wind zu prüfen, ob man an den Ästen der Bäume schon Anzeichen von Abflauen erkennen konnte. Nichts dergleichen geschah jedoch, und auch das von Langholma erwartete Wort blieb bei der brenzligen Lage und Brandgefahr zum Glück noch unausgesprochen und vorläufig im Kinn verschlossen, denn nun ereignete sich etwas anderes im Saal, und die Aufmerksamkeit richtete sich auf Härkäniemi.

Vor Härkäniemi stand noch immer die Kanne, die Siviä in ihrem Zorn auf dem Fußboden abgestellt hatte, jene durch ihren heißen Inhalt glühende Grogwasserkanne in ihrer ganzen porzellanenen Unschuld auf dem bloßen, blanken, wenngleich von Teppichen bedeckten Parkett. Sie hatte sich nicht vom Fleck gerührt, sondern war auf ihrem Platz geblieben, ob man sie nun anschaute oder es vermied! Härkäniemi hielt es für eine Sünde, dass das edle Gefäß aus schimmerndstem englischen Porzellan mit seinem bauchigen Blinken so verlassen und erniedrigt dastehen musste, um sich von ihm und den anderen über die Stiefelspitzen hinweg beäugen zu lassen. Außerdem drückte ihm das Mitleid mit Siviä aufs Herz, weil das arme Flämmchen ganz unnötig und bloß wegen der Wortspuckerei dummen Männergeschwätzes so unbändig wütend werden und im rasenden Retourgang so Hals über Kopf aus dem Saal flüchten musste, dass sogar die Kanne unverrichteter Dinge mitten auf dem Fußboden stehen geblieben war, damit jeder sie sehen konnte und um daran zu erinnern, dass auch Alastalos tapfere Siviä doch nur ein niedliches Töchterchen mit mädchenhaftem Busen war, das in diesem Moment in irgendeiner Stubenecke mit roten Augen schluchzte und in einen Zipfel seines Taschentuches biss, damit es nicht mit seinem kleinen Fuß aufstampfte! Härkäniemi besaß von Natur aus ein gutes Herz, ein recht schwaches eigentlich, obschon er ein unverheirateter Mann war, und außerdem bereitete es ihm, der es gewohnt war, sich um seine Sachen und Versorgungen selbst zu kümmern, Verdruss, dass die Kanne unnötig auf dem Fußboden kalt wurde, wo sie doch ebenso gut auf dem Tisch stehen und inmitten des Grogzubehörs vor sich hin dampfen konnte, und so durfte bald jeder im Saal zusehen und ernstgesichtig oder mit Lachfärbung beobachten, wie der breitschultrigste Mann der Gemeinde, der um die Hüften herum freilich nicht so füllig war wie Alastalo, dafür aber vom übrigen Körper und von den Gliedmaßen her umso besser ausgerüstet, und bei dem im kapitalen Ausmaß von Schulterbuckel und Rückenbreite ein Teil von dem Überschuss enthalten war, der bei gedehnteren und vom Knochenwachstum her röhrenhafteren Männern – überellenlang in die Ärmel geschoben – tatenlos auf beiden Seiten pendelte, wie also dieser von den mastigeren Seiten seines Körpers her reichlich ernst aussehende Mann, nachdem er zuerst Sorge dafür getragen hatte, dass die Pfeife, die er für die Maßnahme aus dem Mund genommen und aus dem Weg geräumt hatte, vorsichtig in der Sofaecke und an der Stelle platziert wurde, die er selbst nun für einen Moment verließ, wie dieser Mann, fast auf Zehenspitzen, so wie es sich bei behutsamen Verrichtungen und Schritten auch gehörte, nun auf seinen eher kurzen, aber stämmigen und vom Sohlenmaß her aller Ehren werten Schenkelstampfern sich gemessen auf dem Parkett nach vorn bewegte, auf den Gefahrenpunkt zu, an dem die noch heiß zischelnde Kanne in ihrer ganzen porzellanenen Ahnungslosigkeit auf dem Fußboden stand und von wo er sie allen Anstalten und Vorbereitungen nach zu schließen mutig mit der Faust zu fassen beabsichtigte, um das Sündengefäß und Anklagemonument vom Teppich zu pflücken, das noch einen Moment zuvor kein einziges Augenpaar im Saal in ganzer Mannhaftigkeit mit dem vollen Umfang der Pupillen zu betrachten gewagt hatte, außer mit schwächelndem Gewissen und raschem Seitenblick.

Niemals hat man Härkäniemi, selbst auf wütenderen Decks und bei krängendem Schiffskahn unter den Sohlen, bei zerklüftetem Meer auf beiden Seiten und schlimmeren steilaufrechten Schnabelhebungen und Achtersenkungen als beim Teller in den Händen der Verleserin, auf dem die Erbsen rollen, behutsamer und wasserwaagenfertiger ausschreiten sehen als jetzt auf dem Parkett im Saal von Alastalo, das immerhin in einer Breite von knapp fünf Klaftern stabil und ungefährlich auf kiefernsoliden Spannbalken lag! Nun kam ihm zugute, dass seine Beingliedmaßen im Vergleich zum übrigen Körper in der Schnitzarbeit kurz ausgefallen waren, so wie auch die Armstümpfe an den Seiten, sodass es nicht nötig wurde, sich vorab besondere Verneigungsmaßnahmen auszudenken, wenn das Ding ernsthaft an der Reihe war, vom Boden hochgehievt zu werden. Du bist mir ein rechter Napf und zischelndes Kätzchen da auf dem Fußboden!, schalt er immerhin im Gehen und versuchte seinen sinkenden Mut zu heben, da er unterwegs erkannte, welch ungewohnte Arbeit ihm bevorstand, und fragte sich wundernd, mit welcher vermaledeiten Kunst und Hexerei die Frauenzimmer solche Gefäße halten, ohne sich die Finger zu verbrennen, und so ein Glühding trotzdem heil und ohne Fluchen aus den Händen geben und an seinen Platz auf dem Tisch stellen! Von selbst wirst du allerdings nicht zum Tisch hin wandern, also hebe ich dich hoch und trage dich!, las er sich selbst das Gesetzesevangelium und stählte sich damit, als er bereits vor dem Gefahrenstück stand und nichts weiter mehr vor sich hatte als die unumgängliche Tat, das Biest und bauchige Möbel in Ehren von den Teppichflicken in die Obhut der Hände zu bekommen, dieses Biest, dessen brennend heiße Flanken in der Tat kein Henkelohr und Anfassgriff zu haben schienen, jedenfalls keines, das für das Faustmaß eines vollhändigen Mannes groß genug gewesen wäre! Eigentlich hätte Janne dort unter dem Gemälde als Jüngster hier bei Not und Nebel und für Siviä nach ihrem Zornesausbruch einspringen sollen!, dachte und ächzte er und wehrte noch mit seinem letzten Gedanken den Gefäßkalk von seinen Lippen ab, bevor die eigentliche Arbeit anfing und er sich in die Hände spuckte; fand noch Zeit, in einer Gehirnecke und mit einem verstohlenen Blick Krookla zu beneiden, der in Ruhe und ohne zu schwitzen in der Kachelofenecke sitzen und sich gelassen in den Bart lachen durfte, während ein gewisser anderer armer Kerl einen schlimmeren Schaff hatte als das Krähenaas auf der Pfahlspitze, wenn der Wind über dem Acker pfeift, und als das Schwein bei seinem eigenen Schlachtfest!

Allerdings sind bei einem Mann und Seeschüsselschaukler nur die Vorbereitungsmaßnahmen schwer; wenn man sich erst mal in die Hand gespuckt und das geteerte Tau in der Faust hat, zieht man mit geschlossenen Augen an, und wenn es das Leben kosten sollte, und dreht sich notfalls die eigene Haut auf links, stemmt mit einem einzigen Sortiment an Schulterknochen und mit der Kraft von sieben Rücken, was das Zeug hält, damit das Seil nicht nachgibt! Flink wie ein Flunderchen und wendiger, als man gedacht hätte, war Härkäniemi jetzt, da der eigentliche Kampf bevorstand und beginnen musste, so geschickt nach vorne gebeugt über seiner igelstacheligen Zischelkanne, als hätte er sein ganzes steifes Leben lang in Rock und mit fliegenden Säumen am Kamin mit den tückischen Tüllen spauzender heißer Kaffeekannen hantiert, und nicht im Südwester und mit geölten Hanftauen bei der Nackentaufe mit dem Salzguss aus dem Meeresbottich. Holt man sich einen Luchs, um ihn zu scheren und dem Krallenbiest Wolle aus dem Jäckchen zu schaben, dann ist bei der Schere wie beim Scherer Flottheit nötig, und auch Härkäniemi dachte nicht lange nach, nachdem er sich erst mal gebückt hatte, vielmehr waren die zwei Pranken schnell am schimmernden Porzellan: Wie soll man da groß Henkel suchen und Griffe ertasten, wenn man, ohne sich die Finger zu verbrennen, die verdammte Gluthölle mit den Händen vom sinnlosen Dampfen auf dem Fußboden im Laufschritt zu Dienst und Notwendigkeit auf den Tisch bekommen muss! Selten ist eine Kanne mit Grogwasser mit einem solch fliegenden Schwung rennend durch einen Saal befördert worden wie jetzt Alastalos Porzellankanne mit dem Rosenmuster im Saal von Alastalo, und nie hat jemand Härkäniemis stämmige Beinstempel mit einer solchen Inbrunst und unglaublicher Trabgeschwindigkeit in Bewegung gesehen wie jetzt, da sie auf dem Parkett alles aus den Hosenbeinen herausholten, bis der Tisch erreicht, die Tischplatte da war und der Feind nicht mehr an den Handflächen siedete. Auch Eenokki in der Sofaecke staunte beim Betrachten des Galopps zum zweiten Mal am selben Tag und nahm ein weiteres Mal den Pfeifenstummel aus dem Mundwinkel, um in Ruhe zuzuschauen und die Augenwinkel zu lupfen. Von den anderen gar nicht zu reden, obschon alle ringsum im Saal ebenso verdattert waren, wenn auch jetzt bereits mit gewisser Lachlust, da die heißeste Phase glücklich vorbei war und die Kanne ehrenhaft und heil auf dem Tisch stand und als Gerettete dampfte. Härkäniemi allein war noch voller Eifer, als er sich nach der Männerarbeit die Hände rieb. Was kann Porzellan mit seinen Glanzflächen aber auch, verdammt noch mal, für ein feuriger Teufel sein, ganz so wie Frauensmägde mit ihren lebhaften Augen heftig zuschlagen können!, schimpfte er und bedauerte alle, die fest verheiratet waren und ständig und bei jedem Wetter beschwichtigen und besänftigen, die mit heißen und kalten Näpfen hantieren und die die zischende Katze zur Milde streicheln und die griesgrämige zum Spielen bringen mussten. Zahllose Male würde man sich die Haut an den Handflächen versengen, wenn man so verrückt gewesen wäre und geheiratet hätte und jeden Werktag gezwungen wäre, mit dem heimischen Porzellan und Frauengefäß umzugehen!, segnete er ein weiteres Mal sein Glück und befühlte die noch immer empfindlichen Handteller, bevor er weiterdachte. »Armer Janne!«, bedauerte er sogar laut und erlaubte seinen Lippen ein kleines Murmeln, so wie manchmal beim Schaukeln allein im heimischen Saal, wenn der Abend dahingegangen und der Gedankenfaden befingert ist, sodass es daran nichts weiter zu zerfasern gibt. »Armer Janne!«, wiederholte er gedankenlos; welcher Speichelfluss spülte ihm ausgerechnet Jannes Namen auf die Zunge, wo er doch eigentlich mit Siviä Mitleid hatte und die wahre Seelenklemme sich auf den Menschen mit den Mädchenwangen und auf seine Patentochter bezog: weiblich und leidend wie alle, denen Gott als Vortrost und zum Ausgleich aus Bedauern über die Schmerzen der Geburt haufenweise Anmutswunder in die funkeläugigen Vollsterne gegeben hat und Blutsanmut in die zarthäutige Herzwärme, die wogte wie Gras! Aber was stehe ich hier noch vor dem Tisch herum, wo die Kanne doch vom Boden aufgehoben und das Mischwasser auf seinen Platz neben den Karaffen gestellt worden ist?, erforschte und überlegte er sich kaltblütig, weil eine gewisse aufkommende Faulheit im Fluss der Gedankenader ihm mitteilte, dass bei diesem Manöver das Ufer allmählich erreicht und es höchste Zeit war, an die Wende zu denken und ans Drehen des Bugs und den Baum für einen neuen Wind zu lösen.

Immerhin blickte er, bevor die Schoten an ihren neuen Belegnägeln straff gezogen worden waren und der bisherige obere Rand des Bords mitsamt seiner Flanke unter Fahrtdruck und in den Anschub durch das Meer kam, noch einmal kurz und spielerisch und mit einem Blinzeln des linken Lids über dem Augapfel auf das stachelige Teufelsding, mit dem seine Handflächen eben in kameradschaftlicher Arbeit zu tun gehabt hatten. Da stehst du nun zwischen den Gläsern auf dem Tisch wie die Pröpstin in ihrer breiten Krinoline nach der Bischofsvisite im Festsaal des Pfarrhauses!, lamentierte er in seinem Herzen über das unwissende Porzellan, weil er nun mal Menschenhaut auf der Handfläche hatte, auch wenn es sich um die Pranke eines Seemanns handelte. Was muss man auch alles aufheben, was man auf dem Fußboden sieht!, belehrte er sich für künftige Fälle selbst, wenngleich er damit zufrieden war, in Siviäs Angelegenheit doch ein wenig und an augenfälliger Stelle geholfen zu haben. Man kann Menschenmädchen vielleicht nicht davor retten, dass sie weiblich und hitzig sind, aber man kann Barmherzigkeit für sie empfinden und Porzellangefäße Porzellangefäße sein lassen, auch wenn sie noch so feurig und teuflisch in der Pfote brodeln!, dachte er unterwegs und zum Zeitvertreib, da sein Kurs nun zurück in Richtung Sofa führte und er gleich wieder seine Pfeife in die Hand nehmen und tief in der Faust den verlässlichen Meerschaumkopf streicheln und halten durfte, dessen vertraut gemütliche und gleichmäßig warmen Wände beim Schmauchen weder in der Hand noch in der Herzgegend je mit der grimmigen Sudhitze aus Porzellankühle oder den noch brennenderen Wutpfeilen aus den eiskalten Holdaugen einer Jungfrau flämmelten! Die Pfeife ist, wenn sie zieht und wenn Stiel und Brust gereinigt sind, ein einfaches Gerät und beherrschbares Ding, und der Mensch, der in Ruhe mit der Pfeife und seinen eigenen Gedanken auf dem Sofa sitzt, ist in seiner Ruhe ein gelassenes Geschöpf, aber nimm deine Pfeife aus der Kinnlade und gehe bloß zwei, drei Schritte über den flachen Fußboden, schon merkst du, dass du, vom Atlantik und der Bauchatmung des Ozeans hin und her geworfen, auf Deck deines Kahns und Schiffsgefäßes nicht schaukelnder auftrittst und schwankender gehst als auf der kurzen Sohlenstrecke im balkengezimmerten Saal, beäugt von deinen gleichbärtigen Nachbarn: Du bist dieselbe flatternde Menschenborke, was das Schwingen deiner Gemütsmähne und die Standfestigkeit deiner Beinstelzen betrifft, ob du nun über den platten Boden in einem Saal auf felsenfestem Fundament und wackelfreien Föhrenbalken stapfst oder ob du auf deinem schwankenden Schiff um den Preis ganzer Schritte zur Seite halbschrittweise vorwärtstorkelst, während das Meerestosen aus einer Tiefe von hundert Klaftern unter den knarrenden Bretterfugen braust! Härkäniemi war ein nachdenklicher Mann, als er nun seine Rockschöße am Hinterteil sortierte und sich bequem wieder auf dem Sofa einpasste sowie mit zwei Vorabzügen ausprobierte, ob noch Leben in der Pfeife war und es tief in ihrem Herzen noch treu knisterte: Es herrschte Ordnung daheim im Pfeifenkopf, das Einsaugen des Rauches war im Gange und der Mann wieder glücklich im Hafen. Warum begibt sich ein vernünftiger Mann auf See und auf Fahrt, wenn nicht dafür, dass nach dem vielen Schaukeln ein ordentlicher Lebensabschnitt mit Hafen und Vor-Anker-Liegen kommt!, segnete Härkäniemi inmitten der dicker werdenden Rauchwolke sich selbst und das Angenehme seiner Lage und wunderte sich darüber, dass er in seinem Alter noch und auf dem Festland im Dienste von Frauenzimmern umherläuft und sowohl die Spannungsschauder wie auch die Friedensruhe des Seemanns schmeckt!

Im Saal hatten also Härkäniemi und Härkäniemis ernste Taten und Bemühungen beim Hüten der Grogwasserkanne die Aufmerksamkeit und Augengedanken so vollständig auf sich gezogen, dass, um die Wahrheit zu sagen, Siviä an allen vier Wänden gänzlich in Vergessenheit geraten war, falls nicht Janne möglicherweise an der seeseitigen Wand sich ihrer noch erinnerte und in seinem Jungmännerkopf kleine Gedanken über den Vorfall hegte, jedoch keine weisen, wie sie bei Härkäniemis Alter und Erfahrung hätten gedacht werden können, sondern im Gegenteil solche, bei denen man sich wie der Hering im Netz aus einer Masche in zwei und gar in drei hineinstrampelte und sich dadurch noch schlimmer in den Fäden verfing: Ein flackerndes Augenpaar ist schön zu betrachten in einem schönen Gesicht, solange man nicht daran denkt, dass man sich daran verbrennen kann, wenn man mit den Fingern zu dicht an ihre Spitzen gerät, so wie es mit Sicherheit der Fall ist in den Wochen nach dem Hochzeitstag, von denen es im Leben viele gibt! Siviä war ansonsten und in den Gedanken der anderen im Saal also während Härkäniemis Fleißarbeit völlig in Vergessenheit geraten, und wer bei den Geschehnissen im Saal die Fäden geordnet halten wollte, musste sich geradezu anstrengen, um sich zu erinnern und die Fasern des Erinnerungsknäuels in seinem Kopf von hinten her auseinanderzuklamüsern, bis er wieder den Faden der eigentlichen Angelegenheiten fand und ihm Alastalos und Pukkilas Aufregung und Kammrötung von eben vor Augen standen, die den einen oder anderen schon auf den Gedanken hätten bringen können, ob der Weg hierher umsonst gewesen wäre und man sich seine Mütze geholt hätte, ohne sich die Fingerspitzen mit Tinte zu besudeln!

Es war im Saal also, von gutem Glück begünstigt, eine notwendige, wenn auch nicht beabsichtigte Zeit des Durchschnaufens und der Zwischenpause eingetreten, eine, wie der Mensch sie sich durchaus mit vernünftigem Entschluss in der Hast zuweilen auch bei geringfügigeren Tätigkeiten und, warum nicht, beim Schlürfen eines zu heißen Schluckes Kaffee zugesteht: Die Tasse muss für einen Moment vorsichtig auf den Fingerspitzen balanciert und vor den hauchenden Lippen gewiegt werden, damit man nicht hektisch Siedendheißes einschlürft und sich unnötig an Zungenspitze und Gaumen die Haut anbrennt, bevor die Brühe abgekühlt ist! Vor allem Alastalo hatte Grund, dankbar für Härkäniemis Aktivitäten und eventuell sogar überlegte langsame Eiligkeiten zu sein – Härkäniemi war ein Fisch und wartender Aland an der Sundöffnung, dessen Schwanzschläge und jeweilige Ausrichtungen des Vernunftsmauls ein Hund erkennen mochte, nicht jedoch ein Fischer und Netzausleger! –, Alastalo hatte in diesem Moment also allen Anlass, ein zufriedener Seehund in seiner Haut zu sein, denn jetzt war er wieder bis in die innersten Winkel seines Bauches hinein ein kalter Mann mit scharfem Verstand im Kopf und ohne geschwollenen Kamm! Es hätte nicht viel gefehlt, und er hätte mit einem Fußtritt Trog und Essensmulde umgekippt! Laufe ich etwa noch immer in den Buxen eines Buben durch die Gegend, obwohl für meine Garderobe so viel Tuch gebraucht wird, dass sogar die Schere des Schneiders in den Kiefern spürt, wessen Weste gerade in Arbeit ist, wenn eine für mich auf dem Tisch zugeschnitten wird!, tadelte er sich selbst und seine Unbeherrschtheit von vorhin und ärgerte sich, dass auch der Mensch bisweilen wie ein geschlossenes Lägel ist, innerhalb dessen Dauben das Blut wie verhext und ohne Nutzen schwappt und spritzt, wo es mit gleichem Tritt und Ruck in vernünftige Brettermulden und Laufrinnen geleitet in der gemeinsamen Getreidemühle der halben Gemeinde die schweren Steine rumpelnd in Bewegung setzen und zum Mahlen bringen könnte! Da vergeudet man sich und seinen besten Schwung genau in dem Moment ans Aufregen und Nasenschniefen, wo der Arm ausholt und der Steinbrocken aus der Daumenzange auf die Reise schnellen will, bei der er Goliath an die Stirn und das Eichhörnchen vom Ast schlägt!, lamentierte er und rügte gesalzen sich und seine Unbeherrschtheit: Wütend werden kann man auch später noch und gar aus vollem Leib, wenn man nur so lange einen kühlen Kopf bewahrt und sowohl den Verstand als auch die Zunge schnell gespitzt hält, wie auch der am Bootsrand entlanggezogene Hecht mit dem richtigen Ruck und ohne dass die Schnur reißt, aus dem freien Schwimmen und Schwanzschlagen als fliegendes Pfund an Bord geschleudert werden muss, wo er dann zwischen den Duchten zappeln darf. Es kam ein kräftiger Knick in Alastalos Erwägungen, als er es jetzt, noch bevor er sich im Klaren darüber war, um wie viel Zoll an den Schnüren nachgegeben werden musste, damit die Maßnahme griff, wenn es so weit war, vermied, vorläufig und so lange, bis die Fingerspitze des Verstandes das Gefühl hatte, den richtigen Drücker zu streifen, auch nur einen flüchtigen Streifblick in die Ecke des Saales vorzunehmen, von der er wusste, dass dort Pukkila saß: Auch wer sich an die Fichte mit dem Auerhuhn heranschleicht, hütet sich davor, das Biest durch verfrühtes Anspähen vom Ast zu scheuchen!

Lasse ich den Mistkerl samt seinem Sohn im Gänsemarsch aus dem Saal gehen, dass die Hosenbeine an den Schenkeln flattern, oder beschwichtige ich den Gänsehahn vor dem Aufschnattern und dem darauf folgenden Flossenmarsch?, überlegte Alastalo schnaufend und hielt die Augen wohlweislich auf das Blatt des Barkvertrags gerichtet, dort auf dem Tisch, damit kein Unnützer genau den Knackpunkt abpasste, in dem ihm etwas in den Sinn kam. Eenokkis hingekrakelte Elsternklauen standen nach wie vor zuhauf in voller Bogenbreite auf dem feierlichen Papier unter Langholmas würdevollem und dem eigenen energischen Namenszug und ärgerten das Auge: Hätte er wenigstens Pukkila aufgefordert, als Dritter seinen Namen hinzuschreiben, dann wäre der Vertrag bis dahin ein sauberes und stattliches Papier, das man vor anderen ausbreiten konnte, denn Pukkila, was man auch sonst über ihn denken mochte und was für eine missliche Stolperschwelle er auch sonst in vielen Angelegenheiten war, hatte eine Handschrift so flüssig wie eine Lüge, und seinen Namen schrieb er mit Schnörkeln aufs Papier wie ein Amtsgerichtsdirektor und so spektakulär wie ein Graf! Alastalo rieb sich den Nasenflügel mit dem Daumen, ehe er etwas sagte, das er später vielleicht bereute, aber er dachte, dass ein schlimmer Stier und Rammbock an der Kette und innerhalb des Gattergestänges doch ein verlässlicheres Biest und leichter zu führendes Kalb ist, als wenn es als Freiherr auf der Weide singt und als Hornbaron vorm Hof steht; und so linste er probehalber und seitlich verstohlen mit kurzem Blick und vorsichtigem Schielen in die seitlich gelegene Gegend, wo er auf dem Sofa und bei Pukkila den Vorgeschmack und die bösen Blicke aufzuschnappen wusste, die er brauchte. Es war ein schneller Seitenblick, und schnell kehrten die Augen wieder nach Hause zurück, aber Pukkila war von da an ein gesehener Mann, und in Alastalos Gedankenhänden juckte eine Ahnung davon, in welche Richtung und wie kühn die Pinne nun zu drücken war, falls bei der jetzigen Wendung zufällig eine günstige Bö kam und das Segel wieder ins Sausen käme und der Bug ins Pflügen: Ist die Windrichtung erst mal gerochen, dann hat der Steuermann an Bord nicht mehr zu tun, als gelassen abzuwarten und beide Augen unter den Brauen wach zu halten!

Pukkila auf dem Sofa war vom Gesicht her nämlich ein deutliches Papier und eine Fibel für denjenigen, der vom Blatt lesen konnte. Tatsächlich war der arme Mann in diesem Moment schwer geprüft und saß auf seinen Rockschößen wie auf Kohlen. Die Ehre ist eine teure Angelegenheit für den Menschen, und die Ehre hätte ihm nach Alastalos donnernden Worten von vorhin ein für alle Mal auf der Stelle und bald nachdem das Ohr begriffen hatte, dass die Rede um ihn und seine Söhne ging und um seine Hast bei den Heiratshändeln seiner Söhne, die Ehre hätte ihm ein für alle Mal und flugs befohlen, schnurstracks und wie eine Kugel aus dem Büchsenlauf vom Schwarzpulver getrieben den Saal zu verlassen, Evald als Zunderzugabe hinterher, aber der flüchtige Moment und die günstige Sekunde war nun ausgesessen und im Kopf der Teufel los mit Gedanken und Ratschlüssen der Vernunft! Verflixt, weggehen hätte man sollen, die Kurve kratzen, dass die Nasenspitze Feuer durch die Reibung mit der Luft gefangen hätte, aber was danach? Er hätte mit seinem Jungen vor der Tür im Gang gestanden, und die anderen wären drinnen im Saal geblieben! Auf den Hof natürlich und zum Boot, auf die Slup wäre er gegangen, wäre er gestiefelt und hätte die Segel an den Masten gesetzt, die Lappen, die verdammten Lappen, aber was hätte er Evald sagen sollen, dem Jungen, dem Bengel auf der Ducht, und was hätte er in seinen eigenen Bart genuschelt, in seine Barthaare, auf der Heimfahrt?

Ein Hund mit einem Pechklumpen im Maul, den er anstelle eines Speckstücks hastig zwischen die Zähne geschlungen, hinters Zahnfleisch geschnappt hat – ist das vielleicht ein hübsches Tier und an Deck niedlich anzuschauen, wenn er sich wie ein Welpe rollt und rangelt, mit aller Macht das Maul aufreißt und mit gespreizten Krallen nach den Kiefern greift und kratzt, der bittere Priem sich aber, der schwarze Brocken zwischen den Zahnfleischhäuten, sich trotzdem nicht im Biss lockert und aus der Öse löst, nein, selbst wenn er noch so auf dem Bauch über das Deck würmelte oder die Scharniere im gedehnten Fletschen rückwärts ruckelte? Was für ein Welpe wäre ich und auf was für einen Pechpriem würde ich im Boot beißen, in der Slup, sage ich, auf der gesamten Heimfahrt und auch daheim noch am nächsten Tag, und nach dem morgigen Tag noch Wochen und jenseits der Wochen weitere Wochen lang, während derer ich auf den Pechpriem beißen würde, der sich nicht löst aus meinen Zähnen, meinem Gaumen und Gemütsbauch? Pukkila schüttelte es allein bei dem Gedanken am ganzen Leib, und unter seinen Brauen sprühte die offene Wut Funken in genau die Richtung, wo der Blick eines erzürnten Augenpaars rechts und links des Zinkens hinfällt, wenn ein gekränkter Mann in einer Linie über die Nasenspitze hinweg und ohne auszuweichen geradeaus schaut. Die Stelle des Sofas, auf der Pukkila saß, befand sich auf den Zoll exakt gegenüber der Mauerecke, wo Krookla seinen Stuhl hatte, und so wurde jetzt Mikkelsson Krookla unweigerlich und so sündig oder sündenfrei, wie er nur je in seiner Gestalt wohnte und auf seinem Stuhl saß, mit seinen körperlichen Bestandteilen von einem in diesem Augenblick gnadenlosen und gefährlichen Pukkila ins Auge gefasst. Sogar so eine in die Jacke geknöpfte Hopfenstange, so ein in Hosen gestecktes Spreizstaket, bei dem auch im Gesichtsstreifen nicht mehr einberechnet worden ist als der Knochen eines Nasensparrens, der beim Prüfen der Schuldscheine über die Kinnspitze hinausgewachsen ist, so ein Spinnerich mit Fingernägeln an den Zinspapieren, so ein Saugrüssel an der Flaschenbuddel, so einer würde hier sitzen bleiben, und ich wäre verrückt, würde ich hinausgehen und die Tür hinter mir zuschlagen, während so einer, verflixt, auf der Stuhlkante sitzen bleiben würde und dabei aussehen wie ein gehenkter Dieb, der am Strick baumelt, der dahocken und warten würde, diese elende Krähe von krächzendem Krookla, hinter der ellenlangen Nase so habgierig wie die leere Holzfigur an der Kirchentür, die auf das Klappern der Münze in ihrem Brettermagen wartet, und so dumm, wie der schlummernde Schlafglöckner in der Kirche beim frommen Nickerchen an der Bankwange auf das Amen in der Predigt des Pfarrers lauert, würde dahocken und geduldig wie der Teufel auf den Tod des Sünders, auf das Neigen und Nicken des Nackens warten, ob Alastalo vom Tisch her winkt, und er in seinem Mauerwinkel die Scharniere lockern und durch den Raum gehen, seine Knochen bis ans andere Ende des Saals befördern darf, zur schweren Schreibarbeit auf den Papieren und Barkverträgen, die dort ausgebreitet seiner harren. – War doch Mikkel Krookla ein gefestigter und dickhäutiger Mann, den kleine Wetter nicht aus der Fassung brachten, solange er auf seinem Platz in der Ofenecke hocken konnte, und außerdem versengte es einem Menschen nicht den Haarkamm, wenn er von einem anderen böse angeschaut wird, vor allem dann nicht, wenn ein ganzer Saal dazwischen liegt, so wie in diesem Moment auf Alastalo vom hinteren Sofa bis zum Kachelofen, aber die spärlichen fahlen Halme am mickrig bewachsenen Kinn ebendieses Mikkels begannen mit der Zeit nun doch, ein gewisses Nissenjucken an den Wurzelstummeln zu empfinden, als das Augenpaar uhrenlang die Kieker wie Schwefelgestank unverwandt auf den Flaum gerichtet hielt, der, ganz gleich, was er auch darbot, doch immerhin der eigene ehrliche Bartwuchs eines Mannes war! Krookla ging deswegen auch schon dazu über, sich mit der Daumenspitze die Unterkanten seiner Backen zu reiben, denn er hatte sich dem eigenen Empfinden nach nicht mehr zuschulden kommen lassen, als auf seinem Stuhl zu sitzen und zu warten, bis er rechtmäßig an die Reihe kam. Der frisst mich mit den Augen auf, obwohl er weiß, dass ich spätestens nach Eenokki losgehen und meinen Namen schreiben muss, wo Alastalo schon gewinkt hat! Gewiss hat er Verstand und begreift, dass er mir etwas schuldet, sodass es keinen Anlass gibt, zu quengeln, selbst wenn Alastalo mich vor ihm und nach Langholma und von mir aus auch nach Eenokki auffordert, an den Tisch zu kommen!, dachte Krookla und wurde nun seinerseits allmählich grantig: Der spießt mich auf, als wäre ich ein Stückchen Wurst und eine Schweinshachse auf seiner Gabel und Zinkenspitze!

Jetzt waren es also schon zwei im Saal, die einander gegenübersaßen und sich belauerten, obwohl die Wutaufwallungen in diesem Augenblick wahrscheinlich auf beiden Seiten ziemlich sinnlos waren und eigentlich eher aus der Erbsünde der menschlichen Nackenhaare und vom natürlichen Schwellkamm kamen, als Zorneswerk aus dem Bewusstsein des Herzens und die Sünde vorsätzlichen Drohens waren. Schließlich kommt es auf einem Hof gelegentlich vor, dass sich zwei Stierjünglinge hörnerseitig gegenüberstehen und auf dem Misthaufen zwei junge Hähne Schnabel gegen Schnabel gegeneinander stochern, und auch da hilft normalerweise nichts anderes als heftiges Stirnrempeln und Nackendrücken zwischen den zwei Hufmajoren oder noch heftigeres Flügelzappeln und Zehentreten der zwei Sporenschwinger und Hahnenkammträger, aber weil der Mensch manchmal klüger ist als das Tier, erkannte Pukkila diesmal und bei diesem Stochern mit den Augenspießen und bei aller zänkischen Errötung, dass er seinen Zorn ganz sinnlos und umsonst in die Region des Raumes und den Sektor des Saales vergeudete, in denen der Stuhl stand, auf dem Mikkel Krookla in seiner ganzen körperlichen Sichtbarkeit, wenngleich nicht fehlerhafter als gewöhnlich, zufällig im Blickfeld saß. Was habe ich eigentlich hier und jetzt mit dem Mikkel und dem ganzen Leib von Krookla Gericht zu halten und Augensalze auszutauschen, wo doch nicht einmal ein Zinstermin ansteht, dachte Pukkila pfeilschnell und nüchtern und richtete, zur Vernunft zurückkehrend, auf der Stelle die Augen samt ihren Funken nach links und neben sich: Ich blicke einfach zur Seite auf die Blecheinfassungen und auf das Messing am Ofen, dann kann ich in aller Ruhe und so stur ich will vor mich hin gucken und mich ärgern und auf der Lauer liegen, ohne dass es dem blöden Blechkram mit seiner Glanzbehaarung sauer aufstößt und er plötzlich zurück- und einem unschuldigen Menschen in die Augen spuckt, so wie gewisse andere und scheele Krooklas es tun!

Sapperlot aber auch, wenn man nur wüsste, ob man den Anker lichten und vom Sofa weggehen, die anderen sitzen lassen und sich die Nasen putzen lassen soll, ob man die Tür so hinter sich zuschlägt, dass die Wandbalken noch eine halbe Stunde später mit ihrem Föhrenholz singen, oder ob man klug bleibt, den Stolz mit dem Sacktuch zusammenfaltet und in die Tasche steckt und den Ärger und die Gräten schön und ohne zu husten herunterschluckt, sodass es keiner merkt! Prächtig würde es sich zweifellos ausnehmen und für eine Weile Stille im Saal herrschen, wenn die Tür zugeknallt wäre und jeder denken würde, dass Pukkila gegangen ist, Petter Pihlman ist nach Hause gegangen und kehrt nicht mehr zurück! Aber was dann und danach? Wie würden die eigenen Gedanken im Bart schmecken, wenn man im Boot nachdenkt und weiß, dass die anderen geblieben sind und im Saal der Vertrag vervollständigt wird, obwohl man selbst davongegangen ist, und was macht man im Herbst, wenn man vom Fluchen müde ist und vom Fenster aus zuschaut, wie auf dem Ströömi hin und her geschippert wird, dass man Mitleid mit den Kielen kriegt, und Alastalo bei Langholma zu tun hat und Langholma bei Alastalo, und ich darf mir drei Fahrten in der Woche notieren und in den Kalender schreiben, während die anderen geschäftig sind und ich herumliege! Und auf dem Kirchenhügel? Ich teere den Winter über meine Seele und mein unsterbliches Selbst mit Sünde, wenn ich mein Gesicht kein einziges Mal in dem Dorf zeige, in dem die Kirche steht und wo sogar die wahnsinnigen Weiber und die Zaunpfosten am Gatter von Barken und Alastalos Toppstangen quasseln, so viele Tage, wie das Jahr Sonntage nach Dreifaltigkeit und vorm Advent hat, ganz zu schweigen von den Männern und Menschen, die schon das Maul bis zu den Achseln aufreißen und die Zunge fleddern, wenn sie in einer Werst Entfernung etwas sehen, was einem Nasenknubbel ähnelt! Eher schnabuliere ich mit dem Brei ein Stück Dreck, das in den Topf gefallen ist, vom Löffel und schlucke es mit dem Stiel voran und dem Gezweig gegen den Strich den Hals hinunter ins Gedärm, als dass ich bei lebendigem Leib das ewige »Alastalo-Alastalo« in den Ohren ertrage und in meiner unabgezogenen Haut den Tag ertrage, an dem die Bark fertig beflaggt in Alastalos Uferbucht liegt und die gesamte Gemeinde versammelt ist, die Inselfelsen vom Donnern der Startkanonen erzittern und ich mir daheim im Bett die Decke über die Ohren ziehe, damit ich es nicht hören muss! Es gibt Stunden im Leben, da dem Menschen sogar die eigene Zunge im Mund bitter schmeckt, und Pukkila dachte mit Bedauern auch an seinen Schornsteinhut, der an einem solchen Tag staubig und ohne abgewischt zu werden, unbenutzt und ungebürstet im hinteren Fach des Kontorschranks liegen bleiben müsste!

Herzbitter ist Herzbitter und ermutigte ganz und gar nicht die Mannhaftigkeit des Aufbrechens, insofern sich in der ersten Wallung der Aufregung derartige Gedanken im Kopf erhoben hatten, außerdem wehte durch die Luft noch mehr Spürbares in die Nasenlöcher, das ein Verlassen des Saals genau in diesem Stadium sehr erschwerte und ziemlich viel Charakter erfordert hätte, sogar pure Verrücktheit, sobald man die Hörner der Vernunft wieder ein bisschen zu fassen bekam. Als nämlich Siviä eben in den Saal gekommen war, wie auch bei ihrem Abgang aus demselben, war beide Male mit dem Öffnen der Tür von der Stube her ein so kräftiger und aromatischer Wohlgeruchsduft hereingeweht, dass die Luft im Saal noch immer dick vom fetten Bratenbrand und anderen geschmacksreichen Dämpfen war. Man musste kein Moses und kein Prophet sein, um zu verstehen, dass in der Stube etwas zubereitet wurde und dass derjenige, der jetzt den Saal verließ und kurzschnäblig nach Hause fuhr, die Tür beinahe so hinter sich zumachte, als würde er von schüsselfertigen Leckereien auf dem gedeckten Tisch aufstehen, ohne auch nur einen Bissen von Eevastiinas eine Woche lang zubereitetem Besten gekostet zu haben!

Der Mensch ist und bleibt eben Mensch, und Eevastiina Alastalos Festgerichte waren in der Gemeinde berühmt, und Pukkila gehörte beileibe nicht zu der Menschengattung und den Kindern Israels, bei denen der Verstand falsch herum und mit abgekehrtem Rücken im Kopf steht, wenn von vorne gute Gerüche in die Nüstern ziehen. Auch wenn Pukkila, was das Aufbrechen betraf, also keine weiteren und auch ernste Gründe und Verstandesvorbehalte gehabt hätte, um weise zu verweilen und sich vorsichtig zu bewegen, anstatt Hals über Kopf seinen Platz auf dem Sofa zu verlassen und auf die Tür zuzugehen, so wäre er jetzt, da es auch durch das Zeugnis der Nasenlöcher eine klare und unausweichliche Tatsache war, dass in der Stubenkammer und jenseits der Tür ein gedeckter und, der festen Fülligkeit der Düfte und der Frische der Geruchswehungen nach zu schließen, ein voll beladener und mit Essen überhäufter Tisch stand, so wäre er jetzt komplett verrückt und nicht Pihlman Pukkila gewesen, hätte er sein Ohr leichtsinnig dem Stolz und den Einflüsterungen des Versuchers geliehen, bevor die Mahlzeit angeboten und verzehrt war. Pukkila blieb also auf seinem Platz und dachte, ich warte noch ein Weilchen, bevor ich gehe: Nach Hause schaffe ich es auch später noch, und aufbrechen kann man immer, man muss einfach gehen!

Bei Langholma hatte sich an dem Punkt die Stirn in Falten gelegt, wie wir uns erinnern und wie es auch natürlich war bei seiner Position im Schaukelstuhl in Alastalos Saal und als Langholma in der Gemeinde sowie als Efram Eframsson vor sich selbst, an dem von Alastalo jenes unbeherrschte, wenngleich mit der Bö des Zorns erklärbare und nach Pukkilas andauerndem Nörgeln und Quengeln den ganzen Tag durchaus verständliche Wort von vorhin entfahren war, für das man sich trotzdem bald schämte, nachdem man es gehört hatte, und dem es ausgezeichnet angestanden hätte, als menschlicher Gedanke unter Männern und im sachlichen Gespräch unausgesprochen hinter den Zahnreihen zu bleiben. Schon bald nach Alastalos Wort, als der Frosch schon unpassenderweise aus dem Bart des vernünftigen Menschen und ausgewachsenen Mannes gesprungen war, hatte er Anstalten gemacht, den Mund zu öffnen und etwas Scharfes herauszuschmettern: ob es sich etwa gehöre und angemessen sei, in Angelegenheiten und Schiffsverhandlungen den Namen der eigenen Tochter und unschuldigen Siviä hineinzumengen, und sei es blind vor Wut und mit schäumendem Blut. Da war das Mädchen jedoch selbst als ihr eigenes Bildnis in der Tür erschienen und in den Saal gekommen, sodass er sich hatte zurückhalten müssen, solange das Prachtstück sich im Raum und vor aller Augen zu schaffen machte, und es sich nicht schickte, auch nur ein Wort zu sagen, sondern lieber den Mund zu halten und auch die Scham über sich selbst zu schlucken, wo man sich doch immerhin für einen ernsthaften Mann hielt und jetzt trotzdem mit eigenen Ohren unter den anderen saß und zuhörte, wie über ebendiesen Menschenspross Gedankenlosigkeiten und Dinge gesagt wurden, die schon aus Gründen der Schicklichkeit die eigene Anwesenheit nicht duldete. Langholma hatte also die Stirn in Falten gelegt, und an seinen Brauen waren schroffe Wolken gewachsen, wie es vorkommt, wenn sich ein heißer Tag neigt, eine schwere Wand und ein bedrohlicher Turmzacken an der Stirn des Himmels wächst und sich an der sich verdüsternden Ostseite am halben Firmament hinauf bis zu den höchsten Höhen zieht. Aber dann schlägt doch nicht immer des Gewitters wütender Donner die Faust gegen das Himmelsblech und lässt auch die düstere Brust der schwarzen Wolke nicht ihr Tosen im Schwall über den geduckten Landmassen herausplatzen, weil noch Jakob an seinen Toren steht und die Rosse des Herbstes zurückhält; in den Ländern herrscht Sommerwetter, der Atem der Meere ist julihaft mild, und das beschwichtigende Glitzern auf den Wasserzonen bringt auch den gröbsten Galopper zur Mäßigung. Es platzte das Gewölk auch an den Brauen von Langholma nicht mehr, als es sich mit lauem, davonziehendem Donnern in den aufklarenden Lüften verlor, denn auch das strenge Gesicht ist aus Menschenknochen geschnitzt und in Menschenhaut gekleidet, und nicht einmal die steinerne Oberfläche der Gesetzestafel und das Sinai-Gesicht von Moses hätten, ohne dass ein Lachschauer im Mundwinkel gezuckt hätte und ohne mit gelöstem Lächeln in den Augenwinkeln mit den Lidern zu flattern, den Anblick ausgehalten, wie der breite Härkäniemi sich mit seinen Schultern bückt, so weit sich die Ellenlasten des Rückens biegen, und in steifer

Handlung mit seinen Hufen die kleine Kanne und das siedend heiße Teufelsporzellan vom Fußboden aufnimmt, sobald er sich mit seinen Fingern in dessen Nähe gewagt hat, und sich auf mannhaftem Kurs ermutigt, ans Werk zu gehen. Tatsächlich strich dies die Faltenfurche sogar auf Langholmas Stirnsteilhang fast gänzlich glatt, und in die Augenstrenge schmolz ungewollt ein glänzendes Blinken der Belustigung, als der Bär mit flinken Tatzen über den Boden flitzte, da er mit der Porzellankanne in den Pfoten mehr als brennend heiße Eile und Härkäniemi eine Glimmfliege in den Fäusten hatte, bevor das Biest fein säuberlich auf der Tischplatte zischelte, der Mann in Ehren seine Handflächen von der Glühhummel befreit hatte und wieder als freier Junggeselle und unverheirateter Herr über die eigenen Hände im Saal stand. Auch du hättest allerhand Gaben zum Ehemann und bravsockigen Tapser, auch wenn sie in diesem Leben ohne Anwendung bleiben, dachte Langholma in der müßigen Ecke seiner geräumigen Denkstube, in der auch Platz für aufblitzendes Lachen war, und merkte selbst, dass die Mürrischkeiten des Gemüts nach Härkäniemis Taten und Mannhaftigkeiten ein wenig verspätete Gerichte waren, um sie jetzt noch im Saal zu servieren. Langholma saß nun also bereits wieder gelassener und, was die Blickführung betraf, sanftäugiger da, als man es nach der ersten Genickhebung vielleicht erwartet hätte, auch der Schaukelstuhl war wieder ins Wippen und in Bewegung versetzt worden. Schließlich hatten seine Sinne ebenfalls die guten Düfte wahrgenommen, die durch das Öffnen der Tür von der Vorderkammer her in den Saal gefächert worden waren: Es ist schwer, die Strenge zu wahren, wenn man weiß, dass die Wirtin des Hauses in der Stube um ihrer Gäste willen in voller Rührigkeit und Herzensgüte hantiert und dass jenseits der Wand mit fliegenden Rockschößen vollgestapelte Körbe als Tafelvorrat auf den Tisch getragen werden, während in den Öfen Bratleckereien schmoren, was das Zeug hält, und vollgehäufte Schüsseln im Ofenfach und auf den Topfflächen warten! Anstatt eines schlimmeren Donnerns ging von Langholma jetzt also nur ein leichter Tadel und ein um Versöhnlichkeit bemühtes Wort der Warnung aus, das aber auch nicht mit sonderlicher Stimmschärfe gestrafft war. »Ihr scheltet euch gegenseitig wie die Kinder, die noch nicht in der Konfirmandenstunde gewesen sind, und vergesst die eigentlichen Sachen! Soweit ich weiß, ist das Unterschreiben des Barkvertrags noch nicht abgeschlossen, kann man da nicht das übrige Zanken bleiben lassen?«, fragte er leichthin, warf einen vielsagenden Blick auf Alastalo und hielt erneut seinen Schaukelstuhl an, damit er während seiner Worte nicht knarrte. Pukkila wurde dabei von den Augen nicht einmal auf die Hörner genommen, was dieser allerdings bemerkte, weshalb er sich im Herzen neben allen anderen Rückschlägen und Verdrossenheiten zusätzlich darüber ärgerte, dass er nicht einmal des Tadels für würdig befunden wurde, wenn dieser einen anderen und Herman Mattsson Alastalo traf.

SIEBZEHNTES KAPITEL

Pukkila wird nun doch aufgefordert, unmittelbar nach Karjamaa und vor Härkäniemi und Krookla seinen Namen unter den Barkvertrag zu setzen.

Alastalo hatte also Zeit bekommen, um nachzudenken und zu sich zurückzukehren. Auch ihm waren Härkäniemis Anstalten auf dem Fußboden und das Geschnaufe und die sorgsamen Maßnahmen beim Umgang mit der Grogwasserkanne eine genehme Zwischenmahlzeit gewesen, da sich das Blut ohnehin vom Aufbrausen und Schäumen langsam beruhigte und die Faust der Vernunft die Zügel der Geduld, die sich ein wenig losgerissen hatten, wieder straff zog und in die Zucht der Hand brachte. Hier wird nicht gerannt und galoppiert, weil die Gatter und Tordurchlässe eng sind!, beschwor er sich und hielt sich selbst hart an der Kandare. Stampfe mit Macht den Fuß auf und knete im Stehen den Lehm wie ein Weib mit Ellenkraft den Teig in der Schüssel, solange du nur auf deinem Platz bleibst und die Hufe nicht weiter als um die Zollspanne streckst, über die man einen Hornhuf hinauslässt!, mäßigte er den Mähnenwerfer in seinem Blut und sägte er mit dem Zügel dem wilden Wallach den Mumm am gebuckelten Nacken ab und drückte ihm die Schnauze nieder, damit das Nüsternschnauben aufs Brustgeschirr blies. Ich ärgere mich wie der Teufel über Pukkilas leeres Geschwätz und fliege in meinem Zorn wie ein Huhn Hals über Kopf gegen die Bretterwand des Stalls!, grollte er noch, als er schon merkte, dass er sich beruhigte und kühl den Grund und Boden bedachte und betrachtete, der jetzt auf der anderen Seite des Grabens sich anbot, weil er nun einmal Anlauf zum Sprung genommen hatte und es der Nase nicht guttat, im Grabenschlamm zu landen. Ich werde mich nicht mit Pukkila streiten und wegen eines widerspenstigen Widders die ganze Hammelherde hinter den Zaun sperren: Tor auf und runter mit den Balken, auch wenn das sture Spreizhorn als Erstes zu den Mutterschafen marschiert und die wahren Widder erst mit der Herde und im Trupp der Trächtigen!, schlussfolgerte er und band und knotete das Pflockseil an den schnaubenden Stier der Wut in seinem Herzen. Ich schlucke es herunter und beordere den Teufel als Ersten an den Tisch und zum Barkvertrag, so wird man ihn los und streichelt die fauchende haarige Katze zum schnurrenden Miezenrücken!, beschloss er und legte bereits die eigenen Sträubhaare an, blickte sogar schon zur Seite und auf Pukkila persönlich, geradezu wie als Werk der Versöhnung und mit der kleinen Absicht eines Friedensschlusses, wenn auch noch mit kleinen Anzeichen von Missmut um die Augen: Immerhin hatte der Kerl ihn dazu gebracht und einen nüchternen ausgewachsenen Mann am helllichten Tag und unter Menschen mit seinen verflixten Ketzereien dazu verleitet, etwas aus dem Mund zu lassen, über das er sich im Nachhinein schämen musste, sobald er zur Vernunft kam, und in seiner blinden Wut sogar den Namen Siviäs, der eigenen Tochter, so auszusprechen, dass die Fensterscheiben im Saal in den Bleieinfassungen geklirrt hatten!

Selbstverständlich wäre Mikkel in der Ecke und im Kachelofenwinkel eingeschnappt und würde rümpfnasig auf seinem Stuhl sitzen, wenn Pukkila vor ihm, als Vetter Langholmas und Herrn von Krookla, sich auf den Weg machte, um seinen Namen unter den Vertrag zu setzen, und natürlich wäre von Rechts wegen jetzt eher Härkäniemi mit dem Unterzeichnen an der Reihe, so wie er es zuvor schon und selbst vor Eenokki gewesen wäre, als Nachbar und guter Helfer in etlichen Angelegenheiten sowie übrigens auch aufgrund des Fassungsvermögens und der Größe seiner Brigg *Toivo*, und außerdem von seiner Ausgewogenheit in sonstigen Umständen und Vernunftanwendungen her, aber Härkäniemi kann man ein kleines Augensignal zuzwinkern, und er begreift, was Sache ist, und versteht das Manöver, und bei Krookla wiederum spielt es keine Rolle, ob er ein bisschen böse wird und sein Nasenrücken sich ein wenig seitlich über das anständige dreizollige Hungermaß hinaus und über die Oberlippe zieht, denn die Habgier erlaubt weder dem einen noch dem anderen, den Saal zu verlassen, bevor sein Name auf dem Papier steht und er sich sicher sein kann, dass einst bei der Verteilung auch er seinen Anteil davontragen wird; und der Geiz wiederum duldet es nicht, ob er nun einen nüchternsauren Bauch hat wie ein Salzhering im Fass oder jubelselig unter den Haaren wie Noah nach der Sintflut unterm Traubenstock und neben seinem Lägel steht, der Geiz duldet es nicht, dass er in beiden Fällen eine größere Summe an Schillingen einträgt als den Krümel einer Bruchzahl, deren Wert er vor der Abfahrt zu Hause in der Stubenkammer am Sekretär stehend und die Innenseite des Daumenfingers am Mund befeuchtend in Scheinen abgezählt und von dem anderen dicken Packen getrennt hat, der gebündelt und verschnürt wohlweislich wieder in der hintersten Ecke des hintersten Fachs im Sekretär verstaut worden ist! Die Sache war für Alastalo also klar wie das Rutschen der Kugel auf den Riefen, nachdem der Abzug seine Arbeit gemacht hat, seit Langholma eben seinen verständlichen, wenngleich sanften und dank Härkäniemi gegenüber der ursprünglichen Absicht ziemlich abgemilderten Tadel geäußert hatte und seit er selbst nun, während sich ebenjener Härkäniemi zu schaffen machte,

Zeit gefunden hatte, die Kimme seines Denkens wieder auf das richtige Korn auszurichten und auch die schlaff gewordenen Zügel seiner Natur und seines Blutfohlens wieder in die Hand zu nehmen.

Mit dem höflichen Nackenwackeln, das er von seinem Vater Matias und der gesamten fettglatten Äärtalo-Sippe geerbt hatte und das ihm so manches Mal, wenn es eng geworden war, sowohl einst den schmalen Schilling beim Wiegen der Alandpfunde am Ufer von Stockholm als auch später das runde Pfund gerettet hatte, wenn am Grogtisch der Makler über die Frachten schwadroniert wurde, mit der gleichen nackensteifen höflichen Aufmerksamkeit und erstaunlichen Biegungskunst und Würde des Stumpfgenicks nahm er also auch jetzt genau jenes Nicken um einen Zoll vor, das die Scharniere zuließen und das normalerweise eine ziemlich gefährliche und manchmal auch kostspielige Ein-Zoll-Geste des Respekts gegenüber demjenigen darstellte, dem die verneigungsähnliche Bewegung zugedacht und gewährt war; er nickte deutlich und unter Beherrschung seiner Natur direkt Pukkila persönlich zu, widmete mit einer einzigen Drehung Pukkila allein den ganzen Umfang und die gesamte Überzeugungskraft seiner zwölf Liespfund schweren Gestalt und war zart gegart und einladend wie der braunste Bratenbrocken, der in der Schüssel auf dem Rücken liegt und dem höchsten Tischgast dargeboten wird. »Du bist wohl jetzt an der Reihe und im ersten Trupp als Nächster dran am Tisch und mit dem Unterzeichnen, so wie der Küster ins Weihnachtslied einstimmt und der Floh aus Bellos Pelz ins Bett der Prinzessin springt!«, ließ er die hingestreckte Aufforderung so sauber von der Fläche der Freundschaft rollen, dass nicht einmal Glasaugen auf der Nase ein Härchen Unwillen an den sichtbaren und redlichen Seiten des ehrlichen Mannes abgelesen hätten. »Du hast ja genug Zeit gehabt, dazusitzen und nachzudenken, ob du fünf oder sechs von den vier Vierteln der Bark auf deinen Namen schreibst!«, warf er schmunzelnd als Spottgewürz hinterher, damit die Lachschoten auf den Wangen überdeckten, was möglicherweise noch an Stachelspitzen an den Barthaarwurzeln versteckt war. »Anderen werden Befehle erteilt, aber Pukkila wird gebeten!«, plauderte er nun bereits glatt und wie geschmiert, nachdem das Rad die erste mühsame Runde ohne Quietschen der Nabenachse absolviert hatte und der Boden platt vor ihm lag, nachdem die erste Schwelle überwunden und das Stolperholz mit Glück und in Ehren überschritten war, so hoch, wie ihm der zu überstiefelnde Buckel vor den Zehen anfangs auch erschienen war.

»Du gehst jetzt unterschreiben, dann trauen sich auch die anderen nach dir und zieren sich nicht, während die Besseren wieder sitzen und die Gerichte auf dem Tisch kalt werden!«, schwatzte er jetzt bereits voll und ganz als Alastalo und schaukelte mit all seinen Liespfunden vom Tisch her auf das Sofa und auf Pukkila zu, um diesem die Aufforderung und Vertraulichkeit der Ermunterung auch auf die Schulter und den Rücken zu klopfen, weil er von dort aus und über den Buckel hinweg Härkäniemi besser das kleine Zupetzen des Auges und feine Flattern des Lids und Zwinkerspiel angedeihen lassen konnte, das er für nötig, aber auch für ausreichend hielt, damit Härkäniemi ihn voll und ganz verstand und die Pfeife gelassen im Mundwinkel behalten konnte, solange die Rollen auf dem derzeitigen Webstuhl in den Schnüren rotierten. Auf Pukkilas Schulterknochen klatschte also die ehrliche Handfläche eines ermunternden Mannes nieder: »Ich rede nicht von Pfarrern und auch nicht von Kantoren am gedeckten Tisch nach der Leseprüfung, aber wie würden die Gerichte auf dem Tisch schmecken, wenn kein Koch im Haus ist, und was wäre eine Bark in der Gemeinde und im Geißbockverschlag im Stall, in dessen Kajütensaal als Reeder und oberster Wieherkopf nicht Pihlman Pukkila in Gehrock und Seidenzylinder trippeln würde und zwischen dessen Sprossen und Gestänge kein hungriger Blökmajor als Bartbaron mit gegabeltem Geweih und Vorderlage zur Futterstunde die Hufe stampfen und klappern lassen würde? Geh du nur hin, dann wird das Papier unterschrieben, und der vierte Eckstein ist an seinem Platz, der vierte, sage ich, denn vier ist eine gerade Zahl, und vier Pfoten muss auch der Rahmen eines Hauses unter sich haben, bevor es aufgezimmert auf den Beinen steht!« Alastalo hüstelte, denn der Wortkloß im Hals war wahrhaftig dick, aber er musste heraus, auch wenn es ihn wurmte und auch wenn Alastalo keine Lust hatte, dabei auf Langholma zu schauen, der natürlich mithörte, weil er in der Nähe saß und die Ohren in die entsprechende Richtung hielt. »Wenn du mit Eenokki und uns anderen der Vierte bist, dann stehen die Pfähle aufrecht und die Bohnenstangen bis zum Oberschenkel in der Erde!«, plapperte er und watete er weiter durch den Sumpf, weil er nun einmal mit den Stiefeln ins Nasse getreten war, aber der Stoß, mit dem Pukkila nun auf dem Höhepunkt der Aufforderung im Namen der Freundschaft und mit Rückentätscheln auf die Beine und in Bewegung geschubst wurde, fiel doch ziemlich grob aus. Der Mensch hat seine Natur, und auch wenn man ihr bisweilen von der Weisheit erzwungene Gewalt antut und ihr Aufbäumen züchtigt, so wehrt sie sich doch im Inneren und an den Wurzeln des Gemütes unerbittlich, und in der Tat hatte auch Alastalo dieses Mal alle Hände voll mit sich zu tun, um im Gürtel und in den Fassreifen zu bleiben, solange unnützes Zeug geschwatzt und von Ecksteinen und Grundpfeilern schwadroniert werden musste, solange Pukkila ermuntert und mit Schulterklopfen zu bedenken und die Rede von Pukkilas Unterschrift war. Ein Glück, dass bereits Eenokkis Name auf dem Papier stand, so konnte man den erwähnen und brauchte bei dieser

Zickleinschur und diesen Bocksspielen keine Besseren, die zum Übelnehmen neigten, beim Namen zu nennen! Alastalo erlaubte sich jetzt trotzdem einen Blick auf Langholma, dessen Kinn gefährlich schweigsam aussah und der seinen Schaukelstuhl in heftigere Bewegung versetzt hatte: Dieser Mann billigt auch das nicht immer, das trotz allem getan werden muss und unumgänglich ist, wenn man die Ärmel hochgekrempelt hat und im Lehm wühlt!

Jetzt war Pukkila beim Menuett und Birkhuhntanz an der Reihe. Eigentlich witterte er durchaus, dass das Eis nicht so stark war, wie es aussah, und dass Alastalos Freundlichkeit Hintertürchen hatte, die man am besten nicht mal einen Spaltbreit aufmachte, um unnötigerweise mit seinen Gedanken in die Verschläge dahinter zu spähen, aber andererseits: Wo soll der Mensch im nassen, schwabbelnden Sumpf hintreten, wenn nicht auf das schräge Eis, das sich hart neben ihm anbietet und das den Mann womöglich doch trägt, wenn er mit leiser Vorsicht seine Schritte schleichen lässt und sich auf seinen Sohlen leicht genug macht? Er durfte den Saal in der derzeitigen brenzligen Lage ums Verrecken nicht verlassen, auch wenn er gerade eben in verhängnisvoller Weise an so etwas gedacht hatte: So eine jähzornige, schroffe Gemütsreaktion hätte man im Nachhinein und zur Vernunft gekommen sein ganzes Leben lang bereut und sich jedes Mal, wenn man die Bark der anderen betrachtet und mit eigenen Augen gesehen hätte, das Herz blutig gekratzt! Pukkila war sich darüber im Klaren wie über das Vaterunser, dass er in der Tat dumm gehandelt hätte, wenn er jetzt mit Evald auf der anderen Seite der Tür im Hausgang auf dem Heimweg wäre, nachdem er stolz die Tür hinter sich zugeschlagen hätte, sodass sie zu zweit draußen wären und alle anderen im Saal! Man siebt nicht die Spelzen aus dem Brei, wenn man in den Gedärmen den feurigsten Hunger, die volle Schüssel vor sich und den Löffel schon in der Hand hat, und so zauderte auch Pukkila nicht lange, da ihm nun Alastalo seine Aufforderung auf die Schultern geklatscht und jeder im Saal gesehen und gehört hatte, wer als Nächster an den Tisch gebeten wurde, und allen bewusst war, dass Petter Pihlmans Name auf den Barkvertrag käme, und sei es nach Eenokki, so doch immerhin vor dem reichen Krookla und dem ewigen Härkäniemi, unter den Namen von Langholma persönlich und von Alastalo und über allen anderen! Verrückt derjenige, der nach diesem Tau nicht greift, und zwar mit beiden Pranken, das ihm zur Rettung hingehalten wird, da er schon mit dem Schlimmsten gerechnet hat, als das Meer ihn einsog und die Tiefen ihm die Nüstern spülten. Und da stand Pukkila auch schon wie eine Sprungfeder aufrecht vor dem Sofa, und Alastalos letzte Ermunterung samt Aufforderungstätscheln auf den Schulterrücken traf statt des Mannes und des Tuchs der Jacke nur noch die leere Luft, weil Pukkila selbst schon auf Wanderung und mit wehenden Gehrockschößen weit weg mitten im Raum auf dem Weg zum Tisch und den Barkpapieren war.

»Ich gehe hin und unterschreibe, weil man es mir befohlen hat, und weil die Zeit flotter vergeht, wenn man sich bewegt!«, schwatzte er im Plauderton vor sich hin und war zu Beginn des Wegs noch ein verhältnismäßig und ziemlich, ja in Anbetracht der Umstände sogar geradezu unnatürlich die Selbstbeherrschung behaltender und kühles Blut und kühlen Kopf bewahrender Mann, den die großen Dinge genauso wenig bewegten wie die geringen und der am Stiel des liespfundschweren Vorschlaghammers und vor dem Ausholen mit der Hammerkeule genau so ein ruhiger Bursche und nichts überstürzender Josua mit seinen Schultern war, wie wenn er den Löffelstiel hielt und in aller Ruhe in der Kaffeebrühe schmelzenden Zucker tief in die Tasse rührte. Aber auch das Wasser läuft an den Öffnungen der Mühlenrinne anfangs wie spielerisch und gemächlich und gerade so, als würde ein Tropfen den anderen fragen, sollen wir uns überhaupt bewegen, oder halten wir einfach an, da sie im selben Moment auch schon den Zug im Nacken haben und es in tosender Fahrt über die Bretter geht, was an heranstürzenden Spritzern zu spucken ist und was jeder einzelne galoppierende Tropfen und der ganze schäumende Schlund hergeben! Ebenso erging es Pukkila, und je näher er an den Tisch kam, umso geschwinder wurde der Schwung in den Gehrockschößen, brachte die Lulatschlänge in Halsstreckung und die ganze Gestalt in vorwärtsstrebende Vorlage; die Beinstifte arbeiteten mit unglaublicher Schnelligkeit und in Röhrenlänge unter dem eilenden Mann, und die Knotengeschwindigkeit nahm mit jedem Schritt zu: Vergeblich, sich jetzt noch um Feierlichkeit und vorgetäuschte Zurückhaltung in der Bewegung und Beförderung des Leibes wie auch in der Eile des Gemüts zu bemühen, Hauptsache, man schaffte es an den Tisch und bekam den Federhalter in die Hand.

»Petter Filemon Pihlman-Pukkila« stand denn auch fast wie durch ein Wunder auf dem Papier, noch bevor man recht wusste, dass man sich gesetzt, und begriff, wie man sich den Stift geschnappt hatte. Eigentlich merkte er erst jetzt, als er seinen Namen auf dem Papier betrachtete, dass etwas in ihn gefahren war und er überstürzt gehandelt hatte, Hals über Kopf überstürzt. Erstens war der Name nicht mit der Geschmeidigkeit und dem stattlichen Mähnenwurf und jener Bogenpracht in Zug und Lauf geschrieben worden, wie sie der Anlass, das Wissen um die eigene Würde und die Feierlichkeit des Papiers ein für alle Mal verlangt hätten. Das »Petter« ging ja noch, und warum nicht auch das »Pihlman« und das »Pukkila«, das war prächtig und ließ sich sehen, man war an sie gewöhnt, an alle drei, sie waren geübt worden, kaum ein leeres Stück Papier daheim, auf das sie nicht einige Dutzend Winter lang gekrakelt worden wären, sie kamen aus dem Handgelenk wie das Krähen aus dem Hals des Hahns und das Wasser aus dem Mühlrad, und die schrieb man auswendig und so leicht in einem Strahl, wie man ihn beim Pinkeln hinter der Ecke beschrieb, aber das »Filemon«, bei diesem Mistding knickte der Katzenrücken ein, diesen Überschuss aus dem Taufbuch hatte er nie anderswo hingeschrieben als auf Gerichtspapiere und erpresserische Schuldscheine, sein Lauf saß in der Eile nicht im Handgelenk, und an dieser verdammten Stelle war der gesamte Namenszug nun verdorben und eingesunken wie der Rücken eines zum Wallach gewordenen Hengstes mit dreißig Wintern auf dem Buckel! Es fuchste einen selbst, jetzt im Nachhinein das eigene schusselige Schludern zu betrachten, und was für ein übles schadenfrohes Lachen erst in Alastalos Bart jucken wird, wenn er sieht, wie mein Fohlen auf dem Papier fehlgestartet ist! Der Unglückshäher hat mir schon bei der Geburt befohlen, zu schludern und mich ausgerechnet am Philemonstag auf die Welt zu schieben, sodass ich nun mein Leben lang auch diese Dickmilch in meinem Namen mitschleifen muss!, wetterte Pukkila in seinem Herzen und verwünschte sein Schicksal wie Hiob, zumal ihm noch Bezeichnungen wie »Vielpetter«, »Petterfiluo« und »Violiner« bitter in den Sinn kamen, die ihm als Bub pausenlos in den Ohren geklungen hatten und die er manchmal immer noch hören und bei Streitereien schlucken musste!

Dieser Verdruss und der fehlgegangene Namenszug wegen ebenjener Lebensplage namens »Filemon« lagen nun, da er weitergehen sollte, als Schwelle und Stolperholz vor Pukkilas Geisteschritt, aber eine zweite und schlimmere Schwelle, die ihm schon fast wie eine Wand begegnete, stellte der Umstand dar, dass er jetzt, da er seinen Namen niedergeschrieben hatte und im selben Atemzug seinen Anteil hätte notieren sollen, merkte, dass er, verdammt, ums Verrecken noch nicht mit sich darüber im Reinen war, einen wie großen und welchen Anteil an der vermaledeiten Bark er auf seinen Namen zu schreiben wagen sollte! Selbstverständlich hatte er schon vorher über das Ganze nachgedacht, und zwar stark, aber ein Elchgeweih hat viele Zacken, und wie zum Teufel soll man wissen, welcher am gesündesten zu packen war! Ein großer Teil und ein Achtel, wie bei den anderen größeren Männern, wäre gewiss stattlich, schon von der Niederschrift her, und ein rechtes Ding auch bei der Verteilung des Gewinns und überdies insofern vortrefflich, als man dann wüsste, dass man als Schiffseigner und vom Barkgroßbesitz her wie auch in der Gemeinde und in der Kirchenbank im Chor sitzen würde, Seite an Seite mit Langholma und Alastalo! Zuvor aber musste die verflixte Ecke umgangen werden und war der Querbalken im Weg, dass der Barkanteil bezahlt werden musste, und je größer der Teil, den man aufschrieb, desto teuflischer waren die Geldbörse und das dicke Geldscheinbündel im Futter der Brusttasche gefragt! Langholma hatte keine Not, Gott weiß was hinzuschreiben, schließlich war er Efram und Eframs Sohn und hatte, wie es den Sitten des Hauses entsprach, Getreide aus drei Jahren unangetastet in der Kiste liegen, und was verlangte es Alastalo schon ab, ein paar Schiffsanteile zu zeichnen, wo er doch nur an sich dachte und wie es ihm ging, und er seine Scheine gezählt hatte, aber geh du mal hin und zeichne dir einen ordentlichen Anteil, wenn du weißt, dass du den Winter über mit deiner Schwarzen vorm Schlitten wie ein Fuchs dahinjagen und mit Wolfsgedärmen ausgehungert durch die Gemeinden und die Hinterwälder der Gemeinden rennen musst, in jeden Winkel und bis zu Krookla, bevor ein Geldschein als dünner Hasenlauf aus all den Fingerzangen gezerrt worden und der Schuldschein aus den Zotteln deines Pelzes hinter den Quietschscharnieren einer weiteren Klapplade verstaut ist und du Welpenfraß in

Form von Pfennigen in den Fingern hast, den du in die Schlünde schleuderst, wenn dir die Hunde nach den Hosenbeinen schnappen und dir die Zahltermine zeternd auf den Fersen sind! Pukkila hatte in Gedanken und ohne Schwung hinter seinen Namen einen sechzehnten Teil (1/16) aufs Papier geschrieben: Den glaubte er, zum Teufel, wagen zu können, wenn nicht mit anderen Mitteln, dann mithilfe des Geizkragens und ellennasigen Krookla, der es ja doch nicht über sich bringen würde, sein ganzes Geld in seinen eigenen Schiffsanteil zu stecken.

Eher schwach war das Schreiben vonstattengegangen und ohne Geist, aber als das Papier, was ihn betraf, fertig und das Unterzeichnen vollbracht war, verspürte Pukkila dennoch Erleichterung: Ein Sechzehntel war immerhin doppelt so viel, wie Eenok gezeichnet hatte, der Karjamaa, und er selbst konnte sich nun Barkreeder nennen und, wann immer er wollte, mit seinem Bart im Saal das Wort ergreifen! Ein belebter Mann, erstaunlicherweise, ein recht bis ins Blut erfrischter Mann stand dementsprechend nun auch vom Stuhl auf, als sich Pukkila am Tisch erhob.

»Nachdenken-nachdenken!«, schwatzte er nun beim Gang durch den Raum zurück zu seinem Platz auf dem Sofa. »Nachdenken-nachdenken!«, schwatzte er, seine Worte wiederholend, und rieb sich die Hände, abwechselnd die Linke in der hohlen Rechten und die Rechte in der hohlen Linken, damit er Zeit bekam, seine Gedanken zu sammeln und etwas zu sagen. Die sitzen ringsum müßig und jeder für sich da und denken bei sich und in ihren leeren Schädeln an alles Mögliche und Unnütze, wenn man nicht selbst etwas sagt und mit dem Finger zeigt und das Augenvisier richtig lenkt, sodass sie so lange vor den Busch hinschauen, bis man sich selbst hinter dem Strauch versteckt und in Sicherheit gebracht hat!, überlegte er und knetete sich die Handknöchel noch schneller, weil der Verstand ihm nicht auf Anhieb und mit einem Tritt das passende Wort auf die Zungenspitze befördert hatte. Die schaffen es noch, Witterung mit dem Schwanz ihres eigenen Verstandeshasen aufzunehmen und mit der Schnauze am Boden und hängender Zunge auf wer weiß was für Jagden zu rennen, wenn ich jetzt nicht flink im Sprung bin und die Spuren mit den Vorderbeinen über Kreuz und den Hinterbeinen quer durcheinanderbringe!, beschwor er sich und trieb er sich zur Eile an, weil das Geisteshuhn jetzt ein Ei legen musste, auch wenn die Federn des Verständnisses am Bürzel zitterten! »Ich habe meinen Teil gezeichnet, habe ich!«, quasselte er also, um Zeit zu gewinnen, und fügte sogleich hinzu, wie als süßer Schlag mit der Schmitze des Peitschenriemens, nachdem die Mistrute geschwungen und der Lederriemen aufs Äußerste abgerollt worden ist: »Ich habe meinen Teil gezeichnet, habe ich, wenn wir jetzt nur noch einen Kapitän für die Bark kriegen!« Damit war ein Wort und haariger Welpe im Saal und auf vier Pfoten, und Pukkila merkte selbst blitzartig, dass er zu viel auf einmal gesagt und sein Mundpferch anstelle eines hüpfenden Zickleins einen rammenden Geißbock aus dem Gatter gelassen hatte, mit Hörnern an der Stirn und mit gespreizten Hufen!

»Ich schwatze vom Kapitän, obwohl es gar nicht meine Absicht war, du bist natürlich selbst der Kapitän, wer sonst; wenn man älter ist, lässt der Mund schon mal ein Wort heraus, obwohl die Zunge etwas anderes meint, du selbst natürlich wirst der Kapitän sein, wer hätte je etwas anderes gesagt, nicht einmal Eenokki!« – Eenokki bekam, weil er danebensaß und in diesem Augenblick so gottlos schmatzend an seiner erloschenen Pfeife sog, dass es beim Vorbeigehen in den Ohren wehtat, einen Blick ab, der zum Töten taugte, als wäre er schuld an allem, sogar daran, dass ein anderer in seiner Nähe und Nachbarschaft falsche Reden und Unmöglichkeiten von sich gab! – »Du selbstredend als Kapitän, so natürlich wie der Floh auf dem Laken und das Eichhörnchen auf dem Baum, welchem Biest zieht man sonst das Fuchsfell ab, wenn nicht dem Reineke, der einen dicken Pelz hat und schon ungefärbt braun ist und dessen Schwanzschweif lang und fertig am Hinterteil schaukelt, und welcher Mann stolziert passender über die Kommandobrücke einer Bark als derjenige, der schon von Haus aus und ungemästet die Bauchsemmel eines Kapitäns in standesgemäßer Rundung und vierzehn Liespfund als erste Fracht des Schiffes in der Weste mit sich führt!« Pukkila glättete und korrigierte, was er konnte und was die Brustpfeifen an Atem hergaben, fegte hinter sich sämtliche Spuren zusammen, mit allem, was er an Vernunftschweif hinter den Hachsen schwingend und schleifend parat hatte. »Du als Kapitän! Um das zu sagen, muss man die Mundscharniere gar nicht öffnen, und es ist Vergeudungsdenken, wenn bei einem in den Stirnschuppen ein anderer Meinungskeim juckt!« Pukkila war im Nu so von seinen eigenen Worten überzeugt, dass ein Gaber von Gunst und Herzensgewogenheit Feuchtigkeit in seinen Mundwinkeln zusammenlaufen ließ und diese mit dem Sacktuch trocken gewischt werden mussten.

»Unseren Evald kriegst du meinetwegen als Steuermann für deine Bark, dann brauchst du darüber nicht weiter nachzudenken!«, fügte er sogleich schlau hinzu, weil ihm der Gedanke an der passenden Stelle in den Sinn kam, da er ohnehin alles mit dem Strich bürsten musste, und weil man etwas fast unbemerkt sagen konnte, während man sein Sacktuch wieder in die Tasche stopfte: »Ich werde den Jungen, den Evald, meine ich, den Winter über in die Seemannsschule nach Turku schicken, dann ist er bereit und dir beim Berechnen der Logarithmen auf dem Atlantik eine Hilfe, ich werde auf meiner *Usko* und auf der Ostsee schon mit Fritioff auskommen, auch wenn er jünger ist und bisher weniger gelernt hat als der Evald!« All das war nur gedämpft und wie unter vier Augen und vertraulich zwischen Männern neben anderem und nebenbei und als Nebensache seitlich zu Alastalo hingeworfen worden, obschon mit dem Bedacht, dass durchaus auch Langholma vom Schaukelstuhl aus sowohl den Redebeitrag als auch die Handlungsfäden der Begründung hören konnte, falls er den Kopf neigte und es mit dem Ohr aufschnappte: Ich säe heute ein bisschen aus, dann keimt es morgen in der Furche!, dachte sich Pukkila und war, was das Führen der Augen betraf, bereits klüger als er selbst.

Da nun das Nötige gesagt war, wenn auch als Letztes, und der Faden durch das Nadelöhr gefädelt, in das er auch gesteckt worden war, ging nun wieder ein freier Mann durch den Raum, und der Mund hatte Muße für andere Geschichten und losere Schlingen: Klug vielleicht, jetzt in die Lücke etwas mit dem Strich Bürstendes hinein zu sagen und die Haare des Denkens zu den Scheiteln zu kämmen, in die sie von Natur aus fallen, dann wird womöglich vergessen und nicht mehr erinnert und bemerkt, wer das mit Evald gesagt hat, was er, Pukkila, gerade sagte und säte, und der Samen des Gedankens kann in den Köpfen und im Meinungsmulch dann in aller Stille Keime treiben, ohne dass sie es selbst kapieren, bevor die Angelegenheit jedem in Vernunftschrift und deutlich lesbar vor Augen steht! Pukkila stellte auch seine Stimme auf glatte Spulen, da nun unverzüglich losgeplappert wurde und Alastalo sich so viel Gefälliges anhören durfte, wie in die Ohrmuscheln passte und der Magen mit Geschmack aufnahm. »Eine Bark, sage ich, verflixt, sage ich, und das habe ich immer gesagt, eine Bark müssen wir für die Gemeinde bauen!« Pukkila ging jetzt gar nicht mehr weiter seinem Platz auf dem Sofa entgegen, sondern befand sich nach einer Vollwende und als ebenso überzeugter wie überzeugender Mann Alastalo von Angesicht zu Angesicht und Stierauge zu Sturauge gegenüber, wenngleich fast zu dicht, sodass Alastalo trotz seines Bauchbugs, der ihn vor übertriebenen Annäherungen von vorne wie von den Seiten schützte, seinen Rücken um ein, zwei Zoll in die Rückwärtsbiegung ziehen musste, damit die Wimpern nicht gegeneinanderkrachten. »Zum Donnerwetter! Eine Bark, ein Barkschiff! Eine Brigg ist kein Wasserfahrzeug und kein gar nichts! Du bist komplett verrückt, und der Verstand in deinem Kopf ist so unbeweglich wie der Minutenzeiger an der Kirchturmuhr von Naantali im Winter und bei Frost, wenn du keine Bark baust, eine Bark, ein Barkschiff, sage ich immer noch, so wie ich es immer gesagt und früher schon oft wiederholt habe! Zweimal mehr Ladung im Rumpf, zweimal längere Etappen zwischen den Häfen auf dem Kiel und in Bewegung im süßen Sommer wie im widerspenstigen Winter! Zähl mit deinen Fingern, deinen Fingerspitzen mit, klopf dir jedes Mal auf die Kuppen, wenn ich sage: zweimal zwei und noch mal zweimal zwei! Oh, ihr zehn kleinen Teufel, und noch zwei Dutzend von derselben und noch feurigeren Sorte obendrauf! Wenn du bei der Rechnung keine Barkeinkünfte nach Hause und zur zweifachen Anteilsauszahlung im Jahr segelst, dann habe ich Fischrogen im Kopf und nicht Pukkilas Denkstoff, und meine Nasenspitze versteht als alleiniger Knubbel mehr vom Einmaleins als ich selbst mit all meinen zehn Verstandeszinken.«

Pukkila war entzückt, er glaubte bereits selbst, was seine Finger zusammenknacksten, und wenn sein Augengeschau Funken versprüht hätte wie Blicke, dann wären in diesem Moment Alastalos grobe Augenbrauen in Brandgefahr gewesen, weil die Überzeugung in solcher Nähe stattfand und Hitze und Glaubenseifer so dicht ans Werg gerieten. »Aber vergiss nicht: Die Zeichnungen haben einen Fehler! Einen Fuß schmäler, zum Donnerwetter, und zwei Fuß länger, dann ist das Schiff schön wie eine Seele von Schiff und im Meer so glatt wie die Zunge im Mund der Schlange! O Pforte des Paradieses und Eva, bevor ihr der Apfel aufstieß, ein Dreimastschiff, wenn es schlank ist, ist edel, und wenn es ein Bild ist, ist es schön, und eher würde der Sünder die Rechtschaffenheit seiner Seele an Petrus verkaufen, als dass er schamlos einen Fuß zu viel an der Breite seines Schiffes vergeuden und die schmale Jungfrau und Schiffsflanke so bauchig machen würde wie eine trächtige Kuh!« Jetzt hatte Pukkila fast mehr Überzeugungskraft in der Herzschüssel, als diese fassen konnte, ohne überzulaufen, und seine Stimme kletterte im Register nach oben wie bei einem Hahn, der das Allerletzte aus seiner Halspfeife gepresst hat und doch noch etwas an seinem Krähen zu verbessern gedachte: Die Faust hämmerte mit einer Inbrunst in die Handfläche, als bestände ihre Absicht darin, dort die Haut zum Qualmen zu bringen! »Zwei Fuß länger am gestreckten Bug und einen Fuß schmäler an den Bauchseiten, sage ich, dann schneidet das Schiff wie das Messer die Butter, und die Bark lässt, wenn sie einmal richtig in Fahrt kommt, sogar den Wind hinter sich, so wie die Seeschwalbe den Stein, von dem sie sich beim Abflug abgestoßen hat! So schnell läuft eine solche Schüssel, dass der Bug heiß wird, wenn er das nasse Meer aus dem Weg speit, und du Brandgeruch und Rauchgestank in der Nase hast, wenn du auf der Kommandobrücke stehst: Du kommst nicht einmal dazu, selbst wenn du es wolltest und dich beeiltest, im Vorbeisegeln auf andere Schiffe zu spucken, weil du schon weg bist und die anderen eine Werst hinter deinem Kielwasser liegen! Der Engländer ist ein ordentlicher Mann und von der Schuppung her kaltblütig, aber Gott bewahre, würde nicht auch ihm das Sündenwasser im Mund zusammenlaufen und die blanke Lust im Herzen, wenn er vom Kai in London aus deine Bark an der Mole betrachtete, an den Seiten schlank wie eine Mädchengerte in den Taillen und hübsch an den Hüften wie die Verführung unterm Rockversteck einer kleinen Magd!«

In seiner Bedrängung war Alastalo Schritt um Schritt und mit vorsichtigem Schleichtritt vor dem fuchtelnden Pukkila und Psalter-David zurückgewichen und stand nun an die Tischseite gequetscht und ohne einen Schritt Platz für weiteres Ausweichen da. »Flieg mir jetzt aber bloß nicht in die Augen, auch wenn du schon schwer mit den Flügeln schlägst!«, fing er also an, den anderen abzuwehren und seine Körperhülle zu schützen. »Ich glaube dir auch so, du brauchst meinen Bauch also nicht unnötig einzudellen!«, schwatzte er zur Selbstverteidigung und stieß den anderen mit Handflächendruck, wenngleich mit kleinem Lachen und versöhnlichem Stochern von seiner Brustfront weg. »Die Semmel ist semmeldick und der Fladen fladendünn, entsprechend der Absicht, in der beide gebacken worden sind; was verschandelst du mich also zu einem anderen Backwerk als dem, wozu mein Teig getätschelt und unter den Händen des Lebens gebacken worden ist!«, wehrte er ab und schnaufte er, da er nun wieder freier atmen konnte und der Körper die Ruhe hatte, er selbst zu sein und ein bisschen zu wuchern. »Mache du deine *Usko* vom Zweimaster zum Dreimaster oder zur Einspießigen, je nachdem, was du eben an stehenden Stöckchen für das Rigg der *Usko* zu benötigen glaubst, aber mein Mittelkörper ist mir heilig, und der wird nicht in längere Hüllen gezwängt als in diejenigen, die der Schneider an Westentuch zum Verhüllen der Semmel zurechtgeschnitten hat!«, adressierte Herman Alastalo, bereits ganz als er selbst und Mattsson, geschmeidig auch an andere als an Pukkila, damit die Sachscharniere die Schmiere an die Stifte und die Fettzugabe an Scherzworten bekamen, die sie zur Vermeidung unnötigen Quietschens auch bei kräftigem Drehen brauchen – und gerade besonders bei kräftigen Drehungen, denn die sind die wichtigsten! – und die ein Mann immer parat haben sollte, wenn er der Gastgeber im Saal ist und mit seinem Kommando, mit den Ermunterungen seiner Zügel und mit gut gelaunten Anspielungen den Takt vorgibt. Brrr!, sage ich und tue so, als würde ich die Zügel anziehen, wenn der Braune den Schwung in der Mähne hat, dass er die Hufe glatter setzt, wenn man ihn bremst!, dachte Alastalo und blickte an Pukkilas Schulter vorbei in den Saal. »So hastig darf auch der Schnelle nicht sein, dass er in der Eile nicht merkt, ob er seine eigene Nase schnäuzt oder die Nasenspitze des Nachbarn zwickt, glaube also auch du nicht, wenn du auch außer Atem und der ehemalige Schluder-Fili und Pukkilas einstiger wilder Viel-Petter bist, du könntest Dübelzapfen fürs Vernageln der Barkflanken und Kiefernspanten verteilen, wenn du mir mit Ellbogenstößen in die weichen Hügel und nachgebenden Großflächen meiner Vorderseite knuffst!«, warnte er großspurig und lachte aufmunternd sein breites Alastalo-Lachen an Pukkilas Schulter und Achsel vorbei in den ganzen Saal, bis hin zu den seeseitigen und landseitigen Fensterwänden.

Die gute Laune und erleichterte Gemütsbequemlichkeit war nun auch allgemein im ganzen Saal, nach den Spannungen und Verschärfungen von vorhin, und das Gefühl beinahe das gleiche wie beim Erntevolk auf dem Feld, wenn die östliche Himmelshälfte vom frühen Morgen an gedroht und über dem Ufer und dem grauen Ristivuori-Berg eine schwarze Wand vor dem Blau errichtet hat, die fast bis zum Scheitel des Firmaments reicht, sodass man den Nacken heben musste, wenn man die oberen Kanten in die Augen über seiner Nase bekommen wollte; das Gefühl war also fast das gleiche wie auf dem Erntefeld, wenn der östliche Himmelsteil in dieser Weise in seiner ganzen Düsternis Bedrohung und Wolkenwachstum ist und die Leute auf dem Mahdfeld noch im Schatten ihre Sicheln sausen lassen, und die Garbenbinder raffen, was sie an verstreuten Halmen fassen können, raffen mit eifriger Eile und was sie in die Finger kriegen, aber sich gleichzeitig umgucken, sich bei der geschwinden

Hast und Dringlichkeit ob des näher rückenden Wetters umsehen und den Hals recken, wo in der Nähe und hinter wie vielen Gewannen und Stoppelfeldern eine Scheunentoröffnung oder schützende Fichten am Waldrand zu erreichen wären, wo man hinspringen könnte, mit dem Rock als Kapuze über dem Kopf oder mit den Ärmeln an den Seiten schwingend, sobald der erste scharfe Donner am aufreißenden Himmelsblech dröhnt, die Zuber an den Rändern des Himmelsgewölbes sich zum Sturzguss neigen, um sich im Regenschauer über der flachen Erde zu ergießen; und wer noch einen Funken Verstand hat und Beine, um über den Erdboden zu galoppieren, muss auf dem spritzenden Feld wenigstens den einen oder anderen trockenen Faden seiner Kleidung vor dem Schwall unter der nächsten Traufe in Sicherheit bringen; es war das Gleiche also, wie wenn bei solchem Lauern, wo jeder sein Genick vor Schlimmerem hütet, der Himmel sich plötzlich unerwartet doch beherrscht, die Wolkenbänke in ihrer Dicke wie an eine Schwelle kommen, über die die Pfote beim besten Willen nicht steigt, und nach kurzem Abwägen mit weißwolligen Büscheln an den Schläfen allesamt den Kopf geneigt und bemerkt haben, dass ein anderer Markt doch günstiger ist als dieser Flecken Feld unter ihnen, vielleicht einen Tropfen oder zwei aus den Barthaaren haben fallen lassen, es sich aber dann doch anders überlegt und sich nach links verzogen haben, wo es geradeaus hätte gehen sollen, beim Davonziehen vielleicht grummeln, wie sie betrübten Sinnes grummeln mögen in ihrer abflauenden Fahrt, die Stirn des Himmels aber blau gekehrt zurück- und das Erntevolk als bunt wimmelnde Schar die Sichel schwingen lassen.

Die gute Laune und die offensichtliche Erlösung der Gemütsstränge von den vorigen Anspannungen war jetzt also allgemein im Saal infolge von Alastalos offenem Lachen und lockerbärtigen Plauderns sowie durch den Einfluss der früheren Vorfälle und sich abschwächenden Sachumstände, insbesondere weil bei jedem noch Härkäniemis stolze Polka auf dem Parkett und die mannhaften Trippelschritte mit der Grogwasserkanne, die als heiße Feindin in seinen Händen brannte, lebendig in Erinnerung und, was das Lachen betraf, noch ganz präsent waren. Versöhnte und sanftbärtige Gesichter sah man also ein bisschen an allen Seiten des Wandkreises im Saal aufscheinen, wenn man sich umblickte, und das Lachen schmorte beim einen heimlich verborgen in den zuckenden Runzellinien der Augenwinkel, beim anderen offener in den dickeren Faltungen der Backen. Auch Langholma in seinem Schaukelstuhl hielt ein kurzes Auflachen für passend, und die alte Pfeife des verstorbenen Richters von Ristimäki absolvierte unter seiner Führung eine ziemlich unverhüllte und solide Bogenbewegung, die ihrem geschwungenen Stiel aus Ebenholz gleichkam, als sie jetzt aus dem Mund genommen wurde und, indem sich der Arm auf die Handlehne des Schaukelstuhls legte, feierlich als Zepter in die Luft ragte, solange der Fürst der Gemeinde im Schaukelstuhl und der anerkannte Vordermann und Baron im Saal als Efram mit fester Kinnlade sogar ein kleines Scherzwort sprach und sich seinerseits zu Spottreden und stichelnden Piesackereien herabließ.

Seiner Meinung nach hatte Pukkila den Denkhut auf seinem Kopf fast wie ein Klüvertuch im Wind gedreht, und daran wollte er mit einem kleinen Fingerzeig erinnern. »Ist der Geist in dich gefahren, Pukkila, dass bei dir die Schöße jetzt vorne am Rock wehen, die gerade noch hinten schwangen? Wenn ich mich recht erinnere und verstehe, was gesagt worden ist, so hattest du vorhin und auch ein bisschen später noch etwas andere Auffassungen von Briggs wie auch von Barkfahrzeugen, und zwar gegensätzliche zu jenen, mit denen du Alastalo jetzt lebensgefährlich bedrängst! Aber was soll das Wühlen in der Vergangenheit und in verstrichenen Minuten! Ein Mann ist immer klug, wenn er die bis auf die Sohlen abgetretenen Latschen gegen frische Schaftstiefel tauscht und seine frühere Dummheit mit späteren Worten auf den Misthaufen wirft! Auch du seist willkommen als Reeder der Bark, aber du solltest besser deine jetzige Auffassung dauerhaft in deinem Kopf und Oberstübchen eindübeln, statt die Stellen am Mittelleib von deinem geplagten Nächsten, nämlich Alastalo, mit der Botschaft zu bombardieren, dass auch bei dir endlich die Kerzen in den Fenstern und die Flämmchen der Vernunft hinter den Scheiben entbrannt sind!« Wenn Langholma ein Scherzwort von sich gab, so war es meist ein wenig gesalzen, und man konnte es auch als Rüge verstehen, wenn man es etwas entgrätete. »Du hast wohl jetzt in Fühlung eines deiner vollrunden Körperteile das Nachbarzeugnis davon erhalten, dass Pukkila ernsthaft zugestoßen hat, indem er seinen Namen auf den Barkvertrag gesetzt hat«, fügte er an Alastalo gewandt hinzu, der jetzt schon wieder mitten im Raum als freier Mann nach Pukkilas übertrieben dichter Überzeugungsarbeit schnaufte.

»Wo soll der Bock sich aufbauen, wenn nicht an der Felsböschung, wo man ans Ufer der Insel rudert, und wo Pukkila, wenn nicht oben auf dem Achterdeck als Kantor, wenn der längste Kiel der Gemeinde sein Abschiedslied auf dem geseiften Stapel singt!«, sagte Alastalo lachend auf Langholmas Gunstworte, weil die Flamme dort geschürt werden muss, wo das Holz in der Feuerschichtung von sich aus die Rinde bietet. »Auch der Bock stampft mit den Hufen unterm Anstieg auf und mäht missmutig aus seinem Bart, bevor er sich die Mühe macht und die steile Wand hinaufsteigt, und was kann Pukkila für seine Natur, wenn die Sturheit befiehlt, obschon der Verstand verneint: Es muss so lange dagegen gewettert werden, wie es geht, weil sein Bart so lang ist wie der Bart des Bocks, aber was ist schon ein Bart, der flattert bloß, während der Fuß kratzt, und das Klettern ist keine große Sache, wenn die Kralle greift und einen der Geschmack auf den Gipfel zieht! Nicht einmal im Traum hätte ich es für möglich gehalten, dass Pukkila nicht als oberstes Zicklein klein auf den Spantengräten umherspringt, wenn das Barkschiff auf dem Kiel steht und wir eine Werft in der Gemeinde haben!« Alastalo schnitzte, weil sich die Späne vom Holz lösten, und Zunder zum Feuermachen hatte man lieber mehr als nötig auf Vorrat, bevor es einem ausging, und weil beim Pusten in den Ofen und beim Schüren eines guten Feuers zu viel nie schadet. Die Geschichte und ihre Fortsetzung war nicht gerade Pukkila nach dem Mund geredet, aber man musste auch an die Lippen der anderen denken und diese gespitzt und schmunzelnd halten, schließlich gab es entlang der Wände im Saal Sitzende genug, während Pukkila, nachdem er auf seinen Platz zurückgekehrt war, nur einen Platz auf dem Sofa einnahm, und auch noch einen schmalen zwischen Härkäniemi und Lahdenperä. »Wie sollte der Frühling seine Ufer frei vom Eis bekommen, ohne dass die Bachstelze auf einer schrägen Scholle in den Matsch stampft, und woher weiß der Klee, dass der Sommer auf die Wiese kommt, wenn nicht vom Brummen der Fliegen über sich, und wie sollen wir jemals erfahren, an welcher Seite unserer Bark das Heck ist, wenn nicht auf der obersten Spante jemand Kuckuck ruft und Pukkilas Rockschoß schwingt, wo noch kein anderes Flaggenflattern zu sehen ist?« Alastalo strich das Scherzhafte so reichlich auf seine Worte wie dicke Butter auf eine Scheibe Brot, dass auch Pukkila nicht mehr, wenn er es nicht eigens wollte, mit der Zungenspitze tasten musste, ob in dem Belag vielleicht irrtümlich Salz in der Form von Hagelkörnern steckte.

Im Saal war die Stimmung nun denn auch überwiegend durchweg angenehm, abgesehen vielleicht von einer kleinen Nasendelle oberhalb von Pukkilas Schnauzbart und einem kleinen ungeschluckten Ärgerkloß im Mundgeschmack desselben Pukkila, und der eine oder andere schielte schräg zum Grogtisch, auf dem die von Härkäniemi abgestellte Kanne noch immer ganz umsonst neben der Rumkaraffe und vor der Kognakkaraffe ihre Hitze abstrahlte: Wie wäre es, während des Wartens und auch sonst, quer über den leeren Fußboden zu spazieren und sich ein zweites Mal am Tisch das Glas zu füllen, sodass man etwas in den Händen hätte?, dachten womöglich mehrere, obschon keiner es als Erster wagte und Langholma nicht einmal in Richtung Tisch schaute, während Pukkila ganz andere Gedanken hatte. Auch Alastalo kam nicht auf die Idee, seine Gäste zu ermuntern, weil er in seinem Kopf erneut mit der Schwierigkeit zu kämpfen hatte, wen er jetzt am passendsten, und ohne jemandem die Nase zu kürzen, zur Arbeit am Barkvertrag und zur Mühe des Unterschreibens bitten sollte. Härkäniemi wäre natürlich weiterhin als Nächster an der Reihe, aber der gehörte in diesen Angelegenheiten wie zum Haus, und auch Lahdenperä musste am heutigen Tage ein bisschen wie Geschirr aus besserem Porzellan behandelt werden, das man bei Tisch feierlich und der Suppeneinlage gemäß hin und her bewegt.

Alastalos genaue Erwägungen waren diesmal jedoch umsonst und vergebene Liebesmüh, denn in der Ofenecke saß Mikkelsson Krookla, der anderthalb Gläser puren Rumstoff als Mutzufuhr unter dem Haarschopf hatte und inzwischen den kleinen Kaulbarsch von Verdruss, der darin bestand, dass Eenokki und Karjamaa, dieser Lehmstiefel, obwohl er ein leiblicher und ein Jahr jüngerer Vetter von ihm war, vor ihm an den Tisch und zur Unterschrift des Barkvertrags gebeten worden war, samt Schwanzgräte den Hals hinuntergeschluckt hatte. Mikkel Krookla also, obschon er nach der Kränkung, als Eenokki auf Befehl an den Tisch getreten war, in der ersten Verstimmung in seinem Kopf beschlossen hatte: Die werden schon sehen, ob ich als Letzter, und nachdem ein jeder von den anderen hingegangen ist, überhaupt noch von meinem Stuhl aufstehe und von der Ofenecke an den Tisch gehe, ganz gleich, wie golden man mich darum bittet, und sogar wenn Alastalo selbst mit seinem Dutzend Liespfunden käme und einen Diener machte und sich vor meiner Nase verneigte, wie eine Krähe auf dem Saatfeld ihre Kniebeugen macht; Mikkel also war, mit der Zeit und nachdem der Aufguss seines Zorns auf den Saunasteinen in seinem Kopf verzischt war, auf andere Gedanken und zur kühleren Vernunft gekommen. Ich gehe unaufgefordert selbst und schreibe meinen Namen hin, dann sehen sie, wer ich bin, und ich muss nicht darüber nachdenken, wie lange man sich zieren soll, bis man aufgefordert wird!, überlegte er sich, da von den Hinterseiten des Kopfes aus auch der Mut des Rums allmählich weiter in die Haarwurzeln stieg. Alastalo hätte sich diesmal also gar keine Mühe geben und an die Etikette und an Reihenfolgen denken müssen, denn Mikkel Mikkelsson hatte nun selbst beschlossen, hinzugehen, und stapfte bereits mit Schwung und knacksenden Uhrzeigerschritten auf die Barkpapiere zu, bevor irgendjemand im Saal recht bemerkt hatte, dass Bewegung in die Ofenecke gekommen und dass der Kurs fest auf den Schreibtisch gerichtet war.

ACHTZEHNTES KAPITEL

Von Krooklas Nasenspitze tropft eine klare Perle Rumwasser auf den Barkvertrag, Härkäniemi zerbricht sich den Kopf über Athanasius, und die Hälfte des Barkschiffs wird gezeichnet.

Jetzt war der Mann also auf dem Weg zum Tisch und zur Polsterung des Mahagonistuhls, ob die anderen nun für sich selbst oder Alastalo an ihrer Stelle sich die Reihenfolge so oder anders oder wie auch immer ausgemalt hatten. Ist ein Mensch vom Kopf her erfrischt, dann ist er nüchtern in seinem Handeln und geniert sich nicht und nimmt sich eine Semmel aus dem Korb, in dem die Weizenwecken liegen, und schiebt den Bissen zwischen die Zähne, deren Lust zum Beißen er in seinen eigenen Backen spürt. Krookla fackelte also nicht lange und machte keine Umstände, da er nun bereits den Tisch und die Stuhlfläche zum Hinsetzen erreichte, vielmehr wurde das Armlehnenmöbel deutlicher aus dem Schatten des Tisches herausgezogen, damit auch einer, der ein bisschen mehr an Beinpfeifen unter sich zu sortieren hatte, seine sämtlichen Scharniere in voller Länge unter dem Tisch ausstrecken konnte, ohne befürchten zu müssen, sich mit seinen Beinschäften zu verheddern, wenn es Zeit wurde, sich wieder zu erheben. Nur für einen Gedanken lang sammelte sich ein kleiner Verdruss und etwas Empörungsspucke am Zahnfleisch von Krooklas Gemüt, als die Hand beim Verrücken des Stuhls das Mahagoni befühlte und das Holz an seiner Haut merkwürdig herrschaftlich und glanzglatt schmeckte. Da wird teures Geld für alle Art von schimmernder Kirsche vergeudet, als würde zum Massieren der Hinterteilstoffe kein anderes splitterloses Holzbrett taugen als eine spiegelblank polierte und auch noch verbogene Lehne!, verurteilte und missbilligte er Alastalo, bevor er sich setzte. Was hätte Krookla jetzt noch trödeln sollen, da er nun einmal saß und bereit war und der Federhalter auf der Konsole des Gestells und das Papier ausgebreitet auf dem Tisch lag?

»Mikkel Mikkelinpoika Krookla« – auch sein Vater war ein sparsamer Mann gewesen wie er und hatte darum bei der Taufe auch bei ihm keine sinn- und nutzlosen Überflussnamen verdoppelt, sondern einfach den Mikkel, mit dem auch die Vorfahren über Generationen hinweg, soweit man es wusste, in der Welt und im Haus ausgekommen waren –, »Mikkel Mikkelinpoika Krookla« entstand also in einem Zug auf dem Papier und mit der gleichen trockenen Andacht, mit der es immer niedergeschrieben wurde und als Bestätigung und Zeugnis der Billigung unter den Wechseln und Schuldscheinen zu lesen war, die, versehen mit unterschiedlichen Reichstalerbeträgen und den Namen unterschiedlicher Männer, im mittleren Fach des oberen Schranks in der Stubenkammer aufbewahrt wurden, oberhalb von der Schnapsflasche und dem stiellosen Glas: Im oberen Fach lagen die Hofpapiere und die Erbschaftsunterlagen in ihren alten Umschlägen. Dieser Name also – Mikkeli Mikkelinpoika – wurde geschrieben, nicht fließend, aber auch nicht stockend, sondern mit gemächlicher und sachlicher Routine, und nur Pukkila, der generell trotzdem weiterhin Missmut auf dem Grund seines Gemütes hegte und der außerdem unangenehme Erinnerungen an gewisse frühere Unterschriften Mikkels hatte, die ebenfalls in besagtem Schrank aufbewahrt wurden, nur Pukkila mochte vom Sofa aus die solide Arbeit am Tisch mit einer gewissen Abfälligkeit beäugen und sich in seinem Nächstenherzen fragen, ob Mikkels Namensniederschrift, wie üblich, mit der Federspitze oder mit dem Rüssel seines Viertelellenzinkens vonstattenging, weil das Gesicht bei der exakten Tätigkeit stets so dicht an den Lauf der Feder gehalten wurde, als könnte man am Papier riechen, ob die Spur der Tinte rechtmäßig aufs Weiß kam und vor Gericht standhalten würde. Flott wurde das Werk fertig, und in derselben Partie und auf einen Schwung mit dem Namen tröpfelte aus der Federspitze auch, ganz wie es Alastalo bereits vermutet hatte, die Niederschrift der Ziffernnummer von 1/32, die ebenfalls aus alter Gewohnheit und von früheren Schiffspapierausfertigungen her in der Natur von Krooklas Handschrift lag: Ich bin gewiss nicht so beschränkt und schreibe 1/16-Anteile, wenn ich auch die Hälfte zahlen kann und damit Schiffseigner werden und meine Winterbutter und meine Herbstfarren im Provianthandel verkaufen und zu Geld machen kann!, hatte er bereits damals mit seinem krooklaschen Nasenknochen gerochen, als er seinen ersten Schiffsanteil an der ehemaligen *Fritjoff* gezeichnet hatte, und er gehörte ganz und gar nicht zu den Schwachblütigen, die wankelmütig werden und bei der ersten Verunsicherung das Ende des Vernunfttaus aus den Händen werfen, das sie sich einmal geschnappt haben.

Das Werk war nun also beendet, da der Stift den Zeilenrand erreichte. Und das Schreiben hatte doch einiges an Tüchtigkeit erfordert, mehr als man glaubte, das merkte er jetzt, da die Schrift fertig lesbar dastand und darunter auch der Tropfen auf dem Papier zu sehen war, der ihm für gewöhnlich von der Nasenspitze rann, wenn er den Verstand anstrengte und eine ernste Sache in den Fingern hatte. Hätte ich es bemerkt, hätte ich mir mit dem Handrücken die Nase gewischt, dachte er, als er die Unstatthaftigkeit unterhalb seines Namens betrachtete und so etwas wie Feingefühl für Alastalos Papier empfand, begriff aber, dass es zu spät war, und erhob sich vom Stuhl. Inzwischen hatte er jedoch das rotbunte Taschentuch herausgezogen, und die Nasentropfstellen wurden tadellos poliert, während Hofherr Krookla vom Tisch zurückkehrte und ihn sein Weg zur Ecke hinter der Kachelofenmauer führte. Es war ja nur ein Perlentropfen reinen Rumstoffs!, beruhigte er sein Gewissen und war, nachdem er seine Beinglieder sortiert hatte, wieder der Mikkel von vorher neben der Tür zum Hausflur und auf der Pritsche seines Stuhls, wenn nun auch als Reeder einer Bark.

Alastalo, der vor lauter Maßnahmen in der letzten Zeit lediglich kurz seinen Schaukelstuhl hatte aufsuchen können, um zu wippen, war wieder wie ein Wiesel auf den Beinen und wie ein Knäuel am Tisch, um sich linsend über den Barkvertrag zu beugen, soweit die Rundung seines Bauches Raum zum Biegen ließ. Wenngleich er nichts Besseres erwartet hatte, so schnaubte er doch nicht vor Zufriedenheit mit der Nase, als er schon wieder ein klägliches $1/32$ las, diesmal hinter Krooklas Namen, so wie der Geizkragen Karjamaa es auch vorher und früher schon niedergeschrieben hatte; entsprechend unwirsch und schroff war die seitliche Bewegung, mit der die Streubüchse vom Gestell genommen und der Sand auf das unbescholtene Papier gestreut wurde, sodass er Krooklas Namen fast ganz und ziemlich dick bedeckte, vor allem an den Stellen, wo das Auge bald den Aufschlag des unschuldigen Tropfens auf dem sauberen Papier erspäht hatte. Alastalos Blut mochte gelegentlich etwas ungeduldig sein, sogar heiß, und um die Wahrheit zu gestehen, so kochte und siedete es jetzt bei ihm unter dem Deckel, weil er wegen der Leute und um des reibungslosen Ablaufs willen seine Gesichtsfläche glatt halten musste wie die Haut auf der Dickmilch in der Wanne und in der christlichen Artigkeit eines alten Wallachs, obwohl sein Auge gottlos gepeinigt wurde beim Betrachten solcher Besudelungen und Gaberflecken auf dem eigenen Papier und der offiziellen Satzung des Barkschiffes, dass es ihm kalt über die Haut lief, und einen Fohlentritt, einen brennenden Fohlentritt hätte sein Hinterlauf gewiss auf jenen Oberschenkel losgelassen, der einen Fohlentritt verdiente, wenn man das unbemerkt, und ohne dass die Unschuld Schaden litt, hinbekommen und Krookla auf seinen Stelzen hinter ihm gestanden hätte!

Dieses mickrige Männchen, bei dem schon der Körper so knauserig und aufs Krallen aus ist, dass er es nicht einmal über sich bringt, sich an den Mittelstellen einen Speckbauch wachsen zu lassen, sondern nichts ist als Streckung und dünne Knochenstieldehnung an den Gliedergelenken, mit denen der Geizige auf seinen eiligen Stelzen mit langen Schritten nach Hause bringt, was der Habgierige mit gestreckten Schultern und den Fingernägeln zusammenrecht und was der Knickerige aus Knausrigkeit von seiner ellenlangen Nase nur in Tropfenmenge auf die Papiere anderer Leute fallen lässt, was der Geile sich kannenweise zu viel an Brühe aus den Substanzen des Hauses in die werstlange Rinne seiner Kehlröhre gegluckert hat!, dachte Alastalo und war zornig beim Betrachten des Flecks auf dem Papier. Wegen der anderen Leute half jedoch nichts, als die Brust mit einem etwas überbarschen bösen und gründlichen Hustenkrachen auszumisten und seinen Nächsten mit dem Pfefferbad der puren Gedanken christlich einzusalzen, denn die Bark und die Fertigstellung der Papiere waren doch wichtiger als die Verabreichung selbst einer verdienten Abreibung und das Austeilen von Tritten an Tropfnasen und Krooklabeinige, ob sie nun in der Ecke saßen oder vom Sohlenabsatz getragen wurden! Alastalo mäßigte sich also in seinem Innensieden und schnaubte nur so weit mit den Nüstern, dass er die Fassung wiedergewann. Die aufschäumende Wut bewirkte trotzdem, dass er jetzt nicht mehr an Reihenfolgen und klugen Rat bei den Aufforderungen dachte, sondern denjenigen rief, der in der Ordnung und als Nachbar der nächste Mann in der ganzen Prozedur und schon früher und gleich nach Langholma und einem selbst an den Tisch und zum Unterschreiben hätte gehen müssen, wenn einem nicht die Berechnung und die Spielstrategie etwas anderes ins Verstandesohr geflüstert hätten.

Alastalo nickte nun also Härkäniemi zu und sagte mit einer Stimme, die trotz aller Beherrschung noch immer ein klein wenig kratzte: »Komm du jetzt zum Unterschreiben, damit man auf dem Papier wieder einen Schiffsanteil lesen kann, ohne sich die Brille auf die Nase setzen zu müssen!« Das war eine feine Klinge, die nach jenen Worten sowohl Karjamaa am näher gelegenen Ende des Sofas traf als auch Großgutsherrn Krookla an der Tür zum Flur, und die zu fragen scheint: Habt ihr die Anspielung verstanden, Burschen, unter Männern ist ein Klecks neben der Kacke klein, und 1/32 bei Schiffsanteilen ist so, als würde ein Mann die Hinterlassenschaft einer Bachstelze fallen lassen! Alastalo sagte noch mehr, wenn auch gedämpfter und in seinen Bart, aber doch so, dass man es hörte und auch neben der Mauer und an den Stellen im Saal, wo Krookla auf seinem Stuhl saß, mit den Ohren aufschnappen konnte: »Dir, Härkäniemi, haben die Meereswinde mit ihren Brisen immerhin die Nase getrocknet, sodass man sich traut, dir ein Papier vor den Schnabel zu schieben, ohne Angst zu haben, dass ein Gabertropfen vom Hutzelzinken fällt!« Sollen sie das ruhig mit ihren Hörkeschern fangen, schließlich hat der Mensch Ohren an beiden Seiten des Kopfes!, dachte er, denn er ärgerte sich doch mehr, als er ertragen konnte, über diesen Krookla samt seinem 1/32 und der Unflätigkeit auf dem Papier.

Alastalos Wort und seine mit einem Nackennicken verstärkte Aufforderung traf Härkäniemi mitten in den Überlegungen, die sein Geist beim Blinzeln in den Tabakrauch in ihm entwickelte – nicht unbedingt infolge der Grogwassermaßnahme und der Tüchte im Umgang mit der heißen Kanne von vorhin, so doch beim Grübeln über eine Eigentümlichkeit der Weltordnung –, nämlich die, dass schon ein kleiner unnötiger Vorfall in den menschlichen Verrichtungen oder ein mickriges Körnchen von Sandsplitter an der passenden oder unpassenden Stelle im Weg des wimmelnden Wassers erstaunliche Dinge im Leben bewirken und das Wasser im Bach zum Umkehren bringen können. Der Aland-Graben in Talinkorpi zum Beispiel, hätte der ursprünglich einen anderen Winkel eingeschlagen und wäre vom östlichen Hang der Vehko-Niederung losgeplätschert, anstatt wie heute vom westlichen und gegenüberliegenden Hang her zu rieseln, wo die Bülte einen Torfzoll tiefer sein dürfte, dann würde jetzt auf Lahdenperäs Seite des Insellandes und nicht in Langholmas Meerenge das Erdwasser und Waldgesicker rinnen, das bei der Eisschmelze im Frühjahr süß schmeckt und weit bis auf die offenen Wasser hinaus auf die Alandschnauze wie eine Einladung zum Laichen wirkt, dann säße jetzt womöglich Lahdenperä mächtig im Schaukelstuhl und als Efram in der Gemeinde, wohingegen Langholma als Schöffe und schmaler Mann sich in seinem Haus mit der Armut herumschlagen und in seinem Krähennest von Uferspeicher die Hälfte von dem an Plötzen in rissigen Netzen zählen würde, was der wohlhabende Nachbar an Fassbottichen voller Alande an einer einzigen salzig riechenden Kiefernwand zählte! Oder wenn zum Beispiel Siviäs Näschen einen kleinen Schiefheitsfehler hätte, anstatt wie jetzt von bestem Ebenmaß und feinster Hobelarbeit zu sein, würde sie mit dem schiefen Näschen dann dieselben Zukünfte anpeilen wie jetzt mit dem geraden? Ganz und gar nicht; und selbst wenn Janne sie dennoch heiraten würde, so wäre der Handel dergestalt, dass man die Nasenschiefe als bittere Beigabe der Mitgift im heimischen Nest aufnehmen würde, und das Leben zweier Menschen würde allein wegen jener kleinen Fehlausrichtung schief stehen in all den Jahren, die ihnen als Anteil vom Glück gewährt wären, schief für die eine, weil sie die schiefe Nase trägt, und schief für den anderen, weil er die schiefe Nase noch schiefer anschauen muss! Und aus nichts als Jux und Tollerei, so erinnerte sich Härkäniemi, sind Pukkila und Alastalo vorhin, vor meinem Kannenmalheur und der heißen Wirkung des Porzellans im Amt der Hitzekatze an meiner Handflächenhaut, als sie mit Worten rangen und wie Welpen schnappten, in die Art von Stimmgemenge und Kinnkeilen geraten, bei der nicht mehr nur mit der Faust gedroht und mit dem Atem geschnauft wird, sondern bei der auch der Zahn aufblitzt und jeden Augenblick Jackenwolle durch die Luft fliegen kann, und was hätte dann passieren können, wenn die zwei spitzstacheligsten Rachen der Gemeinde sich wahrhaftig und mit Geschrei ernsthaft gegenseitig die Zahnknochen in Hals und Genickstagen geschlagen hätten? Wenn zwei miteinander kämpfen, während sie eine gemeinsame Karaffe in den Klauen halten, und darum ringen, wer als Erster einen Schluck in seine Kehle gluckern darf, befindet sich der Rum bald auf dem Fußboden und die Karaffe ebenfalls: die Karaffe in Scherben, der Rum, um von der Katze aufgeleckt zu werden; und selbst wenn die Vernunft in den Kopf zurückkehrt, bevor die Fingernägel am Schlafittchen und Revers des anderen sind, so stehen sich nach dem Knall zwei Ernüchterte auf dem Parkett gegenüber, deren Gesichter sich umso mehr verziehen, je deutlicher sie den fiesen Fleck vor sich sehen, der bei einträchtig abwechselndem und edlem Genuss ihrer beider Kehlhals herrlich hätte erfrischen können, anstatt nun eine Pfütze auf dem Fußboden zu bilden. Wie wäre es weitergegangen, denke ich noch, wenn Alastalo sich blindlings erbost und es geschafft hätte, ein solches Wort herauszuschmettern, das ein Mann aufgrund seiner Ehre nicht mehr rückgängig machen kann, selbst wenn er es will, und wenn Pukkila sich die empfindlichen Stellen seiner Nase daran so blutig gestoßen hätte, dass ihn auch das Pflaster eines guten Wortes nicht mehr verarztet hätte, selbst wenn noch so viel Salbe verschwendet worden wäre?

Auch eben und kurz vor dem Vorigen, als Siviäs Name genau in dem Moment im Saal erdröhnte, als das Mädchen selbst mit seiner Grogwasserkanne über die Schwelle in den Saal kam, und Alastalo und Pukkila sich justament einander mit roten Augen und so dicht voreinander maßen wie zwei Streithähne, die mit ernsten Schnabelspitzen und mit gesträubten Federn an den Halsstümpfen einander langsamen Zehes auf der Streu umkreisen, auf den gesegneten Augenblick wartend, in dem man, falls es gelingt, mit genauem Anvisieren und der Kraft der eigenen Knochenkrümmung loszuhacken und dem verflixten anderen Zweihosigen das Augenloch blau und triefend zu schlagen, auch jetzt also, gerade eben, was hätte da passieren können, wenn ich nicht so ein weiches Herz gehabt hätte, wie ich es bei gewissen Wachschichten tatsächlich habe, und Mitleid mit dem mädchenwüchsigen Menschen, weil sie, die Empfindliche und Aufgebrachte, vor Wut das Wasser und die Kanne blindlings und achtlos auf dem Fußboden stehen gelassen hatte, als sie im heulenden Rückwärtsgang aus dem Zimmer fliehen und sich aus dem Blickfeld retten musste, bevor es aus den heißen Quellen in den Augen sickerte und die Wasserkörner auf ihrem Gesicht von jedem betrachtet werden konnten, was hätte da alles passieren können, wenn mich nicht dieses Mitleid überkommen und zur Eile mit dem Kannennapf und dem Aufnehmen des Heißen veranlasst hätte, was hätte ohne das, sage ich, im Saal geschehen können, und was für Federn wären bei der Rauferei in nächster Nähe durch die Luft gewirbelt? Manchmal schaudert einen erst im Nachhinein, wenn man beim Fahren übers Eis in der morgendlichen Dunkelheit mit seinen Pferden einen sicher markierten Weg genommen hat und bei der Rückkehr auf demselben Weg im Tageslicht erkennt, dass neben dem Weg, ohne dass man es wusste, die Strömung ein Atemloch ins Eis gefressen und die eigene Kufe und der Pferdehuf am Morgen ganz dicht das schwarze Blubbern mit der Tiefenkälte im aufgetauten Schnee gestreift hat.

Und so dachte ich auch eben und zuvor, als ich die vorigen Vorfälle bedachte: Was wäre aus unserer Bark und dem ich weiß nicht wie viele Winter langen überflüssigen Geschwatz und Bartschwenken anderes geworden als ein mitten im Hinschmieren abgebrochenes und in der Erregung des ersten Hitzkopfes womöglich zum verwickelten Knäuel zusammengeknülltes und als knittriger Klumpen von einer Faust auf den untersten Boden und in die hinterste Ecke von Alastalos Tischschublade geworfenes Papierwrack, wenn jetzt und vorhin der Saunaofen geplatzt und auch nur ein Tropfen auf die brandheißen Steine im Saal vergossen worden wäre, die bereits an den Kanten krachten! Alastalo ist bis zu einem gewissen Punkt ein glattspeckiger Mann, der sowohl die weiträumigsten Hosenmaße durch schnaufendes Schwellen füllt als sich auch zwingt, seinen Leib durch Zaunritzen und Gatterlücken zu zwängen, die enger sind als seine tatsächliche Stämmigkeit, und Pukkila wiederum hat in seiner Rücken- und Nackenhaltung die Natur einer frischen Espe, die sowohl langstielig im Amt der Deichselstange tatkräftig zu Werke geht als sich auch, wenn es sein muss, in der Zange des Geschirrs elastisch zum krummen Kummetbogen biegt; aber wehe, du gehst hin und knöpfst Alastalo die Jacke enger, als die Hüftmaße es ohne Ächzen ertragen, und glaube nicht, das krumme Kummet und Pukkila wären ein Weidenzweig, den man, ohne dass es sich rächt, mit den Fingern formen kann, sosehr die Lust zum Biegen darin juckt, denn dann fliegt dem

Knöpfenden bald unerwartet ein ganzes Dutzend Knöpfe aus den Fingern und in alle Ecken, und was du für eine Weidengerte hieltest, schlägt dir so gegen deinen Planeten, dass du an den Wänden ringsum anschließend deine Zähnen zusammensuchen darfst, falls du sie noch findest!

In der Tat waren eben die Knöpfe an Alastalos engen Stellen und spannender Weste in Gefahr gewesen und das Holz an den Knickstellen und gefährlichen Glätten von Pukkilas Genick am Reißen, als die beiden blindlings und unvorsichtig mit den Zungenspitzen nacheinander schnappten, und die versammelte Gemeinde im Saal war in Gefahr, beim drohenden Zusammenprall etwas ins Auge zu bekommen, das selbst den Gemäßigten gezwungen hätte, den Saal zu verlassen und nach Hause zu gehen, um es sich abzuwischen. Und wäre die Bark nach einem Knall in ihren Bruchstücken etwa ein wesentlich heileres und flickbareres Gefäß gewesen als Siviäs Grogwasserkanne in ihren Splittern, wenn ich, nachdem ich sie mir einmal geschnappt hatte, in meiner Haut ebenfalls unbeherrscht gewesen wäre und empfindliche Handflächen gehabt und den Feuerteufel mitten im Tragen aus den angesengten Fingern geworfen hätte, wenn ich das Mistding aufs Parkett geschleudert hätte, bevor es sicher zum Grogmischen auf der Tischplatte stand? Es kann bei verschiedenen Verrichtungen zu Situationen kommen, in denen man, auch wenn der Teller noch so tückisch brennt, die eigene Hand vergessen und die Arbeit zu Ende bringen muss, bevor man sich die Hände reibt und flucht. Auch wenn ich weiß, dass die heile Kanne auf dem Tisch und das heiße, zum Eingießen ins Glas und zum Vermischen mit einer Handvoll Zucker bereite Grogwasser in Wichtigkeit und Reichsbedeutung keine gleichwertige Sache und keine ins selbe Hauptkapitel des Katechismus gehörige Was-ist-das-Antwort ist wie ein Pott von Schiff mit Barkberiggung in voller Takelung in der Gemeinde und die Vollverteilung eines dreimastigen Manowars bei der herbstlichen und frühjährlichen Frachtliquidierung; auch wenn ich das weiß und von der einen wie von der anderen Seite vollkommen verstehe und vom Glas- wie vom Klarierungsmaß bewerte, komme ich doch nicht von der Meinung los, dass Alastalo trotzdem vorhin hätte stutzen müssen, als er bei einem wichtigen Stich ungeduldig die Nadel in seiner Hand auf Abwege geraten ließ und blindlings nach rechts und links und nach Pukkila stocherte, wo der Saumriss gerade zugenäht werden und das Auge wie auch die Nadelspitze ebenso auf Zack gehalten werden mussten wie der Verstand beim Lesen von Athanasius! Was ist es schon für eine große mannhafte Tat, die Porzellankanne vom Fußboden aufzuheben und zum Tisch zu tragen, auch wenn sie die reine Hölle zwischen den Fingern ist, aber ich leugne nicht, dass man in großen Dingen von einem Mann mit Alastalos Weste so viel Dickfelligkeit hätte erwarten dürfen, dass die Hörnerwidder des Erzürnens, selbst wenn sie noch so gottlos im Herzpferch stoßen, im Zaum und hinterm Gatter der Zahneinzäunung gehalten werden, solange man eine Pflicht zu erfüllen hat und die Barkpapiere auf dem Tisch liegen!

Aus diesen Gedanken und genau an dieser leicht tadelnden Eingebung wurde Härkäniemi nun also durch Alastalos Aufforderung aufgeschreckt, und es war ein ganz nach Härkäniemi-Art starkschultriger und auch sonst massivgliedriger Mann, der jetzt den Aufbruch vom Sofa einleitete und den Pfeifenstiel in eine günstige Lehnposition an der seitlichen Lederpolsterung der Sofaecke einpasste, für die Zeit, in der er selbst zur Tat und zum Rauchfasten schritt. Jetzt wäre ein eigener Taschenvorrat und die brennende Werktagspfeife zwischen den Zähnen doch besser gewesen, denn die hätte man auch während des Unterschreibens in der Kinnlande und im Schmauch behalten können!, dachte er in einer ganz leichten Wehmut der Entsagung, bevor er sich in Bewegung setzte und losschaukelte. Es hatte ja auch Alastalo sein Stöhnen und Schnaufen gehabt, bevor die Fuhre in Trab gesetzt und der Schlitten auf die Anhöhen gezerrt worden war, auf denen wir nun zockeln, und dies aus meiner Sicht und der eines Fauleren sogar im Trab und mit ausgestreckten Beinen und mit müßigem Rücken oben auf der Fuhre!, dachte er im Gehen und rügte sich fast selbst dafür, dass der Denkapparat in seinem Kopf arbeitete und andere beschuldigte und schmähte, die sich Schweißtropfen auf die Hutstirn schufteten, während er selbst auf der Bank saß und seinen Nasensparren und seine Gemütsnissen bewachte. Was gibt es einzuwenden, wenn ein Bohnentopf beim Brodeln manchmal unter dem Deckel heraus etwas über den Rand und in die Asche spauzt, solange die Suppe innerhalb der Ränder gar wird, und am wenigsten sollte derjenige einzuwenden haben, der als Erster mit seinem Löffel an der Schüssel steht, wenn das Gare aufgetragen und der Essenssegen gesprochen worden ist! Härkäniemi widerrief alles Murren von gerade eben und nahm die unnützen Schwingungen des Denkens in seinen Backen zurück, während er nun auf den Schreibtisch zuwankte und sein Gemüt in der Gelassenheit und in der Waagenbalance sammelte, mit denen ein denkender Mann und ein auf eigenen Sohlen über die Deckbretter seines eigenen Schiffes schreitender Kapitän stets gemessen seine Maßnahmen und Vollwenden durchführt: ob es sich um das Schreiben des Namens auf tückisch glattem Papier an Land und auf ebener Fläche handelt oder um das Auffangen der Schnaubschnauze des Windes mit den Schwellbacken des Segeltuchs auf dem Meer, während die Bretter unter den Füßen knacken und das wühlende Wasser wütend gegen die Bollwerke der Reling stößt.

Quer durch den Saal schritt nun also auf den Schreibtisch und die ausgebreiteten Barkpapiere zu ein in seinen Entschlüssen und jeder Art von Zugriff unerschütterlicher und zangenfingriger Mann, aber ein Mann auch, in dessen Kniegelenken und Schenkelstreckung überdies das elastische Nachgeben und die rumpffeste Vorsichtswachsamkeit war, die das Meer und das schwankende Deck demjenigen für seinen Verstandesschädel wie für seine Gehglieder beibringen, der es seit etlichen Jahrzehnten seines Lebens gewohnt ist, an der Reling aufzupassen, was für ein Schlagloch als Nächstes die Wasserwaagen unter Kiel und Sohlenfühlung verschiebt. Er, Härkäniemi, brauchte ja, nachdem er einmal das Ziel erreicht und den angesteuerten Stuhl um das für ihn passende Stück weit herausgezogen hatte, am Tisch nicht mehr lange nachzudenken, denn es war klar, dass er seinen Namen auf das Blatt schrieb, weil er anwesend war und das Ganze genau durchdacht hatte, und klar war auch, dass er ein Achtel von der Bark zeichnete, weil auch bei anderen Schiffen sein Anteil immer ein Achtel betragen hatte und es somit selbstverständlich auch beim besten Schiff so sein sollte, und auch das Platznehmen bereitete ihm keine Schwierigkeiten mehr, denn er trug keinen Bauch mit sich herum, der über die Notwendigkeit der Stämmigkeit hinaus im Weg gewesen wäre, und ein Schultermassiv, auch ein mehr als reichlich aufgeschichtetes, lässt sich leicht dorthin schieben, wo der übrige Körper hinpasst, vor allem, wenn man gewohnt war, es – wie auch die anderen Gliederteile – an Rahseilen und Takelschnüren schwingen zu lassen, je nachdem und in der Schräge, wie das Rigg jeweils vom nassen Backbord zum speienden Steuerbord krängte und umgekehrt.

»Malakias Afrodite Härkäniemi« stand also in Zeilenbreite ebenso geschmeidig auf dem Papier, wie sich das Einpassen des Vierkantrückens auf das Stuhlgestell am Tisch vollzogen hatte, und »ein Achtel Anteil des ungeteilten Barkschiffes« bestätigte die nächste Zeile den ebenso soliden Namenszug der Zeile obendrüber, wie der verspätet sich weitende Widerhall des Echos bei Winterwetter nach einem Schlag des Hammers auf den Spannbalken aus Föhrenholz am Hausgerüst. »Ein soundso großer Anteil des ungeteilten Schiffes« war nämlich Härkäniemis übliche Wortwahl und seine unvermeidliche Sonderzugabe beim Zeichnen des Anteils nach dem Unterschreiben der Schiffspapiere eines Seegefäßes von Schiffsqualität, seit er seine erste Quote an Alastalos zweiter Galeasse gezeichnet hatte. Die Quoten hatten von Mal zu Mal leicht schwanken können zwischen einem Viertel bei Galeassenkähnen und den bei Härkäniemi inzwischen bereits etablierten Ein-Achtel-Zeichnungen bei Schonerschiffen und Pötten mit Briggrigg, aber unverändert blieb bei seinen Anteilszeichnungen die Unteilbarkeit als unvermeidbares und notwendiges Zusammennähen der gebrochenen Zahl und als Verknotung der offenen Wurstenden erhalten, ohne die auch ein Schiffsanteil üppigen Zuschnitts seinen Augen und seinem Gemüt vorgekommen wäre wie ein Splitter – und sei es auch ein größerer – vom Porzellan einer prächtigen Festschüssel oder wie ein Fetzen, den man an sich gerissen hat vom Rockschoß einer Jacke, die sich ein anderer überknöpft, um seine Westenregion warm zu halten. Der Gedanke von der Notwendigkeit der Unteilbarkeit bei gemeinsamen Arbeiten und Anstrengungen war in seinem Kopf schon in jenen Tagen entstanden, in denen er als Mannesspross in Hosen ohne Träger, aber mit Latz in der Katechismusprüfung vor den Hauptkapiteln das Bekenntnis des Athanasius in Angriff nehmen und fast bis zur Verkrüppelung an seinem Schädel schrauben musste, der schon damals derselbe Malakias-Dez wie heute war, bevor er allmählich den Faden der Vernunft in den Worten zu fassen bekam. Er hatte sich gedacht, was soll das noch für ein Kahn und Pott sein, der in drei Stücke gehackt worden ist: der Bug getrennt vom Rest und die Mittelducht ebenfalls als Pott für sich und das Achterstück als Drittes, obwohl alle drei und jedes für sich zweifellos zum Schiff gehören und an diesem unentbehrlich sowie selbstverständlich und an verschiedenen Stellen und mit unterschiedlichen Ämtern an ein und demselben unteilbaren Schiff notwendig sind. Wenn man nach diesem Gedanken und dieser Ergründung, nachdem man sich also gefragt hat, wie dieselben Teilchen getrennte Krümel sein und doch von einem heilen Schiff stammen können, zu Athanasius zurückkehrte, war jede Zeile klar mit den Augen zu lesen, und man verstand, so wie man es versteht, den Kern zu essen, nachdem man die Nussschale aufgebrochen hat, dass Bug, Heck und Borde, selbst wenn sie verschiedene Namen tragen und unterschiedliche Aufgaben haben, gleichwertige Bestandteile der untrennbaren Einheit und Gesamtheit eines einzigen Schiffstroges sind und dass man ein Schiff auch durch Schälen nicht von seinen Bestandteilen trennen kann, sondern dass der Bug voll und ganz zum Schiff gehört, wie auch das Heck, und dass die drei zusammen und gleichzeitig sowohl drei gleich heile und feste Einzigartigkeiten für sich wie auch drei Eigenständigkeiten eines unteilbaren Ganzen sind, die – auch wenn an Bord die Ruder sich in ihren Dollen mühen, auch wenn der Bug stets kopfwärts drängt und hinterm Heck die Strecke bleibt –, die alle trotzdem zur selben geschlossenen Bretterhülle des tragenden Trogs gehören, die erst kraft der Vereinigung ihrer Einzelheiten zum Kahn und Pott werden. Dieses einstige Durchdenken des Bekenntnisses des Athanasius und das Verstehen der Schiffsteile als unteilbares Ganzes bewirkten also, dass Härkäniemi es auch später in seinem Leben, wenn die Zeit kam und er an die Reihe, Schiffsanteile zeichnen zu müssen und zu wollen, vom Adam seiner Natur her nicht mehr über sich brachte, einfach so wie alle anderen auf dem Papier nur ein pures ¹/8 vom Schiff zu vermerken, wie von einem halben Knust, der in Stücke geteilt werden soll, sondern, so wie auch jetzt, um des Gefühls willen und um eine Misshandlung des Schiffes zu vermeiden, das 1/8 eines »unteilbaren« Barkschiffs ausschreiben musste: Ein Mann schreibt seinen Namen wie auch alles andere mit ganzer Faust und somit auch mit dem vollen und beidseitigen Bewusstsein und Verstand seines Gewissens und seiner Herzenskugel.

Eigentlich wäre jetzt, da der Name auf dem Papier geschrieben stand und der rechtmäßige Anteil ebenfalls, das Ganze für Härkäniemi fertig gewesen, falls man in dem Moment, da von einem Schiff doch noch nicht mehr zu erahnen ist als dieser faltbare, glatte Bogen Papier auf der Tischplatte, von etwas Fertigem die Rede sein konnte, und er hätte demnach gut und gern, ohne etwas zu vernachlässigen und ohne auf weiteren Gedanken herumzureiten, vom Stuhl aufstehen und als Mann, der seine Aufgabe erfüllt hatte, fügsam auf die Sofaecke zugehen können, um zu prüfen, ob die Hinterlassenschaft im Pfeifenkopf noch wach war und die Treue im Knaster schwelte, sobald er den Stiel in den Mund bekam. Aus Härkäniemis Abgang wurde jedoch erst mal nichts, auch wenn die Gleichmütigkeit des Sitzens und sonstige Pritschenruhe durch das Fehlen der Pfeife und des Schmauchens in der Kinnlade und im Geschmack des Denkens ein wenig beeinträchtigt wurde, es wurde nichts daraus, denn das Essen muss im Mund gekaut werden, bevor man es schluckt, und der Bissen einer Tat, vor allem, wenn es ein großer und als Fisch ein Brachsen ist und kein junges Rotauge, muss sorgfältig mit den Zähnen des Geistes und Wirbel für Wirbel zerkleinert werden, bevor er die Kehle des Denkens hinunterrutscht, ohne mit den Gräten an den Wänden zu kratzen. Härkäniemi bewegte sich also noch nicht von der Stuhlpolsterung und vom Tisch weg, bevor er mit den Augen wie auch mit den Denkpapillen aufgespießt hatte, was jetzt, nachdem er seinen Anteil niedergeschrieben hatte, bis hierhin fertig und in

Ziffern auf dem Papier über die Bark zu lesen stand: Wenn ich schon einmal hier sitze und das Papier betrachte, warum soll ich dann nicht von dem her, was die Augen sehen, gleich mit den Fingerspitzen berechnen, wie viel im Fass noch fehlt, bevor es halb voll ist, dachte er, ohne neugieriger als der zu sein, der am Zaun und auf den obersten Querbalken gestützt am Spätabend eines Sommertages und nach dem Abendmelken müßig dasteht und neben anderen Gedanken und Gemütsentspannungen feststellt, dass in einer Ecke der Einfassung drei treue Kühe stehen und einträchtig die Schwänze schwingen und die Schnauzen senken und zusätzlich hier und da in der ganzen Einhegung verteilt vier weitere Euterkühe auf dem Bauch und in Kinnandacht auf der Streu liegen, und der daraus schließt, dass es auf dem Hof und innerhalb der Einzäunung sieben Wiederkäuer gibt. Wie ein solcher gelassener Zähler, der mit der Brust auf den Zaunstangen lehnt, stellte Härkäniemi nun von seinem Stuhl aus und vor dem Barkvertrag bald fest, dass Langholmas und Alastalos zwei Achtel zusammen eindeutig ein Viertel der Bark ergaben, und wenn er dazu sein eigenes Achtel addierte, fehlte an einer ganzen Schiffshälfte lediglich noch ein Stück von der Größe eines Achtels, dessen Lücke wiederum exakt durch das halbe Achtel, das Pukkila mit seinem Sechzehntel-Anteil gezeichnet hatte, und durch die zwei halben Sechzehntel, die noch als Fliegenschiss und Witzanteile auf dem Papier vermerkt waren, gefüllt wurden.

Härkäniemi schmunzelte geradezu in seinen sanftmütigen Bart, als er mit gewisseren Augen nun Mikkelis wie auch Eenokkis und Karjamaas als auch Sattelgutsherrn Krooklas Spuren und Knauserschritte auf dem Papier aufspießte. Auch die Spuren einer Maus kann man im Schnee erkennen, wenn man genau hinschaut, räumte er vor sich ein und drehte den Nacken so weit, dass er zuerst links neben sich Karjamaa am Ende des Sofas und danach auf seiner rechten Seite Krookla in der Ofenecke sah: »Ihr habt ja doch die Größe von Männern und nicht die von Buchfink-Bachstelzen, obwohl man bei den Klecksen und Tröpfchen hier auf den Gedanken kommen könnte, dass eine Fliege über den Barkvertrag spaziert ist, während ihr eure Anteile gezeichnet habt!«, sagte und äußerte er seine Meinung laut und beäugte außer den läppischen Anteilskrümeln und federlosen Küken, die da armselig in ihrer Nacktheit offen auf dem Papier standen, auch die Mengen von Spritzern und Sprühflecken, die schon Alastalo nach dem Werken von Karjamaas Griffelstift und dem Tropfen aus Krooklas Nasentraufe mit Missmut auf seinem Barkvertrag zur Kenntnis genommen hatte. »Sieh an!«, sagte er trotzdem und fügte für den Fall möglicher Empfindlichkeit und Dünnhäutigkeit gewisser gereizter Personen beschwichtigend etwas Versöhnliches hinzu. »Sieh an!«, ließ er also verlauten und schabte mit der Daumenspitze Eintrachtsnissen aus den Wurzeln seines Barts. »Sieh einer mal an, was einem so ein Bröckchen im Amt des Zapfens einbrockt, wenn ein Mäusehäufchen an der Sprudelstelle des Hausbierfasses die Tülle verstopft, und wie schnell färbt sich die Kupferbronze silbern, wenn der Finger eines Geizigen eine platte Münze als oberste Kopeke auf den Rubelstapel legt«, sagte er und lachte mit einem Seitenblick der Hälfte seines Gesichts, die Eenokki zugewandt war. »Als was für ein lächerliches Stückchen und als was für eine geschamfilte Käsescheibe würde der glänzende Halbmond an den Himmelspfosten hängen, wenn von seinen beiden Hörnerspitzen ein beschädigtes Klümpchen abgeknickt und abgebrochen wäre, und sei es nur eine klägliche 1/32 kleine Sichel von der schief stehenden Mondwanne, und Krookla, was für ein Mann von Mikkel wäre er ohne den Zeiger auf seinem Ziffernblatt, und was wäre Eenokki für ein Karjamaa ohne den Pfeifenstummel im Kinn, auch wenn beide, wenn ich an die Spitznase denke, die mit allem geizt, außer mit der Länge, oder an die Krummpfeife, die knausrig ist, außer was die Hartnäckigkeit des Sitzens auf der Stelle anbelangt, auch wenn beide, sage ich, von der Größe und vom Zollstockmaß nicht einmal $^1/_{32}$ vom zweiunddreißigsten Teil des kleinen Zehs von allem eingetragenen irdischen Mammon Krooklas, geschweige denn von Karjamaas ins Grundbuch eingetragenem Grund und Boden ausfüllen!«, witzelte er saftig, wenn nicht direkt an diejenigen gerichtet, denen er gerade ein bisschen kitzelnden Schnupftabaksamen unter die Nase gerieben hatte, so doch an die anderen Unschuldigen im Saal. Wer Seemann ist und übers Kapitänsdeck schreitet, der ist beim Blick über die Reling daran gewöhnt, dass dann, wenn guter Wind wühlt, das Meer alles aufwühlt, was seine Rippen an Raum einfasst und diesseits des Horizonts an Sichtfeld vorhanden ist, und deswegen ist er auch daran gewöhnt, dass man, wenn ein guter Wind im eigenen Rumpf rollt, keine Angst um seine Knöpfe haben soll, sondern das Lachen im freien Schwall herausschießen darf, wie es der Speck am Körper und der Rachenraum auch bei schwerem Schnaufen hergeben, ohne von Stöhnwänden bedrängt zu werden! Unbändig ließ Härkäniemi jetzt also das Lachen hüpfen, in der ganzen vierkantigen Schulterbreite seines axtgeschnitzten Leibs (in der nämlich nicht allein flache Breite steckte, sondern auch sonstige knochige Ausbuchtungen am Rückenrahmen wie auch an der Vorderseite, wo die Jacke an der Brust zugeknöpft war), als er mit Genugtuung die volle Hälfte des Barkschiffs unter seiner Faust auf dem Papier betrachtete und mit den Augen summierend zusammenzählte, und mit schwellendem Brustbug spürte er, dass der Pott mit drei Masten nun bald eine halb sichere Sache in der Gemeinde war und dass man, nachdem man bis jetzt seine Schritte mit einer gewissen Robustheit und Sohlensicherheit sowohl auf die Kruste des

Erdbodens wie auch auf das schwankende geteerte Deck gesetzt hatte, die Beinstiele von nun an ihres festen Standorts noch stämmiger im Hosenstoff des Barkreeders und irgendwann vielleicht sogar des Barkkapitäns gewiss sein und die Stöße und Schläge des Atlantiks mit noch breiterem Stand entgegennehmen mussten, in dem Maße, wie die Gefilde des Atlantiks weiter sind als die umzäunten Gärten der Nordsee und der Rammbock dort über reichliche Rückenausdehnung und Nackenfläche verfügt, um mit gesenkten Schaumkronen gegen die spritzenden Abwehrwälle der Relingsplanken zu stoßen.

Es war denn auch ein breiter Mann und einer, bei dem sowohl im Blut wie auch im Bereich der Ohrenhaare der Wind weiträumiger wehte als innerhalb der Wände dieses Saals, einer, der, nachdem er seine Unterschrift geleistet und seinen Anteil gezeichnet und auch seine Sachen bedacht hatte, von Stuhl und Tisch aufstand und, bevor er losging und sich wieder zum Sofa und seinem Sitzplatz begab, seine ernste Härkäniemi-Handfläche auf die Tischplatte und die dort ausgebreiteten Papiere legte. »Du bist nun einmal ein Kerl und der beste Junghahn in der Schar, Alastalo, und der Erste in der Bande und der Flinkste, warst es früher schon, wenn wir nach einer Übeltat und nach dem Bohnenklauen davonrannten! Ich lobhudle nicht, auch wenn ich danke und deutlich sage, dass du der Seehund bist, der vorneweg robbt und die Nahrungslöcher im Eis sucht, während wir anderen auf dem Bauch hinterherkriechen! Ich würde sagen, dass dein Amt seit jenen Zeiten, in denen eine Galeasse unserer Meinung nach noch ein Schiff war und in denen wir glaubten, schon sauberere Hosen anzuhaben, weil wir als Galeassenskipper in unseren nigelnagelneuen Stockholmer Beinkleidern aus Pantoffelstoff durch den Mittelgang in der Kirche gingen; ich würde sagen, dass es schon damals dein Amt war, uns andere in aller Stille hinters Licht und an der Nase herum zu den Hafertrögen zu führen, nach denen die eigene Oberlippe zu recken wir von uns aus nicht auf die Idee kamen, das würde ich sagen und murren, wenn nicht nach und nach durch deine Urfehler, wenngleich später auch durch eigene Sünden der Raffgier und Gelüstgerüche, jeder von uns an solche Zuber und Futtertröge geraten wäre, an denen man gar nicht erst zu glauben braucht, dass man die Ohren an- und in Verdrussfalten legt oder über das Gute schmunzelt und vor Dankbarkeit wiehert, weil man einfach zubeißt und andächtig mampft, soviel die Schnauze sich zu schnappen schafft und der Zahn zu brechen imstande ist vom dicken Häcksel des Futters und dem nach Hafer riechenden Gut, bei dessen Knuspern das Maul gierig die Augengruben knautscht bis zum weißen Stern der Stirnbehaarung!«

Härkäniemi schmunzelte in seinen Bart, und es sah aus, als würde das Geplapper kein Ende finden, da die Zunge nun mal herumgedreht und die Schoten so für günstige Winde gefiert worden waren. Er war jedoch ein Mann, der vielleicht einen wehenden Bart hatte, aber unter dem Bart ein festes Kinn, und so konnte er zwar schnurren, wenn seiner Meinung nach die Gelegenheit dafür gegeben war, verstand es aber auch, damit aufzuhören, wenn gesagt war, was besprochen werden musste. »Du, Mattsson, ich weiß von jeher, dass in deinem Haus der Winter dafür da ist, das große Netz geflickt bereitzuhalten für die Laichzeit, und ich weiß auch, dass du das, was du schaffst, und in den Augen des Fauleren auch unnütz schaffst, deswegen schaffst, weil nach dem Winterbelag wieder die offenen Fanggründe an der Reihe sind, und dann ist es gut, wenn man ein Netz von hundert Klaftern wartend an den Balken hängen hat! Doch bringst du dein Hundertklaftriges nicht ohne Nachbarn aufs Meer, und hier sind wir dir eine Hilfe: Die Hälfte von einer Bark ist auf dem Papier gezeichnet! Dank hättest du verdient, weil wir jetzt alle mit deinen Fäden den Aland im gemeinsamen

Pferch einzäunen, aber beim Ziehen des Netzes verneigt man sich nicht, sondern watet ins Kalte und zieht mit Schulterkraft den Spalt zu, der an der Öffnung der Bucht noch offen steht, damit es in den Zwickeln anfängt zu wimmeln!« Seine letzten Vierschrötigkeiten sprach Härkäniemi, als er bereits vom Tisch zum Eckplatz auf dem Sofa schritt, äußerte aber noch, bevor er seine Pfeife anfasste und die darauffolgende Schweigepause kam, eine kleine Ermunterung an die anderen im Saal. »Macht ihr anderen euch nun auch auf und geht hin, wenn ihr an der Reihe seid, denn Barken gibt es am heutigen bedeutsamen Tag lediglich eine im Saal, und von der ist die Hälfte schon denen entwischt, die ihren Namen noch nicht auf den Vertrag gesetzt haben!«

Jetzt hatte Härkäniemi bereits das Mundstück der Pfeife zwischen den Zähnen, und weil deren Zug geprüft werden musste, war es mit dem Reden von seiner Seite aus erst einmal vorbei. Als er nach einem Weilchen Zeit gefunden hatte, sich auch wieder in Sitzposition in der Sofaecke zu bringen, konnte im Saal getrost darauf gewartet werden, dass etwas anderes geschah. Härkäniemi war nämlich einer, der ebenso gern den Mund geschlossen wie in Betrieb hielt, der aber, hatte er erst einmal den Anfang einer Geschichte gefunden, sich bisweilen über die passende Stelle zum Aufhören im Unklaren sein konnte, bis er seine Pfeife wieder zum Brennen und an ihren Platz im Mund untergebracht und damit einen Grund zum Schweigen gefunden hatte.

NEUNZEHNTES KAPITEL

Auch Lahdenperä zeichnet schließlich seinen Barkanteil, denkt an die Geschichten von Friisi, die er dieses Mal jedoch nicht erzählt, und macht, wie es nun einmal vorkommt, einen kleinen Stolperer, bevor er mit dem Schreiben fertig wird.

Genau genommen wies die Feierlichkeit und Prozedur beim Schreibvorgang und im ganzen Saal in diesem Stadium fast schon Anzeichen des anbrechenden Abends auf, und sie erinnerte an ein Festgewand oder einen Sonntagsanzug, bei dem man ungewollt an den Schattierungen des Tuchs und am Zustand der Kanten sowie an der ganzen Art, wie er hängt und wie die Saumkrempen in Schuss sind, zum eigenen Bedauern allmählich, nicht unbedingt Abnutzung oder Verschlissenheit, so doch eine gewisse Ahnung von Verblassen und eine unleugbare Neigung zur Erschlaffung bemerkt. Ganz zu schweigen davon, dass der eine oder andere, ja sogar mehrere entlang der Wände und deren diversen Ausläufern, die Wertigkeit der Stunde und den Ernst des Vorgangs bereits vergessen und beim Ausharren ein brummendes Gespräch begonnen hatte, entweder mit dem Nachbarn, der zufällig auf dem nächsten Stuhl saß, oder auch an diesem vorbei, falls weiter weg einer mit lockerer Kinnlade saß, ganz zu schweigen also von diesem langsam um sich greifenden Gemurmel verschiedenerseits und in den Ecken des Saals waren die meisten Augenpaare überdies mit auffälliger Andacht und deutlichem Interesse auf den müßig dastehenden Grogtisch gerichtet, auf dessen Platte Siviäs, von Härkäniemi dort abgestellte, Wasserkanne vor der Rumkaraffe und neben der Kognakkaraffe schimmerte und völlig vergebens ihre Hitze in die leere Luft verdampfte, solange keiner hinging, um sich am Tisch sein Glas zu sichern. Krookla war es, Mikkel, der in diesem späten Moment den Anstoß gab, sodass man nicht mehr mutmaßen musste, wer den Mut aufbrachte und wen es gelüstete, denn auch er hatte von seinem Stuhl aus erkannt, dass der Grogtisch in aller Faulheit wartete, und weil sein Glas leer auf dem Mauerkranz ausharrte, wo er es hingeschoben hatte, als er sich anschickte, seinen Schiffsanteil zu zeichnen, bedurfte es keiner großen Anstrengung, sich das Glas wieder zu greifen und sich damit auf den Weg zu machen, wo man schon Beine hatte, und sich etwas Kräftiges ins Glas zu gießen, solange es um den Tisch herum leer war und man niemanden aus dem Weg drängen musste. Noch bevor also Härkäniemi nach dem Unterschreiben wieder ordentlich in seiner Sofaecke saß und die Pfeife ihre feste Aufgabe in seiner Kinnlade übernommen hatte, und auch noch bevor Alastalo dazu gekommen war, sich die Nase zu schnäuzen, und nach Härkäniemi den Nächsten auffordern konnte, zum Barkvertrag zu gehen, und nun auch Lahdenperä zu ermuntern, sich seinen Anteil zu sichern, bevor das Schiff zu Ende gezeichnet war, vor alldem und dem gleichmäßigen Fortgang der Prozedur also war Krookla jetzt auf den Beinen und schon mitten im Hantieren und ernsten Mischen am Grogtisch, und er blieb dabei nicht lang allein, denn unglaublich schnell war es um den Tisch herum schwarz vor schaukelnden Schulterpaaren, da nun ein Beispiel gegeben worden war und man sich nicht als Erster dorthin trauen musste, wohin einen die Lust schon lange unwissentlich hingezogen hatte. Auch Pukkila, der doch weiterhin an seinem Ärgergroll zu schlucken hatte, war bald nach Krookla und sobald er dessen Betätigung bemerkte, als zweiter Kranich und Schluckspecht am Tisch und zur Stelle, um die Kognakkaraffe an sich zu reißen, bevor ein anderer sie sich schnappte: »Da kriegt man Durst-Durst kriegt man-kriegt man, und in der Kehle kritzt-kratzt teuflisch was wie ein Grätenaas!«, erklärte und verdeutlichte er, als er mit Ellbogeneinsatz und Knuffen seinen Platz gegen die Andrängenden verteidigen musste, um seinen Bewegungsraum für die Tätigkeit am Tisch und beim Gießen und Mischen zu wahren.

Bei diesem Hauen und Stechen und Knuffen – wenngleich einvernehmlich –, infolge gewisser Eile in der landseitigen Hälfte des Saals und rings um den Grogtisch, blieben zwangsläufig die gleichzeitigen seeseitigen Vorfälle und fortgesetzten Aktivitäten am Schreibtisch unbemerkt und im Schatten, wo jetzt Lahdenperä, von Alastalo hingeleitet, saß und im Begriff war, seinen Anteil zu zeichnen. Ermunternd und in auffordender Absicht klopfte Alastalo dem Schöffen, der nun an der Reihe war und der bereits den Griffel in der Hand hielt, gerade auf die Schultern und knetete dazwischen beschwichtigend den Buckel, denn sein Gewissen war ein wenig schwach und bezichtigte ihn des Umstands, dass er aufgrund anderer notwendiger Maßnahmen und dringender Zwänge diesen für die Geschäfte des heutigen Tages doch ziemlich wichtigen Mann und Besitzer des Bauholzwaldes von Vaarniemi im Verlaufe des Tages möglicherweise etwas vernachlässigt und im Stich gelassen hatte. Immerhin erinnerte er sich an Härkäniemis Schwatzen und Scherzen von vorhin, an die Justierungen der Barkanteile und tätschelte und massierte also mit versöhnlicher Hand das Schulterfleisch des Nachbarn. »Für dich habe ich diesen Teil des Unterzeichnens aufgespart, der als freie Bahn jetzt vor dem Stift liegt und der bei der zweiten Hälfte der Bark als Erstes kommt!«, äußerte er also auf geschmeidige mattssonsche Art und plauderte er in Form einer Vertraulichkeit, die nicht vor der gesamten Gemeinde ausposaunt werden musste, dem anderen männlich ins Ohr.

»Du als Spitzenmann auf der linken Seite, wo Langholma rechts vorneweg schreitet, dann kommen beide Hälften der Bark in Bewegung, und der Wald mit seinem Wuchs hilft dort, wo das Geld dem Ganzen einen robusten Ruck gibt! Die Nase hat zwei Flügel, den linken links, den rechten rechts, und ein Schiff zwei Hälften, die Oberfläche außenseitig und die Laderaumabteilung innenseitig, und beide müssen jeweils von ihrer Sicht her gebaut werden, der Nasenzeiger von beiden Flügeln her, damit der Leuchtturm im Gesicht gerade aufragt und sein Besitzer keinen Schiefling schnäuzen muss, und die Bark von beiden Rumpfrundungen her, damit das Holz an Fläche so viel entfaltet, wie am Schiffsrumpf Bauch entsteht, und der Wald sollte beim Bemessen des Westenstoffs nicht geizen, wo das Geld was Fettes baut!«, äußerte Alastalo und verstärkte seine Schläge, wobei er dachte, dass tatsächlich auch eine steife Haut weich wird, wenn man sie im Gerberlohenbottich einweicht, und sich auch der verzogene Zinken gerade biegen lässt, wenn man ihn erst einmal zwischen Daumen und Zeigefinger bekommen hat. »Du als Waldreicher voran und Langholma als Geldreicher daneben und wir anderen Dünnen, Dicken als Hilfskräfte und Rückenstützen in den hinteren Reihen, dann wäre es ein Wunder, wenn es nächsten Winter in Vaarniemi nicht krachen und mit jeder fallenden Föhre die Bark vollgrätiger und der Bauch deiner Geldbörse um mehrere Scheine umfangreicher werden sollte!«, legte er noch einen drauf und schmierte bis zur Verschwendung Fett auf die Achsennabe, die nun an der Reihe war, sich zu drehen. Zieht man sich Sämischleder als Hülle und Feinheit über die grobknochige Pranke, muss man eben scharf und energisch zerren, schwitzend und ohne an Murmelflüchen zu sparen!, dachte er sich wie der Teufel beim Seifensieden.

Lahdenperä war tatsächlich ursprünglich ein bisschen schmallippig gewesen, schmallippig eigentlich den ganzen Tag. Nicht auf dem Weg hierher, ganz und gar nicht, nicht im Boot, denn es hatte vom heimischen Ufer an während der ganzen Fahrt guter Zugwind geherrscht, auch nicht beim Gang den Uferhügel hinauf, denn unter der Jacke, in der leicht steifstoffigen Hülle der zugeknöpften, von Hesekiel Kahiluoto genähten Kattunjacke, blähte sich doch ziemlich dick und auf die seitlichen Säume drückend die Gewissheit, dass er immerhin derjenige war, der an diesem Tag als Herr des Waldes von Vaarniemi auf den Vorbau von Alastalos Haus zuschritt, er selbst, der Schöffe, und niemand sonst! Noch vor dem Betreten des Hausgangs, beim Abstreifen der Füße am Nadelbüschel und während er einen Stiefel nach dem anderen an den Kanten vom Lehm säuberte, zog es in seinem Blut so fürchterlich, als würde das Herz wie eine Ziehharmonika mit vollem Register auseinandergezerrt. Man ging nicht bis über die Knöchel im Lehm und durch den Morast der Äcker bei der Rübenernte und beim Rupfen des Krauts oder auf schwankenden Stegbäumen zu irgendwelchen Hinterhäuslern, um Schafdiebe zu verklagen, wenn man in gewichsten Stiefeln und in Sonntagshosen Alastalos geputzten Vorraum betrat und in Alastalos Vorzeigeflur über nachgebende Bodenbalken auf die breite Glasscheibentür zuschritt, deren eichenmusterhaft bemalte untere Spiegel glänzten und blinkten wie Festtagsgeschirr und Porzellanbacken auf den blütenweißen Flächen der Tischdecken, die bei den Feiern nach der Katechismusprüfung aufgelegt wurden, und deren Glas in allen Safranfarben und blau-rotem Feuer und gelbem Glanz schimmerte und schillerte, als wären mit einem Blick auf die Butzenscheiben die Gefilde und der Blumenprunk und die Sträuchergebüsche des Paradieses zu sehen, mit Cherubinen auf den Ästen und Giraffen auf den Weiden, oder als erschiene dem Fahrenden, der in der Winterkälte durch die nächtliche Dunkelheit zockelt, im Schoß des Waldes, an einer Stelle, wo der Nadelbaumschnee spärlicher wird und sich neben dem Weg die Fläche weitet, unerwartet eine verschneite, stubenwarme menschliche Behausung, umgeben von eingezäunten Weiden, in den Fenstern das heimelige Flackern eines Feuers, mit fröhlichem Glitzern von Eisblumen auf den Scheiben und mit blau und märchenrot funkelnden Kerzen, die an den hölzernen Traufen hängen! Noch während man die Hand auf den massiven Messinggriff an der robusten lackierten Tür legte und das Schloss beim Drücken der Klinke mit seinen Federn aufschnellte, schlug der Mut im Futter der Brusttasche aus, und vom Hausgang her trat in voller Türbreite und den gesamten Rahmen ausfüllend ein Mann ein, als käme der ganze rauschende Wald von Vaarniemi zu Besuch. In der Tat durfte derjenige feierlich und breit auf seinen Stiefelsohlen in der Tür stehen, dessen Wald an diesem Tag der Text der Epistel wie auch des Evangeliums im Saal sein sollte und bei dem sowohl dicht gedrängt in den Senken stangenschlankes als auch lichter an den steilen Hängen massivstämmiges Holzmaterial wuchs, für den Fall, dass Barken oder sonstige Schoner und Schüsseln gebaut und was Starkes für den Kiel und Harznackiges für die Spantenbögen oder Reckhalsiges für die Rahenhörner und Gebogenes für die Flanken gebraucht werden sollte!, hatte er gedacht und die Türzarge mit der betuchten Brust eines Hofherren und der Üppigkeit eines Schöffen ausgefüllt. Hierbei, als er sich durch die Gangtür zwängte, hatte der Sack der Zuversicht in seinem Herzen jedoch die erste Delle abbekommen, denn im Hausgang hatte ihn niemand empfangen, und kein Kapitän Alastalo hatte mit ausgestreckter Hand dem Ankömmling sein Willkommen entgegengekeucht, vielmehr hatte er auf eigene Faust und selbstständig die Mütze an die Hakenreihe an der Türwand aufhängen und in aller Alltäglichkeit, nachdem er sich die Nase geputzt hatte, geradezu wie ein gewöhnlicher Gast an einem gewöhnlichen Tag und ohne Zeremonien auf die Tür zum Saal zugehen müssen, aus dem Stimmen zu hören gewesen waren.

Härkäniemi und Alastalo hatten dort vor dem hinteren Meerfenster miteinander geplaudert, sodass er zweimal husten und hüsteln musste, bis sie überhaupt bemerkten, dass er angekommen war und den Saal betreten hatte, und auch danach hatte Alastalo noch etwas Geheimes zu Härkäniemi zu sagen und über Langholma und Pukkila und Janne zu schwätzen gehabt, über Janne Pihlman, wie Lahdenperäs Ohr ausgemacht hatte, sodass er weiterhin eine Weile und auch noch nachdem sein Kommen bereits bemerkt worden war, in der Türöffnung und an der Schwelle hatte stehen und in Ermangelung einer sonstigen Tätigkeit sich selbst und die Größe seiner Gestalt mustern müssen, obschon er wusste, dass er in den Knochen eines Schöffen, sogar in solchen der robusteren Sorte, in die Geräumigkeit des Saals hineinging, in die luftige Deckenhöhe über dem Scheitel wie in die Ebenen des Bodenparketts vor den Stiefelspitzen, und innerlich erkannte, dass die Größe eines Mannes und die Kräftigkeit seines Körpers sowohl von schrumpelnder und schrumpfender als auch von dehnender und bis zur Trogstufe anschwellenden Art sein kann und dass man im selben Leib ein ziemlicher Mann mit dem Bauchumfang eines Patrons sein mag, solange man unter seinen eigenen Balken und hinter dem eigenen Stubentisch das Wort führt, wohingegen man auf anderen Bänken und im Chor der Abendmahlskirche das Genick einzieht und es einem gar die Gedärme am Rückgrat zerknittert wie einem Hund aus einem armen Haus nach drei Tage Fasten! Einen gottlosen Saal und breiteste Prachtwände, wie es sie nicht einmal in der Gerichtsstube von Viiainen gab, hatte sich Alastalo gebaut, und weil überdies die Teppiche fünf Klafter lang fein säuberlich auf dem weißen Holzboden und in Reih und Glied dalagen, wurde auch der mutige und abgebrühte Mann verlegen, nachdem er über die Schwelle getreten war, bevor er unaufgefordert weiterging. Es war Lahdenperä also, schon gleich nachdem er den Saal betreten und noch bevor Alastalo sich von seinen Vertraulichkeiten mit Härkäniemi gelöst hatte und als Gastgeber zu ihm gekommen war, um ihm die Hand zu schütteln und sich nach den Neuigkeiten und dem Wind zu erkundigen, es war ihm also passiert, dass ihm der ursprüngliche Schwung und die Frische des Mutes im Blut abhandengekommen waren wie dem Eichhörnchen der Ast, der schwankende, auf dem es, bevor man es aus dem Auge gelassen hat, gerade noch quicklebendig seinen Schwanzbesen geschwungen hatte. Zwar war ihm der Mut noch nicht bis in die Stiefelschäfte gerutscht und bis zu den Fersen gekrochen – so etwas musste man bei einem Mann vom Schlage Lahdenperäs, der mit dem Amt des Schöffen ausgestattet war, nicht vermuten und noch weniger glauben! –, aber so viel an Kehlenflüssigkeit war doch versiegt, dass es nicht angebracht gewesen wäre, rumpelnd und lauthals mitten in den Saal zu stiefeln, bevor man mit gestreckter Pfote und Hausherrenhand dazu aufgefordert wurde.

Die Delle war also unwiderruflich entstanden und Lahdenperäs leicht gespannte Herzblase an einer Stelle eingesunken, so wie eine Aushöhlung entsteht und sich auch in der voll mit Korn gefüllten und bis zu den Rändern hügelhoch vollgerafften Roggenkiste vor den hungrigen Mäulern ein Trichter bildet, wenn sich ein Diebesschurke nur eine Zeit und Nachtruhe lang ächzend am Unterboden des Getreidespeichers zu schaffen macht und nach der Bohrarbeit in Ruhe und den Schweiß der Schufterei sich von der Stirn wischend das Getreidegold aus dem Loch im Kistenboden in seine Leinwände rinnen lässt, bis der verschnürten und zur Seite gestellten Dicksäcke so viele sind, dass man sogar der Inhaltsoberfläche der dicksten Kiste eines Sattelguts Anzeichen des Abnehmens und Aushöhlungen vom Ausrinnen anmerkt! Freilich hatten Alastalo und Härkäniemi schließlich ihr Flüstergericht und Katechismusgemurmel in der Fensterecke an ihrem Ende des Saales irgendwann beendet, und Alastalo war, als hätte er erst in diesem Moment jemanden an der Schwelle bemerkt und Ankömmling und Gast und das wartende Herumstehen im Türrahmen erkannt, quer durch den Saal gerauscht, die geschmeidige Hand gestreckt erhoben, auf den Gesichtsbacken Genugtuung so dick wie geschmierte Butter, war schlitternd wie ein Seehund auf dem glatten Eis angewatschelt und hatte in einem Rutsch auch schon an Hand und Arm zugleich den ganzen Mann in Empfang genommen: »Na, jetzt ist endlich auch der Kantor zur Katechismusprüfung eingetroffen und der Brachsen im Nest: Da steht man mit Härkäniemi faul am Fenster und passt an der Scheibe auf, ob jemand kommt und auch Lahdenperä schon zur Stelle ist, dabei steht der Mann schon selbst in seinen eigenen Kleidern im Saal und hüstelt nicht einmal, damit man ihn bemerkt!« Bis zur Vergeudung war die Butter aus Alastalos Bart geflossen, und man war von der Tür in den Saal und zum Sitzen auf dem Sofa fast gewirbelt worden: »Nur herein, nur herein, im Saal ist Platz genug, und der Vaarniemi drückt dir auch nicht auf die Fersen, selbst wenn in deinem Wald das Nadelhaar so dicht rauscht, dass sogar die Krähe einen Bogen von einer Werst bis auf Pukkilas Seite fliegt, weil sie weiß, dass sie, auch wenn sie sich noch so hineindrängt, auf Lahdenperäs Seite keinen Sitzplatz in den Wipfeln findet, und der Krähenbürzel, auch wenn er noch so stochert, den Arsch nicht auf das kiefernwollene Nadelkissen bekommt!« Flott und flüssig waren die Sprecharznei und lindernden Worte auf die Herzhäute wie auch ins Gemütswerk gegossen und gepinselt worden, und so wirbelnd waren Zug und Schwung in den Handgelenkwinden beim stürmisch energischen Flug durch den Raum, dass man sich fragte, ob man wenigstens die Hälfte von sich und seinem Verstandesgeist mit aufs Sofa hatte retten können, da man endlich, als Mann, der es überstanden hatte, auf dem gesteppten Leder am hinteren Ende des Saales saß.

»Deinen Wald willst du uns heute andrehen, doch selbst wenn jeder von uns zehn Rasiermesser als Verstandesklingen im Kopf hätte: Was fängt man mit einem Wald an, der so dicht und geschont dasteht, dass man selbst schimpfend und mit der Axt in der Hand nicht hineinkommt, weil an jeder Stelle ein buschiger Stamm und ein stämmiger Busch im Weg und vor einem steht, sodass man keinen Platz zum Arbeiten und Axtschwingen hat? Was für eine Wolle geht von einem Lamm ab, dessen Flor in so filzigen Büscheln gewachsen ist, dass man die Schere nicht bis an die Wurzeln hineinzwängen kann, um ihn zu lichten?« Eine solche Art zu reden hatte das Herz dann bereits wieder belebt und die Gemütshärchen in die ursprüngliche Bauschung gebracht, sie hatte sogar ein Lachen im Bauch ausgelöst, sodass man sich auf dem Sofa üppig vorkam und wie zu Hause fühlte: »Man kommt in den Wald schon hinein, wenn man zum Tor geht und der Hausherr öffnet, und die Schere gleitet auch durchs dicke Haar, wenn man die Klingen an dem Gekräusel neben den Ohren ansetzt, wo auch der zottige Widder fein und glatt ist!«, hatte er also befreit gescherzt und einen gut gelaunten Reim auf Alastalos Geschmeidigkeiten gehobelt, weil genug Platz auf dem Sofa war, solange er dort noch alleine saß, um zu lachen und den Bauch glucksen zu lassen. »Und in dem Wald, in dem es die Axt am Anfang eng hat, gibt es wenigstens was zu fällen, so wie sich reichlicher die Wolle von jenem Schaf löst, bei dem die Kiefer auch einer geschliffenen Schere gelegentlich erschlaffen, weil sie zu viele Fasern im Mund haben!«, hatte er weiterhin von sich gegeben und seinerseits den Faden der Versöhnlichkeit gefestigt: Schließlich hat man eine Kinnlade, wie sie andere auch haben, und außerdem Scharniere an den Kiefern!

Eigentlich wäre damit sein erstes Humpeln an der Schwelle im Herzen seines Gemüts verarztet und sein Befinden insofern ziemlich angenehm im Saal und in der Schar gewesen, wenn nicht ausgerechnet Pukkila gekommen wäre, um sich neben ihn zu setzen, und er auf dem Sofa in die Quetschung zwischen Härkäniemi und Pukkila geriet. Zwar wäre auf dem Sofa überreichlich Platz gewesen, sodass es auf keiner Seite Leibbeklemmung und schubsende Drängelei hätte geben und man nicht die Ellenbogen für die Anstrengung hätte bemühen müssen, seinen Platz in voller Breite und ganzem Sitzmaß zu behaupten, aber wenn einem auf der einen Seite ein Mann gegen die Schulter schubst, der Härkäniemis Schulterhälfte auf der Nachbarsseite hat, und an der anderen Flanke ein Zitteraal und wackelnder Hopfenstaken wie Pukkila, beginnt auch der im Zwischengebiet Sitzende, selbst wenn er voll im Fleisch ist und über ausreichend Gesäßfläche verfügt, seine Körperstellen vorsichtig einzuziehen und sich schmäler zu machen, als es seiner Natur entspricht. Von Härkäniemi ging keine weitere Gefahr aus, als dass er dasaß und auf seinem Platz den Raum ausfüllte, den die Schulterecken auf beiden Seiten benötigten, aber trotzdem war er, vom Schlage eines Baumstumpfs, ein anstrengender Nebenmann und Gesprächsnachbar an so einem Tag, an dem wichtige Dinge vor sich gingen und man seiner Überzeugung nach gesammelt und dicht bei seiner Pfeife und seinen Gedanken bleiben musste. Pukkila hingegen war allein schon vom Bewegungsdrang und nicht bloß von der Schulterwaage und dem Klarierungsgewicht seines sturen Denkens her ein Nebenmann, den man schlichtweg scheuen musste, und im Auge das reinste Katzenjunge an einem solchen Tag, denn die Dinge waren brüchig und aus dünnem Eis, und Pukkila konnte in jedem Moment wie der Teufel und der Beelzebub auf seinen Beinen und Krallen stehen, wenn die Rede auf die Bark und ihren Bau und die Wälder von Vaarniemi kam! Deshalb, und eben mehr vom Geist her als vom Körper, war sich Lahdenperä bald nach Pukkilas Ankunft und nachdem dieser sich zwischen ihn und Karjamaa gesetzt hatte, auf seinem Sitzplatz auf dem Sofa beengt vorgekommen und hatte es bereut, dass er sich überhaupt dazu hatte verleiten lassen, so weit auf die hintere Seite hinauszukommen, wo man sich doch zum Beispiel neben Nordberg an der seeseitigen Wand wesentlich – und zwar in ziemlichem Maße wesentlich – freier gefühlt hätte und unabhängiger gewesen wäre, was den Umgang mit der Kinnlade und die Körperhaltung anbelangte. Scheibenkleister aber auch, dort würde ich sitzen wie bei mir daheim, würde die Spucke im Mund kirnen und plaudern, wie es mir gefällt!, hatte er im Lauf des Tages schon zahllose Male gewettert und sein Versehen aufs Schlimmste verwünscht, weil er sich in so eine Klemme gezwängt hatte, in der man mit schwitzendem Körper saß und nichts anderes tun konnte, als jedes Mal auf sein Stück Zunge aufzupassen, wenn im Bauch etwas Wortartiges rumorte!

Selbstverständlich hatte man sich auf der Schöffenbank angewöhnt, stundenlang seine Brotöffnung geschlossen zu halten wie eine tote Plötze ihre Kiefer, wenn die Bezirksrichter und Gerichtsherren das Wort und Protokoll hatten, aber da saß man immerhin bei der Ausübung seines Amtes und von der Krone honoriert auf seinem Platz und konnte, wenn man es richtig anstellte und das Zahngehege und die Zahnfleischwurzeln mit dem Schatten seiner Hand verdeckte, sich die Müdigkeit aus den Kiemen gähnen, sodass einem nicht die Stellen und Scharniere im Gestänge wegen der langen Müßigkeit einschliefen. Bei der Ausübung des Amtes und beim Tagwerk des Schöffen brachte man es also durchaus fertig, sich aufgrund der Arbeit ein Schloss vors Kinn zu hängen und den Lippensaum verschnürt zu halten, solange Lohn einlief, aber auch ein Christ ist nur ein Mensch, auch der Eichenbottich nur ein Gefäß aus Brettern; und hält man es etwa in den Gliederknochen, geschweige denn in der Gürtelklemme aus, wenn man sich den ganzen Tag in seinem Fleisch quälen und in Gesellschaft und als Gast im Saal den Mund so artig halten muss wie ein umgebrachter Junghahn, dem auf der Streu neben dem Hackklotz das Krähen im Hals stecken geblieben ist?

Mit der Zeit hatte es tatsächlich die Haltbarkeit der Lederstellen am Leibriemen um die Hüftrundung herum auf die Probe gestellt, weil der redefreudige Mann ständig und stundenlang am Stück, ohne den Mund aufzumachen, auf dem Sofa sitzen musste und nichts als den Geist der Luft zu schlucken hatte, weil er so mucksmäuschenstill auf seinem Platz auf den Polstern kauern musste, als hätte er seine Zunge auf dem Weg durch die kleine Kammer verloren, ohne es wegen Pukkila und um der Vorsicht willen wagen zu können, auch nur den Hauch einer Furzlänge aus dem Atemloch zu seufzen, obwohl die anderen die Kinnladen klappern ließen wie die Dreschflegel ihre Prügel am dreipaarigen Schlachttag auf der Tenne! Lahdenperä, weder er selbst noch sein Kinn, gehörte nicht zu denen, die sich in der Schar genierten oder den Schwanz einzogen und ihn zwischen die Läufe klemmten, wenn gemeinschaftlich gebellt und sich gegenseitig beschnuppert wurde, ganz und gar nicht, die Zunge zappelte bei ihm sehr wohl und zwirbelte sich auch, wie bei jedem anderen, und Geschichten hatte er in den Backenwurzeln wie in der Kopfkiste sowohl für den Hausgebrauch als auch zum Gastfreundschaftsbedarf magazinweise und in Seillänge auf Lager, ob nun Roggen zum Spicken männlicher Schnurren gebraucht wurde oder eher etwas, das nach Weizen duftete für festliches Geplauder, Klugmilchigeres bei tatkräftigen Sitzungen oder kräftige Zugaben zum schallenden Gelächter, wenn Schnapsgläser gekippt wurden! Nein, schüchtern war Lahdenperä von Natur aus nicht, weder was das Mundleder noch was den Herzranzen betraf, er klatschte mit der Zunge gegen den Gaumen wie mit der Handfläche auf den Schenkel, ob man nun im Dampfschweiß und beim Quastenschwingen auf der Saunapritsche saß oder dort, wo es ernst war, bei voller Arbeit am Bankett beim fünften und kräftigsten Gericht nach vier vorigen ebenso kräftigen, ganz gleich, ob eine große Lüge in ihrer vollen Breite eine kleine verschönernde Bestätigung brauchte oder eine kleine Lüge eine ordentliche mannsgemäße Zutat an ihrem Hut! Nein, Lahdenperä war von Gott nicht mit Schamhaftigkeit ausgestattet worden, das stand nicht zu befürchten, auch nicht annähernd, aber bemerkenswerterweise war seine Natur an diesem Tag in den Stiefelschäften und artig geblieben, sogar in einem Maße, dass die Beine beim langen Sitzen angefangen hatten, trippelnd den Fußboden zu traktieren, und die Ungeduld auch an anderen Körperstellen zwickte und zwackte, wie einst den kleinen Jungen und schlimmen Schelm in der heimischen Stube beim Lauschen der Postillenpredigt an einem Fastensonntag, wenn das Amen einfach nicht kommen wollte, obschon der Papa mit den Fingern samt befeuchtetem Daumen schon das mitgezählte zehnte Blatt im Buch gelesen und umgeschlagen hatte! Damals hatten die Zucht und der finstere Blick des Papas übers Messinggestell hinweg die Gliedmaßen im Zaum gehalten, und dieselbe Zucht und Erinnerung an die Rute hatte jetzt das Fohlenblut in den Adern mit straffen Zügelzügen und warnendem Gertenwedeln des eigenen Verstandes zurückgehalten und dem Hengstwallach und Erzählross die Lust an übermäßig großer Entflammung im Mähnenhaar und Hufhorn ausgetrieben, auch wenn dem Gaul der Zeh zum Galoppieren juckte!

In der Tat und wenn man es wahrhaftig bedenkt, wer hat sich heute den ganzen Tag lang stiller hinterm Gatterzaun gehalten als ich? Ich schwatze nicht, lasse nicht den kleinsten kugelrunden Wortköttel aus dem Bart!, hatte er gedacht und sich zum Beispiel in dem Moment zurückgehalten, als Siviäs Kanne heiß und dampfend vor Härkäniemi auf dem Fußboden gestanden und Pukkila Alastalo und Alastalo Pukkila sich aus so nächster Nähe belauert hatten wie zwei junge Hähne, die sich auf dem Hof Schnabel an Schnabel zehenvorsichtig umkreisen, bevor die Federn aus beider Nackenwolle stieben; ich muckse mich nicht und gebe nicht mal das kleine Zischen eines geöffneten Flaschenkorkens von mir, damit ich niemanden verärgere und mir gar beide und alle drei zusammen im Nacken sitzen!, hatte er sich auf Beherrschung und Bezwingung eingeschworen, auch wenn seine Zungenspitze so schlimm am Zickeln war, als müssten auf einen Schlag und mit einem Schwung des Schafschwanzes die Hälfte seiner Eingeweide herausgeköttelt werden! »Wem von den zwei Langbärtigen blieb nach dem Zank der Bart am Kinn, dem ehemaligen Propst oder dem alten Ärrämäki, als bei der Katechismusprüfung der eine fragte und der andere antwortete und jeder der beiden Heißblütigen den anderen an der Stelle zog, wo das Gesicht länger als das Kinn ist; der Propst: ›Rennst du herum, die Hausflure des Teufels mit deinem Bart zu kehren, weil du mit mir vor Gericht um deinen Lohn streitest?‹, der alte Ärrämäki: ›Die Flure zuerst und die Säle danach, und den Besen schnappt man sich dort, wo der Teufel seinen Saalwedel als überschüssigen Lohn hingepfeffert hat!‹, und beide hielten nach dem scharfen Wortwechsel und einem noch schärferen Ruck ein Büschel Dickhaar des Zankbruders in der Pranke, während nach dem Ruck das Kinn bei beiden kahl war!« Genau so hatte es ihm als Witzküken und Wortwelpe auf der Zunge gelegen, auf der Spitze gelauert, kurz vorm Kippen, reif zum Rollen, genau wie die muntere Maus beim Lugen aus dem Loch, bevor sie flink über den Fußboden springt, so wäre es um ein Haar geschehen, ein solches Missgeschick hätte bevorgestanden, aber die Nasenhaare des Verstandes waren doch auf der Hut und ausgefahren gewesen und hatten rechtzeitig die Katze gerochen, sodass die Maus im Loch blieb, wo sie sicher war, und die Wortmaus im Versteck, bevor der Mieze Kralle sie im Genick erwischte: Verrückt ist, wer sich ins Gelände zwischen zwei Männer schiebt, die sich erregt und mit erhobenen Holzscheiten gegenüberstehen! Der Stolperer war dieses Mal mit Dusel vermieden und das Wort mit Glück rechtzeitig geschluckt worden in dem Moment, da Sprechen unvorsichtig und Rederei gefährlich gewesen wäre und ganz unnötig dazu geführt hätte, dass einem die zwei schon zischenden Saunaöfen mit einem Kippen des Kübels die unschuldigen Haare versengt hätten!

Aber wenn du übers Glatte gehst und vermeidest, links auszugleiten, spielt dir prompt die rechte Sohle einen Streich, und wenn du dann nicht schnell bist und den Bauch in der Wasserwaage hast, liegst du auch schon mit dem Buckel auf dem Boden und streckst die Haxen dem Himmelsblau entgegen! Und so ließ sich genau im selben verflixten Moment Härkäniemi nicht davon abhalten, die Kohlenglut von Kanne von den Bodendielen aufzuheben und mit brennenden nackten Handflächen und siebenfach gespanntem Schulterrigg und in Schieflage zum Manöver durch den Saal hin zu den Häfen des Grogtisches auszulaufen! Da war die eigene Natur auf die Probe gestellt worden, und man hatte seinem Magen Gewalt antun müssen, um nicht mit ganzem sündigem Leib in lautes Gelächter und Trabsprünge auszubrechen, weil der Große so andächtig war und die Kleine so giftig und beide zusammen so ernst am Werk, und weil dem einen beim Lavieren die Spucke aus dem Mund und der anderen aus der Tülle lief, und beim Kapitän die Schritte schneller gingen, als wenn es ihn zum Pinkeln drängte! Losgeprustet hätte man, wenn man sich getraut hätte, und hätte die Rippen losgelassen; aber ist es etwa schön, beim Essen zu rülpsen, bevor man den Bissen geschluckt hat, und hätte es sich geschickt, mitten im Paragrafen und beim Schreiben des Barkprotokolls und bevor man noch den eigenen Namen aufs Papier gebracht hatte, sich der Natur und dem Körperkeuchen zu überlassen wie bei Gericht ein sturzbesoffener Richter mitten im härtesten Hersagen des Eids vor dem Richtertisch? Auch diese Versuchung war ehrenhaft gemeistert worden, der Erbsünde des Leichtsinns tapfer der Nacken gebrochen und das Lachferkel in den Sack, aus dem es mit strampelnder Gewalt herausstrebte, zurückgesteckt worden, und er hatte auf dem Sofa das Gesicht so ernst und platt gehalten wie die Lederbespannung auf der gesteppten Sitzfläche unter seinen Gesäßbacken, ganz gleich, mit welchen Fliegenfinten Härkäniemi über den Fußboden flitzte!

Aber die Zunge des Wassers wartet und wacht an allen Fugen des gebeutelten Bootes, und das lauernde Böse schiebt sich durch jedes Loch und jede Delle ins Gewissen des Sünders, und kaum war diese Verlockung und Lachexplosion gerade mit Müh und Not vermieden worden, als man die Geschichte auch schon wieder im Sinn hat und im Kopf der Rogen laicht, weil man die Augen nicht von Härkäniemis Klemme und hastiger Eile zum Grogtisch abwenden kann. Wann schmeißt der Kerl das Ding von sich, sodass es die Porzellanscherben durch den Saal schleudert und das heiße Wasser auf dem Boden zischt?, hatte er sich gefragt und im Geifer seiner Zunge den Schweiß der Anspannung geschmeckt, obwohl ihn die Angelegenheit gar nichts angehen musste. Und prompt war ihm, zum Teufel, mit ebendiesem Geifer der leibhaftige Verrückte Friisi auf die Zungenspitze wie auf die Gabel des Gedankens gekommen, und mit ihm die fliegenden Kaffeetassen samt Brühe, die von Friisis Ärmel in der eigenen Stube vom Tablett seiner Mari auf den Fußboden und in die Ecke gewischt worden waren – und brrr! Mit beiden Händen und zusammengebissenen Zähnen hatte er die Mundwinkel beherrschen und die Zunge an der Kandare halten müssen, damit nicht mit einem Mal und mitten in den Ausübungen des Amtes, und zwar den wichtigen, und genau dann, als man selbst auf die Aufforderung wartete, an den Schreibtisch und aufs Stuhlgestell zu kommen, damit einem nicht mit fliegender Mähne ebendiese Geschichte entwischte, dieses fliegende Füllen, dessen Trippelschritte alle schon von früheren Trabrennen und zehn dröhnenden Malen, zusätzlich zu den Dutzenden vorigen kannten! Verdammt, schon hörte man es in den eigenen Ohren klappern, als plapperte die Zunge und als rennten Friisi-Geschichten in wer weiß was für Schwärmen übers Parkett im Saal, denn wenn sich die Muttersau erst einmal zum Ferkeln bemüht, wimmeln nach dem ersten bald im Gänsemarsch zehn weitere feine Ferkelchen auf der Streu, ein jedes so, als hinge es an der Schlinge der Schwanzschraube des vorigen.

Man hätte auf Anhieb diejenige vom Stapel gelassen, die einem in den Sinn geschlittert kam, als man Härkäniemis Geschussel auf dem Parkett betrachtete und sich fragte, wann ihm das feurige Ding aus den Händen fliege und die Kanne in Scherben aus Porzellan auf dem Fußboden liege! Im genau gleichen Flug und in der schwungvollen Fahrt, wie Friisi die Tassen und Milchkännchen vom Tablett der Mari in die Ecken und in Scherben gefegt hatte, als er uns einen Spankorb als Mitbringsel aus England mitbrachte, damals, als wir noch jung und die Jüngeren noch im Haus waren und Siina als Kleinkind auf dem

Fußboden spielte. »Spielsachen fürs Kind!«, sagte Friisi, als die Splitter vom Tablett gegen die Bänke klirrten und die Milchsahne in die Bodenritzten rann. Mari stand mit dem leeren Tablett entsetzt mitten im Raum, und sogar mir schäumte dick das Blut in den Kopf und in die Haarwurzeln, obwohl ich Friisi kannte und wusste, dass man bei seinen Spielen am besten auf die nächste Runde wartete, bevor man wütend wurde. Er war diesmal ordentlich vor den Stall gefahren und hatte sich nicht wie sonst gelegentlich, wenn er munterer Laune war, mitsamt dem Schlitten durch die Tür in den Vorraum des Hauses gezwängt, sondern sein Pferd sorgfältig mit dem Halfter am Türpfostenhaken angebunden, wie ich vom Stubenfenster aus gesehen hatte, und seinem Weißen auch die Pferdedecke auf den Rücken gelegt, als wollte er zum Kaffee und überdies für die Zeit zwischen zwei Schnäpsen im Haus bleiben. »Lauf, Mädchen, auf den Hof und hol geschwind den Korb vom Schlitten herein, zieh ihn unterm Heu hervor und trage ihn vorsichtig!«, sagte er gleich nach dem Scheppern, als die Tassen geklirrt hatten und in Stücken auf dem Parkett lagen, zu Manta, unserer Magd, die in der Viehküche am Kessel zugange war, während wir, Mari und ich, das Malheur auf dem Fußboden betrachteten und Mari mit gebrochenem Herzen bemerkte, dass auch das Zuckergefäß, das gläserne, in Stockholm gekaufte, in Stücken und zerbrochen war: Siina, damals im vierten Jahr, hatte bereits die Hälfte einer Tasse in den Händen und betrachtete das Bild der roten Rosenblüte auf deren Wange und ein blaues gemaltes Band um den Strauß herum. Manta war bereits nach draußen gelaufen und kehrte rasch zurück, den schweren Henkelkorb in die Stube schleppend, der bis zum Spanrand mit Stroh und Heubüscheln vollgestopft war. »Mitbringsel für die Hausfrau!«, schwatzte Friisi nur gelassen, als wäre nichts passiert und als hätte es in der Stube nicht geklirrt, im selben Ton wie er zuvor »Spielsachen fürs Kind!« gesagt hatte. Da konnte sich Mari nicht beherrschen, obwohl sie noch wütend war, und ging neben dem Korb in die Hocke; und was zog sie aus Friisis Korb zwischen dem Heu heraus, wenn nicht eine echte englische Untertasse! Von diesen kamen ein paar, ja ein ganzes Dutzend auf dem Fußboden zusammen, auch eine Tasse für jede Untertasse, als sie weiter auspackte, sogar eine Kanne mit goldener Verzierung auf der Brust kam zum Vorschein, dazu ein Milchkännchen und eine Zuckerdose mit Deckel darauf; Mari suchte weiter und wühlte im Heu und tief im Korb, als schon alles herausgepflückt war und die Zier in Reihen auf dem Fußboden und auf der Bank und dem Eisentablett von eben stand, das jetzt leer war, bereit für den guten Zweck; Siina war etwas abseits geschäftig gewesen und hatte sich ihre eigenen Sachen zusammengeklaubt, sodass die beiden, die Frau und der Frauenspross, gleichzeitig auf den Knien am Zusammenklauben waren und Friisi sich daneben derart schieflachte, dass er bebte. Mari war die Tochter des alten Vetters von Friisi und sein Patenkind, und dies hatte sich nach dem Herbst ereignet, als Friisis Brigg von ihrer ersten Englandfahrt heim ans Ufer von Friislä zurückgekehrt war.

Ans Ufer von Friislä!, wiederholte Lahdenperä seinen Gedanken und verstand, dass es haarscharf gewesen war, es hätte nicht viel gefehlt, und die ganze Soße wäre ihm in einem Spuckschwall, wie wenn man einen Stopfen öffnet, auf den Bart gespritzt und die Friisi-Geschichte in den Saal geschossen wie graue Katzen aus den Toren von Miezendorf auf die Landstraße! Vor dem Ufer von Friislä und nachdem die Mitbringsel der Brigg gefeiert waren, hatte es sich ereignet, dass Friisi über die Reling der *Salem* ins Meer plumpste und dort blieb, als wäre er in die Koje gestiegen und hätte sich die Decke über den Kopf gezogen. Wir hatten alle zusammen in der Kajüte der *Salem* gesessen, der Rum, er war frisch aus England eingetroffen, hatte gut geschmeckt, und um die Wahrheit zu sagen, hatten wir ein bisschen gesoffen, vielleicht auch ein bisschen mehr. Friisi plumpste also ins Meer, als wir uns schließlich nach Hause aufmachten und etwas kopflastig über die Reling kletterten und der Reihe nach die Strickleiter hinunter ins Boot stiegen, um an Land und ans Ufer zu rudern; er fiel kopfüber neben das Boot, und dort blieb er, sodass man nichts mehr von ihm sah als den schaukelnden Zylinder neben dem Boot, auch wenn man sich noch so die Augen ausguckte. Da wurde es ernst für uns andere, die wir den Kopf neigten und die Hälse über die Reling der *Salem* reckten, aber vom Gucken wurde es nicht besser, selbst wenn wir es noch länger getan hätten: Friisi blieb, wo er hineingeplatscht war, und das Meer wälzte sein grünliches Schwarz hin und her, als wäre nichts geschehen; jemand im Boot rettete noch den Hut, der mit der Öffnung nach oben neben dem Bord schaukelte. War es Herman Alastalo oder ein anderer, der dann als Erster kapierte, dass wir nicht beim Angeln standen und zusahen, wie der Schwimmer schaukelte, sondern dass wir uns beeilen mussten, weil Friisi dort, wo er sich jetzt befand, schlecht gähnen hatte, falls er überhaupt noch gähnte. »Die Leinen her und den Draggen, und zwar ein bisschen plötzlich!«, kommandierte der Betreffende, und ehe wir es uns versahen, waren wir zugange und schufteten, dass jedes Spiel fernlag. Schnell waren denn auch alle Leinenhaufen der *Salem* an Deck, der eine rackerte sich hier ab, der andere dort, und jeder gab Ratschläge, während die anderen sausten: Das Rennen war enorm, an der Reling wie auf Deck. Niemand weiß, was letztlich dabei herausgekommen wäre, wenn nicht mitten im Ziehen und Lösen der Seilhaufen Friisis Stimme auf der Seite und vom gegenüberliegenden Bord der *Salem* gepiept hätte, zu dem niemand hingerannt war, um hinabzuspähen. »Was tut und rennt ihr da, anstatt mir zu helfen, hier bin ich und warte schon lange darauf, dass ihr mich hochzieht: Im Wasser ist es kalt, man holt sich ja den Schnupfen!«, tönte es von dort, als alle an die Reling gegenüber rannten, um nach unten zu lugen. Dort baumelte das Hundekinn so gesund wie ein zappelnder Hecht und hielt sich, Salzwasser aus dem Bart spauzend und mit glucksendem Lachen, an einer Eisenwante der Schiffsflanke fest: Da war der Schlingel aus purem Schabernack an der Reling gestolpert und zum Erschrecken von uns anderen ins Wasser geplumpst und auf der Stelle unterm Kiel hindurch auf die andere Seite geschwommen, um sich von dort aus ins Fäustchen zu lachen, wie wir uns einen abbrachen, um ihn zu retten.

Er war ein Ass im Schwimmen und stets dasselbe Hundekinn. Auch das eine Mal, als er mit den zwei Ericsson-Brüdern ins selbe Eisloch stieg und die Ericssons anfingen, um Hilfe zu rufen! »Was zum Teufel schreit ihr da und macht ihr Krach, die Leute glauben noch, wir hätten Streit!« (einer der Ericsson-Brüder war sein Schwiegersohn und mit seiner Tochter verheiratet), sagte Friisi bloß, schob sich auf den Eisrand und zog auch noch die beiden anderen aus dem Loch. Histörchen über Friisi gab es deren viele, und wenn man mit einem fertig war, folgte ihm das nächste schon am Schwanz. Hatte er nicht auch sein Pferd so abgerichtet, dass es sich an der Deichsel aufrichtete, wenn er die Zügel straff zog, und dann auf der Stelle stehend mit den Vorderläufen in der Luft spielte wie ein Zirkusgaul im Marktzelt? Friisi lachte, wenn er übers Land fuhr und die Schellen klingelten und so viele Leute entlang der Straße an die Fenster rannten, wie Nasen an die Scheiben passten, um sie platt zu drücken, und wenn der Weiße dann sein Kunststück machte und mit den Hufen in der Luft wedelte, verschwanden flugs die Nasenspitzen von den Fensterscheiben wie die Schrift von der Griffeltafel, wenn man sie auswischt: Direkt durch den

Rahmen, glaubten sie, würde der Verrückte kommen, und hüteten sich nach der Lektion davor, zumindest an demselben Tag, jedes Mal ans Fenster zu rennen und an den Scheiben zu hängen, wenn auf der Straße eine Schelle klingelte und ein Unschuldiger in seinen Angelegenheiten vorbeifuhr!

Ebendieser Friisi kam auch einmal nach Pukkila, als der Hofherr, der Vater des heutigen Petter, zufällig fort und auch die Hausherrin draußen beschäftigt war. Der Großknecht hielt sich jedoch in der Stube auf, saß auf der Bank, als der Besucher kam, und weil er ein aufgeweckter Mann war und eine Nase wie ein Turm im Gesicht hatte, glaubte er, nun die Sache des Hofherrn im Hause vertreten und den Gast dem Hause gemäß in Empfang nehmen zu müssen. Im Eckschrank stand eine Buddel und daneben das Glas des Herrn, wie der Großknecht wohl wusste, und so ging er um den Tisch herum zum Schrank, nahm die Schnapsbuddel aus dem Regal, das breite Stockholmer Möbel aus eisweißem Glas, auf dessen schimmernder Flanke wie mit dem Schneefinger geschrieben in zierlichen Buchstaben stand: *Välbekommen!* Oder wie der Hofherr beim Eingießen manchmal erklärte: »In den Mund und in den Magen!« Die Buddel wurde also auf den Tisch gestellt und das Trinkglas daneben, und der Großknecht schenkte gluckernd zuerst für den Gast den Kelch bis zum Rand voll und brachte es dem Ankömmling als Mundöffner hin: Er hatte wohl die Absicht, das Glas nach dem ersten Leeren ein weiteres Mal zu füllen, für die eigene Backe. Auf die Backe bekam der Großknecht denn auch etwas, jedoch etwas anderes, als er sich vorgestellt hatte, nämlich Salbe in äußerlicher Anwendung. Friisi hatte den Vorgang genau verfolgt, und als der Großknecht mitten im Raum, wo Friisi stehen geblieben war, das Glas hob, damit der Besucher es in Empfang nahm, nahm Friisi es auch in seine Obhut und in seine schwere linke Hand, verpasste aber im gleichen Moment mit der flachen Rechten dem Ohr des Großknechts eine saftige und spürbare Ermahnung und ging anschließend mit dem vollen Glas in der Hand zum Tisch, lüpfte den Glasstopfen ein weiteres Mal von der Buddel und goss sorgfältig jeden Tropfen in das ursprüngliche Aufbewahrungsgefäß zurück. Es wurde kein Wort verschwendet und auch kein Lachspektakel in den Bart gelassen, als die Buddel, und mit ihr das Glas, feierlich vom Tisch genommen und weiter, ohne ein Wort von sich zu geben, wieder im Schrank eingeschlossen und die Schranktür mit einem solchen Ernst zugedrückt wurde, als würde sie vor dem nächsten Allerheiligen nicht mehr geöffnet werden. Der Großknecht, der als einigermaßen verdellter Mann mit leeren Händen zuerst mitten im Raum stehen geblieben war und von dort, nachdem er das Ganze verstanden hatte, sich langsam in Richtung Zimmertür und deren offene Scharniere geschlichen hatte, empfing nun von der Schranktür her einen Blick, der ihn auf der Stelle innehalten ließ wie auf einer Nagelspitze und ihn gewissermaßen fragte: Verstehst du, Junge, dass die Schranktür jetzt geschlossen ist und so lange zubleibt, bis ein besserer Mann sie öffnet? Der Großknecht betrachtete die Bretterritze vor seinen Stiefelspitzen, als beneidete er jedes Geschöpf, das klein genug war, um auf diesem Weg außer Sichtweite zu schlüpfen, aber auch die Türklinke war noch so weit entfernt, dass er nicht danach hätte greifen und verschwinden können. Und Friisi ließ den Sünder nicht aus den Augen, da die Schranktür nun ein zweites, feierlicheres Mal geöffnet, die Buddel überzeugend wieder auf den Tisch gestellt wurde und das Glas ebenso; der Stopfen wurde entfernt und der Kelch bis zum Rand vollgegluckert, und nachdem der Schnurrbart aus dem Weg und vom Mund gewischt worden war, wurde das Randvolle bis zum letzten rinnenden Tropfen zur Bitterung des Mundes und zur Belebung der Kehle auf eigene Veranlassung und mit dem Recht des Hofherrenbesuchers und nicht mit der Genehmigung des Hausknechts und auf Darreichung eines Mundräubers gekippt. Noch bitterer war die Augenrollung, als nach dem Vorgang und dem Trocknen der Barthaare die Buddel zurück auf ihren Platz im Regal gestellt wurde, und das Glas ebenso, und die Kieferntür des Schranks mit noch entschiedenerem Gewicht als zuvor zugedrückt wurde: Spürst du den Tadel auf deiner Backe brennen, und weißt du nach dieser Runde, wenn du diese Tür siehst, besser als zuvor, dass eine Tür, die geschlossen ist, auch dann geschlossen bleibt, wenn der Hausherr fort ist?, fragte dieses Auge den Großknecht, der inzwischen allerdings die Türklinke unter der Hand fühlte und gleich den Dielenboden des Hausgangs unter den Füßen hatte!

Ein großartiger Schwimmer war Friisi und ein großer Possenreißer, aber im Meer ertrank er trotzdem und starb bei einer ernsten Tat: Breitbeinig saß auch ich auf dem Kiel und hielt mich mit klammen Händen an den gebogenen Flanken und glatten Seitenwölbungen des Schiffes fest, als ich zusah, wie Friisi vor meinen Augen in den Wellen versank, als er uns retten wollte. Im Loch von Iniö waren wir gekentert, ich weiß nicht, wie es kam, aber plötzlich strampelten wir alle im frühjahrskalten Meer, das Schiff mit der Öffnung nach unten und dem Kiel nach oben neben uns. Friisis dünnschmales Gesicht sah ich damals zum letzten Mal, er hatte noch seinen Tulup ausziehen können, den er wegen des kalten Seewindes angehabt hatte, und wedelte im Meer mit den Armen wie einer, der im Klafterakkord Holz hackt. Fiina Teersalo verfrachtete er als Erstes auf die Erhebungen des Schiffs, danach half er Matti Vähäniemi auf den Kiel, der steife Glieder hatte und klamm war und bei jedem Versuch wieder von den Rändern rutschte; zuletzt stieß er auch mich auf den Rückenbuckel, sodass ich das Kielholz zu fassen und zu greifen bekam und mich mit aller Kraft querrumpfig zuerst auf die Balken des Boots und von dort breitbeinig rutschlangsam zu den Zinnen des Vorderstevens emporhieven konnte, die glitschig waren wie verrückt, fast wie aus Eis. Eng wurde es damals, und auch ich war so verdutzt, dass ich erst einige Zeit später, nachdem ich das Salz aus dem Mund geprustet hatte und langsam wieder daran glaubte, Kiefernholz in Form von festen Brettern unter den Hinterbacken zu haben und nicht mehr mit dem ganzen Leib im bodenlosen nassen Wasser um mein Leben zu zappeln, erst einige Zeit später bemerkte ich Friisi wieder. Er hatte inzwischen die Vorleine in den Mund genommen und schleppte uns im Meer aufs Ufer zu, die ganze Fracht; er glaubte, der arme Mensch, an die Kunst des Schwimmens, dachte aber nicht ans Meer, das eine Woche zuvor noch gefroren und kalt wie Eisen dagelegen hatte! ›Mist, jetzt hat er mir auch noch die Mütze geklaut: Was, zum Teufel, hat so ein Hecht-Barsch mit meiner Uschanka zu schaffen!‹, meinte er noch und bemühte sich um einen letzten matten Scherz im Meer, als er merkte, dass ich ihn ansah, während ein Wellenwall ihm mit einem Schwall die Fellmütze, die zu der Zeit bereits in ziemlich grauem und klatschnassem Zustand war, vom borstenbüscheligen Haupthaar spülte. Wir waren da schon dicht am Ufer, und ich hielt nach den Felsen Ausschau, wo man die Finger an die Kahlköpfe bekommt, falls wir dagegenkrachten, aber als ich wieder nach Friisi schaute, hing das Ende der Vorleine lose im Wasser, und Friisi war nirgendwo zu sehen: Auf einmal war er müde geworden und die Kälte des Meeres ihm ausgerechnet am Ufer ins vertrackte Herz gestiegen, obgleich er uns rettete. Ein listiges Stück war er im Leben wie im Tod, aber doch ein edler Mann für den, der ins Innere sieht, und tüchtig in seinen Angelegenheiten: ließ seine Söhne zu Herren schulen, alle drei, sogar in Helsinki und Turku, sodass sie jetzt Gelehrte und Lektoren sind, obwohl in unserem Alter, und große Kommerzienräte selbst in Petersburg und hinterm Bankschalter und

Vorbilder in der Gemeinde, die zeigen, dass aus Jungen auch anderswo als auf dem Meer Männer und Achterdeckbeschreiter werden können.

Lahdenperä wusste also und vermutete, es wäre auch den anderen bekannt, dass aus der Kinnlade, die ihm gehörte, jederzeit und wann immer es benötigt wurde und ganz gleich, ein wie langer Strahl beim müßigen Beisammensitzen hier und da gefragt war, Histörchen kommen konnten, werstlang oder im Ellenmaß, als Vorerläuterung der Epistel oder als Vollpredigt übers Evangelium, wenn ihn die Gemeinde nur aufforderte oder die eigene Gesundheit und der Atem des Bauchleibs es verlangte, aber an diesem Tag hatte er die Sacköffnung bislang dicht gehalten, hatte sich gehütet und gedacht, egal, was innerlich an Luft schnauft, ich halte den Mund und beherrsche mich, selbst wenn mir die Haut noch so spannt, damit ich niemanden reize und keinen von denen empfindlich stoße, die zu den Großen gehören und sich aufplustern und daher Atemblasen mit brüchigen Flächen und empfindlichen Nähten haben. Ich bin Schöffe und an Amtshandlungen gewöhnt und weiß meine Lippen geknautscht und meine Gedanken gebündelt zu halten an einem Tag, an dem man, ohne sich zu mucksen und geduldig nickend, auf der Bank zu sitzen hat, während andere sich streiten, warum also sollte meine Gesäßfläche sich nicht für den Abrieb auf Sofaleder eignen und meine Bartspitze nicht in Saalgeschnatter ragen, wenn mir die Weisheit einflüstert, dass Schweigen und Hüten des Kinnes in manchen Momenten und gewissen Gesellschaften wichtiger ist, als zu schwatzen und die Zunge schmettern zu lassen!, hatte er sich, gleich nachdem er auf dem Sofa Platz genommen und sich Pukkila als Ellenbogennachbar zu ihm gesellt hatte, selbst geraten und gewarnt. Es ist nicht günstig, sich die Pfeife anzuzünden, wenn man sich in einem Verschlag mit Strohstreu befindet oder gerade ein Büschel

Werg in den Lauf einer geladenen Büchse stopft, und an der Seite von Pukkila und in Reichweite von dessen Ohren, so hatte Lahdenperä bald erraten, war es an diesem Tag nicht wesentlich gesünder, robuste Sprüche über Alastalos Bark zu klopfen, wie auch sonst aus dem Bauch heraus jedwedes Landgrafengerede über Vaarniemi und den eigenen Wald loszulassen! Und so hatte er dann den lieben langen Tag auf der Hut dasitzen und in sich hineinschnaufen müssen, als wäre ihm ein Siegel samt Kronenlack auf die lebendigen Lippen gedrückt worden! Bis dahin war er sich denn auch treu und auf dem Sofa brav geblieben, was das Maul und beinahe auch das Gedankenfell betraf, als hätte er sich für diesen Tag zum Abendmahlstisch eingetragen und zu diesem Zweck die Fusselstellen seiner Seele glatt gebürstet, ganz wie am Sonntagmorgen im Gerichtshaus die Herren Amtsrichter die Jackennacken und Tuchschöße ihres Sonntagsstaats. Wenn die Zange zugepetzt wird, hilft nichts anderes, als die Finger hübsch von der Ritze fernzuhalten, und wenn Pukkila und Alastalo im selben Saal und in Barkangelegenheiten das große Wort führen, dann tut der Außenstehende gut daran, seine Zunge aus dem Spiel zu halten und den Daumen fern von der zudrückenden Zange!, hatte Lahdenperä sich im Lauf des Tages bereits zahllose Male selbst empfohlen, die Zunge zu hüten.

Dagesessen hatte Lahdenperä also bis dahin – abgesehen von einem kleinen Gang zum Grogtisch und zurück –, so tapfer und regungslos auf seinem Platz, auf dem Sofa gesessen und so treu seine Kinnlade bewacht und gehütet, dass er sich bisweilen selbst schon fragte, ob ihm nicht bald Moos unter dem Heckspiegel seiner Hose auf dem Sofa wächst und die Scharniere an der Lade rosten, die Gott der Schöpfer dem Menschen immerhin deshalb an die Backen gegeben hat, damit er was erzählt! Da bleibt einem ja die Zunge am Gaumen kleben, und der Verstand vertrocknet im Schädel zu Pech!, hatte er zu seinem Trost sein Los verwünscht und bedauert, weil er so dauerhaft und am Stück klüger bleiben musste, als er von Natur aus und vom Blut her in Wahrheit eigentlich war, und auf Zehenspitzen gehen und mit Verständnisschritten stolzieren, anstatt mit ganzer Sohle und ehrlicher Kinnladenvernunft aufzutreten, so wie es sich für den Mund im Gesicht des Menschen und die Vorderansicht des Bauern in seiner Derbheit gehörte. Ehrlich gesagt war Lahdenperäs Stimmung im Lauf des Tages ziemlich gesunken, war schwer verdellt und geplättet worden und fast im gleichen Zustand wie das Feiertagstaschentuch der Vähänperä-Bäuerin von Kitukorpi, das vom ersten Dreifaltigkeitssonntag an ein halbes Jahr lang an jedem Kirchentag zusammengelegt und unbenutzt festlich in der Faust und andächtig in den gefalteten Händen umhergetragen worden ist, beim Einnicken während der Predigt wie beim Verneigen auf dem Kirchhof, und dessen Ecken und Falten allmählich und an den letzten Dreifaltigkeitstagen und am dreiundzwanzigsten Sonntag unwiderruflich anfingen, von außen schwärzlich und fleckig zu werden, ungeachtet der sauberen Innenseiten, die noch waschfrisch und zum Naseputzen zu gebrauchen waren.

Darum hatte es auf Lahdenperäs Herz und Nieren recht belebend und ziemlich aufmunternd gewirkt, als Alastalo endlich zu ihm kam, um ihm seine Gunst auf den Rücken zu klopfen und zu knuffen, und ihn mit geneigter Gewalt von Sitz und Sofa zog und in Richtung Schreibtisch in Bewegung schubste. »Da hat er den lieben langen Tag faul die Polster abgenutzt und ist nicht zur Arbeit und zum Unterschreiben geschritten, obwohl er deswegen ins Haus gekommen ist und im Saal angemustert hat und ein ausgewachsener Mann ist, der dorthin folgt, wohin der eigene Nasenknochen vorangeht!«, plapperte es überdies im Ohr und im ernüchterten Blut guthäutigen Tadel und hermansches Schnurren aus Alastalos Ächzen, als er neben ihn trat. »Bist du unter den feinen Herrschaften und beim Rumgrog der Richter selbst zum Herrn geworden, weil man sich wie ein Laufbursche verbeugen und mit seiner ganzen schlankwüchsigen Gestalt von hinten wie ein Kellner schieben muss, bis man den Turm und ganz Babel mit aller Macht und Schulterkraft in Bewegung gesetzt und den Mann wenigstens für sein eigenes Waldgeld vom Sofa weg und mit der Mühe eines Federstrichs dazu gekriegt hat, Barkreeder und für den Rest seines noch zehnjährigen Lebens Einstreicher der geteilten Auszahlungen zu werden!« Es kostete den Darbietenden das Wortheu nicht mehr als ein Mundöffnen, auch wenn es stopfbündelweise bemessen war, und auch dem strengen Zuhörer bereitete das Weiten der Ohren keine größere Mühe, als es darum ging, das Futter der Ermunterung fuhrenweise in den Scheunen des Gemütes zu verstauen, und es bildete sich ein unversiegbarer Manna-Fluss von Alastalos Lippen und ein unermüdlich rieselndes Rinnsal von Arznei in Lahdenperäs Herzgesäß.

Auf dem Stuhl saß man nun trotzdem, und die schwielige Hand hatte die Gänsefeder von Gerät und Gestell auf dem Tisch genommen. Gerade die Gänsefeder, denn Lahdenperä wusste von seinem Amt und von alters her, dass es das gleiche Ding und widerwillige Werkzeug war, mit dem man kratzend und mit dem Sterz der Spitze seinen Namen auf Papier und Vorladung malte und krakelte, je nachdem, wozu er gebraucht wurde, und dass man dann lieber ein feierlicher aussehendes Stück von Stift zwischen den Fingern durch die Luft rauschen ließ als ein gewöhnliches Holzstöckchen und dürres Stümpfchen mit einer rostigen Griffelklinge an Kopf und Spitze. Fing man mit dem Schreiben und Namenkritzeln an, kostete es stets die gleiche Mühe, den Stielkopf passend und laufgefällig in die Lücke zwischen Daumen und großem Finger zu bekommen, aber wenn man vorsichtig mit der linken Hand nachhalf und justierte, saß er bald wie Harz in der Zange und in der Furzklemme der Zeigefingerhalterung, wo er hingehörte, und die Arbeit konnte beginnen, sofern man sich nur den Namensplatz auf dem Papier ausgeguckt und mit dem Zeigefinger der linken Hand den Anfang der Zeile deutlich markiert und die Kielspitze im nassen Schwarz des Tintenfasses befeuchtet hatte. So hätte er es auch jetzt in aller Ruhe tun können, sich die Kehle frei räuspern und sich auf der Fläche des Papiers ans Werk machen wie der Mann mit der Sense auf der Weite der Weide, wenn nicht ausgerechnet im letzten Moment, als er schon gehüstelt hatte und gerade die Arbeit in Angriff nehmen wollte, Pukkila selbst mit Gesicht und Zinken am Tisch erschienen wäre und sich mit seinem Grogglas auf dem freien Stuhl am linken Ende des Tisches niedergelassen hätte. Er hatte, der vermaledeite und teufelsschlechte Onkel des Vetters des Großcousins, seinen Grog und sein Gebräu genau zu diesem wichtigen Moment fertig gemischt, da man seinen ganzen Geist und seine ganze Seelenkraft für das Schreiben des Namens und die Andacht der Schulterhaltung zusammennehmen musste, war als Kiebitz am Kopf des Tisches erschienen wie die Krähe am Tag der Aussaat auf der Zaunstange am Saatfeld und stierte wie ein Specht im Rindenloch des Baums darauf, wie der Griffel in der Hand des anderen Menschen läuft, wenn dieser schreibt: Von seinem jetzigen Platz und eigens ausgewählten linksseitigen Tischende aus ließ sich denn auch direkt unter den Augenbrauenbüschen heraus das nackte Papier anvisieren, das frei vor ihm lag wie eine zur Sonnenbleiche ausgebreitete Leinwand auf dem Feld! So ein Nebenmann und Dohlenherr als Halsrecker auf dem Kirchenfirst störte unsagbar und mehr, als man glaubte, den Akt des Schreibens und das freie Führen der Hand auf dem Papier: Musste und brauchte Petter schon jetzt, bevor man selbst noch mit der Angelegenheit endgültig befasst war, am Peilen der Feder und Lauf der Spitze mit seinen Pihlman-Augen lesend aufspießen und mit seinen Pukkila-Nüstern erschnuppern, was für einen und wie großen Barkanteil er im Sinn geplant hatte und aus der Kielspitze laufen würde, wenn er ans Ende der Zeile und zum Schluss des Schreibens käme? Lahdenperä riss sich jedoch zusammen, denn er war immerhin Schöffe und mit allen möglichen Wassern gewaschen; er dachte, schau nur, wie du willst, Schlimmeres wird nicht geschehen, wenn dir nicht die Augen platzen, und fing an zu schreiben: Er spürte auch und wusste, dass Alastalo dicht hinter ihm stand, weil er das Schnaufen an der Nackenwolle spürte, und ebenfalls über die Schulter auf die Papiere spähte und auf das, was darauf entstehen würde, weshalb er für seinen Teil sehr wohl verstand, dass es an diesem Tag, was immer Pukkila auch dachte und verdeckt unter den Augenbrauen abschoss, doch überlegter und gesünder war, mit Herman Alastalo bei den Noten und im Takt des Kirchenliedes zu bleiben und die Hand stabil zu halten, wenn man seinen Namen und seinen Barkanteil schrieb.

Und so wurde nun der ernste Name mit Gewicht auf die Fläche des Papiers geschrieben, der Griffel pflügte, als wäre die Kielspitze im Begriff, im Lehmboden eines verhärteten Brachackers die Blütenwiese umzugraben, die Schulter rang wie bei der Anstrengung einer Spatenarbeit und beim Ausheben eines Grabens, und der Mund half seinerseits der stechenden Verrichtung, indem er auf Biegen und Brechen die Stülpung und Dehnung der Lippen in die gleiche Schiefe und Rinnenkrümmung zog, wie sich die mühsame Wanderung und der Kurs des Federkratzens auf der gleichmäßigen anstiegslosen Anhöhe des Papiers befand, wo ein Mensch auf seinem Weg außer Atem kommen konnte, bevor er in allen Ehren und ohne schlimmeres jähes Schlingern auf dem Zeilenstreifen und größeren Ausrutscher schräg nach oben wie nach unten vom linken Rand an den rechten und in den Hafen gelangte.

»Taavetti Taavetinpoika Lahdenperä« nahm es, wie unzählige Male zuvor, durch die sichere Handführung des Schöffen überzeugend auf dem Papier Gestalt an, sogar sauber und mit flüssiger Handschrift, trotz der Mühe des Schreibens und den Schweißtropfen auf der roten Stirnwölbung. – In derselben Prozedur und in einem Atemzug fuhr die Feder, einmal in Fahrt gekommen, ohne anzuhalten mit ihrer Arbeit auf dem Papier bis zum Ende des Ackerstreifens fort, und sowohl Pukkila als auch Alastalo durften schneller, als sie beide erwartet hatten, nach einem jähen Tröpfeln auf dem Barkvertrag und hinter Lahdenperäs Namen »16/1 Teil« lesen. Die Zahlen waren so schnell und ohne dass zuvor kontrolliert worden wäre, wie die anderen ihre Anteile zu Papier gebracht hatten, geschrieben worden, weil Lahdenperä das Lauern Pukkilas neben sich wurmte und weil er aus Trotz, und wie sehr Pukkila auch schaute, diesem zeigen wollte, und zwar schnell, dass er in ebendiesem Augenblick ein Mann war wie Pukkila und seinen Barkanteil zeichnete wie jeder andere auch. Vielleicht rauschte dabei auch ein bisschen die Erinnerung an den Wald von Vaarniemi im Blut und der Gedanke, dass ein Mann, von einem Schiff, das aus seinem eigenen Wald gebaut wird, selbstverständlich einen Anteil zeichnet, und zwar mit einem Schwung, damit er nicht über die Schwelle stolpert! Die Summe des Ganzen bestand nun allerdings darin, dass im Barkvertrag die Anteilszeichnung verdreht worden war, bevor Alastalo eingreifen und die Hand zurückhalten oder Pukkila den Mund zum Rachenlachen und Kehlenkichern aufreißen konnte, und dass für beide jetzt in klarer Ziffernzahl auf dem nüchternen Papier 16/1 zu lesen stand.

Alastalo fühlte sich, als wäre er im Halbschlaf, wie wenn man noch nicht ganz wach ist und eine Fliege aus den Augen zu verscheuchen wäre, aber die Hand noch nicht gehorcht, und die Fliege immer dreister und dichter am Gesicht brummt. War es tatsächlich wahr, dass ein solcher Vandalismus aufs Papier geklatscht und der Barkvertrag vor seinen eigenen Augen verhunzt worden war? Pukkila hingegen glaubte aufgrund seines Inneren und des Neides der menschlichen Natur mit der Wendigkeit der Schadenfreude schneller, was er sah. »Jaa-jaa!«, sagte er, »wenn man einmal schreibt, dann schreibt man auf Männerart und baut darauf, dass man morgen nicht gleich wieder hinrennen muss, um es zu verbessern!«, kam es noch ruhig und zugeständnishaft vom Tischende, obgleich die Augen im Schatten der Brauen blinkerten, als wären es mindestens ein Dutzend, wenn nicht längst ein Drittel Dutzend zu dem vollen Dutzend hinzu, und ein Schwarm von genau sechzehn flitzenden Fliegen, die wie losgelassen abwechselnd mit ihren Schnauzenköpfen und Schwanzquasten aus den Lochöffnungen und Ringlöchern von Pukkilas Blickritzen und Seelenfenstern guckten. »Mit dem Korb in der Hand, mit dem Spankorb rannten wir im Wald von Vaarniemi in die Beeren, als wir Buben waren, Dreikäsehochs, und Himbeeren pflückten wir, Himbeernektar in den Korb! Ich frage mich, ob du schon damals je ein volles Dutzend getragen, jemals ein glattes Dutzend geschwenkt hast, du gieriger Bursche und Himbeer-Vielfraß, du hast die runden Dingelchen einzeln getragen und geschwenkt, weil du im Lauf des Sommertages von den Sträuchern am Rand zuerst so viel in die Backen gestopft hast, wie an saftigem Rot hineinpasste, und anschließend, vor dem Heimweg und dem Abendanbruch, nur der Form halber ein paar runde Beeren in den Korb geschüttelt, soweit du daran dachtest und es über dich brachtest, sie am Mund vorbeizuführen; war es überhaupt ein Dutzend?, frage ich, weil du auf die Idee kamst, am heimischen Tor und tief im Spankorb ein paar runde Rote in der Korbecke zu verstecken, nachdem du auf dem Weg noch so viel geschlemmt hast, wie du schafftest und die Hand vom Spanboden zu schaufeln vermochte; war das überhaupt noch ein Dutzend, frage ich, was wir damals an Beeren im Korb hatten, als wir einst aus den Himbeeren im Wald von Vaarniemi zurückkehrten? Aber so eine Bark, so eine kleine Bark ist wohl eine bessere Beute in eben deinem Vaarniemi, und wo im Laufe eines Sommertages kein ganzes Dutzend hohle Himbeeren in den Korb gepflückt worden ist, dort zupft man mit einem Ruck auf einer einzigen Zeile auf einem platten Blatt Papier sechzehn volle Stücke von einem Schiff mit drei Toppen in einem Strauß! Hast du auf Lahdenperä am Schafstall, am Gattertor zu deinem Schafspferch, frage ich, bevor du daheim losgegangen bist, die Zahl für den Barkvertrag geübt und Lamm für Lamm, mit erhobenem Finger das Lammvieh gezählt, wie viele Einerstücke sechzehn sind im vierhufigen Gewimmel, damit du nicht mit der Menge und der Anzahl der Knäufe auf den Toppspitzen durcheinanderkommst, wenn du die Bark aufs Papier flitzen lässt wie ein Ferkel, das saugen will, auf die Streu im Koben?« Pukkila war durch und durch Pihlman und vollständig Petter, und zwar der ganze Mann, als sprühten selbst die Barthaare mit jeder einzelnen Spitze die gleichen satanischen Geschosse und kleinen Teufel ab wie die feurigen Augen unter ihrem Gebüsch und das Zungenstück in der Mundhöhle: Wenn man Flöhe zerquetscht, dann richtig, und wenn man auch nur einen von zehn unter den Fingernagel bekommt, dann quetscht man die Wanze auf der Tischplatte platt, und zwar mit aller Kraft!

»Gehst du rückwärts, so wie dein alter Friisi mit dem Arsch voran in den Himmel und auf die Himmelsleiter, gehst du, frage ich, rückwärts in den Barkvertrag, weil die ausgebeulte Seite und das dicke Ende vorneweg und auf den höchsten Höhen stolziert, während die Zipfelseite und das Tropf-Ende sich noch als Ding und Einerzeichen unterm Fahnenstangenknauf kringelt? Du erinnerst dich doch noch an deinen Friisi, wo du selbst viele

Male lauthals lachend erzählt hast, wie bei der Hochzeit von Kiparluoto am Abend des dritten Hochzeitstages, als einem die Welt allmählich auch von ihrer elenden und pechigen Seite in den Sinn kam, Taavetti Hurunkorpi aus Jux und Dollerei, wenn auch nach drei Tagen Trinktagewerk ziemlich belämmert und belehmt im Kopf, den Friisi fragte, auf welche verflixte Weise er diesmal vorhabe, sich und seine Seelenhülle zum Himmelstor hineinzuschwindeln und eine Bank im Paradies zu besetzen, wo doch selbst einer aus der äußeren Gemeinde, so wie er, schon aufgrund einer einzigen Hochzeitsfeier merken und schlussfolgern muss, dass der Sünder und Schwätzer auf Bileams Eselin ein Witz von einer Last war und das Gewicht einer Tüte Vogelfedern hatte im Vergleich zu der Ladung an Hinterfotzigkeiten und Sünde des Spottens, die er, Friisi, dem Buckel seines Gewissens als Proviant für das Jüngste Gericht allein während einer mageren halben Woche Hochzeitsfeier aufgebürdet hatte. ›Du wirst dich schon durch die Maschen von Petrus' Netz schlängeln, das sehe ich dir und dem Haken deines Kinns an, aber mit welchem Schabernack des Schwanzes und welchem Streich der Kiemenflosse es geschieht, frage ich mich‹, hatte Hurunkorpi gesagt und auf den Boden gespuckt. ›O, du Armer, der du ein Binnenländer bist, bei dem der Verstand so langsam läuft wie Teer!‹, hatte Friisi gesagt. ›Auch ein Christ ist ein Mensch und höflich, wenn es ihm nützt, und Petrus ein frommer Fischer und einfacher Jünger, und ich verneige mich vor ihm, wenn er mir Fragen stellt, und gehe rückwärts, wenn er mir nah kommt. Dabei rede ich die ganze Zeit, so wie der Hahn kräht, damit Petrus was zu hören hat und sich an die alten Zeiten erinnert, und wenn ich ihn betrachte und das Gesicht genau auf ihn gerichtet halte und er die ganze Zeit meinen Bart im Blick hat, wie soll er da merken, dass ich schon wie ein Krebs im Rückwärtsgang die Himmelsleiter besteige, so wie der Kellner auf der Treppe die Hochzeitsgäste in den Gang begleitet; wie soll er es merken, sage ich, wo er es doch gewohnt ist, diejenigen, die in den Himmel aufsteigen, stets von der Hosenbodenseite und vom gespannten Tuch am krummen Rücken aus im eiligen Wettstreit auf den Stricksprossen zu sehen, wohingegen Bartknattern und endloses Schnattern des Kinns tägliches Brot und Knustkante für ihn sind, die er von denen kennt, die man auch durch Verscheuchen nicht zur Vernunft bringt, bevor man sie gegen die Brust stößt und schubst, damit sie mit dem Rücken voran und Schritt für Schritt zurückweichen, bei pausenlosem Palavern und Starren des Augapfels in den Augapfel, dem Schlund und der Schlucht entgegen, wo der Abgrund der Hölle wartet wie der Brunnen von Kankkula: Doch ich, ich werde mit dem Petrus schon fertig und ihm die Fersen erst an der Himmelsluke zeigen, wenn ich selbst schon im Paradies bin und die Pantinen in Abrahams Schoß habe!‹ Friisi war ein gewitzter Kerl und hatte einen lebendigen Verstand im Wipfel seines Kopfes, wie der Geist des Windes im Laub, und man kann sich vorstellen, dass selbst an der Pforte des Paradieses noch nicht Schluss mit seinen Spektakeln war, aber wie kannst du, dessen Hinterende stämmig wie ein Lahdenperä-Hinterende ist und der einen Verstandesknauf von ungefähr gleicher Dicke hat, wie kannst du dich, frage ich, mit deinen Ausmaßen an Friisis Hinternpräsentation versuchen, und das auch noch auf festem Boden, wo der Körper wie auch der Verstand immerhin noch schwerer und steifbäuchiger ist als die Seele auf der Himmelsleiter, wie kannst du dich in Sachvorgängen und bei Barkverträgen an Friisis Scherzen versuchen, fernab von Späßen und dem Tor zum Paradies, und deinen Schiffsanteil mit den Kufen nach oben zum Himmel und dem Schlitten mit der Sitzfläche nach unten in der Schneewehe zeichnen? Die Schwiele auf dem Hubbel des großen Zehs nennt man Hühnerauge, und das ist ein schüchternes Körperteilchen und wird in Strumpf und Stiefel versteckt, aber auf der Stirn sieht dasselbe Gebilde aus wie das Horn des Teufels, und diese Beule kann man nicht verbergen, ganz gleich, wie tief man sich den Mützenschirm über die Augen zieht: Den Teufel, den gehörnten Teufel hast du aufs Papier geschrieben, und kein Schiffsanteil!, würde ich sagen, wenn ich an Alastalos Stelle und wütend wäre und die Krone des Bocksbeinigen auf meinem Barkvertrag sehen würde!« Diese letzten Bemerkungen aus Salz und Lauge gab Pukkila von sich, als er das Auge bereits von Lahdenperä und dessen bei diesem Sturzbad und im Bewusstsein seines Vergehens von ziemlicher Sündenlast niedergedrückten Schultern abgewandt und auf Alastalo und dessen einigermaßen gerötete Stirnwölbung gerichtet hatte.

Es stimmte in der Tat, dass sich Alastalo in diesem Augenblick nicht in der Wolle eines braven Lämmchens zeigte, sondern eher mit dem Drahthaar eines Kettenhundes, bevor er nach dem Bein schnappt. Schließlich ist es nicht gerade Balsam für die Seele, wenn man danebensteht und mit eigenen Augen sieht, wie ein Ungeschickter den Vertrag verschmiert und mit der Lehmklaue umpflügt, was man selbst liniert und sauber und unversehrt vorbereitet hat, als käme es aus der besten Faustpresse eines Gerichtsschreibers, und erst recht nicht, wenn die Natur eine war, wie Alastalo sie hatte, eine, die verlangte, dass die Tat eines Mannes in männlicher Fasson durchzuführen sei und dass man dort, wo man große Buchstaben schrieb, auch die Hand im großen Bogen führte: Hatte er etwa sein Haus baufällig werden lassen, und war er etwa mit baufälligem Schlitten zur Kirche gefahren, seit an seinem Gesichtskinn das Moos des Skippers zum Kapitänsbart geschoren worden war und sich an der Westenseite Rundungen an jenen Stellen unter englischem Tuch bauschten, die vormals der Hüftriemen des Trägers einer heimischen Lodenhose einschnürte? Wahrhaftig, wenn man einen Saal baute, in dem Platz war, genügte es nicht, zusätzliche Klafter für die Wände zu bemessen, sondern es mussten auch Möbel im Raum stehen, die den Saal als Saal auswiesen und dem Besucher sagten, dass der werte Gast im werten Haus willkommen ist! Zum Vorzeigen ist nur das Vorzeigbare gut genug, und zur Kirche und zum Fest, wie auch zum Vorsprechen bei hohen Herren, geht man gebürstet, und zwar, was die Haare und den Jackenkragen anbelangt!

Es drehte ihm also fast den Magen um, jetzt den Unfug auf dem Barkvertrag zu betrachten, diese Aaskrähe, die mit dem Rücken auf dem feierlichen Papier lag, die Klauenkrallen strampelnd nach oben gestreckt! Anstößig war das anzuschauen, dass es einen grauste, und wenn das schiefe Genick vor seinen juckenden Fingern nicht Lahdenperäs haariger Nacken und Lahdenperä an diesem Tag nicht der Besitzer und Verkäufer des Waldes von Vaarniemi gewesen wäre, dann hätte Alastalo den Schöffen wie einen Welpen an der Nackenhaut hochgehoben und vom Stuhl weggeführt und ihm als Dreingabe zum Abschied noch einen Tritt in den Hintern und aufs Kronenbild versetzt, bevor er ihn losgelassen hätte! Jetzt hieß es jedoch, den Zorn und zappelnden Kaulbarsch samt Gräten zu schlucken und zu überlegen, wie man auf sauberste Weise die Spuren des Trampeltiers auf dem Papier und die Tritte des Wallachs auf dem Saatfeld beseitigen konnte. Auch Pukkila hatte inzwischen gesprochen und sein Steinschmätzer-Schnarren knirschen lassen, sodass man Zeit gehabt hatte, die Wut aus den Nasenlöchern zu schnauben, und Raum zum Denken zu schaffen, bevor man sich aufregte! »Du versuchst jetzt eigenhändig und unter dem Zeugnis der Anwesenden, auch Pukkilas, der genau zuschaut, einen neuen Strich unter den Zähler 1 zu ziehen und unter diesen Strich ein weiteres, sicheres Mal den Nenner 16, dann lesen und verstehen sie vielleicht auch im Kontor des Seemannshauses das, was du obendrüber hingeschrieben hast, nur als Handschriftaufhübschung und Verzierung, sofern sie nicht glauben, dass es sich um die Verzeichnung von Pfunden und Zentnern handelt, und lachen, weil der Schöffe in Gedanken schon als Reeder bei den Proviantzahlungen und beim Quittieren seiner Liespfunde gewesen ist.« Alastalo war bereits wieder ganz Alastalo und plauderte in praller Guthäutigkeit, als hätte nie der Zorn in ihm gezischelt; er riet, wies an und deutete mit dem Finger aufs Papier und sprühspeichelte an kleinen Scherzen aus dem Bart, was nötig war, um unbemerkt und ohne Lahdenperäs Natur zu schamfilen, den Fehltritt zu umgehen. »Obwohl ein Schinken von $1/16$ Liespfund doch bloß ein kleiner Schinken von zwei Pfund als Fettproviant für einen Schöffen und als Gewicht eines Ebers wäre!«, scherzte er also nur und hielt seine Gesichtsfassade in milder Runzelung, während Lahdenperä gehorsam seinen Fehlstrich von eben verbesserte. »Schreib dann dort und der Zeilenlinie folgend nach der Ziffernnummer in Buchstaben ›ein Sechzehntel‹ hin, dann ist die Niederschrift legal und auch für das Auge eines Richters deutlich, falls es zu Streitigkeiten kommen sollte«, leitete er versöhnlich und weiter sein Gemüt beherrschend an und deutete mit dem Nagel des Zeigefingers sorgfältig auf die Stelle auf dem Papier, von der aus die Gänsefeder in Lahdenperäs Fingern ihren unsicheren Weg fortsetzen sollte.

Lahdenperä hatte jedoch bereits wieder zu seiner Natur und in seine Haut zurückgefunden, wenn ihm auch im Seelenleder noch ein wenig Pukkilas Kraftreden von eben brannten und dieses darum danach trachtete, sich zu sträuben. »Der ist nur neidisch und lässt seinen Groll raus, weil ich meinen Vaarniemi verkaufen kann!«, beruhigte er und tröstete er trotzdem sein Gemüt und passte die Gänsefeder wieder stabiler zwischen den Fingern ein, um zum befohlenen Tagwerk zu schreiten. Es zog ihm auf Alastalos ausgewogenes Versöhnungsgeplauder hin sogar bereits Lachfalten in die Backen, und er schwatzte belustigt vorm Beginn der Arbeit. »Wie soll ein Bauer und ich die ganzen Zeremonien und Manöver bei der Bankordnung kennen, wer wann an den Tisch befohlen wird und wann der Richter beim Bankett an die Reihe kommt, oder was für eine Ziffer herrschaftlicher und mehr feine Dame überm Strich ist und was nur Mamsell und Magd darunter, wo beide doch demselben Stand der Rockträgerinnen und Ordnungshüterinnen angehören!«, schwatzte er also, schon wieder ganz der Alte, und tat so, als bejammerte er seine Hinterlassenschaften von eben verwundert. »Mamsellnasig und flohhüpfig sind die Zahlenzwerge meiner Meinung nach immer auf dem Papier, man weiß nie, wohin sie jeweils hüpfen mit ihrem Verstand: Ein Buchstabe ist ein ehrliches Stück und steht mit Männersohlen auf seinem Platz und ist auf dem Papier das, als was man ihn hingeschrieben hat, aber, gnädiger Gott, diese Nummernziffern und ihre Sprünge und Purzelbäume! Ich bin ja Schöffe, zu uns kommt man gerannt und fragt uns nach allerhand Attesten und Magdzeugnissen, und einmal kam auch die Fiinu aus Ylistuva und bat mich, ihr anstelle ihres Bauern ein Zeugnis zu schreiben, dass sie mündig und volljährig und frei vom Dienst und einundzwanzig Jahre alt sei. Ich Irrer ging auch hin, um es zu schreiben, und rang mir das Papier ab, weil das Mädchen es brauchte und mit Kaalepi Ylistuva im Streit lag, der ihr Vormund war und sie als Magd hielt. Aber als ich dann die Bescheinigung schrieb, nach bestem Gewissen und in Ziffernnummern zu Papier brachte, so wie man das Alter auf gut Finnisch ausspricht: die 20 zuerst und die 1 hinterher, da kommt das Mädchen eine Stunde später wieder in die Stube geflogen und ist zornig wie eine Hornisse. ›Bin ich etwa Sara und Abrahams Weib!‹, zischte sie schon an der Tür, als hätte sie eine Ladung unterm Rock, und ist vor mir der reinste Wirbelsturm und zeigt mit dem Finger auf die Alterszahl auf dem Papier. ›Franssi sagt, mein Bräutigam, mit dem ich im Pfarrhaus das Aufgebot bestellen gehe, dass ich 201 Jahre alt bin und so alt wie Sara, als Isaak schon der Großpapa seiner eigenen Enkelsöhne war!‹ Das Mädchen hätte mir fast die Augen aus dem Kopf gerissen! Die Kapriolen der Zahlen lernt man zeit seines Lebens nicht besser zu verstehen als die Grillen seiner Frau, und darum halte ich die verflixten Frechdachse auch für weiblich. Kein Wunder also, wenn die Nummern vorhin zu Kraut und Rüben wurden, mit der Unterseite nach oben!«, platzte er heraus und lachte bereits selbst über sein Missgeschick.

Lahdenperä war wieder ganz er selbst, das Mundwerk derb wie immer, wenn er in Fahrt war, und das Schreiben ging ihm von der Hand und Federspitze, wie es sich bei einem routinierten Schöffen gehört. Als er nach getaner Arbeit vom Tisch aufstand und sich nach der Anstrengung, die ihm auf die Brust geschlagen war, die Schleusen frei räusperte, da war von Alastalos Bark wieder ein Sechzehntel mehr auf dem Papier und im Vertrag zu betrachten – mit welcher Laune, ob mit munteren oder mürrischen Gedanken, sie es von der Seite und ihren jeweiligen Plätzen neben dem Tisch und am anderen Tischende aus auch betrachten mochten: Alastalo und Pukkila.

ZWANZIGSTES KAPITEL

Kapitel, in dem bereits weitere und neue Bekannte am Tisch erscheinen, von denen die meisten ihren Anteil am Barkvertrag zeichnen, wenngleich nicht alle.

Im Saal war inzwischen außer Tabakrauch, von dem nach der andächtigen Arbeit und dem stundenlangen Knistern von mehr als zehn Pfeifen – langstieligen und kranichhalsigen Herren des Regals oder kurzstieligen Taschenvarianten – reichlich vorhanden war, um durch die Lüfte zu wälzen, übereinandergeschichtet zu Wolkenklumpen und dicken Schollen in den Ecken oder auch mitten im Raum schwebend und webend, als wäre in den Webstühlen der Lüfte eine Unzahl wehender Leinenstoffe mit wedelnden Litzen und Zipfeln und blaugrauem Kräuseln aufgespannt worden; im Saal war aber inzwischen außer den Schichten und gemütlichen Kringeln des Tabakrauchs auch die Stimmung gestiegen und verdickte sich in vertraulichen humorigen Sprüchen. Während Lahdenperäs Schreibakt und Anstrengung am Tisch und vor dem Barkvertrag noch angedauert hatte, waren zunächst mehrere und schließlich fast alle der Reihe nach zum Grogtisch spaziert und hatten sich ein weiteres Mal eine Stärkung im Glas gemischt, was zur Erfrischung im Geist wie unter den Haaren führte, sodass schon beinahe jeder den Mund gebrauchte, wie er ihn von zu Hause mitgebracht hatte und wie er im Gesicht saß. Man hockte also nicht mehr still auf den Stühlen wie zuvor und lauschte lammfromm mit zugeknöpften Lippen und gerefftem Verstand, was die Großen, die sich trauten, untereinander quer durch den Saal in die Länge zogen, sondern Nordberg plauderte mit Abrahamsson, der neben ihm saß, und Engblom fragte Hermanni Huuskeri an Janne Pihlman vorbei nach den Heringspreisen in Stockholm, und das Stimmengebrodel im Saal war beinahe ebenso dick wie der Rauch, und in den Ecken und an den Seitenwänden fast noch dicker als auf den hinteren Sofas und den Schaukelstühlen mitten im Raum, wo die Sitzenden spärlicher waren und wo auf einem Sofa Pukkila fehlte, der den Barkvertrag bewachte, ebenso Lahdenperä, der sich gerade erst auf dem Weg vom Schreibtisch zum Grogtisch befand, wo er sich zunächst eine Erfrischung für den Mund holen wollte, damit er nicht trocken auf seinen Platz zurückkehren musste nach der Mühe und dem schweißtreibenden Schreiben, mit einer Zunge wie eine Schuhsohle und ein Stück ungebogenes Leder im Mund.

Die Verwegenheit befand sich also allgemein im Saal im Steigen. Auch auf den Schreibtisch und den Barkvertrag waren ohne Befehle und Alastalos diverse Ermunterungen nun bereits mehrere Augenpaare von den westlichen Wänden des Saals wie auch vom ostseitigen Wandbereich in der eindeutigen Überlegung gerichtet, ob man sich in Bewegung setzen sollte, da man nun mal hier und der Platz am Tisch frei war, sodass man gut und gern hingehen könnte, wo man sich deswegen schon mal herbemüht hatte.

Als Erster stand jetzt jedoch der Emil aus Varanpää auf dem Teppich, Frans Emil Söderberg, Söröpäri genannt, und die anderen mussten warten. Er, Söröpäri, war ebenfalls Skipperkapitän, besaß ein kleines Stück Land, die Halbinsel Varanpää, wo er selbst gebaut hatte und wo Frau und Kinder lebten, während er über die Meere segelte; und ein Kinn hatte er, wie aus einer Planke geschnitzt und ein bisschen ungeschickt ans übrige Gesicht geklebt. Er war einer der Kapitäne, die auf Schiffen fuhren, deren andere Leute längst überdrüssig waren und sie deshalb abgestoßen hatten, die leckten oder jeweils wer weiß was für Mängel aufwiesen, sofern sie nicht bloß morsch und altersschwach waren, und die sich – die Kapitäne nämlich – darum als Seeleute einen Namen gemacht hatten, weil auf ihren Fahrten die Abstände zwischen den Häfen dazu neigten, länger zu sein als bei den anderen: Schließlich pflügt so ein morschbäuchiges Schiff keine zu schnelle Spur ins Wasser, auch wenn dieses noch so nass und weich ist, und auch das Tuch hält man bei so einem Kutter-Sarg nicht in vollem Glauben und aller Frische an den Masten, weil die Nähte seufzen wie das Gewissen eines Sünders und schlackern wie die Knie eines Übeltäters am Schandpfahl, sobald es im Rigg auch nur ein bisschen rauscht und der Wind im Tauwerk die Flöte bläst. Unter dem Namen Bummler also war Söröpäri als Kapitän unterwegs, und sein massives Kinn wirkte in der Gesichtstakelage wie eines, dessen Baum bei Wenden und Kreuzmanövern mit Worten langsam war, es wirkte fast zu groß im Verhältnis zu den übrigen, bescheideneren Gesichtsbestandteilen, gerade so, als wäre ein gewöhnlicher Sprietmast mit einem Jachtbaumsegel aufgeriggt worden und darum schwer zu handhaben und zu bewegen. Er kümmerte sich jedoch gut um seine Schiffe und segelte mit Kadavern, die sonst verschrottet worden wären, noch jahrelang und brachte den Reedern noch Einkünfte ein, und auch um seine eigenen Angelegenheiten hatte er, ein knausriger und genauer Mann, sich so gut gekümmert, dass Alastalo ihm gegenüber gleichfalls etwas hatte verlauten lassen und Söröpäri sich nun als Barkzeichner im Saal von Alastalo und auf dem Weg zum Barkvertrag befand. Wenn ich lebe und die Zeit vergeht und ich nicht vorher sterbe, werde ich irgendwann einmal eine Bark steuern, wenn sie auf ihr Ende zugeht und der frische Geruch aus ihrer

Kajüte verschwunden ist, und dann ist es angenehm zu wissen, dass man an dem Schiff beteiligt ist!, dachte er, während er ging, in Gedanken an die Zukunft. Einen großen Anteil zeichnete Söröpäri nicht, und das hatte Alastalo auch nicht erwartet, als er Söröpäri aufforderte, hinzuzukommen, aber 1/32 war trotzdem exakt 1/32 Teil mehr am ganzen Schiff, vor allem, wenn man genau wusste, dass es mit gespartem Geld bezahlt wurde. Genau 1/32, so wie es auch erwartet worden war, zeichnete Söröpäri nach seinem Namenszug im Barkvertrag, wobei sein Kinnblock nach der Anspannung lockerer im Gesicht abklappte, so wie der Baum von der Segeltuchspannung erleichtert wird, wenn der Griff des Windes nachlässt. Das Unterschreiben war eine so klare Angelegenheit, nachdem man Söröpäri im Saal unter den anderen bemerkt hatte, dass sich nicht einmal Pukkila am Tischende beim Betrachten der Niederschrift des Namens und der Entstehung des Anteils auf dem Papier mehr im Herzen grämte als beim Schlucken einer Pille, die der Arzt zu schlucken ihm verschrieben hatte.

Als Söröpäri sein Werk vollendet und seinen Namen auf der Urkunde verewigt hatte, stand hinter ihm bereits ein weiterer der kleineren und hoflosen Kapitäne der Gemeinde und wartete hinter der Stuhllehne, dass er an die Reihe kam, nämlich Syöpäri, wo der vorige Söröpäri hieß, der sich Alfred Erland Sjöberg schrieb, ehemals Vännilä Alfred, Sohn des Vännilä Hiskias, der noch immer sein Quartier in Vännilä hatte, wenn er den Winter über zu Hause und solange er nicht verheiratet war. Ein Mann mittleren Alters war er, um die vierzig bald schon, segelte die *Jonni*, die Langholma und Urkola aus der Großgemeinde gehörte, Langholmas zweiten Schoner; ein munterer, lebhafter, eher kleiner Mann im blauen Cheviot-Anzug, mit flinken Augen im Kopfknauf und einem glänzenden Knopf im linken Ohrläppchen, das Ohrläppchen ebenfalls zierlich unterm gekräuselten

Haar. Er, Syöpäri, stand nun hinter Söröpäris Stuhl und wartete, dass er an die Reihe kam, zu unterschreiben; er hatte es seines Amtsstandes und Kapitänsranges wegen für angemessen und gebührend gehalten, Söröpäri nachzufolgen und seinen Namen und Anteil genau unter Söröpäris Namen und Anteilszeichnung zu setzen, weil sie beide Kapitäne waren, aber Söröpäri einige Jahre mehr zählte. Alfred Syöpäri nahm es mit den Sitten genau und war in der Ordnung kleinlich, obwohl er nur Vänniläs Sohn war und auf Höfen als Knecht gedient hatte, bevor er zur See gefahren war. Weil er sowohl von den Außenseiten wie auch von der Innenverkleidung her einen gut gedrechselten Kopf besaß, der auch bei der Leseprüfung aufgefallen war, und ein lebhaftes Augenpaar zur Beobachtung der Dinge wie die Bachstelze einen Schnabel zum Aufpicken von Samensplittern, hatte er nach seinem bald schon zweiten Jahr auf See und Sommer im Dienst auf Pukkilas Schiffen viel über Kähne und Häfen spitzgekriegt und darum so glasklar, wie er die Katechismushausaufgabe aus dem Buch auswendig kannte, im Kopf, wie Menschen vornehm untereinander verkehrten und vermieden, sich gegenseitig zu schamfilen. Wenn man also einen tadellosen Mann und Kapitän im blauen Cheviot ohne einen Spreißel Schmutz auf der gebürsteten Montur sehen wollte, empfahl es sich, ins Kontor des Reichskonsuls in Lübeck zu gehen und sich Alfred Erland Sjöberg am Pult vor dem Konsul beim Präsentieren der Schiffspapiere anzusehen. Und so war es auch jetzt, bevor er hier hinter dem Stuhl stand und ordentlich darauf wartete, bis er an die Reihe kam, war, nachdem er seinen eigenen Stuhl verlassen hatte, mit genauem Kurs und sorgfältigem Aufsetzen der Füße zuerst teppichquer zur Mauer an der Tür und danach rechtwinklig abbiegend geschickt und achtsam über den Langteppich, der geradewegs durch den Raum zum Schreibtisch und an die Stuhllehne davor führte, gegangen.

Niemals schwankte Alfred Sjöberg, wenn es darum ging, Abläufe zu befolgen, und es hätte ihn selbst entsetzt, wäre er auf den blanken Boden getreten, wo doch Teppiche ausgebreitet waren, um darauf zu gehen. So auch auf seinem Deck: Fugengenau schritt er die beiden Planken entlang, auf denen er seinen jeweiligen Weg angetreten hatte, damit Männer und Besatzung wussten, wer da mit Würde ging und wem auf dem Schiff zu gehorchen war, auch wenn es sich um einen Kapitän von kleinen Maßen handeln mochte! Als Junge die Katechismushausaufgabe auswendig aus dem Mund wie reines fließendes Wasser, und die Kapitänspassage auf Deck so genau wie an der Angelschnur entlang: In der Uhr der aufgedrehte Zug und im Kopf des Menschen gespeichert das erlernte Wissen, so läuft die Uhr, und der Mann taugt etwas, der Zeiger dreht sich, und das Papier des Lebens ist sowohl nach den Längengraden wie nach den Breitengraden liniert! Alfred Sjöberg war ein Mann mit klaren Fenstern, dessen Welt geordnet war, wie die Seelehre es vorschrieb, und was nicht ins Logbuch passte, war ein Irrtum und Kompassfehler, wenn man nur selbst sich seiner Logarithmen bewusst war und dort über den Fußboden ging, wo die Teppiche zuerst quer und dann längs zum Ausschreiten ausgelegt waren. Als Söröpäri also vom Tisch aufgestanden war und Syöpäri seinen Platz und Stuhl eingenommen hatte, wurde keine Zeit verschwendet und war kein Hin-und-her-Wälzen von Gedanken mehr nötig, wenn man nur den Griffel in die Hand bekam, das Papier in der richtigen Schräge vor sich und den Ellenbogen so auf dem Tisch abgestützt hatte, dass die Handschrift lief, wie es einem beigebracht worden war. Die munteren, blaugenauen Augen wie die zwei scharfen Spitzen eines Ahlenpaars aufs Papier geheftet und die Stirn, schmal vielleicht und eher mager vom Maß, aber vom Modell her gut gedrechselt und von den Innenseiten her eindeutig ein Stübchen, in dessen Knochenkabine wie in eine Kajüte ausgezeichnet alle nötigen Gedankenmöbel passten, aber nicht eines mehr, die Stirn vor tätiger Tüchte und munterer Lebendigkeit zuckend, solche Augen und eine solche Stirn waren nun über den Tisch und das Papier des Barkvertrags gebeugt, und »Alfred Erland Sjöberg« stand denn auch mit beinahe forscherer Schnelligkeit auf dem Papier zu lesen, als Pukkila persönlich mit den Augen folgen und sich noch weniger ärgern konnte, obschon es ihm Hornstöße im Gemüt versetzte und am Herzen fraß, wenn er daran dachte, dass ebendieser Syöpäri und Nadeling von Mann es letzten Sommer mit seinem Schrottschoner gewagt hatte, auf der Ostsee vier Fahrten nach Apenrade zu keilen, wo man selbst mit seiner *Usko* lediglich drei Reisen nach Lübeck geschafft hatte (auch wenn Apenrade von hier aus näher liegt als Lübeck, nicht viel, aber doch näher, und auch ein Hahnentritt ist ein Stück des Weges mehr, und da Lübeck hinter Apenrade liegt, was wundert es da, wenn man nach Apenrade schneller schippert als nach Lübeck segelt, mochte er auch von Pori aus gefahren sein und ich von Rauma, und mag er auch spitzfindig sagen, der Unterschied in den Strecken wäre damit ausgeglichen und im Norden um das verlängert, was im Süden abgeknapst worden war!). Pukkila, der immerhin auch schnell war, besonders im Umgang mit der Zunge und der Giftspitze, schaffte es trotzdem, einen kleinen Stich zu setzen und ein Kraftwort einzuflechten, bevor die Federklinge mit scharfem Kreuzen die letzten Seezeichen auf ihrer schmalschnäbligen Fahrt umschiffte und unter exakter Nasenpeilung durch den Sohn des Hiskias geradewegs in den Hafen und in Apenrade und in die Ziffernnummer der Anteilszeichnung einlief! Jeder wusste ja um die Tatsache und benötigte, um sie zu riechen, nicht Pukkilas feine Nase, dass ein genauer Mann mit der Gesichtsfasson von Vänniläs Syöpäri keine größeren Barkanteile zeichnete, als er selbst mit eigenem Geld übers Herz und zuwege brachte, und dass im tapezierten Hinterzimmer von Vännilä's Hausflur (diesen Komfort hatte Syöpäri sich doch zu leisten gegönnt und dem Rang eines Kapitänsskippers für angemessen gehalten, dass er daheim die ehemalige Abschlusskammer von Vännilä zum Zimmer und Winterquartier für sich tapeziert hatte!), dass im Hausflurzimmer von Vännilä vor dem Aufbruch und vor dem Bürsten des Jackenkragens im Verstandesknauf entweder ein Vierundsechzigstel, wie es wahrscheinlich und beinahe gewiss war, oder beim schlimmsten Aufflattern und Fliegen des Hahnenstolzes auf die Stange der Habgier höchstens ein Zweiunddreißigstel auf der Waagschale lag, aber niemals und im Schlaf nicht unbewacht gestohlen ein unvorsichtiges Sechzehntel! Stichelnd schob also Pukkila ein Wort und einen Dorn von seiner Zunge, bevor Syöpäris Stift am Ende der Zeile angelangt und es zum Piesacken zu spät wäre. »Du zeichnest anscheinend ein ganzes Viertel im Barkvertrag, wo du auch sonst mit den Schiffen so schnell bist, dass sie sich in Apenrade beschweren, weil sie deine Hast und dein ständiges Anstoßen an der Mole nicht ertragen«, sagte er, und seine Augen spielten die Fiedel. Er wusste, dass er in seiner letzten Anspielung bitterstes Salz verborgen hatte, denn es stimmte, und es wussten alle im Saal, und es wurde darüber in Apenrade noch immer zu Gericht gesessen, dass Syöpäri bei seiner letzten und vierten Fahrt in diesem Sommer ein Malheur und die erste Seehaverie seines Lebens passiert war und er ein Stück vom Molengemäuer am Kai weggerammt hatte, als sich beim Lenzen zur Abfahrt unerwartet die Taue an den Blöcken des Achterbaums verfangen hatten und der Wind gleichzeitig gemein von achtern her die *Jonni* mit härterem Krachen gegen die Mole geschubst und geknufft hatte, als es beabsichtigt gewesen war: An dem Schoner war bei dem Aufprall der Bugspriet gebrochen, und er hatte Spuren am Vordersteven abbekommen.

Der Stift in Sjöbergs Hand zögerte in seinem Lauf jenen Sekundenbruchteil lang, den der Mann benötigte, um sich jene Bestimmung der Seekunde in Erinnerung zu rufen, die vorschreibt, bei Manövern kaltblütig zu bleiben und zuerst das Tau sicher auf den Nagel zu legen, das man in der Hand hat, und erst danach zu schauen, was man mit dem nächsten Tampen macht. Er schrieb also, ohne sich stören zu lassen, zu Ende, was zu schreiben war, bevor er Pukkila antwortete, und notierte nach seinem Namen auf dem Papier, so wie er es sich in der heimischen Kammer im Kopf zurechtgelegt und in Gedanken beschlossen hatte: 1/32. Selbstverständlich war Pukkilas spöttische Stichelei ihm ein bisschen an die Nieren gegangen, und für einen kurzen Moment hatte er im Kopf geschäumt und geschwankt, soll ich allein, um es dir heimzuzahlen, 1/16 zeichnen, so wie du selber es großspurig getan hast? Aber denk daran, dass man den Hafen nicht an der geradesten Schnur erreicht, wenn man das Schiff im Strich der Winde dorthin lenkt, wohin die Brise Kurs hält und es bergab geht, sondern indem man den Bug dicht an Wind und Windstich dorthin zieht, wohin man seine Fracht schlussendlich liefern will und wo, wie auf der Spezialkarte verzeichnet, die Einfahrt zum Zielhafen auf dem Kompassstrich wartet, und nicht zuletzt, indem man mit der Hand das Steuerrad von jedem Lirumlarum fernhält! In aller Ruhe und ohne dass der Griffelstiel auch nur so viel zitterte wie der vorstehende Faden in der Hand der rührigen Mutter, wenn sie zuerst das Fädelende ins Nadelöhr bekommen muss, bevor sie Zeit hat, nachzusehen, was der arme Säugling im Korb aus vollem Halse schreit, in aller Ruhe also und ohne auch nur einen flüchtigen Blick zur Seite und auf den Hänselnden zu werfen, schrieb er das aufs Papier, was er sich ursprünglich gedacht hatte, und Pukkila durfte, ob es ihm nun in den Augen brannte oder an sonst einer Stelle im Neid oder Gewissen stach, einen einfachen 1/32-Anteil dort lesen, wo er hingeschrieben und gezeichnet worden war. »Ich zahle meinen eigenen Anteil auch mit meinem eigenen Geld und nicht auf Schulden!«, äußerten die schmalen Lippen jedoch als trockene Wahrheit, sobald die Arbeit vorbei war und der Stift wieder auf seine Halterung gelegt wurde: Da hat er eine Moosbeere zum Probieren, ob sie gut oder süß zu beißen ist, dachte Sjöberg, sich nun bereits im Klaren darüber, dass er sich ärgerte, und fügte, als er nach vollbrachter Handlung bereits im Begriff war, vom Tisch aufzustehen und zu seinem Platz und Stuhl auf der Landseite des Saales zu gehen, zur Verbesserung des Geschmacks und Verschärfung des Schnipses eine kleine Erinnerung an sommerliche Fahrten und die Anzahl derjenigen, die nach Deutschland führten, an. Seine Augen blitzten kurz stählern auf, als er, bevor er den Tisch verließ, sagte: »Ich habe in Vännilä keine Ländereien und kein Heu zu ernten, so wie gewisse andere und sonstige vielleicht, und muss darum nicht mit meinem Schiff faul am heimischen Ufer liegen, während eine Deutschlandfahrt im Sommer unausgeführt vertrocknet, so wie ebenfalls bei gewissen anderen und sonstigen!« Sjöberg musste vor niemandem ein Blatt vor den Mund nehmen, denn er war keinem Einzigen in der Gemeinde auch nur einen Schilling schuldig und beabsichtigte auch nicht, etwas daran zu ändern, überdies hatte er sich bis auf den damaligen Tag von niemandem auf der Nase herumtanzen lassen, auch nicht von Pukkila, obschon dieser zu den Großen gehörte und ein fettes Haus und Schiffsanteile besaß, wenngleich man um seine Schulden wusste, und zwar besser, als er ahnte! Es war ein beleidigter, bis in die Nasenspitze verärgerter Mann, der aber für sich eingestanden war und bis auf den letzten Buchstaben seine Sache gesagt und seine Aufgabe erfüllt hatte, welcher nun mit Sjöberg-Schritten vom Tisch wegging und dabei exakt dieselbe Route wählte, die er gekommen war: zuerst auf dem Längsteppich bis zur Mauerecke und von dort in rechtwinkliger Abbiegung über den Querteppich zum eigenen Stuhl, um sich zu setzen. Auch ein Klappmesser wechselt nicht die Furchen und wackelt nicht im Scharnier, wenn es nach Tat und Schnitzung zusammengeklappt und zuschnappend in die Tasche gesteckt wird.

Pukkila hatte mit seinen Gedanken und mit einem Stüber auf der Nase am Tischende sitzen bleiben dürfen. Natürlich brannten in ihm das Grollen und ungezogene Nägelkratzen von Syöpäri, dem Sohn des Vännilä Hiskias, der immerhin bloß Schonerkapitän war und das erste Jahr auf See auf seinem, Pukkilas, Schiff gedient hatte, und es wühlte ihm außerdem im Herzen, dass sein Verstand, noch bevor er es selbst kapiert hatte, schnell im Rechnen gewesen und sich somit bereits im Klaren darüber war, dass Syöpäris und Söröpäris jeweiliger kleiner Krümel von 1/32 zusammen trotzdem einen vollen Sechzehntelanteil vom Schiff ergaben, und wenn man dazu Lahdenperäs 1/16 von vorhin hinzuzählte, hatte Alastalo unwiderruflich ein weiteres Achtel seiner Bark in den Büchern stehen, also das vor Lahdenperäs Stümperei ungezeichnet gebliebene Viertel vom halben Schiff festgeschrieben und gesetzesfest gemacht. Ihm kratzte der Ärger in der Kehle, was umso unangenehmer und sperriger zu schlucken war, als er deutlich merkte, dass auch Alastalo inzwischen im Kopf und mit den Fingern denselben Sachverhalt berechnet hatte und von vier Fingern zwei ausgestreckt und den Ringfinger halb ausgestreckt auf der Tischplatte und lediglich den kleinen Finger noch ganz im Schatten des Handtellers und des Tischrands hielt. Jetzt dauert es nicht mehr lange, und auch der Ringfinger streckt sich komplett und mit allen drei Gelenken auf dem Tisch aus, und nur der arme kleine Finger bleibt in Hakenkrümmung und im schamhaften Schutz der Hand versteckt!, dachte er, sich selbst marternd, als im selben Augenblick der Groß-Franssi von Haukinens am Tisch auftauchte und sich brüstete, bevor er sich setzte.

»Ist hier für einen Kerl wie mich noch Platz, um was hinzuschreiben?«, rollte es durch den Saal, als der noch weniger als mittelalte Mann mit einem Rücken wie ein Schiffsmast einen halben Kopf größer und von seiner körperlichen Behausung her liespfundiger neben dem nur drei Ellen messenden und zwölf Liespfunde tragenden Alastalo prahlte. Bis dahin hatte er, der berühmte und polternde Hofherr von Haukinen, verhältnismäßig still und als verstohlener Mann auf der Seeseite und unter den Jüngeren und neben Evald am Fensterpfosten gesessen; es waren so viele Ältere anwesend, dass er diesmal nüchtern unterm Haar von zu Hause aufgebrochen war, außerdem war Langholma da, sein alter Vormund und angeheirateter Onkel mütterlicherseits, weshalb er mit sauberem Mund sitzen geblieben war, wo er sich bei der Ankunft niedergelassen und von da an seine Gliedmaßen wie auch seinen Verstand in Zaum und Zügel gehalten hatte. Später war er jedoch auch mit den anderen zum Grogtisch gegangen, um sich sein Glas zu mischen und später noch einmal mit einer Stärkung zu versehen, und seine Haukinen-Natur hatte allmählich die Windeln der Feierlichkeit abgelegt, und das Blut sprudelte und lief wieder munterer in den Aderröhren. Und so war also auch der Franssi von Haukinens nun in seiner ganzen Franssi-Haukinen-Erscheinung am Tisch aufgetaucht, war mit einem solchen Gewicht und Leibesumfang vom Fenster aus quer durch den Saal auf den Tisch zugeschritten, dass die Bodenbalken am Nachgeben merkten, wer da ohne sich zu zieren übers Parkett zur Barkzeichnung ging. »Wollen wir doch mal sehen, ob der große Kerl von Haukinens gut genug ist, um den Pfarrern zu folgen und sich zu den Großpfündigen und Schiffsreedern zu gesellen!«, tönte er und plusterte die runde Brust auf, während er sich auf dem Stuhl niederließ, dass es im Mahagoni knirschte und knarrte unter den dreisten sechzehn Liespfunden. Schon war der Gänsekiel geschnappt: »Mit so einem Ding von Vogelgräte soll man sein Viertel am Barkschiff zeichnen!«, tönte er und bog den Vogelknochen in seiner Pranke, die in der Tat mannhaftes Format und ein kupferrotes Aussehen besaß, aber eine weiche Handfläche mit Semmelhaut hatte. »Bleibt so was überhaupt heil in den Fingern eines Mannes!«, warf er dem neben ihm stehenden Alastalo über die Schulter hinweg lachend hin, der seinen aufsteigenden Missmut in seinem korpulenten Gerüst und der erwachenden Rötung seiner Nasenspitze verbarg: »Mit einem silbernen Federhalter hättest du dein Haus ausrüsten müssen, wenn du ihn von mir schon nicht hast borgen wollen, wo du so viele Männer zu einer solchen Maßnahme zusammentrommelst! Da schämt sich ja die Haut auf der Hand, wenn sie Gänsehärchen fühlen muss, während sie den Anteil an der Bark niederschreibt und es sich dabei um ein Viertel handelt!«

Pukkila hatte nun zweifellos seinen Spaß, auch wenn die Nennung eines Barkviertels ihn dann doch bis ins Blut zusammenzucken ließ, auch wenn er es für Aufschneiderei und nicht für die Wahrheit hielt, er hatte zweifellos seinen Spaß, und die Sprüche von Haukinens Franssi, so mutwillig sie auch daherkamen, waren doch ein belebender Ohrenschmaus und pure Medizin nach all dem heimlichen Groll und Launenschlucken von zuvor. Ein Viertel?!, dachte er trotzdem und zweifelte, bevor er seine Augen am Tischende richtig spielen ließ. Wo, zum Donnerwetter, willst du das Geld noch herholen und leihen, wo du dein Eigentum schon versoffen hast und deinen Wald ebenso?, befragte und erforschte er seinen Kopf und wunderte er sich argwöhnisch in seinem Hirn, was hier nun die Wahrheit war: das verteufelte Viertel der Bark oder Franssis Angeberei und behaglich großmäuliges Gerede, wer soll das wissen?

Bei Alastalo hingegen erhitzten sich nun augenscheinlich die Härchen, obwohl er nicht aus der Haut fahren durfte und die Gesichtsfassade auch im sauren Zustand versöhnlich verziehen musste. Da muss so ein Lausbub und Schnapsschwamm wegen seines alten, reichen Namens und des Leumunds seines mächtigen verstorbenen Vaters hier angeschlurft kommen, obschon er selbst so blank ist wie ein nackter Heureuter auf dem Feld, nachdem man ihm die flatternde Vogelscheuche ausgezogen hat! Und auch noch ein Viertel Bark, wo ihm schon das Haus im Galopp und geschwind aus den Fingern rennt wie ein dreiwintriges Fohlen aus der Milchbartobhut und der Zügelhaltung eines Flaschenkindes! »Warten wir erst mal das Datum des Zahltags ab, wenn der Schiffsanteil als einwandfreies Geld und das Barkviertel als Gold in Scheinen auf dem Tisch zu liegen hat, dann schauen wir, welche Halter die Federn haben, mit denen ich deine Auszahlung quittieren muss, ob mit einem glänzenden Goldgriffel oder mit einer schlagenden Schnur!«, äußerte sich Alastalo also nur trockengrob zu Haukinens Aufschneidereien und ungezogenem Großtun, runzelte dabei aber die Augenwinkel, weil er daran dachte, was für ein Spiel er spielen musste, damit der Verrückte nicht hinging und unsinnige Anteile zeichnete und das ganze Papier zum Spott und Gelächter der Leute wurde. Auch Pukkila verfolgt mit seinen Augen wie ein Falke, was passiert!, merkte er und begriff, dass er auf der Hut und bereit sein musste, bevor das Missgeschick geschehen war und auf dem Barkvertrag ein Klecks, der ums Verrecken nicht mehr weggehen wollte, beim besten Willen nicht! Ich habe ihn, das faule Ei der Haukinens, nur wegen der Leute herbefohlen und weil er in den Augen der Unwissenden noch mit dem Namen eines Großen umhergeht, obwohl er innerlich morsch ist wie tief im Wald ein Fichtentrumm, an dem nicht viel mehr heil ist als die Rinde, aus reiner Intrige und Hinterlist habe ich ihn herbefohlen, damit die Schar der Großen einen mehr, der sich sehen lassen kann, in der Gemeinde hätte und der Glaube und die Frische der Schwächeren gestärkt würde, und jetzt darf ich hier stehen und die Luft anhalten, dass dieses Aas und dieser Rumsack mit seinen sechzehn Liespfund nicht über mich und meinen Barkvertrag hinwegwalzt und Pukkila für den ganzen Winter Grund zum Lachen hat! Nur für den Namen und als Zeichner eines Anteilskrümels und zur Aufmunterung des allgemeinen Kurses habe ich Schlaumeier ihn hergeholt, aber wer steht später dafür ein, wenn der Verrückte jetzt mit seinen Säuferworten Ernst macht und nach dem Namen tatsächlich in Ziffern und in Buchstaben ein Ochse von ¼ Teil auf die Beine und aufs Papier kommt anstatt der Anstalten einer Mücke und eines 1/32, so wie ich es an einer kindischen Stelle meines Kopfes insgeheim erwartet und ohne es zu wissen gehofft habe? »Auch mit einem Gänsekiel kriegt man seinen Namen aufs Papier, wenn man ihn nur zu schreiben weiß!«, foppte Alastalo jedoch äußerlich gelassen in dem Ton, den er nun einmal angeschlagen hatte, während er über Haukinens Schulter hinweg mit den Augen verfolgte, und zwar genau, was dieser mit eher langsamem Arbeitsaufwand am Tisch zuwege brachte: Das Schreiben gehörte nicht zu Franssis starken Seiten.

Scharf war das Augenpaar trotzdem, das bei Alastalo in diesem Moment beobachtete, wie der Name auf dem Papier Form annahm, und seine Armhaltung war eindeutig die gleiche wie auf dem Meer und als Kapitän auf dem Achterdeck, wenn er von der Seite und aus dem Augenwinkel heraus danach schielte, wie das Steuerrad in der Faust des Steuermanns flatterte, vorsichtig schaute, bei welchem Stoß das Horn eine härtere Hand brauchte und mit einem Zugriff blockiert werden musste, was entglitt! Haukinen war jedoch selbst ganz ohne fremde Hilfe am rechten Ort ein Mangel an Mut angekommen, und auch die Kunst in den Fingern fing ein wenig an, Zicken zu machen und sich im Gehirn zu erheben, als die Anteilszeichnung an die Reihe kam und das Zeichen für die Bruchzahl in zwei Stapeln aufs Papier geschrieben werden musste. »Dann schreib doch selbst: Es ist ja auch dein Papier!«, sagte er fauchend beinahe böse zu Alastalo, als er nach kurzem Stillstand und Harren des Gedankens wieder merkte, dass der Halter samt Feder wie an eine Schwelle geraten war, mit der man nicht fertigwurde, indem man einfach auf der Linie entlangspazierte. In der Pause hatte er schon Gelegenheit gehabt, das Papier auch weiter oben in Augenschein zu nehmen, und wie die anderen vor ihm ihre Kunststückchen hingeschrieben hatten, war daraus aber nicht großartig schlauer geworden, denn der eine hatte seinen Zwischenbalken schiefer und der andere gerader gezeichnet, und Onkel Langholma senkrecht, sodass er nirgendwo ein Beispiel fand. »Ich habe mir ja auch keine zweistöckigen Hotels auf den Hof gebaut und fange darum auch auf dem Papier nicht mit solchen Fimmeln und Kistenzeichnungen an!«, sagte er und stand vom Tisch auf, wobei er die Gänsefeder dem neben ihm stehenden Alastalo hinhielt. »Setz dich hin und schreib für mich, weil du schließlich auch am Kinn zwei Schinken hast, ein Achtel auf: Die anderen sind Zeugen!«

Alastalo schmunzelte und nahm die Feder entgegen. »Ach, ist die Hälfte schon runtergebrochen?«, sagte er lachend, während er sich anschickte, auf dem freien Stuhl Platz zu nehmen. »Da muss ich mich wohl beeilen, damit nicht im selben Schwung auch die andere Hälfte davonrauscht und es mir geht wie Aakusti Heisala mit dem Zugnetz, als er sich mitten beim Ziehen im Boot die Nase putzte und währenddessen das Tau am Netz ebendieses über die Relings mehrerer Borde bis auf den Grund des offenen Meeres schleifte! Ein Sechzehntel soll also jetzt gezeichnet werden?«, fragte er leicht spöttisch, nachdem er das

Papier bereits passend vor sich auf dem Tisch liegen hatte: Ihm war nun doch sicherer zumute, da er den Gänsekiel selbst in der Hand hielt und nicht mehr der verrückte Haukinen. Woher glaubst du eigentlich das Geld dafür zu bekommen, Mann!, durchkreuzte es ihm dennoch die Gedanken, und die Hand zauderte, bevor sie sich auf dem Papier in Bewegung setzte. Das Haus schon bis zu den Dachrinnen und auf die Höhe der Schornsteine an Langholma verschuldet, und der Hausherr lediglich am achten Tag der Woche klar im Kopf.

Inzwischen stand allerdings auch Langholma neben dem Tisch: Er hatte den Schaukelstuhl verlassen und war herangetreten. »Ich glaube, es ist am besten, wenn du ein Zweiunddreißigstel vom Schiff zeichnest, falls du es tust!«, sagte er gemessen zu Franssi Haukinen, aber mit so gedämpfter Stimme, dass niemand seine Worte hörte außer Pukkila und Alastalo, die sich in unmittelbarer Nähe befanden. Und ohne Haukinens Antwort abzuwarten, fügte er an Alastalo gewandt hinzu: »Schreibe für ihn ein Zweiunddreißigstel auf, dann wird das geregelt!« Langholma kehrte zum Schaukelstuhl zurück und nahm Platz. Der verstorbenen Emma zuliebe soll es dieses eine Mal noch so laufen!, dachte er, bevor er den Schaukelstuhl wieder mit einem Tritt in Bewegung setzte. Emma Haukinen war Franssis Mutter und Langholmas Cousine gewesen, und wer sich der alten Zeiten erinnerte, wusste, dass Efram und Emma Kameraden im Konfirmationsunterricht gewesen waren und dass Efram zeit seines Lebens eine Schwäche für Emma behalten hatte, die sich sogar auf ihren Sohn erstreckte, obgleich es zur Heirat damals nicht gekommen war, weil Eframs Vater anders gedacht hatte. Es steht übel um den Jungen, und besser wird man ihn nicht machen!, dachte Langholma, wobei die Kufe des Schaukelstuhls unter ihm leicht seufzte.

Der üppige Wuchs von Haukinen hatte nun freilich für eine

Weile eine Delle abbekommen, aber wie lange hält sich das Wasser im Nacken des Entenvogels, und sei es ein ganzer Eimer voll? »Dann zeichne halt den Anteilskrümel!«, sagte er zu Alastalo, nachdem er die erste Verblüffung geschluckt und sich geschüttelt hatte. »Der große Kerl von Haukinen ist auch dann noch so groß, wie er ist, wenn er kein Kreuzchen für eure Bark macht!«, richtete er seinen Kamm auf. »Und merke dir eins, Alastalo: In blanken Goldtalern stapelt der Herr des Sattelguts das Schiffgeld auf dem Tisch des Augment-Kapitäns, wenn es gebraucht wird!«, prahlte er schon wieder als ganzer Haukinen und Haukinens Franssi.

»Na, Geld stinkt nicht, ob es nun vom Misthaufen eines Rittergutes stammt oder aus dem Silber des Meeres: Auch dein Geld ist mir recht, wenn es nur auf den Tag genau auf den Tisch kommt!« In Alastalos Stimme lag ein kleiner Riss von Missmut, denn Ungezogenheit war Ungezogenheit, auch im Munde von einem, der nichts wert war. »Wenn allerdings dein Geld auf dem Misthaufen liegt, wird es auf dem Misthaufen auch bleiben, denn kein Knecht wird es dort mit der Forke für seinen Herrn herausangeln, wenn der Herr den Mist nicht selber umwälzt!«, sagte er und wischte der Bubenhaftigkeit des anderen eins aus, machte sich aber sogleich daran, dessen Anteil hinzuschreiben, weil Langholmas Wort dahinterstand und jedes Stück mehr ein Stück mehr war.

Pukkila saß am Kopfende des Tisches und saugte mit ziemlich gemischten Gefühlen an seinem Lippenbart. Warum nicht! Warum nicht!, biss er sich ins Gemüt wie der unersättliche Rachen einer gierigen Schere mit ihren Stahlklingen ins Tuch auf dem Tisch des Schneiders: Die schnitt schlupfschön, und von geschicktem Handgelenk geführt, ein Bogenmodell mit rankschlanker Taillenlinie und den schmucken Saum zu geschwungenen Geigenzügen, verschnippelte in ihrem Wolfshunger aber gnadenlos mit weitem Kiefer und knirschendem Mund geldwertes Lodengold in dem Maße, wie beim Drehen unberührter, im Versteck des Ballens heil gebliebener weicher Kleiderstoff auf der Schlachtbank der Tischplatte ausgerollt wurde! Warum sollte Alastalo nicht als Salz auf seine Gemütsruhe und die Gesundheit seiner fetten Seele ein bisschen Grätenfisch von Ärger schlucken und sich bis auf den Grund seines dicken Bauches schämen müssen bei Haukinens schamlosem Prahlen und Großtun am Tisch, gerade wie ein in den Saal geführtes Stierkalb mit seinem Mist, und warum nicht aus christlichem Herzen und Nächstenliebe ebendiesem Burschen und Junghahn von Haukinen all die Lehre und Zurechtweisung gönnen, meinetwegen mit den Streichen von zehn Schnüren noch schmerzhafter verabreicht, als ich es eben als Schnupftabakaroma von Alastalo in die Nasenlöcher bekommen habe, warum nicht, sage und denke ich, beides von Gott gewährt und aus guter Hand und so, dass es brennend auf der Lederhaut zu schmecken ist! Warum sollte ich demjenigen nicht die Rute gönnen, der sie verdientermaßen und zu seiner eigenen Gesundheit bekommt, aber wozu müssen die Angelegenheiten mit Einschmieren enden, wo der Rücken weiter sein Brennen spüren sollte? Auch Langholma steht von seinem Schaukelstuhl auf und geht an den Tisch: Was hat er hier verloren, wo nach den Kirchenbüchern sowohl Alastalo als auch das Haukinen-Fohlen mündige Männer sind, die sich selbst die Nase putzen? Alastalo jetzt wieder mit den Zoll- und Viertelellenmaßen des gelegten Kiels der Bark auf dem Papier und Langholma mit so sicheren Bürgschaften, dass er durch die Nase schnaubt und die kleinen Ächzer des Ärgers von eben wie weggeblasen und aus dem Leib hinaus verarztet sind; und Haukinen, dieses Aas von Polka-Franssi, hat nun doch nach all den kleinen Remplern und vergessenen Nasenstübern den Barkanteil in den Büchern, den ich als Maximum mich zu trauen gedachte, falls ich so weit wie möglich ging, den ich auf den Namen Evalds und meines Sohnes zeichnen wollte, falls man ihn ärgerte und die anderen Jüngeren ebenfalls unterschrieben. Pukkilas Augen maßen verächtlich die Rückenseite des Hausherrn von Haukinen, als dieser, die Hände in die Hosentaschen geschoben und ebenso großspurig wie bei seiner Ankunft am Tisch, nun von der Schreibarbeit zurück zu seinem Platz neben Evald und zu den Jüngeren ging. Verbuscht und verwuchert wie eine Nutzfichte im Drachenwurzsumpf!, dachte er und ärgerte er sich, aber innerlich und im morschen Herzen ebenso verfault wie die Scheißfichte!, fügten seine Gedanken als missbilligenden Trost hinzu. Der trägt mit ebendiesem schwankenden Rücken ein volles Malter Roggenkorn im Laufschritt die Leiter seiner Mühle hinauf, schnappt sich den Sack wie im Spiel, aber stoße denselben großen Kerl zur Arbeit, dann ermüdet innerhalb von einer halben Stunde die Hand zum Stein, wenn die Pflugschar durch die Furche gezogen werden soll! Der Vater, ein Geizkragen und über Emma eifersüchtig wachend, hat zeit seines Lebens mit Langholma um jeden Pfosten des Grenzzauns und auch über jeden jungen Kaulbarsch in Langholmas Zugnetz an den Grenzfanggründen prozessiert, aber der Sohn leiht sich Tausend und Abertausend vom selben Langholma, zieht in all den Bauernjahren, die der Vater prozessiert hat, durch die Welt und bezahlt in Hotels dieselben Richter dafür, an den Tisch zu kommen, die der Vater seinerzeit mit seinen Löhnen für die Gerichtsstube angeheuert hat, und was an Scheinen nicht für Rum draufgeht, damit zündet er sich, gleichwenn es Papiere über hundert Reichstaler sind, die Pfeife an, damit er sich mit seinem bäuerlichen Hinterland nicht vom Stuhl erheben und im Stehen die Kerzenflamme mit dem Pfeifenkopf ansaugen muss, wie es die dürrhosigeren Herren und andere Advokaten tun!

In Pukkila drehte sich wieder bis in die Rückenränder alles

um, und zwar schwer, sodass ihn schon das bloße Hingucken und Vergeuden des Auges auf die Papiere und das Geschriebene wurmte: Auch Alastalo schnauft und läuft rot an und zählt die Anteile so andächtig zusammen, dass der Kopf knackt, er nimmt es so genau, als hätte er eine Seele zu flicken oder stückweise einen auseinandergefallenen Melkeimer zusammenzusetzen, dessen Bretter zerrieselt und aus den Furchen gefallen sind! Und wenn man das gepeinigte Auge von der ungezogenen Rückenseite des Franssi Haukinen oder dem gefährlichen Stirndeckel des Herman Alastalo oder von dem Gekritzel auf dem Barkvertrag und vom Verdruss der Bruchzahlen abwandte, was sah man da, wenn nicht Eenokkis falschen Pfeifenstummel in Eenokkis noch falscherer Kinnlade und daneben Lahdenperäs breite Rübennase im noch breiteren Schöffengesicht und danach Härkäniemi wie einen frommen Cherub, die Pfeife als Ellenstock zwischen den Zähnen und mit Schultern am Rücken in der Breite einer Ackerfurche! Und in den offeneren Gefilden im Raum, wer sitzt da, wenn nicht Langholma in seinem ewigen Schaukelstuhl und mit seinen ewigen Backenbartparagrafen auf beiden Seiten der zweiwangigen Gesetzestafel seines Gesichts! Auch eben wieder schritt er wie ein Kirchturm und ein Glockenstapel durch den Raum und klopfte mit dem Knochenknollen seines Zeigefingers auf die Tischkante: Dem Sohn vom Haukinen 1/32 von der Bark, ich bürge! Und hielt dabei seine Posaune so tief und gedämpft, dass keiner im Saal etwas zu hören brauchte, außer mir und Alastalo und Haukinen selbst, auch wenn alle rundum verstanden, weswegen zum Tisch gegangen worden war und was man dort gesagt hatte! Man kann es ja verzeihen und ertragen, wenn ein Mensch vor Zorn schreit und kreischt und meinetwegen mit beiden Füßen die Kraft seines Wortes in den Boden stampft, aber wenn einer auch in der Wut noch ein Graf bleibt und ohne ein Wort des Ärgers einen anderen Menschen unter dem Nagel platt drückt wie eine Wanze, dann ist das zu viel und regt einen auf und bringt auch bei demjenigen das Blut in Wallung, der der Wanze und seinem Nächsten das Los der Wanze gönnt! Wer hat Langholma im Dorf angeheuert, größer als wir anderen zu sein und zu wissen, wann Haukinens Sohn zurechtgewiesen werden muss. Und die Zurechtstutzung dann auch noch so ausführt, dass es von den anderen keiner merken braucht, wenn er nicht will!

Und dann haben solche und mit einem solchen Gesicht ausgestattete Leute auch noch Erfolg, selbst wenn sie ihn nicht suchen: Er kommt zu ihnen wie eine zarte Frau, die man nicht bittet, die aber trotzdem den Weg zu einem findet und bereitwillig ihr gutes Herz herschenkt! Wie war es denn mit denen von Pietilä? Zuerst hat Efram für seinen Teil sein eigenes Haus geerbt, das des Nachbarn hat er bekommen, indem er die Mädchenerbin geheiratet hat, und das dritte Haus fällt ihm in den Schoß, und schon ist das ganze Dorf in den Händen eines Mannes und der letzte Efram erst der volle Efram Langholma! Ich kann an den Lauf der Ereignisse nicht denken, ohne dass es mir im Herzen brennt! Da trinken sie auf Pietilä wie die Verrückten, und Bauer und Bäuerin treiben, wild geworden von derselben Buddel Schnaps, zusammen mit erhobenen Holzscheiten den Vogt der Krone auf seiner Dienstfahrt aus dem Haus und scheuchen ihn zu Langholma. »Was erträgst du solche Bestien als Nachbarn im Dorf!«, fragt er zuerst, um etwas zu sagen, den Hausherrn, als er in die Stube kommt und seinen Schreiber und seine Ledermappe in Sicherheit gebracht hat. »Warum dem Wolf was tun, wenn er außerhalb des Gatters heult!«, antwortet Langholma, der noch von den Zeiten seines verstorbenen Vaters her und aus eigener Erfahrung weiß, dass in den Wochen, in denen getrunken wird, die Scheite leicht von der Nachbarsseite her über den Zaun pfeifen. »Aber du hast ja eine Flinte an der Wand hängen und kannst dem Wolf das Fell mit Blei gerben, wenn er übermütig wird und an die Gatterritzen kommt, um zu schnuppern!«, gibt der Vogt zurück, der ein zorniger und aufbrausender Mann gewesen ist und nach der Erfahrung einer Aufwartung genug von Pietiläs gedeckten Tischen und Holzscheitwürfen hat. »Das Gesetz ist klar!«, sagt er und holt feurig geschwind seine Mappe auf den Tisch. »Langholma ist das Sattelgut und Pietilä dein Augment, und wenn dein Augment nichts taugt, dann darf das Sattelgut sein Augment auslösen, und das Gesetz sagt Amen!« Das in Leder gebundene Gesetzbuch ist denn auch schon auf dem Tisch, und vom Fingernagel des Vogtes durchpflügt liegt der Paragraf aufgeschlagen vor Langholma. Danach brauchte man nur noch ein fünfjähriges Gerichtsverfahren, dann war der Nachbarsstreit auf Langholma, der seit Menschengedenken über Vätergenerationen hinweg geherrscht hatte, zu Ende, Langholma hatte das ganze Dorf unter Kontrolle, und die Leute von Pietilä wohnten und führten ihr Regiment fortan in Palttila. Der Widerhaken an der Spitze des Splitters und die teuflische Zutat im Glas mit den Arzneitropfen bestand aber darin, dass Palttila genau in dem Moment zum Verkauf ausgeschrieben wird, als Langholma dem Pietilä im Gerichtssaal und vor dem Richter die Auszahlung auf den Tisch zählt, worauf Pietilä vom Gericht direkt nach Palttila fährt und das Haus ersteigert und ich statt Langholma als Geschenk des Teufels ein Kreuz von lebenslanger Nachbarsplage an meinen Zaun bekomme! Falls Langholma jetzt eine Arznei für das Leder und die Haut seines Gewissens brauchte, weil er den einen mit einem Tritt von seinem Hof und seinem Land beförderte, damit sein eigener Platz großflächiger wurde – er tat ja immer so, als würde er das bejammern, und empfahl Pietilä selbst auf dem Gerichtsberg, fahr nach Palttila, da kriegst du einen besseren Ort, als es Pietilä je war, und für weniger Geld! –, falls Langholma also unbedingt

Arznei und Streichelbalsam für die Sämischhaut seines Gewissens brauchte, warum musste sein Nachbar und Kläffer dann von seinem Hosenbein ausgerechnet zu mir als Plagegeist kommen? Es herrscht schon eine sonderbare Ordnung auf der Welt, wenn der eine ehrenhaft Erfolg hat, ohne sich auch nur den Stiefel mit Lehm zu beschmieren, und der andere kämpfen muss, bis seine Seele lahmt und seine Glückseligkeit in Lumpen geht, von sonstigem Morast am Körpergewand ganz zu schweigen, und es gelingt ihm trotzdem nicht! Der eine hat Langholmas Visage, der andere nicht, und aus Langholmas Visage darf man etwas schmettern, das bei dem anderen nicht geduldet wird, der dafür sogar eins aufs Kinn bekommt, und zwar kräftig! Ich weiß mein Pferd und meine Schwarze zu lenken und sowohl bei Atem wie in Habachtstellung zu halten, ob man nun auf dem Eis einen groben Huf braucht oder vor dem Haus, in das man zum Bankett geladen ist, eine stolze Mähne, und das erfordert keine größere Kunst, als dass man die Hand hart hält, wenn sie hart gehalten werden muss, und nachgiebig, wenn sie ermunternd nachgiebig gehalten werden muss! Ich weiß und verstehe aus einem Pferd herauszuholen, was man aus einem Pferd herausholen kann, und Langholma, das habe ich gesehen und bemerkt, Langholma ist neben mir ein Weichling an den Zügeln! Aber bei Menschen, zum Teufel, an den Kandaren der Menschen ist er ein Aas und eine Bestie, er hält sie mit seinen Greifern wie mit einer Zange, und Gott bewahre, wir tanzen, jeder Einzelne tanzt, auch ich tanze, tanze hübsch meinen Zehentanz auf der Stelle, wenn er mich im Zaum hält, und strecke den Huf, strecke ihn ernstlich, als ginge es um mein Leben, mit jedem ausholenden Glied und jedem federnden Ziegenbocksprung, sobald die Erlaubnis zum Laufen kommt und um die Wette gewirbelt wird und die Zügel in den Mundwinkeln sich straffer als Geigensaiten spannen: besser, Schwarze, besser und noch besser! Es ist gottlos und noch bitterer, dass der eine immer angeschubst wird und in seinem Leben wie am Abhang sitzt und auf dem Schlitten und die Kufen verschnaufen lässt, solange unter den Sohleneisen das Gleitlied singt, während der andere den knirschenden Holzschlitten seines Lebens den Hang hinauf ziehen muss, soweit die Brustknochen mitmachen und die Lederriemen halten! Verjagt allein mithilfe von Paragrafen und der Zahlung von Mammon den andern und Nachbarn von seinen ererbten Feldern und der Scholle seines Hauses und wird von seinen Höfen fett, ohne sich als Lohn für seinen Reichtum auch nur eine Narbenfaser in der Haut seines Gewissens zuzuziehen oder auch nur den kleinsten Dreckspritzer eines bösen Wortes in den Reden der Menschen auf seine gebürstete Jacke abzubekommen, weil er selbst fromm ist und bejammert, wodurch er reich geworden ist, und mit seinem Schiss von Ratschlägen, wenngleich mit guten, denjenigen verarztet, dem einen Tritt zu verpassen er sich genötigt sah, und weil der andere mit nüchternem Kopf dumm ist und wenn man ihn tritt, zufrieden und hingeht und auch anderen gegenüber unnötig lobhudelt und sich in seinen Erzählungen für etwas bedankt, das man sich vielleicht denken, aber es im Beisein anderer niemals sagen und in die Welt hinausposaunen darf: dass alles gut gelaufen ist und er was Besseres bekommen hat und darum munter ist wie Laich im Salz, und dass ihm das Glück einen Arschtritt versetzt hat, als ihm das Gericht eins auf die Schnauze gab, und dass er jetzt in Ruhe trinken kann, weil kein zischender Nachbar in der Ecke mit Levitenlesung lamentiert und er auch seine Holzscheite nicht am Zaun vergeuden muss, wenn er manchmal daheim ein bisschen laut wird und sich auf dem heimischen Hügel die Kehle klärt! Langholma ist einer, der die Dinge liniert, als wäre die Welt ein blankes Blatt Papier vor seiner Nase, als kapierten die anderen erst an seiner Zeichnung, sieh an, so also sind die Ecksteine am Bau in den Grund gekommen! Auch jetzt geht er hin und kontiert, indem er mit dem Finger zeigt, was für den jungen Haukinen in den Barkvertrag geschrieben wird, und keiner nimmt es ihm übel, sondern alle geben sich damit zufrieden, auch Haukinen selbst, und Alastalo nickt, als wäre ihm ein Stein von den Schultern gefallen! Ob er selbst einen Nutzen davon hat, danach fragt niemand, und man rechnet es ihm nicht als Fehler an, so wie man es bei vielen anderen tun würde, falls er einen Nutzen hat, so wie gerade in der Sache mit Pietilä: Da heißt es einfach, sieh an, die Räder sind in ihre Rillen gerollt! Würde ich zu Lahdenperä gehen und ihm sagen, nimm deinen Zaun weg, und Vaarniemi gehört mir, dann käme Leben in die Gemeinde! Was soll das Ganze mit Haukinen hier? Man weiß, dass es an seinem Haus keine Backsteine und auch keine Scheunentore gibt, vom leeren Innenraum der Scheunenwände ganz zu schweigen, die nicht Langholma geschuldet wären, und jetzt noch das Geld für den Barkanteil, wenn auch für einen kleinen! Sollen die anderen sagen, was sie wollen, sollen sie sagen, dass in Haukinens Stube auf Langholmas Veranlassung kein morscher Balken bricht, solange Emma lebt, und soll Langholma selbst glauben, dass bei ihm das Herz in der Brust für Emmas Sohn stirbt, aber schauen wir mal, wer, wenn Emma einst den Kopf senkt, das Haukinen-Haus an sich reißt, und sei es für seinen Sohn. Ein Schiffsanteil, auch ein kleiner, bedeutet noch mehr Schuldlast auf dem Haus, und die letzte Schaufel voll Erde auf dem Haufen ist stets der Löffel Lehm zu viel an Überladung, der die Kufen endgültig unverrückbar auf die Straße nagelt und aus den Knien des Zugtiers auch die zerrbereiteste Zähigkeit herauszieht: Selbst wenn der heilige Petrus aus dem Himmel herabstiege, um zu helfen, so wird das Haus der Haukinens, wenn es so weitergeht wie bisher, einmal wie eine reife Frucht vom Baum zu Boden fallen und von Langholma aufgehoben werden!

Ich sage nicht, dass Langholma das direkt beabsichtigt und dem Hasenjungen Fäden über den Laufweg spannt und anschließend kalt neben der Falle wartet, bis das Häschen zwischen die Stricke geschlüpft ist und als Beute zum Pflücken in der Falle zappelt, nein, das sage ich nicht, und ich halte ihn auch nicht für eine so schlaue Nase, sondern bin mir fast sicher, dass er glaubt, nur Mitleid mit Emma zu haben, wenn er weich zu dem Jungen, dem Nutzlosen, ist und denkt, soll er nun, der Nichtsnutz, dieses eine Mal noch seinen Schiffsanteil haben, wenn auch einen verknappten, wenn er will, die Zahlung lässt sich regeln, und diesmal kann ich noch einmal behilflich sein, und der Schiffsanteil bleibt mir ohnehin als Sicherheit, sodass ich auch dann keinen Schaden habe, wenn es schlecht ausgeht!

Gerade das ist an Langholma wie verhext und macht einen so zornig, dass selbst der unschuldige Nächste zum Sünder wird, auch wenn bei ihm die Hände wie auch die Gedanken sauber bleiben, was immer er auch tut, weil er sie, bevor er etwas anfängt, nicht an den Hinter- und Schmutzteilen seines Leibes und seiner Absichten herumführt, sondern weil er die Dinge direkt von vorne angeht und hehr an den Hörnern packt, so wie sie ihm mit ihren Zacken in die Finger geraten! Eigentlich ist es Anmaßung und Großnäsigkeit, wenn ein Mensch sich als so hoch einstuft, als bräuchte einer wie er keine Verschlagenheit auf dieser Welt, weil er der Pharao ist und so mächtig, dass er es sich leisten kann, nicht nur in Werken, sondern auch in den Intrigen seiner Gedanken und in seinen Durchtriebenheiten rechtschaffen zu sein! Und das Verflixte an der Sache ist, dass auch die anderen Torfköpfe vor ihm buckeln und sich was einreden und den dicken Papst, weil er stämmiger ist, für den besseren Stecken und Moses im Spiel halten als sich selbst, obwohl sie alle aus demselben Holzmaterial und Fichtenabfall sind, nur mit unterschiedlichen Dellen und Charakterschnitzen an den

Schädeln, sich also einreden, dass Langholma, weil er den Erbnamen Efram trägt und vom Geist und vom Grund und Boden her ein Langholma ist, für das Standbild und die Ehrensäule der Gemeinde taugt, obwohl doch jeder von uns dank Gottes Schöpfung und der Gunst des Mütterchens in der Sauna seinen eigenen Zinken im Gesicht zu tragen und zu schnäuzen hat! Und sapperment, wenn ich die Wahrheit denke und sage und mir eingestehe, wenngleich nicht den anderen, dann frage ich mich, ob es in der ganzen Gemeinde, auch in meinen Hosen, einen Einzigen gibt, der Manns genug ist und nicht mit den Hinterläufen zittert und es ohne schlotternde Gedankenknie aushält, wenn Langholma dann, wenn es ernst wird, sein Augenpaar von Pupille zu Pupille führt, auch zu grauen mit starker Natur oder strengeren dunklen, und der Augenringkampf, dem man nicht ausweichen kann, so lange dauert, wie abgewogen wird, wer von beiden gehorcht, wenn der eine mit genauen Worten befiehlt und der andere demjenigen, der vernünftiger ist als er und auch stärker, folgen muss; wer in der Gemeinde, frage ich, hätte, von ebendiesen Stählernen durchbohrt, den verrückten Versuch und Trotzaufstand unternommen und es gewagt, wenn nicht gerade ebenjener Palttila, mein jetziger Quälgeist und Nachbar, und auch er nicht mehr als Palttila, sondern als ehemaliger Pietilä und Langholmas Urnachbar, und selbst er nur betrunken wie ein Schwein und mit dem Holzscheit in der Hand!

Pukkilas Augenkralle ließ schlaff von Langholma ab wie die Meereswucht bei ihrem Ansturm gegen den unverrückbaren Wall des Felsenufers: Schaukle du nur, wenn du schon schaukelst, und was du schaukeln kannst, ich werde beim Jüngsten Gericht nicht vor Gott für deine Großspurigkeiten und deine Angelegenheiten geradestehen, so wie du manchmal zu glauben scheinst, als Wächter der anderen und auch als Aufpasser der Haukinens eingesetzt worden zu sein, und bisweilen auch als derjenige, der mich im Auge behalten soll!, seufzte er und kehrte mit seinen Augen und Gedanken entmutigt zu den näheren Ereignissen am Tisch zurück. Evalds Anteil war auch noch nicht gezeichnet und bald an der Reihe! Wo sollte man nun dafür das Geld herbekommen? Am Ende musste man doch zu Langholma gehen und sich verbeugen und mit der Mütze in der Hand vor dem Großen Polka tanzen, obwohl die Häuser, als sie geerbt wurden, anfangs gleich groß waren und auf Pukkila jedes Jahr die gleiche Raufenmenge Heu in die Scheunen kam wie früher auf Langholma, wenn man seine Raufe, verflixt, geschickt stopfte und nicht zu viel auf einmal und in Überlast vor die Scheune schleppte.

Dieser letzte Gedankentropfen und Erinnerungsfunke belebte ein klein wenig das entmutigte Blut und den erschlafften Gemütskamm! Sapperlot! Die gleiche Zahl an Raufen jedes Jahr in die Scheunen wie auf Langholma, als man noch jung und flink war und seine Raufen selbst geschickt und vorsichtig auf der Mahdwiese stopfte und auch am Scheunentor Buch führte, damit nicht einmal aus Versehen auch nur eine Fuhre weniger hineinkam als auf Langholmas Mahdwiese auf der anderen Seite der Bucht, dem Übel trotzend und von der Eile bedrängt manchmal auch einfach so und für alle Fälle mit der Forkenzinke einen Strich mehr an die Wand machte, als an Raufenmenge in Wahrheit vor die Scheune gefahren worden war, man machte ihn einfach, damit der Nachbar nicht die Schuld des Selbstlobs und die Sünde des Stolzes auf sein Gewissen laden musste! Damals und in den Jungenjahren hatte Langholma noch kein so viel besseres Haus gehabt als wir, auch wenn er jetzt und nach dem Kauf von Pietilä meint, die ganze Gemeinde kommandieren zu können!

Auch dieser letzte Gedanke verarztete und tröstete dennoch

nicht nennenswert Pukkilas matt gewordenes Gemüt, und mit brennendem Herzen ließ er mit den Augen von Langholma ab, um den Fortgang der Ereignisse am Tisch zu verfolgen, von denen er schon vorab wusste, dass sie bloß trübselig und für die Leber bedrückend sein würden. Der große Haukinen war inzwischen auf seinen Platz bei den Jüngeren an der seeseitigen Wand zurückgekehrt, und man hörte ihn dort gegenüber Evald und den anderen rechts und links von ihm angeben: »Da haben wir den Opas aber gezeigt, dass auch die Burschen schreiben können! Geht ihr auch, auch du, Evald, und schreibt euren Anteil hin wie der große Bub von Haukinen!« Pukkila ließ es darauf beruhen, ließ beides aus seinem Gehör und seinem Blick fallen wie die Sockenstrickerin die Masche von ihrer Nadel, den Mann wie die Worte, und blieb bei der Betrachtung von Nordevall hängen, der sich jetzt von der gegenüberliegenden Seite des Saales dem Tisch näherte: Schiffsführer Nordevall, Adolf Petter Nordevall, Stockholm-Kapitän, mit dem man sich jedes Frühjahr bis aufs Blut um die Alandpreise schlagen musste. Ach, sogar du kommst her und trägst dein Knickergeld und deine Ersparnisse von den Plötzenzentnern zum Einsalzen in Alastalos Bottiche und Wannen!, dachte Pukkila in seiner Verstimmtheit mit neidischem Mitgefühl für den anderen, obwohl gar kein besonderer Grund bestand, weder für Neid noch für Mitleid, weil Nordevall bekanntermaßen ein sowohl genauer wie heimlich reicher Mann war, der sich selbst fest bewusst war, in welchen Schlitz er welche Münze steckte, bei dem aber auch nicht zu befürchten stand, dass Alastalo ihm mehr Wolle abzuscheren versuchen würde und dass jetzt der Zeichner eines großen Anteils schaukelnden Schrittes den Tisch erreichte. Schaukelnden Schrittes, weil die Knie des Skippers wackelten, auch wenn er ansonsten vom Oberkörper her gerade und steif wie eine Kerze ging. Das war Nordevalls feierliche Art zu gehen auch im Kirchengang, wenn er mit leicht zur Seite geneigtem Kopf den Westgang hereinkam und in so aufrechter Länge bis an die Wange der Bank von Koelsuu an der Mündung zum Mittelgang der Kirche schritt, wie man ihn an Maß in Rücken und sonstigen Körperteilen ausgestattet hatte. Auch dieselbe dichte, mit Glanzschirm ausgestattete braune Pelzmütze, die er stets in der Kirche und bei feierlichen Anlässen sommers wie winters bei sich hatte und die er nie außer Reichweite ablegte, hielt er jetzt in der Hand, und als erste Tat, nachdem er an den Tisch gekommen war, platzierte er sie sorgfältig zu seiner Linken auf der Platte, sodass sie fast vor Pukkila zu liegen kam und nach dem russischen Tabak roch, aus dessen Blättern sie zur Feier dieses Tages herausgeholt worden war. Mehr Aufmerksamkeit schenkte er Pukkila gar nicht, sondern ließ ihn neben sich den Hals recken und sortierte zunächst seine etwas langknochigen Glieder auf dem Stuhl, bevor er anfing, genauer in Augenschein zu nehmen, was jetzt als erste Aufgabe vor ihm lag, und nach der Gänsefeder griff. Auch das Papier war inzwischen so weit auf dem Tisch nach oben und ein Stück weggerückt worden, sodass man, wenn man zugleich seinen Oberkörper gerade machte und in leichte Rücklage versteifte, ohne Mühe und mit nötigem Abstand ohne Brille lesen konnte, was die anderen zuvor aufs Papier geschrieben hatten, und an welcher Stelle man mit seiner Arbeit ansetzte. Der gestreckte Daumen der linken Hand markierte denn auch bald auf dem Papier den Anfang des Zeilenstrichs und den Punkt, von dem aus die Feder sich auf Kurs begeben durfte, und danach waren keine weiteren Vorbereitungen mehr nötig, außer dass die glatt und bartlos rasierte Oberlippe zu einer trockenen Runzel zusammengezogen wurde und die schwere Unterlippe einen halben Zoll nach vorn getrichtert wurde, um aus der Vorderschräge den Lauf des Stiftes zu führen und sich jeweils in die Richtung zu verbiegen, schräg nach oben oder schräg nach unten, in die auch die Feder in der Obhut der Pranke zu begleiten und zu leiten war.

Das Werk wurde genau ausgeführt, und Pukkila hatte, wie gesagt, in dieser Runde keinen größeren Anlass zur Angst: Schließlich kannte er Nordevall als nüchternen Mann auch beim Alkohol, der nicht trank, außer daheim und aus dem eigenen Schrank, und der für gewöhnlich nicht durchdrehte, wenn er zu viele Segel gesetzt hatte oder so in Fahrt war, dass Kopf und Oberschiff heftiger ausschwangen, als die Füße und die Beinabteilung des Körpers hinterherkamen, sondern sich nach dem Picheln stets erst in seinem Bett und seiner Bude das Torkeln aus den Gliedern schlief, bevor er sich auf den Weg machte und das Deck betrat; Pukkila kannte Nordevall und wusste, dass der Mann auch nicht zu der Sorte gehörte, die im Geldrausch mehr Schiffsanteile zeichneten, als die Hachsen sicher trugen und die Geldbörse an Traglast garantiert aushielt, und er verstand ferner, dass man am Fischufer von Stockholm nicht allzu bedeutende Reichstalermengen und Schaufelladungen einfuhr, auch wenn man ein knausriger Mann war und ein Fuchs im Geschäftemachen, und selbst wenn im Lauf der Jahre an der laugigen Handwaage das eine oder andere Liespfund Alande gebaumelt und er mit Schuppenfingern Örenmünzen wie auch runde Reichstaler in den Ledermagen seiner Geldbörse gestopft hatte; in dieser Runde brauchte Pukkila also nicht zu befürchten, von außerordentlichen Nummernziffern im Barkvertrag aufgeschreckt zu werden – schließlich schien auch Alastalo nichts dergleichen zu erwarten, weil er die Ruhe hatte, vom Tisch weg und zu Langholma zu gehen, um mit diesem etwas unter vier Augen zu besprechen. Was heckten die aus? Was tuschelten die untereinander? –, Pukkila musste also nicht auf größere Verdrussprisen durch diese Niederschrift gefasst sein, und so beobachtete er munterer, als er es sich gerade noch hatte vorstellen können, wie Nordevall es andächtig anging. Trotzdem schob er Nordevalls Fellmütze weiter von sich weg, denn deren Tabakgeruch drang mit der Zeit dann doch zu scharf und stechend in die Nase ein.

Der blaue Anker auf der Haut des Handrückens verzog sich und veränderte die Form, die schwere Unterlippe des Skippers führte ihre harte Arbeit zeitgleich mit der gefältelten Oberlippe aus, und die rot-blau aufgedunsene Nasenspitze schnaufte schwer, während der Gänsekiel gemächlich, aber mit feierlicher Sicherheit über das weiße Papier pflügte und vor Pukkilas Augen mit gleichmäßigen und klaren Zügen »Adolf Petter Nordevall« zu lesen entstand, so stattlich, wie der Mann war und seine starke Unterlippe auch und wie der Klang des Namens selbst. Verdammt aber auch, könnte ich mir nur manchmal diese schwere Schwarte von Lippenluke für mein Gesicht borgen und diesen prustenden Turm von Nase, wenn auch nicht so purpurblau, und die lederne Steife dieses Nackens, dann wäre auch ich ein weihevoller Kapitän an Deck und für die Lübecker auf der Kommandobrücke prächtig anzuschauen!, dachte Pukkila einen kurzen neidischen Moment lang und wunderte sich darüber, dass bei manchem umsonst so viel Fasson ans Kinn und Baum an die Rah verschwendet wird, obwohl das Kinn, verdammt noch mal, als Vernunftscharnier nicht beweglicher ist als ein Holzklotz und der Baum kein wehendes Tuch als Segelstoff hat! Der Kerl besitzt einen Rücken und Steifnacken wie ein Londoner Lord auf einem Zeitungsbild und eine Gesichtstafel wie ein Kantor, der von der Domempore aus das Kyrieeleison aus den Backen entweichen lässt, und ist doch nicht mehr als ein Fischkastenschiffer von Amts wegen und ein Fischlaugenschnupperer vom Charakter her! Fliegenflink beobachtete Pukkila den Mann vor sich und jede seiner Handlungen, wo dieser nach der Niederschrift des Namens und bevor er zur ungewisseren Fortsetzung schritt, eine kleine Denkpause lang mit seiner Daumenspitze bedächtig unterm Kinn am dichten Rosshaar schabte, das zottig seine Bartstummeln spreizte und als dichte, flachsrote Bürste bis in den Tuchkragen der Jacke hinein kratzte. So ein Wegpfosten, heimlich reich und heimlich saufend, sitzt unter Menschen und im Saal von Alastalo am Tisch beim Unterschreiben des Barkvertrags, und dies nur wegen der Reichstaler, die er knickerig gehortet hat, obwohl er schon beim bloßen Anblick nach Lauge stinkt, ganz zu schweigen von den Fingern, die, wenn sie nicht durchs Salzfass fahren und vor Alandschuppen glänzen, eine Buddel halten oder Münzen zählen, beides heimlich!, dachte Pukkila zum Zeitvertreib und als Vergeltung für seine Verstimmtheit, während er den knotenadrigen, von Frühjahrswind und Salzwasser gegerbten Handrücken betrachtete, der mit dem Federkiel noch harrte, bevor er zur weiteren Fahrt auf dem Papier und zu den Komplikationen des Zahlenschreibens aufbrach. Zecht in den Winterwochen in seiner Kammer und kippt zwischen den Geschäften in seiner Koje zu zweit mit der Schnapsflasche so andächtig, dass am Sonntag, wenn der Tag der Reue kommt und der Mann beim Büßen in der Kirchenbank sitzt während der Predigt, der Kater in den Stirnknochen des sündigen Adam dröhnt wie donnernde Vorschlaghämmer und die Alkoholsünden von sechs Werktagen ins elende Herzfleisch beißen wie die Wölfe, ist aber bis in die Nieren so ein Gauner und gerissener Fuchs, dass er beim Fischeabwiegen und beim Blinzeln auf die Viertelpfundstriche so nüchtern bleibt wie der Zeiger auf dem Ziffernblatt der Uhr und so klar im Kopf wie ein junger Barsch im klaftertiefen Kaltwasser eines Kliffs und auch in der Kirche ein solcher Aal und Glattfisch, dass die Pfarrer und Pastoren die Seelenkiemen des Adolf Petter nicht besser zu fassen bekommen als die Fischmadame den Nordevall am Ufer von Stockholm an den Reichstalermünzen und Örenkopeken; stattdessen schlängelt sich der Schuppenbürger auch vor der Kanzel an den Netzmaschen der Exorzismusworte vorbei in freie Gewässer wie ein sich mit heiler Haut rettender Brachsen und kauft sich schummelnd um den Preis und die Zahlung von bloß drei mickrigen Stunden Nackenandacht und Bartfrömmigkeit mit der Ablasswaschung und Vergebungswäsche seiner haarigen Seele für eine volle Woche Vollrausch und Segeln mit sieben Takelagen frei! Pukkila verfluchte Nordevall fast, da er aus solcher Nähe und so dauerhaft und überdies ohne ein Wort zu sagen dessen Gesichtsseite betrachten musste.

Nordevall seinerseits hatte ein Problem auf dem Papier vor sich, denn jetzt hätte nach dem Namen der Anteil niedergeschrieben werden müssen, und das verlangte Geschick, und dafür musste man sich weiter oben ein Beispiel nehmen. Und so trat denn auch bläuliche Röte auf die windgegerbten Wangen, und der Goldknopf im groben Ohrläppchen glimmte gequält, als geklärt werden musste, was Krookla hinter seinem Namen unter Alastalos Eintrag hingeschrieben hatte: Mikkelsson Krookla hatte er nämlich als sein Vorbild auserkoren, weil auch Mikkel ein geiziger Mann war und auch mit betrunkenem Kopf genau und zuverlässig mit den Fingern. Endlich nahm der Kiel wieder sein Pflügen auf dem Papier auf, aber diesmal nicht mehr so flüssig und mit feierlicher Sicherheit wie beim Malen des Namenszugs, der in der Tat so ausgefallen war, dass man es selber wagte, ihn anzuschauen. Es stand beim Schreiben nämlich eine Tücke bevor, die bewirkte, dass man dem Vorbild nicht bis auf den Buchstaben folgen konnte, sondern die Schrift aus dem eigenen Kopf zu Papier bringen musste. Krookla war ja schließlich Hausherr und Hofbesitzer in der Gemeinde, schickte es sich da, wenn man vom Charakter her lediglich Skipper und Fischhändler war, mehr als die Hälfte von dem hinzuschreiben, was sich der Größere getraut hat? Vorsichtig und mit etwas undeutlichen und hüpfenden Zügen bildete sich also unter der Mühe der klammen Hand nach und nach eine Schriftfolge, der man mit gutem Willen Folgendes entnehmen konnte: »einVier-undsechZIG-sTEL«, also das, was er als Vorbild von der oberen Zeilenlinie von Krooklas Handschrift aufgeschnappt hatte, allerdings mit den Änderungen, die ihm sein Gefühl und sein Angemessenheitsbewusstsein befohlen hatten, sowie mit der Zutat, dass ein Teil größer buchstabiert und mit dem Gewicht eines AMEN am Schluss versehen wurde. Eigentlich hatte er beim Aufbruch zu Hause daran gedacht, ein Zweiunddreißigstel zu zeichnen, aber weil Pukkila neben ihm aufpasste und störte und weil es sich nicht schickte, sich neben solche wie Krookla zu drängen, wie konnte er da etwas Größeres wagen, und es mochte auch besser sein, nicht großzutun, damit die Leute nicht zu unnötigen Erkenntnissen kamen und anfingen, vor Neid beim Alandhandel zu geizen! Nordevall war fertig, legte die Gänsefeder auf den Tisch und betrachtete noch einmal, und das Genick so versteifend, dass er ihn besser ins Visier bekam, seinen Namenszug auf dem Papier, bevor er sich anschickte, seine Mütze vor Pukkila einzusammeln, und Anstalten machte, aufzustehen. Am Namen war nichts verkehrt, schmuck gestreckt und drall gemalt stand er auf dem Papier, Adolf Petter Nordevall, so wie er einst bei der Katechismusprüfung vorgelesen und vom Pfarrer geschmettert worden war, worauf ihn der verstorbene Propst gelobt und ernsthaft gescherzt hatte, das Echo klinge in der Stube, wie das Tönen der Hörner bei der Hasenjagd der Herrschaften von Kahiluoto im Wald widerhalle! Und gegen den Anteil war auch nichts zu sagen, er war nicht kleiner als die angemessene Hälfte dessen, was Krookla geschrieben hatte, und ein Anteil der Bark war es immerhin, wenn auch nur 1/64. Und dennoch und außerdem hätte er durchaus auch mehr hinschreiben können, wenn er es von sich aus gewollt hätte – Nordevall fiel das geschnürte Bündel auf dem Boden der Kiste ein, das er zu Hause vor dem Aufbruch noch in den Händen gehalten und gewogen und in dem er sowohl das Raschelnde, das Raschelnde der Geldscheine, als auch das schwere, metallrunde Reichstalergewicht befühlt hatte, bevor er den Truhendeckel verriegelte und den Schlüssel samt Lederriemen tief in seiner Brusttasche verbarg –, er hätte mehr hinschreiben können und einen kräftigeren Anteil, wenn er es gewünscht und gewollt hätte, zum Beispiel das gleiche Sechzehntel, das der Schnüffler da, der Bock von Pukkila mit seinem Buschbart am Kopfende des Tisches augenscheinlich vor Hunger und Gier nach Größe gezeichnet hat; obschon ich von alten Alandgeschäften und den Preisknausereien dabei weiß und mir dessen gewiss bin wie der Spitze meines eigenen Kinns, dass der Hopfenstängel hetzen und mit seinen zwei Ellen langen Beinen durch die Gemeinde laufen musste, bis sich diverse Klappen von Sekretären quietschend geöffnet hatten, um Schuldscheine einzustreichen, damit der Mann seinen Barkanteil und seinen Kredit zusammenbekam! Und jetzt passt er am Tischende das Schreiben der anderen ab wie die schwarze Dohle auf dem Kirchenfirst die Mistfuhre aufs Feld!, grollte Nordevall noch in Gedanken eine kleine Gemütsschiefe lang, bevor er seine platte Pelzmütze vom Tisch in die Hand nahm und dazu überging, den Kurs des Rückwegs ins Auge zu fassen.

Pukkila war eigentlich bester Dinge, weil Nordevall lediglich 1/64 im Barkvertrag gezeichnet hatte und nicht ein volles 1/32, wie er es ein wenig befürchtet hatte, was ihn so weit belebte, dass er sogar in Plauderlaune und Erzählstimmung geriet. »Wer soll denn in Zukunft die Alande nach Stockholm fahren, wenn auch du jetzt anfängst, Barken zu bauen!«, sagte er also in versöhnlicher Vertraulichkeit und schwatzte er im besten Einvernehmen, bevor der andere sich vom Stuhl erhoben hatte. »Du hast ja mehr als einmal übers Ålandmeer kreuzen und bittere Prieme hinter dich ins Kielwasser spucken müssen, bevor du mit deiner Schüssel die Reichstaler von Stockholm auf die finnische Seite geschippert hast, die du jetzt als Zahlung für deinen Barkanteil auf den Tisch stapelst und die Alastalo in blankem Reichsgeld einstreicht!«, gab er an Aufmunterungen von sich und war endlich einmal ein Großer am Kopfende des Tisches – und ein Hausherr, der sich herabließ, weil Alastalo noch in seinen Heimlichkeiten bei Langholma verweilte: Was für Intrigen mochten die beiden untereinander spinnen, so lange, wie sie tuschelten! »Lass dich im Frühjahr nur wieder mal auf Pukkila sehen, wenn die Laichzeit des Alands vorbei ist und man sich bei einem Glas Rum aufwärmen und über die Geschäfte lamentieren kann!«, schloss er nun voll und ganz im Blut erfrischt, weil er nach langem Dichthalten wieder etwas hatte sagen dürfen, sodass die Zunge ihre Steifheit von Belag und Spitze schütteln konnte.

Nordevall erinnerte sich jedoch ausgezeichnet an die früheren Rumumtrunke in Pukkilas Kammer und wusste nur zu gut, dass von Rum nicht die Rede gewesen war, weil sie sich schon im Kämmerchen die Eingeweide zornig gestritten hatten, und in der Stube – er konnte sich nicht erinnern, jemals in Pukkilas Kammer gebeten worden zu sein! –, in der Stube war auf Biegen und Brechen um jede Kopeke gerungen worden, um die er hätte nachlassen und die Pukkila für seine Eingesalzenen hätte einstreichen sollen. Nordevall erinnerte sich lebhaft an diese alten Geschichten, und Pukkilas Kiebitzen und Piesacken von eben, wo man in Ruhe und mit Sinn und Verstand aufs Papier hätte schreiben sollen, was man beabsichtigt hatte, verleitete ihn auch nicht zum Plaudern. Bestimmt hätte er, wie es sein Plan gewesen war, $1/32$ hingeschrieben und zu Papier gebracht, wenn der andere nicht nebendran gesessen und gelungert und wie eine störende Fliege im Sold des Teufels dicht am Ohr die Gedanken durcheinandergebracht hätte und man dann auf der Suche nach einem Beispiel und Vorbild nicht mit den Kufen in die Spur von Krooklas mäkeligem Schlitten und aufs Gleis der Schicklichkeit geraten wäre! Einen halben Anteil weniger als gedacht habe ich jetzt bloß wegen deiner Belästigungen hingeschrieben, und jedes Jahr wird mir nun bei der Verteilung das Wissen aufs Gemüt schlagen, dass 1/64 der Auszahlung immer um die Hälfte kleiner ist als 1/32! Nordevall war also nicht in Redelaune, und Pukkila bekam daher als einzige Entgegnung auf seine Aufforderung zur Unterhaltung und sein Vertraulichkeitsgezänk lediglich ein kurzes Wort, und zwar ein trockenes. »Ich hätte meinen Namen auch ohne Kontrolleur und fremde Männer aufs Papier gebracht!«, sagte Nordevall also nur kurz und stand mit der Mütze in der Hand vom Tisch auf, und Pukkila sah von ihm nichts weiter mehr als den von Loden verhüllten Rücken, der sich in vollem Umfang und ganzer Nackensteife entfaltete und wie nach dem Strich Kurs aufnahm und geradewegs auf Langholma und Alastalo zusteuerte, die noch immer miteinander redeten, der eine im Schaukelstuhl sitzend, der andere neben dem Schaukelstuhl stehend. Wegen der Zeremonie und Feierlichkeit und um der Sache willen hielt es Nordevall nämlich nach einer so würdevollen und als ernst zu verstehenden Verrichtung für angemessen, zur Bestätigung derselben denjenigen die Hand zu geben, in deren Pfote man einzuschlagen hatte, wenn man unter Menschen war und bei Geschäften und beim Einfädeln von Angelegenheiten.

Zumal besagte Maßnahme vorhin, direkt nach seiner Ankunft, aus Versehen und Unaufmerksamkeit unausgeführt geblieben war, denn zuerst hatte ihn im Koelsuu-Sund der Wind geplagt und so sündhaft und gottlos direkt und unblässig gegen den Vordersteven gehackt, dass er beim Kreuzen einen Schlag nach dem anderen hatte machen müssen, wie der Russe gegen den Türken hinter der Donau, und Alastalos Ufer erst erreichte, als sich alle anderen längst im Saal versammelt hatten, und nachdem er dann selbst am Saal angekommen war und die Tür geöffnet hatte, war Härkäniemi gerade dabei gewesen, vom Sofa aus lauthals eines seiner Histörchen und Geldtruhen-Geschichten zum Besten zu geben, sodass er eingetreten war wie während der Predigt in die Kirche, und da wäre es nicht passend gewesen, mit jemandem den Handschlag zu tauschen, nicht einmal mit Alastalo, dem Gastgeber, und Langholma im Schaukelstuhl; stattdessen hatte er von der Tür aus nach einem Stuhl in der Nähe Ausschau halten und diesen so vorsichtig ansteuern müssen, wie er glaubte, sich beim Gehen und Bewegen leicht machen zu müssen, damit die Stiefelsohlen nicht knarrten. Dieser Fehler beim Ankunftsmanöver und die versäumte Begrüßung hatten fortan unablässig Nordevalls Gemüt geplagt und unglaublich auf sein Herz gedrückt, unaufhörlich hatte er seinen Kopf angestrengt und nach einer günstigen Gelegenheit ausgeschaut, nach einer Lücke, in der es gepasst hätte, unbemerkt vom Stuhl aufzustehen und den Verdruss des Missgeschicks zu korrigieren. Zuvor hatte sich ihm seiner Meinung nach eine solche Gelegenheit nicht geboten, aber jetzt konnte er auf einem Weg, nachdem er nun auch seinen Anteil gezeichnet hatte und ohnehin auf den Beinen war, das Versäumnis nachholen, und so ging es jetzt mit zielsicheren Schritten und zaunstangensteifem Genick dorthin, wo Langholma und Alastalo miteinander sprachen, der eine im Schaukelstuhl, der andere danebenstehend. Zuerst wurde dem sitzenden Langholma die Pranke geboten: »Schönen Gruß aus Stockholm!« (er war vor zwei Wochen von seiner letzten Fahrt nach Schweden zurückgekehrt), wurde dabei mit allem Ernst und ganzem Nacken gesagt, denn das steife und wettergegerbte rötliche Schiffergenick führte zur Verstärkung des wichtigen Wortes jenes genau bemessene Nicken aus, zu dem sich gemäß Pukkilas Überlegungen von eben im besten Fall auch der Nacken eines Lords aus London auf einem Zeitungsbild zur Verbeugung biegen mochte. Die gleiche ernste Handlung mit den gleichen ernsten Worten wurde ein weiteres gemessenes Mal mit der gleichen gemächlichen Stattlichkeit gegenüber Alastalo ausgeführt. Nun war also die Pflicht des Grüßens schließlich doch noch mit Würde erfüllt worden und der bis in die Schultern erleichterte Mann bereit, zu seinem Stuhl zurückzukehren und sich zu setzen, denn was brauchte man noch mehr zu sagen, wo es ja nicht um Fischgeschäfte ging. Alastalo schaffte es jedoch, ihn noch zu ermutigen und ihm eine kleine gute Geschichte in die Gemütstasche zu stecken und als Proviant für den Rückweg mitzugeben. »Na, jetzt hat Nordevall mit einem Federstrich die Verdienste von zehn Fahrten nach Stockholm eingesackt!«, schwatzte er und klopfte der feierlichen Fahnenstange begütigend auf die Schultern. Auch Langholma schmunzelte zustimmend und ließ vom Schaukelstuhl aus lobend gegenüber Nordevall verlauten, den er als redlichen Schiffsbürger kannte, der es in Geschäften genau nahm, wenngleich er in manch menschlichen Dingen auch Schwächen zeigte: »Komm ruhig auch mal auf Langholma vorbei, auf einen Kaffee im Haus, wenn du ohnehin am Ufer und beim Fischkauf bist!«, sagte er und gab sich wohlwollend. »Die Frauen bei uns daheim halten stets den Kaffeekessel bereit und müssen ihn nur aufs Feuer stellen, und ein Schluck Heißes ist der Kehle doch willkommen, wenn man ständig mit der klammen Hand durchs kalte Wasser gefahren ist!«, meinte er im Plauderton, weil man ja auch nicht vergisst, einem brauchbaren Pferd im Stall immer im Vorbeigehen die Kruppe zu tätscheln, und weil ein anständiger Mann immer ein gewogenes Wort und Gastfreundschaft verdient. Nordevall war denn auch ein entschädigter und erleichterter Mann, da er sich nun straffrückig und langschrittig durch den Saal auf seinen Stuhl zubewegte und, an seinem Platz angelangt, das, was in der Bewegung fürstlich an ihm war, zusammenklappte und auf den Sitz beförderte und wie ein gewöhnlicher Fischbürger, wenngleich nun als Barkreeder, verschwand in der Schar der Skipper und Simus und wie sie alle hießen, um unter seinesgleichen sein Schweigen von vorhin fortzusetzen, wenn er nicht zum Zeitvertreib und als Arbeitshinweis hin und wieder gemächlich seine dichtzottelige, platte Pelzmütze mit ihrem glänzenden Schirm und ihrem feiertäglichen Russentabakgeruch zwischen den Knien in den Händen drehte.

EINUNDZWANZIGSTES KAPITEL

Kapitel, in dem Pukkila im Zuge anderer Geistesanspannungen Dinge in den Sinn kommen, die bis dato geheim gewesen sind, jedenfalls einige, und in dem Janne Pihlman seinen Schiffsanteil zeichnet, von einer Größe, die auch Pukkila am Ende des Kapitels im Barkvertrag lesen darf.

Auch andere von den kleinen Leuten gingen nun, je nachdem, wie sie zufällig näher am Tisch oder weiter weg davon saßen oder inwieweit sie zögernden oder schüchternen Blutes waren, der Reihe nach an den Tisch, um ihren Namen auf den Barkvertrag zu schreiben und ihren Anteil zu zeichnen, so wie zum Beispiel die beiden Simus, der Geld-Simu und der Reisig-Simu – den dritten Simu, den Filou-Simu, hatte Alastalo, wie erwähnt und wie wir uns erinnern, gar nicht erst hergebeten, wegen gewisser Pferdehandelsärgernisse und Zwiste zwischen ihnen in der Vergangenheit –, der Reisig-Simu und der Geld-Simu schritten also zur Unterschrift, und mit ihnen Jäderholm, der glatte und spieläugige Brennholzschiffer in seinen schweren Seemannsstiefeln, der standhafte Hofbesitzer Pöyli, kurz von Wuchs – ein gewöhnlicher Mann, einen Kopf größer als Pöyli, sagte man über andere, deren Maße mit diesen Worten nicht übertrieben werden sollten –, kurz von Wuchs, aber strikt im Tun: auch das Haus schon schuldenfrei, obschon lediglich die Ersparnisse vom Lohn des Knechts als erste und einzige Anzahlung vorhanden waren, als das Haus gekauft wurde, oder der alte Hofherr von Tupinkorpi, einst ein gefährlicher Mann, der ständig vor Gericht ging, aber mittlerweile als Ruheständler und Hausopa nur darüber wachte, dass jeder eingesammelte Kopekenpfennig und jeder glänzende runde Rubel aus seinen Händen dorthin rollte, wo er sich paarte und Zwillinge zeugte, bevor er zurückkehrte. Sie gingen einer nach dem anderen und mehrere hintereinander zum Tisch, um ihren Anteil aufzuschreiben und ihren Namen zu notieren, Nordblom und Nordberg und die anderen, aber dies wurde ringsum nicht mehr mit nennenswerter Wachsamkeit verfolgt: Man kannte die Männer und wusste, dass sie ihre Anteile zeichneten, aber nur kleine und solche, über die die Welt nicht ins Rutschen geriet, in einem Umfang eben, dass sie dabei waren und zur Aufteilung kamen, manch einer, wie zum Beispiel gerade Pöyli, mochte auch an die Verproviantierung denken und daran, dass man bei den Frühjahrszurüstungen und den Herbstvorbereitungen sein Geschlachtetes verkaufen konnte und Schlachtvieh des Hauses sowie Kartoffeln und Butter zum angemessenen Preis.

Auch Pukkila hätte es unter diesen Umständen angenehm am Tisch gehabt und hätte müßig den überreichlichen Augenschmaus betrachten können – zumal ja nicht zu befürchten stand, dass einer von denen seinen, Pukkilas, Anteil in den Schatten stellte, und es nahm sich, wenn man die Langholmas und Alastalos und Härkäniemis vergaß und deren Großspurigkeiten und 1/8-Anteile aus den Augen verlor, wenn man all dies vergaß und aus dem Kopf verbannte, es nahm sich das eigene 1/16 allmählich doch recht beträchtlich und schiffsanteilswürdig aus über und neben all den Vierundsechzigsteln und sonstigen Nummernkrumen: Hatte sich nach ihm denn noch jemand in der Schlange auf sein Niveau begeben? Lahdenperä, ja, aber was soll man über einen sagen, der sich über seine eigene Größe hinwegsetzt und seinen Wald verschwendet, um mächtig zu sein! –, es hätte also angenehm sein können, müßig zuzuschauen, wenn ihm nicht ständig die misstrauische Frage in den Sinn gekommen wäre, um selbigen durcheinanderzubringen, welche bösartige Intrige Alastalo und Langholma untereinander spinnen mochten, da Alastalos Bart so getreulich nickte, als säße der Kerl neben den Deckfenstern beim Steppen, und die Verhandlung brach nicht einmal ab, nachdem Nordevall hinzugetreten war, gegrüßt und sich wieder entfernt hatte: Der brummt wie eine dicke Hummel auf dem Feld!, dachte Pukkila, bedachte Alastalo missbilligend mit einem schiefem Blick und wunderte sich, dass der Hausherr es über sich brachte und wagte, dem Tisch fernzubleiben, während die anderen schnauften und seine komplette Bark zeichneten!

Im Grunde hatte Pukkila einen Verdacht, und zwar einen starken, und dieser Gedanke fraß sich wie ein Wurm in sein Herz! Tatsächlich musste er nicht lange Verdacht hegen, denn auf langholmasche Art – auch so eine den Eframs eigene! –, auf langholmasche offene Art wurde Alastalo nun vom Schaukelstuhl aus eine versichernde Hand gereicht – warum muss das nur so feierlich vonstattengehen wie das Aufstoßen der Luke des Glockenstapels am Dreifaltigkeitstag und kann nicht einfach ein gewöhnlicher Handschlag zwischen zwei Männern sein? Eine bestätigende Handreichung an Alastalo verabfolgte also, und der Kopf, der schwere langholmasche Kopf, führte ein kleines, fast unmerkliches zustimmendes Nicken aus, auch das war eine Kunst und schien ererbt zu sein, dass man seinen Kopfknauf mit dem Gewicht einer solchen senkrechten Fasson trägt, als müsste man die Nackenscharniere dieses Waagengewichts schonen und sich vor den Biegungen einer Verbeugung und zustimmenden Verneigungen hüten! Der Kopf, der eframsche Kopf jedenfalls, absolvierte sein billigendes Nicken, und

Alastalo – man schämt sich manchmal, auch wenn man es nicht bräuchte und nicht bei anderen im Sold steht, um sich für sie zu schämen, aber man schämt sich, verflixt aber auch, manchmal sogar höllisch, wenn man sieht und wahrnimmt und bemerkt, wie jemand liebstöckelt und einen demütigen Nacken kriegt, obwohl er von sich aus ein Sparren mit Kragen sein und seinen Kopf aufrecht tragen sollte! –, Alastalo, eine Semmel von zwölf, um nicht zu sagen vierzehn Liespfund und ein Mann, der sein Anzugtuch, sein ziemlich großes Anzugtuch, bis dahin selbst und aus der eigenen Geldbörse bezahlt hat, Alastalo, vom Leib her ein speckiger Seehund, rennt tatsächlich und vor meinen lebendigen Augen, schlüpft und schleicht wie ein Dreikäsehoch mit wehender Mähne, den man ins Bohnenbeet und an die Bohnenschoten gelassen hat, rennt andächtig auf Zehenspitzen, oder wenn er nicht rennt, so ist das Fortkommen für einen dicken Mann doch derart flink, als hätte er hinter der nächsten Ecke etwas zu tun, das schnell erledigt werden muss, ächzt in seinem eigenen Saal und auf seinen eigenen Parkettplanken und mitsamt seinen überzähligen Liespfunden mit Genehmigung und Zustimmung Langholmas, des großen Eframs, wie ein Gehetzter, eilt und nimmt Fahrt auf, um mit wem zu reden? Mit seinem eigenen ehemaligen Knecht! Mit Netzfang-Fiinas Janne! Auch wenn er inzwischen Janne Pihlman ist und Steuermann und einen gebürsteten Schnurrbart auf der Oberlippe trägt, bei Lundqvist, Lundqvist auf Kaaskeri, Meereskunde gelernt hat und Steuermann auf der *Siwiä* war, womöglich auch der von Alastalo ausersehene Schwiegersohn und junger Reservist als Kapitän der Bark, wenn Alastalo einmal ermüden sollte! Wie an der Angelschnur gezogen und frisch vom Gespräch mit Langholma und vom Schaukelstuhl geradewegs zum vorderen seeseitigen Fenster und vor Janne Pihlmans Stuhl hin!

Vor dieser verdammten Plackerei an den Tauen und diesem verflixten Ruck am Zugseil hatte Pukkila sich den ganzen Tag in Acht genommen, er hatte sich verboten, daran zu denken, war aber auf der Hut gewesen und mit wachsamem Geist auf den Zehenspitzen und einem Gähnen in den Rachenknochen! Der Mensch kann nicht leugnen, was er mit eigenen Augen sieht, und jetzt war klar, dass gleich etwas passieren würde, und es wären nicht viele Worte in Janne Pihlmans Ohren nötig, bevor selbiger Janne von seinem Stuhl aufstehen würde, um zum Schreibtisch zu gehen, und dann würde man von demselben Platz, auf dem man jetzt saß, zusehen dürfen, wie Janne, dieser junge Stift von Steuermann, seinen Anteil im Barkvertrag zeichnet, vor Evald, unserem Evald, und womöglich als Netzfang-Fiinas Janne – der Junge war knausrig, wenn auch aufgeweckt, und hatte, verdammt noch mal, Ersparnisse und außerdem Alastalo als Unterstützer im Rücken und jetzt zusätzlich Langholmas Genehmigung und Gunst! –, wie dieser Janne einen vermaledeiten Anteil von einem vollen Sechzehntel zeichnet, so wie ich selbst, ein volles Sechzehntel von der Bark zeichnet Netzfang-Fiinas Janne, und das vor Evald!

Allmählich schmeckte Pukkila das Schlucken in der Kehle ernsthaft nach Eisen und bitterem Messing! Er trank mit einem letzten Schluck sein Grogglas bis zum Boden aus und richtete die wie zwei igelborstige Stachelwespen zusammengekniffenen Augen auf den ahnungslosen Janne, der in seiner blauen Steuermannsmontur und seiner sonntäglichen Stadt- und Hafenmontur höflich aufgestanden war, als Alastalo zu ihm kam, und jetzt respektvoll lauschte, was der Kapitän zu sagen hatte. Der Mistkerl weiß sich zu benehmen und tritt vor dem Älteren auf, wie es sich für den Jüngeren gehört, obwohl er mir einst hinterm Zaun die Zunge zeigte, als ich den Flegel und Netzfang-Fiinas Hundsfott aus meinem Bohnenbeet gejagt hab!, gestand Pukkila gegen seinen Willen ein, als er spähenden Auges und wie ein Hund nach der Spur des verschwundenen Hasen schnüffelnd nach wenigstens einem kleinen Fehlerflecken oder Ritzenriss am Sohn des Magdmädchens und jetzigen Kapitänsspross und Alastalos Schützling suchte, am Mann, und wenn nicht am Mann, so an der Jacke des Mannes, und wenn nicht an der Jacke des Mannes, so am Gebrauch und an der Tadellosigkeit des Tragens der Jacke!

Pukkila schaute hin und litt, schaute hin und mühte sich ab wie ein Hund mit einem Knochen im Mund, den er mit keinem Kniff hinter die Backenzähne bringt und der trotzdem zerbissen werden muss! Hat es ihn nicht schon in der Kirchenbank gemartert und letzten Herbst ins Herz geschnitten, als er nach der Rückkehr von den Sommerfahrten wieder Janne sah, der damals – nachdem er zwei Winter als seine Seemannsjahre in Lundqvists Unterricht gesessen und Logarithmen gerechnet hatte und nachdem er wegen der Sprachen und der Praxis auf Ausländern und Åländern gesegelt war – den ersten Sommer Alastalos Steuermann am Ruder der *Siwiä* gewesen war, stach es einem nicht da schon wie ein Disteldorn ins Gemüt, als man in Alastalos Bank den Jungmann sah, bei dem man auf den ersten Blick nicht wusste, wer es war, den man dann aber als Janne erkannte! Sieh an, zum Teufel!, dachte ich damals schon, dieser Spross und Weidenzweig ist zum Mann und Weidenbaum herangereift, und das Aas hat sich auch noch einen Lippenbart stehen lassen, dass man sich schämt! Fiina, dieses Wirbelwindchen und Mädchenstückchen, später Netzfang-Fiina, nahm für die Kirchenbücher den Namen Pihlman an, aus Bosheit ausgerechnet Pihlman, so wie mein Name lautet, und zwar im selben Jahr, in dem ich Hochzeit hielt, und Pihlman ist dann auch dem Jungen als Name geblieben, dem Janne, Netzfang-Fiinas Janne. Die Wahrheit ist, dass Fiina den Janne im nächsten Jahr bekam, nachdem sie im vorigen bei uns als Magd im Dienst stand; in ihrem Zorn, weil sie nicht Hausherrin wurde, nahm sie auch den Namen an, den Namen Pihlman, um mich zu ärgern! Aber musste das denn etwas beweisen?, wir haben viele Mägde gehabt, und mehrere von ihnen hatten Kinder, und würde man es wagen, sich in der Kirche umzublicken, wenn man befürchten müsste, dass man in den Bänken sein eigen Fleisch und Blut sieht? Fiina war zeit ihres Lebens flatterhaft und ungebärdig und schaffte sich den Janne an, damit sie mir Verdruss bereiten konnte! So stolz mit ihrem Näschen – sie hatte seinerzeit eine feine, richtig rein geformte, beinahe edle Nase in ihrem Magdgesicht –, mit so stolzer Nase, dass sie keinen Unterhalt gefordert hat, obwohl sie es gekonnt hätte, aber so hochnäsig auch innerlich und im Herzen so aufs Reizen bedacht, dass sie den Namen annahm, den Namen Pihlman, in den Kirchenbüchern, meinen Namen für sich und ihren Balg, obwohl sie Löfgrens Tochter war, die Tochter des langen Löfgren! Wenngleich ich damals, in jenem Herbst, als ich nach den Sommerfahrten Janne sah, Netzfang-Fiinas Sohn zum ersten Mal seit etlichen Jahren in der Kirchenbank – zwei oder drei dürften es gewesen sein, die er auf ausländischen Schiffen gesegelt war und, wie gesagt, wegen der Sprachen, Englisch und Schwedisch –, wenngleich ich damals also mit einem Stich im Herzen zusammenfuhr, als ich ihn auf den ersten Blick fast wie einen Engländer in Alastalos Bank sitzen sah und nicht sofort erkannte, bevor ich mir die Nase geschnäuzt und vom Wind draußen geputzt und ein weiteres, genaueres Mal hingesehen hatte: Zum Teufel, dachte ich, auch wenn ich an den nicht viel dachte, zum Teufel, dachte ich, das ist doch der Janne, der da sitzt, mein ehemaliger Bohnendieb, wenn auch jetzt als Steuermann im blauen Cheviot und wahrscheinlich mit am Banknagel aufgehängtem Zylinder: Was ist aus dem Kalb für ein Jungbulle geworden, und was hat sich das Zottelhaar bei dem strubbeligen Viech sauberglänzend glatt gelegt!, dachte ich bald und räumte ich ein, bevor ich es begriff, und betrachtete zu meiner Genugtuung sowohl die robuste Haltung des Kopfes als auch den frischen Flaum auf dem Halstuchknoten und der karierten Seide unterm Kinn. Die Mädels der Gemeinde haben heute schwer zu tun beim verstohlenen Gucken von ihren Bänken aus!, dachte ich dummer Kerl, und noch ein Gedanke rannte mir in den Kopf, bevor ich das Insekt zerdrückt hatte, dass man diesen Jungen, verdammt, sogar als eigenen Sohn anerkennen konnte!

Tja, so sündigte ich und fluchte in Gedanken in der Kirchenbank und ahnte nicht, was mir der Bengel noch an Verdruss bereiten würde, Netzfang-Fiinas Bengel, bevor ich auch Siviä auf der Frauenseite in der Kirche bemerkte, in Alastalos Bank. Für Evald, unseren Evald, habe ich die Siviä schon von klein auf ausersehen; seitdem Alastalo Erfolg auf dem Meer hat und ich in seinem Haus ein und aus gehe, ich nahm den Mädchenspross und Frauensprössling auf die Knie und zeigte dem Kind meine Uhr und ließ es auf das Ticken lauschen! Das Mädchen ist das einzige Kind und wird einmal Haus und Hof erben, dachte ich schon damals und dachte dabei an Evald, und auch wenn danach ein Versehen passierte und Eevastiina zehn Jahre später noch Viikka zur Welt brachte – Aksa starb schon als ganz Kleines –, so war Alastalo inzwischen doch dicker und reicher geworden, und Evald brauchte keinen Schaden erleiden, wenn er dann die Siviä bekäme. Ich bemerkte also auch Siviä in der Kirche, Alastalos Siviä in Alastalos Frauenbank, und ich wäre darüber auch froh gewesen, weil ich Evald in die Kirche mitgenommen hatte und er neben mir in der Bank saß, aber da sollte es mir dann doch ins Herz stechen, als wäre mir ein Splitter ins Auge gebohrt worden, denn mit Gewissheit – und da irrte ich mich nicht, auch wenn ich es mir selber im Nachhinein einzureden versuchte –, mit Gewissheit flackerten Siviäs Augen wie zwei Kerzenflammen jemandem auf der anderen Seite des Ganges solche guten, warmen Grüße zu, dass ich, wenn diese Grüße an Evald neben mir in der Bank gegangen wären, zum Dank einen ganzen Rubel in den Klingelbeutel hätte fallen lassen und Evald für den gleichen Zweck eine Silbermünze von einem halben Reichstaler in die Hand gedrückt hätte! Aber auf wen waren die Sternpunkte gerichtet? Ganz und gar nicht auf uns, keineswegs, sondern glatt und sündhaft und auch noch von der Kirchenbank aus und im Schatten der Sonntagsseide geradewegs dorthin, wo an jenem Sonntag von der Seite der Kirche aus, auf der die Seide in den Nacken raschelte und die Zöpfe auf den Rücken hüpften, auch manch anderes frisches Wildfangaugenpaar sich auf flinkem Flug und Hummelfahrt, mal aus der Deckung ihrer Baumwolltücher, mal, wie bei Siviä, aus dem Schutz ihrer sonntagsstaatsseidenen Raschelrüschen heraus, auf verstohlener Wanderung und unstatthafter Reise jenseits des Ganges und Alastalos Männerbank befand, bei Janne, dem jungen Steuermann der *Siwiä* mit seinem Wachsschnurrbart und braunen Jucker auf der Oberlippe! Zum Kuckuck, auch ich gestand, dass es den Mädchen ansteht, hinzuschauen und vorne an der Zunge, mit ihren kleinen Zungenspitzen den triefenden Nektar und die Seide des Sündenspeichels zu spüren, während die Predigt andauert – dieses Rockvolk aber auch: während der Predigt und in der Kirchenbank! –, es steht ihnen an, dachte ich, in ihren kleinen Köpfchen, verdeckt von Tüchern, wer weiß was für Jagden und Mäuseverfolgungen eines Katzenjungen zu veranstalten, dachte ich, als ich den Schädelknauf betrachtete, den dicht behaarten, fein gedrechselten Schädelknauf des ehemaligen Janne der Netzfang-Fiina und heutigen Steuermanns von Alastalo begutachtete und betrachtete und mit den Fingeraugen suchte und prüfte und befühlte, und an keiner Stelle war der

Drechselklinge beim Drehen auch nur aus Versehen der kleinste Schnitzer unterlaufen und etwa am Kinnknochen der kleine feine Span zu viel gelöst worden, der auch die sauber gezogene Gesichtszeichnung verderben kann und dafür sorgt, dass der Kinnbaum entweder schlaff und unbeholfen zu weit unten hängt oder mit blödem Stolz zu weit nach oben ragt, ich prüfte, suchte und pickte mit meinen Augen, mit den Spitzlinsen meiner Kieker, ob auch nur ein hervorstechender samenkorn- oder flohbeingroßer Falschfehler zu sehen und zu erhaschen wäre, etwa zwischen den Hauthärchen im Gesicht, aber beim Leibhaftigen und bei den Bartwurzeln der Teufelsmutter! Hätte ich etwa mehr Beute gemacht, wenn zehn Gucker anstelle meiner zwei Augen am Werk gewesen wären? Den Kopf eines Seemanns – verdammt, ich bin ehrlich und erkenne es in Gedanken an, heimlich, weil man es nicht öffentlich sagen und verlauten lassen muss –, den Kopfknauf eines Seemannes sah ich, denselben, den ich jetzt in Nickfasson sehe, so wie es sich für den Jüngeren gehört, vor Alastalo, so straff und stramm an den Fugen und so rank und schlank die gehobelte Oberfläche, dass selbst Netzfang-Fiinas Vater einst, der alte Löfgren von Kiliskeri, der beste Bottich- und Bootsmeister der Gemeinde, zeit seines Lebens kein genauer gesichtetes Gefäß aus den Händen gegeben hat! Was für ein Zimmermann und wie fein und haargenau im Führen der Hand und der Axt, dass er die Waffe, das ein halbes Liespfund schwere Beil, weit über den Kopf hinaus und hoch hinter dem Rücken in die Luft schwang – der Mann war vom Wuchs her eine Stange von einem Klafter und sieben Zoll! –, und wusch! Viermal hintereinander wurde die Axt mit aller Kraft in den Baumstamm gehauen, das erste Mal zwischen kleinem Finger und Ringfinger, das nächste Mal in die geöffnete Spanne von Ringfinger und Mittelfinger und danach der Reihe nach in die beiden anderen gespreizten Fingerfurchen am

Handblatt und jedes Mal über die Schulter hinweg mit einem solchen Schwung, dass das Beil seine Klinge einen Zoll tief in den Maserschopf des Brockens trieb und der ellendicke Klotz bei jedem Mal eine Viertelelle Wegs in der Luft folgte, ehe er kiefernholzschwer wieder auf den Boden polterte, bevor die Klinge und das Beilblatt von zehn Pfund aus dem Mehl des Holzes herausgerissen und frei für neue Schwünge in mannshoher Höhe hinter der Schulter war! So sauste ungehemmt die Schimmerklinge der Axt, dass es einen, wenn man danebenstand, eine kalte Kerbe in die Haarwurzeln riss und biss, wenn die Klinge in höchster Höhe blinkte, aber was spuckte das Herz in seinem Korbgeflecht erst vor Vergnügen, wenn die Beilklinge bei den Hieben so sicher im Klotz saß, als würde es dem Stahl gar nicht einfallen, den zerbrechlichen Menschenknochen auf dem Stamm zu beißen und zu schneiden, wenn der Mann am Schaft die Axt führt!

Ein solcher Zimmermann und Haarspalter war in der Handhabung der Klingenwaffe Mutter Fiinas Großpapa in seinen Männerjahren, und wahrlich, als ich damals in der Kirchenbank unerwartet und bevor ich noch zur Besinnung kam Jannes Kopfknauf unverhofft vor mir und vor Augen hatte, fiel mir da, zum Donnerwetter, nicht als Erstes der Löfgren persönlich ein – Löfgren müsste Janne mit gesetzlichem Namen heißen, nicht Pihlman! –, der alte Löfgren und seine Holzarbeit, bei deren Axtspur auch der genaue Finger ums Verrecken nicht glaubt, etwas anderes zu befühlen als die feine Schabarbeit einer Hobelklinge! Zum Henker, dachte ich Unschuldiger, wie kräftig da mit dem Schneiden jedes Spans der Kopfknauf eines leibhaftigen Seemanns geschnitzt worden ist! Der Kopfknauf eines Seemanns!, dachte ich Verrückter, bevor es mir endlich ins Herz biss und bohrte! Der Kopfknauf eines Seemanns, sage ich, denn der Kopfknauf eines Seemanns muss schon von den Knochen her etwas anderes sein als der Knauf auf der Halskehle eines gewöhnlichen Erdwühlers. Beim Kopfentwurf eines gewöhnlichen Erdwühlers genügt es, das Kinn so breit zu machen, dass es der Knochen ohne zu krachen aushält, wenn mit zusammengebissenen Zähnen der Wendepflug aus der schmutzigen Scholle gezerrt werden muss oder der Schaufellöffel aus dem losen Lehm, aber die Gesichtsknochen des Seemanns müssen vom Material her gleichzeitig hart und robust wie eine Eisenstange bei der Hebelarbeit und fein und fest wie Geigenholz bei gespannten Saiten sein, haltbar, wenn der Mann zehnfach er selbst sein muss, damit nicht durch die Finger flutscht, was nicht durch die Finger flutschen darf, auch wenn es das Leben kostete und mit ihm den Arm, aber auch dann aufmerksam bereit, wenn sie in ihrer Gelöstheit wachsamer sein müssen als die wachen Augen und in ihrer Müßigkeit schon mit der Fingervernunft erkennen müssen, bevor die Kopfvernunft es befiehlt, wann die Hand an der Haspel trotz aller Härte leicht zu sein und bei aller straffen Spannung und strammem Zug um genau den Atemzug lockerzulassen und um den Seufzer der Erleichterung nachzugeben hat, der ausreicht, um auch das schlürfende Dollbord hochzukriegen, ohne dass es tödlich nass wird, das Schiff dabei aus dem Schäumenden zu ziehen und den wildmähnigen Windstoß als lenkbares Hengstfohlen einzuspannen, damit das Schifflein saust und der Bug beschleunigt! Sapperlot, wie fein die Drehfeile an den Gesichtszügen des Seemanns arbeiten muss, damit jede einzelne Pore der geschliffenen Haut vom selben kündet wie die festen Knochen in ihrem starken Schnitt: von einem Mann mit Ecken und Kanten an einem Ort mit Ecken und Kanten, aber auch von einem heiteren Mann bei heiterem Wetter, von einem Prankenmann mit Prankengriff und bespuckter Handfläche am straffen Tau, aber auch mit empfänglichen Augen im Schatten des Stirnbeins, um wie ein Wiesel gleichzeitig über das Himmelszelt wie über die Luft in der Leinwand zu wachen, von einem tüchtigen Mann bei tüchtigem Tosen, einem standhaften jedoch auch bei wildem Wirbel, von einem Seemann durch und durch, vom strubbeligen Scheitel bis zur platten Sohle und von den Fingern an der Hand bis zu den Augenklauen! Beim Schnaufen meiner Rippenknochen, ich sah den Jungen unverhofft und nach drei Jahren in der Kirchenbank, und, verdammt, da saß ein sauberer Seemann neben Alastalo und im englischen Cheviot, das Gesicht gefasst und das Gesicht empfänglich, so wie meine Schwarze in ihrem Geschirr und auf ihren Eisen, bevor die Mähne fliegt und der Huf ausgreift, und so wie es bei einem sein soll, bei dem jedes Glied unter Kontrolle und das Blut in den Kniegelenken wie auch in den Fingerspitzen der Gedanken lebhaft sein muss, wenn er auf dem schlingernden Fußpeerd um sein Leben kämpft, damit er, ohne herunterzufallen, auf den Beinen bleibt, so lange, bis die Finger blutig werden und die Schulter mit raffender Kraft das knatternde Segeltuch aus den Schlundbacken des Windsburschen reißt und an der Rah anpflockt; und der Schenkelstiel muss stets in Trittstraffung gegen die Richtung stehen, ganz gleich, wie viele Schlaumeier auf dem Kahnspan unten auch ihre Rigghörner bei Linkslage am gefletschten Schlund des unteren Bords oder bei rechtem Rollen an den Spritzern, die über den oberen Bord schlagen, nass machen, und wie sehr auch der Bugspieß in die schwarzen Wälzköpfe des Wellentals vor sich und dieselbe Stockspitze auf den rauschenden Rücken des Meeres in die Sternaugen am kleinen Himmelsfetzen zwischen den Sausewolken über sich stößt! Wahrlich, als mit Salzwasser gewaschenen Seemann erkannte ich dort Janne, den Jungen, als ich sein Gesicht und seine Miene in die Augen bekam, und irrtümlich schäumte in meinem Herzblut zuerst ein Spritzer Stolz auf, als hätte ich meinen eigenen Sohn betrachtet, meinen leibhaftigen leiblichen Sohn, und um ein Haar, zum Teufel, hätte ich es auch gedacht, bevor ich zur Vernunft kam und begriff, dass die Nase jenes Jungen von der Art und in einer solchen Fasson geschnitten ist, dass man ihrem Träger in der Gemeinde einmal ein dreimastiges Schiff zum Steuern anvertrauen wird; hat der Junge denn nicht genau meine Augen im Kopf, die gleichen lebendigen Funken, wenn auch fest und stabil, während meine blinken?, dachte ich Verrückter und war weich und erinnerte mich nicht einmal mehr an Evald neben meiner Schulter. Festere Augen als ich, wenn auch die gleichen lebhaften Funken im wachsamen Gesicht, und dann die Nase, ist nicht auch sie von ihren Linien her besser gezeichnet und geglückt als meine Noppe, die in Bart und Lippenschnauzer verschwindet, er hat Fiinas Nase, zweifellos Fiinas Nase, nicht meine, der Sparren fein und nadelgerade und die Nasenflügel lebhaft: Die Nase hat der Junge von Fiina, ansonsten wäre mir Fiina im Haus gar nicht aufgefallen! Diese Nase, ihre stramme, straffe Streckung, und diese Augen, ihre feste Wachsamkeit und gebändigte Lebendigkeit, die machen den Jungen gefährlich, seine Nase da, die er als Bug und Vorstück sein Leben lang und als Bugspriet bei Gegenwind wie bei Rückenwind im Gesicht tragen wird, die hat er von Fiina geerbt, und die Augen, diese Teufel, die stammen von mir, aber auch die nur zum Teil und nur, was die Seitenblicke betrifft; der übrige Teil des Blicks, der, welcher stabil die Säume der Dinge sichtet und ruhiggenau die Wasserdichtigkeit der Fugenstellen prüft, der kommt vom Großvater Löfgren selbst, und das bedeutet, dass der Sohn der Tochter ebenso exakt beim Furchen der Dinge sein muss, wie der Vater seiner Mutter es bei den Holzgefäßen war, und den Handlungsspan genauso fugengenau mit der Verstandesklinge schnitzt, wie der andere den Holzspan mit der Beilklinge bearbeitet: Der Nasenknochen von der Natur verfertigt nach der Mutter, der Augen Spähung mit ihrem prüfenden

Geschau des Großvaters, von mir nur der Teufelsschwung und das Atemzischeln im Riecher, welches auch die Nüstern von Netzfang-Fiinas Erbnase die Winde der Welt weitläufiger einsaugen und schnuppern lässt als in den Ecken der Stube und dem Auseinanderklamüsern der müffelnden Netzhaufen, und der verschmitzte Schimmer und das verflixte Blinzeln in den lebendigen Augäpfeln, der auch die Linser im Schatten von Löfgrens klarer Stirntraufe von der Zimmermannspeilung an der Werkbank und der kurzsichtigen Nutensichtung beim Hüten der Hobelklinge zur Streckenpeilung am Kompassblatt auf dem Achterdeck und beim Achten auf die Längengradpunkte des Horizonts bei der Kapitänswache führt! Schon in der Kirchenbank schaute ich den Jungen scheel an, auch wenn ich eingestand, dass alles gut gegangen war, als der Junge seine Fasson bekommen hatte, und dass keine sauberere Gesichtsseite und kräftigere Halsneigung an jenem Sonntag in der Kirche in der Männerbank zu betrachten war; ich gab es zu, auch wenn ich scheel schaute, und obwohl Evald, unser Evald, neben mir saß, und dachte, solange mein Gedanke noch nicht in den Fingern meiner Faust gefangen war, dass die Mädchenkinder tüchtig von ihren Bänken aus hingucken und auch Siviä aus dem Schatten ihres Seidenunterschlupfs tüchtig Lämmchen über den Gang und zu Alastalos Männerbank springen lässt, dachte ich und lachte ich in meinem Mannesblut und gönnte im ersten Irrtum dem Jungen wie meinem eigenen die Sünden und Unschuldigkeiten während der Predigt und in der Kirchenbank und beim Herzklopfen unter den Jungfrauenkleidern!

Im ersten Irrtum, sage ich, noch bevor ich die Zügel des Gedankens zusammen und in den Händen hatte! Denn freilich war mir bald kalt geworden und versetzte es mir gleich darauf einen Stich, als ich wieder zu meinem Gemüt und Verstand zurückkehrte, es stach mir ins Herz wie ein Splitter, dass jetzt, verdammt, doch Wirklichkeit wurde, was ich so arg befürchtet hatte, nämlich dass ein Freier für Alastalos Siviä auftauchen würde, und zwar schneller, als mir lieb und zu erwarten war, und noch bevor ich Alastalo herumgekriegt, Evald die Verlobungsringe für Siviä besorgt und den Jungen nach Alastalo geschickt hatte, um ihm auf dem Fuß zu folgen! Und so schalt ich mich damals in der Kirchenbank in meiner ersten Verwirrung selbst aus, nachdem ich die Sachlage ein wenig berochen hatte und bevor ich mich über Janne ärgerte, schalt mich und meine üble Unfähigkeit – die daher rührt, dass bei uns daheim bei der Heuernte und schönstem Wetter keine Hektik ins Haus kommt, solange es nicht aus Himmelskübeln gießt! –, ich schalt meine eigenen Hachsen und Läufe, weil sie sich faul ausgestreckt hatten, als ein Hase so dicht an meiner Schnauze vorbeihoppelte, dass mich seine Barthaare kitzelten, ich schalt mich und säte brennendes Salz in die Haut meines Gewissens, denn ich hätte von früher her gewarnt sein müssen!

Denn wen hatte ich denn zum Beispiel vor einigen Jahren mit eigenen Augen gesehen, als ich zur Begrüßung an Bord der *Siwiä* ging, nachdem Alastalo von seiner letzten Sommerfahrt zurückgekehrt war und in seiner heimischen Bucht vor Anker lag? Ja, ebendieselbe Siviä, damals noch ein unkonfirmiertes Mädchen, und ebendenselben Janne, der ein, zwei, vielleicht auch drei Jahre ältere Bengel und schon viele Jahre Alastalos Schützling und Kajütenwache auf dem Schiff, beide nebeneinander am Rand der Mars der *Siwiä* sitzend und die Beinstängel oben im Rigg und auf halber Masthöhe baumeln lassend! Schnitt mir nicht damals schon gleich, als ich unten vom Deck aus zuschaute, wie der Wind oben mit seiner Kühle die Flachszöpfe des feschen Mädchens zum Schaukeln brachte und in den frischen Seemannsborsten des Flegels rauschte, schnitt mir nicht damals gleich die Angst ins Herz, weil ich dachte, sieh an, zum Donnerwetter, was für ein erfrischendes Paar: Wenn auch beide noch halbe Kinder sind, passen sie doch zueinander wie zwei Beeren auf derselben Bülte. Ob es Alastalo wohl versteht, rechtzeitig auf seine Tochter aufzupassen, damit sie nicht an den eigenen Knecht und Kajütenjungen gerät? Und ich befahl Evald damals sogar, auf der Stelle als Dritter in den Mast zu klettern, aber war ich trotzdem wachsam genug gewesen, und zog ich die richtige Lehre, als das Paar bald darauf, das Mädchen wie eine Pest von Biesfliege voran, flink der Saling entgegenkletterte, sobald sie Evald in den Wanten sahen? Das Meereseichhörnchen scheint eine echte Seefahrerstochter zu sein und ein guter Fang als wahrhaft bessere Hälfte eines Seemanns!, sagte ich mir gedankenlos, als ich, vielleicht ein bisschen verdrossen wegen Evald, aber doch eher im Blut ermuntert, vom Deck aus den regen Rock und die flinken Beine im Rigg betrachtete: Wäre ich selbst noch im Flegelalter, dann wäre auch ich flugs im Rigg, und dann würden wir mal sehen, wer sich das Kätzchen schnappt, ich oder der Lümmel von Janne, und wenn man dem Hüpferchen bis zur Nocke auf dem Topp nachsteigen muss!, dachte ich mir kollerig unter den Haarwurzeln und zweifelte bereits an Evald, der gerade mal den halben Weg der Saling zurückgelegt hatte, als die anderen beiden schon nebeneinander auf den Salinghörnern saßen, Janne und Siviä, auf beiden Seiten des Mastes, die Beinpaare ungebändigt schlenkernd, so wie zuvor auf der Mars, aber jetzt zwei Rahen höher und dichter am Blau über ihnen, beide noch halbe Kinder, ein Jungfernspross und ein Mannessprössling in schwindelnder Masthöhe, die Haare flatternd, die Augen blau, vor sich die offene Weite, was den Rahmen der Zeit wie auch die Ränder der Luft betrifft!

Zum Teufel und tatsächlich, es hätte mir eine Warnung sein sollen, das Paar auf der Saling damals, und bald verstand ich es dann auch als Warnung, aber so sündig bin ich, dass mir ungeachtet dessen die Lust das Herz zerriss, als das Auge die blühend Jungen in ihrer ganzen Frische, wie auf der morgendlichen Flur ein Paar Tautropfen auf einem Grashalm, ansehen durfte und die Haut auf dem eigenen Pelz das gleiche Wehen der Schöße des Windes und die gleichen Liebesbotschaften fühlte, wie sie das Paar in der schaukelnden Höhe spürte, das Wehen der Lüfte auf dem wachen Blut der Gesichter! Und hatte mich, o Messing in meinem Herzen und Honig der Schwäche in meinem Blut, denn nicht beim ersten Fehlkapieren in der Kirchenbank dieselbe schmeichelnde Feder geschmeidig mit ihren wohligen Schmieren an der Stelle der Brusthaut berührt, wo der Mensch sich auch ungewollt freut, wenn er etwas Schönes sieht, hatte sie mich nicht auch in der Kirchenbank berührt, frage ich, als Pinsel der Tröstung an jenem Sonntag neulich, hatte sie nicht mit breitem Pinsel sämtliche außenseitigen Flächen des Herzgefäßes bestrichen, als ich zuerst das Auge des Mädchens im Flug und Siviäs muntere Gucker auf ihrem reizenden Raubzug und bei ihren vorsichtigen Vogelhüpfern auf die Männerseite des Kirchengangs aufschnappte und danach an einem gewissen Zucken eines Lippenpaares auf der eigenen Seite der Kirche merkte, dass das, was da Flügel hatte, sich auf vertrauten Wegen bewegte und sich die Bachstelzen gar paarweise auf den Brücken des Fluges in der Kirche befanden! Sieh an, die alten Spiele von früher sind noch immer auf der Welt, und die Künste von früher leben in den Jungen fort!, freute ich mich in meiner Schwäche und meinem leicht zu verleitenden männlichen Blut sowie in meiner Neigung und billigte, ich Unschuldiger, das sündige Spiel, weil ich selbst nicht mehr mit solchen Absichten in der Kirche saß und der Predigt zuhörte, und bald dachte ich nicht mal mehr an Evald, meinen eigenen Sohn in der Bank neben mir!

Ich mag mit Blindheit geschlagen sein, weil noch immer das lebhafte Mädchen auf der Saling-Rah mit fliegenden Zopfpeitschen und schwingendem Gold in den Sonnenlüften und an den Säumen der Bläue mein Auge blendet und auch mein Herz durchaus noch ins Schmelzen gerät, weil noch immer die Erscheinung des jungfräulichen Mädchens im Zwielicht der hallenden Kirche und das Wagnis des mutigen Augenpaars, schüchtern versteckt von der Seide, mein Blut belebt, aber ich bin kein Schafslamm zum Scheren und keine Hufkuh zum Melken, sondern eher ein Katzenkater, was sowohl die knappe Wolle als auch das Kratzen der Krallen anbelangt, und eher ein Scharrtier vom vorderen Ausgriff wie vom hinteren Hammer der Hufe her, und so bin ich, auch ohne an der Nase herumgeführt zu werden und ohne anderen Menschen Mühe zu machen, ein Mann für die Klauen wie für die Hinterhufe des Verstandes, wenn Bedarf besteht und die weichen Fäustlinge ausgezogen worden sind! Auch ein Hund versteht es nicht als Spiel und duldet nicht das Streicheln seines Rückens, wenn man ihm den Knochen aus dem Spalt zwischen den Zähnen zerrt und sich bei dem Drohenden die Borsten im Nacken schlagartig aufrichten! Ich verstand schon damals auf dem Deck der *Siwiä* und verstand es später in der Kirchenbank und verstehe es auch jetzt, dass Alastalo milden Auges auf Janne blickt und dass Siviä – ja, Siviä ist ein Menschen-Mädchen mit Jungfrauenblut, und Janne ist ein Seemann und ein Junge und dazu noch ein stattlicher, stattlicher als Evald, unser Evald, zweifellos! –, dass Siviä schwach und weiblich ist und leicht verleitbare Augen hat, sobald auch nur ein Stück von Jannes Lippenbart sich im selben Raum befindet wie sie; hab ich es nicht damals vor einem Jahr in der Kirchenbank bemerkt, und habe ich es nicht auch hier beobachtet, am heutigen Tag, gerade eben, mit klaren eigenen Augen, als das Grogtablett in den Saal gebracht und auf dem Tisch abgestellt worden ist und das Mädchen in seinen eitlen Mädchengedanken sich spiegelte (den Spiegel hat Alastalo aus Frankreich mitgebracht und in seiner Prahlsucht in Le Havre gekauft, ebenjenen dort drüben in seinem eine Viertelelle breiten Rahmen und mit seinem goldenen Blümchenprunk, der als prächtiger Zierrat an die Wand gehängt worden ist, und zwar genau über dem Tisch, sodass man ihn vor sich hat, wenn man am Tisch steht), und wie es sich spiegelte, das Mädelchen, im Spiegel betrachtete es sich, so wie es solche Mädelchen nun einmal tun und wie es der Natur der Menschen-Mädchen entspricht, wenn sie ihr Bild, ganz gleich in welcher Widerspiegelung, erblicken, sogar auf der Schale des Augapfels eines anderen Menschen: Sie betrachtete sich und richtete ihr Haar und glättete es, obwohl sie gewiss schon vorher zehnmal jeden Flaum vor dem Spiegel in der Stubenkammer geglättet und jede ungebändigte Gelbsträhne gerichtet hatte, bevor man ihr das Tablett auf die Unterarme gelegt und die Tür zum Saal geöffnet hatte, worauf die Tochter und Zier des Hauses über die Schwelle auf diese Seite getreten war; habe ich es etwa nicht beobachtet, sage ich und frage ich, wie das Bild von einem Mädchen sich vor dem Spiegel spiegelte und ich aus Versehen zusah und genau verfolgte? Verweilten die Augen da etwa beim Richten des Haars und dem, was zu tun war? Nicht im Geringsten! Wie Ausreißer machten sie sich in Leichtsinnsschuhen auf und stahlen sich tief im Spiegel und in dessen Widerspiegelungen an der Wand gegenüber davon, als würde niemand etwas merken und noch weniger verstehen! Janne, der vermaledeite Janne, derselbe verflixte Sohn der Netzfang-Fiina, mein einmaliges Ausrutschervergnügen von einst und meine jetzige Pein und mein lebenslanger Verdruss, saß dort und zwirbelte seine Schnurrbartschrauben, als wäre er eigens genau an jene Stelle der seeseitigen Wand auf einen Stuhl gesetzt worden, die unverhüllt wie die Schrift in einem aufgeschlagenen Buch sperrangelweit offen im Spiegel sichtbar werden musste und die von Siviä mit dem vollen Augenpaar des Mädchenwunders zu betrachten war: Ich hätte es dem Jungen ja noch verziehen, dass er auf seinem Stuhl saß, denn wo sonst hätte er sitzen sollen als auf seinem Platz, da er sich nun einmal auf Befehl in Alastalos Saal befand, aber wozu musste er genau gegenüber dem Spiegel sitzen, wo auf dem Platz ebenso gut Evald hätte sitzen können, und wozu musste er anschließend, nachdem Siviä ihre Augen und ihr Blinken von ihren Irrungen und Irrwegen wieder heimgeholt hatte und nach dem Richten der Haare zu gesittetem Tun am Tisch und keuschen Verrichtungen beim Ordnen der Gläser zurückgekehrt war, wozu musste er, Janne, in dem Moment und gerade, als ich ihn mit meinen Augen überwachte und das Spiel mit dem Spiegel begriff, so wie beim vorigen Mal in der Kirchenbank, warum musste er wieder vor meinen Augen und sodass ich es deutlich sehen konnte und in aller Öffentlichkeit mit so verdammt glücklicher Miene über seinen Schnurrbartflaum streichen, als hätte er aus seinen Lippenhärchen etwas so Beerenfrisches und Traubensaftiges herausgeholt, dass das Gemüt des Menschen es nicht für wahr halten will, solchen Nektar geschmeckt zu haben, und als wäre zum ersten Mal auf der Welt so ein Wunder des Lebens geschehen, und dies ausgerechnet bei ihm, dass das Augenpaar des Diebesmädchens dort flatterhaft um die Wette wandelt, wo der Schatten aufkeimender Saat über den Lippen des jungen Mannes flaumt! Ich verstand schon früher, und ich verstehe immer noch, auch jetzt gerade, wie gesagt, dass Alastalo mit Milde und Siviä mit Sehnsuchtsschaudern auf Janne schaut, auf denselben Janne der Netzfang-Fiina, an den ich gar nicht denken mag, dem es aber trotzdem gelungen ist, sich und sein hurtiges Handeln dem Vater so notwendig zu machen und dabei mit den Glattseiten seines verhexten, hurtigen Schnurrbartgesichts das Herzknäuel der Tochter so dicht und so eng einzuwickeln, dass jener glaubt, nicht mehr auf dem Meer und auf seinen Barkpötten, und diese, nicht mehr im Blut ihres Busens und im Schiff ihres Lebens zurechtkommen zu können, wenn nicht ebendieser Janne und Ableger meines Ausrutschers – dieser von mir und vom Pech gesäte Ausrutscherspross, verflixt, um es mit einem gelinden Fluch zu sagen –, der Ableger eines Ausrutschers, sage ich, und ich sage es aus gutem Grund, Ableger eines Ausrutschers und Fehlwurzler!, wenn nicht ebendieser Janne der Netzfang-Fiina, dieses Gift meines Lebens, beim Vater ist, um bei den Logarithmenrechnungen die Längengrade zu kalkulieren, und mit demselben über den Atlantik und nach Spanien fährt, und bei der Tochter bleibt, um die Längengrade an den Taillen ihres Serge-Rocks aufzufalten, und in den Biskayas und auf den Neunmonatsreisen des Lebens bei der Kapitänsgattin ist!

Pukkilas Kopf erhitzte sich, je länger er hinsah und je heftiger er an Alastalos Tuscheln in Jannes, Janne Pihlmans Ohr am seeseitigen Fenster dachte. Der Kopf bläst nun einmal Gedanken aus wie die Kornschwinge Grannen!, versuchte er noch sein Blut zu beruhigen und sein Gemüt zu bändigen, aber das Auge, das stechende Paar konnte sich von den zwei Flüsternden nicht lösen: Was heckten die aus? Drängt der Papa da schon einem die Tochter auf, oder einen Schiffsanteil als Heuer für den Schwiegersohn? Zuerst rennt er mitsamt seinen überzähligen Liespfunden zum Tuscheln zu Langholma, als würde er in seinem eigenen Saal fürs Laufen bezahlt, und danach mit denselben Flegel- und Federsprüngen – federleichten Hüpfern von zwölf Liespfund, federleichten Hüpfern von zwölf fetten Liespfund! – zur Geheimnistuerei am Ohr des Jungen, am Ohr eines Jungspunds, am Ohr eines gewissen Janne. Worüber wird da gemauschelt? Über Schiffsanteile bestimmt! Und dabei wird der

Bub bedrängt, dem hirnlosen Bengel mehr aufgeschwätzt, als der mickrige Habenichts von seinem Steuermannslohn abzweigen kann! Schreib um die Hälfte mehr hin als die anderen Kleineren der Gemeinde, $1/32$, wo die Pöylis und Jäderholms lediglich auf $1/64$ gekommen sind!, flüstert die böse Zunge und das Schlangenkinn dem anderen ins Ohr, in die eine Ohrmuschel, hinter der er noch nicht trocken ist, das sehe ich an Alastalos Augen, die so ehrlich und so überzeugend sind wie dann, wenn er in den Häfen Maklerfüchsen und abgefeimten Salmanassaren und Frachttaler-Räubern den dicksten Bären aufbindet! Zum Kuckuck, um nicht schlimmer zu schimpfen, man kriegt direkt Mitleid mit dem jungen Mann und unbeleckten Welpen, der sich da mit seiner Kälbervernunft und dem Milchrogen seines Verstandes in den Fingern eines Bäckers und Teigkneters befindet, unter dessen Bearbeitung manchmal sogar ein Stein in seinen Brockenfugen das Bedürfnis zu beten verspürt und beim Prozessstreit die Gesetzesadvokaten im Pech ihres Gewissens schwitzen und schwach werden, wenn sie vorm Kadi im Dienst der Gegenseite stehen! Der schwätzt dem Jungen, diesem ungewalkten Fausthandschuh, gewiss mehr und größere Anteile auf, als es sich gehört und der Anstand gebietet und dem Janne von Netzfang-Fiina angemessen ist! Bin ich denn Moses und ein Hexer, habe ich den Stab Mose, um damit gegen den Fels zu schlagen, damit er Wasser und Pfennige spuckt, wo es daran fehlt, wenn man es braucht? Aus welcher Hölle und Teufelszange soll ich die Scheine und Geldwerte herausholen, die nötig sind, wenn der Bengel von Janne jetzt so unverschämt ist, von anderen gedrängt, im Barkvertrag einen volleren kleinen Kapitänsanteil und Offizierslohn und $1/32$ zeichnet und ich mit zugeschnürter Kehle und Geldbörse am Galgen für Evald und in dessen Namen mindestens dasselbe zeichnen muss, wenn mich nicht gar der Teufel sticht und ich die Nummer überbiete!

Pukkila war im Herzen ernsthaft ernst zumute, und das Drücken seines gestärkten Kragens fühlte sich um den Hals herum nach Hanfschnur an, als Janne nun tatsächlich an Alastalos Seite vom seeseitigen Fenster aus auf den Schreibtisch zuging. Janne war ein junger Mann im tüchtigsten Seemannsalter und auf dem Wasser an rasche Wendungen gewöhnt, wenn man vom Belegen der Nägel im selben Augenblick auf der Leiter im Rigg sein und wie ein Wiesel auf dem Fußpeerd schaukeln muss; Pukkila kam also nicht dazu, mit seinen Mägen mehrmals leere Gurgelluft zu schlucken, bevor er sich Blankauge in Blankauge mit den Tatsachen befand, so wie sie vonstattengehen würden, und Janne, ernst wie die Spitze und das Stahlblau eines Messers an der Kehle eines zu schlachtenden Schweins, am Tisch saß! Einen klaren, festen Blick hat der Mistkerl!, musste Pukkila auch noch zugeben, als er sich aus der Nähe ansah, wie Janne Pihlman die Augen auf das Papier vor sich richtete und dabei auch schon die Feder aus dem Gestell nahm. Mit solchen Sehwerkzeugen in einem solchen Gesicht und mit solchen wachsamen Fenstern in der Fassade des Vernunftgebäudes guckt man sich vor Beginn der Handlung und der Ingangsetzung des Ärmels die genaue Stelle für den Lauf des Stiftes auf dem Papier und den exakten Punkt am Horizont für die Spitze der Kompassnadel aus, bevor man beide los- und auf ihre glatte Unterlage lässt, die Feder auf die mit Verantwortung verbundene trügerische Weiße und den schneidenden Kiel auf die mit noch mehr Verantwortung verbundene hinterhältigere und tückischere des Wassers, aber in Bewegung und in der Melodie des Laufs dürfen sie frei und munter durch ihre Furche flitzen, beide frei laufend innerhalb der Zucht und an der Augen Schnur, die eine auf der glatten genauen Zeilenlinie, die andere schräg im strikten Kurs des Bugholzes! Solche Gedanken kamen Pukkila gegen seinen Willen und seine Absicht und aus reiner erbsündiger Schwäche und Verirrungen des Blutes in den Sinn, weil es im Grunde zum ersten Mal passierte, dass er gezwungen war, Netzfang-Fiinas Sohn aus nächster Nähe und von Gesichtszügen zu Gesichtszügen zu betrachten; und bevor seine Vernunft die Zügel in die Hand bekam, wehte ein sonderbares Wohlwollen und ein Schwall von Zuneigung über die Stellen seines Körpers, wo es pocht, wenn man gelegentlich Barmherzigkeit mit etwas und für einen anderen Menschen empfindet: Der Jüngling war ein für alle Mal eine frische Frucht von Bursche und ein gut geglückter Apfel!

Pukkila rettete sich jedoch so schnell aus den Verlockungen seines Gemüts und der Verleitbarkeit seiner Gedanken, dass er sie beinahe selbst nicht bemerkte, denn nach Janne, wenngleich etwas verspätet, war nun auch Alastalo an den Tisch getreten und ächzte dort, als würde er als Wache und Griffelhirte gebraucht! Jetzt wird an den Fallstricken geschnauft und zugeschaut, wie die Fäden im Intrigenspiel und in der Falle laufen!, war auch schon ein neuer Gedanke in Pukkilas Augen als Greif auf den Fängen, und von den Gemütserweichungen und vorübergehenden Wattewölkchen von eben nur noch so viel übrig wie ein zerfetzter Wolkenlappen weit weg im Tal des Abendhimmels, den der Nordwestwind in wilder Fahrt von den ansonsten putzblank gefegten und nun stahlfarben gefärbten Lüften weit hinter die Waldwipfel wischt. – Niemand braucht zu wissen, was ich eben über den Jungen gedacht habe, und dass in meinem Herzensnest die Schwanzflosse des Stolzes ausgeschlagen hat wie ein klapsender Kaventsmann von Brachsen in der Reuse!, verscheuchte Pukkila die ganze Stimmung von zuvor und war wieder nüchtern wie ein Kaulbarsch im Meer mit aufgestellten Stacheln, wenn der Hecht ihn riecht. Jetzt war keine Zeit für alte Geschichten und fürs Verkosten von platten Eierkuchen: Jetzt mussten am Kopfende des Tisches die Augen auf dem Stiel gehalten und die Ohrmuscheln wie zwei Trichter aufgesperrt werden!

»Ein Zweiunddreißigstel soll ich dann jetzt also hinschreiben, Onkel?« Janne Pihlman hatte den Federhalter erhoben, als er diese demutsgebeugte Frage an den neben ihm stehenden Alastalo richtete, eine Frage, in deren Willfährigkeit und gleichzeitiger Bereitschaft insbesondere das letzte Wort an der Stelle kratzte und schnitt, wo Pukkila sein Herz vermutete. So weit angehörig ist man also schon und aus einem Nest, dass man Onkel sagt, obschon es sich bei dem Fragesteller und Heber des Bettelauges um Janne und Netzfang-Fiinas Magdsohn und beim Antwortgeber um den ratschlaggnädig schnaufenden Kapitän Alastalo und wohlhabenden Mattsson handelt! Ist der Ringkauf im Hause schon vonstattengegangen, und betastet der Schwiegerspross bereits die Schnüre von Schwiegerpapas Geldbeutel, ob sie auch lose sind?, marterte Pukkila sein ohnehin schon mehr als genug gepeinigtes Leidensknäuel und Herzensbündel. Für seinen Sohn Evald musste er sengen wie ein Hering, der auf der Glut gebraten wird!

Alastalos Antwort auf Jannes verpflichtende, wenn auch vertrauliche Frage ließ nicht länger als die eine Sekunde auf sich warten, die er brauchte, um seine Worte aufs Kürzeste im Wichtigsten zu verdichten, wie es sich bei Geschäften gehörte und in Geldfragen nötig war. »Wie ich dir schon sagte, habe ich mich gerade noch einmal mit Langholma besprochen, und seine Meinung ist die gleiche wie meine, die du kennst. Zeichne getrost ein Sechzehntel, so wie es ausgemacht ist, der Rest wird dann schon werden. Wenn du selbst am Anfang nicht alles zusammenbringst, wird einem anderen etwas einfallen: Langholma steht hinter dir, so wie ich auch!« Dies war ein mit Ruhe vorgetragenes Wort und hätte ausgereicht, jeden zu ermutigen, aber Alastalo verstärkte und vermehrte die Ermunterung noch, wenngleich mit weiter gesenkter Stimme – jedoch nicht so gesenkt, dass Pukkila es nicht gehört und in seiner ganzen eisigen Bitterkeit mit seinem Ohr aufgeschnappt hätte! »Zeichne getrost ein Sechzehntel, es ist auch im Hinblick auf die Zukunft besser, wenn du einen genügend großen Anteil an der Bark besitzt: Langholma denkt ebenso!«

Pukkila war am Kopfende des Tisches ein blasser Mann mit bleicher Nase, aber Janne Pihlmans Augen blitzten auf, als ein kurzes Räuspern in Alastalos ebenso kurzem Hals mitteilte, dass alles gesagt war. Die Feder fackelte nun nicht mehr lange in Jannes Hand, und er wäre ein Nichtsnutz von Mann gewesen statt der aufgeweckte Sprössling, der er einst war, als er an Alastalos Ufer zur Zeit der Engländer den Zucker der Gemeinde rettete und Zoll-Blomberg die Augen verschloss und dem Verstand eine Brise ins Rahsegel log, ein Nichtsnutz wäre er gewesen statt er selbst und in aller Frische derjenige, den man für den besten künftigen Barkkapitän hielt, wenn nicht im Geist jener Worte und als Lohn einer solchen Ermutigung in Windeseile ein »Janne Pihlman« auf dem Papier entstanden wäre, und in einem Zug, ebenso kühn und der Schräglandung eines Möwenvogels auf dem Schaukelwasser ähnlich, ein entschlossener Zusatz mit der Feder, an deren klarem Verlauf Pukkila, ob er seinen Augen trauen wollte oder nicht, ablesen musste, dass der Sohn von Netzfang-Fiina nun ein Sechzehntel des Barkschiffes als Eigentum für sich gezeichnet hatte.

ZWEIUNDZWANZIGSTES KAPITEL

Kapitel, in dem Pukkila weiterhin Seelenqualen leidet und fühlt, wie sein Geistesdaumen in der Schraubzwinge zerquetscht wird, aber in dem schließlich dann doch Evalds Anteil im Barkvertrag gezeichnet wird und auch Evald Barkeigner wird, so wie Janne, wenngleich am Ende dann doch ein kleinerer.

Es ist unnötig, zu sagen, dass es ein mühsames Geschäft ist, einen Schürhaken zu schlucken, und die wenigsten Männer es ehrlich und anderswo als im Jahrmarktzelt ausüben, aber jetzt befand man sich im Saal von Alastalo in der sonderbaren Situation, dass derjenige, der in dem Moment, als Janne Pihlman nach Namenszug und Anteilszeichnung mit Schwung seinen letzten Strich und seine letzte Schleife im Barkvertrag anbrachte, dass derjenige also, der in diesem Moment und nachdem Janne mit seinem jugendlichen Wuchs im Anschluss an die ausgeführte Arbeit von Stuhl und Tisch aufgestanden war, sperrangelweit offene Augen hatte und es verstand, sich wachsam umzuschauen, so wie es Mattsson Alastalo gewöhnlich und gerade und insbesondere an diesem Tag bei Geschäften und in seinem eigenen Saal tat, dass der jetzt, egal, ob vorsätzlich und schadenfroh anvisiert oder ganz unschuldig einfach so zufällig bemerkt, dass der jetzt, da Jannes $1/16$ als nackte Nummer auf dem Papier der Barkurkunde stand, vorläufig und bis dahin nur von ihm selbst und, abgesehen von Janne, einzig und allein von Pukkila gelesen, dass er, Alastalo, jetzt auf Pukkilas, desselben Pukkilas Gesicht und am ganzen Mann mit lebendigen Augen und voller Sicht beobachten konnte, was es einem Menschen an Kraft und Arbeit abverlangt, wenn er tatsächlich einen Schürhaken in den Hals bekommen hat, der komplett geschluckt werden und verschwinden muss, bevor es jemand merkt und erkennt!

Mitleid könnte man mit der Not des Mannes haben, säße ihm der Happen nicht verdientermaßen zwischen den Kiemen!, dachte Alastalo geneigten Herzens in der Ecke seines Gehirns, in dem noch etwas vom Gift des Ärgers über das Zanken und Zetern an diesem Tag übrig war: über den unterbrochenen Fast-Zusammenstoß, bevor Siviä den Saal betreten hatte und die Grogwasserkanne vor Härkäniemi auf den Bodenbalken aufgetaucht war; in der nachtragenden Gehirnecke, in der noch Galle vorhanden war und Stachelspitzen für den Nachbarreeder, der ständig mit seiner Schwarzen angab und bei den Bauplänen Haarspalterei betrieb, fügte er an Bitterem aus demselben Horn hinzu und dachte, soll er nur husten, jetzt, da er was zum Husten hat und es ans Bezahlen geht!, sagte es sich in einem engeren Eckwinkel seines Kopfes, aber in den klügeren Kammern unter der Schädelhülle richtete Alastalo trotzdem bereits den Blick auf wichtigere Dinge und überlegte sich, während er dem anderen gleichzeitig alles an süßen Pillen und bitterem Eisen wünschte, was dieser wegen Jannes Barkanteil von der Hälfte eines Achtels in den falschen Hals seines Geistes und Verstandes bekommen hatte – geflissentlich und mit glossierender Absicht und eigens, damit Pukkila es hörte und sich grämte und im Ohr gepeinigt wurde, hatte er ja ein weiteres unnötiges Mal auch Jannes Ohr dieselbe Bestärkungspredigt und Ratschlagsarznei verabreicht, die derselbe schon von früher und zuletzt von den Ermunterungen am Fenster her gut kannte! –, überlegte er sich, mit welchem Zuchtmittel Pukkila nach einer solchen bitteren Bescherung und Lehre wieder zum beruhigten Mann und gebügelten Bullen unter der übrigen glattfelligen gehörnten Stierschar im Saal gestimmt werden konnte. Verständlich, dass der Hering zischt, wenn er auf glühenden Kohlen gebraten wird, und dass ein Mensch und Pukkila sich platt an der Schnauze fühlt, wenn er mit der Nase und dem Vorderknochen unerwartet gegen eine Wand stößt und hart dort aufprallt, wo er freie Fahrt und ungehinderte Passage vor dem Bugspriet zu haben geglaubt und gehofft hat! Man weiß ja, als würde man es in einem gedruckten Buch oder einer aufgeschlagenen Zeitung lesen, was für Jachten Pukkila für seinen Evald im Sinn hat, und ich verstehe, dass es in ihm brodelt und dass in seinem Blut wie auch in seinen Gedanken die Teufel springen, wenn er liest und die Augen nicht davon abwenden kann, was Janne da eben aufs Papier geschrieben hat, aber ist das Sinnen und Trachten eines Menschen denn wesentlich schlimmer und mehr als Gotteswort und ernste Wahrheit zu nehmen als das Bocken und die Widerspenstigkeiten eines Fohlens, bevor es eingespannt und im Geschirr und an die Zügel genommen worden ist? Einem Fohlen ist man nicht böse, sondern man hält es an der Kandare, bis die Hufe sich im treuen Trab befinden, und auch einem Menschen trägt man seine Wut nicht unnötig nach, besser, man lässt ihn in Ruhe herausschütteln, was er zu viel an Brunst in der Mähne hat, bis der Arbeitsgaul wieder bei Vernunft und nüchtern zum Ziehen ist! Wenn ich mein Fohlen erziehe, gerate ich an den Zügeln nicht in Hitze, auch wenn ich manchmal zur Ermunterung und Mahnung neben dem Fohlenohr die Peitschenschnur durch die Luft sausen lasse, und noch weniger mache ich bei delikaten und gefährlichen Angelegenheiten zwischen Männern jemanden und erst recht keinen Pukkila wild und scheu, dass er sich auf die Hinterbeine stellt! – »Hast du gar nicht vor, für Evald einen Barkanteil zu zeichnen?«, wandte sich da auch schon ein geradezu ausgeglichener, wenn nicht gar verwunderter Mann an Pukkila, und fast konnte Pukkila vom Tischende aus etwas mit beleidigtem Tadel Vermischtes in dem betont stabilen Augenpaar lesen, das ihn jetzt aus Alastalos, in zuverlässigste Fasson gebrachtem Gesicht heraus ansah. Die überzeugende Ermunterung war in den Blick dieses Augenpaars so dick wie Sahne im Dickmilchbottich und so butterfett wie auf der Kuchenscheibe des Weizengebäcks im Haus der Tante gestrichen worden, dass sogar Pukkila mitten im Hadern und im Kreuzwind seines Gemüts innerhalb eines Wimpernschlags mit jedem Gedankenstachel kaltspitzig und vorsichtig umgehen musste.

Es hatte sich bei Pukkila in der Tat eine brennende, stachelscharfe Stelle in den Herzinnereien bemerkbar gemacht, als sein Kopf die unwiderrufliche Tatsache erkannt hatte, dass der Bengel nun – ich werde den Jungen, den verdammten Mistkerl nicht mehr beim Namen nennen!, hatte er in seiner Erregung gedacht –, dass der Bengel von Janne, der ungezogene, mitten am helllichten Tag und vor seinen klaren Augen einfach so exakt den gleichen Anteil wie er selbst in den Barkvertrag geschrieben hatte, dass derjenige, der als Mann noch ein junges Fohlen neben einem vollen Wallach und ein Krähenjunges an der Seite der Krähenmutter auf dem Zaun war, aus blanker, nackter Gehässigkeit und von Alastalo gedrängt, genau und gemein dasselbe wie er, der Ältere, der als Vater passend wäre und überdies Schiffskapitän und Pukkila war, hingeschrieben hatte! Es hatte ihm auf den ersten Stich so ins Gemütsherz geschnitten und geritzt, als wäre ihm siedend heißes Wasser in die Adern gegossen worden, um kochend darin zu fließen und zu brodeln, oder als wäre in seinem Inneren ein feuriges Eisen gebogen worden.

Netzfang-Fiinas Janne und Petter Pihlman auf dem Zettel der Barkurkunde einander gleichgestellt, und Alastalos ehemaliger Knecht mit der gleichen Anteilszeichnung wie Hofherr Pukkila: Allein darüber lachen alle Meisen in der Gemeinde und kichern auch die Spatzen auf jedem einzelnen grauen Pfosten im ganzen Bezirk des Gouverneurs, sodass man sich fragt, wo man sich danach noch mit seiner Schwarzen über die Landstraße zu fahren traut! Vor lauter Schwärze vor den Augen und zuckenden Verstandesgliedern im Kopf war sogar in Vergessenheit geraten, an Evald zu denken, den Sohn, aber es hatte ihm die Kehle zugeschnürt, als hätte ihn die Hand eines Mörders am Kragen gepackt: Von welchem Stein soll ich jetzt das Geld abkratzen, mit dem ich auch meinen Sohn einen Anteil zeichnen lassen und Evald am Tisch befehlen kann, dasselbe wie Janne hinzuschreiben, mindestens und wenigstens so viel wie Janne, der ehemalige Bohnendieb auf meinem Feld, den ich vom Acker in den Wald jagte, worauf er mich hinter dem Zaun angrinste wie ein junger Luchs auf dem Ast, an den man auch mit dem Stock nicht herankommt?

Pukkilas Augenbrauen waren weit auf die Stirn hinauf geflohen, und seine Nüstern weiteten sich unruhig, um die Luft zu schnuppern, während die Augen in alle Richtungen spähten und guckten und es in seinem Kopf von hin und her schießenden Gedanken wimmelte, wie eine davongaloppierende Schafherde, die aufgeregt und an der Enge des geöffneten Gattertors hin und her springt und aneinander vorbeidrängt! Für Evald muss ein Achtel gezeichnet werden, ein Achtelanteil, verdammt, und wenn es dem Teufel aus dem Auge gekratzt werden muss!, nahm es in Gedanken wie ein langer Blitz Gestalt an, und der Verstand spielte in seinem Lauf verrückt wie ein hechelnder Hund auf den Fersen des Fuchses, mit langer Zunge und mit dem Bauch den Boden streifend. Pukkila konnte sich kaum noch zurückhalten und sitzen bleiben und verhindern, Hals über Kopf vom Stuhl aufzuspringen und sich auf der Stelle und mit wehendem Haar den von Janne Pihlman – diesem Kuckuckskind und Mägdespross: Hätte er wenigstens unbemerkt und bevor der Mistkerl mit seinen Schenkeln am Tisch gewesen war, dem Teufel unterm Tisch gegen die Beinschäfte getreten, dann würden in den Röhren jetzt Pukkilas saftige Stiefelabsatzgrüße jucken! –, den von Janne Pihlman losgelassenen Federhalter zu schnappen, noch bevor er es an den Tisch geschafft hatte. Das verhexte Geld, unter welchem Teufelsfinger und aus welchem Rachen welchen höllischen Klappsekretärs sollte er die rollenden Ausreißer und die Brusttaschenpolsterung jetzt hernehmen, wo er sie dringend bräuchte, und zwar so schnell wie das Jaulen aus dem Hals des Hündchens, das dem Fuchs auf den Fersen und am Schweif ist! Die Augen stierten im Saal umher, und im Kopf dröhnte es wie durch Schläge mit einem Dutzend wütender Hämmer. Langholma? Der Mund verschlossen wie eine Speichertür im Hungerjahr, der Blick der Augen wie die Drohung eines zugeschlagenen Gesetzbuches im Ledereinband auf dem Tisch der Gerichtsstube! Krookla! Krookla? Das Gesicht ranzig wie Dickmilch, die einen Monat lang im Lägel gelegen hat, die Kieker wie die Spitze eines Dolches, die in einer Wunde stochert! Ehrlichkeit – wenn man von dieser Garnitur die Monturfetzen anzieht, die man von dieser Sorte Sonntagsstaat und Herrenhaftem unter seinem aufgesparten Erbe am Haken hängen hat, kommt man sich auf Langholma auf einmal sonderbar unzugeknöpft vor, in der Nackengegend von Motten zerfressen und hochwasserhosig an den Knöcheln, und bevor man es sich versieht, blinkert man auch in ehrlichen Wechsel-Angelegenheiten und bei arglosen Schuldschein-Unterschreibungen vor Langholma mit den Augen, als wäre man noch ein Jungchen und im Konfirmationsalter und im besten Konfirmationsstaat beim Eierstehlen erwischt worden! Und Verschlagenheit – wenn man sich in Schale wirft und in Geschäften zu Krooklas Bruchbude geht und die noch bruchbudigere Stube betritt, dann kommt einem auch diese protzige Garderobe wie ein Fetzen vor, den man ausziehen, und wie ein eitles Federkleid, das man abschütteln will, nachdem man sich eine Zeit lang das Knarren in Krooklas widerwilligen Mundwinkeln angehört hat und das noch widerwilligere in den Scharnieren der Sekretärsklappe und zu verstehen gelernt hat, dass Geld in seiner Pfennighärte nacktes Blech ist, das in Quanten von Groschen gezählt wird, und der Zins reine mit den Fingern fühlbare Wahrheit, wie das Hanfseil um den Hals des Gehenkten, mit einem Knoten, der nicht aufgeht, sondern sich zuzieht bis zum Erdrosseln!

Wütend kreisten die Gedanken in Pukkilas Kopf wie ein Eichhörnchen auf seinen vier Pfoten in der Spindel seines Laufkäfigs, dessen Sprossen umso eiliger unter den Hintertatzen davonflitzen, je wilder das Vorderpfotenpaar mit seinen Krallen nach ihnen schnappt! Wenn einem die Leute aus der eigenen Gemeinde nicht glauben, dann verstehen einen diejenigen aus den fremden! Die Hofherren der Großgemeinde? Omensaari in Talinkorpi? Mit Ländereien, dass sich Langholmas Felder daneben wie die eines Kleinpächters ausnehmen und sich für ihre eigenen Furchen schämen! Hyrklä in Ketarsalmi? Da hängen im Viehstall so viele Schwänze, wie in der Weihnachtskirche Kerzen stehen! Dort erkennt man, wer kommt, wenn die Schwarze durchs Tor fährt, und man weiß, wer aus dem Schlitten steigt, wenn Kapitän Pukkila im Marderhundfell die Schlittendecke zurückschlägt. Schon kommen zwei Knechte aus dem Stall gerannt, sich um das Pferd zu kümmern, die Schwarze darf ins Trockene und ans Heu, und der Hausherr persönlich steht mit ausgestreckter Hand vor der Veranda, vor der Staatsveranda, nicht vor der Stubenveranda, die Tür hinter ihm sperrangelweit offen, während man selbst noch den Hügel zum Haus hinaufsteigt, und in den Fenstern an jeder Scheibe eine platte Nase und ein Augenpaar, das beobachtet, wie ein Kapitän geht und wie die Schöße seines Pelzes schwingen. Prächtig ist es, auf dem geräumten Weg zu gehen, der aus Gastfreundschaft sogar noch mit der Schaufel verbreitert und mit dem Besen gefegt worden ist, und dabei dichtes Marderhundhaar als sicheres Sibirienfell anzuhaben, darunter englischglattes schwarzes Tuch geschmeidig am Leib, und an den Füßen Überstiefel aus Russenleder, in Stockholm gemacht und kältedicht geknöpft und an den Schenkeln geschnürt. »Schönen Gruß aus London und Amsterdam!«, würde man schon von Weitem dem Binnenländer zurufen, und nach dem Schütteln der Fäustlingshand würde man in seinem Pelz plaudern wie der beste Alastalo und wie ein noch dickerer Mann, während man die steilen bemalten Verandatreppen hinaufsteigt und dabei die Hand des Hausherrn tätschelnd und ermunternd auf dem Rücken spürt. Auch die Hausherrin kommt zum Empfang in den Flur gerauscht: »Ach, der Pukkila selbst und der Pihlman persönlich, was gibt es Neues in Lübeck, und geht es der Maijastiina gut, jetzt holen wir dich aber erst mal aus dem Pelz und schälen dich aus dem Tulup, damit man mal wieder einen aus der Heimatgemeinde zu Gesicht bekommt« – die Hausfrau von Hyrklä ist eine Tochter von Vuorenpää aus unserer Gemeinde –, »und ich laufe und koche Kaffee, damit du was Warmes in den Mund bekommst, aber die Maijastiina hat dich ja eingepackt wie in Windeln!«, würde sie schwatzen, bevor sie die Knoten geöffnet und die Gürtelschärpe um die Taille und den Nacken abgewickelt hätte: »Was muss die Maijastiina dich mal gemocht haben, dass sie die Geduld hatte, dir mit Wollfaden und Brautgedanken aus reiner Liebesflinkheit in den Fingerspitzen solch ein dreiklafterlanges Ding zu stricken, mit Blumenmuster und eine Viertelelle breit!«, würde sie sich plaudernd wundern, während sie mit Hausherrinnenhänden flugs den ganzen Schal zum schönen Knäuel aufrollen würde, das bereitliegt, wenn der Gast wieder aufbricht: »Jetzt eile ich, den Kaffee aufzustellen, wo wir so einen raren Besucher haben!«, würde sie noch an der Tür von sich geben, bevor sie verschwindet und ich vor dem Hausherrn den Saal betrete. Mitten in den Saal wird man geführt, in den Schaukelstuhl gesetzt, in denselben, »in dem einst auch der alte Baron von Ristikylä saß, der verstorbene Amtsgerichtsdirektor, falls du dich erinnerst«, in den Schaukelstuhl wird man gesetzt, und der Hausherr wippt und macht Umstände, Papa Hyrklä, der große Reiche, »wie geht's und steht's bei unserem Gast und großen Herren aus der Meergemeinde?«, würde es heißen, »einen Stumpen in den Mund, würde ich sagen, und fest gerollten Tabak in die Kinnlade, so wie einst auch der Baron, als er auf den Kaffee wartete und harrte!«, würde er schwätzen und dabei an der Klappe des Sekretärs hantieren, er würde Schubladen aufziehen und darin kramen, »einen Stinkprügel in den Mund«, würde er plappern, »auch wenn du mich berichtigst und es Havanna nennst, du, der du die Welt kennst und weißt, wie man sich ausdrückt, auch der Baron hat mich berichtigt und Havanna gesagt, bevor er die prima Braune in die Hand nahm, eine von diesen braunen Balken aus derselben Kiste, die du jetzt vor dir hast, der verstorbene Baron und Amtsgerichtsdirektor: Als er bei uns vorbeifuhr, ging zufällig die Achsenmutter am Wagenrad kaputt, und so saß der Kerl in unserem Saal und schaukelte im selben Schaukelstuhl wie du jetzt, während der Wagen in der Werkstatt repariert wurde, und wir warteten und harrten auf Miinas Kaffee, so wie wir jetzt warten und harren, ›beinahe eine echte Havanna!‹, so rühmte der Baron und blies den Rauch wie Heustroh aus den Mundwinkeln und war groß und gnädig, und der Prügel von Zigarre blakte wie eine Turmstange zwischen seinen Fingern: ›So herb in der Nase und so männlich bitter vom Geschmack im Mund, dass man beinahe seine eigene Pfeife aus dem heimischen Regal nicht mehr vermisst!‹, lobte er, als er den weihrauchenden Kopf der Zigarre gemächlich und genüsslich an und unter seine Nasenlöcher und Atemschnappvorrichtungen führte, und war ein Mensch wie du und ich und alle anderen Raucher, obschon er Baron war und Amtsgerichtsdirektor unter hohen Herren von Beruf. Die bewahre ich im Sekretär auf, hinter der verschlossenen Klappe, damit etwas im Haus ist, was man auch denen in Gesicht und Kinnlade stecken kann, die sich unter Großen bewegen und das Beste gewohnt sind und in deren Mund und Fingerlücke nur etwas Tabakfarbenes und Bitterschmeckendes passt, was man zuvor aus Seidenpapier und dem Goldputz von Seidenzwirn herausgepickt hat, und auf deren Kistendeckel einen die Bilder von ausländischen Mamsellen in Goldbemalung und im Flittertand und Tableaus von hübschen Mädchen ansehn! Aus welcher Ecke der Welt bist du zuletzt zurückgekehrt, und was für Geldlasten hast du in die Pfarre gesegelt und ins heimische Lager? Deinen Erzählungen zufolge scheint dieses Lübeck eine Stadt zu sein, nötigt man dir dort noch immer mehr Geld auf, als du dich nach Hause zu schleppen traust, so wie ich vor Jahren deinen Reden entnahm, als du vom Wintermarkt zurückkamst und wir im Hinterstübchen der Poststation Humikkala beim Plaudern über den Markt zusammensaßen, wo es auch die anderen Hofherren unserer Gemeinde hören konnten? Wird bei euch jenseits des Tuurvesi nicht bald das unterste Geld in der Kiste schimmelig, wenn sich darüber immer mehr und mehr ansammelt? Wir stochern hier im Sommer im Lehm, so wie ihr in See stecht, und bekommen an Korn, was wir kriegen, so wie ihr Geld, so viel wie ihr prahlt, aber das Getreide wird als Knust gegessen und verbraucht und wird nicht schlecht, wohingegen ich mich fragen muss, wo ihr am Ende hingeratet mit eurem Geld, das man nicht schlucken kann und das man ja auch nicht auf dem Feld ausbringen will wie gewisse andere starke Währungen! Wer von euch dort drüben ist der Wohlhabendste, du, der Lange, oder der dicke Alastalo, oder der breitrückige Härkäniemi, oder der Gefühlsabwäger und Innereienforscher Langholma mit seiner Kinnwaage und seinen Vormundsaugen? Du klärst von allen Insulanern am klarsten die Kehle und bist am Tisch der oberste Kantor, wenn in Humikkala bei einem Glas über Masttoppen und Tonnenfässer und Lockerrhythmen und Knotenknubbel geredet wird, und auch das Ohr eines Binnenländers muss mit einem Gewimmel und einer Menge an Hulls und Häfen und Verteilungsauszahlungen und Geldbörsenpacken als Jackenfutterverstärkung fertigwerden, dass sich bei dem Galopp das Wandpapier im Hinterstübchen der Poststation schneller vor den Augen dreht als der Verstand im eigenen Kopf, sodass sogar ein starker Mann wie ich nach den Armlehnen seines Stuhles greifen muss, und zwar mit Macht, damit wenigstens der Arsch sicher auf seinem Platz bleibt, auch wenn der Kopf und der übrige Leib in wer weiß was für einer Polka auf Filzstiefeln wirbeln: Als Mann und Kapitän bist du ein Teufel und ein Spielmann, und auch in den Augen eines Binnenländers ein wahrer Babel- und Mastturm, wenn du vom Markt zurückkehrst!« – Pukkilas Vorstellungen brachen hier ab, und er erinnerte sich nicht mehr, was danach im Saal von Hyrklä passiert war, als die Frau des Hauses den Kaffee und das Wasser gebracht hatte und der Rum gemischt war, denn er begriff inmitten seiner Gedanken, dass eine Fahrt nach Hyrklä in Kreditangelegenheiten doch vergeblich sein dürfte: erstens, weil er sich fragte, mit welchem Geschick und welch teuflischem Manöver er den prallen Wind und die sonstigen Segelkräfte aus den bis jetzt vielleicht ein wenig zu sehr geblähten Tüchern nehmen sollte und die Laken im Rigg so einschlagen und sauber falten, dass sie passten und günstig für denjenigen im Saal von Hyrklä waren, der dort als Bittsteller um einen Kredit und in der Eigenschaft als Schuldenbettler vorstellig wurde, und zweitens, weil er sich fragte, ob er sich am Ende völlig sicher sein konnte, was Hyrklä auf dem Grunde seines Wesens wirklich über ihn dachte, ob er ihn zum Narren hielt und leeres Lob aussprach oder ob er es dummernst meinte und deshalb simpel war.

Genau an dieser Ecke dieses Gedankens und im Moment dieses Geistesumbruchs und einer solchen Schlagwende prallte ihm Alastalos mit der Salbe des Wohlwollens geschmierte Frage und in schmeichelndem Register gesäuselte und gestimmte Bemerkung ans Ohr, dass nun auch für Evald Zeit und Raum wäre, seinen Anteil in den Barkvertrag zu schreiben, falls an etwas in dieser Art gedacht worden sei. »Hast du gar nicht daran gedacht, für Evald einen Anteil am Schiff zu zeichnen?!« Genau in dem Ton musste die Frage gestellt werden und genau mit dem Dorn ins Ohr stechen: Es peinigte und kratzte das Trommelfell und den Innenraum umso schlimmer, je milder der Eierkopf gehalten wurde und je sanfter das Nicken im Nacken ruckte, während die Stimme dem anderen mit dem Löffel der Freundschaft bittere Tropfen zu schlucken darbot! Wie willst du hingehen und dem Sohn Barkanteile zeichnen, wenn du im Visier so wenig Geld hast wie einen jungen Hasen vom nächsten Jahr vor der diesjährigen Flinte?, kam ihm als erster Gedanke, während die Kehle leer schluckte, aber der folgende murrte schon mit schiefem Blick auf Alastalo: Du hast gut glatt sein und in Versöhnungsweste aufzutreten, wo die Bark auf dem Papier fast fertig und für den Schwiegersohn – glaubst du etwa, man würde das Kirchenlied nicht auch an weniger Noten erkennen? –, für den Schwiegersohn der Kommandeursposten auf dem Barkschiff ausersehen worden ist! Das Tätscheln und Klatschen und letzte Glattstreichen eines Klumpens Brotgold ist leicht zu leisten, wenn unter den Händen der Hausfrau und durch prächtige Behandlung ein prächtig gerollter Kuchen bis auf die Zipfel fix und fertig auf den Brettern des Brottisches entsteht, aber welche Streichmaßnahmen und was für Teiggetätschel braucht man bei Mannstätigkeiten und Angelegenheiten unter Männern, wenn der eine Hahn sein Krähen auf dem umgekippten Leib des anderen singt und ich mit meinen Federn auf der Erde liege und unter den Zehen des anderen zucken muss, niedergetrampelt von einem Kammhahn mit Alastalos Gewicht! »An einen Barkanteil für Evald gedacht?« Ich? Auch diese Frage muss er noch stellen und mir mit der Spitze der Freundschaftsfeder giftige Salbe in die Wunden schmieren, damit ich über meine volle Länge am Brennen in jedem schmerzenden Knochen und jedem abgehäuteten Gedanken begreife, dass ich zu Boden geworfen worden bin und der Absatz der Gnade auf mir herumtrampelt und die Dolchspitze des Mitleidsworts mir in die empfindlichsten Häute und Weichen sticht! Jetzt nach Jannes Namen für Evald einen Barkanteil, wo Janne eine Zeile weiter oben einen glatten und vollen 1/16-Anteil in den Barkvertrag geschrieben hat, ein rundes Sechzehntel von der gesamten Bark? Aber du sollst trotzdem noch nicht zu hell singen: Auch einem Hahn kann mitten im Kreischen eine Bohne als Stopfen in den Hals rollen, die noch nicht geschluckt ist, und dann kriegt der Hennenhagestolz den Husten!, dachte Pukkila mit finsterem Blick auf Alastalo und versuchte sich wenigstens mit der Hoffnung auf Schadenfreude zu trösten, wenn auch mit schwacher.

Es zerriss ihm jedoch mehr das Herz, als er sich selbst einzugestehen wagte, und der Gedanke raste hin und her wie die Maus in der Sackgasse ihres Lochs auf der Suche nach einer

Ritze, durch die sie sich vor den Krallen der Katzenpfote retten könnte. Auch zu Krookla, zu Mikkel Krookla kehrte das Auge noch einmal zurück, das matte Auge, bevor er etwas sagte, auch nur einen Mucks sagte oder er auch nur mit halbem Auge in Richtung Evald blickte. Und wenn er nächste Woche doch einen Besuch bei Krookla machte, mit der Slup nach Krookla segelte und mit Mikkel redete? Ja, mit Mikkel, Mikkel hatte lediglich 1/32 gezeichnet, obwohl er ebenso gut das Gleiche wie Langholma und Alastalo hätte zeichnen können, sogar ein Achtel, und der Sekretär wäre trotzdem nicht leer gewesen! Der Sekretär? Pukkila spürte in der Kehle etwas wie Beklemmung: Er kannte Krooklas Sekretär! Dort lagen bereits zwei Schuldscheine von ihm, der eine kleiner, für die Glasveranda am eigenen Haus – auch dieses Vorzeigewerk hätte seinerzeit warten können, dann läge jetzt kein Schuldschein dort, aber wo nun mal auch Alastalo bunte Scheiben an der Veranda hatte! –, der andere ein bisschen größer, der stammte aus dem Winter, in dem die *Usko* gebaut wurde, damit man die Brigg etwas besser ausstatten konnte, als es einem selber mit seinen Mitteln möglich gewesen wäre, auch den hätte man in einem Jahr und bei Gelegenheit durch seine Einkünfte verkürzen können, wenn man es übers Herz gebracht hätte, dann wäre er jetzt kleiner, und man hätte es leichter, von Mikkel noch etwas zu kriegen, aber man wollte sein Geld eben nicht aus der Hand geben, da man es einmal zusammen- und an sich gebracht hatte und selbst brauchte und mit den anderen Zweibeinern mithalten und ebenso lange Schritte machen wollte wie ein anderer und wie Härkäniemi – zwei Schuldscheine lagen dort im selben Sekretär, und aufgrund der einem abgepressten Zinsen wusste man jeden Herbst, dass sie noch da waren und auch dort blieben, wenn der Zins eingestrichen und verschlossen und der Schlüssel zur Klappe des Sekretärs in Mikkels Hosentasche geglitten war. Er hatte allmählich schon denselben säuerlichen Mief in der Nase, den er von Krookla so gut kannte, von der Stubenkammer wie von außen. Und selbst der Wald, wenn man aus der Zivilisation und durch den Mustakorpi-Wald auf Krooklas Schwenden kam, hatte man da nicht auch etwas Saures in den Nasenlöchern, wenn man in der Niederung von Bülte zu Bülte schritt und hüpfte, wo die Stegbäume im Moor morsch geworden sind, weil die Eigentümer es nicht übers Herz gebracht haben, neue zu fällen! Ein unmöglicher Wald, der Wolf würde sich wahrscheinlich Rheuma in die Beine laufen, wenn er so unvernünftig wäre und versuchen würde, mit einem Schnaufer von einem Rand zum anderen zu rennen, so dicht, wie der Wald an den pelzigsten Stellen ist, dass sogar der Fuchs lange gucken muss, bis er weiß, wo er die Schnauze hineinstecken soll, wenn er voran- und dem Hasen an die Hachsen kommen will! Was für ein Wald, Drachentürme als Balkenbäume und keine menschengemäßen Kiefern mehr, dass man zehn Barken schlagen könnte, falls Alastalo in den Wald käme – Alastalo! Es muss den armen Kerl in seiner weiten Weste schier zerrissen haben, als er ächzend über Mustakorpis Stegbäume schritt und sprang, auf dem Weg nach Krookla, um Mikkel zu fragen, ob er Anteilseigner der Bark werden will, es muss den Kerl zerrissen und ihn im Schatten der Rippen gequält haben, als er mit juckenden Augen und noch stärker juckenden Tastfingern die Zehnklaftrigen entlang des Wegs betrachten musste, wohl wissend, dass sich an diesem ranken, schlanken Spantenmaterial niemand vergreifen wird, weder Gottes noch des Teufels Axt, solange der jetzige Mikkel den Kopf erhoben hält, und auch den Bart, wenngleich dieser nur dünn an seinem vermoosten Kinn flattert; es muss ihn schier zerrissen haben, sage ich, obschon ich ihm alles an Salz und süßem Pfeffer gönne, damit es in den alastaloschen Häuten seines Herzens brennt! –, ein Wald, sage ich, dass es auch meiner Meinung nach eine Sünde ist und sauer in den Nüstern riecht, wenn man auf Schusters Rappen Werst um Werst zurücklegt und die ganze Zeit sich selbst mit dem Gedanken martert, dass man im Herzen von Mustakorpi Gottes Korn und Kiefernmaterial auf diese Weise morsch werden lässt, dass es an den Wurzeln unbrauchbar wird und in den Wipfeln bloß für die Bedürfnisse der Krähen rauscht! Und wird einem vielleicht leichter zumute, wenn der Wald sich lichtet und man das Haus inmitten der Kümmerfelder sieht, das graue, heruntergekommene Gebäude am Rande des Moorwalds, die Schornsteine beide schief, der Putz aus den Backsteinfugen gerieselt, die Fensterbretter nicht gestrichen, das eine oder andere hat sich bereits aus der Nagelung gelöst und ist heruntergefallen, um zu vermorschen, auf der Saalseite sogar einige Fenster kaputt und durch Strohsäcke und Dachschindeln gegen den Regen ersetzt! Pukkila sieht sich auf dem Weg seiner Gedanken schon im Hausgang, auf den polternden Planken des Gangs, bei denen einige Fugen aufgegangen sind und ungeflickt unter den Füßen wackeln, er hebt die abgenutzte Eisenklinke an der abgenutzten Kieferntür an und befindet sich auch schon in der Stube, in dem grauen, traurigen großen Raum mit seinem kalten, erloschenen Herd und mit so abgetretenen Bodendielen, dass die Aststellen Knubbel bilden, und mit fingerbreit grinsenden Rissritzen zwischen den Bohlen. Er weiß von früher her, dass man die Tür zur Stubenkammer öffnen muss, falls man menschliches Leben im Werktagshaus sehen will, wenn alle fort und bei der Arbeit und auf den Feldern sind, und die Stubenkammer betritt er denn auch, das dunkle, trübe, niedrige Zimmer, dessen einziges Fenster direkt auf den Moorwald geht, dort wird er, wie er weiß, den Hausherrn antreffen, der Länge nach und in seinen Kleidern im Bett liegend, die überschüssige Elle des Beinpaars wie Uhrzeiger über das Fußende des Wandbettes hinaus gestreckt. »Ach, du bist es wieder, obwohl die Zinsstunde noch gar nicht geschlagen hat?«, fängt es Unheil verkündend stimmenähnlich im dunklen Raum und in der Ecke des Bettes zu schnarren an, wo das Auge den Eigentümer des Beinpaars im Dämmerschein noch nicht ausgemacht hat, auf dessen Decke der Verstand aber die Bewegung von Mikkel Krooklas Bart und das zischelnd Gesprochene zu erahnen meint. Während man selbst den dicken Qualm des Russenblatts in der Luft und sonstiges Abgestandenes, das einem bekannt vorkommt, im dicken Hauch des Raumes riecht und die Augen sich so weit ans Halbdunkel gewöhnen, dass man den dickbauchigen Klappen-Sekretär an seinem alten Platz und in seiner ganzen hartherzigen Verschlossenheit in derselben Ecke sehen kann, werden die Beinstiele gemächlich vom Fußende des Bettes genommen und ohne Eile über den Bettrand gehängt, und der struppige Kopfknauf taucht allmählich aus den Schößen der Finsternis in dem Lichtflaum auf, den das geizige Fenster aus dem Schoß des Moorwalds durch die unversehrten Spinnenweben an den kleinen Scheiben zu vergeuden und in die dicke Luft des Zimmers einzulassen über sich bringt. Nun ragt sogar schon ein Ellenbogen ein gutes Stück hervor, und auch die Zange einer Hand macht sich erkennbar zum begrüßenden Greifen bereit, während sich langsam vom knarrenden Bett in stehende Position geschraubt wird und der Schädel genau an der Stelle der Kammer zum Halten kommt, wo das Deckenbrett den kahlen Kopf desjenigen Mannes streifen würde, der auch nur um einen Zoll größer wäre: Schon zu Zeiten von Großpapas Vater ist in diesem Haus kein überflüssiger Zoll Balkenbacke mehr an Deckenhöhe vergeudet worden als notwendig und nur in dem Maße, wie es die gewisse und in der Sippe weitervererbte und als recht reichlich bekannte Streckung der Knochen verlangte und die ein Mann auf seinen Beinpaaren an Luftraum über sich braucht, damit sich das Ungetüm in seinem ganzen Ausmaß nach oben hin entwickeln kann, ohne mit dem Kopf gegen die Decke zu stoßen. »Kneift es diesmal im Bauch oder in der Börse oder in beidem, wo du mitten in der Woche und am Donnerstag zu Besuch und Schnaps kommst?«, lautet als Nächstes die warnende lauernde Frage, nachdem die Begrüßungen gemacht und man sich über den Abstand von einem Jahr hinweg die Hände gedrückt hat, wobei das wache Auge über die Schulter des Gastes hinweg einen Ausflug zur Klappe des Sekretärs an der gegenüberliegenden Wand unternimmt, ob nicht versehentlich der Schlüssel stecken geblieben ist: Dort wird das Geld und der Schnaps des Hauses aufbewahrt. In der Hosentasche, der von außen betasteten, befindet er sich jedoch, so wie es sein soll und bei Mikkel immer der Fall ist, und so kann man sich in aller Ruhe und gelassenen Kinnes auf einem hinkenden, unbemalten und ein wenig zu hohen Stuhl niederlassen, ein wenig zu hoch, als wären die alten Hofherren von Krookla in Knie und Schenkeln noch langknochiger gewesen als die heutigen. »Wofür brauchst du schon wieder Geld, dass du wieder angerannt kommst?«, lautet die folgende knappe, der Sache nahe kommende und gleichsam die Westentasche betastende Frage, nachdem der Gast sich den zweiten Stuhl im Raum herangezogen und sich ans Kopfende des Tisches gesetzt hat, der ebenfalls humpelt und nicht gestrichen und so klein und minderbemessen ist, dass der Tisch voll wäre, wenn darauf durch ein Wunder eine Flasche und daneben ein Glas auf der Gastgeberseite auftauchen würde, und man schauen müsste, ob sich noch ein Eckchen und genügend Gastfreiheit für ein zweites Glas findet. In jener Kammer und vor jenen zwei Senkbleien, die eher rostige Eisenhaken waren als ein Augenpaar im Kopf eines Menschen, konnte die Natur keines Besuchers sich erkühnen, der wusste und verstand, dass er in Darlehensfragen unterwegs war, und selbst der Stolzere bekam den Husten, bevor er sich daranmachte, sein Anliegen zu buchstabieren. Von früheren Besuchen her wusste man hinter sich die Klappe, und weil Krookla sie ehemals aufgeschlossen hatte, wusste man auch, dass dahinter auf der einen Seite eine dickbäuchige Schnapsflasche von fünf Maß stand, deren Gluckern selbst ein Dutzend Knechte zum Tanzen ermutigt hätte, aber in der Gemeinde wurde geredet, dass besagte Flasche wie eine Ehefrau und Braut hinter Schloss und Riegel war, deren Mund nie ein anderer Bart geküsst hatte als der von Mikkel, der nach Priem roch, und in der anderen Ecke stand die schwarze Metalltruhe, die Kassette mit den Kupferecken, die über drei gnadenlose Schlösser und ein Viertelzoll dicke Stahlwände verfügte. Auch sie war eines elenden und demütigenden Tages vor den eigenen Augen und so, dass es die Ohren hörten, geöffnet worden, die Schlösser waren nach dreimaligem Klicken aufgeschnappt (sie waren die einzigen gefetteten und geschmierten Stellen im ganzen Haus!), weil Mikkel mit den Schlüsseln umgehen konnte (hätte der Besucher dieselben drei Schlüssel in die Hand bekommen – eine Leichtsinnigkeit, die Krookla sich freilich nicht einmal vom Schnaps berauscht jemals erlaubt hätte –, auch wenn der Besucher also aus Versehen dieselben drei Schlüssel in die Hände bekäme, so hätte er sich den ganzen lieben langen Tag an der Truhe abmühen müssen und wäre trotzdem nicht reicher geworden, höchstens an Schweiß, der ihm von der Stirn gelaufen wäre, und an Flüchen, die ihm bei der nutzlosen Fummelei über die Lippen gekommen wären: Die Riegel waren mit einer so teuflischen Kunst und Feinheit gefertigt worden, dass sie sich nur bei einer geheimen, einzig vom Vater Mikkel an den Sohn weitergegebenen und für sich behaltenen Abfolge und Anwendung des Schlüssels in den Federn drehten!), die Truhe war eines elenden und demütigenden Tages mit aufschnappenden Schlössern vor dem Darlehenserbitter geöffnet worden, der schwere Deckel war mit krachenden Scharnieren aufgegangen, und aus dem schwarzen Schoß des Eisenrachens hatten dem Auge gestapelte Geldscheinbündel entgegengeschimmert: die schwere, scheppernde Truhe im Winkel des muffigen Klappenschranks und daneben die bauchige schwarze Buddel! Dort im Magen der Eisentruhe befinden sich im sicheren Schutz von drei Schlössern auch die alten Papiere, zwei Unglücksblätter, beide wie Daumenschrauben und Albträume sorgfältig aufbewahrt, gefaltet und ganz unten in der stählernen Kiste und von Geldscheinstapeln verdeckt, bereit, jeweils am Zinstag aus der klirrenden Finsternis ihres Faches herausgeholt zu werden, wenn auch das graue Papier nach dem Kalendereintrag Junge kriegt und Krookla in seiner Kammer mit gekrümmten Spinnenfingern fremdes Geld in den Schoß seines Schrankes rafft, wie der Egel das menschliche Blut, nach dem er giert, in sich aufsaugt! Kalte Schauer liefen Pukkila über den Rücken, und eine mitleidslose Hand umgriff wie Knochenfinger die Haut der Halsröhre, als er sich vorstellte, wieder wegen solcher Geschäfte in Krooklas Kammer sitzen und sich Mikkels Gezischel anhören zu müssen: »Du willst also mit meinem Erbe und dem Geld meines Schweißes dich und deinen Jungen reich machen? Bin ich etwa als Kassenwart von dir und deinem Sohn als Herr auf Krookla angeheuert worden? Habe ich es denn selbst übers Herz gebracht, einen protzigeren Anteil an der Bark niederzuschreiben, mehr, als die Mittel hergeben und der Arme aus seiner Geldbörse kratzt? Wohl schafft es der Hahn, seinen Körper auf dieselbe Stange zu hieven, auf die sein Schwanzbürzel schon hingeflogen ist und schaukelt, und wohl wird der Sohn selbst bezahlen, was er selbst so prächtig hingeschrieben hat! Oder glaubt ihr, du und dein Sohn, das, was ich hinter der Klappe aufbewahre, kann ins Wasser geschmissen und an die Fische verfüttert werden? Dem Kiel traue ich keinen

Fuß über die Bugspitze hinaus, und dem nassen Feld unter ihm und vor ihm keinen Schritt weiter, wie ich Spritzer aus seiner Gischt in meine Geldbörse streichen kann; aber einem Hof traue ich wegen der Weite seiner Felder, und die Scholle erkenne ich als brauchbar und auch als Grundlage eines Schuldscheins an: Rede mir also nicht von Evalds Schiffsanteilen als Unterpfand – die kann der Hai mit seinem Maul verschlingen und sich der Wal in seinen Bauch schlucken, bevor ich auch nur einen Schilling davon in die Pfoten bekomme! Und warum hätte ich da nicht ebenso gut die gleichen Striche auf meinen eigenen Namen und mein eigenes Risiko hinmalen können? –, sondern sprich ernst, so wie man unter Männern redet, und schiebe Scholle unters Papier, Lehm deines Hofes, deinen eigenen Pukkila-Lehm, dann liegt etwas Stabiles unterm Papier, und das Schreiben geht von der Hand, und uns beiden bleibt als Lohn und Glaubenssatz etwas Sicheres, dir hartes Geld in den leeren Fingern, bloß für das bisschen Mühe beim Kritzeln und zum Preis eines mickrigen Blattes Papier und Zettels, und mir eine Sattelgutsziffer von ein paar Morgen fester Scholle im kleinen Raum des Klappenschranks, behütet von einem blanken Lacksiegel und beschlagen mit dem Gesetzeshammer der Krone! Ein im Lehm verankertes Darlehen mit Hypothek gewähre ich, wie du weißt, aber auf etwas, das auf Kiel läuft und auf der Spucke des Wassers, kannst du dir Geld von meinem Furz leihen, doch nicht von mir!«

In Pukkilas Ohren schnarrte es, als säße er bereits tatsächlich mit seinem Anliegen auf dem quietschenden Stuhl in Krooklas Stubenkammer und als redete Krookla wie gewöhnlich, bevor er selbst reif war und sein Genick für das nötige Nicken zum Einlenken gelockert und die eigene Lippe das notwendige Amen zur Einwilligung genuschelt hatte. Zum vollständigen Vorfall hätte nur gefehlt, dass er gesehen und mit eigenen, zwischen bedrängter Angst und gedemütigter Hoffnung kämpfenden Augenknöpfen zugeschaut hätte, wie Mikkel, der unbedeutende Mann und unter anderen Umständen und in der Ecke eines fremden Saals bloß eine von vielen Nasenspitzen unter anderen, aber in seiner eigenen Stubenkammer und in Hörweite des Scharnierknirschens seines Sekretärs ein Blutegel und Vielfraß, wie Mikkel also schließlich tief in seine Hosentasche langt und gemächlich den Lederriemen hervorzieht und danach den klirrenden Schlüsselbund: Wer hätte je einen anderen als den Kranich auf der Sumpfwiese und den Gaul, der am Montagmorgen von der Weide zur Tagwerkswoche geführt wird, so geizig mit den Beinen staksen gesehen wie Krookla auf seinen, wenn der Schuldschein schließlich vereinbart, über den Zinspfennig gestritten und der Weg vom Stuhl zur Ecke mit der Klappenkommode in der Stubenkammer in Angriff genommen worden ist: Der Geizkragen bringt es nicht einmal über sich, seine Schritte in voller Werstlänge zu setzen, wenn er schweren Herzens dorthin humpelt, wo im Schoß des Schrankes und im dunklen Beutenest der Hauptteufel der Habgier und der kleine Fürst der Knausrigkeit Wache haltend auf denselben Haufen hocken, der eine und Stärkere, um sich das selbst vermehrende Geldscheingestöber zum Fliegen in die Luft zu schlagen und in so dicken Schollen aufzuwirbeln, dass es die Augen trübt, und der andere und Kümmerlichere, um die zehn dünnen Finger so geizig um das Zusammengeraffte zu krümmen und das Erhaltene zu beschützen, dass der Adernzug beim Klammern die Fingerspitzen versteift!

In der Bedrängnis durch seine Gedanken hatte Pukkila aus Versehen auch in Richtung Mauerecke gelinst: Dort saß besagter Krookla mit demselben Gesicht wie bei sich zu Hause in der Stubenkammer, mit demselben ein Viertelzoll zu langen schimmernden Zinken an der Vorderfront der Visage und mit denselben, ebenfalls eine Viertelelle zu lang geratenen Beinpfeifen in den Stiefelschäften, dazwischen der übrige Körper, der nichts anderes zu sein schien als ein zusammengeschobenes Messerfutteral, aus dem sich unglaubliche Maße herausschoben, wenn der Mann vom Stuhl aufstand und sich auf seine Glieder stellte! In der Tat, ein zahmes Wesen und ein ungefährliches Hammelschaf an diesem Ort und ein Gammler in der Mauerecke, aber eine Katze und ein pelziger Tiger, wenn nicht eine noch schlimmere Kreatur bei sich daheim in der Stubenkammer und beim Ausstellen des Schuldscheins am Sekretär, ein Teufel in jedem Zoll seiner Gestalt, und von diesen Zoll hat er eine Menge an sich, wenn man die Schenkel mitzählt und die Armknochen und dazu den in die Länge gezogenen Zinken! Pukkila war sich allmählich im Klaren darüber, dass er eine dritte Fahrt in Kreditangelegenheiten nach Krookla lieber auf einen Tag im Almanach schob, den man am Horizont von Helsinki nicht kannte, und dass man sich, falls man doch vorher gezwungen sein sollte, wegen Geschäften dieser Sorte die Vorleine seines Kahns an Krooklas Brücke festzumachen, mit der gleichen Mühe und geringerem Schmerz sich besser schon vor der Abfahrt von zu Hause selbst das Fell über die Ohren und die Haut von seiner Seele zog!

In Pukkilas Augen schlug es nun abwechselnd schwarze und rote Funken, als hätte er die Kopfstirn gegen Wände gerammt, bei dem Versuch, hindurchzukommen! »Hast du gar nicht an einen Platz für Evald auf dem Deck des Barkschiffes gedacht?«, fragt und schnauft der dreiste Teufel in der Fetthülle der Freundschaft dicht am Ohr und tut so arglos und mit Unschuldsgrunzen wie ein glatzköpfiger Großeber auf der Streu im Koben! Woher, zur Hölle, nur das Geld, und aus welchem Stein die Kohle: Petter Pihlman ist auch früher nicht das Gespött der Leute gewesen! Da hielten die Gedanken wie auf einen Schlag an. Der

Wald von Pilkasmäki am Rand des Vehkasuo-Sumpfs auf eigenem Grund und Boden! Beinahe haute er sich mit der Faust gegen die Stirn, hämmerte er mit der Hand auf seine eigene dröhnende Stirnhülle, die so leer war wie ein ausgezogener Stiefel neben dem Bett oder eine Eierschale nach der Mahlzeit. Da musste man wie ein verrückter Hund mit langer Zunge durch Dörfer und Gemeinden hecheln, wo im eigenen Hinterwald und an den Hängen des Pilkasmäki-Hügels der Wind ein Nadelrauschen bürstet, das so sündhaft dicht ist wie das Dickhaar auf dem jungen Kopf der Jungfrau, das zum Bürsten aus den Zöpfen befreit wurde! Bei Pukkila loderte das Haar, und die Nasenlöcher schnaubten: Da sitzen bei einem Menschen bisweilen, selbst beim verschlagenen, die Gedanken zusammengefaltet da wie ein geschlossenes Klappmesser, obschon sie in ihrem Pferch kurz vorm Durchbrennen sind wie eine dumme Horde Kälber, die vergebens ein Loch im Gatter sucht, wo der Zaun längst auf der Erde liegt und sie bloß hinüberspringen müssten! Sollen sich die Hofherren aus der Großgemeinde aufplustern, was die Säume halten, ohne zu reißen, und die Kleinkapellen-Krooklas rümpfig werden, wie die Haut Runzeln hat, ich bin Pukkila, und am Ufer von Pukkila werden bis zum Frühjahr so viele Stapel und geschnittene Balken liegen, wie der Stadtbürger mit Geld bezahlen kann, und ich werde funkelnagelneue und unfakturierte Geldscheine der Krone dort auf den Tisch schichten, wo die anderen, die Langholmas wie die Jannes von der Netzfang-Fiina, Zerknittertes und Stinkendes aus ihren Schubladen auf den Teller zählen!

»Komm mal her, Evald!« Noch bevor Pukkila dazu kam, weiterzudenken, stand er schon mit büscheligem Haar auf den Beinen und wedelte mit zwei Händen, mit der rechten wie auch mit der linken, dass Evald kommen solle, und zwar schnell. »Schreib es dahin, ich habe die Stelle ausgesucht, ich deute mit dem Finger drauf, hier ist es recht!«, plapperte er, als Evald noch im Begriff war, seinen Stuhl zu verlassen. »Fang weit genug links an, aber nicht so viel, dass es unanständig ist. Bei Jannes Johannes sticht das J am Hinterteil anstößig bis an den Rand heraus und ist schändlich anzuschauen in der Reihe der anderen und gleichmäßig begonnenen Namen der Älteren!«, forderte Pukkila den näher kommenden Evald auf und warf dabei einen Seitenblick zu Alastalo, ob dieser die Spitze in seinen letzten Worten bemerkt hatte und Jannes ruchlose Dreistigkeiten beim Ausbreiten seines Namens und ersten Buchstabens.

»Da, setz dich hierhin und fang dort an!«, sagte er, als Evald angekommen war und Pukkila ihm den Stuhl herangezogen hatte, er deutete mit dem Zeigefinger auf die Stelle im Barkvertrag, wo der Junge mit dem Schreiben beginnen sollte. »Schreib beide Namen hin, Evald Basilius!«, riet er, sobald Evald den Federhalter in die Hand genommen hatte. Der Junge war auch in dieser Angelegenheit kleinlaut und folgsam, wie er es gewohnt war und zu sein hatte, und setzte zum Schreiben an, wie ihm befohlen worden war. Tadellos begann der Name denn auch auf dem Papier in einer Handschrift zu entstehen, die vielleicht nicht von einer so frischen Kühnheit und so flüssig im Verlauf war, wie es sich gehört und eigentlich auch hätte sein sollen (besonders nach Jannes – um die Wahrheit zu sagen – ziemlich gewölbtem und naseweis die Meerluft schnupperndem Namenszug), die aber immerhin jeden Buchstaben so sorgfältig ausführte, dass das Ergebnis gebändigt und gehorsam war wie gebürstetes Haar am Hinterkopf und die Brodierung der Schleifen so geduldig gestickt wirkten, als wäre die Fingerspitze einer Mamsell bei der Näharbeit am Werk gewesen: Evald Basilius Pihlman nahm in voller Wahrheit, wenngleich in Wohlgestaltslangsamkeit unter Pukkilas wachsamen wiewohl wartenden Vateraugen, auf dem Barkvertrag Gestalt an.

Erst als die Vornamen fertig auf dem Papier standen und das Gefühl des Stolzes ihm beinahe Wasserbeeren in die Augenwinkel trieb, während sein eigener Sohn seiner Arbeit nachging und er selbst den Namen des Jungen hinter dessen Rücken auf dem Barkvertrag betrachtete, erst als vom vollen Namen nur noch das Pihlman auf dem Papier fehlte, erst da bemerkte Pukkila, dass er sich noch immer nicht im Klaren darüber war, was für ein Anteil für den Jungen nun tatsächlich gezeichnet werden sollte und was er Evald auftragen sollte, wenn dieser seinen Namen ausgeschrieben hatte. Natürlich wurmte es einen unbeschreiblich, wenn man Jannes Anmaßung auf dem Barkvertrag betrachtete und ein weiteres, deutlicheres Mal mit eigenen Augen las, dass unwiderruflich ein volles $1/16$ auf den Namen von ebendiesem Janne, dem Ärgernis seines Lebens, gezeichnet worden war – zehn Minuten Arbeit damals und jetzt ein lebenslanges Ärgernis!, wetterte er in seinem Herzen und bereute, was einst vorgefallen war –, es wurmte einen wahnsinnig und flüsterte und lockte wie am schwerhörigen Ohr: Verdammt, der Evald kriegt $1/8$, wenn der Bankert und Halbsohn $1/16$ bekommt, flüsterte es verführend wie das Böse selbst dicht an der Ohrmuschel, dass man das Gefühl hatte, es würden einem die Blutwurzeln ausgerissen! Aber schließlich und zuallerletzt: Würde er es dann doch und tatsächlich übers Herz bringen, mit Äxten und einem Haufen Männern in die üppig schwankenden Wälder von Pilkasmäki zu ziehen, würde er es eher übers Herz bringen, an den seit den Lebtagen seines Vaters geschonten Wald zu gehen, als Pukkilas Scholle auf einen Schuldschein zu schreiben, der ihm von einem wie Krookla hingehalten wird? Pukkila merkte selbst, dass ihm, nachdem er noch zweimal die Spucke hatte herunterschlucken können, etwas unglaublich Schweres bevorstand. Sollte er tatsächlich so leichtsinnig sein und seinen Wald verpfänden, damit sein Sohn, der Evald, der immerhin doch nur ein Junge war und sonst nicht viel, damit sein Sohn hier mir nichts, dir nichts ein volles Achtel von der Bark zeichnete? Ihn plagten jetzt keine runden Beeren in den Augenwinkeln mehr, sondern stattdessen viele Perlen auf der roten Stirn! Ein bisschen was kann ich am Pilkasmäki fällen, den Wald ein wenig lichten, hier und da und an den dichtesten Stellen, aber den ganzen Wald? Würde ich mir nicht eher den Hals durchschneiden, diesen meinen dünnen, aber fleischlichen Hals, bevor ich die Axt an den ganzen Wald von Pilkasmäki ließe? Und was denkt Langholma, wenn ich im Barkvertrag den Evald großspurig an seine Seite treibe – mit dem Pferd und meiner Schwarzen darf ich auf der Fahrt zur Kirche neben ihn und an seine Seite kommen, und das tue ich auch, verflixt, aber in Geschäften, in Schiffsgeschäften wie auch hinsichtlich von Grund und Boden: Bleib schön hinter dem Heckspiegel, wie auch in der Kirchenbank im Chor, wenn du nicht die Augenpeitsche der Eframs abbekommen willst, dass du es nicht mehr vergisst! –, was würde er denken, sage ich, es würde nicht lange dauern, und er würde als Langholma mit gerecktem Finger zu mir kommen wie vorhin zum jungen Haukinen, zum untauglichen Sohn der Haukinens, und würde auch mir sagen und als Kommando geben, würde vielleicht gedämpft und nah am Ohr den Rat erteilen, aber doch so, dass es jemand hört, vermutlich sogar der ganze Saal, weil alle ringsum still dasitzen und mit beiden Ohrmuscheln zuhören, wenn Langholma kommt, um etwas zu sagen und jemandem das Fell über die Ohren zu ziehen, er würde etwas sagen und kommandieren und nicht einmal die Stimme heben, wenn er erwähnte, wie es ja auch den Umständen entspricht, auch wenn man sich fragt, wer ihn um solche Mitteilungen und Lehren gebeten hat und wer sie braucht, wenn er erwähnte, dass von der Bark gar kein ungezeichnetes Achtel mehr übrig und ein solches daher für Evald nicht vorhanden sei: Ein Dummkopf wie Lahdenperä könnte nach einer solchen Aussage und demütigenden Belehrung durchaus in Lachen ausbrechen und in seiner Einfachheit sein Wiehern im ganzen Saal erschallen lassen, dass die grauen Wände im Schatten der Tapeten zittern! Einen klaren Handschriftverlauf hat der Junge allerdings hinbekommen und somit einen guten Schreibunterricht gehabt, räumte Pukkila dann doch bei allen Gemütsqualen ein, als er über Evalds Schulter hinweg auf das Papier schaute, und erfuhr somit wenigstens etwas Trost in seinem schmerzenden Herzen.

Evald hatte seinen ganzen Namen aufs Papier geschrieben und sein Sohnesauge gehoben und den Blick wartend auf Pukkila, seinen Vater, gerichtet. Er guckt mich schnorrend an wie ein Lämmchen, das sich nach einem Stückchen Brot für seine gespitzten Lippen streckt, und bewegt den Verstand unter seiner Haarbülte nicht weiter als eine Laus ihre Läufe im Teer!, dachte Pukkila und ließ innerlich Dampf ab, weil es sich nicht schickte, auch nur eine Wortnisse aus den Lippen dringen zu lassen, obwohl er an den Westennähten platzen wollte, nicht einmal stachlige Gedanken und unausgesprochenen Pfeffer in diesem Augenblick und bei diesem Stand der Dinge auf die braunen Kringel der Nackenwolle seines ziemlich, wenn auch nicht ganz unschuldigen Sohnes und noch unschuldigeren Evald, die das Pech hatten, dass sie das nächste Werg vor Pukkilas Funkenschlagen waren. Die Härchen wurden jedoch nicht angesengt, so dicht und dick sie waren und so unwissend dumm, aber ein Wunder war es, dass der Herzbeutel in Pukkilas Brustkorb nicht verglomm oder in Stücke gerissen wurde, der Elende, so höllisch zehrte und wölfisch fraß die Flamme der Ungewissheit und der Reißzahn der Ohnmacht an dem Leidensknäuel innerhalb der glühenden Rippen! Natürlich hätte man für den Jungen jetzt der Ehre halber mindestens den gleichen Anteil zeichnen müssen, den Janne gezeichnet hatte, Netzfang-Fiinas Janne, ja! Netzfang-Fiinas Sohn und kein anderer! Aber wenn man es eindringlich bedachte und der Sache ins Weiß des Auges blickte, wo es nach Augenweiß aussah, dann stellte sich die Frage, ob man, tatsächlich, seinen eigenen Anteil, sein eigenes Sechzehntel bezahlen konnte, wenn man nicht die Axt schliff und an den Hängen des Pilkasmäki nächsten Winter mehr Balken schnitt, als Herz und Gefühl ertrugen.

Warum soll ich wegen der Einfälle anderer Leute und für eine fremde Bark meinen eigenen Wald abholzen? Nein, zum Teufel, zu einer solchen Dummheit und Zumutung kann mich nichts und niemand auf der Welt zwingen, nicht die List des Narren und auch nicht die Kraft der Gewalt: Ich habe fürwahr meinen eigenen Verstand im Kopf, und den kommandiere ich! Pukkila warf die Haare zurück und blickte sich um, als befänden sich ebenso viele Quälgeister im Ring, wie Männer entlang der Wände saßen, und als wäre jeder von ihnen in diesem Moment ein bezwungener Teufel, dem die Nase geputzt worden war. »Schreib ein Zweiunddreißigstel hin!«, sagte er dabei auch schon zu Evald, und dies so plötzlich, als befürchtete er, doch noch auf andere Gedanken zu kommen. Was er jedoch jetzt schon sorgsam vermied, war, das Auge auch nur versehentlich auf Janne zu richten: Ich sehe gar nicht hin, ich leihe dem Kerl kein Auge, dem Ausrutscher, seiner Schrift und seinem Anteil nicht, soll er stolz sein, weil die anderen überrascht sind, und soll er sich meinetwegen entzwei und in sechzehn Teile keuchen, es ist nicht meine Schuld und kann mir nicht als Sünde angerechnet werden! »Schreib 1/32!«, sprach er ein zweites und nun bereits milderes und sicheres Mal zu Evald. »Warum hast du es nicht ohne zu fragen gewusst und selbst verstanden, warum muss ich dich immer an der Nasenspitze führen!«, grollte er trotzdem und als Zugabe, weil Verdruss und Ungeduld irgendwie aus der Haut geblasen werden mussten, und das geschah am besten und am ungefährlichsten gegenüber dem Jungen. Eigentlich war er gar nicht mehr so böse, denn ihm war aufgegangen, dass das 1/32 ja zu dem 1/16 hinzukam und Pukkila somit, als Haushalt betrachtet, von den Anteilseignern immerhin – wenn man Härkäniemi außen vor ließ – nach Langholma und Alastalo klarer Dritter war und deutlich vor den Nächsten und Kleineren lag (an Lahdenperä und seinen Vaarniemi mochte man bei diesem Reim gar nicht erst denken, ebenso wenig wie an Janne Pihlman, den zu vergessen man schon vorher beschlossen hatte, auch wenn sie alle auf dem Papier mit ihren eigenen Anteilen eifrig nebenherhinkten und sich gerade womöglich für wer weiß was hielten und für größer, als sie waren, und für Männer mit Schaftstiefeln unter den Besseren und neben den Vollschäftigen)! Nein; Pukkila war ohnehin nicht die Sorte Mann und gehörte auch nicht der Nation an, die im schamfilierten Zustand unnötig lange mit eingedrückter und gestauchter Nase herumlief und den eigenen Adam knöchellahm am Arm neben sich herführte, nicht im Geringsten: Auch der Körper wird taub, und die Gliedmaßen schlafen ein, wenn man den Arm lang und übermäßig auf derselben Höhe ausgestreckt und die Nackenadern ewig in derselben Nickbiegung und Höflichkeitsklemme hält, und wer lässt sein Blut im Fluss der Adern sinnlos und des ehrenhaften Rufs des Namens wegen mitten im Rauschen zu beinernen Perlen und prasselnden Bröckchen erstarren und dazu das kühle Quecksilber seines Verstandes in den kühlen Gefilden seines Kopfgemüts auf den toten Felsen und unbesamten Abschüssen der Hartnäckigkeit zu Zinnkugeln und kahlen Klickern seines Gripskopfes vereisen! Nein! Pukkila saß auf dem Karussell dem Dummkopf stets am anderen Ende gegenüber, und auch wenn im Kreis gewirbelt wurde und man dabei nicht vorwärtskam, so wirbelten die Rockschöße doch an unterschiedlichen Seiten durch die Luft, wenn Pukkilas Säume sausend die westlichen Gehege fegten, wo der Hahn des Hochmuts mit seinem Bürzel den Staub auf der Ostseite rechte! Das Segeltuch wird auf dem Meer geschwind schräg gedreht, wo es den Wind mit seiner Wange fängt, und der Gedankenbugspriet eines Vernunftmenschen schnell auf den Kurs, auf dem auch der Handlungskiel läuft: Auch die Feder bleibt nicht an den Säumen des Windes, wenn sie nicht selbst fliegt und flattert, sobald gewirbelt wird!

Pukkila war im Nu wieder in seinem Atemgalopp von vorher: Ein Mann kommt auf der Fahrt zum Markt nicht vom Weg ab, wenn er einen Moment abwartet und sich dann aufs Gestell schwingt, wenn der Schlitten gleitet und die Kufe singt! Nölen und die Nase hängen lassen kann der Mensch auch sonst und wann auch immer, aber man bereut es, wenn man mit Maul und Pfoten nicht zur Stelle ist, wenn der Saft aus der Birke tropft oder der Torf die Beere rötet! Pukkila wusste, dass man nach dem Linnen und der Taille fassen muss, wenn im Hochzeitssaal die Geige wimmert und das Blut einen zum Walzer zieht!

Alastalo hatte ihn inzwischen bereits untergehakt: Evald durfte, sofern er es der eigenen Nase nach konnte, zu seinem Platz und Stuhl zurückgehen, jetzt war der Barkvertrag für den Jungen und für ihn selbst fertig, und die Dinge mussten ins Gewinde gedreht werden, bevor die Schrauben in den falschen Winkel gerieten und einen verrückten Anfang machten! In Alastalos Armhaken war er gestürzt, ohne sich weiter umzublicken, es musste schnell gehen, denn der Geist unter den Haaren hatte es eilig, da das Wort dem anderen in drei Bohnen ins Ohr gesät werden musste, um dort einen Gedanken keimen zu lassen, während die eigene Zunge, auch wenn sie ihr Bestes gab, es kaum schaffen würde, auch nur zwei runde Bohnlinge auf einmal prasselnd in die Luft zu entlassen! Die Haare biegen sich am besten zum Scheitel, wenn das Haar saunafeucht ist, und die Gedanken kämmt man, wenn der Verstand vor Vergnügen schwitzt!, dachte sich Pukkila nur, als er Alastalo vom Tisch weg schwenkte, und vermutete, ausgehend von seinem eigenen Geist, dass sich auch unter dem Haar des anderen die Stimmung im Steigeschritt und auf Walzersohlen befand. Nicht jeden Tag werden komplette Barken auf dem Papier gezeichnet, und in Alastalos Weste würde auch bei mir am heutigen Tag das Gemütsfell glatt und mit dem Strich liegen!, flackerten bei ihm noch Reste von Vernunft im Kopf, bei allem anderen Taumel, weil jetzt, wenn auch im letzten Augenblick, die Angelegenheiten so zur Frisur gestriegelt werden mussten, dass sie später keinen Verdruss bereiteten, und Alastalo rechtzeitig und mit einem Sturmangriff dann doch zum gefälligen Mann erklärt werden musste! Man ging über den Fußboden und schritt Arm in Arm, Alastalo dick und mitgezerrt, Pukkila dürr und zerrend, während die Wände im Saal dröhnten und Pukkilas Bart schlenkerte.

»Der Evald – der Evald – der Evald darf helfen, der Wald muss ausgemessen werden, der Evald darf messen, die Spantenbögen werden gezeichnet, der Evald darf zeichnen, die Zimmerleute werden bestellt, der Evald darf hinfahren, sie zu bestellen, die Wochenauszahlung wird an die Männer verteilt, du gibst das Geld und der Evald verteilt es, du sitzt und der Evald rennt, du kommandierst und der Evald schwitzt, du sagst eins, und schon steht ein Mast, du sagst zwei, und es stehen zwei Masten: Der Evald ist durch die Sümpfe von Saarijärvi und die Ströme des Orivesi gehüpft und hat die Mastbäume aus dem Hinterland und den Wäldern von Kuru geholt! Der Evald ... der Evald ... und du sitzt nur daheim und im Schaukelstuhl und schnaufst vor dich hin!«

Man befand sich auf dem Marsch und vor Härkäniemi an der Ohrseite des Sofas, als hinter einer gewissen Pfeife andere

Töne zu hören waren. »Knüppel werden geholt, der Evald holt die Knüppel, Feuer wird gemacht, der Evald macht Feuer, Grogwasser wird gekocht, der Evald kocht das Grogwasser, Gläser werden auf den Tisch gestellt, der Evald stellt die Gläser hin, die Krüge werden erhoben, die Gäste bekommen ihre Gläser, der Bräutigam bekommt die Braut, aber der Koch und der Evald gucken daneben in den Mond!« Es war Härkäniemis mehr als nur ziemlich düstere Stimme, die diese Fortsetzung zu Pukkilas hellerem Anfangschoral von sich gab. Härkäniemi prustete über seine eigenen Worte und kniff ein Auge zu, um mit dem linken umso lebhafter zu sichten, ob die Pfeilspitze im Ziel saß und ob es in Pukkilas süßem Sinn glühte; von Lahdenperäs Platz auf dem Sofa war ein Haufenlachen in den Saal gespauzt, das im Nachhinein zu vertuschen und den kurzen, bebenden Schöffenhals hinunterzuschlucken jetzt sinnlos war, auch Alastalo hatte etwas in der Kehle zu verstauen, vermutlich ebenfalls Wallungen von guter Laune, weil er plötzlich äußerst energisch und mit unerklärlicher Ernsthaftigkeit und Gründlichkeit zu husten anfing.

»Das stimmt so, und du hast recht!«, kamen denn auch von Alastalo zunächst nur leere Worte, die das Ganze in die Länge zogen, während er die Dinge bis zu den Säumen durchdachte und gleichzeitig doch auch Pukkila beruhigen musste, damit nicht auf den letzten Drücker noch ein Missgeschick passierte. Auch er hatte sich im Kopf klargemacht, dass die Bark nun beinahe komplett gezeichnet war und dass das, was an dem Pott an Kleinigkeit noch fehlte, gern als Bröckchen zur Reserve bleiben konnte, falls es gebraucht wurde: Auch Järvelin von Ylistalo hatte einmal in einer Melodie gesungen, dass er sich durchaus vorstellen könnte, etwas zu zeichnen, falls Matrosen in den Kreis der Reeder aufgenommen würden, und man bekäme einen treuen Maat und Abwäger von Mitteln und Proviant aufs Schiff, falls der Mondgucker eigene Groschen unter dem Halbdeck und beim Verteilen der Rationen zu verwalten hätte! Alastalo war also in diesem Moment unbedingt und aus gutem Grund seufzerleichten Sinnes, so wie am Tag der Heuernte seufzerleichten Sinnes der Bauer auf der Wiese, von deren weiter Fläche nach der brennenden Eile des Tages und unter Drohung der düsteren Türme an der Kuppel des Hitzehimmels bei Anbruch des Abends endlich und glücklich auch die letzte Raufe auf die schützende Scheune zufährt! Ein Bauer, der seine Sorge so erleichtert ausgeseufzt hat und sich in Ruhe über die brennende Stirn wischt, ist unbedingt ein Mann gelassenen und versöhnlichen Gemüts vor der abendlichen Scheune und gemähten Wiese, und falls noch fernes Grollen am Horizont zu hören sein sollte, so verwünscht er es nicht mehr und schimpft nicht deswegen seine Seele sündig, sondern lenkt eher noch die anderen um ihn herum davon ab, nutzlos die Ohren zu spitzen und unnötig auf die genaue Richtung zu lauschen, die jetzt keine Rolle mehr spielt. Auch Alastalo war also im jetztigen Stadium des Sachverlaufs ein Mann, der es sich leisten konnte, versöhnlich zu plaudern, und der zumindest keinen Grund hatte, jemandes Fell so zu streicheln, dass es dem Betreffenden zottiger vorkam, als es von Natur aus war. »So stimmt es, und du hast recht!«, beruhigte er also Pukkila, den er nach Härkäniemis Worten aus gutem Grund erneut für einen Mann mit bitterem Herzen hielt, der einen Nasenstüber abbekommen hatte, und ließ den Gedanken vom Spieß fallen, wie auch die womöglich gefährlichen Widerhakenworte, die Härkäniemi eingeworfen hatte, tat so, als hätte niemand im Saal sie gehört und als hätte zumindest er nicht gemerkt, dass etwas Besonderes gesprochen worden war, und als läge es jetzt nur am nächsten und wäre am natürlichsten, sich angemessen über Pukkilas Sache Gedanken zu machen, gerade so, als wäre dieser mit einem echten Pferd unterwegs und nicht bloß mit einem zappelnden Gedankenfohlen im Geschirr. »Du sagst die Wahrheit und hast recht, dass man die Dinge von allen Seiten bedenken und vorbereiten und sich alle Maßnahmen überlegen muss, damit der ganze Kuchen rundum getätschelt und gebacken wird!«, fuhr er also nur fort und zog seine leeren Worte in die Länge, weil ihm nichts Besseres einfiel und alles ohnehin so gelenkt werden musste, dass weder Pukkila noch die anderen sich länger erinnern und in Gedanken an die Frage hängen mussten, ob ihm oder einem anderen möglicherweise gerade etwas Unpassendes herausgerutscht war. Im Mund gibt es Worte wie Spucke, und beide lohnt es bei Bedarf als Arznei anzuwenden, wenn ein Missgeschick geschehen ist und die Wunde geleckt werden muss!, dachte Alastalo und war ein Mann der Versöhnung, weil er es sich leisten konnte. »Man isst ja auch am Tisch ein Gericht nach dem anderen, so wie sie aufgetragen werden, und mit den Angelegenheiten ist es das Gleiche, auch die Angelegenheiten werden so vorgebracht: immer diejenige, die jeweils an der Reihe ist und mit dem Horn zustößt, damit sie von der Faust bezwungen wird, so wird die Arbeit erledigt wie auch die Mahlzeit gegessen, ein Imbiss in Ruhe, immer ein Bissen und eine mit der Faust zu bändigende Sache für sich, und zwischendurch darf man gähnen, falls es Zeit braucht, bis sich das Essen setzt, und dem Denken eine Lücke lassen, falls die Verstandestätigkeit etwas Erholung nötig hat!«

Auch Langholma hatte ein wenig über Härkäniemis gedrechselte Worte im Anschluss an Pukkilas Lirumlarum gelacht, war aber wieder ernst geworden. »Überlassen wir die Regelung der Angelegenheiten Alastalo!«, verlautbarte er fest im Schaukelstuhl verwurzelt. »Die Suppe wird nicht umgerührt und darum klumpig, wenn zwei Köche am selben Topf stehen und sich um die Kelle streiten, und die Brühe wird zu salzig, wenn das

Dienstmädchen sie mit einer hohlen Hand voll Körnern würzt, nachdem die Hausfrau schon welche aus der flachen Hand ins Essen hat rieseln lassen! Dem Tischler lässt man an der Hobelbank Ellenbogenfreiheit, damit der Ärmel schwingen kann, wenn Glattes entsteht, und darum lassen auch wir am besten Alastalo Raum am Webstuhl, wenn der Weberschützen in seinen Händen fliegt und seine Schüsse macht für das gemeinsame Tuch! Wir alle haben zu Hause das Amt des Hofherrn auszuüben, und wenn wir dies dort für fünf tun, dann schaffen wir es womöglich sogar, unsere Anteile rechtzeitig zur Zahlung zu bringen!« Langholmas Blick war vom Schaukelstuhl aus ernst auf Pukkila gerichtet, und in seinem Tonfall lag zweifellos ein gewisser Akzent von Warnung, so wie es Langholma bisweilen passierte, ob der andere nun um einen warnenden Ratschlag gebeten hatte oder nicht.

Als Warnung witterte auch Pukkila auf der Stelle Langholmas gesetzte Worte, und ebenso verstand er den Stachel der Belehrung, der darin versteckt war. Die Wahrheit war ja, und als Tatsache nicht anzuzweifeln, dass an Barkanteilen, jetzt, da Evalds Teil hinzugekommen war, derer ein bisschen zu viele und in zu mächtigem Maße zusammengekommen sein dürften, und ebenso wahr und nicht zu leugnen war der Umstand, dass er eben im ersten Atemzug und in der Euphorie ein wenig überstürzt Evald durchs Nadelöhr gezwängt hatte, bevor noch die Nadelspitze ausgerichtet war, aber mussten die anderen, auch wenn sie vom Charakter her Langholmas und Eframs waren, deswegen anfangen, den Schulmeister für ihn zu spielen und ihm auf die Finger klopfen! Die Anteile zeitig zur Zahlung: So wird also heimlich gedacht und gestichelt? »So ist das wohl – so ist das wohl!«, murmelte Pukkila nun auch schon laut und machte sich äußerlich demütig, aber die Augen blitzten Unheil verkündend, und hinter der Stirn mahlte es. Sollte er denen zeigen, dass der Hahn seine Stimme noch nicht verschluckt hatte? Er könnte geradewegs seinen Namen auf dem Papier und dem Barkvertrag durchstreichen, seinen eigenen und den von Evald, dass es auf dem Papier nur so spritzt unter dem Stift und der eigene Haarkamm lodert! Zum Donnerwetter: Vielleicht steht auch in Pukkilas Wald Bauholz für eine Bark? Hyrklä und Omensaari und andere gute Bekannte aus der Großgemeinde im Binnenland mit dabei? Der Kopf schnellte nach oben, und der Haarkamm schwang! Im nächsten Frühling schaukelte ein Vollriggschiff in Pukkilas heimischer Bucht, ein Vollriggschiff, das Holz geschlagen in Pukkilas Wald, aus Pukkilas Kopf und Zeichenstift die Fasson des Bugs und der Schwung des Achterschiffs, der Fluss der Flanken und der Lauf des Relingbogens, eine Fregatte mit drei Toppen in Pukkilas heimischer Bucht, an jedem Toppmast ein Rahrigg! Durch sein Gehirn schwappte der stolze Anblick wie ein heißer Strom. Pihlman Pukkila als Kapitän auf der Kommandobrücke einer Fregatte! »Steuermann! Die Flaggen an die drei Toppen! Steuermann! Ankerwinde in Betrieb! Steuermann! Die Segel in den Wind, Ruder nach Lee, das Bugholz in Richtung Buchtausfahrt! Steuermann! Alle Männer in eine Reihe, die Mützen in die Hand, ein gemeinsames Hurra aus voller Kehle an die Schiffseigner am Ufer! Steuermann! – Steuermann!« Es raubte ihm den Atem und rauschte in den Ohren: Ein Jahr lang würden sich Langholma und Alastalo nicht mehr an denselben Sonntagen wie Pihlman Pukkila auf den Kirchenhügel und in dieselbe Bank im Chor wagen!

Pukkilas Augen waren jedoch bereits wieder von ihrer Reise in den Saal zurückgekehrt. Langholma unerschütterlich wie ein Fels in der Brandung im Schaukelstuhl, ebenso reich an Geld wie fest an Kinn; Alastalo, glatter als ein Aal und trügerisch, rund wie ein Seehund daneben, ebenso fett wie federnd, was die Taille des Geistes wie des Körpers betraf, ob er mit ernsten

Sachen rang oder mit Sprüchen um sich warf; Härkäniemi mit seinem Buckel auf dem Sofa wie ein festsitzender Baumstumpf samt Wurzeln auf der Heide oder wie ein Ankerpflock mit seinen tonnenschweren Zähnen tief im Lehm, ebenso unbeweglich und ohne jede Regung, ob man nun mit aller Kraft den Stumpf und Hufochsen am Verstandesnacken zog oder mit List und Tücke an den Hornzacken der Dummheit! Pukkila musste seufzen und dabei die Schwere seines Herzens fühlen. Was wollte man gegen solche ausrichten, von denen jeder dicht und fest war, vom Lehm seines Hofes wie auch dem seines Kopfes her, und von denen sich jeder eine stabile Sohle und eine dicke Brusttasche leisten konnte! Und die Hofherren aus dem Binnenland? Die verstehen nichts von Schiffsangelegenheiten und setzen ihr Geld nicht auf dem Meer aufs Spiel!

»So ist das wohl – so ist das wohl!«, murmelte Pukkila also nur und wiederholte seine eigenen Worte und kratzte sich die Bartwurzeln, als suchte er Nissen. Er verstand und dachte auch daran, dass es jetzt durchaus angebracht wäre, sich zu entrüsten und anzufangen, von der Heimfahrt zu reden, davon, dass sich gegen Abend der Wind legt: »Nachher muss ich mit meinem Jungen noch die ganze Nacht den ganzen Ströömi längsrudern, von Läpe bis Vika!« würde als Spruch passen, und angemessen wäre es, sich auch im Ernst zu verabschieden und Hände zu schütteln und in seinem Zorn in den Flur zu gehen, um seinen Hut zu holen, es würde ausgezeichnet passen und würde womöglich auch mannhaft aussehen, wenn man ein bisschen die Tür zuschlagen würde, die Tür zum Flur, hinter sich und Evald, aber brachte es ein Mensch übers Herz, sich selbst so einen Schimpf und Schaden zuzufügen, dass er das Haus mittendrin verließe und nach Hause ging, nachdem bereits stundenlang ununterbrochen und in einem fort das Trappeln vom Umherrennen und das Klimpern von Geschirr in den Ohren gegellt und das Empfinden gekitzelt haben, das Dröhnen der Schritte und die Hast der Rocksäume jenseits der Tür in Vor- und Stubenkammer, wo jeden Augenblick die Tür auffliegen und in den Saal die strömenden Gerüche von üppig duftenden Braten hereinfluten und auf der Schwelle die flinke Eevastiina in ihren gestärkten Spitzen erscheinen konnte, knicksend und zu den Leckereien des überladen gedeckten Tisches rufend! Die Natur des Menschen ist nicht aus Stein und nicht aus Stahl, sondern aus einem Stoff, der Geschmack empfindet, und aus schwachem Menschenfleisch, und auch Pukkila verstand, dass es vielleicht die Ehre im Herzen kuriert hätte, wenn er sich jetzt ermannt und Evald gewinkt hätte und stur nach Hause gegangen wäre, er durch seinen Stolz jedoch selbst Schaden nehmen und er es auf der Stelle bereuen würde, sobald er die Tür hinter sich zugeknallt hätte! – Natürlich, wenn man mit Langholmas Knochen umherginge und einem so etwas passierte, könnte man so tun als ob und sich aufspielen und kurz und bündig seiner Wege gehen, aber würde hinter mir, wenn ich so kurznäsig wäre und ginge, ein solcher leerer Platz im Saal zurückbleiben, dass auch die anderen auf den Gedanken kämen, dass gegen Abend der Wind abflaut, und anfangen würden, an den Heimweg zu denken und nach ihren Mützen zu schauen, was immer Alastalo auch über die Mahlzeit und Eevastiinas Aufforderungen sagte? – »So ist das wohl – so ist das wohl!«, murmelte Pukkila also nur ergeben und ging dazu über, den bittersten Groll herunterschluckend, nach der Stelle auf dem Sofa Ausschau zu halten, an der er zuvor gesessen hatte und zu der er zurückkehren musste, um sich zwischen den keuchenden Lahdenperä und den kauernden Eenokki zu quetschen.

Kapitel, in dem Alastalo endlich den Barkvertrag vom Tisch nimmt und im Sekretär einschließt und in dem noch mehr Feierliches geschieht, wie zum Beispiel, dass Härkäniemis vormittägliche Überlegungen über die Gouverneurspfeife sich als richtig erweisen und Alastalo sich tatsächlich vor dem Pfeifenregal das mit Perlen besetzte gute Stück für den Dienst im Mundwinkel stopft und so durch den Saal zum Schaukelstuhl geht, dass der Rauch hinter ihm zurückbleibt, und dort anfängt zu wippen, so wie Langholma es im Schaukelstuhl gegenüber mit der Pfeife des verstorbenen Richters im Mund tut.

Pukkila war also, wenn auch verbeult und, was die Nasenstellung betraf, als geknickter Mann, im Begriff, zu seinem alten Platz auf dem Sofa an der hinteren Wand zurückzukehren. Alastalo hatte als wachsamer Gastgeber jedoch sehr wohl die Nasenplättungen im Gesicht seines Gastes bemerkt sowie auch den nur allzu menschlichen Grund für eine gewisse Verstimmung in der Herzapparatur und im Räderwerk des Gemüts seines Kapitänskameraden und Reederfreundes. Weil Alastalo allein von der Leibesfülle her mit solchen Naturbegabungen ausgestattet war, dass es zu seiner Machart am besten passte, die Dinge von der weichen Seite zu nehmen und sich mit ihnen einträchtig Seite an Seite einzurichten, und weil er insbesondere an diesem Tag und in diesem Augenblick, da der Barkvertrag nach langer Tüchte endlich so gut wie fertig und bereit zum Zusammenfalten auf dem Tisch lag, in seinem Herzen nicht die geringste Lust und Neigung verspürte, um sich herum schlaff herabhängende und zwischen die Beine geklemmte Schwänze zu sehen (sogar seinen eigenen Hund Vilho hätte er, falls dieser sich auf dem Hof bewegt hätte und angekommen wäre, um sich an seinem Knie zu reiben, sogar seinen eigenen Hund hätte er in seinem jetzigen Wohlbehagen angestachelt und verrückt gemacht und trotz seines Alters zu Sprüngen und Schwanzwedeln und unbändigem Tollen gereizt!), denn so war es, er mochte beim derzeitigen Vor-dem-Wind-Segeln und Abwärtsrodeln ums Verrecken nicht dulden, dass bei seinem Nachbarsfreund oder sonst jemandem im Saal die Stimmung mit rostigem Scharnier amtierte und der Nacken mit stocksteifer Starre. Und so ging denn auch freundschaftliches Tätscheln auf Pukkilas Rücken nieder und ein Kneten der Schultergefilde, bevor das Sofa auch nur in Reichweite war und an die Bescheidenheit des Sitzens auch nur gedacht werden musste. Die Handfläche hämmerte, und der Mund mäßigte, was das Zeug hielt, sodass bei Pukkila zunächst gar kein weiterer Gedankenraum blieb, als mit den Ohren aufzunehmen, was ihm an gut hinabrutschendem Gerede und wohlschmeckendem Geschwätz in die Muscheln gestopft wurde. »Dieser Pukkila, der Petter und unser Pihlman, das ist mir einer, Herr im Hafen von der Nasenspitze bis zu den Hosenbeinen und Kapitän an Deck von der kreischenden Kehle bis zum spähenden Blick, an gedeckten Tischen geübt und ein Teufel vor Gericht, Herr im Haus und Primas in der Gemeinde! potz Blitz, wo habe ich dich je gottloser gesehen als im Glaskeller von Kopenhagen, mit qualmender Zigarre im Mundwinkel und den Seidenhut auf dem Kopf nach hinten geschoben, als die Kapitäne sich vergnügten, als die Mamsell auf der Bühne vor aller Augen ihre fetten Schenkel aufblitzen ließ und das rotbackige Pummelchen dir mit beiden Händen Handküsse zuwarf! Was für ein Kerl schon in jungen Jahren: Nie werde ich Langholmas Hochzeit vergessen, als sich drei Tage und Nächte lang im Walzer gedreht wurde, zwischendurch den Kopf in die Wassertonne und dann wieder ein neues Mädchen in den Arm, und schon wurde der Boden von Neuem geschleift!« Alastalo bombardierte Pukkila mit seinem Daumen nun auch schon auf der Vorderseite: »Und noch immer tobt in dir der Teufel, wenn es dich juckt, das brauchst du gar nicht erst zu leugnen: Wenn die Geige im Hochzeitssaal wimmert, wer lugt dann andächtiger unter den Büscheln seiner Brauen hervor und auf die bunte Seite im Saal, und wessen Stelzen machen bald darauf den Jüngeren vor, wie man früher die Sohlen sausen ließ, wenn auf einer Hochzeit getanzt wurde und man eine Süße im Arm zu führen hatte, wer, frage ich, wenn nicht du, derselbe sündige und ewige Petter mit Pukkilas Pedalen?«

Es wäre von Petter geradezu übermenschlich gewesen, hätte sein Gemütsschwamm nicht mit allen Ritzen die süßlichen Worte aufgesaugt wie sprödes Holz die Bepinselung mit Öl und dabei Feuer und Flamme geschürt! Nur ein Verrückter quält sich selbst und lässt die Unterlippe verhärmt hängen, wenn man ihn unterm Kinn krault und als Mensch wahrnimmt und sich sein Blut belebt! Sämtliche Barken, Barkteufel und andere unschönen Plagen waren auf der Stelle vergessen und Schnee von gestern, so wie das Kneifen des Januarfrosts an den Ohrläppchen in den Sommermonaten bei schönstem Heuwetter, aus dem Sinn wie ausgewischte Schrift auf der Griffeltafel: Die Hand fing an, in der Luft den Takt zu schlagen, die Knie zuckten, und in den munteren Augen setzten zehn behaarte Teufel zu Polka und Satanssprüngen an! Beim Abschütteln der Verdrießlichkeit vom Herzen durften wohl auch die Grogs und kräftigen Aufgüsse von vorhin endlich auf dem Saunaofen des Kopfes ihren Dampf entfalten, da die Abzugsbleche nun geöffnet waren: Es war doch ein Vergnügen, endlich und ehrlich wieder fröhlich und man selbst zu sein und ein feuriger Bursche in guter Gesellschaft! »Ich und du, und Härkäniemi als Malakias der Dritte im Bunde: Da braucht sich diese Gemeinde nicht für ihre Kapitäne zu schämen!« Pukkila hatte Alastalo mit dem einen Arm untergehakt, der andere schwang schon zu Härkäniemi hin aus, schnappte diesen samt seiner Pfeife vom friedlichen Sofa. »Ich wie ein Herr und du wie ein Fass und Härkäniemis Schultern wie ein schaukelnder Heckspiegel, so kann man uns drei schon anschauen, wenn es in den Gassen Lübecks widerhallt: Zwei Kräftige schreiten aus, ein Großer als Dritter in ihrer Mitte, da schrecken die Polizisten in die Hauseingänge zurück, und die Deutschen recken an den Fenstern die Hälse, wo sie sich trauen!« Bei Pukkila war die Stimmung nun so gut, dass auch die beiden anderen auf beiden Seiten Eingehakten sich vom alten Schwung mitreißen ließen, und im Saal knallte der Fußboden, als das Trio trampelte und marschierte, Pukkila als der Längste in der Mitte, mit Kammflackern im flatternden Haar, Alastalo links, ausreichend dick, um mächtig zu keuchen, Härkäniemi rechts, mit den Schultern inbrünstig ausgleichend, was den Beinstempeln an Ausmaß fehlte! »Bei mir der Verstand so flink wie ein Wiesel im Geröll und gewitzt wie Wasser an der Fugenritze, bei dir, Alastalo, die Zunge im Mund fest verwurzelt und mit Schmackes wie ein die Schnur schleudernder Schmiss der Peitsche, und bei Härkäniemi die Pranke wie ein Schraubstock und die Stimme wie das Poltern eines Karrens auf dem steinigen Hügel: Wenn die drei unterwegs sind, dann wird die Straße geräumt, und dort, wo nicht auf die Vernunft gehört wird, meidet man besser den Griff der Pranke am Schlafittchen, und wo die Klinge des Wortes nicht ins Verständnis dringt, stellt die List dem Dummen ein Bein, dass er mit der Nase im Lehm landet!« Die Kapitäne ließen ihre Sohlen dröhnen, und alle drei wurden für ein Aufschäumen lang vom Geist eines kleinen Rauschs erfasst, als schritten sie tatsächlich wieder einmal, so wie es einst in jungen Jahren durchaus manchmal vorgekommen war, durch die Gässchen und Sträßchen von Lübeck und spielten sich dabei leicht übermütig auf! Diese Hebung im Blut und in den Schuhsohlen rührte zumindest bei Härkäniemi und Alastalo jedoch nicht so sehr vom Kippen des Grogglases und dessen gründlichen In-Augenschein-Nehmens im Laufe des Tages (beide waren in diesen Dingen vergleichsweise maßvolle Männer, vor allem dann, wenn, so wie an diesem Tage, Geschäfte eingefädelt werden mussten), die Leichtigkeit in Geist und Sohle war, was sie betraf, also nicht allzu sehr das Verdienst guter Stoffe und der Lohn mannhaften Genusses als einfach nur etwas Gelöstes in den Dachstuben des Gemüts und den Behausungen des Körpers, das sich aufschwingen wollte, das in Bewegung geraten war und zu fliegen trachtete, da nach langen Bemühungen die Anstrengung des Tages allmählich fast bewältigt war und man die Glieder des Geistes wie des Körpers strecken und ausschütteln konnte bei dem gesunden Bewusstsein und Rauschen des Blutes, das den Rumpf eines Mannes durchfährt, wenn die Schulterarbeit gestemmt, die Fuhre mit Anstand zum Ruhen in die Kiste gekippt worden ist und man sich beim Aufrichten erst der Kraftanstrengungen des nun befreiten Rückens und der klirrenden Klingen des erlösten Willens gewahr wird. Inbrünstig schritten nun also Alastalo wie auch Härkäniemi rechts und links von Pukkila aus, und vor Glaube flatterte auch Pukkilas Haar, als das Trio Arm in Arm durch den Saal ging und die Bodenbalken bebten: Alastalo wedelte mit dem Barkvertrag in der freien Hand, der war bei einer Drehung als fertiges und komplett unterschriebenes Dokument vom Tisch geschnappt worden und eignete sich großartig dazu, im Rausch und in der Pracht dieser Trampreise zum Sekretär getragen zu werden, wo er hinter der Klappe aufbewahrt werden sollte, Härkäniemi hielt in der freien Hand die Pfeife, die in ihrer Ellenlänge wie eigens dafür vorgesehen zu sein schien, den Marschtakt zu schlagen, und Pukkila, bei dem die Hände besetzt und vollkommen eingespannt waren – schließlich hatte er den rundlichsten und den breitschultrigsten Mann der Gemeinde untergehakt umherzuwirbeln! –, glich dies sowie die erzwungene Steifheit der Oberarme aus, indem er seine biegsamen Kniescharniere umso höher hob und umso fester – und dank seiner Gliedmaßenlänge mit ausreichendem Schrittdruck –, um abwechselnd mit der rechten und der linken Sohle aufs dröhnende Kiefernholz des Parketts zu stampfen. Wie oft im Leben marschiert man schon mit der ersten Bark in die Gemeinde, einem Kahn mit drei Toppen? Entsprechend stolz ging es dahin, und die Scheiben in den Fenstern klirrten der Reihe nach und hörten erst wieder auf zu zittern, als die erste Runde um war und auch die zweite absolviert und die dritte mit vollem Trotz begann: Schließlich führt man auch die Braut dreimal im Kreis herum, bevor ihre Schleppe ruhen und das geladene Volk im Hochzeitssaal auf das Glück des getrauten Paares anstoßen darf!

Hier nun kamen ausgerechnet zu Beginn der dritten Runde der Marsch der Kapitäne und der Höhenflug der Herzen zu einem jähen Ende. Langholma war in bestimmten Dingen ein unangenehmer Mann und begriff nicht, oder gab es jedenfalls nicht zu, dass die Freude im Oberstübchen und im Gemüt des Menschen manchmal überborden kann. Er hätte es noch geschluckt, wenn Pukkila für sich allein auf dem Fußboden um die Mauern von Jericho getrippelt und getrampelt wäre, dann hätte er bloß gedacht, soll sich Pukkila, der arme Mann, nur ein bisschen in Stimmung bringen, nachdem er den ganzen Tag an einer Pille im Hals schlucken und sich so quälen musste, dass man bei dem Anblick Mitleid bekommen konnte wie mit einem Magenkranken; und er hätte es vielleicht auch noch geduldet, dass Alastalo sich ein bisschen Leichtigkeit verschaffte in den Flüssigkeiten seines Bluts, wo jetzt immerhin ein ganzer Dreimaster fast vollständig gezeichnet auf dem Papier stand und im Sekretär eingeschlossen werden konnte und man sich als erleichterter Mann den Kummer von den Schultern seufzen durfte, nachdem man gut und gern zwei Jahre unbezahlt umhergerannt war, sich den Mund fusselig geredet und mit Männern abgegeben hatte, die zu steif im Kopf und zu langsam von Verstand waren, um sie in ergiebigere Weidengründe und auf gemeinsames Grasland zu treiben, nachdem man wer weiß wie viele Jahre, womöglich Jahrzehnte heimlich im Geiste gegrübelt hatte, verborgen unter dem Haarkamm und den Deckeln des Schädels; er hätte unter Umständen durchaus geduldet, dass es in der Reuse ein wenig spritzte, in der gerade ein Hecht von einem Liespfund strampelte, und das Weidengeflecht entsprechend knarrte, aber es war zu viel, und es war unnötig, dass ein gesetzter Mann wie Härkäniemi, der immerhin über ein mannhaft bemessenes Stirnbein als Frontispiz seines umfassenden Schädels verfügte, den Kehrseiten seines Kopfes die Macht überlässt – die bei ihm freilich dem vorderen Rahmen entsprechend ebenfalls großräumige Hutfüller waren! –, dass er den Kehrseiten des Kopfes die Macht überlässt und den nackenseitigen Streben, in die das Blut seine Schwälle und frischen Schwingungen schwappen lässt, bevor das Sieb der Vernunft dazu gekommen ist, das Klare vom Trüben zu sieben, das Kalte vom Heißen und die kluge Erwägung vom platschenden Gelüst, dass ein gesetzter Mann und ein Zugtier von Härkäniemis Kraft, mit dem zugfähigen Nacken seines Verstandes und den zähen Kniegelenken seines Handelns mitten in der festen Lehmfurche und beim besten Bemühen im Jochbaum sämtliche Werte seiner Ochsenehre und die schwerwiegenden Pflichten des Voranschreitens vergisst, um sich noch einmal im Leben von den erfrischenden Erinnerungen seines Kälberalters verleiten zu lassen und als grotesker Stapfer die Hufe in die Luft zu schleudern wie einst auf den Gefilden der Waldweiden und freien Heiden von Vuorniemi: Du patschst so inbrünstig mit der Sohle auf, als würdest du den Bodenbalken das Glaubensbekenntnis ins kieferne Bewusstsein stampfen!, dachte Langholma, als er Härkäniemis inständiges Stiefeln auf den kurzen, aber trotzdem weit genug reichenden und genügend stämmigen Schenkelschäften betrachtete. Es belebte geradezu das Herzblut, das musste man zugeben, aber die Vernunft musste es missbilligen, das begriff Langholma, als er vom Schaukelstuhl aus den forschen Marsch der Kapitäne betrachtete. Einer vielleicht, Alastalo für sich oder Pukkila für sich, oder auch beide zusammen, Pukkila und Alastalo untergehakt nebeneinander, das wäre noch gegangen, das wäre nicht gefährlich gewesen, das lange Sitzen hätte eine kleine Aufmunterung vertragen, und man hätte entlang der Wände gemeinsam gelacht, aber drei, das war schon eine Schar, und wenn ausgerechnet Härkäniemi als Dritter neben den anderen beiden eifrig aufs Parkett trampelte und die dritte Runde im Gange war, da konnte allmählich bei jedem Beliebigen im Saal der Geist unterm Haar ins Schwanken geraten, und es fehlte dann nur noch, dass Lahdenperä mit Eenokki im Arm vom Sofa hochschoss, und der ganze Saal wäre eine einzige Mühle und jeder einzige Stuhl leer, während die Wände vom Gestampfe dröhnten; die Bark verdrehte jenen die Köpfe, die das Grogwasser nicht genügend in Stimmung gebracht hatte, und im Schaukelstuhl müsste sich derjenige für sich und die anderen schämen, der wie eine nüchterne Piek inmitten des Ganzen saß! Es ist zu spät, die Flucht aufzuhalten, wenn die ganze Herde schon am Gattertor hopst!, dachte Langholma und stand im selben Moment vor seinem Schaukelstuhl.

»Am besten, die Männer gehen hinterher, nachdem die Vernunft den Saal bereits verlassen hat!«, sagte er kurz und trat dem sich nähernden Trio in den Weg, wobei er Alastalo die Hand zum Abschied hinstreckte.

Der Marsch der Kapitäne kam auf der Stelle zu einem Halt, und die Arme lösten sich aus der Verhakung. »Was hast du es so eilig!«, murrte Alastalo als nüchtern werdender Mann und blinzelte auf die ausgestreckte Hand, als brauchte er biblische Erklärungen, um deren Bedeutung zu verstehen. »Gehen kann man immer noch, das eigene Zuhause rührt sich nicht vom Fleck!«, plauderte er unter Rückkehr zu den Gastgeberpflichten und auch um Denkzeit für sich vorzuhalten. »Klären wir doch erst die Angelegenheiten, dann wird uns für den Aufbruch schon was einfallen!«, schwatzte er mit der ersten Spucke, weil die Hand des Gastes zu stabil vor ihm in der Luft stand, als dass der nötige Zeitraum und auch sonst Platz für die bessere Entwicklung eines Gesprächsthemas vorhanden gewesen wäre: Wird ein Mann am Hals von einer Messerspitze gekitzelt, kommt er nicht auf die Idee, seine Schritte im Walzertakt zu setzen!

»Die Angelegenheiten sind so klar, wie man sie bei diesem Nebel klar bekommen kann!«, lautete Langholmas kurze und eher schroffe Antwort. »Ich gehe: Noch ist genügend Wind in der Luft, dass es bis ans heimische Ufer flutscht!«, fügte er seinen Worten etwas Gelasseneres hinzu, nachdem er einen Blick auf die Äste des Apfelbaums vorm Fenster geworfen hatte, die noch schwankten. »Wenn wir weitere Maßnahmen ergreifen, dann besprechen wir uns darüber im Saal von Langholma: Dort werden die Groggläser erst auf den Tisch gestellt, wenn die Papiere in der Schublade verstaut sind!« Während Langholma das sagte, waren seine Augen wieder strenger geworden und bedeutungsvoll auf den Bogen Papier des Barkvertrags geheftet, der sich als Urkunde in diesem Moment zweifellos in würdevollerer Verwahrung hätte befinden können als in der leicht wackeligen Wippe von Alastalos linker Hand. Indessen wurde im gleichen Atemzug die rechte Hand des leicht verwirrten Alastalo ergriffen, und Langholma verabschiedete sich, wie es sich gehörte, als Erstes vom Gastgeber. »Du bist ein geschickter Mann, Herman, und weißt um Rat, wenn gekreuzt wird und beiderseits der Reling Klippen aufragen wie Zähne am Sägeblatt der ritzenden Seite!« Langholma hatte es für angemessen gehalten, milder zu werden, weil er die Hand zum Abschied gab und am Gehen war. »Aber in klaren Gewässern führt der gerade Kurs weiter, und ich glaube, dass dann auch meine Hand am Ruder reicht: Kommen wir auf Langholma auf die Angelegenheit zurück!« Doch bevor er Alastalos gewissermaßen wie geschrumpfte Hand losließ, musste Langholma doch noch das Salz einer kleinen Weisheit von sich geben. »Zu viel Geschick kann manchmal auch die Rechnungen verderben, und zu viel Verzierung die Pläne!«, sagte er, bevor er sich vom nun leicht ratlosen, als hätte er einen Klaps auf die Finger empfangen, Hausherrn ab- und den Gästen zuwandte.

Pukkila war der Nächste, weil er neben ihm stand. »Ein flinker Mann bist auch du vom Verstand her, wie du selbst ja wohl auch eben gesagt hast!«, wurde diesem als Zeugnis ausgestellt. »Aber auch dem Hasen helfen die noch so langen Beine nicht auf langen Strecken, weil bei dem Springer der rennende Verstand im Kreis läuft! Auch du wärst klüger, als du es bist, wenn deine Flinkheit eine Fassung hätte und dein Verstand so viel an Richtung wie an Geschwindigkeit! Geschmeidig weichst du der Gefahr aus, die sich der Nase nähert, wenn sie einen Zoll entfernt ist, schlägst dir aber mit dem gleichen Schwung eine Elle weiter den Kopf gegen die Wand: Auch das lebhafte Auge sollte man dazu gebrauchen, um über die Spitze des Nasensparrens hinauszuschauen!« – Härkäniemi bekam ebenfalls eine Weisheit ab, da man nun einmal in Fahrt war und er beim Händeschütteln der Nächste war. »Du hast die Pranke eines Mannes und bist auch sonst ein Mann, und Schultern hast du für zwei. Auch der Verstand hinter deinem Stirnbein ist ausreichend massiv, wenn du ihn nur benutzen möchtest. Du bist Manns genug für etwas Besseres als fürs Stampfen auf dem Fußboden!« – Nun hatte jeder Kapitän seinen Rüffel bekommen, und Langholmas Verabschiedung ging weiter, da sie das Zeichen zum allgemeinen Aufbruch gab, denn alle waren inzwischen von ihren Plätzen aufgestanden, und der ganze Saal füllte sich im Nu vom Stimmengewirr des Abschieds und dem Rascheln des Händeschüttelns. Eigentlich hatten alle das Gefühl, dass es absolut zu früh war; die Gerüche und delikaten Düfte aus der Stube und vom Vorderzimmer her, ebenso wie das klappernde Gerenne und das Klimpern des Geschirrs aus derselben Richtung, kündeten jedem davon, dass die Absicht, aufzubrechen, sowohl vergebliche Mühe wie auch ein weniger empfehlenswertes Unterfangen wäre, noch dazu pochte bei einem jeden die lebhafte Erkenntnis an die Tür des Gewissens, dass man eine Dummheit beging, wenn man sich jetzt tatsächlich nach Hause begab, und dass die schöne Festivität ohne Nase und unvollendet bliebe, wenn jetzt schon das Ende anstand, ehe auch nur der Anfang der Freude gekostet worden und man dazu gekommen war, den Barkvertrag vollumfänglich zu feiern und mit Bedacht zu begehen. Andererseits nahm sich Langholmas Beispiel jedoch allzu verpflichtend aus, und auch das Wissen, dass es sich gehörte, aufzubrechen, wenn ein anderer, und zumal ein bestimmter anderer, aus der Schar der Großen sich dazu anschickte, war einem jeden nur allzu klar, als dass es noch angemessen gewesen wäre, mit gelassenem Gesäß und ohne Anstalten zu machen, auf seinem Platz zu bleiben, und so war nun im Saal so etwas wie ein kleiner Trubel entstanden, wie er immer dann entsteht, wenn zuerst einer und nach ihm ein Zweiter an der Wand gegenüber und ein Dritter irgendwo anders und zuletzt das ganze Volk an allen Wänden plötzlich und mit einem Rauschen, wenngleich auch noch nicht ganz und gar im Ernst und vollen Glauben, sich bereit macht, von den Stühlen und sonstigen Sofasitzen aufzustehen, und bald auch schon vor seinen Sitzplätzen steht, während die Mutigeren und ans Voranschreiten Gewöhnten sich bereits in Bewegung setzen, um sich schicklich vom Gastgeber zu verabschieden und danach womöglich auch anderen die Hand zu geben, sofern sie einem im Trubel begegnen und über den Weg laufen. Der Saal von Alastalo war also durch die Auswirkung des Beispiels, das Langholma gegeben hatte, erfüllt vom Treiben des Aufbruchs und vom Trubel des Aufstehens, jeder wollte wenigstens seine Bereitwilligkeit zeigen und gehen, falls es gestattet wurde: Es hing von den Gastgebern selbst ab, ob man die Gäste auf diese Weise aus dem Haus ließ! Die Feinnasigeren und diejenigen, die das Haus und Herman und vor allem Eevastiina kannten, ahnten freilich, dass dieser Versuch ein vergeblicher Wirbel bleiben würde und dass eher ein verschlucktes Kaulbarschjunges aus dem Schlund des Hechtes in dessen Maul zurückkehrte, um sich aus Dankbarkeit zu verbeugen, bevor ein bis zum Schluss unbewirteter Besucher die Schwelle von Alastalo hinter sich ließ, aber warum sollte man es nicht versuchen, wenn man sich vorab ziemlich sicher sein konnte, dass man bei dem Versuch nicht viel verlor: Man demonstrierte nur, dass man durchaus bereit war, falls es denn sein sollte, aufzubrechen, aber dass man, falls doch etwas anderes vorgesehen war, auch über die Bereitschaft verfügte, mit gereinigtem Gewissen abzuwarten, was möglicherweise noch kommen würde!

Alastalo, der sich als Gastgeber stets wie ein Fisch im Meer und wie die Ente auf dem Teich fühlte, hatte freilich die Vorzeichen im Saal gerochen und begriffen, aus welcher Richtung der Wind nun in die Segel blies, aber weil er weiterhin den Barkvertrag in der Hand hielt und es sich schon allein aufgrund von Langholmas eben ausgesprochenen Worten nicht gehörte, ihn wie ein beliebiges Papier in der Faust zu schwenken, hatte er auf die Schnelle keine Zeit gehabt, an den Trubel im Saal zu denken, sondern musste das Dokument in Verwahrung und hinters Schloss des Sekretärs bringen, wie es dem Wert des Papiers angemessen war. Außerdem gab einem diese Beschäftigung Zeit, die Empörungshärchen seines auf den ersten Schlag ein wenig gereizten Gemüts wieder in gelassene Lage zu streichen und Langholmas Zurechtweisungen samt den Gräten den kratzenden Hals hinunterzuschlucken: ein verlässlicher Mann, wenn es ums Handreichen geht, und wenn man ihn braucht, ein schweres Gewicht von einem ganzen gekrönten Liespfund auf der Waagschale, aber manchmal schwierig im Umgang, was die Scharniere des Verstandesnackens betraf, und ein komplettes Ärgernis in Gesellschaft und bei laufenden Verfahren, wenn seine Kinnlade, gerade wenn alles läuft wie geschmiert, auf Efram-Ideen kommt und anfängt, sich mit richterlichen Steifheiten und gespreizten Spänen zu sperren.

Ganz er selbst war Alastalo wieder mit vollem Leibesumfang, sobald das Barkpapier verstaut, die Klappe sorgfältig verschlossen und der Schlüssel tief in der Hosentasche versenkt war, ein Mann so munter wie ein kreisendes Mühlrad, wenn ein guter Nordwind draußen die Flügel dreht, was die Blätter halten und die Gestellgräten hergeben, da er nun für zehn Mann ausgestreckte Hände abwehren und jeden Gast und ganz und gar

Verrückten wieder auf seinen Platz und zur Vernunft drängen musste! Alastalo rotierte und keuchte, lief rot an und ächzte, rotierte wie ein Knäuel, schob Aufbrechende zurück, verwehrte seine Hand, setzte Kraft ein und schmierte mit Worten, drückte mit sanfter Gewalt Männer an den Schultern zurück auf den Sitz, benutzte das Auge dort, wo der Arm nicht hinreichte, witzelte und ermunterte: »Wann hat man auf Alastalo jemals einen Gast zur Tür hinausgelassen, damit er auf den leeren Magen Luft schnappt?« »Aus dem Kälberpferch schickt man die Gäste ins Freie, damit sie sich dort gütlich tun, aber in Sälen und unter Menschen wird zum Ruchlosen derjenige, der es nicht versteht, vor dem Aufbrechen dem Tisch des Hauses seine Ehre zu erweisen, notfalls mit dem Strick am Tischbein festgebunden!« »Hast du in Stockholm deine Nase als Zulage zum Geschäft im Heringsfass stecken lassen, weil du nicht riechst, dass nebenan in der Stube etwas Gutes blakt und Eevastiinas Braten dort in den Pfannen brutzeln!«, bekam Nordevall als Mahnung ab und dazu einen Schlag auf die Schulter, der ihn lehrte, wie er zu kreuzen hatte, damit der Kurs wieder auf seinen Stuhl von vorhin gerichtet war. »Ob unsere Bark wohl auf dem Kiel bleiben wird, wenn man ihre Reeder ohne Ballast im Rumpf aus dem Hafen lässt?«, wandte er sich an alle und schob dabei mit beiden Händen Lahdenperä rückwärts in Richtung Sofa: »Kommt der Schöffe mit einer Vorladung ins Haus, wirft man ihn hungrig wieder hinaus, aber als Reeder ist er ein Freundesnachbar im Saal und muss mit Gewalt dort bleiben, wo ihn guter Rat nicht zum Tellertagwerk treibt: Du schaffst es auch wohlgenährt und mit vollem Bauch noch rechtzeitig zur Nacht zu deiner Miina und bist dann sogar noch weicher im Bett!« Auch Pukkila erhielt einen ernsten Ratschlag: »Keine Angst, du musst am Tisch nicht platzen, auch wenn du noch so schmal bist! Und dann: Ich hab dich im Auge behalten, du hast eine ungleiche Zahl an Gläsern in deinen Körper geschüttet, zwei aufs linke Bein und lediglich eins aufs rechte, das ist auf dem Heimweg ungesund, da kriegt das linke mehr Fahrt als das rechte, und der Weg fängt an, sich auch für den, der klar im Kopf ist, zu schlängeln. Warte bis nach dem Essen, dann kannst du die Gläser auf beiden Beinen auf die gleiche Zahl bringen und bist sicherer unterwegs. Außerdem, spürst du überhaupt noch viel im Kopf? Du kennst dich mit Pferden aus und weißt, dass ein angespanntes Pferd mit dem Hinterteil im Kummet ein anstößiger Anblick auf der Straße wäre. Aber ein Gast, der nüchtern die Barkfeier verlässt, wäre ebenso kläglich auf seinen Stelzen! Warte, wie gesagt, bis das Essen verzehrt ist, dann bist du klug und bereust es später nicht!«

Alastalo war überall, redete, erklärte und schubste, setzte Kraft ein, wo gutes Zureden nicht half, und drängte mit Worten, wo ein Eingriff mit der Hand zwecklos gewesen wäre, und bald war der Saal wieder besänftigt und beruhigt und die meisten auf ihren Plätzen. Pukkila plauderte auf dem Sofa und tat noch immer so, als würde er abwehren, obschon er längst sicher auf dem Leder thronte: »Da geht einem die Zeit verloren, die eigene Zeit geht einem verloren!«, sagte er, als handelte es sich um den Gang zum Arbeitstag und um das Ausruhen des Rückens nach dem Ackern beim Tagwerk. Lahdenperä tönte neben ihm: »Ein Gast hat seine Pflichten – hat seine Pflichten!«, und war willig, als wäre er schon schwer am Essen. »Was bleibt einem übrig, als zu bleiben, damit du später deinen Rum nicht auf dem Hügel ausgießen musst!«, gab sich auch Härkäniemi wie vorhin vom Sofaende aus Mühe, sein erzwungenes Nachgeben zu vertuschen.

Allein Langholma war in seiner Absicht aufzubrechen unerschütterlich geblieben. Er hatte allen im Saal die Hand geschüttelt und wehrte auch Alastalos letzte Einwände ab. »Du hast an

Gründen so viel zu bieten wie die Elster an Gelächter!«, schmunzelte er gelassen, wenn auch ohne zu schwanken. »Wenn ihn die eigene Vernunft nicht heißt, aufzubrechen, könnte der Gast eine Woche hier verweilen, wollte er die Worte des Hausherrn nach dieser Melodie befolgen!«, sagte er nur und ging als rücksichtsvoller Mann durch die Vorderzimmer und über die Stubenkammer auch noch in die Stube, um dort seinen Abschied zu vollenden und der Hausherrin zu danken.

Dieser Weg fiel freilich kürzer aus, als man hätte vermuten können, und schneller, als alle glaubten, am wenigsten offenbar Langholma selbst, befand er sich doch gleich wieder in der Tür, diesmal im Rückwärtsgang und augenscheinlich unterlegen und als geschlagenes Bataillon. Auch die Großen haben nämlich manchmal einen noch Größeren über sich, und das hätte Langholma als Mann der Vernunft im Voraus begreifen müssen, und auch wenn es ihm vom eigenen Verständnis nicht eingesagt und ihm die Dinge im Kopf deutlich buchstabiert worden wären, hätte er sich wenigstens die Lehre hinter die Ohren schreiben und aus alter Erfahrung wissen sollen, dass Alastalo, solange Eevastiina die Hausfrau war und die Hand ebendieser Eevastiina sich auch nur wie gewöhnlich regte, geschweige denn, wenn sie sich in vollem Festschwung befand, von einem Gast, und schon gar nicht vom Gast aller Gäste, mit leerem Bauch und ohne dass man ihn mit fünf Gerichten bewirtet hat, verlassen wird, nachdem im Haus die ganze Woche lang für ebendiesen Tag – und warum zum Teil nicht auch für ebendiesen Gast – mit fliegenden Röcken umhergerannt worden ist: der Tisch im Vorderzimmer endlich fertig gedeckt und begutachtet war, die Brotkörbe vollgeladen und hoch gefüllt an beiden Enden des sich unter seiner Last biegenden Tisches, auch die Hausfrau so weit, dass sie nur noch vor dem Spiegel ihre Spitzenmütze auf dem Scheitel richten musste, ihren Rock nach dem eiligen Rennen glatt strich und nach einem letzten Blick auf die Tellerreihen dort ein notwendiges Zurechtrücken vornahm und hier ein Gefäß an einen besseren Platz auf dem Tisch stellte, um endlich im Saal zu erscheinen, in ihrem gestärkten Rock an der Tür einen Knicks zu machen und mit Umständen die Gäste zu einem kleinen Happen im Vorderzimmer und einer bescheidenen Mahlzeit am Tisch willkommen zu heißen, »zu dem bisschen, was wir an Bescheidenem anzubieten haben!«. Mit dem Rücken voran und über die Schwelle stolpernd musste Langholma jetzt also, von Eevastiina geschubst, aus der Vorderkammer in den Saal zurückweichen, den er gerade so prunkvoll verlassen hatte. »Kein Wort von Aufbruch jetzt!«, schmetterte Eevastiinas Zunge, als Langholma bereits über die Schwelle und zu den anderen im Saal gedrängt worden war. »Bist du übergeschnappt, Herman, dass du den besten Gast aus dem Haus lässt, wo die Salate schon in den Schüsseln sind und die Bratraine nur darauf wartet, aufgetragen zu werden, wo ich alle Hände voll zu tun, Siviä Eile und Rauha zu rennen hat: Ein Krümelchen Gelb hierhin, eine weiße Prise dorthin, delikate Leckereien als spitzenzarte Verzierung, wo noch eine ungesäumte Stelle für einen Streusel obendrauf ist, eiersattes Aroma als Reim, wo auch das letzte rot glänzende Stück noch nicht verziert worden ist, bin ich geschwind zur Stelle, etwas darüberzuträufeln, Siviä fliegt, etwas daraufzutröpfeln, Rauha rennt trippelnd mit jeder Schüssel zum Tisch, die mit flinker Hand fertig wird, mit aufgehäufter Fülle dem Auge zu schmeicheln und den Gaumen zu kitzeln!« Die Hausherrin war klein wie ein Knäuel und eifrig wie ein Eichhörnchen, als Alastalo sich die Emsigkeiten anhören und Langholma gehorchen musste. »Männer so groß wie Masthölzer, aber mit so wenig Verstand im Kopf, dass man mit den Verständniskrümeln nicht mal ein Nadelöhr füllen würde!«, rollte und hallte der Wortschwall durch den Saal, während

Langholma langsam vor dem Quecksilber zurückwich, auf den Schaukelstuhl zu. »Eure Schiffe könnt ihr rüsten und an euren Pfeifen nuckeln, aber von allem anderen versteht ihr nicht viel! Was glaubst du, was Helena zu Hause sagt, wenn sie hört, dass ich dich von Alastalo habe gehen lassen, während in der Vorderkammer gerade das warme Essen auf den Tisch gestellt wird und die Suppen fertig sind! Wegen euch muss ich hier schwadronieren und predigen, wo in der Stube fünf Töpfe köcheln und unter sieben Deckel geguckt werden muss, was braun ist und was gar! Ich fliege wie ein Vogel mit einem Schwalbenschwanz hintendran, sause wie ein Weberschiffchen, das Schnabelhorn gestreckt, aber du bleibst im Schaukelstuhl sitzen wie ein Kuhfladen im Torf und redest mir nicht von Aufbruch, ehe ich die Erlaubnis dazu gebe!« In Eevastiina steckte eine Hausfrau auch für zwei, wie sie da als kleines, wenngleich tüchtiges Stückchen von siegreicher Bachstelze mitten im Raum stand, die Hände in die Hüften gestemmt, und Langholma bezwungen und zerknautscht wieder im Schaukelstuhl saß. »Da wolltest du dich also ungenährt aus dem Haus flüchten wie ein ungeschorenes Schaf aus dem Verschlag: Ich habe mit diesen Fingern hier so viel Teig geknetet, dass ich ruckzuck auch einen Gutsbesitzer durchwalke, bis er satt im Sessel sitzt!«, prahlte sie ungehemmt und war nicht nur mit den Augen, sondern als ganzer Mensch wie ein Wiesel: Da mochte die eilige Arbeit noch so am Rocksaum zerren, der Mund musste sein Recht bekommen!

Der Mensch ist ein schadenfrohes Wesen, auch wenn er, was die Zollzahl anbelangt, keinen so langen Zahn zum Fletschen hat wie der Luchs auf seinem Ast, und so hatte auch Härkäniemi zu seinem Vergnügen zugeschaut, wie schön Langholma wieder zu den anderen und auf seinen Schaukelstuhl getrieben worden war. »Der Weg aus der Stube zurück scheint kürzer zu sein als der zur Stube hinein!«, sagte er guthäutig und frohlockend zu dem zwischen den Armlehnen des Schaukelstuhls eingeklappten Langholma. »Vielleicht hatten die Alten auch damit recht, als sie sagten, dass einer, der mit Männerschritt und Meilenstiefeln weggeht, oft im Rock und mit Rocksäumen zurückkehrt!« Er lachte und steckte die Pfeife in den anderen Mundwinkel. »Du, Eevastiina, bist noch so forsch wie früher!«, lobte er aus dem nun für neues Atemholen freien Mundwinkel heraus. »Die Wange noch immer so glatt wie ein Septemberapfel und in den Augen Eifer wie bei einem Junifohlen auf der Flur!«, sagte er an Gewissem und Geschicktem aus dem Mund des Junggesellen her. »Herman baut jetzt eine Bark!«, fügte er auch Sachbezogenes hinzu, damit noch Noten für die Fortsetzung der Unterhaltung da wären und man nichts zu schwatzen brauchte, was einem mittendrin ausgeht, wenn sich ein alter Mann daran versucht. »Du hast geprahlt, wie gut du im Walken bist, und jetzt darfst du ja auch einen Teig nach dem andern zum Gehen bringen, damit an der Stange unter der Zimmerdecke von einem Ende bis zum anderen Lochbrote hängen, wenn die Leute von der Werft kommen und nach einem Knust fragen!«

Mehr konnte Härkäniemi nicht aus dem Bart lassen, bis Eevastiina wieder das Wort ergriff, die Hände noch ein Stück weiter oben in die Hüften gestemmt. »Also schon wieder ein Schiff!«, donnerte sie und tat so, als wunderte sie sich. »Na, das habe ich schon an den Vorzeichen erraten! Gleich nachdem Herman im Herbst nach Hause kam, fing ich damit an, immer wieder, was ich konnte: Leg dich schlafen, dreh dich den ganzen Winter nicht einmal um, dann richtest du weniger Schaden an! Also schon wieder ein Schiff!«, sagte sie ein weiteres Mal und war so stolz, dass sie die Haare zurückwarf. »Ob du zehn verrückte Kälber im Hag hüten oder mit der Kelle deinem einzigen Mann Verstand in dessen einzigen Kopfknauf gießen willst: beides gleich sinnlos und hoffnungslos. Also wieder ein Schiff, und dann auch noch eine Bark!, sage ich noch einmal, auch wenn es das Ganze nicht besser macht! Ein Barkschiff, als hätte der Mensch nicht so schon genug an Kreuz zu tragen und im Rock zu rennen!«

Hausherrin Eevastiina predigte und schwadronierte und war höchst zufrieden. Die munteren Augen sprühten vor Freude und Stolz mit der ganzen Lebenslust, die in ihrem Braun enthalten waren, der Knäuel des kleinen flinken Körpers konnte kaum auf der Stelle bleiben, der ganze Mensch zuckte vor Tatkraft! »Ach, ein Schiff wird angeblich gebaut, ein Barkschiff!«, ließ sie ihrer Zunge freien Lauf. »Ihr könnt eure Pfeifen schwelen lassen und euren Grog schlürfen und eure Elsternklauen aufs Papier malen, aber wenn die Arbeit gemacht werden muss und es ernst wird, was seid ihr dann für eine Hilfe? Den ganzen Herbst habe ich den Herman angetrieben, habe immer wieder zu ihm gesagt und ihn angetrieben: Die Mühle, Herman, geh Mehl mahlen, Herman, eine Kiste vom letzten Jahr zu Allerheiligen und die diesjährige Kiste zu Mariä Verkündigung! Den ganzen Winter über ein halbes Hundert Werftleute in der Ecke, die auf was zu essen spitzen: Kann ein Rocksaum da etwa viele Minuten zwischen Sankt Michael und Walpurgis ruhen, bis alle Buttermilchkannen bemessen und alle Butterpfunde gewogen sind und das Hausbier in seinen Bottichen gärt und die Milchsuppen gekocht sind, bis man in alle Kämmerchen gerannt ist und die Fischzuber geleert hat! Da muss die Teigschüssel den ganzen Winter in der Ofenecke säuern und der Backofen heiß gehalten werden, bis jeder seinen Knust in der Pranke hat. Zehn Mal und mit allen Predigten der Dreieinigkeit habe ich den Herman beschworen, ihm abends gesagt und ihn morgens gemahnt, montags angefangen und samstags aufgehört: ›Zieh dir einen Rock an und backe auch nur einen Teig, knete ihn in der Mulde, walke die Masse, dann spürst du, dass es in deinen Schultern am

Abend schlimmer brennt, als wenn du deinen Namen von mir aus auf ein Dutzend Barkpapiere setzt!‹ Aber der Herman geht nächtelang in der Kammer auf und ab, kratzt sich den Kopf und murmelt seine Berechnungen vor sich hin, sodass man selber nicht einmal dann in Ruhe daliegen kann, wenn die Zunge ruht! Eine Bark! Um Himmels willen! Was will der Herman mit drei Masten anfangen, wo er schon schlimmer als ein Schmiedebalg ächzt und keucht, wenn er zur Reling der *Siwiä* klettert und das Fallreep hinaufsteigt! Eher mache ich einen Knoten in meinen Rock und kraxle nacheinander zu jedem einzelnen Topp der Bark hinauf, bevor Herman noch die erste Mars erreicht hat, das garantiere ich!«, schnitt die Hausfrau ungebremst auf und war so offensichtlich Eevastiina, dass man das Weib und geknüllte Knäuel gar für ein Eichhörnchen hätte halten können!

»Du, Eevastiina, bist bestimmt auch der erste Mann, der zum Topp hinaufwieselt, wenn die Bark fertig in der Bucht von Alastalo liegt und in der neuen Kajüte feierlich Kaffee getrunken wird!« Von Härkäniemi kam das, dessen Junggesellenblut aus mangelnder Gewohnheit von der gellenden Frauenstimme aufgefrischt worden war und der jetzt mit seiner Pfeife vor sich hin lachte und mit Wallachwiehern auf den Trab von Eevastiinas Zunge reagierte. »Wollen wir wetten? So wie damals beim Gelage für die neue *Siwiä*! Damals bist du, freilich noch siebzehn Jahre geschmeidiger, mit dem Staubtuch in der Hand hinaufgeklettert, um den ersten Meeresstaub von den neuen Salinglatten am Fockmast zu wischen, und ich durfte dir bei meiner nächsten Sommerfahrt als derjenige, der die Wette verloren hatte, den großen bunten Merinoschal aus Hull mitbringen! Schlagen wir zu einer neuen Wette ein: ein ehrlicher Kuss mitten auf meinen Seemannsmund vor aller Augen beim Bankett, wenn du bei der Einweihung unserer Bark nicht Kapitänin genug bist, um in die Mars des Großmasts zu steigen und dort mit deinem seidenen Rockschoß zu flaggen, wo später mit Teer beschmierte Hosenbeine wuseln!« Härkäniemi fuhr sich über den dicken Lippenbart, als würde er sich bereits Delikatessenreste aus seinen Borsten streichen.

»Eher klettere ich zig Masten hinauf, bevor ich deinen Besen küsse!«, wehrte Hausherrin Eevastiina ab und lachte aus vollem Hals. »Aber ihr schwätzt einem ja Mund und Augen zu, sodass man wegen euch ein Machtwort sprechen muss, obwohl der linke Saum einem befiehlt, hierherzurennen, und der rechte, dorthin, und man überall gleichzeitig sein müsste! Herr meines Lebens und meiner Geduld, die Katze dreht sich auf dem Fußboden und der Gedanke im Kopf des Menschen, und beide jagen ihrem eigenen Schwanz hinterher und kommen bei aller flinken Hast nicht über ihre Pfoten hinaus: Ich stehe hier, und in der Stube zischen die Töpfe, und die Eierkuchen sind nicht gewendet!« Eevastiina hatte aufgeschrien und war aus dem Saal verschwunden, bevor Pukkila begriffen hatte, dass die Männer wieder unter sich waren, Langholma wieder in seinem Schaukelstuhl, und es im Raum immer stiller wurde, je weiter sich das Spektakel in die Stube hinein entfernte. »Siviä ... Sandra ... Rauha ...!«, drangen nur noch Bruchstücke von Befehlen gedämpft ans Ohr, sobald Eevastiina, der Hausfrauenwirbelwind, es von der Vorderkammer in die Stubenkammer geschafft hatte und von dort in die Düfte der Stube hinein, von wo jedoch durch drei offene Türen als vielversprechende Botschaften das Klappern lebhaften Laufens, das Klimpern von Geschirr und Treiben regen Tuns sowie der delikate, gewürzte und verlockende Strom satter Düfte herangetragen wurde, der mal stärker und mal milder in die Nasenlöcher wehte, ob man diese Gerüche nun mit hungriger Gier oder mit der Geduld zurückhaltender Erwartung verschlang!

Alastalo hatte es doch noch vor dem Trubel und überflüssigen Aufbruchsrummel von vorhin geschafft, seinen Barkvertrag hinter der Klappe des Sekretärs einzuschließen, und befand sich in diesem Moment letztendlich in solcher Hochstimmung, wie es seine ziemlich dralle und aufgrund ihrer Liespfunde abrupte Drehungen scheuende körperliche Erscheinung gestattete und wie es dem angemessen ist, auf dessen geistige Schultern auch nach dieser Runde und nachdem das Schloss des Sekretärs zum Schutz des fast vollständig gezeichneten Barkvertrags gequietscht hat, eine Bürde gelegt worden ist, deren Last man zwar nicht in Liespfundzahlen markieren und nicht mit Waagengewichten messen konnte, die aber zweifellos schwer war und schon jetzt beim Fortschreiten der Gedanken zur Ernsthaftigkeit verpflichtete und in der Zukunft sogar dreimal mehr: Stufen der Tat, der Verantwortung und des Ansehens, eine höher als die andere beim Hinaufsteigen. Das Wissen um die Tat, das wohnte im Spürsinn seiner Nase, und dafür würde er sich selbst verbürgen, die Verantwortung, die wurde ihm vom Glauben der anderen aufgebürdet und war eine die Knie schon mehr beanspruchende und stärker auf die Beugen gehende geistige Kornsacklast, aber das Ansehen, der Buckel des Ansehens am Rücken des Menschen, der wuchs einem nur durch Gelingen zu, und der Erfolg des Gelingens musste auf glatten Leitern weiter und immer weiter hinaufgetragen werden, Leitern, die jederzeit unter der Sohle glitschig werden konnten – und wer einmal ausgerutscht war und sich den Knöchel gestaucht hatte, kam nach dem Stolpern nicht mehr auf die Beine, da geht der eigene Krüppelgang nicht mehr und der hinkende Glauben des Fremden auch nicht!

Alastalo befand sich also in gehobener Stimmung, aber dennoch in dem Rahmen, den ihm die speckige Rundheit seines Leibes und die ebenso speckige Weisheit und Bauchrundung der Vorsicht ihm vorgaben. Es war schon eine schöne Sache, dass die Gäste nach dem Wirbel wieder auf ihren Plätzen saßen und dass Eevastiina sogar Langholma zurückgehalten hatte, worauf es nun ruhig im Saal war und alle so lange beisammenblieben, bis es zum Essen ging. So hatte er es sich auch gedacht, dass man anfangs ausgeglichen war und beim Warten und später im Vorderzimmer am Tisch gewissermaßen kosten würde, wie es sich im Gemüt anfühlte, wenn im eigenen und wahrscheinlich auch im Blut jedes anderen die Gewissheit rauschte, dass das Wuchten endlich belohnt wurde und der große Stein auf die Seite gehebelt worden war, von der er krachend den Hang hinunterkollern würde, dass die Erde zittert, wenn man ihn nur erst ins Rollen gebracht hat! Nicht jeden Tag seufzt man in seine Weste, weil man einer Bark den Weg bereitet hat! Ein unwiderstehliches Blähen weitete den Brustbalg, wenn man einen Augenblick mit sich allein war und das Denken dazu kam, sich klarzumachen, welchen Meilenstein man in diesem Moment nun doch ein ganzes Stück hinter sich gelassen hatte. Ich werde mir jetzt auch meine Pfeife aus dem Regal holen!, schoss es ihm plötzlich wie von selbst in den Kopf, und so ereignete sich im Saal genau das, von dem Härkäniemi schon am Morgen beim Wählen seiner Pfeife vor dem Pfeifenregal leise erraten und geahnt hatte, dass es an diesem Tag geschehen würde. Alastalo schritt tatsächlich zum Regal, schritt mit schweren, aber entschiedenen Schritten hin, wie zu einer ernsten, aber wohlüberlegten und schon vorab beschlossenen Tat, und die Pfeife, die er aus dem Regal nahm, war ganz und gar nicht seine übliche Feiertagspfeife, die von seinem verstorbenen Onkel Maanpää geerbte Herrschaftspfeife mit dem Mahagonistiel, die ganz rechts im Regal stand und mit ihrem dunklen Rot freilich ein repräsentables Stück war, das sich im Mundwinkel eines Mannes gut machte, sowohl von der Stiellänge wie auch von der Politur her, und die er auch an diesem Tag, so wie auch sonst, wenn er mit Gästen in seinem Saal zusammensaß, zwischenzeitlich benutzt hatte, wenn sich doch einmal die Gelegenheit ergab, an sein eigenes Vergnügen zu denken, nein, diese seine übliche Sonntagspfeife durfte für dieses Mal auf ihrem Platz ruhen bleiben, und die Gouverneurspfeife, die Pfeife, die Härkäniemi schon früher am Tag als die feierlichste Pfeife in der gesamten prächtigen Reihe im Regal bewertet hatte, als beinahe zu feierlich für das Amt der Pfeife im Mundwinkel eines jeden in dieser Gemeinde und in diesem Saal, diese mitten im Regal und an festlicher Stelle stehende Pfeife, ein Goliath von Pfeife, was die Länge des Stiels betraf, und ein Salomon in der Schönheit ihrer Beschaffung, diese Königin von Saba im Regal, vom Kleid her eine Ester am Tisch des Ahasverus, diese Pfeife aller Pfeifen und Zierde der hinteren Ecke des Saals wurde nun von ihrem Platz genommen, von wo sie, seit Alastalo sie einst als Skipper in seiner Großspurigkeit in Aronssons Laden gekauft und nach Hause mitgebracht hatte, soweit man wusste, niemand wegbewegt hatte, außer wenn Eevastiina früher in jüngeren Jahren und später Siviä, nachdem sie ins Mädchenalter gekommen war, sie heruntemahmen und zu ihrem Genuss und zur Freude ihres weiblichen Gemüts zu Weihnachten und zu Johannis jeden Silberglimmer, Perlenschimmer, Baumelflimmer mit dem eifrigen Geschick ihrer weiblichen Finger scheuerten und blank und blinkend putzten; dieses Objekt der Sorge und Arbeitslust weiblicher Finger und Pracht der männlichen Pranke, diese Fahnenstange der Feierlichkeit in der Handhabung durch einen angesehenen Mann wurde jetzt zum ersten Mal im Saal von Alastalo aus dem Regal genommen, um das Amt der Pfeife in der Kinnlade des Kapitäns und Hauptreeders des Barkschiffes auszuüben. Härkäniemi lief förmlich ein seltsam angenehm kalter Schauer über den Rücken, als er vom Sofaende aus die würdevolle Handlung verfolgte, war er doch selbst dabei gewesen und hatte in Aronssons Eckladen danebengestanden, vor vielleicht schon an die zwanzig Jahren, als Herman die Pfeife gekauft hatte, und wäre er damals, als er sich für den anderen fast schämte und ihn insgeheim beinahe für kindisch hielt, etwa auf die Idee gekommen, dass einmal der Moment kommen würde, in dem er in seinem Härkäniemi-Inneren zugeben musste, dass Herman sich damals an Aronssons Theke womöglich doch keinen zu prachtvollen Schwengel für seine künftige Kinnlade und seinen künftigen Bauchumfang und seine zukünftige Barkkapitänserscheinung ausgesucht hatte: Die Stange sitzt im Gesicht, als wäre sie dort daheim, wie eine Elle Kraut an einer Rübe von einem halben Liespfund, und beide machen die Pracht des anderen nur noch praller!, urteilte er.

Auch Pukkila hatte den Vorfall bereits im Visier, und es knüllte ihm grausam den Herzbeutel zusammen, als er sich erinnerte, wie oft schon seine Fingerspitzen vor demselben Pfeifenregal bei demselben Pfeifenstiel gejuckt hatten, den Alastalo jetzt unverhohlen in der Hand hielt, es hatte ihn so höllisch gejuckt, dass es ihm nun ein weiteres und blutigeres Mal das Gemüt traktierte, weil er jedes Mal aus blankem leeren Anstand und um den Schein zu wahren, die Lust in der Kehle unterdrücken und seine Stimmung wie sein Zungenstückchen die Röhre seines Halses herunterschlucken musste und seinen zuckenden Willen bezwingen wie einen zappelnden jungen Hahn, dem man mit der Hand das Genick brach: Die Egge, die mit ihren Spitzen die Lehmerde des Feldes lockert, und die Stopfnadel im Fingerfleisch, wenn sie im Kreuzstich stochert, schnitt nicht schärfer in die Furche und stach nicht tiefer in die brennende Menschenhaut, als jetzt die stählerne Tatsache und schmerzliche Gewissheit ins Gefühl eindrang und das Herz zerriss, dass Herman, ganz gleich, wie sich das Gemüt dagegen auflehnte, jetzt trotzdem in dem Augenblick und diesem Moment, da er den Barkvertrag mit voller Unterzeichnung in seinem Sekretär hatte, der Mann im Saal und der Bonze vor seinem Regal war, der, ohne dass ihn jemand schief anschaute und ohne Tadel und ohne sich von seinem, Petters, zugegebenen Empfinden und Herzgeständnis stören zu lassen, jede beliebige Pfeife aus dem Regal nehmen und zum Gebrauch in den Mund stecken konnte, auch die Gouverneurspfeife höchstselbst, jenen Marschall und Rumantzoff in der Mitte der Pfeifenreihe zwischen kleineren Leutnantgeneralen, die, wenn sie in der Kinnlade und im Gesicht hing, einen Mann so feierlich erscheinen ließ wie ein ALEXANDER auf Papier und Tafel – jeder Buchstabe groß geschrieben! Soll man von nun an mit der Mütze in der Hand den Augmentsherrn und Briggkapitän als Sattelgutsbesitzer und Barkkapitän anreden, muss Petter den Herman und Fettwanst als Mattsson und großer Herr von Alastalo mit Sie anreden?, quälte Pukkila sein ramponiertes Gemüt mit Gedanken und Disteln.

Im Saal war Alastalos würdevolles Hantieren am Pfeifenregal allgemein wahrgenommen worden, und viele und immer mehr aufmerkende Augenpaare verfolgten mit Beachtung, wie nun der Stangerich und Pfeifenbaron gemächlich von der Stelle und dem Ehrenplatz aufstieg, von der niemand das Ding zuvor sich hatte wegbewegen sehen, nicht einmal von Alastalo selbst im Scherz angehoben und den anderen als seinen Stolz präsentiert, soweit sich ein jeder erinnern konnte, seit so vielen Jahren hatte sie in ihrer perlenbesetzten Prominenz in ein und derselben angelehnten Position unberührt mitten im Regal gestanden. Auch Eenokki und Krookla, der eine in der Sofaecke und der andere in der Ecke hinter der Kachelmauer, legten gewisse Anzeichen von Belebung auf ihren Plätzen an den Tag sowie das Augenreiben, mit dem der Mensch auch in der Kirche nach dem donnernden Amen wieder in der Bank zu sich und seinen

Gemütsgliedmaßen kommt nach den Versteifungen des Geistes und dem Einnicken der Gedanken während der langen Predigt, auch die beiden schlugen jetzt die Augen auf und rieben sich den Schlaf von den Fensterscheiben ihrer Gedanken, da Alastalo als frischer Mann und mit Reederschwung die Gouverneurspfeife so in der Hand schwenkte, dass die Perlen klimperten und die Schnur über die ganze Länge des ellenlangen Schmuckstiels in einem Bogen in die Luft geschleudert wurde, als der Gastgeber und Herr der Pfeife mit Elan probierte, ob der Atem in der Brust des Stiels frei und verschlusslos lief. Wie auch nicht, gab es im Haus doch eine volljährige Tochter und tüchtige Siviä, den Augenstern des Vaters: Offen war der Atemweg, man hätte durch das gescheuerte und gesäuberte Rohr hindurch sogar eine Kerze vor dem Pfeifenkopf ausblasen können! Zufrieden war der Vater und zufrieden der Hausherr und Kapitän, da als Nächstes an die Reihe kam, gefahrlos die Pfeife zu stopfen, und diese Maßnahme vollzog sich denn auch in Ruhe und gemessen, wenngleich unter dem Eindruck des Moments mit etwas ausladenderen und mannsbewussteren Gesten als gewöhnlich und als es eigentlich nötig war. Alastalo war in seinen Handlungen allgemein nicht sonderlich saumselig, und rasch war auch diesmal die Pfeife fertig angezündet und der Mann, der Gastgeber im Saal und Kapitän von Alastalo in seinem Haus, für alle zu betrachten, wie er durch den Raum auf den Schaukelstuhl zuschritt, auf dem er zwar auch früher am Tag schon gesessen hatte, jedoch nur mit einer gewöhnlichen Pfeife zwischen den Zähnen und mit dem Charakter eines gewöhnlichen Kapitäns-Hausherrn. Härkäniemi hatte am Morgen und bei seinen Überlegungen am Pfeifenregal auch dies richtig vorausgeahnt, und so hatte zumindest er am Sofaende und hinter seiner eigenen Pfeife keinen Anlass, sich zu wundern, als tatsächlich kurz darauf der Schaukelstuhl, der eine Weile und sogar längere Zeit leer dagestanden hatte, wieder in den Bretterfugen knarrte und die Armlehnen desselben Schaukelstuhls seufzend Alastalos zwölf Liespfunde in ihre Obhut nahmen und empfingen, aber diesmal womöglich mit einem Zusatzgewicht, das eventuell der frisch angeeignete Stand eines Barkreeders im Brustschnaufen des Kapitäns und die Würdewaage der Gouverneurspfeife in der Kinnlade des Hausherrn bewirkten. Auch für die Übrigen im Saal war es eine natürliche Angelegenheit, dass nun, da es vollbracht war, die anderen ringsum an den Wänden dasaßen und warteten, wenngleich einige auf dem hinteren Sofa und auf Leder und die anderen nur auf gewöhnlichen Stühlen und Holzsitzgelegenheiten, dass also die anderen ringsum dasaßen und warteten, während Langholma und Alastalo mitten im Raum schaukelten und in den Schaukelstühlen saßen: Langholma aufgrund alter Rechte und angeeigneter Gewohnheiten mit der Pfeife des verstorbenen Amtsgerichtsdirektors auf der geknöpften Brust, Alastalo wiederum dank der Verrichtungen dieses Tages und kraft des im Sekretär eingeschlossenen fertigen, oder, was fast dasselbe war, beinahe fertigen, Barkvertrags sowie aufgrund anderer eigener Obliegenheit mit der Gouverneurspfeife im robusten Kinn und mit seeherrenhafter Schwellung der Weste.

Auch Langholma hatte in seinem Schaukelstuhl bereits gänzlich seinen erlahmten Aufbruchsversuch von eben und sein schnell beendetes Lavierungsmanöver in der Stube vergessen: Schließlich kannte er auch von zu Hause die wochenlange Betriebsamkeit der Frauen vor einem Fest, wie hätte er da das Herz gehabt, auch noch zu seiner eigenen Reue Eevastiinas Mühen damit zu belohnen, dass er hungrig aus dem Haus gegangen wäre, gerade als die Gerichte warm auf den Tisch getragen werden sollten und die Hausfrau sich im vollen Flug befand? Höflichkeit ist die eine Kunst des Nackens, wie die Steifheit die andere ist, und auf beide muss man sich verstehen und sie, wenn es angebracht und nötig ist, anwenden!, hatte er auch seinem Sohn beigebracht. Langholma empfand inzwischen durchaus auch in seinem Gemüt eine gewisse Beschwingung und Erhebung, als er Alastalos wertbewusstes Treiben und geschäftiges Tun am Pfeifenregal und beim Stopfen der Gouverneurspfeife beobachtete sowie die sonstige Feierlichkeit und die Beruhigung ringsum im Saal zur Kenntnis nahm, wo alle gemeinsam auf den Essensruf warteten und jeder für sich in seinen eigenen Gedanken und zur Selbsterbauung die Verrichtungen des Tages und den fertigen Schiffsvertrag still und in Ruhe bedachte und erwog. Es entsprach ja auch der Wahrheit, das spürte Langholma in seinem ganzen Wesen und gab er bereitwillig zu, dass die Errungenschaft des Zusammensitzens an diesem Tag des Bedenkens wert war, und dies in umso bedeutsamerer Weise, je klarer man die Fäden in seinem Kopf weiterspann. Aus gutem Grund sind Alastalos Schritte auf den Balken gewichtiger und das Halten der Pfeife, was das Ausstellen der Arme anbelangt, großzügiger als gewohnt!, räumte Langholma billigend ein und nahm selbst feierlichere Haltung an, da Alastalo sich nun ihm gegenüber in seinem eigenen Schaukelstuhl niedergelassen hatte und es im Saal zwei Wippende mitten im Raum zu beschauen gab, beide mit ehrwürdigen Pfeifen zwischen den Zähnen. Langholma erkannte auch an, dass ihm einer gegenübersaß, der an Rückenlänge im Stuhl das gleiche Maß aufwies wie der Pfeifenstiel als Maßstab der Stattlichkeit in der Hand. Ein Mann braucht Selbstbewusstsein auch in seinem Körper, um voll in den Liespfunden zu stehen, wenn an den Tampen der Geschäfte Gewicht gefragt ist!, dachte er und dachte an das, was kommen würde, wenn ein Mann aus der eigenen Gemeinde sich auch in Häfen jenseits des Winters behaupten musste und Peseten und spanisches Gold mit derselben Hand abwog wie früher Reichstaler und schwedisches Silber in Stockholm! Ein festes Augenpaar, die Fenster immer offen und hinter den Scheiben auf der Wacht, ein striktes Kinn und die Worte in der Speisekammer, wenn auch mit gleitenden Scharnieren der Zunge, wenn es nötig ist: So einem, der genau ist mit den Geruchshaaren des Verdienens und der, was die Daumenhaltung anbelangt, wie eine Zange ist, vertraut selbst der Vorsichtige seine Mittel und der Ehrliche sein Geld an, sogar für die Schlünde des Meeres und Geschäfte mit Schelmen!, urteilte Efram Eframsson von Langholma und hob seinerseits die alte Pfeife des Amtsgerichtsdirektors vom Arm geführt so weit in die Höhe, dass es aussah, als hielte er mit der Hand des Richters eine Waage in der Hand und wöge darauf bis aufs Viertelpfund seinen Nächsten auf der Waagschale ab.

»Gut Ding will Weile haben!«, sagte er denn auch gewogen zu Alastalo im Schaukelstuhl gegenüber und hinter der Gouverneurspfeife und gönnte seinen Langholma-Augen die Zeit, Mattsson zu versichern, dass nun ein gewichtiger Mann gegenüber einem gewichtigen Mann von Schaukelstuhl zu Schaukelstuhl etwas äußerte, was auch die anderen im Saal hören durften. »Ich kenne dich ja aus den Zeiten, in denen auch ich noch, bevor ich mich häuslich niederließ, als Junggeselle im Wasser plätscherte und eine Galeasse zwischen Stockholm und dem heimischen Festland hin- und herschipperte, und ich erinnere mich, was für ein Horn du damals schon und in deinen Kälberjahren als Skipper deiner ersten Kiste von Jacht stehen hattest und wie es dich an den Stirnknoten deines Verstandes juckte! Ich werde mein Lebtag nicht das Flackern in deinen Schlingelaugen vergessen, als wir zwei einmal zusammen auf dem Kai von Stockholm standen – es war Samstagabend, und die Geschäfte gingen nicht mehr, und du in deinem Jachtkasten und ich in meiner Brennholzgaleasse waren für den Tag müßige

Männer und standen zum Zeitvertreib am Ufer herum –, ich werde nicht den flackernden Funken im Schatten deiner damals noch blondhaarigeren Brauen vergessen, da zufällig gerade ein Vollriggschiff vor uns auf Reede ist und die Anker lichtet: Die Ketten quietschen, in den Leinwänden ist es unruhig, und auf Deck herrscht trampelndes Gerenne, schon schnuppert das erste Tuch am Wind, danach das zweite, und im Nu schnappt an jeder Rah ein geblähtes Laken nach dem lebendigen Hauch, das Schiff fährt zusammen, als würde es seufzen, der Bug erkennt, wie leicht das Sprudeln vor ihm ist, und die Segel der drei Masten ziehen das freie Schiff dorthin, wo die Hafenausfahrt bläulich blinzelt und das Meer uferlos das gestreckte Bugholz ruft; ich werde nicht vergessen, was da kräftig wie der aufflackernde Wedelschweif eines Fuchsmännchens beim Verschwinden im Gebüsch aufblitzte, als auch ich im Blut belebt und mit dem Rauschen des Salzmeeres in der Nase wie ein wieherndes Hengstfohlen einwarf: ›Wie wäre es, übers Kommandodeck zu stolzieren, wenn der Jachtkiel das Ausmaß einer Bark hätte und das Ruder den Bug so lenkte, dass er auf den Atlantik drängen würde anstatt in die Sunde des Kihti!‹, sagte ich und fügte hinzu: ›Da dürften die Flächen rechts und links der Reling weiter sein als die größten heimischen Felder und die Kommandobrücke prächtigere Geräusche unter den Sohlen des Kapitäns machen als die Scholle unter den Schritten des Bauern auf dem Acker selbst eines wohlhabenden Hofs!‹, sagte ich und dachte einen ungebundenen Augenblick lang, ob auch ich einmal auf dem Atlantik schaukeln oder ob meine Sprünge an den Grenzzäunen Langholmas enden werden.«

Langholma verstummte kurz und sog Rauch aus seiner Pfeife: Es war immer gut, den Menschen Zeit zu geben, einem Gedanken zu folgen, wenn einem etwas über die Lippen gerollt war, das es womöglich verdiente, angehört zu werden, und außerdem musste auch der Orgel der Erinnerung in der Brust des Geistes Raum gegeben werden, die Melodien der Nostalgie wie auch der Befriedigung zu Ende zu summen. »Gut Ding will Weile haben, sage ich«, wiederholte er also und bestätigte er, bevor er fortfuhr. »Vielleicht erinnerst auch du dich noch an jenen Moment im Hafen von Stockholm und auf dem Kai, falls du es nicht über die Jahre vergessen hast, die vergangen sind, aber mir ist er lebhaft im Sinn geblieben wie der gestrige Tag, und als ich dich danach im folgenden Frühling sah, dann nicht mehr an der geraden Pinne einer Jacht, sondern am Radgeweih einer Zweimast-Galeasse, und Jahre später schon als Käpt'n eines Kahns mit Schoner-Rigg, bis du schließlich an beiden Masten Rahen hattest und als Kapitän einer Brigg am Ufer von Alastalo Mitbringsel aus England angeboten hast, da dachte ich jedes Mal an das kräftige Aufblitzen in deinem Augenwinkel, damals auf dem Kai von Stockholm, und verstand aufgrund des Wachstums, dass in deinem Blut ein Roggen keimt, an dessen Halm das Stroh noch nicht sein oberstes Knotenglied hervorgebracht hat! Eine Bark war es, ein schlanker Schwan auf den Gewässern, die damals auf der Reede vor Stockholm vor unseren Augen die Flügel spreizte und aufs Meer hinaus strebte, und auf halber Strecke schon und bei der Kiellegung deiner Brigg – die erste Brigg in der Gemeinde wie jetzt die erste Bark! – ahnte ich bereits, was deine Augen damals angepeilt und als sichere Gewissheit ins Visier genommen hatten, während ich neben dir unschlüssig überlegte, ob auch ich meine Segel auf den pfostenfreien Feldern der Luft ausbreiten oder mein Erbe zu Grund und Boden innerhalb der sicheren Einfriedung der heimischen Zäune machen soll. Auf eine Bark, auf ein Barkschiff schworst du in jenem Augenblick dein Blut ein, als in unseren Ohren die Ankerkette ihr eisernes Lied quietschte, das Schiff mit einem Ruck den Kiel befreite und die Bark, als hätte sie zu sich selbst gefunden und wäre zum Leben erwacht, mit dem Stolz ihrer drei Masten nach dem Wind griff und sich in die Fahrt neigte, während das Blau mit Wellenklatschen die Flanken der Auslaufenden auf seinen tragenden Hügeln segnete!«

Langholma hatte der Geige so voll über die Saiten gestrichen, dass er sich selbst ein bisschen über den Prunk seines Tones wunderte und in ein trockeneres Register wechselte: »Du hast schweißtreibend zu rennen gehabt und noch schweißtreibender mit dem Atem arbeiten müssen, bevor du jeden von uns zu deinem Glauben bekehrt hast, und jetzt ist mit vereinten Kräften auf den Hügel gezogen worden, was jedem von uns als Einzelnem regungslos unterhalb des Hügels liegen geblieben wäre, so wie die Kufe unter einer Fuhre Steine unbeweglich bleibt, auch wenn ein noch so langbeiniger Hase vorne angespannt ist und die Geschichten noch so lebhaft springen! Vielleicht wäre auch ohne dich in der Gemeinde darüber geschwatzt und sowohl Speichel als auch Zeit auf mündliche Verhandlungen verwendet worden, aber dein Verdienst ist es, und du hast in der Uhr die Federn aufgezogen, als es darum gegangen ist, immer weiter den Weg zu verfolgen, ohne an den Poststationen zu ermüden, immer eine Werst auf einmal zu fahren, so lange, bis eine Wegstrecke von vielen Meilen absolviert ist, die Galeassen gegen Schoner getauscht sind und nun auch eine Brigg bloß noch eine kleine Schüssel in der Gemeinde ist und im Sekretär als fertiges Papier ein Barkvertrag liegt! Die Erde ist ein fester Grund und der Acker ein sicherer Boden, aber von Langholma aus sieht man über die Buchten hinweg auch aufs Meer, und auch ich verstehe durch die Verzückung meines Blutes, dass im Vergleich zu den wogenden Wassern selbst ein großes Feld bloß zauneng ist und selbst glatter Lehm ein stumpfer Untergrund neben dem Schiebenden und Schwappenden, das mit seiner Brust auch ein Schiff mit drei Masten wie einen geringelten

Span trägt und hinter dessen Wellen die Fernen an den Säumen des Himmels ihre Stimmen erheben und die Lieder der Weite den Sieger zu den Siegen rufen und den Hoffenden in die kippelnden Kähne der Hoffnung!« Langholma waren bei der Entwicklung seiner Rede die festen, aber aufgrund seiner Milde nahezu sanfttiefen Eframsaugen abgeglitten, um das kräuselnde Bläuliche überm Pfeifenkopf zu betrachten, das selbst aus dem ernsten Meerschaum des verstorbenen Amtsgerichtsdirektors so leichtfertig und mit den eigenen Fäden sich verkringelnd in die Lüfte aufstieg, als käme es aus der Glut und Glimmerdelikatesse eines beliebigen leichtsinnigen Pfeifenkopfs, und so hatten auch seine Worte kurz ordentlich Luft unter die Rockschöße bekommen und sich mit wehendem Rock vom Boden der Vernunft zu Geistesflattern aufgeschwungen. Langholma schmunzelte dementsprechend über sich und seine Worte und schwenkte die Pfeife gerade so weit mit der Hand, dass die Rauchfäden mit ihren Fasern sich verwirrten und die Gedanken nicht weitertrugen. »Die reinsten Psalter kommen einem in den Sinn!«, sagte er lachend und leugnete er, vertuschte auch vor den anderen das aufkommende Rauschen im Flügelgestänge seines Verstandes. »Was ich bloß sagen wollte, ist, dass du in der Gemeinde wieder eine mannhafte Tat vollbracht hast und zum Lohn einen Dank verdienst, da du so lange gezerrt hast, dass auch die anderen Hände Zeit hatten, zu Hilfe zu kommen und nach dem Tau zu greifen, und jetzt wird das Netz an Land gezogen, mit vereinten Kräften. Du, Mattsson, bist schon immer einer gewesen, der nach Fanggründen Ausschau hält, und jetzt, da ein großes Netz und eine Falle von vielen Dörfern ins Meer befördert wird, hast du schon in der dunklen Nacht in den Stiefelschäften bei der schweißtreibenden Schwerarbeit gestanden, während wir anderen noch in unseren Betten schnarchten! Ich erinnere mich, dass du schon seit Jahren diese Saite der Geige hast wimmern lassen, und wenn jetzt endlich im Hochzeitssaal die Polka gestampft wird, dann bist du derjenige gewesen, der den Bräutigamen wie den Sponsen die Noten in die Sohlen gespielt hat! Eine Bark ist ein stattlicher Kahn und der Bug einer Bark ein Streckhals, der durch die Biskaya pflügt und Spanien sichtet, der die Kanäle abklappert und an Gibraltar vorbei durch die Einfahrt zum Mittelmeer gleitet, er schnappt sich die Sunde wie die Strumpfstricknadel die Masche und die Häfen wie der Fischfiletierer den Hering aus dem Korb, Malaga und Marseille, alle mit Schuppen, mit dem Silber der Peseten oder glänzenden Francs! Du, Herman, hast uns auch früher schon die Stellen mit den Beeren gezeigt und auf das Erdbeerrot hinter dem Zaun hingewiesen, warum also sollen wir nicht auch noch über den Zaun auf deinem Hügel springen, wenn du es befiehlst; Vaarniemi mit seinen Föhrenstangen sehnt sich rauschend nach der schlagenden Axt wie die zur Ernte bereiten Himbeeren in ihrer Sommerreife auf der alten Rodung nach dem gierigen Mund, und jeder abgeschälte Span singt etwas von der Bark in der Gemeinde, von der Trägerin dreier Toppen auf stolzen Gewässern, von dem bewimpelten und langkieligen Schiff, von der würdevollen Pracht an den Masten, vom Reichtum, der als Wohlstand im Kielwasser folgt!« Langholma schmunzelte erneut über seine Worte, weil ihm auch bei diesem Versuch der Wind in die Flossen gefahren und die Stimme weiter über die Mittellage hinausgeklettert war als beabsichtigt: In dieser Stunde und Stimmung herrschte eindeutig ein Zug, und zwar ein brausender nach oben und zum festlichen Choral! »Du bist ein gewandter Mann im Anfangen wie auch im Fortsetzen einer Aktivität, und gern schließt man sich deiner Schleppnetzgemeinschaft an, denn du fährst zum Laich, wenn man den Laich vom Meer her riecht, und du ruderst zurück, wenn der Fang gehoben und das Boot beladen ist!«, beendete er also kurz das, was ins Längere nicht passte. Die Pfeife des Amtsgerichtsdirektors durfte nun in ihr Amt im Mundwinkel zurückkehren, denn es war gesagt, was gesagt werden sollte, und Alastalo als Mann im Saal in der Form und vor aller Augen wurde gewürdigt, wie er es verdiente.

Es lag unbedingt gehobene Stimmung im Saal, und Langholmas ernste Einlassung glich lediglich dem Öffnen der Schleuse am Damm, damit die Wasser in ihre je eigenen Ströme und Flussbetten gelangten, oder der Spitze der ersten Ähre auf dem pfingstlichen Feld, die auf der Roggenfläche vor den anderen und über sie hinaus an ihrem Halm aufgesprungen ist, aber neben der und um die herum bereits der nächste Lufthauch unzählige andere und immer neue feinhaarige Pfeifen beim Rascheln des Gewanns im Glanz des Sonntagswetters prachtvoll bürstet und biegt. Härkäniemi, der lange still gewesen war und dessen Herz also vollkommen ausbalancierte Dollborde hatte und der überdies, wenn man bis ins Innerste hineinsah, garantiert die beständigste und treueste Seele im Saal besaß und Alastalos nächststehender Mann war und die Stütze seines Arms, er also brachte nach Langholma die ersten Ähren hervor und war reif, sich zu äußern: »Du trägst an deinem Geist ein zeugendes Horn und machst die ganze Gemeinde handlungsträchtig!«, sprach er zu Alastalo zunächst aus vollem Herzen und war dabei gewichtig und fest auf seinem Platz wie die Arche auf dem Ararat. Allerdings wechselte Härkäniemi rasch zu einem alltäglicheren Ton und fügte seiner Predigt etwas Montägliches hinzu: »Du hast allerdings einiges zu laufen und noch mehr Wochen Geistesarbeit gehabt, bis du jeden von uns zu deinem Glauben bekehrt hast, sodass wir Burschen und störrische Dickschädel jetzt alle wie beschnittene Amalekiter in der Gemeinde und herrengleiche Barkreeder unterm Hammelvieh hier im Saal auf den Stühlen sitzen!« Er ließ die Augen von Pukkila zu Eenokki wandern und verstummte, denn was hätte es mehr zu sagen gegeben, wo doch alles in trockenen Tüchern war und man ja auch aufs Essen wartete.

Lahdenperä nun saß Schulter an Schulter mit Härkäniemi, und als Härkäniemi geendet hatte, bot sich ihm, schneller, als er es kapieren konnte, die Gelegenheit, das Wort zu ergreifen. Dem Schöffen kam die Verwirrung freilich nicht zupass, er musste etwas von sich geben, und sei es nur ein Husten, wenn er nicht gleich ein Wort parat hatte, weil dieser Tag zu einem wichtigen Teil auch sein Tag war, allein wegen des Vaarniemi-Waldes musste er sich äußern und einen weiteren Vers zum Kirchenlied summen. Er war denn auch mit Stimme und Speichel zur Stelle, als sich nun unmittelbar neben seinem Ohr eine Lücke in der Feierlichkeit auftat und es besser war, etwas zu sagen, anstatt nichts von sich zu geben. »Habe nicht auch ich immer gesagt, dass man auf Alastalos Schlitten den Hang hinunterfährt und dass die Kufen kreischen, während man Strecke macht!«, schmetterte er und suchte in seinem Kopf nach einem Gedankenfaden zur Fortsetzung der Rede. »Steht man hinten auf den Kufen, legt man dieselbe Werststrecke zurück, wie wenn man vorne im Schlitten sitzt, und der Kluge ist bei der Wahl der Kufen-Sohle auf der Hut: Er springt auf die glattesten und fährt mit Alastalo auf den Markt!«, lobte er und war zufrieden, weil sein Verstand in der Not doch noch rechtzeitig einen Welpen geworfen hatte, der Beine besaß. »Der Braune an der Deichsel und Alastalo an den Zügeln, die Tatkraft als Zugtier im Geschirr und findige Finger, die die Kandare straffen: Verrückt derjenige, der, obwohl man es ihm befiehlt, nicht auf diesen Schlitten springt, der so schnell fährt, dass man immer zwei Meilensteine auf einmal am Wegrand liest!«, verschärfte er seine Rede und gab er so geschmiert von sich, wie es ihm zu Gesichte stand.

Alastalo begriff, dass nun auch er etwas sagen und die größten Überschwänglichkeiten zurückweisen musste. »Man soll nicht unnütz viele Worte machen, wo noch nichts weiter fertig ist als ein Stück Papier im Sekretär!«, dämpfte er und war bescheidener, als es der Ehrlichkeit entsprach. »Aber vermerken wir den März des nächsten Jahres und schauen wir im Juni und leben weiter bis in den August, dann rührt sich vielleicht etwas in der Gemeinde, und am abschüssigen Hang des Werfthügels an den Felsen von Vaarniemi häufen sich eine Elle dick die Abfallspäne!«, besserte er seine Rede allmählich von demütig zu prächtig auf und war im Schaukelstuhl ein Mann in der vollen Breite seiner Weste und mit der ganzen Imposanz der Gouverneurspfeife. »Eines ist jedenfalls gewiss und darf man mir getrost glauben, dass nämlich, wenn die Weihnachtsstreu aus der Stube in den Hof gekehrt und Weihnachten zur Tür hinaus ist, man in der Gemeinde und überall auf dieser Insel vom Januardatum bis Michaeli alle Hände voll zu tun haben wird, sodass die Hausfrauen in den Häusern vor lauter Betriebsamkeit nicht dazu kommen, an ihren Kaffeekannen zu fühlen, ob die Brühe kalt ist oder heiß, wenn einmal, wie durch ein Wunder, für die Dauer eines Mäusegähnens am Kamin eine Lücke entsteht, um zur Belebung einen Schluck auf die darbende Trockenheit der flinken Zunge zu schlürfen, und die Hausherren keine Zeit finden werden, sich wenigstens ein einziges Mal für eine Denkdauer den Nacken zu kratzen in dem harten Abschnitt des Tages, der vom frühen Morgen, wenn der Mann in seine Hosen springt, bis zum Ausziehen spät am Abend, wenn er wie ein Balken ins Bett fällt, dauert!« Die Gouverneurspfeife ruhte frei und geschwungen auf der gestreckten Armlehne, die Perlenbänder baumelten in der Luft, weil der Redeschwung ein weiträumigeres Regieren des Rumpfes verlangte, und Alastalo schwadronierte vom Schaukelstuhl aus, als hätte er sein Lebtag als Mann mit demselben Bauch und derselben Pfeife und als Gideon in seinem Saal gesessen und die anderen hätten zugehört, was Jiftach predigt: Es blähte und ermutigte das sündige Fleisch und den christlichen Adam unsagbar und mehr, als man zu wissen glaubte, dass der Barkvertrag nach langem Druck und jahrelangem Keuchen jetzt doch fertig und unterschrieben sicher verschlossen in der eigenen Kommode lag und dass er selbst nun als Herr und Schwadroniergraf dasaß wie der Baron von Naantali im Krug auf halber Strecke und im Schaukelstuhl wippte wie der Pastor von Prunkkala am freien Montag nach dem Sonntag, den er infolge samstäglichen Saufens über dem Manuskript der unfertigen Predigt auf dem Tisch verschlafen hatte!

»Hier wird schon Advent gesungen, obwohl wir nicht mal die Fastensonntage feiern und auch Ostern erst gedruckt im Kalender steht!«, plapperte er und probierte so seine Kinnladen aus, bevor er das Paar zu vollem Trab losließ. »Zu Lichtmess reibt euch den Schlaf aus den Augen, denn dann fängt es an, und dann ist der Mann gefragt wie der Katechismus im Regal vor der Leseprüfung und das Fohlen im Stall wie die Lüge vor Gericht! Ich spreche nicht von den Zubern, die schon seit Michaeli voller Teig wochenlang neben den gemauerten Kaminen jedes Hauses durchsäuern, und auch nicht von den fertigen Knusten, die als Speicherfüller auf den Dachboden gebracht werden, damit Platz für die neuen geschaffen wird, und um dort oben auf den winterlichen Hunger und das Geld der Werftleute zu warten, und ich gebe auch keinen halben Mucks von mir über die Finger, die in jedem Stübchen, so viele, wie es Hütten in der Gemeinde gibt und Seemannswitwen als alte Weiber in den Ecken kauern und so lange, wie im Winter die Wochen von Allerheiligen bis Walpurgis reichen, Seil zupfen und Hanf rupfen, vom inbrünstigen Montag über den eiligen Dienstag bis zur samstäglichen Müdigkeit, soweit es die Gicht in den Fingerspitzen erlaubt, die Armut im Herzen es gebietet und wir vor Teer triefende, riechende Liespfunde benötigen, um die hundert Fuß langen Fugenritzen unserer Bark zu stopfen; ich spreche auch nicht von den Esaus und den Lundens auf ihren äußeren Schären, die als zig Spießgesellen mit ihren Schlitten auch noch auf den letzten Klippen des Kihti die Wacholderbüsche abgrasen, um Dübelmaterial für die Werftarbeit zu kriegen, um in den Abendstunden und an Wintertagen in den Ecken ihrer Stuben und an den Enden ihrer Gassen stapelweise das Ellenlange und Wacholderduftende zu schnitzen, das zu Tausenden und in Teer getaucht gebraucht wird, wenn die Barkflanken haltbar vernagelt werden; ich spreche nicht von ihnen und nicht vom Hasten in den Weilern und Winkeln, sondern davon, dass wenn endlich der Februar unter den Sohlen knirscht, die Föhren in den Wäldern von Vaarniemi rauschend in den Schnee stürzen und zig Männer keuchen, entweder an den Wurzeln der Zehnklaftrigen die stolzen Kronen im frierenden Blau des Himmels zum Erzittern bringend, dass jeder Span singt, oder auf dem Stumpf die Axt ruhen lassend, nachdem die Stange krachend gefallen ist und die haarige Föhre der Länge nach auf der Erde liegt, nachdem sie ihren letzten Seufzer geseufzt hat! Und dass im März, wenn mit allem, was der Wald an Hügelschräge zu bieten hat, und mit so viel, wie sich aus den Schößen des Nadeldickichts herausholen lässt, auf dem Eis widerhallend das bunte Getummel dampfender Pferde schnauft, auf jedem Querbalken des Vorderschlittens einen Rundholzstamm, lang wie das Lied von zehn Kantoren und stämmig wie der Pfarrerslohneintreiber von sieben Gemeinden: Da wird gewetteifert an der bereiften Waldesbrust und auf dem stählernen Glimmern und Glitzern der Ufer, bevor die Ordnung der werstlangen Reihe klar ist und von den Besten der Gemeinde jener Gaul als Vorderster auf dem Weg trappelt, der das kräftigste Kniegelenk hat, die quietschende

Kiefer zu ziehen, oder es führt der Braune mit flammender Mähne, der auch auf der letzten Anhöhe noch den Brustbalg für eine langatmige Hatz hat, wenn laut polternd das ellenlange Holz im Laufschritt ans Ziel bei der Böschung des Werfthügels gebracht wird! Oder spanne du, Pukkila, dein Fohlen im April ein, wenn das Wasser schon an den Schmalstellen des Kivivesi schillert und die Birkhähne ihre Spiele in den Nadelsälen der duftenden Uferwälder abhalten, und fahre gelöst auf das Werftufer zu, wo das Eis noch trägt und Schneeflecken die Kufen laufen lassen, dann hörst du schon mehrere Werst vorher die Sägen sausen und die Beile bellen: Da singt die Klinge, und der Meißel schallt, die Spantengräten ragen auf, und bunt über den Hügel verteilt steht Sägebank neben Sägebank, hier dröhnt der liespfundschwere Bello, wenn ein Mann ihn schwingt, dort wedelt der Ärmel des Sägers und das Hemd flattert am Rücken, wenn zig Paare inständig bei der Arbeit sind und der Schulterkräftige von unten zieht, wie der Starke von oben schiebt, die Säge singt und das Brett entsteht, der Hügel dröhnt, wenn der starke Nagel ins Holz findet, Spanten erstehen und Bretterstapel wachsen; ein Ameisenhaufen ist der Hügel und die Männer seine Bewohner, wenn der Schweiß von den Stirnen stiebt und Kiefernharz aus dem frischen Baum trieft! Und komme nur im Mai, Härkäniemi, oder rudere im Juni herüber, Eenokki, wenn die Äxte Eile haben und die Männer erst recht: Die Beile heben und senken sich, die Bellos schwingen und beben, der Meißel knallt und klatscht, die Hämmer hacken und die Hobel huschen, der Bohrer knarzt, die Punze beißt, der Hügel hallt und die Luft lärmt, wenn Lage um Lage die Seite des Schiffs entsteht, ein ellenlanger Wacholderdübel nach dem anderen ellenlangen Wacholderdübel ins feste Holz getrieben wird und massive Bohle nach massiver Bohle sich zur pechernen Backe der mächtigen Spantengräte biegt und fügt, gehorsam den Bogen des Bugs bildend oder die seitliche Flanke, wie es die schmetternde Macht des Bellos, die bindende Linie der Spanten und die fließende Natur des Bodens befiehlt: Tag für Tag höher die abgedichtete Wand, von hundert Männern verfugt, damit sie dem Meer standhält und stolz abwehrt, was salzig gegen sie anstürmt! Und im Juli, Lahdenperä, wenn schon drei Monate geschuftet worden ist, die kiefernweiße Wand am Werfthügel drei Haus hoch, fertig und fugendicht, am Bug bereits die geschwungene Nase und achtern das emporragende Heck, auf dem Hügel ellendick Späne, durch die man waten muss, und die Felsenstirn des Berges hinter dem Werfthügel frei von Moos, allein durch das fortwährende Hämmern und den Widerhall der Hammerhiebe, dann darfst auch du mit deinen Leuten mitten im heißesten Sommerwetter das Heu auf deiner Wiese zum Trocknen liegen lassen und kommen, um zu schauen, wie der Rumpf in seinem Weiß stolz auf den Helgenböcken unter dem Sommerhimmel steht wie der Sinn eines Menschen und vor ihm meeresblau die schaukelnde Braut wartet! Langholma, du, und Härkäniemi, du, und Pukkila, du, und alle und jeder im Saal, schwillt da nicht der Busen unter den Säumen und weitet sich nicht der Brustkorb bei jedem, wenn wir als Reeder wie ein Mann hoch auf dem hallenden Deck stehen, der bunte Hügel unten schwarz vor Leuten, und man unter dem Achtersteven den Baumeister in die stillen Lüfte rufen hört: ›all right‹. Drei, vier scharfe Schläge, wenn der älteste Zimmermann mit der stumpfen Seite seiner Axt den Keil unter den Achtersteven treibt, ein Ruck!, das Volk unten ist grabesstill, das Schiff unter uns hat sich bewegt, die Schmierseife glitscht unter den Schlittenhölzern, die gleitende Geschwindigkeit nimmt zu, schon saust unser Schiff in wilder Fahrt dahin, sodass die Schlittenhölzer unten zischen und sich erhitzen, ein Fall, ein Brausen!, auf beiden Seiten des Bugs spritzt in die Höhe das Wasser, tief schießt der Bug ins Meer, die Gischt sprüht beiderseits empor, das Schiff seufzt gleichsam auf, holt Atem wie aus den Tiefen seiner geräumigen Brust, als das Wasser, von ihm geteilt, rauschend zurückweicht, aber als hebendes Element wiederkehrt, die bugbewehrte Bark leicht macht mit seiner glatten Tragfläche, unser Schiff in seinem Schoße empfängt wie einen auf den Wellen landenden Schwan, auf dass es befreit, den Vordersteven schlankhalsig reckend, auf die Bucht hinausgleitet, erhaben wie eine Königin, die in ihr Reich einzieht!«

In Alastalo war der Geist gefahren, die Gouverneurspfeife wurde in der Hand so offen ausgestreckt und in so freier Weitläufigkeit geführt, als wäre es sein Leben lang das Amt des Mannes gewesen, im Schaukelstuhl zu sitzen und die Westenfassade zu zeigen, während die anderen zuhören und er selbst Prachtvolles und Staatstragendes von sich gibt. Härkäniemi am Ende des Sofas dachte und gab innerlich zu, während er das Schwenken der Pfeife in Alastalos Hand und deren Schleuderwürfe beobachtete, dass, wer hätte das gedacht, damals in Aronssons Laden doch eine Röhre ihren Mann gefunden hatte und ein Mann sein Rohr! Auch Langholma, wenn vielleicht auch ein wenig verwundert, billigte Alastalos Großzügigkeiten und dachte, soll er sich nur daran gewöhnen, da ihn die Natur zu lehren scheint, sich angemessen zu benehmen: Von nun an muss Alastalo sich für uns auch gegenüber Großen und in größeren Angelegenheiten als zuvor durchsetzen, und je besser ein Baum auf seinen Wurzeln steht, desto stabiler ist sein Stamm!, sinnierte er und fragte sich, ob er etwa in dieser Schar ein Langholma wäre, wenn er sich nicht selbst der Tatsache bewusst wäre, ein Langholma zu sein! Lediglich Pukkila hatte wieder mal einen kleinen Ärger und Widerstreit des Herzens in die Tasche seines Gemüts zu stopfen und außer Acht zu lassen, was er sah: Jetzt wackelt Alastalo nicht nur mit dem Geistesspeck, sondern auch mit dem Körpergefieder!, dachte er und vermied es, sich das Spiel und Gefuchtel mit der Pfeife im Schaukelstuhl anzuschauen, damit er nicht zur besten Essenszeit seine Galle und die Innereien seines Geistes mit Verdruss ruinierte: Hörte nicht auch das Klappern im Vorderzimmer in ebendiesem Moment wie auf Befehl auf, und kehrte jenseits der Tür nicht eine Stille ein, die nichts anderes bedeuten konnte, als dass man dort gerade vor dem Spiegel hastig die Spitzen und die Hauben auf dem Kopf zurechtrückte und -strich, bevor wieder die Tür knarzte und Eevastiina auf der Schwelle stünde und die Hallelujas des Geschmacks am Gaumen zu spüren wären, wenn hinter der sich Verbeugenden und Befehlenden Proviant und Paradiese ins Auge blitzten und man auf dem gedeckten Tisch so viel an Schüsseln sah, dass man die Salate bemerkte und die Gerichte las und sich das Herz mit einem Schlag erfreute!

Alastalo war inzwischen mit seiner Quadrille fortgefahren und zog, nachdem er sie einmal gestimmt hatte, in voller Bogenlänge den Ton aus der Saite der Geige bis zum letzten Zucken mit dem Handgelenk: »Und gewiss habe ich meine Braut am erwachenden Morgen unseres Hochzeitstages nicht froher und mit geläuterterem Herzen betrachtet, wie ich unsere neue Bark auf den sommerlichen Wassern betrachten werde, wenn sie an ihrem ersten Tag an den Ankerketten schaukelt und das Meer in der Bucht seine unbändigen Lämmer zum Plätscherspiel an die stolzen Flanken des Schiffes treibt!«, tönte er und bemühte sich, auch die Stimmung der anderen mit dem zu heben, was auch ihm das Blut leichter machte.

Da ereignete sich jedoch etwas, und zwar genau das, was Pukkila gerade eben schon bei sich geahnt und erwartet hatte und was innerhalb eines Augenaufschlags die Gedanken aller auf näher liegende und sich unmittelbar ankündigende Dinge lenkte anstatt auf die kommenden Jahre, welche noch hinter der Ecke mehrerer Monate lagen und in einem Bereich, der dem Almanach dieses Jahres unbekannt war: Eevastiina stand tatsächlich auf der Schwelle, und durch die offene Tür sah man den fertigen Esstisch im Vorderzimmer. »Ach, hier wird von mir als Braut gesprochen und aus vollem Bart gepredigt!«, tönte und dröhnte Eevastiinas Stimme auf Alastalos Worte hin. »Ja, ja, damals, als ich jung war und mir die Burschen nachliefen wie die Kälber auf der Weide der Gelte, und sogar Herman so närrisch war und mich mochte, dass er mir gar aus Stockholm Ketten und Ringe mitbrachte!« Eevastiina war jedoch in voller Fahrt und stand nicht zwischen den Türpfosten, um nostalgische Seufzer von sich zu geben. »Den lieben langen Tag macht ihr mit euren Schiffen und Geschäften ein Gesums wie die Wespen am morschen Stumpf und denkt nicht mal ans Essen, wenn nicht jemand kommt, euch daran zu erinnern! Kommt jetzt ins Vorderzimmer, ich habe von dem bisschen, was wir haben, was Kleines auf den Tisch gestellt, damit man nicht hungrig aus dem Haus gehen und Wind schnappen muss, ein bisschen Vogelkost, so wie die Hausfrau vom Habichtshof, klägliches Brot wie die Alte in Armhausen, Käsefleisch aufs Geräucherte wie die dürre Witwe des armen Pastors, immerhin wurde ein Kalb geschlachtet, weil ich so lange gequengelt habe, ein Ferkel wurde gebraten, weil Herman es befahl, Hausbier wurde angesetzt, weil Hopfen da war, Warmes wurde gebacken, weil ich dazu kam, Heißes wurde geschmort, weil der Ofen warm war, Salate wurden gestampft, weil Siviä Zeit und Rauha als Hilfe hatte, Aal war in der Kammer, Maränen in der Masche des Netzes, Geräuchertes auf dem Dachboden: Kommt jetzt zu Tisch, geht hin, einer nach dem anderen dort, wo es eng wird, und gemeinsam, wo der Platz ohne zu drängen reicht, jeder ist aufgefordert, auch wenn er nicht eigens mit Namen genannt wird, Langholma mit Verneigung und Pukkila mit Knicks, Krookla mit einem Nicken und Härkäniemi mit einem Schnicken, Karjamaa gerufen und Lahdenperä gebeten, jeder für sich und alle gemeinsam, auch wenn ich nicht vor jedem einen Knicks und weitere Faxen mache: Zu Tisch jetzt, die Vorderen zuerst und die Hinteren danach, so kommen alle an, und die Frau des Hauses ist beruhigt und der Tischkiefer lückenlos mit voller Zahnreihe, zu Tisch, nur jetzt zu Tisch, ich sage es nicht zweimal und verbeuge mich nicht dreifach und spiele auf der Schwelle nicht die knicksende knacksende Bachstelze …« Die Aufforderung der Hausherrin war endlos, das Schnurren auf der Schwelle ununterbrochen und die Zunge aufgezogen wie eine Uhr für eine ganze Woche. »Schon mein Vater, mein verstorbener Papa hat immer gesagt: Hunger ist am Esstisch die beste Beilage! So redete er, wenn er bei uns daheim auf Maanpää die Gäste sich zu setzen hieß: Ein kleiner Tisch, sagte er, aber ein guter Appetit, dann schmecken sogar die weich gekochten Steine in der Schüssel!, prahlte er, als er befahl, Platz zu nehmen, und hatte die Köchin der Großgemeinde im Haus, die eine Woche gerannt war, und zehn Gerichte auf dem Tisch!«

Die letzten Worte ließ Eevastiina freilich bereits im Vorderzimmer vom Stapel, nachdem sie von der Schwelle gewichen war, denn es kam Bewegung in den Saal, Gäste schritten durch den Raum, und an der Tür musste Platz geschaffen werden. Als Erster kam natürlich Langholma, der aus Erfahrung und auch so wusste, dass die anderen ihre Plätze ja doch nicht verlassen würden, ehe er sich geregt hatte, und der darum, wenn auch mit würdevoller Gemächlichkeit, um sinnlose Ziererei zu umgehen und unnötige Schüchternheit zu meiden, den Hinweis des Befehls befolgte, nachdem ein solcher erteilt wurde, und der auch jetzt also mit dem Gedanken, dass nicht nutzlos gezaudert werden sollte, schon nach der Hälfte von Eevastiinas Aufforderungen und Ermunterungen den Schaukelstuhl verlassen hatte, um zum Pfeifenregal zu gehen und dort für die Dauer des Essens seine Pfeife abzustellen. Vom Pfeifenregal aus erreichte Langholma also als Erster das Vorderzimmer, und unmittelbar hinter ihm folgte Mikkel Krookla, der seine Vetternschaft mit Langholma in Ehren hielt und darum bei Banketten, die auch er beehrte, immer darauf achtete, dass er bei Tisch der nächste Mann bei Efram war und sich dicht hinter und neben seinem Vetter hielt. Auch Härkäniemis Schultern schaukelten bereits aufs Pfeifenregal zu, wo er seine Pfeife lassen musste, und Pukkila war seinerseits ebenfalls schon auf den Beinen und vom Sofa aufgestanden, weil Alastalo seine Gastgeberpflichten eingefallen waren und er, noch mit der Gouverneurspfeife in der schwenkenden Hand, zu ihm gekommen war und ihm am Ellenbogen die auffordernde Ermutigung versetzt hatte, die nötig war, um zu beweisen, dass man sich darauf verstand, einen bedeutenden Mann rücksichtsvoll zu behandeln, und dass Pihlman Pukkila eben doch ein Mann in der Gesellschaft war, der ein gesondertes Geheiß verdient hatte: Er ging denn nun auch vor Härkäniemi, der beim Säubern seiner Pfeife getrödelt hatte, und nach Langholma und Krookla zur Tür und durch sie hindurch ins Vorderzimmer. Alastalo hatte inzwischen bereits auch Lahdenperä mit Schulterkneten vom Sofa und zugleich auch Eenokki fast mit einem Zerren aus seiner Ecke geholt, und nachdem er zwischendurch am Pfeifenregal seine Pfeife losgeworden war und er beide Hände frei bekommen hatte, stand auch schon Nordberg von seinem Stuhl auf und die Simonssons ebenso, zuerst der Geld-Simu und dann der Reisig-Simu neben ihm, und danach ohne mannsbezogene Ermunterungen und beinahe in einem Ruck der ganze Saal, an der seeseitigen wie auch an der landseitigen Wand. Falls jemand danach noch im sich leerenden Saal gesessen hätte, zum Beispiel auf dem hinteren Sofa, dann hätte er einzig und allein die sich weitende Fläche des Fußbodens mit ihren Teppichen vor sich gesehen und an der Tür zum Vorderzimmer sich drängende Männerrücken, mal langhalsiger, mal dicknackiger, je nachdem, wie bei jedem Einzelnen die Fasson des Körpers ausgefallen war, alle in einer Furche in dieselbe Richtung stapfend, wie Kuhvieh, das von den Weidegründen zu den Melkplätzen wandert, jedes Gehörnte mit schlaff nach Südosten hängendem Schwanz, bei jedem steifen Stapfer die schaukelnde Schnauze in der Luft südwestwärts schnuppernd, hintereinander und nebeneinander, wie jeweils Platz zum Gehen war, die ganze schwankende Männerschar, bis alle und jedes sich voranschiebende Schulterpaar durch die harrende Tür verschwunden waren wie geschüttete Brühe im schluckenden Trichter, als Letzter der rotnackige Alastalo, so geschäftig und eifrig, wie seine Korpulenz es gestattete und die Rundung seines Umfangs es im Einvernehmen erlaubte.

Nach sechsstündigem ziemlich festem Sitzen und ebenso fester, wenn auch gemächlich vonstattengegangener Anstrengung und mit Manneskraft ausgeführter Tat der Vernunft kann auch ein weitläufiger Raum, welcher gerade noch über die gesamte Länge seiner Wände Schulter an Schulter dicht bevölkert war, erstaunlich still und verlassen wirken, wenn er sich geleert hat. Auch der Saal von Alastalo, der an diesem Tag das gleiche Wunder erlebt hatte wie an anderen hellhimmligen Tagen auch, nämlich dass die Sonne, nachdem sie am Morgen durch die Fenster auf der Ostseite so viel blendendes Linnen auf den Teppichen und auf dem Fußboden zwischen den Teppichen ausgebreitet hatte, wie es die Scheiben an der meerseitigen Wand erlaubten, später, nachdem sie auf dieser Seite des Saals ihr Tuch eingerollt hatte, Stunden später also und mit fortgeschrittenem Tag anfing, sich von der gegenüberliegenden, hofseitigen Wand her und durch die westlichen Scheiben nach demselben Fußboden zu strecken, zuerst mit schrägen Streifen und später mit immer breiter werdenden Flecken, bis der gesamte Raum und Boden von dort aus wieder ganz und gar mit dem gleichen Licht überspült und von Wärme durchflutet war wie am Morgen vom Meer her; dieser Saal von Alastalo mit seinen alltäglichen Erfahrungen und unveränderlichen Abläufen durfte sich nun, da die Sonne von Westen schien statt aus den östlichen Richtungen des Morgens, gewahr werden, dass innerhalb seiner fünfklaftrigen Wände anstelle des Summens von tagsüber und vorhin die unerwartete Stille, ja beinahe Ödnis eines verlassenen leeren Raumes herrschte. Diese Stille war jedoch nicht absolut, denn sie wurde von dem fröhlichen Lärm durch die offene Tür des Vorderzimmers nebenan gestört, wo nun eine mit ihrem Werk und ihrem Tag zufriedene und keineswegs wortkarge Männerschar mit gedämpften Stimmen an gedeckter Tafel Mahlzeit hielt und sich nährte, die über einen guten Appetit und eifrige Münder für die gewissenhafte Arbeit bei Tisch verfügte. Die augenblickliche Einsamkeit des Saals in der sinkenden westlichen Sonne würde überdies kaum lange währen, denn an Sicherheit grenzte die Gewissheit, dass recht bald schon Siviä und Rauha durch die Gangtür zur Ausübung ihres Amtes und zum eiligen Aufräumen im Saal erscheinen würden, sobald sich beim Bedienen am Tisch eine Lücke auftat und Eevastiina sie zu den Zurüstungen hinüberschicken konnte. Auch im Vorderzimmer war die Gewissheit des Glaubens in dieser Hinsicht sicher, in der nämlich, dass der Saal während der Mahlzeit nicht in Vergessenheit geriet, sondern dass dort klingelnde und volle Gläser warteten, wenn vom Esstisch aufgestanden wurde: Auf Alastalo wurde schon nach einer gewöhnlichen Mahlzeit weder mit Eevastiinas noch mit Hermannis Erlaubnis ein Gast ohne Abhärtung in die Abendkälte entlassen, geschweige denn an einem solchen Tag und nach der Feier zu Ehren einer Bark!

Anhang

»So lebendig alles, dass man es mit eigenen Augen sieht.«

NACHWORT VON STEFAN MOSTER

Der Brief des Oberbibliothekars

Anfang März 1931 erhält Alvar Renqvist, der Geschäftsführer des Verlages Otava in Helsinki, der zu jener Zeit die bedeutendsten finnischen Schriftsteller verlegt, den Brief eines Autors, mit dem er kaum gerechnet haben dürfte. Der siebenundfünfzigjährige Volter Kilpi, der sich da an ihn wendet, hat nämlich seit fast dreißig Jahren kein Buch mehr veröffentlicht und stellt demgemäß auch selbst fest, seine »vor ungefähr einer Generation« erschienenen literarischen Werke seien vergriffen und für jüngere Leser nur noch über die Bibliotheken erhältlich. Er fügt allerdings hinzu, er habe besagte Werke jüngst noch einmal gelesen und sei von ihrer »Ernsthaftigkeit und Intensität« positiv überrascht gewesen. Da er seit etlichen Jahren an einem neuen Prosawerk schreibe und zuversichtlich sei, dieses in absehbarer Zeit abschließen und herausbringen zu können, habe er sich überlegt, dass es sinnvoll sein könnte, sich zuvor beim Publikum wieder in Erinnerung zu bringen, indem man noch einmal die vor dreißig Jahren erschienenen Werke auflege. Praktischerweise enthält der Brief gleich eine detaillierte Aufstellung der vorliegenden Novellen und Erzählungen, und zwar in der Reihenfolge, die der Verfasser sich für eine Neuveröffentlichung in einem Band wünscht, alles in allem 460 Seiten. Ferner werden die Honorarvorstellungen formuliert: »Bedingungen stelle ich vorerst keine, außer dass ich als Autorenhonorar 25 % von den Bruttoeinnahmen aus dem Buchhandelsabsatz bekommen sollte.«

Dieser Volter Kilpi, seines Zeichens Oberbibliothekar der Universitätsbibliothek in Turku, hält sich nicht mit Demutsgesten auf, denn sein Anliegen ist ihm ernst. Ihm brennt sein aktuelles literarisches Werk unter den Nägeln, von dem er glaubt, dass es etwas Besonderes werden könnte. Er hat alles in diesen Text, an dem er seit Jahren arbeitet, hineingelegt, nicht nur Geist und Seele, sondern auch Handfestes: Immer wieder bezahlt er aus eigener Tasche Aushilfen für die Bibliothek, um sich selbst halbtags zum Schreiben zurückziehen zu können.

Verleger Alvar Renqvist scheint zu erahnen, dass der Schriftsteller recht haben könnte, denn schon eine Woche später gibt er einen positiven Bescheid: »Bei dem in Ihrem Brief erwähnten Vorschlag, eine neue Auflage von ›Bathseba‹, ›Parsifal‹, ›Antinous‹ u. a. drucken zu lassen, handelt es sich unserer Meinung nach um ein Unternehmen, das man in Angriff nehmen sollte«, äußert er entgegenkommend, um gleich darauf das zu tun, was jedes Schriftstellerherz höherschlagen lässt: Er lobt das bisherige Werk und stellt Geld in Aussicht. Aufgrund von Kilpis Brief habe er am Abend zuvor noch einmal dessen Erstlingswerk *Bathseba* gelesen; es habe eine starke Wirkung auf ihn gehabt und sei keineswegs veraltet. Was Kilpis Honorarforderung betreffe, so werde man sie akzeptieren.

Kilpis Wiederaufnahme der Beziehungen zu seinem alten Verlag steht unter einem günstigen Stern.

Es mag verlegerischer Instinkt sein, der Alvar Renqvist veranlasst, sich zunächst nicht weiter mit den alten Werken aufzuhalten, sondern sich unverzüglich zu erkundigen, was unter Herrn Kilpis Feder an Neuem entsteht. Seiner Bitte, doch einmal Inhalt und Charakter zu umreißen, folgt Kilpi auf der Stelle. »Das Buch wird kein Roman, sondern eher ein Epos in Prosa«, gibt er zu verstehen, »ich habe ihm schon mehr als neun Jahre meiner festesten Arbeitskraft geopfert und hoffe, dass diese Jahre nicht umsonst geopfert worden sind.«

Es handle sich auch nicht um *ein* Buch, sondern eher um eine Trilogie, die eine panoramahafte Schilderung des Lebens im südwestfinnischen Schärengebiet bildete, genau genommen in der Inselgemeinde Kustavi, in der Kilpi geboren wurde und aufwuchs. »Ich hoffe, dass für die Leser nach und nach die ganze Gegend mit ihren charakteristischen Menschen und allen Facetten des Lebens [...] lebendig Gestalt annimmt und mit Händen greifbar wird«, lautet seine Hoffnung, wobei er keinen Hehl daraus macht, dass ihm der Stoff in ganz besonderer Weise am Herzen liegt. »Ich hätte nie gedacht, dass die Eindrücke aus der Kindheit so unauslöschlich und unerschöpflich sind«, schreibt er. Später, Jahre nach Erscheinen der Bücher, wird er davon sprechen, als »Medium« fungiert zu haben, getrieben von der Berufung, den erlebten Kindheitskosmos in adäquate, vielschichtige Prosa zu übersetzen.

Für den ersten Roman der potenziellen Schären-Trilogie hat Kilpi bereits einen nicht gerade reißerischen, allerdings wohlklingenden Namen gewählt: *Alastalon salissa*, zu Deutsch: *Im Saal von Alastalo*. Da er keinen Anlass sieht, seinem Verleger ein X für ein U vorzumachen, verschweigt er nicht, dass unter diesem Titel keine Unterhaltungsliteratur zu erwarten ist. »Meine Prosa [...] ist nicht logisch und rational«, schreibt er, ganz ohne Furcht, den Verleger zu verschrecken, »sondern dithyrambisch und rhythmisch expressiv.« Seine Schlussfolgerung lautet: »Eine leichte Lektüre wird mein Buch nicht werden, falls ich es einmal fertig bekomme, aber ich hoffe, dass seine Kadenzen etwas einfangen werden, das die Mühe des Lesers verdient und sie ihm vielleicht sogar lohnt.«

Wenn sich Kilpi über seine Arbeit äußert, schwingt stets enormes Selbstbewusstsein mit, was jedoch nie eitel oder selbstverliebt wirkt. Selbstbewusstsein heißt bei ihm, dass er sich dessen, was er tut, voll und ganz bewusst ist, dass er die spezifische Qualität seiner Literatur einzuschätzen weiß wie ein Außenstehender, obwohl sie einer vehementen Auseinandersetzung mit den eigenen Erinnerungen und Erfahrungen entspringt. Überdies scheut er sich nicht, besagte Qualität auch zu taxieren. »Das Buch, das ich nun zur Veröffentlichung anbiete«, teilt er seinem Verleger ungeniert mit, »ist das Resultat einer so intensiven und schwierigen Arbeit, dass es schon deshalb das beste Honorar verdient, das Sie gemeinhin für eine belletristische Arbeit entrichten.«

Das klingt forsch, aber andererseits haben wir es mit einem Autor zu tun, der selbst in Vorlage getreten ist: »Ich habe aus eigener Tasche bereits mehr als 200 000 Mark für Aushilfshonorare ausgegeben, um die Zeit zu finden, diese Arbeit auszuführen.« Außerdem ist sich dieser Autor durchaus darüber im Klaren, dass das Verlegen von Schöner Literatur mit Risiken verbunden ist: »Ich bedaure die sehr wahrscheinliche Möglichkeit, dass Ihr Verlag dank meines Mammutbuches möglicherweise durchaus in Verluste geraten kann.«

Alvar Renqvist lässt sich von so etwas nicht aus der Fassung bringen. Womöglich wirkt es auf ihn bereits beruhigend, dass er es mit einem Autor zu tun hat, der einer geregelten Arbeit nachgeht, allem Anschein nach finanziell abgesichert ist und der seine Honorarforderungen nicht aus blanker Not, sondern aus gesundem Geschäftssinn stellt. Mit so einem, den man nicht durchfüttern muss, lässt sich arbeiten. Renqvist hat da ganz andere Erfahrungen gemacht, nicht zuletzt mit den namhaftesten Schriftstellern des Landes. Berühmtheiten wie Eino Leino oder Ilmari Kianto liegen ihm seit Jahren auf der Tasche und haben beim Otava-Verlag Schulden in jeweils sechsstelliger Höhe angehäuft, ganz zu schweigen von Frans Eemil Sillanpää, der nur wenige Jahre später Finnlands einziger Literatur-Nobelpreisträger werden wird: Der lässt sich und seine Familie komplett vom Verlag aushalten und die Zeche für ein standesgemäßes Künstlerleben bezahlen. Der Oberbibliothekar aus Turku hingegen sorgt selbst dafür, dass er über die Runden kommt. So etwas weiß man als Verleger zu schätzen.

Aber wie war das nun mit dem Inhalt des im Entstehen begriffenen Romans?

Kilpi bleibt seiner Linie treu und legt eine ungeschönte Aufstellung der Kapitel aller geplanten Bücher vor. Diejenige für den ersten Band, *Im Saal von Alastalo*, beginnt folgendermaßen:

»Kapitel 1. Alastalo nimmt die Gäste in Empfang (ca. 40 Seiten).
Kapitel 2. Pukkila geht zum hinteren Sofa (ca. 100 Seiten).
Kapitel 3. Härkäniemi wählt eine Pfeife aus Alastalos Pfeifenregal (ca. 200 Seiten).
Kapitel 4. Pukkila sieht zu, wie Langholma in den Saal von Alastalo kommt und gebeten wird, im Schaukelstuhl Platz zu nehmen (ca. 100 Seiten).«

Und so weiter. Ohne den geringsten Erklärungs- oder Rechtfertigungsversuch kündigt Kilpi ein Manuskript an, in dem er 100 Seiten veranschlagt, um zu beschreiben, wie jemand zu einem Sofa geht, und gar 200 Seiten für die Wahl einer Pfeife.

Wäre damit etwa nicht der Albtraum eines jeden Verlegers hinreichend beschrieben?

Wie Alvar Renqvist auf diesen ersten Einblick reagiert hat, ist nicht überliefert. Auf jeden Fall hat er sich nicht abschrecken lassen, sondern Volter Kilpi einen Autorenvertrag angeboten. Erhalten geblieben ist hingegen Renqvists Reaktion auf die erste Lektüre des tausendseitigen Romanmanuskripts:

> »Mit großem Interesse haben wir uns mit Ihrem Manuskript vertraut gemacht, das künstlerisch und literarisch außerordentlich und in unserer Literatur originell und eigenständig ist. Der einzige fragliche Aspekt für den Verlag bei der Beurteilung des Ganzen ist der große Umfang, der das Werk teuer und vermutlich für einen Teil des literarischen Publikums sowohl wegen des Umfangs als auch wegen des Preises weniger reizvoll macht. Wir möchten dem Verfasser daher empfehlen, die Publikation so zu planen, dass immer ein Werk nach dem anderen in die Öffentlichkeit entlassen wird, das jeweils nicht umfangreicher ist als 400–480 Seiten im üblichen Romanformat. Wir glauben, dass es auf diese Weise am besten Erfolg haben und die größte Verbreitung finden kann.«

Der Verleger tastet Kilpis Kunst nicht an, stellt die literarischen Lösungen mit keinem Wort infrage, sondern stuft sie als singulär innerhalb der finnischen Literatur ein und beschränkt sich allein auf veröffentlichungstechnische und verlagsstrategische Fragen. Dazu gehört auch der Vorschlag, mit der Neuveröffentlichung der Frühwerke doch lieber zu warten, bis mindestens der erste Band des neuen Werks erschienen ist. Zur Begründung führt Renqvist die wirtschaftliche Lage im Land an, die »keine Anzeichen von Besserung« zeige. In schlechten Zeiten habe ein neues Buch nun einmal bessere Aussichten.

Man führe sich das Ganze noch einmal kurz vor Augen: Ein auf die sechzig zugehender Autor, der seit dreißig Jahren nichts mehr veröffentlicht hat, kommt mit einem tausendseitigen Manuskript an, dessen Handlung sich darauf beschränkt, dass Mitte der 1860er-Jahre achtundzwanzig Männer aus einer südwestfinnischen Inselgemeinde sechs Stunden lang in einem großen Saal sitzen, Grog trinken und über den Bau einer Bark beraten, mit einem Manuskript, das mit den längsten Sätzen aufwartet, die jemals ein Mensch in Finnland verfasst hat, und das sich auch sonst in jeder Hinsicht von dem unterscheidet, was an Prosa in der finnischen Literaturlandschaft je existiert hat – und der Verleger reagiert schlicht und einfach mit klarer Zustimmung.

Wir haben es hier mit einem der Glücksfälle in der Literaturgeschichte zu tun, in denen ein Verleger auf Anhieb die außergewöhnliche Qualität eines Manuskripts erkennt.

Vom Leser zum Schriftsteller

Wer war nun aber dieser Oberbibliothekar aus Turku, der kurz davorstand, als Schriftsteller neu geboren zu werden?

Er war ein Kind der Region und der Lebensverhältnisse, über die er sein großes Werk schrieb. Er wurde am 12. 12. 1874 unter dem Namen Volter Adalbert Ericsson in der Inselgemeinde Kustavi geboren, in einem abgelegenen Haus auf einer Landspitze mit Blick auf die südwestfinnischen Schären im Bottnischen Meerbusen. Da das nächste Kind der Familie früh starb, wuchs er in den ersten Jahren ohne Spielgefährten auf und führte, wie er später schrieb, »ein stark von der Fantasie dominiertes Leben«.

Diese Fantasie dürfte nicht zuletzt von seinem Vater zusätzlich beflügelt worden sein, der als Kapitän im Laufe seines Lebens dreiundsechzig Häfen kennenlernte. Die Ankünfte des Vaters am heimischen Ufer bezeichnete Kilpi als Schlüsselmomente seiner Kindheit. Jedes Mal sei es eine Überraschung gewesen, und jedes Mal habe etwas Zwiespältiges darin gelegen. Der Vater, dessen Kleider nach Schiff und fernen Ländern gerochen hätten, sei ihm fremd und vertraut zugleich erschienen. Und so überraschend, wie er aufgetaucht sei, sei er dann auch wieder »ins Unerklärliche« verschwunden.

Ungeachtet dessen zeichnet Kilpi ein durchweg harmonisches Bild seiner Kindheit und hebt die Wärme und die Klarheit hervor, für die seine Eltern, die beide starke und aufgeschlossene Charaktere gewesen zu sein scheinen, gesorgt hätten. Nach dem Umzug der Familie in ein Dorf, in dem mehrere Kinder wohnten, und nach der Geburt seiner Brüder wurde das Leben geselliger, aber die Prägung der frühen Jahre machte sich bemerkbar. Der junge Volter wurde zwar kein Eigenbrötler, aber ein Leser. Noch vor dem zehnten Lebensjahr hatte er die Bibel dreimal komplett durch.

Eine Volksschule gab es damals in Kustavi noch nicht, aber 1884 engagierten die Nachbarn einen achtzehnjährigen Gymnasiasten als Hauslehrer, an dessen Unterricht auch Volter teilnehmen durfte. Bis in die erste Hälfte des 20. Jahrhunderts hinein war es in den abgelegenen Regionen Finnlands ein übliches Verfahren, Schule auf einem Hof zu halten, wo es eine ausreichend große Stube (gar einen »Saal«) gab. Volter lernte auf diese Weise über einige Sommer hinweg mehrere Lehrer kennen, hauptsächlich im eigenen Elternhaus, in das der Unterricht bald verlegt wurde.

Im Alter von zwölf Jahren wurde der Kapitänssohn aufs finnische Privatgymnasium in Turku geschickt und schnupperte erstmals die Luft der Freiheit und Selbstständigkeit. Wie sehr er sie genoss, wurde schwarz auf weiß sichtbar, als er das erste Zeugnis nach Hause brachte. Sein Vater stutzte beim Blick auf das Dokument zunächst, fuhr gleich darauf aber gründlich aus der Haut, denn er musste feststellen, dass sein Sohn eigenmächtig seinen Nachnamen geändert hatte. Auf dem Dokument stand nicht Volter Adalbert Ericsson, sondern Volter Adalbert Kilpi. Der Zwölfjährige hatte den schwedischen Nachnamen durch einen finnischen ersetzt, um deutlich zu machen, wo er sich im zweisprachigen Finnland zugehörig fühlte. Weshalb seine Wahl ausgerechnet auf den Namen Kilpi (der Schild) fiel, findet sich in einer überlieferten mündlichen Aussage Kilpis: Sein Lehrer habe erzählt, die Mütter Athens hätten ihren Söhnen aufgetragen, aus der Schlacht entweder mit dem Schild oder auf dem Schild zurückzukehren.

Trotz günstiger Lernbedingungen (Kapitän Ericsson hatte für seinen Sohn in Turku ein eigenes Zimmer angemietet) tat sich Volter in der Schule lange schwer und wurde ein paarmal nur knapp versetzt – bis er schließlich sitzen blieb. Nun bestand die Herausforderung darin, dem Vater die Hiobsbotschaft beizubringen. Und bei dieser Gelegenheit kann man zum ersten Mal beobachten, wie raffiniert bereits der Achtzehnjährige die Feder zu führen verstand. In einem Brief vom Juli 1892 schreibt er:

> »Lieber Vater! Ich glaube, Ihnen wird Unglück um Unglück, Verdruss um Verdruss zuteil. Zuerst diese ärgerliche Kollision, als Sie von den geliebten Ufern Finnlands aufbrechen, um die weiten Meere zu durchpflügen, und als Sie dann in London ankommen, müssen Sie von meiner bedauerlichen Nichtversetzung erfahren, die bereits zuvor festgestanden hat. Nun, ich kenne das, manchmal kommt es einem vor, als folgte eine

> böswillige Fee unseren Spuren, die herbe Bitterkeit auf den ohnehin schon dornenreichen Pfad des Lebens streut. In solchen Stunden der Verzweiflung wird einem das Herz gallig und die Seele düster, und eine hohle Leere bemächtigt sich des Geistes, der Verstand steht geradezu still, er stockt, die Hände ballen sich ungewollt zu Fäusten, und das trotzige Gemüt ist geneigt, in wer weiß was für sinnlose Rasereien auszubrechen. Aber in solchen Stunden muss ein Mann sich und seinen Geist mit der Kraft des Willens von den unheimlichen, fürchterlichen Hirngespinsten losreißen. Ein Mann muss sich seiner Bürde fügen, denn Lamentieren ist nicht mannhaft, es ermattet bloß.«

Volters Begeisterung für die Macht der Sprache war zuvor vor allem in der Stadtbibliothek Turku von den Werken der Weltliteratur entfacht worden. Bald gestattete man ihm dort, zwei oder drei Bücher auf einmal auszuleihen, obwohl eigentlich immer nur eines erlaubt war. Im Jahr der Nichtversetzung las er *Die Leiden des jungen Werthers* in Ermangelung einer Übersetzung im Original. Da er zu diesem Zeitpunkt erst seit einem Jahr Deutsch im Unterricht hatte, dürfte er nicht jedes Detail verstanden haben, aber der Briefroman beeindruckte ihn immerhin so sehr, dass er sich Goethes Gesammelte Werke anschaffte. Und einige Jahre später sollte Kilpi derjenige sein, der den *Werther* ins Finnische übersetzte.

Seine Leseneugier kannte keine Grenzen und richtete sich nach allen Seiten, er erschloss sich die Klassiker von Shakespeare bis Ibsen, folgte aber auch den aktuellen Strömungen, sodass sich z. B. eine besondere Verbundenheit zu Thomas Mann herausbildete. Die intensive Lektüre war seinen schulischen Leistungen übrigens nicht abträglich. Im Gegenteil, nach der Nichtversetzung wendete sich das Blatt, und Volter schloss das Gymnasium als Zweitbester seines Jahrgangs ab.

Seine Entscheidung, zum Studium nach Helsinki zu gehen, begründete er damit, dass es dort bessere Bibliotheken gebe, die er als seine »Fanggründe« bezeichnete. Das Fundament seiner literarischen Bildung hatte er als Gymnasiast gelegt, nun kamen Philosophen wie Sören Kierkegaard, Friedrich Nietzsche, Arthur Schopenhauer hinzu, außerdem findet man in den Lektürelisten, die er anlegte, unter anderem die Namen von Novalis, Friedrich Hölderlin, Gottfried Keller, Knut Hamsun, Franz Grillparzer, Calderón de la Barca, Platon, Dante, Lord Byron, Jens Peter Jacobsen.

In finnischer Sprache gab es damals noch nicht viel zu lesen, aber den ersten Roman, der in finnischer Sprache erschien: Aleksis Kivis *Die sieben Brüder*, bewunderte Kilpi außerordentlich. Auch zu ihm spürte er eine enge Verbundenheit, trotz aller Unterschiede im Leben wie im Schreiben, und es erscheint einem wie ein Werk der Gerechtigkeit, wenn heute die Romane von Aleksis Kivi und Volter Kilpi zu den bedeutendsten der finnischen Literatur überhaupt gezählt werden.

Während Volter seine literarischen Kenntnisse voller Eifer erweiterte, gelang es ihm nicht, seinem Studium eine Richtung zu geben, was vermutlich damit zu tun hatte, dass er sich über eine mögliche berufliche Laufbahn im Unklaren war. Er studierte an der historisch-sprachwissenschaftlichen Fakultät und beschäftigte sich mit Kunst und Literatur, dies jedoch eher unsystematisch. Als er nach und nach Interesse fürs Schreiben fasste und dies seinem Vater mitteilte, konterte dieser mit einer Antwort, die entmutigender nicht hätte sein können: »Aus dir wird kein solches Genie, dass du mit dem Schreiben von Romanen über die Runden kommst.«

Die im Januar 1898 folgende Mitteilung Volters, er fange als Praktikant in der Universitätsbibliothek an, stieß hingegen auf keine Einwände. Damit begann er noch während des Studiums seine Laufbahn als Bibliothekar. Er wollte zwar weiterhin schreiben, aber er war kein Bohemien, sondern ein ernsthafter Charakter, der nichts auf Äußerlichkeiten gab und für den Ansehen, Status, Rang keine Rolle spielten, auch bei der Berufswahl nicht.

Üblicherweise wird bei der Beschreibung seines Naturells von Literaturhistorikern darauf hingewiesen, dass bei Kilpi bereits im Alter von sechzehn Jahren erste Anzeichen nachlassender Hörfähigkeit auftraten. Von der Schwerhörigkeit leitet man gemeinhin gern eine ausgeprägte Introvertiertheit ab, doch damit sollte man vorsichtig sein. Kilpi musste nie per Zettel kommunizieren, er war nicht taub, sondern in der Lage, sich an allen Gesprächen zu beteiligen. Wenn er bisweilen in seiner eigenen Welt blieb, dann, weil er das so wollte oder aus einer psychischen Disposition heraus. »Als Schriftsteller und als Mensch dürfte ich so etwas sein wie ein zugemauerter Ofen, in dem eine Flamme lodert, die nicht herauskommt«, schreibt er einmal, und diese Selbsteinschätzung bezieht sich nicht auf seine Harthörigkeit.

Bisweilen kam die Flamme aber dann doch heraus. Zunächst auf literarischem Gebiet. Sein literarisches Debüt, der Roman *Bathseba*, erschien 1900, im selben Jahr, in dem er sein Studium mit einer Arbeit über Hölderlin abschloss. 1902 folgte *Parsifal*, 1903 *Antinous*, beides schmale Prosawerke. Nebenbei trat er als Übersetzer in Erscheinung. Seine Übertragung von Goethes *Werther* kam 1904 heraus, und ein Jahr zuvor war seine Übersetzung von Gustav Frenssens Roman *Jörn Uhl* auf den Markt gekommen. Genau genommen hatte Kilpi nur drei Viertel übersetzt, nachdem der ursprünglich vorgesehene Übersetzer nach einem Viertel das Handtuch geworfen hatte, weil er es nicht über sich brachte, eine »unsittliche« Stelle in seine Muttersprache zu übertragen. Kilpi war weniger prüde und übersetzte noch zwei weitere Werke des damals populären Heimatdichters, der das Volkstümliche später gegen das Völkische tauschte, weshalb in Deutschland heute keine Straßen mehr nach ihm benannt sind und niemand mehr seinen Namen kennt.

Wie es sich mit Kilpis Fähigkeiten als Übersetzer verhielt, müsste genauer untersucht werden. Eine einflussreiche zeitgenössische Literaturzeitschrift veröffentlichte eine zehnseitige Kritik zu seiner Übersetzung von Frenssens Roman *Hilligenlei*, die eine stattliche Fehlerliste enthielt. Kilpi wehrte sich und berief sich auf seinen westfinnischen Sprachgebrauch, aber wahrscheinlicher ist, dass er mit Frenssens norddeutschem Vokabular überfordert war. Wie auch immer, jedenfalls hörte er auf, seine sprachlichen Fähigkeiten an zweitrangige Romane zu verschwenden. Stattdessen stellte er sie in den Dienst seiner eigenen Gefühle, und dies war nun das zweite Mal, dass seine Flamme herauskam.

Im Jahr 1904 lernte er in der Pension, in der er lebte, Hilja Wanhakartano kennen, die ebenfalls dort wohnte. Sie stammte von einem reichen Gutshof und studierte in Helsinki Medizin. Eigentlich interessierte sie sich mehr für Architektur, aber ihre Eltern hielten Ärztin für den angemesseneren Beruf. Weil sie die Semesterferien nicht gemeinsam in Helsinki verbrachten, ist aus diesen Zeiten ein umfangreicher Briefwechsel erhalten, der von einem ausgesprochen innigen Verhältnis zeugt. Kilpis Briefe glänzen mit elaborierten Sätzen und neigen dazu, sich in die Länge zu ziehen, was ihn gelegentlich zu selbstironischen Bemerkungen verleitet: »Danke dem Schicksal, dass ich gestern Abend zu einem Segeltörn mitmusste, sonst hätte ich mit meinem Lied wer weiß wie lange weitergemacht.«

Man kann diesen Briefen in wunderbarer Eindrücklichkeit entnehmen, dass Kilpis Flamme immer dann besonders hell lodert, wenn sein sprachlicher Gestaltungswille großen Gefühlen und einem tiefen Ausdrucksverlangen entspringt. In Hilja traf er auf eine ebenbürtige Partnerin, denn sie war literarisch begabt, nicht nur als Briefeschreiberin, sondern auch als Verfasserin eines Theaterstücks, das 1915 als gedrucktes Buch erschien und auch auf der Bühne erfolgreich war.

Der Briefwechsel endet 1907, kurz vor der Hochzeit der beiden, bei der sich die Eltern der Braut nicht blicken ließen, weil sie gegen die Ehe ihrer Tochter mit dem zehn Jahre älteren Volter Kilpi waren, den sie für nicht standesgemäß hielten. Hilja musste also für ihren Mann mit ihrer Herkunftsfamilie brechen, und so etwas tut man nur bei einer echten Liebesheirat. Tatsächlich führten die beiden eine in jeder Hinsicht gute Ehe und wurden Eltern von drei Kindern.

Kilpi arbeitete zunächst als Bibliothekar mit fester Anstellung in Helsinki, wo er sich als so engagiert und kompetent zeigte, dass er 1919 zum Leiter der Stadtbibliothek in Turku ernannt wurde. Zwei Jahre später berief man ihn dort an die gerade erst gegründete finnische Universität (die schwedische *Åbo Akademi* bestand seit 1918). Damit übernahm er die Verantwortung für den Aufbau einer der wichtigsten finnischen Bibliotheken. Sein Ehrgeiz bestand darin, sie zur zweiten finnischen Nationalbibliothek zu machen, und dieses Ziel verfolgte er ebenso leidenschaftlich wie unnachgiebig, was den damaligen Rektor der Universität gelegentlich aufstöhnen ließ: »Bisweilen hatte man das Gefühl, man müsse eine Barrikade errichten, damit die Bibliothek nicht das ganze Gebäude okkupiert, noch bevor die Universität ihre Arbeit aufnimmt.«

Als Vorgesetzter gab Kilpi den väterlichen Patriarchen, der alles bis ins Detail plante und unerschütterlich überwachte, aber er war beliebt und seinen Mitarbeitern zugewandt und bestand darauf, dass sich das ganze Personal jeden Nachmittag am Kaffeetisch versammelte.

Trotz seines Pflichtbewusstseins und seines Engagements für die Bibliothek lebte Kilpi in Turku in zwei Welten, denn bald ging er dazu über, die Vormittage schreibend zu Hause zu verbringen. Die Familie lebte in einem Jugendstilhaus zwischen schweren Möbeln in bildungsbürgerlichem Ambiente, und da sie mit dem Umzug in das südwestfinnische Turku auch wieder näher an Kilpis Heimat herangerückt waren, an die Welt der Schären, erwarb man bald auch in Kustavi ein Holzhaus mit Blick aufs Meer als Sommerresidenz. Das passte, denn es ermöglichte Kilpi, sich in der Sphäre aufzuhalten, in die er seit 1924 jeden Vormittag geistig eintauchte, nämlich seit er angefangen hatte, quasi heimlich, an einem Roman zu schreiben, der, im Gegensatz zu seinen frühen Werken, weder in der Welt der Bibel noch in der Antike oder im Mittelalter spielte, sondern in der Schärengemeinde Kustavi. Allerdings hatte Kilpi von Anfang an keinen kleinen Dorfroman im Sinn, sondern verfolgte die Absicht, in diesem überschaubaren Umfeld alles unterzubringen, was das Menschenleben ausmacht. Er wollte ein Panorama der Menschen aus Kustavi entfalten, zugleich aber eine große Allegorie von allgemeiner Gültigkeit vorlegen.

Nachdem er drei Jahre an dem Projekt gearbeitet hatte, starb 1927 seine Frau an Präeklampsie (damals noch als Schwangerschaftsvergiftung bezeichnet). Man muss nicht darüber spekulieren, wie sehr ihn dieser Verlust traf, denn er hat es selbst formuliert, und zwar mit einer Bündigkeit, die keine Fragen offenlässt: »Als ich meine erste Frau verlor, war das ein so schwerer Schlag, dass ich glaubte, ins Bodenlose zu stürzen, aber die Arbeit war mir eine Hilfe.«

Es gibt Literaturwissenschaftlerinnen in Finnland, die behaupten, der Roman *Im Saal von Alastalo* wie auch die beiden

Folgebände *Pitäjän pienempiä* (Die Kleineren der Gemeinde) und *Kirkolle* (Zur Kirche) hätten ihre endgültige sprachliche Gestalt erst nach dem Tod von Kilpis Frau angenommen. Um dies beurteilen zu können, müsste man die Textgenese anhand von verschiedenen Manuskriptstadien vergleichen. Sicher ist jedenfalls, dass Kilpi *Im Saal von Alastalo* zum größten Teil als Witwer schrieb. Erst 1935, zwei Jahre nach dem Erscheinen des Romans, heiratete er erneut, nämlich die Krankenschwester Gunborg Grönroos.

Ein verschollener Verfasser taucht wieder auf

In einem Brief an einen Freund erzählt Volter Kilpi, er habe im Alter von neun oder zehn Jahren erstmals mithilfe eines Lineals ein Heft liniert und angefangen zu schreiben. Dabei habe er eine Schilderung der Schärenlandschaft im Sinn gehabt, in der er lebte. Zwei Seiten seien zusammengekommen. Dreißig Jahre später kamen ein paar Seiten hinzu – tausend, um genau zu sein, aber als Untertitel auf dem Titelblatt steht: »Eine Schilderung aus den Schären«. Der Rückgriff auf die Welt der Kindheit hat aus Volter Kilpi einen großen Schriftsteller gemacht.

Literarische Begabung bewies er freilich schon in seinem Frühwerk. Wer aber *Im Saal von Alastalo* gelesen hat, einen Roman, in dem alles an konkreten Dingen der wirklichen Welt festgemacht wird und jede Metapher mit dem täglichen Leben zu tun hat, wird sich wundern, dass Kilpis literarische Anfänge ausgerechnet im Zeichen des Symbolismus standen. Sein Debütroman *Bathseba*, der auf der Vorlage der biblischen Episode eine große Liebe beschwört, kommt einem geradezu wie der größtmögliche Gegensatz zum Alastalo-Roman vor. Hier wird nicht von konkreten Begebenheiten erzählt, sondern die Welt der Bibel als symbolisches Biotop herangezogen für einen David, dessen Innenleben vom Autor so sehr in den Vordergrund gerückt wird, dass die äußeren Ereignisse dahinter zurücktreten. Kilpi brachte damit ein Stück europäischen Symbolismus nach Finnland, einen Hauch von Exotik, eine farbenreiche Art zu schreiben, die auf Schönheit abzielt und sich bemüht, ästhetische Formen zu finden, die geeignet sind, die Bewegungen der Seele angemessen abzubilden. In seinem Essay *Nykyaikaisista taidepyrinnöistä* (Über die modernen Bestrebungen der Kunst, 1905) sprach er selbst von einer modernen »Klangsprache« für die Seelendarstellung des modernen Menschen.

Der schmale Roman fand in Finnland durchaus positive Aufnahme, erntete aber auch ein paar schlimme Verrisse. Unter anderem hieß es, Kilpi zähle zu den schmutzigen französischen Schreiberlingen. Gerade solche Verdikte weckten jedoch die Aufmerksamkeit der Zeitgenossen, und man beäugte den jungen Autor in Helsinki neugierig. In einem Brief an seinen Bruder schreibt er: »Ich bin nach und nach zu einer kleinen Berühmtheit geworden. Das Reizendste daran ist übrigens, dass mich die Mädchen durchaus mit Neugier betrachten: Bis dahin bin ich nicht gerade durch die Aufmerksamkeit der Frauen verdorben worden, und ich wäre auch jetzt vielleicht zufriedener, wenn die neugierigen Blicke mehr mir selbst anstatt dem Verfasser eines gewissen Buches gelten würden.«

Dass das Buch mit dem Staatlichen Literaturpreis ausgezeichnet wurde, dürfte Kilpis Motivation ebenfalls zuträglich gewesen sein. Er schrieb weiter und veröffentlichte 1902 den ebenfalls schmalen Roman *Parsifal*. Er war nun von der biblischen Welt ins Mittelalter gewechselt und erzählte eine Gralsritter-Geschichte, in der ein Künstler mit seiner Liebe den Gral, der die Kunst symbolisiert, zum Überschäumen bringt. Nach dem ausführlichen Essay *Ihmisestä ja elämästä* (Über den Menschen und das Leben, 1902), der Kilpi als »ästhetischen Denker« auswies, wie es der Literaturwissenschaftler Rafael Koskimies formulierte, folgte 1903 der dritte fiktive Prosatext. *Antinous* ist in der Welt der Antike angesiedelt und handelt vom Schicksal eines jungen Ästhetikers, der sich nach Schönheit sehnt und diese in Tempeln und Palästen findet. Größer könnte der Gegensatz zu den im Saal von Alastalo versammelten Bauern nicht sein, und man möchte nicht wissen, was einer wie Pukkila über so eine empfindsame Seele mit ästhetischer Lebenseinstellung zu sagen gehabt hätte, zumal dieser Antinous als androgyne Figur klare Geschlechterzuordnungen unterhöhlt und somit ganz und gar im Zeitgeist des Fin de Siècle unterwegs ist, in dessen exquisiten Welten die Handfestigkeit von Bauernkapitänen wenig gefragt ist.

Allerdings bedient sich Kilpi bereits in seinem Debütroman *Bathseba* des inneren Monologs, also einer typischen Erzählform der modernen Prosa. In der Schären-Trilogie wird er sie in einer Weise zum Blühen bringen, wie man das in Finnland bis dahin nicht gesehen hatte. Auch ein ausgeprägtes Gespür für Rhythmus ist in dem frühen Roman zu finden, und es scheint, als werde die Sprache hier bereits von dem pulsierenden Herzen angetrieben, das später in Kilpis großem Roman schlagen wird.

Die Zeitgenossen erkannten durchaus, dass Kilpi talentiert war, aber viele hatten an der Moral seiner Werke etwas auszusetzen. Von Werk zu Werk wurden die lobenden Stimmen weniger, und den Ästhetizismus des *Antinous* verstand dann kaum noch jemand. Innerhalb von drei Jahren hatte sich Kilpi ins Abseits geschrieben, was natürlich auch bedeutete, dass er pleite war. Und was dazu führte, dass er sich vom Schreiben verabschiedete und eine Laufbahn als Bibliothekar einschlug.

Im Nachhinein bezeichnete er die folgenden zwanzig Jahre ohne literarisches Schreiben als Brachzeit, in der er zwar »unsagbar litt, weil sie nicht freiwillig war, sondern den materiellen Verpflichtungen und meiner wirtschaftlichen Vorsicht geschuldet«, für die er aber dennoch dankbar sei, weil sie ihn davor bewahrt habe, frühzeitig einen gewissen Stoff anzugehen und ihn womöglich in unangemessener Weise zu behandeln. Allerdings ließ Kilpi während dieser Zeit die Feder nicht vollständig ruhen, sondern schrieb für Tageszeitungen und befasste sich in verschiedenen Artikeln auch mit der Geschichte seiner Heimatgemeinde, einschließlich der Handelsschifffahrt, die dort im 19. Jahrhundert eine Blütezeit erlebte. Unter anderem skizzierte er reale Persönlichkeiten aus Kustavi, die später als Vorbilder für Figuren seines Romans *Im Saal von Alastalo* dienen würden.

1917 und 1918 verirrte er sich noch einmal kurz ins essayistische Fach und verbiss sich in dem zweiteiligen Werk *Kansallista itsetutkiskelua* (Nationale Selbsterforschung) in Fragen der politischen und kulturellen Nation, was gewissermaßen naheliegt, wenn man bedenkt, dass Finnland 1917 ein unabhängiger Staat wurde und 1918 in einem äußerst blutigen Bürgerkrieg darum rang, wie dieser Staat fortan aussehen sollte. An diese Fragen knüpft Kilpi an und legt dabei durchaus Sympathien für eine Monarchie nach deutschem Vorbild an den Tag. Außerdem lässt er hier noch soliden Patriotismus erkennen. Als fünfzehn Jahre später nach der Machtergreifung der Nazis auch in Finnland völkische Gruppierungen das Haupt erheben, schreibt er seinem Verleger indes, er fülle mit seiner Literatur nicht die »Patriotismusmaße« der Rechten aus und sei deshalb für diese bloß ein Stück Holz, das man verbrennen könne. Er verweist darauf, dass in Deutschland die Bücher von Thomas Mann verbrannt worden seien, und äußert die Befürchtung, seinen Werken könne in Finnland ein ähnliches Schicksal zuteilwerden.

Die »Brachzeit« ohne literarisches Schreiben, die nach dem Desaster von *Antinous* begann, dauerte also zwanzig Jahre, bis Kilpi 1924 die Halbtagsarbeit am Text über die Schärenbewohner anging. Weitere sieben Jahre später, als sich abzeichnete, dass tatsächlich ein Werk Gestalt annahm, wagte er die Kontaktaufnahme mit seinem alten Verlag. Offenbar war für ihn der Punkt erreicht, an dem er es verantworten konnte, sich wieder Schriftsteller zu nennen.

Bevor er die Kontaktaufnahme riskierte, fasste er jedoch den Entschluss, sich einem großen Schriftstellerkollegen anzuvertrauen. Im Archiv der Finnischen Literaturgesellschaft findet sich in Kilpis Nachlass ein Karton mit noch nicht geordneten Papieren, der eine Kuriosität enthält, nämlich ein auf den 14. Januar 1931 datiertes Blatt mit dem Anfang eines Briefes an Thomas Mann. Kilpi schreibt mit blauer Tinte auf Deutsch das Folgende (das hier einschließlich aller sprachlichen Fehler wörtlich wiedergegeben wird):

»An den Schriftsteller Thomas Mann, München

Hochverehrter!
Ich wage mich auf einen Brief an Ihnen (auf schlechtes Deutsch, fürchte ich), der Ihnen wohl etwas verwunderlich anmuten wird. Aber Sie brauchen ja meine Angelegenheit ganz getrost beiseite zu schieben, wenn sie Ihnen allzu unangemessen vorkommt.

Erstens muss ich mich selbst presentieren. Ich bin ein nunmehr beinahe ganz verschollener finnischer Verfasser von der Jahrhundertwende, in seiner Zeit gestempelt als der vollblütigste Vertreter der ›fin-de-siècle‹-Dichtung in finnischer Sprache. Nach kurzem Anfang mit drei Werken (Bathseba, Parsifal, Antinous) habe ich seitdem als Bibliothekar mich betätigt und bin als solcher seit zehn Jahren als Oberbibliothekar bei der hiesigen Universität angestellt. Seit etlichen Jahren habe ich mich auch zu meinen früheren schriftstellerischen Gleisen zurückgefunden.«

An dieser Stelle, noch bevor er es geschafft hat, sich dem berühmten Kollegen ganz vorzustellen, bricht der Brief ab. Natürlich ist es ein Jammer, dass Kilpi ihn nicht vollendet und abgeschickt hat, denn eine Korrespondenz zwischen Volter Kilpi und Thomas Mann hätte eine interessante Sache werden können, aber immerhin kann man sich an dem Gedanken wärmen, dass allein der Entschluss, sich an den weltberühmten Kollegen zu wenden, von Bedeutung für Kilpi gewesen sein musste, denn sein Brief gelangt genau bis an den Punkt, an dem er sich als Schriftsteller bezeichnet. Womöglich ging es ihm vor allem darum: sich vor der höchstmöglichen literarischen Instanz zu seiner Identität als Autor zu bekennen.

Die Bauernkapitäne von Kustavi

Viele große Romane der Moderne handeln von der Zeit, in der sie spielen, und geben zu verstehen, dass die Dynamik ihrer Gegenwart eine neue, adäquate Darstellungsform verlangt, die sich verschiedener Erzählmittel bedient wie Perspektivenwechsel, Stilmischung, Montage, innerer Monolog. Wir sind es gewohnt (trotz bedeutender Ausnahmen wie vor allem Marcel Prousts *Auf der Suche nach der verlorenen Zeit*), moderne Romane als Dokumente moderner Zeiten zu lesen.

Im Saal von Alastalo spielt Mitte der Sechzigerjahre des 19. Jahrhunderts. In den europäischen Metropolen setzte zu jener Zeit bereits der sogenannte industrielle *Take-off* ein und beschleunigte das Leben, aber in den finnischen Schären war man noch weit davon entfernt, auf Dampfantriebe und dergleichen zu setzen, erst recht in der Schifffahrt. Es war die große Zeit der Handelssegler, die auch das beschauliche Kustavi aufblühen ließ. Volter Kilpis Vorfahren hatten an dieser Blütezeit maßgeblichen Anteil, weshalb es nicht verwundert, dass einige von ihnen Vorbilder für Figuren im Roman abgaben.

Kustavi, wo sich der Schauplatz des Romans, nämlich der Hof Alastalo, noch heute befindet, besteht aus drei großen und einer Vielzahl von kleinen Inseln, umgeben von Wasserflächen unterschiedlicher Größe und durchzogen von Schiffsrouten. So verlief etwa der schwedisch-finnische Postweg von Stockholm über die Ålandinseln nach Kustavi und von dort weiter nach Turku. Mit dem Schiff dauerte es im 19. Jahrhundert eine Woche, um diese Strecke zurückzulegen, bei Gegenwind oder wenn im Frühjahr das Eis brach, konnte sich die Fahrt allerdings auch auf einen Monat ausdehnen.

In den eisfreien Monaten benutzte man das Boot nicht nur, um von Insel zu Insel zu kommen, sondern auch in die nächsten größeren Städte Turku und Uusikaupunki. Boote und Handelsschiffe waren fester Bestandteil des Lebens in Kustavi. Zu den eindrucksvollsten Phänomenen gehörten die Kirchboote, die für den kollektiven Transport der verstreut wohnenden Insulaner zur Sonntagsmesse zuständig waren. Bis zu hundert Menschen konnten diese von acht Ruderern bewegten Boote aufnehmen. Eine Szene in Kilpis Roman deutet an, wie die Sitzordnung in diesen Booten das soziale Gefüge widerspiegelte, und der dritte Teil seiner Schären-Trilogie, der Roman *Kirkolle* (Zur Kirche), spielt im Wesentlichen in einem solchen Boot, in dem sich anlässlich der Kirchfahrt verschiedene Generationen, soziale Schichten und Geschlechter mischen.

Die Inseln des Archipels werden von Ufern aus rötlichen Granitfelsen eingefasst, die in der Eiszeit an vielen Stellen rund geschliffen wurden. Zwar weist der Archipel eine Menge nahezu kahler kleiner Schären auf, aber die größeren Inseln sind von Wald geprägt, in dem Kiefern, Birken, Erlen, Espen und Ebereschen wachsen. Man blickt auf eine leicht gewellte Landschaftslinie. Der fruchtbare Boden in den Senken wird noch heute für die Landwirtschaft genutzt.

Über lange Zeit wurde die Landwirtschaft in Kustavi in ausgesprochen konservativer Manier betrieben. Neuerungen und mechanische Hilfsgeräte fanden nur langsam den Weg in die Inselgemeinde. In der Zeit des Romans waren die Höfe weitgehend von ähnlicher Größe, die stattlichsten von ihnen verfügten über zwei, drei Pferde und zehn Kühe. Es wurde Schafzucht betrieben, außerdem züchtete man Kälber, die man in Turku, Stockholm und Sankt Petersburg gewinnbringend verkaufte.

Ein weiterer Erwerbszweig war die Fischerei. Fast jeder Hof hatte seinen eigenen Anleger und besaß Fischerboote sowie in der Regel ein größeres Boot mit Jachtrigg, welches dazu diente, die Erträge von Land und Wasser zu den Märkten der großen Städte zu bringen. Zum Handelssortiment der Leute aus Kustavi gehörten außerdem selbst gefertigte Holzgefäße sowie Brennholz.

Zu der Zeit des Romans war das Leben in Kustavi also von Land und Wasser zugleich geprägt. Beide Sphären ließen sich nicht trennen, beide zusammen sorgten dafür, dass die Leute über die Runden kamen, allerdings muss man sich den Wohlstand der Inselbewohner als recht bescheiden vorstellen. Selbst die Häuser der wohlhabendsten Hofherren waren keine Großgüter. Darum umfasste auch der Saal von Alastalo, einem der reichsten Höfe damals, gerade einmal 55 Quadratmeter.

Ein Unikat stellte besagter Saal freilich nicht dar. Da es innerhalb der Inselgemeinde so gut wie keine Straßen gab und man sich hauptsächlich mit dem Boot fortbewegte, waren die Verbindungen von einem Haus zum anderen von Wind und Wetter abhängig. Dies wiederum hatte zur Folge, dass sich im Lauf der Zeit in den Häusern von Kustavi eine große gute Stube (der »Saal«) durchsetzte, die einen erheblichen Teil des Hauses einnahm. Dort hielt sich, vor allem im Winter, die ganze Familie auf. Die Frauen machten Handarbeiten, die Männer fertigten Holzgefäße, die Kinder spielten. Außerdem fand sich hier Platz für diverse Besucher, zu denen beispielsweise umherwandernde Schuster und Schneider zählten, die dann an einem Tisch im Saal ihrer Arbeit nachgingen.

Im Winter waren die Leute in Kustavi in Haus und Hof unter sich, aber im Sommer führte die Handelsschifffahrt, zumindest die Männer, bis ins Ausland. Enge und Weite gehörten im Lebensraum der Schären zusammen. Das Meer bot einfache, natürliche Verkehrswege, aber das Meer schloss die Menschen auch »für lange Zeiten des Jahres in einem so isolierten, geschlossenen Kreis ein, wie es ein Bewohner des Festlandes sich kaum vorzustellen vermag«, wie Kilpi 1920 in einem Zeitungsbeitrag über seine Heimatgegend schrieb.

Diese Dialektik von Enge und Weite diagnostizierte Kilpi auch für die Lebenseinstellung der Inselbewohner: »Das Fundament war das uralte Bauerndasein in seiner fast ursprünglichen Unberührtheit, aber dieses Leben wurde in überraschender Weise von den Gepflogenheiten, Gewohnheiten und Erfahrungen des Seemannslebens gefärbt, verziert, gesäumt.«

Genau dieser Zweipoligkeit begegnet man in Kilpis Roman – in der Mentalität der handelnden Personen, aber auch in Einzelheiten wie bestimmten Gegenständen. Das große Sofa an der hinteren Wand etwa, auf dem Pukkila zwischen Härkäniemi und Lahdenperä sitzt, verkörpert die einrichtungstechnische Avantgarde jener Zeit und dürfte in den wenigsten finnischen Bauernstuben zu finden gewesen sein. Alastalo hat es sich anfertigen lassen, weil er so etwas im Ausland gesehen hat – und weil er über die Mittel dafür verfügt.

Die Leute in Kustavi waren für die Glanzzeit der Segelschifffahrt im 19. Jahrhundert bestens gerüstet, weil ihre Küstenschifffahrt auf eine lange Tradition zurückblickte und leicht erweitert werden konnte. Die Wälder auf den großen Inseln gaben gutes Bauholz für Planken und Masten her, die zahlreichen Buchten und Sunde des Archipels ermöglichten es auch größeren Schiffen, geschützt auf Reede zu liegen, und so sah man im Winter allenthalben Schiffsmasten hinter den Kiefernkronen aufragen. Oder man sah die Zwei- und Dreimaster in der Bucht unterhalb des eigenen Hauses liegen, wie es bei dem jungen Volter Kilpi der Fall war.

Auf den Gewässern des inneren Schärengebiets hat man selten das Gefühl, der offenen See ausgesetzt zu sein, weil man überall Land in erreichbarer Nähe sieht. Man fühlt sich sicher, sollte sich von der Ostsee jedoch nicht täuschen lassen, denn gerade in ihren nördlichen Abschnitten können sich zu allen Jahreszeiten Stürme aufbauen und für enormen Seegang sorgen. Und dann wird es gerade in der so geschützt anmutenden Schärengegend gefährlich, wo es in den Sunden jede Menge Untiefen und Klippen und lang auslaufende, zerklüftete Ufer mit gefährlichen Steinen knapp unter der Wasseroberfläche gibt. Es erfordert eine Menge Geschick und genaue Kenntnisse der Verhältnisse, um unter solchen Bedingungen ein Boot oder gar einen Zwei- oder Dreimaster sicher durch die Engstellen zwischen den sichtbaren und unsichtbaren Klippen zu lenken. Nicht von ungefähr wird dieser Umstand auch im Roman thematisiert. Die Männer von Kustavi sind allesamt äußerst kompetent in

Sachen Navigation. Und wenn einer doch mal an einer Klippe hängen bleibt, geht es in die kollektive Erinnerung ein und wird bei passender Gelegenheit genüsslich erzählt.

Zu diesen Voraussetzungen, die einer erfolgreichen Handelsschifffahrt förderlich waren, kamen günstige historische Umstände, und zwar ausgerechnet in Form eines Krieges. Obschon Finnland denkbar weit von der Krim entfernt liegt, wurde es vom Krimkrieg (1853–56) betroffen, weil es damals noch als Großherzogtum zum russischen Zarenreich gehörte, das mit dem Osmanischen Reich im Krieg lag. Dessen Verbündete wiederum versuchten Russland von allen Seiten zu schwächen, und die Engländer trugen ihr Scherflein auf der Ostsee bei. Bei Angriffen auf die finnische Küste kam es zu großen Verlusten bei der finnischen Segelschiffflotte. Und als der Krieg vorbei war, herrschte mithin ein Mangel an Schiffen im Bottnischen und Finnischen Meerbusen. Aber nicht nur dort. Auf allen Gewässern Europas schossen in der Folge die Frachtkosten in die Höhe, was wiederum einen regen Aufschwung in Gang setzte: Frachtschifffahrt lohnte sich. Die Welle dieses Aufschwungs erfasste auch Finnland, zumal zuvor bestehende Handelsbeschränkungen aufgehoben wurden, mit der Absicht, für mehr Wohlstand im Land zu sorgen.

In Kustavi kam noch hinzu, dass man sich während des Krieges – bei allem Anstand – durch Schmuggel ein hübsches Kapital »erwirtschaftet« hatte (was auch Kilpis Roman in einer langen, köstlichen Binnenerzählung verrät), mit dem sich unter den neuen, investitionsfreundlichen Voraussetzungen etwas anfangen ließ. Die Schärenbewohner ergriffen die Gelegenheit beim Schopf, und so begann in den 1860er-Jahren die bedeutsamste, glänzendste Epoche in der Geschichte von Kustavi. Die Bauernkapitäne der kleinen finnischen Inselgemeinde kreuzten bald auf allen Gewässern Europas – und zwar mit Schiffen, die sie selbst gebaut hatten, aus Baumaterial, das aus ihren eigenen Wäldern stammte, und mit einer Besatzung, die von den eigenen Inseln kam.

All diese Umstände und Entwicklungen sind auch in Volter Kilpis Familie nachzuvollziehen. Beide Eltern stammten aus Kustavi, Kilpis Großvater väterlicherseits war Lotse auf der Lotsenstation Lyperti und baute das Hauptgebäude von Alastalo, damals das prächtigste Gebäude der Gegend. Er starb früh, aber die Großmutter heiratete daraufhin einen Mann, der in der Schifffahrt und im Seehandel äußerst aktiv und erfolgreich war. Er muss eine eindrucksvolle Erscheinung gewesen sein, denn er gab später das Vorbild für die Figur des Hofherrn Alastalo in Kilpis Roman ab.

Der Kapitän David Ericsson, Kilpis Vater, verkörperte einen der typischen Männer aus Kustavi, die sich ihre Navigationskenntnisse weitgehend autodidaktisch erwarben, und zwar erfolgreich. Noch bevor er zwanzig Jahre alt wurde, vertraute man ihm eine Brigg an. Er avancierte zu einer der zentralen Gestalten in der Seefahrtsgeschichte von Kustavi, nicht nur, weil er der Erste aus der Gemeinde war, der die Genehmigung erhielt, bis ins Mittelmeer zu segeln. Später wurde er Kapitän einer Bark, und als sein Sohn neun war, erlaubte er diesem, sich den auf Winterreede liegenden Dreimaster nicht nur von außen anzusehen, sondern auch an Bord zu gehen, um ihn genauer in Augenschein zu nehmen. Man muss sich vorstellen, wie prächtig eine solche Bark mit ihren hohen Toppen in einer schmalen Schärenbucht ausgesehen hat, zumal in den Augen eines kleinen Jungen.

Derselbe Junge hatte zwei Jahre zuvor bereits den Saal von Alastalo kennengelernt, vor allem aber hatte dieser Junge während seiner gesamten Kindheit Kontakt zu Menschen, die zur

See fuhren, und war Teil einer Gemeinschaft, in der viel zusammengesessen und erzählt wurde.

Auf die Weltmeere verschlug es Volter Kilpi zeit seines Lebens allerdings nicht. Seine einzige Auslandsreise unternahm er im Herbst 1938, als er mit seiner zweiten Frau an einer viertägigen Exkursion des Angestelltenverbandes der Wissenschaftlichen Bibliotheken Finnlands in die estnischen Städte Tallinn und Tartu teilnahm, wozu lediglich der gut sechzig Kilometer breite Finnische Meerbusen überquert werden musste.

Die kosmische Dichte des Lebens

»Ich habe meinen Dienst an der Erinnerungswelt meiner Kindheit erfüllt«, schrieb Volter Kilpi, als er seine Trilogie abgeschlossen hatte und Abschied von dem Stoff nahm, den er in einem kurz vor Weihnachten 1936 an seinen Verleger gerichteten Brief als den menschlichen Kosmos seiner Heimat bezeichnet.

Angesichts dieser Wortwahl mutet es fast kurios an, dass der Autor besagten Kosmos zunächst ausgerechnet in einem einzigen Saal von 55 Quadratmetern entfaltet, in dem sich an einem Donnerstagnachmittag im Herbst knapp dreißig Kapitäne und Hofbesitzer aus der Gemeinde Kustavi versammelt haben, um über den gemeinsamen Bau einer Bark zu beraten.

Wo ist hier der Kosmos?

Nun, er entfaltet sich nach und nach, und zwar durch die detaillierten Beschreibungen von allem, was im Saal von Alastalo vorgeht. Sukzessive werden die Spannungen zwischen den Anwesenden offengelegt und die Hintergründe dieser Spannungen, die mal im Charakter, mal im sozialen Gefüge liegen, preisgegeben. Dabei erscheint vor allem das entscheidend, was die

Beteiligten nicht aussprechen: was in ihnen vorgeht und unausgesprochen als Energie im Raum vorhanden ist, auch wenn es niemand hören kann. Den Lesern aber wird es in allen Einzelheiten und Windungen vor Augen geführt. Ein erheblicher Teil der Wortfülle dieses Romans besteht somit aus Unausgesprochenem, aus einer mit enormem verbalem Aufwand orchestrierten Gedankenflut. Es geht Kilpi darum, Vorgänge, die sich zwischen Menschen vollziehen, so darzustellen, dass sie in ihrer ganzen Dimension sichtbar werden: auf der materiellen Ebene wie auch im Bewusstsein, in ihrer Herleitung aus der Vergangenheit wie auch in ihrer Wirkung auf die Zukunft, in ihrer individuellen Bedeutung wie in ihrer Bedeutung für die Gemeinschaft.

Dahinter steckt die Überzeugung, dass jeder Augenblick das, was auf ihn hingeführt hat, enthält und dass in jedem menschlichen Akt die ganze Fülle steckt, die das Dasein ausmacht. Diese Akte können die scheinbar banalsten sein: wie man eine Karaffe hält, ob man sich für Rum oder Kognak entscheidet, wie viel Zucker man in seinen Kaffee gibt, ob man vor anderen das Wort ergreift, und wenn, an welcher Stelle, wo man Platz nimmt, wenn man zu Besuch kommt, welche Pfeife man wählt. Nichts ist ohne Bedeutung, und Kilpis Roman vermittelt anschaulich, warum dies so ist. Darum genügen ihm der überschaubare Raum und die begrenzte Zeit, darum sind die acht Kapitel, die sich der Ankunft der Gäste, ihrer Platzierung, der Auswahl der Pfeifen und sonstigen vordergründig nebensächlichen Dingen widmen, bevor Alastalo endlich seinen Plan darlegt, nicht bloßes Vorspiel, sondern bereits Bestandteil des Essenziellen, ebenso wie das zeremonielle Servieren des Grogs, bevor die Unterlagen zur geplanten Bark und der Vertragsentwurf präsentiert werden. In allem, was geschieht, treten die schwelenden Konflikte zutage und wird sichtbar, wie Gemeinwohl und Einzelinteressen ins

Gleichgewicht gebracht werden müssen, wenn in Kooperation etwas Großes erreicht werden soll.

Obgleich sich der Roman voller Intensität und bis ins Detail den Vorgängen zuwendet, die sich innerhalb der klar gezogenen zeitlichen und räumlichen Grenzen abspielen, greift er zugleich über den eng gesteckten Rahmen hinaus. Dabei spielen die zwei langen Binnenerzählungen eine wesentliche Rolle. Die eine handelt vom Nutzen der Kooperation und der Macht der Gemeinschaft, weil sie zeigt, wie man einmal im cleveren Zusammenspiel eine Zollkommission ausgetrickst hat. Die andere, nämlich die Geschichte des Reeders, der sieben Jahre auf die Rückkehr seines Schiffes wartet, dabei verarmt, nach der Rückkehr jedoch mit einem Schlag reich wird, verheißt den Wohlstand, der einem zuteilwerden kann, wenn man bereit ist, etwas zu investieren, und das Risiko eingeht, ein großes Schiff zu bauen.

Aber auch die Erwägungen und Erinnerungen einzelner Anwesender führen weit aus dem Saal von Alastalo hinaus, bis in etliche Hafenstädte Europas. Insofern steckt in diesem Roman eines sparsam möblierten Saals einiges über die große weite Welt.

Besonders bedeutsam sind die Innenwelten der Figuren, die Kilpi mittels der Bewusstseinsstrom-Technik in vielfach verschlungenen Sätzen und dicht gestaffelten Vergleichen und Metaphern auf einzigartige Weise entwickelt. Dadurch gelingt es ihm, das ganze Spektrum nicht nur des Lebens in den Schären, sondern des Menschenlebens überhaupt zu entfalten.

Das Hauptaugenmerk richtet er dabei auf das gemeinsame Projekt. So wird der Roman zu einem großen Buch der Lebensbejahung, zu einem entschlossenen Plädoyer für den Zusammenhalt der Gemeinschaft, die mit vereinten Kräften ungeheuer viel vollbringen kann, sofern es gelingt, nicht nur die Interessen, sondern auch die Eigenheiten der Beteiligten unter einen Hut zu bringen. Gemeinsam etwas zu bauen, und zwar nicht irgendetwas, sondern ein Schiff, eine prachtvolle Bark mit drei Masten – darin besteht die Vision, die Kilpi für das gelingende menschliche Zusammenleben entwirft. Dass es ihm dabei nicht an Wirklichkeitssinn mangelt, beweisen seine augenzwinkernde Ironie und überhaupt sein Humor in der Darstellung der handelnden Figuren. Die zahlreichen komischen Momente im Roman entstehen, weil der Autor die unterschiedlichsten Temperamente aufeinandertreffen und sie alle ihre Misshelligkeiten ungebremst ausagieren lässt, zugunsten der gemeinsamen großen Sache.

In einem Brief an seinen Verleger formulierte Kilpi den Anspruch, in seinem Roman »eine Lebenstotalität« hervorzubringen, eine fruchtbare Konstellation zu schaffen, »aus der heraus das Leben sich in all seiner situativen Vielfältigkeit entwickeln kann«. Er betrachte seinen Roman als Epos, das nicht bloß einem Handlungsfaden folge, sondern »die kosmische Dichte des Lebens« vermittle.

Mit dem Abschluss seines Epos war die angestrebte Totalität für Kilpi noch nicht erreicht, womöglich auch deshalb, weil es ausschließlich Männer ins Zentrum rückt, und zwar solche, die zu den tragenden Säulen der Gemeinschaft zählen. Und so erweiterte er die Bandbreite seines Themas um zwei weitere Bücher zu dem, was heute als seine »Schären-Trilogie« bezeichnet wird. 1934 folgte mit *Pitäjän pienempiä* (Die Kleineren der Gemeinde) eine Sammlung von Erzählungen, in denen einzelne Individuen, die eben nicht zu den tonangebenden Mitgliedern des Gemeinwesens zählen, mit existenziellen Fragen zu kämpfen haben, so die Witwe eines Seemanns, ein umherreisender Schuster oder ein ehemaliger Meister der Navigation namens Lundström, der einmal Schiffbruch erlitt und danach zum Trinker wurde, aber weiterhin die Söhne der Hofherren (auch derjenigen, die im Saal von Alastalo versammelt sind) zu Seeleuten ausbildet. Die Haupterzählung, die Romanlänge hat, trägt den Titel *In der Stube von Ylistalo* und weist sich schon dadurch als Pendant und thematischer Gegenpol zu *Im Saal von Alastalo* aus. Sie handelt von eher weniger konstruktiv tätigen Leuten, die in einem kleinen Haus auf dem Hügel mit heiterer Ironie, allerdings auch ein bisschen neidisch auf die Reichen und Tüchtigen in den großen Kapitänshöfen herabblicken.

Und der bereits erwähnte, 1937 erschienene Roman *Kirkolle* (Zur Kirche), der eine sommerliche Fahrt mit dem Kirchboot zur Sonntagsmesse schildert, stellt die Frauen in den Mittelpunkt. Kilpi wollte allem, was er in seinem Alastalo-Roman nur hatte streifen können, in den beiden folgenden Büchern genügend Raum geben, um seinem Anspruch, Lebenstotalität abzubilden, gerecht zu werden.

Konstruktive Modernität

In Finnland gilt *Im Saal von Alastalo* längst als Klassiker der literarischen Moderne, außerhalb Finnlands existiert von dem Roman, abgesehen von der vorliegenden deutschen, lediglich eine Übersetzung ins Schwedische aus dem Jahr 1990. Dass die internationale Literaturwissenschaft das Epos noch nicht als herausragendes und originelles Prosawerk der Moderne entdeckt und anerkannt hat, liegt vermutlich daran, dass es keine weiteren Übersetzungen gibt und außerhalb Finnlands nur wenige Philologen der finnischen Sprache mächtig sind.

Kilpis literarische Mittel sind die der modernen Prosa, auch wenn sein Ansatz ein völlig anderer ist als der, den wir von den großen Vertretern der Moderne kennen. Nichts bei ihm ist düster, vielmehr ist sein Roman durchweg komisch und nicht von Skeptizismus getragen; auch erzählt er nicht von Außenseitern und nicht von Überforderungssituationen, die ein Individuum an den Rand der Gesellschaft treiben. Kilpi steht für den lebensbejahenden, konstruktiven Aspekt in der modernen Prosa, indem er von einer starken Gemeinschaft erzählt, die fähig ist, alle zu integrieren, sofern sie nur ein Minimum an gutem Willen aufbringen.

Seine Verwendung von innerem Monolog und Bewusstseinsstrom, seine Kompromisslosigkeit und konsequente Fokussierung, wenn es darum geht, ohne Rücksicht auf Konventionen alles in den Dienst des individuellen Ausdruckswillens zu stellen, haben in Finnland schon früh zu Vergleichen mit Marcel Proust und James Joyce geführt. Erzähltechnisch folgt Kilpi tatsächlich den Wegen von Joyce, in Sachen zeitlicher Fokussierung schließt er sich eher Marcel Proust an, weil er sich mit einem vergangenen Zeitalter auseinandersetzt.

Kilpi selbst hat zu diesen Vergleichen Stellung bezogen. Er sah die Verwandtschaft in der Wahl der erzählerischen Mittel, hob aber den Unterschied in Geist und Zugriff hervor.

In Briefen an den Autor Lauri Viljanen berichtet er, er habe zum ersten Mal von Proust erfahren, als er bereits eine ganze Weile am Alastalo-Roman geschrieben habe, und sei erschrocken, als er Klarheit über die Schreibweise des Franzosen gewonnen habe, denn die Ähnlichkeiten zum eigenen Ansatz schienen groß zu sein. Daraufhin habe er sich Prousts Werk angeschafft, die vermuteten Ähnlichkeiten auch tatsächlich vorgefunden, allerdings auch den entscheidenden Unterschied. Bei Proust spiele Überempfindlichkeit und Krankheit eine wesentliche Rolle, wohingegen er, Kilpi, das Positive am Leben zu erfassen versuche. Genau dies hebe ihn auch von Joyce ab. Dessen

Ulysses habe er sich ebenfalls angeschafft. Und obwohl dessen »Idiom [...] zu schwer verständlich« für seine Englischkenntnisse gewesen sei, habe er auch hier festgestellt, dass die »konstruktive Lebensbejahung« des Alastalo-Romans sich deutlich von Joyces Roman abhebe, der das Kranke am Dasein ins Auge fasse und die menschlichen Empfindungen in ihrer Zersplitterung zeige.

Mit der Diagnose der Gegenwart mochte er mit seinen großen Kollegen übereinstimmen, auch ihre Stilmittel teilte er in vieler Hinsicht, doch seine Schlussfolgerung ist eine andere:

»Eine kranke Zeit braucht erst recht gesunde Bücher«, konstatiert er kategorisch und erklärt selbstbewusst: »Als ein solches Buch ist ›Im Saal von Alastalo‹ eine Leistung!«

Gegenüber dem *Ulysses* hat Kilpis Roman den Vorzug, dass er zugänglicher ist. Man braucht freilich etwas Geduld und Durchhaltevermögen, denn Kilpis Eigenwilligkeit und auch seine eigenen Gesetzmäßigkeiten können durchaus Irritationsmomente hervorrufen, vor allem, weil er die Sprache als Stoff versteht, den der Autor im künstlerischen Prozess formt, wobei er von üblichen Ausdrucksweisen abweichen darf, wie es ihm beliebt. Verweilt man als Leser oder Leserin lange genug im Saal von Alastalo, um die Wellenlänge von Kilpis Erzählrhythmus aufzunehmen, erntet man reichen Lohn, nicht zuletzt, weil es ein Genuss ist, zu welchen Höhen sich die Sprache dieses Romans immer wieder aufschwingt.

Kilpi selbst mag bisweilen von seiner Sprache berauscht gewesen sein, aber im Rausch geschrieben hat er seinen Roman nicht. Wenn man seinen Aussagen Glauben schenken darf (und es besteht kein Anlass, diesem durch und durch integren Mann zu misstrauen), so liegt den langen Sätzen, die bei allen Verschlingungen und Kapriolen stets treffsicher wieder zum Ausgangspunkt zurückfinden, harte Arbeit am Detail zugrunde. »›Im Saal von Alastalo‹ ist das Resultat einer beängstigenden Arbeit«, schreibt er, »zehn Jahre lang habe ich Tag für Tag die beste Energie meiner drei frischesten Morgenstunden hineingepresst, jedes Wort darin – das darf ich sagen! – entspricht der äußersten Kraftanstrengung, zu der ich mich zusammenreißen konnte.« Und an anderer Stelle bekennt er: »Ich habe bei keinem einzigen Wort Erbarmen mit mir gehabt, es hat ein ganzer Tag dahingehen können, Wochen haben dahingehen können, wenn ich einen Satz nicht dazu brachte, mir zu gehorchen. Ein paar Mal habe ich einen ganzen Monat mit einem einzigen Satz gerungen, bis er sich so fügte, wie es sein sollte.«

Kilpis Sprache sprüht vor Einfällen, sein Umgang mit dem Finnischen ist von geradezu hemmungsloser Kreativität. Er setzt sämtliche Beugungs- und Ableitungsmöglichkeiten ein, die seine Muttersprache erlaubt, er wechselt die Wortarten, wie es ihm passt, aktiviert in seinen mäandrierenden Sätzen einen ungemein umfangreichen Wortschatz, und wo ihm das nicht genügt, bildet er neue Wörter, die aussehen, als wären sie schon immer Bestandteil der finnischen Sprache gewesen, die jedoch in keinem Wörterbuch zu finden sind und auch nie in einem gestanden haben. Überdies gelingt es ihm über tausend Seiten hinweg, die klangliche Seite der Sprache hervorzuheben. Der gesamte Text ist durchrhythmisiert, hat gewissermaßen ein Metrum, er birst förmlich vor Alliterationen und wird von Gleichklängen aller Art zusammengehalten. Klang und Bedeutung der Wörter sind nicht voneinander zu trennen.

Ins Auge springt überdies Kilpis großzügige Verwendung von Vergleichen und Metaphern. Nicht selten reiht sich ein Vergleich an den anderen, wobei von einem semantischen Feld ins nächste gesprungen wird, vom Fischfang zur Viehzucht, von der Seefahrt zum Vogelflug. An solchen Stellen scheint sich die

Rede zu verselbstständigen, ja an sich selbst zu berauschen, aber man darf nicht vergessen, dass all dies innerhalb des inneren Monologs oder der Figurenrede vonstattengeht, also veranschaulicht, wie eine Person sich müht, einen Sachverhalt angemessen auszudrücken. Der Versuch, die Welt zu erfassen, nimmt sich durch Kilpis sprachliche Höhenflüge dann wie ein Versuch aus, die Welt zu umarmen. Außerdem lässt Kilpi hin und wieder seinem Schalk freien Lauf und erlaubt sich genüsslich die üppigsten Übertreibungen, was dazu beiträgt, dass *Im Saal von Alastalo* auch ein urkomischer Roman ist. Wenn eine geradezu pikaresk anmutende Figur wie Pukkila in ihrer Erregung einen aberwitzigen Vergleich auf den anderen türmt, entsteht unnachahmliche Komik, die nicht kaschiert, dass Pukkila und Alastalo Antagonisten sind, aber unterschwellig doch vermittelt, dass die Fronten nicht hoffnungslos verhärtet sind.

Das Lob des Lotsen

Lange eilte dem Buch der Ruf eines »Monumentalwerks« voraus (wie der finnische Schriftsteller Aaro Hellaakoski es nannte), und einem solchen traute man weder Humor noch Sogwirkung bei der Lektüre zu. Mit der Zeit hat sich dies allerdings geändert. Als die größte finnische Tageszeitung 1992 den 75. Jahrestag der Selbstständigkeit Finnlands feierte und hundert Kulturschaffende des Landes nach dem besten literarischen Werk des Landes seit der Unabhängigkeit von 1917 fragte, wurde *Im Saal von Alastalo* am häufigsten genannt. Seit 1999 findet jedes Jahr im Juli in Kilpis Heimat das Literaturfestival »Volter Kilpi in Kustavi« statt, bei dem man nicht nur Vorträgen über Kilpis Werk lauschen und Dramatisierungen seiner Texte auf der Bühne sehen, sondern auch T-Shirts mit der Aufschrift »Ich habe *Im Saal von Alastalo* gelesen« kaufen kann. Für viele hat der Roman inzwischen Kultstatus.

Dass es einmal so weit kommen würde, entsprach durchaus Kilpis Wunsch, obschon er noch vor Erscheinen des Buchs konstatierte: »Der finnische Kunstinstinkt ist noch qualitätstaub.« Nichtsdestotrotz hegte er hohe Erwartungen, was die Aufnahme seines Romans betraf.

Tatsächlich fielen manche Reaktionen seiner Zeitgenossen geradezu enthusiastisch aus, auch sprachen die führenden Kritiker ihr Lob aus, allerdings nicht ohne auch gewisse Vorbehalte zu artikulieren, was Kilpi prompt so deutete, dass er wieder einmal, wie schon im Zusammenhang mit seinem Frühwerk, allein dastand: als einer, der zwar gelobt, aber doch nicht voll und ganz verstanden wird. Zumal, wenn ausgerechnet jene Aspekte kritisch ins Feld geführt wurden, die für ihn den Kern des Ganzen ausmachten: zu viele Ausschweifungen, zu erlesener Sprachgebrauch, zu viele Einzelheiten, überreiche Bildhaftigkeit und zu lange Sätze.

Obwohl sein Buch 1934 sogar mit dem Staatspreis für Literatur ausgezeichnet wurde, dominierte bei Kilpi das Gefühl, von vielen missverstanden zu werden. Den Glauben an den Wert seines Werkes verlor er indes nie, vielmehr verglich er sich mit einem Speerwerfer, dessen Wurf so weit über die Köpfe der Schiedsrichter hinausgeht, »dass noch niemand die wirkliche Weite des Wurfs zu messen verstanden hat«.

Wenn vielen zeitgenössischen Kritikern das Verständnis für Kilpis Sprache und Erzählweise fehlte, hatte das vor allem mit ihrer generellen Einstellung zur Moderne zu tun. Man bedenke, dass der erste Roman in finnischer Sprache – *Die sieben Brüder* von Aleksis Kivi – erst 1870, also knapp sechzig Jahre zuvor, erschienen und die finnische Literatur noch ein junges, zartes

Pflänzchen war. Viele konservative Akteure des Literaturbetriebs fühlten sich berufen, darauf zu achten, dass finnische Bücher »richtig« und »ordentlich« geschrieben wurden – und nicht in einem Individualstil, der die Grammatik eigenmächtig auf den Kopf stellte. Kilpis Sprachauffassung war schon deswegen eine vollkommen andere, weil er aufgrund seiner Leseerfahrung über einen weiten literarischen Horizont verfügte. Er hatte gelernt, dass literarische Sprache – anders als in Finnland – keineswegs einem nationalkulturellen Projekt zu dienen brauchte, sondern schlichtweg individueller Ausdruck eines Schriftstellers sein durfte. Und genau darum ging es ihm, um die Expression, nicht um die bloße Information. Dabei war die Sprache für ihn kein Selbstzweck. Sie sollte das Leben zum Ausdruck bringen, und das ging nicht mit purem Realismus und reiner Begrifflichkeit. Um auch das »irrationale Element des Lebens« auszudrücken, brauchte es eine Sprache, die mit Klang und Rhythmus das erfasste, was sich auf rein rationale Weise nicht ausdrücken ließ. Und wenn man mit einer solchen Sprachauffassung an einen Roman herangeht, braucht man keine großen Handlungszusammenhänge mehr: »Das Geheimnisvolle, Außerordentliche des Lebens kann man auch in eine scheinbar bescheidene Folge von Ereignissen einweben«, stellte Kilpi denn auch kurz und bündig fest.

Das Unverständnis einiger Kritiker fiel umso mehr ins Gewicht, als auch die Verkäufe hinter den Erwartungen zurückblieben. Eigentlich hätten das Sujet und die zeitliche und räumliche Verortung des Romans den zeitgenössischen Lesern entgegenkommen müssen, denn Provinzthemen waren üblich in dem realistischen Erzählen, mit dem man in der ersten Hälfte des 20. Jahrhunderts in Finnland vertraut war. Aber die Sprache und die moderne Erzähltechnik machten es dem allgemeinen Publikum schwer. Verleger Renqvist nennt in einem Brief vom 21.5.1935 an Kilpi die Verkaufszahlen: Alastalo I: 1020 Stück, Alastalo II: 810 Stück. Sein Kommentar lautet:

> »Diese Zahlen sind nicht schön, sondern fällen das Urteil über den heutigen literarischen Geschmack und zeigen, dass das breite finnische Publikum noch nicht bemerkt hat, wie viel Schönheit und tiefe Lebensweisheit die Werke enthalten. [...] Anscheinend ist diesem Zeitalter der hitzigen Betriebsamkeit und Bewegung das langsame Tempo und die Gründlichkeit fremd, die Ihren Werken eigen ist. Für mich ist es unfassbar, dass diese Bücher keine größere Leserschaft mitreißen, als es die oben genannten Zahlen zeigen. Die einzige Erklärung liegt meiner Meinung nach eben in der erwähnten Eigenschaft der Werke, dass sie keine Handlung und keine Fabel haben, sondern alles Handeln ausschließlich durch die Erzählungen oder Überlegungen der Personen zutage tritt, die bei aller Meisterschaft höchst wortreich sind. Ich vertraue dennoch weiterhin darauf, dass die Zeit kommt, in der diese Werke gebührend gewürdigt werden.«

Renqvist sagte das nicht nur so dahin. Er schätzte den Roman wirklich, wie schon seine Reaktion auf die erste Lektüre des Manuskripts zeigt und was auch die Worte vermitteln, die er an seinen Autor anlässlich dessen 60. Geburtstags richtet: »Ihre beiden jüngsten Werke zu verlegen, die für die finnische Literatur von großer Bedeutung sind, ist uns eine Ehre.«

Obwohl der Verkauf des Romans hinter den Erwartungen zurückblieb und trotz der dadurch entstehenden Verluste in einer wirtschaftlich ohnehin schwierigen Zeit, hält der Verleger seinem Autor die Treue. Ohne zu zögern, werden die folgenden Bände der Schären-Trilogie veröffentlicht und danach sogar noch Wiederauflagen von Kilpis Frühwerk – alles ohne durchschlagenden Erfolg.

Kilpi muss sich gefühlt haben wie schon dreißig Jahre zuvor, als er mit dem Schreiben aufgehört hatte, nachdem sein drittes Buch auf totales Unverständnis gestoßen war: »In meinem Schriftsteller-Status bin ich absolut der Einsamste unter den Einsamen – nach wie vor.«

Wie verbittert er tatsächlich war, ist schwer zu beurteilen, denn als Zeugnisse liegen nur die Briefe vor, die er außer an seinen Verleger an seinen Freund und Lektor Vilho Suomi und an verschiedene Autoren schrieb, und die künden bei aller durchscheinenden Frustration doch immer noch von der Überzeugung, etwas von bleibendem Wert geschaffen zu haben. So stellt er einen jungen Kritiker in einem ausführlichen Brief mit deutlichen Worten für dessen Voreingenommenheit und Engstirnigkeit in den Senkel, um ihm im gleichen Atemzug zu erklären, warum *Im Saal von Alastalo* ein bedeutendes Werk sei.

Dem Autor und Kritiker Lauri Viljanen gegenüber bringt er es unverblümt zum Ausdruck:

> »Natürlich werden Sie bestürzt sein, wenn ich sage, dass z. B. ›Im Saal von Alastalo‹ neben ›Die sieben Brüder‹ das Buch mit der größten Lebensfülle in der finnischen Erzählliteratur ist. Das weiß niemand außer mir selbst, aber ich weiß es mit Sicherheit. Ich weiß, was für ein dichter Kosmos des Lebens darin eingeschlossen ist, und irgendwann wird wohl jemand die Adern auch dieser Mine entdecken. [...] Wie schwach bei uns das Verständnis für die Erzählkunst ist, davon zeugt auch der Umstand, dass noch niemand den offensichtlichen Aspekt erkannt hat, dass ich in diesem Buch in zehn Jahren Arbeit eine völlig neue erzählkünstlerische Form entwickelt habe. [...] Man hat sich unwirsch darüber mokiert, dass ich 1000 Seiten brauche,

um eine doch ziemlich einfache sechsstündige Ereignisfolge zu schildern, aber man hat nicht die Tausendfarbigkeit erkannt, die dieser Ereignisring einfasst. Zu Beginn meiner Arbeit tastete ich nach erzählerischen Handlungslinien, aber ich lernte bald: Wenn ich *alles* mit drin haben will, und ich wollte *alles*, dann darf die Handlung nicht zu straff sein, damit der Gehalt die größtmögliche Dichte erhält.«

Außerhalb literarischer Kreise gab es allerdings Menschen, die mit seinen Büchern sehr viel anfangen konnten, die sich nicht von ihrer Komplexität abschrecken, sondern sich von ihrer »Tausendfarbigkeit« einnehmen ließen. Kilpi berichtet, ein Bauer habe sich nach der Lektüre des Romans ihm gegenüber erstaunt darüber gezeigt, dass man »ein Wort so auf seinen Platz setzen kann, dass an dieselbe Stelle gar kein anderes Wort hingepasst hätte, und dass jedes Wort eines ist, über das man sich wundert und nachdenkt«. Und den überzeugendsten Grund zur Freude habe ihm ein siebzigjähriger Lotse gegeben, der sich anderthalb Jahre Zeit genommen habe, um *Im Saal von Alastalo* und *Die Kleineren in der Gemeinde* zu lesen, und ihm daraufhin, als sie sich im Sommer in Kustavi begegneten, gesagt habe: »Das sind aber auch erstaunliche Bücher, so lebendig alles, dass man es mit eigenen Augen sieht. Und was für eine Arbeit es gemacht haben muss, bis alles auf genau die Art gesagt worden ist.«

»Bei der Ausführung der Übersetzung traten Schwierigkeiten auf.«

Der mangelnde Erfolg beim finnischen Publikum bringt Kilpi bald auf die Idee, sein Werk ins Schwedische übersetzen zu lassen. »Offenbar bin ich der Leserschaft hier so eigentümlich, dass man es nicht wagt, an mich zu glauben, ehe man fremde Bestätigung erhält«, lautet seine Überlegung. Er glaubt, der Absatz des Romans könne auch in Finnland in Schwung kommen, wenn er »positiven Widerhall von außen bekäme«. Wobei er sich durchaus der Tatsache bewusst ist, »dass meine Sprache einem Übersetzer große Schwierigkeiten bereitet. Außerdem stellt [...] *Im Saal von Alastalo* ein überaus umfangreiches und Mut erforderndes Übersetzungsunterfangen dar.«

Wohl wahr. Ferner stellte sich die Frage, wer als Übersetzer für ein solches Unterfangen überhaupt in Betracht kam: »Die Arbeit wird aufwendiger sein als das, was einem Übersetzer sonst angeboten wird, denn meine Erzählung ist so fest und tief mit den Kräften und Mitteln der finnischen Sprache entwickelt, dass der Übersetzer die Darstellung in seiner eigenen Sprache ganz neu erschaffen muss.«

Allerdings gab es da einen Schriftstellerkollegen namens Elmer Diktonius, der zu den prominentesten Vertretern des sogenannten finnlandschwedischen Modernismus zählte und sich auffallend für Volter Kilpi engagierte. Diktonius meinte zwar, Kilpi sei nicht für jeden, auch nicht für jeden Zweiten, aber in einem Essay stellte auch er ihn nach seinem noch frischen Lektüreeindruck auf eine Stufe mit Proust und Joyce, ohne es zu versäumen, Kilpis Eigenständigkeit hervorzuheben. Dessen Prosa liege das unablässig seine Gestalt verändernde Meer mit seinem Lied zugrunde, schrieb er.

Kilpi fühlte sich so gut verstanden, dass er Diktonius bat,

sein Übersetzer ins Schwedische zu werden. Ein Fehler, wie sich erweisen sollte.

Anfänglich sah es gut aus. Diktonius gab sich in den literarischen Kreisen von Stockholm als echter Anhänger Kilpis zu erkennen und nannte ihn einen bedeutsamen Meister aus Finnland, und Bonnier, der wichtigste schwedische Verlag, zeigte sich bereit, einen Auszug aus *Im Saal von Alastalo* zu drucken, nämlich die Geschichte der *Albatros*, eine der beiden langen Binnenerzählungen – allerdings unter der Bedingung, für die Übersetzung nicht selbst aufkommen zu müssen. Kilpis Verlag Otava gab sich dieses eine Mal reserviert und teilte mit, man könne die Übersetzungskosten nicht übernehmen, da das Buch das investierte Geld noch nicht eingespielt habe. »Die Übersetzung müsste also vom Verfasser bezahlt werden«, schrieb Verleger Renqvist unumwunden. Kilpi erklärte darauf nicht ohne Resignation, er werde sich das Risiko wohl aufbürden, »auch wenn ich bis jetzt schon fast die Hälfte meines Vermögens aufbringen musste, um *Im Saal von Alastalo* und *Die Kleineren der Gemeinde* schreiben zu können«.

Als Diktonius dann erklärte, er könne die Übersetzung nicht ausführen, wenn er sein Honorar nicht monatlich im Voraus bekomme, bat Kilpi seinen Verlag darum, die entsprechenden Zahlungen zu entrichten und von seinem Autorenhonorar für *Die Kleineren der Gemeinde* abzuziehen.

Damit war alles in die Wege geleitet, Diktonius nahm die Übersetzung auch in Angriff, kam jedoch nicht weit. Kilpi zahlte, ohne etwas für sein Geld zu bekommen. Genauer gesagt bekam er zehn Seiten, mit denen er überhaupt nicht zufrieden war. Diktonius räumte ein: »Bei der Ausführung der Übersetzung traten Schwierigkeiten auf.« Die Arbeit habe sich als komplizierter erwiesen, als er ursprünglich geglaubt habe, nun, da er einschätzen könne, was sie einem abverlangte, würde er sie nicht einmal für 15 000 Mark machen, eigentlich zu gar keinem Preis.

Hatte Kilpi sich zuvor noch an die Hoffnung geklammert, das Ganze könnte doch noch etwas werden, und gegenüber seinem Verleger lediglich davon gesprochen, »bei der Ausführung der Übersetzung« seien »Schwierigkeiten« aufgetreten, so musste er sich nun von dem Vorhaben verabschieden. »Es ist eine sehr schwere Enttäuschung für mich, diese Erfahrung mit Diktonius«, stellt er fest. Wieder war eine große Erwartung enttäuscht worden, und es ist ein Jammer, dass es erst in den 1990er-Jahren zu einer schwedischen Übersetzung des Romans durch Thomas Warburton kam, mehr als fünfzig Jahre nach Kilpis Tod, die außerhalb der schwedischsprachigen Kreise Finnlands kaum wahrgenommen wurde.

Einen ersten Anlauf, Kilpi in den deutschen Sprachraum zu bringen, gab es um 1913/14 herum, als zwei Frauen, Gerda Lindgren und Dr. Luise Luther, offenbar *Bathseba* ins Deutsche übersetzten. Darauf deutet jedenfalls ein kurzer Briefwechsel in Kilpis Nachlass hin. Demnach wurde die Übersetzung von einigen deutschen Verlagen abgelehnt, wobei es dann blieb. Erhalten geblieben ist lediglich das letzte Kapitel »Der Traum des Beelzebub«, und zwar in der Handschrift von Volter Kilpi, der diese Übersetzung allem Anschein nach für sich selbst kopiert hatte.

Erst in einer Anthologie von 1974 tauchte ein Ausschnitt aus der Erzählung »Die Seemannswitwe« aus dem Band *Die Kleineren der Gemeinde* auf, und 2014 wurde ein broschiertes Büchlein unter dem Titel *Die Albatros* veröffentlicht, das in der Übersetzung von Gabriele Schrey-Vasara jene Geschichte aus *Im Saal von Alastalo* enthält, die einst Elmer Diktonius ins Schwedische zu übersetzen versprach.

Die vorliegende Fassung ist die erste vollständige Übersetzung von Kilpis Romanklassiker ins Deutsche und neben Thomas Warburtons schwedischer Fassung die einzige fremdsprachige Ausgabe überhaupt. Wünschenswert wäre, dass Kollegen und Kolleginnen in anderen Ländern den Mut fassten, sich dieses Projekt vorzunehmen, um die einzigartige Literatur des eigenwilligen Mannes aus Kustavi international größeren Leserkreisen zugänglich zu machen.

Nach der Schären-Trilogie folgte unter dem Titel *Suljetuilla porteilla* (Vor verschlossenen Toren, 1938) noch ein Büchlein mit aphoristisch-essayistischen Meditationen, das Kilpis letzte abgeschlossene Publikation blieb. Die Satire *Gulliverin matkassa Fantomimian mantereelle* (Gullivers Reise zum Kontinent Fantomimia) konnte er nicht mehr fertigstellen, sie erschien 1944 postum.

Kilpi starb im Juni 1939. Seine letzte Ruhestätte fand er auf dem alten Friedhof in Kustavi – eben dort, wo der Prolog zu seinem Roman *Im Saal von Alastalo* einsetzt. Auf dem schlichten Grabstein aus grauem Granit sind lediglich der Name sowie das Geburts- und das Todesdatum zu lesen, aber man hätte sich als Inschrift auch den letzten Satz eines Aphorismus aus Nietzsches *Morgenröthe* vorstellen können: »Der *Große* legt Fürsprache für die schlichten Dinge ein«. Kilpi zitierte diesen Aphorismus gern, denn er entsprach seinem Credo, dass es keine bedeutenden Persönlichkeiten und großen Ereignisse brauche, um in einem literarischen Werk ein vollwertiges Bild des Menschen zu entfalten. Und in seinem Testament könnte man sich die Sätze vorstellen, die er per Brief einem Freund anvertraute und die in einer unnachahmlichen Mischung aus Demut und Selbstbewusstsein verraten, was für eine große, ja existenzielle Bedeutung *Im Saal von Alastalo* für seinen Verfasser besaß:

»Es ist nicht mein Verdienst, was ich geschrieben habe, ich verfüge lediglich über die Gabe, ein Medium zu sein [...]. Jedes Wort des tausendseitigen Buches verdient es, dass man sich darin vertieft, denn alle Wörter sind mit Leben ›vollgepackt‹. [...] Mein wahrer Leser ist derjenige, der mein Buch ein Jahr lang liest und jedes Wort aufsaugt, und wenn er es gelesen hat, fängt er wieder von vorne an und stellt zu seinem Erstaunen fest, dass es wieder neu ist für ihn. [...] Ich habe meine Arbeit demütig getan, und der Leser, der meine Arbeit nicht demütig liest, bekommt nie den Schlüssel dafür in die Hand. Auf den demütigen Leser warte ich, um in seiner Wahrnehmung die Anerkennung zu finden, die meine Arbeit verdient, wenn auch nicht ich selbst, der ich nur das Medium gewesen bin.«

ANMERKUNGEN ZUR ÜBERSETZUNG

»Die Leser, die meine Bücher ein zweites oder drittes Mal gelesen haben, wissen [...], was meine Bücher ihnen tatsächlich geben«, stellte Volter Kilpi mit einem gewissen Trotz fest und fügte die Behauptung an: »Solche Leser gibt es nämlich.«

Er hatte recht. Ich bin in Finnland Menschen begegnet, die sich *Im Saal von Alastalo* jeden Sommer aufs Neue vornehmen. Als Übersetzer des Romans gehöre ich immerhin zu denen, die ihn ein halbes Dutzend Mal gelesen haben, und ich weiß, was er mir gibt. Ich weiß allerdings auch, wie es dazu kommen konnte, dass ein Kilpi-Leser wie Elmer Diktonius trotz höchsten Wohlwollens sein Versprechen brach, das Werk ins Schwedische zu übertragen. Ich schätze, er fühlte sich schlicht und ergreifend überfordert. Oder er verlor die Lust, als er merkte, wie groß die Herausforderung war, auf die er sich eingelassen hatte, und wie viel Zeit und Arbeit sie ihn kosten würde.

Leserinnen und Leser, die der finnischen Sprache mächtig sind und einen Blick ins Original werfen, werden schnell verstehen, dass man sich als Übersetzer aus dem Finnischen kaum eine schwierigere Aufgabe vorzustellen vermag. Wer nur die deutsche Fassung lesen kann, wird aufgrund der verschachtelten Sätze, der sprachlichen Dichte und des außergewöhnlichen Wortschatzes zumindest erahnen können, wie besonders dieser Übersetzungsauftrag war.

Wenn ich als erfahrener Übersetzer einen finnischen Gegenwartsroman ins Deutsche bringe, muss ich dabei nicht sonderlich oft das Wörterbuch bemühen, und wenn ich mit der Übersetzung fertig bin, sind vielleicht ein Dutzend Fragen offen, die einer besonderen Nachforschung oder des Gesprächs mit dem Autor oder der Autorin bedürfen.

Nachdem ich die erste Fassung von *Im Saal von Alastalo* abgeschlossen hatte und mir die Liste der offenen Stellen ansah, musste ich feststellen, dass noch circa 1500 Fragen offen waren: Sie bezogen sich auf Wörter, über deren genaue Bedeutung ich mir nicht im Klaren war und die ich in keinem Wörterbuch finden konnte, auf idiomatische Wendungen, die ich nicht kannte und bei denen ich mich daher nicht sicher fühlte, auf Gegenstände und Sachverhalte, die ich auch bei gründlicher Recherche nicht eindeutig identifizieren konnte, auf Satzkonstruktionen, die zwei- oder mehrdeutig waren. Hinzu kamen die Fälle, in denen ich die Bedeutung der Begriffe und Wendungen zwar verstand, aber weit davon entfernt war, eine angemessene deutsche Entsprechung für sie zu finden.

Ich verbrachte mehrere Tage im finnischen Dialektarchiv, d.h. in einem Kellerraum in Helsinki, in dem Hunderte von Karteikästen aus stabiler Pappe stehen, gefüllt mit Zetteln, die entweder von Hand oder mit Maschine beschrieben sind und Informationen über 400 000 finnische Dialektwörter enthalten. Außerdem korrespondierte ich mit mehreren Personen, die teils Kilpi-Kenner waren, teils aus Kilpis Gegend stammten (und somit das dortige Idiom kannten) oder aber als Schriftsteller mit Sprachgefühl in der Lage waren, die Facetten bestimmter Ausdrücke einzuschätzen. Alle kamen an ihre Grenzen, aber alle halfen mir auf die Sprünge und verrieten mir Wesentliches über den Text, der auch finnischen Lesern und Leserinnen eine einzigartige Leseerfahrung beschert, weil sie auf Wörter stoßen, die sie noch nie gehört haben, aber trotzdem verstehen.

Es wird einem »ein neues Erlebnis im Verständnis von Sprache ermöglicht«, wie eine Autorin es mir gegenüber zum Ausdruck brachte.

Darüber hinaus galt es, den spezifischen Ton der Vorlage zu treffen, dem ihr eigentümlichen literarischen Charakter gerecht zu werden.

Nun ist dieser Roman von einem außerordentlichen Gestaltungs- und Stilwillen seines Verfassers geprägt, sodass er über eine starke Autorität verfügt und den Übersetzer gewissermaßen zu bestimmten Lösungen zwingt. Im Grunde weiß man immer, was man tun muss, aber die Schwierigkeit besteht darin, herauszufinden, *wie* man es tut, wie man es tun *kann*.

Kilpi hat alle Zeit und Energie darauf verwendet, die jeweils richtige Nuance zu finden. Er habe auf der Lauer gelegen und gelauscht, bis sich die richtige Formulierung eingestellt habe, erklärt er in einem Brief. So ähnlich ging es auch dem Übersetzer, wenn er nach den deutschen Entsprechungen für Kilpis Feinheiten suchte. Dabei war zu berücksichtigen, dass der Klang und die Bedeutung der Wörter gleich wichtig sein können, oder genauer gesagt: dass Klang und Rhythmus wesentlich zur Bedeutung des Ganzen beitragen. Bei der Übersetzung kann das dazu führen, dass man hin und wieder eine semantisch an sich »falsche« Bedeutung wählen muss, um den »richtigen« Klang zu erzeugen. Glücklicherweise bietet die deutsche Sprache reichlich Möglichkeiten, den Text rhythmisch so zu gestalten, dass er auch im Deutschen etwas von der Bewegung des Meeres herüberbringt, die Kilpi im Sinn hatte, aber an anderer Stelle muss man als Übersetzer die Segel streichen. Kilpi reizt das Potenzial der finnischen Sprache nämlich in einer Weise aus, die sich in keiner indoeuropäischen Sprache nachvollziehen lässt. Das »Baukastenprinzip« des Finnischen erlaubt Varianten (etwa von Wortartwechseln), die das Deutsche schlicht und einfach nicht abbilden kann. Was den Einsatz von dialektalen Elementen, lokalen Phänomenen, terminologischen Feinheiten aus den Bereichen Landwirtschaft, Fischfang und Seefahrt angeht (z. B. Gerätschaften zum Auslesen von Bohnen und Bearbeiten von Flachs, unterschiedliche Netze für verschiedene Jahreszeiten und Fischarten, südwestfinnischer salopper Seefahrer-Slang usw.), muss man als Übersetzer damit leben, dass sich nicht alles deckungsgleich im Deutschen formulieren lässt. Das gilt auch für Kilpis Wortneuschöpfungen. Diese »Kilpismen« haben es in sich, weil sie so natürlich daherkommen, dass man sie intuitiv versteht und sich oft sogar an ihrer Treffsicherheit erfreut. Wenn man dafür eine Entsprechung sucht, lautet die Frage: Gelingt einem im Deutschen eine ähnlich »natürliche« Lösung, die alles sagt, keinen Stolperstein darstellt und vielleicht durch ihre Originalität besticht – oder wählt man lieber eine konventionelle Lösung, ein Wort, das man kennt (oder zumindest in Grimms Wörterbuch finden kann), und achtet darauf, dass der Rhythmus stimmt, sodass im deutschen Text keine unbeabsichtigte Störung entsteht, die den Lesefluss unnötig beeinträchtigt.

Wenn es darum geht, solche Entscheidungen im Einzelfall zu treffen, ist es hilfreich, den gesamten literarischen Charakter des Werks im Blick zu haben. Diesem zu dienen ist die Aufgabe des Übersetzers. Er ist dem gesamten Roman verpflichtet, nicht dem einzelnen Wort.

Volter Kilpi war kein elitärer, allein auf sich fixierter Autor, das sollte man bedenken. Er hatte etwas zu sagen und wünschte sich, gehört zu werden. Darum darf eine Übersetzung seines formidablen Romans kein bloßes philologisches Dokument sein, kein Kilpi-Museum, in dem es hauptsächlich darum geht, zu zeigen, worin Kilpis sprachliche Raffinesse besteht. Ferner darf es der Übersetzung nicht in erster Linie darum gehen, als

Anschauungsmaterial über die Funktionsweise der finnischen Sprache zu dienen. Nein, *Im Saal von Alastalo* ist ein Roman für Leser und Leserinnen, ein Buch, das gelesen werden will, so wie es sich sein Verfasser wünschte. Und wenn man weiß, wie sehr er es sich wünschte, spürt man eine zusätzliche Verantwortung. Volter Kilpi, der sich von seinen Zeitgenossen verkannt fühlte und einen »größtmögliche[n] Abstand zwischen meiner Selbsteinschätzung und der allgemeinen Auffassung« diagnostizierte, hegte eine Hoffnung, über die man als Übersetzer nicht hinwegsehen kann: »Meine einzige Zuflucht ist ein unbestimmter Glaube an die Zukunft, die ich selbst allerdings nicht mehr erleben werde.«

DANK

Eine solche Übersetzung lässt sich allein schon wegen ihres Umfangs und des erforderlichen Zeitaufwands nicht ohne Unterstützung realisieren. Sie wurde mir von folgenden Institutionen gewährt, bei denen ich mich herzlich bedanke: Deutscher Übersetzerfonds e.V., Otavan kirjallisuussäätiö, Suomen kulttuurirahasto.

Mein besonderer Dank gilt den Menschen, die mir Auskunft zum Originaltext und zu Feinheiten der finnischen wie der kilpischen Sprache gaben, mich somit davor bewahrten, an einer bisweilen übermächtig erscheinenden Aufgabe zu verzweifeln, und mir halfen, den Roman noch besser und auch im geringsten Detail richtig zu verstehen: Selja Ahava, Outi Hupaniittu, Juha Hurme, Olli Jalonen, Tapio Koivukari, Laura Kokko, Asko Mäki-Tanila, Suvi Walli sowie Ulriikka Puura vom Finnischen Dialektarchiv.

Größter Dank gebührt meiner Lektorin Angela Volknant, von deren Wertschätzung, Feingefühl und Klarsicht der Text enorm profitiert hat, und den Verantwortlichen vom mareverlag, die den Mut aufbrachten, ein so großes Werk eines unbekannten Verfassers übersetzen zu lassen, sowie allen Verlagskolleginnen, die das gesamte Vorhaben mit Begeisterung, Geduld und Vertrauen begleitet haben. Dem Schiffseigner Nikolaus Gelpke ist diese Übersetzung gewidmet.

Lehmäsaari, im Juli 2020
Stefan Moster

GLOSSAR

Anrüsten: beim Melken von Rindern das Massieren des Euters, um den Milchfluss anzuregen.

Anse: kleine, seichte Bucht.

Anzen: die beiden Stangen der Schere beim Einspänner.

Augment: in Schweden und Finnland ab dem späten 17. bis Ende des 19. Jahrhunderts ein Hilfs- oder Zinsgut, das einem Ritter- oder Hufengut zugeordnet war und an dieses Steuern abführte.

Baron von Naantali: Otto Fleming (1786–1851), genannt der »starke Baron« oder auch »Herkules des Nordens«. Kraftmeier und Raufbold, der aufgrund seiner militärischen Verdienste bei der Verteidigung der Festung Viapori (heute: Suomenlinna) zum Baron ernannt wurde. Später als Abenteurer und Seeräuber tätig, der sich nach einem Aufenthalt in London im finnischen Naantali niederließ.

Bello: Vorschlaghammer

Bramstenge: die zweite Verlängerung eines Schiffsmastes, oberhalb der Marsstenge. Nach ihr werden alle Takelungselemente (Saling, Rahen, Segel, stehendes Gut), die daran befestigt sind, benannt: Bramsegel, Bramrah, Bramstengestag.

Brasse: ein Tau, welches zum laufenden Gut eines Rahseglers gehört.

Bugsierer: kleiner Hafenschlepper.

Bülte: Bodenerhebung in Mooren oder sumpfigem Gelände.
Darre: Einrichtung zum Trocknen von Getreide und anderen Lebensmitteln.
Dieme: geschichteter Haufen Heu, Stroh oder Torf auf freiem Feld.
Dollbord: obere Planke auf dem Bootsbord.
Draggen: kleiner vierarmiger Anker, auch als Suchdraggen zum Auffischen über Bord gefallener Gegenstände.
Ducht: die Bank in einem Boot.
Farre: junger Stier.
Fußpeerd: Ein Peerd ist ein Tau, das unter den Rahen befestigt ist und die Arbeiten an der Rah ermöglicht.
gelt: unfruchtbar, besonders im Zusammenhang mit Kühen.
Gelte: bottichartiges Holzgefäß oder auch Melkeimer.
Gewann: Flurform in der Landwirtschaft, aufgeteiltes Ackergelände.
Glockenstapel: separat von den Kirchen stehende Glockentürme. In Finnland weit verbreitet.
Hechel: kammartiges, aus spitzen Drähten gefertigtes Gerät, durch das verschiedene Naturfasern (v. a. Flachs) zum Reinigen gezogen werden.
Hede: Werg.
Helgen: Platz in einer Werft, auf dem ein Schiff gebaut wird, bzw. die schräge Fläche, von der es beim Stapellauf zu Wasser gelassen wird.
Helmstock: Bootssteuerhebel (Pinne).
Hufengut, Doppelhufe, Einzelhufe: Maß, nach dem die Größe eines Guts bemessen wurde.
Kaff: anderes Wort für Spreu. Hülsen des ausgedroschenen Getreides.
Kauder: Werg, Hede.
Kirne: Butterfass.

kirnen: buttern; Erbsen aus den Schoten lösen.

Klarierung: Erledigung aller Pflichten, die nach dem Einlaufen eines Schiffes bei Hafenbehörden, Ämtern und Zoll anfallen.

Kuff: historischer Schiffstyp, meist in der Küstenschifffahrt eingesetzt. Typischerweise hatte eine Kuff anderthalb Masten, mit einem Gaffelsegel am Großmast sowie ein bis zwei Rahsegeln an dessen Marsstenge.

Lägel: kleines Fass für Fische, aber auch Tragegefäß für Flüssigkeiten.

Liespfund: altes Handelsgewicht und als eine abgeleitete Größe vom Pfund regional sehr unterschiedlich. Was auf Finnisch *leiviskä* und auf Schwedisch *lispund* genannt wurde, hatte ein Gewicht von ca. 8 kg.

Manowar: finnisch-volkstümliche Fassung von Man-of-war; mächtiges Kriegsschiff oder Fregatte in der britischen Royal Navy (16.–19. Jahrhundert).

Melcher: Fischmilch.

Metzenmaß: Hohlmaß für Getreide und Salz verschiedener Größe.

Milreis: eine portugiesische Währungseinheit, die 1854 eingeführt wurde. Zwischen 1849 und 1926 war sie auch in Brasilien gebräuchlich.

Piek: vorderster und unterster Raum im Vorschiff von Segelschiffen oder Kuttern.

Präbende: kirchliche Pfründe.

Prahm: großer Lastkahn.

Publikane: im alten Rom Privatpersonen, die Staatsaufträge übernahmen, oft zusammengeschlossen in einer *societas publicanorum*.

Ristna: (historischer deutscher und schwedischer Name Dagerort) ist die Bezeichnung für die Landspitze der Halbinsel Kõpu im Westen der estnischen Insel Hiiumaa.

Rocken: Am stabförmigen Spinnrocken werden beim Spinnen die noch unversponnenen Fasern befestigt.

Salmanassar: alternative Schreibweise für mehrere in ihrer Herkunftssprache gleichnamige Könige des assyrischen Reichs.

Sattelgut: ein von Frondiensten und vielen Abgaben freies Gut, auf dem die Gerichtsbarkeit über die zu ihm gehörenden Höfe ruhte.

schamfilen: (seemännisch) ein unerwünschtes Scheuern von Tauwerk, Segeln oder anderen Ausrüstungsgegenständen, das zu vorzeitiger Abnutzung führt.

Schlafbein: Schläfenbein, *os temporis*.

Schwade: in einer Reihe liegendes abgemähtes Gras oder Getreide.

Schwende: Brandrodung.

Simm: starke Leine, früher aus Lindenbast, jetzt gewöhnlich aus Flachs gefertigt, die das Fischernetz einfasst.

Skarn: Gesteinsart mineralogischer Zusammensetzung.

Söllerspeicher: Speichergebäude, das auf Stützen ruht.

Steert: an der Rückseite einer Windmühle angebrachter langer Balken zum Ausrichten der Windmühlenflügel gegen den Wind.

Strug: historischer russischer Bootstyp ohne Mast, vergleichbar mit einer Barke.

Talje: Flaschenzug.

Tawastländer: Bewohner von Tawastland, deutsche Bezeichnung für die finnische Region Häme.

Tulup: russischer Offiziersmantel aus Fell.

Warpanker: auch: Schleppanker, Wurfanker oder kurz Warp, ist ein im Verhältnis zur Schiffsgröße kleiner Anker zum Verholen des Schiffs.

warpen: mithilfe eines Warpankers, mithilfe von Tauen fortbewegen.

Werg: Teile von Hanf oder Flachs.

Werst: altes Längenmaß im zaristischen Russland, das ab 1835 1066,78 Metern, vorher 1077 Metern entsprach.

Worfel: landwirtschaftliches Gerät zum Trennen von Partikeln; Wurfschaufel.

VITEN

VOLTER KILPI wurde 1874 in der südwestfinnischen Schärengemeinde Kustavi als Sohn eines Kapitäns geboren. Nach seinem Studium in Helsinki absolvierte er eine Laufbahn als Bibliothekar. In jungen Jahren machte er mit drei Romanen im symbolistischen Stil auf sich aufmerksam, verstummte danach aber für fast dreißig Jahre, bis er mit einer groß angelegten Trilogie über seine Heimat zum bedeutenden Schriftsteller wurde. Das Herzstück der Trilogie, der Roman *Im Saal von Alastalo* (1933), gilt heute als einer der besten finnischen Romane überhaupt. Kilpi starb 1939 in Turku.

STEFAN MOSTER, geboren 1964 in Mainz, lebt als Autor und Übersetzer in Berlin. Er unterrichtete an den Universitäten München und Helsinki; 2001 erhielt er den Staatlichen finnischen Übersetzerpreis. Unter anderem übertrug er Werke von Petri Tamminen, Rosa Liksom, Selja Ahava und Daniel Katz vom Finnischen ins Deutsche.

INHALT